刑法实务

疑难问题全解

COMPLETE SOLUTION TO
DIFFICULT PROBLEMS
IN CRIMINAL LAW PRACTICE

柴建国 著

法律出版社 LAW PRESS · CHINA
北京

图书在版编目(CIP)数据

刑法实务疑难问题全解 / 柴建国著. -- 北京 : 法律出版社, 2025(2025.10 重印)
ISBN 978-7-5197-8302-0

Ⅰ. ①刑… Ⅱ. ①柴… Ⅲ. ①中华人民共和国刑法-法律解释 Ⅳ. ①D924.05

中国国家版本馆 CIP 数据核字(2023)第 172679 号

刑法实务疑难问题全解
XINGFA SHIWU YI'NAN WENTI QUANJIE

柴建国 著

策划编辑 冯雨春 蒋 橙
责任编辑 冯雨春 蒋 橙
装帧设计 鲍龙卉

出版发行 法律出版社
编辑统筹 法律应用出版分社
责任校对 王语童 李景美
责任印制 刘晓伟
经　　销 新华书店

开本 787 毫米×1092 毫米 1/16
印张 47　　字数 1230 千
版本 2025 年 2 月第 1 版
印次 2025 年 10 月第 2 次印刷
印刷 北京建宏印刷有限公司

地址:北京市丰台区莲花池西里 7 号(100073)
网址:www.lawpress.com.cn
投稿邮箱:info@lawpress.com.cn
举报盗版邮箱:jbwq@lawpress.com.cn

销售电话:010-83938349
客服电话:010-83938350
咨询电话:010-63939796

书号:ISBN 978-7-5197-8302-0　　定价:186.00 元

凡购买本社图书,如有印装错误,我社负责退换。电话:010-83938349

目　录

总　则

001. 如何判定刑法上的因果关系　001
002. 现阶段人工智能机器人是否属于刑事责任主体　001
003. 如何确定刑事案件中的案发时间　002
004. 如何理解“不满 18 周岁的人犯罪的除外”的适用　003
005. 行为人满 14 周岁之日醉酒驾驶致人死亡是否应当定罪　004
006. 如何认定“供犯罪所用的本人财物”　005
007. 如何认定“违法所得”及判断标准　006
008. 如何认定犯罪工具及司法实践中的处理　009
009. 关于被害人损失“责令退赔”的适用　012
010. 对《刑事诉讼法》第 298 条、第 300 条“违法所得及其他涉案财产”的理解与处理　015
011. 发现其他犯罪所得及其收益应当如何处理　016
012. 如何把握互殴和防卫的界限　018
013. 基于斗殴故意的反击行为能否认定为正当防卫　019
014. 司法实践中怎样理解“正在进行的不法侵害”　021
015. 动物侵害能否认定为刑法上的不法侵害　022
016. 如何理解把握正当防卫构成要件　022
017. 如何理解正当防卫的时间点　025
018. 如何区分准备工具斗殴与准备工具防卫　026
019. 关于防卫意图的判定　028
020. 如何认定防卫行为是否超过必要限度　030
021. 关于正当防卫制度具体适用的规则　032
022. 如何认定防卫过当与自首情节　034
023. 如何把握特殊防卫权的适用范围　037
024. 如何区分恶势力犯罪与黑社会性质组织犯罪　038
025. 如何理解软暴力　040
026. 恶势力是否必然及于所有违法犯罪的策划、组织和实施　041
027. 如何认定因惧怕心理停止犯罪的犯罪形态　043

028. 被告人吕某某的行为是否构成犯罪中止 045
029. 共同犯罪人之间有意思联络才能成立共同犯罪 046
030. 共谋但未参与实行行为能否构成共同犯罪 047
031. 司法实践中如何理解认定共同犯罪实行过限 050
032. 未达刑事责任年龄人与他人共同故意实施犯罪行为,他人是否构成共同犯罪 053
033. 伙同未达刑事责任年龄人作案可构成共同犯罪 055
034. 共同实施不同的犯罪能否成立共犯 056
035. 见危不助的消极不作为能否与积极作为构成事中共犯 059
036. 对同伙实行过限是否担责的主要判断 063
037. 对于主犯未到案的能否认定已到案的被告人为从犯 063
038. 如何理解把握共同暴力犯罪案件的归责原则 065
039. 如何理解把握被害人过错对于共同犯罪刑事责任的影响 067
040. 如何理解共同犯罪前案生效判决认定事实对后案的溯及力 069
041. 对盖然性教唆犯如何认定处罚 070
042. 为他人犯罪提供帮助能否一律以共同犯罪论处 073
043. 如何认定是单位犯罪还是自然人犯罪 075
044. 触犯单位与个人犯罪相同罪名并罚及单位犯罪认定 076
045. 被抓获时已怀孕,监视居住期间逃逸,数年后再次被抓获,因同一事实被审判,是否仍视为审判的时候怀孕的妇女 078
046. 犯罪嫌疑人分娩后监视居住期间实施的后罪为新罪的是否认定为“审判的时候怀孕的妇女” 080
047. 关于认定累犯时刑罚执行完毕的理解与把握 081
048. 司法实践中如何看待与处理媒体关注度问题 083
049. 在缓刑考验期满 3 年内再次故意犯罪的能否构成累犯 085
050. 如何解决刑期起止日计算中的若干疑难问题 087
051. 亲属对行为人归案起到一定协助作用的能否认定自动投案 091
052. 对于规劝同案人投案的犯罪嫌疑人的行为性质如何认定 093
053. 接到电话通知即到案是否属于自动投案 094
054. 逃跑后又回现场等候抓捕是否属于自动投案 096
055. 接受讯问后逃跑再投案的能否认定为自首 098
056. 司法机关决定逮捕后行为人主动投案是否属于自首 099
057. 如何理解把握认定“逃避侦查或者审判” 100
058. 如何分析判定作案后在现场等待抓捕的自首行为 101
059. 被行拘即如实供述作案事实及真实身份能否构成自首 103
060. 被告人对行为性质的辩解对自首有何影响 104

061. 被告人关于犯罪目的的辩解对自首有何影响　107
062. 在自首的认定中如何判断如实供述　107
063. 仅供述未遂事实是否属于如实供述主要犯罪事实　109
064. 如何区分情形合理界定“如实供述”及翻供时间点　112
065. 通过锁定网络地址接触行为人即如实供述的是否构成自首　114
066. 行为人对加重情节的否认是否属于如实供述　115
067. 委托报案后又实施犯罪在现场等候是否构成自首　117
068. 犯罪行为与他人报案内容不一致对认定自首有何影响　119
069. 对于被传唤到案的行为人能否认定自首　120
070. 前罪不成立时交代同种罪行的能否认定自首　122
071. 行为人以被害人身份报警是否属于自首　125
072. 受到纪律处分又被移送至检察院并在尚未询问时到检察院主动交代犯罪事实可以认定为自首　125
073. 取保候审期间逃跑又主动归案及脱保后主动投案交代余罪是否应认定自首　127
074. 因合理怀疑被带走盘问而供述的是否属于自首　128
075. 非因自身原因投案不成功能否认定自首　132
076. 行为人被讯问后自愿主动到案是否属于自动投案　134
077. 如何认定自动投案取保候审又逃跑的行为性质　135
078. 如何认定行为人取保候审期间犯罪的自首　136
079. 服刑时供述同种余罪释放后查实的是否属于自首　137
080. 行为人因实施一般违法行为被刑事拘留又因主动交代犯罪行为被追诉的能否认定自首　140
081. 如何把握认定犯罪嫌疑人确已准备投案　141
082. 拒绝签字且辩解不构成犯罪的性质认定　143
083. 特殊坦白与坦白能否同时适用,在适用新法时应否对被告人按照新法规定并处罚金　145
084. 如何认定构成提供重要线索型立功　146
085. 行为人规劝同案犯投案能否构成立功　147
086. 行为人在到案前协助抓捕犯罪嫌疑人是否属于立功　149
087. 揭发他人对自己的犯罪行为是否属于立功　150
088. 行为人促成重大犯罪嫌疑人如实供述是否属于重大立功　152
089. 行为人检举他人尚未实施的犯罪能否构成立功　154
090. 被告人举报的内容经查不构成犯罪的是否属于立功　156
091. 揭发已超追诉时效的犯罪是否属于立功　158
092. 如何理解认定协助抓获“重大犯罪嫌疑人”　159

093. 协助公安机关抓获同案犯是否构成立功 161
094. 如何把握认定立功的时间条件 163
095. 被告人具有多功能情节或两个以上减轻处罚情节的处理 164
096. 对具有减轻处罚情节的被告人能否免予处罚 166
097. 如何把握法定刑以下判处刑罚的特殊情况及如何量刑 167
098. 前科对同一违法行为定罪和量刑能否重复评价 170
099. 应否将被害人谅解纳入渎职罪量刑情节 172
100. 犯罪记录封存后缓刑能否撤销 173
101. 漏罪发生于原判宣告前发现于刑罚执行完毕后被追诉的是否适用数罪并罚 175
102. 拘役与有期徒刑的数罪如何适用并罚 176
103. 如何把握附加刑执行完毕之前又犯罪的量刑 179
104. 后判决能否直接与前判决遗漏附加剥夺政治权利并罚 180
105. 剥夺政治权利期间犯新罪并罚时的裁判表述 182
106. 假释期间又犯罪的剥夺政治权利刑期如何认定 184
107. 前罪已没有剩余刑期时是否适用数罪并罚 185
108. 如何理解死缓限制减刑的适用及表述 186
109. 抢劫犯罪行为虽未造成死亡等特别严重后果但人身危险性极大应依法在判处死缓时限制减刑 188
110. 被告人持有他国护照又具有中国国籍时,国籍如何认定 191
111. 自然人主观故意及主从犯在单位犯罪中如何认定 193
112. 撮合他人持枪抢劫的定性 197
113. 如何理解认定教唆犯罪中实行过限与盖然性教唆 199
114. 如何把握被告人 18 周岁前后犯数罪累犯的认定 200
115. 犯罪前科能否同时作为定罪条件和量刑情节 203
116. 选择性罪名既、未遂并存时如何认定 205
117. 如何认定因自陷行为致精神障碍犯罪的刑事责任 207
118. 如何尽量保持上下游犯罪被告人量刑的基本平衡 210
119. 如何审查判断刑事案件追诉期限——应当立案而不立案不受追诉时效的限制 211
120. 同案被告人先期判决能否成立追诉时效的中断 214
121. 如何理解把握在转化型犯罪中犯意的作用 216
122. 以实例说明如何运用证据推定非法占有的目的 217
123. 实践中如何理解把握危害食品安全犯罪禁止令的适用 220
124. 采用违法的经营手段能否排除单位犯罪适用 222
125. 有期徒刑执行完毕,管制执行期间犯罪是否构成累犯 224
126. 罪犯被剥夺政治权利期间再犯罪是否构成累犯,应否数罪并罚 229

127. 退赔责任能否因被害人放弃而免除 230
128. 被害人案发前放弃对被告人的财产返还权对犯罪数额能否产生实质影响 231
129. 在审理减刑案件中如何理解把握认罪悔罪 232
130. 如何计算减刑后又犯新罪的刑期 235
131. 情节严重是否为对被告人适用缓刑的限制条件 237
132. 缓刑考验期开始前再犯新罪是否应撤销缓刑 238
133. 缓刑考验期限内又故意犯罪能否再次适用缓刑 241
134. 判决宣告后送达前被告人“脱保”应如何处理 244

分 则

第一章 危害国家安全罪(略)

第二章 危害公共安全罪

135. 为轻生烧毁自家房屋的行为如何定性 247
136. 放火罪与寻衅滋事罪法条竞合时如何定性 249
137. 过失犯罪是否存在共同过失 250
138. 危险驾驶罪中无证驾驶等非犯罪构成要件行为如何评价 252
139. 酒后驾车交通肇事逃逸连撞两人致死如何定性 253
140. 醉驾致多人死亡如何定罪量刑 254
141. 如何区分醉驾中以危险方法危害公共安全罪与交通肇事罪 257
142. 在公共空间射击应如何定性 260
143. 强行闯卡并逃逸能否构成以危险方法危害公共安全罪 263
144. 公共道路通行中故意撞击他人车辆行为性质如何认定 265
145. 特定的人是否属于危害公共安全罪的犯罪对象 267
146. 以危险方法危害公共安全罪中“不特定多数人”的认定 271
147. 为赶鸟网购零部件自行改装枪支是否构成犯罪 273
148. 如何正确界定涉枪犯罪中的“买卖” 274
149. 吸毒后驾驶机动车发生重大交通事故如何定罪处罚 275
150. 没有酒精含量测试结果可否认定危险驾驶罪 277
151. 指使危害公共安全的醉驾司机逃逸能否构成以危险方法危害公共安全罪的共犯 279
152. 在内环快速公路碰瓷可否构成以危险方法危害公共安全罪 282
153. 乘客扯拽正在驾驶车辆的司机引发交通事故的行为定性 284
154. 公交车行驶中司机与乘客互殴属何性质 287
155. 驾车追逐逼停汽车致人死亡行为如何定性 289

156. 没有枪支杀伤力鉴定可否认定非法买卖枪支罪 291
157. 汽车行驶中轮胎脱落致人死亡司机是否构成交通肇事罪 292
158. 如何区分交通肇事后的逃逸与潜逃 294
159. 行为人交通肇事后找人顶包,自己在现场冒充路人,应如何定性 295
160. 交通肇事者擅自离开事故发生地是否构成交通肇事后逃逸 296
161. 车辆被撞后离开事故现场是否构成交通肇事后逃逸 297
162. 报警后逃离肇事现场又主动投案是否构成逃逸 299
163. 企图将肇事责任转嫁给同乘死者能否认定为逃逸 301
164. 交通肇事后逃离事故现场是否构成交通肇事罪中的逃逸 302
165. 交通肇事后将轻伤者送医途中遗弃并逃逸如何认定 304
166. 交通肇事后虽未离开现场但在做笔录时逃跑属何性质 305
167. 司机交通肇事后逃逸是否都构成交通肇事罪 307
168. 前车肇事逃逸,后车碾压致人死亡案件如何处理 308
169. 交通肇事罪中如何认定因逃逸致人死亡 310
170. 交通肇事后找人顶替、作伪证如何定性 313
171. 逃逸情节被两次评价是否一定构成重复评价 315
172. 本案交通肇事犯罪被告人是否构成逃逸致人死亡 318
173. 无法确定附带民事赔偿受偿主体的交通肇事罪如何适用缓刑 319
174. 行为人不慎将亚硝酸盐混入白糖销售致人死亡如何定性 321
175. 醉酒驾驶超标电动自行车能否构成危险驾驶罪 322
176. 在允许公众通行的校内驾车致人死亡的行为如何定罪 326
177. 危险驾驶罪与以危险方法危害公共安全罪等相关罪名的区分及认定 327
178. 行为人拒绝酒精检测的处理——醉驾人过错导致血液酒精测试结果缺失时呼气酒精测试结果的证据效力 331
179. 驾驶校车严重超载是否构成危险驾驶罪 333
180. 危险驾驶罪是否可以适用缓刑 335
181. 生产烟花爆竹使用烟火药是否按照爆炸物追究刑事责任 337
182. 商业三者险中肇事逃逸免责条款是否有效 339
183. 如何判定交通肇事罪中的间接因果关系 341
184. 醉酒驾驶拒不配合检查应定一罪还是数罪 342
185. 如何理解重大责任事故罪的主体要件及行为要件 343
186. 在市场附近和居民区销售汽油如何定性 346
187. 违规开发旅游项目致多人死亡构成何罪 347

第三章 破坏社会主义市场经济秩序罪

188. 如何定性将食品作为具有药用疗效的产品宣传销售行为 350

189. 偷换样品虚假提高产品质量获取非法利润构成何罪 351
190. 在食品中违规掺入添加剂能否构成犯罪，构成何罪 354
191. 司法实践中销售伪劣产品罪与诈骗罪的区分 356
192. 对生产售卖病死猪肉行为如何定性、鉴定及追诉 358
193. 超限量滥用食品添加剂造成人员伤亡的定性 360
194. 走私气枪铅弹是否构成犯罪，构成何罪 361
195. 如何认定竣工未决算工程中失职但未造成国家损失行为的性质 364
196. 如何定性注册公司后抽逃所借资金的行为 367
197. 公司成立前抽回垫资款属何性质及与关联罪名的区别 369
198. 是否凡具有链接关系的营业均属"同类的营业" 372
199. 对非法吸收公众存款罪中抵押担保的法律评价 374
200. 关于非法集资类犯罪非法占有目的等的理解与把握 377
201. 如何认定非法吸收公众存款犯罪手段 380
202. 对于集资诈骗犯罪中的担保债务如何定性 382
203. 如何区分非法集资与民间借贷、民间融资 384
204. 非上市公司向公众转让股权能否构成擅自发行股票罪 385
205. 如何区别擅自发行股票罪与集资诈骗罪 389
206. 如何定性收买他人信用卡后出售的行为 392
207. 以传销方式骗取财物应当构成何罪 395
208. 改变贷款用途是否构成骗取贷款罪 397
209. 对金融机构工作人员与借款人勾结骗取贷款的行为定性 401
210. 如何认定骗取贷款罪的因果关系及"重大损失" 403
211. 诈骗罪、信用卡诈骗罪、贷款诈骗罪的区分 406
212. 银行或其他金融机构工作人员冒用他人名义贷款构成何罪 408
213. 骗贷后又清偿完毕，是否构成贷款诈骗罪 409
214. 以空白支票骗取财物构成票据诈骗罪还是合同诈骗罪 411
215. 以炒股理财方式非法集资应如何定罪 415
216. 既有特定对象又有不特定对象时集资数额如何确定 416
217. 如何理解非法吸收公众存款与集资诈骗两罪的主要区别 419
218. 如何区分信用卡透支的善意透支与恶意透支 421
219. 如何把握恶意透支型信用卡诈骗犯罪数额认定与定罪标准 423
220. 使用以虚假的身份证明骗领的信用卡与恶意透支信用卡诈骗并存时犯罪数额如何认定 426
221. 在通信终端使用非法获取的信用卡信息应定何罪 429
222. 还款后又透支拒不归还能否构成信用卡诈骗罪 431
223. 信用卡未到期的分期付款数额能否计算在恶意透支数额中 434

224. 信用卡诈骗中持卡人部分还款对银行催收效力有何影响 436
225. 冒用他人身份证骗领借记卡是否构成犯罪，构成何罪 439
226. 借用他人信用卡恶意透支是否构成犯罪，构成何罪 440
227. 利用支付宝与信用卡绑定关系使用他人信用卡构成何罪 444
228. 骗领多张信用卡透支均偿还最低额构成何罪 446
229. 非投保人、被保险人或者受益人能否构成保险诈骗罪 448
230. 基本医疗保险基金能否成为保险诈骗罪的犯罪对象 450
231. 伪造车辆行驶证年检记录获取保险金是否构成犯罪 454
232. 人员变动对认定逃税单位直接负责的主管人员和其他直接责任人员有无影响 456
233. 如何区别虚开发票罪与非法出售发票罪 457
234. 如何定性用散装润滑油冒充名牌润滑油出售的行为 460
235. 审查商标类犯罪案件事实如何进行权利比对 462
236. 司法实践中对网络犯罪如何认定 463
237. 如何认定利用互联网公开损害他人商业信誉和商品声誉 466
238. 如何认定串通投标罪犯罪形态、主体及共犯 468
239. 串通竞买挂牌出让国有土地构成何罪 471
240. 如何认定合同诈骗罪中非法占有他人财物的目的 475
241. 如何认定定点医疗机构骗取医保金的性质 477
242. 如何认定事后合同诈骗中的事先部分 480
243. 如何认定隐瞒事实将已抵押房屋卖给他人的行为性质 483
244. 将租赁来的汽车出卖的行为如何定罪 484
245. 如何定性伪造合同骗取转包工程保证金的行为 487
246. 用欺诈手段取得他人财物又以自身财物作担保如何定性 489
247. 合同诈骗罪犯罪数额是否应当包括已履行部分 490
248. 对既有既遂又有未遂的数额犯应如何量刑 492
249. 对承运人调包承运货物的行为如何确定其性质 493
250. 在对外业务中金融机构工作人员双向欺骗行为属何性质 495
251. 借用他人烟草专卖许可证经营烟草专卖品如何定性 497
252. 销售以收取的医保卡套取的药品构成何罪 499
253. 擅自开办营利性学校能否构成犯罪，构成何罪 500
254. 手机定位是否属于刑法中的公民个人信息 503

第四章 侵犯公民人身权利、民主权利罪

255. 因反抗严重家暴而杀人的应属酌定从轻量刑情节 507
256. 将不会游泳的人强推下水致其溺亡构成何罪 509

257. 对于遭受暴力讨债时的反抗行为应如何定性 511
258. 判断被告人的行为是故意杀人还是交通肇事 513
259. 在被超车辆前故意急刹车致人死亡如何定性 515
260. 将伤者放在医院附近致其死亡是否构成犯罪 517
261. 如何定性为躲避交警执法致交警死亡的行为 519
262. 因赠送药物致人死亡是否构成犯罪,构成何罪 522
263. 伤害特殊体质被害人致其死亡如何定性 524
264. 是否属于共同故意伤害实行过限的判断 526
265. 对指使逼迫他人传销致死的行为人如何定罪 528
266. 如何区别故意伤害致死和过失致人死亡 530
267. 对伤害他人又拿走财物的行为应否数罪并罚 533
268. 司机对被害人强行登车跳车伤亡应否负刑事责任 535
269. 伤害案件中消极康复治疗能否构成被害人过错 537
270. 明知是幼女而强迫卖淫应定何罪 540
271. 强行与卖淫女发生性关系是否构成犯罪 542
272. 如何认定强奸案被告人是否属于违背妇女意志 544
273. 抢劫后强迫恋人当面发生性行为构成何罪 546
274. 怎样认定猥亵儿童罪的公共场所 549
275. 是否构成非法拘禁罪的判断 552
276. 以挟持儿童的方式寻找他人是否构成犯罪 554
277. 开办特殊学校致人死亡是否构成犯罪 556
278. 索取债务明显超过法定数额是否构成犯罪 558
279. 如何区分当场抢劫与当面勒索 560
280. 是否构成非法侵入住宅罪的判断 562
281. 企业公开信息中的自然人信息是否受刑法保护 564
282. 出卖先天智障女儿的行为是否构成犯罪,构成何罪 567
283. 诱骗儿童盗窃构成何罪 569

第五章 侵犯财产罪

284. 如何区分抢劫罪与敲诈勒索罪 572
285. 如何区分抢劫罪与绑架罪 574
286. 因讨债错误劫取财物拒不归还是否构成犯罪 576
287. 作案后专为逃跑所劫车辆应否计入犯罪数额 577
288. 如何理解把握多次抢劫的认定及其犯罪形态 579
289. 驾驶车辆夺取他人财物应定何罪 582

290. 对强奸中的索财行为应如何定性 584
291. 如何理解把握被害人行为介入致伤的定性处理 587
292. 行为手段的当场性是否为区分绑架罪与抢劫罪的唯一标准 589
293. 持枪抢劫中的枪支是否包括仿真枪 591
294. 如何认定共同盗窃中转化型抢劫问题 593
295. 被告人的尾随行为属何性质 596
296. 如何把握入户抢劫中“户”的认定 597
297. 基于其他原因实施暴力后索取财物如何定性 600
298. 入户盗窃以轻微暴力抗拒抓捕如何处理 603
299. 抢夺借款凭证是否构成犯罪 605
300. 用抢劫的手机贷款据为己有构成何罪 607
301. 抢夺中未使用和展示所带凶器如何处理 609
302. 在公交车内作案车外暴力抗拒抓捕如何定性 611
303. 汽车价值应否计入抢劫数额 613
304. 伤人后恐他人报警抢走其手机如何定性 615
305. 抢劫中止致被害人轻微伤能否免除处罚 617
306. 转化型抢劫罪与一般抢劫罪既未遂标准有无区别 619
307. 利用他人微信账号密码私自转账应定何罪 621
308. 交通协管员内部窃取违章罚款如何定性 623
309. 拿走他人遗忘在银行取款窗口的现金构成何罪 626
310. 安装电子衡干扰器窃取他人财物如何定性 628
311. 窃取他人手机号码转卖如何定性 630
312. 实际窃得物为赝品的盗窃数额如何认定 633
313. 盗窃存单后骗取他人身份证取款如何定性 635
314. 保姆将盗窃的雇主财物藏匿于雇主家中的行为认定 636
315. 盗窃手机后又冒用他人网银的构成何罪 638
316. 谎称借用手机将手机拿走如何定性 641
317. 撬开房门将他人房屋出租构成何罪 644
318. 限定刑事责任能力人偷开他人汽车如何定性 646
319. 行为人在既有个人房间也有集体房间的公寓实施盗窃是否构成入户盗窃 648
320. 出租车司机将乘客财物拉走应定何罪 650
321. 以假酒调包换真酒是盗窃还是诈骗 651
322. 缓刑考验期内再盗窃如何适用入罪标准 653
323. 如何确定赃物灭失无法确定价格时的盗窃数额 655
324. 如何定性盗窃共同替他人保管的财物 657

325. 利用工作便利窃取财物应定何罪 659
326. 如何区分盗窃罪与侵占罪、诈骗罪 661
327. 诈骗罪非法占有目的时间点如何把握 663
328. 如何认定提供“克隆网站平台”行为的性质 665
329. 介绍送、收养儿童虚构事实收取钱财如何定性 667
330. 以租赁他人的汽车质押构成何罪 669
331. 诈骗得手因被识破而退还的财物能否从犯罪数额中扣除 671
332. 伪造劳动合同等申报材料骗取国家补助如何定罪 672
333. 诈骗数额是否应当扣除欠条金额 675
334. 利用加工之际变相倒卖钢筋如何定性 677
335. 在签订合同过程中骗取本单位财产如何定性 680
336. 拿走特定场所遗忘物应如何定性 682
337. 保险代理人挪用保险费构成何罪 684
338. 以打假维权相要挟收取财物如何定性 686
339. 敲诈勒索罪控制交付时如何认定既、未遂形态 688
340. 是否构成破坏生产经营罪的判断 691
341. 仿制“火车票优惠卡”是否构成犯罪 694

第六章　妨害社会管理秩序罪

342. 抢劫逃跑中劫取警车等机动车如何定性 697
343. 强拿硬要行为应当构成何罪 699
344. 如何认定被害人帮助被告人逃避惩罚的行为性质 701
345. 回收加油卡赚取差价是否构成犯罪 706
346. 如何把握拒执罪的执行能力与情节严重 708
347. 知道他人系毒贩仍为其提供运输服务是否构成犯罪 712
348. 同行运输毒品刑事责任如何分配 715
349. 如何认定组织卖淫罪中的“组织性” 717

第七章　危害国防利益罪(略)

第八章　贪污贿赂罪

350. 国家工作人员利用职务之便骗取公共财物构成何罪 721
351. “地票”交易款能否成为贪污罪的犯罪对象 722
352. 合同纠纷与贪污犯罪的区分 725
353. 对以虚列支出手段实施平账行为如何定性 727
354. 利用职权高息放贷如何定性 730

355. 滥用职权后向受益人“借款”是否构成受贿罪，立案前已经退赔的款项是否应当计入滥用职权造成的损失数额 732

第九章　渎职罪

356. 是否构成玩忽职守罪的判断 735

357. 行为人篡改公务员考试成绩是否构成犯罪，构成何罪 737

总 则

001. 如何判定刑法上的因果关系

刑法上的因果关系是指危害行为与危害结果之间引起与被引起的合乎规律的联系。正确判定刑法中的因果关系对于刑事责任问题意义重大，有时能够对是否定罪起到关键作用。司法实践中，在认定因果关系时需要注意以下几点：

1. 因果关系只是研究某种行为是不是某种结果的原因，即所研究的是行为与结果之间的引起与被引起的关系，而不是对行为与结果本身的研究。由于危害行为本身具有法定性，故不能以因果关系的认定取代对危害行为本身的认定。

2. 因果关系是一种客观联系，不以人的意志为转移，行为人是否认识到自己的行为可能发生危害结果，不影响对因果关系的认定；因果关系又是一种特定条件下的客观联系，不能离开客观条件认定因果关系，行为人是否认识到了特定条件，不能左右对因果关系的认定。

3. 一个危害结果完全可能由数个危害行为造成，因此，在认定某种行为是某种危害结果的原因时，不能轻易否认其他行为同时也是该结果发生的原因；反之，一个危害行为可能造成数个危害结果，所以，在认定某种行为造成了某一危害结果时，也不要轻易否认该行为同时造成了其他危害结果。

4. 在行为人的行为介入了第三者或被害人的行为而导致结果发生的场合，要判断某种结果是不是行为人的行为所造成时，应当考察行为人的行为导致结果发生的可能性的大小、介入情况的异常性大小以及介入情况对结果发生作用的大小。

需要注意的是，具备刑法上的因果关系只是行为人对危害结果承担刑事责任的客观基础；行为人是否真正承担责任，还必须查明其主观上是否有过错。因此，不能把具有因果关系与承担刑事责任混为一谈。

002. 现阶段人工智能机器人是否属于刑事责任主体

人工智能是指使机器像人一样去完成某项任务的软硬件技术①。

人工智能机器人的发展阶段一般可分为普通智能机器人时代、弱人工智能时代和强人工智能时代。随着科学技术的不断进步，人工智能技术获得了快速发展；与此同时，人工智能涉罪问题也日益突出，这一现象使我国传统刑法面临新的挑战。如何衡量人工智能的刑事责任成为当前社会进一步发展所面临的主要问题。智能机器人作为现代化科学技术蓬勃发展的衍生物，具

① 参见刘宪权、房慧颖：《依据辨认控制能力划分智能机器人刑事责任》，载《检察日报》2018 年 5 月 16 日，第 3 版。

有一定的犯罪可能性。但根据目前我国法律，现阶段人工智能机器人还不属于刑事责任主体。

人工智能时代下智能机器人刑事法律尚存在以下问题：一是传统刑法存在的滞后性；二是智能机器人的法律主体地位和责任构成要件不明晰。因此，国内外很多学者提出“人工智能独立承担刑事责任”的观点，认为人工智能时代下对智能机器人犯罪的刑事法律应予完善①。如华东政法大学刘宪权教授认为：“机器人有无刑事责任能力应分情况对待。”②

首先，在刑法上明确智能机器人的分类和法律人格：一是在刑法上明确智能机器人的分类；二是健全智能机器人犯罪的相关构成要件。

其次，针对新型智能犯罪设立新的罪名。主要针对：一是当事人不合理地运用智能机器人的学习能力，有针对性地训练智能机器人从事非法活动，促使智能机器人掌握对社会有危害的技能。二是针对智能机器人的设计或生产者，因其未能有效地按照设计原则或要求进行机器人产品设计，进而导致使用者在实际使用智能机器人时引发危害社会的行为。

最后，对不同种类智能机器人设定不同的刑事责任。一是对弱智能机器人的刑法规制思路。政府有关部门应加大对人工智能行业的管理力度，其中最直接、最高效的方式就是从法律层面保证人工智能产品设计的合理性，并督促使用者科学、正确地使用智能化产品，杜绝智能机器人成为人类实施犯罪行为的工具。二是对强智能机器人的刑法规制思路。由于强智能机器人具备独立的辨认能力、控制能力，已经具有了简单的意识，有能力自主决定是否作出对社会有危害的行为，这也就间接反映出刑事责任主体的各项条件，如果智能机器人构成犯罪，也应当接受法律的制裁。但也有人认为，“人工智能独立承担刑事责任不具有理论自洽性”③。

003. 如何确定刑事案件中的案发时间

刑事案件中的案发时间的认定，直接影响被告人的罪中及罪后情节，如犯罪数额及量刑情况等。但关于案发时间，我国法律及司法解释目前尚无明确具体规定。对于“案发时间”的理解，在理论及实践中存在一定分歧和混乱。突出表现在“案发”一词在不同的司法文书、法学理论文章以及法律、法规、司法解释等规范性法律文件中往往有不同含义。从字义上讲，“案”是指案件，即“涉及诉讼和违法的事件”。在刑事诉讼中，“案”应当特指涉及刑事诉讼和犯罪的事件。“发”在这里可能有两种含义：一是发生，二是发现。所谓案发，就是案件发生的日子。这样，“案发时间”一词就可能有三种含义：一是犯罪事实的知情人向有关单位告发犯罪行为的时间，即报案时间；二是侦查机关接到当事人报案后，开始立案侦查的时间，即立案时间；三是侦查机关经侦查或调查确定的被害人被害、被骗的开始时间。

---

① 参见储陈城：《人工智能可否成为刑事责任主体》，载《检察日报》2018年4月19日，第3版。

② 参见刘卉：《华东政法大学教授刘宪权：机器人有无刑事责任能力应分情况对待》，载《检察日报》2018年2月6日，第3版。该文指出：“智能机器人是由程序设计和编制而成且具有辨认控制能力和学习能力，同时能够自主思维、自发行动的非生命体。智能机器人与自然人的根本差异在于其不具有生命体，智能机器人与普通机器人的差异在于其可能超越人类设计和编制的程序产生独立的意识和意志。不排除智能机器人实施严重危害社会行为的可能，其实施严重危害社会的行为可分为两种：在程序设计和编制范围内与在程序设计和编制范围外。在程序设计和编制范围内智能机器人实施犯罪行为是按照人类的意识和意志，应当将智能机器人看作人类实施犯罪行为的‘工具’，而发展到一定阶段的智能机器人可能超越程序的设计和编制范围，按照自主的意识和意志实施犯罪行为，因而完全可能成为行为主体而承担刑事责任。”

③ 参见储陈城：《人工智能可否成为刑事责任主体》，载《检察日报》2018年4月19日，第3版。

实践中，有人认为，刑事案件中的案发时间应当是被害人被害或发现被骗后的报案时间；也有人认为，刑事案件中的案发时间应当是公安机关的立案时间。一般应以公安机关立案之日作为案发时间。因为一般来说，被害人向公安机关报案时，公安机关尚未就"有犯罪事实和需要追究刑事责任"问题予以审查，而是在之后核实基本情况，确认被害人陈述的情况符合刑事案发主体和案发内容两方面标准，具备刑事案件案发的条件时，才予以立案侦查。据此，刑事案件中的案发时间的认定：一是刑事立案时可以先以被害人或知情人报案时间作为案发时间。二是经侦查或调查后，应将侦查或调查确定的被害人被害、被骗的开始时间认定为案发时间。三是案发时间应当尽量具体到年、月、日、时、分；如果经侦查或调查，没有确切证据证实更详细的案发时间，应以查明的最具体的时间确定。这样，比较符合立法及相近司法解释精神。

司法实践中，对于案发时间的认定，有时还涉及单一案发时间、连续作案的案发时间、多起案件在不同时间地点的案发时间等，有可能还涉及被告人投案自首时间等。特别是死刑案件，案发时间一定要尽量详细、具体、精准；案发时间认定错误，甚至有可能导致冤假错案发生。因此，应予以高度注意。

004. 如何理解"不满 18 周岁的人犯罪的除外"的适用

《刑法修正案（八）》在累犯条款中增加了主体要件（或者年龄要件），即"不满 18 周岁的人犯罪的"不构成累犯，即行为人在年满 18 周岁前后实施同种犯罪行为，如果 18 周岁后的犯罪行为与 18 周岁前的犯罪行为能够相互区分，且可以单独被评价为犯罪，则应当认定为"犯罪时已满十八周岁"。在同时符合累犯其他构成要件时，可以构成累犯。

1. "不满 18 周岁的人犯罪的除外"的理解。《刑法修正案（八）》在累犯条款中增加了主体要件（或者年龄要件），即"不满 18 周岁的人犯罪的"不构成累犯。根据立法精神，"不满 18 周岁的人犯罪的除外"，是指行为人不满 18 周岁犯前罪的，不适用累犯的规定。对于如何理解和适用累犯条款中的"不满 18 周岁的人犯罪的除外"，最高人民法院在《关于〈中华人民共和国刑法修正案（八）〉时间效力问题的解释》中作了明确规定。该解释第 3 条第 1 款规定："被判处有期徒刑以上刑罚，刑罚执行完毕或者赦免以后，在 2011 年 4 月 30 日以前再犯应当判处有期徒刑以上刑罚之罪的，是否构成累犯，适用修正前刑法第六十五条的规定；但是，前罪实施时不满十八周岁的，是否构成累犯，适用修正后刑法第六十五条的规定。"据此，无论立法机关还是司法机关，都是以实施前罪时的年龄作为排除累犯的主体要件。

2. 跨越 18 周岁犯罪时，行为人的年龄认定问题。在司法实践中，犯罪往往是一个过程或者处于持续状态，在此过程中行为人的年龄也必然随之变化。因此，在行为人跨年龄段犯罪时，判断是否为"不满 18 周岁的人犯罪"，应当结合犯罪构成进行具体分析。对于跨越 18 周岁实施同一犯罪行为的，此时行为人正处于心智未成熟向心智成熟的转化期，为了更好地保护未成年人，一般应当认定为不满 18 周岁的人犯罪。如果能够明确区分主、次罪行，且主要罪行发生在 18 周岁之后，应当认定为犯罪时已满 18 周岁。对于跨越 18 周岁实施同种犯罪行为的，如果行为人在 18 周岁前后实施的同种犯罪行为能够相互区分，且 18 周岁之后的犯罪行为能够被单独评价为犯罪，则应认定为"犯罪时已满 18 周岁"，否则应以"犯罪时不满 18 周岁"对待。这是因为，虽然对行为人在 18 周岁前后实施的同种犯罪行为按照一个罪名处理，但即便不考虑 18 周岁前的行为，18 周岁后实施的行为也可被评价为犯罪，故应属于已满 18 周岁的人犯罪。

3. 跨越18周岁犯罪时,前罪刑罚执行完毕时间节点的认定。在行为人跨越18周岁犯罪时,前罪所判处的刑罚既是对18周岁之前行为的评价,也是对18周岁之后行为的评价。虽然18周岁前后的犯罪行为能够相互区分,但是各自所对应的刑罚共存于同一个宣告刑中,无法进行区分。对此情形,如何界定前罪刑罚执行完毕的时间节点,我国《刑法》和相关司法解释没有作出具体规定。在认定前罪刑罚执行完毕的时间节点时,如果机械地对18周岁前后的犯罪行为予以分别量刑,不仅有违刑法的罪刑法定原则,而且会遇到诸多无法区分18周岁前后行为的现实困难。因此,在法无明文规定的情况下,如果能够明显区分18周岁前后行为所对应的刑罚,且后罪发生在刑罚执行完毕后5年内,则应当认定构成累犯,比如18周岁之前的犯罪行为对前罪刑罚的贡献非常小,可以忽略不计的情形。否则,应当遵循刑法的谦抑原则,从有利于被告人的角度进行处理。如被告人怀某豹虽系跨越18周岁犯罪,但属于犯罪时已满18周岁的人。在认定累犯时,其前罪刑罚执行完毕的时间应当是18周岁后的犯罪行为所对应刑罚的执行完毕时间。如果后罪发生在该时间节点后的5年内,则可以构成累犯。被告人怀某豹于2007年实施了前罪,2009年7月被判处有期徒刑3年,2011年5月刑满释放,2012年5月再犯盗窃罪,且应当被判处有期徒刑以上刑罚。可见,其"犯前罪—行刑—再犯罪"的时间差仅为4年,后罪发生的时间明显在前罪刑罚执行完毕后的5年内,故应属于累犯。

005.行为人满14周岁之日醉酒驾驶致人死亡是否应当定罪

初三学生肖某军出生于2000年8月16日。2014年8月16日晚,肖某军无证偷开其母的汽车,邀请多名同学吃饭。饭后,肖某军等人又步行至歌厅唱歌,其间又饮酒若干,约23时众人因酒醉而昏睡于歌厅。凌晨2时许,睡醒的肖某军驾车送其同学回家。在行驶过程中,肖某军将横穿马路的孟某撞死。后经交警鉴定,肖某军驾驶的车辆碰撞前的行驶速度为110~114公里/时;肖某军案发时血液中的酒精含量为150毫克/100毫升。

在该案处理中,对肖某军的行为如何定性产生分歧:第一种意见认为,肖某军的行为构成以危险方法危害公共安全罪。理由是:肖某军驾车撞人时已经过了14周岁生日,属于限制刑事责任能力行为人,应对8种特定行为负责。肖某军酒后无证驾驶的行为符合"明知且放任"的主观故意,并且造成了孟某死亡的危害后果,符合(间接)故意伤害致人死亡行为的特征,应当根据其具体行为方式确定罪名追究刑事责任。该案中肖某军酒后无证驾驶的行为方式虽然是造成了孟某一人死亡的危害结果,但是威胁到的客体却是"不特定多数人的生命、健康和重大公私财产的安全",根据最高人民法院《关于印发醉酒驾车犯罪法律适用问题指导意见及相关典型案例的通知》的内容,应当认定为以危险方法危害公共安全罪。第二种意见认为,肖某军的行为构成故意伤害致人死亡罪。理由是:肖某军属于限制刑事责任能力行为人,应当仅对《刑法》第17条第2款规定的8种行为负责,其"明知而放任"酒后无证驾驶的行为虽然没有明确的侵害对象和目标,但是考虑到现实中凌晨之时路上行人稀少,理论上不具有产生不特定严重后果的可能性和危险性,实际上也是仅造成了孟某一人死亡的危害后果,所以应当认定为(间接)故意伤害致人死亡罪。第三种意见认为,肖某军的行为不构成犯罪。理由是:肖某军酒后无证驾驶时已经陷入了深度醉酒状态,已经丧失了认识能力和控制能力,属于无刑事责任能力人,其行为不能构成犯罪。其虽然存在"明知而放任"醉酒这种危险行为发生的原因行为,但是其实施这种原因行为(饮酒)时尚未满十四周岁,同样属于无刑事责任能力人,其放任行为也不能构成犯罪。所以,肖某军不构成犯罪。

上述第三种意见相对客观一些。理由如下：

1. 案发时肖某军刚刚过了14周岁生日，属于限制刑事责任能力人，但是因为其已经深度醉酒，完全丧失了辨认和控制自己行为的能力，应当认定为无刑事责任能力人，此种情况下肖某军是否应对其行为负责需要进一步讨论致使其陷入深度醉酒状态的原因行为。如果肖某军陷入深度醉酒状态的原因行为是自由的，则应当对其在无辨认和控制能力状态下的行为负责；如果肖某军陷入深度醉酒的原因行为是不自由的，那么肖某军则无须对其在无辨认和控制能力状态下的行为负责——《刑法》第18条第4款规定的醉酒的人犯罪应负刑事责任就是基于第一种情形，即陷入无辨认和控制能力状态的原因行为是自由的，这就是刑法理论中的原因自由行为。

2. 致使肖某军陷入深度醉酒状态的原因行为是否自由。虽然肖某军是自愿饮酒并且不加限制、放任醉酒结果的发生，同时还存在无证驾驶的行为，但是肖某军在实施这些行为的时候还未满14周岁，属于法律规定的无刑事责任能力人，而无刑事责任能力人所实施的任何行为都被法律拟制为无辨认和控制能力状态下的行为，是不用承担刑事责任的。因此，因为肖某军在实施陷入醉酒状态的原因行为时是未满14周岁的人，是无刑事责任能力人，所以他所实施的原因行为应当被认定为缺乏认识因素和意志因素的行为，是不自由的。既然肖某军实施的原因行为是不自由的，也就是说肖某军不属于《刑法》第18条第4款规定的原因自由行为人，所以肖某军就不需要对其醉酒状态下实施的行为负刑事责任，也就是说肖某军不构成犯罪。

值得注意的是，已于2021年3月1日起正式施行的《刑法修正案（十一）》，对刑事责任年龄相关规定作出调整。《刑法修正案（十一）》共48条，针对低龄未成年人犯罪、疫情防控、金融市场乱象等人民群众关切的突出问题，对刑法作出修改完善。规定已满12周岁不满14周岁的人，犯故意杀人、故意伤害罪，致人死亡或者以特别残忍手段致人重伤造成严重残疾，情节恶劣，经最高人民检察院核准追诉的，应当负刑事责任。

006. 如何认定“供犯罪所用的本人财物”

《刑法》第64条规定，违禁品和供犯罪所用的本人财物，应当予以没收。但对于何为“供犯罪所用的本人财物”，法律或司法解释没有明确规定，理论界和实务界存在认识分歧，尤其是对于非直接或非专门用于犯罪的财物、设定了他人民事权利的财物等如何作出认定处理尚不统一。

1. 供犯罪所用的财物应是与犯罪有经常性或密切性联系，对犯罪实施具有重要作用的财物。对于“供犯罪所用的财物”的理解认识，如果按照文义解释方法，即为犯罪而使用的财物。按此理解，所有在犯罪预备、犯罪实行过程中使用的与犯罪有联系的财物都包含在上述范围。按此逻辑，犯罪中被告人实际使用的与犯罪没有必然联系的生活必需品或常用品，如穿着的衣服、鞋袜也都属于“供犯罪所用”，如果予以没收，显然有违常情常理。按照法律解释方法理论，在文义解释出现问题时，就需要采用文理解释方法，从立法本意和法律精神角度把握条文的内涵与外延。《刑法》之所以规定将供犯罪所用的财物予以没收，主要目的为特殊预防、剥夺被告人再犯能力并带有一定惩罚性质。基于对没收“供犯罪所用财物”的行为性质目的的分析，认定“供犯罪所用财物”主要应从财物与犯罪的关联性方面把握，需要考量财物对于犯罪的作用大小、联系紧密程度等因素。对于专门用于犯罪的财物应认定为“供犯罪所用”没有争议。对于非专门用于犯罪的财物，可从五个方面判断。一是财物与犯罪应该存在直接或者密切联系。所谓直接联系就是该财物对犯罪行为或结果的发生起到决定或者直接作用,或者说该财物是实施或者完成犯罪行为的必要条件或重要条件。所谓密切联系,即财物和犯罪存在经常性的联系,财物经常用于犯罪,反复使用。财物与犯罪之间应当存在直接关系,也即财物应当是“直接用于犯罪”。二是财物应当是专门用于犯罪。根据刑法主客观相结合的原则,所谓专门用于犯罪,是指犯罪行为人在主观上存在将财物专门用于犯罪的意图,并且在实际情形中亦专门用于犯罪。因此,需要结合财物的日常用途、与犯罪行为结合的频率以及时间长短进行综合判断。三是财物应当是直接用于犯罪。在判断财物是否“直接用于犯罪”时,首先,要求财物的所有权应当属于犯罪行为人,犯罪行为人对该财物应当具有相应的支配或处分权限;其次,财物应当属于犯罪构成的一部分;最后,财物应当与犯罪结果具有直接关系,对犯罪的完成起到了关键性或决定性的作用。四是被告人有将财物用于犯罪的主观认识。《刑法》第 64 条虽未限定没收“供犯罪所用的本人财物”必须发生在故意犯罪中,但从文义解释看,“供犯罪所用”是被告人在主观上对财物用于犯罪有明确的认识,继而积极主动地在犯罪中使用该财物。由于过失犯罪,被告人对犯罪实施缺乏主动性,对犯罪目的实现也没有积极追求,对于财物在犯罪中的使用缺乏主动性和明确认识,故不属于应当没收的情形。五是财物应主要用于犯罪。如被告人作案所用汽车只是交通工具,并未成为犯罪实施的必要条件或者重要条件,且其主要用于日常生活,没有连续性或者长期性用于实施犯罪,故一般不应认定为“供犯罪所用”。

2. 财物为本人所有且予以没收对第三人的合法权利不会构成损害。本人财物是指被告人进行犯罪活动所使用的属于其本人所有的财物。但随着经济社会的快速发展,财产流转日益频繁,权利主体多元化,权利内容呈现多层次性和交叉性。财物可能同时叠加多项权利。因此,在作出没收供犯罪所用的本人财物时,仅审查本人是否对该财物具有所有权尚不全面。对“本人财物”的认定,不仅要对被告人是否具有所有权进行审查,还应注意予以没收是否会损害第三人合法权利。如有的被告人作案所用的轿车或者被告人所用其家庭残疾成员日常所用的代步老年车,涉及夫妻财产共有关系和银行的抵押权或其他家庭成员的正常生活需要,如果不顾上述情况简单判决没收,则易割裂刑民关系,侵害合法民事权利。

3. 坚持相当性原则衡量拟没收财物的价值是否与犯罪的危害性质和危害程度相当。对“供犯罪所用的本人财物”予以没收,虽然其不属于我国刑法所规定的法定刑罚种类,但并不能否定其所具有的惩罚性效果。因此,在认定是否属于应当没收的“供犯罪所用的本人财物”时,应参照刑法罪刑相适应的基本原则进行衡量,如果拟没收财物价值明显超过犯罪危害性质和危害程度所对应的应受惩罚程度,说明没收会与社会基本认知和价值判断产生冲突而不合理。例如,被告人盗窃犯罪数额仅为数千元,判处刑罚为有期徒刑 8 个月,罚金 5000 元,如对价值数倍于犯罪数额和罚金标准的轿车予以没收,实际上变相加重了对被告人的惩罚,有悖罪刑相当原则。

007. 如何认定“违法所得”及判断标准

“违法所得”的定义和认定在司法实践中比较混乱。主要是对其范围及是否应当扣除犯罪成本把握不一,在同一案件中确定罚金数额和没收财产范围时对是否坚持同一“违法所得”的概念和认定标准不够规范、统一。

1. 司法实践中关于“违法所得”定义和认定的主要分歧及相关文件规定。

(1)关于“违法所得”定义和认定的分歧。刑法多个条款出现“违法所得”的表述,而不同的司法解释对“违法所得”定义的界定不同,故司法适用过程中存在一定分歧。有的认为,“违法所得”是指获利数额,即以违法生产、销售获得的全部收入(非法经营数额)扣除其直接用于经营活动的合理支出后剩余的数额。这种观点得到最高人民法院研究室的支持①。也有的认为,“违法所得”是指通过实施犯罪直接、间接产生、获得的任何财产,无须扣除生产、销售成本。该观点以《刑法》第64条的规定为依据②。

(2)关于“违法所得”定义和认定的相关司法解释及文件规定。随着刑事诉讼制度的发展,《刑事诉讼法》于2012年修正时增设的特别没收程序也含有“违法所得”的规定,有关特别没收程序的司法解释对“违法所得”亦作出了专条解释。至此,“违法所得”已同时出现在刑事实体法、程序法领域,关于“违法所得”定义和认定的相关规定大致包括司法解释、国际条约以及行政规范性文件等几类③。

第一,明确“违法所得”系获利数额的司法解释文件。一是最高人民法院于1995年向湖北省高级人民法院下发的《关于审理生产、销售伪劣产品刑事案件如何认定“违法所得数额”的批复》(现已失效)明确“全国人民代表大会常务委员会《关于惩治生产、销售伪劣商品犯罪的决定》规定的‘违法所得数额’,是指生产、销售伪劣产品获利的数额”;二是最高人民法院于1998年出台的《关于审理非法出版物刑事案件具体应用法律若干问题的解释》(以下简称《出版物解释》)第17条第2款明确“本解释所称‘违法所得数额’,是指获利数额”;三是最高人民法院、最高人民检察院于2012年出台的《关于办理内幕交易、泄露内幕信息刑事案件具体应用法律若干问题的解释》(以下简称《内幕交易解释》)第10条第1款明确:“……‘违法所得’,是指通过内幕交易行为所获利益或者避免的损失。”

第二,明确“违法所得”系通过实施犯罪直接、间接产生或者获得的任何财产的司法解释文件、国际条约。最高人民法院、最高人民检察院、公安部(以下简称两高一部)于2014年联合印发的《关于办理非法集资刑事案件适用法律若干问题的意见》(以下简称《非法集资意见》)第5条第1款明确:“向社会公众非法吸收的资金属于违法所得。以吸收的资金向集资参与人支付的利息、分红等回报,以及向帮助吸收资金人员支付的代理费、好处费、返点费、佣金、提成等费用,应当依法追缴……”最高人民法院、最高人民检察院于2017年出台的《关于适用犯罪嫌疑人、被告人逃匿、死亡案件违法所得没收程序若干问题的规定》(以下简称《特别程序规定》)第6条明确:“通过实施犯罪直接或者间接产生、获得的任何财产,应当认定为刑事诉讼法第二百八十条第一款规定的‘违法所得’。违法所得已经部分或者全部转变、转化为其他财产的,转变、转化后的财产应当视为前款规定的‘违法所得’。来自违法所得转变、转化后的财产收益,或者来自已经与违法所得相混合财产中违法所得相应部分的收益,应当视为第一款规定的‘违法所得’。”《特别程序规定》对“违法所得”的界定,直接规范依据是《联合国反腐败公约》第2条“术语的使用”第5项,即“‘犯罪所得’系指通过实施犯罪而直接或间接产生或者获得的任何财产”;理论依据在于

---

① 最高人民法院研究室2012年在有关部门征求意见时答复认为,非法经营罪中的“违法所得”,应当是指获利数额。

② 《刑法》第64条规定:“犯罪分子违法所得的一切财物,应当予以追缴或者责令退赔;对被害人的合法财产,应当及时返还;违禁品和供犯罪所用的本人财物,应当予以没收。没收的财物和罚金,一律上缴国库,不得挪用和自行处理。”

③ 此处仅作初步列举,可能不够全面,但已涵盖了相关的主要文件。

“不让犯罪分子通过实施犯罪获得任何收益”这一最基本的法理;实践依据是近年来我国反腐败国际追逃追赃实践以及世界范围内主要发达国家反腐败的经验做法。

第三,明确“违法所得”一般认定和特殊认定原则的行政规范性文件。对“违法所得”的认定明确指导原则最具影响力的行政规范性文件当属原国家工商行政管理总局于2008年印发的《工商行政管理机关行政处罚案件违法所得认定办法》(以下简称《认定办法》)。该文件明确了“违法所得”的一般认定和特殊认定原则。一般认定原则,是指“以当事人违法生产、销售商品或者提供服务所获得的全部收入扣除当事人直接用于经营活动的适当的合理支出,为违法所得”。违法生产商品的违法所得按违法生产商品的全部销售收入扣除生产商品的原材料购进价款计算;违法销售商品的违法所得按违法销售商品的销售收入扣除所售商品的购进价款计算。特殊认定原则,是指对于一些社会危害大或者违法成本难以计算的违法行为以其“销售收入为违法所得”。

2. 关于“违法所得”概念的界定应当区分不同层面。

关于“违法所得”的定义和认定应当区分不同的层面。从法律条文关于“违法所得”表述的功能分析,可分三个层面:一是规定“违法所得”旨在为罚金刑提供判罚标准;二是规定“违法所得”旨在提供定罪处罚标准;三是规定“违法所得”旨在明确没收财产范围。

(1)规定“违法所得”旨在为罚金刑提供判罚标准。如《刑法》第180条、第225条规定的“并处或者单处违法所得一倍以上五倍以下罚金”,该“违法所得”系为判处罚金刑明确一个基数。从现代刑事发展理念分析,罚金的适用原理主要在于对经济犯罪、贪利性犯罪科以经济上的处罚,根据行为人通过犯罪获利多少配置轻重不等的罚金刑,即以阶梯式经济处罚遏制严重程度不等的经济利欲。基于罚金刑的这一适用原理,对于旨在为罚金刑提供判罚基数的情形,可以参照《出版物解释》《内幕交易解释》的规定,将“违法所得”的概念界定为“获利”或者“避免的损失”,在认定时应当扣除必要、合理的相关成本。

(2)规定“违法所得”旨在提供定罪处罚标准。如《刑法》第217条规定:“……违法所得数额较大或者有其他严重情节的,处三年以下有期徒刑,并处或者单处罚金……”从原理上分析,此种情形,获利或者避免损失的数额最能准确反映犯罪的社会危害性。以非法经营犯罪为例,绝大多数非法经营犯罪都是以牟利为目的,有的非法经营犯罪投入成本很高,而有的投入成本较低,从非法经营数额或者销售收入角度,难以准确反映非法经营行为的投机和社会危害程度。故此类情形,可以参照上述第一种情形,将“违法所得”定义为“获利”或者“避免的损失”。

对于因客观原因无法查清生产、销售成本的案件,为准确体现犯罪的社会危害性,以便精准定罪处罚,可以委托相关部门对生产、销售成本进行鉴定,不可因为无法查清而对生产、销售成本不予扣除。对于犯罪嫌疑人、被告人故意销毁账簿、做假账或者以其他方式阻挠、干预侦查导致生产、销售成本无法查清的,应当由其承担不利法律后果,可以根据原国家工商行政管理总局的《认定办法》,不扣除相关成本,直接将销售收入认定为“违法所得”。

(3)规定“违法所得”旨在明确没收财产范围。《刑法》第64条规定:“犯罪分子违法所得的一切财物,应当予以追缴或者责令退赔……”《刑事诉讼法》第300条规定:“……对经查证属于违法所得及其他涉案财产,除依法返还被害人的以外,应当裁定予以没收……”根据上述规定,结合“不让犯罪分子通过实施犯罪获得任何收益”的原则分析,所有通过实施犯罪而直接、间接产生、获得的财产都应予以没收,包括违法所得已经部分或者全部转变、转化后的财产和来自违法所得转变、转化后的财产收益,或者来自已经与违法所得相混合财产中违法所得相应部分的收益。“通过实施犯罪直接、间接产生或者获得的任何财产”,在没收时,认定的违法所得一般不扣除生产、销售成本。如生产、销售的赌博机属于违法所得,包括生产、销售成本,司法机关对赌博机查处后一般应当完整销毁，而不存在将相关成本返还生产者、销售者。即使赌博机销售变现后，也应当全部没收上缴国库，不可能将销售成本返还销售者。但在确定罚金基数时，认定的违法所得应当扣除生产、销售成本。

值得注意的是，有的案件中，行为人并非全案违法，仅部分环节违反法律规定，此种情况下应当确定违法所得和添附的比例，没收时适用比例原则，不宜不加区分一概没收全部财产。如行为人通过行贿手段低价获取国有土地使用权，从事房地产合法经营，仅行贿环节构成犯罪，获得国有土地的差价部分应当认定为“违法所得”，应当准确认定差价部分在整个房地产经营收入中的比例，按照该比例确定最后没收违法所得的数额。

关于犯罪成本是否扣除的观点分歧，一般发生在没收环节，此类问题比较复杂。一般而言，没收违法所得时，对于犯罪成本所对应的行为附属于犯罪实行行为，不具有独立性的，因该行为亦具有非法性，故犯罪成本不应扣除；对于犯罪成本所对应的行为具有独立性，且单独评价具有非法性的，犯罪成本亦不应扣除；对于犯罪成本所对应的行为具有独立性，且单独评价难以认定为非法的，犯罪成本应予扣除，不应一并没收。司法实践中有的案件还需要结合具体情况确定没收违法所得时是否扣除相关犯罪成本。

3. 对“违法所得”的认定应以“不让行为人从犯罪中受益”为标准。首先，《刑法》第 64 条规定的是没收“违法所得的一切财物”；其次，最高人民法院《关于适用〈中华人民共和国刑事诉讼法〉的解释》（以下简称《刑诉法解释》）第 449 条第 2 款规定：“查封、扣押、冻结的财物属于被告人合法所有的，应当在赔偿被害人损失、执行财产刑后及时返还被告人。”由此可见，违法所得的范围应限定在“犯罪活动”取得财物上，违法所得实为“犯罪所得”。对行为人通过实施违反刑事法律行为而非法取得的财物，应当界定为违法所得，予以追缴或者责令退赔；而对行为人尚未实施违反刑事法律行为即已依法取得的财物，不能界定为违法所得而进行追缴或者责令退赔。

4. 广义上的“违法所得”，还应当包括“其他涉案财产”。如违法所得没收程序中的“违法所得”实际是指“违法所得及其他涉案财产”。其中“其他涉案财产”，从理论上讲，是指犯罪嫌疑人、被告人非法持有的违禁品、供犯罪所用的本人财物以及明知是供犯罪所用而交付犯罪嫌疑人、被告人使用的财物。“其他涉案财产”是指犯罪嫌疑人、被告人非法持有的违禁品、供犯罪所用的本人财物①。“其他涉案财产”是否限于“本人财物”，是否包括明知犯罪嫌疑人、被告人实施犯罪而供犯罪所用的他人财物，尚需进一步研究或作出司法解释。

008. 如何认定犯罪工具及司法实践中的处理

1. 犯罪工具的定义。根据《新华字典》的解释，“工”指工作、工程、生产劳动；“具”指用具、器具、器物；“工具”泛指劳动生产中使用的器具，还比喻用以达到目的的事物。根据以上解释，可将“犯罪工具”定义为“犯罪时使用的器具，或比喻用以达到犯罪目的的事物”，即专门用于实施犯罪的财物或器具。“犯罪时使用的器具”主要指用于实施犯罪活动的各种物品或器械等，如投毒用的毒物、杀人用的刀具等。实践中所提到的犯罪工具一般仅指物；但是作为犯罪工具的物，不仅限于无生命的物，还包括有生命的动物、植物乃至微生物，比如用于伤害的毒蛇、细菌等。有的学者认为犯罪工具还可以定义为犯罪行为人为了实行犯罪行为而使用的物或利用的人。

① 详见《刑法》第 64 条、《刑诉法解释》第 509 条。

2. 犯罪工具应具备的特性。从司法实务角度,对犯罪工具应当作狭义解释,即犯罪工具是专门用于实施犯罪的财物或器具。犯罪工具应当具备以下特性:

(1)专门性,即专门用于犯罪的财物或器具,而那种临时性或辅助性的财物或器具则不属于犯罪工具。在1989年9月公安部《关于为赌博提供的交通工具能否予以没收的批复》(现已失效)中就曾规定:“根据《治安管理处罚条例》第七条的规定和公安部《关于没收、处理违反治安管理所得财物和使用工具的暂行规定》,对赌博时所使用的赌具,不论其价值高低,均应没收。为赌博提供交通工具(如小汽车)以及场所(如房屋)等条件的,是违反治安管理的行为,对行为人应给予治安处罚。但交通工具、场所不是赌具,不应没收。”2005年5月最高人民法院、最高人民检察院《关于办理赌博刑事案件具体应用法律若干问题的解释》第8条第2款进一步规定:“赌资应当依法予以追缴;赌博用具、赌博违法所得以及赌博犯罪分子所有的专门用于赌博的资金、交通工具、通讯工具等,应当依法予以没收。”上述批复、解释都认定了作为犯罪工具的财物或器具,应当具有“专门性”,否则不应当作为犯罪工具处理。

(2)直接性,即犯罪工具对犯罪行为的完成起到了作用。一般来讲犯罪工具对犯罪行为的完成具有决定性或推动性的作用;没有犯罪工具,犯罪一般无法完成、难以实施或完成不迅速。比如入室抢劫所使用的万能钥匙、刀具等就属于犯罪工具。在一定意义上,犯罪工具的利用使得犯罪行为更为便利、更为危险。具体而言,犯罪工具可以提高犯罪人的犯罪能力和增强其自信心,从而提高犯罪的成功率,增强犯罪的隐蔽性和危害性。考察直接性的时候,需要注意以下两点:首先,该犯罪工具已经为犯罪人实际控制及处分,犯罪人在控制和处分犯罪工具时已有了犯罪目的;其次,该犯罪工具与犯罪行为和犯罪结果之间具有直接关系,犯罪工具的存在有助于犯罪行为的成立及犯罪结果的实现,犯罪工具是犯罪人犯罪能力的延伸。主客观统一说则要求犯罪分子具有将物用于犯罪的故意,且实际用于犯罪才得没收,即判断是否专门用于犯罪是以实施犯罪行为时主观意思和客观行为同时具备为准。同时,是否认定为犯罪工具以行为人的行为是否构成犯罪为前提,而非以行为人是否受到刑罚处罚为前提。

(3)时间性,即犯罪工具应为犯罪人在实施犯罪的过程中所使用的财物或器具;该物如果在其他时间被合法使用,则不能成为犯罪工具。“实施犯罪”既指实施犯罪预备,又指正在进行犯罪。比如,甲欲到金店抢劫,私自组装手枪一支,准备妥当之后,乘出租车到达某珠宝店抢劫。在此案例中,手枪无疑是犯罪工具,但出租车却不是犯罪工具;因为出租车虽然为犯罪人所利用,但它是在犯罪人实施犯罪过程以外被犯罪人利用,而且与犯罪目的的实现并无直接的关系。但是,犯罪人专门用来到达或逃离犯罪现场或进行犯罪活动的交通工具,如摩托车,却是典型的犯罪工具;因为它是犯罪人专门备置的工具,对犯罪实施起着决定性或推动作用。因此,这里的时间性,是指犯罪人从犯罪准备、犯罪实施、犯罪结果的维持的全部时间。

(4)证据的考量性,即犯罪工具作为证据,对定罪量刑具有重要的参考意义。犯罪工具能够集中表达一些犯罪信息,比如犯罪分子的居住地区、经济状况、职业特点,以及犯罪分子的作案目的和动机、是否为惯犯、流窜作案、对现场情况是否知情、作案前有无预谋等。犯罪工具所反映的这些信息,是定罪量刑的重要证据。对于犯罪工具作为有罪和无罪的依据来讲,没有特定的犯罪工具就不能构成此种犯罪,比如在《刑法》第340条和第341条分别规定的非法捕捞水产品罪和非法狩猎罪中,就以使用法律规定的“禁用的工具”,作为两种罪行成立的要件。对于犯罪工具作为此罪和彼罪的区别依据来讲,犯罪工具的不同决定了犯罪类别的不同。例如,在致人死亡的案件中,依据作案所使用的尖刀、棍棒等工具不同而有可能区别为故意杀人或故意伤害;又如,使用信用证进行诈骗则构成信用证诈骗罪,如果使用信用卡进行诈骗则构成信用卡诈骗罪。根据犯罪工具作用,犯罪工具的使用是罪轻和罪重量刑的重要依据。比如犯罪人实施抢劫过程中,持枪抢劫比徒手抢劫情节更为严重,属于加重处罚的情节。依据《刑法》的规定,一般的抢劫罪处3年以上10年以下有期徒刑,并处罚金;而持枪抢劫则处10年以上有期徒刑、无期徒刑或者死刑,并处罚金或者没收财产。因此,抢劫过程中所使用的枪支则是重要的物证。

犯罪工具的上述特性相互关联;对犯罪工具认定,要把实际所有特性结合起来考察研判。

3. 对犯罪工具的处理原则。司法实践中,对犯罪工具法院往往根据《刑法》第64条的规定予以没收,对犯罪工具的价值不加衡量,一概没收,甚至有的地方是完全按照犯罪工具的"犯罪属性"来予以没收的,即他人在不知情的情况下,犯罪人借用或盗用他人合法财产作为犯罪工具实施犯罪行为之时,犯罪工具也被予以没收。对犯罪工具予以没收的标准应从严掌握,绝不能为了没收而对公民的合法财产权益进行侵犯。对于犯罪工具的没收应当坚持以下原则:

(1)比例性原则。比例性原则,即在没收犯罪工具的时候,要考虑犯罪的危害程度与犯罪工具价值之间的比例关系。作为犯罪工具的本人财物,并非无论价值大小都应予以没收。供犯罪所用的本人财物的价值可能较大,犯罪所造成的损害结果可能较小;而犯罪工具不加区别地予以没收,则是对犯罪人财产权利的不当剥夺,从而有可能影响犯罪人及其赡养、抚养人的基本生活。因此,对于作为犯罪工具的本人财物的没收,应当坚持比例性原则,根据犯罪的事实以及犯罪的性质、情节和对于社会的危害程度,对其进行处罚。没收供犯罪所用的本人财物规定在了我国《刑法》的量刑一节,具有刑事惩罚性质;它属于我国刑事制裁体系的辅助手段,起着补充刑罚的作用。因而在适用上也应体现罪与刑的均衡,没收财物的范围、价值应当与犯罪的危害性质、危害程度相当。《刑法》第5条规定,刑罚的轻重,应当与犯罪分子所犯罪行和承担的刑事责任相适应。第61条规定,对于犯罪分子决定刑罚的时候,应当根据犯罪的事实以及犯罪的性质、情节和对于社会的危害程度,依照该法的有关规定判处。根据《刑法》的规定,既然没收犯罪工具具有刑事惩罚的性质,那么在没收犯罪工具的时候也应考察犯罪的性质、情节和对社会的危害程度。需要指出的是,这种依据犯罪的事实、性质、情节和对于社会的危害程度对犯罪工具的没收行为,不是法官的任意行为,而是严格限制在法律授权范围内的行为。而且,这种比例关系随着社会的发展和变迁而有所差异,与人们的认知、文化等因素相关,特别是与法官的个人经验、知识、判断等因素相关。所以说,对同一案件任何两个法官的判决,是不可能完全一致的;那么这种比例关系也只能是在可接受范围内的比例关系,这种"可接受"范围,是法官的裁决不能与法律精神、规定相违背,不能与人们普遍的认知相去甚远。

(2)功能性原则。刑法的主要任务是:惩治犯罪、预防犯罪、保护合法权益,三个方面相互依存,缺一不可。"功能性原则"就是要在尊重犯罪人人权和有利于犯罪人重返社会的前提下,确定应予没收犯罪工具的范围。没收犯罪工具的意义在于既使得犯罪人不能再犯,又起到威慑的作用,从而保护公民的合法权益和维护社会秩序。在确定应予没收犯罪工具范围的时候,还要考虑到犯罪工具的使用价值。有的犯罪工具不仅可以用来犯罪,而且还可以用来生产、生活,比如汽车、计算机等。因此,如果没收此类犯罪工具将使得犯罪人及其所扶养的亲属难以维持生活,甚至使得犯罪人回归社会后难以通过合法劳动获得生活来源,此类犯罪工具则不宜列入没收的范围。对于犯罪工具的没收,应当考虑作为犯罪工具的财物的使用价值及其对于犯罪人及其家庭在生产、生活方面的影响。

(3)第三人利益保护原则。第三人利益保护原则,是指在对犯罪工具的刑事没收中应注意保护第三人的合法利益。我国《刑法》第64条特别没收的对象是"供犯罪所用的本人财物"即基于对第三人利益的保护而作出的规定。坚持第三人利益保护原则,考虑的是对善意第三人合法财产权益的保护;一旦第三人有过错或过失,疏于履行对财物的谨慎管理义务,其财物也应予以没收,而其受损的财产权益就只能向犯罪行为人追偿了。比如 1992 年 8 月 4 日公安部《关于对用于毒品犯罪的他人财物是否应予没收的批复》(现已失效)曾规定:"……不属于犯罪分子本人所有,但在财物所有者明知或者借以从中渔利的情况下,供毒品犯罪人使用的财物,也应当没收;行为人盗用他人财物或者违背财物所有者的意愿而利用其财物进行毒品犯罪的,对这类财物不应没收……"也就是说,所有人能够对作为犯罪工具的财物主张权利,在于他没有参与到犯罪中来,主观上不知犯罪人的犯罪行为。如果是犯罪人与他人共有的财产,虽然用于犯罪成为犯罪工具,也不应该一概予以没收,不仅要使犯罪的人罪罚相当,同时也要使无罪的人免受非法惩罚。

4. 司法实践中应注意的问题。司法实践中,多数法院直接依照《刑法》第 64 条的规定认定和处理犯罪工具,即对供犯罪使用的本人财物,一律认定为犯罪工具进行没收,未考虑比例性原则和功能性原则,亦未考虑第三人是否明知或放任犯罪人使用自己的财物用于犯罪的情况。且存在刑事案件尚未经法院审判判决,侦查机关在侦查阶段即对犯罪工具予以没收处理的情况,如毒品犯罪中毒品、开设赌场犯罪中的赌博机具,很多侦查机关在侦查过程中即予以没收销毁,有可能导致侵犯被告人合法权益。

(1)建议完善立法,将明知自己的财物被用于犯罪或对自己财物疏于履行谨慎管理义务的第三人财物也纳入没收范围。如果第三人明知自己的财物被用于犯罪或对自己财物疏于履行谨慎管理义务而放任其财物用于犯罪,则其财物也应予以没收。《联合国反腐败公约》规定没收的对象是"用于或者拟用于根据本公约确立的犯罪的财产、设备或者其他工具",并没有把没收犯罪工具的范围限定于"本人所有的财物"。

(2)作案工具应当由法院裁判生效后再行没收。《刑事诉讼法》之所以规定刑事没收权由法院统一行使,其目的是限制、规范司法机关的刑事没收权。《刑事诉讼法》第 12 条规定:"未经人民法院依法判决,对任何人都不得确定有罪。"只有法院认定被告人有罪后,对附属于罪犯的供犯罪所用的器具才能定性为犯罪工具而予以没收,因此,是否属作案工具只能由法院作出判决,其他机关没有犯罪工具的定性权。经法院判决书所作出没收犯罪工具的决定具有国家的强制力和权威性,且经法院作出并在判决中载明,也保护了一审被判有罪的被告人对原属于自己财物的处理的知情权,同时还可就财物的最终处理增加一次上诉机会,更加体现法律的公正与透明。经法院作出的没收作案工具的决定能使各执法机关更好地相互制约,从而最大限度地保护犯罪分子的合法权益,也可使有关机关在对作案工具的处理上减少可能发生的腐败。

009. 关于被害人损失"责令退赔"的适用

责令退赔是指法院以及相关机构责令犯罪分子退回其违法所得的财物给被害人。责令退赔的"退"是指将违法所得中的原物返还给被害人;而"赔"是指在犯罪分子或犯罪嫌疑人将违法所得中的原物挥霍、毁坏或退还不足的情况下,应当按照一定的数额赔偿受害人,以弥补受害人的损失。责令退赔与刑罚中的罚金和没收财产有本质上的区别。责令退赔是刑法针对因犯罪分子非法占用、处置被害人财产,使其遭受物质损失而设置的保护被害人合法财产利益的制度。

近些年来,随着社会经济的发展、法院执法理念的转变,在刑事审判中也更加注重对公民合法财产权利的保护。被忽视的责令退赔制度渐渐得到重视而应用。但因法律对责令退赔的具体适用方式规定不甚明了,司法实务中对此理解不同而做法不一,不少法院因将责令退赔列入刑事判决内容,而产生了一些法律冲突与问题。故笔者特对此进行梳理与研究,试图在现有法律框架下寻求解决方法。

1. 责令退赔适用的司法现状。各地法院对于“责令退赔”规则适用的方式基本上是将“责令退赔”作为判决内容,以判决方式进行实体处理。从已公开发布的生效判决来看,主要有以下表达形式:

(1)以法定原则作概括性判决。当前对被害人的损失以判决形式处理的,大多采用这种形式。其依据是《刑法》第 64 条所规定的“犯罪分子违法所得的一切财物,应当予以追缴或者责令退赔”的原则,一般表述为“责令被告人退赔受害人所受的损失”,没有具体赔偿数额和具体对象。如对被害人的财物损失,某市中级人民法院判决:“公安机关扣押的被告人肖某军持有的赃款5000 元、用赃款购买的手机 1 部(价值 1230 元)以及证人梁某强代为退出收购赃物的赃款 33, 120 元,依法发还被害人洪某的家属(由扣押机关某市公安局某区分局执行)。其余违法所得,责令被告人肖某军退赔被害人家属。”

(2)查明具体损失作确定性判决。还有不少法院在判决中确定被告人的具体犯罪所得,但没有确定具体赔偿对象。如葛某红职务侵占案。① 被告人葛某红利用其在某公司任业务总经理职务之机,分别支取该公司货款 400, 000 元、56, 550 元后携款外逃。后退还该公司货款 200, 000 元。河北省辛集市法院以对被告人非法占有该公司财产而使公司遭受物资损失的,应依法追缴后退还被害人为由,判决:继续追缴被告人葛某红犯罪所得 256, 500 元,追回后退还被害人。

(3)针对受害人作对应性判决。有的判决不仅确定了具体的赔偿数额,而且确定了具体的赔偿对象。如肖某军诈骗案②。被告人肖某军谎称能够买到低价柴油,以帮助购买柴油名义从被害人徐某处骗得 179, 584 元,从简某信夫妇处骗得现金 158, 100 元。浙江省衢州市柯城区法院判决:从被害人徐某处诈骗所得款 179, 584 元,从被害人简某信处诈骗所得款 158, 100 元,责令被告人肖某军予以退赔。

(4)明确赔偿时间作限时性判决。少数案件按民事判决的方式进行判决,既确定具体赔偿对象和数额,又确定具体的履行期限。如江某、荣某诈骗案。被告人江某、荣某共同策划,谎称为某铜矿股东,骗取被害人廖某信任,与之签订铜锭买卖合同,骗得廖某预付款 200, 000 元,被告人江某、荣某各得赃款 100, 000 元。某法院经审理,在判决被告人诈骗罪处以刑罚的同时,判决:责令被告人江某、荣某将犯罪所得赃款 200, 000 元退赔给廖某(此款限本判决生效后十日内退清)。有的法院还对应退赔的被害人姓名及款数、时间详细列表附于判决书之后。尤其在 2018 年至 2020 年为期三年的全国扫黑除恶斗争中,大部分法院对责令犯罪分子退赔都做到了应退尽退,得到了社会的赞同。

但在实际执行过程中,除扫黑除恶案件较为理想外,其他刑事案件的退赔执行状况并不尽如人意,值得研究。同时,也有学者或实务工作者对此类做法提出不同意见③。

---

① 葛某红职务侵占案,河北省辛集市人民法院刑事附带民事判决书,(2006)辛刑初字第 1 - 207 号。

② 肖某军诈骗案,衢州市柯城区人民法院刑事判决书,(2017)衢柯刑初字第 451 号。

③ 参见张纵华:《论被害人损失“责令退赔”的适用》,载《浙江审判》2011 年第 3 期(总第 218 期)。该文认为,“责令退赔”不是《刑法》所规定的刑事责任;将“责令退赔”作为刑事判决与法理不符;“责令退赔”判决不具有执行力;“责令退赔”列入刑事判决与公正司法原则相悖。“将‘责令退赔’列入判决内容也违反了诉讼的基本原理。无论是刑事诉讼还是民事诉讼,都是诉讼双方的对抗行为,在刑事诉讼中,是检察机关代表国家与被告人就被告人是否犯罪、罪行轻重等进行争辩。被害人虽属诉讼参与人,但并没有独立地位,不能提出独立的诉讼主张。被告人也不能对此进行抗辩。法院径行判决,有失公允。”

2. 如何理解“责令退赔”。关于“责令退赔”的法律规定只有一个法律条款和一个司法解释条款。《刑法》第64条规定：“犯罪分子违法所得的一切财物，应当予以追缴或者责令退赔；对被害人的合法财产，应当及时返还；违禁品和供犯罪所用的本人财物，应当予以没收。没收的财物和罚金，一律上缴国库，不得挪用和自行处理。”《刑诉法解释》第176条规定：“被告人非法占有、处置被害人财产的，应当依法予以追缴或者责令退赔。被害人提起附带民事诉讼的，人民法院不予受理。追缴、退赔的情况，可以作为量刑情节考虑。”

虽然《刑法》设定“责令退赔”制度时并没有规定特定的适用规则，但《刑诉法解释》确定为“依法予以适用”，将其指引为适用相关的法律规定，所以《刑法》第64条、《刑诉法解释》第176条与相关的法律条款共同构成了完整的“责令退赔”规则。

因此，“责令退赔”制度虽存有不足，但其制度基本构架还是比较完整的。将“责令退赔”作为刑事判决内容值得斟酌。

(1)“责令退赔”适用主体是法院或检察机关。诉讼职权自然也是诉讼义务，属于通常所说的刑事办案措施和手段，在刑事诉讼过程中，无须其他诉讼参与人提起，诉讼机关应当在需要运用该职权时，主动行使。如对犯罪分子的一切违法所得的追缴，公安机关在侦查中、检察机关在审查起诉中、法院在审理中应根据需要自行决定采取搜查、查封、冻结、扣押等措施予以控制和处理。赃物为被害人的合法财产的，也应及时予以返还。

适用“责令退赔”同样无须其他诉讼参与人启动，而由司法机关依职权提起。与“追缴”不同的是，“责令退赔”是法院职权，主要是由法院行使。检察机关也有权行使；但检察机关只有在对犯罪不需要进行刑事处罚决定不起诉，被害人的损失尚未得以弥补时才有权行使。公安机关无此权力。

(2)“责令退赔”是法律规定的诉讼职权还是裁判权？应当说“责令退赔”从其“权利属性”上属于法律授予司法机关的一项刑事诉讼职权，而不是裁判权。首先，设立“责令退赔”的法条被置于《刑法》第四章“刑罚的具体运用”的“量刑”规定之中。其程序意义较为明显。其次，《刑法》第64条的条文主旨是“犯罪物品的处理”，包含有处理的结果和处理方式，“责令退赔”与其中的“追缴”、“返还”及“一律上缴国库，不得挪用和自行处理”的规定显然是程序性规定。程序性的权利是刑事审判中的诉讼职权，由司法机关在刑事诉讼中根据案情需要而依职权行使，不宜将其作为裁判权行使而用之于对案件的实体处理。

(3)“责令退赔”适用方式及法律后果。作为诉讼职权的“责令退赔”，其适用方式当然是按照诉讼程序的规定。

根据《刑事诉讼法》的规定，处理程序性问题的方式主要有裁定和决定两种；出于刑事侦查的紧急性，搜查、扣押还可以直接实施。“责令退赔”不具有紧急性，且就性质而言也不可能直接实施。如适用裁定则具有实体处分性质，依裁定所进行的实体处分依法应当具有强制执行力，与判决无异，且会造成检察机关无权实施。所以，应采用“决定”的方式实施。

“决定”的名称应为“责令退赔决定书”，以明确“决定”的处理事项。“责令退赔决定书”的内容应包括被害人的损失，侦查、检察机关追缴情况，被告人及其亲属在案发后已主动退赔数额，责令被告人在限定期限内退赔被害人损失的不足部分，并告知法律后果。

诉讼中以“责令退赔决定书”要求被告人退赔，由被告人自觉履行。被告人不按决定要求实施退赔行为的，法院并不强制其履行。是否退赔或退赔的程度，依《刑诉法解释》第176条之规定，可以作为量刑的情节。

3. “责令退赔”的具体适用方式。“责令退赔”适用前提是刑事案件进入法院审理阶段，已经案件侦查机关和检察机关实施追缴措施后，被害人的损失仍不足以弥补的。笔者建议具体的适用方式为：

（1）公安、检察机关在移送起诉及起诉中，特别是检察机关在起诉书中特别列明被告人的犯罪行为所造成的被害人损失及已通过追缴措施返还被害人财物的情况。便于法院在审理中及时核实，及时责令被告人退赔。

（2）法院在立案后及时审查核实，在向被告人送达起诉书时一并送达“责令退赔决定书”，责令被告人在开庭审理前退赔。

（3）庭审中对被害人损失、实际退赔情况作为案件事实进行查明，将被告人的退赔态度和退赔程度作为被告人悔罪表现。

（4）完善刑事判决书的内容，在认定的事实中专列一个段落对被告人对被害人损失的退赔态度、程度或对“责令退赔决定书”内容的履行情况进行表述，并在判决理由中作为量刑情节进行考量。

以上方式并没有突破现行法律的规定，仅仅是对其加以注重和完善，更具可操作性，符合“责令退赔”制度的立法原意，避免了以刑事判决方式适用“责令退赔”所造成的法律冲突，可实现在现行法律框架内适用“责令退赔”及时保护被害人合法权益的目的。

010. 对《刑事诉讼法》第298条、第300条“违法所得及其他涉案财产”的理解与处理

《刑事诉讼法》第298条规定：“对于贪污贿赂犯罪、恐怖活动犯罪等重大犯罪案件，犯罪嫌疑人、被告人逃匿，在通缉一年后不能到案，或者犯罪嫌疑人、被告人死亡，依照刑法规定应当追缴其违法所得及其他涉案财产的，人民检察院可以向人民法院提出没收违法所得的申请。公安机关认为有前款规定情形的，应当写出没收违法所得意见书，移送人民检察院。没收违法所得的申请应当提供与犯罪事实、违法所得相关的证据材料，并列明财产的种类、数量、所在地及查封、扣押、冻结的情况。人民法院在必要的时候，可以查封、扣押、冻结申请没收的财产。”第300条规定：“人民法院经审理，对经查证属于违法所得及其他涉案财产，除依法返还被害人的以外，应当裁定予以没收；对不属于应当追缴的财产的，应当裁定驳回申请，解除查封、扣押、冻结措施。对于人民法院依照前款规定作出的裁定，犯罪嫌疑人、被告人的近亲属和其他利害关系人或者人民检察院可以提出上诉、抗诉。”该两条规定中，均涉及“违法所得及其他涉案财产”，司法实践中，对此如何理解把握？

上述规定中的违法所得是否必须是《刑事诉讼法》第298条、《监察法》第48条、《刑诉法解释》等关于追赃的规定所规定的犯罪的违法所得及其他涉案财产？由于违法所得没收程序在我国尚处于探索过程中，对这一问题的回答必须在实践中不断得到检验和发展。从最初立法原意和严格文义解释角度分析，《刑事诉讼法》第298条、第300条中的“违法所得及其他涉案财产”应当限制在《刑事诉讼法》《监察法》关于追赃规定中犯罪的违法所得及其他涉案财产。然而，《刑事诉讼法》毕竟未对“违法所得及其他涉案财产”作出明确的限制规定，这就为实践中进行扩张解释留下了一定空间。一是随着反腐败国际追逃追赃和全国扫黑除恶斗争全面深入推进，从新情况、新问题出发，对“违法所得及其他涉案财产”对应的犯罪范围有必要扩张解释。特别是对于境

外追赃案件中既具有违法所得没收程序适用范围内的犯罪所得，又具有违法所得没收程序适用范围外的犯罪所得，如果不一并向境外提出限制、没收请求，那么实际意味着追赃不彻底，必然给外逃人员留有财路，震慑效果会大打折扣。二是在国外提起民事诉讼，不但具有时效限制、诉讼时间过长、诉讼成本较大等不利因素，而且一般发生在境外已对外逃人员提起非法移民、洗钱等刑事犯罪指控的情况下，这就决定了不是每个被害人都能通过这个渠道维护其财产权利。三是在国际追逃追赃和国际司法协助形势日趋好转的大环境下，境外国家、地区向我国提出协助执行限制措施、没收请求并无罪名限制，如果我国对境外国家、地区提出协助执行请求时因罪名限制仅对涉案账户中部分钱款提出限制措施、没收请求，则意味着我国司法主权未全面覆盖，不利于"不让任何人通过实施犯罪获得任何收益"这一法理精神的贯彻和推行，不但不利于我国法治文明宣传，而且可能导致被请求国家、地区有关人员对我国法律规定及追赃精神产生误解。

出于以上考量，鉴于国际追逃追赃和国内扫黑除恶斗争需要的实际情况，为了更好平衡犯罪嫌疑人、被告人权利保障与被害人的财产权利维护，在现阶段尚无相关法律及司法解释明确指导原则的情况下，可以在立法原意、文义解释和实践需要之间采取折中做法，即区分境外追赃和境内追赃、有被害人案件和无被害人案件，分别明确处理原则。一是对于境外追赃或者有被害人案件，人民法院发现犯罪嫌疑人、被告人还有其他犯罪所得及其产生的收益的，可以参照"不采纳逃犯证言"的法律原理，对于巨额财产来源不明罪，根据《刑法》的规定，犯罪嫌疑人、被告人应当对巨额财产说明来源，犯罪嫌疑人逃匿的，应当视为拒不说明来源或者不能说明财产来源。同时，考虑到在案财产中可能含有犯罪嫌疑人近亲属及其他利害关系人的财产，如果犯罪嫌疑人近亲属及其他利害关系人能够说明财产来源，涉案财产不属于来源不明财产。犯罪嫌疑人、被告人死亡的，应当由其近亲属补充说明财产来源。对其他犯罪所得依照《刑事诉讼法》第 298 条规定进行裁定。犯罪嫌疑人、被告人死亡的，参照上述情形处理。二是对于犯罪嫌疑人、被告人外逃，但不涉及境外追赃，且不存在被害人的，人民法院发现犯罪嫌疑人、被告人有其他犯罪所得及其产生的收益的，可以对相关涉案财产采取查封、扣押、冻结，暂不适用违法所得没收程序。待将来犯罪嫌疑人、被告人归案后对相关涉案财产依照《刑法》第 64 条的规定处理。犯罪嫌疑人、被告人难以在短期内归案的，可以参照《刑诉法解释》第 439 条的规定处理。审判期间，对不宜长期保存、易贬值或者市场价格波动大的财产，或者有效期即将届满的票据等，经权利人申请或者同意，并经院长批准，可以依法先行处置，所得款项由人民法院保管。涉案财物先行处置应当依法、公开、公平。

011. 发现其他犯罪所得及其收益应当如何处理

在没收违法所得申请案件中，人民法院在审理过程中发现涉案财产除了检察机关申请没收的财产，犯罪嫌疑人、被告人还具有其他犯罪所得及其产生的收益。对该部分犯罪所得及其产生的收益如何处理，实践中做法不一。这里的"其他犯罪"，主要是指由犯罪嫌疑人、被告人实施的没收申请书虽未载明但属于违法所得没收程序适用范围的犯罪、没收申请书未载明且不属于违法所得没收程序适用范围的犯罪以及犯罪嫌疑人、被告人之外的主体实施的犯罪几种。

1. 没收申请未载明但属于违法所得没收程序适用范围的处理。在有的境外没收违法所得申请案件中，人民检察院向人民法院提出犯罪嫌疑人、被告人违法所得没收申请后，根据被请求国家或地区提供的最新情况，发现犯罪嫌疑人、被告人在境外还有大量财产。经查，犯罪嫌疑人、被告人可能涉嫌实施其他职务犯罪。《监察法》颁布后，职务犯罪属于违法所得没收程序适用的范围，故此种情形下的处理基本不存在分歧。由人民法院依法将案件退回检察机关，由检察机关变更申请内容后重新提起申请。

公安机关、监察委员会查处案件时也会遇到类似情况。如某办案机关经调查发现犯罪嫌疑人涉嫌实施贪污犯罪所得和大量来源不明财产共计3000万余元，有充分证据证明犯罪嫌疑人贪污了400万元，犯罪嫌疑人合法收入500万余元。虽然犯罪嫌疑人有大量来源不明财产，但该办案机关考虑到犯罪嫌疑人因外逃没有机会对查扣在案的大量来源不明财产说明来源，故未认定犯罪嫌疑人实施巨额财产来源不明犯罪，仅向检察机关移送了没收400万元贪污犯罪所得的申请意见。这种做法未能准确理解和把握国际社会现行通行的"不采纳逃犯证言"的法律原理。对于巨额财产来源不明罪，根据《刑法》规定犯罪嫌疑人、被告人应当对巨额财产说明来源，犯罪嫌疑人逃匿的，应当视为拒不说明来源或者不能说明财产来源。同时，考虑到在案财产中可能含有犯罪嫌疑人近亲属及其他利害关系人的财产，如果犯罪嫌疑人近亲属及其他利害关系人能够说明财产来源，涉案财产不属于来源不明财产。犯罪嫌疑人、被告人死亡的，应当由其近亲属补充说明财产来源。在没收违法所得申请案件中，对巨额财产来源不明犯罪的认定，应当不枉不纵，对犯罪嫌疑人、被告人的支出、合法收入的认定要严格坚持证据裁判规则，认定存疑时应当坚持有利于被告人的原则。

2. 没收申请未载明且不属于违法所得没收程序适用范围的处理。有的案件中，犯罪嫌疑人、被告人既实施了职务犯罪，又实施了涉黑、侵犯财产犯罪。如肖某军既收受请托人怀某豹1000万元财物，同时又虚构事实骗取了怀某豹9000万元财物，并将骗取财物转移至他人或炒股或在澳门特区赌博输掉。扫黑除恶斗争开始后肖某军自杀身亡。办案机关仅冻结了肖某军名下存有4000万余元的涉案炒股账户。怀某豹以利害关系人身份对该涉案账户4000万余元主张返还权利。因肖某军、怀某豹存在权钱交易事实，肖某军收受怀某豹的1000万元，对于肖某军而言是受贿款，对于怀某豹而言是行贿款，故对该1000万元应当追缴没有异议。问题是对于该账户内剩余的4000万余元如何处理，认识不一。根据《刑事诉讼法》《监察法》《特别程序规定》的规定，诈骗犯罪不属于违法所得没收程序的适用范围，故一般不得适用违法所得没收程序。但如办案机关对此类财产不做处理，怀某豹因诈骗所受的经济损失就难以真正弥补。对于此类案件，人民法院民事审判庭往往会以案件涉刑事为由不予受理。即使民事审判庭受理，对于已经转移的犯罪所得，如果没有公安机关介入侦查，一般也难以追回。即使被害人能够顺利就涉案炒股账户内剩余的4000万余元诈骗所得另行提起民事诉讼，裁判结果也可能因受到《民法典》继承编(犯罪嫌疑人已死亡)、人道主义以及其他债权债务纠纷等因素的影响而无法追回。

3. 他人实施犯罪且转移至犯罪嫌疑人、被告人名下或者控制账户的处理。犯罪嫌疑人、被告人之外的主体实施犯罪后，将违法所得及其他涉案财产转移至犯罪嫌疑人、被告人名下或者控制账户的，对该类财产能否在犯罪嫌疑人、被告人违法所得没收申请案件中处理，实践中也有分歧。有的认为，该类财产不属于犯罪嫌疑人、被告人实施的犯罪所得，不应在犯罪嫌疑人、被告人违法所得没收申请案件中处理。对该类财产已经采取查封、扣押、冻结措施的，依照《刑事诉讼法》第282条的规定，应当解除查封、扣押、冻结措施。也有的认为，该类财产尽管不属于犯罪嫌疑人、被告人实施的犯罪所得，但毕竟属于违法所得及其他涉案财产的范围，不属于依法绝对不应追缴的情形，将来在对他人进行另案处理时依法应当追缴，故为防止该类财产被藏匿、转移，不应解除查封、扣押、冻结措施。上述观点都有一定道理，但笔者认为，宜区分犯罪嫌疑人、被告人是否明知而分别处理。一是如果犯罪嫌疑人、被告人明知是他人实施犯罪所得而放任他人将违法所得及其他涉案财产转移至本人名下及控制账户，其可能构成洗钱罪或者掩饰、隐瞒犯罪所得、犯罪所得收益罪。如构成洗钱罪，则办案机关可变更申请范围，对该类财产直接适用违法所得没收程序申请没收；如构成掩饰、隐瞒犯罪所得、犯罪所得收益罪，则可参照“没收申请未载明且不属于违法所得没收程序适用范围”的情形处理。二是如果犯罪嫌疑人、被告人对他人实施犯罪所得及其产生的收益不明知，则对该类财产不应在犯罪嫌疑人、被告人违法所得没收申请案件中追缴。但为了防止该类财产被转移、隐匿，办案机关可以依法查封、扣押、冻结，暂不适用违法所得没收程序，待将来对他人进行另案处理时依照相关规定裁定没收。他人难以短期内归案的，可以参照2021年新修订的《刑诉法解释》第439条①的规定处理。

012. 如何把握互殴和防卫的界限

刑法理论一般认为，互殴是指行为人主观上具有不法侵害的故意，客观上实施连续互相侵害的行为。互殴与防卫存在性质上的实质区别：互殴中的反击行为与防卫虽然客观上都表现为“针对不法侵害的反击”，但互殴不具有防卫目的。而防卫过当以具有正当防卫目的为前提，与互殴也存在排斥关系。司法实践中，对后动手一方的行为是防卫还是互殴往往难以界定，主要是主观认定困难。单从客观表现上，二者都存在暴力性、攻击性、侵害性，且防卫过当与互殴，在攻击强度、后果方面均存在不法性，不能单纯以造成危害后果行为的手段、强度等对二者作出区分。

互殴与防卫的实质区别在于行为人实施造成危害后果行为的主观意图不同，应当从认识因素和意志因素两方面进行甄别。从认识因素看，互殴多具有预谋性，行为人互殴的时间、地点、相对人比较明确，有相对具体的计划，往往会准备互殴所需要的工具。而正当防卫，对防卫人而言，侵害事件的发生多具有突然性，行为人对该侵害事件发生的时间、地点以及相对人往往事先并不明知，为了保护自己的合法权益，被迫采取措施进行抵御或者反击。从意志因素看，互殴具有主动性和不法侵害性，斗殴双方一般会主动地采取促使其侵害意图达成的多种措施以使对方遭受侵害，并积极追求或放任对方伤害结果的发生，对于侵害行为虽然存在实施的先后顺序，但后实施一方，不是以防卫为目的，也不会将行为限定在足以制止先实施行为的必要强度，而是以侵害对方为目的，追求事先谋求的侵害结果。防卫行为人，在意志上，则仅仅出于制止不法侵害、保护自己或他人的合法权益的目的，行为往往表现出被动性和节制性。司法实践中，应当结合案件起因、预备情况、过程中行为人的表现以及侵害手段、强度、后果等情况，综合判断。例如，对行为人案发前基于殴斗故意准备工具、制造条件，邀约殴斗时间、场所，表露教训或殴打他人意图，因琐事相互厮打、逞强斗狠且在殴斗中积极侵害对方的行为，即便系后动手一方处于劣势情况下的反击，也不能认定具有防卫性质。相反，如果行为人没有殴斗、挑衅言行，不具有殴斗意图，仅是在遭受对方殴打等不法侵害时，采取反击行为制止不法侵害，应认定具有防卫性质。

---

① 2012年《刑诉法解释》第361条规定：“审判期间，权利人申请出卖被扣押、冻结的债券、股票、基金份额等财产，人民法院经审查，认为不损害国家利益、被害人利益，不影响诉讼正常进行的，以及扣押、冻结的汇票、本票、支票有效期即将届满的，可以在判决、裁定生效前依法出卖，所得价款由人民法院保管，并及时告知当事人或者其近亲属。”2021年《刑诉法解释》第439条规定：“审判期间，对不宜长期保存、易贬值或者市场价格波动大的财产，或者有效期即将届满的票据等，经权利人申请或者同意，并经院长批准，可以依法先行处置，所得款项由人民法院保管。涉案财物先行处置应当依法、公开、公平。”

司法实例

支某军
故意伤害案

被告人支某军因被害人张某追求并纠缠其女友孙某想与张某进行交涉。2018年9月19日16时8分许，支某军在沧州市外环路一饭馆门前，与被害人张某就双方感情纠纷进行交涉后张某离开，后张某持铁棍返回现场与支某军发生争执，并用铁棍击打支某军，被告人支某军随即持单刃刀与张某互殴，用刀捅刺被害人张某左胸部、腰部、腿部等部位，致张某心脏破裂死亡。被告人支某军被巡逻民警当场抓获。经鉴定，被告人支某军左侧尺骨骨折，构成轻伤二级。公诉机关指控，被告人支某军故意非法剥夺他人生命，致一人死亡，其行为构成故意杀人罪。被告人支某军对犯罪事实予以供认，辩称"没有杀人的主观故意"。辩护人提出"被告人支某军构成正当防卫，不负刑事责任"的辩护意见。本案中，被告人支某军因被害人张某纠缠其女朋友孙某，与张某产生矛盾，与其进行交涉之前，已提前准备了单刃尖刀，案发前双方电话相约了见面时间、地点。双方当面交涉后，虽然被害人张某手持铁棍主动返回现场挑起事端，但被告人支某军随即掏出事前准备的尖刀与张某打斗，趁张某铁棍掉落捡拾之机，用尖刀猛刺张某后背一刀，且在张某捡起铁棍后，又冲着张某胸部扎了一刀，综合本案起因、经过以及被告人在殴斗中的表现，足以认定其实施捅刺被害人的行为系基于事先产生的殴斗意图，具有积极加害被害人的主观故意，其行为不具有防卫性质，不能认定为正当防卫或防卫过当。河北省某市中级人民法院经审理认为，被告人支某军非法剥夺他人生命，致一人死亡，其行为构成故意杀人罪。鉴于被害人张某不能以正确的方式处理感情纠纷，首先动手殴打被告人支某军，并致支某军左侧尺骨骨折构成轻伤，对本案的引发负有重要责任，依法可酌情对被告人支某军从轻处罚。以故意杀人罪，判处支某军有期徒刑15年，并赔偿附带民事原告人经济损失。

一审宣判后，被告人没有上诉，检察机关没有抗诉，一审判决已发生法律效力。

013. 基于斗殴故意的反击行为能否认定为正当防卫

行为人基于斗殴故意实施挑衅行为致使矛盾激化，对事件升级负有责任，即使在被害人存在不法侵害行为并先行攻击的情况下双方发生斗殴，造成被害人损害的，也不能认定为正当防卫。

司法实例

怀某标
故意伤害案①

2016年8月27日凌晨2时许，被告人怀某标接到女同事尚某纯的电话，称其与魏某凡遭到被害人资某科及宋某洪酒后骚扰，要求怀某标携带工具将对方打跑。怀某标随即携带铁管一根和折叠式尖刀一把赶至尚某纯位于江苏省江阴市璜某镇某某新村的租住处，双方相遇并发生口角，怀某标遂打电话纠集人员欲教训对方。资某科见状便上前抢夺怀某标手中的铁管并徒手殴打怀某标，双方发生扭打。在互殴过程中，怀某标拔出尖刀朝资某科左胸猛捅一刀，对方即后退，怀某标仍挥舞铁管继续追打，后资某科在送往医院途中死亡。

江苏省江阴市人民法院经审理认为，被告人怀某标故意伤害他人身体，致一人死亡，其行为确已构成故意伤害罪。怀某标当庭自愿认罪，已与被害人亲属达成赔偿协议，并支付了部分赔偿

① 参见江苏省江阴市人民法院刑事判决书，(2016)澄刑初字第1476号；江苏省无锡市中级人民法院刑事裁定书，(2011)锡刑终字第37号。

款,予以酌情从轻处罚。怀某标在接到尚某纯的求助电话后,即携带铁管、水果刀等工具前往案发现场,可以认定怀某标主观上具有伤害他人的故意,客观上怀某标到场后即与对方发生口角,当资某科上前夺其手中的铁管并用拳击打其身体时即掏出水果刀,在揪拉中用水果刀捅资某科左胸一刀,致其受伤,案发不久在送医院时已死亡,其行为不符合防卫过当的条件,但可以认定被害人对引发犯罪有过错。遂判决认定被告人怀某标犯故意伤害罪,判处有期徒刑10年,剥夺政治权利3年。

一审宣判后,被告人怀某标不服提出上诉,称其行为属于防卫过当,原审判决量刑过重,请求二审依法改判。

江苏省无锡市中级人民法院经审理认为,怀某标采用暴力手段故意伤害他人身体并造成一人死亡的严重后果,其行为确已构成故意伤害罪。怀某标在公安机关多次供称,其接到尚某纯电话后,即准备铁管、尖刀等工具赶往案发现场,并电话纠集人员欲教训对方,后在双方互殴过程中即产生伤害对方之歹念,遂持尖刀刺戳资某科身体,待资某科逃跑时仍手持铁管继续追打。综观怀某标的一系列行为,均反映出其目的不具有正当性。根据法医鉴定,从怀某标对被害人刺戳的工具、部位、力度、后果分析判断,均证明怀某标主观上存有伤害资某科的故意,客观上实施了伤害行为,并致其死亡,根据主客观相一致的定罪原则,应当以故意伤害罪追究其刑事责任。原审法院在量刑时根据怀某标的犯罪事实、赔偿情况及被害人在本案中的过错程度,结合本案具体情节,在法定刑幅度内已对其予以了大幅度的从轻处罚,所处刑罚并无不当。原审判决的审判程序合法,认定的事实清楚,证据确实充分,适用法律正确,量刑适当,应予维持。遂终审裁定驳回上诉,维持原判。

该案的焦点问题是怀某标的行为是否属于正当防卫,在此基础上方可讨论其行为限度问题。

根据我国《刑法》第20条的规定,正当防卫是指为了使国家、公共利益、本人或者他人的人身、财产和其他权利免受正在进行的不法侵害,而对不法侵害人采取的制止其不法侵害且未明显超过必要限度造成重大损害的行为。根据以上法律规定,成立正当防卫应当具备防卫起因、防卫时机、防卫意图、防卫对象及防卫限度的正当性等法定条件,用以上法定条件加以衡量,怀某标的行为不能认定为正当防卫。

1. 怀某标不具备防卫意图的正当性。虽然理论界对于成立正当防卫是否须具备防卫意图存在争论,但防卫意图对于评价行为人的主观恶性与人身危险性具有重要意义,司法实践中认定正当防卫仍应要求行为具备防卫意图。该案中,怀某标的行为足以证实其伤害他人的故意,而其在资某科上前夺铁管并徒手殴打后的伤害致人死亡行为,正是在这种伤害故意的心理状态支配下所实施的,属于互殴过程中的反击行为,不具备防卫意图。

2. 怀某标的行为不具备防卫时机的正当性。正当防卫须针对正在进行的不法侵害,这就要求不法侵害具备紧迫性。本案中,怀某标在接到尚某纯的电话通知后赶赴现场,在抵达现场后与资某科发生口角并电话纠集人员欲教训对方,此时,双方已经形成互殴的局面,而资某科的前期骚扰行为业已停止,其上前抢夺铁管并徒手殴打怀某标的行为均已由怀某标先行预料并现实感知,怀某标亦已为此做好充分准备,怀某标正是利用此机会在加害对方的故意支配下实施了故意伤害行为,故被害人资某科的行为仅属双方互殴过程的组成部分,不具备紧迫性。

3. 行为属于互殴抑或正当防卫应当综合加以认定。对于行为人是出于斗殴故意还是出于防卫意图,通过分析归纳事件的起因与经过、双方的语言表达、攻击力量对比以及双方平时的表现等均可加以佐证,但单纯地准备工具或者预见侵害并不足以阻碍正当防卫的成立,应当综合以上诸多因素对行为性质进行判断。该案中,怀某标接到女同事尚某纯的电话后即准备铁管、尖刀等杀伤性工具的行为、在抵达现场后与对方发生言语冲突的行为、电话纠集人员进行殴斗的行为、在对方动手后当即持尖刀捅向对方身体要害部位的行为、对方退让后的继续加害行为，足以表明其对于挑衅行为会使矛盾激化、事态升级已有预见，亦足以表明其并非为了保护自身的合法权利免受正在进行的不法侵害，而是出于争强斗狠之动机进行斗殴，最终达到侵害他人的目的，故不能认定为正当防卫。

014. 司法实践中怎样理解“正在进行的不法侵害”

正当防卫中，防卫行为只能针对“正在进行的不法侵害”。因此正确认定“正在进行的不法侵害”是认定是否构成正当防卫的重要前提。对此应从两个方面分析认定。一是防卫针对的必须是不法侵害，即防卫的对象要恰当。根据我国《刑法》第20条第1款的规定，正当防卫对象系针对国家、公共利益、本人或者他人的人身、财产和其他权利的正在进行的不法侵害：在侵害对象上，不仅包括故意伤害、故意杀人等侵害生命权、健康权等人身权利的行为，也包括盗窃、抢夺等侵害财产权利的行为，还包括非法拘禁等侵害人身自由权及其他权利的行为；在严重程度上，不仅包括犯罪行为，也包括一般违法行为。故不能将“不法侵害”片面理解为严重暴力不法行为，这也是《刑法》第20条第1款规定的一般防卫和第3款规定的特殊防卫在防卫对象性质和严重程度方面的区别。但是基于正当防卫本质上是为了实现对公民合法权益的保障，而非鼓励公民诉诸暴力寻求私力救济，故对侵犯知识产权、贪污贿赂、生产销售伪劣产品等不具有攻击性、破坏性、紧迫性的违法犯罪行为，不纳入正当防卫的对象范围。对侮辱行为，如果仅限言语辱骂，侵犯人格尊严程度较轻，且仅涉及精神层面的权利侵害，一般也不纳入防卫对象范围。只有当聚众侮辱、肢体侮辱，情节较重时，才能成为正当防卫的对象。对单纯侵入他人住宅的不法行为，应根据侵入原因、时间、住宅私密程度、对侵入住宅影响人身安全性的认识情况等综合认定是否可以作为防卫的对象。二是防卫针对的不法侵害必须正在进行，即具有防卫的紧迫性。不法侵害尚未发生，或者不法侵害行为已经结束，都不能进行防卫，换言之，不法侵害发生前或结束后采取的针对不法侵害人的侵害行为，不具有防卫性质。

司法实例

于某平故意杀人案

2016年8月24日17时许，被告人于某平与艾某、于某夫妇因相邻排水问题发生口角，后被于某平之妻孙某等人劝止后各自回家。当日19时许，艾某以其夫妇被于某平欺负为由，将两个女儿艾某1、艾某2以及女婿徐某、蒋某等人叫回家中。艾某1、艾某2遂与其家人到于某平家门口，采用喊骂、踹门等方式迫使后者打开门，并发生争吵。于某平见对方人多，返身从家中取出菜刀，并声称“谁进我家，我砍死谁”。于某逼近于某平身前，并称于某平不敢砍人，于某平遂持菜刀向于某的右颈部猛砍一刀，随即又挥刀砍伤艾某2的右手腕部。艾某1见状持木棍将于某平击倒在地，并上前踢踹。艾某1、孙某先后拨打“110”报警，公安人员赶到现场，将倒地不起的于某平予以控制。于某经抢救无效死亡。经鉴定，于某系被他人用一定重量的锐器（菜刀类）砍伤右颈部致其颈椎及颈髓横断死亡；艾某2的伤情构成轻伤一级；于某平的伤情构成轻伤一级。山东省潍坊市中级人民法院经审理，以被告人于某平犯故意杀人罪，判处死刑，缓期2年执行，剥夺政治权利终身。宣判后，于某平以“没有杀人故意，不构成故意杀人罪，系正当防卫或者防卫过当，有自首情节，被害人存在严重过错，系初犯，认罪、悔罪，主观恶性小”为由，提出上诉。山东省高级人民法院经审理,驳回上诉,维持原判,核准死缓量刑。法院生效裁判认为,上诉人于某平故意砍击他人要害部位,致一人死亡,一人轻伤,其行为构成故意杀人罪。于某平作案手段残忍,情节恶劣,后果严重,应依法惩处。鉴于本案系邻里纠纷引发,被害人于某、艾某2对引发本案有一定过错,且于某平认罪态度较好,可对其从轻处罚。原审判决认定事实清楚,证据确实、充分,定罪准确,量刑适当,审判程序合法。驳回上诉,维持原判,核准死缓判决。

该案中,艾某以被打为由叫来其家人,手持砖块、瓦片,采用喊叫、踢踹等方式,迫使于某平打开家门。于某平开门后,被害方站在门口吵骂,见于某平拿出菜刀后,主动后退并与其保持一定距离。被害人于某身体靠近于某平,称于某平不敢砍人,仅实施了语言刺激行为,没有实施对于某平的人身、财产权利可能造成重大损害的不法侵害行为。在此情况下,于某平实施侵害行为,猛砍于某颈部一刀,随即砍伤艾某2,因此不具有防卫性质。

015. 动物侵害能否认定为刑法上的不法侵害

动物侵害可以分为动物自发的侵害行为和因受动物管理人、饲养人的唆使而进行的侵害行为两类,要区别情况加以不同对待。他人故意唆使动物实施的侵害行为属于不法侵害;对于动物自发的侵害攻击行为,不能认定为刑法上的不法侵害。

根据我国相关法律规定,不法侵害作为成立正当防卫的首要前提,对于认定实施防卫的行为是否构成正当防卫,进而能否减免刑事责任起着极其重要的作用。

在民法中,动物的不法侵害根据《民法典》规定,除了要对动物进行处理外,还要求动物管理人或者饲养人对动物侵害造成的损害后果承担过错责任。但是,在刑事司法实践中,对于动物侵害行为是否属于不法侵害往往存在争议。有人认为,动物侵害一律属于不法侵害,在造成人身财产重大损失的情况下,可以追究动物管理人的刑事责任。

一方面,他人故意唆使动物实施的侵害行为属于不法侵害。在动物的侵害是因他人故意唆使而发生的情况下,此时动物仅仅是作为工具存在而已,并非不法侵害的主体。在此情况下,防卫人对动物的攻击进行反击,相当于对加害人用于实施不法侵害的工具进行损毁。防卫人通过毁损工具(动物)来阻止侵害行为,应当属于正当防卫。

另一方面,对于动物自发的侵害攻击行为,不能认定为刑法上的不法侵害。首先,动物的侵害攻击行为不具有刑法意义上的“不法”性质,其不具备侵害社会法益这一条件。其次,实施侵害的主体是动物而非自然人或者单位,故也不具备主观故意这一社会意识。最后,正当防卫针对的对象是人,而不能是动物,所以不能将动物自发的攻击行为界定为正当防卫中的不法侵害,但是可以针对动物自发的攻击行为实施紧急避险,这是刑法规定的另一种排除犯罪的法定事由。

016. 如何理解把握正当防卫构成要件

司法实践中,如何把握正当防卫构成要件,是较为复杂的问题。

我国《刑法》第20条第1款规定:“为了使国家、公共利益、本人或者他人的人身、财产和其他权利免受正在进行的不法侵害,而采取的制止不法侵害的行为,对不法侵害人造成损害的,属于正当防卫,不负刑事责任。”由此可见,成立正当防卫必须同时具备以下五项条件:一是防卫起因,即不法侵害现实存在。不法侵害是指违背法律的侵袭和损害,既包括犯罪行为,又包括一般违法行为;既包括侵害人身权利的行为,又包括侵犯财产及其他权利的行为。二是防卫时间,即不法侵害正在进行。正在进行是指不法侵害已经开始并且尚未结束的这段时期。对尚未开始或已经结束的不法侵害,不能进行防卫,否则即防卫不适时。三是防卫对象,即针对不法侵害者本人。正当防卫的对象只能是不法侵害人本人,不能对不法侵害人之外的人实施防卫行为。在共同实施不法侵害的场合,共同侵害具有整体性,可对每一个共同侵害人进行正当防卫。四是防卫意图,即出于制止不法侵害的目的,有防卫认识和意志。五是防卫限度,即尚未明显超过必要限度造成重大损害。这就是说正当防卫的成立条件包括客观条件、主观条件和限度条件。客观条件和主观条件是定性条件,确定了正当防卫"正"的性质和前提条件,不符合这些条件的不是正当防卫;限度条件是定量条件,确定了正当防卫"当"的要求和合理限度,不符合该条件的虽然仍有防卫性质,但不是正当防卫,属于防卫过当。防卫过当行为具有防卫的前提条件和制止不法侵害的目的,只是在制止不法侵害过程中,没有合理控制防卫行为的强度,明显超过正当防卫必要限度,并造成不应有的重大损害后果,从而转化为有害于社会的违法犯罪行为。

司法实例

于某故意伤害案

自2014年7月开始,山东源大工贸有限公司负责人苏某多次向肖某军借款,双方口头约定月息10%,且第二次借款以房产作为抵押。后苏某未将欠款全部还清。2016年4月14日16时许,肖某军以欠款未还清为由纠集董某强、程某、宋某十余人先后到山东源大工贸有限公司催要欠款。当日20时左右杜某驾车来到该公司,并在该公司办公楼大门外抱厦台上与其他人一起烧烤饮酒。21时53分,杜某等多人来到苏某和苏某之子于某所在的办公楼一楼接待室内催要欠款,并对二人有侮辱言行。22时10分许,冠县公安局经济开发区派出所民警接警后到达接待室,询问情况后到院内进一步了解情况,被告人于某欲离开接待室被阻止,与杜某、董某强、程某、宋某等人发生冲突,于某持尖刀将杜某、程某、宋某、董某强捅伤,处警民警闻讯后返回接待室,令于某交出尖刀,将其控制。杜某、宋某、董某强、程某被送往医院抢救。杜某因失血性休克于次日2时许死亡,宋某、董某强伤情构成重伤二级,程某伤情构成轻伤二级。因杜某被害死亡,附带民事诉讼原告人杜某1等7人应得丧葬费29,098.5元,处理丧葬事宜的交通费、误工费1500元。被害人宋某受伤后在冠县人民医院抢救治疗,于5月9日出院;同月12日入中国人民解放军总医院治疗,21日出院,在解放军总医院共支付医疗费49,693.47元。被害人程某受伤后在冠县人民医院治疗15天。

山东省聊城市中级人民法院经审理,认定被告人于某犯故意伤害罪,判处无期徒刑,剥夺政治权利终身,并赔偿附带民事原告人经济损失。

一审宣判后,被告人于某及部分原审附带民事诉讼原告人不服,分别提出上诉。

山东省高级人民法院二审审理认为:上诉人于某持刀捅刺杜某等4人,属于制止正在进行的不法侵害,其行为具有防卫性质;其防卫行为造成一人死亡、二人重伤、一人轻伤的严重后果,明显超过必要限度造成重大损害,构成故意伤害罪,依法应负刑事责任。鉴于于某的行为属于防卫过当,于某归案后如实供述主要罪行,且被害方有以恶劣手段侮辱于某之母的严重过错等情节,对于某依法应当减轻处罚。原判认定于某犯故意伤害罪正确,审判程序合法,但认定事实不全面,部分刑事判项适用法律错误,量刑过重,遂依法改判于某有期徒刑5年。

根据该案认定的事实、证据和我国《刑法》有关规定,于某的捅刺行为虽然具有防卫性,但属于防卫过当。首先,于某的捅刺行为具有防卫性。案发当时,杜某等人对于某、苏某持续实施限制人身自由的非法拘禁行为,并伴有侮辱人格和对于某推搡、拍打等行为;民警到达现场后,于某和苏某想随民警走出接待室时,杜某等人阻止二人离开,并对于某实施推拉、围堵等行为,在于某持刀警告时仍出言挑衅并逼近,实施正当防卫所要求的不法侵害客观存在并正在进行;于某是在人身自由受到违法侵害、人身安全面临现实威胁的情况下持刀捅刺,且捅刺的对象都是在其警告后仍向其靠近围逼的人。因此,可以认定其是为了使本人和其母亲的人身权利免受正在进行的不法侵害,而采取的制止不法侵害的行为,具备正当防卫的客观和主观条件,具有防卫性质。其次,于某的捅刺行为不属于特殊防卫。《刑法》第20条第3款规定:"对正在进行行凶、杀人、抢劫、强奸、绑架以及其他严重危及人身安全的暴力犯罪,采取防卫行为,造成不法侵害人伤亡的,不属于防卫过当,不负刑事责任。"根据这一规定,特殊防卫的适用前提条件是存在严重危及本人或他人人身安全的暴力犯罪。该案中,虽然杜某等人对于某母子实施了非法限制人身自由、侮辱、轻微殴打等人身侵害行为,但这些不法侵害不是严重危及人身安全的暴力犯罪。其一,杜某等人实施的非法限制人身自由、侮辱等不法侵害行为,虽然侵犯了于某母子的人身自由、人格尊严等合法权益,但并不具有严重危及于某母子人身安全的性质。其二,杜某等人按肩膀、推拉等强制或者殴打行为,虽然让于某母子的人身安全、身体健康权遭受了侵害,但这种不法侵害只是轻微的暴力侵犯,既不是针对生命权的不法侵害,又不是严重侵害于某母子身体健康权的情形,因而不属于严重危及人身安全的暴力犯罪。其三,苏某、于某系主动通过他人协调、担保,向肖某军借贷,自愿接受肖某军所提10%的月息。该案中既不存在苏某、于某被强迫向肖某军高息借贷的事实,又不存在肖某军强迫苏某、于某借贷的事实,与司法解释以借贷为名采用暴力、胁迫手段获取他人财物以抢劫罪论处的规定明显不符。可见杜某等人实施的多种不法侵害行为,符合可以实施一般防卫行为的前提条件,但不具备实施特殊防卫的前提条件,故于某的捅刺行为不属于特殊防卫。最后,于某的捅刺行为属于防卫过当。《刑法》第20条第2款规定:"正当防卫明显超过必要限度造成重大损害的,应当负刑事责任,但是应当减轻或者免除处罚。"由此可见,防卫过当是在具备正当防卫客观条件和主观条件的前提下,防卫反击明显超越必要限度,并造成致人重伤或死亡的过当结果。认定防卫是否"明显超过必要限度",应当从不法侵害的性质、手段、强度、危害程度,以及防卫行为的性质、时机、手段、强度、所处环境和损害后果等方面综合分析判定。该案中,杜某一方虽然人数较多,但其实施不法侵害的意图是给苏某夫妇施加压力以催讨债务,在催债过程中未携带、使用任何器械;在民警朱某等进入接待室前,杜某一方对于某母子实施的是非法限制人身自由、侮辱和对于某拍打面颊、揪抓头发等行为,其目的仍是逼迫苏某夫妇尽快还款;在民警进入接待室时,双方没有发生激烈对峙和肢体冲突,当民警警告不能打架后,杜某一方并无打架的行为;在民警走出接待室寻找报警人期间,于某和讨债人员均可透过接待室玻璃清晰看见停在院内的警车警灯闪烁,应当知道民警并未离开;在于某持刀警告不要逼近时,杜某等人虽有出言挑衅并向于某围逼的行为,但并未实施强烈的攻击行为。因此,于某面临的不法侵害并不紧迫和严重,而其却持刃长15.3厘米的单刃尖刀连续捅刺4人,致一人死亡、二人重伤、一人轻伤,且其中一人系被背后捅伤,故应当认定于某的防卫行为明显超过必要限度造成重大损害,属于防卫过当。

017. 如何理解正当防卫的时间点

司法实例

简某信非法持有枪支、故意伤害案

犯罪嫌疑人简某信与本村的肖某1、肖某2是邻居，因土地纠纷产生矛盾。2011年4月13日10时许，犯罪嫌疑人简某信在肖某1家屋外谩骂，肖某1、肖某2两兄弟无法忍受犯罪嫌疑人简某信的无礼闹事，当场与简某信争吵，后简某信见对方为兄弟两人，认为对方人多势众，便跑回家中。犯罪嫌疑人简某信逃跑时，肖某2随手拿一根木棍与肖某1欲到犯罪嫌疑人简某信家与其理论。犯罪嫌疑人简某信见肖某2手里拿着木棍，害怕自己打不过，便爬上自家阁楼寻找工具。当肖某1和肖某2走进犯罪嫌疑人简某信家中时，在楼上的简某信用自己持有的一把猎枪朝肖某2开了一枪，致使其头部受伤。案发后，犯罪嫌疑人简某信即打电话到县公安局投案，公安民警到其家中后，简某信主动交出作案工具猎枪一支，坦白交代了作案过程。经鉴定，犯罪嫌疑人简某信非法持有的猎枪具有正常的射击性能，是以火药为动力进行发射，被害人肖某2当日所受损伤为重伤。

案发当时，行为人在自家楼上，对方在行为人家楼下，虽然是在行为人的家里，但综合本案的全部证据，不能认定对方是为了行凶等暴力犯罪而手持木棍，且对方所持木棍也很难直接现实威胁到行为人的合法权益，不存在不实行防卫就无法避免犯罪结果的发生或带来无法挽回的损失的情况，行为人的先发制人极有可能造成无法挽回的后果，行为人可以采取相关的防范措施避免事情的发生，但是行为人没有采取适当的方式，故行为人的行为并不具备正当防卫时间的紧迫性，其“防卫”行为为防卫不适时，属于事前防卫，不属于正当防卫。

该案在讨论过程中，对犯罪嫌疑人简某信非法持有的枪支无异议，但关于犯罪嫌疑人简某信是否构成正当防卫，发生了意见分歧。一种意见认为该案构成正当防卫，理由是：在案发前，犯罪嫌疑人简某信与肖某1、肖某2两兄弟吵架，当事人双方已经产生冲动情绪，随时都有可能发生暴力冲突。况且，犯罪嫌疑人先行走开后，肖某1、肖某2两兄弟还跟随犯罪嫌疑人到犯罪嫌疑人的家中，其中肖某2手里还持有木棍，犯罪嫌疑人的法益已经受到了威胁。如果犯罪嫌疑人不开枪，其合法权益将受到无法估量的损害，所以犯罪嫌疑人简某信开枪射击符合我国《刑法》第20条的规定，应认定为正当防卫。另一种意见认为该案不构成正当防卫，理由是：肖某2虽然手持木棍，但双方距离较远，肖某2手里的木棍尚未对犯罪嫌疑人造成现实的威胁，犯罪嫌疑人属于事前防卫，不应当认定其具有正当防卫的情形。

我国《刑法》第20条规定：“为了使国家、公共利益、本人或者他人的人身、财产和其他权利免受正在进行的不法侵害，而采取的制止不法侵害的行为，对不法侵害人造成损害的，属于正当防卫，不负刑事责任。……对正在进行行凶、杀人、抢劫、强奸、绑架以及其他严重危及人身安全的暴力犯罪，采取防卫行为，造成不法侵害人伤亡的，不属于防卫过当，不负刑事责任。”《刑法》规定正当防卫，是为了鼓励公民同犯罪分子进行斗争，倡导见义勇为精神，使国家、集体、本人或他人的合法权益得到及时的保护，有利于震慑犯罪分子，减少违法犯罪行为。

正当防卫强调的是正在实施的不法侵害，要求不法侵害已经开始但尚未结束，行为具有紧迫性。关于不法侵害开始的时间，我国有不同的观点，主要有进入侵害现场说、着手说、综合说等。在该案讨论过程中，也有部分人采用了进入侵害现场说，他们认为犯罪嫌疑人当时是在自己家，是犯罪嫌疑人的私人空间，肖某2未经同意手持木棍进入犯罪嫌疑人家里，已属于“着手”进行侵害行为了，此时犯罪嫌疑人的行为应当认定为正当防卫。不法侵害已经开始是指不法侵害人已经着手直接实施不法侵害行为,对合法权益造成了现实的威胁。因此,不法侵害人仅仅是为不法行为进行准备活动,还不是侵害的开始。如果仅仅是为了准备不法侵害行为或者是扬言要进行不法侵害行为而没有实际采取行动,则可以报告有关部门和采取相关的防范措施,此时还不能对其实行防卫措施。对于某些危险性比较大的犯罪行为而言,在不法侵害人还未着手实行犯罪行为,而依照当时的全部情况,已经对合法权益造成了紧迫的威胁,待不法侵害人着手后将来不及减轻或避免危害结果时,也应当允许防卫适当提前。

但就该案来说,肖某2手持木棍,属于不法侵害的准备行为,其手持木棍行为很难认定为已经着手进行不法侵害。案发当时,肖某1、肖某2两兄弟与犯罪嫌疑人的距离仍然较远,犯罪嫌疑人是在自家楼上,而肖某1、肖某2两兄弟是在犯罪嫌疑人家楼下。虽然二人是在犯罪嫌疑人的家里,但是肖某2的木棍很难直接现实威胁到被告的合法权益,不存在不实行防卫就无法避免犯罪结果的发生或带来无法挽回的损失的情况。而就该案来说,犯罪嫌疑人的先发制人极有可能带来无法挽回的后果,犯罪嫌疑人完全可以采取相关的防范措施避免事情的发生,但是犯罪嫌疑人没有采取适当的方式。综合该案的全部证据,也不能认定肖某2是为了实施行凶等暴力犯罪而手持木棍。因此,结合该案实际,最终认定犯罪嫌疑人简某信在该案中的行为并不具备正当防卫时间的紧迫性,犯罪嫌疑人的"防卫"行为为防卫不适时,属于事前防卫,不属于正当防卫。

018. 如何区分准备工具斗殴与准备工具防卫

双方因琐事发生争执、冲突,引发打斗,特别是一方事先准备工具的,究竟是防卫行为还是相互斗殴,准确界分存在一定困难。司法实践中,要注意把握正当防卫的意图条件,准确界分防卫行为与相互斗殴、准备工具防卫与准备工具斗殴,以准确认定正当防卫、防卫过当。

司法实例

杨某伟故意伤害、杨某平正当防卫案

被告人杨某伟系被告人杨某平胞弟,住处相邻。2016年2月28日13时许,杨某伟、杨某平坐在杨某平家门前聊天,因杨某平摸了经过其身边的一条狼狗而遭到狗的主人彭某某(殁年45岁)指责,兄弟二人与彭某某发生口角。彭某某扬言要找人报复,杨某伟即回应"那你来打啊",后彭某某离开。杨某伟返回住所将一把单刃尖刀、一把折叠刀藏于身上。十分钟后,彭某某返回上述地点,其邀约的黄某、熊某某、王某持洋镐把跟在身后十余米。彭某某手指坐在自家门口的杨某平,杨某平未予理睬。彭某某接着走向杨某伟家门口,击打杨某伟面部一拳,杨某伟即持单刃尖刀刺向彭某某的胸、腹部,黄某、熊某某、王某见状持洋镐把冲过去对杨某伟进行围殴,彭某某从熊某某处夺过洋镐把对杨某伟进行殴打,双方打斗至杨某伟家门外的马路边。熊某某拳击,彭某某、黄某、王某持洋镐把,四人继续围殴杨某伟,致其头部流血,倒地。彭某某持洋镐把殴打杨某伟,洋镐把被打断,彭某某失去平衡倒地。杨某平见杨某伟被打倒在地,便从家中取来一把双刃尖刀,冲向刚从地上站起来的彭某某,朝其胸部捅刺。杨某平刺第二刀时,彭某某用左臂抵挡。后彭某某受伤逃离,杨某平持刀追撵并将刀扔向彭某某未中,该刀掉落在地。黄某、熊某某、王某持洋镐把追打杨某平,杨某平捡起该刀边退边还击,杨某伟亦持随身携带的一把折叠刀参与还击。随后黄某、熊某某、王某逃离现场。经法医鉴定,被害人彭某某身有7处刀伤,且其系被他人以单刃锐器刺伤胸腹部造成胃破裂、肝破裂、血气胸致急性失血性休克死亡。杨某伟、黄某、熊某某均受轻微伤。

湖北省武汉市中级人民法院二审判决认为：被告人杨某伟持刀捅刺彭某某等人，属于制止正在进行的不法侵害，其行为具有防卫性质；其防卫行为是造成一人死亡、二人轻微伤的主要原因，明显超过必要限度造成重大损害，依法应负刑事责任，构成故意伤害罪。被告人杨某平为了使他人的人身权利免受正在进行的不法侵害，而采取制止不法侵害的行为，对不法侵害人造成损害，属于正当防卫，不负刑事责任。杨某伟的行为系防卫过当，具有自首情节，依法应当减轻处罚。据此，以故意伤害罪判处被告人杨某伟有期徒刑 4 年，并宣告被告人杨某平无罪。

1. 正当防卫必须出于免受不法侵害的正当动机。根据《刑法》第 20 条第 1 款的规定，正当防卫的意图既包括使本人的人身、财产和其他权利免受不法侵害，也包括使国家、公共利益或者他人的人身、财产和其他权利免受不法侵害。该案中，彭某某返回现场用手指向杨某平，面对挑衅，杨某平未予理会。彭某某与杨某伟发生打斗时，杨某平仍未参与。彭某某等四人持洋镐把围殴杨某伟并将其打倒在地，致其头部流血，双方力量明显悬殊，此时杨某平持刀刺向彭某某。杨某平的行为是为了制止杨某伟正在遭受的严重不法侵害，符合正当防卫的意图条件。彭某某被刺后逃离，黄某等人对杨某伟的攻击并未停止，杨某平继续追赶彭某某的行为应认定为正当防卫。综上，杨某平的行为系正当防卫，不负刑事责任。

2. 妥当界分准备工具防卫与准备工具斗殴。实践中，防卫行为在客观上也可能表现为双方相互打斗，具有互殴的形式与外观。二者界分的关键就在于行为人是具有防卫意图还是斗殴意图。该案中，彭某某与杨某伟兄弟二人并不相识，突发口角，彭某某扬言要找人报复时，杨某伟回应“那你来打啊”，该回应不能认定杨某伟系与彭某某相约打斗。行为人为防卫可能发生的不法侵害，准备防卫工具的，不必然影响正当防卫的认定。杨某伟在彭某某出言挑衅，并扬言报复后，准备刀具系出于防卫目的。彭某某带人持械返回现场，冲至杨某伟家门口拳击其面部，杨某伟才持刀刺向彭某某胸腹部，该行为是为了制止正在进行的不法侵害，应当认定为防卫行为。

3. 把握正当防卫的限度条件以准确认定防卫过当。根据《刑法》第 20 条第 2 款的规定，防卫过当应当同时具备“明显超过必要限度”和“造成重大损害”两个条件，缺一不可。该案中，彭某某空手击打杨某伟面部，杨某伟此时并非面临严重的不法侵害，却持刀捅刺彭某某胸、腹部等要害部位，杨某伟的防卫行为明显超过必要限度。杨某伟的防卫行为并非制止彭某某空手击打的不法侵害所必需，从损害后果看，彭某某要害部位多处致命刀伤系杨某伟所致，是其死亡的主要原因，杨某伟的防卫行为明显超过必要限度造成重大损害，属于防卫过当，构成故意伤害罪。具体而言，杨某伟对防卫行为明显超过必要限度造成重大损害主观上持故意，但对于造成死亡结果系过失，故对其防卫过当行为应当以故意伤害致人死亡作出评价。

4. 妥当把握防卫过当的刑罚裁量。根据《刑法》第 20 条第 2 款的规定，防卫过当应当负刑事责任，但是应当减轻或者免除处罚。要综合考虑案件情况，特别是不法侵害人的过错，以确保刑罚裁量的准确和公正。该案中，杨某伟的防卫行为过当，构成故意伤害罪，对其减轻处罚，应当在 3 年以上 10 年以下有期徒刑的幅度内裁量刑罚。杨某伟明知他人报案，仍在案发现场等待，到案后能够如实供述主要犯罪事实，成立自首。综合考虑该案的犯罪事实、性质、情节和危害后果，以故意伤害罪判处杨某伟有期徒刑 4 年，符合社会公平正义观念，实现了法律效果与社会效果的有机统一。

019. 关于防卫意图的判定

在正当防卫的认定过程中，如果不法侵害一方的目标是针对特定区域内所有对象，事前并未明确约定结束时间，那么整个侵害的持续过程应当认定为正在进行的不法侵害。刑法要求的成立正当防卫需要行为人具有防卫意图，是要求行为人具有为保护国家、公共利益、本人或者他人的人身、财产和其他权利免受侵犯而决意制止的心理状态，即只要行为人意识到自己的行为是在制止不法侵害即可。至于行为人内心深处是否具有对行为对象憎恨、报复的动机，不影响正当防卫的成立。

司法实例

郎某故意伤害案

向某军（另案处理）于2013年年底承租了大连市甘井子区某社区部分底商，欲经营餐饮生意。因底商附近路边经常有无照摊贩摆摊经营餐饮，向某军担心摊贩与其竞争可能影响其生意开展，在向社区物业反映无果后，其决定自己组织人手，采取假装物业人员劝说或暴力威胁的手段将摊贩驱离。

2014年2月下旬，向某军纠集梁某、韩某（均另案处理）、李某等人带领李某找来的人员以负责祥云某商业的物业人员身份对在某社区周边做餐饮生意的摊贩进行劝离。事后，向某军给付李某相关费用。

2014年3月初，向某军又纠集梁某、李某以及李某找来的八九个人携带向某军准备的镐把采取对摆设的摊位进行打砸的方式对摊贩进行驱离，梁某用借来的猎枪在现场放枪恐吓。事后，向某军给付李某相关费用。

因两次驱离的效果没有达到向某军的预期，2014年3月25日，向某军再次纠集梁某、韩某、周某（另案处理）等人，并让李某组织人员到某社区附近采取暴力威胁的手段驱离摆摊商贩。李某给王某打电话，让王某组织人员参与砸摊行为赚取相关费用。当日18时左右，王某与刘某到甘井子区某转盘附近与李某等人会合。后向某军等人带领组织的20多人分乘5辆车，携带向某军事前准备的镐把、梁某借来的猎枪从转盘赶至某社区附近。快要到达某社区附近时，向某军等人将汽车牌照遮挡，将镐把分发给李某及李某组织的相关人员（向某军让与其关系密切的人驾驶车辆或待在车上，不直接参与砸摊）。

当日20时30分许，向某军带领人员到某社区附近，李某、王某、刘某及李某组织的其他人员持镐把对某社区外东南角丁字路口处及马路两边包括被告人郎某及其妻子程某经营的烧烤摊位在内的路边摊位实施打砸。被告人郎某之妻程某因有孕在身（当时怀孕七八个月）行动不便，在阻拦过程中摔倒在地，被告人郎某见状冲出，后被砸摊人追赶，被告人郎某持正在使用的烧烤用单刃尖刀致李某左肩胛、右背腰部刺创伤，王某右腰背伤。向某军见有人受伤，就让梁某持枪阻止被告人郎某，梁某为了阻拦被告人郎某的追赶鸣枪恐吓。后向某军等人逃离现场，李某、王某分别被韩某、刘某等人送至大连市第三人民医院。被告人郎某打电话报警后，被赶至的公安干警带至公安机关。

李某被送往医院后经抢救无效于当晚死亡。王某经抢救一侧肾脏被摘除。后经法医鉴定，李某系被他人用刺器刺破肝脏、肺脏致失血性休克死亡。王某系被刀刺伤致膈肌破裂、右肾损伤和失血性休克，损伤程度均为重伤二级，其胸部肋骨骨折和血气胸损伤程度均为轻伤二级。

大连市某区人民法院于2014年10月29日作出（2014）甘刑初字第77号刑事附带民事判决：（1）被告人郎某犯故意伤害罪，判处有期徒刑8年6个月。（2）被告人郎某赔偿附带民事原告人李某军27,981.6元。(3)驳回附带民事原告人李某军的其他诉讼请求。

一审宣判后,大连市某区人民检察院提出抗诉,附带民事诉讼原告人李某军提出上诉。大连市中级人民法院审理认为:被告人郎某在受到李某、王某等多人实施的不法侵害时,持刀进行防卫,但明显超过必要的限度,造成李某死亡、王某重伤的后果,其行为属于防卫过当,依法应当认定为故意伤害罪,并承担相应的刑事责任,同时应当减轻处罚。因李某死亡,被告人郎某应当根据其责任赔偿相应的丧葬费用。遂于2017年3月28日裁定驳回抗诉和上诉,维持原判。

该案的焦点在于被告人郎某的行为是否构成正当防卫。

正当防卫是我国法律明确规定的一种排除社会危害性的事由,立法为正当防卫规定了五个条件:防卫起因、防卫时间、防卫对象、防卫意图和防卫限度。具体体现为:必须有不法侵害行为发生;必须是正在进行的不法侵害;必须是针对不法侵害者本人实行;必须是为了使国家、公共利益、本人或者他人的人身、财产权利和其他权利免受不法侵害而实施的;不能明显超过必要限度造成重大损害。从该案已形成证据链条的现有言词证据和客观证据可以看出:

首先,被告人郎某持刀捅刺被害人时,存在正在进行的不法侵害。第一,向某军等人组织被害人李某等人对马路旁边的摊贩进行打砸,目标是所有的摊贩,其行为是一个持续的过程,事前并没有明确约定结束的时间,且根据被害人郑某的陈述及刘某的证言,还存在不同时间下车的人继续砸摊的情况。即使被告人郎某持刀捅刺被害人时,向某军方对其摊位的打砸已经结束,但因为郎某的摊位是从北面数第一家,是最先受到打砸的,向某军方人员对其他摊位的打砸并未结束,如果没有郎某的反抗或者反击,向某军等人组织的打砸行为不可能马上结束。该案证人盖某志、段某民等多名证人的证言均证实现场对摊贩的打砸是"挨家砸",且可能不同的人负责不同地点的摊贩,如证人黄某刚的证言证实,在"一辆黑色的轿车开过去接上他们折回来往北跑了(根据查明的事实,此节事实应在被告人郎某捅人之后),这过程中对面马路拐角处的摊位也被另一帮人砸了"。第二,根据相关证据,被告人郎某持刀捅刺被害方时,其受到向某军方砸摊人员的殴打;证人证言均证实,是郎某看到其妻被人碰倒后,去追碰倒其妻子的人,然后砸摊的人中有几个人拿着棍子去追打郎某,这一情节与砸摊方参与人刘某的证言"我当时看到一个年轻的摊主,拿着一把刀,我们当中的三四个人拿着镐把在追他"相印证,可以证实被告人郎某确实受到了他人的追打。也就是说,根据多名证人的证言,在郎某捅刺被害人时,有多名参与砸打摊位的人员在持镐把追打郎某,并且同时还有其他人员在持镐把对摊位进行打砸,整体的不法侵害行为仍然在持续过程中,而李某、郑某作为不法侵害的纠集者和积极参与者,应当认为是不法侵害行为的实施者。

其次,被告人郎某针对不法侵害人李某、郑某等实施防卫行为符合庭审查明的事实。第一,被告人郎某在主动打电话报警归案后,对于其受到别人殴打的供述一直较为稳定。被告人郎某伤人后自己曾打电话报警,其当晚随公安民警到公安机关所作笔录称"被几个人围着打"。虽然关于是否持刀捅人等细节问题其前后有不同供述,但关于此节事实其供述较为稳定,且有证人证言印证,可信度较高。第二,证人向某军等人虽然证实其告诉李某等人"只砸摊,不伤人",但证人证言均证实,在砸摊过程中砸摊人确实存在伤人的行为。且证人证言虽然称"先看到己方人跑,后看到郎某出来伤人",但考虑到向某军、梁某等人为逃避法律制裁,于逃跑几天后才商议进行投案的情况,其证言可信度较低。第三,纵使如公诉机关所说,当晚发生的事情时间很短,开始得很突然,结束得也很迅速,但在对被告人郎某持刀捅刺被害人时是否存在正在进行的不法侵害难以界定的情况下,根据事实存疑有利于被告的原则,也应作出对被告人郎某有利的认定。

最后,该案的起因是向某军、李某纠集多人对某社区附近的摊位进行打砸,致使多处摊位被砸,还有部分摊主身体受伤,是对全部摊主人身健康权利和财产权利的不法侵害。根据《刑法》的规定,行为人不仅能就针对自身生命、健康、财产权利的不法侵害进行防卫,对于针对他人生命、健康、财产权利的不法侵害,同样可以实施防卫行为。另外,该案中,即使被告人郎某在看到自己怀孕的妻子因为砸摊人的行为倒地后产生报复砸摊人的动机和目的,但如果其行为确实是制止了不法侵害,或者是在不法侵害进行时实施了制止行为,也不影响其行为成立正当防卫。

但是,应当注意的是,虽然被告人郎某的行为构成正当防卫,但仍属于防卫过当。结合庭审查明的事实,首先,虽然向某军方砸摊人对某社区周围摊位打砸时也伴随有伤人,甚至围打被告人郎某的行为,但毕竟当时的不法侵害未对被告人郎某的重大人身权利或生命权利造成急迫性的严重威胁。法律不要求正当防卫人一味地躲避,可以主动反击,但其要求行为人采用的反击手段必须是各种有效防卫手段中最温和的手段。而本案中被害人王某损伤为"右腰背刀伤",被害人李某为"左肩胛下见 0.3 厘米 ×0.1 厘米浅刺创。右背腰部见 3.5 厘米 ×1.3 厘米刺创"。从被害人的受伤部分和深浅可以看出,被告人郎某反击的手段明显超过了可以压制不法侵害人继续侵害的手段,属"明显超过必要限度"。其次,从法益保护的衡平的角度可以看出,被告人郎某当时要保护的是财产权利或者自己的人身权利,而看守所在案发次日出具的入所健康检查表证实,至少被告人郎某当时并未有重大伤势,而其防卫行为造成了两被害人一死一重伤的严重后果,造成了"重大损害"。被告人郎某防卫过当,其对于自身行为可能造成别人受伤的结果是明知的,故应当以故意伤害罪追究其刑事责任。

020. 如何认定防卫行为是否超过必要限度

司法实践中,在具体认定防卫行为是否明显超过必要限度时,应当将案件的各项因素综合起来,全面分析研究,充分考虑行为人实施防卫行为时的主客观情况,即时间,地点,周围环境,侵害的性质和双方的体力、能力、手段、强度、后果等因素,并充分考虑行为人的认知能力等,从而准确认定防卫行为是否明显超过必要限度。

司法实例

林某均故意杀人案

某日深夜,林某均在途中被小强和车某持刀抢走价值 4000 余元的手机一部及现金 2600 余元,在小强拿手机解密码时,林某均趁机将小强手中的刀子夺过,小强、车某分头逃跑。林某均持刀追赶小强,逃跑过程中小强摔倒,正要起身时,林某均朝小强上身连捅数刀,小强继续逃跑,林某均再次追上小强,又朝其上身连捅数刀,后林某均向公安机关投案。经法医鉴定:小强身中 5 刀,死亡原因为被他人用单刃锐器刺伤胸背部,致肺破裂,胸腔积血,失血性休克死亡。

在该案的审理中,对林某均的行为是否构成犯罪、构成何罪,合议庭、专业法官会议有不同意见。第一种意见认为:林某均的行为属于事后防卫,应定故意杀人罪。理由是本案虽然小强伙同车某抢劫在先,但小强在被夺过刀子逃跑时,小强与车某对林某均的不法侵害已经结束,在此情况下,林某均两次追上小强,共朝其上身捅 5 刀,造成小强死亡的后果,应属于事后防卫,以故意杀人罪定罪。第二种意见认为:林某均的行为属于正当防卫,不负刑事责任。理由是林某均在深夜 0 时,在一个陌生的地点,被两名男子持刀抢劫,林某均为维护自己合法的权利,而采取的制止不法侵害的行为,是正当防卫。因为林某均在高度紧张的情况下,无法正确判断防卫到什么程度才能制服不法侵害人，使其不再侵害自己，所以林某均虽造成小强死亡的后果，但没有明显超过必要限度，不属于防卫过当。另外，根据刑法特殊防卫权的规定，对正在进行的抢劫、杀人等严重危及人身安全的暴力犯罪，采取防卫行为，造成不法侵害人死亡的，不属于防卫过当。综上，林某均的行为属于正当防卫，不负刑事责任。第三种意见认为：林某均的行为属于防卫过当，应定故意杀人罪。本案中，林某均为夺回本人合法财物，而追赶不法侵害人小强，是一种防卫行为。但林某均在两次追上小强后，先后两次向其连捅数刀，最后导致小强死亡的后果，其防卫行为明显超过必要限度，并造成重大损害。因此，林某均的行为系防卫过当，应当以故意杀人罪追究其刑事责任，但应当减轻或者免除处罚。

一审法院采纳第三种意见作出判决，林某均上诉后二审裁定维持原判。法院判决的法理依据是：正当防卫是法律赋予公民同违法犯罪作斗争的一种重要的权利和手段，目的是及时制止不法侵害，保护公民合法权益。但只有正确行使这种权利和手段，才能达到防卫的目的。如果行使不当，反而会危害社会，转化为犯罪。所以法律规定正当防卫必须符合一定的条件，即同时满足防卫起因、防卫时间、防卫对象、防卫意图、防卫限度五项条件。

1. 该案中林某均为要回自己被抢的财物而追击小强，具有防卫意图；林某均的防卫行为是针对不法侵害人小强本人实施的，并且不法侵害是实际存在的，关键是本案的不法侵害是否结束。林某均在财物被抢后夺过刀子，随后小强与车某分别逃跑，看似抢劫已经实施完毕，不法侵害已经结束。但对于林某均来说，如果其采取正当防卫还能够挽回其合法财产权益所遭受的损失时，也应允许其实施正当防卫。例如，当场追击盗窃犯或抢劫犯，使用暴力或者威胁的方法夺回被非法占有的财物的行为，就应认定为正当防卫。具体到该案中，林某均为使本人合法的财产权利免受侵害，而对不法侵害人小强进行追击时，应视为不法侵害正在进行中。所以林某均不是事后防卫，其行为符合正当防卫的时间要件。

2. 该案不适用特殊防卫。《刑法》第 20 条第 3 款规定："对正在进行行凶、杀人、抢劫、强奸、绑架以及其他严重危及人身安全的暴力犯罪，采取防卫行为，造成不法侵害人伤亡的，不属于防卫过当，不负刑事责任。"该款规定防卫人针对严重危及人身安全的暴力犯罪可以行使无限防卫权，即使造成不法侵害人死亡的后果，也不负刑事责任。那么该款是否是指行为人针对抢劫、强奸等犯罪者可不加区分地实行正当防卫，毫无顾忌地随便处置，致其死亡？显然，这与特殊防卫的立法原意和刑法的公正价值不符。设立特殊防卫的实质并不是主张防卫的无限度，而是针对暴力犯罪的严重危及人身安全的程度，因为只有在严重危及人身安全的暴力犯罪发生时，由于不法侵害处于主动、有力的地位，防卫人在仓促、紧张的状态下，往往很难准确判断侵害行为的性质、强度，无法慎重地选择与侵害行为相适应的防卫措施，法律才明确允许免除行为人对不法侵害造成伤亡后果的刑事责任。也就是说，只有在这种情况下，法律才赋予公民特殊防卫权。该案显然与该情况不符，小强在被夺过刀子后，携带着抢来的赃物逃离现场，此时已不具备人身侵害的紧迫性，只有财产侵害的持续性，所以不应适用特殊防卫的条款。

3. 从不法侵害的强度来看，林某均的防卫行为系防卫过当。该案中首先指出死者小强有过错在先，其伙同车某采用暴力手段对林某均进行抢劫，严重侵害了林某均的人身权利和财产权利。更为猖狂的是，小强在抢劫实施完毕后，没有马上逃离现场，而是拿出手机当场破解密码，林某均在深夜 0 时不能得到司法机关及时有效救济的情况下，为维护自己合法的财产权利，趁机夺过刀子，当场追击小强的行为当属一种必要的防卫行为。但任何权利的行使都不是无限度的。结合该案而言，林某均在遭到抢劫后，夺过刀子，并追赶小强，其目的是夺回被抢物品，但林某均在追赶小强的过程中，小强摔倒在地，林某均上前用刀子捅刺其上身，在小强再次起身逃跑的过程中，林某均又追上小强，再次用刀子捅刺小强，导致小强身中五刀，其中两刀捅至胸腔，致其肺破裂，最终因失血性休克死亡。林某均对不法侵害人造成的损害远远超过了仅仅使其丧失侵害能力或者中止其侵害行为的程度，林某均为维护自己较小的财产权利，而非法剥夺了小强的生命权，其防卫行为明显超过必要限度，并造成重大损害，系防卫过当，应当以故意杀人罪追究其刑事责任，但应当减轻或者免除处罚。

021. 关于正当防卫制度具体适用的规则

两高一部《关于依法适用正当防卫制度的指导意见》（法发〔2020〕31 号）（以下简称《正当防卫指导意见》），提出了十方面规则，也可以称为“十个准确”：

1. 准确把握正当防卫的起因条件。正当防卫的起因是存在不法侵害。《正当防卫指导意见》第 5 条对不法侵害的具体理解作了规定，明确：“……不法侵害既包括侵犯生命、健康权利的行为，也包括侵犯人身自由、公私财产等权利的行为；既包括犯罪行为，也包括违法行为……对于非法限制他人人身自由、非法侵入他人住宅等不法侵害，可以实行防卫。不法侵害既包括针对本人的不法侵害，也包括危害国家、公共利益或者针对他人的不法侵害……”

以下面的案例来详细说明。被告人汪某佑与汪某某系邻居，双方曾因汪某某家建房产生矛盾，后经调解解决。2017 年 8 月 6 日 20 时许，汪某某的女婿燕某某驾车与赵某、杨某某来到汪某佑家北门口，准备质问汪某佑。下车后，燕某某与赵某敲汪某佑家北门，汪某佑因不认识燕某某和赵某，遂询问二人有什么事，但燕某某等始终未表明身份，汪某佑拒绝开门。燕某某、赵某踹开纱门，闯入汪某佑家过道屋。汪某佑被突然开启的纱门打伤右脸，从过道屋西侧橱柜上拿起一铁质摩托车减震器，与燕某某、赵某厮打。汪某佑用摩托车减震器先后将燕某某和赵某头部打伤，致赵某轻伤一级、燕某某轻微伤。其间，汪某佑的妻子打电话报警。

河北省昌黎县人民法院判决认为：被害人燕某某、赵某等人于天黑时，未经允许，强行踹开纱门闯入被告人汪某佑家过道屋。在本人和家人的人身、财产安全受到不法侵害的情况下，汪某佑为制止不法侵害，将燕某某、赵某打伤，致一人轻伤一级、一人轻微伤的行为属于正当防卫，不负刑事责任。该判决已发生法律效力。

2. 准确把握正当防卫的时间条件。正当防卫必须是针对正在进行的不法侵害，即不法侵害已经开始，尚未结束。关于时间条件的判断标准，《正当防卫指导意见》第 6 条强调：“……对于不法侵害是否已经开始或者结束，应当立足防卫人在防卫时所处情境，按照社会公众的一般认知，依法作出合乎情理的判断，不能苛求防卫人……”

以下面的案例来详细说明。2018 年 7 月 30 日，传销人员郭某（已判刑）以谈恋爱为名将盛某平骗至杭州市桐庐县。根据以“天津天狮”名义活动的传销组织安排，郭某等人接站后将盛某平诱至传销窝点。盛某平进入室内先在客厅休息，郭某、唐某某（已判刑）、成某某等传销人员多次欲将其骗入卧室，意图通过采取“洗脑”、恐吓、体罚、殴打等“抖新人”措施威逼其加入传销组织，盛某平发觉情况异常予以拒绝，后在多次请求离开被拒并遭唐某某等人逼近时，拿出随身携带的水果刀予以警告，同时提出愿交付随身携带的钱财以求离开，但仍遭拒绝。之后，事先躲藏的传销人员邓某某、郭某某、刘某某等人也先后来到客厅。成某某等人陆续向盛某平逼近，盛某平被逼后退，当成某某上前意图夺刀时，盛某平持刀挥刺，划伤成某某右手腕及左颈，刺中成某某的左侧胸部,致心脏破裂。随后,盛某平放弃随身行李趁乱逃离现场。当晚,传销人员将成某某送医院治疗。医院对成某某伤口进行处治后,嘱咐其回当地医院进行康复治疗。同年8月4日,成某某出院,未遵医嘱继续进行康复治疗。同年8月11日,成某某在传销窝点突发昏迷经送医抢救无效于当晚死亡。经法医鉴定:成某某系左胸部遭受锐器刺戳作用致心脏破裂,在愈合过程中继续出血,最终引起心包填塞而死亡。公安机关以盛某平涉嫌故意伤害罪(防卫过当)向检察机关移送审查起诉。浙江省杭州市人民检察院认定盛某平的行为构成正当防卫,作出不起诉决定。

3. 准确把握正当防卫的对象条件。正当防卫是"正对不正",必须针对不法侵害人进行。但是,不能狭隘地将不法侵害人理解为直接实施不法侵害的人,而是也包括在现场的组织者、教唆者等共同实施不法侵害的人。对此,《正当防卫指导意见》第7条作了明确,其中规定:"……明知侵害人是无刑事责任能力人或者限制刑事责任能力人的,应当尽量使用其他方式避免或者制止侵害;没有其他方式可以避免、制止不法侵害,或者不法侵害严重危及人身安全的,可以进行反击。"

4. 准确把握正当防卫的意图条件。正当防卫必须具有正当的防卫意图。《正当防卫指导意见》第8条规定:"……正当防卫必须是为了使国家、公共利益、本人或者他人的人身、财产和其他权利免受不法侵害。对于故意以语言、行为等挑动对方侵害自己再予以反击的防卫挑拨,不应认定为防卫行为。"

5. 准确界分防卫行为与相互斗殴。正当防卫与相互斗殴都可能造成对方的损害,在外观上具有相似性,容易混淆。实践中,个别案件存在"和稀泥""各打五十大板"的现象,只要造成对方轻伤以上后果的就各自按犯罪处理,模糊了"正"与"不正"之间的界限,应当加以纠正。《正当防卫指导意见》第9条要求坚持主客观相统一原则,进行综合判断,准确把握行为人的主观意图和行为性质,准确认定相关行为究竟是正当防卫还是相互斗殴。

以下面的案例来详细说明。2014年3月12日晚,被告人陈某杰和其妻子孙某某等水泥工在海南省三亚市某工地加班搅拌、运送混凝土。22时许,被害人周某某、容某甲、容某乙(殁年19岁)和纪某某饮酒后,看到孙某某一人卸混凝土,便言语调戏孙某某。陈某杰推着手推车过来装混凝土时,孙某某将被调戏的情况告诉陈某杰。陈某杰便生气地叫容某乙等人离开,但容某乙等人不予理会。此后,周某某摸了一下孙某某的大腿,陈某杰遂与周某某等人发生争吵。周某某冲上去要打陈某杰,陈某杰也准备反击,孙某某和从不远处跑过来的刘某甲站在中间,将双方架开。周某某从工地上拿起一把铁铲(长约2米,木柄),冲向陈某杰,但被孙某某拦住,周某某就把铁铲扔了,空手冲向陈某杰。孙某某在劝架时被周某某推倒在地,哭了起来,陈某杰准备上前去扶孙某某时,周某某、容某乙和纪某某先后冲过来对陈某杰拳打脚踢,陈某杰边退边用拳脚还击。接着,容某乙、纪某某从地上捡起钢管(空心,长约1米,直径约4厘米)冲上去打陈某杰,在场的孙某某、刘某甲、容某甲都曾阻拦,容某甲阻拦周某某时被挣脱,纪某某被刘某甲抱着,但是一直挣扎往前冲。当纪某某和刘某甲挪动到陈某杰身旁时,纪某某将刘某甲甩倒在地并持钢管朝陈某杰的头部打去。因陈某杰头戴黄色安全帽,钢管顺势滑下打到陈某杰的左上臂。在此过程中,陈某杰半蹲着用左手护住孙某某,右手拿出随身携带的一把折叠式单刃小刀(打开长约15厘米,刀刃长约6厘米)乱挥、乱捅,致容某乙、周某某、纪某某、刘某甲受伤。水泥工刘某乙闻讯拿着一把铲子和其他同事赶到现场,周某某、容某乙和纪某某见状便逃离现场,逃跑时还拿石头、酒瓶等物品对着陈某杰砸过来。容某乙被陈某杰持小刀捅伤后跑到工地的地下室里倒地,后因失血过多死亡。经鉴定,周某某的伤情属于轻伤二级;纪某某、刘某甲、陈某杰的伤情均属于轻微伤。

海南省三亚市城郊人民法院一审判决、三亚市中级人民法院二审裁定认为:被害人容某乙等人酒后滋事,调戏被告人陈某杰的妻子,辱骂陈某杰,不听劝阻,使用足以严重危及他人人身安全的凶器殴打陈某杰。陈某杰在被殴打时,持小刀还击,致容某乙死亡、周某某轻伤、纪某某轻微伤,属于正当防卫,依法不负刑事责任。

6. 准确界分滥用防卫权与正当防卫。《正当防卫指导意见》第10条要求防止将滥用防卫权的行为认定为防卫行为,"……对于显著轻微的不法侵害,行为人在可以辨识的情况下,直接使用足以致人重伤或者死亡的方式进行制止的,不应认定为防卫行为。不法侵害系因行为人的重大过错引发,行为人在可以使用其他手段避免侵害的情况下,仍故意使用足以致人重伤或者死亡的方式还击的,不应认定为防卫行为"。

7. 准确把握防卫过当的认定条件。与正当防卫相比,防卫过当只是突破了限度条件,即"明显超过必要限度,造成重大损害"。为统一法律适用,《正当防卫指导意见》第11条至第13条明确:认定防卫过当应当同时具备"明显超过必要限度"和"造成重大损害"两个条件,缺一不可;判断是否"明显超过必要限度",要立足防卫人防卫时所处情境,结合社会公众的一般认知作出判断;"造成重大损害"是指造成不法侵害人重伤、死亡。造成轻伤及以下损害的,不属于重大损害。

8. 准确把握防卫过当的刑罚裁量。防卫过当应当负刑事责任,但是应当减轻或者免除处罚。《正当防卫指导意见》第14条要求:"……要综合考虑案件情况,特别是不法侵害人的过错程度、不法侵害的严重程度以及防卫人面对不法侵害的恐慌、紧张等心理,确保刑罚裁量适当、公正……"

9. 准确把握特殊防卫的认定条件。《正当防卫指导意见》第15条至第17条围绕特殊防卫的起因条件,明确了"行凶、杀人、抢劫、强奸、绑架以及其他严重危及人身安全的暴力犯罪"的具体含义。第16条规定:"……在实施不法侵害过程中存在杀人、抢劫、强奸、绑架等严重危及人身安全的暴力犯罪行为的,如以暴力手段抢劫枪支、弹药、爆炸物或者以绑架手段拐卖妇女、儿童的,可以实行特殊防卫……"实施特殊防卫,造成不法侵害人伤亡的,不属于防卫过当,不负刑事责任。

10. 准确把握一般防卫与特殊防卫的关系。《正当防卫指导意见》第18条规定:"……对于不符合特殊防卫起因条件的防卫行为,致不法侵害人伤亡的,如果没有明显超过必要限度,也应当认定为正当防卫,不负刑事责任。"

022. 如何认定防卫过当与自首情节

正当防卫的本质在于,面对正在发生的对于国家、公共利益、本人或者他人的人身、财产和其他权利的不法侵害,在来不及诉诸法律的紧急情况下,行为人采取旨在制止不法侵害的行为具有正当性,不负刑事责任。在司法实践中,被害人案发前即多次威胁将对行为人或者其亲属的生命、健康或者财产实施加害,案发时又到行为人家中滋扰、肇事,欲行加害,应当认定为已经对行为人及其亲属的人身、财产和其他权利构成现实威胁,行为人为此采取旨在制止不法侵害的行为属于正当防卫,但明显超过必要限度造成重大损害的,应当负刑事责任。

自首的本质在于,行为人实施犯罪以后自愿将自己交付国家,接受法律追究。行为人实施犯罪行为后虽未主动投案,但明知他人报案而没有离开现场,在抓捕时无拒捕行为,到案后如实供认犯罪事实的，依法应当认定为自首。

司法实例

赵某故意伤害案

2016年11月，被告人赵某妻子石某发与沈某峰（男，本案死者，殁年40岁）相识，后石某、沈某峰二人发生并保持不正当男女关系。2017年2月，赵某发觉此事后与石某发产生矛盾，石某发离家出走。同年11月6日，赵某在亲友的劝说下与石某发重归于好，并将石接回家中。沈某峰得知此事后纠缠赵某、石某发夫妇，并以杀害石某发家人相威胁。同年11月9日18时许，赵某从某市区返回位于某县某村的家中，电话告知沈某峰自己已回家。当日20时许，沈某峰及朋友章某刁等人酒后来到赵某家，沈某峰不顾赵某家人的阻止，闯入赵某家二楼，并叫赵某出来。赵某见状从顶楼下楼，持木棒打击沈某峰的头部。沈某峰被打后即跑出赵某家，在送往医院抢救途中死亡。经尸检，沈某峰系钝器机械性暴力所致颅脑损伤引起中枢性呼吸、循环衰竭死亡。赵某于案发当晚被公安机关采取强制措施。某市人民检察院指控认为，被告人赵某因纠纷持械打击被害人头部，致被害人死亡，已构成故意伤害罪，被害人对于案件的引发具有一定过错，提请人民法院依法判决。被告人赵某辩解提出，本案系因纠纷引发，被害人沈某峰有重大过错，自己有自首情节，愿意对被害人亲属进行赔偿，请求法院减轻处罚。

某市中级人民法院审理认为，被告人赵某因纠纷持械打击沈某峰头部致沈某峰死亡，其行为已构成故意伤害罪。鉴于本案系因沈某峰与赵某之妻有不正当男女关系而引发，案发前沈某峰有多次不当言行，并在酒后闯入赵某家中导致本案发生，对于本案的发生负有一定过错，赵某到案后能如实供述自己的罪行，对赵某可从轻处罚。遂判决认定被告人赵某犯故意伤害罪，判处有期徒刑12年，剥夺政治权利2年。

被告人赵某上诉称其行为属防卫过当，且有自首情节，原判决量刑不当，请求二审减轻或免除处罚。某市人民检察院认为，赵某的行为构成故意伤害罪，有自首情节，建议对赵某依法从轻判决。

除一审法院查明的事实以外，二审法院另查明，上诉人赵某明知其嫂子葛某俊报警后没有离开现场，公安人员赶到时，赵某没有抗拒抓捕，如实供述了持木棒打击沈某峰的事实，随后被刑事拘留。在二审期间，赵某的亲属自愿在已经赔偿沈某峰亲属6万元的基础上，再代赵某赔偿沈某峰亲属4万元。

二审期间，承办法官走访了当地党委、公安机关、基层干部和群众，并实地听取了案发当地干部群众对于本案的反映，大家一致认为本案系因死者沈某峰的不法侵害行为引发，赵某主观恶性不深，有自首情节，认罪态度好，能积极赔偿，均支持人民法院对赵某依法从宽处罚，切实体现宽严相济刑事政策。

某市高级人民法院认为，上诉人赵某在被害人沈某峰非法闯入家中欲行不法侵害时，持木棒打击沈某峰，属于正当防卫行为，但打中沈某峰头部致沈某峰死亡，超过了必要限度，造成了重大损害，属于防卫过当，应当以故意伤害罪追究刑事责任，但依法应减轻或者免除处罚；赵某犯罪后明知他人报警，没有离开现场，没有拒捕行为，归案后如实供述致死沈某峰的事实，应当视为自首，可减轻处罚；赵某归案后认罪、悔罪，其亲属能够积极赔偿被害人亲属经济损失，可从轻处罚。鉴于赵某的犯罪行为造成了被害人死亡的严重后果，不宜对其适用免除刑事处罚。但是，考虑本案因刑满释放人员沈某峰的不法侵害行为引发，当地干部群众普遍反映赵某主观恶性和人身危险性不大，对赵某从宽处罚具有深厚的社会民意基础，因此，减轻处罚的幅度应予以充分体现。原判决认定事实清楚，证据确实、充分，定罪准确，审判程序合法，但适用法律和量刑不当。依照

《刑事诉讼法》《刑法》相关条款的规定，终审判决维持一审判决定罪部分；撤销一审判决量刑部分，上诉人赵某犯故意伤害罪，判处有期徒刑3年。

本案中被告人赵某持木棒打击被害人沈某峰，打中头部致沈某峰死亡的事实清楚，证据确实、充分，其行为构成故意伤害罪。但赵某犯罪的性质是单纯的故意伤害还是正当防卫超过必要限度而成立故意伤害，一审法院和二审法院在认识上发生了较大分歧，此外，对于赵某是否具有自首情节，在本案中如何贯彻宽严相济刑事政策，一、二审法院在认识上也有差距。

1. 关于被告人赵某犯罪性质的认定。公诉机关以被告人赵某的行为构成故意伤害罪向人民法院提起公诉。一审法院认为被告人赵某持木棒打击被害人头部，造成被害人死亡的后果，赵某的行为构成故意伤害罪。二审法院根据本案的事实和证据，认定赵某致死沈某峰的行为属防卫过当，构成故意伤害罪。理由在于：

首先，被害人沈某峰具有不法侵害行为。沈某峰在被告人赵某之妻石某发断绝与其的不正当关系后，继续对石某发进行纠缠，多次到赵某家闹事，并以杀害石某发家人相威胁。为此，赵某家人曾向公安派出所报警。案发当晚，沈某峰带领章某习等多人酒后来到赵某家闹事，沈某峰不顾赵某家人的阻拦，强行闯入赵某家中。不难看出，沈某峰到赵某家具有非正当目的，其非法侵入公民住宅的不法侵害行为，已严重影响赵某及其家人的居住安全和人身安全。

其次，赵某打击沈某峰头部的行为是对正在进行的不法侵害行为的防卫。根据本案的证据和事实，表明赵某在本案的进程中均处于被动地位，事前并无加害沈某峰的言行。在案发当晚，沈某峰不顾赵某家人的阻拦，强行闯入赵某家中，并在家中继续寻找赵某，其不法侵害行为仍处于持续状态，赵某在二、三楼楼梯间顺手拿起一根木棒，打击沈某峰头部两下，是对不法侵害者本人采取的制止不法侵害的行为。赵某的行为具有防卫性。

最后，赵某的行为超过必要限度，应当负刑事责任。案发当晚，沈某峰虽然带领多人到赵某家，但仅沈某峰进行非法侵害和肇事，强闯赵某家时亦未携带凶器，未对阻拦入户的赵某家人实施严重伤害行为，尚不足以危及赵某及其家人的生命安全，赵某持木棒打击沈某峰头部，致沈某峰死亡，赵某的行为造成了重大损害，超过了必要限度，属于防卫过当，依法应当按照故意伤害罪追究刑事责任。

2. 关于对被告人赵某量刑情节的认定。准确认定被告人赵某的量刑情节，直接关系对赵某的处理结果。本案争议的焦点是赵某是否具有防卫过当、自首及其他酌定情节。如前文所述，二审法院根据本案的证据和事实，认定赵某具有防卫过当的情节，依法应当减轻或免除处罚。

关于自首，《刑法》第67条规定，犯罪以后自动投案，如实供述自己的罪行的，是自首。自首应当具备两个条件，一是自动投案，二是如实供述。实践中，对被告人是否如实供述较好把握，但由于投案的形式较为多样和复杂而难以把握。为此，最高人民法院通过诸多司法解释对可以认定为自动投案的情况进行了规定。根据2010年《关于处理自首和立功若干具体问题的意见》（以下简称《自首立功意见》）第1条的规定，明知他人报案而在现场等待，抓捕时无拒捕行为，供认犯罪事实的，也应当认定为自动投案。本案中，赵某在作案后，明知他人报案而在现场等待，抓捕时无拒捕行为，到案后如实供述并能与其他证据相互印证，依法应认定为自首。根据《刑法》第67条第1款的规定，对于自首的犯罪分子，可以从轻或者减轻处罚，其中，犯罪较轻的，可以免除处罚。

被告人赵某还具有其他酌定从轻处罚情节。赵某在诉讼过程中，能够认罪、悔罪，其亲属在一审期间代为赔偿被害方经济损失6万元，在二审期间再次代为赔偿被害方4万元。根据最高人民法院《关于贯彻宽严相济刑事政策的若干意见》第23条的规定，被告人对被害人积极赔偿，并认罪、悔罪的，依法可以作为酌定量刑情节予以考虑。

3. 关于宽严相济刑事政策的具体运用。宽严相济刑事政策要求人民法院办理案件时，根据犯罪的具体情况，该宽则宽，当严则严，充分考虑案件的处理是否有利于赢得广大人民群众的支持和社会稳定，是否有利于罪犯的教育改造和回归社会。一审法院认为，本案被害人沈某峰对于案件的引发有一定过错，赵某能认罪，可从轻处罚。二审法院认为，就本案的处理而言，贯彻宽严相济刑事政策，应当着重考虑以下两个方面因素：

首先，本案因被害人沈某峰违背社会公德的不法侵害行为所引发，被告人赵某的行为得到当地群众的理解和同情，此为对赵某从宽处罚的社会基础。沈某峰在被告人赵某的妻子不愿与其往来的情况下，继续对赵某夫妇进行纠缠、滋扰，违背公序良俗和社会公德，破坏社会和谐，理应受到道德谴责和法律的否定评价。在一审期间，案发当地一百多名村民联名反映沈某峰强占他人妻子，请求释放赵某或减轻处罚；庭审时，当地群众自发地赶往法庭旁听审理，表示对赵某案件的关注和对赵某的同情。被害人沈某峰所在村委会反映，沈某峰曾因犯罪被判刑，刑满释放后在当地不务正业，称霸乡里，引起群众不满，上百名村民签名请求对赵某从宽处罚。

其次，我国刑法对自首、防卫过当有从轻、减轻处罚的专门规定，此为对被告人赵某从轻、减轻处罚的法律基础。赵某在本案中具备自首、防卫过当、认罪、悔罪等情节，主观恶性相对较小，人身危险不大，其亲属代为赔偿了被害人经济损失，同时具有多个法定和酌定从宽处罚情节，依法应当减轻或者免除处罚。由于赵某的犯罪行为造成了被害人死亡的严重后果，对其不能免除处罚。综合以上量刑情节，二审法院认为赵某的行为构成故意伤害罪，依法予以减轻处罚，判处有期徒刑3年。该判决得到当地社会各界的广泛认同。

本案二审法院在全面查清案件事实、证据的基础上，正确认定量刑情节，准确把握案件处理的社情民意基础，切实贯彻宽严相济刑事政策，对赵某以故意伤害罪判处有期徒刑3年，是正确、适当的，较好地实现了法律效果和社会效果的有机统一。

023. 如何把握特殊防卫权的适用范围

根据《刑法》第20条第3款的规定，对正在进行行凶、杀人、抢劫、强奸、绑架以及其他严重危及人身安全的暴力犯罪，采取防卫行为，造成不法侵害人伤亡的，不属于防卫过当，不负刑事责任。司法适用中，要妥当把握特殊防卫的起因条件，准确理解和把握“行凶”。

司法实例

陈某浮正当防卫案

2009年1月25日凌晨2时许，被害人陈某某酒后来到被告人陈某浮家，用随身携带的一把菜刀敲击陈某浮家铁门，叫陈某浮出来打架。陈某浮的妻子下楼，佯称陈某浮不在家。陈某某继续敲击铁门，陈某浮便下楼打开铁门，陈某某遂用菜刀砍中陈某浮脸部，致陈某浮轻伤。陈某某再次砍向陈某浮时，被陈某浮挡开，菜刀掉在地上，陈某浮上前拳击陈某某的胸部等部位，二人在地上扭打。后陈某某因钝性物体作用胸部致心包、心脏破裂致失血性休克死亡。广东省普宁市人民法院一审判决、揭阳市中级人民法院二审裁定认为：陈某某无故持刀上门砍伤陈某浮，陈某浮为了使本人的人身免受正在进行的不法侵害，对正在进行的危害人身安全的暴力犯罪采取防卫行为，造成不法侵害人陈某某死亡的，不属于防卫过当，不负刑事责任。

1. 根据刑法规定，特殊防卫的起因条件限于正在进行的行凶、杀人、抢劫、强奸、绑架以及其他严重危及人身安全的暴力犯罪。与一般防卫不同，特殊防卫起因条件的实质在于不法侵害系“严重危及人身安全”的暴力犯罪。需要注意的是，行凶、杀人、抢劫、强奸、绑架等不法侵害必须严重危及人身安全且系暴力犯罪，才能实行特殊防卫；相关不法侵害没有严重危及人身安全的，应当适用一般防卫的法律规定。对于相关不法侵害是否严重危及人身安全，应当注意从不法侵害是否具有暴力性、是否严重危及人身安全、是否达到犯罪程度等方面作出判断。本案中，陈某某凌晨无故持菜刀上门砍伤陈某浮，属于使用致命性凶器实施的严重危及他人人身安全的不法侵害，应当认定为“行凶”，对此陈某浮可以实行特殊防卫。

2.《刑法》第 20 条第 3 款规定的“行凶”，可以是使用致命性凶器实施的严重危及他人人身安全的行为，也可以是以其他形式实施的严重危及他人人身安全的行为。不法侵害人的具体故意内容不确定，但根据侵害行为发生的时间、地点及不法侵害人持有凶器判断，暴力侵害行为足以严重危及人身安全的，防卫人可以实行特殊防卫。本案中，陈某某持菜刀砍中陈某浮脸部致其轻伤，陈某某再次砍向陈某浮时被其挡开，菜刀掉到地上。此时，要求陈某浮被菜刀砍伤后保持高度冷静，在将行凶者打倒之后，还要仔细判断行凶者有没有继续行凶的能力，这对于在黑夜之中高度惊恐的防卫人，是强人所难。因此，综合考虑案件的具体情况，应当认为在陈某某菜刀掉到地上之后仍然可以实行防卫。

3. 准确理解和把握正当防卫的刑法规定和立法精神，对于符合正当防卫认定条件的，坚决依法认定。实践中，受“人死为大”观念的影响，在处理因防卫致人死亡的案件时，办案机关往往面临外部压力，存有心理顾虑，以致有的情况下将原本属于正当防卫的行为认定为防卫过当，甚至连防卫因素也不予认定。这是极端错误的。作为司法机关，严格依法办案是天职，绝不能为了所谓的“息事宁人”牺牲法律原则。否则，既不利于维护法律的尊严，也不利于为全社会树立正确导向，对正当防卫人来说更是有失公正。对于确系正当防卫的案件，应当勇于担当，严格公正司法，坚决依法认定。实践证明，只有依法判决，才能赢得好的效果；只要依法判决，就能赢得好的效果。本案就是例证，依法宣判陈某浮不负刑事责任后，获得了社会公众的普遍肯定，弘扬了社会主义核心价值观，实现了法律效果与社会效果的有机统一。

024. 如何区分恶势力犯罪与黑社会性质组织犯罪

黑社会性质组织应同时具备《刑法》第 294 条第 5 款中规定的组织特征、经济特征、行为特征、危害性特征。由于实践中许多黑社会性质组织并非这四个特征都很明显，在具体认定时，应根据立法本意，认真审查、分析黑社会性质组织四个特征相互间的联系，准确评价涉案犯罪组织所造成的社会危害，做到不枉不纵。

1. 黑社会性质组织的特征。黑社会性质组织是个法律概念，2002 年 4 月 28 日全国人大常委会通过了《关于刑法第二百九十四条第一款的解释》规定了其四项特征，2011 年 5 月 1 日施行的《刑法修正案（八）》吸收了该四项特征，为此增设了《刑法》第 294 条第 5 款，规定黑社会性质组织应当同时具备组织特征、经济特征、行为特征、非法控制特征（危害性特征）。2018 年最高人民法院、最高人民检察院、公安部、司法部（以下简称两高两部）《关于办理黑恶势力犯罪案件若干问题的指导意见》（以下简称《黑恶犯罪指导意见》）也对黑社会性质组织作了进一步规定。

2. 恶势力的认定标准。恶势力的认定标准:即“经常纠集在一起,以暴力、威胁或者其他手段,在一定区域或者行业内多次实施违法犯罪活动,为非作恶,欺压百姓,扰乱经济、社会生活秩序,造成较为恶劣的社会影响,但尚未形成黑社会性质组织的违法犯罪组织”。2009 年两高一部《办理黑社会性质组织犯罪案件座谈会纪要》中曾提出,关于对“恶势力”团伙的认定和处理,可以将“恶势力”看作黑社会性质组织的雏形。

3. 区分两者的要点。结合《黑恶犯罪指导意见》的规定,黑社会性质组织具备“组织特征”“经济特征”“行为特征”“危害性特征”。而恶势力犯罪也有“组织性”“行为特征”“社会危害性”特征,因此如何准确区别两者确实存在一定的难度,但四个特征正是区分两者的关键标准。(1)组织特征。从《黑恶犯罪指导意见》的规定来看,黑社会性质组织在一定区域或者行业内,形成非法控制或者重大影响,严重破坏经济、社会生活秩序。恶势力则是在一定区域或者行业内多次实施违法犯罪活动,为非作恶,欺压百姓,扰乱经济、社会生活秩序,造成较为恶劣的社会影响,但尚未形成黑社会性质组织的违法犯罪组织。增加了“欺压百姓”,将“尚未形成黑社会性质组织的犯罪团伙”中的“犯罪团伙”修改为“违法犯罪组织”,将“纠集者、骨干成员相对固定”改为“纠集者相对固定”是 2018 年《黑恶犯罪指导意见》的表述,在组织特征认定上放宽了认定标准。黑社会性质组织中,往往会有明确的组织、领导者,基本固定的骨干成员,相对稳定的积极参加者这三个层级,职责分工较为明确,如某案中被告人辩称系合作放贷生意并无严格组织规约,并不存在组织;辩护人认为该组织结构相对松散,同时未达到对一定区域内的非法控制,本案尚未达到黑社会性质组织的标准,应定性为恶势力。但经审查,从组织架构来看,被告人孙某春等人明确了骨干成员魏某、简某信、徐某五各自的分工职责,并纠集多名普通成员参与组织。名义上组织系以风险共担的形式与骨干成员、积极参加者共同放贷,实际上由孙某春等人提供资金发放高利贷,其他成员并未实际出资仅负责要债,通过大量违法犯罪活动索要债务,并将获利上交给孙某春等人,再按事先商量的“投资”分给组织成员。该制度由孙某春等人制定,表面上看似乎是共同放贷行为,实际上是通过将违法所得用于豢养组织成员。该团伙有明显的三个层级,同时对于组织成员有严格纪律,因此符合黑社会性质组织的组织特性。(2)行为特征。从规范性文件和司法解释来看,黑社会性质组织犯罪与恶势力犯罪的行为特性有高度重合的特点,行为特性均有暴力、软暴力等违法犯罪活动,一般单从行为特征无法对黑社会性质组织与恶势力进行区分,还要结合其他方面特征进行评判。(3)经济特征。黑社会性质组织在其组织、发展过程中通过各种违法行为获得经济利益,或者调动一定规模的经济资源用以支持该组织活动。通过上述方式获取的经济利益,可以是由部分组织成员个人掌控,也可以继续用于组织的发展,而恶势力的经济特征并不明显。单从经济特征对黑社会性质组织与恶势力进行区分也较为困难,还要结合其他方面特征进行评判。(4)非法控制特征。非法控制特征即危害性特征,是对黑社会性质组织认定的核心所在。《现代汉语词典》将“黑社会”解释为“有一套与主流社会相悖的地下有组织的黑恶团伙集合”。黑社会性质组织是为了与主流社会相对抗而存在的,只有在一定区域、行业内形成了非法控制才意味着在主流社会之外还存在另一个非法的“黑”社会。是否在一定区域、行业内形成了非法控制,是认定黑社会性质组织是否成立的决定性标志,这与其他三个特征紧密关联,也是黑社会性质组织与恶势力团伙、一般共同犯罪的重要区别点。

025. 如何理解软暴力

1. 软暴力的概念。"软暴力"是指行为人为谋取不法利益或形成非法影响,对他人或者在有关场所进行滋扰、纠缠、哄闹、聚众造势等,足以使他人产生恐惧、恐慌进而形成心理强制,或者足以影响、限制人身自由、危及人身财产安全,影响正常生活、工作、生产、经营的违法犯罪手段。①

2. 软暴力的表现形式。"软暴力"违法犯罪手段通常的表现形式:(1)侵犯人身权利、民主权利、财产权利的手段,包括但不限于跟踪贴靠、扬言传播疾病、揭发隐私、恶意举报、诬告陷害、破坏、霸占财物等;(2)扰乱正常生活、工作、生产、经营秩序的手段,包括但不限于非法侵入他人住宅、破坏生活设施、设置生活障碍、贴报喷字、拉挂横幅、燃放鞭炮、播放哀乐、摆放花圈、泼洒污物、断水断电、堵门阻工,以及通过驱赶从业人员、派驻人员据守等方式直接或间接地控制厂房、办公区、经营场所等;(3)扰乱社会秩序的手段,包括但不限于摆场架势示威、聚众哄闹滋扰、拦路闹事等;(4)其他符合"指行为人为谋取不法利益或形成非法影响,对他人或者在有关场所进行滋扰、纠缠、哄闹、聚众造势等,足以使他人产生恐惧、恐慌进而形成心理强制,或者足以影响、限制人身自由、危及人身财产安全,影响正常生活、工作、生产、经营的违法犯罪手段"的"软暴力"手段。通过信息网络或者通信工具实施,符合上述规定的违法犯罪手段,应当认定为"软暴力"。

3. 实施软暴力"足以使他人产生恐惧、恐慌进而形成心理强制或者足以影响、限制人身自由、危及人身财产安全或者影响正常生活、工作、生产、经营"的认定。行为人实施"软暴力",具有下列情形之一,可以认定为足以使他人产生恐惧、恐慌进而形成心理强制或者足以影响、限制人身自由、危及人身财产安全或者影响正常生活、工作、生产、经营:(1)黑恶势力实施的;(2)以黑恶势力名义实施的;(3)曾因组织、领导、参加黑社会性质组织、恶势力犯罪集团、恶势力以及因强迫交易、非法拘禁、敲诈勒索、聚众斗殴、寻衅滋事等犯罪受过刑事处罚后又实施的;(4)携带凶器实施的;(5)有组织地实施的或者足以使他人认为暴力、威胁具有现实可能性的;(6)其他足以使他人产生恐惧、恐慌进而形成心理强制或者足以影响、限制人身自由、危及人身财产安全或者影响正常生活、工作、生产、经营的情形。

4. 关于"以黑恶势力名义实施"的认定。由多人实施的,编造或明示暴力违法犯罪经历进行恐吓的,或者以自报组织、头目名号、统一着装、显露文身、特殊标识以及其他明示、暗示方式,足以使他人感知相关行为的有组织性的,应当认定为"以黑恶势力名义实施"。

由多人实施的,只要有部分行为人符合上述第2点第1项至第4项所列情形的,该项即成立。虽然具体实施"软暴力"的行为人不符合第2点第1项、第3项所列情形,但雇佣者、指使者或者纠集者符合的,该项成立。

5. 关于软暴力认定的其他问题及处罚。(1)"软暴力"手段属于《刑法》第294条第5款第3项"黑社会性质组织行为特征"以及《黑恶犯罪指导意见》第14条"恶势力"概念中的"其他手段"。(2)采用"软暴力"手段,使他人产生心理恐惧或者形成心理强制,分别属于《刑法》第226条规定的"威胁"、《刑法》第293条第1款第2项规定的"恐吓",同时符合其他犯罪构成要件的,应当分别以强迫交易罪、寻衅滋事罪定罪处罚。《关于办理寻衅滋事刑事案件适用法律若

① 参见两高两部联合印发的《黑恶犯罪指导意见》《关于办理"套路贷"刑事案件若干问题的意见》《关于办理黑恶势力刑事案件中财产处置若干问题的意见》《关于办理实施"软暴力"的刑事案件若干问题的意见》。

干问题的解释》第2条至第4条中的“多次”一般应当理解为二年内实施寻衅滋事行为三次以上。三次以上寻衅滋事行为既包括同一类别的行为，也包括不同类别的行为；既包括未受行政处罚的行为，也包括已受行政处罚的行为。(3)有组织地多次短时间非法拘禁他人的，应当认定为《刑法》第238条规定的“以其他方法非法剥夺他人人身自由”。非法拘禁他人三次以上、每次持续时间在4小时以上，或者非法拘禁他人累计时间在12小时以上的，应当以非法拘禁罪定罪处罚。(4)以“软暴力”手段非法进入或者滞留他人住宅的，应当认定为《刑法》第245条规定的“非法侵入他人住宅”，同时符合其他犯罪构成要件的，应当以非法侵入住宅罪定罪处罚。(5)以非法占有为目的，采用“软暴力”手段强行索取公私财物，同时符合《刑法》第274条规定的其他犯罪构成要件的，应当以敲诈勒索罪定罪处罚。《关于办理敲诈勒索刑事案件适用法律若干问题的解释》(以下简称《敲诈勒索解释》)第3条中“二年内敲诈勒索三次以上”，包括已受行政处罚的行为。(6)采用“软暴力”手段，同时构成两种以上犯罪的，依法按照处罚较重的犯罪定罪处罚，法律另有规定的除外。(7)雇佣、指使他人采用“软暴力”手段强迫交易、敲诈勒索，构成强迫交易罪、敲诈勒索罪的，对雇佣者、指使者，一般应当以共同犯罪中的主犯论处。(8)以非法占有为目的强行索取公私财物，有组织地采用滋扰、纠缠、哄闹、聚众造势等手段扰乱正常的工作、生活秩序，同时符合《刑法》第274条规定的其他犯罪构成条件的，应当以敲诈勒索罪定罪处罚，同时由多人实施或者以统一着装、显露文身、特殊标识以及其他明示或者暗示方式，足以使对方感知相关行为的有组织性的，应当认定为《敲诈勒索解释》第2条第5项规定的“以黑恶势力名义敲诈勒索”。采用上述手段，同时又构成其他犯罪的，应当依法按照处罚较重的规定定罪处罚。

为强索不受法律保护的债务或者因其他非法目的，雇佣、指使他人采用“软暴力”手段非法剥夺他人人身自由构成非法拘禁罪，或者非法侵入他人住宅、寻衅滋事，构成非法侵入住宅罪、寻衅滋事罪的，对雇佣者、指使者，一般应当以共同犯罪中的主犯论处；因本人及近亲属合法债务、婚恋、家庭、邻里纠纷等民间矛盾而雇佣、指使，没有造成严重后果的，一般不作为犯罪处理，但经有关部门批评制止或者处理处罚后仍继续实施的除外。

6. 司法实践中应注意的问题。作为犯罪手段的“软暴力”，只是行为的一种方法，并不是刑法意义上的一个完整的犯罪行为。也就是说，“软暴力”既可以作为寻衅滋事罪的行为手段，也可作为敲诈勒索罪的行为手段，就像暴力手段既可作为故意伤害罪的手段，也可作为非法拘禁罪的手段一样。“软暴力”作为一种违法犯罪手段，如果要构成犯罪，还应符合具体罪名的构成要件；要构成黑恶势力，还应当符合黑恶势力的特征和黑恶势力的认定标准。

026. 恶势力是否必然及于所有违法犯罪的策划、组织和实施

根据两高两部《黑恶犯罪指导意见》的规定精神，恶势力犯罪仅要求“纠集者相对固定”，而恶势力犯罪集团要求“明显的首要分子，其他成员较为固定”。恶势力属于相对松散的违法犯罪组织，纠集者所起的组织、策划、指挥作用主要体现在恶势力所实施的具体违法犯罪活动中，不必然及于所有违法犯罪的策划、组织和实施。

司法实例

王某久等人非法采矿等案①

2000年以来，被告人王某久在淮滨县谷堆乡范围内从事贩树等经营活动，其间，实施殴打唐某学等人、敲诈孙某洲等人等违法行为树立恶名，积累了一定经济基础，逐步在当地形成一定影响。2017年以来，被告人王某久伙同被告人任某、王某平在未取得采沙许可证的情况下，找来被告人李某亚等人的抽沙泵，在谷堆乡栗园村等地淮河里盗采黄沙。为了控制该区域，被告人王某久雇佣被告人吴某彬、孙某强、王某、陈某刚、刘某发、任某业等人负责看沙场，带着被告人任某、王某山、王某俊等人到现场辱骂群众，阻止外来采沙船进入该区域采沙。经淮滨县价格认证中心鉴定，被告人王某久等人盗采河沙市场价格为23,942,490元。在采沙区域内采沙必须经过被告人王某久同意，并缴纳采沙费用，2000年至2006年，被告人王某久实施3起敲诈勒索行为，敲诈孙某洲等人35,000元。为获取最大利益，被告人王某久、任某、王某平、吴某彬、任某业、王某、孙某强、陈某刚、祝某，威胁、殴打唐某学等竞争对手，2003年4月至2016年3月，实施9起寻衅滋事行为，达到了称霸该水域，霸占谷堆河沙市场的目的。

河南省淮滨县人民法院经开庭审理，认定被告人王某久、任某、王某平、吴某彬、孙某强、王某、陈某刚、任某业、王某山、王某俊、刘某发、李某亚犯非法采矿罪，分别判处5年6个月至1年6个月有期徒刑并处罚金；被告人王某久、任某、王某平、吴某彬、孙某强、王某、陈某刚、祝某犯寻衅滋事罪，分别判处有期徒刑2年6个月至1年6个月；被告人王某久犯敲诈勒索罪，判处有期徒刑1年6个月，并处罚金1万元。宣判后，被告人未提出上诉，公诉机关亦未抗诉，判决已发生法律效力。

本案争议焦点在于本案是否应当认定为恶势力犯罪集团。

两高两部《黑恶犯罪指导意见》第14条明确，“恶势力”是指经常纠集在一起，以暴力、威胁或者其他手段，在一定区域或者行业内多次实施违法犯罪活动，为非作恶，欺压百姓，扰乱经济、社会生活秩序，造成较为恶劣的社会影响，但尚未形成黑社会性质组织的违法犯罪组织。《刑法》第26条第2款规定：“三人以上为共同实施犯罪而组成的较为固定的犯罪组织，是犯罪集团。”第3款规定：“对组织、领导犯罪集团的首要分子，按照集团所犯的全部罪行处罚。”一审法院认定本案为恶势力犯罪集团的理由如下：

1. 从组成人员看是否有首要分子。恶势力仅要求“纠集者相对固定”，而恶势力犯罪集团要求“明显的首要分子，其他成员较为固定”。恶势力属于相对松散的违法犯罪组织，纠集者所起的组织、策划、指挥作用主要体现在恶势力所实施的具体违法犯罪活动中，不必然及于所有违法犯罪的策划、组织和实施。如果各被告人相互纠集，多次实施违法犯罪活动，各被告人均可认定为纠集者，即在恶势力犯罪中，纠集者并不是唯一的。而首要分子是固定的，一般不会出现多名首要分子的情形。首要分子是针对整个集团成员而言的，一般不可能在不同的犯罪中出现不同的首要分子的情况。本案中，王某久作为沙场的老板，是组织、策划、指挥犯罪集团的首要分子，领导整个犯罪集团。被告人任某作为沙场的股东之一，参与沙场分红，被告人王某平作为王某久的弟弟，负责管理沙场，二人接受王某久的领导、管理、指挥并参与组织犯罪活动，是犯罪集团的重要成员。

2. 从成立目的看是否出于集团意志。恶势力犯罪集团成立是为了实施某种或几种明确的罪行。本案中，以王某久为首要分子的犯罪集团，其成立目的是在淮河流域大规模采沙，谋取巨大

---

① 参见河南省淮滨县人民法院刑事判决书，(2019)豫1527刑初372号。

经济利益,该犯罪集团不惜代价的实施非法采矿、寻衅滋事、敲诈勒索等犯罪行为,所有的犯罪行为都是在王某久犯罪集团的指挥下实施的,都是出于集团意志,为了集团利益。

3. 从作案方式看是否计划周全。恶势力成员个性张扬,往往三五成群,行为目标一般具有偶然性和盲目性。为显示其霸道,他们经常公开进行违法犯罪,甚至有意让对方知道自己身份,以使对方因恐惧而臣服。本案中,以被告人王某久为首要分子,被告人任某、王某平等人为重要成员,被告人吴某彬、孙某强、王某、陈某刚、任某业、王某山、王某俊、刘某发、李某亚积极参与,形成较为固定的犯罪组织,为称霸淮河水域,霸占谷堆河沙市场,积极谋划,殴打竞争对手、强拿硬要他人财物,其目的是使当地群众产生心理恐惧或形成心理强制,阻止一切妨碍其实现非法利益的行为,目标明确,计划周全。

4. 从行为的社会危害性看是否专门从事犯罪活动。本案中,以王某久为首要分子的犯罪集团,自2017年开始实施非法采矿犯罪行为;2000年至2006年实施3起敲诈勒索行为,其中2起违法行为、1起犯罪行为;2003年4月至2016年3月实施9起寻衅滋事行为,其中5起违法行为、4起犯罪行为,达到“多次犯罪”,足以可见,该犯罪集团是专门从事犯罪活动。

综上,一审法院认定本案为恶势力犯罪集团是正确的。

027. 如何认定因惧怕心理停止犯罪的犯罪形态

行为人因惧怕心理而停止犯罪,从本质上属于犯罪未遂或犯罪中止。司法实践中,不能仅因行为人的惧怕这一心理现象即作出机械的归类,而应当根据具体案情,结合行为人的供述,分析行为人惧怕的原因。如行为人因客观实质阻却因素惧怕而停止犯罪的应当认定为犯罪未遂。

司法实例

陈某抢劫(未遂)案

2017年2月18日8时许,被告人陈某携带绳子、手套等作案工具至山东省某市某社区被害人李某的暂住房,先以楼下漏水为由进入屋内,采取暴力手段控制被害人,并用绳子将其捆住,向其索要钱财。其间,被告人陈某穿上被害人的运动鞋清理了作案现场。10时28分许,被告人陈某胁迫被害人打电话给被害人之父李某梁,让其想办法筹钱,李某梁遂向公安机关报案。公安机关电话联系被害人后,被告人陈某心生恐惧,遂强迫被害人与其达成“和解”,携带作案工具并穿着被害人的运动鞋逃离现场。案发后,被告人陈某的家属代为赔偿被害人损失4000元。

山东省某市人民法院经审理认为,被告人陈某以非法占有为目的,采取暴力、胁迫手段,入户强行劫取他人财物,其行为构成抢劫罪,依法应予惩处。陈某在其犯罪行为被公安机关发现后畏罪潜逃,系出于意志以外的原因,其间虽与被害人达成“和解”,但系胁迫被害人而达成,故被告人陈某的行为不能认定为犯罪中止。被告人陈某畏罪潜逃时虽带走被害人的鞋子,且在案证据无法证实被告人还劫得被害人其他财物,而带走的被害人的鞋子系隐匿证据,并非出于非法占有的目的,且其在抢劫过程中也未对被害人造成伤害。结合其未完成犯罪系意志以外的原因,故被告人陈某的行为属犯罪未遂,依法可以比照既遂犯减轻处罚。被告人陈某在公安机关已基本掌握其主要犯罪事实的情况下,前两次供述仍作无罪辩解,故不能认定为坦白,但其当庭自愿认罪,酌情予以从轻处罚。被告人陈某的家属代为赔偿被害人间接损失,并取得被害人谅解,又酌情予以从轻处罚。一审法院以抢劫罪判处被告人陈某有期徒刑8年,并处罚金5000元。

一审宣判后,被告人不服一审判决,提起上诉。

山东省某市中级人民法院经二审审理认为,陈某以非法占有为目的,采取暴力、胁迫手段入户强行劫取他人财物,其行为已构成抢劫罪。陈某系犯罪未遂,依法予以减轻处罚。原判定罪和适用法律正确,量刑适当,审判程序合法,遂终审裁定:驳回上诉,维持原判。

在本案审理过程中,对被告人陈某因惧怕而停止抢劫的行为属于何种犯罪形态存在三种不同意见:第一种意见认为,被告人放弃犯罪系其自动所为,故成立犯罪中止;第二种意见认为,被告人已经着手实施犯罪,犯罪未得逞是由于意志以外的原因,应为犯罪未遂;第三种意见认为,被告人在抢劫过程中带走的鞋子属于被害人财物,其行为属于犯罪既遂。

本案一、二审法院采纳了第二种意见,主要理由为:

1. 被告人已经着手实施犯罪。着手,即行为人开始实施刑法分则规定的犯罪客观要件的行为。从我国《刑法》第 263 条的规定来看,行为人开始实施暴力、胁迫或者其他强制方法即为抢劫罪的着手。本案中,被告人陈某乘机进入被害人屋内,采取暴力手段控制被害人并索要钱财,其已然着手实施抢劫犯罪。

2. 公安机关电话联系被害人后,被告人因心生恐惧而停止犯罪系意志以外的原因。犯罪未遂是由于意志以外的原因而未得逞,犯罪中止则是自愿放弃犯罪或者自动有效防止犯罪结果发生。因"害怕"而停止犯罪究竟属于前者还是后者,不能仅就"害怕"这一心理现象简单进行归类,而应通过分析害怕的具体因素来判断。从对继续实施犯罪的影响程度来看,可分为以下两类:一是纯主观阻却因素。此类因素不对犯罪人继续实施犯罪造成客观实质影响,客观上不直接影响犯罪人继续实施犯罪,也不对其产生紧迫威胁,纯粹是因心理作用而停止犯罪。例如,犯罪人捅刺被害人一刀后,见血流异常而惊愕产生害怕心理并停止杀人行为;害怕天理报应;害怕日后受到法律制裁等。二是客观实质阻却因素。实施犯罪过程中的一些客观因素使犯罪人难以继续实施犯罪或者将对其造成紧迫威胁,促使犯罪人心里害怕而停止犯罪。这是犯罪人对现场客观条件综合认识,通过对继续实施犯罪的成本与收益进行考量后的决定。例如,害怕被当场发现或者害怕被当场抓捕等。通过上述分析,可以得出结论:因第一类因素没有继续实施犯罪的,其停止犯罪具有自动性;因第二类因素停止犯罪的,则属于意志以外的原因。

被告人在公安机关掌握其犯罪事实并与被害人取得电话联系的情况下产生恐惧心理,其害怕的具体内容是若不逃离现场将被当场抓获,这是对其继续犯罪的客观实质阻却因素。因此,本案中的"害怕"应归入前述第二类因素,其未能继续实施犯罪属于意志以外的原因而未得逞。

3. 抢劫罪的既遂标准是劫取财物或者造成他人轻伤以上后果。根据最高人民法院《关于审理抢劫、抢夺刑事案件适用法律若干问题的意见》(以下简称《审理抢劫、抢夺案件意见》)的规定,抢劫罪侵犯的是复杂客体,其既遂标准为劫取财物或者造成他人轻伤以上后果。对"劫取财物"的认定,应坚持主客观相统一原则,客观上财物为抢劫过程中取得,主观上具有非法占有目的。本案中,被害人的运动鞋虽具有一定经济价值,亦为被告人在抢劫过程中所取得,但被告人是为清理现场、隐匿罪证而在匆忙逃离现场时穿走的,不能简单认定具有非法占有目的,故不能认为被告人劫取到了财物。同时,抢劫过程中也未造成被害人轻伤以上后果。

综上所述,被告人已经着手实施抢劫,由于意志以外的原因而未得逞,应当认定为抢劫罪的未遂形态。

028. 被告人吕某某的行为是否构成犯罪中止

行为人系从犯的地位作用决定，不管其个人犯罪行为是犯罪中止还是犯罪未遂状态，都不影响本案共同犯罪既遂的成立。同时，行为人参与的共同犯罪行为是犯罪既遂，而“主动辞职”行为发生在这种犯罪既遂之后，不具备犯罪中止的时空性特征。

司法实例

吕某某协助组织他人卖淫案

2012 年年底，南某某承包某市蓝天大酒店有限公司桑拿部，以洗浴休闲为名，提供卖淫嫖娼场所和不同价位的性服务。由肖某军负责日常管理，被告人吕某某等多名被告人分别担任该桑拿部客户部经理、领班、收银员，为桑拿部组织卖淫人员进行卖淫活动提供协助，非法牟利 200 万余元。其中，吕某某于 2013 年 1 月至 3 月任桑拿部经理，负责前台接待，向嫖娼人员推荐不同价位的性服务，并协助管理卖淫人员，工资为 2500 元/月。2013 年 5 月 13 日晚，公安机关突击检查该桑拿部，当场查获正在进行卖淫嫖娼人员，抓获多名涉案被告人。吕某某于同年 7 月 9 日被抓获归案。一审法院认定吕某某犯协助组织他人卖淫罪，判处有期徒刑 2 年，并处罚金 15,000 元（其他被告人犯协助组织他人卖淫罪分别被判刑）。宣判后，吕某某不服，提出上诉。其辩护人提出：吕某某 2013 年 1 月到蓝天大酒店有限公司桑拿部上班，发现有卖淫行为，3 月主动辞职，是犯罪中止。吕某某的行为是否构成犯罪中止，是本案上诉的焦点。

本案的焦点是对于被告人吕某某“主动辞职”的行为如何认定。

协助组织他人卖淫，是指为他人实施组织卖淫的犯罪活动提供方便、创造条件、排除障碍的行为。这种有组织的犯罪活动，一般具有连续犯罪特征，即在一个相对较长的时期内，连续共同实施同一犯罪行为，构成同一犯罪。根据法律对该犯罪构成要件的规定，协助组织他人卖淫罪是相对于在组织他人卖淫犯罪中起次要作用而定，对于认定协助组织他人卖淫的行为人，不再认定主从犯，而根据各自在共同犯罪中的地位作用，在量刑时适当予以区分。具体本案：

1. 在本案共同犯罪的前提下，吕某某的地位作用确定了（这里是指在组织他人卖淫犯罪中起次要作用，法律规定独立定罪），同时，吕某某参与的共同犯罪行为是犯罪既遂，而“主动辞职”行为发生在这种犯罪既遂之后，不具备犯罪中止的时空性特征。

2. 本案共同犯罪具有连续犯罪特征，而每一次的犯罪过程都具有独立完整的犯罪形态。假如吕某某在某次具体协助组织他人卖淫的犯罪过程中，主观上自动停止犯罪，或者在犯罪行为实施之后犯罪结果没有发生之前，有效地阻止了犯罪结果的发生，其个人行为则构成共同犯罪中独立的犯罪中止，共同犯罪行为则为犯罪未遂。辩护人提出“是犯罪中止”的意见，忽视或者刻意回避了本案连续犯罪的特征，把吕某某的“主动辞职”行为视为同一犯罪过程中不同犯罪阶段的行为。而本案现有证据证实，吕某某在整个共同犯罪的连续犯罪过程中，以其“负责前台接待，向嫖娼人员推荐性服务，并协助管理卖淫人员”等一系列行为，不止一次地完成了协助组织他人卖淫的犯罪过程，每一次的犯罪过程也具备了独立完整的犯罪形态，是犯罪既遂，其行为已经构成协助组织他人卖淫罪。

3. 本案证据未证实吕某某“主动辞职”后，再次实施了协助组织他人卖淫的犯罪行为，也不属于犯罪中断，而是在其实施了完整的共同犯罪形态之后，没有再参与新的共同犯罪行为，是共同犯罪中单独的犯罪终了。

此外，在本案二审过程中，发现一审判决中存在瑕疵。对于该瑕疵的处理，合议庭认为，根据本案的具体情况，该瑕疵不影响案件事实、适用法律和定罪量刑，由一审裁定纠正，内部总结教训。对于吕某某及其辩护人提出的"是犯罪中止，请求从轻处罚"等意见，均不予采纳。据此，二审裁定：驳回上诉，维持原判。

029. 共同犯罪人之间有意思联络才能成立共同犯罪

共同犯罪是共同犯罪故意与共同犯罪行为的统一，因此，只有共同犯罪人之间具有意思联络，并且形成共同犯罪故意，才能认定他们之间成立共同犯罪。而共谋行为对某次犯罪行为的危害结果不具有原因力时，共谋而未实行者不需要对该次行为承担刑事责任。

司法实例

余某林等盗窃案①

2017 年 6 月初，被告人余某林、曾某、王某、郁某以及朱某明（另处）等人预谋至宝钢分公司炼钢厂转炉一分厂盗窃铌铁。后商定由李某亮组织人员实施盗窃，由朱某明、曾某联系王某和郁某，王某再联系厂区巡逻队员赵某，让赵某提供厂区保安巡逻信息，由郁某放行指定车辆，由余某林在厂区外接应并负责销赃。余某林、李某亮还找到被告人陈某均，让其再找些人实施盗窃，陈某均答应。6 月间，被告人余某林、曾某、李某亮、王某、赵某参与盗窃 6 次。在第 4 次和第 6 次盗窃活动中，王某将赵某告知其的宝钢厂区巡逻信息提供给曾某，曾某告知李某亮后由李某亮通知陈某均入厂盗窃。陈某均伙同他人在宝钢转炉一分厂内盗窃铌铁时碰到何某坚（另处）等人开来一辆金杯牌面包车亦在该处盗窃铌铁，陈某均告知李某亮，何某坚等人也在盗窃并有车，李某亮遂让陈某均将所窃铌铁装在何某坚车上一起运出宝钢厂区。陈某均把金杯牌面包车的牌照号码告知李某亮，李某亮即将装载被窃货物车辆的车型及牌照号码告知曾某，曾某又将相关信息告知郁某，由郁某予以放行。其中，陈某均等人窃得铌铁 2050 公斤，余某林、何某坚等人将陈某均、何某坚等人窃得的 4100 公斤铌铁销售给陈某林，共得 85 万元。被告人郁某参与了后 5 次盗窃活动，被告人陈某均参与了 4 次盗窃活动。被告人陈某林以 172 万余元的价格 5 次从余某林处共收购铌铁 8400 公斤。被告人徐某以 20 万元的价格 1 次从余某林处收购铌铁 1000 公斤。公诉机关上海市人民检察院第二分院对余某林、曾某、李某亮、陈某均、王某、郁某、赵某以盗窃罪、对陈某林、徐某以掩饰、隐瞒犯罪所得罪提起公诉，且认定，余某林、曾某、李某亮、陈某均、王某、郁某系共同犯罪中的主犯，赵某系从犯。

上海市第二中级人民法院认定余某林、曾某、李某亮、陈某均、王某、郁某、赵某构成盗窃罪，分别判处有期徒刑 10～15 年，剥夺政治权利 2～4 年，并处罚金 3 万～30 万元；陈某林、徐某构成掩饰、隐瞒犯罪所得罪，分别判处有期徒刑 4 年 6 个月，并处罚金 5 万元；有期徒刑 1 年，并处罚金 5000 元。

上诉人王某辩称，其在共同盗窃中作用较小，系从犯，原判认定其系主犯不当，且量刑过重，请求二审对其从轻处罚。上诉人赵某辩称，其未参与第一次盗窃，且系从犯，认罪态度较好，请求二审对其减轻处罚。

上海市高级人民法院终审认为，王某不仅参与盗窃预谋，还主动提供被害单位的安保信息，

① 参见上海市第二中级人民法院刑事判决书，(2009) 沪二中刑初字第 4 号；上海市高级人民法院刑事裁定书，(2009) 沪高刑终字第 97 号。

在共同犯罪中起了重要作用，应当认定为主犯。赵某参与第一起盗窃，不仅有其本人供述在案，同时还得到同案犯王某供述的印证，应予确认。遂于2009年8月12日裁定驳回上诉，维持原判。

本案一、二审裁判的主要理由为：在共同犯罪人之间存在意思联络及形成共同犯罪故意的情况下，方能认定他们之间成立共同犯罪；共谋行为对某次犯罪行为的危害结果不具有原因力时，共谋而未实行者不需要对该次行为承担刑事责任方面，上海市第二中级人民法院的判决，严格遵循了刑法共同犯罪认定原则，认为被告人余某林、曾某、李某亮、陈某均、王某、郁某、赵某以非法占有为目的，结伙秘密窃取公司财物，其中，曾某、李某亮参与盗窃6次，盗窃数额达192万余元；余某林、王某、赵某参与盗窃6次，盗窃数额达150万余元；郁某参与盗窃5次，盗窃数额达160万余元；陈某均参与盗窃4次，盗窃数额达138万余元，均属盗窃数额特别巨大，7名被告人的行为均已构成盗窃罪。公诉机关指控7名被告人的罪名成立，但指控被告人余某林、陈某均、王某、郁某、赵某的犯罪金额有误。公诉机关指控陈某均参与的两次盗窃活动的证据不足，余某林、王某、赵某与何某坚等人不构成共同犯罪，只对陈某均盗窃的2050公斤铌铁承担共同犯罪的刑事责任。被告人李某亮、陈某均、曾某、郁某与何某坚等人系共同犯罪，应对何某坚盗窃的铌铁承担刑事责任。虽然郁某参与了盗窃共谋，但其未参与起诉指控的第一次盗窃活动，对第一次盗窃活动不承担刑事责任。在共同盗窃犯罪活动中，被告人余某林、曾某、李某亮、陈某均、王某、郁某起主要作用，系主犯，应当按照他们所参与的全部犯罪处罚；被告人赵某起次要作用，系从犯，对赵某应当从轻处罚。被告人曾某在假释考验期内犯新罪，应当撤销假释，把前罪没有执行的刑罚和此次犯罪所判处的刑罚予以数罪并罚。被告人陈某林、徐某明知是他人犯罪所得的赃物而予以收购，两人的行为均已构成掩饰、隐瞒犯罪所得罪，且陈某林属于情节严重。故作出上述判决。

030. 共谋但未参与实行行为能否构成共同犯罪

被告人只参加共同谋议而未实施具体犯罪实行行为的，未实施具体犯罪实行行为者与实施了犯罪实行行为者一般构成共同犯罪。

司法实例

江某林、夏某军贩卖、运输毒品案

2009年4月中旬，被告人夏某军知道郑某武（已判刑）认识广东的毒品上家，故介绍郑某武与被告人江某林认识，江某林、夏某军、郑某武随即共谋至广东省购买毒品运输来沪贩卖，三人商定由郑某武先前往广东省联系毒品货源，而后通知夏某军赶至广东省，与郑某武共同购买毒品后运输来沪，毒资由江某林提供。郑某武随后赶往广东省汕尾市甲子镇，与当地人“阿涛”（另行处理）联系毒品货源。同年4月29日，夏某军因吸毒受到公安机关审查，即打电话通知了江某林。因夏某军无法赶往广东省，江某林遂指使贾某（已判刑）、章某春（已判刑）于当日乘飞机赶往广东省汕尾市甲子镇。次日，贾某、章某春、郑某武一起从“阿涛”等人处购得一袋白色晶体、3000粒红色药片及489.27克添加剂，江某林通过把钱打入章某春和“阿涛”等人卡里等方式支付了毒资79,100元。当晚，郑某武、贾某、章某春携带所购毒品及添加剂搭乘长途汽车返沪，至沪杭高速公路枫泾检查站时被公安人员查获。经鉴定，前述白色晶体净重250.97克、红色药片净重281.53克，从中均检出甲基苯丙胺成分。

检察机关认为被告人江某林、夏某军结伙，以贩卖毒品为目的，指使他人购买甲基苯丙胺

532.5克，其行为已构成贩卖、运输毒品罪，被告人江某林、夏某军均系累犯、再犯，依法应分别从重处罚，提请依法审判。

被告人江某林辩称，其未指使章某春、郑某武等人购买毒品，郑某武对其提出过去广东买毒品，但其未答应合伙，其借给章某春的钱是让章买性药的，其不知道章某春、郑某武等人去买毒品。江某林的辩护人提出，相关证人证言有矛盾，现有证据不足以证明江某林与郑某武等人到广东购毒有联系。

被告人夏某军辩称，其不知道毒品的事情，夏某军的辩护人亦提出现有证据不足以证明夏某军犯有贩卖、运输毒品罪。

某市中级人民法院经审理认为，江某林指使他人贩卖、运输甲基苯丙胺500余克；被告人夏某军介绍江某林、郑某武相识，与夏某军、郑某武共谋实施贩卖、运输毒品犯罪，被告人江某林、夏某军的行为均已构成贩卖、运输毒品罪。江某林、夏某军与郑某武共谋贩卖、运输毒品，在郑某武已赴广东联系毒品后，夏某军因受公安机关审查而无法去广东与郑某武共同购毒，江某林遂指使张某纯、蒋某与郑某武共同购买毒品运输来沪的事实清楚，证据确实、充分。被告人江某林和夏某军的辩解与查明的事实不符，其辩解及其各自辩护人的相关辩护意见均不能成立。江某林与夏某军、郑某武共谋犯贩卖、运输毒品罪，虽然夏某军因意志以外的原因未实施具体犯罪实行行为，但夏某军介绍江某林与郑某武相识、又参与共谋，其行为与本案贩卖、运输毒品犯罪之间的因果关系未有效切断，夏某军与江某林系共犯。在该共同犯罪中，江某林出资且系主谋，在夏某军因意外不能去购买毒品后又指使章某春、贾某去购买毒品，江某林系主犯，夏某军所起的作用是辅助的，系从犯，依法可比照主犯减轻处罚。江某林、夏某军均系累犯，又系毒品再犯，均应从重处罚。据此，依照《刑法》相关条款规定，以贩卖、运输毒品罪分别判处被告人江某林死刑，缓期2年执行，剥夺政治权利终身，并处没收个人全部财产；判处被告人夏某军有期徒刑9年，剥夺政治权利2年，并处罚金2万元。

判决后，被告人江某林、夏某军均以未参与贩卖、运输毒品为由提出上诉。某省高级人民法院经终审审理，裁定：驳回江某林、夏某军的上诉，维持原判。

本案的争议的焦点在于夏某军参与贩卖、运输毒品共谋，因意志以外的原因未能实施本该由其实施的行为，而章某春、贾某代夏某军实施了夏某军应实施的行为，江某林、郑某武、章某春、贾某构成了贩卖、运输毒品犯罪的既遂，夏某军能否被认定为江某林、郑某武、章某春、贾某贩卖、运输毒品犯罪的共犯，对此存在意见分歧。第一种意见认为，夏某军仅参与共谋未参与实行行为，不构成共同犯罪。因为共同犯罪的成立不仅需要共同的故意，还要有共同的实行行为。在这种情况下，未参与实行行为的共谋者与参与实行行为的共谋者只有共同的犯罪故意，而没有共同的犯罪行为，因为共谋既不是犯罪预备行为，也不是犯罪实行行为，当然不能成立共同犯罪。第二种意见认为，夏某军构成共同犯罪，共同犯罪行为包括共同预备行为和共同实行行为，夏某军虽然没有参与具体的实行行为，但参与了共谋，共谋应当属于预备行为，其不仅仅是单纯的犯意表示，即使参与共谋者事后未实施实行行为，其与事后实施实行行为者之间亦具备了共同犯罪成立所必须具备的“意思联络”和“共同行为”之条件，故构成贩卖、运输毒品罪，系犯罪预备。第三种意见认为，夏某军构成共同犯罪的正犯，共同犯罪行为不仅指犯罪的实行行为，还指犯罪的教唆行为或帮助行为，其中自然包括共谋行为。共谋是指数人就准备实施的犯罪进行谋议，它可能是对犯罪的教唆，也可能是对犯罪的帮助，因而共谋本身就是共同犯罪行为，且多个行为人形成意思共同体，没有实行行为的共谋者会对其他行为人施加影响，加功于其实行行为，与犯罪结果的产生存在因果关系，夏某军构成贩卖、运输毒品犯罪，系犯罪既遂。

从本案一、二审判决裁定结果看,法院同意第三种意见。共谋共同正犯是指二人以上基于共同的犯罪意思,无须全体共同者均有分担实行行为的客观事实,只要共同意思主体其中一人实施了实行行为,即可视为全体实行,因此,仅参与共谋而未亲自实施实行行为者,当成立共同正犯。本案中夏某军应该对贩卖、运输毒品罪的既遂承担刑事责任。理由为:

1. 共谋属于共同犯罪行为的范畴,具备承担刑事责任的客观基础。共谋不仅仅是二人以上相互的意思联络,更是共同犯罪人实施意思联络的外在行为的表现,共谋已经远远超出了单纯的犯意表示。共同犯罪行为不仅包括实行行为还包括犯罪的教唆、帮助行为,其自然包括共谋本身,共谋本身就是共同犯罪行为的范畴。这一结论为追究共谋而未参与实行者的刑事责任提供了客观基础。①

本案夏某军参与共谋,其共谋的行为在一定程度上坚定了犯罪计划的实施,加功于犯罪实行行为,其参与共谋的行为与结果之间的因果关系并未切断。共谋的内容可能谋划了犯罪预备的内容,还可能对实施犯罪的具体措施做了分工与安排,其本身就是一种犯罪行为,有别于具体的实行行为,但仍属共同犯罪行为内涵。

2. 确定性的共谋而未参与实行者应该承担刑事责任。并非所有的参与共谋而未实行者,均要对其所参与的全部共谋之罪承担刑事责任。以共谋的内容可以分为确定性的共谋和概括性的共谋。前者是指共谋的内容非常具体,有明确的时间、地点、对象、分工等犯罪计划,共谋的行为以及共谋内容体现了犯罪的确定性故意,对于此类共谋而未参与实行者应当追究其刑事责任;而对于后者是指共谋的内容不明确,共谋者之间仅对在某一段时间要实施某种犯罪进行了一般的约定,对犯罪的时间、地点、对象、次数等未进行具体的约定。在这种情况下,行为人的主观故意处于一种不确定的状态,其刑事责任的范围应当以其实际实施的犯罪行为来确定。如果其没有实际参与实行某一次具体的犯罪,则不应当承担刑事责任。② 本案中,夏某军与郑某武、江某林一起共谋贩卖毒品,具有详细的交易时间、地点、对象、购买资金、犯罪计划及犯罪收益的分配,可以说,夏某军参与贩卖毒品的共谋具有明确的犯罪故意,即使本人未参与具体的贩卖毒品的实行行为也应承担刑事责任。

3. 将夏某军的共谋行为定性为犯罪预备,忽视了"共谋未参与实行"性质的多元特征,失之偏颇。一是如果坚持共谋者只属于犯罪预备,那么对于幕后操作者只能认定为预备犯,而对于被其操纵实施实行行为的人以既遂犯处罚,不利于打击与预防毒品犯罪,难以被认同和接受。二是犯罪的特殊形态是在犯罪过程中由于某种原因停止下来所呈现的状态,这种停止不是暂时性的停顿,而是终局性的停止,即该犯罪行为由于某种原因不可能继续向前发展。就同一种犯罪行为而言,出现了一种犯罪形态后,不可能再出现另一种犯罪形态。就本案来讲,如果认定夏某军的"共谋而未参与实行"属于贩卖、运输毒品罪的预备形态,那么根据犯罪预备属于犯罪停止形态的刑法理论,一旦停止便应当静止下来,不能再发生转化。司法实践中,由于"共谋未参与实行"包括部分参与者的"共谋未参与实行"和整体参与者的"共谋未参与实行"两种情形,在部分参与者的"共谋未行"情形中,由于还有一部分人没有放弃犯罪行为的实行,因而导致整个犯罪并没有因为部分人的未实行行为而停顿下来直至既遂,明显有悖于犯罪预备之法理,逻辑上有矛盾之嫌。三是一旦认定夏某军系犯罪预备后就必须依据《刑法》第22条的规定,比照既遂犯从轻、减轻处罚或者免

① 赵立勋:《论共谋行为的法律性质》,载《政法论丛》2003年第4期。

② 肖晚祥:《共谋而未参与实行者的罪责认定》,载《人民法院报》2009年9月2日,第6版。

除处罚,这将严重背离司法实践,幕后操纵者将得不到应有的惩处。①

4. 夏某军负既遂的刑事责任符合共同犯罪整体评价的原则。整体评价原则,也称为部分行为整体责任原则,是指在共同正犯的场合,由于共同犯罪的整体性,各正犯相互利用、补充他人的行为,促使自己的行为与他人的行为成为一体导致结果的发生,因此,即使只是分担了一部分共同犯罪行为,也要对实行行为所导致的全部结果承担正犯的责任。这是因为他们的行为不是分别、孤立地与危害结果发生联系,而是相互配合、相互影响,有机地结合在一起形成的犯罪的合力。在认定共同犯罪行为及其产生的危害结果时,必须将所有共同犯罪人的行为作为一个整体,对共同行为所造成的危害结果负责,而不能将其中某个共同犯罪人的行为及其造成的危害结果和共同犯罪行为所造成的危害结果割裂开来,单独进行认定和评价。② 任一犯罪人的犯罪行为导致法定犯罪结果的出现,成立犯罪既遂,即按照"部分行为整体责任"的原则,确认全体共同犯罪人皆成立犯罪的既遂。结合本案分析,夏某军等人的共谋是共同犯罪行为中的一部分,而其他共同犯罪的参与人已经实施了购买毒品的行为,使得贩卖、运输毒品达到犯罪既遂的状态,据此,夏某军自然应当承担既遂的刑事责任。

综上,对于夏某军这类共谋而未参与具体实行者罪责的正确认定,可以避免轻纵犯罪分子,依法打击隐藏在毒品犯罪背后的幕后操作者、组织者,对于预防与惩治毒品犯罪具有重大作用和重要意义。

031. 司法实践中如何理解认定共同犯罪实行过限

1. 共同犯罪实行过限的概念、特征及分类

(1)共同犯罪实行过限的概念和特征。刑法理论上所谓共同犯罪实行过限,亦称共犯过限,是指共同犯罪过程中,实行犯实施了超出共同犯罪故意以外的行为。实行过限有以下特征:从主观上看,实行过限是超出了共同犯罪故意的行为;从客观上看,过限行为不是共同犯罪行为。实行过限行为是实行犯单独实施的行为,不存在和其他共同犯罪人互相配合的可能性。因此,过限行为不是共同犯罪行为。从主体上看,过限行为的主体是实行犯。过限行为与共同犯罪行为有密切的联系。这种联系表现为,过限行为往往发生在实施共同犯罪行为的过程之中,或者与共同犯罪行为在时间上有伴随关系。

(2)实行过限的分类。根据过限行为与共同故意犯罪行为是否属于不同构成要件,可以把实行过限分为同质范围内的实行过限和异质的实行过限。同质的实行过限是指实行犯实施的行为虽然与共同故意的行为在犯罪构成要件上性质相同,但是具有从重或加重的情节,或者在共同犯罪故意之外,实行另外一个或几个与共同故意行为在性质和量上完全相同的行为。如胡某豹、汪某二人相约共同将资某晨杀害,但汪某在杀害资某晨时,又擅自杀害了张某收,对汪某杀害张某收的行为,应认定为实行过限。异质的实行过限是指实行犯实行的行为与共同犯罪故意行为在构成要件上性质不同。根据不同的程度,可进一步划分为重合性的过限和非重合性的过限。前者如甲教唆乙伤害丙,而乙却杀害了丙。这种情况下,甲的教唆和乙的实行行为在伤害的范围内重合,而对伤害之外乙的行为,应认定为过限。后者如甲教唆乙伤害丙,而乙却强奸了丙,对乙的

① 马艳平:《共同犯罪停止形态探析》,载《山西经济管理干部学院学报》2006 年第 4 期。

② 林亚刚:《共谋共同正犯问题研究》,载《法学评论》2001 年第 4 期。

强奸行为,应认定为过限。

2. 共同犯罪实行过限的认定

(1)共同实行犯与实行过限。共同实行犯(亦称共同正犯)是指两人以上共同直接着手实行犯罪构成要件的行为的情况。在共同实行犯的场合,由于各行为相互利用、补充其他的行为,便使自己的行为与其他人的行为成为一体,导致了构成要件结果的发生。共同实行的意思是共同实行犯成立的主观要件。在共同实行犯的情况下,如果部分实行犯的行为超出了共同实行的意思,则构成共同实行犯的过限。以下几种情形通常是实践中认定共同实行犯过限的难点:其一,共同实行犯罪的过程中,部分实行犯没有当着其他共同实行犯的面,实施了超出共同实行的意思范围的犯罪。在这种情况下,应认定为共同实行犯的过限,由实施超出共同实行意思的犯罪的实行犯单独负责。理由是:其他实行犯不在场,对该实行的行为根本不知情,因此缺乏故意的“明知”要素,从而对该实行犯的超出共同实行意思实施的犯罪缺乏应负刑事责任的主观要件。其二,部分实行犯当着其他实行犯的面实行超出共同实行的意思的犯罪,其他共同实行犯既没有采取积极措施帮助该实行犯实施犯罪行为,也没有采取措施制止,甚至也没有在语言上表示反对,这种情形应当认定共同犯罪,而不属于实行过限,但是,这种情形的共同犯罪存在形态上的变化。如果其他实行犯对该实行犯的超出共同实行意思的行为负有制止义务,那么其他实行犯的不制止行为构成不作为。不作为和超出共同实行意思的行为(作为)能否构成共同实行犯,在刑法理论上存有争议。一种观点认为,作为和不作为可以构成共同实行犯;另一种观点认为,不作为犯之消极不作为和作为犯之积极作为相形之下,处于次要地位,所以不能构成共同实行犯,而应构成帮助犯。其中第一种观点是通说。

(2)组织犯和实行过限。组织犯是指在集团犯罪中实施组织、领导、策划、指挥等非实行行为的共同犯罪人。当组织犯作出概括、不确定的指示时,如何认定过限就显得十分困难。在刑法理论界,通常采用的是“明显超过说”,即实行行为只要未明显超过组织范围,均不属于过限。① 因为在组织犯作出概括的指示或要求时,认定过限与否的关键在于界定共同故意的范围。这种情况下,应根据组织犯与实行犯的结构关系来认定共同故意的范围。组织犯和实行犯存有以下几个关系:一是组织关系,即组织犯和实行犯的地位和角色关系。组织犯通常处于组织、策划、领导或指挥的地位,因此并不要求他对犯罪的情节、过程和具体的犯罪有确切的了解,其主观认识的模糊性并不影响他的犯罪故意。二是宗旨关系。在有组织犯和实行犯分工的共同犯罪中,往往有明显的犯罪目的、宗旨。因此,只要实行犯实行的犯罪行为是组织犯的宗旨、目的所要求的,就不应认定为过限。例如,一个黑社会性质犯罪集团,无论实行犯实行的是杀人、放火、爆炸、抢劫还是以危险方法危害公共安全,都不应认定为过限。三是心理关系。只要组织犯对实行犯实行的犯罪行为未表示反对,就应认定共同犯罪,而不应认定为过限。从根本上说,应以犯罪集团的性质来认定共同故意范围,进而认定是否存在过限。以某一或几种确定性质的犯罪为目的的集团,如果个别成员实施了确定性质的犯罪,不管组织犯对某个或某几个具体的犯罪行为有无认识,都不应认定为过限。反之,如果个别成员实施了确定性质之外的犯罪,可以认定为实行过限。以不确定犯罪为目的的犯罪集团,其共同故意也是不确定的。只要成员实行的犯罪没有超出这种故意的范围,均不应认定为过限,从而组织犯应对该犯罪负责。应当指出的是,我国刑法理论和立法中,组织犯有两种:一种是犯罪集团的首要分子,另一种是首要分子之外的组织犯。对第二种形态组织犯与实行过限也可遵循上述思路进行认定。

---

① 赵秉志主编:《中国刑法案例与学理研究总则篇》(下),法律出版社 2001 年版,第 121 页。

(3)概括故意和实行过限。根据对犯罪事实认识的确定程度,犯罪故意可分为确定故意与不确定故意。确定故意,指对犯罪事实有确定认识的故意。在确定故意的场合,除了上述的实行犯与实行过限外,因为故意的内容是明确、具体的,所以实行过限的认定不会成为问题。但是在不确定故意的场合下,实行过限的认定就显得颇为棘手(尤其是概括故意的场合)。根据不确定的程度,不确定故意又可分为选择故意与概括故意。选择故意的场合,认定实行过限也不会成为问题。因为只要发生实行犯实施了发生了行为人所认识到的两个结果中的其中一个结果,就不应认定为实行过限;反之,就可认定为实行过限。但是概括故意的场合,因为故意范围的模糊性,认定实行过限比较困难。目前,刑法理论上关于概括故意的实行过限存在两种主张:第一种是否定说,即否认在概括故意的场合有实行过限的存在,如"概然教唆的内容很概括,不明确,因此一般不存在实行过限的问题"。① 第二种是肯定说,即认为概括故意的场合下也有实行过限问题。在肯定说下,关于应如何认定概括故意的实行过限有不同的主张:一是明显超过说。这种观点认为,由于概括故意的内容不太明确,甚至毫不明确,因此只要没有明显超出概括故意的范围,就不应视为过限。② 二是一致说。"在概括故意共同犯罪案件中,只要各共同犯罪人的基本方式与性质一致,各共同犯罪人均应对犯罪结果负责,而不应认定某人的行为属实行过限。"③

应当说,在肯定说和否定说之间,肯定说合理性更强一些。概括故意的范围尽管十分的模糊,但这并不能等同于概括故意没有范围。如果承认概括故意也有其范围(尽管这范围是模糊的),也就应当承认实行犯有可能实施超出这一故意范围的行为。所以在概括故意的场合下,也有实行过限的问题。对于应如何认定概括故意的实行过限,上述的"明显超过说""一致说"基于不同的立足点,提出了不同的判断标准。明显超过说以概括故意本身为基准来判断是否存在实行过限,应该说是比较契合实行过限的概念和特征。而一致说是基于各共同犯罪人都是实行犯的前提提出来的,有其适用范围的局限,即不能有效地解决概括故意中教唆犯、组织犯与实行过限认定问题。从上述分析来看,明显超过说显得更为合理一些。但是,明显超过说自身并不是没有瑕疵。因为明显超过说只提出了一个"明显超过"的指导性思想,但是对其超过的对象,即概括故意的范围该如何界定并没有予以说明。

一般认为,共同犯罪概括故意从其产生的时间可以分为预谋的共同犯罪概括故意与突发的共同犯罪概括故意。这两类不同的概括故意,应采取不同的标准来认定其范围。首先,就预谋的共同犯罪概括故意来说,其是共同犯罪人在犯罪实施之前经过协商、计划、谋议等方式形成的。其之所以是范围模糊的概括故意,是因为共同犯罪人的谋议的内容与刑法上的某种犯罪没有形成一种"一一对应"关系,而是形成了一种"一对多"的关系,因此明确概括故意范围的关键在于如何把这种非刑法语言上的"一对多"关系转化为刑法上的语言,即要确定"多"所能涵盖的刑法上的犯罪范围。试以甲、乙两人共谋"教训"丙为例,该如何界定"教训"所能涵盖的刑法上的犯罪范围,是指殴打(轻伤)还是指殴打成重伤,抑或殴打至死或损害其财物呢,通常认为,这种情况下,如确能查明甲、乙的真实意图,则按查明的内容处理;如果不能查明其真实意图,则应按一般国民对"教训"一词的理解来确定其所能涵盖的犯罪范围。也就是说,实行犯实行的行为如在一般国民所理解的概括故意所能涵盖的犯罪范围之内,则应认定为共同犯罪。否则,应认定为实行过限。其次,就突发的共同犯罪概括故意来说,因其突发性,各共同犯罪人故意内容往往不是通

---

① 赵秉志主编:《当代刑法理论探索(卷二):犯罪总论问题探索》,法律出版社2003年版,第584页。
② 陈兴良:《共同犯罪论》,中国科学技术出版社1992年版,第385~386页。
③ 龚培华、肖中华:《刑法疑难争议问题与司法对策》,中国检察出版社2002年版,第123页。

过语言等口头形式形成的，而是通过行为形成的。因此故意的范围也只能根据犯罪实施当时的具体情境来认定。

032. 未达刑事责任年龄人与他人共同故意实施犯罪行为，他人是否构成共同犯罪

未达刑事责任年龄人与他人共同故意实施犯罪行为，他人可以构成共同犯罪，帮助未达刑事责任年龄人作案，应对其按照共同犯罪的帮助犯论处。刑事责任年龄不应作为共同犯罪的成立要件。

司法实例

柳某、于某某盗窃案

2018年6、7月，被告人柳某伙同于某某（现年12岁）两次窜至邻水县城南镇仁和村2组，由柳某负责在外望风，于某某翻窗进入廖某家中实施盗窃。两人两次共盗窃廖某家中现金5500余元，两人将现金进行分赃后挥霍。在两次盗窃中均由于某某提议并提供作案对象。

对于未达刑事责任年龄人与他人共同故意实施犯罪行为且在犯罪行为中起主要作用，被告人柳某是否构成共同犯罪及是否认定为从犯存在两种观点。一种观点认为：对于共同犯罪，刑法规定的“二人以上”，均要求具有刑事责任能力，对于不具有刑事责任能力的人与具有刑事责任能力的人共同实施犯罪行为，不构成共同犯罪，故对柳某不能认定为从犯。另一种观点认为：成立共同犯罪的条件，一是必须有二人以上；二是必须有共同的故意；三是必须有共同的行为。《刑法》并未规定实施共同犯罪的人都要求具有刑事责任能力，本案中，柳某与于某某二人具有共同实施犯罪的故意并共同实施了犯罪行为，构成共同犯罪，柳某在本案中地位作用明显较于某某轻，对于某某因未达刑事责任年龄，不予刑事处罚，但并不影响对柳某在本案中作为从犯的认定。

公诉机关及人民法院支持了后一种观点，理由为：

1. 二人有共同实施犯罪的故意。作为共同犯罪人必须具有共同的犯罪故意，“共同”不仅具有“相同”的含义，而且还必须具有“合意”的含义，即各共犯人均具有相同的犯罪故意和意思联络。就故意的形式来说，只要具有同一犯罪的故意，就可成立，而不要求双方均为直接故意、双方均为间接故意或者一方为直接故意一方为间接故意。就故意的内容而言，即使故意的具体内容不完全相同，但各共犯人具有法定的认识因素与意志因素，就可成立。就意思联络而言，要求共犯人主观上具有意思联络，即共犯人认识到自己不是在孤立地实施犯罪行为，而是在和他人共同犯罪。从本案审理查明的情况看，被告人柳某与同案人于某某两次实施盗窃中，均是由于某某提议，并提供作案对象。二人在实施盗窃前具有共同实施盗窃的意思联络，并且具有相同的盗窃犯罪故意，符合“共同犯罪故意”的条件。

2. 二人有共同实施犯罪的行为。成立共同犯罪要求具有共同的行为。“共同行为”不仅包括各共犯人都实施了属于同一犯罪构成的行为，还包括各共犯人的行为具有相互配合、相互补充的性质，各共犯人实施犯罪的行为与犯罪结果之间具有物理或者心理上的因果关系。共同犯罪行为可能出现三种情况：一是共同作为；二是共同不作为；三是作为与不作为相结合。本案中，柳某在与于某某两次盗窃中，都是由柳某负责在外望风，于某某翻窗进入被害人家中实施盗窃。二人在实施盗窃的过程中，分工不同，柳某负责望风，于某某入室行窃，对共同完成盗窃行为具有相互补充、配合的作用。故本案柳某、于某某具有共同实施犯罪的行为。

3. “二人以上”并未要求所有人都必须具有刑事责任能力。根据《刑法》第 99 条对“以上”含义的解释，“二人以上”包含二人，即二人共同故意实施犯罪便可成立共同犯罪。二人是最低要求，至于“以上”至多少人，则并无限制。在通常情况下，“二人以上”要求都是达到法定年龄、具有责任能力的人，因而“二人以上”都承担责任。但是，“犯罪”具有不同含义，故“共同犯罪”也可能具有不同含义。在司法实践中，时有未达法定年龄的人与达到法定年龄的人共同故意实施符合客观构成要件违法行为的现象。在此种情况下，虽然未达到法定年龄的人具有责任阻却事由，但仍应认定其与达到法定年龄的人所实施的犯罪为共同犯罪。按照我国传统刑法理论，将犯罪的基本特征概括为社会危害性、刑事违法性、应受刑罚处罚性。刑法之所以将某些行为规定为犯罪，就是因为这些行为具有社会危害性，同时达到了应当科处刑罚的程度。犯罪的本质是对法益的侵犯，具体到本案，于某某与柳某秘密窃取他人财物，侵犯了刑法所保护的公民私有财产不受非法侵害的权益，具有客观上的违法性。同时，于某某与柳某对自己所实施的秘密窃取他人财物的行为应当受到追究具有预测可能性，简言之，于某某与柳某对自己的盗窃行为应当受到社会谴责乃至法律追究具有一定的认知，所以于某某与柳某对自己的行为具有主观有责性。二人所实施的违法且有责的行为符合犯罪的特征，应认定为犯罪。对于现年只有 12 岁的于某某，因为未达到刑事责任年龄，不予刑事处罚是基于其未达刑事责任能力，而不予追究。刑事责任能力是行为人行为时犯罪能力与承担刑事责任能力的统一，是其辨认行为能力与控制能力的统一。一般来说，行为人只要达到一定的年龄、智力发育正常后，就自然具备了辨认能力与控制能力。责任能力，是指对“自己行为”的辨认控制能力，即犯罪行为能力，在行为时具有犯罪能力，就表明行为人具有承担责任的能力。在认定行为人是否具备责任能力时，司法机关首要考虑的就是行为人对所实施的特定行为有无辨认控制能力，并不考虑行为人有无刑罚适应能力。对于现年只有 12 岁的于某某是否具有辨别善恶的能力，在公安机关的讯问笔录以及庭审查明的于某某在犯罪中提议作案，并选择作案目标看，其具有一定的辨别善恶的能力，但对自己缺乏控制能力。控制能力就是指行为人支配自己实施或者不实施特定行为的能力。行为人在实施特定行为时能够认识到该行为的内容、社会意义及后果后，能够控制自己实施或者不实施该特定行为，就表明行为人具有控制能力。但对于现年只有 12 岁的于某某，其心智发育不成熟，其在生理上、精神上都无法控制自己的行为，所以不具备控制能力，故仅有一定辨认能力而没有控制能力的于某某，因其不具备刑事责任能力，即使其在客观上实施了危害社会的行为，仍然不能追究刑事责任。

4. 未达刑事责任年龄人在共同犯罪中起主要作用，因其未到刑事责任年龄，对其不予刑事处罚。对其他起次要或辅助作用的人应依法认定为从犯。《刑法》第 27 条第 1 款规定：“在共同犯罪中起次要或者辅助作用的，是从犯。”一般来说，在共同犯罪中有主有从，但也并非绝对，在共同犯罪案件中，可能存在都是主犯的情形，但绝不可能出现只有从犯没有主犯的情形，因此在应当或者能够区分主从的情况下，有必要将主犯、从犯区别开来。区分主犯、从犯的标准就是看其在共同犯罪中所起的是主要作用还是次要、辅助作用。对于其中起主要作用的应认定为主犯，起次要作用的应认定为从犯。具体到本案，被告人柳某在两次盗窃中，均是负责望风，对于某某能够顺利实施完毕盗窃行为创造条件，其所起作用明显较于某某轻微，故对其应依法认定为从犯。而反观于某某，在两次盗窃中，均是其提议进行盗窃并提供作案对象、翻窗入室进入被害人家中实施盗窃行为，其对于犯意的提起、犯罪对象的选择、犯罪行为的实施、顺利完成盗窃行为所起的作用明显较柳某重，由于其未达刑事责任年龄，不予刑事处罚，但并不影响对柳某在本案中作为从犯的认定。

033. 伙同未达刑事责任年龄人作案可构成共同犯罪

已达刑事责任年龄人帮助未达刑事责任年龄人作案，在未达刑事责任年龄人已具备相应规范意识且主导犯罪的情况下，已达刑事责任年龄人不构成间接实行犯，应对其按照共同犯罪的帮助犯论处。刑事责任年龄不应作为共同犯罪的成立要件。

司法实例

海某军与甘某某盗窃案

2016年5月8日下午，经同案人甘某某提议，被告人海某军跟随甘某某至扬州市某新村30幢某室盗窃。在甘某某的安排下，海某军在外望风，甘某某则钻窗进入该室实施盗窃，共窃得14万元。盗窃得手后，甘某某分给海某军2万元。案发后，公安机关从甘某某处追回赃款86,998元，海某军退出分得的赃款2万元，剩余赃款已被甘某某挥霍。

另查明：同案人甘某某在与海某军共同盗窃时未满16周岁（已满14周岁），未达盗窃罪的刑事责任年龄，因本次盗窃被公安机关收容教养。甘某某此前曾因盗窃行为多次被公安机关训诫，2014年8月曾被行政拘留7日。

江苏省扬州市某区人民法院经审理认为：被告人海某军以非法占有为目的，伙同他人共同盗窃，数额特别巨大，构成盗窃罪。本案中，虽然同案人甘某某未达刑事责任年龄，但其已具备了关于盗窃罪的规范意识，并且在整个盗窃过程中处于绝对主导地位。之所以未将其作为犯罪人论处，只是从保护未成年人，以利于其将来成长的角度而给予的刑事政策考量，故本案并不具有将被告人海某军认定为间接实行犯的条件。被告人海某军在甘某某的安排下帮助望风，在盗窃过程中起辅助作用，对其应当按照共同犯罪的从犯论处，予以从轻或者减轻处罚。本案中，海某军还具有累犯、入户盗窃、自愿认罪等量刑情节。综合各量刑情节，决定对被告人海某军减轻处罚。据此，依法以盗窃罪判处被告人海某军有期徒刑8年，并处罚金10,000元，责令其对本案尚未追缴的赃款予以退赔。

一审宣判后，被告人海某军未提出上诉，公诉机关也未抗诉，判决已经发生法律效力。

本案的焦点：一是对海某军应否认定为间接实行犯；二是海某军能否认定为共同犯罪的从犯；三是刑事责任年龄应否作为共同犯罪构成要件。

1. 被告人海某军虽然帮助未达刑事责任年龄的甘某某盗窃，但甘某某已经完全具备了关于盗窃罪的规范意识，且实际主导着本起盗窃，故不宜将海某军认定为间接实行犯。根据刑法理论通说及司法实践，已达刑事责任年龄人帮助未达刑事责任年龄人实施犯罪，已达法定年龄人系将对方作为犯罪工具予以操控，故二者之间并不形成共同犯罪关系，对已达法定年龄人应按照间接实行犯予以定罪处罚（本案中，公诉机关实际上是要求对海某军按照间接实行犯追究刑事责任）。但已达刑事责任年龄人帮助未达刑事责任年龄人实施刑事不法行为，二者之间是否一概形成操控（主体）与被操控（工具）关系却并不一定。本案中，一方面甘某某在盗窃时虽然未达刑事责任年龄，但已满14周岁，且处于正常的发育状态。处于该年龄阶段的人，本已完全具备了盗窃罪的规范意识；何况甘某某此前就因盗窃被多次训诫，乃至行政处罚，其完全能够认识到盗窃行为是不被法律所允许的。另一方面从本案犯意的发起系甘某某提出、犯前安排分工系甘某某安排海某军在外望风、盗窃行为的实施系甘某某本人自行入室行窃、赃款的分配系甘某某安排分赃，且分得绝大部分赃款等核心环节来看，甘某某完全处于主导地位，而海某军则处于从属性地位。

2. 将被告人海某军认定为共同犯罪的从犯（帮助犯）更符合日常认知及罪刑相适应原则。目前刑法学界关于间接实行犯的通说无法对本案的客观事实做出合乎日常认知的解释。本案中,甘某某之所以不承担刑事责任,并非因其不具备辨认控制能力,只是从保护未成年人的角度而给不以犯罪人论处的刑事政策考量,但如果仅凭此政策性考量,就不顾海某军在犯罪过程中的实际从属作用,认为其应负间接实行犯的刑事责任,则既违背客观事实,又不符合罪刑相适应的刑法原则。因此,既然海某军在本案中仅处于从属地位,对同案人甘某某并不起支配作用,从符合日常认知的角度出发,就无法将其认定为间接实行犯,而应当根据海某军在本案中的实际地位、作用,将其按照共同犯罪的从犯予以定罪处罚,更符合本案的客观事实及罪刑相适应的刑法原则。

当然,如果仍然遵循二人以上均需达到刑事责任年龄的共同犯罪通说观点,在将海某军认定为帮助犯时,必然面临着一个人共同犯罪这种尴尬局面,由此也需要我们对刑事责任年龄应否作为共同犯罪的构成要件进行反思。

3. 刑事责任年龄应否作为共同犯罪构成要件。目前,理论与实务界多数认为,刑事责任年龄不应成为共同犯罪的构成要件。一是未达刑事责任年龄人中,确有部分因为年幼而不具备辨认控制能力,故对其刑事不法行为不必承担刑事责任。伙同该类人员作案的,应作为间接实行犯论处。二是仍有一部分在事实上已经具备了一定的辨认控制能力的未达刑事责任年龄人,此类人员实施刑事不法行为,之所以不将其视作犯罪人,主要是从保护未成年人,以利于其将来成长的角度而给予的刑事政策考量。然而,该刑事政策上的优待不应成为加重同案人员刑事责任的绝对理由。已达法定年龄人伙同该类人员实施犯罪,固然可以酌情从重处罚,但若就此按照通说否定成立共同犯罪,而将处于辅助或同等地位的人员认定为间接实行犯,无异于加重其他参与者的刑事责任,将刑事政策性考量与客观事实判断两种不同顺序、层面的问题混淆,造成间接实行犯的范围被不当扩大。

因此,对于已达刑事责任年龄人伙同未达刑事责任年龄人共同实施刑事不法行为的犯罪地位界定,宜先根据具体案情判断是否存在操控与被操控关系,若存在,就应将已达法定年龄人认定为间接实行犯;若不存在,就应当认定为共同犯罪。确定成立共同犯罪后,再对其中未达法定年龄人,从刑事政策层面上予以非罪化处理,对已达法定年龄人,则根据其客观地位追究刑事责任。

034. 共同实施不同的犯罪能否成立共犯

二人共同实施不同的犯罪,亦可成立共同犯罪。二人以上虽然共同实施不同的犯罪,但当这些不同犯罪之间具有重合性质,则在重合的限度内成立共同犯罪。

司法实例

支某聪等故意杀人、故意伤害案

2007 年 5 月 23 日 22 时许,被告人支某聪、来某某酒后到吉林省某市冬雪恋心歌厅唱歌。支某聪对来某某说:"今晚看谁不顺眼就揍谁。"随后,被害人易某翁(男,殁年 33 岁)、吕某某(男,殁年 41 岁)及石某发到此歌厅唱歌。歌厅经营者邱某某让易某翁、吕某某等人坐到支某聪、来某某旁边,引起支某聪、来某某不满。来某某首先挑起事端,殴打易某翁,后支某聪殴打赵某,邱某某欲报警时亦遭到支某聪殴打。易某翁被打后跑到歌厅附近的晓君食杂店拿来擀面杖,与来某某厮打。来某某夺下擀面杖,用擀面杖和拳头击打易某翁头部。此间,支某聪在晓君食杂店对面胡同内与吕某某厮打,支某聪持携带的尖刀朝吕某某左胸部捅刺三刀,致吕某某心脏破裂,在被送往医院途中死亡;后支某聪又持刀捅刺易某翁胸部二刀。易某翁的连襟常某某闻讯赶到现场,喊支某聪绰号“老虎”,支某聪便与来某某逃离现场。同年5月31日,易某翁因颅脑损伤形成脑疝继发呼吸循环衰竭,经医院抢救无效死亡。

吉林省某市中级人民法院经审理认为,被告人支某聪首先提出犯意,持尖刀刺中被害人吕某某胸部数刀,刺中被害人易某翁胸部二刀,致吕某某死亡、易某翁重伤,其行为已构成故意杀人罪。被告人来某某持夺来的擀面杖击打易某翁头部,致易某翁死亡,其行为已构成故意伤害罪。关于支某聪及其辩护人所提的辩解、辩护意见,经查,缺乏事实及法律依据,不予支持。虽然来某某主动到公安机关投案,但其在庭审中未能如实供述自己的罪行,故不能认定其构成自首。据此,依法以故意杀人罪判处被告人支某聪死刑,剥夺政治权利终身;以故意伤害罪判处被告人来某某有期徒刑15年,剥夺政治权利3年。

一审宣判后,被告人支某聪以本案还有他人参与,并且一审定性不准,量刑畸重等理由提出上诉。

吉林省高级人民法院经审理认为,被告人支某聪蓄意滋事,持刀捅刺被害人吕某某胸部三刀、被害人易某翁胸部二刀,故意非法剥夺他人生命,其行为已构成故意杀人罪。关于支某聪及其辩护人所提应对支某聪的行为定性为故意伤害罪的上诉理由及辩护意见,经查,从支某聪作案使用的凶器、刺击的部位和次数看,支某聪当时对二名被害人死亡结果的发生持希望或者放任的态度,第一审认定其犯故意杀人罪正确,故上述辩解、辩护意见不能成立。关于支某聪辩护人所提易某翁存在过错的辩护意见,经查与查明的案件事实不符,不能成立。关于支某聪所提孙某也参与打架及其辩护人所提认定吕某某左胸伤口系支某聪所刺证据不足的上诉理由及辩护意见,经查,证人毕某某、肖某军、蔡某、邸某某等人均证实仅有支某聪、来某某两人殴打二名被害人,来某某的供述亦证明未有第三人参加作案,支某聪在侦查机关也曾供述持刀捅刺吕某某的事实,故该上诉理由及辩护意见不能成立。支某聪和来某某虽有寻衅滋事的共同故意,但在寻衅滋事的过程中,分别实施了故意杀人犯罪和故意伤害犯罪,本案的故意杀人犯罪和故意伤害犯罪并非共同犯罪,故支某聪辩护人所提支某聪系从犯的辩护意见,不能成立。支某聪犯罪手段残忍,后果极其严重,主观恶性深,人身危险性大,应依法惩处。原审判决认定的事实清楚,证据确实、充分,定罪准确,量刑适当。审判程序合法。据此,依法裁定驳回上诉,维持原判。

最高人民法院经复核,依法裁定核准吉林省高级人民法院维持第一审以故意杀人罪判处被告人支某聪死刑,剥夺政治权利终身的刑事裁定。

本案焦点问题:一是被告人支某聪在一、二审庭审时辩称,其朋友孙某参与捅刺被害人吕某某。依据现有证据能否排除孙某参与实施本案;二是被告人支某聪、来某某的行为是否构成共同犯罪。

1. 依据本案现有证据能够排除孙某参与作案。被告人支某聪在一、二审期间辩称,他与被害人吕某某打斗,他朋友孙某便持刀捅刺吕某某。对此,公安人员对相关证人及支某聪、来某某进一步进行了询问、讯问,现场目击证人常某某证实与被害人一方打架的只有两人,并没有其他人;同案被告人来某某始终供称系他和支某聪两人与被害人一方发生冲突,并无他人帮助支某聪打架;支某聪亦供认他在开庭时做了虚假供述,企图逃避法律打击。虽然公安人员经多方查找未能找到孙某进行核实,但综合卷内证据分析,能够排除孙某参与作案:(1)现场目击证人常某某和同案被告人来某某始终称本案系支某聪、来某某两人所为,并无他人参与。证人丁某某证实只见支某聪、来某某两人跑向现场作案,不久吕某某、易某翁受伤倒地。(2)支某聪在侦查期间亦一直供认系他和来某某两人殴打对方,并未提及孙某参与作案。(3)支某聪对孙某如何参与作案的细节不能作出描述,对于孙某的基本情况也不甚了解,故不排除他为减轻罪责而编造孙某参与作案的事实。(4)尸体鉴定结论证实吕某某左胸部所受三处刀创(系吕某某最为严重的创伤)的特征基本一致(形态均左上右下,创角均一钝一锐,创长均2.2厘米至2.5厘米,位置也集中),能够认定三处刀创可以由同一刀具形成,据此也能间接排除他人作案。(5)根据支某聪的供述,支某聪与孙某虽然认识多年,但孙某长期在外打工,他们平时交往并不多,故孙某为帮助支某聪而捅刺与其并无矛盾的被害人,不合情理。总之,支某聪所提孙某参与作案的辩解与其先前供述相矛盾,并与在案其他证据不符,依据现有证据能够排除孙某参与作案。

2. 被告人支某聪、来某某酒后寻衅滋事,共同故意殴打他人,在故意伤害范围内成立共同犯罪。与单独犯罪一样,共同犯罪的成立仍以符合犯罪构成为前提,但共同犯罪应否以符合同一个犯罪构成为前提,刑法理论存在犯罪共同说与行为共同说两种对立观点。犯罪共同说认为成立共同犯罪须以符合同一个犯罪构成为前提,数人实行特定的犯罪,或者说二人以上只能就完全相同的犯罪构成成立共同犯罪,是共同犯罪成立的本质。行为共同说认为犯罪的共同其实是先于构成要件之行为的共同,因此对于共同犯罪而言,并不需要特别地认定犯罪者之间的故意态度,即使不同犯罪者是为着不同的目的或者是过失地实施了同一类型的前构成行为,也承认存在共同的关系。应该说犯罪共同说与行为共同说各自有其合理的一面,但同时也都存在缺陷,所以司法实践中通常采用的观点是部分犯罪共同说。部分犯罪共同说认为,二人以上虽然共同实施了不同的犯罪,但当这些不同的犯罪之间具有重合的性质时,则在重合的限度内成立共同犯罪。实际上《刑法》第25条第1款对于共同犯罪的规定也没有对部分犯罪共同说进行否定,“二人以上共同故意犯罪”并不意味着只有当二人以上的故意内容和行为内容完全相同,才成立共同犯罪。因为有许多犯罪之间存在交叉与重叠的关系,或者表现为甲罪是乙罪的一部分,或者甲罪的一部分是乙罪的一部分,这便导致甲罪与乙罪具有部分重合的性质如何认定的问题;当重合部分本身也是刑法所规定的一种犯罪时,就说明二人以上就重合的犯罪具有共同故意与共同行为。

本案中,被告人支某聪、来某某酒后到歌厅唱歌,支某聪提出“看谁不顺眼就揍谁”,来某某并不反对,二人作案前即有随意殴打他人寻衅滋事的主观故意。歌厅经营者邸某某安排被害人易某翁、吕某某等人坐在支某聪、来某某旁边的位置,又让支某聪、来某某给易某翁等人让些空间,从而引起支某聪、来某某不满。支某聪先对邸某某的安排恶语相向,继而来某某动手殴打易某翁进一步挑起事端,后支某聪亦殴打田某及邸某某。此阶段,支某聪、来某某的行为明显为无事生非,随意殴打他人,系寻衅滋事。在易某翁等人被打离开歌厅后,支某聪、来某某又追出歌厅,与吕某某、易某翁发生厮打。来某某在与易某翁厮打中,夺下易某翁手中的擀面杖,用擀面杖和拳头击打易某翁头部等处。支某聪在与吕某某厮打中,持刀捅刺吕某某胸部三刀,致吕某某心脏破裂,在被送往医院途中死亡;后又持刀捅刺易某翁胸部二刀。易某翁最终因颅脑损伤形成脑疝继发呼吸循环衰竭,经医院抢救无效死亡。此阶段,从来某某的具体行为来看,其夺下易某翁手中擀面杖,用擀面杖和拳头击打易某翁头部等处,从其与对方素不相识、使用的工具来源于对方、打击部位比较分散、作案后主动投案等方面分析,虽不宜认定来某某具有非法剥夺他人生命的主观故意,但其行为已非寻衅滋事,而明显是想伤害对方。从支某聪的行为来看,其开始虽然徒手与吕某某厮打,但后来却掏出携带的尖刀,先后朝吕某某、易某翁胸部等要害部位连续捅刺,故其行为已超出寻衅滋事和故意伤害的范畴,明显是不计后果,放任他人死亡的结果发生。虽然支某聪、来某某开始只是出于寻衅滋事目的进行过意思沟通,并未对殴打伤害他人进行谋议,但二人从与对方发生冲突到致人死亡的行为,是一个前后联系紧密的整体行为,二人从始至终都意欲殴打、伤害对方,他们各自的行为都是共同伤害对方这一整体的组成部分。具体而言,虽然支某聪与吕某某厮打、来某某与易某翁厮打,但这只是二人共同伤害对方的表现形式,带有一定的随机性,实际上无论是吕某某还是易某翁,抑或对方中的田某,都是他们想侵害的对象,他们是同时同地基于同一原因分别实施暴力伤害对方。并且在当时情况下,虽然支某聪、来某某各自实施伤害对方的行为,但他们均认识到并非自己一人单独加害对方,还有另一同伙亦在旁加害对方。鉴于故意伤害和故意杀人所侵犯的客体均系他人的人身权利,属于同一类客体,故意杀人行为当中也包含伤害的行为,因此,支某聪、来某某侵害对方的行为在故意伤害犯罪上具有重合的性质,二人成立故意伤害的共同犯罪。由于支某聪在殴打对方的过程中,持刀朝他人身体要害部位捅刺,具有剥夺他人生命的故意,已超出了故意伤害的范畴,故支某聪的行为已转换为故意杀人。

综观全案,被告人支某聪、来某某酒后无事生非,肆意殴打他人,其中支某聪持刀连续捅刺被害人吕某某、易某翁要害部位,直接致死吕某某,与被告人来某某共同致死易某翁;来某某用擀面杖和拳头打击易某翁头部等处,与支某聪共同致死易某翁,二人在故意伤害的共同犯罪中均积极加害被害人,均系主犯。依照《刑法》关于主犯"应按照其所参与的全部犯罪处罚"的规定,支某聪、来某某应共同对二名被害人死亡的结果负责。但来某某只对共同实行的故意伤害犯罪承担责任,对支某聪超出共同故意实行的故意杀人犯罪不承担责任。同时,根据客观因果法则判断,来某某虽系主犯,但鉴于其并未具体对吕某某实施加害,在共同伤害犯罪中所起作用要相对小于支某聪,加之其案发后在亲友规劝下到公安机关投案,故一、二审法院以故意伤害罪判处来某某有期徒刑 15 年适当。支某聪在伙同来某某殴打他人中,持刀连续朝吕某某、易某翁胸腹等要害部位捅刺,对吕某某、易某翁死亡起到直接的原因作用,其应单独承担故意杀人罪责。支某聪持刀行凶,杀死二人,并且其曾因犯罪被判处重刑,刑满释放后又犯故意杀人罪,说明其不堪改造,主观恶性极深,人身危险性极大,故最高人民法院依法核准其死刑。

035. 见危不助的消极不作为能否与积极作为构成事中共犯

如何认定消极不作为行为与积极作为行为是否成立共同犯罪,如何区分其与道德层面上见危不助的行为,需要重点把握三点:一是消极不作为行为与危害后果的发生是否存在刑法上的因果关系;二是消极不作为与积极作为之间是否具备共同犯罪中的共同故意和共同行为;三是正确评价消极不作为行为在共同犯罪中所起的作用,然后方能依法作出裁判。

司法实例

屠某居、程某柱强奸案

2019 年 10 月 8 日上午,被告人屠某居将被害人程某带至本市桃林镇王桥村 631 号被告人程某柱的暂住地。当天 23 时许,被告人屠某居采用打耳光、按压身体等手段强行与被害人程某发生性关系。其间,被害人程某反抗并多次向在同一房间内睡在另一张床上的被告人程某柱求救,被告人程某柱仅对被告人屠某居作一般言词劝阻,之后即对被告人屠某居继续实施的强奸行为听之任之,致使强奸行为得逞。

一审法院经审理认为,被告人屠某居违背妇女意志,采用暴力手段,强行与妇女发生性关系,其行为已触犯《刑法》第 236 条第 1 款之规定,构成强奸罪。被告人程某柱留宿被告人屠某居和被害人与其同房居住,两床间仅有布帘相隔,作为房间提供者,被告人程某柱负有相应的安全保障义务;作为被告人屠某居的长辈亲属,被告人程某柱负有约束晚辈不当行为的责任。作为被害人当时唯一的求助对象,在其人身未受到暴力胁迫、实施救助不会损害自身权利，且有救助的能力时，被告人程某柱并未积极履行上述义务与责任，致使被告人屠某居的强奸行为得以实行完毕，该消极不作为行为与被害人的性自由权遭受侵害具有刑法上的因果关系。在主观方面，虽然被告人程某柱与被告人屠某居并未实施强奸的事前通谋，但在被害人明确向程某柱求救以后，程某柱仅以言辞稍略加制止，其后便任由屠某居肆意实施奸淫行为，对事态的发展听之任之，具有间接故意，构成共犯关系上的事中故意。因此，被告人程某柱与被告人屠某居构成强奸罪的共犯。被告人屠某居直接实施了强奸行为，在共同犯罪中起主要作用，系主犯。鉴于被告人屠某居在庭审中能自愿认罪，可酌情从轻处罚。被告人程某柱为强奸行为提供帮助，在共同犯罪中起辅助作用，系从犯，依照刑法相关规定，并根据其犯罪情节，依法可对其免除处罚。遂判决认定被告人屠某居犯强奸罪，判处有期徒刑3年6个月；被告人程某柱犯强奸罪，免予刑事处罚。一审宣判后，两名被告人没有提出上诉，检察机关没有提出抗诉，一审判决发生法律效力。

本案中，对屠某居犯罪行为构成强奸罪并无争议，但对程某柱的行为是否构成强奸罪存有争议，即如何对程某柱的消极不作为行为予以刑法上的评价。从本案一审判决结果看，答案是肯定的，主要理由为：

1. 不作为行为与犯罪危害后果之间必须具备刑法上的因果关系。因果关系是认定犯罪和解决行为人承担刑事责任的客观基础。所谓不作为犯罪的因果关系，是指存在于不作为与它所造成的危害结果之间的一种内在的、本质的、合乎规律的引起与被引起的联系。不作为犯罪因果关系的考察对象同作为犯罪不完全相同。不作为犯罪因果关系即不履行特定的作为义务的行为与社会危害结果之间的因果联系。此种不作为因果关系与特定作为义务紧密相连。换言之，只有与特定作为义务有联系的不作为行为及其危害结果，才是刑法因果关系所要研究的内容，否则就会不当扩大不作为犯罪因果关系的研究范围。本案中被告人程某柱的消极不作为行为与被害人的性自由权遭受侵害具有刑法上的因果关系。一是被告人程某柱对危害结果的发生负有特定的避免义务。不作为的因果关系是以行为人的特定义务为前提的，法律对不作为犯罪的主体要求更高，除了需要具备一般主体的条件外，还必须是有特定义务的人。本案中被告人程某柱留宿被告人屠某居和被害人与其同房居住，两床之间仅有布帘相隔，作为房间提供者，被告人程某柱负有相应的安全保障义务；作为被告人屠某居的长辈亲属，被告人程某柱亦负有约束晚辈不当行为的责任。在被告人屠某居实施强奸行为时，其当然具有阻止危害后果发生的义务，这种特定义务来源的种类应当属于法律行为引起的作为义务。就本案而言，我们在评价何为法律明文规定的义务和法律行为引起的作为义务时，不应当狭义地理解为仅指《刑法》上的规定或仅限于刑事法律行为。该法律行为是指在法律上能够产生一定权利义务的行为，若一定法律行为产生了某种积极义务，行为人不履行该义务就会使刑法所保护的特定利益受到威胁或侵害，则该义务就成为不作为犯罪的义务来源。在我国现阶段，产生作为义务的法律行为主要有合同行为和自愿行为两种。本案中被告人程某柱，作为房间的提供者和管理者，对一定空间内具有安全保障义务，系民法上的义务体现。正是由于其没有履行这项义务，才使刑法所保护的妇女的性自由权利受到侵害。二是被告人程某柱具有履行义务防止危害后果发生的能力。不作为的因果关系，以行为人有能力实施某种行为而不予实施为成立条件，这是不作为能够对于危害结果形成原因力的关键因素。本案中，被告人程某柱作为被害人当时唯一的求助对象，其具有完全的刑事责任能力，对于被害人的求助行为有足够的认识与判断，在其人身未受到暴力胁迫、实施救助不会损害自身权利，且有救助的能力时，被告人程某柱并未积极履行上述义务与责任，仅仅是以言辞稍加制止，对事态的发展持听之任之的放任态度，任由被告人屠某居肆意实施奸淫行为。三是由于被告人程某柱没有履行特定的作为义务引起被害人遭受奸淫的危害结果。一般来说,危害结果既包括实际造成的危害结果,也包括造成现实威胁。如对于不作为的杀人罪和作为的杀人罪一样属于结果犯;而不作为的放火罪,和作为的放火罪一样,属于危险犯。本案中不作为犯就属于比较典型的结果犯。危害后果也属于实际的危害结果,即被告人程某柱没有履行特定的作为义务致使被害人的性自由权最终遭受损害。

因此,消极不作为行为与犯罪危害后果的发生是否具备刑法的因果关系,也即是否具备行为的违法性和社会危害性,是实践中判断不作为行为是否构成犯罪的关键因素,也是本案与道德层面上见危不助情形的本质区别。

2. 不作为行为与积极作为行为必须具备共同故意和共同行为。一是主观方面上具备认识的共同性。共同犯罪是指二人以上共同故意犯罪。共同故意是共同犯罪主观方面的必备条件,是共同犯罪人承担刑事责任的主观基础。一般来说,共同故意是各共同犯罪人通过意思联络,知道自己是和他人配合共同实施犯罪,认识到他们的共同犯罪行为会发生危害社会的结果,并且希望或放任这种结果的发生。各共同犯罪人对他们共同的行为所造成的危害结果必须有所认识。就本案而言,两被告人在主观上存在相互的认识,这种认识虽无通谋但却是全面的。被告人屠某居欲与被害人强行发生性关系,其主观上是积极追求的,其也认识到被告人程某柱的不加制止实际上坚定、助长了其实施犯罪的主观恶意。被告人程某柱对被告人屠某居的犯罪行为有能力进行判断,也有明确的认识,却未能采取有效措施加以制止,足以说明两被告人的主观认识是相互的、明确的、有恶意的。本案中被告人程某柱在被害人明确向其求救后,仅有言语稍加制止,其后便任由被告人屠某居实施奸淫行为,对事态的发展持听之任之的放任态度,具有间接故意,构成共同关系上的事中故意。二是客观方面上具备行为的相关性。各共同犯罪人之间除了必须具备认识的共同性之外,还必须具备行为的相关性。只有这两者同时兼备,才能成立共同犯罪。如果没有这种认识上的共同性或者行为上的相关性,不能构成共同犯罪。具体来说,各共同犯罪人不论其分工、参与程度如何,其行为针对同一犯罪活动,彼此相互联系、相互配合、相互补充,形成一个统一的犯罪活动的整体,各共同犯罪人的行为都是共同犯罪行为的一个有机组成部分。从行为的表现形式上看,可以是共同作为、共同不作为、一方作为与另一方不作为。本案中,两被告人的积极作为行为与消极不作为行为具有相关性,形成了共同犯罪的统一整体。间接故意与直接故意的共同犯罪的成立,在客观上只要具备行为上的相关性就已经足够,而不需要像共同的直接故意犯罪那样,必须具备共同的犯罪目的、共同的犯罪结果才能成立,这是由间接故意的共同犯罪的特殊性决定的,这样才能准确、及时地打击共同犯罪分子。三是共同犯罪中积极作为者与消极不作为者的地位和作用并不相同。从共同犯罪的行为属性而言,在共同犯罪的各个行为人中,有的对于犯罪事实具有直接重要的关系,其行为足以独立完成犯罪,处于主体的地位,有的对于犯罪事实有轻微的因果关系,不具有独立性质,附属于其他犯罪人而得以存在,是从属犯。作为者的态度决定着是否侵害犯罪客体,作为者处于主动地位,而不作为者的不作为态度是以作为者违法犯罪为前提,在犯罪客观方面上或刑事违法性上都应当评价为对作为者的侵害行为的促进。也就是说,在作为与不作为相结合的场合,一般来说,作为者能够单独地实现对犯罪客体的侵害,不作为者一般情况下则不能直接侵害犯罪客体。因此,应将作为者认定为正犯,不作为者认定为帮助犯。因为帮助行为使正犯的实行行为更为容易,既可以是有形的,也可以是无形的;既可以是作为,也可以是不作为。概言之,在法律上,对正犯的犯罪行为具有防止义务的人,故意不履行该义务的,就是不作为的帮助犯。本案中,被告人程某柱的不作为犯罪行为从属于被告人屠某居的强奸行为而存在,是帮助犯,具有从属性,在共同犯罪中起到辅助作用,系从犯,即被告人程某柱得以从宽处理的理论和法律依据。

3. 恰当的量刑必须正确评价不作为行为在共同犯罪中的作用。一是共同犯罪仍需坚持部分行为全部责任的处罚原则。共同犯罪是一种特殊的危害社会的行为，其特殊性首先体现犯罪的共同性，这是共同犯罪区别于单个人犯罪的主要特点，其中从某个人的行为单独来看往往并不构成犯罪，数人的共同行为才是符合刑法规定的犯罪构成行为。关于强奸共同犯罪中理论上存在亲手犯的观点①，理论上一般认为强奸罪、脱逃罪等属于典型的亲手犯，每个实行行为人都具有不可替代性。但也容易产生以下误区：第一，共同犯罪的特点决定了部分行为全部责任原则的必要性。本案中，程某柱的行为从个体来看确实是没有实施强奸行为，但法律以强奸罪（既遂）论处的原因是，刑法充分考虑到共同犯的特殊性在于它比单独犯罪的危害程度更为严重。共同犯罪中，各共犯从共同的意思联络到犯罪完毕，相互支持，相互作用，客观上鼓励了共犯人实施并完成犯罪行为的决心。第二，承认共同犯罪中存在部分未完成形态会存在不合理现象。在存在帮助犯的强奸罪中，帮助犯帮助另一人实施强奸行为，帮助犯与该实行犯均为强奸罪（既遂）的观点已被理论和实践所接受。如按照亲手犯共同犯罪中，没有亲手将犯罪行为实施完毕的人，不成立犯罪既遂的观点，同样是共同强奸犯罪，却出现了全部既遂和部分既遂两种判决，令人无法理解。再按此逻辑，如果要求每个共同犯罪人均与妇女强行发生性行为才是既遂，那就排除了妇女参与强奸犯罪并达到既遂的可能性。这同样是令人无法理解的。二是恰当的量刑区别可以保证各共同犯罪人的罪责刑相适应。当然，在共同犯罪中，由于犯罪成员的身份不同，所犯的罪行不同，承担的刑事责任也不同。准确的量刑，可以使刑罚的特殊预防功能和一般预防功能得以发挥，坚定社会公众对司法公正和法治建设的决心和信心。量刑区别可以保证共同犯罪人的罪责刑相适应。对未亲手实施犯罪行为的共同犯罪人贯彻部分行为全部责任原则不会造成轻罪重判的结果，也不会有碍于鼓励中止犯罪。在坚持部分行为全部责任的原则下，对没有实施奸淫行为的行为人，在刑罚的适用上予以一定程度上的从宽处罚是合理的。在现有的共犯制度下，虽然出于从严打击共同犯罪的立法意图在定罪上将各共犯均以强奸既遂论处，但在具体量刑上也留出了一条通道，即对于没有实施强奸的共犯认定为从犯而作为一种酌定情节予以从轻处罚。也就是说，现有共犯制度完全能应对并解决这种公平感上的困惑。三是是否从轻、减轻还是免除处罚要结合所犯罪行的轻重来判断。在共同犯罪中，虽然数人共犯一罪，但各共同犯罪人的罪行又具有相对独立性。一般而言，刑法规定犯罪的法定刑的轻重与犯罪的社会危害性大小成正比。同时还要考虑帮助犯的参与对正犯达到犯罪目的所产生的意义，如果帮助者对正犯的犯罪实行具有决定性的意义，则不能免除处罚或减轻处罚；而一般性或者非必要性的帮助，则可从轻、减轻或者免除处罚。在处罚不作为帮助犯时，需要采取双轻原则，即一是帮助犯相对于正犯而言，是间接地侵害法益；二是不作为犯相对于作为犯而言，具有较少的犯罪恶意。同时，从司法实践的角度来讲，现行刑法比 1979 年《刑法》删除了比照主犯的规定，无疑更加合理地赋予了法官自由裁量权。综合本案来看，由于被告人程某柱没有直接实施犯罪行为，不具有正犯特征，在共同犯罪中所起的作用，尚不属于次要作用，而仅属于辅助作用，在处罚时，一般情况下应当比起次要作用的从犯相对要轻。另外，被告人程某柱虽然不认为自己构成犯罪，但此仅属于违法性认识层面的问题，需要注意的是，被告人程某柱仍然能够对其犯罪事实作出如实供述，并不具有逃避责任、不知悔过的主观恶性。因此，结合其本身的行为特征、犯罪动机，以及实践中对间接故意、从犯等的处理原

① 亲手犯通常是指必须由正犯亲自实施实行行为，主体与行为之间具有不可分割性或不可替代性是亲手犯的核心内容。

则,依照我国《刑法》第27条之规定,对其作出定罪免刑的判决,体现了宽严相济的刑事政策。

036. 对同伙实行过限是否担责的主要判断

在共同犯罪案件中,经常出现某行为人超出原先共谋的犯罪故意范围而实施了其他犯罪行为,但其他同伙对上述超出共同故意范围实施的犯罪行为应否承担共同的刑事责任在司法实践中认识不一。

《刑法》第25条第1款规定:“共同犯罪是指二人以上共同故意犯罪。”对此,司法实践中一般认为,根据上述规定,超出共同故意以外的犯罪不构成共同犯罪,有的共犯超出了共同的犯罪故意范围,单独实施其他犯罪,由于其他共犯对此缺乏共同故意,因而在该罪上不成立共犯。其中实施的超出共同犯罪故意的行为,刑法学上称为共同犯罪中的“实行过限”。根据刑法理论,行为人必须对危害社会的结果具有主观上的罪过才能负刑事责任。对于“实行过限”,一般应当由实行过限行为人单独承担责任,其他共同犯罪人对过限行为不负责任,这是主客观相一致原则所要求的。因此,正确认定“过限行为”成了这类案件定性的关键所在。

在共犯均是实行犯即简单共犯形态情况下,对某些共犯的临时起意行为如何认定,一般来说应该首先明确其他实行犯对该临时起意的行为是否知情,如果对临时起意的行为不知情,且没有预见的可能,就应认定其对该行为不具有罪过,因而不知情的实行犯对此行为不负刑事责任。但如果其知道同伙临时起意,实施超出预先共同犯罪故意范围的行为,却没有积极制止该行为实施或有效阻止危害结果发生,则可以认定其对该行为是容忍或认可的,其主观上具有罪过,因此其虽未与同伙共同实施超出原先犯罪故意范围的行为,但对该犯罪结果的发生也应承担刑事责任,此行为应定为共同犯罪。因此,对同伙实行过限是否担责应当主要看其主观认识。

037. 对于主犯未到案的能否认定已到案的被告人为从犯

司法实践中,时有出现主犯未到案的情形,对此种情况下从犯的认定问题,往往存在一些难点。在共同犯罪中,应以行为人在整体犯罪事实中的作用为标准区分主从犯;在主犯未能到案情形下,如现有证据能证明行为人是从犯抑或不能证明是主犯,应认定为从犯,并从轻、减轻或者免除处罚。

司法实例

牛某文、阴某国贩卖毒品、容留他人吸毒案

被告人牛某文明知“北哥”从事毒品贩卖活动,仍同意在苏州为其寻觅毒品藏匿地点。2017年5月3日,牛某文经事先电话联系,将随身带有一大包甲基苯丙胺(冰毒)的“北哥”带至被告人阴某国位于苏州市某小区的租房中。阴某国在明知上述毒品用于贩卖的情况下,仍当场在租房内提供分装、藏匿等帮助并与被告人牛某文等人商定为上述毒品寻找下家。2017年5月7日22时许,牛某文、阴某国等人在该租房内被公安机关抓获,并当场查获甲基苯丙胺383.5297克、甲基苯丙胺片剂(麻古)6.8636克及电子秤、透明塑料袋等物品。2017年5月3日至案发之日,被告人阴某国三次容留被告人牛某文于其租房内吸食毒品。

浙江省某市中级人民法院经审理认为,被告人牛某文、阴某国明知他人的380余克甲基苯丙胺用于贩卖,仍提供藏匿、称重、分包等帮助,其行为均已构成贩卖毒品罪。被告人阴某国二年内在其租房中多次容留他人吸毒,其行为还构成容留他人吸毒罪。公诉机关所控罪名成立。据此,以贩卖毒品罪判处被告人牛某文有期徒刑15年,剥夺政治权利3年,并处没收财产10万元。以贩卖毒品罪判处被告人阴某国有期徒刑10年,剥夺政治权利1年,并处罚金5万元;以容留他人吸毒罪判处其有期徒刑1年,并处罚金1000元,决定执行有期徒刑10年6个月,剥夺政治权利1年,并处罚金5.1万元。宣判后,二被告人在法定期限内未上诉,检察机关未抗诉,一审判决已生效。

本案的争议焦点是,在涉案主犯"北哥"未能到案的情形下,如何区分共同犯罪中其他被告人的犯罪地位,进而准确认定各共犯人的刑事责任。

1. 现有证据能够证明到案共犯人是从犯的,应认定为从犯。在共同犯罪中,准确区分主从犯是准确认定各共犯人刑事责任的前提。对于因部分共犯人未到案而是否区分到案共犯人的主从犯问题,理论与实务界尚存争议。多数做法是,以行为人在整体犯罪事实中的作用为标准,综合考虑全案证据,如果现有证据能够证明到案共犯人系从犯,应认定为从犯,并依法从轻、减轻或者免除处罚。这正体现了刑法罪责刑相适应原则的精神,是充分发挥刑法人权保障机能的题中之义。对此,《全国部分法院审理毒品犯罪案件工作座谈会纪要》(以下简称《审理毒品犯罪纪要》)也明文规定:"毒品犯罪中,部分共同犯罪人未到案,如现有证据能够认定已到案被告人为共同犯罪,或者能够认定为主犯或者从犯的,应当依法认定""对于确有证据证明在共同犯罪中起次要或者辅助作用的,不能因为其他共同犯罪人未到案而不认定为从犯,甚至将其认定为主犯或者按主犯处罚"。

综合全案证据,牛某文、阴某国二被告人的供述与证人郑某(系阴某国的同居女友)的证言均指证毒品系"北哥"带来的,且三人所述"北哥"的身高、年龄、口音等特征基本一致,因此,"北哥"作为毒品的所有者或者贩卖毒品罪的上家,应属主犯无疑。而被告人阴某国既非主出资者也不是毒品所有人,仅仅是作为房屋的承租人,接受"北哥"或者牛某文的指使,有帮助藏匿、称重、分包等行为,且在毒品尚未出卖前就已经被查获,在共同犯罪中自始至终都是被动、从属的地位,根据《审理毒品犯罪纪要》的规定,应认定为从犯。

2. 没有证据证明是主犯的,也应认定为从犯。本案的疑难之处在于如何确定被告人牛某文的犯罪地位。《审理毒品犯罪纪要》仅规定了确有证据证明是从犯的情形,对于没有证据证明是主犯应如何处理未作规定,而这二者之间并非完全等同的关系。所谓"没有证据证明是主犯"是指现有证据具有一定的模糊性,无法确切地证明被告人是主犯还是从犯。基于以下两点理由,对于在共同犯罪中没有证据证明是主犯的,也应认定为从犯:一是刑法具有谦抑性,在证据存疑时只能作出有利于被告人的解释或认定;二是根据《刑事诉讼法》的规定,证明被告人有罪是控方的责任,被告人没有自证其罪的义务,如果控方不能证明被告人是主犯的,只能认定为从犯。

就本案而言,被告人牛某文作为贩卖毒品行为的联系人,不排除有向"北哥"购买毒品后存放于阴某国住处而成立主犯的可能性,被告人阴某国也指证是牛某文指使其分装、称重毒品的,证人郑某也怀疑牛某文是毒品的实际所有人。但分析全案证据,并无相关的银行交易记录或其他类似打款凭证能直接证明牛某文有购买该批毒品的行为,也无牛某文与"北哥"关于交易毒品的通话、短信记录等证据予以证实。而分析阴某国的供述与郑某的证言可知,即便确是牛某文指使阴某国分装、称重毒品的,也不能得出牛某文就是该批毒品所有者的唯一结论,郑某的证言也只是自己的推测,且有为洗脱自己男友罪名而说谎的嫌疑。综上,现有证据无法证明被告人牛某文是毒品的所有者,只能从有利于被告人的原则出发,认定其为从犯。据此,一审判决认定二被告人是从犯的结论是审慎而合理合法的。

038. 如何理解把握共同暴力犯罪案件的归责原则

司法实践中对于多人暴力犯罪案件，应当对各行为人的主客观要件逐一进行审查，只有符合主客观一致的归责原则，才能据以定罪量刑，防止客观归罪。

司法实例

王某罗故意杀人，王某杰、李某国、盛某起寻衅滋事案

2014年5月31日19时许，上诉人王某罗在位于某市铁西区某小区其经营的地下车棚内与在此存车的被害人夏某东(男，殁年50岁)因存车事宜发生争执和厮打，后被他人拉开。当日20时许，王某罗之子上诉人王某杰得知此事后，与其朋友上诉人李某国、盛某起共同来到地下车棚。王某杰见王某罗被打后立即返回地上出口处殴打夏某东，李某国、盛某起以及王某杰的朋友刘某(另案处理)见状也随即上前共同对夏某东拳打脚踢。夏某东被打后欲逃离现场时，被王某杰等人打倒，王某杰、李某国、盛某起继续上前殴打夏某东。此时，王某罗持剪刀冲到夏某东近前并对其胸、腹部等处连刺数剪，致夏某东因锐器刺破右肺、肝脏、左肾致急性大失血死亡。王某罗还误将一同殴打夏某东的李某国脚部刺中，经鉴定构成轻微伤。案发后，公安机关向在场的王某罗之妻即原审被告人薄某芝进行调查取证时，薄某芝为包庇王某杰等人，故意作假证隐瞒王某杰、李某国、盛某起参与加害夏某东的罪行；为减轻王某罗的罪责，故意向公安机关提供了虚假作案工具。当日22时许，王某罗、王某杰在明知薄某芝带领公安人员一同前往的情况下，在约定地点等候，被带至公安机关接受处理；次日，薄某芝、李某国先后被抓获；同年6月6日，盛某起主动到公安机关投案。一审期间，双方就民事赔偿部分达成调解协议，原告方对王某杰、李某国、盛某起表示谅解。

某市中级人民法院一审审理认为，被告人王某罗仅因琐事便持剪刀故意刺扎被害人身体要害部位数下，并致被害人死亡，其故意非法剥夺他人生命的行为已构成故意杀人罪。被告人王某杰、李某国、盛某起均共同参与殴打被害人，虽因王某罗单独实施故意杀人行为而导致了被害人死亡后果的发生，但三名被告人故意损害他人身体健康的行为均已构成故意伤害罪，且系共同犯罪，均应予以刑罚处罚。被告人薄某芝明知他人是犯罪之人，仍故意作假证明和提供假作案工具，企图通过隐瞒犯罪事实和减轻他人罪责的方式包庇他人，情节严重，其行为已构成包庇罪，应予惩处。被告人王某罗不能冷静处理与他人之间的纠纷，在明知同案其他被告人殴打被害人的情况下，仍持剪刀故意杀害被害人，其无视他人生命的行为性质恶劣，造成被害人死亡的后果严重，论罪应当判处死刑，但考虑到本案系民间矛盾纠纷所引发，同案其他被告人亲属能主动对被害人亲属予以赔偿并达成和解，故对被告人王某罗可判处死刑，缓期2年执行。考虑被告人盛某起系自首，其亲属能主动对被害人亲属予以赔偿，并能取得被害人亲属的谅解等具体情节，可以对其减轻处罚。考虑被告人薄某芝在本案中系坦白，犯罪前无前科、劣迹，对其判处缓刑没有再犯罪的危险，可在判处刑罚的同时，对其适用缓刑。依照我国《刑法》相关规定，认定被告人王某罗犯故意杀人罪，判处死刑，缓期2年执行，剥夺政治权利终身；被告人王某杰犯故意伤害罪，判处有期徒刑10年；被告人李某国犯故意伤害罪，判处有期徒刑10年；被告人盛某起犯故意伤害罪，判处有期徒刑3年；被告人薄某芝犯包庇罪，判处有期徒刑3年，缓刑3年。一审宣判后，被告人王某罗、王某杰、李某国、盛某起均提出上诉。

某省高级人民法院二审审理认为，上诉人王某罗持械故意非法剥夺他人生命，且致人死亡，其行为已构成故意杀人罪。其刺扎被害人要害部位数次且致同案作案人李某国右脚轻微伤，在被他人拉开后仍欲再次加害被害人，主观恶性较深，论罪应判处死刑。鉴于本案系因民间矛盾引发，双方均对案发负有一定责任，对其判处死刑，可不立即执行。上诉人王某杰、李某国、盛某起因琐事随意殴打他人，犯罪情节严重，其行为均已构成寻衅滋事罪，系共同犯罪。一审对三人定性认定错误，应予更正。王某杰、盛某起在案发后投案，且能如实供述犯罪事实，构成自首，依法应予从轻处罚。王某杰、盛某起、李某国认罪、悔罪，取得被害方谅解，酌情予以从轻处罚。原判认定犯罪事实准确，对王某罗、薄某芝适用法律正确。诉讼程序合法。依照我国《刑法》、《刑事诉讼法》及相关司法解释规定，判决维持一审对上诉人王某罗、原审被告人薄某芝的定罪量刑部分，对上诉人王某杰、李某国、盛某起的定罪量刑均予以改判，分别以寻衅滋事罪判处三人有期徒刑3年6个月、3年、1年6个月。

本案的焦点是对王某杰、李某国、盛某起应定何罪及如何量刑。

1. 根据主客观一致归责原则，王某杰、李某国、盛某起均不构成故意伤害罪（致人死亡）。从客观行为分析，上诉人王某杰、李某国、盛某起在两次追打被害人夏某东的过程中，均采取了拳打脚踢的殴打行为，在将被害人打倒在地之后，王某罗借势持剪刀连续刺扎被害人要害部位，致被害人死亡，故三人殴打行为与被害人死亡结果之间的确存在客观的、直接的因果关系，这也是一审将三人以故意伤害致死定罪量刑的原因所在。但从主观方面分析，三人没有致死被害人的主观故意和过失。其一，从已查实的证据看，三人与上诉人王某罗没有事先预谋，亦没有临时达成犯罪合意，对王某罗持剪刀刺扎行为没有预见。现场监控录像显示，从王某罗持剪刀冲到被害人跟前到其实施完刺扎行为被他人拉开仅有七八秒钟的时间，三人没有足够的时间反应或者有效阻止。其二，从三人实施的行为看，三人均以拳打脚踢行为殴打被害人，对被害人的死亡后果没有预见义务和预见可能，不符合故意伤害致人死亡加重结果的主观要件要求。综上，根据主客观相一致原则，三人不应对被害人的死亡结果负责。

2. 对王某杰、李某国、盛某起应以寻衅滋事罪定罪处罚。从故意伤害罪与寻衅滋事罪的构成要件分析，故意伤害致人轻伤的行为与随意殴打他人的寻衅滋事行为有相似之处。本案中，三人的行为有致被害人伤害后果的主观故意，但从尸检鉴定看，未见被害人有轻伤或重伤的伤害后果，不宜认定为故意伤害罪。三人因琐事随意殴打他人的行为应认定为构成寻衅滋事罪。自2013年7月22日起施行的最高人民法院、最高人民检察院《关于办理寻衅滋事刑事案件适用法律若干问题的解释》第2条规定了随意殴打他人情节恶劣的7种情况，前6种分别为：(1)致一人以上轻伤或者二人以上轻微伤的；(2)引起他人精神失常、自杀等严重后果的；(3)多次随意殴打他人的；(4)持凶器随意殴打他人的；(5)随意殴打精神病人、残疾人、流浪乞讨人员、老年人、孕妇、未成年人，造成恶劣社会影响的；(6)在公共场所随意殴打他人，造成公共场所秩序严重混乱的，第7项为兜底条款，即其他情节恶劣的情形。本案情况与前6项罪状均不吻合，二审认为可援引第7项条款进行认定，理由如下：其一，三人在追打被害人、被害人逃跑之后，再次追上被害人进行持续殴打，主观恶性较深。其二，殴打行为在马路这一公共场所实施，社会影响较为恶劣。其三，三人的殴打行为不仅致被害人多处受伤（未达轻伤），且致使王某罗利用被害人所处劣势对被害人实施杀害行为，造成被害人死亡的严重后果。综上，三人行为与前6项行为的社会危害性相当。

039. 如何理解把握被害人过错对于共同犯罪刑事责任的影响

共同犯罪中“被害人过错”减责的认定应当具有相对性；与犯罪发生有因果关系的被害人过错，必须在犯罪行为终了之前准确由被告人知悉。犯罪行为实施之前已经存在的，被告人的犯罪意图还应因被害人的过错产生，否则不能成为分担刑事责任的量刑情节。

司法实例

王某莲等故意伤害案

王某莲系被害人李某康的妻子，常年遭受李某康的殴打辱骂。2017年5月10日，二人发生争执，王某莲再次遭受家庭暴力，后被邻居劝说离开。李某康却又前往王某莲经营的工厂，打砸部分生产设备和仪器。王某莲与表弟李某江一同前去阻止，二人途中又联系了常某、栗某涛，后四人一起对李某康进行了殴打。事后，常某、栗某涛收取了王某莲给予的报酬6000元。当晚，王某莲发现李某康伤情严重拨打了“120”，李某康经抢救无效死亡。经鉴定，李某康系钝器打击致颅脑损伤死亡。

一审法院审理认为，王某莲等四名被告人共谋殴打李某康，致其死亡，构成故意伤害罪的共犯。王某莲、李某江直接谋划，在犯罪中起主要作用，是主犯。常某、栗某涛受邀参与犯罪，二人在犯罪中起次要作用，系从犯。被害人李某康实施家庭暴力，多次打骂王某莲，案发当日又破坏王某莲企业的生产设备和仪器，可以认定李某康的行为存在过错，酌情减轻王某莲的刑事责任。李某江直接谋划伤害李某康，常某、栗某涛受邀参与故意伤害李某康且收受报酬，李某康对王某莲的过错行为不能减轻三人的罪责。

一审宣判后，李某江、常某、栗某涛均以李某康存在过错、量刑过重为由提出上诉。二审法院认为，李某康的行为对三上诉人不构成刑法意义上的过错，三上诉人不具备从轻、减轻责任事由。裁定驳回上诉，维持原判。

本案的焦点是：本案被害人李某康的过错是否可以减轻全部被告人的责任。第一种意见认为，李某康多次实施家庭暴力，严重违反法律规定，侵害王某莲的人身安全，是引发本案的重要原因，其过错相对于全案被告人成立。该意见主张，若没有李某康的在先殴打、打砸行为，王某莲不会产生找人伤害其的犯意，进而无论是李某江，还是常某、栗某涛均不会参与到故意伤害李某康的行为中。基于李某康对王某莲实施的足以诱发王某莲产生犯罪意识、实施犯罪行为的先前行为，本案被告人均可得到适当的量刑宽宥。第二种意见认为，王某莲是家庭暴力的直接受害者，李某江是王某莲的亲属，李某康相对于二人成立被害人过错。但是常某、栗某涛与王某莲非亲属关系，李某康对此二人不存在过错。该意见认为，亲属之间具有道德上、情感上的相互扶助义务。王某莲遭家暴在前，李某江基于维护表姐王某莲合法利益对李某康实施殴打行为在后，二者具有一定的因果关联性。常某、栗某涛二人系无任何利益相关的第三人，可以对家暴、打砸设备行为进行劝阻，但无权以暴力方式干预他人纠纷。第三种意见认为，李某康仅相对于王某莲存在过错，可减轻王某莲的刑事责任。李某江的犯罪虽出于亲属间的道义责任，但不具有法律上的原因力。常某、栗某涛二人与李某康的行为没有任何利益相关性，二人系基于获得钱财的目的实施故意伤害行为，不得以被害人过错为由进行抗辩。该意见主张，被害人过错指向的对象具有特定性，他人不得以被害人过错为名实施犯罪行为。配偶、父母、子女等近亲属在感情上、道德上、法律上具有相互扶助的义务，对近亲属的侵犯，可视为存在被害人过错。除前述情况以及被告人具有特定职责外，行为人不得随意以暴力方式干预他人纠纷。本案中李某江等三人非殴打、打砸设备的利益相关人，不能以李某康存在过错为由主张减轻刑事责任。

本案承办法院认为,共同犯罪中“被害人过错”减责的认定具有相对性。被害人过错凸显了被害人在刑法评价模式中的主体地位,已成为故意伤害、故意杀人等暴力犯罪中常见的酌定量刑情节。对于本案,一、二审法院坚持的是第三种意见,主要理由为:

1. 被害人过错影响量刑具有正当法理基础。从主观归责角度审视,被害人的过错对犯罪的实施具有一定的原因力,犯罪行为人可能是在无意识中忽视了刑罚禁止规范及其意义,其主观恶性相对较少,给予犯罪行为人减轻的非难谴责,降低刑罚惩罚的分量,就具有该当性。因此,行为人刑事责任的大小只能以被害人分担责任后的客观危害和通过被害人过错揭示出来的应受谴责性大小为依据,才符合主客观统一的要求。重视被告人过错情节,在于该情节反映了犯罪行为人主观恶性和人身危险性大小的趋轻变化,从刑罚预防和刑罚个别化原则的要求出发,理应在量刑时予以体现。

2. 刑法意义上的被害人过错行为与犯罪具有因果关系。以对犯罪流程发挥作用时间为标准,被害人过错可以分为作用于犯罪行为和作用于犯罪结果两种类型。前者指的是被告人主观上明知被害人具有过错,并且因被害人过错而产生犯罪意图。被害人过错发生在犯罪行为之前,刺激被告人实施犯罪,是被告人犯罪动机形成的原因,但是过错行为本身并不直接导致犯罪结果。作用于犯罪行为的因果关系本质特征在于被害人的过错行为导致了被告人犯罪行为的发生,是刑事案件发生的一个条件,两者间具有引起与被引起的关系。本案中,被害人李某康长期实施家庭暴力,持续侵害王某莲的人身安全,为法律所禁止。在再次遭受家暴且工厂设备被李某康砸坏,人身、财产安全皆受到严重威胁的情况下,王某莲产生殴打李某康的故意,进而实施伤害的犯罪行为具有时间的紧迫性、关联性,二者存在因果关系。

但李某康的家暴及破坏工厂设备行为是否构成王某莲之外的其他行为人实施犯罪行为的原因,答案应是否定的。李某江虽系王某莲的表弟,但并非李某康家暴行为和因李某康打砸设备遭受损失的受害者,其与王某莲策划殴打李某康的行为系出于亲属间的道义责任,不具有法律上的原因力。常某、栗某涛受李某江邀请参与殴打李某康,在金钱利益的驱使下产生伤害的动机,与李某康先前的行为无涉,遑论先前行为是否存在过错。

3. 共同犯罪中责任减轻抗辩事由的“被害人过错”具有相对性。单人犯罪中,界定了因果关系的存在,被害人过错的厘定不言自明。共同犯罪中,犯罪的发生、犯罪结果的出现虽与被害人过错行为有关,但是否会因此成为每个行为人责任减轻的抗辩事由,需具体分析。被害人过错的认定,攸关定罪、刑事责任的承担,也应遵循主客观相一致原则。主观方面,要求加害人在被害人足以纳入刑法评价的不正当行为的刺激下产生犯罪意图。如夏季穿超短裙的女孩引发男性性欲而遭受侵害,但是否穿超短裙是女孩行为自由选择的结果,没有侵犯公共利益或他人合法权益,应排除在刑法规范之外。客观方面,被害人过错指向的对象具有特定性。被害人与加害人之间应存在某种利益相关性,避免他人以被害人过错为名实施犯罪行为。利益相关性主体关系包括负有特定职责、契约关系以及近亲属关系等。一般而言,配偶、父母、子女等近亲属在感情上、道德上、法律上具有相互扶助的义务,被害人对被告人近亲属的侵犯,可视为对被告人构成过错。对于其他情况下被害人存在过错,第三人可以采取舆论批评、指责、劝解等非暴力方式,或者向司法机关、有关部门举报,不得随意以暴力方式干预他人纠纷,更不能以此为由实施任何犯罪行为。本案中除王某莲外的三被告人非利益相关人,亦非负有履行特定职责或法律义务之主体,不能以李某康存在过错为由主张刑事责任的宽宥。当然,如果因第三人实施道德评价,引发被害人不忿,又对第三人实施不正当行为,则可认为被害人对第三人构成过错,而并非原有过错的延续。例如本案中,若李某江作为王某莲亲属,对李某康家庭暴力、打砸设备等行为进行劝解,遭受李某康殴打，李某江基于自救、正当防卫造成李某康受伤，可主张李某康有过错的抗辩事由。

040. 如何理解共同犯罪前案生效判决认定事实对后案的溯及力

共同犯罪案件中，在审理后到案被告人时，应当对控辩双方提供的相关证据进行充分审查，重新对法律事实予以认定，而不能直接引用前案中已经认定的事实。这有利于还原事实真相，保护控辩双方的诉讼权利，保证案件的审判质量。应注意二点：一是在刑事诉讼中生效判决作为证据使用仍需要进行质证。二是前案生效判决所确定的事实对后案的事实认定不具有溯及力。

司法实例

郑某朗抢劫案

某县人民法院经审理查明：1994 年 5 月 28 日晚，被告人郑某朗与万某波、邓某斌、常某四人在某南县某陵园附近闲逛时，看见牵牛路过此地的范某辉、贾某龙、唐某明等人。万某波提出抢劫后，手持西瓜刀冲上去，被告人郑某朗与邓某斌、常某随后跟上去。四人将范某辉等六人拦住，采取持刀威胁、搜身等手段抢走范某辉、贾某龙等人现金 570 余元。

1994 年 6 月 7 日凌晨，被告人郑某朗伙同万某波、邓某斌、兰某胜、简某信五人在某南县丝一厂附近发现孙某军、郑某华、宋某三人后，尾随至某南县原四方啤酒厂附近，万某波、郑某朗等五人对孙某军、郑某华、宋某三人实施抢劫，万某波持西瓜刀将孙某军左手砍伤，其余四人对孙某军等人拳打脚踢后，抢走孙某军等人现金 200 余元。

一审判决认定上述事实的证据，除被害人范某辉、贾某龙、唐某明、代某安等人的陈述，证人万某波、邓某斌等人的证言，被告人郑某朗的供述等证据外，原四川省某市中级人民法院（1996）某刑初第 788 号（同案人万某波判决书）、第 17 号（同案人邓某斌判决书）已生效的刑事判决书也认定郑某朗参与了上述两次抢劫。

某南县人民法院经审理后认为，被告人郑某朗已构成抢劫罪。依照《刑法》第 12 条，1979 年《刑法》第 77 条、第 150 条第 1 款之规定，判决认定被告人郑某朗犯抢劫罪，判处有期徒刑 4 年 6 个月。

原审被告人郑某朗对一审判决不服，上诉至某市中级人民法院。上诉称其没有参与原判认定的 1994 年 6 月 7 日凌晨的抢劫。其辩护人提出了相同的辩护意见并当庭举示了周某全的证言，证实郑某朗未参与该次抢劫，并认为原判认定郑某朗参与该次抢劫的事实不清，证据不足，请求二审改判。

某市中级人民法院经审理查明：1994 年 5 月 28 日晚，上诉人郑某朗与万某波（已判刑）、邓某斌（已判刑）等人在某南县某陵园附近闲逛时，看见牵牛路过此地的范某辉、贾某龙、唐某明等六人。万某波提出抢劫后，手持西瓜刀冲上去，上诉人郑某朗与邓某斌等人随后跟上去，将范某辉等六人拦住，采取持刀威胁、搜身等手段抢走范某辉、贾某龙等人现金 570 余元。另查明，上诉人郑某朗于 2016 年 3 月 1 日主动到某南县公安局建设路派出所接受调查，并供述其仅与万某波、邓某斌等人到过该案发地点，其并未具体实施抢劫。认定上述事实的证据与一审相同。

某市中级人民法院经审理后认为，上诉人郑某朗以非法占有为目的，伙同他人采取暴力、胁迫等手段抢劫公民财物，其行为已构成抢劫罪，依法应予处罚。关于上诉人郑某朗及其辩护人提出的郑某朗没有参与原判认定的 1994 年 6 月 7 日凌晨抢劫的意见，经查，现有证据能够证实孙某军等人被邓某斌等人抢劫的基本事实，但认定郑某朗参与此次抢劫的证据仅有同案参与人邓某斌一人的供述，无其他证据予以充分证明，故一审判决认定郑某朗参与此次抢劫的证据不足，不予确认。原审法院对本案的审判程序合法，但判决认定的事实有误，导致量刑不当，依法应予纠正。依照《刑法》第12条及1979年《刑法》第77条、第150条第1款，《刑事诉讼法》第189条第3项之规定，以抢劫罪改判被告人郑某朗有期徒刑3年。

在刑事诉讼中，生效判决所确定的事实不能够作为免证事实对后案在事实认定上产生溯及力，理由在于：首先，民事诉讼和刑事诉讼在法律后果的承担上有质的差别，从而导致民事诉讼的证明标准低于刑事诉讼的证明标准，因此二者在生效判决确定的事实是否属于免证事实这一问题上也存在差异。其次，我国是大陆法系国家，判例不能作为判决依据对后案的裁判结果产生约束力，因此，即使是前案已经确定的案件事实，也不能够不经过审查判断而直接引用。再次，如果先到案同案人的生效判决可以作为后案同案人案件审理中的免证事实，就如同一个事物用它本身来证明自己的存在，这显然是没有证明力度的。最后，前案认定事实有误的情况在审判实践中是可能发生的，如果仅以对先到案的同案人的生效判决来认定后到案同案人的犯罪事实，而忽略了对现有证据的审查，在事实的认定上难免会导致一错再错。虽然前案生效判决认定的事实对后案在事实认定上不具有溯及力，但前案中同案人的生效判决本身可以作为一种证据证明前案中同案人因共同犯罪被定罪量刑的情况，而不能直接证明后案同案人的犯罪事实。具体到本案，在审理同案人万某波、邓某斌两案时，经庭审质证的证据能够用来证明万某波、邓某斌的犯罪事实并对二人定罪量刑即可，这些证据并不足以也不需要证明同案人郑某朗参与了1994年6月7日凌晨的抢劫（因为前案中郑某朗并不在案）。虽然前案判决中对郑某朗参与该次抢劫事实进行了表述，但却仅有邓某斌一人供述证实郑某朗参与了该次抢劫，再无其他关键证据相印证，严重缺乏证明力。本案一审法院在审理后到案的被告人郑某朗时，一审判决书中用以认定其参与1994年6月7日凌晨的抢劫事实的核心证据也仅有邓某斌一人的供述，另外就是万某波、邓某斌的生效判决确定的事实予以佐证。而如前文所述，前案生效判决认定郑某朗参与该次抢劫的证据同样也是邓某斌一人供述，一审法院在没有任何其他证据与之相印证并补强该孤证证明力的情况下，仅凭一名同案人的供述及前案生效判决确定的事实直接认定被告人郑某朗参与了该次抢劫，是甚为不妥的。

在二审庭审中，控辩双方再次对1994年6月7日凌晨的抢劫事实进行了举证、质证。控方并未举出新证据证明郑某朗参与了该次抢劫，其证实郑某朗参与该次抢劫的证据仍然仅有邓某斌一人的供述，此外再无其他证据相印证，而辩方举示了同案人万某波的供述、被告人郑某朗的供述以及同案人周某全的证词等证据，均证实郑某朗未参与该次抢劫。综合控辩双方的证据来看，控方认定郑某朗参与该次抢劫的证据实质上仅有邓某斌一人的供述，而辩方用以证实郑某朗未参与该次抢劫的证据不仅数量上多于控方证据，而且辩方的证据能够相互印证，具有更强的证明力，从疑罪从无的原则出发，二审法院以证据不足未认定郑某朗参与1994年6月7日凌晨的抢劫事实，故二审以抢劫罪改判被告人郑某朗有期徒刑3年。

041. 对盖然性教唆犯如何认定处罚

对于犯罪对象不确定的盖然性教唆犯如何认定与处罚，是司法实践中较难把握的。在大多数情况下，教唆犯在共同犯罪中起主要作用，应以主犯从重处罚。但是，在具体案件中，应综合分析教唆的方法、内容、对象，再结合案件的事实情况来确定在共同犯罪中所起的作用，进而定罪处罚。根据案件事实，行为人在共同犯罪中所起的是次要作用，应以从犯论处。

司法实例

向某海等故意伤害案

2017年2月，向某海在某歌厅醉酒并与他人发生纠纷，随即给其儿子向某健（有前科）打电话称自己挨打了，要求向某健过来帮忙。当时向某健与其弟向某军（有前科）及朋友王某忠、张某新在一起，向某军便提出过去看看，并取来4把镰刀。四人赶到歌厅，向某健持镰刀上前质问，被赵某强劝离，于是向某健等4人乘出租车在附近观望。向某海的另一个朋友解某川当时也在歌厅内，发现争吵后过去劝解，不料也和向某海发生争吵厮打，向某海被解某川按倒在地。此时，解某川的哥哥解某河正好赶到。向某健见状持镰刀下车奔向解某河，向某军、王某忠、张某新持镰刀奔向解某川。向某军用镰刀砍解某川的头、面、肩部数刀，将其打倒在地。向某军从后面照解某河背部猛砍一刀，张某新拿镰刀砍其鞋面一刀，后向某健照其颈部猛砍一刀，致解某河死亡。向某军将解某川再次打倒在地，造成其轻伤，随后，4人逃离现场。次日，公安机关将向某海及其他4名被告人抓获。

2017年11月，某市检察院以故意伤害罪向某市中级人民法院提起公诉，该中院经审理，判决向某海有期徒刑12年。向某海不服，向某省高级人民法院提起上诉。该院经审理认为，被告人向某海召集向某健、向某军、王某忠、张某新故意伤害他人身体健康的行为，均构成故意伤害罪，但根据向某海在犯罪中所起的作用，不应认定其为主犯。该院遂于2009年3月撤销一审法院对向某海判处有期徒刑12年的判决，对其改判有期徒刑5年。

在本案审理过程中，涉及两个争议问题：一是向某海的行为是否与其他被告人的行为一起构成共同犯罪；二是如果构成共同犯罪，向某海在共同犯罪中的地位和作用如何认定。对此，主要存在四种意见：

一是控方意见：被告人向某海的行为构成共同犯罪，且向某海酒后滋事并纠集多人，导致一人死亡、一人受伤的严重后果，应当认定其是共同犯罪中的主犯，向某海应对共同犯罪行为导致的一切后果承担刑事责任，建议判处10年以上有期徒刑。二是辩方意见：向某海的行为不构成共同犯罪。理由是：向某海与其他被告人之间没有共同的犯罪故意。解某河死亡、解某川轻伤的结果并不是向某海追求或者放任的结果，起初向某海是与他人发生争执后，给儿子打的电话，其犯罪对象是起初发生争执的人。而向某健等人来到后被劝离的事实，已经将向某海的召集故意和行为结果中断了，正因为存在此介入因素，解某河死亡、解某川轻伤结果与向某海没有法律上的因果关系，因此不能认定其为共同犯罪。三是一审法院认为：被告人向某海酒后滋事并纠集多人，导致本案一死、一伤严重后果，构成共同犯罪，并应承担主犯责任。在本案中，对于向某海的儿子而言，其行为的目的就是"教训"打他父亲的人，具体"教训"谁，在行为之前是不确定的。因此，"教训"行为而产生的所有后果都应当由向某海来承担。四是二审法院认为：向某海虽召集其他同案犯，但根据其在犯罪中所起的作用，不应认定其为主犯。在本案中，综合分析向某海教唆方法（仅仅是打电话"授意"，较利诱、胁迫等方法缓和）、教唆的内容（仅教唆一次、且教唆内容简单）、教唆的对象（向某军和向某健均有前科），再结合案件的事实情况来看，向某海在共同犯罪中只是起次要作用，因此，应以从犯论处。

本案对教唆犯应当根据其在共同犯罪中的作用进行处罚：

1. 向某海的行为构成教唆犯。故意唆使他人产生犯罪决意，进而根据犯罪决意实施犯罪的情况,构成教唆犯。教唆行为的对象必须是有刑事责任能力的自然人①;教唆行为的方式没有限制,既可以口头,也可以书面,也可以是示意性的动作;教唆行为的方法可以是劝告、嘱托、哀求、指示、引诱、怂恿、命令、威胁、强迫、授意等多种方法;成立教唆犯,还必须有教唆故意。在共同犯罪中,就故意的内容而言,只要共犯人之间具有法定的认识因素与意志因素,即使故意的内容不完全相同,也可成立共同犯罪。本案中,向某海与他人发生争吵后,打电话给自己的儿子说:“我挨打了,你赶紧过来。”很显然,在他们之间已经具备意思联络,并且,根据当时的情况判断,向某海让儿子过来的目的就是因为自己挨打了要教训别人。当然,其儿子心照不宣,叫人拿上工具就来了。因此,向某海具有教唆的故意,并且与正犯(其大儿子向某健)之间具有共同故意。故被告人向某海的行为构成教唆。在这个前提下还需要分析的一个问题是:在案件发展的过程中,由于赵某强的劝解,向某健等人没有实施被教唆的行为,对这一过程是否认定为教唆犯的中止,如果是,向某海就不应该对向某健等人后面的故意伤害行为承担刑事责任。

2. 教唆犯中止的判定。教唆犯的中止是指教唆犯在教唆他人犯罪的过程中,自动放弃教唆并且自动有效地防止犯罪结果发生的情形。关于教唆犯犯罪中止的标准,学界有两种观点:一是教唆人行为标准说,主张教唆人教唆行为是否中止,应以原教唆人之教唆行为是否中止为断,教唆行为中止者为教唆中止,教唆行为未中止者则不会发生中止问题;二是被教唆人行为标准说,主张教唆人教唆行为是否中止,不以教唆人自己教唆行为为标准,而应以被教唆人之犯罪行为为标准,当教唆人有效中止被教唆人之犯罪行为时为教唆中止犯,否则不成立教唆中止犯。

具体本案来看,无论依据哪种学说,都不能成立教唆犯的中止。因为教唆人向某海主观上并没有中止犯罪的意愿,客观上没有防止结果发生的行为;而被教唆人向某健也没有自动中止犯罪,只是等待犯罪对象出现再实施犯罪行为。根据对教唆犯的中止的分析可以看出,外来行为的介入即赵某强的劝解行为,并没有影响犯罪的发展过程,也没有使犯罪停止下来。

3. 对象不确定的盖然性教唆犯具有可罚性。以教唆犯的教唆内容是否明确为依据,教唆犯可分为确定性教唆犯和盖然性教唆犯。司法实践中,对确定性教唆犯的处罚一般没有争议。盖然性教唆犯是指教唆犯所针对的教唆对象(被教唆的人)、所教唆的犯罪及其对象有一项或数项不确定的情况。当然,并不是所有的盖然性教唆犯都具有处罚性,这里存在一个程度问题。如果教唆的内容完全不明确,当然不成立教唆犯,不具备可罚性;如果教唆内容具有相对的确定性即半盖然性的教唆犯,则应当成立教唆犯,具有可罚性。这种可罚的内容相对确定的盖然性教唆可以分为三种情形:一是教唆对象与所教唆的犯罪对象相对确定,但教唆的犯罪不确定,这种情形被称为罪的盖然性教唆;二是教唆犯所教唆的犯罪及其犯罪对象是确定的,但教唆对象(被教唆的人)不确定,这种情形被称为教唆对象的盖然性教唆犯;三是教唆对象与教唆的犯罪相对确定,但教唆的犯罪对象不确定,这种情形被称为犯罪对象的盖然性教唆犯。

在本案中,向某海教唆的对象是相对确定的即自己的儿子;其教唆的犯罪也是相对确定的即教训打他的人(故意伤害),唯一不确定的就是犯罪对象。向某海在打给儿子的电话中,并没有叫儿子具体打哪个人,只说自己挨打了,叫他赶紧过来。根据当时的情形,接到电话后,向某海的儿子不会知道是谁打的向某海。因此,对于向某海的儿子而言,其行为的目的就是“教训”打他父亲的人,具体“教训”谁,在行为之前是不确定的。因此,本案中,向某海的教唆行为属于犯罪对象不确定的盖然性教唆犯,这种情形的盖然性教唆犯具有可罚性,向某海的行为应当受到刑罚制裁。

4. 对教唆犯的处罚应根据其在共同犯罪中所起的作用确定。教唆犯在共同犯罪中所起的作

① 随着人工智能和机器人的快速发展,对智能机器人的教唆是否属于教唆的范围,值得深入研究。

用，应该从教唆犯的犯罪事实、性质、情节和对于社会的危害程度入手。教唆犯的犯罪事实，主要是指教唆犯所采取的教唆方法。教唆方法比较恶劣的，对被教唆的人影响力大的，应视为主要作用，以主犯论处；教唆方法比较缓和的，对被教唆的人影响力不大的，且综合其他犯罪情节，在共同犯罪中不起主要作用的，应以从犯论处。教唆方法比较恶劣的情况有：利诱、胁迫、欺骗、刺激、嘱托等方法；教唆方法比较缓和的情况有：劝说、请求、挑拨、怂恿、授意等方法。本案中，向某海给儿子打电话的行为属于“授意”的教唆方法，属于教唆方法比较缓和的情形；教唆犯的犯罪性质，是指教唆他人所犯之罪的性质，教唆他人所犯之罪的性质不同，对教唆犯的量刑也不同；教唆犯的犯罪情节，可以从几个方面进行考察：一是教唆的次数。一般情况下，教唆的次数越多，情节越恶劣。二是教唆的内容。有些教唆犯教唆的内容比较简单，只是触发了他人的犯意。有些教唆犯的内容比较详细、具体，甚至犯罪的一些细节以及如何逃避法律制裁也作了一些提示。三是教唆对象的情况。教唆没有犯罪思想基础的人犯罪比教唆有犯罪思想基础的人要恶劣；教唆犯对社会的危害程度，是指教唆行为在客观上所造成的实际损害结果，主要包括教唆犯对被教唆人的危害程度和教唆犯所教唆的罪的实现程度。

虽然，在大多数情况下，教唆犯在共同犯罪中起主要作用，应以主犯从重处罚，但是，在具体案件中，应综合分析教唆的方法、内容、对象，再结合案件的事实情况来确定在共同犯罪中所起的作用，进而定罪处罚。

综上，本案中向某海的行为构成故意伤害罪的教唆犯，属于对象不确定的盖然性教唆犯，应当承担刑事责任。但是，根据本案事实，向某海在共同犯罪中所起的是次要作用，应以从犯论处。

042. 为他人犯罪提供帮助能否一律以共同犯罪论处

司法实践中，对于为他人犯罪提供帮助的，如果《刑法》分则某一条款将某种犯罪的组织、教唆与帮助行为规定为特定罪名时，对这些行为应当以该罪名单独定罪处罚，而不应作为共同犯罪的组织犯、帮助犯或教唆犯论处。

司法实例

杜某达等组织、运送他人偷越边境案

2016年间，明某贵从他人处获悉杜某达组织他人从中国内地偷渡往中国香港特区，遂以电话联系，表示其可以负责水路运送。2011年4月间，杜某达联络了20名欲从中国内地非法进入香港特区的偷渡人员，之后打电话告诉明某贵安排船只，并承诺按每人1000港元付酬。明某贵遂联系船家，同时又纠合李某民，让其帮助在陆地上带路，并承诺给付报酬。4月7日晚，杜某达打电话联系陈某民，要求其用汽车将20名偷渡人员接送到指定地点，并承诺按每辆车800港元付酬。陈某民遂纠合夏某敏，让其用汽车接送其中部分偷渡人员，并承诺付酬。4月8日凌晨，陈某民、夏某敏各驾驶一辆汽车，在深圳市接载了共20名偷渡人员驶往广州市某区，后由前来接应的明某贵、李某民带路来到海边上船，船驶往香港特区途中被公安人员截获。

一审法院审理认为，被告人杜某达策划、联络他人，将多名偷渡人员非法运送往香港特区，构成组织他人偷越国（边）境罪，是主犯；被告人明某贵明知杜某达组织他人偷渡而提供运输，共同构成组织他人偷越国（边）境罪，是从犯，应减轻处罚。被告人陈某民、夏某敏、李某民明知他人偷渡而提供汽车运输、指引路线，共同构成运送他人偷越国（边）境罪。陈某民是主犯；夏某敏、李某民是从犯，应减轻处罚。依法以组织他人偷越国（边）境罪，分别判处杜某达有期徒刑7年，并处罚金1万元;判处明某贵有期徒刑5年6个月,并处罚金1000元。以运送他人偷越国(边)境罪,判处陈某民有期徒刑5年,并处罚金1000元;判处夏某敏有期徒刑3年,并处罚金1000元;判处李某民有期徒刑1年6个月,并处罚金1000元。

一审宣判后,明某贵、杜某达、陈某民、夏某敏均提出上诉,认为其系犯罪未遂,应比照既遂犯从轻或减轻处罚。

某市中级人民法院二审审理认为,被告人杜某达策划并指挥他人偷越边境,其行为已构成组织他人偷越国(边)境罪;被告人明某贵受杜某达的电话指使,负责联系船只运送偷渡人员,为运送偷渡人员的车辆引路,但并未实施组织他人偷越国(边)境的行为,其行为应构成运送他人偷越国(边)境罪,原判认定其犯组织他人偷越国(边)境罪定罪不当,应予纠正。被告人陈某民、夏某敏及李某民运送他人偷越边境人数众多,其行为均已构成运送他人偷越国(边)境罪。组织他人偷越国(边)境罪是行为犯,行为人只要完成组织行为,无论偷渡人员是否越过国(边)境线,均构成既遂。运送他人偷越国(边)境罪并非行为犯,就该罪基本构成"运送他人偷越国(边)境"而言,应以运送的偷渡人员是否越过国(边)境线作为既遂与未遂的标准,但由于该罪规定有加重情节,加重构成犯只有成立与否,没有既遂与未遂之分。因此,被告人明某贵、陈某民、夏某敏、李某民运送偷渡人员人数众多,其行为均已构成运送他人偷越国(边)境罪既遂。2009年1月12日,法院撤销原判对上诉人明某贵的定罪部分,以运送他人偷越国(边)境罪,判处其有期徒刑5年6个月,并处罚金1000元。

1. 被告人杜某达组织他人偷越边境,被告人明某贵帮助运送偷渡者,由于《刑法》分则将这种帮助行为单独规定为运送他人偷越边境罪,此时应当以该罪名定罪处罚,而不应作为共同犯罪的帮助犯论处。

根据通行的刑法理论和立法技术,《刑法》分则所规定的行为为实行行为,包括组织、教唆与帮助行为在内的非实行行为应规定在《刑法》总则之中。然而,当立法者为了重处或轻处某种犯罪的组织、教唆与帮助行为时,会将这些行为从共同犯罪中剥离出来,规定为独立的犯罪。

根据《刑法》总则与分则之间的关系,尽管总则对分则具有指导与制约的功能,但是当分则中存在不同于总则条款的例外或者特别规定时,根据特别法优于一般法的基本原理,应当排除总则规定的适用,优先适用分则特别条款。

对此,我国《刑法》第101条明确规定,本法总则适用于其他有刑罚规定的法律,但是其他法律有特别规定的除外。为此,当《刑法》分则某一条款将某种犯罪的组织、教唆与帮助行为规定为特定罪名时,对这些行为就应当以该罪名单独定罪处罚,而不应作为共同犯罪的组织犯、帮助犯或教唆犯论处。

具体到本案,被告人杜某达组织多人偷越边境,被告人明某贵明知杜某达在实施组织偷越国(边)境的行为,仍然帮助其运送他人偷越国(边)境,这里的运送行为在实际效果上对组织行为起到了帮助的作用,但由于《刑法》分则已经将这种运送行为单独规定为运送他人偷越国(边)境罪,那么对该运送行为就只能认定为运送他人偷越国(边)境罪,而不能评价为组织他人偷越国(边)境的共犯行为。因此,二审法院改变一审对被告人明某贵的罪名,认定其行为构成运送他人偷越国(边)境罪是正确的。

2. 组织他人偷越国(边)境罪系行为犯,不以被组织者是否偷越成功为既遂要件;运送他人偷越国(边)境罪则系结果犯,其基本犯以被运送者偷越成功为既遂要件,但是其加重犯只有成立与否,没有既遂与未遂之分。

刑法理论和司法实践中,对于组织、运送他人偷越国(边)境罪既遂、未遂的区分标准为:

(1)就组织他人偷越国(边)境的基本犯而言,该罪重在“组织行为”而非“偷越行为”。因此,只要被组织者在行为人的煽动、拉拢、诱惑、串联或者安排下,被组织起来偷越国(边)境即构成该罪的既遂。至于被组织者是否成功偷越国(边)境,并不影响该罪既遂的成立。(2)就运送他人偷越国(边)境罪来说,基本犯应当以被偷运者顺利地运送出入国(边)境为本罪的既遂,而加重犯则不存在犯罪既、未遂问题。

具体到本案,法院经审理后认为,被告人杜某达组织他人偷越国(边)境罪是行为犯,只要完成组织行为,无论偷渡人员是否越过国(边)境线,均构成组织他人偷越国(边)境罪既遂。据此,法院判决认定其系组织他人偷越国(边)境罪的既遂是正确的。被告人明某贵、陈某民、夏某敏及李某民具备“运送人数众多”加重情节,属于运送他人偷越国(边)境罪的加重犯,故法院认定上述被告人均已构成运送他人偷越国(边)境罪既遂是恰当的。

043. 如何认定是单位犯罪还是自然人犯罪

行为人虽然是以单位名义实施合同诈骗的行为,但实质上是其个人意志的体现,单位仅是其实施合同诈骗犯罪的幌子,没有证据证明行为人实施犯罪体现了单位的集体意志,不能仅凭行为人的公司法定代表人身份就认定其体现的是公司的集体意志,从而追究公司的刑事责任。

司法实例

石某发以鹏程实业发展有限公司名义诈骗案

石某发母亲罗某琴注册成立鹏程实业发展有限公司后,将公司法定代表人变更为石某发。石某发以鹏程实业发展有限公司法定代表人的身份向社会发布建设厂房、办公楼、宿舍、围墙等信息,以鹏程实业发展有限公司的名义对外发包工程,与他人签订建筑施工合同,在签订合同过程中隐瞒了鹏程实业发展有限公司工程建设资金没有到位,工程无法开工的事实,骗取多人工程预付款、保证金、入围金等共计 218 万元。案发后石某发自动投案,如实供述自己的犯罪事实,并退还部分赃款。

某县人民检察院以石某发构成合同诈骗罪向某县人民法院提起公诉。

某县人民法院经过公开审理认为,被告人石某发以非法占有为目的,在签订合同过程中,采取虚构事实和隐瞒真相的欺骗手段,骗取他人工程预付款、保证金、入围金,用于公司及个人开支,无法归还,数额特别巨大,其行为侵犯了经济合同管理秩序和公私财物的所有权,已触犯刑律,构成了合同诈骗罪,依法应予惩处。公诉机关指控的罪名成立,应予支持。鹏程实业发展有限公司成立后并未实际生产和销售,而是主要从事对外发包工程,骗取他人工程预付款、保证金、入围金等犯罪活动,根据最高人民法院《关于审理单位犯罪案件具体应用法律有关问题的解释》第 2 条的规定,公司设立后以实施犯罪为主要活动的,不以单位犯罪论处,故对于被告人石某发以鹏程实业发展有限公司的名义实施的合同诈骗行为,应以自然人犯罪论处。被告人石某发案发后自动投案,并如实供述自己的犯罪事实,应认定为自首,可减轻处罚。案发后,石某发退还部分赃款,可酌情从轻处罚。据此,依照《刑法》第 67 条、第 224 条以及最高人民法院《关于审理单位犯罪案件具体应用法律有关问题的解释》第 2 条的规定,判决被告人石某发犯合同诈骗罪,判处有期徒刑 6 年,并处罚金 3 万元。宣判后,被告人石某发未提出上诉,检察机关也未抗诉,判决已发生法律效力。

本案的焦点问题是石某发的行为属于单位犯罪还是自然人犯罪。石某发是鹏程实业发展有限公司的法定代表人,以鹏程实业发展有限公司的名义对外签订合同,实施合同诈骗行为,表面上看似符合单位犯罪的特征,但是透过现象看本质,石某发实施合同诈骗的行为,虽然是以鹏程实业发展有限公司名义实施的，但实质上是石某发个人意志的体现，鹏程实业发展有限公司仅是石某发实施合同诈骗犯罪的幌子，没有证据证明石某发实施犯罪体现了公司的集体意志，不能仅凭石某发的公司法定代表人身份就认定其体现的是公司的集体意志，从而追究公司的刑事责任。将单位的法定代表人或者其他直接责任人员实施的犯罪一概看作单位犯罪，由单位为其法定代表人或者其他直接责任人员的个人犯罪行为埋单，对单位而言是极不公平的，这也将不当地扩大单位负刑事责任的范围。

同时，从鹏程实业发展有限公司的实际情况来看，尽管鹏程实业发展有限公司设立之初的目的并不一定是进行违法犯罪活动，但石某发担任鹏程实业发展有限公司法定代表人以后，鹏程实业发展有限公司基本上不再从事正常的经营活动，而是主要从事对外发包工程，骗取他人工程预付款、保证金、入围金等犯罪活动，依照最高人民法院《关于审理单位犯罪案件具体应用法律有关问题的解释》第2条的规定"……公司、企业、事业单位设立后，以实施犯罪为主要活动的，不以单位犯罪论处"，对于石某发以鹏程实业发展有限公司的名义实施的合同诈骗犯罪，应以自然人犯罪论处。

值得注意的是，司法实践中遇到检察机关以自然人犯罪提起公诉，而法院经过审理认为属于单位犯罪，在这种情况下，法院不能直接追究未被起诉的单位的刑事责任，法院应当建议人民检察院对犯罪单位追加起诉。检察院仍以自然人犯罪起诉的，人民法院应当依法审理，按照单位犯罪直接负责的主管人员或者其他直接责任人员追究刑事责任，并援引《刑法》分则关于追究单位犯罪中直接负责的主管人员和其他直接责任人员刑事责任的条款。① "不告不理"是基本的诉讼原则。起诉是审判的前提，没有起诉，就不能审判。在刑事诉讼中"不告不理"原则体现为：没有检察院提起的公诉和自诉人提起的自诉，人民法院不得主动进行审判；对公诉和自诉没有指控的罪行和人员，人民法院也不得进行审判。控诉职能与审判职能必须分开，法院不能既是控诉机关，又是审判机关，否则将无法保证审判的公正。正是基于这一考虑，2013年1月1日起施行的《刑诉法解释》及2021年3月1日起施行的《刑诉法解释》对此都作出了类似规定，为我们处理检察机关以自然人起诉的单位犯罪案件提供了法律依据。根据该规定，检察机关以自然人犯罪提起公诉，而法院经过审理认为属于单位犯罪，在这种情况下法院应当与检察机关协商，建议检察机关补充起诉。对检察机关不予补充起诉，仍以自然人犯罪起诉的，人民法院不能直接对未被起诉的单位进行审判，而只能追究被起诉的自然人的刑事责任。对被起诉的自然人，应当在庭审中查明其是否属于单位犯罪中的直接负责的主管人员或其他直接责任人员。如果被起诉的自然人具备上述身份，就应当依法按照单位犯罪中的直接负责的主管人员或者其他直接责任人员追究刑事责任，并援引《刑法》分则关于追究单位犯罪中直接负责的主管人员和其他直接责任人员刑事责任的有关条款进行处理。

044. 触犯单位与个人犯罪相同罪名并罚及单位犯罪认定

区分单位犯罪还是个人犯罪的主要标准：一是审查犯罪行为是以单位名义实施的，还是以个人名义实施的；二是审查行为人设立单位的目的和主要日常经营活动是否具有合法性，也即设立

① 参见2020年12月7日由最高人民法院审判委员会第1820次会议通过，自2021年3月1日起施行的《刑诉法解释》第340条。

单位目的是否为实施违法犯罪活动,单位设立后主要经营活动是否是违法犯罪行为;三是单位该犯罪行为所取得的利益是否归属单位所有。由于单位犯罪和个人犯罪在构成要件上明显不同,是两种性质不同的犯罪,所以,单位合同诈骗犯罪和自然人合同诈骗犯罪虽然表面看起来是同种罪,但实际上是异种犯罪,依法应当实行数罪并罚。

司法实例

李某(单位)等合同诈骗案

被告人李某出资注册成立昆仑公司后获悉本市某区长阳村正在进行征迁房地产开发,遂对外谎称昆仑公司已获得拆迁工程,可对外发包,并先后以昆仑公司名义与被害人怀某豹、尤某某、牟某某分别签订房屋拆除协议书,骗取三人保证金合计 17.5 万元;后与詹某赞合作成立大禹公司,詹某赞积极配合李某对外联系发包该拆迁工程,两人以大禹公司名义与江某浩某等两人签订了房屋拆除协议书,骗取保证金合计 18 万元。

公诉机关以合同诈骗罪对李某、詹某赞提起公诉。案件经一、二审,终审判决认定李某犯(单位)合同诈骗罪,判处有期徒刑 2 年,并处罚金 2 万元;犯合同诈骗罪,判处有期徒刑 7 年,并处罚金 8 万元,决定执行有期徒刑 8 年,并处罚金 10 万元。詹某赞犯合同诈骗罪,判处有期徒刑 3 年,缓刑 3 年,并处罚金 5 万元。

本案在审理过程中争议的焦点问题主要是被告人的合同诈骗行为是单位犯罪还是个人犯罪以及单位犯罪与个人犯罪是同罪名时是否应对被告人进行数罪并罚问题。

1. 单位犯罪的审查认定。单位犯罪是相对于自然人犯罪的一个法学范畴,根据《刑法》第 30 条的规定,单位犯罪具有两个基本特征:(1)单位犯罪的主体是单位,具体包括公司、企业、事业单位、机关、团体,另根据相关司法解释,为实施犯罪而设立的公司、企业、事业单位实施犯罪的,或者公司、企业、事业单位设立后以实施犯罪为主要活动的,不以单位犯罪论处。(2)只有法律明文规定单位可以成为犯罪主体的犯罪,才存在单位犯罪以及单位承担刑事责任问题,而并非一切犯罪都可以由单位构成。单位犯罪的处罚原则一般采取双罚制,对单位以及单位主管人员和直接责任人员进行刑罚处罚,只有《刑法》分则有另外规定的,采取单罚制。

司法实践中,区分单位犯罪还是个人犯罪的主要标准:一是审查犯罪行为是以单位名义实施的,还是以个人名义实施的;二是审查行为人设立单位的目的和主要日常经营活动是否具有合法性,也即设立单位目的是否为实施违法犯罪活动,单位设立后主要经营活动是否是违法犯罪行为;三是单位该犯罪行为所取得的利益是否归属单位所有。

本案中,昆仑公司在本次犯罪之前就已经设立,李某作为其法人代表以该公司名义在同他人签订合同过程中虚构事实、隐瞒真相,骗取他人钱款合计 17.5 万元,且犯罪所得用于公司经营活动,该合同诈骗行为符合单位犯罪构成要件,应当认定为单位合同诈骗罪,李某作为公司法人代表应当承担合同诈骗罪的刑事责任。大禹公司是李某伙同詹某赞为骗取他人工程保证金成立,之后也通过签订虚假合同实际骗取他人钱款合计 18 万元,所以,该合同诈骗行为虽然也是以单位名义实施,但实际是两人个人行为,应当以自然人合同诈骗罪追究其刑事责任。

2. 单位主管人员在实施单位犯罪后又实施与单位犯罪罪名相同之犯罪行为的,也即单位犯罪与个人犯罪是同罪名时是否应数罪并罚问题。在本案审理中这个问题争议较大,原因在于对行为人行为是构成一罪还是两罪在认识上不一致:如果只构成一罪,则不存在数罪并罚问题;只有构成数罪,才有数罪并罚问题,此问题涉及刑法理论上的罪数问题。

根据刑法理论,认定行为人行为是构成一罪还是数罪,依据的标准是犯罪构成要件,也就是说,行为人以一个或者概括的犯罪故意或者过失,实施一个行为或者数个行为,为一罪;以数个犯罪故意或者过失而实施数个行为，则符合数个犯罪构成，为数罪。本案中，李某作为单位主管人员，为给单位谋取不当利益而实施合同诈骗行为，符合单位合同诈骗罪的犯罪构成，而其为实施犯罪成立公司进行合同诈骗行为，符合个人合同诈骗罪的犯罪构成，因此，其行为构成两个犯罪。

数罪并罚是人民法院对一人所犯数罪分别定罪量刑后依照法定原则决定应执行的刑罚。一般而言，数罪并罚是针对异种数罪的，但也不排除对同种数罪实行并罚，即对异种数罪必须实行并罚，对同种数罪一般不并罚，特殊情况下根据法律规定也可能并罚。

对于单位和自然人犯同种罪名的，虽然犯罪行为的主要特征和侵犯的客体相同，但是，两者区别还是比较明显的，具体表现在：(1)犯罪主体方面，两者的犯罪主体分别是单位和自然人，主体明显不同；(2)犯罪行为所体现的犯罪意志方面，单位犯罪在主观方面体现的是单位意志，而个人犯罪体现的是自然人个人意志；(3)在犯罪客观方面，单位犯罪的犯罪所得归属单位集体所有，而自然人个人犯罪犯罪所得则归其个人所有。正是由于单位犯罪和个人犯罪存在上述差别，两者犯罪构成要件明显不同，是两种性质不同的犯罪，所以，单位合同诈骗犯罪和自然人合同诈骗犯罪虽然表面上看是同种罪，但实际上是异种犯罪，依法应当实行数罪并罚。

045. 被抓获时已怀孕，监视居住期间逃逸，数年后再次被抓获，因同一事实被审判，是否仍视为审判的时候怀孕的妇女

行为人在运输毒品途中被抓获时已怀孕，在监视居住期间逃逸，4 年后再次被抓获，又因同一事实被起诉、交付审判，应视为审判的时候怀孕的妇女，依法不适用死刑。

司法实例

石某英运输毒品案

2011 年 8 月 29 日，被告人石某英带毒品乘坐从云南省施甸县旧城乡发往施甸县城的客车。当日 14 时 30 分许，当客车途经施甸县姚关镇河尾路段时被公安民警抓获，从其腰部查获藏匿的毒品海洛因净重 1040 克。被告人被抓获时已怀孕，在监视居住期间逃逸，4 年后再次被抓获。

云南省某市中级人民法院审理后认为，被告人石某英明知毒品而运输，其行为构成运输毒品罪。被告人石某英运输毒品海洛因 1040 克，毒品数量大，且到案后监视居住期间逃逸，应依法严惩。鉴于被告人石某英运输毒品途中被抓获时已怀孕，在监视居住期间逃逸，4 年后再次被抓获，又因同一事实被起诉、交付审判，应当视为审判的时候怀孕的妇女，依法不适用死刑。法院依照《刑法》第 347 条第 2 款第 1 项等条款规定，判决认定被告人石某英犯运输毒品罪，判处无期徒刑，剥夺政治权利终身，并处没收个人全部财产。

一审宣判后，被告人没有提出上诉，检察机关也未抗诉，判决已发生法律效力。

被告人运输毒品途中被抓获时已怀孕，在监视居住期间逃逸，4 年后再次被抓获，又因同一事实被起诉、交付审判，是否视为审判的时候怀孕的妇女，能否适用死刑，对此，产生分歧：有的认为不能认定为审判的时候怀孕的妇女，可以适用死刑。根据刑法和相关司法解释的规定，怀孕的妇女不适用死刑的时间应包括审判时和审判前被羁押时两种情况。本案中，被告人石某英被抓获时因为怀孕，没有被羁押，而被采取监视居住措施，被监视期间逃逸，如果对其不适用死刑，没有具体的法律规定。有的则认为，应当认定被告人为审判的时候怀孕的妇女，依法不

适用死刑。被告人石某英被抓获时因为怀孕,没有被羁押,侦查机关依照 1996 年《刑事诉讼法》第 60 条第 2 款"对应当逮捕的犯罪嫌疑人、被告人,如果患有严重疾病,或者是正在怀孕、哺乳自己婴儿的妇女,可以采用取保候审或者监视居住的办法"的规定,依法对其采取监视居住措施。在此情况下,未被羁押和被羁押实际上没有本质区别,只是因为考虑到被告人已经怀孕的因素而没有羁押。

因此,此处应从立法本意的角度出发对羁押作广义的理解,依法认定被告人为审判的时候怀孕的妇女。法院采纳后一种意见的理由:对《刑法》第 49 条第 1 款规定的"审判的时候"和"怀孕的妇女"应从立法目的的角度做扩大解释。对审判的时候怀孕的妇女不适用死刑,主要是出于人道主义考虑,未出生的胎儿是无罪的,不能因为其母亲犯罪而剥夺其出生的权利。

1. 从刑法学理论方面看。(1)全国人大常委会法工委刑法室主任王尚新提出,所谓"审判的时候怀孕的妇女",是指在人民法院审判的时候被告人是怀孕的妇女,也包括审判前被羁押时已经是怀孕的妇女。(2)张明楷教授提出,对于案件起诉到法院以前,被告人在羁押期间做人工流产的,应视为审判的时候怀孕的妇女,不能判处死刑;怀孕妇女因涉嫌犯罪在羁押期间自然流产后,又因同一事实被起诉、交付审判的,应当视为审判的时候怀孕的妇女,依法不适用死刑;在羁押期间已经怀孕的被告人,无论其怀孕是否属于符合法律和国家计划生育政策,也不论其是自然流产或者经人工流产以及流产后移送起诉或审判期间的长短,都不应适用死刑;更不能为了判处死刑而强制怀孕的被告人做人工流产。

2. 从刑事立法及司法解释的修订完善方面看。(1)1979 年《刑法》第 44 条规定,犯罪的时候不满 18 岁的人和审判的时候怀孕的妇女,不适用死刑。1979 年《刑事诉讼法》第 154 条规定,人民法院在执行死刑时,发现罪犯正在怀孕的,应当停止执行,报请最高人民法院依法改判。此时,审判时已经延伸至执行阶段。而后,《刑法》和《刑事诉讼法》数次修订完善,该项规定一直保留适用至今。对怀孕妇女不适用死刑的规定,体现了我国在死刑适用上坚持少杀、慎杀的刑事政策,也体现了立法上的人道主义精神。(2)1983 年最高人民法院《关于人民法院审判严重刑事犯罪案件中具体应用法律的若干问题的答复》([1983]法研字第 18 号)(现已失效)规定:人民法院对"审判的时候怀孕的妇女,不适用死刑"。如果人民法院在审判时发现在羁押受审时已是孕妇,仍应依照上述法律规定,不适用死刑。(3)1991 年最高人民法院研究室《关于如何理解"审判的时候怀孕的妇女不适用死刑"问题的电话答复》提出,在羁押期间已是孕妇的被告人,无论其怀孕是否属于违反国家计划生育政策,也无论其是否自然流产或者经人工流产以及流产后移送起诉或审判期间的长短,不适用死刑。(4)1997 年《刑法》修订后,1998 年最高人民法院《关于对怀孕妇女在羁押期间自然流产审判时是否可以适用死刑问题的批复》(法释〔1998〕18 号)中再次指出:"怀孕妇女因涉嫌犯罪在羁押期间自然流产后,又因同一事实被起诉、交付审判的,应当视为'审判的时候怀孕的妇女',依法不适用死刑。"该司法解释进一步明确将怀孕妇女从因涉嫌犯罪被羁押时起至人民检察院提起公诉时止的期间亦视为"审判时",在原有的司法解释基础上又迈进了一步,其是为了确保胎儿的生命及婴儿的正常发育。可见,对怀孕作了扩大解释,只要有妊娠生理现象的发生就是刑法意义上的怀孕。行为人在审判时妊娠的,无论妊娠后自然流产、人为流产、顺产、剖宫产,均可视为审判的时候怀孕的妇女,对其就不能适用死刑。故司法实践中,对"审判的时候怀孕的妇女"应作广义理解,即应是指从犯罪嫌疑人涉嫌犯罪而被羁押(采取强制措施)时起至法院依法作出的判决生效执行时止的刑事诉讼全过程。羁押是一种依附于拘留、逮捕的剥夺公民人身自由的当然状态,不是一种独立的强制措施,目的是保障刑事诉讼的正常进行。取保候审和监视居住是对不宜羁押或者不能羁押的犯罪嫌疑人、被告人依法采取的一种非羁押性强制措施，其目的亦是确保刑事诉讼的顺利进行。现行《刑事诉讼法》规定，人民法院、人民检察院和公安机关对怀孕或者正在哺乳自己婴儿的妇女，采取取保候审不致发生社会危险性的犯罪嫌疑人、被告人，可以取保候审；人民法院、人民检察院和公安机关对符合逮捕条件，怀孕或者正在哺乳自己婴儿的妇女的犯罪嫌疑人、被告人，可以监视居住。

综上，被告人石某英在运输毒品途中被当场查获，依法应予以羁押，因其怀孕不宜羁押，公安机关对其采取监视居住措施。监视居住期间石某英逃逸，四年后再次被抓获归案，又因同一事实被起诉、交付审判的，应当视为审判的时候怀孕的妇女，依法不适用死刑。

司法实践中需要注意的是：一是司法机关在犯罪嫌疑人分娩或自愿人工流产、自然流产后再采取强制措施的，也应视为“审判时怀孕的妇女”；二是在羁押或非羁押期间，犯罪嫌疑人或被告人为逃避死刑或刑事羁押，故意采取非法手段，如不正当男女关系、人工授精等方式怀孕的，仍应当视为“怀孕的妇女”。

046. 犯罪嫌疑人分娩后监视居住期间实施的后罪为新罪的是否认定为“审判的时候怀孕的妇女”

司法实践中，对于“审判的时候怀孕的妇女”的理解把握，有时十分复杂，应当区分具体情况，根据具体案情及法律关系进行认真研判。

司法实例

花某华故意杀人案

2017 年 6 月，被告人花某华伙同他人购得冰毒 532.95 克（含量为 38.40 克/100 克），以每克 400 元的价格贩卖 50 克，随后被公安机关抓获。花某华因怀孕而被监视居住，2016 年 1 月分娩。同年 4 月，花某华因怀疑邻居江某浩勾引其丈夫并有奸情，在与江某浩“理论”时反遭江某浩奚落，花某华随手拿起江某浩家的剔骨刀，捅刺江某浩胸、背、大腿等处十余刀，并向江某浩一岁婴儿捅刺数刀，致江某浩及婴儿死亡。花某华被当场抓获。公诉机关对花某华并案提起公诉。

案件审理中一种意见认为，因花某华怀孕并在强制措施期间分娩，其实施的两起犯罪虽非同一罪名，但刚分娩数月，仍属于“审判的时候怀孕的妇女”，依法不适用死刑。另一种意见认为，花某华在第一起犯罪时属于“审判的时候怀孕的妇女”，但就实施的新罪，其已不是怀孕的妇女，依法可适用死刑。

本案的争议焦点是对花某华在两起犯罪量刑时的身份认定。本案一、二审及复核法院裁判结果支持了第二种意见。主要理由：

1. 监视居住期间怀孕、分娩的妇女属于“审判的时候怀孕的妇女”。《刑法》第 49 条规定：“……审判的时候怀孕的妇女，不适用死刑……”1983 年最高人民法院《关于人民法院审判严重刑事犯罪案件中具体应用法律的若干问题的答复》（现已失效）曾指出，无论是在关押期间或是在审判的时候，对怀孕的妇女不应当为了要判处死刑，而给进行人工流产；已经进行人工流产的，仍应视同怀孕的妇女，不适用死刑。1991 年 3 月最高人民法院研究室《关于如何理解“审判的时候怀孕的妇女不适用死刑”问题的电话答复》重申，在羁押期间已是孕妇的被告人，无论其怀孕是否属于违反国家计划生育政策，也不论其是否自然流产或者经人工流产以及流产后移送起诉或审判期间的长短，仍应执行《刑法》第 44 条（指 1979 年《刑法》，现行《刑法》为第 49 条）和《刑事诉讼法》第 154 条(现行《刑事诉讼法》为第 251 条)的规定办理,即人民法院对审判的时候怀孕的妇女,不适用死刑。

由此,“审判的时候怀孕的妇女”是指审判前羁押中与审判期间怀孕的妇女,而不论其是否自然流产或被人工流产以及流产后移送起诉、审判的时间长短。“审判的时候”系涵括侦查、起诉、法庭审理等重要节点的整体诉讼程序。但是,在取保候审或监视居住等非羁押期间流产或分娩的妇女,能否视作“审判的时候怀孕的妇女”,法律与司法解释尚未明确。

羁押期间的人工流产是监管人员可能或可以为之的。而监视居住的场所性质决定了犯罪嫌疑人没有被严重侵犯人身权利的危险。因此,从关爱与悲悯的人性出发,最高人民法院先后出台了相关答复与批复,对人工流产等予以否定,意图封堵规避法律、侵犯人权的所有渠道。如是,在监视居住等非羁押期间流产或分娩的妇女犯应当判处死刑的重罪如何处理,法律虽无明示,却并非遗漏与疏忽。

胎儿是无辜的,而要维系胎儿的生命体征,尤须优先保护其母体。《刑法》第 49 条彰显着罪不及孥的人道主义精神。因此,对于羁押与非羁押期间怀孕的妇女应一视同仁,均不适用死刑。同时,根据《刑事诉讼法》第 72 条第 2 款规定,花某华本符合逮捕条件,仅因其系怀孕妇女,故被监视居住。因此,就其怀孕事实而言,羁押与非羁押下的状态后果完全一致,并无区别。

2. 分娩后实施新罪的妇女不是“审判的时候怀孕的妇女”。对于“同种罪行”,《自首立功意见》明确规定,如实供述的其他犯罪与司法机关已掌握的犯罪,在法律、事实上密切关联的,应认定为同种罪行。对于“密切关联”,《刑事审判参考》2012 年第 1 集第 747 号指导案例认为,密切关联是指事物相互之间的牵连和影响十分紧密,不可分割。在法律上密切关联的犯罪,是指不同犯罪的构成要件有交叉或者不同犯罪之间存在对合关系、因果关系、目的关系、条件关系等牵连关系。在事实上密切关联的犯罪,是指不同犯罪之间在犯罪的时间、地点、方法、对象、结果等客观事实特征方面有密切联系。

本案中,第一、二起犯罪之间既无构成要件的交叉、对合,亦无事实要素的关联、重合,二者不属于密切关联的同种罪行。花某华的两起犯罪尚不符合同种罪行的一般标准,就更无法满足同一事实的严格要求。因此,花某华分娩后监视居住期间实施的后罪故意杀人罪与其前罪贩卖毒品罪并无同一犯罪事实的法律关系;亦不符合 1998 年 8 月最高人民法院《关于对怀孕妇女在羁押期间自然流产审判时是否可以适用死刑问题的批复》中“怀孕妇女因涉嫌犯罪在羁押期间自然流产后,又因同一事实被起诉、交付审判的,应当视为‘审判的时候怀孕的妇女’,依法不适用死刑”的规定。

综上,对被告人花某华不应视为“审判的时候怀孕的妇女”。

047. 关于认定累犯时刑罚执行完毕的理解与把握

累犯条款中的刑罚执行完毕,是指前罪应当判处刑罚的执行完毕。行为人故意犯罪后因冒用他人身份被判处了较轻徒刑,在刑满释放后 5 年内再犯应当判处有期徒刑以上刑罚之罪,只要新罪发生在前罪应当判处的刑罚期限届满之后,即便在新罪审理期间前罪被再审改判加重了处罚,也可以构成累犯。

司法实例

李某民、童甲职务侵占案

被告人李某民因犯盗窃罪于1995年6月13日被河南省陕县人民法院判处有期徒刑6年。2009年7月20日，李某民伙同童甲在江苏省昆山市盗窃后被抓获。到案后，李某民为隐瞒犯罪前科情况，冒用了童甲哥哥“童乙”的身份。2016年3月23日，李某民以“童乙”的身份被江苏省昆山市人民法院以盗窃罪判处有期徒刑8个月，并处罚金1000元，2016年8月10日刑满释放；童甲被江苏省昆山市人民法院以盗窃罪判处有期徒刑9个月，并处罚金1000元，2016年9月10日刑满释放。

2011年11月5日凌晨，李某民再次伙同童甲，利用其担任昆山益乐包装材料有限公司拌料作业员的职务便利，窃得公司价值11,650元的聚乙烯塑料粒子，后共同销赃他人。2012年3月，公安机关先后将李某民、童甲抓获归案。

2012年6月25日，江苏省昆山市人民检察院以被告人李某民、童甲犯职务侵占罪，向江苏省昆山市人民法院提起公诉。在案件审理期间，江苏省昆山市人民法院发现李某民在前罪中冒用“童乙”身份的事实后，启动审判监督程序，后于2012年9月13日判决撤销原判，改判李某民有期徒刑9个月，并处罚金1000元。

昆山法院经审理认为，被告人李某民、童甲的行为均已构成职务侵占罪，依法应予惩处。在共同犯罪中，被告人李某民起主要作用，系主犯，应当按照其所参与的全部犯罪处罚；被告人童甲起次要作用，系从犯，依法予以从轻处罚。被告人李某民、童甲曾因故意犯罪被判处有期徒刑，在刑罚执行完毕后五年内再犯应当判处有期徒刑以上刑罚之罪，均系累犯，依法予以从重处罚。被告人李某民归案后如实供述自己罪行，且协助公安机关抓捕其他犯罪嫌疑人，有立功表现，依法予以从轻处罚。被告人童甲能够当庭自愿认罪，酌情予以从轻处罚。法院以职务侵占罪判处被告人李某民有期徒刑10个月，判处被告人童甲有期徒刑8个月。

一审宣判后，被告人李某民、童甲在法定期限内均未提出上诉，公诉机关亦未抗诉，判决已发生法律效力。

本案的争议焦点在于：被告人李某民故意犯罪后因冒用他人身份被判处了较轻徒刑，刑满释放后5年内犯新罪，在新罪审理期间，其前罪又被再审改判加重处罚，是否属于“刑罚已经执行完毕”，能否构成累犯。法院裁判主要基于以下考虑：

1. 在犯后罪时，李某民的前罪刑罚已经执行完毕。根据《刑法》第65条第1款的逻辑关系，“刑罚执行完毕”中的“刑罚”是指前罪被判处的有期徒刑。此处的有期徒刑，在司法实践中，既可能是与罪行相适应的刑罚，也可能是与罪行不相适应的刑罚。鉴于刑法规范中的事实是一种抽象事实，刑法条文是从应然方面作出的规范或者抽象出的规则，因此，在无明文规定的情况下，根据立法精神、罪刑法定原则及罪刑相适应原则，对累犯条款中的“刑罚执行完毕”应作限制解释，即与犯罪人的罪行相适应的刑罚，或者说，应当被判处的刑罚。通常而言，刑罚的执行必须及时、连续不断地进行。在无减刑、假释等刑罚执行变更事由时，刑罚执行完毕的时间即为前罪应当判处刑罚的期满日。本案被告人李某民伙同童甲盗窃他人财物，根据其罪行，应当被判处有期徒刑9个月，在刑罚执行过程中，由于没有出现减刑等执行变更事由，故其前罪刑罚执行完毕的时间为有期徒刑9个月的期满日，即2016年9月10日。而李某民犯后罪的时间是2011年11月5日，明显滞后于前罪应当判处刑罚的期满日，因此，应属于“刑罚执行完毕”。换言之，即便李某民的前罪被判处了应当判处的9个月有期徒刑，在犯后罪时，其前罪的刑罚也已经执行完毕。

2. 被告人李某民符合累犯的本质。累犯是一种特殊的犯罪人类型，是对行为人的评价，而非对前罪的评价。刑法设置累犯制度的目的在于，通过规定较为严厉的法律后果，重点打击那些主观恶性深、人身危险性大的再犯人,预防其再次犯罪。1995 年李某民因犯盗窃罪被判处有期徒刑 6 年,2009 年又犯盗窃罪被判处有期徒刑,2011 年 11 月 5 日再犯职务侵占罪。可见,被告人李某民无视以往被判处刑罚的经历和体验而再次犯罪,具有严重的人身危险性和再犯可能性,完全符合累犯的本质,应当予以从重处罚。

3. 认定李某民构成累犯,符合任何人不得从其非法行为中获利原则。法律作为一种社会规范,通过对人们的行为做出肯定或者否定的评价来指引人们的行为,以维护良好和谐的社会秩序。如果非法行为有利可图并且不受法律制裁,逐利的本性就会促使人们积极地违法而无所顾忌,社会秩序必将遭到破坏,法律所追求的公平正义,所倡导的公序良俗也难以实现。故此,从法律的功能中衍生出一项基本法律原则,即"任何人不得从其非法行为中获利原则"。该原则体现在刑法中,就是罪刑相适应原则。换言之,行为人犯多大的罪,就应当承担多大的刑事责任,法院也应判处其相应轻重的刑罚,做到重罪重罚,轻罪轻罚,罪刑相称,罚当其罪。本案中,童甲是李某民前后罪的同案犯,由于在前罪中没有冒用他人身份,被判处了应有的刑罚,刑满释放后 5 年内再犯应当判处有期徒刑以上之罪,构成了累犯。李某民若未实施冒名行为,同童甲一样,也应当构成累犯。然而,如果因李某民前罪故意冒用他人身份而不认定其为累犯,则意味着犯罪后实施冒名行为的人可以获得从轻处罚的利益,遵守规则的人只能获得从重处罚的"待遇"。这不仅违反了立法本意和法理原则,放纵和鼓励了犯罪分子利用冒名行为来逃避从重惩罚,而且严重伤及了正义的实现,造成了法律适用上的不公正。

048. 司法实践中如何看待与处理媒体关注度问题

有较大影响重大案件是认定重大立功或其他影响量刑的情形之一。较大社会影响应当从有利于国家、社会的角度来理解,一般是指在本省、自治区、直辖市或者全国范围内关涉国家安全、重大经济活动、社会稳定以及众多不特定被害人人身、财产、利益的案件。那种单纯因为案件类型新颖或者被告人身份特殊或案件内容能迎合社会民众猎奇心理而引起社会关注的案件,不能认定为有较大影响的案件。

司法实例

腾飞贸易有限公司、宗某萍走私废物案

2011 年 10 月至 12 月,被告单位腾飞贸易有限公司实际负责人宗某萍在该公司进口废旧报纸过程中,违反海关法规和环境保护法规,逃避海关监管,与荫某盛(另案处理)合谋签订真假两套购货合同,采用伪报品名、封箱纸遮掩等方式,走私进口 30 个集装箱共计 656.156 吨固体废物。经鉴定,涉案 656.156 吨货物全部为国家禁止进口的固体废物。归案后,宗某萍向侦查机关提供他人走私废物的重要线索,从而使该案件得以侦破。

某市人民检察院认为被告单位和被告人宗某萍走私境外固体废物进境,情节特别严重,依法构成走私废物罪。被告人宗某萍有如实供述情节,系坦白,同时具有立功情节,可以从轻或者减轻处罚。

某市中级人民法院经审理认为,被告单位腾飞贸易有限公司、被告人宗某萍违反海关法规,逃避海关监管,走私国家禁止进口的废物,情节特别严重,依法应予刑事处罚。被告人宗某萍到案后提供重要线索,从而使司法机关得以侦破其他案件,构成立功,依法从轻处罚。被告人宗某萍当庭如实供述自己的罪行,可以从轻处罚。依照《刑法》相关条款及最高人民法院《关于审理走私刑事案件具体应用法律若干问题的解释(二)》(现已失效)第 6 条、第 7 条的规定,判决被告单位腾飞贸易有限公司犯走私废物罪，判处罚金80万元。被告人宗某萍犯走私废物罪，判处有期徒刑6年6个月，并处罚金3万元。

一审宣判后，原审被告人宗某萍不服，提出上诉，称其检举揭发的他人犯罪经查证属实，应认定为重大立功。理由是：其检举揭发的他人犯罪案件，已被查证属实，且中央电视台及许多省、市电视台，及新浪、搜狐等主流媒体、网络和大量报刊对该案进行了报道，说明该案在全国范围内产生了重大影响，符合最高人民法院《关于处理自首和立功具体应用法律若干问题的解释》（以下简称《自首解释》）第7条第2款关于案件在本省、自治区或直辖市或者全国范围内有较大影响的规定，应认定为重大案件。

某省高级人民法院审理认为，原审判决认定上诉人宗某萍、原审被告单位腾飞贸易有限公司走私废物的犯罪事实清楚，证据充分，定罪准确，量刑适当。关于宗某萍提出其检举揭发他人犯罪构成重大立功的上诉理由，经查，因不能单凭媒体报道量认定案件是否有重大影响，且上述媒体报道包括了上诉人宗某萍走私废物案，故其上诉理由不能成立，遂依法裁定驳回上诉，维持原判。

本案的争议焦点为：媒体对案件的报道能否作为评判案件在全省、自治区、直辖市或全国范围内有较大影响的标准，从而认定为重大立功。

根据最高人民法院《自首解释》第7条的规定，认定重大立功有以下几种情形：一是犯罪分子检举、揭发他人重大犯罪行为，经查证属实；二是提供侦破其他重大案件的重要线索，经查证属实；三是阻止他人重大犯罪活动；四是协助司法机关抓捕其他重大犯罪嫌疑人；五是对国家和社会有其他重大贡献等。关于重大犯罪、重大案件、重大犯罪嫌疑人的标准，一般是指犯罪嫌疑人、被告人可能被判处无期徒刑以上刑罚，或者案件在本省、自治区、直辖市或者全国范围内有较大影响等情形。

犯罪嫌疑人、被告人被判处的刑罚是否能达到无期徒刑，取决于《刑法》的规定。如果《刑法》规定某犯罪的刑罚低于无期徒刑，不管被告人所犯罪行多么严重，也无法判处其无期徒刑。本案被告人宗某萍检举揭发的他人走私废物罪，《刑法》规定的最高刑罚是有期徒刑15年。因此，依此标准来认定被检举揭发的案件不属于重大立功。对《刑法》规定刑罚低于无期徒刑的案件，认定其是否属于重大犯罪、重大案件或被告人是否属于重大犯罪嫌疑人，只能适用案件在本省、自治区、直辖市或者全国范围内有较大影响这一标准。司法实践中，案件是否在本省、自治区、直辖市或者全国范围内有较大影响，缺少具体的认定标准，适用的案件也比较少见。同时，在媒体、网络高度发达的当今，单从客观的地理区域范围看，经媒体报道、网络炒作的案件大都超出了本省、自治区、直辖市甚至本国的区域范围，这一现状也给适用这一规定增加了新的难度。因此，对案件在本省、自治区、直辖市或者全国范围内有较大影响的适用存在较大争议。对此，一般可从两个角度进行分析：一是被告人所犯罪行本身的角度，二是被告人身份、地位等社会影响的角度。前者主要考虑被告人所犯罪行，比如手段凶残程度、后果的严重程度、对社会危害的范围、程度等，后者主要考虑被告人职位、身份及其产生的社会影响等。相对而言，后者比较容易把握，比如，被告人检举揭发某省、自治区或直辖市职位、地位比较高，或者特定身份的人实施犯罪被查证属实，基于被检举揭发人的职位、地位或身份在其所在省、自治区、直辖市有较大影响，可认定为重大案件或重大犯罪嫌疑人，此情形多表现为职务（经济）犯罪案件。而对于前者如何认定较难把握。因为考量被告人所犯罪行的恶劣程度、社会危害程度，不仅要考量其犯罪手段是否凶残、后果是否十分严重，还要综合考量犯罪对社会造成的影响，而考量社会影响的因素往往是社情民意。如前文所述，在信息化的今天，媒体报道、网络炒作已使案件的影响在客观上超出了本省、自治区、直辖市的地理区域范围,但通过网络表达出的舆情和屡见不鲜的新闻媒体对案件的炒作能否代表传统意义上的民意,即能否作为认定案件产生社会影响的依据之一非常值得研究。在此情形下,一般来说,对案件在本省、自治区、直辖市或者全国范围内有较大影响的认定可从以下几个方面把握:

一是要准确理解案件有较大社会影响的含义。有较大社会影响被纳入司法解释作为法律用语,应有别于一般社会意义上的社会影响。司法解释中的较大社会影响应当从有利于国家、社会的角度来理解。较大影响是指在本省、自治区、直辖市或者全国范围内关涉国家安全、重大经济活动、社会稳定以及涉及众多不特定被害人人身、财产、利益的案件,以及在较大范围的地域间引起社会公众一定程度恐慌的案件。那种单纯因为案件类型新颖或者被告人身份特殊或案件内容能迎合社会民众猎奇心理而引起社会关注的案件,不能认定为有较大影响的案件。

二是不能单凭媒体、网络报道程度、范围、数量等认定案件是否有较大社会影响。在信息化的今天,媒体、网络对案件的报道已成为常态。实践中,通过媒体、网络炒作对案件审理施加影响或压力情形越发增加,滥用媒体、网络炒作的案件更不能认定为较大社会影响。

三是如果被检举揭发的案件因涉及国家安全、他人隐私、商业秘密等经有关部门采取保密措施或限制报道等原因客观上没有为社会公众关注,但只要对国家、社会有利,仍应认定为有较大社会影响。

综上,一、二审法院认为,虽然本案被告人宗某萍检举揭发的他人犯罪案件客观上有诸多媒体报道,但这种媒体的报道并不属于司法解释中有较大社会影响的情形,不能认定为重大案件,因此其检举行为不能认定为重大立功。一审未予采纳被告人宗某萍的此条辩解,二审驳回其上诉,维持原判。

049. 在缓刑考验期满 3 年内再次故意犯罪的能否构成累犯

对被判处有期徒刑缓刑的犯罪分子,在缓刑考验期满 3 年内又犯应判处有期徒刑以上刑罚之罪的,不应作为累犯对待。

司法实例

吕某故意伤害案

吕某,男,1986 年 9 月 7 日出生。因故意犯罪,2004 年被河南省开封市平桥禹王台区人民法院判处有期徒刑 1 年 6 个月,缓刑 2 年。

2017 年 11 月 2 日夜,刀某与陆某茂(二人均已被判刑)因赌博与杨某等人在某县西大街发生争执,刀某即电话联系其朋友赵某安(已判刑),叫其带人过来。赵某安便召集李某(已判刑)、赵某(在逃)、吕某,从赵某安家拿三把刀随身携带,乘出租车赶到西大街。刀某与陆某茂见到吕某等四人后即让他们在其二人开的车上等候。杨某用手机与刀某、陆某茂联系问其所在位置后,与其朋友宫某力骑摩托车一同前去寻找。双方在该县城关镇老土产仓库与西大街交叉路口碰面,相互发生争吵。赵某安、赵某、吕某听到后持刀,李某持铁棍从车上下来,上去就砍打杨某、宫某力二人。赵某安朝杨某头上砍两刀后,杨某逃离现场。刀某夺过赵某手中的刀砍宫某力,当场将其右手拇指砍掉。赵某安、赵某、吕某将宫某力头部、面部、右肘部、背部多处砍伤。后宫某力被送往该县中医院救治,刀某等人驾车逃离现场。经该县公安局法医鉴定:宫某力构成重伤,杨某构成轻伤。案发后,同案犯的亲属积极抢救被害者,使宫某力及时做了右手拇指再植术,目前恢复尚好。同时,民事部分双方达成协议并已赔偿,宫某力、杨某表示对刀某、吕某等人予以谅解,并请求法院对其从轻处罚。被告人吕某于2009年6月4日到该县公安局投案自首。

该县人民法院审理后认为,被告人吕某受刀某、陆某茂的指使,与赵某安等人持械赶到案发现场,伙同刀某报复伤人,分别致宫某力重伤、杨某轻伤,其行为已构成故意伤害罪。被告人曾于2004年被法院判处有期徒刑1年6个月,缓刑2年,根据最高人民法院研究室《关于缓刑考验期满三年内又犯应判处有期徒刑以上刑罚之罪的是否构成累犯的电话答复》(现已失效)的规定,对被判处有期徒刑缓刑的犯罪分子,在缓刑考验期满3年内又犯应判处有期徒刑以上刑罚之罪的,可不作累犯对待,故对被告人可不作累犯对待。被告人在本案中是受人指使伙同他人持刀参与伤害被害人,对被害人损伤后果的产生属非主要因素,在共同犯罪中起次要作用,是从犯,依法应当从轻或减轻处罚;被告人投案自首,依法可以从轻或减轻处罚;案发后,同案犯的亲属积极抢救伤者,使宫某力及时做了右手拇指再植术,并恢复尚好,尽可能降低了重伤后果;同时,同案犯的亲属又积极赔偿了两被害人的经济损失,取得了被害人的谅解,被告人认罪态度较好,确有悔罪表现,依法可酌情予从轻处罚。综合本案案情,决定对被告人减轻处罚。遂判决认定被告人吕某犯故意伤害罪,判处有期徒刑1年6个月,缓刑3年。

一审宣判后,被告人未上诉,公诉机关未抗诉,一审判决已发生法律效力。

本案被告人对公诉机关指控其犯罪的事实并无异议,但在审理中,合议庭对被告人在缓刑考验期满后3年内又犯应判处有期徒刑以上刑罚之罪的,是否以累犯处罚,存在两种不同意见。一种意见认为,被告人不构成累犯。理由是:《刑法》第76条规定,在缓刑考验期内,只要犯罪分子未发生《刑法》第77条规定的情形,缓刑考验期满,原判的刑罚就不再执行。这就意味着刑罚没有执行,自然不符合累犯制度所规定的原判刑罚执行完毕这一要求。另一种意见认为,被告人已构成累犯,应从重判处。理由是:缓刑考验是刑罚变通执行的一种方法,缓刑考验期满就是原判刑罚执行完毕,而且刑罚执行完毕是相对于刑罚没有执行完毕而言,不是相对于有没有执行而言。同时,《刑法》第61条的立法原意是对再犯罪者从重处罚,如果因为缓刑就不能从重处罚,不符合立法精神。

构成累犯的前提条件是前罪的刑罚必须执行完毕。因此,能否将缓刑期满视为原判刑罚已执行完毕,是正确对待上述两种观点的关键。法院判决支持第一种意见的理由如下:

1. 缓刑不存在刑罚执行完毕的问题。根据《刑法》第65条的规定,构成累犯必须符合下列条件:一是前罪和后罪必须都是故意犯罪;二是前罪和后罪必须都是被判处有期徒刑以上刑罚之罪;三是后罪发生的时间必须是在前罪的刑罚执行完毕或者赦免以后5年内。三要素缺一均不构成累犯。同时,根据《刑法》第76条规定,缓刑是在一定考验期限内暂缓执行原判刑罚的制度,因此,缓刑期满后原判刑罚不再执行的原因,在于经过缓刑考验期的考察,期满时认为不需要执行原判刑罚。既然没有必要执行原判刑罚,就根本不存在所谓的执行问题,从而也不存在刑罚执行完毕的问题。

2. 从缓刑执行过程看,缓刑期满不能认为原判刑罚已经执行完毕。缓刑适用对象是被判处拘役、3年以下有期徒刑的犯罪分子。拘役和有期徒刑都剥夺犯罪分子的人身自由,除具备《刑事诉讼法》规定的"有严重疾病需要保外就医的"、"怀孕或者正在哺乳自己婴儿的妇女"和"适用暂予监外执行不致危害社会的"情形之外,必须置于监禁机构内执行。但缓刑并不把犯罪分子置于监禁机构内,不剥夺其人身自由,而是由有关部门对其进行考察和社区矫正,在缓刑考验期只要未发生《刑法》第77条规定的情形,就认为缓刑执行完毕。由于缓刑并不属于刑罚的种类,且其执行程序和方法完全不同于拘役和有期徒刑,不能将缓刑执行完毕等同于刑罚执行完毕。

3. 将缓刑期满认定为原判刑罚已经执行完毕没有法律依据。从《刑法》第 85 条有关假释的规定和第 65 条有关累犯的规定来看,原判的刑罚就不再执行与原判刑罚已经执行完毕是有区别的。据《刑法》第 85 条规定,被假释的犯罪分子在假释考验期限内实际上是不执行剩余刑期的,但只要在假释考验期限内未发生第 80 条规定的情形,就认为已执行完毕余下的刑期。《刑法》第 65 条在规定构成累犯的时间间隔期限时,对于被假释犯罪分子来说,前后两罪间隔期限应从假释期满之日起计算。这实际上将假释期满之日当作了累犯制度中的刑罚执行完毕之日。而《刑法》第 76 条只是规定缓刑考验期满,原判的刑罚就不再执行,并没有规定缓刑考验期满,原判的刑罚已经执行完毕。而且,刑法并没有规定缓刑期满后 5 年内再犯新罪就构成累犯,更谈不上自缓刑期满之日起计算累犯时间间隔期限的问题。

4. 如果将缓刑期满认定为原判刑罚已经执行完毕,则与有关司法解释的精神相抵触。1989 年最高人民法院研究室《关于缓刑考验期满三年内又犯应判处有期徒刑以上刑罚之罪的是否构成累犯的电话答复》(现已失效)中明确指出:如果犯罪分子在缓刑考验期内没有再犯新罪,实际上并没有执行过原判的有期徒刑刑罚;加之被判处有期徒刑缓刑的犯罪分子,一般犯罪情节较轻和有悔罪表现,因其不致再危害社会才适用缓刑。所以,对被判处有期徒刑缓刑的犯罪分子,在缓刑考验期满 3 年内又犯应判处有期徒刑以上刑罚之罪的,可不作累犯对待。对"可不作为累犯对待"虽然可以理解为不一定一律不按累犯处理,但它体现了处理此类问题的原则和倾向性意见。

5. 如果对缓刑期满故意犯罪的按累犯对待,则有悖于设立累犯制度的立法目的。曾受刑罚处罚的人,在执行完刑罚以后,一定时间内又实施性质较为严重的犯罪行为,表明其主观恶性深、人身危险性较大,应当判处较重的刑罚,以有效地对其进行惩罚和改造,这是设立累犯制度的目的。被判处缓刑的犯罪分子,在缓刑期满后一定时间内又犯较重的犯罪,表明其人身危险性和主观恶性比初犯大,但其毕竟没有被执行过刑罚,既没有被剥夺人身自由,也没有被强制劳动。这些人重新犯罪,相对于那些受过刑罚处罚并实际被执行的犯罪分子重新犯罪来说,前者的人身危险性小于后者。因此,累犯制度作为从重处罚犯罪的一项刑罚制度,只能适用于后者。此外,根据《刑法》第 65 条关于累犯构成要件的规定,结合上述的分析内容来看,被判处有期徒刑缓刑的犯罪分子,在缓刑考验期满 5 年内又犯应判处有期徒刑以上刑罚之罪的,也不构成累犯。

综上,本案被告人在缓刑考验期满后 3 年内,又因故意伤害他人应判处有期徒刑以上的刑罚,而法院对其不做累犯处理,也正是基于上述考虑。同时,法院根据被告人的从犯、自首、积极救治伤者、积极赔偿被害人损失,并取得被害人谅解等因素,最终决定对其减轻处罚,仍适用缓刑,符合我国宽严相济的刑事政策。

050. 如何解决刑期起止日计算中的若干疑难问题

我国《刑法》和司法解释对刑期的计算没有作出明确和详尽规定,从最高人民法院现有规定看,只涉及刑期起算日计算,没有涉及刑期截止日计算,例如,刑期起算日中的"之日"指"当日"还是指"次日"不明确,当刑期截止日遇到同日不存在等特殊月份时如何计算截止日时更是没有规则,司法实践中计算方法也不统一,从某种意义上说,这涉及被告人羁押天数、时间乃至人身自由问题。

1. 问题的提出。司法实践中,各地甚至同一法院对刑事犯罪案件中的刑期起止日计算认识不一,因而不同的计算方法可以得出不同的羁押时间、期限,但长期以来并未引起业内人士高度重视,笔者通过参加案件评查及扫黑除恶督查、扫黑除恶及教育整顿责任倒查,在这方面发现了一些问题。例如,对于31天之月的第30日被羁押,适逢刑期从该日起至特殊月份2月止的。因2月一般是28日止,但有的年份是29日止,即2月的最后一天是29日,故在此情形下,会产生多种结果。即便是资深法官或者学者,也会产生各不相同的刑期计算结果,且说法也不一致。看守所或监狱有关部门的同志更是深有体会。有的同在一个监狱监区,同样刑期同样起止月份,释放时间却不是同一天。监狱人员也无法解释。

2. 不同观点。分析归纳起来,主要有以下五种不同意见。例如,梁某刑期从2015年8月30日开始往后计算6个月:

一是梁某刑期从2015年8月30日开始往后计算6个月,应为2016年2月29日。理由是:刑期计算应当以满月为统计单位,自本月某日至下月同日为1个月,即“同日对同日”。没有对应日的,以下月最后一日作为满月终止日。因2月一般是28天,但2016年2月最后一天是29日,该案刑期截止日为2016年2月29日。如果2月最后一天是28日,则刑期截止日为2月28日。

二是梁某刑期从2015年8月30日开始往后计算至第183天,应是2月28日。理由是:刑期计算应当按一年365天为统计单位,法院判处拘役6个月即182.5天,按四舍五入法计算法则应为183天,或者按照“半个月一律按15天计算”原理应为182天,从2017年8月30日开始往后计算至第183天即2月28日,计算至第182天即2月27日,这与2月是28日还是29日没有关系。

三是梁某刑期从2015年9月1日开始往后计算6个月,同时扣除2015年8月30日和31日两天,应为2016年2月27日。理由是:针对下月同日之前一日不存在的情况,刑期计算应当以下月整月为统计单位,下月第一天为起始日,至下月最后一日终止日为一个月,然后扣除上月零星关押天数,即为刑期截止日。以本案为例,2015年9月1日起始日至2016年2月29日终止日为6个月,扣除没有计入的8月30日和31日2天,该案刑期截止日为2016年2月27日。如果2月最后一天是28日,则刑期截止日为2月26日。

四是计算结果与第三种意见相同,但计算方式和理由不同。该种意见认为,刑期计算应当以起始日在当月倒数第几天为界,对应日应为该第几天的前一天为截止日。如刑期起始日为当月倒数第一天,则截止日应为下月倒数第二天,以此类推。本案起始日为8月倒数第二天,2016年2月有29日,倒数第三天是27日,该案刑期截止日为2016年2月27日。如果2月最后一天是28日,则刑期截止日是2月26日。

五是梁某刑期从2015年8月30日开始往后连续计算6个月,应止于2016年2月28日。理由是:刑期计算以月为单位,不分大月、小月还是闰月,均以月为单位计算。计算时,在整月框架下,按掐头去尾计算法,自本月某日至下月同日的前一日为一个月,即“同日对同日的前一日”。如果下月同日不存在,同日的前一日也不存在,以下月最后一日为同日,到下月最后一日的前一日为一个月,即“同日对最后一日前一日”为满月终止日。2016年2月最后一天是29日,按2月实际最后一天的前一天为终止日计算,该案刑期截止日为2016年2月28日。如果2月最后一天是28日,则刑期截止日为2月27日。

应该说第五种意见相对更客观合理一些,因为:

第一种意见界定整月范围没错,但计算时没有算前不算后,即没有扣除最后一日,故计算方式有误。其实持该种观点的意见中,默认了一个虚拟的并不存在的30日或31日,从而违背了最后一日同日不存在的,以实际存在的最后一日为该月最后一日的逻辑。按照第一种观点,一个月刑期,如3月31日至4月30日,5月31日至6月30日,8月31日至9月30日,10月31日至11月30日,均默认了次月有31日的存在,实际最后一日没有被扣除,并将此作为截止日,导致刑期多算一天。

第二种意见不符合按月计算规则,在判决刑期是整月的情况下如按照天数计算太烦琐,容易出错。虽说结论恰巧是2月28日,但如果2月是28天,该观点的结论也是28日。故既不符合按月计算规则,也不符合掐头去尾计算方式。

第三种意见界定整月范围过于机械,且没有采取连续计算方法,故计算有违常理。

第四种意见撇开整月概念,计算过于机械。按此观点,如果4月25日为起刑日,则5月25日为截止日;7月25日为起刑日,则8月24日为截止日;10月25日为起刑日,则11月23日为截止日。三者比较,有多算或者少算一天之弊,故明显说不通。

第五种意见既符合以"月"为单位计算规则,合理界定整月范围,又符合期间连续计算原理,计算方式较为科学,符合逻辑。

3. 些许思考。司法实践中的难题颇多,此类问题只不过较为明显,但应当如何解决,值得司法人员认真研究。

所谓刑期是指人民法院判决宣告剥夺被告人人身自由或剥夺政治权利的刑罚应予执行的期间。该期间由刑期起始日和刑期截止日两部分组成,其中包含如何折抵内容。

刑期计算问题属于刑法范畴还是刑诉法范畴,抑或交叉问题,主流观点认为属于刑法适用范畴。因为刑期为判决主文之一,涉及被告人人身权利和自由,应由刑法调整。但综观整个《刑法》条文,除第41条、第44条、第47条等规定与刑期计算有一定关联外,再无条文约束刑期计算问题。从梁某案刑期计算看,看似是从特殊月份刑期计算引发的一个特殊问题,实乃刑法对如何具体确定刑期起止日计算规则没有做出明确和详尽规定。实务中,除《刑事诉讼法》第103条和《刑诉法解释》第165条有关对期间起止日确定、对"月"的界定,是目前计算刑期、检查刑期是否计算有误时需要考量的理论基础。但《刑事诉讼法》及《刑诉法解释》中规定的期间是指诉讼期间,不是人民法院刑期计算的实体法依据。在《刑法》没有明文规定情况下,可以对诉讼期间进行科学解读,在刑期起止日计算时借鉴适用。

所谓期间是指某个时期里面,是一段完整的时间。刑事诉讼法上的期间指公安机关、人民检察院、人民法院和诉讼参与人进行刑事诉讼活动完成某些诉讼行为必须遵守的期限。如审理期限、法律文书送达期限等。该期间是指诉讼期间,与刑法上的刑期无关。但是,刑法上没有刑期计算的期间规定和计算方式规定,如果按照诉讼法上的期间原理加以实体法诠释,这里的期间应是人民法院对被告人作出的、对办案机关、刑罚执行机关及其被告人都有拘束力的判决执行期间,该期间必须结合科学的计算方式才能得出宣告刑期的起止期限。

(1)关于刑期起始日问题。关于刑期起始日问题目前只是散见在我国《刑法》第41条、第44条、第47条关于管制、拘役、有期徒刑的计算与折抵等规定中,但涉及的内容非常简单。以拘役和有期徒刑的刑期规定为例,刑期起始日都是"从判决执行之日起计算;判决执行以前先行羁押的,羁押一日折抵刑期一日"。由于被告人在判决宣告前,其是否被羁押过的情况错综复杂,需要区分不同情况分别确定"判决执行之日":一是凡判决执行之日前,被告人没有被羁押过的,如已被取保候审,以判决宣判之日作为其刑期起算日。二是凡判决执行之日前,被告人已被羁押且没有间断的,应以被告人被羁押之日作为其刑期起算日。三是凡判决执行之日前,被告人已被先行羁押且有间断的,或者被先行羁押后又取保候审的,应以最后一次被羁押之日作为其刑期起算日。在此之前先行被羁押的时间应依法按照 1∶1 予以折抵。

1999 年 7 月,最高人民法院施行《法院刑事诉讼文书样式》(样本)要求在定罪判刑的刑事判决书结果部分写明刑期起止日期。2000 年 2 月,最高人民法院《关于刑事裁判文书中刑期起止日期如何表述问题的批复》规定:"……判处管制、拘役、有期徒刑的,应当在刑事裁判文书中写明刑种、刑期和主刑刑期的起止日期及折抵办法。刑期从判决执行之日起计算。判决执行以前先行羁押的,羁押一日折抵刑期一日(判处管制刑的,羁押一日折抵刑期二日),即自××××年××月××日(羁押之日)起至××××年××月××日止……"根据该司法解释规定并结合上述分析,凡未被羁押的和存在羁押情况的,判决执行之日分别为宣判之日和羁押之日,即刑期起始日。

那么,判决执行之日是判决执行当日还是次日,需要结合《刑事诉讼法》第 103 条规定加以甄别借鉴适用。

我国《刑事诉讼法》第 105 条规定"期间以时、日、月计算。期间开始的时和日不算在期间以内……",根据《刑诉法解释》第 380 条的规定,上诉、抗诉必须在法定期限内提出,……从接到判决书、裁定书的第二日起计算。

从《刑法》和《刑事诉讼法》规定看,程序法和实体法有关时间计算的方法还是有区别的。如《刑事诉讼法》期间开始的时间单位不计算在内,从下一个时间单位起算。所以,就有"期间开始的时和日不算在期间以内"的规定。实体法则从决定生效的时间单位起算,当天判决,当天执行,刑期从当天起算,不应从判决之日的第二天起算。所以,就有管制、拘役、有期徒刑的刑期"从判决执行之日起计算"的规定,却没有特别提出"期间开始的时和日也不算在期间以内"的说法,则刑期应当从当日起算。

(2)关于刑期截止日问题。关于刑期的截止日如何确定问题,《刑法》仍然没有做出明文规定。需要结合《刑诉法解释》第 165 条规定加以甄别借鉴适用。

《刑诉法解释》第 202 条规定:"以月计算的期间,自本月某日至下月同日为一个月;期限起算日为本月最后一日的,至下月最后一日为一个月;下月同日不存在的,自本月某日至下月最后一日为一个月……"该条包含三层意思:一是同日对同日为一个月,如 1 月 15 日至 2 月 15 日;二是末日对末日为一个月,如 7 月 31 日至 8 月 31 日;三是某日对末日为一个月,如 1 月 30 日至 2 月 28 日或者 29 日。由此可见,该条是针对跨月情况下何为"一个月"作出的界定。如果是当月情况下,则当月首日至当月末日为一个月。这是认定"月"作为计算单位的依据,可以转述到刑法计算刑期时借鉴适用。

但《刑诉法解释》并不包含期间起始日和截止日的计算方法,应另行思考。

以本案为例,在确定刑期时,首先应确定整月范围。一般自本月某日至下月同日,或者自本月最后一日至下月最后一日(有可能不是同一日)为一个月。特殊情形下,下月同日不存在,以实际日确定为该月最后一日。本案被告人梁某于 2015 年 8 月 30 日被刑事拘留,后被逮捕。法院判决拘役 6 个月,完整的 6 个月期间是 2015 年 8 月 30 日至 2016 年 2 月 29 日。其次应明确计算方法,一是连续计算法,即跨月计算法,不能先取整月,再增加或扣除剩余天数,得出截止日。二是留头去尾法。整月的概念是"同日对同日",连续计算时,开始的时和日,应计算在期间内;结束的时和日,不应计算在期间内,即自本月某日至下月同日的前一日为刑期计算的一个月,即"算头不算尾法"。本案中 2 月最后一天为 29 日,视为该月最后一日,不能因为比其他月份少了几天,便否认 2 月作为独立的月份存在,故其 29 日日期地位与其他月份最后一日如 30 日或者 31 日日期地位相同。同理,如果 2 月最后一天是 28 日,其日期地位与其他月份最后一日如 30 日或者 31 日日期地位仍然相同。29 日日期地位的确立,类似本案刑期截止日为 28 日的问题就迎刃而解了。

程序法与实体法立法角度不同与立法理念有关。《刑事诉讼法》是从保障诉讼参与人正当行使诉讼权利角度出发制定的诉讼规则，目的是给予当事人充分的权利保障。《刑法》则是从保护刑事案件被告人人身权利角度出发制定的处罚规则，目的是在打击的同时又不能让被告人吃亏。《刑事诉讼法》第105条第4款规定："期间的最后一日为节假日的，以节假日后的第一日为期满日期……"凡涉及被告人上诉的，上诉期限计算按此规定办理，给被告人留足时间。凡涉及被告人刑期届满的，则不能按此规定办理，应在刑期届满当日释放，不得因节假日而延长至节后第一个工作日给予办理。因此，《刑事诉讼法》及《刑诉法解释》虽不能成为刑期计算的依据，但可借鉴其原理。如诉讼期间计算没有采用"算头算尾法"，而采用"去头留尾法"，则刑期计算也不能采用"算头算尾法"，而应采用"留头去尾法"，从而解决刑期起始日和截止日计算难题。

051. 亲属对行为人归案起到一定协助作用的能否认定自动投案

自动投案是认定自首的前提，犯罪嫌疑人作案后能否自动投案，对于是否构成自首至关重要。投案必须基于犯罪嫌疑人本人的意志并自愿向有关机关或个人认罪。送亲归案情况下，亲友应明知犯罪嫌疑人实施犯罪行为，进而使之归案。

司法实例

吕某明故意杀人、强奸、放火案①

被告人吕某明与被害人徐某某(女，殁年32岁)系邻居，均已离婚。2009年7月22日20时许，吕某明酒后遇到徐某某，纠缠并要求与其发生性关系，遭徐某某拒绝。当日21时许，吕某明翻围墙跳进徐某某家院内，进入室内后再次要求与徐某某发生性关系，被徐某某拒绝，吕某明即用拳头将徐某某打倒，用铁丝和胶带捆、缠徐某某的手和嘴，对徐某某实施强奸。吕某明恐徐某某报案，使用徐某某家炕上的背包带将徐某某勒死，并用打火机点燃现场衣物、被褥焚烧尸体，后逃离现场。同年8月5日，吕某明告知其姐姐、姐夫，案发当晚其曾与被害人发生性关系，其姐夫让其向公安机关说明此事，并经其同意后，主动联系公安机关，公安人员遂前来将吕某明带走。

双鸭山市中级人民法院认为，被告人吕某明使用暴力手段，强行与被害人徐某某发生性行为，又恐罪行败露，将徐某某勒死，并为湮灭罪迹，无视公共安全，在徐某某居住的屋内放火焚烧徐某某的尸体，其行为已构成强奸罪、故意杀人罪、放火罪。对吕某明所犯数罪，应依法并罚。吕某明辩称具有自首情节，经查符合法律规定，应予采纳。鉴于吕某明犯罪手段极其残忍，犯罪后果极其严重，虽有自首情节，不足以从轻处罚。依照《刑法》第57条第1款、第67条第1款、第69条、第114条、第232条、第236条规定，判决认定被告人吕某明犯故意杀人罪，判处死刑，剥夺政治权利终身；犯强奸罪，判处有期徒刑9年；犯放火罪，判处有期徒刑3年；决定执行死刑，剥夺政治权利终身。

一审宣判后，被告人吕某明以其具有自首情节、原判量刑过重为由提出上诉。其辩护人提出相同的辩护意见。

黑龙江省高级人民法院经二审审理认为，上诉人吕某明使用暴力手段，强行与被害人发生性关系，在将被害人勒死后，又放火焚尸灭迹，其行为已分别构成强奸罪、故意杀人罪、放火罪。上

---

① 载《人民司法·案例》2011年第6期。

诉人犯罪动机卑劣，手段残忍，后果严重，社会危害性极大，虽有自首情节，不足以从轻处罚。对上诉人及其辩护人所提量刑过重、应从轻处罚的意见不予采纳。一审判决认定的事实清楚，证据确实、充分，定罪准确，量刑适当，审判程序合法。依照《刑事诉讼法》第189条第1项、第199条之规定，裁定驳回上诉，维持原判，并依法报请最高人民法院核准。

最高人民法院经复核认为，被告人吕某明违背妇女意志，以暴力手段强行奸淫妇女，其行为已构成强奸罪；为防止罪行败露而故意非法剥夺他人生命，其行为已构成故意杀人罪；为毁灭罪证而故意在被害人所住房屋内纵火，足以危害公共安全，其行为又构成放火罪。吕某明强行奸淫被害人，后恐罪行败露而杀人灭口，又焚烧被害人尸体致房屋同时受损，犯罪动机卑劣，手段残忍，情节恶劣，罪行极其严重，应依法惩处。吕某明犯有数罪，应依法并罚。虽然吕某明的亲属对其归案起到一定的协助作用，但不足以对其从轻处罚。第一审判决、第二审裁定认定被告人吕某明强奸、故意杀害徐某某、放火的事实清楚，证据确实、充分，定罪准确，量刑适当。审判程序合法。但吕某明在犯罪以后并未自动投案，认定其行为构成自首不当，应予纠正。依照《刑事诉讼法》第199条和最高人民法院《关于复核死刑案件若干问题的规定》(现已失效)第2条第2款的规定，裁定核准黑龙江省高级人民法院(2016)黑刑一终字第122号维持第一审对被告人吕某明以故意杀人罪判处死刑，剥夺政治权利终身；以强奸罪判处有期徒刑9年；以放火罪判处有期徒刑3年，决定执行死刑，剥夺政治权利终身的刑事裁定。

本案的焦点是被告人吕某明作案后，谎称仅与被害人发生了性关系，其亲属为使其摆脱犯罪嫌疑，主动联系公安机关，公安人员前来将吕某明带走的情形是否属于自动投案，进而构成自首。《刑法》第67条规定，犯罪以后自动投案，如实供述自己的罪行的，是自首。因此，自首必须符合法定条件。最高人民法院之所以核准被告人死刑及不认定被告人自首，主要理由是：

1. 犯罪以后自动投案。所谓自动投案，是指犯罪分子犯罪以后，犯罪事实未被司法机关发现以前；或者犯罪事实虽被发现，但不知何人所为；或者犯罪事实和犯罪分子均已被发现，但是尚未受到司法机关的传唤、讯问或者尚未采取强制措施之前，主动到司法机关或者所在单位、基层组织等投案，接受审查和追诉的。这里的司法机关应指所有的司法机关。实践中，犯罪分子犯罪后逃到异地，又向异地的司法机关投案的，以及犯罪分子因患病、身受重伤，委托他人先行代为投案的，都属于自动投案。被告人吕某明作案后，其亲属在其谎称仅与被害人发生了性关系情况下，其亲属为使其摆脱犯罪嫌疑，主动联系公安机关，公安人员前来将吕某明带走，该情形并非出于被告人认罪服法的真实意愿，故而不能视为被告人自动投案。

2. 如实供述自己的罪行。如实供述自己的罪行，是指犯罪分子投案以后，对于自己所犯的罪行，不管司法机关是否掌握，都必须如实地全部向司法机关供述，不能有隐瞒。至于有些细节或者情节，犯罪分子记不清楚或者确实无法说清楚的，不能认为是隐瞒。只要基本的犯罪事实和主要情节说清楚，就应当认为属于如实供述自己的罪行。如果犯罪分子避重就轻或者只供述一部分，还保留一部分，企图蒙混过关，就不能认为是如实供述自己的罪行。本案被告人告知其姐姐、姐夫，案发当晚其曾与被害人发生性关系，其姐夫让其向公安机关说明此事，并经其同意后，主动联系公安机关，公安人员遂前来将吕某明带走。被告人并未如实供述其强奸、杀人、放火的犯罪事实。因而也没有如实供述自己的罪行。

3. 虽然吕某明的亲属对其归案起到一定的协助作用，但不足以对其从轻处罚。第一审判决、第二审裁定认定被告人吕某明强奸、故意杀害徐某某、放火的事实清楚，证据确实、充分，定罪准确，量刑适当，审判程序合法。但吕某明在犯罪以后并未自动投案，没有认定自首的基础。故一、二审认定其行为构成自首不当，复核法院予以纠正正确。虽然吕某明的亲属对其归案起到一定的协助作用，但根据本案被告人实施强奸、杀人、放火的严重犯罪，犯罪动机卑劣，手段残忍，情节恶劣，罪行极其严重，不足以对其从轻处罚。

052. 对于规劝同案人投案的犯罪嫌疑人的行为性质如何认定

犯罪嫌疑人到案后以规劝同案嫌疑人投案方式协助侦查机关抓捕同案嫌疑人，同案嫌疑人按约投案，规劝者应当认定立功；接受规劝的同案嫌疑人按约主动投案，并如实供述自己罪行，亦应当认定自首。

司法实例

杨某鹏、游某斌故意伤害案

2016 年 8 月 22 日 18 时许，杨某鹏与其女友在四川某市“大众烧烤店”内，与就餐的赵某发生口角，杨某鹏遂电话邀约游某斌帮忙。杨某鹏砍了赵某一刀，游某斌刺了赵某腰部一刀。经鉴定，赵某左腰部、左胸部损伤均属重伤。

2018 年 12 月 9 日 21 时许，杨某鹏在四川某市和平桥“聚贤茶楼”包间内因打牌与赵某金发生纠纷，杨某鹏邀约游某斌及谢某林、魏某、李某（均另案处理）报复。游某斌等人携刀赶来后，游某斌在茶楼大厅内将赵某金左下肢等处砍伤。经鉴定，赵某金左下肢损伤属重伤。

2019 年 1 月 16 日，杨某鹏被抓获后，在公安民警的规劝下打电话给游某斌，劝其投案。游某斌随后主动到四川某市国贸大厦二楼刑警队投案，并如实供述了犯罪事实。

四川某市某区检察院以故意伤害罪，提请该区人民法院依法判处。

该区人民法院经审理认为：被告人杨某鹏、游某斌的行为已构成故意伤害罪。被告人杨某鹏刑满释放后 5 年以内又犯罪，系累犯，应当从重处罚；杨某鹏归案后，协助公安机关抓捕游某斌，有立功表现，依法可以从轻处罚。本案证据证明，被告人杨某鹏归案后，主动配合公安机关打电话给被告人游某斌，只是叫游某斌到国贸大厦来，找他有事，游某斌到之后，已处于公安人员控制之下时，杨某鹏才向其讲明通知其来的目的，被告人游某斌的行为不是主动投案，不符合构成自首的法定条件。故公诉人在庭审中提出被告人游某斌属自首的意见，不能成立。

该区人民法院判决认定被告人杨某鹏犯故意伤害案，判处有期徒刑 8 年；被告人游某斌犯故意伤害罪，判处有期徒刑 7 年。

一审宣判后，杨某鹏以量刑过重为由，向某市中级人民法院提出上诉；游某斌以自己受邀约参与犯罪，具有自首情节为由，提出上诉；公诉机关以原判未认定游某斌的自首情节，系适用法律错误为由，提出抗诉。

某市中级人民法院经审理查明，杨某鹏、游某斌故意伤害赵某、赵某金二人致重伤的事实与原判认定的事实相同。事实清楚，证据确实、充分，应予支持。另经审理查明，2019 年 1 月 16 日，杨某鹏被抓获后，在公安民警的规劝下打电话给上诉人游某斌，劝其投案。游某斌随后主动到国贸大厦二楼刑警队投案，并如实供述了犯罪事实。有下列经二审质证的证据证实游某斌主动投案并如实供述的事实：（1）某市国贸大厦与某区刑警队办公室的位置照片，证实某区刑警大队办公室设在国贸大厦二楼，在该大楼的底楼门面处有“某市某区分局刑事侦查大队”的挂牌，二楼有警徽、“××刑侦”字样；（2）某区公安分局刑警大队情况说明，证实 2019 年 1 月 16 日抓获杨某鹏及当日游某斌在杨某鹏电话劝其投案后到案的情况；（3）两位办案民警亲笔书写的情况说明，证明被告人游某斌到案经过等。

某市中级人民法院认为，上诉人杨某鹏、游某斌伙同他人故意伤害二被害人身体，并均致人重伤的行为，已构成故意伤害罪，且系共同犯罪。原判定性准确。杨某鹏归案后，协助公安机关抓捕游某斌，有立功表现，依法可以从轻或减轻处罚；游某斌主动到公安机关投案并如实供述其犯罪事实，其自首成立，可以从轻处罚。杨某鹏刑满释放后5年内又犯罪，系累犯，应当从重处罚。

2019年7月8日，某市中级人民法院判决维持一审法院对杨某鹏的定罪量刑及游某斌的定罪；对游某斌的刑期由7年改为5年。

根据我国《刑法》第67条第1款的规定，构成自首必须具备两个条件：一是自动投案；二是如实供述自己的罪行。

本案中，被告人游某斌接受规劝按约定主动投案，并如实供述自己罪行，亦应当认定自首，理由是：

1. 接受规劝的同案犯听从了规劝人的规劝，并表示愿意投案，在个人意志上具有自愿“主动”性。本案被告人游某斌在第一份讯问笔录中供认“老师杨某鹏打电话叫我到刑警队投案自首，所以我就来了”，这证明游某斌是主动投案的。

2. 接受规劝的同案犯接受规劝后按约定地点“直接”到案。庭审证据证实某区刑警队办公室地点位于某区国贸大厦二楼，且在该大楼的底楼门面处有“某市某区分局刑事侦查大队”的招牌，二楼还有警徽、“××刑侦”字样的标记，足以推定被告人游某斌是明知杨某鹏叫其来的意图，仍主动并直接到案。二被告人均供认杨某鹏给游某斌打电话时，在电话中就给游某斌说了叫游某斌到某区国贸大厦二楼刑警队投案自首，游某斌接了电话后确实主动到某区国贸大厦二楼某区刑警队。

3. 接受规劝的同案犯向侦查机关投案。公安机关及办案民警的说明，足以证明游某斌到案情况，以及到案后游某斌“如实供述”其犯罪事实。因此，被告人游某斌构成自首。

本案的特殊之处在于犯罪分子到案后协助侦查机关规劝同案犯投案，同案犯按约投案并如实供述。对这类案件的自首、立功的正确认定，在一定程度上能够彰显法律的权威性与对被告人权益的保障性，能够更好地分化瓦解犯罪分子，促使犯罪分子及早地悔过自新，节约司法资源。

053. 接到电话通知即到案是否属于自动投案

行为人接到司法、监察机关通知后及时到案，并在尚未宣布拘留等强制措施之时就供认了主要犯罪事实，可以视为“自动投案”。

司法实例

江某民贪污案

被告人江某民系某中学财务科长。监察委在侦办其他职务犯罪案件过程中，掌握了江某民涉嫌侵吞该校学生学费的案件线索。2019年5月18日，江某民接到监察委电话通知后到案，随即如实供述了贪污100万余元学费的事实。

一审法院审理认为，被告人江某民身为国有事业单位工作人员，利用职务上的便利，侵吞公款100万余元，其行为已构成贪污罪。江某民接到监察委电话通知后，主动到该委，并如实供述了主要犯罪事实，应认定为自首，依法从轻处罚。判决认定被告人江某民犯贪污罪，判处有期徒刑8年。一审宣判后，江某民未上诉，检察机关未抗诉，一审判决已发生法律效力。

本案的争议焦点是：职务犯罪被告人江某民经电话通知到案是否系“自动投案”。第一种意见认为，依据最高人民法院《自首解释》第1条第1项之规定，江某民的犯罪线索虽然被侦查机关发觉，但尚未受到讯问，也没有被采取强制措施，接到侦查机关的电话没有逃避，而是主动来到监察委，体现了归案的自动性。第二种意见认为，依据最高人民法院、最高人民检察院《关于办理职务犯罪案件认定自首、立功等量刑情节若干问题的意见》（以下简称《职务犯罪自首意见》）第1条的规定，即“……犯罪事实或者犯罪分子……虽被掌握，但犯罪分子尚未受到调查谈话、讯问，或者未被宣布采取调查措施或者强制措施时，向办案机关投案的，是自动投案……”电话通知到案具有强制性，电话通知是为了调查讯问，将直接导致强制措施的发生。如果不电话通知，嫌疑人可能永远也不会到案，故认为江某民系被动归案，不应认定为自首。第三种意见认为，能否认定为自动投案，应根据检察机关事先对犯罪嫌疑人犯罪事实的掌握程度来判断，如果只掌握犯罪线索，如群众举报，或者个人账户不正常的大额往来，但尚未形成证据链，尚不能证明犯罪事实的存在，就应该认定为自动投案；如果已掌握的证据足以认定犯罪事实，即事先掌握的证明嫌疑人犯罪行为的证据已达到确实、充分的程度，就丧失了自动投案机会。本案中侦查机关只是掌握了江某民犯罪的初步线索而非完整的犯罪事实，故应当认定为自动投案。

从法院判决结果看，法院支持第三种意见，认定被告人自动投案，又如实供述，进而构成自首。因此，根据刑法规定的立法原意，是否自动投案应从行为人主观方面考察。自首是影响量刑的一个重要法定情节，认定一般自首需要同时具备自动投案和如实供述两个法定要件。职务犯罪被告人经电话通知到案并如实供述自己罪行能否认定为自首，在司法实践中一直存在争议，其焦点就在于对自动投案的认定。

1. 认定自动投案的关键在于判断投案是否基于行为人的意志。尽管行为人投案的动机各异，有的是慑于法律的威严，有的是为了争取宽大处理，有的是出于真诚悔过，但不同的动机并不影响投案的自动性，只要在其具有人身自由之时，不是出于违背其本意的原因而主动将自己置于办案机关的控制之下，就应认定具有自动性。本案中，江某民接到监察机关电话通知后，其既可以主动归案，也可以逃之夭夭，能够及时到案体现出其归案的主动性和自愿性，表明其具有悔过自新之意，应当认为其具备了归案的自动性。

2. 注意把握认定职务犯罪自动投案的时间节点。《职务犯罪自首意见》第1条的逻辑意思，在犯罪事实或犯罪分子已被办案机关事先掌握的情况下，归案自动性的最后时间节点并非电话通知之时，而应当确立在纪检、监察机关调查谈话或宣布采取“双规”“双指”等调查措施，以及检察机关讯问犯罪嫌疑人或宣布采取强制措施之时。如果行为人接到监察、检察机关通知后及时到案，并在尚未宣布拘留等强制措施之时就供认了主要犯罪事实，就没有理由不认定为自动投案。

因为电话通知不是强制措施，根据《刑事诉讼法》的相关规定，强制措施只包括拘传、取保候审、监视居住、拘留与逮捕五种，电话通知尽管可能会带来后续强制措施，但毕竟不在强制措施之列。

3. 认定自动投案与侦查机关事先掌握犯罪事实的程度并无直接关系。在行为人归案之前，根据侦查机关掌握其犯罪事实的程度，大致可分为如下三种情形：（1）办案机关并未掌握行为人任何具体的犯罪线索，仅作为一般性排查而电话通知行为人来接受调查；（2）办案机关已经对行为人有一定的怀疑，或掌握了一些线索，但尚不足以对行为人进行讯问或者采取强制措施，电话通知的目的是进一步了解情况；（3）办案机关已经充分掌握了行为人的犯罪事实，但因考虑节约司法成本等各种因素，而电话通知其到案，随即进行讯问或采取强制措施。由此可见，办案机关电话通知行为人到案之时，可能并未掌握其犯罪事实，也有可能掌握部分或主要犯罪事实，但无论对犯罪事实的掌握程度如何，均不能成为行为人构成自动投案的障碍。

一方面，如上文所述，判断其是否具有自动性应注重从行为人主观方面进行考察，而不是取决于办案机关对犯罪事实的掌握程度等客观事实。另一方面，根据《自首解释》第 1 条第 1 项的规定，犯罪事实或者犯罪嫌疑人未被司法机关发觉，或者虽被发觉，但犯罪嫌疑人尚未受到讯问、未被采取强制措施，主动直接向公安机关、人民检察院（监察机关）或者人民法院投案，犯罪后逃跑，在被通缉、追捕过程中，主动投案的，经查确实已准备去投案，或者正在投案途中，被公安机关捕获的，都视为自动投案。最高人民法院《自首立功意见》第 1 条也规定，明知他人报案而在现场等待，抓捕时无拒捕行为，供认犯罪事实的，应当视为自动投案。本案中，江某民既没有逃跑，也没有被通缉、追捕，其主观恶性、人身危险性和再犯可能性相对于上述司法解释所列举的情形要轻，根据举重以明轻的法律解释原则，亦应当认定为自首。

4. 要综合考虑各种主客观因素准确量刑。实践中，在量刑阶段必须严格依据《刑法》第 67 条和《职务犯罪自首意见》的规定，在认定自首的基础上，综合判断行为人犯罪的事实、性质、情节和对于社会的危害程度，结合自动投案的动机、阶段、客观环境，交代犯罪事实的完整性、稳定性以及悔罪表现等具体情节，依法决定是否从轻、减轻或者免除处罚以及从轻、减轻处罚的幅度。具体到本案，既然侦查机关已经掌握江某民的犯罪线索，江某民是在接到电话通知后才归案的，说明其到案的主动性不够高，故量刑时应在较小的幅度内从轻处罚甚至不从轻处罚，而不能减轻处罚。

综上所述，职务犯罪被告人经电话通知到案，虽与未接到任何通知即主动、直接向办案机关投案有所区别，但无论是从司法解释、刑事政策的角度，还是从司法经济的角度来看，接到电话通知后到案都应视为自动投案，如果又如实供述，都应认定为自首而非坦白，这是涉及行为准确定性的法律问题，不能有丝毫含混模糊。在此基础上，在刑罚裁量阶段，再根据具体事实、情节、动机等主客观要素，决定是否从轻、减轻或免除处罚及从轻、减轻处罚的相应幅度，从而维护刑罚适用的统一性和严肃性。

054. 逃跑后又回现场等候抓捕是否属于自动投案

行为人作案后离开现场，后在家人陪伴下重新回到作案现场，主动承认是自己所为，并跟随侦查人员到公安机关接受讯问，此行为应认定为自动投案。

司法实例

王某故意伤害案

2017 年 9 月 10 日晚，被害人刁某楠（16 岁，无业）、刁某香（16 岁，无业）等人在刁某香家喝酒。其间，被害人刁某楠曾提出当晚要殴打被告人王某（14 岁，学生）。此后，被害人刁某楠、刁某香等五人到本村打麦场找被告人王某。见到被告人王某后，被害人刁某楠唆使他人殴打被告人王某未果。被告人王某见情况不妙欲回家，遭到被害人刁某楠的言语恐吓，双方发生争执并引起厮打。厮打中被告人王某掏出随身携带的水果刀将被害人刁某楠胸部、刁某香腹部各刺一刀，致刁某楠当场死亡，刁某香肾破裂（后经法医鉴定属重伤）。被害人刁某香遂拨打“110”报警，被告人王某见此情况后回到家中，并向其母亲周某菊讲述了自己的行凶过程。其母亲周某菊当即和被告人王某一起回到案发现场，同时拨打“120”急救电话。到现场后，被告人王某和母亲及本村部分群众一起在围观。随后，医院急救车赶到，医生检查后称被害人刁某楠已经死亡，将被害人刁某香拉走抢救。2017 年 9 月 11 日凌晨 1 时 20 分，河南省某县公安局盐镇乡派出所民警受“110”指挥中心指派赶到案发现场。民警对着围观群众询问谁是凶手时，被告人王某当即从人群中站出来，并称是自己所为。当时，被告人王某跟随公安民警到派出所。同日凌晨 1 时 26 分，公安机关对被告人王某进行了第一次讯问，被告人王某如实供述了作案过程。

2017 年 11 月 25 日，河南省某县人民检察院以故意伤害罪，提请河南省某县人民法院依法判处。

本案审理中，被告人亲属与二被害人亲属达成协议，并对二被害人亲属进行了赔偿。二被害人亲属均对被告人的行为表示谅解，并建议法院对被告人从轻处罚。

河南省某县人民法院经审理认为：被告人王某在遭受被害人恐吓、威胁时，不能妥善处理，而持刀故意非法损害他人身体健康，致一人死亡、一人重伤，其行为已构成故意伤害罪。公诉机关指控犯罪成立，予以支持。辩护人认为被告人在未受到讯问、未被采取强制措施的情况下，主动站出来并承认是自己戳伤的，其行为应认定为自首的意见与庭审查明的事实相符，予以采纳。鉴于被害人在本案中存在过错，且被告人犯罪时未满 16 周岁，又有自首情节，亲属积极赔偿被害人经济损失，取得谅解，应减轻处罚。遂判决认定被告人王某犯故意伤害罪，减轻判处有期徒刑 5 年。

一审宣判后，被告人没有上诉，检察机关没有抗诉，判决已发生法律效力。

本案中，控辩双方对被告人王某如实供述自己的罪行这一事实，没有争议，但对被告人王某的行为是否属于自动投案控辩双方争议较大。公诉机关认为，被告人王某在侦查人员到现场时并没有主动承认自己行凶，而是在侦查人员询问的时候才被动承认的，认为其行为不符合最高人民法院《自首解释》中规定的自动投案的几种情形，其行为缺乏主动性，进而认为被告人王某的行为不属于自首。辩护人认为，尽管被告人王某是在侦查人员询问的时候才承认自己是凶手，但当时其未受到强制措施，也未受到讯问，侦查人员也不是针对被告人王某单独询问，而是针对围观群众询问。侦查机关此时尽管发现了犯罪事实，但尚未发觉被告人王某就是犯罪嫌疑人。在这种情况下，被告人王某主动从围观群众中站出来并承认自己就是凶手，这符合自首的立法精神。辩方据此认为，本案被告人王某的行为属于自首。

法院判决认定被告人构成自首，主要基于以下考量：

1. 本案被告人的行为并不符合最高人民法院《自首解释》中规定的自动投案和列举的 7 种视为自动投案的情形。自动投案是对应于被动归案而言的，只要是将自己置于司法机关控制之下不违背行为人的本意，并且行为人具有将自己置于司法机关控制之下的行为（包括作为和不作为），就可以认定行为人的行为属于自动投案，其要求行为人的投案出于本人的意愿，却不能苛求行为人必须出于完全的主动。但是，由于立法的局限性和司法实践的复杂性，法律和司法解释不可能对司法实践中的所有问题都作出明确的规定。国家设立自首制度的立法精神是通过自首这一渠道，感召、分化、瓦解犯罪分子，最大限度提高刑事案件办案效率，节约司法成本。正是从这一立法精神出发，最高人民法院在上述司法解释中将“陪案”和“送案”这两种并非完全属于行为人主动的情形也视为自动投案。但该司法解释仍然没有、也不可能穷尽所有的情形，仍然要靠司法人员从立法精神上去具体分析现实中遇到的形形色色的案件。

2. 被告人重新回到作案现场，主动承认是自己所为，并跟随侦查人员到公安机关接受讯问，应认定为自动投案。本案中，尽管被告人王某在侦查人员到现场时没有主动承认自己行凶，但其作案后在明知被害人已报警的情况下，明知侦查人员会来到现场而仍然返回现场，并且一直在现场等候，这一不作为行为至少表明其主观上不抗拒将自己置于司法机关控制之下。更为重要的是，侦查人员到现场时，尚不知道谁是凶手，当侦查人员对着围观群众询问谁是凶手时，被告人王某主动从人群中站出来并称是自己所为，"站出来"和"承认自己是凶手"这两个积极主动的行为，再一次表明其主观上愿意将自己置于司法机关控制之下。因此，被告人王某的行为应当认定为自动投案。同时被告人如实供述犯罪行为，完全符合自首的构成要件。

另外，实践中经侦查机关电话或口信传唤后到司法机关接受讯问、作案后明知他人已报警而在现场等待并且不抗拒抓捕等情况，也应认定为自动投案。

055. 接受讯问后逃跑再投案的能否认定为自首

行为人作案接受讯问后逃跑，再主动到公安机关投案并如实供述其贩卖毒品的罪行，其行为属于视为自动投案情形，可以认定为自首。

司法实例

柳某贩毒案

柳某于2018年7月将一小包毒品和二颗麻古贩卖给怀某豹。交易完成后，柳某和怀某豹被公安民警当场抓获。经称重和鉴定，查获的毒品净重0.6克，从中检出甲基苯丙胺；查获的二颗麻古，净重0.3克，从中检出甲基苯丙胺和咖啡因。在接受公安机关讯问后，柳某表示愿意协助公安机关抓获其他涉嫌贩卖毒品的嫌疑人。柳某在持公安机关提供的毒资与其邀约的人交易后，乘民警抓捕与其交易的嫌疑人之机脱逃。2018年10月，柳某主动到公安派出所投案并如实供述其罪行。

针对柳某在接受公安机关讯问后，在协助抓捕其他犯罪嫌疑人的过程中趁机脱逃，此后又到派出所主动投案的行为能否认定为自首，存在两种意见。第一种意见认为：犯罪嫌疑人自动投案并如实供述自己罪行的不能一概地认定为自首，可以认定为自首的自动投案行为有前提限制。只有在犯罪事实或者犯罪嫌疑人未被司法机关发觉，或者虽被发觉但犯罪嫌疑人尚未受到讯问、未被采取强制措施时主动投案的，才认定为自首。本案柳某是在被抓获并接受讯问后逃跑的，其后再次自动投案行为已不符合认定为自首的时间条件，故其行为不应认定为自首。此外，如果柳某再投案行为认定为自首，被当场抓获的未逃跑的其他被告人按照常规情节量刑，逃跑后又归案的被告人反而可以从轻或减轻处罚，这将会鼓励犯罪嫌疑人积极逃跑，努力"创造"自首以减轻其法律责任，易造成"量刑怪圈"。第二种意见认为：《刑法》第67条第1款规定，犯罪以后自动投案，如实供述自己罪行的，是自首。根据最高人民法院《自首解释》第1条犯罪嫌疑人犯罪后逃跑，在被通缉、追捕过程中，主动投案的，应当视为自动投案的规定，柳某在犯罪后逃跑，后主动到公安机关投案并如实供述了其贩卖毒品的罪行，其行为属于视为自动投案情形，应认定为自首。

法院采信了第二种意见，理由如下：

1. 犯罪嫌疑人自动投案行为认定为自首，有时间和条件要求。最高人民法院《自首解释》第1条规定，根据《刑法》第67条第1款的规定，犯罪以后自动投案，如实供述自己的罪行的，是自首。同时，该解释第1条第1款明确，自动投案，是指犯罪事实或者犯罪嫌疑人未被司法机关发觉，或者虽被发觉，但犯罪嫌疑人尚未受到讯问、未被采取强制措施时，主动、直接向公安机关、人民检察院或者人民法院投案。根据该规定，认定为自首的"自动投案"有时间限制，即犯罪嫌疑人在尚未受到讯问、未被采取强制措施时主动投案才构成自首。

2. 犯罪后逃跑再投案的情形能否认定为自首，不应受自动投案认定为自首的时间和条件限制。最高人民法院《自首解释》第 1 条规定了 7 种视为自动投案的情形,情形之一是"嫌疑人犯罪后逃跑,在被通缉、追捕过程中,主动投案的,应当视为自动投案"。该解释并未区分犯罪分子是犯罪后径行逃跑时还是已被讯问或被采取取保候审、监视居住、拘留、逮捕等强制措施后逃跑,亦没有规定犯罪分子逃跑时所处的诉讼阶段。如果将"犯罪后逃跑"理解为犯罪后径行逃跑,不包括曾受到过讯问、未曾被采取强制措施的被告人,那么犯罪后逃跑的被告人直接适用该解释第 1 项自动投案规定即可,无必要再专门规定犯罪后逃跑再投案的情形。而且,"犯罪后逃跑"理解为犯罪后径行逃跑无疑杜绝了采取措施后逃跑的犯罪嫌疑人认罪悔过的自新之路,迫使其对抗到底,这显然与自首制度的设立宗旨相悖。因此,犯罪后逃跑再投案的不应受自动投案的时间和条件限制。

3. 自首的量刑适用原则是"可以"而非"应当"从宽,将柳某的行为认定为自首并不会造成不良的效果示范。我国《刑法》的自首制度适用于一切犯罪,其目的一方面在于降低司法成本,促进案件的侦破与审判;另一方面在于鼓励犯罪嫌疑人主动归案、争取宽大处理。但并非所有自首均应减轻或从轻处罚。《自首立功意见》第 8 条规定:"对具有自首、立功情节的被告人是否从宽处罚、从宽处罚的幅度,应当考虑其犯罪事实、犯罪性质、犯罪情节、危害后果、社会影响、被告人的主观恶性和人身危险性等。自首的还应考虑投案的主动性、供述的及时性和稳定性等……虽然具有自首或者立功情节,但犯罪情节特别恶劣、犯罪后果特别严重、被告人主观恶性深、人身危险性大,或者在犯罪前即为规避法律、逃避处罚而准备自首、立功的,可以不从宽处罚……"根据上述规定,自首的量刑适用原则是"可以"而非"应当"从宽,对从宽的幅度也是"从轻或者减轻"。因此,对被抓获后逃跑再次投案的认定为自首可从轻或减轻的幅度应相对减小亦可不从轻、减轻处罚,故不会产生鼓励不具有投案自首情节的取保候审被告人逃跑后又主动投案的"怪圈"。

056. 司法机关决定逮捕后行为人主动投案是否属于自首

人民法院、人民检察院决定逮捕后被告人自动投案的,如被人民法院、人民检察院传唤时已超过取保候审期限,可以认定为自首;没有超过取保候审期限,不能认定为自首。

司法实例

仇某寻衅滋事案

仇某因涉嫌寻衅滋事被公安机关立案侦查,并被采取了取保候审强制措施,侦查终结并经检察机关审查起诉后,该案向某县人民法院提起公诉。该法院遂传唤仇某前来送达起诉书,但仇某未到案,并逃至外地,法院遂决定逮捕并交由公安机关执行。其间仇某在亲友的陪同下到法院投案并如实供述了犯罪事实。

本案法院审理中对于仇某的行为是否构成自首存在不同意见。第一种意见认为,仇某的行为不能认定自首,理由是其违反关于取保候审期间的规定,法院决定逮捕后在被关押前仍是取保候审期间,自动归案是仇某应尽的义务。若将此行为认定为自首,势必造成本无自首情节的被告人故意不到案而人为地创造自首条件,导致自首过宽,与刑法立法精神相悖。第二种意见认为,应具体情况具体分析。根据《刑事诉讼法》第 79 条的规定,取保候审最长不得超过 12 个月。若超过取保候审期限,根据该条之规定,应当解除或依法变更强制措施。最高人民法院《刑诉法解释》第 162 条规定,人民检察院、公安机关已对犯罪嫌疑人取保候审、监视居住,案件起诉到人民法院后,人民法院对于符合取保候审、监视居住条件的,应当依法对被告人重新办理取保候审、监视居住手续。取保候审、监视居住的期限重新计算。本案中在认定仇某是否构成自首时,应以法院传唤仇某的时间作为基准点,其时是否超过取保候审期限。

法院判决支持了第二种意见,主要理由:

1. 如仇某被法院传唤时已超过取保候审的期限,应当认定为自首。由于已超过取保候审的期限,司法机关又未相应采取变更强制措施,故该取保候审措施应予解除,对仇某来说是自由人。根据最高人民法院《自首解释》第1条的规定,自动投案是指犯罪事实或者犯罪嫌疑人未被司法机关发觉,或虽被发觉,但犯罪嫌疑人尚未受到讯问,未被采取强制措施时,主动、直接向公安机关、人民检察院或人民法院投案。本案中仇某虽涉嫌犯罪,由于司法机关的原因,未能及时采取或变更强制措施,导致超过了强制措施期限,可视为仇某"未被采取强制措施"。在法院决定逮捕后,其向法院自动投案,并如实供述自己的罪行,符合《刑法》有关自首之规定,故应认定自首。

2. 如仇某被法院传唤时未超过取保候审的期限,不能认定为自首。在取保候审期间仇某应在传讯时及时到案,这是其应遵守的规定和应尽的义务,仇某经法院传唤未到案,其即违背了《刑事诉讼法》关于取保候审的规定,审判机关遂变更强制措施决定逮捕,交由公安机关执行。期间仍应是取保候审期限的延续,仇某仍有义务随时到案,并保证随传随到。故此期间仇某可视为被采取了强制措施,后虽其主动到法院"投案",但不符合最高人民法院《自首解释》中关于自动投案之规定,故不能认定为自首。

057. 如何理解把握认定"逃避侦查或者审判"

《刑法》规定了不受追诉时效限制的两种情况,其中一种是:人民检察院、公安机关、国家安全机关立案侦查或者在人民法院受理案件以后,逃避侦查或者审判的。实践中,对"逃避侦查或者审判"的认定要结合刑事时效制度的意义、犯罪嫌疑人或被告人的行为和公诉机关提供的证据三个方面进行综合判断。

司法实例

蔡某故意伤害案

2000年9月29日14时左右,被告人蔡某在本村被害人贾某某的诊所内,使用贾某某家的公用电话打电话,因付费问题和贾某某发生争执,蔡某持砖块砸向贾某某头部,致贾某某重伤。蔡某逃往外地,2017年2月8日,蔡某被清某县公安局抓获。蔡某赔偿贾某某2万元取得贾某某谅解。

清某县人民法院经审理后认为,被告人蔡某故意伤害他人身体,致一人重伤,其行为已构成故意伤害罪。依照《刑法》第67条第3款、第72条第1款、第73条第2款和第3款、第88条第1款、第234条之规定,判决认定被告人蔡某犯故意伤害罪,判处有期徒刑3年,缓刑5年。一审宣判后,被告人没有上诉,检察机关没有抗诉,判决已生效。

本案中,被告人蔡某故意伤害他人的事实清楚、证据充分。但对于蔡某的行为是否超过追诉时效,公诉机关和辩护人持不同意见。《刑法》第88条规定了追诉时效的延长制度,对司法实践具有重要指导作用,但是对于第1款中"逃避侦查或者审判"的理解存在争议。一审法院判决此案的理由主要是,正确地认定"逃避侦查或者审判"要结合刑事时效制度的意义、被告人的行为和公诉机关提供的证据。

1. 刑事追诉时效制度的意义。刑事追诉时效的规定有利于节约司法资源、维护刑事法律权威、确保刑事案件及时解决、维护社会秩序、强化社会公众的法律意识。追诉时效制度的延长制度也是追诉时效制度的一部分,既体现对特定犯罪的严惩也有利于防止犯罪嫌疑人或被告人逃避刑事制裁,同时约束刑事司法权力,保障犯罪嫌疑人或刑事被告人的合法权益。追诉时效制度对公诉案件来说是对司法机关的约束和限制,在一定程度上防止刑事案件久拖不办。对自诉案件来说,意味着对刑事自诉人刑事诉权的约束和规制。对犯罪行为人来说,刑事追诉时效制度意味着,任何公民即使本应因某行为构成犯罪而受到刑罚,但如果超过了法定追诉期间,而且没有刑事追诉延长时效制度规定的情形,在其后的任何时间都不会再因同一犯罪事实而受到刑事处罚。

2. 犯罪嫌疑人或被告人的行为构成"逃避侦查或者审判"的条件。法律对"逃避侦查或者审判"的构成条件没有明确规定,司法实践中一般从主、客观两方面分析。主观方面,行为人须出于"逃避侦查或者审判"的故意,即明知自己的行为会妨碍司法机关对犯罪事实的侦查或审判,希望或者放任这种结果的发生。如果不以行为人的明知为前提,就会出现只要司法机关不能发现被追诉人,则在任何时候都可以对其追诉的情况,导致对无限追诉时效的滥用,违背罪刑法定的原则。另外,明知包括确定明知和应当明知。确定明知是指行为人事实上知道,如侦查机关已经对其进行讯问、采取强制措施,人民法院已告知其已受理检察机关或者自诉人对其犯罪行为的控诉等。应当明知是指根据行为人作案的具体情况和案后情势,推定其应当知道侦查机关已对其立案侦查或者人民法院已受理对其犯罪行为的控诉,应当明知是一种推定的明知。本案中,被告人蔡某辩称其不知公安机关正在对其进行侦查,理由是从未受到传讯、未被采取强制措施。这种说法是不合常理的。案发后,公安机关多次对其进行传唤,并做蔡某家属的工作,但蔡某均未到案。这涉及认定"逃避侦查或者审判"的证据问题。客观方面,行为人客观上采取了逃避侦查或者审判的手段,如逃跑、藏匿、隐匿身份、指使他人作伪证等,并且这些行为对司法机关的侦查或审判活动造成了妨碍。逃避侦查的行为或后果应发生在侦查机关对案件予以立案并进行侦查之后,逃避审判的行为或后果应发生在人民法院受理该案件后。

3. 认定"逃避侦查或者审判"的证据。实践中,如果犯罪嫌疑人或被告人提出没有逃避侦查或审判,行为已超刑事追诉期限的理由时,公诉机关或自诉人就应该对行为人有逃避侦查或审判行为承担证明责任。可以作为证明行为人逃避侦查或者审判的主要证据有:侦查机关的立案决定书、人民法院的受案决定书、询问笔录、权利义务告知书、行为人亲属的证言、村委会或居委会的证明等。本案中,行为人在第一次开庭后提出超过刑事追诉期限的辩解理由后,人民法院要求公诉机关补充相关证据,最终证据确实、充分,被告人不再辩解。

058. 如何分析判定作案后在现场等待抓捕的自首行为

行为人在犯罪后明知他人报案而在现场等待,能逃而不逃,抓捕时无拒捕行为,归案后供认主要犯罪事实的,应当认定为自首。

司法实例

邓某
故意伤害案

2018 年 8 月 28 日凌晨,被告人邓某到其妻子程某租住的出租屋找程某,见程某与被害人侯某正在出租屋内,即怀疑程某与侯某之间存在不正当男女关系。为泄愤,邓某砸开出租屋房门后进入房内,持水管殴打程某与侯某,致程某重伤、侯某轻伤。邓某的朋友梅某闻讯到场阻止并将伤者送医,附近群众闻讯也赶到该处并由出租屋房东向某东报警。向某东报警时即在邓某身边,邓某未离开现场。邓某明知他人已报警而留在现场等候，公安机关接警后立即赶到现场并将邓某抓捕归案，邓某在被抓捕时无拒捕行为，到案后如实供述犯罪事实。

广东省梅州市某区人民法院经审理认为，被告人邓某故意伤害他人致一人重伤、一人轻伤，其行为已经构成故意伤害罪。被告人邓某归案后如实供述自己的罪行，依法予以从轻处罚。依照《刑法》有关条款之规定，判决认定被告人邓某犯故意伤害罪，判处有期徒刑 3 年 6 个月。

被告人邓某不服，以其在本案中存在现场等待抓捕型自首为由提出上诉。梅州市中级人民法院经审理认为，被告人邓某故意伤害他人的行为已构成故意伤害罪。邓某明知他人报案而在现场等待，抓捕时无拒捕行为，应当视为自动投案，且邓某归案后如实供述罪行，系自首，依法予以减轻处罚。依照《刑法》等有关法律之规定，判决认定被告人邓某犯故意伤害罪，判处有期徒刑 2 年 6 个月。

本案的焦点是邓某作案后明知他人报警而不离开现场是否构成自动投案进而认定自首。

关于邓某在本案中是否存在现场等待抓捕型自首的问题，一审法院认为在案证据不足以认定邓某的行为构成现场等待抓捕型自首。二审法院则认为由于在案证据可以证实邓某明知他人报案而在现场等待，抓捕时无拒捕行为，且归案后如实供述罪行，因此应认定邓某的行为构成自首。理由是：《刑法》第 67 条第 1 款规定，犯罪以后自动投案，如实供述自己的罪行的，是自首。根据这一规定，成立自首需要具备自动投案和如实供述自己的罪行两个要件。本案中，邓某归案后如实供述自己伤害他人的罪行，因此要认定其行为是否构成自首，关键在于其在本案中是否具备自动投案的情形。自动投案，是指犯罪嫌疑人在犯罪之后，在尚未受到讯问、未被采取强制措施、未被群众扭送之前，出于本人的意志而向有关机关或个人承认自己实施了犯罪，并自愿置于有关机关或个人的控制之下，等待进一步交代犯罪事实的行为。1998 年 5 月最高人民法院《自首解释》第 1 条第 1 项规定了 7 种应当视为自动投案的特殊情形，但并没有涵盖犯罪后在现场等待抓捕这一情形。为进一步规范自首、立功认定标准，2010 年 12 月最高人民法院发布了《自首立功意见》。《自首立功意见》根据司法实践中出现的新情况，在《自首解释》规定的 7 种应当视为自动投案情形的基础上，又增加了 4 种情形，其中就包括“明知他人报案而在现场等待，抓捕时无拒捕行为，供认犯罪事实”的情形，由此明确了作案后没有逃跑而在现场等待抓捕的行为可否认定为自首的问题。

一般来说，认定明知他人报案而在现场等待抓捕型自首应该具备以下几个条件：一是行为人作案后明知他人报案而主动留在现场等待被抓捕，能逃而不逃；二是抓捕时无拒捕行为；三是归案后始终如实供述自己的主要犯罪事实。只要符合以上三个条件，就可以认定行为人的行为构成自首。

首先，在案证据可以证实邓某明知他人报案而在现场等待。本案中，虽然证人甄某太证实称邓某不知道其打电话报警，但由于邓某供述称案发后其有叫其姐姐邓某娣帮忙报警，民警到场之前其已经知道有群众已经报警，且证人关某理也证实称“当时我问邓某有没有报警，邓某说他姐姐有报警，等警察来了再说”，因此按照有利于被告人原则，可以认定邓某明知他人报案而在现场等待。其次，在案证据可以证实邓某犯罪后有机会逃走而未逃走，留在现场等待抓捕，主动、自愿地将自己交付法律制裁。本案中，证人甄某太证实称“案发后现场没有人去抓邓某，邓某完全可以自行离开现场”；证人关某理证实称“出租屋大门关上后，门里面的人如果要出去的话随便打开就可以走了”；被害人侯某陈述称“出租屋的大门从里面可以打开，案发后没有人阻止邓某离开现场，邓某如果想离开可以主动离开”；邓某也供述称“案发后我可以逃离现场，但我没有想离开现场，不想逃避责任”。综合以上证据分析可知，在案证据可以证实邓某有机会逃走而未逃走，留在现场等待抓捕,主动、自愿地将自己交付法律制裁。最后,公安机关证实抓捕时邓某无拒捕行为。综上,由于在案证据可以证实邓某明知他人报案而在现场等待,抓捕时无拒捕行为,应当视为自动投案,且邓某归案后如实供述罪行,因此应认定邓某的行为构成自首。

059. 被行拘即如实供述作案事实及真实身份能否构成自首

行为人因一般违法行为被采取行政拘留、司法拘留等行政、司法强制措施期间,主动向执行机关交代自己的真实身份并主动供述被异地司法机关上网追逃的罪行,不属于准自首或坦白,应视为自动投案,构成一般自首。

司法实例

房某钱故意伤害案

2006年7月18日20时许,杨某森因买卖砖块之事,在某市某建筑工地与被害人梁某春发生争执,后杨某森电话通知房某钱等人前来帮忙。房某钱等人赶至案发现场后,房某钱持刀分别捅刺被害人梁某春、葛某胸腹部,致葛某死亡、梁某春构成轻伤,后逃逸。2016年5月10日,冒名"武会"的房某钱因赌博被重庆市城西派出所处行政拘留10天,"武会"虽对赌博行为供认不讳,但对自己身份情况拒不供认。后经公安人员教育、劝诫,"武会"交代其真名为房某钱,并供述2006年在重庆市持刀刺戳他人的犯罪事实。公安人员通过网上比对,发现房某钱的在逃编号,遂将其拘留。某市人民检察院第二分院将房某钱以故意伤害罪起诉至某市第二中级人民法院。

某市中级人民法院经审理后认为,被告人房某钱故意伤害他人身体,致一人死亡、一人轻伤,其行为已构成故意伤害罪。被告人房某钱因赌博被行政拘留期间,主动向公安机关交代尚未被掌握的罪行,系自首,依法可从轻处罚。遂判决认定被告人房某钱犯故意伤害罪,判处无期徒刑,剥夺政治权利终身。

房某钱不服一审判决,以其系一般自首,原判量刑过重为由,上诉至某市高级人民法院,要求减轻处罚。

2017年6月20日,某市高级人民法院裁定驳回上诉,维持原判。

本案在审理过程中对房某钱供述被追逃罪行存在三种不同意见:第一种意见认为构成一般自首;第二种意见认为构成准自首;第三种意见认为不构成自首,但可适用《刑法》第67条第3款的规定。

1. 本案被告人并非准自首、坦白的适格主体。我国《刑法》第67条第2款准自首的适用对象特定于被采取强制措施即刑事诉讼法规定的,拘传、拘留、监视居住、取保候审、逮捕的犯罪嫌疑人、被告人和正在服刑的罪犯,而本案房某钱因赌博行为被行政拘留,属于行政强制措施,非刑事强制措施。且从身份上房某钱仅是一般违法人员,非犯罪嫌疑人,更谈不上罪犯。此外,房某钱如实供述的是"自己的罪行",而不是《刑法》第67条第2款中的"其他罪行"。毕竟,"其他罪行"存在的前提是司法机关已掌握的前罪。故被告人房某钱非准自首的适格主体,更非坦白的主体。

2. 本案被告人可视为自动投案。本案被告人房某钱在行政拘留期间,人身自由已受到限制,本身就已处于司法机关的控制之下,其归案形式为被动而非主动。故此,有观点认为,此种情形下房某钱已不具备一般自首中"自动投案"的条件,将其视为一般自首未免有些牵强。但亦有相反观点认为,将此情形认定为一般自首符合自首制度的立法精神,不违背"犯罪后主动将自己交给国家追诉"的自首本质,如不以自首论,则显失公平,在法理上存在问题。一般来说,后一种观点更客观一些。理由如下:其一,归案形式与自动投案非同一范畴,自动投案体现行为人对待刑事制裁的主观心态,归案形式则主要是一种客观的描述。自动投案并不等于主动归案,被动归案也可能被视为自动投案并进一步认定为自首。对自动投案的理解不能机械地理解为物理意义上异地空间的移动过程,而应透过现象看其实质,行为人主观上是否有承担刑事责任的自愿性和主动性,即从"不在案"到"在案"的过程。详言之,被行政拘留的人原来并无罪案在身,处于不在案状态,由于如实交代自己罪行,将自己交付国家追诉。其二,相关司法解释的精神亦明显体现将某些被动归案的行为视为"自动投案"。如最高人民法院《自首解释》第1条规定:"……并非出于犯罪嫌疑人主动,而是经亲友规劝、陪同投案的;公安机关通知犯罪嫌疑人的亲友,或者亲友主动报案后,将犯罪嫌疑人送去投案的,也应当视为自动投案……"这就是由法律拟制的自动投案。其三,从当然解释的方法看,举重以明轻,对实施犯罪行为被采取刑事强制措施的犯罪嫌疑人、被告人和正在服刑的罪犯如实供述司法机关尚未掌握的本人其他罪行,可认定为自首,故对实施一般违法行为被采取行政强制措施的人员如实供述司法机关尚未掌握的本人罪行,更应当以自首论,这样更能彰显公平和正义。

3. 本案被告人交代真实身份后供述被网上追逃的罪行应视为司法机关尚未掌握的罪行。最高人民法院《自首立功意见》第1条规定,"……因特定违法行为被采取劳动教养、行政拘留、司法拘留、强制隔离戒毒等行政、司法强制措施期间,主动向执行机关交代尚未被掌握的犯罪行为的……"应当视为自动投案。房某钱如实交代被网上追逃的罪行,是否属于司法机关已掌握的罪行,直接关系房某钱的行为是不是自动投案,进而认定为自首。根据上述意见第3条的规定,如果余罪已被通缉,而采取强制措施的司法机关又在通缉令发布范围之内,或者余罪已录入全国公安信息网络在逃人员信息数据库的,应视为司法机关已掌握,否则,应以该司法机关是否实际掌握该罪行为标准。但该标准应有例外,具体而言,如果异地司法机关受到主客观条件的限制(未安装电脑网络,路途遥远,忽视网上在逃犯的信息,犯罪分子使用化名和身份证),此时应本着实事求是、不枉不纵、具体案情具体分析的态度,视为该司法机关没有发觉和掌握在逃犯的犯罪事实,否则将无助于鼓励和引导犯罪人自动投案,改过自新,更无益于节约司法资源,及时侦破案件,违背自首的立法原意。本案的特殊性在于房某钱使用了假名"武会",如果其不主动交代其真实姓名及罪行,即便有网上的追逃,重庆司法机关亦很难或几乎不可能通过比对查证掌握其真实身份及罪行。对此,笔者以为,房某钱交代的网上追逃罪行应视为重庆司法机关尚未掌握。

060. 被告人对行为性质的辩解对自首有何影响

被告人自动投案,如实供述主要犯罪事实后,在并未否认指控的基本事实的前提下,对行为是属于民事行为还是属于犯罪行为提出不同意见和见解的,系对行为性质的辩解,而不属于翻供,不影响自首的成立。

司法实例

刘某钊合同诈骗、虚报注册资本案

2002年,被告人刘某钊为获取资金,向被害单位上海同瑞房地产开发有限公司(以下简称同瑞房产公司)谎称,其已获得上海市原南汇县康桥工业区管理委员会(后更名为上海浦东康桥工业区管理委员会,以下简称康管会)关于"罗南大道以东、外环线以南、创业路以西、秀浦路以北133.4公顷地块"开发权,并伪造"南康管(1995)059号""南康管(2002)087号"批复,于2002年12月和2003年8月以三爱工程公司名义,先后与同瑞房产公司签订了成立项目公司上海索埃置业有限公司(以下简称索埃置业公司)及合作开发上述地块的协议。2002年12月31日,刘某钊以"暂借康桥项目前期现金"为名,骗得同瑞房产公司借款11万元。2003年1月、8月,刘某钊以康桥项目需前期费用为名,且根据前述协议书的内容,实际骗得索埃置业公司支付三爱工程公司康桥项目定金500万元。所骗钱款用于刘某钊控制的江苏省某市爱都城市污水处理有限公司(以下简称爱都公司)的经营活动、个人提现花用等。

2004年6月,被告人刘某钊在注册成立三爱水务公司的过程中,实际没有出资,由上海东驰建材有限公司垫资1000万元办理验资手续后划回,欺骗工商行政管理机关,取得公司登记。

被告人刘某钊在未被公安机关采取强制措施时,主动投案,比较完整地交代了他指使公司员工伪造批文、以康桥项目开发名义骗取资金500万余元的犯罪事实。在因涉嫌合同诈骗罪被刑事拘留后,主动交代了公安机关尚未掌握的三爱水务公司虚报注册资本的事实。

某市人民检察院向法院起诉认为被告人刘某钊的行为已构成合同诈骗罪和虚报注册资本罪,应予并罚。

被告人刘某钊辩称,公诉机关指控的第一节事实属于民事纠纷,不构成合同诈骗罪;虚报注册资本成立三爱水务公司没有造成严重后果,不构成虚报注册资本罪。

某市中级人民法院认为,被告人刘某钊以非法占有为目的,在签订、履行合同过程中,骗取被害单位同瑞房产公司等钱款达511万元,数额特别巨大,其行为已构成合同诈骗罪。被告人刘某钊又在申请公司登记过程中,采取欺诈手段虚报注册资本1000万元,欺骗公司登记主管部门,取得公司登记,虚报注册资本数额巨大,其行为又构成虚报注册资本罪。被告人刘某钊一人犯两罪,应予数罪并罚。公诉机关指控被告人刘某钊犯合同诈骗罪、虚报注册资本罪的事实清楚,证据确实充分。鉴于被告人刘某钊对于两罪均有自首情节,可以从轻或者减轻处罚,根据本案实际情况,决定对其合同诈骗罪减轻处罚,对虚报注册资本罪从轻处罚。遂判决认定被告人刘某钊犯合同诈骗罪,判处有期徒刑8年,剥夺政治权利2年,并处罚金40万元;被告人刘某钊犯虚报注册资本罪,判处有期徒刑6个月,并处罚金10万元;决定执行有期徒刑8年3个月,剥夺政治权利2年,并处罚金50万元;违法所得予以追缴①。

一审宣判后,检察机关提出抗诉,认为刘某钊虽然主动投案,但在被采取强制措施后直至一审庭审,其对实施虚构开发权、伪造政府批文、资金用途等诈骗事实均予以否认,依法不应认定自首并减轻处罚。

上级人民检察院认为,刘某钊属于自动投案,在被采取强制措施后直至侦查终结前,如实供述了合同诈骗的主要犯罪事实,但在一审庭审中否认指控的基本事实,否认伪造文件、证人证言的真实性和自己以往供述,推翻了合同诈骗的基本事实,其翻供不属于对行为性质的辩解,依法不应认定自首并减轻处罚,遂支持抗诉,建议依法改判。对于刘某钊及其辩护人二审庭审中提出不构成犯罪的意见,认为刘某钊伪造批文、虚构已取得涉案地块开发权的事实,诱骗同瑞房产公司签订合作协议,骗取资金后没有用于合同约定的义务,也不具备还款能力,具有非法占有他人财物的目的,其行为构成合同诈骗罪;刘某钊通过他人采用欺诈手段虚报注册资本,取得公司登记,数额巨大,其行为构成虚报注册资本罪。

某市高级人民法院经审理后认为,原审被告人刘某钊在三爱工程公司没有收益、急需资金从事污水治理的情况下,伪造批文,虚构其已取得涉案地块开发权的事实,诱骗被害单位签订

---

① 上海市第一中级人民法院刑事判决书,(2009)沪一中刑初字第280号。

合作合同,骗取被害单位资金511万元,之后并没有履行将该资金用于合同约定的义务,在被害单位一再催讨下虽承诺归还欠款,但直至案发长达4年的时间里没有归还,反映其主观上具有非法占有他人财物的目的,客观上实施了欺骗行为,其行为构成合同诈骗罪,而非普通民事纠纷。刘某钊在申请公司登记过程中,采取欺诈手段虚报注册资本1000万元,欺骗公司登记主管部门,取得公司登记,其行为虽未造成严重后果,但虚报注册资本数额巨大,构成虚报注册资本罪。

刘某钊在未被公安机关采取强制措施时,主动投案,比较完整地交代了他指使公司员工伪造批文、以康桥项目开发名义骗取资金500万余元的犯罪事实。刘某钊在被采取强制措施后至侦查结束前,在承认上述事实的基础上,辩解上述钱款是合同约定的定金、出差费用等。一审庭审中,刘某钊先是否认起诉指控的事实,后又承认批文是他指使他人伪造的,合作合同是他签订的,以项目运作名义从同瑞房产公司取得的511万元大部分用于他所控制的爱都公司污水治理项目等合同诈骗的主要犯罪事实,只是辩解伪造的材料是复印件不能称作文件,复印件的内容反映的是康管会的意思或承诺,同瑞房产公司签订合同是经实地调查的,从同瑞房产公司取得的资金是合同约定的定金、出差费用,证人证言有不实之处或口气不对,他本人的供述笔录未能反映事实全貌等。本案中,尽管刘某钊对批文的作用、合同签订的基础、511万元钱款的性质等存在不同意见和见解,但并未否认指控的基本事实,属于对行为性质是民事纠纷还是合同诈骗的辩解,不能认定为翻供,不影响自首的成立。原判根据本案情况,认定刘某钊合同诈骗一节成立自首并对其减轻处罚并无不当。

该院于2011年6月20日终审裁定:驳回抗诉,维持原判①。

对行为性质是民事纠纷还是合同诈骗的辩解,本质上还是对行为性质的辩解。最高人民法院《关于被告人对行为性质的辩解是否影响自首成立问题的批复》指出:“根据刑法第六十七条第一款和最高人民法院《关于处理自首和立功具体应用法律若干问题的解释》第一条的规定,犯罪以后自动投案,如实供述自己的罪行的,是自首。被告人对行为性质的辩解不影响自首的成立”。根据该批复精神,被告人自动投案,如实供述主要犯罪事实后,在并未否认指控的基本事实的前提下,对行为是属于民事行为还是属于犯罪行为提出不同意见和见解的,系对行为性质的辩解,而不属于翻供,不影响自首的成立。本案中,尽管刘某钊对批文的作用、合同签订的基础、511万元钱款的性质等存在不同意见和见解,但并未否认指控的基本事实,属于对行为性质是民事纠纷还是合同诈骗的辩解,不能认定为翻供,不影响自首的成立。

对行为性质的辩解可以认定为自首。如实供述自己的罪行,是自首成立的核心条件。因此,犯罪嫌疑人只要根据客观事实供述所犯的所有罪行,就应当认为符合如实供述自己的罪行的条件。如果由于主客观因素,不能供述所有的犯罪事实,但已经供述主要的或基本的犯罪事实,据此可以确定犯罪性质、犯罪情节的,就应视为如实供述。至于所供述的罪行是一罪还是数罪,是构成此罪还是彼罪,甚至是罪与非罪,并不影响对如实供述自己罪行条件的认定。

① 上海市高级人民法院刑事裁定书,(2016)沪高刑抗字第1号。

061. 被告人关于犯罪目的的辩解对自首有何影响

诈骗犯罪行为人主动投案后，虽如实交代了客观犯罪事实，但否认主观上具有非法占有目的的，不构成自首。

司法实例

佟某诈骗案

被告人艾某、佟某自2014年相识后长期保持情人关系。2017年7月至2019年12月，艾某在无实际经营活动且无归还能力的情况下，虚构各种事由，通过佟某以借款为名，实际骗取19名被害人739万余元。所骗钱款被艾某、佟某二人占有、挥霍。2020年1月17日，佟某主动到公安机关投案，如实供述其以借贷名义帮助艾某从被害人处取得钱款的事实，但否认其具有非法占有被害人钱款的主观目的。同年1月27日，艾某被公安机关抓获归案，归案后如实供述了其与佟某共同实施的诈骗罪行。

第一种意见认为，佟某自动投案后已如实供述了客观犯罪事实，其对主观犯罪目的的辩解不影响自首的成立，应认定构成自首。第二种意见认为，佟某的行为不构成自首。

法院生效判决采纳的是第二种意见，判决认定佟某、艾某构成诈骗罪，分别判处15年、10年有期徒刑并处罚金。理由如下：

1. 犯罪构成事实属于主要犯罪事实。犯罪构成事实包括犯罪客体、犯罪客观方面、犯罪主体和犯罪主观方面的事实。犯罪构成是认定犯罪的唯一法律标准，任何行为，凡是符合某种犯罪构成的，就成立犯罪；凡是不符合犯罪构成的，就不成立犯罪。因此，犯罪构成事实是认定犯罪所必须具备的事实，应属于主要犯罪事实。

2. 目的犯中的特定犯罪目的属于犯罪构成事实。刑法理论认为，目的犯之“犯罪目的”属于《刑法》分则特别规定或包含的构成要件，是超过客观因素且独立于犯罪故意之外的主观因素，是犯罪构成的主观要件要素。既然犯罪构成事实属于主要犯罪事实，那么作为目的犯的主观要件事实，特定犯罪目的当然属于“主要犯罪事实”。

3. 诈骗罪属于目的犯，行为人否认具有非法占有目的的不构成自首。有无非法占有目的属于诈骗犯罪行为人应当如实供述的罪行范畴。因此，诈骗犯罪行为人主动投案后，虽如实交代了客观犯罪事实，但否认主观上具有非法占有目的的，不构成自首。

具体到本案，虽然佟某系自动投案，投案后对其犯罪事实也进行了供述，但却始终否认其主观上具有非法占有的目的，而从其供述以及同案犯艾某的供述、证人证言等证据审查看，足以认定其主观上具有非法占有的目的。因此，佟某的行为属于未如实供述主要犯罪事实，不应认定为自首。

062. 在自首的认定中如何判断如实供述

行为人只要将基本的犯罪事实和主要情节说清楚，就应当认为属于如实供述自己的罪行。至于有些细节或者情节，犯罪分子记不清楚或者确实无法说清楚的，不能认为是隐瞒。如果其避重就轻或者只供述一部分，还保留一部分，企图蒙混过关，就不能认为是如实供述自己的罪行。对于共同犯罪中的行为人不仅应供述自己的犯罪行为，还应供述与其共同实施犯罪的其他共犯的共同犯罪事实。

司法实例

黄某
故意杀人案

2014年4月15日,被告人黄某因情感纠纷,持刀将被害人汪某(女,殁年40岁)及柳某(女,殁年5岁,汪某之女)杀死。黄某作案后,由重庆市潜逃至广东省广州市,并于潜逃途中更换了手机号码。同年4月21日,黄某用新的手机号码与办案民警联系,在得知民警已追至其家乡湖南省宁远县后,表示愿意回乡自首,但请求给其三天时间处理个人债务。次日,民警通过手机定位,发现黄某正乘坐广州市开往宁远县的长途汽车,遂于途中将该车截停,抓获黄某。黄某到案后称返回家乡是为投案自首,但在公安人员对其进行第一次讯问时,仅承认杀害汪某,辩称是汪某杀害了柳某。随后两天,办案民警将黄某押解回重庆,黄某在抵达重庆后的讯问中均如实供述了自己杀死汪某、柳某的罪行。

本案争议焦点在于黄某是否具有自首情节。第一种意见认为黄某不构成自首。首先,不能确定黄某乘车返回家乡是为了投案,其自动投案的真实性无法判断。其次,黄某自动投案时的供述中否认杀死柳某,没有如实供述自己的罪行。第二种意见认为黄某自动投案途中被捕获,应当视为自动投案。虽然黄某在第一次供述中否认杀死柳某,但是此后能够如实供述自己的罪行,应当认定其具有自首情节。

笔者同意第二种意见。按照《刑法》第67条第1款的规定,犯罪后自动投案,如实供述自己罪行的,是自首。根据上述规定,自首有两方面条件,一是自动投案,二是如实供述自己的罪行。

1. 关于自动投案。根据最高人民法院《自首解释》和《自首立功意见》的规定,除直接到公安机关投案外,其他一些情形下归案也可视为自动投案,其中包括"经查实确已准备去投案,或者正在投案途中,被公安机关捕获的,应当视为自动投案"。考察本案黄某到案经过,首先,黄某作案后已经意识到公安机关可能通过手机确定其方位,并更换了手机号码,但仍使用新号码与办案民警联系,且再未更换,使公安机关得以通过手机定位确定其行踪,表明其自动投案的想法具有真实性。其次,黄某提出需要三天时间处理债务,鉴于黄某对自己的罪行有清醒的认识,对即将到来的法律后果有所预见,其处理债务的要求合乎情理。至于其未到三天即提前返回家乡,黄某称债务提前处理完毕,故能提前返回,也能作出合理解释。最后,黄某被抓获时确实已处于投案途中,表明其已经采取了实际行动。以上情况体现了黄某投案意图的真实性,故可认定其自动投案。

2. 关于如实供述。如实供述自己的罪行,是指犯罪分子投案以后,对于自己所犯的罪行,不管司法机关是否掌握,都必须如实地全部向司法机关供述,不能有隐瞒。至于有些细节或者情节,犯罪分子记不清楚或者确实无法说清楚的,不能认为是隐瞒。只要基本的犯罪事实和主要情节说清楚,就应当认为属于如实供述自己的罪行。如果犯罪分子避重就轻或者只供述一部分,还保留一部分,企图蒙混过关,就不能认为是如实供述自己的罪行。对于共同犯罪中的犯罪分子不仅应供述自己的犯罪行为,还应供述与其共同实施犯罪的其他共犯的共同犯罪事实。一是关于如实的标准,应为供述自己及与自己相关的犯罪事实,供述内容和犯罪人主观记忆相符。合理辩解不影响如实供述,即如实供述了案件事实,但对案件事实的定性存在不同理解,有不同看法进行辩解,仍属于如实供述。二是关于如实的范围,除供述自己的主要犯罪事实外,还应包括姓名、年龄、职业、住址、前科等情况。犯罪嫌疑人供述的身份等情况,与真实情况有差别,但不影响定罪量刑的,应当认定为如实供述自己的罪行,影响定罪量刑的,不能认定为如实供述自己的罪行。三是关于如实的程度,犯罪嫌疑人多次实施同种罪行的,应当综合考虑已交代的犯罪事实与未交代的犯罪事实的社会危害程度,决定是否认定为如实供述主要犯罪事实。如实交代的犯罪情节重于未交代的犯罪情节，或者如实交代的犯罪数额多于未交代的犯罪数额，一般应认定为如实供述自己的主要犯罪事实。无法区分严重程度，或者已交代的犯罪数额与未交代的犯罪数额相当，一般不认定为如实供述自己的主要犯罪事实。

本案对于黄某第一次供述中仅承认杀死一人的情况，《自首立功意见》规定：多次实施同种罪行，仅交代部分罪行的，需要综合考虑已交代犯罪事实与未交代犯罪事实的危害程度，已交代犯罪数额与未交代的犯罪数额相当，一般不认定为如实供述主要犯罪事实。按照上述标准，黄某第一次供述不属实。

《自首解释》《自首立功意见》对自动投案后如实供述的时间也有要求：投案后始终如实供述；或者是自动投案时如实供述，后虽翻供，但一审判决前又能如实供述的；或者是自动投案时虽未交代自己的主要犯罪事实，但在司法机关掌握其犯罪事实之前主动交代。按照第一种观点，黄某自动投案时，在第一次讯问中未能如实供述自己的罪行，两天后才如实供述，不符合上述三种情形中的任何一种，故不构成自首。

司法实践中，应当从实质上把握相关司法解释关于自首中如实供述的时间点的规定。关键要看犯罪嫌疑人、被告人供述对案件侦破过程的影响，以及是否增加了司法成本。《自首解释》《自首立功意见》之所以对如实供述的时间节点加以限制是为实现自首的功利性，犯罪嫌疑人到案后如能及时供述自己的罪行，可以加快案件侦破揭发过程，节约司法资源，反之则可能增大案件侦破难度，增加司法成本。因此，自首要求犯罪嫌疑人在自动投案后较短的时间内，至迟也应当在司法机关掌握其他证据前，如实供述自己的罪行。犯罪嫌疑人如实供述后，已经对案件侦破起到了作用，即使后又翻供，只要在一审判决前仍能如实供述，也可认定自首。本案黄某虽然第一次未能如实供述，但公安机关早已掌握了黄某犯罪的证据，其是否供述对案件的侦破过程无影响。第一次供述之后的两天公安机关将其押解至案发地，途中未再讯问，并非黄某故意拖延时间，其在到达后的讯问中即对自己的罪行供认不讳。

同时，按照举重以明轻的原则，黄某的行为应认定为自首。自首体现了犯罪嫌疑人、被告人自愿接受法律制裁的态度，是犯罪嫌疑人、被告人认罪、悔罪的体现。据黄某交代，其第一次供述中之所以否认杀害柳某，是出于愧疚，不愿面对自己杀害幼童的罪行，此后在多次讯问中均如实交代。相比于供述后又翻供，或司法机关掌握犯罪事实前才供述，黄某的认罪、悔罪态度更积极。按照举重以明轻的原则，黄某行为应认定构成自首，只是鉴于其罪行特别严重，不足以对其从轻处罚。

063. 仅供述未遂事实是否属于如实供述主要犯罪事实

行为人多次实施盗窃行为，其中既有既遂，也有未遂。其自动投案后，仅供述未遂部分的犯罪事实，没有供述既遂部分的犯罪事实，应结合具体的情节来认定行为人是否供述了主要犯罪事实。

司法实例

周某旺盗窃、妨害公务案

2017年1月28日凌晨4时许，被告人周某旺在本市某新城，盗窃被害人赵某祝沪C0××H5号三菱轿车一辆。经鉴定，被盗车辆价值7.5万元。2017年1月28日12时许，被告人周某旺将盗窃来的轿车开往镇江旧机动车交易市场以明显的低价出售，引起交易市场工作人员沈某立的怀疑，沈某立遂与车主赵某祝联系，得知该车系被盗车辆后报警。民警接警后驾驶苏A××41号警车在华西路红灯处将周某旺驾驶的沪C0××H5号轿车拦停,民警下车至沪 C0××H5 号轿车旁边示意周某旺下车接受检查。周某旺驾车逃离,民警随即追赶并将其截停,民警再次让周某旺接受检查,周某旺驾车撞击苏 A××41 号警车的车头部位后逃离。民警迅速追赶,在附近一个小区的空地上发现了沪 C0××H5 号轿车,民警再次让周某旺下车接受检查,周某旺加大油门倒车撞向警车右前门位置,后逃离现场。2017 年 1 月 30 日,被告人周某旺因涉嫌盗窃沪 C0××H5 号轿车被公安机关抓获归案,并于同年 1 月 31 日被镇江市某分局刑事拘留,同年 3 月 8 日被该分局取保候审。2018 年 3 月 8 日,因证据不足被该分局解除取保候审。

2018 年 11 月 20 日凌晨 4 时许,被告人周某旺和牛某杰、沈某(均另案处理)至镇江某钢铁公司钢材二库,采用吊车吊装、货车拖运的方式,盗窃废钢 31.78 吨,被该单位职工当场发现,后周某旺等人逃离现场。经鉴定,被盗废钢价值 50,848 元。

2018 年 11 月 25 日 21 时许,被告人周某旺和牛某杰至镇江某钢铁公司某停车处,采用吊车吊装、货车拖运的方式,盗窃镇江某公司铁运中心摆放在该处的废旧钢轨 35.06 吨,拖运至镇钢 1 号门高架桥下时,被该单位工作人员发现,后周某旺等人逃离现场。经鉴定,被盗废旧钢轨价值 56,096 元。

2018 年 12 月 2 日,被告人周某旺主动到公安机关投案,如实供述了盗窃 31.78 吨废钢及 35.06 吨废旧钢轨的犯罪事实。

另查明,被告人周某旺检举揭发沈某、涂某吉、何某盗窃一案,嫌疑人均未找到,其中沈某已被上网追逃。公安机关到被害单位镇钢建设公司了解,该单位称沈某所负责运送的钢材均为维修品,具体数量无登记,是否有损失无法统计。

某区人民法院认为,被告人周某旺以非法占有为目的,盗窃他人财物,数额巨大,其行为符合盗窃罪的构成要件,构成盗窃罪,应依法惩处。被告人周某旺以暴力方法阻碍国家机关工作人员依法执行职务,其行为符合妨害公务罪的构成要件,构成妨害公务罪,应依法惩处。被告人周某旺已经着手实行盗窃废旧钢轨、废钢的犯罪,由于意志以外的原因未能得逞,系犯罪未遂,可以比照既遂犯从轻处罚。被告人周某旺伙同他人共同实施盗窃废旧钢轨、废钢的犯罪行为,系共同犯罪。被告人周某旺检举揭发他人犯罪行为,未经查证属实,不应认定为有立功表现。遂判决认定被告人周某旺犯盗窃罪,判处有期徒刑 4 年 9 个月,罚金 2 万元;犯妨害公务罪,判处有期徒刑 9 个月,决定执行有期徒刑 5 年,罚金 2 万元。

一审宣判后,被告人周某旺不服,以原判量刑过重,有立功、自首情节为由提出上诉。其辩护人认为上诉人投案后交代的盗窃数额为 10 万余元的犯罪事实相比较于未交代的 7.5 万元的犯罪事实,属于主要犯罪事实,根据司法解释的相关规定,应当认定为自首。

二审法院审理查明的事实与一审认定一致。出庭检察员在二审庭审中出示了某市公安局钢城派出所出具的关于周某旺检举揭发情况说明,证实周某旺不属于揭发他人犯罪的情形,不构成立功。

某市中级人民法院审理认为,上诉人周某旺以非法占有为目的,盗窃他人财物,数额巨大,其行为构成盗窃罪。上诉人以暴力方法阻碍国家机关工作人员依法执行职务,其行为构成妨害公务罪。对于上诉人提出,原判量刑过重,有立功情节的上诉意见,经查,原判决对上诉人量刑在法律规定幅度内并无不当。上诉人虽有检举行为,但不属于揭发他人犯罪的情形,不构成立功,故上诉人的上诉意见不能成立,不予采纳。关于上诉人及辩护人提出上诉人有自首情节的意见,经查,上诉人虽主动到案供述其盗窃废旧钢轨、废钢的犯罪事实,但直至一审宣判前,上诉人在有证据证实其犯罪的情况下,对于盗窃沪 C0××H5 号车辆的犯罪事实拒不供述并予以否认,综合上诉人的犯罪情节及数额,该事实属于其主要犯罪事实,故不符合自首成立的条件,不能认定上诉人有自首情节。对于上诉人及辩护人关于此节的意见,不予采纳。原审判决事实清楚,证据确实、充分,定性准确,量刑适当,审判程序合法,遂裁定驳回上诉,维持原判。

本案焦点在于上诉人是否构成盗窃罪的自首。《刑法》第 67 条第 1 款规定:“犯罪以后自动投案,如实供述自己的罪行的,是自首……”由此可见,自首的构成必须同时满足两个条件:一是自动投案;二是如实供述自己的罪行。因此,在本案中认定上诉人自首,就应该判断上诉人的行为是否构成自动投案,以及上诉人是否如实供述了主要犯罪事实。

1. 上诉人的行为是否构成自动投案。上诉人于 2017 年 1 月 31 日因涉嫌犯盗窃罪被刑事拘留,同年 3 月 8 日被取保候审,2018 年 3 月 8 日被解除取保候审。在解除取保候审之后,上诉人又分别于 2018 年 11 月 20 日、25 日实施盗窃行为,并于同年 12 月 2 日主动到公安机关投案,如实供述了其盗窃 31.78 吨废钢及 35.06 吨废旧钢轨的犯罪事实。上诉人初次被动归案,在解除强制措施后,又自动投案的行为,应当认定为自动投案。尽管上诉人之前因涉嫌盗窃罪被动归案,但最后解除取保候审,说明司法机关缺乏相应证据证明其具有犯罪事实。上诉人在解除取保候审后处于人身自由状态,此时再实施犯罪行为后的投案,体现投案的主动性和直接性,体现了上诉人自愿将自己交给司法机关追诉,应当认定为自动投案。

2. 上诉人是否如实供述主要犯罪事实。本案中,被告人周某旺实施盗窃沪 C0 × × H5 号车辆的行为经相关证据查证属实,构成盗窃罪既遂。被告人周某旺自动投案后,只如实供述了盗窃 31.78 吨废钢及 35.06 吨废旧钢轨的犯罪事实,直至一审宣判前,被告人在有证据证实其犯罪的情况下,对于盗窃沪 C0 × × H5 号轿车的犯罪事实拒不供述并予以否认。简言之,被告人周某旺自动投案后,如实供述了盗窃价值 10.6 万余元废旧钢轨的未遂事实,对于盗窃价值 7.5 万元轿车的既遂事实不予供认。在此情况下能否认定为如实供述了主要犯罪事实?

《刑法》将自首的其中一个重要构成要件规定为“如实供述自己的罪行”,对于如何认定“如实供述自己的罪行”,最高人民法院《自首解释》第 1 条第 2 项规定,如实供述自己的罪行,是指犯罪嫌疑人自动投案后,如实交代自己的主要犯罪事实。最高人民法院《自首立功意见》又对《自首解释》第 1 条第 2 项进行了进一步阐明:如实供述自己的罪行,除供述自己的主要犯罪事实外,还应包括姓名、年龄、职业、住址、前科等情况。犯罪嫌疑人供述的身份等情况与真实情况虽有差别,但不影响定罪量刑的,应认定为如实供述自己的罪行。犯罪嫌疑人自动投案后隐瞒自己的真实身份等情况,影响对其定罪量刑的,不能认定为如实供述自己的罪行。

《自首立功意见》第 2 条第 2 款还明确:“犯罪嫌疑人多次实施同种罪行的,应当综合考虑已交代的犯罪事实与未交代的犯罪事实的危害程度,决定是否认定为如实供述主要犯罪事实。虽然投案后没有交代全部犯罪事实,但如实交代的犯罪情节重于未交代的犯罪情节,或者如实交代的犯罪数额多于未交代的犯罪数额,一般应认定为如实供述自己的主要犯罪事实。无法区分已交代的与未交代的犯罪情节的严重程度,或者已交代的犯罪数额与未交代的犯罪数额相当,一般不认定为如实供述自己的主要犯罪事实。”

对于本案,能否认定被告人如实供述了主要犯罪事实,存在两种意见。第一种意见认为构成自首。辩护人认为被告人交代的事实犯罪数额 10.6 万余元,多于未交代的事实犯罪数额 7.5 万元,应当认定为如实供述了主要犯罪事实。第二种意见认为不构成自首。具体理由又分两种。一是认为 7.5 万元的既遂犯罪事实为本案主要犯罪事实,不交代此部分事实,不能认定为主要事实;二是认为对于既遂 7.5 万元的事实和未遂 10.6 万余元的事实,由于量刑幅度均为 3 年以上有期徒刑,犯罪数额大的有未遂情节,犯罪数额小的为既遂,无法区分,按照《自首立功意见》的规定，一般不认定为如实供述主要犯罪事实。同时还提出，对于既遂部分的盗窃车辆的犯罪事实与后续处理的妨害公务犯罪事实在事实上存在客观关联，对于盗窃车辆既遂部分事实的否认便是对妨害公务事实的否认，不能体现其供述主要犯罪事实的意愿，不能认定为如实供述主要犯罪事实。

从判决结果可见，法院采纳的是第二种意见，即被告人实施的盗窃车辆的事实为主要犯罪事实，被告人未如实供述主要犯罪事实，不应认定为自首。主要理由如下：一是被告人实施的既遂、未遂犯罪事实均处在同一量刑档次，均属于数额巨大，依法均应当在3年以上10年以下有期徒刑量刑幅度内处罚。从此角度出发，7.5万元与10.6万余元的数额相差不大，综合考虑既遂、未遂情节，不能认定供述10.6万余元的犯罪事实为供述了主要犯罪事实；二是依照某省量刑规范化指导意见及其实施细则进行简单测算，7.5万元的既遂事实基准刑为3年11个月，10.6万余元未遂事实基准刑为3年5个月左右，故应当认定为被告人实施的7.5万元的既遂犯罪事实为主要犯罪事实。

3. 对供述部分犯罪事实是否从轻或者减轻处罚。如前文所述，被告人周某旺的行为不应认定为自首。对于被告人自动投案，又如实供述了部分犯罪事实，是否可以对被告人酌情予以从轻或者减轻处罚。首先，犯罪人的悔罪表现并不是自首所特有的属性，犯罪人被动归案后如实供述自己的罪行即坦白，也是犯罪人悔罪的表现。除此之外，犯罪人在服刑阶段听从教诲，认真接受改造，同样也是悔罪的表现，因此这不能作为自首的立法本质。其次，对犯罪人的主观恶性与社会危害性的判断，应该是犯罪人在实施犯罪的过程中一个既定的量，不可能因为其他因素而增加或者减少，更不能在犯罪行为已经实施终了的情况下，根据犯罪人犯罪后的行为再进行主客观危害性的评价，而最多只能对其进行再犯可能性的评价。对自首从宽处罚的立法本质的探讨，还是要立足于自首所需满足的两个基本条件：一是自动投案；二是如实供述犯罪事实。从这两点出发，可以总结出自首的立法本质也包括两个对应的方面：一是犯罪人自愿接受国家的刑事处罚；二是犯罪人如实供述的行为节约了司法资源，提高了司法效率。基于这样的立法本质，便可以解答犯罪人自动投案并如实供述无法区分主次的犯罪事实是否可以对已供述的事实从轻或者减轻处罚的问题。首先，尽管犯罪人属于自动投案，将自己交付给国家追诉，但其供述部分犯罪事实表明其并不自愿接受国家对其全部犯罪事实的刑事处罚。其供述的犯罪事实与未供述的事实主次相当，或者无法分清主次时，司法机关仍需要动用大量的司法资源查清全部的犯罪事实，这在一定程度上并没有达到节约司法资源的目的，更谈不上提高司法效率，因此不能认定为自首。其次，刑法关于自首从宽处罚的规定，本身就是可以从轻或者减轻处罚，而不是应当从宽处罚，具有一定的自由裁量性。在认定犯罪人自首的情况下尚且需要酌情考虑从宽处罚的情节，那么对于犯罪人犯同种罪行只供述部分犯罪事实，并不能认定其自首的情况下，在司法实践中一般也就不对犯罪人如实供述的部分犯罪事实予以从轻或者减轻处罚。

064. 如何区分情形合理界定"如实供述"及翻供时间点

准确确定如实供述的时间节点，从如实供述的时间节点分析被告人是否如实供述主要犯罪事实，是正确认定"如实供述主要犯罪事实"的重要途径。

1. 什么是主要犯罪事实。主要犯罪事实一般是指对犯罪嫌疑人行为性质的认定有决定意义的事实、情节即定罪事实以及对量刑有重大影响的事实、情节即重大量刑事实。实践中，对是否如实交代定罪事实的争议不大,但对是否如实交代重大量刑事实多有争议。重大量刑事实主要是指对犯罪嫌疑人应适用的法定刑档次是否升格或降格具有重大影响的事实、情节,以及在总体危害程度上比其他部分事实、情节更大的事实、情节,既包括对犯罪嫌疑人加重或从重处罚的事实、情节,如犯罪嫌疑人持枪抢劫但未交代持枪的情节,因法律规定该情节系法定刑升格的情节,故该种情况下不能认定犯罪嫌疑人交代了重大量刑事实,也包括对犯罪嫌疑人减轻或从轻处罚的事实、情节,如防卫挑拨的情况,犯罪嫌疑人预谋杀死被害人,故意挑逗被害人对自己实施侵害行为,借机将被害人杀死,事后称自己系防卫过当,该种情况下犯罪嫌疑人隐瞒了其故意杀人的犯罪事实,而虚假供述防卫过当这一从轻情节,也属未如实交代重大量刑事实。实践中一般有以下几种情况:(1)虚假供述的从轻、减轻情节已被证据否定;(2)虚假供述的从轻、减轻情节可能存在,但经查其系恶意制造;(3)虚假供述的从轻、减轻情节没有证据印证,也无相反证据予以否定。对于前两种可以认定为“未如实交代主要犯罪事实”,对于第三种情况,因无证据证实,根据有利于被告人的原则,不能认定其“未如实交代主要犯罪事实”。

2. 如何准确确定如实供述的时间节点。根据《刑法》第 67 条及相关司法解释和规范性指导文件的规定,“自动投案”是具有一定时间限制的,即犯罪嫌疑人必须在尚未受到讯问、未被采取强制措施时,主动、直接向司法机关投案。然而,上述相关规定并未明确“如实供述自己罪行”有无时间限制。司法实践中,经常遇到犯罪嫌疑人自动投案后,先不供述或者作虚假供述,但最终又做了如实供述主要犯罪事实的情况,对此能否认定为自首,存在认识分歧:一种观点认为,如实供述就是到案后立即交代犯罪事实,如果不是立即交代犯罪事实,则如实供述就失去了其本来的意义;另一种观点认为,由于法律对供述的时间节点没有明确规定,考虑到《刑法》第 67 条第 3 款对供述主体采用了“犯罪嫌疑人”这一表述,所以只要犯罪嫌疑人的身份还未变成被告人,其只要在侦查阶段供述了自己的罪行,都应当认定为如实供述了主要犯罪事实,而不论犯罪嫌疑人是否在第一时间供述。因为《刑法》设立自首的初衷,在于鼓励犯罪嫌疑人或者被告人(限于准自首情形)认罪、悔罪,真正将自己主动交付于司法机关监管。从“如实供述自己罪行”的相关规定看,的确没有对如实供述的时间节点进行明确规定,然而,如实供述的时间节点能够体现出供述者是否具有将其主动交付于司法机关监管的意愿。换言之,如果犯罪嫌疑人如实供述的时间节点是在其他同案犯已做相关供述之后,其是被迫而作出如实供述,那么其在实质上就不具有主动交付于司法机关监管的意愿,不符合自首制度设立的初衷,故不能认定构成自首。因此,如实供述的时间节点,共同犯罪的应当为其他同案犯罪嫌疑人或被告人供述前;非共同犯罪的,应当为在司法机关掌握其犯罪事实之前。

如某甲到案即供述了其和其父参与了与被害人某乙殴斗的犯罪事实,但是没有供述其纠集某丙参与殴斗的犯罪事实。直到某丙到案后交代了其受某甲纠集才参与殴斗的犯罪事实,某甲才供述了自己纠集某丙的行为。可见,某甲在纠集某丙的问题上避重就轻,且将造成被害人某乙死亡的砍击行为推卸给某丙,反映出其具有逃避法律追究的主观心态,不符合自首的设立精神,故对此情形下的如实供述,一般不能认定为如实供述了主要犯罪事实。

3. 对于翻供的理解及时间节点把握。(1)翻供的定义。翻供是指行为人就犯罪事实部分,推翻自己的先前供述,作出与先前内容不一致的供述。实践中翻供有利己翻供、不利己翻供、部分翻供、全部翻供、真实翻供、虚假翻供等,从最高人民法院《自首解释》第 1 条第 2 项的字面含义分析,其所指的翻供,仅指用虚假的事实供述推翻先前的真实的事实供述,构成该种情形翻供,须具备以下三个条件:一是先前的供述为真,判断的标准为是否与生效判决认定的事实一致(如果再审改判,则以再审后生效判决认定的事实为准);二是后面的供述为假,后面的供述包括无罪、罪轻和有罪、罪重的供述;三是对于内容应涉及主要犯罪事实。

(2)最高人民法院《自首解释》第1条第2项对如实供述的时间作了两个节点规定:一是自动投案后作出过如实供述的时间节点,一般为第一次讯问时间,除非因时间所限,第一次讯问未能完成对所有犯罪事实的讯问,这样才能体现节约司法资源的宗旨和减小行为人人身危险性的目的,实现自首制度的价值。二是如实供述后又翻供的时间节点为一审判决前,此包含三层意思,第一层是一审判决前的如实供述纳入是否如实供述的评价,一审判决后的供述不再纳入自首制度中如实供述的评价,但仍可以作为对其认罪态度的评价;第二层是到案后即如实供述,一审判决前任何阶段翻供,只要在一审判决前又恢复如实供述的,仍可以认定为自首制度中的如实供述;第三层是一审判决还未重新回到如实供述的,先前的如实供述以及此后的供述均不再认定为如实供述。

根据上述时间节点可以看出,影响自首成立的翻供时间必须是在第一次如实供述后至一审判决前的阶段。如果行为人自动投案,但在第一次供述中没有如实供述,而是在侦查机关通过侦查后才促使行为人供述,这样的供述既不能体现行为人主观上有认罪悔罪的主动性和自愿性,也没有实现节约司法资源的目的。如果其最初供述属实,但在一审判决前的过程中有过虚假翻供,只要其在一审判决前恢复如实供述,不影响其自首的成立,如果其最初供述属实,一审判决前虚假翻供,在一审判决时还未恢复如实供述,无论其之后的供述真假,均不能认定为自首。

065. 通过锁定网络地址接触行为人即如实供述的是否构成自首

侦查人员通过锁定网络IP地址后找到行为人进行调查,行为人便如实供述其犯罪事实的,尽管其不具有自动投案的典型性,但正是由于行为人的如实供述才在其本人和犯罪行为之间建立一种必然的关联性,并最大限度地鼓励他人投案和缩减司法成本,符合自首的设立目的,应当认定为自首。

司法实例

詹某虎非法经营案

2014年1月起至2014年4月,被告人詹某虎在网上出售其私自开发的"大名顶顶"恶意发帖软件。部分用户购买该软件后,在某信息股份有限公司旗下的"股吧论坛"互联网论坛上恶意发帖"灌水",造成上述论坛正常运营受到严重影响。经鉴定,涉案软件通过预先设置,提供了网站本身不具备的自动顶帖、发帖、跟帖群发和站内微信群发等功能,对网站的正常操作流程和正常运行方式造成了破坏,属于破坏性程序。经查,2014年1月10日至2016年4月22日,被告人销售上述软件,非法经营数额共计469,910.43元。

2016年4月22日19时许,公安网监人员根据锁定的网上销售该软件的网络IP地址,至福州市某区某路77弄9号1705室调查,被告人交代了上述犯罪事实。

福州市某区人民法院审理认为,被告人违反国家规定,通过互联网出版发行非法出版物,严重危害社会秩序和扰乱市场秩序,情节特别严重,其行为已构成非法经营罪,应予处罚。经查,被告人有自首情节,到案后积极配合司法机关查证本案,认罪悔罪,且退缴全部非法经营款项,依法对其减轻处罚。遂以非法经营罪判处被告人有期徒刑3年,缓刑4年,并处罚金1万元。

一审宣判后,公诉机关以不构成自首为由提出抗诉。在二审审理过程中,福州市人民检察院撤回抗诉并经福州市中级人民法院准许。该判决已发生法律效力。

法院认为本案中对于被告人应当认定为自首，主要基于以下理由：

1. 从自首的作用来看。无论是一般自首，还是特别自首，从《刑法》及相关司法解释中可以看出，当行为人没有自动投案并如实供述或者被采取强制措施而如实供述司法机关尚未掌握的其他罪行的，司法机关并没有在其本人和犯罪行为之间建立必然的关联性。也就是说，正是由于行为人的原因，才在其本人和犯罪行为之间建立了一种必然的关联性。从这个意义上讲，自首制度的设立主要是在行为人和犯罪行为之间不具有必然的关联性的时候，为了节约司法成本而进行的一种功利性的制度设定。否则，这种必然的关联性的建立或者建立的可能势必耗费大量的司法资源。

2. 从锁定网络 IP 地址的效果来看。一般来说，由于信息网络中的外网 IP 地址是独一无二的，通过外网 IP 地址基本可以确定网络位置，从而可以进一步查明其现实的物理位置。但是，一方面，虽然外网的 IP 地址是基本固定的，但是在内网中的 IP 地址却存在多种可能性。比如在内网中，每台用户机所占有的 IP 地址是随机分配的，并且一般是不对外显示的（除非有的设备本身附带此功能）。也就是说，在此种情形下，很难将 IP 地址具体确定到某一台特定的用户机上。另一方面，即使是通过 IP 地址锁定到某一台电脑，也无法直接推定该电脑的所有者或者使用者就是犯罪嫌疑人。要作出这样的推定，还需要结合其他证据（比如有证据可以证明在网络犯罪行为发生的时刻，其正在使用这台机器等）组成完整的证据链。锁定 IP 地址并不意味着行为人与犯罪行为之间便具有了必然的关联性。

因此，在信息网络犯罪中，当犯罪行为与锁定的 IP 地址关联后，只是表明：一是犯罪行为与现实地址建立了可能的关联，但并不意味着必然的关联。如果存在利用 IP 地址随机分配等情形，则不能得出犯罪行为与锁定的 IP 地址的现实地点之间的必然关联。二是即便前述关联确立，亦不能直接建立现实地点与行为人之间的关联。仍然需要在现实地点与行为人之间确定必然的关联性，以此方可最终认定行为人与网络犯罪行为之间的关联性。

综上，在司法实践中，当现有线索、证据无法准确合理地判定行为人为某罪行的犯罪嫌疑人的时候，“存疑之利益归于被告”的理念及鼓励自首的刑事政策应当被提倡，从而将此种情形下的行为人在接受盘查或者讯问时若能主动如实供述其罪行，仍应认定其为自首。

066. 行为人对加重情节的否认是否属于如实供述

加重情节对于基本犯罪构成要件具有特殊意义及相对独立的价值，是对基本犯罪构成要件要素的修正。行为人对加重情节的否认说明其对案件主要事实的回避，反映出行为人不能真诚悔罪。如果根据全部在案事实证据足以认定加重情节的存在而行为人予以否认，则不应认定行为人为如实供述。

司法实例

骆某等聚众斗殴案

2016 年 9 月 19 日，被告人金某、江某浩（另案处理）因琐事与孙某（另案处理）、章某星发生矛盾，双方约定在本市开发区黄岛路、长城路口斗殴。后金某、肖某军纠集了被告人钱某、邱某、怀某及常某、薄某（均另案处理）等十余人，于 2016 年 9 月 20 日 21 时许，至长城路、黄岛路附近和孙某等人发生互殴。斗殴期间，金某多处软组织挫伤。经法医学鉴定，金某的伤势构成轻微伤。后因民警及时赶赴案发现场而被驱散。

而后，被告人骆某、邱某、怀某、钱某及肖某军、汤某、席某、谈某（另案处理）等十余人再次聚集，并于当晚 23 时许与手持钢管的孙某、莫某等多人在长城路朝阳小学门口处再次斗殴，其中骆某持钢管参与斗殴。斗殴期间，莫某左眼挫伤、胸背部软组织挫伤、右肘部皮肤擦伤。经法医学鉴定，莫某的伤势已构成轻微伤。

2016年9月29日，被告人金某至公安机关投案自首，并如实供述了上述犯罪事实。被告人怀某、邱某、钱某被抓获到案后，均如实供述了上述犯罪事实，被告人骆某被抓获到案后，供述了部分犯罪事实，辩称其未持械斗殴。

某市开发区人民法院经审理认为，被告人金某、骆某、怀某、邱某、钱某积极参加聚众斗殴，其中骆某系持械斗殴，其行为均已构成聚众斗殴罪，且系共同犯罪。金某系自首，予以从轻处罚；怀某、邱某、钱某系坦白，均予以从轻处罚；邱某有前科，量刑时酌情考虑；骆某虽然否认持械斗殴，但根据在案证据，足以认定其临时在现场用获得的铁棒参与斗殴，其辩解没有证据支持，其否认持械的观点是对案件事实的否认，影响"如实供述"的成立，故不定其具有坦白情节。但骆某对参与聚众斗殴的犯罪构成事实没有异议，且到案后供述了同案犯、提供同案犯的身份信息，在量刑时可以酌情从轻处罚。为维护社会管理秩序，根据被告人犯罪的事实、性质、情节和对于社会的危害程度，依照《刑法》第25条第1款，第67条第1款、第3款，第292条第1款之规定，以聚众斗殴罪分别判处四被告人1年8个月至1年9个月有期徒刑。

本案的争议焦点在于被告人骆某对聚众斗殴罪中持械情节的否认是否影响如实供述的认定。对此，一种意见认为，所谓如实供述指的是对基本犯罪构成要件事实的承认，即只要被告人承认其实施了《刑法》分则所列明的基本犯罪罪状即可成立如实供述，对被告人骆某应认定为坦白。另一种意见认为，《刑法》分则之所以对某些罪名规定加重情节，说明该情节之于此罪有特殊的意义或独立的价值。对加重情节的否认影响整个案件的事实认定，反映出被告人避重就轻的主观心态，不应认定为如实供述，故被告人骆某不构成坦白。

我国刑法通说认为，如实供述指的是被告人如实交代自己的主要犯罪事实。但何为"主要事实"，《刑法》及相关司法解释并无明确规定，仅有《自首立功意见》指出，供述内容除供述自己的主要犯罪事实外，还应包括姓名、年龄、职业、住址、前科等情况。因此，划定如实供述内容的外延，从而更加准确地认定被告人是否具有法定从轻或减轻处罚情节对于司法实践具有重要意义。事实上，解决上述分歧的关键点在于如何将主客观相一致原则贯穿到基本犯罪构成要件及加重构成要件中。

1. "如实供述"的内涵。如实供述指的是犯罪嫌疑人如实交代主要犯罪事实，但如实供述内容的外延尚未明确划定。实践中，认定被告人是否如实供述往往受法官认知的影响，因而导致认定标准不同，尺度不一，法定从轻或减轻处罚情节滥用的可能。此前的刑法理论乃至于《自首立功意见》的规定主要关注被告人如实供述的客观方面的情况，是刑法客观主义的体现。倘若把"如实供述"进行分解则不难发现，所谓"如实"反映出犯罪嫌疑人主观方面的内容，从而认定被告人是否认罪、悔罪以及再犯可能性大小；"供述"所要确定的即案件的客观事实，包括犯罪行为、过程、结果、手段、时间、地点等客观要素。因此，从词义角度，应当将如实供述解读为如实交代犯罪主要的主、客观两个方面的内容。因此，认定被告人是否如实供述不仅要求其交代客观事实，亦要求其坦陈案发时的内心活动。

将如实供述的内容严格确定为主、客观两个方面，有利于司法机关全面把握案件事实，提高司法质效，节约司法资源。无论是认定自首还是坦白，如实供述都是重要先决条件。将是否如实供述主观方面的内容纳入供述的范围有助于法官综合评析被告人的人身危险性，审慎地给予其从轻或减轻处罚的裁量。

综上，认定如实供述应坚持主客观相一致原则，在具体给予被告人从轻或减轻处罚的裁判前，法官须从主观及客观两个维度综合考量，从而做出公正的判决。

2. 加重情节的相对独立性。根据社会危害性的大小，可将刑法理论中的犯罪构成分为普通的犯罪构成即基本的犯罪构成、加重的犯罪构成即社会危害性较大的犯罪构成和减轻的犯罪构成即社会危害性较小的犯罪构成。其中加重的犯罪构成又可细分为结果加重的犯罪构成、情节加重的犯罪构成及数额加重的犯罪构成。据此，情节加重犯指的是行为人之行为已经构成基本犯罪，且其犯罪情节的严重程度符合了作为加重构成的定罪情节的要求，而由《刑法》规定了加重的法定刑的犯罪形态。例如，交通肇事罪之逃逸行为，在司法实践中须判定行为人逃离现场的行为是单纯地为逃避刑事责任而逃之夭夭还是为救治伤者、寻求援助而临时离开现场。因此，加重情节在主客观要素的"含量"上类同于基本犯罪构成要件，在具体评价时须予以特殊考量。

综上，情节加重犯是一种依附于基本犯罪构成但又相对独立且为基本犯罪构成无法包容的犯罪类型。情节加重犯是充足基本犯罪构成基础上的加重构成，因此，在刑法的适用上它具有一定的独立性，我们应该把情节加重犯视为一个独立的罪刑单位。或者说，情节加重犯的犯罪构成是一种经过特殊修正过的加重犯罪构成，在具体定罪量刑时应对基本犯罪构成事实及加重情节同时进行评价，防止在认定加重情节时主观方面的阙如。

3. 否认加重情节等于否认了犯罪构成要件事实。认定被告人是否如实供述须坚持主客观相一致的原则，就情节加重犯而言，由于加重情节具有相对独立于基本犯罪构成要件的价值，是对基本犯罪构成的修正，或作为构成要件射程之外"情状"的补充。因而，否认加重情节等于否认了犯罪构成要件事实（主要事实）。本案中，根据全部在案证据足以认定被告人骆某持械参与斗殴的事实。骆某对持械情节的否认反映出其避重就轻的心态，影响其坦白的认定，不具有法定从轻或减轻处罚情节。

067. 委托报案后又实施犯罪在现场等候是否构成自首

行为人在委托他人报警后实施犯罪并在现场等候民警的行为，应结合其投案的主动性、自愿性，以及归案后的供述是否属于如实供述自己的犯罪事实，综合认定自首情节。

司法实例

蔡某挺故意伤害案

2016 年 6 月 26 日 21 时许，被告人蔡某挺因琐事与被害人时某先在其小区一棋牌室发生争执。被告人蔡某挺见对方人多势众，就委托女友打电话报警。后被告人蔡某挺与时某先等人在该棋牌室外互殴。互殴过程中，蔡某挺用拳击打时某先头部致其倒地，之后又用脚踢时某先头部，致使时某先受伤。随后，被告人蔡某挺又用碎啤酒瓶抵住棋牌室老板张某富的脖子不让其离开现场。当民警赶到现场后，蔡某挺丢掉啤酒瓶，而后被当场抓获。经法医鉴定，被害人时某先头部构成重伤，左侧颧骨粉碎性骨折构成轻伤。被告人蔡某挺归案后承认其用拳击打时某先头部致其倒地，但未供述用脚踢时某先头部。

某市某区人民检察院指控被告人蔡某挺犯故意伤害罪，向某市某区人民法院提起公诉，被害人提起刑事附带民事诉讼。

被告人蔡某挺对指控的事实无异议，但辩称其行为构成自首。被告人蔡某挺的辩护人提出：被告人蔡某挺的行为构成自首，并自愿认罪，请求对其从轻处罚。

经一审法院审理认为：被告人蔡某挺故意伤害他人身体，致一人重伤，其行为构成故意伤害罪,公诉机关指控成立。关于被告人蔡某挺的辩解及其辩护人关于被告人蔡某挺系自首的意见,法院审理认为,被告人蔡某挺委托他人报警后又故意伤害公民身体的行为不构成主动投案,其归案后仅供述用拳击打时某先头部致其倒地,但未承认故意用脚踢时某先头部,且未如实供述主要犯罪事实,因此不能认定为自首,故对该项意见不予采纳。被告人蔡某挺在庭审中能自愿认罪,应对其酌情予以从轻处罚。辩护人关于被告人蔡某挺自愿认罪,请求对其予以从轻处罚等相关辩护意见成立,法院予以采纳。被告人蔡某挺因为过错侵害附带民事诉讼原告人时某先的民事权益,应当承担侵权责任。本案原告人时某先与被告人蔡某挺互相殴打对方,造成原告人时某先受伤,原告人时某先对损害的发生也有过错,可以减轻被告人的责任。根据本案的实际情况及双方过错程度,附带民事诉讼原告人时某先要求被告人蔡某挺赔偿医疗费、残疾赔偿金、误工费、护理费、营养费、交通费的诉请,法院酌定原告人的各项损失由被告人承担80%,上述费用的具体金额以法院认定的为准,遂认定被告人蔡某挺犯故意伤害罪,判处有期徒刑4年。被告人蔡某挺应赔偿附带民事诉讼原告人时某先医疗费、误工费、护理费、营养费、残疾赔偿金、交通费用合计164,083元。驳回附带民事诉讼原告人时某先的其他诉讼请求。

被害人时某先不服一审判决,上诉提出:民事赔偿数额过低,时某先没有过错,不存在故意或重大过失,不应承担20%赔偿责任,请求依法改判。二审法院裁定驳回上诉,维持原判。

自首是我国刑法中一项重要的量刑制度,是惩办与宽大相结合刑事政策在刑法中的具体体现。关于本案被告人蔡某挺是否构成自首,在审理中就存在两种截然相反的意见。一种意见认为构成自首,主要理由是,根据《自首立功意见》规定:明知他人报案但在现场等待,抓捕时无拒捕行为,供认犯罪事实的,应当视为自动投案。蔡某挺委托他人报警并在现场等待,民警赶到现场后其立即丢掉啤酒瓶束手就擒,归案后也如实供述了其用拳击倒被害人的犯罪事实,符合《自首立功意见》规定,属于自首情节。另一种意见认为不构成自首,主要理由是,蔡某挺先委托他人打电话报警,而后进行犯罪,缺乏自首的主动性。在归案后,其虽然供述了用拳击倒被害人的犯罪事实,但却隐瞒了在被害人倒地后又用脚踢被害人头部的事实,未如实供述主要犯罪事实,因此不属于自首。

本案裁判采纳了后一种观点,主要理由:

1. 本案被告人投案未体现主动性和自愿性,不构成自首。根据《刑法》规定,自首是指犯罪分子犯罪以后自动投案,如实供述自己的罪行,或者被采取强制措施的犯罪嫌疑人、被告人和正在服刑的罪犯,如实供述司法机关还未掌握的本人其他罪行的行为。关于自首的本质问题,有的观点认为自首的本质在于犯罪人犯罪后把自己交给国家追诉,有的则认为自首的本质在于犯罪人主动提请司法机关追诉所犯罪行。无论是交付还是提请,都强调犯罪分子投案的主动性与自愿性。《自首立功意见》规定,明知他人报案而在现场等待,抓捕时无拒捕行为,供认犯罪事实的,应当视为自动投案,就是因为犯罪嫌疑人作案后虽然没有亲自报警,但在明知他人报案的情况下有机会逃走而未逃走,留在现场等候抓捕,属于能逃而不逃,这种情形体现了主动、自愿将自己交付法律制裁的意义,故应当认为自动投案。因此,认定犯罪嫌疑人是否构成自首,不仅要看其投案行为是否符合法律规定,还要对其是否具有投案主动性和自愿性作出审慎认定。对于具有主动意愿投案的,即使犯罪嫌疑人没有明确的投案行为,也可以认定为自动投案;相反,如果犯罪嫌疑人没有投案的主动性与自愿性,即使其有投案行为,仍不构成自首。具体到本案,被告人蔡某挺委托他人报警并在现场等待,民警接警到达现场后其马上停止反抗行为,具有投案情节,但不能认定为自首,原因在于:蔡某挺先委托他人报警,在明知民警即将到达的情况下,仍将被害人打伤,虽符合明知他人报警而在现场等候的表象,但其委托他人报警后又实施犯罪的行为表明把自已交给国家追诉的意愿不彻底,甚至可以说是没有这种意愿。根据蔡某挺在庭审时的交代,其当时见对方人多势众,害怕自己吃亏,所以叫女友报警,可见其报警的目的是自保而不是主动投案。当双方开始互殴后,蔡某挺明知民警即将赶来,没有避免冲突升级,反而对时某先拳打脚踢,表现出明显的犯罪意图,进一步证明其没有自动投案的意思。而在实施犯罪后其又用碎啤酒瓶威胁他人,直到民警赶到现场才丢掉啤酒瓶,严格来说,这种行为也不属于等候的范畴。因而,蔡某挺的行为不具有主动性和自愿性,不构成自首。

2. 对如实供述犯罪事实的理解。根据《刑法》规定,自首成立包括两个要件:自动投案与如实供述自己的犯罪事实。《自首解释》第 1 条第 2 项规定:"如实供述自己的罪行,是指犯罪嫌疑人自动投案后,如实交代自己的主要犯罪事实……"那么,何为主要犯罪事实?一般来说,主要犯罪事实是指对犯罪嫌疑人行为的性质认定有决定意义的事实、情节以及对量刑有重大影响的事实、情节。司法实践中,认定犯罪嫌疑人的供述是否构成如实供述主要犯罪事实,应当综合考虑已交代的犯罪事实与未交代的犯罪事实的危害程度比,具体可以分为三种类型。第一种,犯罪行为可以用数额进行评价的,如侵犯财产权犯罪,如实交代的犯罪数额多于未交代的犯罪数额,如果用百分比来表示,如实交代的犯罪数额超过总数额的 50%,应认定为如实供述自己的主要犯罪事实。第二种,犯罪行为无法用数额进行评价,只能用情节进行评价,如本案被告人侵犯被害人人身权、健康权的行为则要根据犯罪情节的危害程度,对量刑的影响加以判断。评判的标准应为,犯罪嫌疑人如实供述的致害行为是否为构成损害结果的主要原因。供述的致害行为是造成损害结果的主要原因,则能认定为如实供述主要犯罪事实。反之,若犯罪嫌疑人的供述避重就轻、故意隐瞒更加重要的致害行为,则不能认定为如实供述主要犯罪事实。第三种,根据《自首立功意见》规定,无法区分已交代与未交代犯罪情节的严重程度,或已交代的犯罪数额与未交代的犯罪数额相当,一般不认定为如实供述自己的主要犯罪事实。就本案而言,被告人蔡某挺实施了用拳击打被害人头部及用脚踢被害人头部两种行为,经鉴定,被害人头部损伤构成重伤,面部损伤构成轻伤,但法医无法准确鉴定出被害人头、面部损伤是由被告人的哪种致害行为造成。在这种情况下,被告人的两种致害行为都有可能是造成损害结果的主要原因,也可能是两种致害行为共同造成了被害人的头、面部严重损伤,即属于无法区分已交代与未交代犯罪情节的严重程度的情形。此时,被告人蔡某挺仅供述了其用拳击打时某先头部致其倒地,而未供述用脚踢时某先头部,不属于如实供述自己的主要犯罪事实,不能认定为自首。

综上,对于争议较大、情节复杂的投案情节,应结合整体案情综合考虑犯罪嫌疑人投案时的主观心理,对照自首的成立要件及类型进行分析认定,在此基础上做出正确的判断,保证案件审理得到良好的法律效果和社会效果,充分发挥自首这一法定量刑情节的感召和示范作用。本案被告人蔡某挺先委托他人报警,后实施犯罪,归案后也未能如实供述自己的主要犯罪事实,其投案行为不具备主动性与自愿性,不符合自首的构成要件,不能认定为自首。

068. 犯罪行为与他人报案内容不一致对认定自首有何影响

对于行为人明知他人报案而在现场等待,且抓捕时无反抗行为并如实供述犯罪事实的,无论他人报案内容是否与行为人犯罪行为完全一致,均应视为行为人自动投案,认定其具有自首情节。

司法实例

陈某军危险驾驶案

2017 年 7 月 15 日 19 时许,被告人陈某军酒后驾驶其日产小型普通轿车行至成都市某装饰城时,不慎将行人鞠某撞倒,陈某军将鞠某送往医院救治,鞠某的亲属赶至医院了解事情经过后报警。陈某军知晓伤者家属报警后仍待在医院,警察到医院后传唤其到案接受调查,在此过程中陈某军亦无抗拒抓捕的行为。到案后,陈某军如实供述了本案事实。抽取陈某军静脉血液检验后发现,其血液中酒精含量为 160.6 毫克/100 毫升。陈某军赔偿了鞠某 2000 元,鞠某对陈某军的行为表示谅解。

成都市某区人民法院经审理认为,被告人陈某军醉酒驾驶机动车,血液中酒精含量为 160.6 毫克/100 毫升,其行为已构成危险驾驶罪。公诉机关指控的事实清楚、证据充分,指控的罪名成立。鉴于被告人陈某军明知他人报案而在现场等待,抓捕时无拒捕行为,且到案后能如实供述犯罪事实,其行为可认定为自首。陈某军已赔偿了被害人的损失并取得被害人谅解,应该依法对其从轻处罚。遂判决被告人陈某军犯危险驾驶罪,判处拘役 3 个月,缓刑 4 个月,并处罚金 1 万元。

本案的争议焦点是:陈某军明知他人报案而在现场等待,抓捕时无拒捕行为,且到案后如实供述犯罪事实,但他人报案内容与其犯罪行为并不完全一致,陈某军的行为是否构成自首。

1. 被告人的行为构成自首。首先,陈某军酒后驾驶车辆撞伤行人鞠某后没有逃逸,而是实施了停车查看并立即将被害人送往医院救治的行为,在被害人家属赶至医院后报警。对于陈某军来说,其明知自身醉酒状态不可能在短期内自然消除且必然会被他人察觉,公安民警赶到医院后很容易检查得知其驾驶时处于醉酒状态,但仍然坚持在现场等待,接受公安机关调查且无抗拒抓捕的行为,体现了其接受公安机关处理的自觉性和主动性,可以视为自动投案。《自首立功意见》第 1 条也明确将犯罪嫌疑人明知他人报案而在现场等待,抓捕时无拒捕行为,供认犯罪事实的行为视为自动投案。

2. 自首认定的关键在于被告人本人是否知晓自己的行为可能面临的后果,即使他人是因为其他事实而报案,也不能否定被告人的行为系自首行为。本案中,被害人家属报案的目的在于追究陈某军撞伤人的交通肇事责任,报警内容也仅涉及陈某军撞伤人的交通肇事行为。陈某军虽未自己主动报警,但积极救治伤者,自觉接受公安机关调查,并主动交代交通肇事行为和醉酒驾驶行为。《自首立功意见》中也仅规定明知他人报案,并未限定他人报案内容,只要被告人陈某军到案后如实供述其交通肇事及醉酒驾驶行为,均应认定为如实供述犯罪行为。

3. 尽管《道路交通安全法》第 70 条第 1 款规定了车辆驾驶人在道路上发生交通事故造成人身伤亡时,有停车抢救受伤人员并迅速报警的义务,但该义务属于行政法上的义务,并不妨碍刑法上对车辆驾驶人的相关行为进行独立判断,作出被告人行为构成自首情节的认定。

综上,被告人陈某军的行为属于自动投案并如实供述犯罪行为,应当认定为构成自首情节。

069. 对于被传唤到案的行为人能否认定自首

行为人虽然是经公安或司法机关电话或其他方式传唤到案,这种情况与主动且直接向司法机关投案有一定区别,但仍应视为自动投案,在量刑情节即自首的主动性上应与主动且直接向司法机关投案有区别。

司法实例

路某交通肇事、商某危险驾驶案

(1)路某交通肇事案。2018 年6 月9 日19 时30 分许,被告人路某驾驶鲁 D88×××号货车在其家门前洗车后,在未观察车后情况,未确保安全的情况下倒车,将行至此处的被害人郑某的胸部、面部撞伤,致其胸腔脏器严重损伤而死亡。被告人路某于同日被口头传唤到公安机关,如实供述了其犯罪事实,并进行了民事赔偿取得被害方谅解。2018 年 7 月 24 日,山东省某县人民法院认定被告人路某系传唤到案,构成自首,依法判处其有期徒刑 2 年,缓刑 3 年。

(2)商某危险驾驶案。2018 年 6 月 12 日 21 时许,被告人商某酒后驾驶无号牌三轮摩托车沿省道 342 线由西向东行驶,行至某县某加油站附近时,与韩某驾驶的中型货车发生事故,致商某受伤。经检测,商某的血液酒精含量达 210.76 毫克/100 毫升,属醉酒后驾驶机动车。案发后,商某经交警部门口头传唤到案,如实供述了其犯罪事实。2018 年 7 月 31 日,山东省某县人民法院认定被告人商某系口头传唤到案,不予认定自首,判处其拘役 2 个月,并处罚金 3000 元。

自首是影响量刑的一个重要情节,直接关系案件的实体处理和被告人的利益。经传唤到案并如实供述自己罪行的被传唤人,能否认定为自首,在司法实践中一直存在争议。

根据《自首解释》的规定,犯罪以后自动投案,如实供述自己的罪行的,是自首。对于公安机关电话传唤到案,并如实供述自己的罪行的是否属于自首,主要分歧在于犯罪嫌疑人经传唤到案是否属于自动投案。根据《自首解释》的规定,自动投案,是指犯罪事实或者犯罪嫌疑人未被司法机关发觉,或者虽被发觉,但犯罪嫌疑人尚未受到讯问、未被采取强制措施时,主动、直接向公安机关、人民检察院或者人民法院投案。但在实践中有两种不同意见。一种意见认为,犯罪嫌疑人被司法机关传唤归案的,属被动归案,不能认定为自首。其理由是,传唤是司法机关为讯问犯罪嫌疑人而将其召唤到指定地点的一种方法,其虽然比拘传等强制措施弱,但仍具有不可违抗的性质,若行为人拒绝传唤,将对其拘传迫使其归案,而《自首解释》认为投案需满足"主动、直接"的客观要件。因此被传唤归案后即使如实供述了犯罪事实的,也不能认定为自首。另一种意见认为,传唤是犯罪嫌疑人接到传唤通知后,自动到案接受讯问,传唤虽导致了讯问,但根据《自首解释》规定,在未受到讯问、未被采取强制措施之前,犯罪嫌疑人出于主动、直接的目的投案的,就是自动投案行为,其如实供述自己的犯罪事实,应认定为自首。

经公安机关电话传唤到案的犯罪嫌疑人,这种情况虽然与主动、直接向司法机关投案有所区别,但仍应视为自动投案。理由是:

1. 传唤不属于强制措施。被传唤后归案符合《自首解释》第 1 条第 1 款规定的"尚未受到讯问、未被采取强制措施时"的时间范围。传唤和拘传不同,传唤是使用传票通知犯罪嫌疑人在指定的时间自行到指定的地点接受讯问的行为,它强调被传唤人到案的自觉性,且传唤不得使用械具。而拘传则是强制犯罪嫌疑人依法到案接受讯问的一种强制措施,通常情况下,拘传适用于经过依法传唤,无正当理由拒不到案的犯罪嫌疑人。可见,传唤与拘传有本质的不同,也正因如此,法律并未将传唤包括在强制措施之内。

2. 经传唤归案的犯罪嫌疑人具有归案的自动性和主动性。犯罪嫌疑人经传唤后,自主选择的余地还是很大的,其可以选择归案,也可拒不到案甚至逃离,而其能主动归案,就表明其有认罪悔改、接受惩罚的主观目的,即具有归案的自动性和主动性。《自首解释》中尚有"犯罪后逃跑,在被通缉、追捕过程中,主动投案的"以及"亲友主动报案后,将犯罪嫌疑人送去投案的"视为自动投案的规定，而受到传唤便主动、直接归案的，反而不视为自动投案，于法于理都不通，也不符合立法本意。持否定观点的同志认为，公安机关通过电话直接传唤和公安机关通知犯罪嫌疑人亲友，而后其亲友将犯罪嫌疑人送去投案的情况不同。公安机关的直接传唤具有强制性，而亲友转通知没有强制性。其实直接传唤与通过亲友进行转通知没有实质上的区别，对二者应当一视同仁，对自动投案应做扩大解释，即基于本人意志而主动归案，自愿接受司法机关控制的，应当认定为自动投案。

3. 从司法实践看，将该种行为视为自首也早已有之。司法实践中，为了敦促犯罪嫌疑人投案，最高司法机关曾多次在全国发布布告，要求犯罪嫌疑人在一定时间内投案，可以从轻或减轻处罚。而犯罪嫌疑人因此而归案的，也确实都是以自首认定。司法机关直接发出的这种传唤，与电话传唤或口头传唤相比，具有相同的性质，为什么电话传唤或口头传唤归案就不能视为自动投案并以自首定呢？进一步思考，如果犯罪嫌疑人在公安机关通知并接受处理后潜逃了，通缉后才回来还可以成立自首，等候处理却不构成自首，显然不合常理。

4. 如果犯罪嫌疑人接到口头传唤后逃跑，在被通缉、追捕过程中，再向公安机关投案，如实供述其罪行，认定为自首，在理论与实践上均无争议。而在经口头传唤后，到公安机关接受处理并如实供述的行为，其主观恶性、人身危险性及再犯可能性，要比逃跑后再投案低得多，司法机关消耗的司法资源也要低得多，但却不能视为投案自首，于情于理于法皆不通。根据举重以明轻的原则，在逃跑后投案如实供述其犯罪行为的，可以认定自首，经口头传唤到案如实供述的，更应当认定为自首。

综上，公安机关口头或电话传唤犯罪嫌疑人后，犯罪嫌疑人主动到案的，应视为自动投案，一审前如实供述自己的犯罪行为的，应当认定为自首。当然这里有个时间界定问题需明确，即送达传唤证或口头传唤到犯罪嫌疑人时完成，至于在受到讯问或被采取强制措施时才归案的，就不属于自动投案，当然也就不能认定为自首。

070. 前罪不成立时交代同种罪行的能否认定自首

行为人如实交代未被掌握的同种罪行的行为构成自首（确切而言系准自首）。

司法实例

郑某盗窃案

2017 年 10 月 25 日，被告人郑某因涉嫌盗窃电动摩托车被公安机关抓获，次日被刑事拘留，但上述线索因未找到被害人而无法核实。同时，郑某还主动交代了司法机关尚未掌握的 2016 年 8 月 15 日、2016 年 9 月 1 日两次在宜宾市某客运中心盗窃他人笔记本电脑的事实。经鉴定，上述两台笔记本电脑共计价值 7436 元。宜宾市某区人民检察院以被告人郑某犯盗窃罪，向宜宾市某区人民法院提起公诉。被告人郑某对指控的事实及罪名均无异议，但提出指控的犯罪事实系其主动交代的，应当认定其具有自首情节。

宜宾市某区人民法院经审理认为，被告人郑某以非法占有为目的，窃取他人财物，数额较大，其行为已构成盗窃罪。被告人郑某因涉嫌盗窃被抓获且被采取强制措施，但在抓获的线索不能成立的情形下，郑某主动交代了本案尚未被司法机关掌握的犯罪事实。虽然属于同种罪行，但从无罪推定原则及自首本质角度而言，应当认定该行为构成自首，一审法院依据被告人的犯罪情节以及自首与退赃等量刑情节,判决被告人郑某犯盗窃罪,判处有期徒刑 8 个月,并处罚金 10,000 元。判决已生效。

本案审理中,对于郑某如实交代尚未被掌握的同种罪行的行为能否认定为自首,存在不同意见。一种意见认为,郑某被采取强制措施后交代的罪行与已掌握的属同种罪行,而准自首的成立条件必须是不同种罪行,故郑某的行为不能认定为自首。另一种意见认为,已掌握线索不能成立时,即使交代的与已掌握的属同种罪行,因为该情形未被法律明确规定,而应从无罪推定理念以及自首的本质出发,对被告人的行为认定为准自首更为恰当、合理。

法院采纳第二种意见,认为应当认定郑某如实交代未被掌握的同种罪行的行为构成自首(确切而言系准自首),主要理由为:

1. 准自首的相关规定及成立条件。一般而言,自首是指主动将自己交付司法机关,并自愿接受司法机关处理的行为,即自动投案并如实供述罪行的构成模式,被动归案便不能成立自首。不过,立法者从更加有效打击犯罪的功利主义方面考量,仍将某些不具备自动投案的情形也视为自首,即准自首制度(也称特殊自首)。《刑法》第 67 条第 2 款规定"被采取强制措施的犯罪嫌疑人、被告人和正在服刑的罪犯,如实供述司法机关还未掌握的本人其他罪行的,以自首论"。上述条文规定如实供述未被掌握的罪行即可构成准自首,但与坦白范围重叠。司法解释则进一步明确如实交代的罪行还需与司法机关已掌握的属于不同种罪行。《自首解释》第 2 条规定:"被采取强制措施的犯罪嫌疑人、被告人和已宣判的罪犯,如实供述司法机关尚未掌握的罪行,与司法机关已掌握的或者判决确定的罪行属不同种罪行的,以自首论。"第 4 条则从反面更加明确地规定"被采取强制措施的犯罪嫌疑人、被告人和已宣判的罪犯,如实供述司法机关尚未掌握的罪行,与司法机关已掌握的或者判决确定的罪行属同种罪行的,可以酌情从轻处罚;如实供述的同种罪行较重的,一般应当从轻处罚"。

上述相关条文规定了成立准自首须具备的两个条件,即供述的罪行尚未被司法机关掌握且与已掌握的属不同种罪行。详言之,在被动到案的情形下,如实交代已被掌握的罪行属于如实供述自己罪行的必然要求,自然不能构成自首。同时,即使交代的是未被掌握的罪行,但如果与司法机关已掌握的系同种罪行,也不能认定为自首。法律对准自首做出更加严苛的成立要求,并以此体现立法者对于两种自首的不同态度。

2. 有关规定不应包括已经掌握的线索不成立的情形。虽然上述条文规定了准自首的界定标准,但未明确其适用范围,即并未区分已掌握的线索成立与不成立的情形。上述有关规定不应包括已掌握线索不能成立的情形。一方面,因为立法用语多用平铺直叙的方式,对相反情况多予以单独明确规定;另一方面,刑事法律不仅是司法机关办案的依据,更是普通社会大众的行为指南,具有指引、规范功能,因而法律用语应当顺应社会普通大众的理解习惯。否则,法律便可能仅为事后惩罚的工具,而难以实现预期的教育、指引等功能。在一般民众难以从已掌握线索内进一步区分成立与不成立时,将条文规定局限在线索成立的情形,更符合字面含义与一般理解。

3. 本案情形符合自首的本质。虽然对于自首的本质认识不一,但不可否认,节约司法资源是自首制度存在的现实必要,体现了刑法的功利性。人身危险性的削弱则是自首制度的理性依据,体现了刑法的正义性。本案的情形,无论是从节约司法资源角度还是削弱人身危险性角度,均与一般自首无异,甚至更加符合自首的本质要求。一般自首可能是在罪行已被掌握甚至在被抓捕、被通缉的过程中,而该情形却是主动如实交代司法机关尚未掌握的罪行。故该情形较之于一般自首,更加节约司法资源。从人身危险性角度,因交代的系未被掌握的罪行,是罪与非罪的选择,其人身危险性的削弱程度也可能甚于某些情形下的一般自首。故此,就自首本质角度而言,该情形应当认定自首。

4. 本案情形认定为自首是现代刑事司法理念的必然要求。无罪推定原则是刑事司法现代化的重要标志,也是衡量刑事司法科学化与民主化的重要标尺。其不仅是法院在证据不足或证据存疑时应当贯彻的理念,而且应是贯穿整个刑事诉讼过程,制约整个刑事诉讼流程的基本原则。一是在无罪推定理念下,犯罪嫌疑人的嫌疑应当是具体的且有依据的嫌疑。详言之,无罪推定原则下,我国《刑事诉讼法》规定的应当如实回答的义务是有限的,具体以已被掌握的同种罪行为限。这从法律设定准自首制度这一方面也能得到印证。因为如果如实回答的范围包括所有罪行的话,那么交代的所有罪行均属应当履行的义务,这样便没有准自首成立的余地。二是无罪推定原则下,采取刑事强制措施必须满足一定的条件。而在已掌握的线索不能成立的情形下,如果没有主动供述其他同种罪行,便只能解除强制措施。从该角度而言,此种情形下交代同种罪行,较之于掌握的线索成立而交代不同种罪行的,更值得鼓励,且在程度上应该更甚于后者。因为前者可能是罪与非罪的抉择,而后者只是刑罚轻重的选择。

此外,最高人民法院、最高人民检察院《职务犯罪自首意见》明确规定,办案机关所掌握线索针对的犯罪事实不成立,在此范围外犯罪分子交代同种罪行的以自首论。以上解释是我国唯一有关掌握线索不成立是否构成自首的规定。虽是专门针对职务犯罪的解释,但职务犯罪在自首构成上并无特殊性。换言之,在自首的本质及认定标准上,职务犯罪与非职务犯罪具有相同性。故而,其他非职务犯罪的相关问题也应参照处理。再者,只有其他犯罪也比照上述解释处理,才能消除可能存在的不公与误解。

5. 关于准自首在司法实践中应注意的问题。(1)强制措施是否限于刑事诉讼法规定的种类。我国《刑事诉讼法》规定的强制措施仅有拘传、取保候审、监视居住、拘留以及逮捕。而司法实践中,在拘留、劳动教养或强制隔离戒毒期间,主动交代司法机关尚未掌握的罪行的情形较多。因而上述情形能否认定为准自首也不无分歧。通常认为,根据公认的“举重以明轻”的解释规则,既然在情节与性质更重的刑事强制措施下交代罪行的都可以认定为准自首,那么情节相对较轻的非刑事强制措施更应值得立法的鼓励与肯定。所以,在行政拘留、强制隔离戒毒等非刑事强制措施期间也可以成立准自首。(2)已掌握的罪行与尚未掌握的罪行的界定。已掌握的罪行与尚未掌握的罪行以及二者的性质进行比较,是准自首成立的关键。已掌握与尚未掌握两种情形非此即彼,能够确定其一即可。犯罪事实尚未被发现或者虽然发现犯罪事实但未发现犯罪嫌疑人的情形较为容易确定,存在上述情形的当然属于罪行未被掌握。难点在于如何理解已掌握的罪行,其应当满足什么证据标准。一般来说,从刑事案件侦破的过程与规律以及我国诉讼法的规定而言,不同诉讼阶段有不同的证据要求,具体表现为随着诉讼阶段的推进,证据要求也越来越高。作为准自首意义上的已掌握的罪行,应当采用与其诉讼阶段相适应的侦查阶段的证据要求。故只要有证据能够指向犯罪嫌疑人实施了特定的犯罪即可,此时不能也不应该按照起诉或判决的证据标准。至于具体需要达到何种程度,只要有证据将嫌疑人与具体犯罪事实相联系即可,以此排除纯粹的主观臆断。

本案的争议焦点并不在于交代同种罪行能否构成准自首,而是法律解释规定的准自首标准是否适用于已掌握线索不能成立的情形。因此,无论是从字面的形式理解,还是从无罪推定原则以及自首本质的实质理解，该案的情形均应该认定为准自首。同时，通过对相关条文的实质解读，推断出在非刑事强制措施期间，也可以成立准自首。

071. 行为人以被害人身份报警是否属于自首

行为人以被害人身份报警，但如实供述自己主要犯罪事实的，仍然可以认定为自首。

司法实例

江某军故意伤害案

江某军与董某浩系南北邻居。江某军翻建自己的老房，双方因建房产生矛盾，争执中董某浩将空酒瓶扔向江某军背部，江某军便抄起木棍击打董某浩头部，江某军拨打电话报警称自己被打伤，后民警赶到，双方如实向警方陈述了事件经过。经鉴定，董某浩构成轻伤。诉讼期间，双方达成民事赔偿协议，董某浩对江某军表示谅解，并同意对江某军从轻判处。法院以故意伤害罪对江某军判处有期徒刑1年，缓刑1年。判决已生效。

法院审理中，对江某军以被害人身份报警能否认定其具有自首情节，出现两种意见：第一种意见认为，不能认定其具有自首情节。江某军报警没有认识到自己的行为构成犯罪而向公安机关主动投案，其是以被害人身份向公安机关告发董某浩，不是自动投案，不应认定为自首。第二种意见认为，应当认定被告人具有自首情节。江某军虽然是以被害人的身份报案，但在其报案前，犯罪事实尚未被发现，在公安机关询问时如实陈述了自己打伤董某浩的行为，系主动将案件交由公安机关处理，被害人身份不影响自首的成立。

法院采纳了第二种意见，主要基于以下考虑：

1. 被告人对自己在案件中身份认识的错误，不影响自首的成立。根据最高人民法院《自首立功意见》第1条第1款的规定，犯罪嫌疑人犯罪后主动报案，虽未表明自己是作案人，但没有逃离现场，在司法机关询问时交代自己罪行的，应当视为自动投案。江某军的行为符合该情形，因此，对自己在案件中身份认识的错误，不会影响自首的成立。

2. 被告人以被害人身份报警的行为，符合自首的成立要件。根据最高人民法院《自首解释》规定，自首的认定需具备两个条件：一是自动投案；二是如实供述自己的罪行。江某军虽然是以被害人的身份报警，但在其报案前，江某军的犯罪事实尚未被司法机关发现，在公安机关询问江某军时也如实陈述了自己打伤董某浩的情节。因此，江某军的行为应当认定为自首。

3. 司法实践中，对于以被害人身份报案不能认定自首的例外。一般来说，被告人以被害人身份报警，只要在其后的司法机关调查、询问时，其对犯罪的主要事实、基本事实如实供述的，即可成立自首。对于案件起因、行为性质的辩解，一般不影响自首的成立。但如果其没有如实供述，或者对非主要事实如实供述，而否认、回避、歪曲主要事实，或者编造虚假事实，不能认定为自首。否则，就违背了刑法自首制度设立的初衷。

072. 受到纪律处分又被移送至检察院并在尚未询问时到检察院主动交代犯罪事实可以认定为自首

行为人受到纪律处分又被移送检察机关，在尚未询问时到检察院主动交代犯罪事实的，根据刑法及相关司法解释的精神，可以认定为自首。

司法实例

孟某受贿案

孟某系某市考试院副院长，在该院具体负责高等院校招生等工作。2018年10月5日，某市纪检监察委对其作出纪律处分后，又以涉嫌受贿将其移交至该市某区检察院审查起诉，某区检察院办案人员在审查相关材料期间，孟某来到该院，如实交代了自己的犯罪事实，并表示愿意接受审查和裁判。

本案在起诉审判阶段，对孟某的行为是否应当认定为自首产生了分歧：一种意见认为，孟某的行为不应认定为自首。其理由是：孟某的犯罪行为已被纪检监察委发觉并对其进行了询问，而且纪检监察委已经作出了纪律处分。孟某是在知道此案已被移送到了检察院的情况下，知道检察院已掌握了其犯罪事实，迫于无奈才来到检察院，交代了犯罪事实，故孟某不能认定为自首。另一种意见认为，孟某应认定为自首。其理由是：孟某的犯罪事实虽被发觉，但孟某尚未受到讯问且未被施以强制措施，其能够主动来检察院投案，并如实交代自己的全部罪行，将自己置于检察机关的控制下，接受检察机关的审查，应该认定为自首。

法院采纳了后一种意见，主要理由是：《刑法》规定的自首制度的目的在于鼓励犯罪人自动投案，悔过自新，不再继续作案，同时也有利于案件的及时侦破与审判。自首是嫌疑人自动投案，如实供述自己罪行的行为。自首应具备以下条件：

1. 犯罪以后自动投案。自动投案，一般是指犯罪事实或者犯罪嫌疑人未被司法机关发觉，或者虽被发觉，但犯罪嫌疑人尚未受到司法机关的讯问、未被采取强制措施、未被群众扭送时，主动将自己置于公安、检察、审判机关的合法控制下，接受公安、检察、审判机关的审查与裁判的行为。自动投案的时间应是在犯罪发生到犯罪人被司法机关抓获以前。例如在犯罪事实未被发觉时投案；在犯罪事实虽被发觉，但没查清犯罪嫌疑人的时候投案；犯罪事实和犯罪嫌疑人都被发觉，但犯罪嫌疑人未受到讯问、未被采取强制措施、未被群众扭送时投案。经查实犯罪人确已准备投案，或者正在投案途中，被司法机关捕获的，也应视为自动投案。本案中，孟某是为了争取宽大处理才到检察院交代自己的犯罪事实，但这一引起嫌疑人投案的原因，并不影响投案自动性的成立。无论嫌疑人是出于真心悔悟，还是为了争取宽大处理，或者是因为亲友劝说，我们都不能将引起犯罪人投案的原因看作犯罪人被迫的结果，不能因为出于争取宽大处理或生活所迫的动机而否认投案的自动性。

2. 如实供述自己的罪行。犯罪分子主动投案后，要主动如实地供述自己的全部犯罪事实或主要犯罪事实。《刑法》规定的如实供述自己的罪行，侧重于客观犯罪事实。例如，嫌疑人如实供述了客观犯罪事实，但无悔过自新之意的，也因为其行为使案件的侦查与审判变得更容易而认定为自首。“自动投案”不要求出于特定动机与目的。本案中，孟某投案后能够如实交代自己的犯罪事实，并且积极配合检察机关将案件事实查清，使检察机关的审查更为容易。

3. 接受审查和裁判。犯罪分子投案自首，如实交代自己的罪行后，必须随时听候司法机关的传唤，接受司法机关的侦查、起诉和审判，不能逃避。在本案的审理过程中，孟某如实交代了自己的犯罪事实，并能积极配合检察机关查清案件，起诉后能接受审判机关的裁决。

4. 对于孟某的行为，退一步讲，即便将纪检监察委视为司法机关（因其行使了原检察机关大部分职务犯罪的侦查职能），纪检监察委也据此给予孟某纪律处分，因此，既然纪检监察委已给予孟某处分，即已掌握了孟某的受贿犯罪事实，但此时对孟某的行为仍然可以视为自首。假如不认定其自首，在量刑时也应适当进行考虑。

综上，对孟某的自首行为应予以认定。

073. 取保候审期间逃跑又主动归案及脱保后主动投案交代余罪是否应认定自首

行为人在被取保候审之前系被抓获归案，取保候审期间脱保潜逃后又主动归案，其行为不属于自首意义上的“自动投案”，不能认定具有自首情节。但行为人因涉嫌犯罪被取保候审，其间又被公安机关发现还有余罪，在被公安机关传唤后拒不到案并逃跑，后主动投案并如实供述余罪，就余罪而言应当认定为自首。

司法实例

栗某涛容留卖淫案

2014 年 6 月至 7 月，被告人栗某涛同他人在承包经营、管理北京市某区某培训中心下设的洗浴部及歌厅期间，先后通过网络或电话或见面等方式，招募五名卖淫女在店内从事卖淫活动，后被查获。栗某涛被当场抓获。栗某涛于 2014 年 8 月 12 日被侦查机关取保候审，后脱保。2018 年 4 月 24 日，栗某涛主动到河北省某县城关派出所接受处理。

检察机关以被告人栗某涛等人构成组织卖淫罪向法院提起公诉。一审法院审理认为栗某涛的行为构成容留卖淫罪，且情节严重。栗某涛于脱保后能够自动向公安机关投案，并能如实供认自己的主要犯罪事实，具有自首情节，依法对其减轻处罚。据此，以被告人栗某涛犯容留卖淫罪，判处其有期徒刑 3 年 6 个月，罚金 4000 元。

一审宣判后，检察机关提出抗诉。检察机关除对案件定性提出异议外，还提出一审法院认定栗某涛的行为构成自首并减轻处罚的判决，属适用法律错误、量刑畸轻，要求二审法院依法予以改判。

二审法院审理认为，栗某涛的行为构成组织卖淫罪。栗某涛脱保后主动归案的行为不属于自首意义上的“自动投案”，与自首的立法精神相悖。原审法院判决认定事实、定罪及适用法律有误，故撤销一审法院判决，改判栗某涛犯组织卖淫罪，判处有期徒刑 6 年，并处罚金 1 万元。

本案争议的焦点主要在于取保候审期间脱保后又主动归案的，是否成立“自动投案”。这一问题直接关系对被告人自首情节的认定。审理过程中形成两种不同意见：一种意见认为，被告人脱保潜逃后又主动归案，属于自动投案，只要能如实供述罪行，可构成自首。另一种意见认为，被告人脱保潜逃，应给予否定性评价，后主动归案的行为属重新履行到案义务，不能成立自首。

一般来说，在不涉及新罪或余罪的情况下，单纯的取保期间脱保潜逃后又主动归案的，能否成立自首取决于被告人最初归案时的状态。如果行为人主动归案在先，取保期间脱保后又主动归案并如实供述罪行，仍可成立自首。如果行为人最初是被抓获归案，取保候审期间脱保后又主动归案，只是具有自动投案的外在形式，不是自首意义上的“自动投案”，不能成立自首。

1. “自动投案”发生在犯罪嫌疑人因涉嫌犯罪而被采取刑事强制措施前，是成立“自动投案”的时间条件。根据《自首解释》第 1 条第 1 项的规定，自动投案是指犯罪事实或者犯罪嫌疑人未被司法机关发觉，或者虽被发觉，但犯罪嫌疑人尚未受到讯问、未被采取强制措施时，主动、直接向公安机关、人民检察院或者人民法院投案。《自首解释》具体规定了 7 种应视为自动投案的情形，《自首立功意见》又进一步补充了 4 种应视为自动投案的具体情形。这 11 种情形的共同特征是犯罪嫌疑人尚未因涉嫌犯罪被采取刑事强制措施，这也是成立“自动投案”必须具有主动性、自愿性的必然要求。取保候审是刑事强制措施，被取保候审即意味着失去了成立“自动投案”的基本条件。所以，如果行为人是在取保候审并脱保潜逃后才有主动归案行为，不可能成立自首意义上的“自动投案”。

2. 取保候审期间脱保潜逃不必然否定取保候审前已经成立的“自动投案”行为。虽然脱保潜逃违反“未经批准不得离开居住的市、县”“传讯时及时到案”等法律义务，但成立“自动投案”不以行为人遵守这些义务为条件。违反这些法定义务，可能产生程序法上的消极后果，如没收保证金、重新提出保证人或逮捕等，但不产生实体法上的消极后果。《自首解释》明确规定犯罪嫌疑人自动投案后又逃跑的不能认定为自首，是因为逃跑实际上是逃避法律制裁，既否定了之前归案的主动性和自愿性，也否定了“如实供述自己罪行”的可能。若脱保潜逃后行为人被抓获归案，则之前归案行为的主动性和自愿性不能延续，不能成立“自动投案”。若脱保潜逃后行为人又主动归案，不是出现了一个新的“自动投案”行为，而是恢复之前“自动投案”行为的状态，使之前“自动投案”行为的主动性和自愿性得以确认，并使“如实供述自己的罪行”具有现实可能性，因此仍然具备成立自首的可能。当然这种情况下的自首，其及时打击犯罪、节约司法成本的意义已受到较大影响，在量刑时应考虑其脱保潜逃行为的危害和后果，具体把握是否应当从宽及从宽的幅度。

3. 对以上两种不同情形进行区别对待，符合法理和政策要求。一方面，脱保潜逃是违法行为，任何人不应因违法行为而获得法律上的利益。若行为人最初归案时没有“自动投案”行为，却因脱保潜逃后主动归案被认定为自首，无疑是通过违法行为获得了法律上的利益。这对于取保候审后遵守法定义务者而言极不公平，这种行为无疑会鼓励恶意滥用自首制度。另一方面，行为人最初归案时就属于“自动投案”的，若最终自首获得从宽处理，也不是因脱保潜逃的违法行为获益，而只是对之前“自动投案”行为的肯定。同时，对其从宽幅度的从严掌握又正好体现了对脱保潜逃违法行为的否定评价，自然符合自首制度的立法精神。

综上，本案被告人栗某涛在被取保候审之前系被抓获归案，取保候审期间脱保潜逃后又主动归案，其行为不属于自首意义上的“自动投案”，不能认定其具有自首情节。因此，二审法院改判是正确的。

074. 因合理怀疑被带走盘问而供述的是否属于自首

盘问是公安机关对有违法犯罪嫌疑的人员进行的盘查和询问，是公安民警在履行追捕逃犯、刑事侦查、治安巡逻、安全保卫、现场调查等职责时常见的职务行为。尽管司法解释规定，“罪行未被有关部门、司法机关发觉，仅因形迹可疑被盘问、教育后，主动交代了犯罪事实的，应当视为自动投案”。但这并不意味着只要是犯罪嫌疑人被公安机关盘问后主动交代的就一定属于自动投案。事实上，在犯罪嫌疑人因合理怀疑而被带至公安机关进行有针对性的盘问时，犯罪嫌疑人到案就具有了无可争辩的被动性，而在已经难以脱离公安机关有效控制的情况下供述的，由于缺乏自动投案的要件，故不能成立自首。

司法实例

李某虎抢劫、故意杀人案

2014 年 11 月，被告人李某虎及果某月（同案被告人，已判刑）因经济拮据而预谋抢劫，后果某月找到果某良（同案被告人，已判刑），让其参与抢劫。2014 年 11 月 29 日，李某虎欲抢劫平安保险公司业务员李某美，并通知果某月、果某良。2014 年 12 月 1 日，李某虎、果某月、果某良购买了透明胶带、尼龙绳、镐把等作案工具。2014 年 12 月 2 日 10 时许，李某虎以自己买保险为由将被害人李某美骗至某市某小区 29 号楼 2 门 201 室其所在出租房处，由被告人果某月、果某良对李某美实施捆绑。三人抢得李某美现金 600 元及奥克斯牌 M860 型手机一部（价值 579 元），中国农业银行银行卡一张(内有现金4482.02元)。之后,三人唯恐罪行败露,决定杀人灭口,李某虎、果某月用尼龙绳猛勒李某美的颈部,后李某虎又用手捂闷李某美的口鼻,果某良用一条毛巾捂闷李某美的口鼻,致其死亡。作案后,三人将李某美的尸体装进一个编织袋内,由李某虎、果某良将尸体抛弃在燕郊镇附近一河堤上。经法医鉴定,李某美被他人用绳索勒颈并捂闷口鼻致机械性窒息死亡。2014年12月2日17时25分,邱某申向公安机关报案称其妻子李某美于当日上午离家办理保险业务一直未归。12月3日8时许仍无李某美的消息,其家人怀疑李某美被害,公安机关遂展开调查。经询问邱某申,确认李某美是在去某市某小区为李某虎办理保险业务后失踪。公安机关经过查找,于2014年12月3日18时30分在某市某台球室发现李某虎,并将李某虎带至公安机关,针对李某美为李某虎办理保险业务后失踪的问题,对其进行询问。询问之初,李某虎没有供述犯罪事实,但支支吾吾,自相矛盾。在公安人员的反复追问下,李某虎因不能对其为何让李某美到其出租房内办理保险业务作出合理解释而被迫供述了伙同果某月、果某良杀害李某美并抛尸的犯罪事实,且指认了抛尸现场,并提供果某月、果某良的联系方式和去向。公安机关通过技术手段,于2014年12月4日将果某月、果某良先后抓获归案。

某市中级人民法院审理认为,本案犯罪事实清楚,证据确实、充分,被告人李某虎为牟取不义之财,伙同果某月、果某良等人,施以暴力手段,劫取他人数额较大的财物,为灭口又行凶杀人,其行为已构成抢劫罪和故意杀人罪。被告人李某虎被传唤到公安机关后,如实供述公安机关尚未掌握的抢劫、杀人犯罪事实,其行为可视为自首。但鉴于李某虎是组织、指挥者,且是抢劫、杀人行为的主要实施者,在共同犯罪中起主要作用,是主犯,不应对其从轻处罚。遂一审判决认定被告人李某虎犯抢劫罪、故意杀人罪,决定对其执行死刑,立即执行,剥夺政治权利终身,并处没收个人全部财产。

一审宣判后,被告人李某虎不服一审判决,以原审对故意杀人的过程认定不清,且又属于自首,原审没有对其从轻或减轻处罚,适用法律错误,量刑过重为由,上诉到某省高级人民法院。

某省高级人民法院二审审理后认为,上诉人李某虎是在公安机关已经发觉其有可能实施犯罪行为的情况下,被带至公安机关接受有针对性的询问后如实供述的,其到案不具有主动性,不构成自首,遂终审裁定驳回李某虎的上诉,维持原判,将本裁定依法报请最高人民法院核准。

最高人民法院复核审理后认为,根据《自首立功意见》第1条关于自动投案之规定,李某虎缺乏投案的主动性和自愿性。故此,最高人民法院认为,二审裁定认定的事实清楚,证据确实、充分,定罪准确,量刑适当,审判程序合法,并裁定核准某省高级人民法院维持第一审对被告人李某虎的死刑判决,决定对李某虎执行死刑。

本案的焦点问题是:被告人李某虎被带至公安机关进行盘问后供述自己犯罪经过的行为能否认定为自首。本案审理中出现了争议。一种意见认为,公安机关对李某虎的罪行已经有所发觉,且李某虎的到案具有强制性,不属于自动投案,其供述不是自首而是坦白。理由一是李某虎的罪行已被司法机关发觉,理由二是李某虎的到案具有强制性。另一种意见认为,李某虎的行为符合自首的构成要件,即自动投案、如实供述自己的罪行,构成自首。理由一是李某虎被带到公安机关后如实供述了其伙同果某月、果某良抢劫并杀人的犯罪事实,是否成立自首,关键看其是否具备自动投案的要件。理由二是自首制度设立的初衷在于鼓励犯罪嫌疑人自动投案,及时侦破和审理案件,以达到预防和打击犯罪,节约司法成本和诉讼资源的目的。在本案中,李某虎在公安机关尚未掌握任何犯罪事实和证据的情况下,在公安机关的询问过程中交代了犯罪事实,公安机关根据其交代找到了李某美的尸体,使该案得以顺利侦破,大大节约了司法成本。故此,李某虎的行为也完全符合设立自首制度之目的。

实际上本案的争议点在于,被告人李某虎在被带至公安机关进行盘问后所做的供述是自首还是坦白。盘问是公安机关对有违法犯罪嫌疑之人员进行的盘查和询问,是公安民警在履行追捕逃犯、刑事侦查、治安巡逻、安全保卫、现场调查等职责时常见的执法活动。本案中,李某虎是否具备自首情节,将对量刑方面产生重大影响,审理本案的法院认为,李某虎被带至公安机关盘问后的供述不是自首而是坦白,理由如下:

1. 本案属于罪行已被有关部门、司法机关发觉。《自首解释》第1条第1款规定,罪行未被司法机关发觉,仅因形迹可疑被有关组织或者司法机关盘问、教育后,主动交代自己的罪行的应当视为自动投案。因此,嫌疑人在罪行被发觉而被盘问的情况下供述的,不能被视为自动投案,亦无法成立自首。嫌疑人的罪行已被有关部门、司法机关发觉可简化为发觉嫌疑人及其罪行,而发觉嫌疑人及其罪行则可分解为发觉嫌疑人及发觉嫌疑人所实施的罪行两部分。发觉嫌疑人并非意味着司法机关需要知道某人必然为犯罪人,而仅知道其有充足之犯罪嫌疑即可,亦无须完全掌握犯罪嫌疑人之年龄、籍贯、住址、职业等个人详细信息。虽然应当有一定的证据材料证明犯罪事实确已发生,但司法人员仅需知晓该事实之梗概脉络,而无须确知该犯罪事实之真实内容,亦不需确知该犯罪事实究竟构成何种犯罪,至于犯罪之起因、犯罪之过程、犯罪之具体情节、犯罪人是否有悔罪表现等诸多因素,都不属于发觉嫌疑人所实施之罪行的应有内容。

就本案而言,李某美可能遭遇李某虎侵害的基本事实已然被公安机关发觉。公安机关在被害人丈夫邱某申报案之后,不但已经知道李某美失踪的事实,而且知道其失踪极有可能和李某虎相关。一方面,公安机关已经确认李某美是在独身一人去某市某小区李某虎家中为其办理保险业务后失踪的,因此已经基本上可以推断出李某虎极有可能是造成李某美失踪的始作俑者。另一方面,被害人李某美的失踪可能涉及非法拘禁罪、绑架罪、拐卖妇女罪、故意伤害罪、故意杀人罪、抢劫罪、强奸罪等诸多罪名,在接到报案时,公安机关已经意识到有重大刑事案件发生,遂作为疑似被害案件开始全力侦查。其当时虽然不可能直接确定被害人失踪案件必然会牵涉抢劫罪及故意杀人罪,但无须司法机关确知该犯罪事实之真实内容,亦无须确知该犯罪事实究竟应当构成何种犯罪。因此,在公安机关知道李某美失踪事实与李某虎有关,并且有可能涉及犯罪时,就可以认为公安机关已发觉嫌疑人李某虎所实施之罪行。

2. 本案不属于形迹可疑型自首。形迹可疑的适用前提就是嫌疑人及其罪行尚未被发觉,换言之,一旦发觉嫌疑人及其罪行,就意味着已经没有形迹可疑之存在空间,而被公安机关盘问者也不可能具备自首中的自动投案之要件。在本案中,只要公安机关已发觉嫌疑人李某虎所实施的罪行,便可以认定李某虎被盘问后的供述不属于《自首解释》中形迹可疑型自首。一般认为形迹可疑是指特定人的举动、神态不正常,使人产生疑问。这种疑问是纯粹主观性臆测的心理判断,它的产生没有也不需要凭借一定的事实依据,是一种仅凭常理、常情判断而产生的怀疑。与形迹可疑有关联但也有重大差别的情况则是犯罪嫌疑。形迹可疑并不能直接指向具体明确的犯罪行为,更多的则是将形迹可疑者与笼统的违法犯罪产生联系,这种联系只是产生某人似乎实施了犯罪的一般性怀疑,而与具体案件之间缺乏有针对性的联系。犯罪嫌疑则是将某人直接指向了某一具体特定的刑事案件,并明确了两者之间内在的、必然的客观联系。在本案中,李某虎究竟是属于形迹可疑者还是犯罪嫌疑人,其界限也是不难辨明的。公安机关在调查李某美失踪案时,已经得知其是到李某虎家中办理保险后失踪的。故此,公安机关是已经掌握了一定的线索,并且在对李某虎与李某美失踪之事实之间进行较为明确具体的综合分析的基础上,才认为李某虎要求李某美独身一人上门办理保险和李某美失踪案件之间可能存在密切关联,并因此而推断李某虎可能存在重大作案嫌疑,然后才对李某虎进行有针对性的查找。事实上,公安机关对李某虎有重大嫌疑的推断并非没有掌握任何犯罪事实和犯罪证据的主观臆测,更不是仅凭常理、常情、工作经验或者蛛丝马迹而产生的怀疑,而是依据日常逻辑、初步证据线索所作出来的有充分合理性的推断,这一推断具有强烈的针对性和明确的指向性。也正是基于此种重大作案嫌疑,公安机关才将李某虎纳入重点排查对象而进行按图索骥式的搜寻,而在对李某虎进行控制之后又围绕着李某虎要求投保与李某美失踪之间的联系进行重点盘问。就此而言,本案中李某虎应属于犯罪嫌疑人而非《自首解释》中的形迹可疑者,进而无法成立形迹可疑型自首。

3. 因合理怀疑而被带至公安机关盘问的属于被动到案盘问,这是公安民警日常工作中的一项重要职责。本案中,公安机关是在对李某虎有可能涉嫌犯罪而产生合理怀疑将其带至公安机关中进行重点盘问的。而此时,李某虎是否具有自动投案的自愿性,将直接影响其供述行为是成立自首还是坦白。

自动投案,系指犯罪嫌疑人完全出于自愿,而将自身置于司法控制之下。所谓自愿,又称己意,是指行为人未受到外在压制或内心阻碍的影响,自己本人可以决定意思,为决定的主人,就是己意。己意须源自行为人的自发性动机,不必要求较高的道德、伦理标准,因罪恶感、羞愧、同情被害人、心灵的震惊甚至畏惧刑罚制裁等都可以。自愿投案的前提显然是基于行为人有自我选择的自由,即意志自由。在意志自由的前提下,自愿投案证明了犯罪嫌疑人具备了甘愿投诚而接受惩罚的主观意愿,也正基于此,相对于被动到案的坦白而言,自愿投案的自首才能够在量刑方面获得更为宽容的对待。

就本案而言,李某虎并非自动投案。虽然公安机关在找到李某虎并对其进行人身控制时缺乏充分有力证据而未对其采取刑事强制措施,只能采取盘问的手段,而盘问虽然本质上与刑事强制措施不同,但也属于对涉嫌违法犯罪者人身自由的一种合法限制。因而,在本案中的盘问实际上是在李某虎有合理嫌疑的情况下对其所实施的一种特殊的侦查措施。在本案中,公安机关已经发觉嫌疑人李某虎所实施罪行,并且李某虎也不属于形迹可疑者,而是属于犯罪嫌疑人,公安机关是在已掌握相关线索,并且认定李某美失踪甚至可能被害而李某虎有重大作案嫌疑的基础上,才将李某虎带至公安机关内部进行有针对性的盘问。此刻,李某虎事实上已处于公安机关的实际控制之下而基本丧失了人身自由,其已经彻底失去了决定主动投案的自愿性。李某虎被盘问之初,尽管证据尚欠充分,公安机关不能完全证实其犯罪,但在已经认定李某虎有重大作案嫌疑的情况下,公安机关无论如何也不会因为李某虎拒不供述而将其释放。况且,即便是在李某虎已经到案的情况下,最初仍然没有供述犯罪事实而是百般狡辩,这也证明其根本不具有主动交代的愿望。随后公安机关针对被害人李某美为李某虎办理保险业务后失踪的问题对李某虎进行反复追问,而李某虎也只是在因不能对其为何让被害人李某美单身一人到其日租房内办理保险业务作出合理解释,且在其心理防线已经被完全突破的情况下,出于无奈才供述了其伙同他人抢劫被害人李某美财物及为灭口而杀害被害人李某美的犯罪经过。在本案中,李某虎到案具有无可辩驳的被动性,不具有主动投案的性质,也不具备心甘情愿接受司法机关处置的自愿性,因此不具备自首情节。

综上所述,本案在公安机关已经基本上推断出李某虎极有可能是造成李某美失踪的作案者的情况下,可以认定李某虎之罪行已被有关部门、司法机关发觉。同时,公安机关已依据初步证据推断出李某虎有重大作案嫌疑,并将李某虎纳入重点排查对象而对其进行查找。故此,李某虎应属于犯罪嫌疑人而非形迹可疑者,其供述也不属于形迹可疑型自首。另外,李某虎是在公安机关已经发觉其有可能实施犯罪行为的情况下被带至公安机关接受有针对性的盘问后被动供述的，系迫于无奈而束手就擒，其到案不具有主动性，因此其在已经难以脱离公安机关有效控制的情况下所进行的供述不构成自首，仅能构成坦白。

075. 非因自身原因投案不成功能否认定自首

行为人主动电话联系相关监察部门负责人交代职务犯罪的情况，但因接受投案人员的原因而导致投案"失败"被迫归案，投案不成功并非犯罪嫌疑人自身原因所致，其在被迫归案后能主动供述自己的罪行，应当视为自动投案，符合自首的构成要件。

司法实例

国某峰受贿案

2013年11月至2016年9月，被告人国某峰先后利用担任某县两个中学校长的职务便利，在学校工程建设、物资采购等过程中为他人牟取利益，先后收受关某理、关某山、章某花、景某云、景某达、赵某佳、毛某范、郑某的好处费共计47.73万元。2016年11月5日，被告人国某峰在某县看守所关押期间，主动检举了同监舍的服刑人员王某（因犯盗窃罪于2014年9月12日被判处有期徒刑1年2个月）于2016年4月在某县城陶瓷门市内，盗窃阴某现金5000余元的事实。现公安机关对王某已立案侦查，经查证属实。王某案目前正处于侦查机关的预审阶段，某县公安局拟于2016年12月底移送起诉。被告人国某峰在侦查阶段退还赃款45.93万元。

某县人民法院审理认为：被告人国某峰身为国家工作人员，利用职务之便，为他人牟取利益，收受他人贿赂47.73万元，其行为已构成受贿罪。公诉机关指控被告人国某峰犯受贿罪的事实成立，本院予以支持。被告人国某峰在未被侦查机关采取调查措施前能主动向其组织交代其受贿的事实，视为自动投案，在接受侦查机关的传讯时又如实供述了其收受关某山、关某理、景某云等人好处费的事实，属于自首，其有检举他人犯罪的立功表现，又能积极退赃，依法应予以减轻处罚。根据被告人国某峰的犯罪事实，决定对其适用缓刑。被告人国某峰及其辩护人对此提出的辩解理由和辩护意见成立，本院予以采纳。对于被告人国某峰及其辩护人提出国某峰收受章某花、毛某范1.3万元是二人给予其子的过节费的辩解理由，本院认为，该辩解理由与庭审查明的事实不符，被告人国某峰及其辩护人对此提出的辩解理由不能成立，本院不予采纳。遂判决被告人国某峰犯受贿罪，判处有期徒刑3年，缓刑3年（缓刑考验期限从判决确定之日计算）；被告人国某峰退还的赃款45.93万元予以没收，上缴国库。判决已生效。

法院在本案审理过程中对国某峰的行为是否构成自首，有两种意见：第一种意见认为，国某峰给某县教育委员会监察室负责人打电话时反映其在工程建设领域存在经济问题，但国某峰未如实讲清具体的受贿事实，又不具有主动投案的情节，其自首不能成立。第二种意见认为，国某峰再次给某县教育委员会监察室负责人打电话时表达了其要求投案自首的愿望，但监察室负责人以星期天为由予以拒绝并要求其改日再来交代，导致国某峰主观上有投案自首的意愿，但客观原因导致其自首不能，这种情况非因自身原因致投案不能的应当认定为自动投案，由于其归案后能主动交代受贿事实，可以认定自首。本案生效判决采用了第二种意见。主要理由为：

1. 自首是指犯罪以后自动投案，如实供述自己罪行的。一般自首的成立有两个条件，一是犯罪以后自动投案，二是如实供述自己的罪行。根据《自首解释》第1条及《刑法》第67条第1款的规定，犯罪以后自动投案，如实供述自己的罪行的，是自首。自动投案，是指犯罪事实或者犯罪嫌疑人未被司法机关发觉，或者虽被发觉，但犯罪嫌疑人尚未受到讯问、未被采取强制措施时，主动、直接向公安机关、人民检察院或者人民法院投案。犯罪嫌疑人向其所在单位、城乡基层组织或者其他有关负责人员投案的；犯罪嫌疑人因病、伤或者为了减轻犯罪后果，委托他人先代为投案，或者先以信电投案的；罪行未被司法机关发觉，仅因形迹可疑，被有关组织或者司法机关盘问、教育后，主动交代自己的罪行的；犯罪后逃跑，在被通缉、追捕过程中，主动投案的；经查实确已准备去投案，或者正在投案途中，被公安机关捕获的，应当视为自动投案。

本案中，被告人国某峰在意识到收受贿赂的错误行为后，按规定依照某县教育委员会监察室主任罗某云的指示，将该款缴至该市纪律检查委员会的廉政账户后，国某峰又电话联系监察室主任罗某云，称自己还有一些经济问题需要当面交代，但罗某云以星期日属于非工作时间为由回复下个星期一再来县教育委员会交代。当日，国某峰受到某县检察院的调查，向检察院主动交代其受贿的事实。国某峰向某县教育委员会监察室主任打电话要交代问题，但因非自身的客观原因导致交代不成功，其主动要求交代的行为属于《自首解释》中"犯罪嫌疑人向其所在单位、城乡基层组织或者其他有关负责人员投案的"情形，该情形应当视为自动投案，或者属于《自首解释》中"经查实确已准备去投案，或者正在投案途中，被公安机关捕获的，应当视为自动投案"的情形，因为国某峰认识到自己的错误后电话联系某县教育委员会监察室主任，其目的是主动交代经济问题，只是因客观原因未交代成功，同时，对"被公安机关捕获的"应当作扩大解释，受贿罪是职务类犯罪，属于检察（监察）机关侦查，如果某人在投案途中被检察机关捕获，也应当视为自动投案。在主体方面监察室不具有司法机关的性质，但国某峰向监察室负责人交代情况这一行为，属于犯罪嫌疑人向其他有关负责人员投案，符合相关法律对自首投案对象的规定。由于监察室负责人要求改日再交代问题，导致其被先行带走调查，是因为客观原因而导致其投案不成。国某峰给某县教育委员会监察室主任打电话退赃及再打电话的行为及称"自己还有一些经济问题需要当面交代"的行为，说明被告人国某峰主观上有向组织交代问题的意愿，客观上也做出了一定的行为，但组织在客观上没有给予其交代的机会，鉴于自首制度设计的初衷是对犯罪嫌疑人有利的，国某峰主观上有自首的意愿，客观上做出了一定行为来自首，但终因非自身原因投案"失败"导致被迫归案，其投案不成功并非自身原因所致，其一系列行为应当视为自动投案，符合自首的构成要件。因此，国某峰的行为可以构成自首。

2. 自首制度有利于节约司法成本，其设置目的是减少司法资源的浪费。犯罪分子悔过并主动承担刑事责任的行为，使得犯罪行为得以制止，犯罪行为的危害后果得以弥补，犯罪分子受到惩罚也就是刑罚目的特殊预防的实现。犯罪嫌疑人得到了宽大处理，国家实现了刑罚的目的，提高了刑罚的效益，从而形成了一种"双赢"的局面。

3. 认定被告人国某峰有自首情节是有利于被告人原则的体现。《刑事诉讼法》在第 2 条将"尊重和保障人权"纳入法律，目的是在打击犯罪时也要尊重和保障人权，该条在一定意义上也表明了打击犯罪是手段和措施，尊重和保障人权是宗旨和目的。《刑事诉讼法》存疑有利于被告人原则认为，当对事实存在合理疑问时，应当做出有利于被告人的判决、裁定；当对有罪与无罪存在疑问时，应当做出无罪认定；当罪轻与罪重存在疑问时，应当做出罪轻的认定等。本案中，应当选择对被告人国某峰有利的方式处理，这是尊重和保障人权以及存疑有利于被告人原则的体现。

076. 行为人被讯问后自愿主动到案是否属于自动投案

行为人已被公安机关讯问，但未被采取强制措施，行为人接电话后自愿主动到案，符合自动投案的立法本意，到案后又能如实供述自己的犯罪事实，故应当认定为自首。

司法实例

郁某初合同诈骗案

2018 年 7 月 15 日，被告人郁某初冒用“李某君”的身份，在微信上以“宜宾冷鲜批发”的名义获得被害人汤某云信任后，双方口头达成腊货买卖合同，郁某初收到腊货后，拒接被害人的电话，并将腊货以 5 万余元的价格出售，所得货款被其挥霍。2018 年 10 月中旬，郁某初因害怕被害人报案，被迫退还 2.6 万元。经鉴定，该批货物价值 5.3 万余元。10 月 1 日，郁某初用同样的方式，骗取货物(价值 6.3 万元)。12 月 10 日，宜宾市某区公安局办案民警到四川省某县将被告人郁某初找到并传唤至当地派出所予以讯问后将其放回。12 月 23 日，被告人郁某初接到民警电话通知后主动到宜宾市某区公安局南楼派出所投案，如实供述其犯罪事实。

宜宾市某区人民法院审理认为：被告人郁某初以非法占有为目的，冒用他人身份，在签订、履行合同的过程中，骗取对方当事人财物 11.6 万余元，数额较大，其行为已构成合同诈骗罪。被告人郁某初受到讯问后未被采取强制措施，后接到公安民警的电话通知，其具有去与不去的自由，其自愿、主动、直接向公安机关投案的行为应属于自动投案，到案以后又如实供述自己的罪行，符合相关法律关于自首的规定，应当认定为自首，可以从轻处罚。

本案的争议焦点在于被告人郁某初是否构成自动投案，并最终认定为自首。关于本案法院认定被告人郁某初构成自动投案，其如实供述了主要罪行，认定为自首。主要理由是：

自动投案并非必须发生在未被公安机关讯问之前。根据最高人民法院《自首立功意见》第 1 条第 5 项的规定，鉴于司法实践中可能还会出现新的情形，《自首立功意见》还设立了兜底条款，即其他符合立法本意，应当视为自动投案的，也认定为自首。本案符合自动投案的立法本意，亦可认定为自动投案。

1. 本案被告人符合自动投案立法本意中的客观要素。自动投案客观上要求犯罪嫌疑人投案之时身处于自由状态，尚未受到司法机关控制。自动投案之所以能够得到法律上的从轻处罚，其中一个重要原因是这种行为能够节约司法机关的抓捕成本，故要求犯罪嫌疑人在未被抓获且人身处于自由的状态。本案中，郁某初本在四川省某县内，公安机关将其找到并传唤至当地派出所接受了讯问，但是未采取强制措施，从 2018 年 12 月 7 日接受讯问至 12 月 23 日，这期间郁某初的人身状态是完全自由的，当宜宾市某区公安局再次致电郁某初时，郁某初客观上是可以选择逃跑的，但是其未选择逃跑，使公安机关节省了大量的抓捕成本，其主动从四川某县乘车赶往宜宾的派出所投案，符合自动投案的立法原意。

2. 本案被告人符合自动投案立法本意中的主观要素。从主观上来看，是否构成自动投案还需从其意志的自愿性角度来考量。意志的自愿性要求，无论是主动到案还是不作为到案，行为人实施的将自己陷入被控制状态的行为，目的是将自己交付有关机关控制，行为人对交付有关机关控制或查处的心理状态应是积极或者放任的，但不能是反对的或无意识的。因为意志的自愿性体现行为人的真实悔罪态度和自我改造的决心，这是自动投案的价值要求，也是国家对其从宽处理的依据。接受办案机关的查处控制，一定程度上显示了犯罪嫌疑人的人身危险性的减弱，且对节省司法资源和提高破案效率等方面都起到了积极作用，符合自动投案的价值要求。但在聚众斗殴中,受到伤害一方的被告人往往认为自己也是受害人,到公安机关反映情况时也经常以受害人的名义进行,这种情况下的到案不是自动投案中的投案,其并没有认识到自身的犯罪行为,并将自己置于司法机关的控制之中。所以意志的自愿性审查是自动投案要素的重要一环,是从行为的表象中发现其内在本质,对自动投案的认定起到了关键作用。本案很明显,郁某初并非不自知自身的犯罪行为,因为第一次在四川某县,公安机关将其传唤并且讯问,其本人就应该知晓自身的犯罪行为,当接到电话后又能积极配合公安机关主动、自愿地接受审查,反映了其悔罪态度和自我改造的决心,同时也降低了其人身危险性,到案后又如实交代了自身的犯罪事实,故符合自动投案的立法原意。

综上,本案构成自动投案,郁某初到案后又能如实供述自己的罪行,故构成自首。

077. 如何认定自动投案取保候审又逃跑的行为性质

行为人自动投案被取保候审后又逃跑的,其弃保潜逃行为证明其并非自愿接受司法机关对案件的调查与审理,其行为违背了法律关于“自动投案”的基本要求,不应认定其成立自首。

司法实例

肖某军伤害案

被告人肖某军与被害人韩某升系前后邻居。2016 年 9 月 8 日,由于肖某军的孩子随意蹬踹韩某升亲戚的奔驰轿车,造成轿车左前门漆多处划伤。韩某升带领其亲戚向肖某军交涉赔偿事宜,因言语不和,双方发生争执,发展至肢体冲突。肖某军从家里拿出菜刀,持刀将韩某升的亲戚砍伤后(经鉴定为重伤),当日主动到派出所投案,被取保候审,次日逃离,因弃保潜逃于 2018 年 8 月 16 日被抓获归案。在诉讼期间双方达成民事赔偿协议,被告人肖某军取得被害人谅解。一审法院遂判决认定被告人肖某军故意伤害他人致人重伤,构成故意伤害罪,案发后被告人虽投案自首,但因弃保潜逃,后被抓获归案,不构成自首,判处其有期徒刑 3 年,判决已生效。

法院审理中,关于本案被告人自首后弃保潜逃的行为性质,存在两种不同意见。第一种意见认为:肖某军是在自首后弃保潜逃,其主动投案发生在被采取强制措施前,在其弃保潜逃之前已经如实供述其行为,自首已经形成,故肖某军的弃保潜逃行为不改变其自首的事实。第二种意见认为:肖某军投案自首后弃保潜逃,后被公安机关抓获,不应认定为自动投案,因此其行为不应认定为自首。

法院生效裁判支持第二种意见,即肖某军的行为不应认定为自首,主要理由:

1. 从自首的立法宗旨来看,被告人肖某军的行为与立法宗旨相悖。根据《刑法》第 67 条的规定,所谓自首,是指犯罪嫌疑人在犯罪后,自动投案,并如实供述自己罪行的行为。法律规定自首制度的意义在于鼓励犯罪分子自动投案,使案件得以及时侦破,并使犯罪分子悔过自新,不致隐藏在社会上继续为非作歹。根据法律规定,自动投案和如实供述罪行是成立自首的两个条件,虽然自动投案的具体方式和情形较多,但归结一点,就是犯罪嫌疑人必须自动将自己置于司法机关有效控制之下,并自愿接受司法机关对案件的调查与审理直至结案,这是“自动投案”的原则性条件和实质内涵。为此,最高人民法院在《自首解释》第 1 条中规定,犯罪嫌疑人自动投案后又逃跑的,不能认定为自首。

2. 从自动投案的内在要求来看,该行为与自首规定的内涵不符。本案中,被告人肖某军虽然在2016年向公安机关投案并供述了本案的主要犯罪事实,但在公安机关对其取保候审期间弃保潜逃,直至2018年8月16日才被抓获归案。因此,肖某军并未始终将自己置于司法机关有效控制之下,其弃保潜逃行为证明其并非自愿接受司法机关对案件的调查与审理,其行为违背了法律关于"自动投案"的基本要求,根据最高人民法院解释的规定,不应认定其成立自首。

3. 从司法机关的保障措施来看,该行为与执法者的善意背道而驰。执法机关鉴于被告人投案自首,且认罪认罚,考虑到人性化执法,才对其办理取保候审。司法机关变更强制措施之举,在于鼓励被告人在监所之外筹集资金,赔偿被害人,这一举措既是保障被害人与被告人的多重权益,也是对被告人前期自首行为的认可与奖励。而被告人弃保潜逃的行为,既违背了取保候审的法定义务,也辜负了司法机关的善意与期望,更是在实质上违背了法律关于自首的原则与要求。

4. 从司法效果来看,如果自首后弃保潜逃也认定为自首,可能会导致不良的法律效果与社会效果。刑法中对于认定为自首者,予以从轻或减轻处罚,这样有利于引导犯罪嫌疑人认罪服法,节约司法资源,化解社会矛盾。而自首后又弃保潜逃者,敬法服法的态度明显不足,且需要公安机关再次公告通缉,布置警力抓捕,浪费司法资源,显然不利于化解社会矛盾。若将其认定为自首,将产生不良的社会效果,一些不法分子会争相效仿,抑或误导民众先以投案换取日后自首的从轻或减轻处罚,再潜逃以躲避刑罚或羁押。

078. 如何认定行为人取保候审期间犯罪的自首

行为人因涉嫌犯罪被取保候审期间再次犯罪,后因形迹可疑被盘问,行为人主动向侦查机关供认了第二次犯罪事实。虽然行为人主动供认的犯罪事实与第一次犯罪属同一类犯罪,但基于其取保候审时该犯罪事实尚未发生,因此行为人构成自首。

司法实例

罗某田抢劫案

2016年11月11日23时许,上诉人(原审被告人)罗某田(注:作案时15周岁)、"蓝仔"、"绿头"(均另案处理)等人在北海市海城区某日杂店门前路段,持刀拦停骑自行车放学回家途中经过此路段的中学生卢某会而后对其进行搜身,因未搜到钱物,于是便强行将卢某会的自行车抢走并推到某立交桥附近销赃。随后,卢某会及其亲属在某立交桥下发现罗某田并将其抓获送到公安机关,当场扣押了罗某田所持的折叠刀一把。2016年11月12日,公安机关决定对罗某田取保候审。取保候审期间,罗某田于2016年11月23日12时许又伙同于某雄、"二黑"(均另案处理)等五人在海城区海萍村一带伺机抢劫。当中学生海某江、范某会、梁某强等人放学后经过该路段时,被罗某田等五人拦住,暴力围殴海某江,抢走其包内手机一部和一些文具等物品。2016年11月29日21时许,罗某田、于某雄因形迹可疑被传唤到案,主动供述了第二次抢劫作案的事实。

广西壮族自治区北海市某区人民法院一审认为,被告人罗某田以非法占有为目的,使用暴力、胁迫的方法抢劫他人财物,其行为已构成抢劫罪。罗某田作案时未满18周岁,依法应当对其减轻处罚。罗某田在公安机关尚未掌握具体情况的前提下,如实供述其第二次抢劫事实,但与公安机关已掌握的第一次抢劫属同种罪行,不属于自首,可酌情从轻或减轻处罚。遂判决认定被告人罗某田犯抢劫罪,判处有期徒刑2年6个月,并处罚金3000元。

被告人罗某田及其法定代理人不服，以量刑畸重为由提起上诉。

北海市中级人民法院二审认为，上诉人罗某田以非法占有为目的，伙同他人两次采取暴力手段抢劫财物，其行为已构成抢劫罪。上诉人罗某田在作案时未满16周岁，依法应当从轻或减轻处罚。罗某田在公安机关尚未掌握具体情况的前提下，如实供述其第二次抢劫的事实，虽然与公安机关已掌握的第一次抢劫事实属同种罪行，但其在被采取取保候审强制措施时，第二次抢劫尚未发生，故其行为符合自首的构成要件，应当视为自首，依法可对其减轻处罚。原审判决认定事实清楚，证据确实、充分，定罪准确，审判程序合法，但没有认定上诉人罗某田有自首情节，适用法律错误，量刑不当，依法应予以纠正。遂判决维持一审判决中对原审被告人罗某田的定罪部分，撤销一审判决对原审被告人罗某田的量刑部分，上诉人（原审被告人）罗某田犯抢劫罪，判处有期徒刑1年，并处罚金500元。

对于上诉人罗某田是否构成自首的问题，一、二审法院作出了完全相反的认定。之所以产生分歧，是因为罗某田因形迹可疑被侦查人员盘问时，供认出的第二次抢劫犯罪事实与第一次已经被侦查机关掌握的抢劫犯罪事实属同种罪行。

《刑法》第67条第2款规定：被采取强制措施的犯罪嫌疑人、被告人和正在服刑的罪犯，如实供述司法机关还未掌握的本人其他罪行的，以自首论。最高人民法院《自首解释》第1条分别对自首的两个成立条件，即“自动投案”和“如实供述自己罪行”作出了详细的规定：罪行未被司法机关发觉，仅因形迹可疑被有关组织或者司法机关盘问、教育后，主动交代自己的罪行的，应当视为自动投案。《自首解释》第2条规定，被采取强制措施的犯罪嫌疑人、被告人和已宣判的罪犯，如实供述司法机关尚未掌握的罪行，与司法机关已掌握的或者判决确定的罪行属不同种罪行的，以自首论。《自首解释》第4条规定，被采取强制措施的犯罪嫌疑人、被告人和已宣判的罪犯，如实供述司法机关尚未掌握的罪行，与司法机关已掌握的或者判决确定的罪行属同种罪行的，可以酌情从轻处罚；如实供述的同种罪行较重的，一般应当从轻处罚。根据上述规定，被采取强制措施的犯罪嫌疑人、被告人和已宣判的罪犯，如实供述司法机关尚未掌握的罪行的能否被认定为自首，关键在于供述的罪行是否与司法机关已经掌握的罪行属于同种罪行。司法实践中，这种情形除了要准确区分是否属于同种罪行外，还应当注意一点，即司法机关掌握行为人的同种罪行时，行为人后来供述的罪行在客观上应当已经发生，才能适用上述规定，不能简单、机械地适用。

具体到本案，上诉人罗某田因抢劫被公安机关采取取保候审强制措施的时候，尚未实施第二次抢劫。其于取保候审期间实施第二次抢劫后，在侦查机关尚未掌握该起犯罪的情况下，仅因形迹可疑被传唤盘问的时候，主动供述第二次抢劫作案的犯罪事实，虽然与侦查机关已经掌握的第一次抢劫属于同种罪行，但鉴于其被取保候审的时候，第二次抢劫犯罪尚未发生，不属于《自首解释》第4条规定的“司法机关尚未掌握的罪行”的范围，应当依据《自首解释》第1条的规定认定上诉人罗某田的行为为自首，依法可对其减轻处罚。综上所述，二审法院对一审判决的改判是正确的。

079. 服刑时供述同种余罪释放后查实的是否属于自首

服刑期间如实供述未被掌握的同种余罪，刑满释放后被查实且被追究的，因行为人已是自由公民，在查实之前供述，应判定为主动供述，依法应当成立自首。

司法实例

李某伟等盗窃案

(1)2010年9月29日凌晨1时许,被告人李某伟、童某大事先商量,至南京某公司,采用翻墙钻窗等方式进入该公司,在一楼办公室内窃得电脑主机2台、数码相机1部,在二楼办公室内窃得保险柜1个(内有现金10,000余元及其他物品);(2)2010年10月6日0时许,被告人童某大伙同李某伟事先商量,至南京某装饰有限公司,采用翻墙撬窗等方法进入该公司,窃得共计价值6660元的台式电脑2台及富士通数码相机1台;(3)2010年11月1日15时许,被告人童某大伙同李某伟事先商量,至南京某村,采用钻窗等方法入室,窃得事主随某某的1965年版20元及价值2635元的夏普32英寸液晶彩电1台。李某伟在携赃逃跑途中被抓获,童某大逃逸。案发后,赃款赃物已由公安机关发还给被害人。

李某伟因本案第二、三节盗窃犯罪被判处刑罚,在服刑期间,主动供述了本案第一节的盗窃事实。2012年2月22日,童某大被公安机关抓获归案,其到案后如实供述了上述事实。

南京市某区人民法院认为,被告人李某伟、童某大采用秘密手段窃取他人财物,数额较大,其行为已构成盗窃罪,依法均应予处罚。公诉机关指控的罪名成立。李某伟、童某大在共同犯罪中作用相当,不宜区分主从犯,但量刑时可根据两名被告人的具体作用分别处罚。李某伟、童某大犯罪时已满16周岁不满18周岁,依法应从轻处罚;李某伟在服刑期间(因犯盗窃罪),如实供述司法机关尚未掌握的本案第一节盗窃的罪行,在刑满释放后被查实,系自首,依法可从轻处罚。李某伟的辩护人提出李某伟系自首的辩护意见,可予以采纳,但提出公安机关根据李某伟的交代抓获本案同案犯,属立功的辩护意见,于法无据,不予采纳。童某大虽不具有自首情节,但到案后能如实供述自己罪行,依法可从轻处罚。遂判决被告人李某伟犯盗窃罪,判处有期徒刑6个月,罚金1000元。被告人童某大犯盗窃罪,判处有期徒刑1年5个月,罚金1900元。赃款赃物依法应予以追缴,并发还各被害单位。判决已生效。

本案在法院审理中,关于罪犯服刑期间如实供述未被掌握的同种余罪,刑满释放后被查实且被追究的,是坦白还是自首认识不一。第一种意见认为,李某伟在服刑期间供述未掌握的同种数罪,不能认定为余罪自首,仅能按照坦白处理。《刑法修正案(八)》规定,在《刑法》第67条中增加1款,作为第3款:犯罪嫌疑人虽不具有前两款规定的自首情节,但是如实供述自己罪行的,可以从轻处罚;因其如实供述自己罪行,避免特别严重后果发生的,可以减轻处罚。故可适用该条规定,对其从轻处罚。第二种意见认为,服刑期间如实供述未掌握的同种余罪,刑满释放后被查实且被追究的,依法应当成立自首。因为一个诉讼程序已完整结束,行为人已是自由公民,供述在查实之前发生,应判定为主动供述。

法院判决采纳第二种意见的理由:

1. 关于余罪自首。自首,是犯罪分子在犯罪后自动投案,如实供述自己罪行的行为。[①]《刑法》第67条第2款规定:被采取强制措施的犯罪嫌疑人、被告人和正在服刑的罪犯,如实供述司法机关还未掌握的本人其他罪行的,以自首论。理论上通常称之为余罪自首。最高人民法院《自首解释》第2条规定,被采取强制措施的犯罪嫌疑人、被告人和已宣判的罪犯,如实供述司法机关

① 现代自首制度的特性是主动性和如实性,1997年《刑法》修订一改1979年《刑法》关于自首制度同时需要具备自动投案、如实供述和接受审查裁判的"三性"为现在的"二性",其主要原因是接受审查裁判的内容和要求能够通过自动投案、如实供述这两个条件明确地体现出来,即已被吸收到这两个条件中来。

尚未掌握的罪行，与司法机关已掌握的或者判决确定的罪行属不同种罪行的，以自首论。这一解释，进一步确定了“余罪自首”中所谓的“余罪”只能是与已掌握罪行属不同的罪行。

（1）司法解释将余罪自首中其他罪行解释为同种与不同种的事实。最高人民法院《自首解释》第2条规定，被采取强制措施的犯罪嫌疑人、被告人和已宣判的罪犯，如实供述司法机关尚未掌握的罪行，与司法机关已掌握的或者判决确定的罪行属不同种罪行的，以自首论。《自首解释》第4条规定，被采取强制措施的犯罪嫌疑人、被告人和已宣判的罪犯，如实供述司法机关尚未掌握的罪行，与司法机关已掌握的或者判决确定的罪行属同种罪行的，可以酌情从轻处罚；如实供述的同种罪行较重的，一般应当从轻处罚。尽管《自首解释》第4条将如实供述司法机关未掌握的同种罪行以坦白论，并给予一定的酌情从轻处罚，在结果上拉近了如实供述同种罪行与非同种罪行处罚上的差距，而《刑法修正案（八）》增设了坦白从宽的规定，即《刑法》第67条第3款的规定，该条规定则给《自首解释》第4条带来了冲击，因为两者的内涵肯定会有竞合的一面，实务中难以把握。

（2）同种事实既包括司法机关已掌握的和未掌握的行为人主动交代的均构成犯罪的事实，也包括未掌握的违法事实或犯罪事实，还包括涉嫌违法被查获的，与主动供述的未掌握之违法事实，前后累加而构成犯罪事实。司法实践中，若被查获的事实系违法行为，尚不构成犯罪；或者处于未遂形态，依法不构成犯罪，行为人到案后又主动交代未掌握的同种事实，从而构成犯罪，可认定为刑法规定的准自首。行为人到案后又主动交代未掌握的同种事实，上述行为仍符合自首的本质特征，亦符合刑法意义上的主动性，从而相应减少了司法成本，这种经济性是由主动性带来的，应视为自动到案，可认定准自首，而不能仅作坦白交代的酌定情节考虑。

2. 服刑期间供述未掌握的同种余罪，刑满释放后被查实并追究，前述的同种余罪应当成立自首。刑事诉讼包含侦查、起诉、审判以及刑罚执行诸多阶段。行为人因犯罪被人民法院判刑，刑满释放后，其涉及的诉讼程序已完整结束，行为人已是自由公民，其不再具有犯罪嫌疑人、被告人或罪犯的身份特征。同时，对刑事犯罪的追诉责任在于公安机关。根据《刑事诉讼法》以及公安部作出的《公安机关办理刑事案件程序规定》的相关规定，公安机关主动发现犯罪线索或接受公民个人和法人组织报案后，均应积极作为而正确履行立案、侦查、拘捕犯罪嫌疑人、依法取证等法定职责。《刑事诉讼法》规定的法定职责，司法机关更应该正确履行。在服刑期间如实供述未掌握的同种余罪，就司法机关而言，对行为人依法追究的行为是需要查证的，无论基于何种原因，没有查证的不能认定。如果在服刑期间查实，只能依现行的司法解释的规定，按坦白认定。如果在行为人刑满释放后再被查实，且就此仍被追究，依法就应成立自首，因为其供述在被查实之前，司法机关追究在后，此时应判定其供述具有主动性，就此可以认定为自首。在本案中，李某伟因本案的第二、三节盗窃犯罪被判处刑罚，在服刑期间，主动供述本案第一节的盗窃事实，但警方对此未予查证，而李某伟刑满释放。2012年2月22日，童某大被公安机关抓获归案，其到案后如实供述上述三节事实，警方由此查实李某伟在服刑期间供述的本案第一节盗窃事实属实，对李某伟依法追究，故对其应认定为自首。

综上，法院对李某伟认定为自首是正确的。

080. 行为人因实施一般违法行为被刑事拘留又因主动交代犯罪行为被追诉的能否认定自首

行为人因实施一般违法行为而被刑事拘留又因主动交代犯罪行为被追诉的应当认定自首。

司法实例

毛某学、唐某方非法经营案

2014年8月18日,被告人毛某学之妻董某菊租赁个体工商户贾某双的烟台市的某茶行,租赁期限5年。董某菊和被告人毛某学在未办理烟草专卖零售许可证的情况下,继续使用烟台市某茶行的烟草专卖零售许可证,在该店从事卷烟销售。2017年8月至10月,被告人毛某学先后多次将大量中华牌卷烟非法销售给福建省厦门市的应某国(另案处理),价值339,315元。2017年9月10日左右,被告人毛某学从"欢欢"处购买假冒软中华香烟50条,以每条100元的价格卖给被告人唐某方,价值5000元。被告人唐某方将其中的24条假中华烟按照真烟价格销售,价值15,600元。2017年7月至9月,被告人唐某方在未取得烟草专卖零售许可证的情况下,将非法购进的真品卷烟和假冒卷烟放在自己位于某市的"烟酒总汇"店内销售,先后五次被某市某区烟草专卖局查获利群、南京、中华、黄鹤楼等各类卷烟281.5条,卷烟价值为54,099.8元。2017年9月29日被告人唐某方在某市被抓获归案,同年10月23日,被告人毛某学因卖给被告人唐某方50条假冒软中华香烟的违法行为被采取强制措施后,向公安机关如实供述其非法经营的犯罪事实。

某区人民法院认为:被告人毛某学、唐某方违反国家规定,非法经营国家专卖的烟草制品,扰乱了市场秩序,其行为均构成非法经营罪。被告人毛某学非法经营产生的数额达30万余元,属于"情节特别严重",应处5年以上有期徒刑,并处罚金。被告人毛某学因违法行为被公安机关采取强制措施后,主动供述其非法经营的犯罪事实,有自首情节,对其可减轻处罚。被告人唐某方非法经营的香烟被公安机关查获,社会危害性较小,可酌情从轻处罚。被告人毛某学、唐某方非法经营的香烟,依法应当予以追缴,上缴国库。鉴于被告人毛某学、唐某方自愿认罪,均可从轻处罚。根据被告人毛某学、唐某方的犯罪情节和悔罪表现,对其适用缓刑确实不致再危害社会,可以对其宣告缓刑。遂判决被告人毛某学犯非法经营罪,判处有期徒刑3年,缓刑5年,并处罚金10万元;被告人唐某方犯非法经营罪,判处有期徒刑1年,缓刑2年,并处罚金4万元;对非法经营获得的利群、南京、中华、黄鹤楼等香烟共计281.5条,予以追缴,上缴国库。

一审宣判后,某区人民检察院抗诉提出:一是毛某学出售50条假烟给唐某方是其非法经营犯罪行为的一部分。毛某学的行为属被采取强制措施的犯罪嫌疑人如实供述司法机关尚未掌握的同种较重罪行,而非自首。一审判决认定"被告人毛某学因违法行为被公安机关采取强制措施后,主动供述其非法经营的犯罪事实,具有自首情节"属于适用法律错误。二是对被告人毛某学量刑畸轻。在二审庭审中,出庭履行职务的检察员发表了相同意见。

抗诉机关认为:毛某学非法销售价值30多万元的卷烟给唐某方、黎某鹏(另案处理),侦查机关掌握的其出售5000元假烟给唐某方的事实属于其非法经营犯罪的一部分。毛某学的行为属于被采取强制措施的犯罪嫌疑人如实供述司法机关尚未掌握的同种较重罪行,应当从轻处罚,而不能减轻处罚。毛某学的辩护人认为:毛某学卖给唐某方50条假烟的行为应当属于销售假冒伪劣产品,毛某学被采取强制措施后,主动供述司法机关尚未掌握的非法经营的罪行,与司法机关已经掌握的销售假冒伪劣产品属不同种罪行,构成自首。

某市中级人民法院依法裁定驳回抗诉,维持原判。

一、二审法院的裁判主要基于以下考虑：

1. 本案涉及对《自首解释》第2条、第4条的理解与适用的问题。根据上述规定，被采取强制措施的犯罪嫌疑人，如实供述司法机关尚未掌握的同种较重罪行，一般应当从轻处罚。当司法机关已经掌握的与嫌疑人之后如实交代的均是独立构成的犯罪，且在法律、事实上属于密切关联的罪行时，应当适用上述规定。但对本案中被告人毛某学，不能适用上述规定。因为毛某学先前仅实施了一般违法行为，被采取强制措施后即如实供述了非法经营卷烟的犯罪行为。司法机关先行掌握的是毛某学销售价值5000元假冒香烟的违法行为，该行为未达到追究刑事责任的起点，不能称其为“罪行”。抗诉机关的该抗诉理由显然不能成立。

2. 本案中，辩护人对“不同种罪行”的理解同样是错误的。2010年12月22日最高人民法院《自首立功意见》对“不同种罪行”作了明确界定。犯罪嫌疑人、被告人在被采取强制措施期间如实供述本人其他罪行，该罪行与司法机关已掌握的罪行属同种罪行还是不同种罪行，一般应以罪名区分。虽然如实供述的其他罪行的罪名与司法机关已掌握犯罪的罪名不同，但如实供述的其他犯罪与司法机关已掌握的犯罪属选择性罪名或者在法律、事实上密切关联，应认定为同种罪行。销售假冒卷烟与非法经营卷烟在事实上密切关联，其罪名不同只是因为出现了法规竞合的情况。

3. 本案的侦查机关在掌握被告人毛某学出售价值5000元假冒香烟这一行为后，将毛某学作为销售伪劣产品的犯罪嫌疑人予以刑事拘留，该强制措施其实是不恰当的。如果毛某学后来不主动交代其罪行，便不会被追诉。被告人毛某学因实施一般行为被抓获，其如实交代犯罪行为是受到刑事追诉的重要原因，这反映出毛某学具有认罪的主动性，也由此带来了司法的经济性，符合自首制度的立法精神，应当依据我国《刑法》第67条第2款的规定，认定毛某学构成自首。

当然，被告人毛某学此前销售5000元假烟的行为因未经行政处罚，其案值可以累计在其非法经营的案值内一并处罚，但并不影响对其自首的认定。故某市中级人民法院作出依法驳回抗诉，维持一审法院判决的终审裁定。

081. 如何把握认定犯罪嫌疑人确已准备投案

对行为人“确已准备去投案，或者正在投案途中”的认定应当根据主客观相统一原则，以其如被捕获时是否反抗、是否准备外逃、有无在第一时间如实供述主要犯罪事实等为基础，综合考虑事前、事中以及事后的各种行为表现进行整体判断。对那些仅有投案想法，但客观上无任何投案行为或者意思表示的犯罪嫌疑人不能认定为自动投案。

司法实例

穆某元抢劫案

2017年3月3日23时许，被告人穆某元敲门进入福建省某县某村一宗祠旁村民巴某亚的食杂店，假装购物，乘巴某亚不备之机行窃。被发现后，即用手捂住巴某亚的嘴，将其推倒在地，捧其头部撞击地面，致其昏迷。随后又从店内取来菜刀切割被害人巴某亚的颈部致其当场死亡，劫得现金400余元及价值210元的新安江香烟3包、利群香烟12包等物，逃离现场。经法医鉴定，被害人巴某亚系遭他人锐器割颈致颈部动、静脉断裂出血，引起了失血性休克而死亡。某市人民检察院认为，被告人穆某元的行为构成抢劫罪，请求法院依法惩处。

被告人穆某元对起诉书指控的事实没有异议。其辩护人提出：被害人巴某亚的过激言语是导致本案发生的诱因,穆某元没有积极追求被害人的死亡后果,穆某元在归案前已经有自首的主观动机和意思表示,穆某元平时表现良好,归案后认罪态度好。

福建省某市中级人民法院认为,被告人穆某元以非法占有为目的,采取暴力手段,入户劫取他人财物,致人死亡,其行为已构成抢劫罪。被告人穆某元被公安机关获归案后才如实供认自己的犯罪事实,辩护人关于其具有自首主观意思表示等辩护意见,与事实不符,不予采纳。被告人穆某元为抢劫而杀人的手段极其残忍,后果极其严重,依法应予严惩。遂判决被告人穆某元犯抢劫罪,判处死刑,剥夺政治权利终身,并处没收个人全部财产。同时要求被告穆某元赔偿附带民事诉讼原告人的经济损失。

穆某元上诉及其二审辩护人提出,穆某元在被抓获之前曾打电话给侦查人员,有自首的准备,归案后作了如实的供述,应当视为自动投案、构成自首,原判在量刑时没有从轻处罚,要求依法改判。

出庭的检察员认为,原判认定被告人穆某元抢劫致人死亡的事实清楚,证据确实、充分,原判定罪正确,量刑适当,上诉、辩护理由不能成立,并称根据公安机关出具的抓获经过、情况说明等,穆某元与办案民警电话联系时并没有自首的意思表示,更没有承认杀人抢劫系其所为,被抓获后,也没有当场承认犯罪,其行为不构成自首。

福建省高级人民法院经审理查明,原判认定的事实清楚,证据确实、充分。关于上诉、辩护理由,经查:穆某元的上诉及其二审辩护人称被害人事先过激的言语是导致本案的诱因等理由不能成立,不予采信。

该院认为,被告人穆某元以非法占有为目的,采取暴力手段劫取他人财物,并致人死亡,其行为已构成抢劫罪。被告人穆某元盗窃被发现后,持菜刀对七旬老妇来回切割颈部,将其当场杀害,犯罪手段极其残忍,情节恶劣,无法认定从轻情节,依法应当严惩。原判定罪正确,量刑适当,审判程序合法。被告人穆某元的上诉及其辩护人提出原判量刑过重,要求从轻处罚的理由不足,不予采纳。遂驳回其对刑事部分的上诉,维持死刑判决,并依法报请最高人民法院核准。

最高人民法院核准被告人穆某元死刑。

本案争议的焦点是关于自首的认定问题,主要涉及如何根据自首的本质,认定犯罪嫌疑人"确已准备去投案,或者正在投案途中"。《自首解释》第1条第1项规定了7种应当视为自动投案的情形,体现了犯罪嫌疑人投案的主动性和自愿性的本质特征。根据《自首解释》第1条第1项的规定,除了主动、直接向司法机关投案外,犯罪嫌疑人具有"经查实确已准备去投案,或者正在投案途中,被公安机关捕获的"情形的,也应当视为自动投案。该规定一定程度上放宽了自首的认定条件,对于贯彻宽严相济的刑事政策具有重大意义。但在司法实践中,各方对如何认定犯罪嫌疑人"确已准备去投案,或者正在投案途中"容易发生争议,尤其是在行为人客观上确已准备去投案但缺乏显著表现的情况下,是否具有投案意愿作为犯罪嫌疑人的一种内心意思,本身具有主观性、不可视性、难以把握性等特点,往往没有直接证据可以用来证明这种意愿,司法机关难以直截了当地作出准确判定。大量的案例显示,主观上没有投案意愿的行为人被捕获后也往往通过各种手段来模糊司法人员审查的视线,以此证实或表明自己确已准备去投案,或者正在投案途中,要求认定其具有自首从轻处罚的情节,企图逃避应有的追究。因此,对犯罪嫌疑人"确已准备去投案,或者正在投案途中"的认定要坚持主客观相统一的原则,从主、客观两方面全面考量。是否有投案意思,虽然看不见、摸不着,但作为主观心理状态必然要通过客观行为表现出来。如果行为人已准备去投案或者一般情况下,在判断行为人主观心理态度时,应当以其实施的活动如被捕获时是否反抗、是否准备外逃、有无在第一时间如实供述犯罪等为基础,综合考虑事前、事中以及事后的各种主客观因素进行整体判断。对那些仅有投案想法,但客观上无任何投案行为或意思表示的犯罪嫌疑人不能认定为自动投案。本案是公安机关通过侦查掌握穆某元有犯罪嫌疑,并通知其亲属转告潜逃的穆某元回来配合调查,穆某元获悉后在外地给办案民警打电话,编造谎言,隐瞒自己的行踪,没有投案自首的主观动机和意思表示。某县公安机关通过技术侦查等手段锁定其行踪,并在当地公安机关的配合下将其抓获归案,穆某元被抓时拒不交代其犯罪,经过审查才被迫如实供述自己罪行,依照法律规定,其行为不构成自首。

1. 公安机关通过事先排查掌握犯罪嫌疑人穆某元的犯罪证据在先。在案证据显示,2017 年 3 月 4 日凌晨,某县公安局“110”指挥中心接到群众报警称:某村一祠堂旁的小店内有人被杀死。公安机关遂派员赶赴现场勘查、访问,从现场香烟壳上提取犯罪嫌疑人作案遗留的新鲜指纹、围巾等物证。根据调查访问情况,结合现场勘查,分析认为这是一起熟人入室抢劫案件,决定以案发现场附近的路边村为重点,逐人排查。经排查,发现同村村民穆某元在案发三天后突然去向不明,穆某元平时经常到被害人的小店,后辞去在该县某工厂的工作,因此有重大作案嫌疑。此后,侦查人员多次到穆某元家告诉其父母,让穆某元与侦查员见面配合调查本案,要其父母想办法联系穆某元,并将侦查员的手机号码留在穆家。

2. 犯罪嫌疑人穆某元给办案民警拨打电话时有意隐瞒自己的行踪,没有投案的动机和意思表示,不能视为自动投案。根据公安机关出具的情况说明,2017 年 3 月 24 日,穆某元确曾使用不能显示来电的号码打电话给侦查员,但谎称自己在广州做事,过几天才能回来配合本案的调查,只字不提自己与本案有关。公安机关通过技术手段,查明犯罪嫌疑人穆某元实际在福建省厦门市而不在广州。因此,其辩护人称其使用公用电话给警察打电话表明其没有隐瞒自己行踪的理由与事实不符,其行为不符合自动投案的构成特征。

3. 犯罪嫌疑人穆某元被捕获后否认自己有犯罪行为,经过审查后被迫供述罪行,其行为不构成自首。某县公安局掌握犯罪嫌疑人穆某元的行踪后立即赶赴厦门,在当地公安机关的配合下,于 2017 年 3 月 25 日下午在厦门市将穆某元抓获。经审讯,穆某元否认自己有犯罪行为。加大审讯力度后,犯罪嫌疑人穆某元才被迫交代抢劫杀人的犯罪事实。

综上,上诉人、辩护人称被告人在被抓获之前有自首的主观意思表示,应当认定为自动投案,构成自首等理由均不能成立,法院的裁判是正确的。

082. 拒绝签字且辩解不构成犯罪的性质认定

行为人到案后,即使拒绝在讯问笔录上签字,且辩称自己的行为不构成犯罪,但如果其能对主要犯罪事实如实供述,依然可以认定其构成坦白情节。其对行为性质的辩解不影响对坦白情节的认定。

司法实例

阚某百妨害公务案

2017 年 6 月 10 日 8 时许,被告人阚某百携带铁管、管道扳手等工具进入某市区某建设工地,以该工程招投标有问题为由,阻挡施工人员进入工地。该工地工作人员发现阚某百寻衅滋事后随即报警。公安机关接警后迅速赶往现场,阚某百对出警民警进行辱骂,持铁管、管道扳手等凶器与民警对峙,同时从地面上捡拾石块扔砸民警,致使民警魏某军被击中头部导致轻微脑震荡,后又持铁管将另一民警左某刚敲击至右胳膊软组织损伤和皮下淤血。阚某百在暴力阻碍民警执法过程中,为了泄愤,又肆意持砖头、铁管、管道扳手等凶器,对停放在附近的警车和被害人张某的车辆进行打砸。经价格评估,上述车辆损失合计42,087元。

某市某区人民法院审理认为,被告人阚某百持凶器以暴力、威胁方法阻碍人民警察依法执行公务,其行为已构成妨害公务罪,应当予以处罚。公诉机关指控阚某百涉及妨害公务罪的事实清楚,证据确实、充分,指控罪名成立。阚某百在阻碍人民警察依法执行公务的过程中,为泄愤,任意损毁公私财物,数额巨大,其行为构成寻衅滋事罪和故意毁坏财物罪,应当依照处罚较重的犯罪即故意毁坏财物罪定罪处罚,公诉机关指控的犯罪事实清楚,证据确实、充分,但指控罪名不当,本院予以纠正。阚某百所提的其行为不构成犯罪的辩解意见没有事实和法律依据,不能成立,本院不予采纳。

被告人阚某百一人犯数罪,应予数罪并罚;其暴力袭击正在依法执行职务的人民警察并导致警察受伤,应予从重处罚;其曾因犯盗窃罪被判处有期徒刑,刑罚执行完毕以后,在5年以内又故意犯应当判处有期徒刑的刑罚之罪,是累犯,应当从重处罚;其到案后虽自始辩称其行为不构成犯罪并拒绝在讯问笔录上签字,但其在庭前和当庭均对指控的主要犯罪事实予以供认,故其对行为性质的辩解不应影响对坦白情节的认定,可以从轻处罚。

依照《刑法》相关条款及最高人民法院、最高人民检察院《关于办理寻衅滋事刑事案件适用法律若干问题的解释》第7条之规定,于2018年1月18日判决被告人阚某百犯妨害公务罪,判处有期徒刑2年4个月,犯故意毁坏财物罪,判处有期徒刑4年,决定执行有期徒刑6年。

一审宣判后,公诉机关未抗诉,被告人阚某百未上诉,一审判决已生效。

法院根据本案事实,认定被告人阚某百具有坦白情节,故作出上述刑罚裁量。

1. 阚某百具备坦白情节。《刑法》第67条第3款规定,犯罪嫌疑人虽不具有前两款规定的自首情节,但是如实供述自己罪行的,可以从轻处罚;因其如实供述自己罪行,避免特别严重后果发生的,可以减轻处罚。从上述规定来看,一是坦白的主体限定为犯罪嫌疑人;二是坦白的到案形式是被动归案;三是坦白的实质是如实供述自己的罪行。依据《自首解释》第1条的相关规定,如实供述自己的罪行,是指犯罪嫌疑人自动投案后,如实交代自己的主要犯罪事实,对于坦白情节的认定该司法解释当然可以参照适用,即只要犯罪嫌疑人被动到案后对主要犯罪事实如实供述的,就可以认定其如实供述自己的罪行,具备上述几点条件即符合刑法关于坦白情节的规定,应当认定为坦白。

2. 阚某百被抓获后,虽然拒绝在讯问笔录上签字,但其自始对阻碍民警执法、殴打民警及砸毁公私车辆等主要犯罪事实供认不讳,因此符合上述关于坦白情节的认定要件。坦白者,一般均能够自愿认罪,但自愿认罪的实质是被告人承认指控的犯罪事实,并不要求其承认指控的罪名。司法实践中,被告人对指控的犯罪事实没有异议,但不清楚自己的行为是否构成犯罪,或者错误地认为自己的行为构成其他罪名的,只要被告人没有故意掩盖罪行或者编造事实,意图脱罪,都不影响其认罪情节的认定。还存在这样的情况,即被告人对指控自己的犯罪事实供认不讳,但其就是不认为是犯罪,认为这是理所应当的,其辩解虽没有事实和法律上的依据,但如果符合上述所列要件,这种情况一般也可以认定为自愿认罪。本案中,阚某百虽以荒唐的理由辩解自己不构成犯罪,但其承认指控的犯罪事实和证据,故仍然应判断为其实质上是认罪的,只不过是持有自己的辩解。最高人民法院《关于被告人对行为性质的辩解是否影响自首成立问题的批复》中规定,"被告人对行为性质的辩解不影响自首的成立",该批复一般来说也应当适用于自愿认罪情节的认定。综上,法院认定阚某百具有坦白情节是合理的。

083. 特殊坦白与坦白能否同时适用，在适用新法时应否对被告人按照新法规定并处罚金

《刑法修正案(九)》对贪污、受贿罪的定罪量刑标准作了修改。一方面，取消了原来的5000元、5万元、10万元的数额标准；另一方面，又在各档中均增设了罚金刑。《刑法修正案(九)》生效后，对《刑法修正案(九)》生效前实施贪污、受贿的行为，在主刑方面显然应当选择适用对被告人有利的新法。但也给司法实践带来一些新的问题。例如，特殊坦白与坦白能否同时适用的问题，在适用新法时，能否、应否对被告人按照新法规定并处罚金等。

1. 特殊坦白与坦白能否同时适用。《刑法修正案(九)》实施后，对于贪污罪、受贿罪在提起公诉前如实供述自己罪行，真诚悔罪，积极退赃，避免、减少损害结果发生的情形，是单独适用《刑法》第383条第3款①，即分则中特殊坦白的规定，还是必须同时引用《刑法》第67条第3款②，即总则中坦白的规定，司法解释并未给出明确回答。由于该问题涉及刑事判决法条适用的准确性和严肃性，实践中对此问题一直存在争议。

第一种意见认为，两条规定应当同时适用。持该观点的人认为，特殊坦白是关于贪污、受贿罪的特别宽宥制度，并不是坦白制度的重复，因为该制度还要求真诚悔罪、积极退赃，避免、减少损害结果的发生，两者并没有不协调之处。坦白是对不具有该条前两款规定的“自首”以及“以自首论”的情节，但是如实供述自己罪行的可以从轻或者减轻处罚的规定。特殊坦白是对贪污、受贿犯罪从宽处罚的特别规定，这些规定并无冲突，应当同时适用。第二种意见认为，两条规定不能同时适用。应该说第二种意见更为客观：一是同时适用违反了法条竞合的认定原则。《刑法》第383条第3款与第67条第3款之间是法条竞合关系。从形式上看，《刑法》第67条第3款规定于《刑法》总则之中，而《刑法》第383条第3款规定于《刑法》分则之中；从内容上看，一般坦白条款的所有内容已被特殊坦白条款所涵盖；从实质上看，特殊坦白条款另具有特殊性的规定；所以，同时适用有违法条竞合的适用原则。二是同时适用违反了特殊法优于普通法的司法原则。坦白与特殊坦白条款是特殊法条和一般法条的关系，而特别法优于一般法的司法原则是司法实践中所必须遵循的。回到贪污、受贿类案件中，如果行为人在被提起公诉之前，如实供述自己的罪行、真诚悔罪、积极退赃，应引用特殊坦白的规定。如果在被提起公诉之后法院判决之前有上述行为，应引用坦白的条款，这才是《刑法》应有之义。但是同时适用违反了禁止重复评价的量刑原则。三是同时适用上述规定，同时适用显然是对犯罪行为人如实供述罪行的行为进行了两次从轻处罚的量刑评价，对一个如实供述的行为进行两次评价，是不符合量刑规范化要求的。特殊坦白与坦白皆为法定量刑情节，重复评价于法无据。四是同时适用违反以法律为准绳的司法基本规则。司法就是适用法律，即将法律正确、及时、公正地适用于具体案件。《刑事诉讼法》第6条规定了以法律为准绳的司法原则。全国法院案例指导工作会议也提出要加强和规范司法解释和案例指导，统一法律适用标准。《刑法修正案(九)》已经施行多年，特殊坦白和坦白的竞合适用原则必须严格遵守，否则不能保障法律的正确实施。

因此，司法实践中特殊坦白与坦白不能同时适用。

---

① 《刑法》第383条第3款规定，“犯第一款罪，在提起公诉前如实供述自己罪行、真诚悔罪、积极退赃，避免、减少损害结果的发生，有第一项规定情形的，可以从轻、减轻或者免除处罚；有第二项、第三项规定情形的，可以从轻处罚”。

② 《刑法》第67条第3款规定，“犯罪嫌疑人虽不具有前两款规定的自首情节，但是如实供述自己罪行的，可以从轻处罚；因其如实供述自己罪行，避免特别严重后果发生的，可以减轻处罚”。

2. 在适用新法时，能否、应否对被告人按照新法规定并处罚金。从旧兼从轻，应当是总体的比较，既要考虑主刑也要考虑附加刑。从旧兼从轻的结果，只能是二选一，如果认为新法轻，适用新法；如旧法轻，或者新旧法律没有变化，就适用旧法。对一个案件，为了“有利被告”，部分适用新法，部分适用旧法，这是不可思议的。既不符合《刑法》第12条的规定，在裁判时依据部分也难以表述。

司法实例

强某买卖国家机关证件和伪造居民身份证案

被告人在《刑法修正案(九)》生效前，买了一个驾驶证，又伪造了一张假身份证。一审法院认定其构成买卖国家机关证件罪和伪造居民身份证罪两罪，分别判处拘役6个月，决定执行拘役10个月。上诉并二审后，《刑法修正案(九)》生效。由于《刑法修正案(九)》已将伪造、变造居民身份证罪改为伪造、变造、买卖身份证件罪，其中的身份证件明确包括驾驶证。依据新法，行为人的行为只构成伪造、买卖身份证件罪一罪了。对本案，如何改判，也存在疑问。罪名、罪数必须改为一个是没有争议的，但刑罚如何调整产生了分歧。有意见认为，两罪并一罪以后，主刑可以不动，或者稍微调轻一点，但不能判罚金，否则，既违反从旧兼从轻原则，也违反上诉不加刑原则。正确的做法应当是把主刑调整到10个月以下，同时还要依据新法判处罚金。

084. 如何认定构成提供重要线索型立功

犯罪分子向司法机关提供未被司法机关掌握的重要线索，如证明犯罪行为的重要事实或提供有关证人等。这种提供必须是犯罪分子自身掌握的，是直接的，是侦查机关据此可以侦破其他犯罪案件的线索，否则，不构成提供重要线索型立功。

司法实例

户某行贿案

户某因涉嫌犯行贿罪被纪检监察机关立案侦查。取保候审期间，户某举报他人在某酒店卖淫嫖娼，公安机关查证属实，并根据卖淫女朴某的交代，抓获涉嫌介绍卖淫罪的方某。

案件审理中，对于户某举报他人卖淫嫖娼行为是否构成立功，一种意见认为，立功要求揭发他人犯罪行为，卖淫嫖娼属于行政违法行为，户某不构成立功。另一种意见认为，户某提供了他人卖淫嫖娼的线索，警方据此得以侦破之前并未掌握的方某涉嫌介绍卖淫的行为。户某的行为符合立功所要求的提供重要线索，从而得以侦破其他案件的规定，应当认定为立功。

法院生效判决采纳了第一种意见，理由为：

1. 提供重要线索型立功的要件。根据《刑法》第68条的规定，立功是指犯罪分子犯罪以后，为争取宽大处理而主动实施的揭发他人犯罪的行为，经查证属实的，或者提供重要线索，从而得以侦破其他案件的行为的情形。立功要求犯罪分子必须是为了减轻罪责而有意识实施的行为。《刑法》设立立功制度既有法律层面也有司法政策层面的目的。从法律层面分析，行为人在犯罪以后揭发他人犯罪的行为，表明了其人身危险性降低，因而再犯的可能性会减少。从刑罚的矫正角度出发，应当对此予以积极评价，以利于犯罪人复归社会。从司法政策层面分析，行为人在犯罪以后揭发他人犯罪的行为，有利于司法机关侦破其他案件，可以节约司法资源，提高诉讼效率。前者体现了刑法的公正价值，后者体现了刑法的功利主义色彩。

所谓提供重要线索，是指犯罪分子向司法机关提供未被司法机关掌握的重要犯罪的线索，如证明犯罪行为的重要事实或提供有关证人等。这种提供必须是犯罪分子自身掌握的,是实事求是的,不能是编造的线索。这种线索使案件得以侦破,是指司法机关根据犯罪分子提供的线索,查清了犯罪事实,侦破了案件。一般而言,提供重要线索型立功需要满足以下三个要件:(1)提供的线索必须清晰。最高人民法院《自首立功意见》第6条关于立功线索的查证程序和具体认定指出,立功线索应当内容具体、指向明确。《职务犯罪自首意见》第2条也明确"据以立功的他人罪行材料应当指明具体犯罪事实"。因此,提供的线索应当清晰,不能抽象、模糊,才能起到节约司法资源,提高诉讼效率的作用。这也意味着犯罪分子主观上应当对线索指向的其他犯罪事实具有概括性认识,尽管这一认识并不要求十分精确。(2)提供的线索客观上有助于侦破其他刑事案件。立功能够成为法定从宽情节,要求具有有效性的结果。司法实践中,各地掌握的侦破标准通常是"事查清,人到案"。现行《刑事诉讼法》和《公安机关办理刑事案件程序规定》并未沿用侦破这一概念,而是使用了"侦查终结"来表述。案件不同,重要线索表现形式和内容也不尽相同。如果提供的线索有助于侦查机关满足侦查终结的条件都可以理解为重要线索。(3)提供线索的行为与案件得以侦破结果之间具有因果关系。掌握因果关系应当以提供线索时司法机关可确定的犯罪事实为依据。如果司法机关通过继续侦查,掌握了其他犯罪事实,其他犯罪事实的侦破与犯罪分子提供线索的行为之间不宜认定具有因果关系,否则会导致立功的认定范围过于宽泛,有悖立法初衷。当然,如果提供的线索已为司法机关掌握,并使案件得以侦破,也不能构成立功。

2. 户某举报行为的定性。卖淫嫖娼属于治安违法行为,户某的举报行为显然不符合揭发犯罪型立功。本案分歧点在于户某的举报行为是否符合提供重要线索型立功。表面上看,侦查人员根据户某举报的他人卖淫嫖娼的线索查实了一个行政违法案件,进而根据这个行政违法案件深挖查获了之前并未掌握的方某介绍卖淫的刑事案件,户某的举报行为与方某的案发之间存在因果关系,符合提供重要线索型立功的要件。然而,户某举报他人卖淫嫖娼时,主观上对方某的犯罪事实并不知情,其实质上就是单纯地打算举报一起卖淫嫖娼行政违法案件来减轻自己的罪责,客观上也只是向侦查机关举报了他人卖淫嫖娼行为,并未涉及方某的犯罪事实。虽然侦查机关出于对卖淫嫖娼人员的调查得以侦破方某的犯罪行为,但户某举报他人卖淫嫖娼行为并不必然会导致刑事案件的案发。后者的侦破具有偶然性,与户某举报行为之间不能视为具有法律上的因果关系。综上,户某的举报行为不能认定为立功。

085. 行为人规劝同案犯投案能否构成立功

行为人自愿、积极规劝同案犯到司法机关投案,同案犯亦因行为人的规劝而主动投案,这体现了突出的社会意义和价值,符合刑法关于立功制度的立法本意,应给予积极的司法评价,故依据最高人民法院《自首解释》中"具有其他有利于国家和社会的突出表现"的规定,认定行为人规劝同案犯投案的行为构成立功。

司法实例

肖某举等人非法买卖、制造爆炸物案

由于肖某举和他人合伙承包的龙潭塘的开采证到期,而肖某举欲继续开采,即从他人处购买硝酸铵、雷管和炸药并安排苑某升、孙某毅、汤某将锯末、柴油与硝酸铵一起混合搅拌制造出炸药用于开采,四人还未来得及引爆炸药即被现场抓获。此后案发,肖某举通过电话成功规劝苑某升、孙某毅二人主动投案并且如实供述事实。

公诉机关以肖某举涉嫌非法买卖、制造爆炸物罪,苑某升、孙某毅、汤某涉嫌非法制造爆炸物罪提起公诉。

对本案定性各方均无异议,本案争议焦点是:在非法制造、买卖爆炸物的共同犯罪中,被告人肖某举通过打电话的方式劝说同案犯,最终使得同案犯投案自首,被告人肖某举的上述行为是否构成立功。本案控辩双方存在截然不同意见,前者认为不构成立功,后者认为构成立功。

一审法院审理认为,被告人肖某举通过打电话的方式劝说同案犯,最终使同案犯投案自首,被告人肖某举的上述行为构成立功。遂判决被告人肖某举犯非法买卖、制造爆炸物罪,判处有期徒刑7年。以非法制造爆炸物罪对被告人苑某升、孙某毅、汤某分别判处有期徒刑5年,有期徒刑缓刑。

被告人肖某举、苑某升不服一审判决,上诉称:春雷爆破公司出具的鉴定意见不合格,并非合法证据。鉴定意见不能明确反映用于开采的检测物是否为爆炸物。所以,一审判决认定事实不清,不能让人信服。

二审法院裁定驳回上诉,维持原判。

本案的性质为非法制造、买卖爆炸物,在同案犯被抓捕前行为人电话劝说同案犯自动投案并如实供述罪行。因行为人的规劝行为,抓捕程序未启动,节约了司法资源,迅速破案,其行为具有应予肯定的价值,有利于国家也有利于社会,在客观上起到的作用不小于立功的前四项明确列举的情形,完全符合立功的本质要求。因此,行为人电话劝说同案犯自首的行为属于具有其他有利于国家和社会的行为,构成立功,可以从轻或减轻处罚。

立功,是指犯罪分子揭发他人的犯罪行为,经查证属实或者提供重要线索,从而得以侦破其他案件的行为。根据《自首解释》可知,立功主要有五种表现形式:(1)揭发同案犯共同犯罪以外的其他犯罪,查证属实。揭发的是共同犯罪以外的其他案件才可以,揭发的共同犯罪的事实仅仅构成坦白或自首。(2)提供侦破其他案件的线索,查证属实。针对的是其他案件的线索才构成立功。(3)阻止他人犯罪活动。客观上阻止了犯罪,避免了损害发生。(4)协助抓捕其他犯罪嫌疑人。包含四种情况:其一,约至指定地点(包括将同案犯约至司法机关指定的地点)。利于司法机关破案。其二,当场指认、辨认。包括当场对同案犯的指认和辨认以提高司法机关的办案效率。其三,带领抓获。包括带领司法人员抓获同案犯的情形。其四,提供司法机关尚未掌握的其他案件犯罪嫌疑人联络方式,藏匿地址。提供的只是同案犯的犯罪嫌疑人的联络方式和藏匿地址,不构成立功。协助抓捕一定是司法机关或有关人员进行了抓捕行为,行为人协助才会构成协助抓捕。不存在基础的抓捕行为就不存在抓捕。(5)具有其他有利于国家和社会的突出表现的。这种情形无明确的客观标准,是兜底情形,与立功的其他情形相比在实践中争议较大,不容易认定。立功行为有利于司法机关的工作,有利于迅速破案,瓦解犯罪势力并且减少犯罪造成的社会不安定的因素,其结果具有应予肯定的价值,有利于国家及社会即符合立功精神的行为,情况较多。比照立功前四种明确列举的情形,行为人行为起到的作用只要不小于前四种情形或者行为人的行为确实起到了较大的作用,但又不属于前四种情况的任何一种的就是这种类型。因为刑法具有谦抑性,只打击最为严重的情形,所以对于此类立功的情形的理解范围不能太窄。这类兜底情形的认定有助于激励犯罪分子改过自新,弃恶从善,进而起到更好协调、发挥刑罚的惩罚犯罪和教育改造的功能。

被告人肖某举因开采证期满为继续开采购买了硝酸铵、雷管和炸药,并且安排人将锯末、柴油与硝酸铵混合搅拌制出炸药。在有关机关对同案犯实施抓捕行为以前,被告人肖某举打电话规劝同案犯主动投案并且如实供述犯罪事实。据此,被告人肖某举电话规劝,使同案犯投案自首的行为,因未将同案犯约至指定地点,也不属于当场指认另外三个同案犯的情形,更未带领抓获同案犯,且同案犯主动投案根本未启动抓捕程序,也不涉及提供其他案件的犯罪嫌疑人的信息,本案由于未开始实施抓捕的行为就不会有协助抓捕行为，所以不符合《自首解释》中立功的第四种表现形式。但是，被告人肖某举仅仅是打电话劝说同案犯，不属于协助抓捕的任何一种情形，客观上起到的作用不比立功的前四种明确列举的行为起到的作用小，前四种行为都运用了公检法机关的资源，大多是在抓捕环节起到了帮助作用，本案被告人肖某举直接劝说同案犯使得同案犯主动投案，未开始抓捕程序，大大提高了破案效率，有利于迅速破案，瓦解犯罪势力并且减少犯罪造成的社会不安定的因素，为国家、社会节约了资源，具有应当肯定的价值，完全符合立功的本质要求。肖某举电话劝说同案犯自首起到的作用不小于前四项明确列举的情形，所以应该认定行为人电话劝说的行为属于立功，可以从轻或减轻处罚。

故本案一、二审法院将本案被告人肖某举通过电话成功规劝苑某升、孙某毅二人主动投案并且如实供述事实的行为确定为立功，并予以适当从轻处罚。

086. 行为人在到案前协助抓捕犯罪嫌疑人是否属于立功

立功作为重要的量刑情节，其时间条件应限定在犯罪分子到案后。犯罪分子到案前协助抓捕犯罪嫌疑人，不构成立功。

司法实例

董某强贩卖毒品案

被告人董某强系吸毒人员（曾因贩卖毒品被判处有期徒刑），其属于非法获利及以贩养吸，于 2018 年 4 月从同案人颜某顺处购买毒品甲基苯丙胺后，先后两次在海南省儋州市某小区，将共计 0.4 克的毒品甲基苯丙胺卖给吸毒人员黎某贵，获赃款 100 元。

被告人董某强于 2018 年 5 月 23 日因吸毒行为被公安机关抓获后，于当天协助公安机关抓获向其贩卖毒品的颜某顺（已判刑）。同日，董某强被公安机关强制隔离戒毒两年。之后，公安机关因在工作中发现董某强实施上述贩卖毒品的行为，遂于 2018 年 7 月 21 日对其刑事拘留。

海南省儋州市某区人民法院审理认为，被告人董某强为非法获利而贩卖毒品甲基苯丙胺，其行为已构成贩卖毒品罪，依法应予惩处。被告人董某强系累犯，依法应从重处罚。鉴于被告人董某强归案后能如实供述自己的罪行，依法予以从轻处罚。公诉机关指控被告人董某强犯贩卖毒品罪的罪名成立，但认为被告人董某强到案前协助公安机关抓获同案人颜某顺认定其有立功表现不妥当，应予纠正。依照《刑法》有关条款之规定，判决被告人董某强犯贩卖毒品罪，判处有期徒刑 1 年 3 个月，并处罚金 2000 元，对被告人董某强贩卖毒品犯罪的违法所得 100 元予以追缴，上缴国库。

被告人董某强不服，以其到案前协助公安机关抓捕贩卖毒品的犯罪嫌疑人颜某顺的行为构成立功为由提出上诉。儋州市中级人民法院经审理认为，原审判决认定事实清楚，定罪和适用法律正确，量刑适当，审判程序合法。遂裁定驳回上诉，维持原判。

本案中，对于定罪没有异议，但对于被告人董某强在到案前协助公安机关抓获犯罪嫌疑人颜某顺的行为是否构成立功的问题，有两种意见：一种意见认为，董某强在犯罪后到案前协助公安机关抓获贩毒嫌疑人颜某顺，客观上实施了立功行为，具有立功的效果，因此其行为构成立功；另一种意见认为，董某强犯罪后虽有协助公安机关抓获贩毒嫌疑人颜某顺，但由于该行为发生在其因本案犯罪的到案之前，而立功必须是犯罪分子到案后的表现，因此其行为不构成立功。

一、二审法院裁判采纳了第二种意见，主要考虑：

立功发生的时间限定在“到案后”。《刑法》第68条虽然规定了立功,但并没有明确为立功限定时间条件,从而导致实践中处理不一以及部分案件在立功的认定上出现混乱。有的地方将犯罪分子犯罪后到案前协助司法机关抓捕犯罪嫌疑人的行为认定为立功,更有甚者将立功的时间提前至犯罪前。为进一步规范立功认定标准,避免立功范围的无限扩大,1998年5月最高人民法院实施了《自首解释》,对立功的处断原则作出了具体规定。《自首解释》第5条明确规定,犯罪分子到案后有检举、揭发他人犯罪行为,包括共同犯罪案件中犯罪分子揭发同案犯共同犯罪以外的其他犯罪,经查证属实,应当认定为有立功表现。由此明确为立功设定了时间条件,将立功发生的时间限定在“到案后”。

《自首解释》之所以将立功的开始时间限定在犯罪分子到案之后,一是刑法规定立功的目的,是为了给予犯罪分子悔罪的机会,鼓励和引导犯罪分子改恶从善,通过立功获得从轻或者减轻处罚的机会。因此,立功作为重要的量刑情节,其构成理应受到时间的限制。二是犯罪分子实施立功往往是为了将功赎罪,因此将立功开始时间限定在犯罪分子到案之后,即在犯罪分子已经知道自己所犯罪行被司法机关通过法律程序确认之后,最为恰当,因为犯罪分子在到案以前对自己的行为是否构成犯罪不一定有清醒的认识。只有在到案后,才会清楚地认识到自己的行为已经涉嫌犯罪,并基于将功赎罪的心理去实施立功行为。三是如果将立功开始的时间过早地设定为犯罪后甚至犯罪前,会导致立功认定、适用的泛滥,甚至导致立功认定具有追溯性,如将犯罪分子到案前或者潜逃期间所实施的见义勇为、举报等行为认定为立功,就会导致司法实务上的无所适从和刑法制度上的混乱,有违刑法规定立功的宗旨。

本案中,被告人董某强因吸毒违法行为于2018年5月23日被公安机关抓获后,虽然于当天协助公安机关抓获向其贩卖毒品的犯罪嫌疑人颜某顺,但此时公安机关尚未掌握董某强有贩毒行为,也未对董某强进行刑事立案。其后,公安机关因在工作中发现董某强有贩卖毒品的嫌疑,遂于2018年6月29日对董某强和吸毒人员黎某贵进行审查,查明董某强有实施本案贩卖毒品的事实,董某强才因本案犯罪而到案。综上可见,由于董某强协助公安机关抓获颜某顺的行为发生在其因本案犯罪到案之前,而立功必须是犯罪分子到案后的表现,因此董某强在到案前协助公安机关抓获颜某顺的行为不构成立功。对于被告人在到案前协助公安机关抓获向其贩卖毒品的犯罪嫌疑人颜某顺的行为,虽不构成立功,但法院亦可以根据其协助抓获的犯罪嫌疑人的犯罪情况,在量刑时酌情适当考虑。

087. 揭发他人对自己的犯罪行为是否属于立功

行为人在揭发他人的同时又检举揭发犯罪的被害人时,能否认定为立功,与检举揭发人并非被害人的情况并无二致,其依据的是立功的构成要件,与其是否为被害人无关,检举人在被检举的案件中是否处于被侵害地位不影响法律对检举行为的评价。

司法实例

赖某奇贩卖毒品案

2012年10月,被告人赖某奇与他人商定共同出资购买海洛因用于贩卖。同年12月中旬,赖某奇获悉毒品已备好后,即安排同案人甘某德、姚某功驾驶赖某奇租赁的奔驰轿车从贵阳市携带购毒款至云南省景洪市。12月21日,甘某德按照赖某奇的电话指示取得毒品后,与姚某功将毒品分别藏匿于19个塑料可乐瓶内。同日,赖某奇又安排同案人卿某理驾驶赖某奇用于运毒的轿车至景洪市将毒品运回贵阳市。卿某理驾车抵达景洪市后，甘某德与姚某功将海洛因藏匿于该车油箱内。12月23日，卿某理驾驶轿车携带毒品返回重庆市，甘某德、姚某功驾驶另一部轿车尾随其后。当两车行至云南省普洱市思茅区思小检查站时被截获，公安民警在一辆轿车油箱内查获用塑料可乐瓶包装的海洛因7012.7克。甘某德、姚某功、卿某理亦被当场抓获。2013年1月8日，赖某奇被抓获。

一审审理期间，被告人赖某奇揭发他人于2011年抢劫自己60万余元的犯罪行为，经公安机关查证属实。

在法院审理本案过程中，对于被告人赖某奇揭发他人对自己的犯罪行为是否构成立功的问题上，产生两种意见：一种意见认为，赖某奇作为抢劫犯罪的被害人，本身应有报案的义务，其向公安机关报案属于控告他人犯罪事实，而不属于刑法意义上的揭发他人的犯罪，且公安机关对赖某奇检举的抢劫案立案侦查后，通过侦查将犯罪嫌疑人抓获，在整个抓捕过程中，赖某奇只提供了犯罪嫌疑人姓名，未提供其他相关情况，实际上没有协助公安机关抓获犯罪嫌疑人的行为，故其检举行为不符合关于立功的法律规定，不应认定为立功。另一种意见认为，赖某奇虽属于抢劫案的被害人，但同时也是在押的犯罪嫌疑人，符合立功的主体要件，其归案后提出检举的主观目的是立功而不是报案，且法律并未规定被害人有报案的义务，故赖某奇揭发他人犯罪行为，经查证属实，依法应认定为立功。

法院生效裁判结果支持第二种意见，主要理由为：

1. 被害人向司法机关报案或控告属于权利的行使而非义务的履行。《刑事诉讼法》第110条第1款规定，任何单位和个人发现有犯罪事实或者犯罪嫌疑人，有权利也有义务向公安机关、人民检察院或者人民法院报案或者举报。该条款明确了向司法机关报案或举报的主体是“任何单位和个人”，报案或举报既是“任何单位和个人”的权利，也是义务。持前述第一种意见者正是基于该条款的规定，认为“任何单位和个人”包括被害人，故被害人本身即有报案的义务，而犯罪分子向司法机关举报他人对自己的犯罪是在履行其报案义务，不符合《刑法》关于立功的规定。其实，这是对法律条文的片面理解。《刑事诉讼法》第110条第2款规定，被害人对侵犯其人身、财产权利的犯罪事实或者犯罪嫌疑人，有权向公安机关、人民检察院或者人民法院报案或者控告。从法理上看，特殊法优于一般法，特殊法条优于一般法条。《刑事诉讼法》第110条第1款虽然把报案的主体规定为“任何单位和个人”，但第2款又专门针对被害人的报案权进行了特殊规定。根据特殊法条优于一般法条的原则，当报案的主体为被害人时，就应当优先适用第2款。从两款条文的区别来看，首先，对于报案者的权利义务问题，第2款用的是“有权”而非第1款的“有权利也有义务”，这一区别显然明确了被害人的报案或者控告属于权利而非义务。既然是权利，其的行使与否取决于行使人的自由意志，被害人可选择行使，也可选择放弃。虽然公民或社会组织的合法权益受到了犯罪行为的侵害，并造成了损害后果，但被害人是否通过诉讼途径主张自己的权利是由被害人自主选择的。本案中赖某奇被抢劫致使其财产法益被侵犯，在法无明文规定的情况下，其作为被害人对其财产法益的处分自由及是否报案理应不受限制。其次，对于行为方式，第1款用的是“报案”或者“举报”，而第2款用的是“报案”或者“控告”。从《现代汉语词典》的解释来看，这三个词语在实质意义上并无区别，但《刑事诉讼法》在此处加以区分，必有其特别用意。应当认为，第1款中的“报案”和“举报”的主体是指与案件无直接利害关系的个人或组织，其告发的目的主要是维护社会正义和公共利益；而第2款中的“报案”和“控告”的主体是指与案件有直接利害关系的被害人或其近亲属和法定代理人，其告发的目的是维护被害人自身的利益。当行为人发现犯罪事实但不知实施者为谁的情况下求助司法机关，即为“报案”，如盗窃案被盗者或发现尸体的路人进行报案；当行为人既发现犯罪事实又明知嫌疑人而要求司法机关处理时，如行为人对被害人,即为“控告”,如行为人对除被害人以外的其他个人或组织,即为“举报”。《刑事诉讼法》分别用行为方式上的不同表述与其不同主体相对应,清晰连贯地体现出立法者的立法本意,即第1款中的“任何单位和个人”应作缩小解释,是指除被害人以外的任何单位和个人,该款的立法目的旨在鼓励公民与犯罪分子作斗争,自觉维护国家、社会公共利益及他人的合法权益,而第2款则在突出对被害人自身权利保护的同时蕴含了对其法益处分自由权的认可。否则,第2款完全无存在的必要。

综上,法律明文规定被害人有报案或控告的权利,但无明文规定被害人有报案或控告的义务。赖某奇在案发时没有选择报案,是其对权利的放弃,无论出于什么原因,法律均无理由进行干涉。而当赖某奇涉嫌犯罪后检举他人对自己的犯罪,虽然其主要目的是获得从轻处罚,但由于该检举行为并非法定义务而不具有强制性,该检举行为经司法机关查证属实后使犯罪分子得到惩处并使法律秩序得以修复,作为对国家和社会的有益行为,同样符合立功的本质。

2. 赖某奇的检举行为完全符合立功的构成要件。《刑法》第68条规定,犯罪分子有揭发他人犯罪行为,查证属实的,或者提供重要线索,从而得以侦破其他案件等立功表现的,可以从轻或者减轻处罚;有重大立功表现的,可以减轻或者免除处罚。从该法条来看,认定立功需具备以下几个要件:一是立功的主体必须为“犯罪分子”,即“实施了触犯刑法的行为并且依法应负刑事责任的人”;二是立功的时间应界定在犯罪分子犯罪后至判决、裁定生效前的期间;三是检举的内容是“他人的犯罪行为”;四是被检举的犯罪行为需经查证后属实。《刑法》及相关司法解释并未对“犯罪分子”是否包括“被害人”以及“他人犯罪行为”的范围作出限定。因此,检举人在不同案件中,可能同时具有“犯罪分子”和“被害人”两种身份,作为另案中的“被害人”不影响其符合自身案件中“犯罪分子”的立功的主体要件。而检举的内容既然是“他人犯罪行为”,那么该犯罪行为所侵害的对象必然是他人以外的人,当然也就包括检举人本人。在检举人同时又属于其检举犯罪的被害人时,能否认定为立功,与检举人并非被害人的情况并无二致,依据的是立功的构成要件,与其是否为被害人无关,检举人在被检举的案件中是否处于被侵害地位不影响法律对检举行为的评价。本案中,赖某奇因涉嫌毒品犯罪到案后,在法院审理期间,揭发他人抢劫自己60万余元的犯罪事实,并经查证属实,完全符合立功的构成要件。此外,根据最高人民法院《自首解释》第5条的规定,立功有检举揭发型、提供线索型、阻止犯罪型、协助抓捕型、其他突出表现型五种表现形式,该五种行为要件属并列关系,只要符合其中一种即可认定为立功表现,赖某奇的检举行为符合检举揭发型立功的构成要件,至于有无协助公安机关抓获犯罪嫌疑人的实际行为并不影响对其立功的认定。

3. 对本案被告人赖某奇认定有立功表现并符合立功制度的立法本意和价值取向。《刑法》设定立功制度的主要目的在于通过提供一个从轻或减轻处罚的机会,鼓励犯罪分子改过自新、将功赎罪,有利于实现刑罚预防犯罪、惩罚犯罪的目的,同时,有利于司法机关及时查处犯罪,提高办案效率,节约司法资源,消除潜在隐患,维护社会安定。因此,检举揭发他人的犯罪行为只要符合立功的构成要件,且不违背立功制度的立法精神,就应当认定为立功。

088. 行为人促成重大犯罪嫌疑人如实供述是否属于重大立功

行为人在羁押期间配合公安机关敦促重大犯罪嫌疑人如实供述,对于案件的办理可能起到很大作用,被敦促的被告人的如实供述对其定罪量刑并不会产生决定性影响的,行为人上述协助行为和结果均不符合刑法意义上立功的法定要件，不能构成重大立功。

司法实例

梅某某受贿案

被告人梅某某原系某设区市的主要领导，因受贿被诉至法院。在法院审理过程中，某地发生一起杀人案，公安机关经侦查锁定了犯罪嫌疑人，并将主要犯罪嫌疑人抓获归案。在审讯中，有部分同案人供述了各同案人串供以及其中一名犯罪嫌疑人候某某在该案中持刀捅了被害人的情节，候某某亦供述了自己持刀捅了被害人腿部。但候某某究竟捅了被害人何部位尚不明确，为将该案彻底查清，公安机关安排因受贿羁押在此的被告人梅某某做狱侦耳目。根据公安机关的安排，被告人向同监人员朱某某、右某某了解了“××被杀案”中各犯罪嫌疑人的作案细节，并将了解到的情况以书面形式向当地公安机关报告，还给候某某做工作，使之将自己的罪行如实向公安机关供述。

公安机关出具材料请求法院认定梅某某构成重大立功，纪检监察及公诉机关则予以反对。被告人在羁押期间配合公安机关给重大犯罪嫌疑人做工作，使之如实供述了自己的作案过程，这一行为是否构成重大立功。

一审法院审理认为，被告人虽然积极配合公安机关了解“××被杀案”的具体细节并做了犯罪嫌疑人候某某的思想工作，使之如实供述了自己的作案细节，但《刑事诉讼法》第 55 条第 1 款规定：“对一切案件的判处都要重证据，重调查研究，不轻信口供。只有被告人供述，没有其他证据的，不能认定被告人有罪和处以刑罚；没有被告人供述，证据确实、充分的，可以认定被告人有罪和处以刑罚。”综观该案，公安机关在安排被告人做狱侦耳目前已将该案侦破，且包括候某某在内的主要犯罪嫌疑人已被抓获归案，同时有部分同案人供述了各同案人串供以及候某某在该案中持刀捅了被害人的情节，候某某亦已供述了其持刀捅了被害人腿部，只是没有如实供述自己的罪行，因此，该案属于重大案件早已明确，且被告人作为狱侦耳目所做工作的对象候某某亦已被抓获，同时如果没有其他证据佐证，候某某的供述对其定罪量刑并不会产生决定性的影响，故被告人上述协助行为和结果均不符合刑法意义上的立功的法定要件，不能认定为立功，更不能认定为重大立功。二审法院审理后也支持了该意见。

《刑法》第 68 条规定：“犯罪分子有揭发他人犯罪行为，查证属实的，或者提供重要线索，从而得以侦破其他案件等立功表现的，可以从轻或者减轻处罚；有重大立功表现的，可以减轻或者免除处罚。”从该规定可以看出，立功的表现形式主要有以下几种：一是揭发他人犯罪行为，查证属实的。犯罪分子对其所知道的其他犯罪人的犯罪行为进行揭发，经过司法机关查证以后，证明其揭发的情况属实，可以认定为有立功表现。二是提供重要线索，从而得以侦破其他案件的。犯罪分子向司法机关提供了未被司法机关掌握的重要的犯罪线索，司法机关根据其提供的线索，查清了犯罪事实，破获了其他案件，可以认定为有立功表现。在本案中，公安机关在安排被告人做狱侦耳目前，经侦查已锁定了犯罪嫌疑人，并已将主要的犯罪嫌疑人抓获归案。经审讯，有部分同案人供述了各同案人串供以及其中一名犯罪嫌疑人候某某在该案中持刀捅了被害人的情节，候某某供述自己持刀捅了被害人腿部。因此，该案的基本事实已经查清，主要犯罪嫌疑人候某某亦已被抓获，候某某的供述对案件事实的认定不会产生实质性影响。且根据《刑事诉讼法》第 55 条第 1 款的规定，即便没有犯罪嫌疑人候某某的供述，根据同案人的供述和其他证据，该案定罪的证据已确实、充分，对全案的量刑亦不会产生决定性的影响，故被告人的上述行为不属于揭发他人犯罪行为，并查证属实的情形；也不属于提供重要线索，从而得以侦破其他案件的情形；故该行为不符合立功的法定条件，不能认定为立功表现，更不能认定为重大立功,有悔罪表现。综上所述,被告人根据公安机关的安排,向同监人员朱某某、右某某了解了“××被杀案”中各犯罪嫌疑人的作案情节,并将了解到的情况以书面形式向当地公安机关报告,还给候某某做工作,使之将自己的罪行如实向公安机关作供述的行为,不能构成重大立功。

089. 行为人检举他人尚未实施的犯罪能否构成立功

司法实践中,行为人检举他人尚未实施的犯罪,根据案件的具体情节,视情况可以认定为立功。

司法实例

简某信贩卖毒品案

2012年6月7日,被告人简某信在某市某农贸市场路口以200元的价格贩卖0.4克冰毒给苟某起,被当场抓获。到案后,简某信检举顾某顺可能贩卖毒品,并于2012年6月8日在公安人员的安排布控下,按照公安人员的要求向顾某顺打电话购买毒品,并亲自到现场与顾某顺进行毒品交易,随后公安人员将顾某顺以及共同贩卖毒品的李某昊抓获。

某市某区人民法院审理认为,被告人简某信明知是毒品而贩卖给他人,其行为已构成贩卖毒品罪。被告人简某信为公安机关提供重要线索使其他案件得以侦破是立功,依法可以从轻处罚,故判处被告人简某信有期徒刑8个月,并处罚金1000元。一审判决后,检察院提起抗诉。抗诉理由:一是原审被告人简某信向公安机关提供线索时,顾某顺没有犯罪行为,不符合立功的条件;二是原审被告人简某信在公安机关的控制下,“犯意引诱”顾某顺实施贩卖毒品的行为,不符合立功的立法目的,应受到法律的否定;三是原审被告人简某信“犯意引诱”顾某顺实施贩卖毒品的行为,是对公序良俗的破坏,应受到道义的谴责。某市中级人民法院二审认为,简某信检举并协助公安机关抓获其他犯罪嫌疑人的行为应当认定为立功,依法可以从轻处罚,裁定驳回抗诉,维持原判。

本案被告人简某信到案后检举顾某顺可能贩毒,在公安机关安排下亲自与顾某顺交易,并协助公安机关抓获顾某顺、李某昊,其行为是否应认定为立功,对此存在两种不同意见:一种意见认为,简某信的行为不应认定为立功。理由:一是简某信向公安机关检举时,并不知道顾某顺是否在贩卖毒品,只是以试探的心态向公安机关检举顾某顺贩卖毒品的行为。二是简某信的行为属于在公安机关的安排下,引诱本未从事贩卖毒品活动的人员从事毒品犯罪,配合公安机关进行存在犯意引诱的诱惑侦查。三是目前仅能查证顾某顺向简某信贩卖毒品的事实,并未查证其在被抓获前还有其他犯罪事实。简某信向公安机关检举时,顾某顺没有犯罪行为。四是上述侦查方式对现行正常社会秩序造成了破坏,存在侦查行为的道德风险,不宜作为法定从轻情节加以鼓励。另一种意见认为,简某信的行为应当认定为立功。理由:一是《刑法》第68条规定的“提供重要线索,从而得以侦破其他案件”,重要线索既可以是提供已经发生的案件的重要证据,或可能性很大的行为人,也可以是关于惯犯的信息或线索。顾某顺接到电话后,在短时间内找到毒品,并能从中获取利益,反映出顾某顺并非第一次实施这种行为。虽检举时案件尚未发生,但线索指向的对象具有特殊性,故仍属《刑法》第68条规定的立功。二是简某信的检举笔录与顾某顺的证言相互印证,一致证实简某信提出购买毒品的意愿后,顾某顺当即同意向其贩卖,并积极联系毒品货源,再结合顾某顺以贩养吸的犯罪动机,足以认定其主观上具有贩卖毒品的故意,不存在犯意引诱。三是本案简某信的行为属于《自首解释》第 5 条中有关协助公安机关抓捕其他犯罪嫌疑人的规定。

显然,本案一、二审法院的裁判结果持第二种意见,即检举他人尚未发生的犯罪可以认定为立功。主要考虑被告人简某信检举顾某顺可能贩卖毒品,并在公安机关的安排下,配合公安机关将犯罪嫌疑人顾某顺抓获,简某信的行为应认定为立功。

1. 简某信的行为符合立功的成立条件。立功,是指犯罪人犯罪后揭发他人犯罪行为,经查证属实,或者提供重要线索,从而得以侦破其他案件,以及其他有利于预防、查获、制裁犯罪的行为。我国关于立功的法律及司法解释主要有:《刑法》、《自首解释》以及最高人民法院《自首立功意见》等。根据以上规定,目前"四要件说"是刑法理论上对立功成立条件的通说,即立功的成立条件应当包括前提条件、时间条件、行为条件和有效性条件。

认定简某信的行为是否构成立功,应当看其是否具备了四个条件:(1)关于立功的前提条件,是犯罪分子实施了犯罪行为。被告人简某信属于刑事实体法意义上的"犯罪分子"且实施了犯罪行为,符合立功成立的前提条件。(2)关于立功的时间条件,简某信归案后,检举顾某顺可能贩卖毒品,其检举处于从犯罪成立之后至判决、裁定生效前的时间跨度之内,符合立功成立的时间条件。(3)关于立功的行为条件,根据《刑法》第 68 条及《自首解释》第 5 条的相关规定,立功包括以下行为:检举、揭发他人犯罪行为,包括共同犯罪案件中的犯罪分子揭发同案犯共同犯罪以外的其他犯罪;提供侦破其他案件的重要线索;阻止他人犯罪活动;协助司法机关抓获其他犯罪嫌疑人(包括同案犯);具有其他有利于国家和社会的突出表现的行为五种。检举、揭发他人对自己的犯罪行为,或者协助司法机关抓捕对自己实施了犯罪行为的嫌疑人的,也构成立功。本案中被告人简某信的行为属于第四种,虽然简某信在举报顾某顺时,顾某顺尚未发生犯罪,但是简某信在公安机关的安排布控之下,积极与顾某顺电话联系,约定见面时间和地点,亲自交易,从而使公安机关顺利将顾某顺和李某昊抓获,属于协助司法机关抓获其他犯罪嫌疑人,完全符合立功成立的行为条件。(4)关于立功的有效性条件,立功中"协助司法机关抓获其他犯罪嫌疑人"情形的有效性条件是能够捕获犯罪嫌疑人。本案中公安机关通过被告人简某信将顾某顺及李某昊捕获,并且二人的犯罪行为经查证属实,简某信的行为符合立功成立的有效性条件。

需要指出的是,犯罪分子的主观方面不是立功成立的条件之一。立功主要是一种客观的事实状态,而不是犯罪分子主观心理状态。立功是我国刑事政策的体现,是降低司法成本、提高司法效率的有效手段,其实质是国家给予犯罪分子的一种减刑交易制度,其本质是国家和犯罪分子的双重功利主义。因此,不论犯罪分子处于什么样的动机、心理,只要符合立功的上述四个成立条件,就应当认定为立功。本案中简某信无论是为了减轻自身的刑罚,还是以试探心态检举顾某顺,其主观心理状态都不影响对立功的认定。

2. 简某信的行为并非"犯意引诱"。诱惑侦查是指设置圈套,以实施某种行为有利可图为诱饵,暗示或诱使侦查对象暴露其犯罪意图并实施犯罪行为,待犯罪行为实施时或结果发生后,拘捕被诱惑者。司法实践中诱惑侦查可分为两种类型,一种是侦查机关促使被诱惑者产生犯罪意图并实施犯罪,即为"犯意引诱型"。此种情形由于可能引诱清白者犯罪,应严格禁止使用。另一种是被诱惑者本来就已经产生犯罪倾向或者已有先前犯罪行为,而诱惑者仅仅是提供了一种有利于其实施犯罪的客观条件和机会,即为"机会提供型"。这种情形下只是提供了罪犯犯罪的有利场合与环境,目的是获取证据,擒获隐蔽的罪犯。这种"守株待兔式"的诱惑侦查不会对犯罪嫌疑人的行为产生主导作用,是实践中应该得到肯定的做法。在司法实践中,由于毒品犯罪的特殊性:毒品案件高度隐蔽,没有传统意义上的被害人,依靠现场勘验、搜查等传统方法难以获取证据等原因，已经不可能达到侦破案件、捕获罪犯的目的，这使得众多原本就从事毒品犯罪的嫌疑人得不到暴露，未被公安机关捕获并接受刑事法律制裁，影响了对毒品犯罪的打击力度。因此，在毒品犯罪中适用“机会提供型”诱惑侦查很有必要。

本案中顾某顺在接到被告人简某信购买冰毒的电话后，当即表示同意并积极联系毒品货源，且在短时间内找到毒品，并能从中赚取利润，说明顾某顺并不是第一次实施贩卖毒品行为。结合顾某顺以往多次因吸毒被劳教，其在本次贩卖毒品过程中以贩养吸的意图明显，因此可以认定顾某顺先前已具有贩卖毒品的故意，并不是对其进行了“犯意引诱”。简某信向公安机关检举顾某顺可能贩毒，并在公安机关的安排下，配合公安机关将犯罪嫌疑人顾某顺抓获，应为“机会提供型”的诱惑侦查情形，出于打击毒品犯罪的需要，用此方法使原本从事毒品犯罪的嫌疑人浮出水面，有其必要性与合法性。

3. 简某信的行为不违背立功的立法目的，不违反公序良俗。遵守法律还是以身试法，每一个具有完全行为能力的人都应当能够做出正确的选择。顾某顺接到简某信的电话时明知和其交易属于犯罪，会受到法律的制裁，依然答应简某信的请求，并且之后再次打电话确认毒品种类和数量，说明顾某顺已经具有了贩卖毒品的意图，其以贩毒为目的联系并取得货源，准备交易，已经进入了犯罪实施阶段，顾某顺以身试法的行为应受到法律制裁。而简某信检举并协助公安机关抓获顾某顺，应当受到支持与鼓励，简某信的行为并非违反公序良俗，不应受到道义谴责。简某信的行为已进入刑事法律评价范畴，只要其行为符合立功的成立条件且不违背立功的立法目的，就不应再用所谓的道德感去评判。

综上，法院对简某信认定立功，予以适当从轻处罚的判决是正确的。

090. 被告人举报的内容经查不构成犯罪的是否属于立功

行为人到案后举报他人犯罪，举报对象经核实后不构成犯罪，仅构成违纪并给予党纪处分的，不能认定被告人构成立功。

司法实例

应某国滥用职权、挪用公款案

应某国系某事业单位现金会计，该单位负责国家标准良田项目、测土配方施肥、小麦产业现代农业生产发展项目、巩固退耕还林成果后续产业发展农业基地建设、新型农民培训等项目的实施及专项资金的申报、使用、监督管理等工作。应某国在任该单位现金会计期间，根据单位原领导詹某强（已查处）的安排，在实施国家标准良田项目、测土配方施肥和新型农民培训等项目过程中违反国家相关规定，滥用职权，采用弄虚作假、多开发票、虚列费用等方式套取国家项目资金668,700元，并存入单位小金库，用于发放职工考勤费以及加班费等奖金福利支出。同时，应某国在任该单位现金会计期间，挪用本单位小金库里的50万元，购买某银行理财产品，以帮助其爱人某银行员工花某荣完成推销理财产品的任务。2014年3月24日至8月12日，应某国先后14次挪用公款用于购买上述理财产品，并营利678.9元。

2017年6月12日，检察机关以涉嫌滥用职权罪、挪用公款罪对应某国进行立案侦查，同年7月10日，以涉嫌滥用职权罪、挪用公款罪对应某国提起公诉。8月24日、25日，法院依法开庭并公开审理了此案。9月2日，应某国实名向检察机关举报该单位现任负责人滥用职权，采取虚报、冒领的方式套取国家专项资金40万余元。11月8日，检察机关调查后认为被举报人不构成滥用职权犯罪，仅构成违纪，并依法作出不立案决定。11月20日，检察机关将被举报人依法移送至县纪委处理。2016年1月7日，县纪委给予被举报人党内严重警告处分，并收缴违纪款163,121元。法院对应某国立功未予认定。

本案的争议焦点是，应某国实名举报该单位现任负责人涉嫌滥用职权犯罪，检察机关调查后认为被举报人不构成犯罪，依法移送县纪委处理。应某国的行为是否构成立功，法院判决不予认定立功是基于以下考虑：

根据《刑法》第68条和最高人民法院《自首解释》规定，立功是指犯罪分子到案后有检举、揭发他人犯罪行为，查证属实的，提供重要线索，从而得以侦破其他案件，阻止他人的犯罪活动，协助司法机关抓捕其他犯罪嫌疑人以及其他有利于国家和社会的突出表现的行为。从中可以看出，我国刑法以及相关司法解释对立功的定义以及不同阶段的立功条件等作了具体规定，根据刑事立法精神和司法实践经验，应某国的行为是否成立立功，主要看是否同时符合以下四个条件：

1. 主体条件。根据《刑法》及相关司法解释规定，立功的主体只能是犯罪分子。凡是构成犯罪的人，无论犯何种性质的罪，被判何种刑罚，均可构成立功主体。这里的“犯罪分子”显然是指犯罪的人，也就是实施了危害社会的行为并且依法应当负刑事责任的自然人以及已经被判处刑罚或正在执行刑罚的人，当然也应当包含犯罪嫌疑人和被告人。本案中应某国实名举报该单位现任负责人滥用职权，套取国家专项资金40万余元，是在法院对应某国开庭审理后，作出判决前发生的。这时，应某国的身份显然是被告人，属于犯罪分子范畴，符合立功成立的主体条件。

2. 时间条件。最高人民法院《自首解释》规定，立功的开始时间是犯罪分子到案后。但何为“到案后”，司法实践中的理解不一致。通常认为就职务犯罪案件而言，“到案后”应理解为犯罪分子在被司法机关（含纪检监察委）控制之下或其自愿置于司法机关的控制之下时开始。关于立功的终止时间，一般认为立功作为刑法中的一个系统性、独立性的制度，应把刑罚裁量和刑罚执行视为刑罚的具体运用，立功的终止时间应是刑罚执行完毕之前。本案中应某国于2017年9月2日向检察机关实名举报该单位现任负责人涉嫌滥用职权犯罪，法院是2017年8月24日、25日开庭审理了此案，但未作出判决。应某国的举报时间符合上述司法解释中关于立功的时间规定。

3. 前提条件。《刑法》第68条规定，犯罪分子有揭发他人犯罪行为，查证属实的，或者提供重要线索，从而得以侦破其他案件等立功表现的，可以从轻或者减轻处罚；有重大立功表现的，可以减轻或者免除处罚。从上述规定可以看出，立功成立的前提条件是其内容必须是真实的，即犯罪分子检举、揭发他人的犯罪行为或者为司法机关提供侦破案件的重要线索必须是真实的、客观存在的，而不是虚假编造的。同时被检举、揭发的人要达到法定的犯罪刑事责任年龄并符合法定的犯罪的主体资格和条件。若内容不真实，则无立功可言。本案中应某国实名举报该单位现任负责人滥用职权，套取国家专项资金40万余元。经查，该单位确实存在采用虚报、冒领的方式，套取国家专项资金30万余元的行为，符合立功成立的前提条件。

4. 实质条件。根据《刑法》及相关司法解释的规定，立功成立的前提条件是其内容必须是真实的，而立功成立的实质条件则为立功内容必须是有效的。所谓有效，是指犯罪分子立功的内容具有实质意义，即根据检举、揭发的内容，能够及时准确地惩治罪犯，减少社会危害性，有效地保护国家和人民的利益不被侵害。就检举揭发立功而言，犯罪分子检举揭发的必须是他人的犯罪行为，必须是经查证属实且构成犯罪的行为。对于犯罪分子提供重要线索立功而言，其提供的必须是其他重要案件的线索，必须是经查证属实且使其他案件得以顺利侦破的线索。同时，内容真实性与有效性的有机统一才能构成立功。如果犯罪分子检举揭发的事实是真实的,但不构成犯罪,则无实质意义,不成立立功。本案中应某国实名举报该单位现任负责人滥用职权,套取国家专项资金40万余元的行为,虽然经查证该单位确实存在采用虚报、冒领的方式,套取国家专项资金30万余元,但该款大部分用于相关项目支出,剩余资金仍在该事业单位下属企业账户上,并没有给国家造成重大实际经济损失,被举报人不具备滥用职权犯罪的构成要件,不构成滥用职权犯罪,其行为仅为违纪行为,党内纪律处分不是刑事处罚,不是犯罪,所以应某国的检举、揭发行为不符合立功成立的实质条件。

总之,以上四个条件相辅相成,完整地反映了立功的本质和特征,只有四个条件同时具备,立功才能成立。综合考虑立功成立的四个条件,应某国实名向检察机关举报该单位现任负责人滥用职权,采取虚报、冒领的方式套取国家专项资金40万余元的行为,符合立功成立的主体条件、时间条件和前提条件,但不符合立功成立的实质条件,故应某国的行为不能构成立功。

091. 揭发已超追诉时效的犯罪是否属于立功

被告人检举揭发或者协助抓获的人的行为构成犯罪,但因法定事由不追究刑事责任、不起诉、终止审理的,不影响对被告人立功表现的认定。因此,揭发已经超过追诉时效的犯罪可以构成立功。

司法实例

左某杰贷款诈骗案

左某杰因涉嫌"套路贷"诈骗犯罪被某省某县公安机关立案侦查,在接受讯问中左某杰检举揭发了詹某六属于某省某县发生的某命案在逃人员,并提供詹某六在某省某县的生活和居住情况。某省某县公安局接获信息并经核查后将詹某六列为网上追逃人员,同日某省某县公安局在当地布网抓获詹某六并移送至某省某县公安局,后某省某县公安局以詹某六涉嫌寻衅滋事罪提请批捕。某省某县人民检察院认为,本案已超过追诉时效,以事实不清、证据不足为由对詹某六不批准逮捕。

在某省某县人民法院对检察机关指控的左某杰犯诈骗罪一案审理过程中,对左某杰犯诈骗罪无异议,但就其检举揭发詹某六已经超过追诉时效的犯罪是否构成立功,出现两种意见。一种意见认为,被告人揭发的他人犯罪属于已经超过追诉时效的犯罪行为,不能认定为立功。另一种意见认为,追诉时效不应影响立功的认定。

法院生效裁判采用了后一种意见。主要考虑:从案情来看,左某杰检举詹某六是某一命案在逃人员,可能属于"揭发他人犯罪行为"的情形;提供詹某六具体的"生活和居住情况",可能属于"协助司法机关抓捕其他犯罪嫌疑人"的情形。

1. "揭发他人犯罪行为"中对"犯罪行为"不要求立功者检举揭发的是完全符合犯罪构成的犯罪行为。行为人检举揭发的应是具备构成要件符合性且无违法阻却事由的不法行为,不法行为人是否具有如违法性认识可能性等责任阻却事由或自首立功等法定刑罚减轻、解除事由不应影响对立功的认定。超过追诉时效的亦属于法定刑罚解除事由,不应影响立功的认定。

2. "协助司法机关抓捕其他犯罪嫌疑人"包括提供司法机关尚未掌握的其他案件犯罪嫌疑人的联络方式、藏匿地址等。本案中左某杰提供詹某六"生活和居住情况"显然属于"协助抓捕"的行为。行为人只需要认识协助抓捕的是经侦查机关立案的嫌疑人即可,至于最后能否受到刑罚处罚应属司法机关的专业领域。本案中公安机关经核实发现左某杰提供信息后确将詹某六列为网上追逃人员并将其抓获到案，对左某杰检举和协助抓捕行为理应给予肯定性评价。

3. 追诉时效属于司法解释规定的不影响立功认定的“法定事由”。2016 年相关司法解释明确规定，被告人检举揭发或者协助抓获的人的行为构成犯罪，但因法定事由不追究刑事责任、不起诉、终止审理的，不影响对被告人立功表现的认定。通常认为，《刑事诉讼法》第 16 条规定的六种情形属于免予追究刑事责任的法定事由，“犯罪已过追诉时效期限的”即属于情形之一。2009 年“两高”相关解释亦明确规定，根据犯罪行为的事实、情节应当判处无期徒刑以上刑罚，因被判刑人有法定情节，经依法从轻、减轻处罚后判处有期徒刑的，应当认定为重大立功。

4. 立功制度作为我国惩办和宽大相结合的基本刑事政策重要内容，对检举揭发行为的鼓励，不仅是检举揭发人的特殊预防的必要性降低的体现，且有助于一般预防，更有助于司法机关以尽可能少的成本和代价发现并惩治犯罪，减少因犯罪而引起的社会不安定因素，从而确立司法的权威，实现刑法的确证。因此，理论和实务中对立功相关情形的认识均不应过于限缩。

此外，本案中被检举揭发的詹某六因事实不清、证据不足而不捕，如果是由于已超过追诉时效而不再进一步核查，则亦不应将案件存疑不追究詹某六刑事责任的不利结果归属于检举揭发并协助抓捕的左某杰。

092. 如何理解认定协助抓获“重大犯罪嫌疑人”

行为人协助公安机关抓获其他犯罪嫌疑人的，应以协助完成时掌握的事实为标准，公平地体现协助的价值性，综合认定行为人是否构成重大立功。至于协助完成后查证的事实，与行为人并无直接联系，不能认定在“功”的范围内。认定重大立功时，可能被判处无期徒刑以上刑罚，不是依法应当或者实际被判处，也不能以法定刑幅度内是否包括无期徒刑来认定，而应结合案件具体情节进行综合评价。

司法实例

纪某四非法持有毒品案

2014 年 1 月 13 日，被告人纪某四因非法持有毒品被判处有期徒刑 6 个月，后刑满释放。2014 年 10 月 25 日晚，纪某四再次因非法持有毒品在其租住地被民警抓获，当场查获含甲基苯丙胺成分的冰毒 5 包，净重 3.7 克。次日，民警再次检查纪某四的租住地时，又查获含甲基苯丙胺成分的冰毒 7 包，净重 31.7 克；含氯胺酮成分的毒品 1 包，净重 0.1 克；含大麻成分的毒品 1 包，净重 0.2 克；含巴比妥成分的毒品 1 包，净重 5.6 克。纪某四归案后交代，其曾从“和尚”手中购买过 2 次毒品共计 120 多克，愿意配合公安机关抓捕“和尚”。2014 年 10 月 28 日，在公安民警的安排下，纪某四使用电话免提功能与“和尚”取得联系。“和尚”称带了 150 克左右毒品，但要先去某地卖给秦某 50 克。当日 16 时许，在纪某四的配合下，民警将前来贩毒的“和尚”（真名从某尚）抓获，当场查获含甲基苯丙胺成分的毒品 2 包，净重 98.9 克。在纪某四案判决前，从某尚已被认定贩卖毒品 306.9 克，且有立功表现，予以减轻处罚，判处有期徒刑 14 年。

江苏省某市某区人民法院认为，纪某四非法持有毒品甲基苯丙胺 10 克以上不满 50 克，其行为已构成非法持有毒品罪。纪某四是累犯，应当从重处罚。纪某四协助司法机关抓获其他犯罪嫌疑人，有立功表现，可从轻处罚。归案后认罪态度较好，可以酌情从轻处罚。遂于 2015 年 1 月 7 日判决，以非法持有毒品罪判处纪某四有期徒刑 1 年 3 个月，并处罚金 1 万元。

一审宣判后，纪某四上诉称，其协助司法机关抓获从某尚，从某尚的贩卖毒品数量为 300 多克,可能判处无期徒刑以上刑罚,而不能单纯地以从某尚的宣告刑为依据,故其行为应构成重大立功,请求二审改判。

某市人民检察院认为,纪某四仅检举从某尚两次贩卖毒品的事实,其他均是从某尚主动坦白或公安机关查获的,与纪某四的检举没有直接的必然联系,故纪某四不能构成重大立功。

江苏省某市中级人民法院认为,纪某四的协助抓捕行为应当构成重大立功,依法予以从轻处罚。原审判决认定纪某四具有立功表现不当,应予纠正。据此,2015 年 3 月 3 日,以非法持有毒品罪改判纪某四有期徒刑 1 年,并处罚金 8000 元。

本案的焦点问题是:纪某四协助公安机关抓获从某尚的行为,是构成重大立功还是一般立功,即从某尚是否属于重大犯罪嫌疑人。争议焦点是,应将从某尚的哪些犯罪事实纳入纪某四立功的范畴。第一种意见认为:不应认定从某尚为重大犯罪嫌疑人。纪某四被抓获时,检举了从某尚向其贩卖毒品的事实,从某尚的其他犯罪事实是主动交代或公安机关查获的,与纪某四的协助行为之间没有直接的必然联系。仅根据纪某四的检举,从某尚达不到可能判处无期徒刑以上刑罚的标准,故不应认定从某尚为重大犯罪嫌疑人。第二种意见认为:应认定从某尚属于重大犯罪嫌疑人。协助抓获其他犯罪嫌疑人的行为,应当根据所抓获人的价值性来评定立功的大小,所以应以公安机关最终查明的从某尚的犯罪事实为标准来判断。本案中,查明从某尚贩卖毒品 306.9 克,依法可能判处无期徒刑以上刑罚,故从某尚是重大犯罪嫌疑人。第三种意见认为:从某尚应属于重大犯罪嫌疑人,但应以纪某四协助行为结束时公安机关所掌握的从某尚的犯罪事实为标准来判断。本案中,纪某四交代从某尚曾向其贩卖冰毒 120 余克,在协助抓捕过程中从某尚称其身上携带冰毒 150 克左右,均已被证明属实。至纪某四协助行为结束,公安机关已掌握从某尚涉嫌贩卖毒品 270 克左右,据此可能判处无期徒刑以上刑罚,因此从某尚属于重大犯罪嫌疑人。

上述三种意见,对于应将从某尚的哪些犯罪事实纳入纪某四立功的范畴,认定标准不同。二审法院采纳了第三种意见,理由为:

1. 重大犯罪嫌疑人的认定,应以行为人协助抓获时所掌握的事实为标准。客观上,行为人协助抓捕其他犯罪嫌疑人是一个过程,被抓捕人的属性也处于不稳定的状态,可能是一般犯罪嫌疑人,也可能转变为重大犯罪嫌疑人。在毒品案件中,行为人配合公安机关引诱方式抓捕的过程,往往也是其他犯罪嫌疑人实施毒品犯罪的过程。只有行为人具有延续性的完整配合和协助抓捕作为,才能确保该犯罪嫌疑人顺利归案。因此,在行为人协助抓捕的过程中,其他犯罪嫌疑人实施的毒品犯罪,也应当用来评价行为人的立功行为。在本案纪某四协助抓捕的过程中,纪某四及公安人员了解到从某尚欲贩卖 150 克左右冰毒的事实,应当用于评价从某尚是否属于重大犯罪嫌疑人。主观上,当行为人愿意配合公安机关抓捕其他犯罪嫌疑人时,如实交代所掌握的相关事实,是其立功愿望的形成基础,属于主观明知部分。对于协助抓捕过程中产生的涉毒数量,只要行为人仍然愿意继续配合,就应归于立功的范畴。而对于犯罪嫌疑人被抓获后主动交代的其他贩毒事实,行为人事前并不知晓,已超出其明知的范围。本案中,从某尚被抓获后主动交代贩卖 15 克毒品的情况,不在纪某四关于立功的主观认识之内,不能用于认定从某尚是否属重大犯罪嫌疑人。

2. 协助抓获重大犯罪嫌疑人的认定,应以充分运用公平原则作为价值取向。上述第二种意见和第三种意见的区别在于,界定重大立功时,究竟应体现抓获重大犯罪嫌疑人的价值性,还是体现对司法机关协助的价值性。立功倾向于追求惩治犯罪的效率价值,但如果“一刀切”,容易导致罪与刑的失衡,有悖于人们的公平观念。假如行为人协助抓捕其他犯罪嫌疑人时,仅掌握其盗窃犯罪事实,而公安机关将其抓获后又查明还有故意杀人犯罪事实,那么能否因其故意杀人可能判处无期徒刑以上,就认定行为人构成重大立功,显然是不能,这明显评价过宽,使立功人员获得了不当利益。同样的道理,在毒品犯罪中,如果以抓获人的价值性为导向,把其所有犯罪事实的惩治都归功于立功人员的协助行为,虽然从鼓励立功的角度看有利于激发积极性和主动性,但难免太过追求效率而显失公平。因此,把重大界定在立功人员的协助价值上,是较为公平的,这主要体现在两个方面:一是对协助抓捕人员公平。对立功的大小,没有随机性和偶然性,主要看其协助行为的主观积极性和客观价值性。二是对被抓获犯罪嫌疑人较为公平。其对自身犯罪事实有坦白和如实供述的机会,有利于获得司法机关的从宽处理。本案中,纪某四被抓获后供述,从某尚曾卖给其两笔毒品 120 多克,事实上在从某尚案中认定了 146 克。在协助抓捕的过程中,纪某四使用电话免提功能了解到从某尚身上有 150 克左右毒品及其要先去秦某处贩卖 50 克(认定了 47 克)的事实,公安民警旁听了通话的全部内容。上述情节有公安机关出具的抓获经过、工作记录,纪某四及从某尚的供述笔录等证据予以证实。因此,从立功的公平角度理解,从某尚贩卖给纪某四的毒品 146 克、贩卖给秦某的毒品 47 克及其随身携带的毒品 98.9 克,共计 291.9 克,均应认定为纪某四立功的范围,才能体现其协助行为的价值大小。对于从某尚自己坦白的部分,纪某四并不了解,与纪某四的协助抓捕行为并无直接联系,不能认定在纪某四的立功范围内。

3. 对可能被判处无期徒刑以上刑罚的理解。可能被判处无期徒刑以上刑罚可以理解为,被协助抓获人之行为所对应的法定刑幅度包括无期徒刑或死刑在内即可,应该说,我国《刑法》许多条文所规定的法定刑幅度均包括无期徒刑或者死刑,如果均认定具有重大立功表现,将过于宽泛,会使被告人获得不当的减轻或免除处罚的机会。因此,正确的理解应为,排除量刑情节而可能被判处无期徒刑以上刑罚,不能一概以法定刑幅度内含有无期徒刑或死刑,就认为是可能判处无期徒刑以上的刑罚。

另外需注意的是,可能被判处无期徒刑以上刑罚,不是依法应当或者实际被判处,实践中应结合案件具体情节进行综合评价。如果已经确定宣告刑,也不能机械地以宣告刑为准,而应在宣告刑的基础上减去影响量刑的情节后,判定是否属于可能被判处无期徒刑以上刑罚。仅从本案宣告刑看,从某尚并没有被判处无期徒刑,但却可看出,该宣告刑是在法院考虑其立功表现予以减轻处罚后作出的。在纪某四协助抓捕行为完成时,扣除从某尚坦白交代 15 克毒品的影响,综合本案情节,从某尚可能被判处无期徒刑以上刑罚。

综上,纪某四有立功赎罪、改过自新的意愿,实施了具体、直接的协助抓捕行为,提供了不为公安机关掌握的必要线索,对抓获从某尚起到了不可替代的实质作用,有效节省了司法资源,应受到法律的肯定性评价。结合本案实际,只有以协助抓获时掌握的事实为标准,同时将公平原则贯穿始终,才能主客观相统一地准确认定为重大立功。因此,纪某四的行为应构成重大立功。

本案中,一审法院认定一般立功,以非法持有毒品罪对纪某四从轻处罚,判处其有期徒刑 1 年 3 个月,量刑已在最低法定刑的幅度。而根据纪某四的犯罪事实和情节,尚不足以免除处罚。司法实践中,虽然刑法规定重大立功可以减轻或者免除处罚,但一般情况也应当减轻或者免除处罚,在本案的特殊情况下也可以从轻处罚。所以,比照一审量刑结果,二审法院对纪某四加大从宽幅度,改判有期徒刑 1 年,是符合罪刑相适应原则的。

093. 协助公安机关抓获同案犯是否构成立功

已归案的犯罪嫌疑人按照公安机关的要求稳住被民警跟踪的同案犯,使同案犯放松警惕性和戒备心,对公安机关的抓捕起到了实质性的协助作用,故应当认定为立功。

司法实例

盖某国绑架案

2016 年 6 月 13 日 6 时许,被告人盖某国(化名,犯罪时系未成年人)与宗某州、俞某翔三人将被害人府某凤从某市某小区挟持至该市某县石油开发基建队旧宅,宗某州安排盖某国留在该地看守府某凤,其与俞某翔回某市主城区收取赎金。在赶往某市主城区的路上,宗某州电话联系府某凤的丈夫沈某山,索要 99 万元赎金。当日 11 时许,公安机关接沈某山报警后将盖某国抓获,同时解救出府某凤。盖某国到案后在与宗某州打电话时配合公安机关稳住被民警跟踪的宗某州,以利于公安机关将其抓获。当日 16 时许,宗某州被公安机关抓获。

某市某区人民法院审理认为,被告人盖某国为勒索财物而伙同他人绑架被害人,其行为已构成绑架罪,依法应予以处罚。被告人盖某国犯罪时已满 17 周岁未满 18 周岁,在共同犯罪中起次要作用,系从犯,到案后不仅如实供述罪行,还按照公安机关的安排打电话稳住被民警跟踪的同案犯,使同案犯放松警惕最终被捕。盖某国打电话的行为对公安机关抓获同案犯起到实质性协助作用,构成立功,依法对其减轻处罚。遂判决被告人盖某国犯绑架罪,判处有期徒刑 5 年,并处罚金 2000 元。判决已生效。

本案处理中,对于被告人盖某国按照公安机关的安排打电话稳住被民警跟踪的同案犯,使同案犯放松警惕最终被捕的行为是否构成立功有不同认识,有的认为构成立功,有的认为不构成立功。法院认为,被告人盖某国打电话的行为对公安机关抓获同案犯起到实质性协助作用,构成立功。

1. 盖某国的行为超越了坦白的范围。《自首解释》第 1 条第 2 项规定,共同犯罪案件中的犯罪嫌疑人,除如实供述自己的罪行,还应当供述所知的同案犯。《自首立功意见》第 5 条第 1 款对被告人的 4 种行为认定为协助司法机关抓捕同案犯行为,第 5 条第 2 款对被告人供述同案犯基本情况,司法机关据此抓捕同案犯的行为,不予认定为协助司法机关抓捕同案犯的行为。由此可知,针对同案犯,如实供述同案犯的基本情况和共同犯罪事实属于坦白,但以其自身积极行动参与抓捕或辨认同案犯,对公安机关的抓捕行为起到实质性的协助作用的,应属于立功。本案中,盖某国的行为已经超越了供述同案犯基本情况、共同犯罪事实的范畴,其打电话给宗某州的行为使宗某州彻底放松了警惕性和戒备心,促使公安机关顺利抓捕宗某州,故盖某国的行为已超越坦白的范围。

2. 盖某国的行为符合协助司法机关抓捕同案犯型立功的条件。根据《自首解释》及《自首立功意见》的规定,衡量协助抓捕同案犯型立功的标准有两个:一是行为人有无协助公安机关抓捕同案犯的客观行为;二是协助行为对公安机关抓捕同案犯是否起到了协助作用。认定的难点在第二个条件上。对第二个条件的正确考量应为:如果没有协助行为,公安机关难以抓获同案犯;有了行为人的协助,公安机关才顺利抓获同案犯。本案宗某州被抓获前虽已被民警跟踪,但并不处于被公安机关控制的状态,随时可能脱离跟踪,公安机关能否顺利将其抓获尚不确定。盖某国被抓获归案后,按照公安机关的安排打电话稳住宗某州,同案犯宗某州是基于对盖某国的信任而放松了心理上的戒备,使得公安机关最终能顺利将其抓获。盖某国的行为对公安机关抓捕宗某州是一种实质性的协助行为,满足了协助抓捕同案犯型立功的第一个标准。如果没有盖某国的协助行为,宗某州在发现可能被跟踪的情况下极有可能逃离而不能被抓获。盖某国的行为对于帮助公安机关稳住宗某州、消除其戒备心起到了实质性的协助作用,符合协助抓捕同案犯型立功的第二个标准。

3. 盖某国的行为产生了立功的效果。从立法原意上讲,立功制度是通过鼓励犯罪分子的揭发、检举行为,对其他犯罪分子产生影响效应,从而产生实现国家刑罚权、及时惩罚犯罪的法律效果及促进社会安定的社会效果。从现行法律、司法解释对立功的具体规定中,不难发现立功在客观上是有益于国家、社会的行为。从立功制度的立法意图上考虑,被告人盖某国完全可以不配合公安机关以打电话的方式稳住被民警跟踪的同案犯宗某州,而其一旦配合、协助,在节约司法资源的同时,则要承受一定压力、承担一定风险,因此应当通过立功的形式予以鼓励,这亦符合立功制度的立法初衷。

094. 如何把握认定立功的时间条件

犯罪分子到案是构成立功的时间起算点,到案的标准应当与投案自首的到案保持一致。到案前实施的有利于国家和社会的行为,不能认定为法定量刑情节意义上的立功。因此,到案是认定立功的时间条件。

司法实例

管某良买卖国家机关证件案

管某良去外地打工,因嫌挣钱少,看到市场生猪屠宰户生意红火,便改行从事生猪屠宰生意。根据《动物防疫法》和《动物检疫管理办法》的规定,生猪需经卫生行政部门检验合格才可以被屠宰和销售。因为取得相关行政许可的程序用时较长,当地黑市有人买卖加盖印章的空白《动物检疫合格证明》。管某良也曾购买过 15 份空白《动物检疫合格证明》,但对当地这种状况十分不满,多次举报此种违法行为。公安机关根据管某良提供的线索,查处了多起违法行为,多名犯罪嫌疑人被抓获。但是,管某良揭发时并没有说出自己也曾经购买过《动物检疫合格证明》,后来公安机关得到线索找其调查时,其交代了相关事实。

某省某市某区人民法院认为,被告人管某良购买国家机关证件,已经构成买卖国家机关证件罪。管某良犯罪后自动投案,如实供述自己罪行,系自首。根据其犯罪事实、情节和悔罪表现,一审法院以买卖国家机关证件罪,判处管某良有期徒刑 1 年,缓刑 1 年。

一审宣判后,管某良不服一审判决,以其检举揭发行为构成立功为由提出上诉,被二审驳回。

本案一、二审法院不认定管某良的行为构成立功的裁判,是管某良到案成立立功的时间条件。主要理由是:

1. 从立法及司法实践对立功认定的把握来看,应当将立功的起算点界定为到案后。1997 年《刑法》之前,立功是依附于自首制度而存在的。1979 年《刑法》第 63 条规定,犯罪以后自首的,可以从轻处罚。其中,犯罪较轻的,可以减轻或免除处罚;犯罪较重的,如果有立功表现,也可以减轻或者免除处罚。从历史解释的角度来看,自首是犯罪分子到案后实施的有利于国家和社会的行为表现。而无论是一般自首还是特殊自首,犯罪分子均已到案。虽然 1997 年《刑法》为了突出立功的实效,将其作为独立的法定量刑情节从自首中剥离出来,但在时间条件上应该延续自首的认定。之后,最高人民法院于 1998 年 4 月 17 日出台了《自首解释》,明晰了立功的时间起算点,属于对刑法合理的缩小解释,并非与刑法存在冲突。

2011 年《刑法修正案(八)》出台以前,2009 年第二次修正的《刑法》第 68 条第 2 款规定:“犯罪后自首又有重大立功表现的,应当减轻或者免除处罚”,此条款强调自首后又有重大立功,而非先有重大立功再有自首,由此观之,到案是成立立功的必备条件。虽然本条款因过于缺乏弹性而被删除，但对于认识立功的时间要素是个重要的参考。

2. 从立功兼具功利目的和悔罪目的的立法目的来看，应当将认定立功的时间节点界定为到案后。刑法之所以将立功作为法定的从轻、减轻的量刑情节，功利目的并非唯一考虑因素，否则就没有必要将暴力、胁迫、贿买等手段获取的线索排除在立功范围之外。法定量刑情节的设置首要考虑的是被告人的主观恶性和人身危险性，其次才是功利价值。考察主观恶性和人身危险性的重要标准是被告人的认罪悔罪态度如何。行为人到案前实施的是有利于国家和社会的活动还是为逃避国家机关的追究并存在侥幸心理，并不能反映其认罪悔罪态度，其主观恶性和人身危险性没有降低，因此不能认定为法定的量刑情节。

3. 从司法实务角度来看，认定犯罪分子到案前可以构成立功操作性不强，且可能使刑法产生漏洞从而导致其他犯罪发生。人民法院在认定立功时需要审查立功线索的来源，把用贿买、暴力等非法手段或者被羁押后律师、亲友违反监管规定，获取的线索的检举揭发行为排除在外。《律师法》第33条规定，辩护律师会见犯罪嫌疑人、被告人时不被监听，导致了对立功来源的审查本就存在困难。此外，在行为人犯重罪情况下，亲属为了避免行为人被判处死刑，有可能以身试法，实施犯罪行为供行为人举报。如果将立功的时间限制在到案后，由于监管措施带来的隔绝，将会弥补这一漏洞。

综上，行为人到案后方可实施兼具功利性和悔罪性的有利于司法的立功行为。对于非有利于司法但有利于其他领域的立功行为，如发明创造、舍己救人、排除事故等也必须是到案后实施才能认定为立功。本案中，管某良虽然实施了检举揭发行为，且被其揭发检举的多人被刑事追究，但由于当时管某良没有到案，既不符合立功的主体为犯罪分子的身份要件，也欠缺构成立功的时间要素，所以应当视为普通公民的举报，虽然应该鼓励，但不能构成量刑上的立功，不过可以在量刑时酌情考虑。

095. 被告人具有多功能情节或两个以上减轻处罚情节的处理

被告人具有“减轻或者免除处罚”的多功能情节，或者同时具有两个以上减轻处罚情节的，应视具体案情不受只在下一格处罚的限制，但具体减轻处罚的幅度应当结合个案的犯罪性质、情节及具体的减轻处罚情节，综合分析评判而定。

司法实例

狄某蕴受贿案

2012年9月至2013年9月，被告人狄某蕴在担任黑龙江省某市热电有限公司总经理期间，利用其负责公司日常生产经营工作的职务便利，为本市某工程有限公司及某工贸有限公司在增加煤炭供应量，承包锅炉灰渣销售业务等方面提供帮助，并多次收受上述公司人员朱某山、贾某君贿送的现金共计50万元。2014年11月，狄某蕴因担心其受贿行为被查处而将收受的39万元退还给朱某山。

2015年1月4日，被告人狄某蕴主动向司法机关投案，如实供述上述受贿事实并退缴赃款2万元。其后，狄某蕴还向司法机关提供支某淮涉嫌收受他人贿赂的重要线索，并经查证属实。

黑龙江省某市某区人民法院经审理认为，被告人狄某蕴身为国家工作人员，利用职务上的便利，非法收受他人财物价值共计50万元，为他人谋取利益，其行为已构成受贿罪。狄某蕴犯罪以后自动投案，如实供述自己罪行，系自首，依法可以减轻处罚。其归案后主动提供他人涉嫌犯罪的重要线索,并经查证属实,具有立功表现,依法可以减轻处罚。狄某蕴犯罪后能够积极提供线索追赃并退还大部分赃款,且于一审庭审时自愿认罪,对其可酌情从轻处罚。综合考虑被告人狄某蕴所犯罪行性质和情节,以及具有的自首、立功、退赃等法定和酌定从宽处罚情节,决定对其减轻处罚并适用缓刑。遂判决认定被告人狄某蕴犯受贿罪,判处有期徒刑3年,缓刑5年,并处没收财产10万元。

某区人民检察院以原判适用法律错误致量刑畸轻,且适用缓刑不当为由提出抗诉。抗诉认为原判错误理解和适用减轻处罚情节,本案不属于确有必要在法定量刑幅度的下两个量刑幅度内判处刑罚之情形,提请二审依法改判。

黑龙江省某市中级人民法院审理认为,原判认定狄某蕴受贿50万元的事实清楚,定罪准确。综合考量狄某蕴的受贿数额、情节及其具有的自首、立功、退赃等从宽处罚情节,可对其减轻处罚,但在法定量刑幅度的下一个量刑幅度内判处刑罚已足以实现罪责刑相统一。抗诉机关的抗诉理由有事实和法律依据,原判量刑畸轻,应依法改判。遂判决维持一审法院对狄某蕴的定罪部分的判决,撤销原判对狄某蕴的量刑部分判决。狄某蕴犯受贿罪,判处有期徒刑5年,并处没收财产10万元。

《刑法修正案(八)》对《刑法》第63条第1款做了修改,明确规定"犯罪分子具有本法规定的减轻处罚情节的,应当在法定刑以下判处刑罚;本法规定有数个量刑幅度的,应当在法定量刑幅度的下一个量刑幅度内判处刑罚"。

目前理论界和实务界对被告人具有一个减轻处罚情节,只能在下一格处罚已达成共识。但对于被告人具有"减轻或者免除处罚"的多功能情节,或者同时具有两个以上减轻处罚情节的,是否受下一格处罚的限制存在不同认识。有的认为,根据《刑法》第63条第1款的规定,无论被告人具有几个减轻处罚情节,都不得突破下一格量刑。有的则认为,如果被告人具有"减轻或者免除处罚"情节,或者同时具有两个以上减轻处罚情节,则根据具体案情可不受只下一格处罚的限制。

司法实践中大多趋向后一种意见,理由是:

1. 如果对具有减轻或者免除处罚情节强调只下一格处罚的限制,一方面在刑罚结构上容易产生刑度脱节现象,另一方面在法律逻辑上亦存在悖论,即"减免情节"的效力可以达到免除刑事处罚,却不能及于减轻处罚范围的某一区间的刑罚。从法律设立减轻处罚限度的初衷和目的分析,其规制重点并不与具有两个以上减轻处罚情节下两格处罚的法律效果和社会效果相冲突。

2. 虽然具有两个以上减轻处罚情节可以不受只下一格处罚的限制,但具体减轻处罚的幅度应当结合个案的犯罪性质、情节及具体的减轻处罚情节,综合分析评判而定。司法实践中,通常有两种情形具有下两格处罚的必要性:一是在遇到下一格量刑幅度的裁量空间较小,而两个以上减轻处罚情节的作用力又较大的情况下,就凸显突破下一个量刑幅度量刑的必要性;二是有些犯罪虽然属于"数额巨大""情节严重"的范畴,但从量刑角度审视,其社会危害性刚刚达到严重罪行的法定最低量刑幅度的起点,如果具有两个以上较大作用力的减轻处罚情节,其中一个减轻处罚情节的作用力就可接近下一个量刑幅度的起点,那么两个较大作用力的减轻处罚情节的合力就必然造成下一个量刑幅度裁量空间不足的问题。

就本案而言,狄某蕴多次受贿,受贿数额达50万元,已达到数额巨大的起点;狄某蕴虽具有自首、立功及退赃等从宽情节,但结合其检举线索的具体情况及被检举人的自首情节,足以认定该立功情节的作用力不大,且自首、立功均属于可以型多功能情节,而非确定的减轻处罚情节。因此,在其所具有的自首、立功情节的合力不大,按照当时的司法解释规定,下一格法定刑幅度为

5年以上10年以下有期徒刑的较大裁量空间的情况下，并无必要在法定量刑幅度的下两格量刑，对其判处有期徒刑5年即可充分体现宽宥处罚，实现罪责刑相统一。原判法院将两个减轻处罚情节机械地叠加适用后，在法定量刑幅度的下两格判处刑罚并宣告缓刑，错误地理解和适用了减轻处罚情节，亦与《关于办理职务犯罪案件严格适用缓刑、免予刑事处罚若干问题的意见》的精神不符，导致量刑畸轻。因此，抗诉机关的抗诉理由成立，应予支持，二审法院依法对狄某蕴的量刑予以改判的行为是适当的。

应当说明的是，本案是在新的司法解释施行之前宣判的，2016年4月18日公布并施行的最高人民法院、最高人民检察院《关于办理贪污贿赂刑事案件适用法律若干问题的解释》施行，其中第2条规定，贪污或者受贿数额在20万元以上不满300万元的，应当认定为《刑法》第383条第1款规定的“数额巨大”，依法判处3年以上10年以下有期徒刑，并处罚金或者没收财产。

096. 对具有减轻处罚情节的被告人能否免予处罚

一般来说无论从减轻处罚与免予刑事处罚的性质区别，还是免予刑事处罚的适用条件，抑或减轻处罚应有的幅度限制而言，都不能因减轻处罚而免予刑事处罚。但对于《刑法》规定具有减轻或免除处罚情节的除外，如《刑法》总则第19条、第21条、第24条、第27条、第28条、第67条、第68条及分则第164条等。

司法实践中，对具有法定减轻处罚情节的犯罪分子，减轻处罚后直接被判处免予刑事处罚的案例时有所见。出现这种情况，从法律适用角度来看，主要存在两方面原因：一是混淆了减轻处罚和免予刑事处罚的性质；二是错误理解了适用免予刑事处罚的条件。应当说，只具有减轻处罚情节甚至多个减轻处罚情节，减轻处罚都不能减至免予刑事处罚。理由如下：

1. 减轻处罚与免予刑事处罚性质有区别。减轻处罚与免予刑事处罚的性质区别，可以从二者各自规定在刑法不同部分方面进行比较：减轻处罚规定于第63条，该条属于第四章第一节，第四章规定刑罚的具体运用内容，第一节规定量刑内容。减轻处罚本质上是对犯罪分子具体运用刑罚时的量刑方式，是在一定条件下对刑期的缩减，因此，减轻处罚时仍然应判处一定的刑罚。而免予刑事处罚规定于第37条，该条属于第三章第一节，这一节是关于刑罚种类的内容，结合《刑法》第32条至第35条规定可知，第37条规定的刑罚为零，即只对行为作有罪宣告，但对行为人不判处任何刑罚。因此，减轻处罚和免予刑事处罚在性质上有本质区别，减轻处罚后仍应判处行为人一定的刑罚，而免予刑事处罚就不再判处任何刑罚，即减轻处罚关注的是刑罚数量的减少，是动态的；免予刑事处罚关注刑罚的量，是静态的。

2. 免予刑事处罚是一种非刑罚处罚方法。刑罚的目的是通过教育挽救犯罪分子达到预防犯罪的目的。对于犯罪情节轻微的犯罪分子，其犯罪行为对社会的危害不大，根据案件的不同情况，予以训诫或者责令具结悔过、赔礼道歉、赔偿损失，或者由主管部门予以行政处罚或者行政处分同样可以达到刑罚的目的，这样不仅节约了司法资源，也体现了罪刑相适应的原则。某些情况不判处刑罚，也能实现特殊预防目的。（1）对于犯罪情节轻微不需要判处刑罚的犯罪分子，可以免予刑事处罚。这里的“犯罪情节轻微”和“不需要判处刑罚”是“可以免予刑事处罚”必须同时具备的两个条件，也就是说，只有在既“犯罪情节轻微”又“不需要判处刑罚”的情况下，对犯罪分子才“可以免予刑事处罚”。“犯罪情节轻微”是指已经构成犯罪，但犯罪的性质、情节及危害后果都很轻。“不需要判处刑罚”是指不适用刑事处罚也可达到教育目的，犯罪人已认罪、悔罪等，对其没有判处刑罚必要的。(2)对"免予刑事处罚"的犯罪分子,可以根据案件的不同情况,采用非刑罚方法处理。根据《刑法》第 37 条的规定,可以采用的非刑罚方法包括两种情况:一是在人民法院判处免予刑事处罚的同时,根据案件的不同情况,对犯罪分子予以训诫或者责令具结悔过、赔礼道歉、赔偿损失;二是由人民法院交由主管部门予以行政处罚或者行政处分。"主管部门"主要是指该案件管辖的公安等行政执法机关,犯罪分子所在单位或者基层组织。"行政处罚"主要是指行政执法机关,依照行政法律、法规的规定,给予被免予刑事处罚的犯罪分子以经济处罚或者限制人身自由的处罚,如罚款、行政拘留等。"行政处分"是指犯罪分子的所在单位或者其基层组织,依照规章、制度,对免予刑事处罚的犯罪分子予以行政纪律处分,如开除、记过、警告等。犯罪分子具有减轻处罚情节并不等于具有免予处罚情节,并不能据此对其适用免予刑事处罚。

3. 减轻处罚只能在法定刑幅度的下一量刑幅度内判处刑罚。刑罚是犯罪的法律后果,对犯罪行为的刑罚裁量,应当与犯罪分子所犯罪行和承担的刑事责任相适应。当犯罪分子具有法定减轻处罚情节时,应如何适用减轻处罚。《刑法》第 63 条第 1 款明确规定:犯罪分子具有本法规定的减轻处罚情节的,应当在法定刑以下判处刑罚;本法规定有数个量刑幅度的,应当在法定量刑幅度的下一个量刑幅度内判处刑罚。由此可知,即使有多个可以减轻处罚的情节,也禁止跨越两个及两个以上量刑幅度判处刑罚。既然是在下一个法定刑幅度内量刑,就一定要有相应的刑罚量,必须据此判处一定的刑罚,这与刑罚量为零的免予刑事处罚是不同的。

综上,无论从减轻处罚与免予刑事处罚的性质区别,还是免予刑事处罚的适用条件,抑或减轻处罚应有的幅度限制而言,都不能因减轻处罚至免予刑事处罚,但刑法条文本身有具体规定的除外。(《刑法》中具有减轻或免除处罚情节的规定较少,如《刑法》总则第 19 条、第 21 条、第 24 条、第 27 条、第 28 条、第 67 条、第 68 条及分则第 164 条等。)

097. 如何把握法定刑以下判处刑罚的特殊情况及如何量刑

在司法实践中法定刑以下判处刑罚的特殊情况不仅限于国防、外交、民族、宗教等特殊情况,还可以根据案件的其他具体情况酌定是否可以在法定刑以下判处刑罚。

司法实例

欧阳某岗故意伤害案

欧阳某岗与窦某利为同村村民且系发小,小时候经常在一起玩耍,长大后仍关系密切,形同兄弟。2017 年春节后,欧阳某岗约窦某利等几个朋友聚餐饮酒,众人均有醉意后,席间欧阳某岗因与窦某利开玩笑,招致窦某利恼怒,口角中窦某利先动手打了欧阳某岗胸部一拳,欧阳某岗遂还击打了窦某利头部一拳并踹其腿部一脚,窦某利倒地晕倒,送医后当日不治而亡。经法医鉴定,窦某利患有先天性脑动脉瘤,其及家人并不知晓。死亡原因为"过量饮酒后外力引发的脑动脉瘤破裂脑出血死亡",窦某利的死亡系多因一果。

某县检察机关以故意伤害(致死)提起公诉。某县人民法院经审理认为,被告人欧阳某岗在被窦某利打击一拳的情况下,向窦某利头部击打一拳并踹其腿部致其倒地死亡,其行为构成故意伤害(致死)罪,应当判处 10 年以上有期徒刑,但鉴于被害人的死亡原因系先天性疾病、过量饮酒、外力作用的叠加,欧阳某岗的拳是窦某利脑出血的诱因之一,且被告人认罪悔罪、积极赔偿被害人方损失并取得谅解,对其可在法定刑以下判处刑罚。遂判决被告人欧阳某岗犯故意伤害罪,判处有期徒刑 3 年,缓刑 3 年。层报最高人民法院复核核准。

最高人民法院复核认为，被告人欧阳某岗的行为构成故意伤害罪，且致人死亡，论罪应判处10年以上有期徒刑，但鉴于被害人的死亡原因系先天性疾病、过量饮酒、外力作用的叠加，被告人与被害人平时关系密切，被告人认罪悔罪、积极赔偿被害人方损失取得了谅解，对其可在法定刑以下判处刑罚。某省高级人民法院复核裁定认定的事实清楚，证据确实、充分，定罪准确，量刑适当，审判程序合法。遂裁定核准某省高级人民法院同意一审法院以被告人欧阳某岗犯故意伤害罪，判处有期徒刑3年，缓刑3年的刑事判决的裁定。

司法实践中对法定刑以下的量刑案件，关键在于如何理解法定刑以下判处刑罚的特殊情况以及法定刑以下判处刑罚的量刑问题。

1. 关于法定刑以下判处刑罚的特殊情况。《刑法》第63条第2款规定，犯罪分子虽然不具有本法规定的减轻处罚情节，但是根据案件的特殊情况，经最高人民法院核准，也可以在法定刑以下判处刑罚。对于“特殊情况”的理解，全国人大常委会法工委认为：1997年《刑法》第63条第2款关于因“特殊情况”在法定刑以下判处刑罚的规定，主要是针对涉及国防、外交、民族、宗教等极个别特殊案件的需要，不是对一般刑事案件的规定。① 此后，考虑到立法的严苛性已不能适应社会政治经济情况的变化，为协调量刑的一般公正与个别公正的关系，逐渐放宽了“特殊情况”的掌握标准。从立法精神和最高人民法院核准的案件分析，“特殊情况”包括：(1)因国防、外交、民族、宗教等涉及国家利益的案件。该类案件虽然尚无公布的案例，但基于国家利益的需要，需要对该类案件的个案量刑做留有余地的规定，以服从于国家利益的需要。(2)法律的形式逻辑普遍规范性与个案罪刑相适应的内在冲突。从核准的案例分析，该类型的“特殊情况”主要有民用涉枪涉爆；被害人有重大过错或伤害致死案件中被害人身体条件有特殊情况；经济犯罪中认罪态度好、积极退赃且非索贿性质的犯罪；家庭成员间基于被殴打、侵害而发生的伤害、杀人案件以及其他社会危害性不大并取得被害人谅解的案件等。从核准的案例分析，对刑罚的执行在贯彻宽严相济刑事政策指导下已体现出更为照顾个案量刑情节和更为宽缓的刑罚执行政策。

本案核准对被告人在法定刑以下判处刑罚的理由为：被害人的死亡原因系先天性疾病、过量饮酒、外力作用的叠加，被告人与被害人平时关系密切，被告人认罪悔罪、积极赔偿被害人方损失并取得谅解。综合上述因素，最高人民法院经复核，核准了原审在法定刑以下判处欧阳某岗有期徒刑3年，缓刑3年的判决。

2. 关于法定刑以下判处刑罚的量刑问题。(1)“在法定刑以下判处刑罚”。《刑法》第63条第2款规定“犯罪分子虽然不具有本法规定的减轻处罚情节，但是根据案件的特殊情况，经最高人民法院核准，也可以在法定刑以下判处刑罚”，其中的“在法定刑以下判处刑罚”，是否只能在法定刑的下一个幅度内判处刑罚。从最高人民法院已核准的案例看，对于法定刑以下判处刑罚的，不同于《刑法》第63条第1款规定的关于有减轻处罚情节情况下的量刑幅度。《刑法》第63条第1款规定，犯罪分子具有本法规定的减轻处罚情节的，应当在法定刑以下判处刑罚；本法规定有数个量刑幅度的，应当在法定量刑幅度的下一个量刑幅度内判处刑罚。该款规定的减轻处罚是针对被告人有法定减轻处罚的情节时，如何确定减轻处罚的幅度问题。例如被告人有自首情节的，可以在下一个幅度内减轻处罚；被告人有自首情节，又有重大立功表现的，可以降两个量刑幅度判处刑罚，但是不能在只有一个减轻处罚情节时无限制降低量刑幅度。与第63条第1款规定的区别在于减轻处罚的条件和可减幅度不同，本条第2款是在没有任何法定减轻处罚情节，或者虽

---

① 全国人大常委会法制工作委员会编：《法律询问答复(2000—2005)》，中国民主法制出版社2006年版，第123～124页。

然有减轻处罚情节,但是在下一个量刑幅度内量刑仍然过重时,根据案件的特殊情况可以选择法定刑以下的任一幅度量刑,甚至免除处罚,适用《刑法》第 63 条第 2 款的规定时,在法定刑以下判处刑罚可以不受量刑幅度的限制,甚至该分则条文没有规定的刑种可选择。例如,犯罪分子走私货物、物品偷逃应缴税额特别巨大的,本应处 10 年以上有期徒刑或者无期徒刑,并处偷逃应缴税额 1 倍以上 5 倍以下罚金或者没收财产,但是基于特殊情况,可以在 3 年以下有期徒刑或拘役、管制幅度内量刑。如确因国家利益需要,可以免除处罚,而不是只能在《刑法》第 153 条第 1 款第 2 项规定的 3 年以上 10 年以下有期徒刑的幅度内量刑。同时,对于附加刑或者没收财产,同样可以减轻处罚。

(2)量刑幅度的具体掌握问题,最高人民法院研究室曾在 1990 年 4 月 27 日《关于如何理解和掌握"在法定刑以下减轻"处罚问题的电话答复》(现已失效)中指出,减轻处罚是指"应当在法定刑以下判处刑罚"。这里所说的法定刑,是指根据被告人所犯罪行的轻重,应当分别适用的《刑法》规定的不同条款或者相应的量刑幅度。具体来说,如果被告人所犯罪行的刑罚分别规定有若干条款,则应以其罪行应当适用的条或款所规定的量刑幅度作为法定刑;如果同一条文中有几个量刑幅度,则应以其罪行应当适用的量刑幅度作为法定刑;如果只有单一的量刑幅度,则应以此为法定刑。该批复虽然已被废止,由《刑法》所取代,但在具体案件的减轻处罚的司法实践上刑法吸收了该解释的内容,仍按该精神进行量刑操作。需要说明的是,对于《刑法》所规定的量刑幅度和量刑档次需做区分,特别是某些罪名中关于同一情节所规定的死刑、无期徒刑、10 年以上有期徒刑等量刑档次的区分认定,并列量刑档次的规定在《刑法》中有一些相关条文涉及,例如《刑法》第 232 条规定:故意杀人的,处死刑、无期徒刑或者 10 年以上有期徒刑;情节较轻的,处 3 年以上 10 年以下有期徒刑。该罪名中第一个量刑幅度是死刑、无期徒刑或者 10 年以上有期徒刑,第二个量刑幅度是 3 年以上 10 年以下有期徒刑,第一个量刑幅度中,死刑、无期徒刑或者 10 年以上有期徒刑是一个幅度内的三个量刑档次,而非三个量刑幅度,在该档次内选择较低的量刑属于从轻处罚,不属于减轻处罚。

(3)对于法定刑以下判处刑罚的,是否在该分则条文法定刑以下判处该条文没有规定的刑罚。根据最高人民法院有关部门曾经作出的答复,答案是肯定的①。该答复现已废止,废止的原因是《刑法》已有明确规定,因该解释中的 1979 年《刑法》第 59 条第 2 款即 1997 年《刑法》的第 63 条第 2 款,故该解释精神已为修改后的《刑法》所吸收,而不是与《刑法》规定相冲突。既然是可以在法定刑以下判处刑罚,而非减轻量刑幅度,就应该包括该分则条文规定的刑罚和没有规定的其他刑种,否则就失去了该条文规定的特殊意义。例如《刑法》规定过失致人死亡的,处 3 年以上 7 年以下有期徒刑;情节较轻的,处 3 年以下有期徒刑。如果在法定刑以下判处刑罚,则可以判处 3 年以下有期徒刑、拘役、管制直至免予刑事处罚。拘役、管制和免予刑事处罚就是该分则条文没有规定的刑种,在法定刑以下判处刑罚中是可以适用的。同理,对于《刑法》第 63 条第 1 款规定的有法定减轻处罚的量刑情节时,也可以选择该分则条文没有规定的刑种或量刑幅度,例如《刑法》第 115 条规定:放火、决水、爆炸以及投放毒害性、放射性、传染病病原体等物质或者以其他危

---

① 1994 年最高人民法院研究室就关于适用《刑法》第 59 条第 2 款减轻处罚能否判处《刑法》分则条文没有规定的刑罚问题答复上海市高级人民法院并指出,根据《刑法》第 59 条第 2 款的规定,对于不具有《刑法》规定的减轻处罚情节的犯罪分子,如果根据案件的具体情况,判处法定刑的最低刑还是过重,经人民法院审判委员会决定,可以在法定刑以下判处刑罚,包括判处《刑法》分则条文没有规定的不同刑种的刑罚。例如,法定最低刑为 3 年有期徒刑的,可以判处不满 3 年有期徒刑、拘役或者管制。但是否判处附加刑,仍应遵守《刑法》分则的规定。

险方法致人重伤、死亡或者使公私财产遭受重大损失的,处10年以上有期徒刑、无期徒刑或者死刑。该条文仅规定了一个量刑幅度,如果需要减轻处罚,不论基于《刑法》第63条第1款规定的有法定减轻处罚情节的量刑,还是基于本条第2款规定的法定刑以下判处刑罚,均可以选择在10年以下有期徒刑、拘役、管制、免予刑事处罚幅度内量刑。

098. 前科对同一违法行为定罪和量刑能否重复评价

从禁止重复评价原则上分析,被告人的前科不能在其作为定罪条件的犯罪中再作为该罪量刑情节加以考虑。

司法实例

尚某旺盗窃案

2013年6月18日晚,被告人尚某旺在某省某县某建筑工地内盗窃他人价值760元的电动机一台。同年7月3日,尚某旺经人介绍将电动机以每斤2.3元的价格卖给该县某镇渠某法经营的废品收购站。案发后,被盗电动机被追回并已返还给被害人。另查明,尚某旺曾因犯盗窃罪(犯罪时已成年),于2006年8月7日被某省某县人民法院判处有期徒刑4年,2009年7月24日刑满释放。

2014年4月29日,某省某县人民法院审理认为,尚某旺盗窃数额较大的财物,且属累犯,已构成盗窃罪。遂判决认定尚某旺犯盗窃罪,判处有期徒刑1年6个月,并处罚金2000元。一审宣判后,尚某旺以其盗窃数额760元未达到某省盗窃罪的追诉标准,故其行为不构成盗窃罪为由提出上诉。

某省某市中级人民法院经审理认定事实、定性与一审一致,但原判在以尚某旺因盗窃受过刑事处罚这一前科作为认定其盗窃价值760元财物的行为构成犯罪的必要条件后,又以该情节作为其构成累犯的条件,并以累犯对其本次犯罪从重处罚属于重复评价,应予纠正。遂改判尚某旺犯盗窃罪,判处有期徒刑1年,并处罚金1000元。

本案在审理中存在几个相互关联的争议焦点:一是被告人尚某旺的行为是否构成盗窃罪;二是如果尚某旺的行为构成盗窃罪,尚某旺的前科在作为定罪条件后,是否可以再次作为其本次盗窃犯罪的量刑情节;三是尚某旺是否属于累犯。第一种观点认为,尚某旺的盗窃数额未达到某省执行的盗窃数额较大的起点标准,其行为仅属违反治安管理的违法行为,只能对其给予行政处罚。第二种观点认为,根据最高人民法院、最高人民检察院《关于办理盗窃刑事案件适用法律若干问题的解释》(以下简称《盗窃解释》)第2条第1项的规定,尚某旺盗窃数额虽仅为760元,但其曾因盗窃犯罪受过刑事处罚,且其本次盗窃数额超过了某省盗窃罪数额较大的起点标准1500元的50%,故其行为构成盗窃罪。虽然尚某旺的前科已经作为其定罪的条件予以了评判,但仍可以将其前科作为量刑情节对其本次犯罪从重处罚,而从重处罚的幅度应当尽量从轻把握。尚某旺曾因犯罪被判处有期徒刑,刑罚执行完毕后5年内又重新犯应判处有期徒刑以上刑罚之罪,属累犯,此时应当以累犯对尚某旺从重处罚。第三种观点认为,在对尚某旺行为的定性上,其行为应当构成盗窃罪,理由同第二种观点。关于尚某旺的前科对其所犯盗窃罪量刑的影响,因尚某旺的前科已经作为其违法行为构成犯罪的必要条件,故不能再以该前科作为量刑情节对其本次犯罪再次评价而予以从重处罚,否则就属于重复评价,违背了禁止重复评价原则。同时,构成累犯的一个重要条件是与前科对应的后一行为应当独立构成犯罪,然而此类案件中的被告人因其行为不能独立于前科而单独构成犯罪,因此,尚某旺不属于累犯。

本案二审法院认为，前科作为定罪条件后不能再作为同一行为的量刑情节。故作出对一审的改判。主要理由：

1. 在某些情形下性质相同或相似前科可作为对违法行为定罪的必要条件。对于前科，我国刑事立法尚无明确规定，但鉴于累犯与前科有一定的相似性，在结合我国《刑法》第 65 条第 1 款有关一般累犯的规定和最高人民法院《关于常见犯罪的量刑指导意见》（现已失效）中在常见量刑情节的适用部分有关前科的规定后，可以理解为，前科是指公民曾经因犯罪被人民法院判处过刑罚，并且刑罚已经执行完毕或赦免的客观事实。2013 年 4 月 4 日开始施行的《盗窃解释》第 2 条第 1 项规定：被告人具有曾因盗窃受过刑事处罚等八种情形之一，其盗窃公私财物“数额较大”的标准可以按照《盗窃解释》第 1 条第 1 款规定的数额较大标准的 50% 确定，同时《盗窃解释》第 1 条第 2 款授权各高级人民法院确定本地区的数额较大标准。与《盗窃解释》有类似规定的还有 2013 年 4 月 27 日开始施行的最高人民法院、最高人民检察院《敲诈勒索解释》第 2 条第 1 项、2013 年 11 月 18 日开始施行的最高人民法院、最高人民检察院《关于办理抢夺刑事案件适用法律若干问题的解释》（以下简称《抢夺解释》）第 2 条第 1 项的相关规定。从上述三个司法解释的类似规定可以得出：虽然被告人的盗窃、敲诈勒索、抢夺的数额未达到数额较大的标准，但是如果被告人在此之前因为曾经实施过性质相同或相似的盗窃、敲诈勒索、抢劫、抢夺或者聚众哄抢等行为而受过刑事处罚，其现在的盗窃、敲诈勒索、抢夺等原本不独立构成犯罪的行为在结合该前科后，共同构成对应的盗窃罪、敲诈勒索罪和抢夺罪。此时，被告人的行为性质相同或相似的前科就成为其现在所实施的盗窃等违法行为构成犯罪的必要条件。本案中，尚某旺的盗窃数额虽仅为 760 元，未达到某省数额较大的起点标准 1500 元，此时，如果尚某旺没有盗窃犯罪前科，他的盗窃行为就不构成犯罪，只能对其予以行政处罚。但是因其犯盗窃罪曾受过刑事处罚，且此次盗窃数额达到了某省数额较大最低标准的 50%，根据《盗窃解释》第 2 条第 1 项的规定，其盗窃数额应视为数额较大，故其行为构成盗窃罪。

2. 前科在作为定罪条件后再作为同一行为量刑情节的有违禁止重复评价原则。虽然《刑法》并未明确规定禁止重复评价原则，但该原则在理论和实务界均得到较大程度认同。通说认为，所谓刑法中的禁止重复评价原则，是指已经用作定罪情节的事实，不能在量刑中再次发挥作用，而同一量刑情节则不能被数次评价。根据《盗窃解释》《敲诈勒索解释》《抢夺解释》的规定，如果抛开被告人的前科，被告人盗窃、敲诈勒索、抢夺的数额未达到数额较大的通常标准，且无诸如多次盗窃、多次敲诈勒索、一年内 3 次抢夺等其他相关入罪事实，其行为就不构成盗窃罪、敲诈勒索罪或抢夺罪，仅属行政违法行为。而《盗窃解释》《敲诈勒索解释》《抢夺解释》正是将被告人的行为性质相同或相似的前科加以考虑后，与其现在所实施的盗窃、敲诈勒索、抢夺等违法行为结合在一起，共同将原本属行政违法的行为升格为犯罪行为，此时前科成为对被告人违法行为定罪的必要条件。如果法院此后再以该前科作为被告人本次犯罪的量刑情节并对其加以从重处罚，就违反了禁止重复评价原则中有关“已经用作定罪情节的事实，不能在量刑中再次发挥作用”的规定，这对于被告人而言是不公平的，也有违罪责刑相适应原则。因此，前科在作为违法行为的定罪条件后不能再次作为该行为构成犯罪后的量刑情节。本案中，尚某旺盗窃的前科在作为其本次违法行为的定罪条件后，根据禁止重复评价原则，就不能再次作为尚某旺本次盗窃犯罪的量刑情节对其从重处罚。

3. 被告人在前科作为定罪条件的犯罪中不属于累犯。从《刑法》第 65 条第 1 款对累犯的有关规定可以看出，累犯的构成要件：一是在主体条件上，前罪和后罪都是年满 18 周岁以上的人；二是在主观条件上，前罪和后罪都是故意犯罪；三是在刑度条件上，前罪被判处的刑罚和后罪应当被判处的刑罚都是有期徒刑以上刑罚;四是在时间条件上,后罪发生在前罪刑罚执行完毕或者赦免以后五年以内。一方面,从禁止重复评价原则上分析,被告人的前科不能在其作为定罪条件的犯罪中作为该罪量刑情节加以考虑。因此,被告人的前科也就不能作为构成累犯条件的前罪,以累犯对被告人的后罪进行从重处罚。另一方面,从累犯的第二和第三构成要件分析,构成累犯还需要同时符合以下两个重要条件:一是后行为必须独立于前行为构成犯罪,这是累犯构成的前提和基础条件。也就是说与前科行为相对应的本次行为应当独立构成犯罪,即在不以前科为条件下能够独立成罪。如果被告人的本次行为能够独立于前科构成犯罪,则被告人就可能构成累犯。反之,被告人就不可能构成累犯。本次行为之所以需要独立于前科构成犯罪的根本原因在于:曾因故意犯罪被执行有期徒刑以上刑罚的犯罪分子,五年内在独立于前科的基础上又重新故意实施应当判处有期徒刑以上刑罚之行为,表明监狱等刑罚执行机关的教育监管对其未起到积极的预防犯罪效果,其依然有较大的人身危险性和再次犯罪的可能性,为有效预防其此后犯罪,有必要对其本次犯罪从重处罚。而如果本次行为不独立构成犯罪,只是在综合了前科因素后才升格为犯罪,表明其本次的行为社会危害性不大,没有必要通过对其本次犯罪从重处罚来达到预防再次犯罪的目的。二是前后犯罪行为都应当判处有期徒刑以上刑罚。而在以前科为定罪的必要条件的情形中,被告人的后一行为不能独立于前科构成犯罪,更不可能被判处有期徒刑以上刑罚。

综上,违法行为以前科为定罪条件的被告人不构成累犯。

099. 应否将被害人谅解纳入渎职罪量刑情节

在渎职犯罪的处理中,对被告人从轻处罚的依据中有时就包括与其相关联案件中的被害人得到赔偿,并取得了谅解。渎职犯罪案件中本无被害人,且被害人谅解对象是相关联犯罪中的被告人,在渎职犯罪案件处理过程中相关联犯罪中的被害人也无相关权利义务等,一般不应将相关联犯罪中被害人谅解这一酌定情节作为渎职犯罪案件中被告人从轻处罚的依据。

渎职罪是指国家机关工作人员利用职务上的便利或者徇私舞弊、滥用职权、玩忽职守,妨害国家机关的正常活动,损害公众对国家机关工作人员职务活动客观公正性的信赖,致使国家与人民利益遭受重大损失的行为。刑法规定渎职罪是为了保护国家机关的正常活动以及公众对国家机关工作人员职务活动客观公正性的信赖。2013 年 1 月初,最高人民法院、最高人民检察院《关于办理渎职刑事案件适用法律若干问题的解释(一)》实施,释放出从严惩处渎职犯罪的信号,致死亡人数 1 人以上应定罪。近年来,在工程建设、食品药品监管等领域重特大刑事案件时有发生,严重危害人民群众生命财产安全,损害社会公共利益。在这些案件背后,往往有渎职犯罪的影子。司法实践中发现,有的地方的司法人员在渎职犯罪处理中,对被告人从轻处罚的依据中包括与其相关联案件中被害人得到赔偿,并取得了谅解。应当说,根据刑法的立法原意,相关联犯罪中被害人谅解不应影响渎职犯罪量刑,理由为:

1. 渎职犯罪中不存在具体被害人。我国《刑法》理论通说认为,渎职犯罪没有具体被害人。这一结论的根据是:其一,犯罪客体方面。渎职犯罪的客体被认为是单一客体,就是国家机关的正常活动,公共职责的公正性、勤勉性,以及公众对国家机关客观公正性的信赖。其二,犯罪客观方面。法律规定只有给国家和人民利益造成重大损失时,才成立犯罪。但是,重大损失却被认为是“对国家机关正常活动的破坏,对公众和对职务活动客观公正性的信赖的侵犯,往往表现为无形结果”。这些观点都否认了渎职犯罪存在具体被害人的余地。既然渎职犯罪中不存在具体被害人,那么被害人谅解这一酌定量刑情节不应存在于渎职犯罪处理中。

2. 相关联犯罪中被害人谅解对象并非渎职犯罪中的被告人。与渎职犯罪相关联犯罪中的被害人,出于对被告人认罪悔罪、积极赔偿等方面考虑,对其表示谅解。但被害人谅解的对象明确,即相关联犯罪中的被告人,对相关联犯罪中被告人的谅解不等于对渎职犯罪中公职人员的谅解。因为被害人只是对直接加害人表示谅解,对于是否存在渎职犯罪可能完全不知情,将被害人的谅解及在渎职犯罪中的被告人实际上背离了被害人谅解的原意及法律设定该酌定情节的立法初衷。

3. 相关联犯罪中被害人无权参与到渎职犯罪案件的处理中。被害人是刑诉法规定的当事人之一,存在于大多数刑事案件中。《刑事诉讼法》相关条文规定,被害人是指“人身权利、财产权利或者其他合法权利受到犯罪行为侵害的人”。《刑事诉讼法》规定被害人享有的诉讼权利包括:有权指控犯罪;有权参与法庭调查和辩论;有权对司法人员申请回避;有权对生效判决提出申诉;等等。同时,被害人有义务如实向司法机关反映案件情况,不得夸大犯罪行为或捏造事实、诬陷他人。从被害人的定义及其权利义务分析,被害人存在于与渎职犯罪相关联的其他犯罪中,因为相关联案件中的被害人无法以被害人的身份对公职人员提出控告,无法参与渎职犯罪案件庭审并行使相关权利。既然相关联犯罪中被害人的权利义务无法体现在渎职犯罪案件的处理中,那么被害人谅解之说也就没有存在的法理基础。

综上,渎职犯罪案件中本无被害人,且被害人谅解的对象是相关联犯罪中的被告人,在渎职犯罪案件处理过程中相关联犯罪中的被害人也无相关权利义务等,不应将相关联犯罪中被害人谅解这一酌定情节作为对渎职犯罪案件中被告人从轻处罚的依据。

100. 犯罪记录封存后缓刑能否撤销

被告人因在未成年期间犯罪而被宣告缓刑,犯罪记录已经封存,但因办案需要的,人民法院应当查明相应记录。经查明,被告人在缓刑考验期内又犯新罪的,应当撤销缓刑,数罪并罚。

司法实例

马某钮盗窃案

2015 年 5 月 30 日 18 时许,被告人马某钮与希某安(已判决)经共谋后,在某市某超市车库内,通过接线点火的方式,将荣某毅价值 4233 元的海陵牌 HL×××GY-B 型两轮摩托车盗走。另查明,被告人马某钮于 2014 年 3 月 20 日因犯盗窃罪被判处拘役 3 个月,并处罚金 2000 元,于 2014 年 5 月 20 日刑满释放。因马某钮在刑罚执行期间被发现犯有盗窃罪还未被判决,于 2014 年 10 月 15 日被判处拘役 4 个月,并处罚金 2000 元,与前罪所判处的刑罚并罚,决定执行拘役 6 个月,缓刑 1 年,并处罚金 4000 元。2015 年 9 月 12 日,马某钮又因犯盗窃罪被判处拘役 5 个月,并处罚金 3000 元,刑期自 2015 年 6 月 20 日起至 11 月 19 日止。其间,民警经调查掌握了马某钮参与盗窃荣某毅摩托车的犯罪事实后,于 2015 年 11 月 19 日即刑满释放之日再次将其刑事拘留。

某市某区人民法院审理认为,被告人马某钮以非法占有为目的,伙同他人盗窃财物价值 4233 元,数额较大,其行为已构成盗窃罪,依法应予以处罚。公诉机关指控被告人犯罪的事实清楚、证据充分，指控的罪名成立。鉴于马某钮到案后如实供述犯罪事实，认罪并悔罪，依法对其予以从轻处罚。马某钮在缓刑考验期限内又犯新罪，应当撤销缓刑，对新犯的罪作出判决，与前罪所判处的刑罚数罪并罚。同时，马某钮在判决宣告以后，刑罚执行完毕以前，又被发现其在判决宣告以前还有其他罪没有判决，应当对新发现的罪作出判决，与前罪所判处的刑罚数罪并罚。遂判决：撤销某市某区人民法院（2014）×法刑初字第00977号刑事判决书对被告人马某钮宣告的缓刑。被告人马某钮犯盗窃罪，判处有期徒刑11个月，并处罚金4000元，与某市某区人民法院（2014）×法刑初字第00977号刑事判决书判处的拘役6个月，并处罚金4000元并罚，决定执行有期徒刑11个月，并处罚金8000元，再与某市某区人民法院（2015）×法刑初字第01026号刑事判决书判处的拘役5个月，并处罚金3000元并罚，决定执行有期徒刑11个月，并处罚金11,000元。责令被告人马某钮对某市某区人民法院（2015）×法刑初字第00808号刑事判决书判决主文第三项确定的对荣某毅的退赔义务承担赔偿责任，即与希某安共同退赔荣某毅经济损失4233元。判决已生效。

司法实践中，被告人犯前罪时未满18周岁，且被宣告缓刑，犯罪记录虽然已经封存，但如果发现其在判决宣告前还有其他罪没有判决，或者在缓刑考验期内又犯新罪，应当撤销缓刑，数罪并罚。

1. 犯罪记录封存不等于犯罪记录消灭。《刑事诉讼法》第286条规定，犯罪的时候不满18周岁，被判处5年有期徒刑以下刑罚的，应当对相关犯罪记录予以封存。犯罪记录被封存的，不得向任何单位和个人提供，但司法机关为办案需要或者有关单位根据国家规定进行查询的除外。依法进行查询的单位，应当对被封存的犯罪记录的情况予以保密。该规定是对符合条件的未成年人的犯罪记录予以封存，而非消灭犯罪记录，更不是视为没有犯罪。司法机关因办案需要了解其前科的，可依法查询，不能因其已封存就视而不见。

2. 撤销未成年期间被宣告的缓刑不违背立法精神。《刑法》第77条规定，被宣告缓刑的犯罪分子，在缓刑考验期限内犯新罪或者发现判决宣告以前还有其他罪没有判决的，应当撤销缓刑，对新犯的罪或者新发现的罪作出判决，把前罪和后罪所判处的刑罚，依照本法第69条的规定，决定执行的刑罚。该规定具有普适性，即无论是未成年人还是成年人被宣告缓刑，只要在缓刑考验期限内再犯新罪或发现漏罪，均应撤销缓刑，数罪并罚。犯罪记录封存后，不能撤销缓刑，是没有法律依据的。如果发现漏罪，说明其在前罪宣判前有义务如实供述全部犯罪事实却未如实供述，带来的结果由其自身造成，相应法律后果也应由其自负。这不因犯罪时是未成年人而有所不同，不涉及特别法优于普通法的问题，也与"教育、感化、挽救"方针不矛盾。被告人犯前罪时未满18周岁，且被宣告缓刑，犯罪记录已经封存，如果发现其在判决宣告前还有其他罪没有判决，或者在缓刑考验期内又犯新罪，也应当撤销缓刑，数罪并罚。

本案中，被告人马某钮因在未成年时犯罪被宣告缓刑，在缓刑考验期限内又犯新罪，应当撤销缓刑，对新犯的罪作出判决，与前罪所判处的刑罚数罪并罚。同时，马某钮在判决宣告以后，刑罚执行完毕以前，又被发现在判决宣告以前还有其他罪没有判决，应当对新发现的罪作出判决，与前罪所判处的刑罚数罪并罚。

101. 漏罪发生于原判宣告前发现于刑罚执行完毕后被追诉的是否适用数罪并罚

漏罪发现于原判决宣告之前且在刑罚执行完毕后被追诉的不适用数罪并罚。但在对后罪进行量刑时应当充分考虑前罪判决的情况，对后罪酌情从轻处罚，且应注意的是，一般不应认定前后罪构成累犯，否则有失公允。

司法实例

梁某强虚假广告案

被告人梁某强违反国家规定，利用其注册成立的上海某文化传播公司，在2013年年底至2014年10月，为吕某庄发布虚假的“风湿骨痛胶囊”药品广告。因涉嫌虚假广告犯罪，梁某强于2015年4月8日被某省某地公安局网上追逃，2015年4月11日被刑事拘留，同月30日被取保候审。另外，梁某强因利用该公司在2013年年初至2014年9月，2014年9月至2015年4月为续某文发布虚假的“消渴安胶囊”广告，为明某宇、树某书发布虚假的办理信用卡广告信息等行为犯虚假广告罪，于2015年9月17日被某省某市公安局的分局刑事拘留，同年10月24日被逮捕，2016年7月21日被某省某市某区人民法院判处有期徒刑1年，并处罚金2万元。刑期自2015年9月17日起至2016年8月10日止。

2017年12月11日，某市某区人民检察院对本案向某区人民法院提起公诉，并同时提出应根据《刑法》第70条的规定，对梁某强以虚假广告罪实行数罪并罚的公诉意见。

在本案审理过程中，对被告人梁某强的行为应否适用数罪并罚，存在两种意见：一种意见认为，被告人梁某强的行为是在某市某区人民法院对其判处的前罪刑罚执行完毕以前被发现的，应根据《刑法》第70条的规定进行数罪并罚，且数罪并罚在量刑上对梁某强也是有利的。另一种意见认为，其后罪应当按照单独的一罪进行处理。

本案一审法院判决采纳了后一种处理意见，且未上诉和抗诉。其主要理由为：

1. 梁某强的行为不符合《刑法》第70条对漏罪数罪并罚的规定要件。《刑法》第70条规定，判决宣告以后，刑罚执行完毕以前，发现被判刑的犯罪分子在判决宣告以前还有其他罪没有判决的，应当对新发现的罪作出判决，把前后两个判决所判处的刑罚，依照本法第69条的规定，决定执行的刑罚。从该条立法本意看，认定漏罪必须同时符合以下几个条件：(1)漏罪在前罪判决宣告之前就已实施。(2)漏罪在前罪“判决宣告并已发生法律效力以后、刑罚执行完毕以前”才被发现，两个时间节点相并列，缺一不可。发现时间是指侦查机关对犯罪事实立案侦查，并通过侦查等方式明确犯罪嫌疑人的时间。(3)漏罪尚未超过刑法规定的追诉时效。具体到本案，梁某强因实施虚假广告行为被公安机关立案侦查并确定为犯罪嫌疑人的时间为2015年4月8日，而其因前罪被某区人民法院判决宣告的时间则为2016年7月21日。从时间节点看，梁某强实施本案罪行的时间虽在前罪判决宣告之前，但被发现的时间亦在前罪判决宣告之前，明显不符合认定漏罪的第二个要件，因此，对梁某强的行为不应适用数罪并罚。

2. 梁某强前后实施的虚假广告行为均发现于原判决宣告之前应并案诉讼。司法实践中，并案诉讼是指对某个案件具有管辖权的司法机关，可以管辖与该案有关联的其他案件。具体到刑事诉讼中，并案诉讼涉及并案侦查、并案起诉、并案审理三个环节。由同一司法机关对单个主体跨地区接连实施的多个犯罪行为尤其是同种犯罪行为并案诉讼，既有利于节约诉讼成本，提高诉讼效率，查明案件真相，也有利于准确认定被告人的罪数形态与应负的刑事责任。具体到本案，梁某强作为公司的实际控制人，为获取利益，自2013年年初至2015年4月，利用公司相继为不同服务对象发布虚假广告3起，其因3起虚假广告行为先后被不同侦查机关立案侦查，并分别于2015年4月11日、9月17日被采取强制措施，因此，梁某强实施的所有虚假广告行为均在2016年7月21日某区人民法院判决宣告之前被发现。梁某强所实施的3起虚假广告行为实质上是一个持续的整体行为，不应割裂开来分别评价，亦不应因服务对象不同而对其行为进行多次重复评价。鉴于此，对梁某强所涉3起虚假广告行为理应由同一司法机关进行并案诉讼，这既有利于准确认定梁某强的犯罪事实与罪数形态，也有利于对其应负的刑事责任作出公正的裁判。

3. 梁某强的行为无法并案诉讼且漏罪在前罪刑罚执行完毕之后被追诉的，应按新罪单独处罚。我国目前的刑事诉讼法以及相关司法解释只对单个案件的管辖权出现争议时的解决方式作出了具体规定，对有牵连的、应当合并管辖的两个案件究竟应由哪个司法机关管辖并未涉及，导致实践中未予并案诉讼的关联案件大量存在，这既有法律规定不具体的原因，亦有司法机关考核机制的因素。无论出于何种缘由导致行为人实施的同种罪行无法并案诉讼时，若行为人的漏罪在前罪刑罚执行完毕之后才被追诉，则应严格按照法律规定，对其漏罪进行单独处罚，而不应再与前罪进行数罪并罚。具体到本案，因梁某强实施的虚假广告行为不符合漏罪要件，亦未能与前罪并案诉讼，且其后罪被提起公诉的时间为2017年12月11日，而其前罪刑罚已于2016年8月10日执行完毕，故对其后被追诉的罪行应按新罪进行单独处罚。

综上，梁某强的后罪在前罪判决宣告之前就被发现，不符合《刑法》第70条关于漏罪数罪并罚的规定，且其后罪在前罪刑罚执行完毕之后才被追诉，理应对其后罪按新罪单独进行定罪量刑。当然，与并案诉讼将梁某强相继实施的同种罪行作为一罪进行裁量相比，对梁某强的行为按两个罪分别单独处理，显然对其是不利的，因此，在对梁某强的后罪进行量刑时应当充分考虑前罪判决的情况，对其后罪应酌情从轻处罚，且应注意的是，本案亦不应认定梁某强前后罪构成累犯，否则有失公允。

102. 拘役与有期徒刑的数罪如何适用并罚

拘役与有期徒刑的并罚问题，现行法律与司法解释对此尚无明确规定，既不能一概而论适用予以并科，也不能单纯地适用吸收方法，应当根据案件的实际情况，在现行法律框架内进行准确量刑。

司法实例

简某梁危险驾驶、妨害公务案

2016年8月25日18时许，简某梁与朋友在本市某餐馆吃饭。其间，简某梁饮用三四两德州“又一春”白酒。当日20时许，几人吃完饭后，简某梁驾驶鲁N6××SN长城轿车，搭载朋友沿本市珠江大道往昆仑路方向行驶。当车行驶至宝龙仓超市附近时，某区公安局交巡警支队巡防大队民警发现该车行驶情况异常，有酒后驾车的嫌疑，便要求其停车接受调查。当民警准备将简某梁带上警车进行调查时，简某梁等人与民警发生了抓扯，简某梁用拳头击打民警头部，造成该民警头部、右手、左腿膝盖等全身多处软组织损伤。同时，简某梁等人与另一民警发生抓扯、殴打，导致另一民警的颈部软组织损伤。简某梁被民警制服后带至某区中医院进行血样提取。经鉴定，简某梁血液中酒精含量为141.7毫克/100毫升。

某省某市某区人民法院经审理后认为，简某梁醉酒后驾驶机动车在公路上行驶，危害公共安全，其行为已构成危险驾驶罪。简某梁酒后驾车被民警检查时，使用殴打、抓扯等暴力行为阻碍民警依法执行公务，其行为已构成妨害公务罪。简某梁一人犯数罪，依法应予以数罪并罚。遂判决简某梁犯危险驾驶罪，判处拘役1个月，并处罚金2000元，犯妨害公务罪，判处有期徒刑10个月，决定执行有期徒刑10个月，并处罚金2000元。

一审宣判后，某区人民检察院提起抗诉。

某市中级人民法院审理认为，一人犯数罪，分别被判处有期徒刑和拘役的并罚问题，现行法律和司法解释均无明确规定。自2015年11月1日起施行的《刑法修正案（九）》在《刑法》第69条中增加一款作为第2款规定："数罪中有判处有期徒刑和拘役的，执行有期徒刑……"简某梁因犯妨害公务罪和危险驾驶罪，分别被判处有期徒刑10个月和拘役1个月，原审法院决定执行有期徒刑10个月，并不违反"在总和刑期以下、数刑中最高刑以上，酌情决定执行的刑期"的数罪并罚的基本方法，也符合《刑法修正案（九）》的要求。抗诉机关提出的原审判决适用法律错误，请求改判的抗诉理由不能成立，不予采纳。遂裁定驳回抗诉，维持原判。

1. 拘役与有期徒刑并罚的立法现状。一人犯数罪，分别被判处有期徒刑和拘役的并罚问题，《刑法》第69条规定："判决宣告以前一人犯数罪的，除判处死刑和无期徒刑的以外，应当在总和刑期以下、数刑中最高刑期以上，酌情决定执行的刑期，但是管制最高不能超过三年，拘役最高不能超过一年，有期徒刑总和刑期不满三十五年的，最高不能超过二十年，总和刑期在三十五年以上的，最高不能超过二十五年。"自2015年11月1日起施行的《刑法修正案（九）》在《刑法》第69条中增加一款作为第2款："数罪中有判处有期徒刑和拘役的，执行有期徒刑。数罪中有判处有期徒刑和管制，或者拘役和管制的，有期徒刑、拘役执行完毕后，管制仍须执行。"原第2款作为第3款。

2. 审判实践中拘役与有期徒刑并罚的三种方法。由于现行法律与司法解释没有对拘役与有期徒刑的并罚作出明文规定，所以审判实践中出现了三种并罚方法：并科、吸收、限制加重。并科支持者认为，拘役与有期徒刑属于不同种类的刑罚，两者在适用对象、执行场所、执行方式、自由限制的程度等方面存在较大差异，应当对判处有期徒刑与拘役的罪犯实行并科处置①，这样做不仅符合刑法的并罚方法，而且能在可以参照的规范性法律文件中找到依据，还能做到处罚公平。但并科方法面临的最大问题是操作问题，正是因为两种刑罚在适用对象、执行场所、执行方式、执行待遇上有差异，导致实践中难于操作。如判决生效后，应当先执行哪种刑罚，执行通知书的时间应当如何开具，一种刑罚执行完毕后，应当如何将罪犯送达下一执行机构去执行下一类刑罚，在执行过程中，一类刑罚面临减刑时怎么处理。吸收支持者认为，在拘役与有期徒刑并罚时应当采取有期徒刑吸收拘役的方式，只执行有期徒刑的刑罚，不执行拘役的刑罚②。因为拘役一般是对轻罪所判处的刑罚，罪犯在执行完有期徒刑之后，已经受到了应有的惩戒，对自己的罪行有了认识，多数已经吸取了教训，实现了刑罚的目的。此外，如果罪犯执行了较长时间的有期徒刑后，再执行拘役的话已无必要，但吸收方法面临的最大问题是刑罚处罚的公平性。实践中可能出现这样的情形：甲、乙两名被告人，甲因犯危险驾驶罪和妨害公务罪分别被判处拘役1个月和有期徒刑10个月，乙因犯妨害公务罪判处有期徒刑10个月，如果采取吸收

① 王真瑱：《数罪并罚中不同种有期自由刑的并罚原则》，载《法制与社会》2009年第3期。

② 马凤春：《论不同种自由刑之间的并罚原则》，载《政法学刊》2007年第6期。

方法，那么甲、乙最终执行的刑罚是相同的，这样的处罚对乙来说欠公平，不能体现罪行相适应。为了考虑可操作性和公平性的问题，有人提出应当采取限制加重的方法，该方法的支持者提出被判处拘役和有期徒刑的罪犯，应当在总和刑期之下，最高刑期之上执行有期徒刑。然而限制加重方法面临的问题是拘役与有期徒刑执行场所、执行方式、罪犯所面临的自由限制等方面存在较大差异，尤其是自由的限制程度，贸然叠加欠妥。为了解决自由限制不同的问题，有人又提出了“折算后限制加重”的方法，即将拘役以一定的比例折算成有期徒刑，再按照有期徒刑限制加重的方法进行并罚①，此方法虽然为解决这类问题提供了一种思路，但因现阶段，我国没有对不同刑种之间的折算进行法律规定，不同刑种之间的刑罚能否用数学的方法进行折算，如何折算依然是值得探讨的问题。

3. 拘役与有期徒刑的并罚应当根据案件具体情况准确量刑。其实，无论是吸收还是并科都不是唯一的选择，应当结合案情，决定适用哪一种方法。应当说在具体的司法解释出台之前，选择吸收或者并科属于法官的自由裁量的范围。如果有期徒刑与拘役的刑期相差不大，那么应当考虑适用并科方法，如果有期徒刑与拘役的刑期相差太大，那么可以考虑适用吸收的方法。从刑法的规定看，拘役只适用于轻罪，而有期徒刑主要适用于重罪，也适用于部分轻罪。因此，并科方法在同为轻罪且刑期相差不大的案件中也可以适用。但在多数情况下，拘役的刑期远远小于有期徒刑的刑期，故可以适用吸收方法。适用吸收方法简单易行，适用并科方法则可能带来一些可操作性的问题，但可以通过以下方式来解决：(1)如果决定适用并科方法，应当在裁判文书中载明：被告人某某因犯××罪，判处有期徒刑××年，犯×××罪，判处拘役××个月，决定执行有期徒刑××年，拘役××个月。有期徒刑应当先行执行，并按规定进行刑期折抵，还要注明执行期限。拘役的刑期起止时间应表述为“有期徒刑执行完毕之次日起××个月止”。(2)执行通知书的内容应当与判决书一致。法院现行的执行通知书针对的主刑只有一项，应当改变格式，增加不同刑种的执行内容和执行时间。(3)执行过程中的减刑问题，在执行过程中，减刑应当以减刑的刑事裁定为准，在执行有期徒刑阶段只能说明其在执行有期徒刑阶段的表现，只能减有期徒刑，不能减拘役，并且执行通知书中载明的“拘役的起刑时间以有期徒刑执行完毕次日起开始起算”并不会造成刑期不明确的问题。(4)执行机关的衔接：执行有期徒刑多在监狱，执行拘役多在拘役所或者看守所，执行机关应当在执行完毕之日，将罪犯带到拘役所开始执行拘役，监狱执行完毕后应当迅速移交，不得拖延，不得继续关押。

4. 本案适用吸收方法的理由。本案适用吸收方法，符合法律的规定和刑法的精神。(1)被告人简某梁因犯妨害公务罪和危险驾驶罪，分别被判处有期徒刑10个月和拘役1个月，原审法院决定执行有期徒刑10个月，并不违反“在总和刑期以下、数刑中最高刑以上，酌情决定执行的刑期”的数罪并罚的基本原则和《刑法修正案(九)》在《刑法》第69条中新增的第2款：“数罪中有判处有期徒刑和拘役的，执行有期徒刑。”(2)本案适用吸收方法，也不会影响司法公正，表现在：一是在本案中，被告人简某梁被判处的有期徒刑和拘役的刑期相差很大，达到10∶1的比例，1个月的拘役相对于10个月的有期徒刑在刑期长度上，不执行1个月的拘役不会对刑罚执行的公平性产生较大的影响。二是被告人简某梁危险驾驶的罪行相较于其妨害公务的罪行要轻很多，只决定执行因妨碍公务行为被判处的10个月有期徒刑，不会违背罪行相适应原则。三是司法公正不仅包括个案公正，还包括社会公正。就个案而言，被告人简某梁的罪行、刑罚执行的效果均

① 刘荣贵：《犯不同种数罪，判处不同种主刑该如何并罚》，载《人民检察》2006年第9期。

不影响个案的公正。就社会整体而言,没有偏离刑法的惩罚与教育相结合的刑罚目的,不会让民众对司法公正性的判断产生偏离或引起太大争议,不会对社会公正产生实质影响。故二审法院依法驳回抗诉,维持原判的判决是正确的。

103. 如何把握附加刑执行完毕之前又犯罪的量刑

前罪的剥夺政治权利执行完毕以前又犯罪,数罪并罚时前罪刑期应从新罪被羁押之日停止计算。毒品交易数额的认定,应在分析历次供述的逻辑关系的基础上,综合在案其他证据后审慎作出。

司法实例

李某立、季某军贩卖、运输毒品案

2014 年 11 月 1 日,李某立指派季某军从云南携毒品抵达某地,与赵某丹(另案处理)在某港口立交桥下交易,公安机关将季某军当场抓获,收缴冰毒 1430 克。后经网上追逃,李某立被押解回某地,主动交代与赵某丹在同年 10 月 9 日曾买卖冰毒 910 克。但赵某丹仅承认 10 月 9 日向李某立购买冰毒 20 克。

某市中级人民法院审理认为,被告人李某立、季某军的行为构成贩卖、运输毒品罪。李某立系主犯、累犯,但如实供述,认罪态度较好,可对其判处死刑,缓期 2 年执行。季某军被指使、雇佣参与犯罪,是从犯,综合其认罪态度、悔罪表现,对其从轻处罚。遂判决认定被告人李某立犯贩卖、运输毒品罪,判处死刑,缓期 2 年执行,剥夺政治权利终身,并处没收个人全部财产。与前罪尚未执行完毕的附加刑剥夺政治权利 21 天并罚,决定执行死刑,缓期 2 年执行,剥夺政治权利终身,并处没收个人全部财产。被告人季某军犯贩卖、运输毒品罪,判处有期徒刑 15 年,剥夺政治权利 2 年,并处没收个人财产 2 万元。

一审宣判后,被告人李某立、季某军未上诉,检察机关未抗诉。某市中级人民法院依法报送某省高级人民法院复核。

某省高级人民法院经审理认为,被告人李某立两次跨省运输、交易大宗毒品,已构成贩卖、运输毒品罪。其联系下家、组织货源,是共同犯罪中的主犯。综合考虑其犯罪地位、作用及行为恶劣程度,以及累犯的事实,原审量刑适当。裁定核准李某立死刑,缓期 2 年执行,剥夺政治权利终身,并处没收个人全部财产。裁定送达后即发生法律效力。

本案争议焦点是对李某立如何量刑,涉及两个问题:一是 2014 年 10 月 9 日李某立贩卖冰毒的数额认定;二是剥夺政治权利执行完毕前又犯罪的,数罪并罚时前罪余刑的计算。

1. 对于贩毒数额的认定。虽然李某立、赵某丹所供相差悬殊,但不妨碍对冰毒交易 910 克的事实认定。一是供述比较稳定。自抓获归案至死缓复核,李某立始终承认与赵某丹有一笔 910 克的冰毒交易,从未翻供。二是供述比较合理。李某立对与赵某丹之间数次的交易价格、数量、时间、地点作了翔实交代。其供述:2012 年年中至 2014 年年底,其与赵某丹毒品往来十余次,单价由每克 300 元、400 元至 220 元、180 元、150 元、120 元等,逐笔下跌;批量由 20 克、30 克至 150 克、300 克等,不断上涨;这说明符合多买少算的交易规则与人熟为宝的生活常理,说明供求稳定、相互信任。作为倒数第二笔,二人以 90 元每克买卖冰毒 910 克,真实可信。三是所供有详细具体情节支撑。李某立特别说明 10 克系随买而赠。综合交易基数、单价及长期合作关系,该 10 克出处合理,强化了办案人员对该 900 克事实存在的内心确信。四是有其他证据佐证。据查,李某立农行卡当天转存了一笔 4 万元,现存三笔:1 万元、8500 元、9300 元,共进账 67, 800 元。结合李某立关于李某还给过其约 2 万元现金的供述,银行流水与交易钱款可以相互印证。

2. 对于数罪并罚的裁量。李某立在前罪剥夺政治权利执行完毕前又犯罪,前罪刑罚应从新罪被羁押之日起停止计算。对于被判刑的犯罪分子在刑罚执行完毕前又犯罪的,《刑法》第 71 条规定,将前罪没有执行的刑罚与后罪所判处的刑罚数罪并罚,决定执行的刑罚。但是,前罪余刑如何确定,刑法没有明确。为此,最高人民法院《关于在执行附加刑剥夺政治权利期间犯新罪应如何处理的批复》(以下简称《附加刑批复》)指出,前罪尚未执行完毕的附加刑剥夺政治权利的刑期从新罪的主刑有期徒刑执行之日起停止计算。但是,实践中还存在如下问题:一是新罪有期徒刑执行的前提是前罪、新罪数罪并罚后执行刑的最终裁定,如此,前罪余刑的明确有赖于新罪主刑的执行,而新罪刑罚实施却尚待前罪余刑的确定。《附加刑批复》计算便捷,却不能消解个案裁判中因逻辑循环引发的量刑困惑。二是判决的作出与执行之间存在时间差,前罪余刑在数罪并罚时可能尚存,于新罪主刑执行时却已终尽,不再涉及刑期中止。此时,判决将陷入无法执行或全部执行的困境。《附加刑批复》操作简便,却蕴含着因审判、执行顺序错位导致的空判危机。故此认为,将新罪被羁押日作为前罪余刑停止计算的节点,更为适宜。一是合法,与《附加刑批复》精神相通。由《刑法》第 47 条"判决执行以前先行羁押的,羁押一日折抵刑期一日"可知,有期徒刑执行其实从羁押开始。将前罪余刑暂停点确定为新罪被羁押日,契合《附加刑批复》前罪刑期从新罪有期徒刑执行之日停止计算的规定,与之一脉相承。二是合理,与原判依据同一。若从原审判决确定之日中止前罪剥夺政治权利,不同审判阶段前罪余刑计算可能会有所差异,也可能人为造成上下级法院量刑依据不一。而从新罪被羁押之日中止执行,标准同一,有利于维护判决稳定。三是合情,与剥夺政治权利的效果一致。剥夺政治权利由罪犯居住地的县级公安机关指定属地派出所执行。当罪犯因又犯罪被羁押,属地派出所确实难再予监管。中止剥权,也在情理之中。同时,前罪尚未执行完毕的刑期从新罪有期徒刑执行完毕之日继续计算,与不中断执行效果一致。

李某立 2001 年因抢劫罪被某省某市中级人民法院判处有期徒刑 15 年,剥夺政治权利 5 年,2009 年 12 月 17 日刑满释放,2014 年 11 月 25 日因本案被刑事拘留。前罪尚未执行完毕的剥权刑期为 21 天,原审量刑适当。

104. 后判决能否直接与前判决遗漏附加剥夺政治权利并罚

行为人在第一次判决的附加剥夺政治权利期间内又犯罪,法院第二次判决遗漏附加剥夺政治权利并罚时,第一次判决附加剥夺政治权利的执行不因第二次判决而中断,应当视为继续执行。法院遗漏附加剥夺政治权利并罚,不宜提起再审。

司法实例

韩某坚贩卖毒品案

被告人韩某坚曾因犯抢劫罪和敲诈勒索罪于 1998 年 4 月 17 日被某市某区人民法院合并判处有期徒刑 11 年,剥夺政治权利 3 年,2005 年 3 月 18 日裁定减刑后释放又因犯抢劫罪于 2006 年 7 月 27 日被某市中级人民法院判处有期徒刑 6 年,并处罚金 5000 元,2010 年 5 月 18 日裁定减刑后释放。因涉嫌贩卖毒品罪于 2011 年 4 月 26 日被刑事拘留,2011 年被逮捕。2011 年 4 月中旬某日的晚上,被告人韩某坚在某市某酒店门口向盛某轶贩卖甲基苯丙胺0.4克,得款400元。同月25日晚,被告人韩某坚在某市某酒店附近再次向盛某轶贩卖毒品时被公安机关抓获,当场查获甲基苯丙胺11.8克。

某省某市某区人民检察院以被告人韩某坚涉嫌犯贩卖毒品罪提起公诉。

某市某区人民法院认为:被告人韩某坚明知是毒品而贩卖,其行为已构成贩卖毒品罪,且系累犯,应当从重处罚。遂判决被告人韩某坚犯贩卖毒品罪,判处有期徒刑7年6个月,并处罚金8000元。

宣判后,某市某区人民检察院以该判决适用法律错误为由提出抗诉,抗诉称:原审法院未将被告人韩某坚于1998年4月17日所判刑罚中尚未执行完毕的附加剥夺政治权利与所犯本罪实行数罪并罚,属适用法律错误,建议二审法院予以改判。上级人民检察院支持抗诉。

某省某市中级人民法院经审理,确认一审法院所查明的事实和证据。该院认为:《刑法》第58条规定,附加剥夺政治权利的刑期从有期徒刑、拘役执行完毕之日或者从假释之日起计算,剥夺政治权利的效力当然施用于主刑执行期间。原审被告人韩某坚于2005年3月18日在主刑执行完毕之日起即开始执行附加刑剥夺政治权利,在执行附加剥夺政治权利期间又犯抢劫罪。某市中级人民法院在2006年7月27日判决时应当将前罪尚未执行完毕的附加剥夺政治权利与所犯抢劫罪实行数罪并罚,但2006年7月27日的判决仅对其所犯抢劫罪判处刑罚,并未实行数罪并罚,属于法律适用不当。但由于2006年7月27日的判决遗漏了数罪并罚,导致附加剥夺政治权利在第二次判决的主刑执行期间同时执行,被告人韩某坚在第三次犯罪前,附加剥夺政治权利实际上已经执行完毕。故对建议二审改判的抗诉意见不予采纳。遂裁定驳回抗诉,维持原判。

对于法院判决遗漏前罪尚未执行完毕的附加刑数罪并罚,附加刑剥夺政治权利的刑期应当如何计算,在审理过程中存有两种不同意见。一种意见认为:虽然某市中级人民法院在判决时未将前罪尚未执行完毕的附加剥夺政治权利与所犯抢劫罪进行数罪并罚,但根据2009年《附加刑批复》规定的精神,剥夺政治权利的效力及于新罪主刑执行期间,在第二次所判主刑有期徒刑执行之日起停止计算,在有期徒刑执行完毕之日起继续计算。另一种意见认为:由于某市中级人民法院在判决时未将前罪尚未执行完毕的附加剥夺政治权利与所犯抢劫罪进行数罪并罚,导致第一次判决中的附加刑剥夺政治权利的执行不受第二次判决的影响,已经执行完毕。

根据相关法律、司法解释及规定精神,第二种观点似乎更为客观实际。剥夺政治权利是一种在一定时期内剥夺被告人某些政治权利的刑罚,属于资格刑的一种。剥夺政治权利作为资格刑,具有较为特殊的性质,其执行方式既不同于生命刑和自由刑,也不同于财产刑。剥夺政治权利作为一种资格刑,具有两个重要特征:一是剥夺政治权利的执行不适用中断的规则,即剥夺政治权利一旦开始计算,中间不能中断执行,即使在执行期间又犯新罪,法院实行数罪并罚,也只是延长了剥夺政治权利的执行期间,剥夺政治权利的效力及于新罪主刑执行的期间,而不是中断了剥夺政治权利的执行,待新罪有期徒刑执行完毕之后再继续执行。二是剥夺政治权利具有不可回溯性,即剥夺政治权利是指被告人在某一时期内处于政治权利被剥夺的状态,在这段时期内被告人不能行使其政治权利。如果由于司法机关的裁判文书错误,而导致被告人在本应被剥夺政治权利的期间内事实上行使了政治权利,那么司法机关就不可能在被告人行使了政治权利之后再宣布此时间段内剥夺被告人的政治权利。2009年最高人民法院《附加刑批复》中规定:(1)对判处有期徒刑并处剥夺政治权利的罪犯,主刑已执行完毕,在执行附加刑剥夺政治权利期间又犯新罪,如果所犯新罪无须附加剥夺政治权利,依照《刑法》第71条的规定数罪并罚。(2)前罪尚未执行完毕的附加刑剥夺政治权利的刑期从新罪的主刑有期徒刑执行之日起停止计算,并依照《刑法》第58条规定从新罪的主刑有期徒刑执行完毕之日或者假释之日起继续计算;附加刑剥夺政治权利的效力施用于新罪的主刑执行期间。被告人韩某坚第一次判决的有期徒刑于 2005 年 3 月 18 日执行完毕之日起，即开始计算附加刑剥夺政治权利的刑期。根据该规定的内容，某市中级人民法院 2006 年 7 月在作出判决时，应当将前罪尚未执行完毕的剥夺政治权利与抢劫罪所判的有期徒刑 6 年进行数罪并罚。剥夺政治权利的效力及于新罪主刑有期徒刑执行的期间，待有期徒刑执行完毕后继续计算尚未执行完毕的剥夺政治权利。按照这种计算方式，某市某区人民法院在 2011 年 12 月 5 日就被告人韩某坚犯贩卖毒品罪作出刑事判决时，还处在前罪的附加刑剥夺政治权利的期间内，因此应当将前罪尚未执行完毕的附加刑剥夺政治权利与所犯新罪实行数罪并罚。这是本案中检察机关提起抗诉的法律依据。但是这种对剥夺政治权利的计算方式有一个前提，即某市中级人民法院应当正确适用法律，实行数罪并罚。如果法院没有按照司法解释的规定实行数罪并罚，就不能按照这种方式来计算剥夺政治权利的执行期间。被告人韩某坚在第一次判决的附加刑剥夺政治权利期间内又犯抢劫罪，某市中级人民法院本应于 2006 年 7 月 27 日按照司法解释的规定将新罪的有期徒刑 6 年与尚未执行完毕的附加刑剥夺政治权利实行数罪并罚，但由于某市中级人民法院适用法律错误，未实行数罪并罚，因而导致被告人韩某坚在主刑执行期间内行使了政治权利。由此附加刑剥夺政治权利执行的计算方式发生了变化，即前罪的附加刑剥夺政治权利不受第二次刑罚的影响继续执行，并且已经于 2008 年 3 月 17 日执行完毕。由于剥夺政治权利这一刑罚所具有的特殊性质，导致剥夺政治权利的执行不受第二次刑事判决的影响而是顺延继续执行。本案中能否通过审判监督程序提起再审改变原判决中的错误，故此以为，不宜采用这种方式处理。一是由于剥夺政治权利具有不可回溯的特性，被告人韩某坚已经在第一次附加刑剥夺政治权利执行完毕之后行使了相应的政治权利，法院不适宜在某一时间段内被告人行使了政治权利之后再宣布在此时间段内剥夺被告人的政治权利。二是前罪判决具有既判力，非经法定程序不得更改。由于某市中级人民法院没有通过审判监督程序提起再审，而是回函称不再进入再审程序，其先前作出的判决在法律上具有既判力，某市某区人民法院可以依据案件的事实直接作出判决，不必考虑前罪判决的合法性问题。

105. 剥夺政治权利期间犯新罪并罚时的裁判表述

新罪判决尚未生效之前，前罪附加刑剥夺政治权利的刑期尚未执行完毕的，并罚时在判决主文中不予列明附加刑剥夺政治权利刑期起止日期；已执行完毕的，新罪判决中无须再数罪并罚。

司法实例

洪某游贩卖毒品案

洪某游曾因犯盗窃罪、抢劫罪，于 2005 年 8 月 16 日被判处有期徒刑 17 年，并处罚金 17,000 元，剥夺政治权利 3 年，服刑期间减刑 7 年 5 个月，缩短剥夺政治权利 1 年，2014 年 12 月 17 日刑满释放，其附加刑剥夺政治权利的刑期为 2014 年 12 月 17 日至 2016 年 12 月 16 日。2016 年 8 月 22 日，被告人洪某游将约 0.1 克海洛因卖给靳某吸食，获款 100 元。同月 26 日，洪某游因吸毒被抓获，到案后如实供述尚未被掌握的前述事实。

某省某市某区人民法院审理认为，被告人洪某游贩卖少量海洛因给他人，其行为构成贩卖毒品罪。洪某游系累犯，依法应从重处罚。其具有自首情节，依法从轻处罚。洪某游在主刑执行完毕后，执行附加刑剥夺政治权利期间又犯新罪，应当对新罪作出判决，与前罪尚未执行完毕的刑罚并罚。遂判决被告人洪某游犯贩卖毒品罪，判处有期徒刑 8 个月，并处罚金1000元，与其曾犯盗窃罪、抢劫罪被剥夺政治权利2年，决定执行有期徒刑8个月，并处罚金1000元，剥夺政治权利2年。违法所得100元予以追缴，上交国库。

洪某游以一审判决量刑过重为由提起上诉。某省某市中级人民法院经审理后终审判决：撤销一审判决第一项中决定执行刑罚的部分，即决定执行有期徒刑8个月，并处罚金1000元，剥夺政治权利2年。维持一审判决第一项中贩卖毒品罪的定罪、量刑部分及第二项，即被告人洪某游犯贩卖毒品罪，判处有期徒刑8个月，并处罚金1000元。违法所得100元予以追缴，上交国库。

本案争议焦点是前罪主刑执行完毕后，被告人在附加刑剥夺政治权利执行期间又犯新罪，在数罪并罚时应如何计算前罪尚未执行完毕的剥夺政治权利的刑期。

1. 新罪生效前，前罪未执行完毕剥夺政治权利的刑期不中止执行。从立法规定来看，刑罚中止应以法律或司法解释为依据，但法律或司法解释对于附加刑剥夺政治权利中止执行的情形未做明确规定，《附加刑批复》规定：(1)对判处有期徒刑并处剥夺政治权利的罪犯，主刑执行完毕，在执行附加刑剥夺政治权利期间又犯新罪，如果所犯新罪无须附加剥夺政治权利，依照《刑法》第71条的规定数罪并罚。(2)前罪尚未执行完毕的附加刑剥夺政治权利的刑期从新罪的主刑有期徒刑执行之日起停止计算，并依照《刑法》第58条规定从新罪的主刑有期徒刑执行完毕之日或者假释之日起继续计算；附加刑剥夺政治权利的效力施用于新罪的主刑执行期间。

从实践层面来看，被告人被羁押后至新罪生效前，新罪判决处于待定的状态，即被告人新罪成立与否及有罪刑期不能确定。如新罪生效判决宣告无罪，将被告人羁押期间不计入前罪剥夺政治权利执行刑期的做法显然不利于被告人；如判决新罪成立，由于裁判文书尚未送达至被告人，生效日期亦无法明确。同时，被告人在被羁押期间，政治权利的行使并未完全受到剥夺，依然具有言论自由、出版权、选举权等政治权利。本案中，洪某游犯新罪被刑事拘留，因新罪判决尚未生效，无法确定新罪主刑执行之日，因此不能按照《附加刑批复》规定的停止执行前罪尚未执行完毕的附加刑剥夺政治权利刑期，即前罪尚未执行完毕的附加刑剥夺政治权利仍在继续执行之中。

2. 前罪附加刑剥夺政治权利已于新罪判决生效之前执行完毕，则无须数罪并罚。前罪与新罪并罚时，应如何计算前罪尚未执行完毕的附加刑剥夺政治权利的刑期，《附加刑批复》并未作出明确规定。被告人因犯新罪被羁押至新罪判决生效期间，对于剥夺政治权利的并罚可能存在两种情形：一是新罪判决生效时，前罪附加刑剥夺政治权利的刑期已执行完毕，因此新罪判决无须再根据《刑法》第71条的规定进行数罪并罚。二是新罪判决生效时，前罪附加刑剥夺政治权利刑期尚未执行完毕，则应根据《附加刑批复》的规定，从新罪判决执行之日起停止计算前罪尚未执行完毕的附加刑剥夺政治权利的刑期，前罪尚未执行完毕的附加刑剥夺政治权利的刑期与新罪判决确定的刑期实行数罪并罚。本案属于第一种情形，被告人洪某游在新罪判决尚未生效之前，前罪附加刑剥夺政治权利的刑期已执行完毕，故新罪判决中无须再实行数罪并罚。

3. 一审判决对附加剥夺政治权利刑期并罚的应然表述。在新罪判决尚未生效之前，对前罪附加刑剥夺政治权利刑期执行完毕与否尚不能确定。因此，一审判决关于附加刑剥夺政治权利刑期的并罚表述就处于不确定状态。为解决这一问题，针对新罪判决尚未生效之前，前罪附加刑剥夺政治权利的刑期尚未执行完毕的情形，可以考虑一审判决在对前罪附加刑剥夺政治权利的刑期并罚时，在判决主文中不予列明附加刑剥夺政治权利刑期起止日期，在括号中用“前罪尚未执行完毕的附加刑剥夺政治权利的刑期从新罪主刑有期徒刑执行之日起停止计算，从新罪主刑有期徒刑执行完毕之日或假释之日起继续计算”予以备注说明。

106. 假释期间又犯罪的剥夺政治权利刑期如何认定

假释已被撤销，不仅附条件执行的有期徒刑被撤销，附加刑剥夺政治权利也同样应被撤销。如果在主刑执行完毕前，先执行剥夺政治权利的刑期，这不符合《刑法》的基本理论，有的案件在事实上也无法操作，故假释期间又犯罪的剥夺政治权利刑期，应当以最后的生效裁判确定的剥夺政治权利刑期认定。

司法实例

宪某晨在假释期间盗窃案

2001 年 12 月，宪某晨因犯组织他人卖淫罪，被判处无期徒刑，附加剥夺政治权利终身。2005 年 11 月，宪某晨被裁定减为有期徒刑 18 年，剥夺政治权利改为 8 年。2003 年和 2007 年，宪某晨又被减刑 2 次，2014 年 2 月经裁定予以假释（假释时有 8 年有期徒刑和 8 年附加剥夺政治权利未执行）。后宪某晨在假释期间入室盗窃他人财物 2 万余元，于 2015 年 10 月被抓获（从假释之日到盗窃被抓获有 1 年 8 个月）。2016 年 2 月，宪某晨因假释期间重新犯罪，法院对其撤销假释，作出了两罪并罚的判决。

本案宪某晨因假释期间重新犯罪，应当撤销假释，对其前后主刑的有期徒刑如何两罪并罚没有分歧，但对其附加刑剥夺政治权利，两罪并罚后刑期如何认定，产生了分歧。一种意见认为，宪某晨在假释的 1 年 8 个月中，事实上已被剥夺了政治权利，如果不能扣除，实际执行时间要高于原判决确定的刑期，现规定不明，应实行有利于被告人的原则，故两罪并罚后，应判决附加剥夺政治权利的期限为 6 年 4 个月。另一种意见认为，假释已被撤销，不仅附条件执行的有期徒刑被撤销，附加刑剥夺政治权利也同样应撤销。如果在主刑执行完毕前，可先执行剥夺政治权利的刑期，不符合刑法的基本理论，有的案件事实上也无法操作，故本案仍应判决附加剥夺政治权利为 8 年。

司法实践中，法院对类似本案有上述两种不同的判决。本案审理被告人宪某晨盗窃罪的一审法院所作的判决（未上诉、抗诉，判决已生效）持第二种意见，主要理由为：

1.《刑法》第 58 条中规定的假释是指未被撤销。我国《刑法》第 58 条第 1 款规定："附加剥夺政治权利的刑期，从徒刑、拘役执行完毕之日或者从假释之日起计算；剥夺政治权利的效力当然施用于主刑执行期间。"在司法实践中，假释事实上有"未撤销的假释"与"已撤销的假释"两种情形。这类似于《刑法》分则的条文，一般均是对"犯罪既遂"作出具体处罚规定，但现实中，各种犯罪会出现许多"犯罪预备、未遂或中止"等不同情形，就要根据案件的实际情况，作出不同的判决。具体到本案，宪某晨因假释期间重新犯罪，假释已被撤销，这与假释未被撤销有本质的区别。故上述第一种意见单纯从字面上理解《刑法》第 58 条中假释的含义似显不周。

2. 剥夺政治权利刑期应当从主刑执行完毕起计算。对本案如何认定剥夺政治权利的刑期，两种意见争议的焦点，在于有期徒刑与剥夺政治权利刑期的执行，是谁先谁后或者是否可以同步执行。根据《刑法》第 58 条的规定，对于附加剥夺政治权利的刑期，从"有期徒刑执行完毕之日"或"假释之日"起计算。故附加剥夺政治权利的执行，与主刑紧密联系，主次分明，附条件执行。司法实践中，多数案件剥夺政治权利的刑期，从主刑执行完毕起计算，这一条件是立法的本意。但对"假释"后计算剥夺政治权利的刑期，从形式上看，似乎与主刑同步执行。但从实质上分析，假释是附条件的不执行，若考验期内没有重新犯罪，主刑从假释之日起就视为已执行。故从假释之日起计算剥夺政治权利的刑期，相当于主刑执行完毕后的情形。但本案假释已被撤销，前罪主刑仍应执行，若剥夺政治权利刑期可先于执行，这明显颠倒了主刑与附加刑先后执行的顺序，不符合刑法的基本理论。故附条件执行主刑应被撤销，附条件执行附加刑也应无效。

3. 假释之日起计算有的会出现“剥权”已执行完毕。本案宪某晨假释时，有 8 年有期徒刑和附加剥夺政治权利未执行，若按照上述第一种意见，两罪并罚后，附加剥夺政治权利的刑期还有 6 年 4 个月，这似乎并没有什么矛盾和问题。但在司法实践中，多数被告人被假释时，其主刑相对较长，剥夺政治权利刑期相对较短，假如本案前罪剥夺政治权利的刑期仅为 1 年，按照第一种意见判决，就会发现被告人从假释到被抓获有 1 年 8 个月，剥夺政治权利的刑期已执行完毕。这样本案不仅对剥夺政治权利的刑期难以判决，并且对以后执行有期徒刑期间，是否剥夺政治权利产生怀疑，从假释之日起计算缺乏可操作性。

107. 前罪已没有剩余刑期时是否适用数罪并罚

数罪并罚的本质在于刑期合并执行而非罪的并罚，如果因主客观原因导致前罪刑期已执行完毕而无剩余刑期，不能再适用数罪并罚。

司法实例

谷某峰盗窃案

2012 年 10 月 8 日，谷某峰在某市某小区入室盗窃被害人来某梅现金 3000 元及某银行储蓄卡一张，后持该卡从 ATM 上提取现金 7000 元。谷某峰于同年 10 月 23 日被公安机关发布刑事拘留并上网追逃。谷某峰逃到外地继续实施盗窃，后被某市公安机关抓获，2013 年 1 月谷某峰被当地法院以盗窃罪判处有期徒刑 8 个月，并处罚金 1500 元，于 2013 年 7 月 19 日刑满释放。释放当日，又因本案被某省某市公安机关刑事拘留。

某省某市某区人民法院审理认为，被告人谷某峰的行为已构成盗窃罪。谷某峰在前罪刑罚执行完毕前，发现在该判决宣告以前尚有漏罪未被判决，应予数罪并罚。遂判决被告人谷某峰犯盗窃罪，判处有期徒刑 8 个月，并处罚金 2000 元。与前判决有期徒刑 8 个月，并处罚金 1500 元并罚，决定执行有期徒刑 1 年 3 个月，并处罚金 3500 元。

一审宣判后，被告人谷某峰不服一审判决提出上诉。

某省某市中级人民法院二审审理认为，谷某峰的行为构成盗窃罪，鉴于前罪已执行完毕，无剩余刑期与漏罪并罚，故原判依照《刑法》第 70 条的规定予以数罪并罚属法律适用错误，依法应予纠正。遂判决认定上诉人谷某峰犯盗窃罪，判处有期徒刑 7 个月，并处罚金 2000 元。

本案的争议焦点在于对被告人能否适用《刑法》第 70 条即判决宣告后刑罚执行完毕前发现漏罪的数罪并罚问题。

从本案二审法院判决结果可以看出：

1. 数罪并罚的本质在于刑期合并执行而非罪的并罚。数罪并罚是人民法院对犯罪人在法定期限内所犯数罪分别定罪量刑后，以法律所规定的并罚原则决定应当执行的刑罚。数罪并罚制度并不是定罪方法，而是刑罚裁量制度的重要内容，它解决的问题是数个同时生效、同时存在可执行的刑罚的实际执行问题。概言之，数罪并罚的落脚点在于罚而非罪。从刑法条文可知，“应当对新发现的罪作出判决”中的“发现”针对是“罪”而不是“犯罪事实”，犯罪事实作为一种客观事实，是可以被人“发现”或“犯”的；但罪是一个主客观相结合的概念，对罪是不能被“发现”或

“犯”的，只能经过司法程序进行确认。因而“发现”或“犯”指的是罪的确认，这意味着“发现”或“犯”和判决是同步的。一旦漏罪或新罪在前罪执行完毕之后才作出判决，那么就超出了数罪并罚的时间界限，因而只能直接执行后罪刑罚。因此，一旦侦查漏罪的公安机关由于主观或者客观原因没有采取中止前罪执行效力的强制措施，一审法院在宣判时前罪刑期已执行完毕，即使漏罪发现《刑法》第70条所说的情形，对漏罪也不能适用数罪并罚。进一步说，自由刑的数罪并罚遵循限制加重原则，该原则尽管客观后果有利于犯罪人，但该原则立法的本意并非为了轻纵犯罪人，只是为了尊重生命客观规律、体现《刑法》宽容性。其适用前提是存在数罪并罚情形，但对于漏罪或新罪的判决宣判以前其前罪已经执行完毕就会导致数罪并罚虚置，因而导致无法适用限制加重原则。一言以蔽之，数罪并罚的本质是数刑并罚而非数罪并罚。

2. 本案无法适用数罪并罚。可能有人会认为本案可以数罪并罚，因为漏罪的发现是在原判刑罚执行期间而不是执行完毕以后，故漏罪发现后开始侦查、审查起诉及审判的期间应当视为对被告人的诉讼羁押期间，而不应当视为原判刑罚的执行期间，在这种情况下不存在原判刑罚执行完毕的问题。但本案在当时公安机关虽然对被告人谷某峰发布了刑事拘留并上网追逃，但强制措施并没有真正执行，由于刑罚执行和强制措施是两种不同性质的诉讼行为。从法理上讲，谷某峰失去人身自由只能有一种法律效果，即要么是前罪的刑罚执行，要么是漏罪的诉讼时效阶段，不能评价为两种法律行为。事实也是如此，本案前罪的刑罚执行并没有中止，所以才会有2013年7月19日谷某峰被刑满释放，故前罪的刑罚执行期间并不能视为漏罪发现后司法机关开始的侦查、起诉、审判的诉讼羁押期间。况且上述观点由于并没有明确“发现”的时间节点，会有导致诉讼羁押期间不确定的不良后果。退一步讲，即使该观点成立，本案也并无法适用这一观点，因为该观点是针对犯罪人在原判决宣告之前发现有漏罪没有判决，漏罪一审判决时原判刑罚终止期已过，再将漏罪与前罪进行数罪并罚的情形，而本案的特殊之处在于不仅漏罪发现或发生于前罪宣判之前，更在于前罪的刑罚执行已经完毕且发放了释放证明。假如谷某峰漏罪采取的刑事拘留强制措施是在前罪刑满释放2个月后再启动，这种情况是否还要数罪并罚，显然不能。同理，本案也无法适用数罪并罚。至于本案漏罪没有适用数罪并罚原则，并不意味着一定不能享受到有利于被告人原则的“福利”。对本案而言，基于上诉不加刑原则，二审不能判处上诉人谷某峰有期徒刑8个月的处罚，应根据原审法院数罪并罚的实际执行刑罚判处有期徒刑7个月，这恰是在合法合理的前提下遵循了有利于被告人原则。

司法实践中应当注意，遇到前罪刑罚将要执行完毕的案件，应当及时采取刑事强制措施，使已决犯转为未决犯，进入到漏罪的诉讼程序阶段。或者等前罪执行完毕，漏罪单独处罚和执行，不能数罪并罚。但从有利于被告人原则方面考量，前一种做法于法于情都应该是首选方案。

108. 如何理解死缓限制减刑的适用及表述

自2011年5月1日起施行的《刑法修正案(八)》将《刑法》第50条修改为“判处死刑缓期执行的，在死刑缓期执行期间，如果没有故意犯罪，二年期满以后，减为无期徒刑；如果确有重大立功表现，二年期满以后，减为二十五年有期徒刑；如果故意犯罪，查证属实的，由最高人民法院核准，执行死刑……”同时增加限制减刑的规定，即“对被判处死刑缓期执行的累犯以及因故意杀人、强奸、抢劫、绑架、放火、爆炸、投放危险物质或者有组织的暴力性犯罪被判处死刑缓期执行的犯罪分子，人民法院根据犯罪情节等情况可以同时决定对其限制减刑”。司法实践中，对于限制减刑的适用，应当遵循罪刑法定、罪刑相适应及有利于严格执行死刑政策的原则，在裁判文书中，对于限制减刑，应当表述为“根据犯罪情节等对其限制减刑”。

司法实例

关某海故意杀人案

2015 年 9 月 21 日 13 时 40 分许，被告人关某海驾驶出租车，在某市博物馆附近，搭载了辛某江。途中双方因行驶线路等事由发生争执，互不相让。关某海因最近家庭不和心情不好，在与辛某江的言语争执中顿生恼怒，随手拿起车内的大号螺丝刀对被害人辛某江头部等处连续捅刺，致辛某江因机械性窒息合并颅脑损伤而死。当晚，关某海驾车至市郊一偏僻荒野，将被害人辛某江的尸体抛入河中。9 月 25 日，被害人辛某江尸体被人发现后报案，公安机关通过技术侦查手段锁定嫌疑人关某海并在其家中将其抓获。在本案审理过程中，被告人家属赔偿被害人家属 30 万元，并取得了谅解。

本案定性为故意杀人没有异议，但对于是否判处死刑立即执行，如何把握死缓限制减刑的适用原则以及如何在判决书中表述判决理由，有一定难度。

某市中级人民法院一审审理认为，被告人关某海因与乘客线路问题发生争执，即持大号螺丝刀连续捅刺被害人辛某江的头部等处，致被害人辛某江因机械性窒息合并颅脑损伤而死亡，其行为依法已构成故意杀人罪。被告人关某海作为出租车驾驶员，理应热心提供服务，但其在搭载被害人的过程中，因行驶路线等事由与被害人发生矛盾，即采用螺丝刀捅刺、扼颈等手段将被害人杀害并抛尸，犯罪手段残忍，主观恶性及人身危险性极大，罪行极其严重，依法应予严惩；鉴于被告人关某海并非预谋作案，到案后对杀人、抛尸的罪行供认不讳，以及本案的起因等实际情况，对其判处死刑，可不立即执行，但根据其犯罪情节、人身危险性等情况可对其限制减刑。遂判决被告人关某海犯故意杀人罪，判处死刑，缓期 2 年执行，剥夺政治权利终身，对被告人关某海限制减刑。本案没有上诉、抗诉。某省高级人民法院经复核审理，已裁定核准一审判决。

本案一审、复核法院对被告人关某海判处死缓并限制减刑的考量主要涉及两个问题：

1. 关于死缓限制减刑适用原则在司法实践中的贯彻实施。最高人民法院在《〈刑法修正案（八）〉条文及配套司法解释理解与适用》一书中针对死缓限制减刑的适用规定了罪刑法定、罪刑相适应、有利于严格执行死刑政策三项原则，本案在审理过程中切实遵循了以上三项原则。一是罪刑法定原则。罪刑法定原则旨在保护被告人的利益，任何不利于被告人的刑事裁决须有刑法的明文规定为据。根据《刑法》第 50 条第 2 款的规定，对被判处死刑缓期执行的被告人，仅在三种情形下可以同时决定限制减刑：（1）累犯；（2）因实施故意杀人、强奸、抢劫、绑架、放火、爆炸、投放危险物质 7 种具体犯罪而被判处死刑缓期执行；（3）因实施有组织的暴力犯罪而被判处死刑缓期执行。本案被告人持螺丝刀连续捅刺被害人头部等处，又扼压被害人的颈部，致被害人因机械性窒息合并颅脑损伤而死亡，其行为构成故意杀人罪，对其判处死刑缓期执行，可以限制减刑。二是罪刑相适应原则。《刑法》第 50 条第 2 款规定，对于被判处死刑缓期执行被告人限制减刑，要根据“犯罪情节等情况”作出决定。“犯罪情节等情况”主要包括犯罪的性质、起因、动机、目的、手段、后果等因素。从本案来看，被告人关某海作为出租车司机，本应热心服务乘客，却与作为乘客的被害人发生争执，并用螺丝刀捅刺被害人头部等多达 18 处，而后将尸体抛入河中，犯罪手段极其残忍，社会影响恶劣。三是有利于严格执行死刑政策原则。从立法目的来看，对被判处死刑缓期执行的被告人限制减刑，并不是单纯加重死刑缓期执行的严厉性，而是为进一步严格执行死刑政策创造条件。对于可能被判处死刑的被告人，法官在刑罚裁量的实际操作层面，通常会考虑三方面的因素:一是客观危害层面,即犯罪后果的严重程度、犯罪手段的恶劣程度等;二是主观恶性层面,即犯罪动机或者目的是否卑劣,是否存在彰显人身危险性的犯罪前科等;三是社会影响层面,主要指被害人家属的态度以及社会的反应。只有在以上方面均达到可以判处死刑的程度,才会判处死刑立即执行,如果在某一方面尚存在可恕缘由,就难以作出死刑立即执行的判决。本案被告人虽然犯罪手段极其残忍,社会影响恶劣,但是本案并非预谋作案,被告人与被害人事先并不相识,现无证据证实被告人系谋财杀人,只能认定双方因行驶路线等发生口角冲突才引发本案。而且从被害人丈夫所述被害人脾气较急、被告人所述被害人先踢坏车内前挡风玻璃并抓伤其脸部等情况来看,也不能完全排除被害人对矛盾的激化负有一定责任,被害人家属的经济损失也得到了弥补。因此,对本案被告人判处死刑立即执行确有偏重之嫌。

综上所述,被告人关某海先后使用戳刺头部、扼压颈部等方式故意杀死被害人并抛尸,构成故意杀人罪,犯罪后果严重,犯罪手段极其恶劣,对其判处单纯的死刑缓期执行略轻。但是由于本案因行驶路线意见分歧等琐事而起,且不能排除被害人对于案件的发生亦有责任,对其判处死刑立即执行又略重,故可以对被告人判处死刑缓期执行,并对其限制减刑。

2. 关于死缓限制减刑适用理由在判决书中的表述方式。在本案审理过程中,对于如何在“本院认为”部分表述死缓限制减刑的适用理由,存在两种意见:第一种意见认为先阐述从重事由,后阐述从轻事由,最后讲明根据犯罪情节等对被告人的限制减刑;第二种意见认为从三个层面阐述判决理由过于冗长繁杂,只需写明量刑情节,直接对其进行限制减刑即可。法院采纳了第一种意见。理由是:第一,判决理由应当讲明各种定罪事实和量刑事实的法律后果,如果仅是堆砌量刑事实,而后直接写明判决结果,不仅无法发挥裁判文书辨法析理以促进法制宣传的作用,也有判决理由不公开的诟病。第二,关于“先重后轻最后以犯罪情节为根据限制减刑”的判决理由阐述方式,看似冗长,实则全面反映了量刑思路,其中“先重后轻”部分阐述了不能判处死刑立即执行的理由,但是其犯罪情节所体现的较大主观恶性和严重客观危害又决定了其不能单纯地被判处死刑缓期执行,需要通过对其限制减刑来加重刑罚以实现罪刑相当,故表述为“根据犯罪情节等对其限制减刑”。

综上,判决书在“本院认为”部分表述为:被告人关某海作为出租车驾驶员,理应热情服务,但其在搭载被害人过程中,因行驶线路等事由与被害人发生矛盾,即采用螺丝刀捅刺、扼颈等手段决意将被害人杀害并抛尸,犯罪手段残忍,主观恶性及人身危险性极大,罪行极其严重,依法应予严惩;鉴于被告人关某海并非预谋作案,到案后对杀人、抛尸的罪行供认不讳并积极赔偿,以及本案的起因等实际情况,对其判处死刑,可不立即执行,但根据其犯罪情节、人身危险性等情况可对其限制减刑。

109. 抢劫犯罪行为虽未造成死亡等特别严重后果但人身危险性极大应依法在判处死缓时限制减刑

被告人人身危险性大小是适用限制减刑的重要考量因素。抢劫犯罪行为虽未造成死亡等特别严重后果,但如果被告人人身危险性极大,单纯判处被告人死缓明显罪责刑不相当,应依法限制减刑。

司法实例

方某海抢劫案

被告人方某海为实施抢劫，事先从租车公司租借车辆，并准备了手枪、尖刀、假发、胶带纸等作案工具。2015 年 5 月 20 日晚上，被告人方某海驾驶汽车在某市某景区物色目标，伺机作案。当日 21 时 20 分许，被告人方某海驾车至本市某景区附近一所中学门口，见被害人赵某利单身一人走向停放在路边的一辆黑色奥迪轿车，便决定抢劫赵某利。被告人方某海头戴假发并携带手枪、尖刀各一把，趁被害人赵某利上车时，打开该车左后车门进入车内，持枪威逼被害人赵某利及同在车内的被害人汪某大、汪某天交出财物。因遭被害人反抗，被告人方某海又持尖刀在车内、车外先后捅刺汪某大腹部、面部，赵某利右枕部、手臂及汪某天手指等部位，分别致汪某大重伤、赵某利和汪某天轻微伤。被告人方某海在被围捕中，又持尖刀将放学途经此处的被害人文某有捅伤，后被当场抓获。经鉴定，被告人方某海抢劫使用的手枪是以压缩气体为动力发射弹丸的枪支，且具有杀伤力。

某市人民检察院指控被告人方某海犯抢劫罪，向某市中级人民法院提起公诉。

某省某市中级人民法院经审理认为，被告人方某海以非法占有为目的，有预谋有准备地在学校附近趁人不备登上接晚自习学生回家的机动车，持枪威逼车内人员交出财物，在遭遇反抗后又持尖刀捅刺多人，并致 3 人受伤，其中一人重伤，其行为已构成抢劫罪。公诉机关指控被告人方某海所犯罪名成立。被告人方某海曾因故意犯罪被判处有期徒刑，刑罚执行完毕后 5 年内再犯本罪，属累犯，依法从重处罚。被告人方某海抢劫犯罪后果严重，人身危险性极大，社会影响恶劣，依法应予严惩。鉴于被告人方某海到案后认罪态度尚可等情况，对其判处死刑，可不立即执行，但应依法对其限制减刑。被告人方某海及其辩护人请求从宽处罚的意见，法院予以采纳。遂判决认定被告人方某海犯抢劫罪，判处死刑，缓期 2 年执行，剥夺政治权利终身，并处没收个人全部财产；对被告人方某海限制减刑。

一审宣判后，被告人以量刑过重为由提出上诉，被某省高级人民法院二审驳回。

被告人方某海抢劫一案事实清楚，证据确实、充分，但在一、二审过程中，对方某海的量刑均存在不同意见，争论焦点集中在判处方某海死刑缓期执行的基础上是否适用限制减刑。后经审判委员会讨论，一审判处被告人方某海死缓，限制减刑。二审予以维持。一、二审法院对被告人方某海限制减刑的理由主要是：

1. 正确理解死缓限制减刑的立法目的。死缓限制减刑，是《刑法修正案（八）》增设的一项刑罚制度，是我国现代刑罚制度的重要发展和完善。作为新事物，司法实践中对其的理解和适用不一。但司法实务部门主流观点认为，死缓限制减刑制度设置的初衷，是进一步控制死刑，缓解生刑和死刑的严重脱节的现象。限制减刑的适用对象，实质上是那些罪行极其严重，判处死缓仍不能体现罪刑相适应原则的犯罪分子。由此可见，国家立法机关将限制减刑的作用定位在部分死缓和死刑的替代措施这两个关键点上。而理论界有观点认为，死缓限制减刑本质上属于死缓的一种执行方式，其适用就应当以犯罪行为符合死缓的适用条件为前提。① 应当说着眼点不同，对死缓限制减刑的认识也不尽相同。实务部门一般侧重于刑事政策或者是实际功效，而将其定位为替代措施。理论界则多从死缓限制减刑的属性出发，认为其系死缓的执行方式。无论将死缓限制减刑定位在替代措施还是理解为执行方式，国家立法机关增设死缓限制减刑的立法目的应

① 叶良芳、应玉倩：《死缓限制减刑的司法适用——最高人民法院第 12 号指导案例评析》，载《浙江社会科学》2013 年第 2 期。

当是明确的,即通过死缓限制减刑的适用,缓解生刑与死刑的严重脱节,达到控制和减少死刑的目的。一段时间以来,社会各方面反映,我国刑罚制度在实际执行中存在死刑偏重、生刑偏轻的问题,尤其是对有些被判处死刑缓期执行的犯罪分子,实际执行的期限过短,这样就出现了两个问题:一是判处死缓的犯罪分子都具有很严重的罪行,但实际执行刑期过短,难以起到惩戒作用,也不利于社会稳定;二是与死刑立即执行之间的差距过大,妨碍了死缓在司法实践中的适用,不利于司法实践中有效控制和减少死刑。

2. 准确把控死缓限制减刑的两种适用情况。为实现立法目的,当务之急在于准确适用死缓限制减刑。为此,最高人民法院出台了第 4 号指导性案例王某才故意杀人案和第 12 号指导性案例李某故意杀人案,专门对死缓限制减刑提供审判实务的指导。王某才故意杀人案的裁判要点:因恋爱、婚姻矛盾激化而引发的故意杀人案件,被告人犯罪手段残忍,论罪应当判处死刑,但被告人具有坦白悔罪、积极赔偿等从轻处罚情节,被害人亲属要求严惩的,人民法院根据案件性质、犯罪情节、危害后果和被告人的主观恶性及人身危险性,依法判处被告人死刑,缓期 2 年执行,同时决定限制减刑,以有效化解社会矛盾,促进社会和谐。李某故意杀人案的裁判要点:对于因民间矛盾引发的故意杀人案件,被告人犯罪手段残忍,且系累犯,论罪应当判处死刑,但被告人亲属主动协助公安机关将其抓捕归案,并积极赔偿,人民法院根据案件具体情节,从尽量化解社会矛盾的角度考虑,可依法判处被告人死刑,缓期 2 年执行,同时决定限制减刑。两个指导案例的裁判要点基本相同,即被告人所犯罪行极其严重,论罪应处死刑,但鉴于犯罪后有酌定或法定从轻处罚的情节,同时被害方要求从严惩处呼声强烈,故从有效化解社会矛盾的角度考虑判处死缓,并限制减刑。其内在含义是,若不决定限制减刑,此类案件判处死刑或者死缓都难以达到有效化解社会矛盾的目的。但被告人有从宽处罚情节,判处死刑,会导致被告人及其家属不服,认为法院未能考虑从轻处罚情节,量刑过重。判处死刑缓期执行,则会导致被害人及其家属不满,轻则指责法院轻纵犯罪,重则涉法闹访。故在判处死缓的基础上,决定对其限制减刑,如此既给被告人生的希望,也能基本满足被害人家属朴素的正义观,从而使得双方都能认同判决,进而化解矛盾,促进社会和谐。以上两个指导案例提供的是适用死缓限制减刑的一种类型,即从化解社会矛盾的层面考虑,适用死缓限制减刑,以替代死刑。

本案则是体现了死缓限制减刑的另一种适用情况,即从预防犯罪特别是特殊预防考虑,对于论罪可以判处死缓的被告人,考虑其人身危险性极大,决定适用限制减刑,有效预防被告人再次犯罪。《刑法》第 50 条第 2 款规定,对被判处死刑缓期执行的累犯以及因故意杀人、强奸、抢劫、绑架、放火、爆炸、投放危险物质或者有组织的暴力性犯罪被判处死刑缓期执行的犯罪分子,人民法院根据犯罪情节等情况可以同时决定对其限制减刑。立法机关将限制减刑的适用对象首先框定在判处死刑缓期执行的累犯,也就是说这类犯罪分子是适用限制减刑的首要对象。司法实践中,着重强调了死缓限制减刑的立法背景,而放大死缓限制减刑的刑事政策功效,往往要以死刑替代措施的面貌对其进行解读。但更应当在合法的框架内,不仅实现立法目的,更要发挥其应有的作用。本案中,被告人方某海在公共场所持枪抢劫,导致一人重伤、二人轻微伤,特别是在遇到被害人反抗时,即持随身携带的尖刀无节制地捅刺多名被害人,犯罪性质极为恶劣、后果严重、主观恶性极大,即使不考虑被告人方某海的累犯情节,依法也应对其判处死刑缓期执行(因未造成死亡结果,一般不判处死刑)。考虑被告人方某海的累犯情节,特别是方某海所犯前罪也是侵犯财产犯罪被判处有期徒刑 15 年,侵犯财产数额特别巨大、罪行严重,实际服刑近 10 年已属于长期接受劳动改造,假释考验期期满后 6 天即重新犯罪看出其毫无悔改之心。几个方面因素都说明方某海再犯的可能性极大,即人身危险性极大。因此,若仅判处方某海死刑缓期执行,实际服刑多年后，仍有可能再次犯罪。特别是从社会公众安全感的角度考虑，此类人身危险性极大的犯罪分子，在刑满释放后又极有可能再次犯罪，严重影响了公众安全感，达不到刑罚有效预防犯罪的目的。决定对方某海限制减刑，则方某海因此次犯罪实际服刑年限至少为22年，方某海犯罪时已满41岁，服刑22年后已满63岁，基本丧失再犯罪能力，故刑罚预防犯罪的目的已充分实现。

3. 要注意防止两个错误倾向。司法实践中，从预防犯罪考虑，对于论罪判处死刑缓期执行的被告人，考虑其人身危险性极大，决定适用限制减刑时应当注意防范两个错误倾向：(1)要防止"一刀切"。事实上，构成累犯的前罪差异较大，前罪与现行罪之间的关联度也不相同，不能认为只要是累犯，其人身危险性就极大，都应适用限制减刑，而应具体案情具体分析。一般来说，可对构成累犯的前罪做如下基本区分：暴力性犯罪与非暴力性犯罪、重刑与轻刑(可掌握为以有期徒刑15年为分界)、偶尔犯罪与多次犯罪等。若被告人曾因暴力性犯罪被判处3年以上有期徒刑或者是其他犯罪被判处15年以上有期徒刑，服刑完毕后5年内再犯罪的，可考虑适用限制减刑。被告人的前罪属于被判处3年以下徒刑的暴力性犯罪或者是被判处15年徒刑以下的其他犯罪，但服刑完毕后5年内又连续实施多次犯罪的，也可考虑适用限制减刑。概言之，关键是要通过被告人的累犯情节判断其人身危险性的大小。(2)要防止重复评价。在考虑限制减刑的适用时，应将在决定死刑缓期执行适用时已经考虑过的从重情节排除在外。也就是说，在考虑判处被告人死刑缓期执行时已经评价了累犯情节，就不能再以累犯为由对被告人限制减刑。此类情况易发于对被告人的量刑处于无期徒刑与死刑缓期执行之间的案件中，根据被告人的罪行足以判处其无期徒刑，但被告人尚有累犯情节，一并评价后可判处其死刑缓期执行，此时一般不能再以累犯为由对其限制减刑。

110. 被告人持有他国护照又具有中国国籍时，国籍如何认定

我国政府不承认中国公民具有双重国籍。因此，在确定被告人具有中国国籍后，我国政府不承认其具有其他国家国籍。

司法实例

方某强、蓝某中骗取出境证件案

1997年10月至12月，方某强伙同蓝某中，为组织他人偷越国(边)境，采取冒用"新疆某珠宝玉器商行""新疆某医学工程设备有限公司"等单位赴日本洽谈商务的手法，私刻公章，伪造乌鲁木齐居民潘某晃等13人的出国派遣书、归国保证书，编造假材料，骗取出国签证。其中，潘某晃等5人偷渡出境后至今未归。

新疆某基层人民法院认为：方某强单独或伙同蓝某中，伪造并私刻印章，编造虚假材料，以赴日商务考察的名义骗取签证，为组织他人偷越国境使用，情节严重，两名被告人的行为已构成骗取出境证件罪。检察机关指控的犯罪成立。方某强在共同犯罪中起主要作用，系主犯。方某强在归案后坦白交代态度较好并有立功表现，可以从轻处罚。关于辩护人提出的方某强属于某国公民的辩护意见，经查，方某强1989年年底受日本公司委托进驻某国某市工作，1993年2月以投资移民的方式花高价买取某国护照，加入某国国籍，1993年4月归国。方某强只是购买了某国护照，实际上并未在某国定居。依据我国《国籍法》第9条"定居外国的中国公民，自愿加入或取得外国国籍的，即自动丧失中国国籍"的规定，方某强不符合自动丧失中国国籍的条件，在其未根据我国国籍法的规定办理退出中国国籍的申请并获有关部门批准以前，其仍具有中国国籍。辩护人的此节辩护意见，不予

采信。蓝某中系从犯,应当减轻处罚。蓝某中在归案后认罪态度较好,有悔罪表现,可以宣告缓刑。依照《刑法》第 26 条、第 68 条第 1 款、第 319 条第 1 款的规定,认定方某强犯骗取出境证件罪,判处有期徒刑 4 年,并处罚金 10 万元;蓝某中犯骗取出境证件罪,判处有期徒刑 2 年,缓刑 2 年,并处罚金 5 万元。

一审宣判后,方某强不服,以其早已在 1993 年 2 月加入某国国籍,系外国公民,新疆某法院没有管辖权为由,向新疆某中级人民法院提出上诉被驳回。

本案的焦点问题是:具有中国国籍同时又持有外国护照的被告人的国籍应如何认定。方某强自被捕后,就声称其系某国人,而且持有某国护照,某国驻华大使馆也多次书面照会我司法部门,承认方某强为某国人。但我国公安部门出具证明,确认方某强为中国国籍,并回复某国驻华大使馆照会,不承认方某强具有某国国籍。由此,在审判过程中,对如何认定方某强的国籍存在两种意见:一种意见认为,一般来讲,只要持外国护照入境,并经我签证机关签证,就能认定其为外国公民。我国《国籍法》第 3 条规定,我国不承认双重国籍;第 9 条规定,定居外国的中国公民,自愿加入或取得外国国籍的,即自动丧失中国国籍。最高人民法院《关于执行〈中华人民共和国刑事诉讼法〉若干问题的解释》(现已失效)第 314 条规定,外国人的国籍以其入境时的有效证件予以确认。根据上述规定,本案被告人方某强在 1993 年 2 月加入某国国籍,取得某国护照,又得到某国大使馆的承认,并持此护照进入我国境内,故应认定方某强为某国人。根据《刑事诉讼法》(1996 年)第 20 条第 3 项的规定,本案应由中级人民法院管辖。另一种意见认为,对被告人国籍的认定,应以公安部门确认的为准。本案公安部门已出具证明,不承认被告人方某强的某国国籍,方某强具有中国国籍。因此,应认定为其具有中国国籍。新疆某法院审理该案符合我国《刑事诉讼法》的规定。

自然人的国籍是指一个人属于某一个国家的国民或公民的法律资格,它体现了自然人同某一特定国家之间的固定的法律关系。自然人基于这种法律关系,接受所属国家的法律管辖,服从国家的属人优越权,享有和承担该国的法律为其本国人所设定的权利和义务,对国家效忠,国家则基于这种法律关系对具有本国国籍的人实行外交保护。而当一个人处于同时具有不止一个国籍或根本不具有任何国籍的法律状态时,通常称之为国籍的冲突。包括两类情况:一类是国籍的积极冲突,即通常所说的双重或多重国籍;另一类是国籍的消极冲突,也就是通常所说的无国籍。国籍冲突会产生一系列的法律后果,而国籍的确定是决定国家与不同的自然人形成不同的法律关系的前提。因此,国籍的确认便成为一个重要的问题。

本案方某强的国籍问题即系国际社会普遍存在的国籍积极冲突现象。对方某强的国籍予以确认,不仅是要确认我国对此案的属人管辖权,而且涉及法院审理此案时是否适用涉外案件审理程序,以及是否适用对外国人独立或者附加适用的刑罚。认定方某强具有中国国籍,主要有以下几点理由:

1. 国籍问题是涉及国家主权和国家利益的重要问题。现行国际法关于此问题的一个重要原则是:每个国家有权以自己的法律决定谁是它的国民。根据国际惯例,对于自然人国籍的积极冲突(包括双重国籍),原始国籍政府对国籍问题有优先管辖权。方某强的原始国籍是中国国籍,因此,我国有权依据我国法律来确认方某强是否具有中国国籍或者说是否已丧失中国国籍。因此,那种认为只要持外国护照,加入外国国籍,又经外国使馆承认的,就当然应认定其具有外国国籍的看法是错误的。

2. 方某强不符合自动丧失中国国籍的条件。根据《国籍法》第 9 条的规定:“定居外国的中国公民,自愿加入或取得外国国籍的,即自动丧失中国国籍。”也就是说,自动丧失中国国籍必须同时具备两个条件：一是中国公民定居外国；二是自愿加入或取得外国国籍。而本案被告人方某强1989年年底受日本公司委托进驻某国某市工作，1993年2月以投资移民的方式花高价买取了某国护照，加入某国国籍，1993年4月归国。方某强只是购买了某国护照，实际上并未在某国定居。因此，方某强不符合自动丧失中国国籍的法定条件，在其未根据我国《国籍法》的规定办理退出中国国籍的申请并获有关部门批准以前，其仍具有中国国籍。

3. 根据我国《国籍法》第3条的规定，我国政府不承认中国公民具有双重国籍。因此，在依法确定被告人方某强具有中国国籍后，我国政府不承认方某强具有其他国家的国籍。

4. 1998年最高人民法院《关于执行〈中华人民共和国刑事诉讼法〉若干问题的解释》（现已失效）第314条规定："外国人的国籍以其入境时的有效证件予以确认；国籍不明的，以公安机关会同外事部门查明的为准……"对此规定应理解为，在确认被告人系外国人的前提下，对其外国国籍以其入境时的有效证件予以确认；国籍不明的，以公安机关会同外事部门查明的为准。本案方某强尽管持某国护照入境，但其同时具有明确的中国国籍，又不符合自动丧失中国国籍的条件，也没有办理退出中国国籍的手续，按照我国法律，我国不承认其具有某国国籍，因此方某强不是外国人，故上述规定不适用于本案。《国籍法》第15条规定："受理国籍申请的机关，在国内为当地市、县公安局……"第16条规定："加入、退出和恢复中国国籍的申请，由中华人民共和国公安部审批……"因此，法院在审查被告人身份时，对被告人是否具有或者是否丧失中国国籍，应以我国公安部门确定的为准。对本案被告人，我国公安部门已根据我国法律的有关规定确认其只具有中国国籍，法院应以此作为认定被告人身份的依据。故法院认定方某强为中国国籍并依法管辖审理本案是正确的。

111. 自然人主观故意及主从犯在单位犯罪中如何认定

对于自然被告人在单位犯罪中的主观故意的认定，应在考察其客观行为的基础上，依据一般社会人的认识标准，判断其对于自身行为所具有的社会意义的认识程度，从而判定其是否认识到自身行为的违法性。被告人未与单位签订劳动合同的，不影响对其直接责任人员的认定。对单位犯罪中直接负责的主管人员和其他直接责任人员，可根据其在单位犯罪中的地位、作用和犯罪情节区分主从犯，以做到罪责刑相适应。

司法实例

单某阳与天津汇中科贸有限公司、苟某文非法吸收公众存款案

苟某文（已判刑）系天津汇中科贸有限公司（原天津汇中太酒店管理有限公司，以下简称汇中科贸公司）法定代表人，被告人单某阳系汇中科贸公司销售部经理。2010年5月至8月，汇中科贸公司以筹集该单位与中国人民解放军某区医院某附属医院合作开发的某康复保健中心所需项目资金的名义，向杨某理等109人发售带有返利性质的某理财产品289份，非法吸收公众存款达1774万元。被告人单某阳在苟某文的安排下，负责上述理财产品的销售工作。2012年6月28日，被告人单某阳被抓获归案。公安机关扣押被告人单某阳的宝马轿车1辆。

某市某区人民法院经审理认为：被告人单某阳身为单位直接责任人员，为牟取非法利益，违反国家有关规定，伙同他人以公司名义非法向社会公众吸收存款，数额巨大，其行为已构成非法吸收公众存款罪。关于被告人单某阳所提出的其不知道涉案项目是非法的，不具备犯罪的主观故意的辩解，及其辩护人所提出的在案证据不能证明被告人单某阳是汇中科贸公司员工，被告人单某阳不是单位犯罪的直接责任人员，不具有非法吸收公众存款的犯罪故意的辩护意见，经查：根据我国刑事法律对单位犯罪其他直接责任人员的认定标准，其他直接责任人员是在单位犯罪中具体实施犯罪并起较大作用的人员，既可以是单位的经营管理人员，也可以是单位的职工，包括聘任、雇佣的人员。本案中被告人单某阳受雇担任汇中科贸公司销售部经理，未见公司具备销售理财产品资质的情况下，在苟某文的安排下，负责招聘业务员、组织业务员培训，采用返还高额利息的手段，积极实施非法吸收公众存款的具体行为。作为单位的直接责任人员，被告人单某阳在主观和客观上均符合非法吸收公众存款罪的构成要件。被告人单某阳的辩解及其辩护人的辩护意见缺乏事实和法律根据，法院不予采纳。在单位共同犯罪中，汇中科贸公司、苟某文在共同犯罪中起决定性的策划、领导作用，罪责明显高于单某阳，有必要区分其在共同犯罪中的主从地位，以做到罪责刑相适应。故法院认定被告人单某阳在共同犯罪中是从犯，对其所犯罪行依法予以减轻处罚。在案物品一并处理。对于未能追缴的违法所得，依法责令被告人退赔。遂判决认定被告人单某阳犯非法吸收公众存款罪，判处有期徒刑1年6个月，并处罚金5万元；责令被告人单某阳与汇中科贸公司、苟某文共同退赔13,036,366.31元，分别予以发还（含在案的宝马轿车一辆的变价款）。

一审宣判后，被告人单某阳提出上诉，理由是：其不是汇中科贸公司的员工，且按照正常程序销售产品，获得佣金，没有犯罪的主观故意，不构成非法吸收公众存款罪。某市中级人民法院经审理后驳回上诉，维持原判。

本案的争议焦点：一是单位实施非法吸收公众存款犯罪中，如何认定自然人被告人的主观故意；二是单位犯罪中，被告人未与单位签订劳动合同，能否认定为单位犯罪中的其他直接责任人员，如何认定主从犯。

1. 非法吸收公众存款罪中被告人的主观故意如何认定。非法吸收公众存款罪要求行为人主观上具有非法吸收公众存款的故意。犯罪故意包括认识因素和意志因素两个方面。认识因素是指行为人认识到自己所实施行为是法律所禁止的行为；意志因素是指希望或者放任该行为所可能引起的危害结果发生。对于本案，认定被告人主观上是否具有非法吸收公众存款的故意，首先要对被告人客观行为的性质进行界定，在此基础上，综合案件证据材料，判断被告人主观上对于该行为的性质是否有认识，是否意识到其行为具有违法性。

非法吸收公众存款，在客观行为方式上包括非法吸收公众存款和变相吸收公众存款两种形式。2011年修订的《非法金融机构和非法金融业务活动取缔办法》（现已失效）第4条第2款规定，前款所称非法吸收公众存款，是指未经中国人民银行批准，向社会不特定对象吸收资金，出具凭证，承诺在一定期限内还本付息的活动；所称变相吸收公众存款，是指未经中国人民银行批准，不以吸收公众存款的名义，向社会不特定对象吸收资金，但承诺履行的义务与吸收公众存款性质相同的活动。两种形式的典型特征都是向社会公众承诺在一定期限内还本付息或给付回报。

国家为保证对社会资金流通的有效管理和调控，对吸收公众存款行为实行特许经营，现行法律对此也作出了明确规定，《商业银行法》第11条第2款规定："未经国务院银行业监督管理机构批准，任何单位和个人不得从事吸收公众存款等商业银行业务……"对于公众存款的非法吸收，一是体现为主体的不合法，即不具备经营资格的单位或者个人从事了向社会公众吸收存款的行为；二是行为方式不合法，即行为人虽然具备相应资格，但通过抬高利率等不合法的手段吸收公众存款。《刑法》理论通说认为本罪的非法吸收指的是主体不合法，从具体实践情形来看，在吸收公众存款的过程中，往往是不合法主体通过许诺给予高于同期银行利息的方式来吸引客户存款，主体不合法和行为不合法混合在一起，但成立本罪的非法性首要在于主体的非法性。

就本案而言，汇中科贸公司为募集项目资金，以支付高额利息的手段，向社会公众销售某理财产品，前后与109人签订了125份合同，共吸收资金1774万元。该行为虽然是以购销合同的形式向社会公众推销理财产品，从形式上看双方约定的是投资回报事项，但实质上却是向社会不特定对象承诺还本付息的吸收资金的行为。汇中科贸公司的工商登记经营范围为酒店管理等项目，并未注明金融业务项目，且该公司也未取得银行监管部门颁布的金融许可证，不具备从事金融业务的经营资格。汇中科贸公司在不具备从事金融业务资质的情况下，采取还本付息的方式向社会公众吸收资金，属于不法主体非法吸收公众存款。

被告人单某阳在汇中科贸公司法人苟某文的指挥下参与公司的销售工作，负责某理财产品的具体销售。从客观方面来看，被告人单某阳的行为是未经允许向社会公众吸收存款的违法行为，但评判该行为是否有责、是否应承担刑事责任，还要看其对于该行为的违法性是否具有主观上的认知。单某阳及其辩护人以单某阳主观上不知道涉案项目非法，达不到认识违法性程度为由辩称单某阳不具备犯罪故意，不构成犯罪的意见是不能成立的。

案件审理过程中，评判行为人对于其行为性质的认识，并不仅仅依靠被告人的供述，而是在考察被告人客观行为的基础上，依据一般社会人的认识标准，判断其对于自身行为所具有的社会意义的认识程度，从而判定其是否认识到自身行为的违法性。而且这种法律禁止性的认识，也不要求行为人对于法律规定有具体明确的认识，而是一种观念上的盖然性认识，这种认识以未超出其依据日常生活经验所能获得的认知程度为限度。

吸收公众存款，是通过还本付息的方式向社会不特定的人借款。实际生活中，当企业或其他市场主体因资金不足时，常通过银行贷款、发行股票、发行债券等方式进行融资，而不是直接承诺以同等银行利息或者高额利息的方式向社会不特定对象吸收资金。上述行为的非法性，处于一般社会公众的认知范围内，而且该情形中也未包含某些专业性、术语性的规范内容，并非只有达到一定知识层次的人才具有的违法性认识。因此，依据社会一般人的观念，对于一个从事酒店经营和管理的公司，以开发项目为名，向公众吸收资金，还本付息，实质就是非法吸收公众存款的行为。

综观全案，汇中科贸公司并非金融机构，在没有特许经营资格的情况下，面向社会公众通过销售理财产品的方式，吸收公众资金，显然属于违法行为。作为该公司销售部的负责人，被告人单某阳对此行为的性质应具有相应的认识，该认识在其可知能力范围之内。在明知行为违法性及其危害结果的情况下，单某阳仍积极参与实施，放任危害结果的发生，说明其主观上具有非法吸收公众存款的故意。

2. 单位犯罪中，被告人未与单位签订劳动合同，能否认定为其他直接责任人员，如何认定主从犯。本案中，被告人单某阳参与了汇中科贸公司的某理财产品销售工作，但未与汇中科贸公司签订书面劳动合同，在薪酬方面，汇中科贸公司也未向其发放工资，而是根据销售业绩进行提成。对于在单位犯罪中，未与单位签订劳动合同，应如何评判其身份及在单位犯罪中的地位和作用大小，也是控辩双方争议的另一焦点所在。

公诉机关认为单某阳作为汇中科贸公司的销售经理，具体组织、参与了某理财产品的销售工作，应以单位犯罪中的其他直接人员追究其刑事责任。单某阳的辩护人认为被告人单某阳与汇中科贸公司之间并未签订书面的劳动合同手续，仅以证人证言并不能充分证明单某阳是汇中科贸公司的员工，且单某阳也未在汇中科贸公司领取工资报酬，而是按照销售协议的约定，根据销售业绩进行提成，单某阳与汇中科贸公司之间实质是委托与被委托关系，并不是受雇关系，因此单某阳不能被认定为汇中科贸公司非法吸收公众存款犯罪中的其他直接责任人员，不应对汇中科贸公司的犯罪行为承担刑事责任。

《刑法》及司法解释对单位犯罪中相关人员的刑事责任有相应规定。《刑法》第30条、第31条规定，单位犯罪中，对单位行为直接负责的主管人员和其他直接责任人员须承担相应的刑事责任。《全国法院审理金融犯罪案件工作座谈会纪要》（以下简称《金融犯罪纪要》）对于单位直接负责的主管人员和其他直接责任人员做了明确区分：直接负责的主管人员，是在单位实施的犯罪中起决定、批准、授意、纵容、指挥等作用的人员，一般是单位的主管负责人，包括法定代表人；其他直接责任人员，是在单位犯罪中具体实施犯罪并起较大作用的人员，既可以是单位的经营管理人员，也可以是单位的职工，包括聘任、雇佣的人员。上述规定表明，单位犯罪中，无论是直接负责的主管人员，还是其他直接责任人员，都必须为单位的组成人员，至于该人员是单位的正式职工还是聘任人员，只是形式上的差别。承担刑事责任与否，依据的是：客观方面是不是按照单位意志具体实施了犯罪行为，且在犯罪过程中起较大作用；主观方面则是认识到按照单位意志实施的行为具有违法性和社会危害性，希望或者放任该危害结果的发生。

本案中，销售理财产品属于汇中科贸公司的实际经营行为，被告人单某阳具体参与并负责实施该理财产品的销售工作，且负责该公司销售人员的培训及具体销售事务，客观上其按照单位的意志实施了具体犯罪行为，且作为具体负责实施的人员，所起的作用较大。对于其是否为汇中科贸公司的组成人员，从单某阳签订的销售协议来看，该协议是单某阳作为整个销售部门与公司签订的，并不仅仅是其单独的个人行为，该协议应理解为作为公司内部的销售部门，就产品的具体销售与公司之间签订的内部协议。单某阳一方面负责公司销售部门的具体业务，另一方面作为公司销售部门的负责人与公司签订了销售协议，虽然从形式上看，单某阳没有和公司签订劳动合同、办理相应手续，但实质上已经和公司之间形成了事实上的雇佣关系，是公司的销售主管人员。辩护人所称没有签订劳动协议，也没有办理相应手续的辩护意见，只是单纯从形式上进行理解。在单位犯罪中，应结合被告人具体从事的工作性质、事实上与单位形成的关系来判断其是否为单位的组成人员，而非仅从形式上判断。如果仅是在外部条件下，帮助汇中科贸公司发布销售产品信息，或对犯罪行为的实施起牵线搭桥的作用，从中收取好处费，则不宜认定为单位的组成人员。但若是以单位工作人员的身份，具体参与违法经营行为，则应认定其为单位组成人员。本案中，被告人单某阳对外以汇中科贸公司销售部门负责人的身份，与公司签订分包销售协议，负责管理销售部人员，组织销售理财产品，应认定其为汇中科贸公司的工作人员。

单位犯罪中，对于确定被告人刑事责任的大小，则应结合其所实施的具体行为以及在整个犯罪过程中的地位、作用等进行综合认定。《金融犯罪纪要》规定，对单位犯罪中的直接负责的主管人员和其他直接责任人员，应根据其在单位犯罪中的地位、作用和犯罪情节，分别处以相应的刑罚。主管人员与直接责任人员不是当然的主从犯关系，有的案件，主管人员与直接责任人员实施犯罪行为的主从关系不明显，可不分主从犯。但具体案件可以分清主从犯，且不分清主从犯，在同一法定刑档次、幅度内量刑无法做到罪刑相适应的，应当分清主从犯，依法处罚。上述规定表明对于具体案件，在必要时应分清单位犯罪直接责任人员的主从犯身份，以保障罪刑相适应。

本案被告人单某阳作为汇中科贸公司的雇佣人员，在公司法定代表人苟某文的安排和指挥下参与组织公司的销售工作，担任销售部门的实际负责人，对外吸收公众存款。从汇中科贸公司的整个非法吸收公众存款的行为过程来看，单某阳是在该公司确定实施非法吸收公众存款行为之后，经他人介绍参与进来，并不是发起者和具体策划者；另外汇中科贸公司以投资康复保健中心项目为名，通过销售理财产品吸收公众存款的行为，前后包括广告宣传、资金担保、具体销售、项目投入等多个环节，单某阳只负责具体销售这一个环节，且也是在苟某文的安排下参与实施的；再者从犯罪所得来看，单某阳实际所得仅为1万余元，占全部犯罪金额的比例甚小。所以，在单位犯罪中，与苟某文的行为相比，单某阳所起的作用较小，处于从属地位，故本着罪刑相适应的原则，可认定其为从犯。

112. 撮合他人持枪抢劫的定性

行为人在部分实行犯已具有概括犯意的情况下，撮合他人与之共同实施抢劫行为，并促使其采用持枪的加重情节的方式，构成教唆犯而非精神性帮助犯。对此种教唆犯，按照其在案件中所起的地位和作用，依照主犯处罚。

司法实例

莫某文、郑某申、盛某槐志抢劫案

被告人莫某文在网络上结识被告人盛某槐志后，将欲抢劫一事告知盛某槐志，欲与盛某槐志共同抢劫，被盛某槐志拒绝。后盛某槐志将网络上结识的被告人郑某申介绍给莫某文相识，撮合二人共同实施抢劫行为。2016年5月12日，郑某申从武汉乘火车赶至某地与莫某文会合。当日晚，莫某文与郑某申虽欲实施抢劫，但心存畏惧，不敢确定抢劫目标和实施抢劫行为。后盛某槐志与莫某文通过手机QQ联系，盛某槐志提议二人抢劫路人或超市，并提议在此过程中使用枪支（明知莫某文持有枪支）。当日23时许，莫某文和郑某申共同进入某市某区一家超市，由莫某文持枪威胁收银员李某，郑某申在看到莫某文掏枪后进而掏出匕首威胁理货员赵某，强迫收银员李某打开收银机，劫得现金3000元及价值146元的零食、香烟等物，后共同逃离现场，赶至某省某市与盛某槐志会合。途中，盛某槐志通过手机短信指示莫某文、郑某申将枪支分拆，并告知逃跑的路线等。2016年5月14日，三名被告人在某省某市被抓获归案。

广东省某市某区人民检察院对被告人以涉嫌抢劫罪提起公诉。

广东省某市某区人民法院审理认为，被告人莫某文、郑某申、盛某槐志以非法占有为目的，采用持枪支、匕首胁迫的方式抢劫他人财物，其行为均已构成抢劫罪，且系共同犯罪。公诉机关指控罪名成立。遂判决认定被告人莫某文犯抢劫罪，判处有期徒刑10年6个月，并处罚金2000元；被告人郑某申犯抢劫罪，判处有期徒刑10年，并处罚金2000元；被告人盛某槐志犯抢劫罪，判处有期徒刑10年，并处罚金2000元。一审宣判后，被告人郑某申、盛某槐志向福建省某市中级人民法院提出上诉被驳回。

本案中涉及三个争议焦点：一是盛某槐志属于教唆犯还是精神性帮助犯，二是盛某槐志在本案中的地位和作用，三是郑某申是否构成持枪抢劫。

1. 本案中盛某槐志属于教唆犯而非精神性帮助犯。所谓教唆犯，是指有教唆的故意同时实施了教唆行为的人。而精神性帮助犯是指在共同犯罪中以精神或心理上的助力，增强巩固实行犯的犯意，从而促成犯罪实施的行为。比较两者的定义，可以发现两者的区别主要在以下几个方面：(1)对象主观上是否具有犯意不同。教唆犯所教唆的对象主观上并无犯意，教唆后使之产生犯意，而精神性帮助犯中实行犯对于具体的犯罪行为已具有犯意，并下定决心，故其已无法再被教唆，不存在被教唆犯罪的余地。(2)其行为与犯罪的结果间有无直接的因果关系不同。教唆犯的行为与犯罪结果间具有明确的因果关系，精神性帮助犯作为帮助犯的一种形态，以非实行行为为犯罪创造便利条件或坚定其犯意，在复杂共同犯罪中为行为人坚定犯意、实施犯罪或完成犯罪提供精神上的支持、鼓励等帮助行为，其行为与犯罪的结果间无直接的因果关系。本案中，被告人盛某槐志的教唆行为可以从其对实行犯主体的教唆、对于实行行为内容的教唆及事后逃跑方式的教唆等方面予以体现:(1)教唆共同犯罪主体的形成。本案中,实行犯莫某文因生活窘迫并身患重疾,已产生概括的犯罪意图,但对于如何实施犯罪、与谁实施犯罪,其主观上并不明确。在此种情况下,被告人盛某槐志向莫某文介绍了郑某申,并告知其"郑某申是个'干大事'的人,敢抢",撮合二人共同施行犯罪,从而导致共同犯罪主体的形成。(2)教唆了具体的犯罪行为。实行犯莫某文、郑某申虽有犯罪的故意,但对于作案的对象、作案的工具、作案的时间以及作案后的逃跑方式等均不明确。故可以说两人尚未形成明确的犯罪故意。在案发当晚,被告人盛某槐志在与莫某文的短信聊天中,逐渐将二人实施犯罪的相关具体事项予以明确。2016年5月7日至9日案发前及案发后,盛某槐志先后向莫某文发送"我们去学偷车吧,你抢点路费去广州好了,这样混太盲目了""去抢个超市之类的,路人也可以""抢……抢……抢"等内容的短信,从上述短信可以看出,在盛某槐志的唆使、鼓动下,莫某文、郑某申逐渐明确抢劫的对象,抢劫使用的工具及抢劫后逃跑的方式、路线等,实行犯莫某文、郑某申在案发前尚处于犹豫不决、摇摆不定的状态,而被告人盛某槐志坚定了两人的共同犯罪行为,对共同犯罪行为具有唆使、鼓动、坚定、促进的作用。(3)教唆加重情节,或称为加重教唆或超过教唆,即教唆已经形成犯意的人实施更严重的或达到加重情节的犯罪行为。本案中,在莫某文、郑某申共谋以抢劫的方式实施犯罪行为后,盛某槐志敦促二人以持枪的方式抢劫,并向莫某文发送"你抢宾馆不拿枪,拿什么抢,拿手吗""要抢就冲进去抢,有枪还怕个啥""抢的时候凶一点,记得要说谁动打死谁,声音大一点"等内容的短信,后莫某文、郑某申一人持枪,另一人持刀,共同完成了抢劫超市的行为。故被告人盛某槐志教唆了本案加重情节的犯罪行为。

综上,被告人盛某槐志撮合了共同犯罪主体的形成,坚定了共同抢劫犯意的实施及教唆了持枪抢劫的加重情节,故其在本案中应属于教唆犯,而非仅提供精神或心理上助力的精神性帮助犯。

2. 根据被告人盛某槐志在本案中的地位和作用应属主犯。关于教唆犯在共同犯罪中的地位和作用,《刑法》明文规定"按照他在共同犯罪中所起的作用处罚"。上述条文未明确规定教唆犯属于主犯还是从犯,而是要求不以实行犯为依据,具体案件具体判断,独立地依照教唆犯自身在共同犯罪中所起的作用大小来确定。如果教唆犯所起的作用比实行犯大,就作为主犯处罚,反之,就作为从犯处罚。

本案中,教唆犯盛某槐志承担刑事责任的基础,是其自身行为的可罚性,其自身行为与案件的因果关系及由此而反映的其本人的人身危险性。被告人盛某槐志虽未参与犯罪的实行行为及赃款的分配,但教唆了莫某文、郑某申的共同犯罪主体的确立,并教唆二人以持枪抢劫这种加重情节的方式实施了具体的犯罪行为。或者说莫某文、郑某申虽已有犯意,但是从犯意的概括到具体,从犯意的不坚定到坚定,盛某槐志的教唆行为均起到了影响性的作用,此种作用是犯罪从量变到质变的关键阶段。莫某文、郑某申之所以实施了之后的共同犯罪,并且实施了持枪抢劫的加重情节的犯罪,主要是由盛某槐志的教唆所导致,盛某槐志的教唆行为是此次犯罪的最主要原因,故盛某槐志的行为与犯罪的结果间已具有明显的因果关系,在本案中起到主导、支配的作用,而非次要、辅助的作用,宜认定为主犯。考虑到本案中两个实行犯一人持枪另一人持刀,均实施了主要的抢劫行为,故本案不再区分主从犯。

3. 被告人郑某申与莫某文共同构成持枪抢劫。被告人郑某申庭审中辩称其不知道莫某文持有枪支,见到莫某文后虽看到了枪支,但认为该枪不具有致伤力,因此两人没有就持枪抢劫的问题进行协商,其是事后才知道该枪是仿真枪的,所以认为其应构成抢劫罪而非持枪抢劫罪。本案中,从超市的监控录像来看,郑某申是在看到莫某文掏出枪支后才掏出匕首,则郑某申主观上已明知莫某文使用了枪支。至于枪支是否具有致伤力,应从枪支的外形及该枪是否足以对被害人产生强大的心理威慑力进行判断,而不能以枪支经鉴定是否具有实际致伤力进行判定。该案中涉案枪支外形系仿真手枪,在深夜两男子掏出具有仿真形状的枪支,足以对被害人形成心理威胁,就此即可以认定被告人郑某申与盛某槐志构成共同持枪抢劫。且经鉴定,涉案枪支亦具有实际致伤力。同时考虑被告人莫某文与郑某申在供述中均提到作案前莫某文曾将枪支出示给郑某申,并就是否用枪的问题进行了协商,所以综合认定被告人郑某申亦构成持枪抢劫。考虑到郑某申在案件中的地位和作用,对其判处有期徒刑10年。

113. 如何理解认定教唆犯罪中实行过限与盖然性教唆

实行犯的实行行为是否超出了共同犯罪人的共同谋议之罪的范围是认定是否实行过限的主要标准。对于教唆犯的盖然性教唆,教唆人的教唆行为使被教唆人产生了犯意,实施了教唆故意涵括内的犯罪行为,只要没有明显超出教唆范围的,都不应视为实行过限,教唆人和被教唆人应共同对其承担刑事责任。

司法实例

卿某芬抢劫案

2016年夏天,卿某芬(女)与被害人李某高从事海产品运输生意,后因生意竞争对被害人李某高心生不满,图谋报复。卿某芬及其男友钱某广(已判决)找到周某营(已判决),卿某芬提出让周某营找人教训被害人李某高。卿某芬、钱某广告诉了周某营有关被害人李某高的出行时间、行驶路线及车辆特征、车牌号码。在此期间,周某营请求卿某芬为其做担保所借的高利贷10,000元即将到期,当周某营询问卿某芬受害人李某高车上是否有钱时,卿某芬告知其收海货的车上都备有两三万元。

2016年7月16日晚上,周某营纠集数人,手持镐把、砍刀等作案工具将被害人李某高的车辆拦下,通过语言威胁、镐把殴打等手段威胁被害人,同时砸碎李某高的货车玻璃,抢走其账本,并将车内钱包中的17,800元抢走。7月17日凌晨,周某营将账本及10,000元现金交给卿某芬和钱某广。卿某芬、钱某广于7月17日中午将10,000元现金偿还了高利贷。后检察机关以抢劫罪对卿某芬依法提起公诉。

本案的处理,卿某芬的行为是否构成抢劫罪是本案的关键点。对于卿某芬的行为是否构成抢劫的共犯,涉及教唆犯、实行犯以及共同犯罪中实行过限问题,在本案审理过程中,对此均产生一些分歧,最终一审法院判决被告人卿某芬构成抢劫罪的共犯,被告人周某营的抢劫行为也不属于实行过限,均被以抢劫罪依法从重判处有期徒刑并处罚金,判决已生效。一审法院判决的主要理由:

1. 所谓实行过限,又称共同犯罪中的过剩行为,是指在共同犯罪中,由实行犯实施的超出共同犯罪人共同谋议之罪范围的犯罪行为。其具有以下特征:(1)实行过限行为首先必须是一种犯罪行为;(2)实行过限行为发生在共同谋议之罪的实施过程中;(3)这种行为是由实行犯基于本人的故意或过失单独实施的;(4)这种行为超出了共同犯罪人共谋之罪的范围。由于实行过限行为,是实行犯在实施共同犯罪过程中单独实施的超出共同犯罪人共同谋议的犯罪行为,其他共犯对这种行为在主观上没有罪过,因此,过限行为的刑事责任只能由该实行犯独自承担,其他共犯对此不承担刑事责任,而仅承担共同谋议之罪的刑事责任。

2. 认定是否实行过限,关键要看实行犯的实行行为是否超出了共同犯罪人的共同谋议之罪的范围。在司法实践中,由于共同犯罪的复杂性,共同谋议之罪的范围往往存在盖然性、模糊性、不确定性。因此,认定是不是实行过限,往往难度很大,需要运用证据和分析事实来审慎加以判定。对教唆人和被教唆人共同犯罪的案件来说,主要是审慎分析教唆人的教唆内容。教唆犯是犯意的发起者,没有教唆犯的教唆,就不会有该犯罪事实的发生,特别是使用威胁、强迫、命令等方法的教唆犯,因此教唆犯在共同犯罪中起主要作用。在教唆犯罪的情形下,判定实行行为过限的基本原则是看被教唆人的行为是否超出了教唆的范围。在教唆内容较为明确的情形下,认定被教唆人的行为是否属于实行过限较为容易,被教唆人实施了超出教唆内容范围以外的行为,应分别追究不同的刑事责任。但在教唆犯的教唆内容较为笼统的情形下,由于教唆内容不太明确,确定被教唆人的行为是否实行过限就较为困难。尤其是教唆者出于教唆伤害他人的故意往往使用诸如"收拾""教训""整他""弄他""搞他""摆平他"等内涵外延为模糊的言语,在不同的语言环境中,不同文化程度、阅历背景的人所理解的含义往往是有分歧的。对于这种盖然性的教唆,实际的危害结果取决于实行行为的具体实施状况,但无论哪一种结果的出现都是由教唆犯的授意而引起,均可涵盖在教唆犯的犯意中。因此,在这种情况下,由于教唆犯的盖然性教唆,即在教唆内容不明确或不太明确的情况下,教唆人的教唆行为使被教唆人产生了犯意,实施了教唆故意涵括内的犯罪行为,只要没有明显超出教唆范围的,都不应视为实行过限,教唆人和被教唆人应共同对其承担刑事责任。

3. 司法实践中,对于教唆故意范围的认定,主要看教唆者的教唆内容是否明确,即教唆犯对被教唆人的实行行为有无明确具体的要求,例如,正面明确要求用什么犯罪手段达到什么犯罪结果,或者明确要求打断被害人的腿或胳膊,或者明确要求打击被害人的头部等。又如,反面明确要求不能达到什么犯罪结果,或者在伤害中明确要求不得使用棍棒、刀具,或者明确要求不得打击被害人的要害部位等。如果教唆的内容明确,则应以教唆内容为标准判断实行者行为是否过限。如果教唆内容不明确,则属于一种盖然的内容,除非实行行为显而易见地超出教唆内容,否则一般情况下不应认定为实行行为过限。

具体到本案中,卿某芬与其男友钱某广找到周某营要教训一下被害人李某高,并未明确表示教训的手段、程度和内容,属于一种盖然性的教唆内容。由于卿某芬曾为周某营担保所借高利贷10,000元即将到期,在周某营提出被害人车上是否有钱的问题时,卿某芬明确表示收海货车上都备有金钱,并且事后卿某芬将周某营之前在被害人车里拿到的10,000元钱收下偿还了高利贷。这些行为都可以表明卿某芬已经预见和应当知情周某营具有抢钱的意图和行为,同时,卿某芬在知道周某营有抢劫意图后,并未予以明确、有效的制止行为,其与实行犯周某营在实行犯罪当场临时达成了犯意沟通,是对实行者的行为予以默认或支持。因此,周某营的抢劫行为也不属于实行过限,其行为造成的危害结果应当共同承担。

综上,应当认定卿某芬的行为构成抢劫罪,但是可以综合考虑其在共同犯罪中的作用、地位和社会危害性予以量刑处罚。

114. 如何把握被告人18周岁前后犯数罪累犯的认定

被告人在18周岁前后实施数罪或者数个行为,已满18周岁的犯罪为故意犯罪并被判处或者明显应当判处有期徒刑以上刑罚,在刑罚执行完毕或者赦免5年内,又故意犯应当判处有期徒刑以上刑罚之罪的,应当认定为累犯。

司法实例

彭某民盗窃案

2015年2月2日14时许，被告人彭某民(1993年9月12日出生)钻窗进入某市某区一出租房内，窃取黑色联想牌H430型电脑主机1台，经鉴定价值2279.05元。被告人彭某民被抓获后，如实供述了上述犯罪事实。现赃物已发还。

彭某民于2013年7月因犯盗窃罪被某市某区人民法院以(2012)×刑初字第2887号刑事判决书判处刑罚，2014年11月2日刑满释放。(2012)×刑初字第2887号刑事判决书显示：彭某民于2011年7月起，陆续纠集被告人田某雄、舞某洋海、张某忠及王某等人，在某市某区实施盗窃行为。同年10月3日开始，上述人员共同租住房屋，经被告人彭某民统一安排，分组实施盗窃，共同挥霍赃款。法院认为彭某民在18周岁后实施的盗窃犯罪行为是故意犯罪且明显应当判处有期徒刑以上刑罚，因彭某民实施部分犯罪时不满18周岁，系未成年人犯罪，应对其从轻处罚，判处有期徒刑3年，罚金4000元。

某市某区人民检察院于2015年6月4日以彭某民犯盗窃罪提起公诉。

某市某区人民法院审理认为，被告人彭某民以非法占有为目的，入户盗窃他人财物，数额较大，其行为已构成盗窃罪，应予惩处。被告人彭某民曾因故意犯罪被判处有期徒刑，仍不思悔改，在刑罚执行完毕后5年内又故意犯应当判处有期徒刑以上刑罚之罪，系累犯，依法对其从重处罚。鉴于被告人彭某民在到案后及庭审过程中均能如实供认犯罪事实，认罪态度较好，依法对其从轻处罚。遂判决认定被告人彭某民犯盗窃罪，判处有期徒刑1年，罚金2000元。

一审宣判后，被告人彭某民以原判对其量刑过重为由提出上诉。

某市中级人民法院审理认为：上诉人彭某民以非法占有为目的，入户盗窃他人财物，数额较大，其行为已构成盗窃罪，依法应予惩处。彭某民系累犯，依法应对其从重处罚。鉴于彭某民到案后如实供述，认罪态度较好，依法可对其从轻处罚。彭某民关于原判对其量刑过重的上诉理由，缺乏法律依据，不予采纳。遂终审裁定驳回上诉，维持原判。

《刑法》第65条第1款规定，被判处有期徒刑以上刑罚的犯罪分子，刑罚执行完毕或者赦免以后，在5年以内再犯应当判处有期徒刑以上刑罚之罪的，是累犯，应当从重处罚，但是过失犯罪和不满18周岁的人犯罪的除外。根据该规定，认定累犯除了符合构成累犯的其他条件之外，犯罪分子在犯前罪和后罪时必须都是年满18周岁以上的人。如果犯前罪时是不满18周岁的未成年人，即使犯后罪时年满18周岁，也不构成累犯。但对于前罪的犯罪行为跨18周岁前后的，是否构成累犯，则存在争议。本案中，对于彭某民的行为是否构成累犯，存在两种不同意见。一种意见认为，彭某民的行为不构成累犯。彭某民在实施部分犯罪时不满18周岁，系未成年人犯罪，应认定为“不满18周岁的人犯罪”，根据《刑法》第65条第1款的规定，应排除累犯适用。另一种意见认为，彭某民的行为构成累犯。彭某民18周岁后的犯罪为故意犯罪且明显应当判处有期徒刑以上刑罚，彭某民在刑罚执行完毕5年内，又再犯应当判处有期徒刑以上刑罚的盗窃罪，应当认定为累犯。

本案一、二审法院支持了第二种意见。主要理由为：

最高人民法院《关于审理未成年人刑事案件具体应用法律若干问题的解释》第12条规定，行为人在达到法定刑事责任年龄前后均实施了犯罪行为，只能依法追究其达到法定刑事责任年龄后实施的犯罪行为的刑事责任。行为人在年满18周岁前后实施了不同种犯罪行为，对其年满18周岁以前实施的犯罪应当依法从轻或者减轻处罚。行为人在年满18周岁前后实施了同种犯罪行为，在量刑时应当考虑对年满18周岁以前实施的犯罪，适当给予从轻或者减轻处罚。从该司法解释体现的精神来看,犯罪行为跨法定刑事责任年龄前后、18 周岁前后的,并不能因为在法定刑事责任年龄之前、18 周岁之前实施了部分犯罪行为,就认为是无刑事责任能力的人犯罪或不满 18 周岁的人犯罪,如此认定,过于武断、片面。因此,第一种意见并不妥当。

犯罪行为跨 18 周岁前后的,18 周岁后故意实施的犯罪行为与单纯的年满 18 周岁后故意实施的犯罪行为在本质上并无区别。从某种意义上说,18 周岁前后持续故意实施犯罪行为比 18 周岁后才故意实施犯罪行为的人身危险性要大,教育改造的难度也更大。如果说 18 周岁后才故意实施犯罪行为,其实施的犯罪行为被判处有期徒刑,刑罚执行完毕或赦免以后再犯罪进而符合累犯的条件,构成累犯,应当从重处罚,那么犯罪行为跨 18 周岁前后的,已满 18 周岁后故意犯罪且被判处或者明显应当判处有期徒刑以上刑罚,刑罚执行完毕或赦免以后,再犯罪进而符合累犯的条件,如认为其不构成累犯,则明显是法律适用的不平等,也无任何合理的理由。

因此,对于前罪的犯罪行为跨 18 周岁前后的,是否构成累犯,应区分不同的情况进行分析。

1. 行为人满 18 周岁前实施的罪行单独评价构成犯罪,但满 18 周岁后实施的行为单独评价不构成犯罪的。对于这种情况,虽然犯罪行为跨 18 周岁前后,但 18 周岁后实施的行为单独评价不构成犯罪,故应认定为不满 18 周岁的人犯罪。即使刑罚执行完毕或者赦免以后,在 5 年以内再犯应当判处有期徒刑以上刑罚之罪的,也不应当认定为构成累犯。

2. 行为人满 18 周岁前实施的行为与满 18 周岁后实施的行为综合评价构成犯罪,但满 18 周岁后实施的行为单独评价不构成犯罪的,对于这种情况,行为人满 18 周岁后实施的行为不具有独立性,将 18 周岁前实施的行为排除后不构成犯罪,不符合累犯成立的条件,应当认定为不满 18 周岁的人犯罪,并排除累犯适用。否则,明显有违认定累犯要求的"犯罪分子在犯前罪和后罪时必须都是年满 18 周岁以上的人"这一制度设计的目的。

3. 不论行为人满 18 周岁前的罪行情况如何,行为人成年以后实施的罪行单独评价已构成犯罪。这种情况又可以分成两种情形,一是行为人 18 周岁前后的行为属于异种数罪,18 周岁后实施的罪行单独构成犯罪。这种情况下,18 周岁后的行为在定罪、量刑时,均有其独立性,如果属于应被判处有期徒刑以上刑罚,行为人在刑罚执行完毕或者赦免以后,在 5 年以内再犯应当判处有期徒刑以上刑罚之罪,是累犯,对此无异议。二是行为人 18 周岁前后的行为属于同种罪。这种情况下,因为在前罪定罪量刑时,所有罪行都按一罪处理,并只有一个宣告刑,对各个犯罪行为也不存在独立的刑罚裁量。被告人最终判处的刑罚,是综合考量其所有罪行和量刑情节之后的结果。此种情况下,是否意味着在排除行为人满 18 周岁前的罪行后,剩余的罪行是否还应判处有期徒刑以上刑罚无法具体判断,应当说答案是否定的。因为前罪作出判决时,对行为人的各种从轻、减轻处罚的量刑情节已全面查清,在此基础上,结合已经查明的事实,按照最高人民法院《关于常见犯罪的量刑指导意见》等有关规定,足以判断行为人 18 周岁以后实施的犯罪行为是否明显应当判处有期徒刑以上刑罚。

此外,行为人成年后继续实施同种罪行与实施异种数罪并无任何实质上的不同,如果人为地在累犯认定方法上将二者区别对待,必将造成法律适用的不统一,进而导致二者量刑上的不平衡,从而明显违反了法律平等适用的基本原则。

综上,行为人在 18 周岁前后实施数罪或者数个行为,如其已满 18 周岁后的犯罪为故意犯罪且被判处或者明显应当判处有期徒刑以上刑罚,在刑罚执行完毕或者赦免 5 年内,又故意再犯应当判处有期徒刑以上刑罚之罪的,应当认定为累犯。因此,本案一、二审法院的裁判是正确的。

115. 犯罪前科能否同时作为定罪条件和量刑情节

犯罪前科一经作为定罪条件，便不能再作为本次犯罪的量刑情节，否则属于重复评价。同时，因行为人的后一行为不符合累犯的构成要件，因而此类案件的被告人不属累犯。

司法实例

瓜某谷盗窃案

2013 年 5 月的一天晚上，被告人瓜某谷在其打工的工厂附近一建筑工地，盗取价值 760 元的电动车 1 辆。另查明，被告人瓜某谷，曾因犯盗窃罪，于 2006 年 9 月 5 日被某县人民法院判处有期徒刑 4 年，2009 年 8 月 26 日刑满释放。

某省某县人民检察院对被告人瓜某谷以涉嫌盗窃罪提起公诉。

某省某县人民法院审理认为，被告人瓜某谷以非法占有为目的，秘密窃取他人数额较大的财物，其行为构成盗窃罪。瓜某谷曾因故意犯罪被判处有期徒刑以上刑罚，刑罚执行完毕 5 年内再犯应当判处有期徒刑以上的刑罚之罪，属累犯，应当对其从重处罚。遂判决认定被告人瓜某谷犯盗窃罪，判处有期徒刑 1 年 6 个月，并处罚金 2000 元。

一审宣判后，被告人瓜某谷以“盗窃数额 760 元未达到某省盗窃罪的追诉标准，不构成盗窃罪”为由提出上诉。

某省某市中级人民法院经二审审理认为，根据最高人民法院、最高人民检察院《盗窃解释》第 2 条第 1 项的规定，瓜某谷曾因盗窃受过刑事处罚，故其数额较大的标准可以按照某省 1500 元数额较大标准的一半即 750 元来确定，其行为构成盗窃罪。原判在对瓜某谷以其曾因盗窃受过刑事处罚这一前科作为认定其盗窃价值 760 元财物的行为构成犯罪的必要条件后，又以该情节作为其构成累犯的条件，并以累犯对其本次犯罪从重处罚属重复评价，应予纠正。瓜某谷盗窃数额刚过数额较大起点，且盗窃作案仅一次，可对其在原判基础上再酌情从轻处罚。遂终审判决撤销一审判决，改判上诉人瓜某谷犯盗窃罪，判处有期徒刑 1 年，并处罚金 1000 元。

二审改判的主要理由为：

1. 在某些情形下性质相同或相似前科可作为对违法行为定罪的必要条件。对于前科的概念，我国刑事立法中尚无明确的规定，只是在最高人民法院《关于常见犯罪的量刑指导意见》中作为常见量刑的情节之一紧跟在累犯之后提及。在司法实践中，也往往把前科视为与累犯关系密切的制度。因此，对前科的理解，可以从累犯的含义中加以借鉴。《关于常见犯罪的量刑指导意见》常见量刑情节的适用部分也规定：对于有前科的，综合考虑前科的性质、时间间隔长短、次数、处罚轻重等情况，可以增加基准刑的 10% 以下进行量刑。前科犯罪为过失犯罪和未成年人犯罪的除外。在将刑法和《关于常见犯罪的量刑指导意见》的上述规定进行对比后可以看出，最高人民法院对前科作了与累犯制度相近的规定。累犯与前科制度只是在前罪被判处的刑罚类型上和在刑罚执行完毕或赦免距离实施后罪的时间间隔上有一定的区别，即前科适用于所有的刑罚类型，而累犯只适用于有期徒刑以上刑罚。前科中前罪刑罚执行完毕或赦免后至实施后罪的间隔时间不受任何限制，而累犯为 5 年之内。故此，所谓前科，是指公民曾经因犯罪被人民法院判处过刑罚，并且刑罚已经执行完毕或赦免的客观事实。

根据 2013 年《盗窃解释》第 2 条第 1 项的规定，被告人具有曾因盗窃受过刑事处罚等八种情形之一，其盗窃公私财物数额较大的标准可以按照《盗窃解释》第 1 条第 1 款规定的数额较大标准的 50% 确定，同时《盗窃解释》第 1 条第 2 款授权各高级人民法院确定本地区的数额较大标准。

与《盗窃解释》有类似规定的还有《敲诈勒索解释》第2条第1项,《抢夺解释》第2条第1项的相关规定。从上述三个司法解释的类似规定可以看出:虽然行为人的盗窃、敲诈勒索、抢夺的数额未达到数额较大的标准,但是如果行为人在此之前曾经实施过性质相同或相似的盗窃,敲诈勒索,抢劫、抢夺或者聚众哄抢等行为而受过刑事处罚,其盗窃、敲诈勒索、抢夺等原本不独立构成犯罪的行为,在结合该前科后,共同构成对应的盗窃罪、敲诈勒索罪和抢夺罪。此时,行为人的行为性质相同或相似的前科就成为其之后所实施的盗窃等行为构成犯罪的必要条件。

2. 前科作为定罪条件后再作为量刑情节,有违禁止重复评价原则。虽然我国刑法中并未明确规定禁止重复评价原则,但该原则在理论和实务界均得到较大程度的认同。通说认为,所谓刑法中的禁止重复评价原则,是指已经用作定罪情节的事实,不能在量刑中再次发挥作用,而同一量刑情节则不能被数次评价。根据《盗窃解释》《敲诈勒索解释》《抢夺解释》的规定,如果抛开行为人的前科,行为人盗窃、敲诈勒索、抢夺的数额未达到数额较大的通常标准,且无诸如多次盗窃、多次敲诈勒索、一年内3次抢夺等其他相关入罪事实,其行为就不构成盗窃罪、敲诈勒索罪或抢夺罪,仅属于一般行政违法行为。而《盗窃解释》《敲诈勒索解释》《抢夺解释》第2条第1项正是将被告人的行为性质相同或相似的前科加以考虑后,与被告人的本次盗窃、敲诈勒索、抢夺等违法行为(与前科行为相对应)结合在一起,共同将原本属行政违法的行为升格为刑事违法行为,即此时三个司法解释已经把前科作为对被告人定罪的必要条件。如果法院此后再以该前科作为本次犯罪的量刑情节对被告人从重处罚,就违反了禁止重复评价原则中有关“已经用作定罪情节的事实,不能在量刑中再次发挥作用”的规定,有违罪责刑相适应原则,对被告人也是不公平的。因此,前科在作为定罪的条件后不能再次作为对本次犯罪的量刑情节。

3. 被告人在前科作为定罪条件的犯罪中不属于累犯。有观点认为:因为被告人曾经有前科,且被告人的本次行为又被法院判了罪,所以,只要被告人具备累犯的其他条件,其也可能构成累犯。从刑法理论及司法实践中的主流做法来看,此观点失之偏颇。从我国《刑法》第65条第1款对累犯的有关规定可以看出,累犯的构成要件是:在主体条件上,前罪和后罪都是18周岁以上的人所犯;在主观条件上,前罪和后罪都是故意犯罪;在刑度条件上,前罪被判处的刑罚和后罪应当被判处的刑罚都是有期徒刑以上的刑罚;在时间条件上,后罪发生在前罪刑罚执行完毕或者赦免以后的5年以内。

一方面,从禁止重复评价原则上分析,被告人的前科不能在其作为定罪条件的犯罪中再作为该罪的量刑情节加以考虑,因此,被告人的前科也就不能作为构成累犯条件的前罪,以累犯的名义对被告人的后罪进行从重处罚。另一方面,从上述累犯的第二个、第三个构成要件分析,构成累犯还需要同时符合以下两个重要条件:一是后行为必须独立于前行为构成犯罪,这是前提和基础条件。就是说与前科行为相对应的本次行为应当独立构成犯罪,即在不以前科为条件的情况下能够独立成罪。如果被告人的本次行为能够独立于前科构成犯罪,那么被告人就可能构成累犯。反之,被告人就不可能构成累犯。累犯的本次行为之所以需要独立于前科构成犯罪的根本原因在于:曾因故意犯罪被执行有期徒刑以上刑罚的犯罪分子,5年内在独立于前科的基础上又重新故意实施应当判处有期徒刑以上刑罚之行为,表明监狱等刑罚执行机关的教育监管对其未起到积极的预防犯罪的效果,其依然有较大的人身危险性和再次犯罪的可能性,为有效预防此后再次犯罪,有必要对其本次犯罪从重处罚。而如果本次行为不独立构成犯罪,只是在综合了前科因素后才升格为犯罪,表明其本次的行为社会危害性不大,此后再次犯罪的可能性较小,没有必要通过对其本次犯罪从重处罚来达到预防再次犯罪的目的。二是前后犯罪行为都应当判处有期徒刑以上刑罚。在以前科为定罪必要条件的情形中,行为人的后一行政违法行为不仅不能独立于前科构成犯罪,更不可能被判处有期徒刑以上刑罚。综上所述,违法行为以前科为定罪条件的行为人不构成累犯。

116. 选择性罪名既、未遂并存时如何认定

行为人共同作案后将赃物运输至事先确定的交易地点欲行交易,因被查获而未完成交易。此时行为人虽有未得逞的出售假币的行为,但从选择性罪名的定罪原则和针对全案科学量刑的方面考虑,应对行为人以购买、运输假币罪一罪定罪处罚,并在量刑时考虑其出售未遂的情节予以从重确定刑罚。

司法实例

曲某立等购买、运输假币案

2015年7月,被告人曲某立、江某男、夏某师等人因乌某才(另案处理)需要购买假币,目的是非法获利,经预谋、分工,于同年7月27日,由被告人曲某立将购买款12,000元通过银行转账给上家,并约定在某地交付假币。同年7月29日夜,被告人曲某立、夏某师、江某男雇用司机臧某超驾驶车牌号为湘LO××66的上海轿车至某地一公园后门取得20万元假币。后被告人曲某立一行驾车将上述假币从某地运至本区欲与乌某才在本区虎山街道交易,途经高速公路某卡口时,车辆被设卡民警查获,上述假币均被扣押。被告人曲某立、夏某师、江某男趁乱逃离现场。经中国人民银行清点,被查获的假币为1998张百元假钞,共计199,800元。案发后,被告人夏某师协助公安机关抓获同案犯。公诉机关认为,被告人曲某立、夏某师、江某男伙同他人以非法获利为目的,购买、运输假币,数额巨大,其行为已构成购买、运输假币罪,又出售假币,但因意志以外的原因未得逞,因而构成出售假币罪,但系未遂。因此,对被告人曲某立、夏某师、江某男应以购买、运输假币罪和出售假币罪(未遂)数罪并罚。

某市某区人民法院经审理认为:被告人曲某立、夏某师、江某男以非法获利为目的,为出售而购买、运输假币,数额巨大,其行为均已构成购买、运输假币罪。公诉机关指控被告人曲某立、夏某师、江某男犯购买、运输假币罪罪名成立。被告人曲某立、夏某师、江某男归案后均能供述自己的犯罪事实,并自愿认罪,依法均予以酌情从轻处罚。被告人夏某师协助公安机关抓获同案犯,有立功表现,依法可对其从轻处罚。关于公诉机关对被告人曲某立、夏某师、江某男同时还构成出售假币罪(未遂)的指控及被告人曲某立、江某男的辩护人提出的本案被告人构成出售假币罪(未遂)的辩护意见,审理认为,出售、购买、运输假币罪为选择性罪名,本案中,被告人的最终目的是出售假币,虽然被告人尚未到达出售假币的交易点,未能实施出售假币行为,但被告人已实施了购买、运输假币的行为,故本案以购买、运输假币罪定罪处罚为宜。据此,根据被告人曲某立、夏某师、江某男各自的犯罪事实和具体情节,对被告人曲某立、夏某师、江某男均应依照《刑法》第25条第1款、第171条第1款的规定,对被告人夏某师还依照《刑法》第68条第1款及最高人民法院《自首解释》第5条的规定,判决曲某立等三名被告人犯购买、运输假币罪,分别判处有期徒刑7年6个月、6年9个月、7年3个月,各并处罚金5万元。判决已生效。

本案审理中,被告人曲某立、夏某师、江某男对公诉机关指控的犯罪事实无异议,并表示自愿认罪,因此,本案事实认定部分并不存在争议。本案控辩双方争议的焦点,在于如何对三名被告

人定罪处罚。该问题存在三种不同意见:第一种意见认为,被告人曲某立、夏某师、江某男在获知他人愿意购买假币的信息后,为非法获利而购买假币,后运往预谋交易地点。至此三人已经完成了《刑法》第171条第1款所规定的购买、运输假币行为,属既遂;后在前往交易的过程中由于三人意志以外的原因未能交易成功,这一行为应视为出售假币行为,但系未遂。因此,三名被告人已经实施了购买、运输假币的行为和出售假币的行为,应当对前者以购买、运输假币罪(既遂)定罪处罚,对后者以出售假币罪未遂定罪处罚,依法数罪并罚。第二种意见认为,被告人曲某立、夏某师、江某男均已实施了购买、运输假币的行为,且已实施完毕;后三人欲出售假币,但由于意志之外的原因未能得逞,属犯罪未遂。但对三名被告人的行为应从整体考察,购买、运输假币的行为与出售假币的行为不宜分割处理,出售假币未得逞的行为无须在定罪中单独考虑,对全案应当以购买、运输假币罪定罪处罚为宜,同时在量刑时应考虑其出售假币未遂的行为。第三种意见认为,三名被告人实施购买、运输假币行为的直接原因就是出售假币,购买、运输假币与出售假币行为为手段行为与目的行为的关系,购买、运输假币的行为脱离出售行为并无独立存在的必要,因此全案应当以出售假币罪定罪处罚。三名被告人在实施出售假币的过程中由于意志以外的原因而未得逞,明显属于犯罪未遂,因此对本案三名被告人的行为以出售假币罪定罪处罚,并比照既遂犯从轻或者减轻处罚。

一审法院采纳了第二种意见,主要理由为:

1. 将出售假币罪与购买、运输假币罪数罪并罚违反了选择性罪名的定罪规律。本案没有争议的是,三名被告人实施完成了购买、运输假币行为,但出售假币未得逞。对三名被告人的购买、运输假币行为能否以购买运输假币罪单独定罪处罚,需要对《刑法》第171条第1款的罪名进行理论分析。罪名是对具体犯罪本质或者主要特征的高度概括,《刑法》第171条第1款规定了出售、购买、运输假币罪,该罪名是选择性罪名。所谓选择性罪名,是指罪名所描述的多犯罪行为类型,既可以分解使用,也可以概括使用。所谓概括使用,是指即使行为人实施了该罪名所描述的数个类型行为,也不应对其数罪并罚,只需将行为对应的罪名合并使用即可。具体到出售、购买、运输假币罪,行为人实施了出售、购买、运输等数个行为时,也不对其数罪并罚,只以对应的合并罪名定罪即可。行为人实施了以上全部三种行为时,只能以出售、购买、运输假币罪定罪处罚,不能将三个行为进行人为分割定罪后数罪并罚。那么使用选择性罪名的案件中,行为人已经实施了多个行为,为什么不分别定罪再数罪并罚,通常认为,立法者此举的原因在于,选择性罪名所包括的多个行为类型之间存在实践上的特殊联系,使其数罪并罚的必要性降低,例如出售、购买、运输假币罪,行为人要出售假币,通常需要购买、运输假币,三个行为之间存在目的行为与过程行为的特殊关系,与实施数个单一的罪名所概括的行为相比,其社会危害性相对较轻,因此无须数罪并罚。当然,概括或者合并使用选择性罪名而不是数罪并罚的基本前提在于,行为人的犯罪对象同一,即出售、购买或者运输的对象均为同一批假币。

2. 以出售假币罪一罪定罪处罚不符合罪刑相符的刑法原则。选择性罪名的定罪规律除了上述内容以外,还应当包括以下内容:选择性罪名所描述的多行为类型都有独立存在的必要性,不存在一行为吞并其他行为的现象,即如果行为人实施了其中数个行为,则该数个行为都需要描述到罪名中。具体到本案中,出售、购买、运输假币罪作为选择性罪名,其意义在于对行为人为出售而购买、运输假币的行为,不能仅以出售假币罪来囊括购买、运输行为定罪处罚。更为重要的是,以出售假币罪一罪定罪处罚,不能体现罪刑相符的刑法原则。罪刑相当原则的一项体现在于,多项犯罪行为必然比其中部分犯罪行为应得的刑罚更重。本案中被告人实施出售假币的行为由于意志以外的原因而未得逞,因此,属于出售假币未遂。如果在全案定罪时适用出售假币罪,那么根据未遂犯的量刑规定,要比照既遂犯从轻或者减轻处罚。但是,本案中被告人已经实施完成了购买假币并运输的行为,可以设想,如果此时被告人并不是将假币运往交易地点,这时应对被告人以购买、运输假币罪定罪处罚,且作为既遂犯,不能从轻或者减轻处罚。这样就产生了一个荒唐的现象:购买、运输但不出售假币的行为要比购买、运输又出售假币的行为处罚要重。这与罪刑相当的刑法原则不相符,也超出了一般社会人的正常认知范围,因而不具有可行性。

3. 以购买、运输假币罪定罪并在量刑时考虑未遂部分,体现了理论与实践的双重合理性。一是以购买、运输假币罪定罪是部分既遂部分未遂的选择性罪名犯罪的适当选择。如上文所述,对出售、购买、运输假币罪这一选择性罪名,行为人如果实施完成了部分行为,同时部分行为未得逞,那么此时既不能将既遂行为与未遂行为分开定罪并数罪并罚,更不能以未遂行为的相应罪名来定罪处罚。此时以既遂行为的相应罪名即购买、运输假币罪定罪就成了必然的选择。这符合选择性罪名中数行为只以一罪定罪的定罪规律。对被告人的行为以既遂犯罪处罚从而在相应的刑罚区间量刑,同时考虑到被告人还实施了未得逞的其他行为,对其予以从重量刑,这也体现了罪刑相当的刑法原则。二是以购买、运输假币罪定罪的做法为今后处理类似案件提供了有效的途径。我国《刑法》规定了大量的选择性罪名,如引诱、容留、介绍卖淫罪,非法制造、买卖、运输、邮寄、储存枪支、弹药、爆炸物罪等。在类似案件中,法院经常被其中部分犯罪行为未得逞如何处理的问题所困扰。如对该部分犯罪不认定,则似乎放纵了犯罪;如果要认定,那么保持量刑的均衡和适当也同样困难。此时,法院按照行为人既遂部分犯罪来定罪,同时在量刑时考虑其他行为未遂的情节,对其从重处罚,不失为妥当的解决方案。

117. 如何认定因自陷行为致精神障碍犯罪的刑事责任

自陷行为又名原因自由行为,是指行为人在具有行为能力时,出于故意或过失使自己陷于无责任能力或限定责任能力状态而实施危害行为,并导致危害结果的发生。只要被告人是起因于自陷行为,无论本人处于何种精神状态,均不得免责。

司法实例

赵某越故意杀人案

2016年4月8日12时许,被告人赵某越吸毒后产生幻觉,怀疑被害人李某力的外甥女婿与赵某越女友有染,遂携带一把单刃折叠刀从其住处出来,按李某力家的门铃,李某力开门后,赵某越随即将李某力推入房内,并上前用左手夹住李某力的颈部,右手持刀朝李某力右颈部捅刺一刀、左胸部捅刺两刀。后赵某越驾车逃离。2016年4月15日,李某力经抢救无效死亡。

某市中级人民法院审理认为,被告人赵某越持刀故意非法剥夺他人生命,致一人死亡,其行为已构成故意杀人罪,公诉机关指控的罪名成立。被告人赵某越曾因故意犯罪被判处有期徒刑,刑罚执行完毕后5年内再犯应当判处有期徒刑以上刑罚之罪,系累犯,应从重处罚。被告人赵某越虽有自首情节,但被告人赵某越滥杀无辜,情节恶劣,人身危险性极大,不足以对其从轻处罚。遂判决被告人赵某越犯故意杀人罪,判处死刑,剥夺政治权利终身。

一审宣判后,被告人赵某越以原判量刑过重为由提起上诉,被某省高级人民法院二审驳回。

对本案的处理,出现多种意见:一是一审中公诉机关认为,吸毒是国家法律禁止的行为,被告人赵某越在以前已因吸毒产生过幻觉的情况下,再次吸毒而引发本案,其对自己吸毒后的杀人行为持希望的态度，应当依法承担故意杀人的刑事责任。二是辩护人认为，赵某越患有精神活性物质所致精神障碍，后因吸毒导致病情加重致精神障碍，其在作案期间丧失辨认和控制能力，处在精神疾病发作期，属于限制刑事责任能力，可以从轻或者减轻处罚，要求对赵某越改判死缓。三是一审法院认为，毒品所致精神障碍者由于其吸毒行为属于可控制之原因行为，具有违法性和自陷性且吸毒不同于其他自陷行为，吸毒的目的是追求毒品的兴奋或致幻效果，故在吸毒后产生相应生理反应导致无法辨认、控制自己行为。因此，应当认定被告人赵某越在本案中具有完全刑事责任能力，行为人对此状况处于一个放任或希望的故意，应以故意杀人罪定罪处罚。四是有的学者认为，被告人赵某越是在吸食毒品后出现精神障碍的情况下实施的杀人行为，系精神疾病发作期，由于其作案时完全丧失了辨认和控制自己行为的能力，应对其进行司法精神病鉴定后认定其为完全无刑事责任能力人，依法不构成犯罪，不应负担刑事责任。五是有的学者认为，根据案件的犯罪事实和证据看，被告人赵某越是在吸食毒品后出现幻觉的情况下作案的，吸食毒品而致精神障碍的，不属于《刑法》意义上的精神病人，审理案件时不需要对被告人做司法精神病鉴定。该犯罪行为不属于故意犯罪，但鉴于其主观上可能存在过失，无须进行司法精神病鉴定，可以过失致人死亡罪定罪处罚。六是某省人民检察院认为，原判认定赵某越故意杀人的犯罪事实清楚，证据确实、充分，适用法律正确，量刑适当，审判程序合法。建议驳回上诉，维持原判。

某省高级人民法院合议庭、审委会多数意见认为，自陷行为致精神障碍后杀人应定为故意杀人罪。被告人赵某越在以前已因吸毒产生过幻觉，此次又因吸毒而引发本案，其对自己吸毒后实施的符合故意杀人罪构成的行为，应当依法承担刑事责任，理论称为“原因自由行为”，俗称自陷行为，是指行为人在具有行为能力时，故意或过失地使自己陷于无责任能力或限制责任能力状态而实施危害行为并导致危害结果的发生。本案争议的焦点是如何看待自陷行为与危害结果之间的关系及自陷行为是否影响责任能力的评定。

1. 从主客观相统一原则看，造成被害人死亡结果的危害行为是在故意心态支配下的吸毒行为。危害行为是指人在主观意识的支配下实施的危害社会的身体动静。危害行为必须具备主观罪过、身体动静、社会危害性三个条件。本案被告人赵某越实施了吸毒和杀人两个行为。就杀人行为而言，本案赵某佳所实施的杀人行为不是独立、完整《刑法》意义上的危害行为，依据司法精神病鉴定结论，被告人赵某越在实施杀人行为时的控制能力和辨认能力已受到损害，在此状态下，该杀人行为虽然符合《刑法》分则的具体犯罪构成的定型性，但因为不包含行为的意识性而不是危害行为。吸食毒品是违法行为，吸毒后会出现幻觉现象，普通人都知晓这一常识。根据赵某越的供述和鉴定结论，赵某越曾因吸食毒品精神异常且入住精神专科医院治疗后症状消失，在本次案发前仍在吸食毒品，被告人赵某越明知自己吸食毒品会出现精神异常仍故意吸食，能够预见自己在吸毒后可能或必然要实施危害行为，进而出现精神障碍将被害人李某力杀死，这一结果是被告人赵某越自愿选择的结果，主观上应认定为故意吸食毒品从而使自己陷入该状态。即使吸毒行为和杀人行为在主观心理上不具有任何的联系，也应当认定被告人赵某越的吸毒行为对杀人结果具有支配力。简言之，吸毒行为是造成被害人李某力死亡结果的危害行为。

2. 从《刑法》上的因果关系看，吸毒行为与死亡结果之间存在间接的因果关系。危害结果虽然是结果行为造成的，但原因行为、结果行为、危害结果三者之间存在因果关系是不容否认的。本案被告人赵某越的吸毒行为造成了杀人的行为，而杀人行为造成了死亡结果，因被告人赵某越在实施杀人行为时处于无意识的状态，故杀人行为和死亡结果只具有哲学意义上的直接因果关系，不具《刑法》意义上的因果关系。而吸毒行为尽管和死亡结果不具直接的因果关系，却通过杀人行为，与死亡结果之间形成了《刑法》意义上的间接因果关系，对于死亡结果的发生具有支配力。

3. 从罪刑法定原则看,吸毒行为造成杀人后果的应当承担刑事责任。首先,罪刑法定原则有两层含义:一是法无明文规定不定罪、不处罚;二是法有明文规定的,要定罪、要处罚。详言之,如果法律已经明确为犯罪,除法律明确规定不负刑事责任的外,应当依法定罪处罚。此外,我国《刑法》对不负刑事责任的情形作了明文规定,但并未规定吸食毒品致精神障碍而实施犯罪行为的不负刑事责任。其次,根据"举轻以明重"的当然解释,"醉酒的人犯罪,应负刑事责任",其中饮酒属于合法行为,而吸毒则属于违法行为,故"吸毒的人犯罪,亦应负刑事责任"。吸毒行为具有违法性和自陷性,近年来,冰毒等新型毒品泛滥,许多吸食新型毒品者因追求快感而出现幻觉等精神障碍,发生刑事案件的鉴定案例也随之增加。如果说"醉酒的人犯罪,应负刑事责任"的立法本意是源于"保护社会原则","吸毒的人犯罪"同样需遵循该原则进行立法才是不纵不枉,才有利于防止犯罪,以及维护人民群众人身安全和社会稳定、和谐。从这一点来说,毒品所致精神障碍者更应当承担因毒品影响实施危害行为的后果。最后,司法实践已意识到醉酒与吸毒两种行为潜在危险度的相似性并将二者相提并论。换言之,吸毒后产生的精神障碍与醉酒后出现的精神障碍在本质上是相同的,因此,在处刑时也应遵循相同的原则。

4. 从责任能力评定看,自陷行为致辨认能力和控制能力丧失或减弱,仍应评定为具有完全责任能力。一般人在实施行为前和实施行为时责任能力是相同的,而吸毒者的责任能力则发生了变化,即未吸毒时具备责任能力,吸毒后失去全部或部分责任能力,并在此状况下实施了危害社会的行为。对于吸毒后所致精神障碍责任能力的评定,既要考虑被鉴定人对作案行为的辨认和控制能力,又要考虑吸毒是国家禁止的违法犯罪行为,吸毒是自愿、放纵,还是诱骗、强迫。既要坚持医学标准和法学标准相结合的原则,也要考虑作案前被鉴定人对其犯罪行为及其结果的主观心理态度,具体情况要具体分析和对待。对毒品所致精神障碍的危害行为应视其精神障碍的严重程度、案件性质和行为后果给予"完全责任能力"或"限制责任能力"抑或"无责任能力"为宜。如被鉴定人属于首次被迫吸食毒品,意识障碍严重,有明确的精神病性症状,危害行为的发生突然又无客观刺激因素,所实施的危害行为性质和后果也不严重,可评定为限制责任能力或无责任能力。而对于反复使用毒品,屡教不改,品行不端者,即使是在有意识问题和精神病性症状的情况下,也应评定为完全责任能力。重点放在行为人在作案前对待毒品的态度和所采取的行为。这样既有助于对毒品使用的打击,也体现法律的客观公正。结合本案,被告人赵某越曾因以贩养吸贩卖毒品被判刑改造,仍不思悔改,继续吸食毒品以致精神障碍,导致辨认、控制能力受损。鉴于其吸毒是自陷行为,因吸毒而导致精神障碍,不影响其刑事责任的承担,故本案司法精神病鉴定结论认为被告人赵某越具有完全刑事责任能力是正确的。

综上,本案被告人赵某越系自愿吸毒陷于精神障碍状态并实施了杀人的行为,对于危害结果的发生持放任、希望态度,应承担故意杀人之刑事责任且有完全责任能力。换言之,只要起因于自陷行为,无论本人处于何种精神状态,应评定为完全责任能力。当然,如果证明吸毒是非自愿,如受胁迫、误用、首次医用麻醉药品急性中毒而出现危害行为,可按一般的鉴定原则评定其责任能力。

需要说明的是,本案在最高人民法院复核期间,被告人亲属与被害人亲属达成民事赔偿协议,被害人亲属向最高人民法院强烈请求对被告人从轻处罚,不要判处死刑立即执行。最高人民法院经综合考虑本案具体情节及社会危害程度,最后对被告人赵某越不予核准不判处死刑。本案最终由某省高级人民法院对被告人赵某越改判死缓并限制减刑。

118. 如何尽量保持上下游犯罪被告人量刑的基本平衡

司法实践中，对于下游犯罪被告人的量刑一般不应当高于上游犯罪被告人的法定刑，只有这样，才能贯彻罪责刑相适应的刑法基本原则。

司法实例

王某白、仲某印盗窃、宗某干掩饰、隐瞒犯罪所得案

2018年9月15日至10月15日，被告人王某白、仲某印在某地某市某公司回收废纸板的过程中，先后21次至废品回收区对面车间，窃得漆包线共计价值6880元。被告人宗某干明知上述漆包线是犯罪所得，仍先后20次予以收购，共计价值6000元。2018年10月15日，被告人王某白、仲某印至被告人宗某干经营的收购站销售当日窃得的漆包线时，被公安机关当场抓获。案发后，被告人王某白、仲某印、宗某干共同赔偿被害单位经济损失6880元并取得谅解。公安机关从被告人仲某印处扣押1650元。

某市某区人民法院判决被告人王某白犯盗窃罪，判处有期徒刑6个月，并处罚金6000元（已缴纳）。被告人仲某印犯盗窃罪，判处有期徒刑6个月，并处罚金6000元（已缴纳）。被告人宗某干犯掩饰、隐瞒犯罪所得罪，判处有期徒刑3年6个月，并处罚金1万元。从被告人仲某印处扣押的犯罪所得共计1650元，依法予以没收，上缴国库。

一审宣判后，宗某干及其辩护人以一审判决认定事实错误，判决量刑过重为由提出上诉。某市中级人民法院经审理后判决维持一审判决第一项中对原审被告人王某白、仲某印的定罪量刑部分及第二项；撤销一审判决第一项中对上诉人宗某干的量刑部分；上诉人宗某干犯掩饰、隐瞒犯罪所得罪，判处有期徒刑6个月，并处罚金6000元。

本案的主要争议焦点是上下游犯罪被告人之间量刑如何平衡的问题，这既关系到对于最高人民法院《关于审理掩饰、隐瞒犯罪所得、犯罪所得收益刑事案件适用法律若干问题的解释》（以下简称《掩饰隐瞒解释》）中规定的“情节严重”的理解问题，也关系到《刑法》总则规定与司法解释在个案法律适用中的协调问题。对此，有观点认为，上诉人的犯罪行为符合司法解释的规定，应严格按照司法解释规定量刑。但是，也有观点认为，基于罪责刑相适应的刑法基本原则，对于下游犯罪的量刑一般不应高于上游犯罪的法定刑。本案二审法院的意见即为后一种意见。理由是：

1. 本案的一审判决结果，有违罪责刑相适应的刑法基本原则。本案系上、下游犯罪，盗窃罪是上游犯罪，即本犯，掩饰、隐瞒犯罪所得罪是下游犯罪，即加入犯。一般情况下，下游犯罪的社会危害性小于上游犯罪，基于罪责刑相适应的刑法原则，下游犯罪刑期应低于上游犯罪的刑期，作为加入犯的掩饰、隐瞒犯罪所得罪，刑期不能高于本犯的盗窃罪。这一点，从两罪的司法解释中对于情节严重的数额标准也可以看出，盗窃罪判3年以上的数额标准是5万元，掩饰、隐瞒犯罪所得罪判3年以上的数额标准是10万元，体现了下游犯罪的量刑一般要轻于上游犯罪的特点。本案中，宗某干收购的赃物是王某白、仲某印盗窃所得，两者之间系上、下游犯罪，本犯和加入犯的关系。王某白、仲某印盗窃作为上游犯罪，一审法院判处6个月有期徒刑，而宗某干作为下游犯罪，一审法院判处有期徒刑3年6个月，量刑失衡，明显不符合刑法规定的罪责刑相适应原则。

2. 本案不符合《掩饰隐瞒解释》规定的情节严重的情形。刑法规定，掩饰、隐瞒犯罪所得罪，处3年以下有期徒刑。情节严重的，处3年以上7年以下有期徒刑。关于情节严重，《掩饰隐瞒解释》规定了5种情形:(1)掩饰、隐瞒犯罪所得及其产生的收益价值总额达到10万元以上的;(2)掩饰、隐瞒犯罪所得及其产生的收益10次以上,或者3次以上且价值总额达到5万元以上的;(3)掩饰、隐瞒的犯罪所得系电力设备、交通设施、广播电视设施、公用电信设施、军事设施或者救灾、抢险、防汛、优抚、扶贫、移民、救济款物,价值总额达到5万元以上的;(4)掩饰、隐瞒行为致使上游犯罪无法及时查处,并造成公私财物重大损失无法挽回或其他严重后果的;(5)实施其他掩饰、隐瞒犯罪所得及其产生的收益行为,严重妨害司法机关对上游犯罪予以追究的。对于以次数作为情节严重认定标准的情形,最高人民法院权威观点对此也作了进一步明确:掩饰、隐瞒犯罪所得10次以上的,行为次数多,社会危害性大,行为人属于"职业收赃人",应严厉打击。也就是说,以行为次数认定情节严重的,也不是唯次数论,同时也应当是社会危害性大的收赃行为,或者行为人是专门收购赃物,以收购赃物为业的人员。本案中,宗某干犯罪次数虽然较多,但其收购的物品本身价值较低,刚刚够罪,其行为的社会危害性不大,且宗某干是经工商部门登记的废品收购人,以收废品为主业,并非专门收购赃物的职业收赃人,不符合上述《掩饰隐瞒解释》的理解与适用中所要求的情形,故不应认定情节严重为妥。

3. 从法理上说,当《刑法》总则的规定与司法解释在个案法律适用中不相协调时,应优先适用《刑法》总则的规定。罪责刑相适应是《刑法》总则第5条所规定的基本原则,司法解释是司法机关就具体应用法律问题所作的解释,虽然也具有普遍的司法效力,但是当《刑法》总则的规定与司法解释在个案法律适用中不相协调时,应优先适用《刑法》总则的规定。因为总则指导分则,司法解释是分则的具体化,更应遵循总则的要求。就本案而言,上游犯罪盗窃罪法定刑为3年以下,基于同一犯罪事实的下游犯罪法定刑高于上游犯罪,明显违反罪责刑相适应这一《刑法》总则规定的基本原则。

119. 如何审查判断刑事案件追诉期限——应当立案而不立案不受追诉时效的限制

被害人在案发后于追诉期限内向公安机关提出控告,公安机关接报后开展侦查,但因故未对被害人的伤情进行鉴定,也未对案件作出立案决定的,属于《刑法》第88条第2款规定的应当立案而不立案的情形,不受追诉时效的限制。

司法实例

蔺某朗故意伤害案

2003年5月10日凌晨3时许,被告人蔺某朗在某县某车站附近其经营的冷饮摊,与到其冷饮摊消费的洪某旺等人因消费的收费问题发生纠纷,洪某旺掀翻桌子打碎桌上的杯子和碟子,双方发生冲突。被害人洪某平闻讯也来到冷饮摊,后因与蔺某朗言语不和,继而引发双方推搡。蔺某朗之父蔺某度见状上前劝阻,被洪某平踢了一下,蔺某朗遂从其冷饮摊内拿起一把水果刀,持刀砍中洪某平的右小腿,致其受伤,后被在场群众劝止。案发后,蔺某朗一直潜逃,至2017年12月28日在珠海市被公安机关抓获归案。经某县公安局司法鉴定中心鉴定:洪某平右小腿软组织裂伤致右腓总神经及肌腱损伤并影响其功能,损伤程度属轻伤。后经某市公安司法鉴定中心重新鉴定:洪某平的右小腿符合锐器伤致右小腿愈合伤痕达11厘米,并致右腓总神经离断、右腓骨小头骨折、右腓长短肌、胫前肌、足母长伸肌、趾长伸肌离断或部分离断并影响功能,其伤情构成轻伤。另查明,洪某平系非农业家庭户口。洪某平受伤后于2003年5月10日至13日在某东中心卫生院住院诊治，于2003年5月14日至6月2日转院到某市中心医院住院治疗，共住院24天，共支出医疗费27,261.76元。出院医嘱为继续服药治疗，门诊治疗时间为4个月，定期门诊复查。洪某平于2004年3月31日在某市中心医院进行复诊，最后诊断：右小腿刀伤，右腓骨总神经完全离断，右腓骨小头骨折。2017年3月13日，洪某平向某大学司法鉴定中心申请伤残等级鉴定，鉴定意见为：洪某平2003年5月10日因被刀砍伤，遗留了右足母趾下垂等后遗症，评定为十级伤残。

另查明，2003年5月10日案发后，洪某平的哥哥洪某正立即打电话向某东派出所报警要求查处。公安机关接报后即对被害人洪某平及相关证人洪某旺等人进行调查取证，查清了蔺某朗持刀伤害洪某平的事实，但未对洪某平的伤情进行鉴定。公安机关还于2004年10月发出协查通报，要求某县公安局各单位一经发现故意伤害犯罪嫌疑人蔺某朗应即予拘留。

案发后，被害人洪某平及其亲属分别于2003年8月10日、2004年6月3日、2004年4月24日、2004年11月19日、2006年11月21日向公安机关及相关政法部门控告和反映情况，要求追究蔺某朗的刑事责任。

2017年8月29日公安机关对洪某平的伤情进行了鉴定并确定为轻伤。2017年9月10日，公安机关决定对本案进行立案。

某省某县人民检察院以涉嫌故意伤害罪对蔺某朗提起公诉。

某省某县人民法院审理认为，被告人蔺某朗故意持械伤害他人身体，致一人轻伤，其行为已构成故意伤害罪，依法应予以惩处。被告人蔺某朗致人轻伤，除依法应承担刑事责任，还应当依法承担民事赔偿责任，但鉴于原告人洪某平于案发当晚的言行在客观上对双方当事人之间的矛盾起到激化的作用，根据最高人民法院《关于审理人身损害赔偿案件适用法律若干问题的解释》第2条的规定，可适当减轻赔偿义务人的5%的赔偿责任，原告人的赔偿请求，可适用2013年度某省人身损害赔偿计算标准，依其请求为限计算应赔金额，对超出赔偿标准的部分不予支持。洪某平可获赔偿金额合计119,151.89元，由蔺某朗承担95%即113,194.30元，由洪某平自行承担5957.59元。遂判决认定被告人蔺某朗犯故意伤害罪，判处有期徒刑1年2个月；被告人蔺某朗应赔偿附带民事诉讼原告人洪某平经济损失113,194.30元，限于判决生效之日起1个月内付清；驳回附带民事诉讼原告人洪某平的其他诉讼请求。

一审宣判后，被告人蔺某朗以其行为是正当防卫，且本案已经超过刑事追诉时效为由提起上诉。

某省某市中级人民法院经二审审理认为，一审判决认定事实清楚，定罪正确，量刑适当，审判程序合法，唯遗漏适用《民法通则》(已废止)第131条，最高人民法院《关于审理人身损害赔偿案件适用法律若干问题的解释》第35条、第36条之规定不当，应予补正。遂依照《刑事诉讼法》第227条第1项之规定，终审裁定驳回上诉，维持原判。

本案案发时间是2003年5月10日，公安机关在案发后虽及时对本案展开侦查，并通过询问被害人和证人后查清蔺某朗持刀伤害洪某平的事实，且有发出协查通报对蔺某朗进行抓捕，但一直没有对被害人洪某平的伤情进行鉴定，也没有对本案进行立案。2017年8月29日，公安机关对洪某平的伤情进行了鉴定并确定为轻伤。2017年9月10日，公安机关决定对本案进行立案，此时距案发时已间隔14年。因此，本案在审理过程中对被告人蔺某朗的行为是否超过追诉期限，存在不同意见：一种意见认为，本案于2003年5月10日发生后，公安机关没有及时对被害人洪某平的伤情进行鉴定，并由此导致洪某平的伤情无法确定是否构成轻伤，而无法确定本案是否属于应当立案的情形。公安机关于2017年8月29日经鉴定后确定洪某平的伤情为轻伤，并于同年 9 月 10 日立案，但已超过 5 年的追诉时效，因此本案已超过追诉期限。另一种意见认为，本案属于《刑法》第 88 条第 2 款规定的“被害人在追诉期限内提出控告，公安机关应当立案而不立案”的情形，不受诉讼时效的限制，因此应当追究蔺某朗的刑事责任。

本案一、二审法院同意第二种意见。即本案属于《刑法》第 88 条第 2 款规定的“被害人在追诉期限内提出控告，公安机关应当立案而不立案”的情形，不受诉讼时效的限制，因此应当追究蔺某朗的刑事责任。

追诉时效是《刑法》规定的，对犯罪人进行刑事追诉的有效期限。根据《刑法》第 88 条、第 89 条的规定，追诉期限的计算有四种情况：一般犯罪追诉期限的计算；连续或继续犯罪追诉期限的计算；追诉时效的延长；追诉时效的中断。本案主要涉及追诉时效的延长。关于追诉时效的延长，1979 年《刑法》只规定了一种情形，即“在人民法院、人民检察院、公安机关采取强制措施以后，逃避侦查或者审判的，不受追诉期限的限制”。1997 年《刑法》修订时，对追诉时效延长制度进行了修改，增加了一款，即第 88 条第 2 款：“被害人在追诉期限内提出控告，人民法院、人民检察院、公安机关应当立案而不予立案的，不受追诉期限的限制。”现行《刑法》在修正时之所以增加这一规定，主要是为了保证有罪必究，及时有效地保护被害人的合法权益。司法实践中，认定某一行为是否适用《刑法》第 88 条第 2 款规定的情形，须同时具备以下条件：

1. 被害人在追诉时效内提出控告。首先，这里的被害人不能狭义地理解为被害人本人，而应包括被害人本人及其近亲属。因为现实中被害人可能会因受到强制、威吓而不能或不敢提出控告，此时若不允许被害人的近亲属代为控告，与法相悖，也不符合我国《刑法》增设该款保护被害人权益的目的。其次，被害人必须在追诉期限内提出控告，该追诉期限是指《刑法》第 87 条所规定的期限。如果被害人没有在追诉期限内提出控告，即使其合法权益受到犯罪人侵害，也不能对犯罪人适用追诉时效的无限延长。最后，控告是指被害人就侵犯本人合法权益的犯罪行为向司法机关告诉，要求追究侵害人的法律责任的行为。据此，如果被害人不知道犯罪嫌疑人是谁，而只是报案反映自己被侵害的事实的，则不能适用本款的规定。

2. 人民法院、人民检察院、公安机关应当立案而不立案。应当立案是指符合《刑事诉讼法》第 112 条规定的“有犯罪事实需要追究刑事责任”的立案条件，应当立案侦查的。不予立案是指对符合立案条件的，不属于《刑事诉讼法》第 112 条规定的“没有犯罪事实，或者犯罪事实显著轻微，不需要追究刑事责任的”不予立案的情况，但人民法院、人民检察院、公安机关却未予立案。根据上述规定，只要被害人在追诉期限内提出控告的，遇到有该立案而不予立案的情况，对犯罪人的追诉就不受《刑法》第 87 条规定的追诉期限的限制。在这种情形下，不论司法机关出于何种原因没有立案，也不论犯罪嫌疑人是否逃避侦查或者审判，抑或过了多长时间，任何时候都可以对其进行追诉。

在本案中，在案证据证实：(1)被害人洪某平及其亲属自 2003 年 5 月 10 日案发后在追诉期限内多次向公安机关提出控告，要求追究持刀伤人的蔺某朗的刑事责任。(2)本案被害人洪某平的伤情在 2003 年案发后已于 2004 年经医院诊断为：右小腿刀伤，右腓骨总神经完全离断，右腓骨小头骨折。公安机关本应对洪某平的伤情进行鉴定并立案，但由于历史原因，而且原某东派出所领导、民警多次调整、变动，致使当时未能及时对洪某平的伤情进行鉴定。由于对被害人的伤情进行鉴定系公安机关的内部工作机制，因此对于公安机关未及时进行伤情鉴定从而导致无法及时立案的后果，不能由被害人承担，并使被告人获利。(3)本案中公安机关在案发后虽没有及时立案并制作立案决定书随案附卷，但在案证据证实公安机关在案发后已及时展开实质性的侦查工作，并已确定蔺某朗就是持刀伤害洪某平的犯罪嫌疑人，还就此发出协查通报进行追捕，拟追究蔺某朗的刑事责任。公安机关在案发后的1个月内就已经对被害人洪某平和8个证人进行了调查取证，并制作了询问笔录附卷，查清了蔺某朗持刀伤害洪某平的事实。公安机关还于2004年10月发出协查通报，要求某县公安局各单位一经发现故意伤害犯罪嫌疑人蔺某朗即予(刑事)拘留。某县公安局信访办于2004年2月18日在答复有关部门的信件中也称案发后某东派出所对所有参与者都进行传讯，经调查取证，拟依法追究持刀伤害他人的犯罪嫌疑人蔺某朗的刑事责任。因此不能仅因公安机关在案发后没有及时立案而认为本案已超过诉讼时效。

综上，本案属于《刑法》第88条第2款规定的"被害人在追诉期限内提出控告，公安机关应当立案而不立案"的情形，不受诉讼时效的限制，一、二审法院认为本案没有超过追诉期限是正确的。

120. 同案被告人先期判决能否成立追诉时效的中断

犯罪嫌疑人事实上已被立案并已开展侦查或调查工作的，不受追诉期限的限制，应当追究其刑事责任；侦查机关立案后，未采取任何侦查手段、强制措施，导致案件超过追诉时效的，不能以"时效的延长"为理由追究犯罪人的刑事责任。

司法实例

易某翁、陆某鸿盗窃案

2004年5月23日，公安机关对涉嫌盗窃的被告人易某翁、陆某鸿立案侦查后，又查证犯罪嫌疑人狄某顺曾于2003年12月22日和农历11月的一天夜里，伙同易某翁、陆某鸿等人到某县两户村民家中盗窃耕牛两头。经鉴定，被盗物品价值3500元。

2005年4月18日检察机关对该案提起公诉，人民法院受理后于2005年5月29日分别判处被告人易某翁、陆某鸿有期徒刑。判决书中亦认定狄某顺参与犯罪并在逃。2017年2月26日，公安机关将长期外逃的犯罪嫌疑人狄某顺抓获归案，其对上述犯罪事实供认不讳。

本案存在分歧的焦点是犯罪嫌疑人狄某顺的行为是否在追诉期限内，是否应追究其刑事责任。对此，存在两种不同的意见。一种意见认为，犯罪嫌疑人狄某顺的行为已超过追诉期限，不应追究其刑事责任。理由是：公安机关2004年5月23日的立案仅是针对易某翁、陆某鸿的盗窃行为，而不涉及狄某顺的犯罪行为。犯罪嫌疑人狄某顺从案发到2017年2月26日被抓获，其间没有任何法律文书显示公安机关对其进行立案侦查和采取强制措施。按照《刑法》关于时效及盗窃罪的相关规定，狄某顺的犯罪行为法定最高刑为3年，经过5年不再追诉。现该案已经过13年，不应再追诉。另一种意见认为，犯罪嫌疑人狄某顺事实上已被立案，不受追诉期限的限制，应当追究其刑事责任。理由是：公安机关2004年5月23日对被告人易某翁、陆某鸿立案侦查后，同时查证了易某翁、陆某鸿伙同狄某顺实施犯罪的行为，虽然没有法律文书显示公安机关对狄某顺涉嫌犯罪的事实进行立案侦查，但公安机关对易某翁、陆某鸿伙同狄某顺共同盗窃行为的查证，在事实上已经说明对狄某顺的犯罪行为给予了立案。因此，狄某顺的犯罪行为不受追诉期限的限制，应当追究其刑事责任。

法院生效判决采纳的是第二种意见，对狄某顺以盗窃罪判处了相应的有期徒刑。

根据《刑法》关于盗窃罪和追诉时效的相关规定,狄某顺的盗窃罪应在3年以下有期徒刑、拘役或者管制内判处,如果不存在时效延长、中断问题,经过5年便不再追诉。本案不存在前罪追诉期限内又犯新罪导致时效中断的情形,判断狄某顺的行为是否在追诉期限内,关键看是否符合《刑法》第88条规定的追诉时效延长的情形。

关于追诉时效的延长及不受追诉限制,我国《刑法》第88条规定了两种情形:一是在人民检察院、公安机关、国家安全机关立案侦查或者在人民法院受理案件以后逃避侦查或者审判的,不受追诉时效期间的限制;二是被害人在追诉期限内提出控告,人民法院、人民检察院、公安机关应当立案而不予立案的,不受追诉期限的限制。本案不存在被害人在追诉期限内提出控告的情形,狄某顺的行为是否符合追诉时效的延长情形,主要看其是否属于"人民检察院、公安机关、国家安全机关立案侦查或者在人民法院受理案件以后逃避侦查或者审判的",即是否同时满足"侦查机关立案侦查或法院受理后"与"逃避侦查或者审判"这两个条件。因狄某顺存在实质的逃避侦查行为,判断其是否过追诉期限,关键是看侦查机关是否对其犯罪进行立案侦查。

对于"立案侦查",是指"立案或侦查"还是"立案并侦查",实践中存在不同的看法。有认为是"立案或侦查"的,也有认为是"立案并侦查"的,笔者认为应当指"立案并侦查"。首先,从法律的规定来看,既然法条没有采用"立案、侦查"的方式,那么"立案侦查"理解为"立案并侦查"是符合法律文本含义的。其次,从追诉时效的设立来看,其目的主要有两个方面:一是督促司法机关及时对案件进行侦查,收集、完善相关证据,保障案件能够顺利得到诉讼;二是防止对一些罪恶不是十分严重的犯罪人无限期追诉,"消除公民对自己命运的忧虑",保障犯罪人的权利。根据《刑事诉讼法》的规定,对已经立案的刑事案件,应当进行侦查。如果"立案侦查"是指"立案或侦查",那么完全可能存在侦查机关立案后不管不问,导致案件无限期不能结案的情形。如此,追诉时效的目的就可能难以实现。此外,立案侦查"后"应当理解为侦查"开始后",而不能理解为侦查"终结后",否则《刑事诉讼法》1996年修正时将之前的"采取强制措施"改为"立案侦查"就没有任何意义。

因此,侦查机关立案后,未采取任何侦查手段、强制措施,导致案件超过追诉时效的,不能以"时效的延长"为理由追究犯罪人的刑事责任。当然,立案侦查是一种司法行为,必须由相应的司法程序、司法文书组成,需要相应的证据材料做支撑,如制作立案报告书、采取强制措施、上网追捕等。否则,应当视为没有立案侦查。需要注意的是,实践中经常遇到侦查过程中发现犯罪嫌疑人存在漏罪、漏犯的情形。因为深挖漏罪、漏犯是侦查机关的义务,也是对侦查行为的必然要求,对漏罪、漏犯原则上不应当也没有必要"另行立案"。如果对犯罪包括漏罪的侦查涉及漏犯,就应当认为已对漏犯进行了立案侦查。否则,容易导致追诉时效延长的扩大化,从而使遗漏的犯罪嫌疑人逃避法律责任的追究。

具体到本案,虽然没有任何法律文书显示之前公安机关对狄某顺进行立案侦查和采取强制措施,但对易某翁、陆某鸿伙同其盗窃耕牛进行侦查、起诉并判决的事实,已经说明狄某顺的犯罪事实被立案侦查,司法机关并未放弃对狄某顺犯罪行为的追诉。因狄某顺同时存在实质"逃避侦查行为",狄某顺的行为未超过追诉期限,属于追诉时效延长,不受追诉期限的限制,依法应当追究刑事责任。

121. 如何理解把握在转化型犯罪中犯意的作用

在转化型犯罪中，全案行为人是整体转化还是部分转化，应当根据各行为人的犯意分析判定。

司法实例

穴某庄故意伤害案

2012年6月4日18时许，被害人李某石、杨某树、时某可在某省某市朝阳中学门前玩耍时，见被告人穴某庄、舞某洋在校门前与该校女生聊天，李某石对穴某庄、舞某洋语言挑衅，穴某庄、舞某洋不甘示弱，双方继而发生口角并相互厮打。在厮打过程中，被告人穴某庄掏出随身携带的折叠刀将李某石、杨某树、时某可刺伤，李某石经抢救无效死亡。经法医鉴定：李某石因心脏破裂、心包填塞死亡；杨某树身体所受损伤属轻伤；时某可身体所受损伤属轻伤（偏重）。

某省某市人民检察院以穴某庄、舞某洋犯故意伤害罪提起公诉。

某市中级人民法院审理认为，被告人穴某庄因琐事故意伤害他人身体，致一人死亡，两人轻伤，其行为构成故意伤害罪。被告人舞某洋随意殴打他人、情节恶劣，其行为构成寻衅滋事罪。被告人穴某庄犯罪时不满18周岁，应从轻处罚。被告人穴某庄、舞某洋案发后主动到公安机关投案，至庭审时如实供述自己的犯罪事实，系自首，可从轻处罚。在案件审理期间，双方就民事赔偿问题达成调解协议，可酌情对二人从轻处罚。遂判决认定被告人穴某庄犯故意伤害罪，判处有期徒刑12年；被告人舞某洋犯寻衅滋事罪，判处有期徒刑2年，缓刑3年。判决已生效。

本案的焦点是如何界定实行过限与转化犯的问题，全案被告人是整体转化还是部分转化。

1. 准确界定实行过限与转化犯的定义及特征，进而明确两者之间的关系。转化型犯罪是指由法律特别规定，某一犯罪在一定条件下转化成另一更为严重的犯罪，依照后一种罪定罪量刑的犯罪。实行过限是指在共同犯罪中，由实行犯实施的超出共同犯意之外的犯罪行为。认定是不是实行过限，关键要看行为人是否有超出的犯意。

转化犯与实行过限紧密相关，在实行过限行为与共同犯罪行为分属不同罪质的情形时，往往涉及转化犯的问题；而相应地，在转化型犯罪中共犯人实施超出共同犯意的行为，对于全案人的行为性质如何界定，是认定整体转化还是部分转化，如果认定部分转化，就自然而然地涉及实行过限的问题。

2. 准确把握各行为人的犯意及其变化，以确定全案人是整体转化还是部分转化。由于共同犯罪的复杂性，共同谋议的范围往往存在模糊性、不确定性，这也导致较难认定全案人是整体转化还是部分转化，而以下几个要素在认定中就显得尤为关键：一是临时实行行为的犯罪与原共谋犯罪的性质差异；二是其他共犯在共同犯罪中的地位、作用及是否在场、当场或事后的即时表现；三是行为人犯意的变化。而行为人的犯意往往起到了决定性作用。

本案中，案发前，被害人、被告人均在某市朝阳中学门前闲逛，被害人一方年轻气盛、挑起事端，被告人一方逞强好胜、不甘示弱，双方矛盾从语言挑衅升级为相互打斗。在打斗之初，两被告人虽然没有共谋，但在打斗中形成了相互意识的联络，两人均意识到自己不是孤立地在从事犯罪。犯意均是实施打斗，扰乱社会公共秩序，寻求精神刺激，以满足自己藐视社会、逞强斗狠的流氓心理。

共同犯罪首先要形成共同的犯意，在共同犯意形成之后，随着作案环境的变化，有些行为人受个人心理素质、自控能力、犯罪诱因、法律后果等因素的影响，而对原有的共谋犯意作出调整、修正甚至改变,有的仍停留在原有犯意基础上,有的则产生了超越共同犯意以外新的犯意,对危害结果具有新的追求或放任。

本案中,打斗开始不久,被告人穴某庄见明显打不过对方(作案环境发生改变),就掏出随身携带的折叠刀(作案手段发生改变),随意捅刺,致一死两伤(新的危害结果的积极追求)。此时,其原有的共谋犯意发生明显的改变,即由单纯的逞强好胜转化为故意伤害他人身体健康,超越了原有的认识因素和意志因素,产生了新的犯意。而此时的舞某洋,由于事先并不知晓穴某庄身上带有折叠刀,在打斗过程中各自为战,也不知穴某庄已将折叠刀掏了出来,其对故意伤害他人身体致人死亡和轻伤的犯罪后果未有明确的认识,也不希望这种结果的发生,其共谋犯意未发生改变,仍停留在原有的犯意基础上。因此,两人对于超出的犯意是不同时具备的,舞某洋仍是寻衅滋事的犯意,而穴某庄已转化为故意伤害的犯意,即存在部分转化。

3. 准确界定行为人各自的罪名和刑事责任,以体现法律的公正性和权威性。明确了是部分转化,厘清了过限行为的判断标准,在对共犯进行定罪时,就应按其基本行为定罪,过限行为不在共同犯意之内,因此不能按照过限行为定罪。在刑事责任承担上,对实行犯的过限行为,不能适用共犯整体责任原则,而应严格按照罪责自负原则,由过限行为的实施者承担责任。

具体到本案,穴某庄属于实行过限,其罪名发生转化,转为故意伤害罪。舞某洋没有产生故意伤害的犯意,罪名仍是寻衅滋事罪。最终,法院对公诉机关指控舞某洋的罪名进行了变更,以寻衅滋事罪,判处其有期徒刑 2 年,缓刑 3 年。

122. 以实例说明如何运用证据推定非法占有的目的

认定是否以非法占有为目的,既要避免单纯根据损失结果客观归罪,也要防止仅凭被告人自己的供述而推定的方法。推定必须是在有证据证明基础事实的前提下,运用逻辑和经验的法则,推断行为人主观的目的。因为目的属于人的主观方面,较之客观方面而言,具有抽象性和内隐性。在适用推定的基础上,则主观方面事实的证明责任转移,是否明知、故意、占有目的等主观事实由被告人承担举证责任,如果被告人不能提供证据予以证明,则推定的事实——被告人主观上有非法占有目的事实成立。被告人提供证据反驳其具有非法占有目的的推定仅需具有高度盖然性,无须达到排除合理怀疑的证明标准。

司法实例

任某武诈骗、职务侵占案

2006 年至 2011 年,被告人任某武在担任新加坡金业国际集团木糖醇公司(以下简称木糖醇公司)董事、董事长及法定代表人期间,利用担任上述职务的便利,将该公司的资金 4191 万余元分别转移至由其控制的某市金天地商贸有限公司(以下简称金天地公司)、网银在线(某市)科技有限公司(以下简称网银在线公司)或其个人处,非法占为己有。2008 年至 2009 年,吕某余替某市永创公司出资 1800 万元收购了网银在线公司、网银在线(某市)信用担保有限公司、某市网银易付科技有限公司(后注销)三家公司各 90% 的股份。网银在线(某市)信用担保有限公司先后更名为商通(某市)信用担保有限公司、网银在线(某市)商务服务有限公司(以下简称网银商务公司)。2009 年至 2010 年,被告人任某武以办理其他公司的业务为名,从吕某余处取得某市永创公司的公章后,伪造股东会决议、出资转让协议,欺骗工商登记部门进行变更登记,将某市永创公司在网银在线公司的出资 900 万元对应的 90% 股份、在网银商务公司的出资 900 万元对应的 90%

股份，分别转至其妻王某颖及其本人名下。后任某武将网银在线公司变更为网银商务公司的全资子公司，持有网银商务公司90%的股份。2012年，德国睿智公司（根据音译以下均称为睿智公司）以1.1亿元的价格间接控制了网银商务公司35%的股份。睿智公司支付任某武个人500万元。2015年5月25日，被告人任某武被抓获归案。到案后，被告人任某武授权田某良将其在网银商务公司持有的55%的股份转至吕某余的名下。

某市中级人民法院认为，对于被告人任某武关于其并无非法占有木糖醇公司资金的目的，其挪用资金是为了维护股东的利益，且吕某余等股东对其挪用资金的情况均知情的辩解，经查：证人吕某余的证言证明其对任某武挪用木糖醇公司资金的情况并不知情，证人赵某博、府某香的证言，证人相某尔等木糖醇公司工作人员的证言也证明了木糖醇公司在任某武的控制下，对外转移资金并无合法、合理的依据，且任某武在将5800万余元的资金对外转出后，将木糖醇公司、金天地公司的财务账目进行核销，并最终在放弃木糖醇公司债权的前提下，零对价将木糖醇公司转让，致使木糖醇公司对转出的资金完全失控，其个人及其控制的金天地公司等处非法占有了木糖醇公司的巨额资金。故被告人任某武的该项辩解，缺乏证据支持，本院不予采纳。对于被告人任某武关于吕某余知道其将涉案公司的股权变更到其个人和王某颖名下，变更股权是为了规避中国人民银行的相关规定，吕某余知道其将股权转让给睿智公司的情况的辩解，经查：证人吕某余的证言证明其对任某武将涉案公司的股权变更到任某武和王某颖名下，并将部分股权转让给睿智公司的情况并不知情。证人田某良的证言证明了在转让涉案股权的过程中，任某武谎称其与吕某余分家，某市永创公司是其公司等情况，田某良的证言与吕某余的证言能够相互印证。此外，任某武转让部分股权后的获益均在任某武的控制下，并无证据证明吕某余对转让公司的情况知情并获益。而中国人民银行的相关规定和证人田某良的证言证明了任某武所说的限制性规定并不存在。故被告人任某武的该项辩解，缺乏证据支持，本院不予采纳。对于被告人任某武的辩护人关于任某武是某市永创公司的股东，任某武在取得某市永创公司印章办理其公司业务的情况下转移股权的行为系利用职务之便的侵占行为，故其行为构成职务侵占罪的辩护意见，经查：在案证据证明，任某武非法占有的是某市永创公司在网银在线公司、网银商务公司的股权，该股权是某市永创公司的合法财产。任某武之妻王某颖系某市永创公司的股东，但任某武、王某颖不仅未在某市永创公司实际出资，且未在某市永创公司担任职务，并无职务上的便利。任某武以办理其他业务为名从吕某余处取得公章后，伪造股东会决议、出资转让协议欺骗工商登记部门进行变更登记，非法取得了某市永创公司拥有的股权，其行为已符合诈骗罪的构成要件。故被告人任某武的辩护人的该项辩护意见，缺乏事实和法律依据，本院不予采纳。对于被告人任某武的辩护人所述关于任某武弥补了吕某余的损失，应对其从轻处罚的辩护意见，及申请法庭调取吕某余转让网银商务公司股权所得价款情况，拟证明吕某余因任某武犯罪行为所受全部损失已得到弥补的诉讼请求，经查：在案证据证明，任某武利用职务便利将木糖醇公司的资金4191万余元非法占为己有；任某武骗取网银在线公司和网银商务公司90%的股权后，将其中35%的股权转让给他人并非法获取巨额利益。任某武的行为使被害人遭受了巨大的经济损失。案发后，任某武将网银商务公司的55%股权退还被害人，并不意味着被害人因任某武的犯罪行为遭受的全部损失已得到补偿。故被告人任某武的辩护人的该项辩护意见，缺乏事实和法律依据，不予采纳；其申请调取相关证据的诉讼请求，亦不予支持。遂于2017年5月23日判决认定被告人任某武犯诈骗罪，判处无期徒刑，剥夺政治权利终身，并处没收个人全部财产，犯职务侵占罪，判处有期徒刑15年，并处没收个人财产200万元，最终决定执行无期徒刑，剥夺政治权利终身，并处没收个人全部财产。在案扣押的款、物分别直接、变价后按比例发还被害人或退回某市人民检察院处理。责令被告人任某武继续退赔犯罪所得的不足部分,按比例发还被害人。

一审宣判后,任某武提出上诉,被某省高级人民法院驳回。

本案的焦点是,如何运用证据推定非法占有的目的。

非法占有目的是构成诈骗罪、职务侵占罪的必备要素。如果行为人不具有非法占有的目的,则其可能不构成诈骗罪、职务侵占罪,或不构成职务侵占罪,而仅构成挪用资金罪。因此,准确认定行为人是否具有非法占有的目的,是审理此类案件的关键。而目的属于人的主观方面,较之客观方面而言,具有抽象性和内隐性。在司法实践中如何认定非法占有目的,是一个较为复杂的问题。人的活动由其主观心理支配,活动的性质由主观心理决定;行为人的心理态度通过其外向化、客观化的外在行为来体现和反映。只要存在证据证明这些客观化、外在化的行为表象和印迹的存在是确定的、属实的,就可以推断其行为时的心理态度。基于此,《金融犯罪纪要》指出,在司法实践中,认定是否有非法占有的目的,应当坚持主客观相一致的原则,既要避免单纯根据损失结果客观归罪,也不能仅凭被告人自己的供述,而应当根据案件具体情况具体分析。所谓"具体情况具体分析",实质上就是应当将主观目的的证明建立在客观事实的基础之上。为此,就必须采用推定的方法,根据客观存在的事实推断行为人主观目的的存在。推定是从已知的事实推导出未知事实的逻辑思维活动。对于如何根据客观存在的事实推断行为人非法占有的目的,《金融犯罪纪要》列举了若干种情形,即根据司法实践,对行为人通过诈骗的方法非法获取资金,造成数额较大资金不能归还,并具有下列情形之一的,可以认定具有非法占有的目的:(1)明知没有归还能力而大量骗取资金的;(2)非法获取资金后逃跑的。《金融犯罪纪要》所运用的基本方法是从基础事实而得出的推定事实。基础事实是指,对行为人通过诈骗的方法非法获取资金,造成数额较大资金不能归还,并具有明知没有归还能力而大量骗取资金的等多种情形,推定的事实是认定行为人具有非法占有的目的。基础事实与推定事实之间因果关系的确定性是基于司法实践中的总结和逻辑经验,这些总结和逻辑经验不局限于《金融犯罪纪要》所明确指出的几种情形。由于推定是建立在经验法则的基础之上的,经验法则作为一种不完全的理性,存在非必然性和可推翻性,因此,推定应允许对方进行反驳。此外,不能将推定所得的结论事实作为进一步推定的基础事实,以此避免与客观事实之间的距离无限扩大,造成认定事实错误。

简言之,在司法实践中,推定由于揭示了从一项事实推出另一事实的过程,可以作为法官的采证规则而存在,用于判断犯罪嫌疑人、被告人的主观心态。一般来说,推定事实适用的条件是:(1)基础事实已经得到证明,即基础事实必须有证据予以支持,并已得到了确认;(2)基础事实与推定事实之间存在一定的联系,这种关联性是客观的、常态的,不是偶发的、随机的或主观臆想的;(3)没有反证或反证证明力不足。推定是一种证明法则,属于一种程序性案件事实认定的规则,即法律所允许的证明案件事实的一种特殊法则;也是一种证明责任转移机制和法官的事实认定规则。适用推定,则主观方面事实的证明责任转移,是否是明知、故意、占有目的等主观事实由被告人承担举证责任,如果被告人不能提供证据予以证明,则推定的事实即被告人主观上有非法占有目的的事实成立。当然,被告人提供证据所要达到的证明标准有所降低,不适用排除合理怀疑的较高的证明标准。具体到本案,在任某武涉嫌犯职务侵占罪的事实中,在案证据能够证明的基础事实是木糖醇公司在任某武的控制下,在无合法、合理的依据的情况下将其资金转移至任某武及其亲属、任某武控制的金天地公司等处。任某武在将木糖醇公司5800万余元的资金对外转出后,将木糖醇公司、金天地公司的财务账目进行核销,使得木糖醇公司的账目上无法体现对金天地公司的债权,并最终在放弃木糖醇公司对其他公司债权的前提下,零对价将木糖醇公司转让,致使木糖醇公司对转出的资金完全失控,客观上使得其个人及其控制的金天地公司等占有了木糖醇公司的巨额资金而无须偿还。从上述事实，依靠逻辑和经验，足以推定任某武对木糖醇公司转出的资金具有非法占有的目的。任某武对此提出的反驳理由是将资金转出是为了维护股东的利益，且吕某余等股东对其挪用资金的情况均知情。而证人吕某余的证言证明其对任某武挪用木糖醇公司资金的情况并不知情。任某武所谓维护股东的利益也无法自圆其说。任某武提出的反证证明力不足，无法反驳从基础事实推定出的其具有非法占有目的的事实。在任某武涉嫌诈骗罪的事实中，在案证据能够证明的基础事实是任某武将吕某余持股的某市永创公司持有的两家网银公司90%的股权转至其个人及王某颖的名下后，将其中的部分股权转让给睿智公司并获益的事实。证人吕某余的证言证明其对任某武将涉案公司股权变更到任某武和王某颖名下，并将部分股权转让给睿智公司的情况并不知情。证人田某良的证言证明了在转让涉案股权的过程中，任某武谎称其与吕某余分家，某市永创公司是任某武的公司等情况。在吕某余不知情的事实中田某良的证言与吕某余的证言能够相互印证。此外，转让部分股权后的获益均在任某武的控制下，并无证据证明吕某余对转让公司的情况知情并获益。基于上述事实，依靠逻辑和经验，足以推定任某武对某市永创公司持有的两家网银公司90%的股权具有非法占有的目的。任某武对此提出的反驳理由是将两家网银公司90%的股权变更到其个人和其妻名下是因为中国人民银行的相关规定限制同一股东在两家以上的网络支付公司持股，而吕某余还持有另外一家网络支付公司的股权，不符合中国人民银行的规定，其将股权转移是为了公司经营。任某武还辩称，可能是田某良曾向其提起过中国人民银行打算出台这样的规定，但最后中国人民银行没有出台。经查询中国人民银行并未出台过相类似的规定，而证人田某良的证言证明了任某武所说的限制性规定并不存在，其也从未提起过中国人民银行要出台相关规定。而即便中国人民银行出台了相关限制性规定，也不能成为任何人无合法依据侵吞他人财产的理由。任某武提出的反证证明力不足，无法反驳从基础实施推定出的其具有非法占有目的的事实。

123. 实践中如何理解把握危害食品安全犯罪禁止令的适用

对于危害食品安全犯罪案件，应根据被告人的犯罪事实、具体情节和悔罪表现，综合判断其主观危险和社会危害性，在对其适用缓刑的同时，可以对其宣告禁止令，禁止其在缓刑考验期限内从事食品生产、销售及相关活动。

司法实例

江某梓、步某杏生产、销售有毒、有害食品案

2016年3月以来，被告人江某梓、步某杏夫妇在某省某市某镇一菜市场口的平记叫花鸡店内非法使用国家禁止使用的非食品原料罂粟壳(成分中含有吗啡、可待因、罂粟碱、那可汀、蒂巴因)制作卤肉食品并出售牟利。2016年5月9日被某省某市公安局查获。

某省某市人民法院经一审审理，以生产、销售有毒、有害食品罪判处被告人江某梓有期徒刑1年6个月，并处罚金1万元。判处被告人步某杏犯生产、销售有毒、有害食品罪，判处有期徒刑1年，缓刑1年，并处罚金5000元。同时宣告禁止被告人步某杏在缓刑考验期限内从事食品生产、销售及相关活动。判决已生效。

本案是一起社会危害性相对较小的危害食品安全的刑事案件，涉及最高人民法院、最高人民检察院《关于办理危害食品安全刑事案件适用法律若干问题的解释》(以下简称《食品解释》)第21条2倍罚金、第22条禁止令的适用问题。对危害食品安全犯罪社会危害性不大的犯罪分子适用缓刑，并同时宣告禁止令，具有社会标示性意义，有利于预防食品安全犯罪。

1. 严厉打击重大食品安全犯罪固然重要，同时由于食品安全犯罪侵犯对象的普遍性以及社会影响的大众化，更需要关注社会危害性不大的食品安全犯罪小案，小案不除，难以从根本上铲除大案滋生的土壤和条件。《食品解释》向社会发出这样一个信号，在编织严密的依法惩治危害食品安全犯罪刑事法网下，进一步加大打击危害食品安全犯罪的力度，人民法院行使审判权绝不手软，应视情况全面惩罚犯罪，彻底剥夺再犯的可能性，为食品安全保驾护航。

2.《食品解释》表明，为在全社会形成预防和惩治危害食品安全犯罪的良好氛围，进一步加大对危害食品安全犯罪的打击力度，即使是社会危险性明显不大的危害食品安全的犯罪分子也需要提高对其处罚的违法成本，并严格适用缓刑。其中第 21 条规定，对于危害食品安全犯罪分子一般应当依法判处生产、销售金额 2 倍以上的罚金。2 倍罚金的规定，一方面体现我国对危害食品安全犯罪分子的经济处罚力度加大，另一方面也可以剥夺其再犯能力和条件，确保对危害食品安全犯罪分子的刑罚执行的效果。

本案被告人江某梓、步某杏是夫妻关系，主要靠生产食品维持日常生活。为使消费者对其生产的食品上瘾，不惜在生产经营过程中非法使用国家禁止使用的非食品原料罂粟壳制作有毒有害的卤肉食品，意图使消费者在消费后产生依赖作用进而继续购买其有毒有害食品，牟取利润。根据《刑法》第 144 条的规定，两被告人的行为均已构成生产、销售有毒、有害食品罪。两被告人归案后如实供述罪行，构成自首，根据《刑法》第 67 条的规定，对于自首的犯罪分子，可以从轻或者减轻处罚。其中，犯罪较轻的，可以免除处罚。由于两被告人犯罪持续时间较短，销售金额及社会影响不大，没有造成严重的社会危害后果，依法给予两被告人从轻处罚。尽管如此，根据销售金额以及共犯作用的大小，在判处主犯江某梓有期徒刑的同时并处罚金，对从犯步某杏则判处缓刑，并处罚金，并同时宣告禁止令。

3.《刑法修正案（八）》对我国非监禁刑制度进行了重大调整，其中引人关注的是禁止令，对于判处管制和宣告缓刑的罪犯，人民法院可以“同时禁止罪犯在执行期间从事特定活动，进入特定区域、场所，接触特定的人”。禁止令的特点是依附于管制和缓刑，是对刑法规定的一般义务的补充和丰富，具有强制性。在适用禁止令时，原则上应该谨慎对待，只有在确有必要、确有把握、确有效果的情况下才能适用。

对危害食品安全的犯罪，《食品解释》第 22 条明确规定：对实施本解释规定之犯罪的犯罪分子，应当依照刑法规定的条件，严格适用缓刑、免予刑事处罚。根据犯罪事实、情节和悔罪表现，对于符合刑法规定的缓刑适用条件的犯罪分子，可以适用缓刑，但是应当同时宣告禁止令，禁止其在缓刑考验期限内从事食品生产、销售及相关活动。这主要是为了剥夺其再犯食品安全犯罪的条件。

本案从犯步某杏犯罪的动机是谋生，因此，其在缓刑期间仍有可能接触相同犯罪的条件、时间和内心冲动，故对其适用禁止令，禁止其在缓刑考验期限内从事食品生产、销售及相关活动。对缓刑犯宣告禁止令，禁止其特定的经济活动，可防止其重启犯意及实施，有助于在缓刑期间对其进行有效管教，预防其再次犯罪，对其适用禁止令的期限确定为与缓刑考验期限相同，有利于其改过自新。

124. 采用违法的经营手段能否排除单位犯罪适用

单位设立后，所从事的业务活动本身合法，但行为手段违反刑法规定，单位犯罪主体人格并未否定，不能排除单位犯罪的适用。单位犯罪是指出于单位的整体意志，以单位名义实施，违法所得归单位所有的犯罪行为。公司、企业、事业单位经合法程序成立后，超过其核定经营的业务范围进行活动且违反国家的禁止性规定的，一般不以单位犯罪论处。

司法实例

旭日公司、杜某考走私普通货物案

被告单位：某市旭日渔业贸易有限公司（以下简称旭日公司）。被告人：杜某考，旭日公司总经理。2014 年下半年至2016 年3 月，被告人杜某考在经营小度水产行的过程中，通过被告人朱某军（在逃）经营的东升佳华公司等从境外进口了鳕鱼等水产品。2011 年 10 月，杜某考以其妻子王某平转作为法定代表人设立旭日公司，经营上述相同业务。杜某考明知报关价格低于实际成交价格，仍通过单某波（另行处理）或直接委托华运公司、连发公司、鱼翔公司（均另行处理）代理报关，向对方支付包含税款的代理费用，从某国际机场海关进口鳕鱼等水产品共计 700 余票，偷逃应缴税额 2516 万余元。

某市人民检察院以走私普通货物罪对被告单位旭日公司及其直接负责的主管人员被告人杜某考提起公诉。

某市中级人民法院审理认为，被告人杜某考在经营小度水产行和旭日公司的过程中，伙同境外供货商、朱某军、单某波以及华运公司、连发公司、鱼翔公司等报关公司，违反海关法规，逃避海关监管，采用低报价格的方式走私进口水产品，共计偷逃应缴税款 2500 万余元，其行为已构成走私普通货物罪，且情节特别严重。关于公诉机关针对被告单位旭日公司犯走私普通货物罪及杜某考承担该单位犯罪的直接负责的主管人员的责任的指控，经查，旭日公司于 2011 年 10 月成立，由杜某考个人控制，成立后的主要业务与小度水产行相同，从事低价报关进口鳕鱼等水产品业务，故可认定该公司设立后以实施犯罪为主要活动，根据相关司法解释的规定，不以单位犯罪论处。因此，杜某考经营旭日公司期间走私进口水产品的行为，应认定为杜某考个人伙同其他单位、个人的共同犯罪，应追究杜某考个人相应的刑事责任，而不应认定为旭日公司单位犯罪。鉴于上述共同犯罪中，华运公司、连发公司、鱼翔公司等单位系主犯，杜某考系从犯，依法应对其减轻处罚。遂以走私普通货物罪判处被告人杜某考有期徒刑 9 年，并处罚金 10,000 元，违法所得予以追缴。

一审宣判后，被告单位旭日公司、被告人杜某考均提出上诉。

某省高级人民法院二审审理认为，原判认定被告人杜某考实施走私普通货物犯罪活动的事实清楚，证据确实、充分。但原判将旭日公司单位走私普通货物的犯罪事实一并认定为被告人杜某考个人走私普通货物犯罪适用法律不当，应予纠正。遂终审判决维持一审判决“违法所得予以追缴”的判决部分，撤销“被告人杜某考犯走私普通货物罪，判处有期徒刑 9 年，并处罚金 10,000 元”的判决部分，判决上诉人（原审被告人）杜某考犯走私普通货物罪，判处有期徒刑 9 年。

本案的争议焦点在于被告单位旭日公司在经营进口水产品业务中，采取低价报关的手段偷逃关税，是否属于单位设立后以实施犯罪为主要活动，被告单位旭日公司是否构成走私普通货物罪的单位犯罪。在本案审理中，产生不同的意见，二审法院改判主要基于以下考量：

1. 单位犯罪的认定。单位犯罪的主体人格相当于自然人拥有的生命，自然人只有在出生之后才能享有权利能力，成为一个具有法律意义的主体，当其死亡时自然人个体自然消失，不能再成为法律关系主体而只能成为客体。同理,单位只有具备单位犯罪的主体人格,才是法律意义上的"拟制人",同自然人一样享有独立的主体地位,从而得以采取具有法律意义的行为并对该行为的后果负责。即只有具备单位犯罪主体人格的才是单位犯罪中的"单位"。

(1)单位犯罪中"单位"的界定。《刑法》第 30 条规定的公司、企业、事业单位,既包括国有、集体所有的公司、企业、事业单位,也包括依法设立的合资经营、合作经营企业和具有法人资格的独资和私营等公司、企业、事业单位。《刑法》上判断公司、企业、事业单位是否具有单位犯罪的主体资格,主要依据在于是否具有法人资格。办理了企业法人营业执照,取得了法人资格的私营公司、企业,应当属于单位的范畴。对于不具有法人资格的私营独资企业和私营合伙企业实施的犯罪行为,应当依照《刑法》有关自然人犯罪的规定定罪处罚。单位行为的核心在于从事核准的经营活动或者与经营业务相关的活动,只有在这种情况下,单位的主体人格才能得到法律和社会的认可,其实施的犯罪活动才能作为单位犯罪处理。

(2)单位犯罪的成立要件。哪些行为可归入单位犯罪的范畴,还需要考察单位行为是否符合单位犯罪的成立要件,这也是区分单位犯罪与单位内部成员犯罪的标准。《金融犯罪纪要》指出:以单位名义实施犯罪,违法所得归单位所有的,是单位犯罪。《单位犯罪解释》第 3 条进一步规定:"盗用单位名义实施犯罪,违法所得由实施犯罪的个人私分的,依照刑法有关自然人犯罪的规定定罪处罚。"可见,区分单位犯罪与单位成员犯罪的关键,在于是否以单位名义从事该违法犯罪活动,违法所得是否归单位所有。其一,"以单位名义"实际上所表征的是行为与单位意志之间的联系,在具体案件中不能仅从行为对外明示的单位身份上判断,而应从行为的决策主体和决策程序两方面考察。如果经过单位法定决策机构和决策程序,由单位的理事会、董事会等集体作出决定,或者由单位的董事长、总经理等个人代表单位作出决定的,那么,该决定应当被认为代表单位意志。换言之,"以单位名义"是确定被控行为中单位意志的形式要件,而单位意志是单位犯罪成立的一个实质要件。其二,"违法所得归单位所有"是为单位谋取不正当利益实施犯罪活动所呈现出来的客观结果。从违法所得的归属可以倒推某个特定的犯罪行为是否为了单位利益,从而体现出单位意志。因此,违法所得归单位所有归根结底也是为了证明单位意志的存在。由于单位意志和单位利益的整体性,"违法所得归单位所有"是指归单位全体成员享有,而不是归少数几个单位决策者或者具体实施人员享有。因此,"以单位名义""违法所得归单位所有"从形式和实质两个层面上可以分解为"在单位意志支配下""以单位名义""违法所得归属于单位"三个要件,单位犯罪必须满足这三个要件,缺一不可。

2. 单位犯罪主体人格的否定。由于现行刑法对单位犯罪规定了较自然人犯罪更为狭窄的成罪范围以及更为轻缓的刑罚,导致不少行为人借用公司、企业、事业单位的外壳,大肆进行违法犯罪活动,以此达到有罪不罚、重罪轻罚的目的。针对这一情况,《单位犯罪解释》第 2 条规定:个人为进行违法犯罪活动而设立的公司、企业、事业单位实施犯罪的,或者公司、企业、事业单位设立后,以实施犯罪为主要活动的,不以单位犯罪论处。该条规定包括两种情况:一是个人为进行违法犯罪活动而设立公司、企业、事业单位实施犯罪的,不以单位犯罪论处。显然在这种情况下单位根本没有合法的经营业务,公司登记主管部门也不可能核准登记。因此,名义上的公司、企业、事业单位既不具有法人成立的形式要件,也不具有因合法的经营业务所带来的单位主体人格的实质内容。二是公司、企业、事业单位设立后,以实施犯罪为主要活动的,不以单位犯罪论处。公司、企业、事业单位设立后,以实施犯罪为主要活动的,是指基于不存在任何合法的经营业务所带来的单位主体独立人格的消失，其在公司登记主管部门处申请核准从事的合法经营业务被完全虚置。概言之，公司、企业、事业单位设立后，并未从事核定经营的业务，而是从事了刑法所禁止的行为，业务行为违反刑法规定，当然不以单位犯罪论处。如公司以游艺娱乐为经营范围向公司登记主管部门申请登记，取得营业执照后，并未从事该业务，而是直接用于开设赌场，进行赌博活动，应认定为公司、企业、事业单位设立后，以实施犯罪为主要活动，不以单位犯罪论处。常见的还有公司、企业、事业单位成立后，直接从事非法经营、非法集资活动等，均不以单位犯罪论处。值得注意的是，如果单位在合法业务的经营活动中采取了违法犯罪手段，则因单位业务内容的合法而具有了单位主体的独立人格，从而得以产生单位意志。在单位意志的支配下，单位成员采用违法犯罪的方法从事经营，行为的结果归属于单位，即违法所得归单位所有，所引起的刑事责任应由单位承担。这种情况下，单位成员代表单位实施犯罪活动应当视为单位的犯罪行为，构成单位犯罪。即从事的业务本身合法但行为手段违反刑法规定，单位主体人格并未被否定，但单位的行为违反刑法规定构成犯罪。这不同于以实施犯罪为主要活动将违法犯罪直接作为单位业务的情况，后者因单位主体人格的否定，导致不存在单位意志，违法犯罪只能被认为是单位成员共同合意下的结果，应追究单位成员共同犯罪的刑事责任。

3. 关于本案被告单位、被告人的行为性质。具体到本案，旭日公司的经营范围是水产品的进口销售业务，工商管理部门亦对此进行了核准登记，说明该公司经营的业务内容本身并不违法。但为了降低业务成本，获取更多的利润，旭日公司采取了低报价格、偷逃关税的走私犯罪方式，属于在经营合法业务活动中采取了违法犯罪手段，应认定为具有单位犯罪的主体人格。而不能认定为公司、企业、事业单位设立后，以实施犯罪为主要活动，继而径行适用《单位犯罪解释》第 2 条的规定，排除单位犯罪的适用。既然旭日公司具备了单位犯罪的主体人格，那么，旭日公司的实际控制者杜某考进行的水产品走私犯罪，是否可以归入旭日公司单位犯罪的范畴呢？本案中，杜某考作为旭日公司的实际控制人，公司的意志与其个人意志高度统一，在明知报关价格低于实际成交价的情况下，以旭日公司的名义与相关人员及相关公司达成协议，由后者代理进口及报关，是杜某考在从事公司水产品进口业务时将自己的走私个人意志上升成为了旭日公司的走私犯罪单位意志，并在该意志的支配下实际进行了走私活动，且相关证据均证实偷逃的关税利益最后归属于旭日公司。因此，作为旭日公司实际控制人杜某考的走私行为，应当认定为旭日公司的单位走私犯罪。二审法院确认旭日公司构成走私普通货物罪的单位犯罪是正确的。需要说明的是，考虑到一审法院将旭日公司的走私犯罪作为杜某考个人犯罪处理，在判决主文中只对杜某考进行了定罪量刑，而未对旭日公司科以刑罚，根据上诉不加刑原则，二审法院不宜直接对旭日公司判处刑罚。因此，二审法院仅针对杜某考以旭日公司直接负责的主管人员的身份进行依法改判。

125. 有期徒刑执行完毕，管制执行期间犯罪是否构成累犯

行为人被判处有期徒刑、管制刑罚或者无期徒刑、管制刑罚，在有期徒刑或者无期徒刑执行完毕后，管制刑罚执行期间再犯应当判处有期徒刑以上刑罚之罪的，不应当认定为累犯，即累犯认定中的刑罚执行完毕应当视为有期徒刑以上的刑罚执行完毕。

司法实例

周某娜盗窃案

被告人周某娜，自2000年以来，曾因吸毒、盗窃、贩卖毒品被强制隔离解毒、劳动教养3次，判处有期徒刑或管制并处罚金6次。2012年11月12日下午，被告人周某娜在某市某区江海路一超市二楼的儿童服装区，趁被害人孙某芒挑选商品之际，窃得孙某芒放在附近购物车内的拎包1只，内有现金3650元。当日，被告人周某娜被公安机关抓获归案，上述被盗财物已发还被害人。

某省某市某区人民检察院以被告人周某娜犯盗窃罪提起公诉。

某省某市某区人民法院审理认为：被告人周某娜以非法占有为目的，秘密窃取他人财物，数额较大，其行为已构成盗窃罪。被告人周某娜曾因故意犯罪被判处有期徒刑，在有期徒刑刑罚执行完毕以后5年内再犯应当被判处有期徒刑以上刑罚之罪，系累犯，应当从重处罚。被告人周某娜在判决宣告以后、刑罚执行完毕以前又犯新罪，应当数罪并罚。被告人周某娜当庭自愿认罪，可酌情从轻处罚。遂判决被告人周某娜犯盗窃罪，判处有期徒刑10个月，罚金3000元，与前罪余刑管制8个月24日，罚金8000元并罚，决定执行有期徒刑10个月，管制8个月24日，罚金11,000元。

一审宣判后，被告人周某娜以量刑过重为由提出上诉。

二审出庭检察员认为，原审判决认定上诉人周某娜犯盗窃罪的事实清楚，证据确实、充分。上诉人周某娜在管制执行期间再犯罪，不应认定为累犯。

某市中级人民法院经二审审理查明的事实与一审一致。该院认为：上诉人（原审被告人）周某娜以非法占有为目的，秘密窃取他人财物，数额较大，其行为已构成盗窃罪。上诉人周某娜到案后如实供述自己的罪行，依法应从轻处罚。上诉人周某娜在有期徒刑执行完毕以后、管制刑罚执行期间又犯新罪，依法不构成累犯，应当对新犯的罪作出判决，把前罪没有执行的刑罚和后罪所判处的刑罚实行数罪并罚。故一审法院认定上诉人周某娜构成累犯不当，应予纠正，同时对上诉人周某娜的量刑亦应予以调整。上诉人的上诉理由成立，出庭检察员的意见符合事实和法律规定，均予以采纳。遂终审判决维持一审判决对上诉人（原审被告人）周某娜的定罪、罚金部分、前罪余刑部分以及决定执行的管制和罚金部分，即被告人周某娜犯盗窃罪，并处罚金3000元，与前罪余刑管制8个月24日，罚金8000元并罚，决定执行管制8个月24日，罚金11,000元；撤销一审判决对上诉人（原审被告人）周某娜新罪量刑的主刑部分以及决定执行的有期徒刑部分，即判处有期徒刑10个月，决定执行有期徒刑10个月；上诉人（原审被告人）周某娜犯盗窃罪，判处有期徒刑9个月，罚金3000元，与前罪余刑管制8个月24日，罚金8000元并罚，决定执行有期徒刑9个月，管制8个月24日，罚金11,000元。

本案二审作出改判判决的主要理由为：

1. 关于累犯认定问题。《刑法》第65条规定，被判处有期徒刑以上刑罚的犯罪分子，刑罚执行完毕或者赦免以后，在5年以内再犯应当判处有期徒刑以上刑罚之罪的，是累犯，应当从重处罚，但是过失犯罪和不满18周岁的人犯罪的除外。前款规定的期限，对于被假释的犯罪分子，从假释期满之日起计算。二审中，对于上诉人周某娜是否认定累犯存在不同意见。一种意见认为，周某娜在犯本案认定之罪时，其前罪的有期徒刑刑罚已经执行完毕，且在5年内再犯，应当认定为累犯。另一种意见认为，周某娜2007年9月5日释放，2007年因贩卖毒品罪被判处有期徒刑的刑罚已经执行完毕。后虽屡犯盗窃违法犯罪行为，但因皆适用了管制，管制又一直没有执行完毕，因此其前罪刑罚执行完毕之日为2007年9月5日。本次犯罪的日期为2012年11月12日，已经超过有期徒刑执行完毕5年的时间，故不宜认定为累犯。

司法实践中,对于1979年《刑法》第61条中“刑罚执行完毕”的理解认识不统一,最高人民法院也曾有过专门答复,认为是指主刑执行完毕,但此答复已废止。① 因此,对于此答复是否仍予适用存在争议。二审经过研究认为,此答复虽然废止,但其原因在于1997年《刑法》修订时对累犯的条文进行了修改,包括条文从1979年《刑法》的第61条调整至1997年《刑法》的第65条,同时也包括累犯认定条件从“3年之内”调整至“5年之内”,因此答复中有关规定的依据已经修改。但对于“刑罚执行完毕”的表述《刑法》没有修改,答复的精神仍然可以适用,即“刑罚执行完毕”是指主刑执行完毕。并不能将“刑罚执行完毕”中的“刑罚”单纯理解为“被判处有期徒刑以上刑罚的犯罪分子”中“有期徒刑以上刑罚”的同位语,而仅指有期徒刑以上刑罚,具体为有期徒刑、无期徒刑、死刑中的缓期2年执行三种刑罚。如这样理解,在适用《刑法》第71条进行数罪并罚时因其要求“刑罚执行完毕以前”,导致与累犯“刑罚执行完毕之后”出现矛盾。《刑法》第71条规定,判决宣告以后,刑罚执行完毕以前,被判刑的犯罪分子又犯罪的,应当对新犯的罪作出判决,把前罪没有执行的刑罚和后罪所判处的刑罚,依照本法第69条的规定,决定执行的刑罚。

2. 管制刑期的计算问题。

(1)本案中还存在一个难点问题,即管制执行期间,再犯罪、违法或者吸毒被强制隔离戒毒的,从何时中止管制执行期间。本案中,对于上诉人周某娜在管制期间再犯罪,出现了若干个可能中断管制执行的时间点。上诉人周某娜管制执行期间为2012年8月19日至2013年10月8日,在此期间,其在2012年11月12日犯盗窃罪,并因此于2012年11月14日被取保候审,后于2013年12月18日被刑事拘留,2014年1月1日被逮捕。2013年1月10日吸毒,并于2013年1月15日被强制隔离戒毒2年。因此,对于上诉人周某娜的管制执行期间在何时予以中止存在较大争议。第一种意见认为,应该从其再犯罪的时间中止管制执行期间;第二种意见认为,应该从其因盗窃被采取取保候审的时间中止管制执行期间;第三种意见认为,应该从其因盗窃被采取刑事拘留的时间中止,具体到本案,应认定其管制执行期间届满;第四种意见认为,应从其吸毒之日起中止;第五种意见认为,应从强制隔离戒毒时间开始中止。

(2)现行法律、司法解释及相关规定以及有关文件、意见目前尚无此方面的明确规定,仅有下列文件精神可以作为参考:一是公安部的有关规定。公安部《关于被判处管制的罪犯在管制执行期间实施违法行为如何处理有关问题的批复》规定,被判处管制的罪犯在管制执行期间有违法行为的,依法可以对罪犯予以治安拘留、劳动教养,期满后继续执行管制。但此批复有关内容在公安部《公安机关办理劳动教养案件规定》中被废止。《公安机关办理劳动教养案件规定》(现已失效)第67条规定,被劳动教养人员在执行期间,因其他犯罪行为被依法判处刑罚的,应当先执行刑罚;但是被依法判处管制或者缓刑的,应当在劳动教养执行期满后继续执行管制或者缓刑。被劳动教养人员在执行期间,因其他犯罪行为被依法判处5年或者5年以下有期徒刑、拘役的,刑满释放后其剩余的劳动教养期限应当继续执行;被依法判处5年以上有期徒刑,或者被依法判处无期徒刑、死刑缓期执行后被依法减为有期徒刑的,刑满释放后,其剩余的劳动教养期限不再执行。二是司法部的有关规定。根据《刑法》、《刑事诉讼法》及相关司法解释的规定,管制由社区矫正机构执行。在最高人民法院、最高人民检察院、公安部、司法部《社区矫正实施办法》(现已失

① 最高人民法院研究室《关于如何理解刑法第六十一条中刑罚执行完毕问题的答复》曾规定,《刑法》第61条中规定的“刑罚执行完毕”,是指所判主刑执行完毕。但此答复已经列入最高人民法院《关于废止1980年1月1日至1997年6月30日期间发布的部分司法解释和司法解释性质文件(第九批)的决定》中,明确废止的原因为:依据已修改,刑法已有明确规定。

效）中并未涉及此情况。司法部《司法行政机关社区矫正工作暂行办法》规定，社区服刑人员被收监执行或者因重新犯罪被羁押的，自羁押之日起，社区矫正终止。

（3）关于管制刑期的中止节点。管制刑期的中止节点应根据管制执行的性质而定。具体而言，即被告人是否仍属于管制执行期间、是否仍属于司法行政机关能够执行的范围。一旦脱离司法行政机关的执行，则不属于管制执行期间。刑事拘留、逮捕、治安拘留等刑事羁押措施、行政羁押措施不存在争议，存在争议的主要问题如下：一是取保候审、监视居住等刑事诉讼强制措施期间，由于执行机关不同，是否仍属于管制执行期间；二是强制隔离戒毒期间是否计入管制执行期间；三是是否从犯罪或违法行为发生起计算，即是否要溯及既往。

第一，取保候审、监视居住是否中止管制的执行。一般认为，取保候审、监视居住等强制措施虽由公安机关执行，但一般情况下不会限制被告人的人身自由，一般不应认定管制刑罚执行的中止，但指定居所监视居住措施例外。一般情况下，取保候审、监视居住仅是要求被告人按照《刑事诉讼法》的有关规定履行相应的义务。①

由此看出，被取保候审、监视居住的犯罪嫌疑人、被告人与被执行管制的被告人在需要执行的义务上存在多项共通之处，且不互相阻却。因此，在取保候审、监视居住期间仍然可以执行管制刑罚，不宜以取保候审或者监视居住的时间节点中止管制执行的期间。

当然，此处还有一项例外，即指定居所的监视居住。根据修改后的《刑事诉讼法》的有关规定，指定居所的监视居住在公安机关、检察机关指定的居所执行。指定居所监视居住的期限应当折抵刑期。被判处管制的，监视居住 1 日折抵刑期 1 日。被判处拘役、有期徒刑的，监视居住 2 日折抵刑期 1 日。从居所的指定性来看，可能跨越被告人居住地或者住所地的行政辖区范围，也就是说可能会在执行管制的司法行政机关的行政范围之外执行，司法行政机关管制执行的有关规定将无法落实，特别是“离开所居住的市、县或者迁居，应当报经执行机关批准”等项目会因为公安机关、检察机关采取指定居所监视居住而无法执行。且根据指定居所监视居住折抵管制、拘役、有期徒刑的有关规定来看，应认定指定居所的监视居住措施采取之日即为管制执行中止，否则将导致指定居所监视居住的日期既为前罪管制的执行日期，又折抵后罪管制的刑期。因此，对于指定居所的监视居住，自措施采取之日起，前罪管制刑期中止。

第二，强制隔离戒毒时间应不计入管制执行的时间。基于以上对取保候审、监视居住等是否计入管制执行时间的分析，对此问题的回答取决于强制隔离戒毒是否限制了被告人的人身自由、是否使司法行政机关无法执行管制。一般认为，强制隔离戒毒属于行政强制措施，根据《行政强制法》等有关规定，属于限制公民人身自由的强制措施种类。对此，公安部《关于执行〈中华人民

---

① 《刑事诉讼法》第 71 条第 1 款规定：“被取保候审的犯罪嫌疑人、被告人应当遵守以下规定：（一）未经执行机关批准不得离开所居住的市、县；（二）住址、工作单位和联系方式发生变动的，在二十四小时以内向执行机关报告；（三）在传讯的时候及时到案；（四）不得以任何形式干扰证人作证；（五）不得毁灭、伪造证据或者串供。人民法院、人民检察院和公安机关可以根据案件情况，责令被取保候审的犯罪嫌疑人、被告人遵守以下一项或者多项规定：（一）不得进入特定的场所；（二）不得与特定的人员会见或者通信；（三）不得从事特定的活动；（四）将护照等出入境证件、驾驶证件交执行机关保存。”第 77 条规定：“被监视居住的犯罪嫌疑人、被告人应当遵守以下规定：（一）未经执行机关批准不得离开执行监视居住的处所；（二）未经执行机关批准不得会见他人或者通信；（三）在传讯的时候及时到案；（四）不得以任何形式干扰证人作证；（五）不得毁灭、伪造证据或者串供；（六）将护照等出入境证件、身份证件、驾驶证件交执行机关保存……”而《刑法》第 39 条第 1 款规定：“被判处管制的犯罪分子，在执行期间，应当遵守下列规定：（一）遵守法律、行政法规，服从监督；（二）未经执行机关批准，不得行使言论、出版、集会、结社、游行、示威自由的权利；（三）按照执行机关规定报告自己的活动情况；（四）遵守执行机关关于会客的规定；（五）离开所居住的市、县或者迁居，应当报经执行机关批准。”

共和国禁毒法〉有关问题的批复》第2条规定,《禁毒法》规定的社区戒毒、强制隔离戒毒措施不是行政处罚,而是一种强制性的戒毒治疗措施。而强制隔离戒毒的执行机关为强制隔离戒毒所,当然,司法行政机关也无法对被告人执行管制。因此,强制隔离戒毒措施执行期间不应计入管制执行期间,强制隔离戒毒措施采取之日应为管制执行中止之日。本案中,对被告人实施管制的执行机关某市某区司法局亦出具情况说明,证实被告人周某娜于2013年1月10日仍依照《社区矫正实施办法》等有关规定向执行机关送交书面汇报材料,后于1月15日被强制隔离戒毒。本案中,执行机关对于强制隔离戒毒中止管制的刑期也予以认同。

第三,中止刑期不溯及既往至犯罪或违法行为发生之日。拘留、逮捕等措施应中止管制执行刑期的,中止的时间节点应从实质上把握,即被告人被采取措施之日,不溯及既往至违法或者犯罪行为发生之时。司法实践中,犯罪或违法行为的发生与因此而产生的强制措施多有一定间隔,部分案件历经立案、初查、调查、询问等程序,也存在取保候审、监视居住(指非指定居所的监视居住)等强制措施的适用,在没有采取中止管制执行的措施之前,被告人仍然处于管制执行期间,如其执行管制,则应计入管制执行期间,而不因发生违法、犯罪行为而从行为发生之日起予以中止。

据此,二审法院认为本案应以强制隔离戒毒措施执行之日中止上诉人周某娜管制刑罚的执行,管制剩余的刑期与新犯之罪依照有关规定进行数罪并罚。但对于此类情况的处理,从规范角度看,应由前罪管制执行机关出具相应证据,证实被告人管制执行期间的有关节点,人民法院结合其他证据予以综合认定。

第四,管制的并罚问题。对此问题,虽然最高人民法院的批复明确规定,对新罪所判处的有期徒刑或者拘役执行完毕后,再执行前罪所没有执行完的管制。最高人民法院《关于管制犯在管制期间又犯新罪被判处拘役或有期徒刑应如何执行的问题的批复》(现已失效)认为,由于管制和拘役、有期徒刑不属于同一刑种,执行的方法也不同,如何按照数罪并罚的原则决定执行的刑罚,在《刑法》中尚无具体规定,因此,仍可按照最高人民法院1957年2月16日法研字第3540号复函的意见办理,即对新罪所判处的有期徒刑或者拘役执行完毕后,再执行前罪所没有执行完的管制。对于管制犯在管制期间因被发现在判决时没有发现的罪行而被判处拘役或有期徒刑应如何执行的问题,也可按照上述意见办理。

但对于是否在判决书中予以明确并罚,实践中也有不同观点。一种观点认为仅就此次犯罪明确量刑结果,不再与剩余管制并罚;另一种观点认为,与剩余管制并罚。一般认为,可以参考最高人民法院《关于在执行附加刑剥夺政治权利期间犯新罪应如何处理的批复》予以适用。① 虽该批复用于明确剥夺政治权利的余刑执行问题,但从数罪并罚的处理思路看,对于尚未执行完毕的管制刑罚仍然可以数罪并罚,且应在裁判文书中明确,予以数罪并罚。《刑法修正案(九)》第4条规定:在《刑法》第69条中增加一款作为第2款:数罪中有判处有期徒刑和拘役的,执行有期徒刑。数罪中有判处有期徒刑和管制,或者拘役和管制的,有期徒刑、拘役执行完毕后,管制仍须执行。

---

① 批复原文:"一、对判处有期徒刑并处剥夺政治权利的罪犯,主刑已执行完毕,在执行附加刑剥夺政治权利期间又犯新罪,如果所犯新罪无须附加剥夺政治权利的,依照刑法第七十一条的规定数罪并罚。二、前罪尚未执行完毕的附加刑剥夺政治权利的刑期从新罪的主刑有期徒刑执行之日起停止计算,并依照刑法第五十八条规定从新罪的主刑有期徒刑执行完毕之日或者假释之日起继续计算;附加刑剥夺政治权利的效力施用于新罪的主刑执行期间。三、对判处有期徒刑的罪犯,主刑已执行完毕,在执行附加刑剥夺政治权利期间又犯新罪,如果所犯新罪也剥夺政治权利的,依照刑法第五十五条、第五十七条、第七十一条的规定并罚。"

126. 罪犯被剥夺政治权利期间再犯罪是否构成累犯，应否数罪并罚

《刑法》总则累犯条款中规定的"刑罚执行完毕"，应当是指有期徒刑以上的刑罚执行完毕。对于有期徒刑以上的主刑已经执行完毕，但附加刑尚未执行完毕的，应以主刑执行完毕之日为累犯期间的起算时间。刑法总则数罪并罚条款中规定的"刑罚执行完毕以前"，应当是指包含主刑和附加刑执行完毕以前。罪犯在有期徒刑执行完毕，处于剥夺政治权利期间再犯应当判处有期徒刑以上刑罚之罪的，既属于《刑法》第 65 条规定的"刑罚执行完毕以后"，又属于《刑法》第 70 条规定的"刑罚执行完毕以前"，应认定为累犯，并数罪并罚。

司法实例

彭某正盗窃案

2015 年 5 月 4 日凌晨 2 时 30 分许，被告人彭某正携带事先准备的铁棒至某市某区一火锅店，以铁棒撬开该店玻璃门锁的方式窃得该店收银台柜台抽屉内的现金 2100 元后逃逸。2016 年 6 月 6 日，彭某正被抓获到案后如实供述了上述犯罪事实。经查，2004 年 5 月，被告人因犯抢劫罪被判处有期徒刑 11 年，剥夺政治权利 2 年，并处罚金 1000 元。被告人于 2013 年 8 月、2014 年 9 月、2015 年 11 月因前罪刑满释放后，处于剥夺政治权利期间屡犯新罪皆被判处有期徒刑以上刑罚。本案案发亦处于 2015 年 1 月 26 日刑满释放后剥夺政治权利期间。

某市某区人民法院审理认为，被告人彭某正盗窃他人现金 2100 余元，数额较大，其行为已构成盗窃罪。被告人彭某正在有期徒刑刑罚执行完毕后 5 年内再犯应当判处有期徒刑以上刑罚之罪，系累犯，依法予以从重处罚；到案后如实供述自己的罪行，依法予以从轻处罚。鉴于被告人彭某正尚有其他前科，应酌情从重处罚。被告人彭某正在前罪判决宣告以后，附加刑剥夺政治权利执行完毕以前，发现在判决宣告前还有其他罪没有判决，依法对其数罪并罚。遂判决认定被告人彭某正犯盗窃罪，判处有期徒刑 7 个月，并处罚金 2000 元；与前罪未执行的剥夺政治权利 2 个月 23 天合并，决定执行有期徒刑 7 个月，剥夺政治权利 2 个月 23 天，并处罚金 2000 元。判决已生效。

本案中被告人的行为既认定为累犯，又属于数罪并罚的主要理由如下：

1. 法律用语具有相对性，同一用语在不同条款甚至在同一个条款中可能具有不同的含义。根据《刑法》第 32 条的规定，刑罚分为主刑和附加刑。因此，在罪刑法定原则下解释"刑罚"一词时，其应包含主刑和附加刑。但由于语言本身的模糊性及多义性等特点，《刑法》条文中的很多用语具有相对性，同一用语在不同条款中，甚至是在同一个条款中也可能具有不同的含义。即在特定情形下，刑罚可能被解释为仅包含主刑，或者进一步缩小为主刑中的有期徒刑以上刑罚。

2. 解释结论应当在符合刑法条文文义的前提下满足该条文的规范目的。从累犯条款的规范目的来看，累犯是《刑法》基于再次犯罪和改造的需要对犯罪人作出的更为严重的否定评价，其制度的目的在于考察犯罪人的人身危险性，从特殊预防的角度出发，对再次犯罪的人主观恶性的谴责，并以有期徒刑以上严厉的自由刑对罪犯进行惩戒。因此，若将《刑法》第 65 条中规定的"刑罚"解释为包含主刑和附加刑，则会使得"五年以内"的再犯时间失去意义，从而与累犯制度的规范目的相悖，进而出现不合理的现象。比如当附加刑是罚金时，若罪犯由于某种原因或者故意在较长时间内不缴纳罚金，则会出现其刑罚一直处于未完成状态，当其再犯罪反而不能成立累犯的不合理情形。同时，若当罪犯被判处有期徒刑和管制并罚时，其在有期徒刑执行完毕后执行管制期间故意犯罪的，也不能被评价为累犯，但其人身危险性并不低于仅判处有期徒刑后在 5 年内再

次犯罪应当判处徒刑以上刑罚之罪的人。因此,《刑法》第65条中规定的“刑罚执行完毕”应当限缩解释为仅指有期徒刑以上刑罚执行完毕,不包含拘役、管制以及附加刑。

3.《刑法》相关条文中的“刑罚”含义仅指有期徒刑以上刑罚之义亦有之。《刑法》第65条第2款规定,“前款规定的期限,对于被假释的犯罪分子,从假释期满之日起计算”,意为完全存在被假释的罪犯假释期满但附加刑剥夺政治权利未执行完毕的情形,但此时计算累犯的5年期限仍以假释期满之日为起点。同时,结合《刑法》第81条假释适用条件的规定,即假释仅适用于有期徒刑以上的刑罚,亦可得出累犯中“刑罚执行完毕”仅指有期徒刑以上的刑罚执行完毕。除此之外,《刑法》第85条中规定的“假释考验期满,就认为原判刑罚已经执行完毕”以及第86条第3款中规定的“收监执行未执行完毕的刑罚”,皆指有期徒刑以上的刑罚。

127. 退赔责任能否因被害人放弃而免除

共同被告人负有连带共同退赔责任,某一被告人赔偿部分损失后被害人放弃其余损失,因其单方意思表示不能对抗刑法的强制性规定,故仍应判决各被告人共同对其余损失承担退赔责任。

司法实例

南某昭等盗窃案

2014年5月22日上午,被告人南某昭、武某榜、包某岚经预谋来到某省某县城一小区,撬锁进入兆某云室内,盗走黄金项链、戒指、银手镯等物品合计价值55,240元。后三人将金首饰低价销售,所得价款三人分赃。其后,被告人南某昭又伙同他人实施盗窃,盗窃物品价值13,453元,在准备离开时被公安人员抓获,赃物已发还失主。归案后公安人员在申某展家中提取银手镯2对,已退还兆某云。南某昭主动赔偿了兆某云被盗财物损失2.5万元,兆某云出具了谅解书,表示余下损失不再向南某昭追要,请求法院对南某昭从轻处理。

某省某县人民法院审理认为,被告人南某昭等人以非法占有为目的,结伙入户盗窃他人财物,数额巨大,已构成盗窃罪。根据各被告人在犯罪中所起的作用及相关量刑情节,分别判处南某昭等三名被告人4年6个月至2年3个月有期徒刑不等,并处罚金。同时,责令被告人南某昭、包某岚、武某榜退赔被害人兆某云被盗物品余下价值29,240元。

一审宣判后,被告人南某昭不服一审判决,认为兆某云已明确表示余下损失不再向其追要,一审判决仍然责令其退赔被害人余下损失不当,提出上诉。

某省某市中级人民法院经二审审理认为,被害人的放弃行为仅是单方意思表示,并不能对抗刑法的强制性规定,遂终审裁定驳回上诉,维持原判。

虽然从表象上看责令退赔体现的是一种经济偿付,但其本质是一种刑事责任,具有强制性和特殊性,在刑事裁判中不应免除其退赔责任,具体来说:

1. 责令退赔内容由刑法明文规定,且不存在例外条款。《刑法》第64条规定:“犯罪分子违法所得的一切财物,应当予以追缴或者责令退赔……”即负有退赔责任的刑事被告人应全额退赔违法所得,未足额退赔时应继续退赔。刑法中没有责令退赔的例外情况,被害人放弃追要财物只是其个人的意思表示,其私权不能对抗刑法保护的公共权利,不能产生对责令退赔内容的阻断。同时,刑事责任要求犯罪人不应因自身犯罪行为而获益,如果允许免除某一被告人的退赔责任,则在该被告人能够退赔而其他被告人退赔不能的情况下,被害人损失并不能完全追回,犯罪人可能因此而获益,不能实现罪责刑的平衡。

2. 共同犯罪中不存在各刑事被告人退赔比例的划分，也不产生某一被告退赔部分后免除余下数额退赔的效果。《刑法》并没有规定共同犯罪人之间的退赔份额问题，基于犯罪活动严重违法性的考虑，共同犯罪人应对其参与的案件全案负责，任何一个共同犯罪人都有义务足额退赔违法所得，这符合刑事法律的价值要求。基于对犯罪活动整体性的考虑，对各犯罪人区分退赔比例在实践中操作困难，存在很多技术障碍。另外，追缴或者责令退赔本身是一种进行状态，在侦查、起诉、审判各阶段都持续存在，其目的是最大限度地保护被害方的利益，对于共同犯罪，各被告人只要任何一方存在能够退赔的条件，就应要求其足额退赔，以最大限度实现被害人权益，不应过多考虑被告人之间的退赔责任的区分。

3. 被害人的放弃可在责令退赔执行时予以适当考虑。虽然最高人民法院《关于刑事裁判涉财产部分执行的若干规定》强化了责令退赔执行的国家强制性，但同时第 16 条又规定，“人民法院办理刑事裁判涉财产部分执行案件，刑法、刑事诉讼法及有关司法解释没有相应规定的，参照适用民事执行的有关规定”。因执行活动最终权利承受人为被害人，因此其意见在执行程序中可以适当考虑。即当被害人放弃向共同犯罪某一犯罪人追要余下损失时，法院可首先就余下损失部分向其他共同犯罪人执行，如执行到位则终结执行。如果经执行的其他犯罪人无能力偿付，则再执行该犯罪人。但即便被害人在执行阶段仍表示放弃对某一罪犯追要余下损失，仍不宜免除对该罪犯的执行，因为当其他犯罪人偿付不能而该犯罪人免除责任时，退赔数额不能完全履行，执行无法终结，对于刑事涉财执行而言应以全额执结为首要价值要求。当然，如果被害人在执行中自愿放弃向所有被告人追要退赔损失，可参照民事执行的相关操作，对被害人的全部放弃行为予以认可，据此终结执行，这也符合诉讼经济的原理。

128. 被害人案发前放弃对被告人的财产返还权对犯罪数额能否产生实质影响

在集资诈骗案件中，被害人案发前放弃对被告人的财产返还权对犯罪数额不产生实质性影响，且执行时被告人仍需返还财产，但可作为无主物上缴国库。

司法实例

盛某槐集资诈骗案

2003 年 4 月至 2013 年 9 月，被告人盛某槐以经营体育器材需要资金为名，以 30% ~50% 的高额年利率为诱饵向 15 人非法集资 16,152.8 万元，案发时除归还部分本金和支付部分利息外，仍有 12,994.78 万元未归还。盛某槐将大部分集资款用于赌博、购买房产、高档汽车、奢侈品及个人挥霍。案发前，其中两名被害人唐某方和江某浩分别通过书面和口头形式，表示对盛某槐未偿还的共 4140.89 万元本金予以放弃。

在法院审理本案的过程中，关于两名被害人放弃财产权利对盛某槐集资诈骗数额是否产生影响产生了不同意见。一种意见认为，被害人唐某方和江某浩放弃权利，应视为盛某槐已经归还该笔款项，还表明盛某槐无须承担包括刑事责任在内的所有对应的法律责任，故 4140.89 万元不应视为盛某槐的集资诈骗数额。另一种意见认为，民事债权人与刑事被害人对财产权利的放弃对于民事和刑事法律关系中的对方当事人责任承担存在不同影响。同时，案发前被害人放弃财产权利的社会危害性远大于被告人案发前归还赃物。因此，唐某方和江某浩所放弃的 4140.89 万元不能从犯罪数额中剔除，仍应认定为盛某槐的犯罪数额。

法院生效判决采纳了第二种意见。主要理由为：

1. 民事债权人和刑事被害人对财产权利的放弃对对方当事人民事与刑事责任产生了不同影响。债权人可以在不侵害国家、集体和他人合法权利的基础上放弃自己的实体权利。同时又因民事权利和民事责任属于私法领域的法律关系，民事立法的价值追求是保护双方当事人真实的意思表示，对当事人真实意思表示赋予法律效力，体现的是双方当事人之间的平等关系。因此，当债权人放弃其权利时，债务人就当然免除对应的民事责任。而刑事权利和刑事责任属于公法领域的法律关系，法律强调的是强制性而非意思自治，主要体现的是国家与被告人之间的单向服从的不平等法律关系。因此，刑事案件中的被害人对其权利的放弃虽然可以影响其自身权利的实现，但并不能影响国家对被告人所要追究的强制性刑事责任，包括判处自由刑和财产刑等惩罚性刑事责任和追缴或责令退赔赃物等财产性刑事责任。本案中，唐某方和江某浩是刑事案件中的被害人而非民事债权人，其放弃的是刑事权利而非民事权利。因此，盛某槐仍需承担相应的惩罚性和财产性刑事责任，唐某方和江某浩放弃财产权利的行为对于盛某槐刑事责任的承担不产生影响。

2. 案发前被害人放弃财产权利与被告人已归还赃物体现了不同社会危害性。根据最高人民法院《关于审理非法集资刑事案件具体应用法律若干问题的解释》（以下简称《非法集资解释》）的规定，集资诈骗数额应是指行为人实际骗取的数额，即指案发前实际未归还的数额。而所谓实际未归还的部分，是指客观上没有归还，不应包括被害人放弃的部分。这是因为，诈骗罪所侵犯的客体是公私财产所有权，正是因为被告人实际未归还财产导致侵害了被害人的财产所有权，从而造成了较大的社会危害性，此时刑法才要求追究被告人的刑事责任。而案发前被害人虽然放弃了对被告人的财产权利，但客观上被告人仍然没有归还被害人财产，被告人依然侵犯了被害人的财产所有权，被告人的犯罪行为所造成的社会危害性并不因此而发生变化。本案中，唐某方和江某浩虽放弃了其对盛某槐的财产权利，但盛某槐在案发前并未归还该笔款项，因此该 4140.89 万元仍属盛某槐的犯罪所得，不能剔除，其集资诈骗数额应为 12,994.78 万元。

3. 被害人放弃的财产应当上缴国库。如前所述，被害人对财产权利的放弃对被告人的刑事责任不产生实质性影响。因此，法院在刑事判决主文部分，除要列明惩罚性刑事责任外，同时仍应列明被告人的财产性刑事责任，法院对该财产性刑事责任仍要予以执行。与此同时，《刑法》第 64 条中规定：对于犯罪分子违法所得的一切财物，应当予以追缴或者责令退赔；对于被害人的财物，应当及时返还。上述规定虽未明确被害人放弃的财产性权利在执行到位后归谁所有，但通说认为，被害人放弃的财产与民法上的无主物类似，应当收归国有，上缴国库。

129. 在审理减刑案件中如何理解把握认罪悔罪

认罪包括对判决、案件事实和犯罪原因等方面的认同，而悔罪则是能够认识到自己行为的错误并寻求改过。认罪悔罪包括对犯罪事实的认识、对法院判决的认识、对犯罪原因的认识、对犯罪危害的认识以及悔罪的行为表示等方面。在减刑案件庭审中当庭表示对原审判决认定的事实及判决结果不服、拒不认罪的，不符合确有悔改表现的基本要求，不属于认罪悔罪，故暂不予减刑。

司法实例

颜某顺受贿、挪用公款减刑案

罪犯颜某顺因犯受贿罪、挪用公款罪被判处有期徒刑12年。该犯不服提出上诉,法院二审裁定驳回上诉,维持原判。判决发生法律效力后,交付执行。执行机关提出减刑建议书,报送某省某市中级人民法院审理。该院对该案进行了公开开庭审理。在庭审过程中,颜某顺情绪激动,对法院一、二审判决、裁定认定的事实不服,拒不认罪。在审理过程中,许多罪犯参加旁听。庭审结束后,合议庭对颜某顺进行思想教育,告知其如果对法院的判决、裁定认定的事实不服,可以通过其他法律途径解决。后经审查发现,颜某顺在服刑的多年时间内,并未就法院判决提出过申诉,并在2014年3月的改造总结中写道:"心悦诚服地接受法院的公正判决,法院的判决是公平的、公正的、合理的",但其在改造过程中又曾因采用不正当途径发泄不满情绪被扣分。

某市中级人民法院审理认为,罪犯颜某顺在服刑期间和本院庭审过程中发泄不满情绪,产生不良影响。因此,尽管其在2013年被评为监狱改造积极分子,但根据其目前在服刑期间及庭审中的言行和表现,不宜认定为确有悔改表现。如果因为该犯通过不正当的途径发泄了其不满情绪就剥夺其减刑的权利,有欠妥当,因此,根据该犯当前的言行和表现,敦促其转变态度,稳定情绪,从更好地接受教育改造的角度出发,法院裁定对该犯暂不予减刑。

对该案的处理,合议庭存在不同意见。一种意见认为,根据《刑法》的规定,确有悔改表现是罪犯获得减刑的实质条件,最高人民法院2012年出台的《关于办理减刑、假释案件具体应用法律若干问题的规定》(以下简称《减刑假释规定》,现已失效)第2条将"认罪悔罪"作为罪犯确有悔改表现的基本要素之一。该犯在庭审中公开表示对原审判决认定的事实不服,拒不认罪,不符合确有悔改表现的基本要求,应当不予减刑。另一种意见认为,《减刑假释规定》中明确规定,对罪犯在刑罚执行期间提出申诉的,要依法保护其申诉权利,对罪犯申诉不应不加分析地认为是不认罪悔罪。该犯虽然未提出申诉,但与申诉一样都是对原审判决、裁定不服,如果因为罪犯在庭审中对原审判决、裁定认定的事实提出异议,且在改造过程中通过不正当途径发泄了不满情绪而剥夺其减刑的权利,有失公正、合理。

司法实践中,认罪悔罪的含义是承认自己的罪行,并对自己的罪行表示悔改。要考察罪犯是否真正地认罪悔罪,必须具备两个基本条件:一是罪犯确实有罪。如果司法机关不能确保案件定罪量刑的绝对准确,确保冤假错案绝对不发生,却要求罪犯一定要认罪,不仅有强人所难之嫌,在司法实践中也容易引发各种问题。上述案例中,罪犯颜某顺在刑罚执行期间虽然认真遵守监规,接受教育改造,努力完成劳动任务,但其对原审判决、裁定认定的事实不服,拒不认罪。如果以拒不认罪为由,剥夺其减刑的权利,似乎有失偏颇。因为减刑案件审判可能对罪犯在刑罚执行期间的改造表现进行判断,不可能也没有条件对该案前期侦查、公诉、审判的整个过程进行审查,因此并无把握判断该犯确实有罪但拒不认罪。如果不考虑该犯的认罪态度,给予减刑,似乎也有不妥。因为罪犯是否无罪,需要有相关事实和法律依据的支撑,在没有经过再审确认无罪之前,该犯就应当被认定为有罪,以维护法律与判决的权威。该犯对原审判决、裁定认定的事实不服,拒不认罪,不符合减刑的基本条件。由此,案件的处理便陷入了两难的境地。虽然《减刑假释规定》中明确,对罪犯在刑罚执行期间提出申诉的,要依法保护其申诉权利,对罪犯申诉不应不加分析地认为是不认罪悔罪。但如何对申诉进行分析也是一个比较棘手的问题。而且,如果罪犯要做无罪申诉,其一方面要通过正当的法律途径为自己做无罪辩解;另一方面又会基于功利的目的,在减刑案件审理中表示认罪,实在是有被迫做"两面人"之嫌。要考察罪犯是否真正地认罪悔罪,必须具备的另一个基本条件是有一个相对科学合理的方法和手段判断罪犯的主观心态。因为认罪悔罪在很大程度上涉及罪犯的主观心理。虽然人的心理可以通过外在行为被判断和认识,但人类本身的复杂性使得其完全可以通过伪装自己的行为让周围的人产生错误的判断和认识,如有的罪犯在改造过程中一直表示认罪悔罪,但被减刑出狱后便四处写信做无罪信访。且不说该犯是确实有罪还是无罪,单从其前后对于判决的不同态度而言,就足以证明罪犯的认罪悔罪具有极大的可伪装性。从某种意义上说,任何工作都存在发生问题和错误的可能性,这是认识和行动的一般规律。尤其对于刑事审判而言,它是建立在恢复过去事实的基础上的,无论警察、检察官、法官的素质有多高,诉讼程序有多么严密,都不可能绝对杜绝冤假错案的发生。既然冤假错案不可能绝对被避免,要求罪犯获得减刑要以认罪悔罪为前提从逻辑上就是不周延的。二是在目前的科技条件下,很难对罪犯是否真心认罪悔罪作出科学合理的判断。既然如此,认罪悔罪作为减刑的基本条件之一,便很难具有实际意义和可操作性。减刑实体条件的设置,一方面,要符合刑罚目的论的基本精神,鼓励罪犯积极改造,并为其重新走入社会,适应出狱后的生活准备和创造条件;另一方面,减刑的实体条件本身要具有可操作性,以便法官进行客观判断。有观点建议取消悔改表现的内容,将减刑条件修改为“遵守监规,接受教育改造,没有因违反监规受到处罚”①。一般认为,现行减刑条件中的“接受教育改造”本身能将不认罪、不悔罪的罪犯排除在减刑之外。第一,如果罪犯不认真遵守监规,接受教育改造,积极参加学习、参加生产劳动,即可以判断其没有悔改表现;第二,罪犯如果逃避民事赔偿义务,或有财产履行能力而不履行财产性义务的,亦可将其判定为接受教育改造的效果不佳而对其不予减刑。可见,取消认罪悔罪的内容,并不会将大量不认罪、不悔罪的罪犯予以减刑。改革减刑的实体条件,剔除认罪悔罪这样笼统、主观、难于判断的内容,既有利于法官在对刑罚执行机关报请的减刑案件进行审查时作出相对准确客观的判断,又有利于保障罪犯在行使申诉权的同时,鼓励其积极改造,为出狱后尽快适应社会做准备。

司法实践中,对于办理减刑案件中罪犯认罪悔罪的判断,可从以下三个方面入手:

1. 要正确理解减刑案件中认罪悔罪的内涵。认定罪犯真正认罪悔罪,必须具备两个条件,一是罪犯确实有罪,二是真诚悔改。如果司法机关不能确保案件定罪量刑准确,确保刑事冤假错案不会发生,却要求罪犯一定要认罪,不仅有强人所难之嫌,而且在司法实践中也容易引发各种问题。而监狱以不写认罪悔罪书为由,不予呈报减刑,这显然与法律的规定相违背。

2. 要正确判断减刑案件中的认罪悔罪表现。认罪服法固然是悔改的基础,但应该建立在罪犯认识到所犯之罪的社会危害性的基础上。对于不能自主完成这个过程的,可以通过申诉、法制教育等方式借助司法机关的力量帮助其消除心结,从而使其正确认识裁判所认定的事实和适用的法律,并积极接受改造。

3. 申诉是罪犯的一项法定权利。《刑事诉讼法》第252条规定,当事人及其法定代理人、近亲属,对已经发生法律效力的判决、裁定,可以向法院或者检察院提出申诉,但是不能停止判决、裁定的执行。对于有的罪犯在服刑期间能够积极参加学习、劳动,遵守监规等,但其对裁判不服,提出申诉的,这种情况应具体分析,不能一概认为不是认罪悔罪。

---

① 张国庆:《对减刑、假释制度改革的设想》,载《中共山西省直机关党校学报》2008年第3期。

130. 如何计算减刑后又犯新罪的刑期

罪犯被判处无期徒刑后经多次裁定减刑，分别减为有期徒刑19年、11年、1年2个月。刑罚执行完毕以前再犯罪的，其前罪未执行完毕的刑罚应以有期徒刑19年扣除其实际执行的日期予以认定，而不应一概认为所有减刑裁定减去的日期不计入执行日期，进而认定前罪未执行完毕的刑罚是无期徒刑。

司法实例

张某申减刑期间盗窃案

被告人张某申1995年10月因犯盗窃罪被判处无期徒刑，剥夺政治权利终身；1999年9月23日经裁定减刑为有期徒刑19年，剥夺政治权利9年；2003年12月经裁定减去有期徒刑1年；2008年12月经裁定减去有期徒刑1年2个月，剥夺政治权利9年不变；2011年4月22日起分别监外执行（保外就医）6个月、继续暂予监外执行1年（至2012年10月21日止），2012年12月3日因脱管，涉嫌犯罪被决定收监。因涉嫌盗窃罪，于2012年11月8日被刑事拘留（上网追逃），2015年3月18日被抓获。

某省某市某区人民检察院以张某申涉嫌盗窃罪提起公诉。起诉书指控：2012年9月14日2时许，被告人张某申与赵某娃、李某宝（均已判刑）至某市某区某农业观光休闲有限公司财务室，撬窗入室，窃得现金30万余元。

某市某区人民法院一审认为：被告人张某申以非法占有为目的，秘密窃取公私财物，数额巨大，其行为已构成盗窃罪。被告人张某申属判决宣告以后、刑罚执行完毕以前又犯罪，应当数罪并罚。依照《刑法》第64条、第71条、第264条的规定，判决被告人张某申犯盗窃罪，判处有期徒刑9年2个月，并处罚金3万元，与前罪余刑有期徒刑5年11个月1日、剥夺政治权利9年并罚，决定执行有期徒刑13年，剥夺政治权利9年，并处罚金3万元。责令被告人张某申退赔被害单位某农业观光休闲有限公司经济损失16.5万元。

一审宣判后，被告人张某申不服，以其没有参加盗窃犯罪为由提出上诉。

某市中级人民法院二审审理认为，同案犯赵某娃、李某宝的供述以及辨认笔录均证明张某申参加了共同盗窃犯罪；证人汪某江的证言和辨认笔录也证明案发当日，张某申与赵某娃、李某宝一起乘坐他的车至案发地点；监控录像证明案发现场出现了三名犯罪嫌疑人，其中一名犯罪嫌疑人的衣着、外貌特征与张某申相似。以上证据形成了证据锁链，且排除合理怀疑，足以证实张某申实施了盗窃犯罪。张某申的上诉理由不能成立，法院不予采纳。遂根据《刑事诉讼法》第227条第1款第1项之规定，终审裁定驳回上诉，维持原判。

本案的焦点问题在于：减刑后再犯罪的刑期该如何计算，特别是无期徒刑减为有期徒刑后再犯罪的数罪并罚该如何处理。

1. 问题的提出。2012年1月18日，最高人民法院《关于罪犯因漏罪、新罪数罪并罚时原减刑裁定应如何处理的意见》（以下简称《漏罪意见》）明确规定，罪犯被裁定减刑后，因被发现漏罪或者又犯新罪而依法进行数罪并罚时，经减刑裁定减去的刑期不计入已经执行的刑期。在此后对因漏罪数罪并罚的罪犯依法减刑，决定减刑的频次、幅度时，应当对其原经减刑裁定减去的刑期酌情考虑。

一般而言，对于原判有期徒刑后减刑的案件适用《漏罪意见》没有争议。对于本案而言，是否适用《漏罪意见》以及如何适用《漏罪意见》存在较大的争议，且争议直接导致案件量刑发生巨大变化，刑事诉讼程序发生重大变化。一种意见认为，《漏罪意见》不适用于死刑缓期执行、无期徒刑的减刑。死刑缓期执行、无期徒刑在减刑时，如经减刑裁定减去的刑期不计入已经执行的刑期，其前罪未执行完毕的刑罚则恢复为死刑缓期执行、无期徒刑。根据《刑法》第69条的规定，再次犯罪，无论罪行大小，实行数罪并罚后决定执行的刑期皆为死刑缓期执行或者无期徒刑。根据《刑事诉讼法》的有关规定，案件由中级人民法院作为第一审法院管辖。另一种意见认为，《漏罪意见》适用于死刑缓期执行、无期徒刑的减刑。根据《漏罪意见》规定，并未对死刑缓期执行、无期徒刑的减刑作例外规定，对于犯被判处死刑缓期执行、无期徒刑的严重犯罪的罪犯，又犯新罪或存在漏罪的，应体现从严打击的政策，所有经裁定减去的刑期皆不计入已经执行的刑罚。

2. 本案的处理意见及理由。经过审理，法院采纳的是第一种意见。主要理由为：

一是第一种意见更有利于维护罪犯的权益。被告人由无期徒刑减为有期徒刑，是被告人在服刑期间认真改造才得到的一种减轻刑罚种类的制度，是对再犯罪之前其在监所表现的认可和评价。如果因为被告人再犯罪而否定无期徒刑减为有期徒刑的刑罚种类的变更，无疑否定了死刑缓期执行、无期徒刑减刑的效力，变相剥夺了这两类罪犯减刑的权利。第一种意见对死刑缓期执行或者无期徒刑减刑效力的维护和认可，有利于依法保障被告人减刑的权利，也有利于死刑缓期执行、无期徒刑罪犯的改造。

二是第一种意见更有利于节约司法资源。结合本案的具体情况，根据《刑事诉讼法》的管辖规定，此案如果否定无期徒刑减刑的效力，原审人民法院将移送上一级人民法院审理，二审法院将会是省高级人民法院。而本案属于犯罪事实清楚，证据确实、充分的普通型盗窃案件，这样的级别管辖在一定程度上浪费了司法资源。司法实践中漏罪或新罪皆为罪行较小的案件，如一概由中级人民法院一审，无疑导致司法资源的浪费。中级人民法院管辖的应该是疑难、复杂或者重大刑事案件，而非原判死刑缓期执行、无期徒刑后遗漏小罪，又犯小罪的刑事案件。

三是第一种意见更符合刑罚种类的规定。虽然死刑缓期执行不是单独的刑罚种类，但死刑缓期执行、无期徒刑的减刑都可以看作刑罚种类的变更，这是与有期徒刑减刑最大的区别。从理论上讲，死刑缓期执行和无期徒刑是无期限的，但在实际刑罚执行的过程中，一般最终都会被减为有期徒刑，成为有一定期限的刑罚，而数罪并罚的法律条款中并未考虑到这一特殊情况。如果原罪系死刑缓期执行或者无期徒刑，按照先并后减的方式和吸收原则，无论对漏罪判处多少刑罚，并罚结果只能是死刑缓期执行或者无期徒刑，这就意味着罪犯因漏罪要经受两次死刑缓期执行考验和第二次被判处无期徒刑，显然欠缺合理性。特别是死刑缓期执行的减刑，属于应当的减刑，符合刑法规定的条件就要适用，否定之前的减刑效力与死刑缓期执行变更为无期徒刑或者有期徒刑的法定条件存在冲突。除此之外，罪犯的暂予监外执行刑期也无法计算。

四是第一种意见更符合《漏罪意见》的文义解释。《漏罪意见》规定，经减刑裁定减去的刑期不计入已经执行的刑期。而无期徒刑最终减为有期徒刑或者死刑缓期执行减为无期徒刑后又减为有期徒刑的案件，执行减为有期徒刑后所确定的刑期，例如无期徒刑经过减刑转为有期徒刑10年，那么被告人还需服刑10年。在这种情况下，并不存在经减刑裁定减去的刑期，而是仅仅涉及被告人刑罚种类的变更，仅是确定了减刑后的刑期，并没有减刑裁定减去的刑期。因此，死刑缓期执行、无期徒刑减刑裁定不涉及减去的刑期，适用《漏罪意见》无文义上的依据。《漏罪意见》的内容并不包括死刑缓期执行和无期徒刑减刑的情况，而仅限于有期徒刑的减刑。

3. 本案具体刑期的计算。具体到本案，被告人张某申无期徒刑减为有期徒刑19年的裁定依然发生法律效力，张某申前罪应该执行的刑罚为有期徒刑19年。张某申实际执行的刑期自1999年9月23日起，至2012年10月21日止，共计13年29日。1995年至1999年无期徒刑服刑期间，减为19年的减刑裁定依然具有法律效力，因此4年时间应为无期徒刑服刑时间，不能从19年中扣除，且客观上也无法用后确定的19年裁定来扣除已经执行的4年。根据《刑事诉讼法》有关规定，暂予监外执行时间计入执行刑期，故张某申暂予监外执行1年6个月的时间应计入已经执行的刑期。确定前罪未执行的刑罚为5年11个月1日，再与后罪判处的刑罚数罪并罚，决定执行的刑罚为有期徒刑13年，剥夺政治权利9年，罚金3万元。

131. 情节严重是否为对被告人适用缓刑的限制条件

对被告人适用缓刑的，应当同时满足犯罪情节较轻、有悔罪表现、没有再次犯罪危险、宣告缓刑对所居住社区没有重大不良影响四个条件。因此，可以理解为实际上情节严重是对被告人适用缓刑的限制条件。因为，既然刑法规定了"犯罪情节较轻"是适用缓刑的条件之一，那么"情节严重"就应排除在适用缓刑之外。

司法实例

章某越开设赌场案

被告人章某越，男，1980年出生，曾因犯非法拘禁罪于2012年4月12日被某县人民法院判处有期徒刑6个月，缓刑1年。2014年1月以来，被告人章某越伙同楚某剑（另案处理）以营利为目的，先后在某村旧小学一楼及废弃作坊内利用"新葡京娱乐在线"赌博网站开设赌场（被告人章某越占赌场30%的股份），聚众赌博，并雇佣他人帮忙管理赌场。该赌场以"龙和虎"即比大小的方式进行赌博，赌客根据现场播放的网络赌场视频，在现场标有"龙""虎"的桌面上进行投注。被告人楚某剑将现场投注金额统计后上报给上线庄家，由上线庄家进行赔付。当网络赌场显示"龙"和"虎"桌面上的扑克牌大小相同时，被告人楚某剑收取现场投注"龙""虎"相同金额总额的40%作为赌场营利。同年5月15日晚，民警在赌场内当场抓获正在参赌的盛某槐、楚某剑等13人，当场扣押赌资33,540元。2014年1月8日至5月15日，该赌场共抽头渔利262,120元。案发后，被告人章某越退还犯罪所得赃款150,000元。

对本案被告人开设赌场的犯罪事实及被告人章某越构成开设赌场罪的定性各方认识一致，焦点是对于被告人章某越犯开设赌场罪能否适用缓刑。对此，一种意见认为，被告人章某越在2012年至2014年，先后两次故意犯罪，在第一次犯罪缓刑考验期满后1年内又犯新罪，属有犯罪前科，主观恶性较大，应酌情从重处罚，且无法定的从轻、减轻情节，不符合适用缓刑的条件，对被告人章某越不能适用缓刑。另一种意见认为，被告人章某越以营利为目的，伙同他人开设赌场，供大众聚众赌博，抽头渔利达26.212万元，情节严重，其行为已构成开设赌场罪。但鉴于被告人章某越具有自愿认罪、积极退赃等酌定从轻处罚情节，可以对被告人章某越适用缓刑。

本案起诉后，一审法院以被告人章某越犯开设赌场罪，判处有期徒刑3年，缓刑4年，并处罚金8万元。经检察机关抗诉，二审法院采纳了抗诉意见并认定被告人章某越犯罪情节严重，主观恶性大，原审判决适用缓刑不当，遂撤销一审判决中对章某越的缓刑部分，由原判的有期徒刑3年，缓刑4年，并处罚金8万元，改为对被告人章某越判处有期徒刑3年，并处罚金8万元。法院生效判决采纳了第一种意见，即认为不宜对被告人章某越适用缓刑。主要理由是：

1. 根据福建省高级人民法院、福建省人民检察院、福建省公安厅、福建省司法厅《关于适用缓刑若干问题的意见（试行）》第3条第3款第2项规定，曾受过刑事处罚或劳教处理的被判处拘役、3年以下有期徒刑的犯罪分子，一般不适用缓刑。该意见第4条第2项规定了对犯赌博罪可以适用缓刑的条件:聚众赌博,组织参赌人数、抽头渔利数额、赌资数额虽明显超过司法解释规定的定罪标准,但系初次犯罪,认罪态度好,积极退出非法所得的。因被告人章某越曾于2012年到2014年,先后两次故意犯罪,非初次犯罪,其行为亦不符合该可以适用缓刑的规定。因此,本案被告人章某越的行为不符合该省《关于适用缓刑若干问题的意见(试行)》中“可以适用缓刑”的规定。

2.《刑法》第72条第1款规定,对被告人适用缓刑的,应当同时满足“犯罪情节较轻、有悔罪表现、没有再次犯罪危险、宣告缓刑对所居住社区没有重大不良影响”四个条件。本案被告人章某越犯罪情节严重,且在第一次犯罪缓刑考验期满后1年内又犯新罪,反映了其主观恶性较大,具有再犯的可能性,因此,对被告人章某越不能适用缓刑。

3. 司法实践中,缓刑的适用要注意以下问题:一是根据《刑法》第74条的规定,对于累犯和犯罪集团的首要分子,不适用缓刑;二是对被判处有期徒刑缓刑的犯罪分子,在缓刑考验期满5年内又犯应判处有期徒刑以上刑罚之罪的,不作累犯对待;三是犯罪前科不是后罪禁止适用缓刑的必备条件,在量刑时,依然要根据《刑法》第72条的规定进行衡量。根据第72条的规定,适用缓刑的前提有两个:一是适用缓刑的对象,必须是被判处拘役、3年以下有期徒刑的特定的犯罪分子。二是同时符合犯罪情节较轻、有悔罪表现、没有再犯罪的危险以及宣告缓刑对所居住社区没有重大不良影响四个条件。是否可以适用缓刑的关键是看适用缓刑的犯罪分子是否具有社会危害性,只有不予关押不会危害社会的,才能适用缓刑。如果犯罪分子有可能危害社会,即使是被判处拘役、3年以下有期徒刑,也不能适用缓刑。是否具有社会危害性,应当根据犯罪分子的犯罪情节、悔罪表现、有无再犯罪的危险以及宣告缓刑是否会对所居住社区造成重大不良影响四个条件综合判断。“犯罪情节较轻”是指犯罪人的行为性质不严重、犯罪情节不恶劣,如果犯罪情节恶劣、性质严重,则不能适用缓刑;“有悔罪表现”是指犯罪人对于其犯罪行为能够认识到错误,真诚悔悟并有悔改的意愿和行为,比如积极向被害人道歉、赔偿被害人的损失、获取被害人的谅解等;“没有再犯罪的危险”是指对犯罪人适用缓刑,其不会再次犯罪,如果犯罪人有可能再次侵害被害人,或者是由于生活条件、环境的影响而可能再次犯罪,如犯罪人为常习犯等,则不能对其适用缓刑;“宣告缓刑对所居住社区没有重大不良影响”是指对犯罪人适用缓刑不会对其所居住社区的安全、秩序和稳定带来重大不良影响,这种影响必须是重大、现实的影响,具体情形由法官根据个案情况来判断。

132. 缓刑考验期开始前再犯新罪是否应撤销缓刑

对于判决宣告之前应理解为原判决发生法律效力之前,即使原判决已经作出,但尚未发生法律效力的,此时被告人再犯其他罪,仍应属于发现判决宣告之前有漏罪的情形,故仍应适用《刑法》第77条的规定,撤销其缓刑,予以数罪并罚。

司法实例

郭某波因贩卖毒品被判缓刑,考验尚未开始又盗窃案

被告人郭某波曾因犯贩卖毒品罪,于2014年10月29日被某市某区人民法院判处有期徒刑6个月,宣告缓刑1年,并处罚金2000元(缓刑考验期自2014年11月11日起至2015年11月10日止)。

在该判决作出之后,缓刑考验尚未开始时,被告人郭某波又于2014年11月9日0时许,在某市某区一小区附近,趁无人之际,将被害人来某水停放在小区外面路边价值3267元的川C9××31雄风牌XF××5T-6D

(A博士)型两轮摩托车盗走。事后,郭某波以300元的价格将摩托车销赃。2014年11月20日,被告人郭某波被抓获归案。案发后,公安机关依法追回了被盗的摩托车,已返还被害人来某水。郭某波到案后,于2014年11月27日,协助公安机关抓获了涉嫌贩卖毒品罪的犯罪嫌疑人郑某常。

某市某区人民法院审理认为,被告人郭某波以非法占有为目的,秘密窃取他人财物,数额较大,其行为已构成盗窃罪,依法应予以处罚。公诉机关指控的罪名成立。鉴于被告人郭某波到案后如实供述自己的罪行,有立功表现,且被盗财物已追回,依法对其从轻处罚。被告人郭某波曾因犯贩卖毒品罪被判处有期徒刑并被宣告缓刑,在缓刑考验期内被发现判决宣告之前还有其他罪没有判决,应当撤销缓刑,对新发现的罪作出判决,把前罪和后罪所判处的刑罚,按照数罪并罚的原则,决定执行的刑罚。遂判决:撤销某市某区人民法院(2014)×法刑初字第01052号刑事判决书对被告人郭某波宣告的缓刑;被告人郭某波犯盗窃罪,判处有期徒刑6个月,并处罚金3000元;与前罪所判处的有期徒刑6个月,并处罚金2000元并罚,决定执行有期徒刑11个月,并处罚金5000元;追回的被盗摩托车返还被害人来某水(已发还);对被告人郭某波的违法所得300元予以没收。判决已生效。

根据《刑法》第77条的相关规定,撤销缓刑的条件是再犯新罪或者发现判决宣告前有漏罪,以及有严重违反缓刑监督考察等相关规定的情形。对于在缓刑考验期内再犯新罪以及违反考察规定的情形比较容易理解,不存在较大争议。但对于发现判决宣告以前还有其他罪没有判决的应如何理解的问题存在争议点。

对于一审宣判后,在缓刑考验期开始前再犯新罪的,由于发生在考验期之前,显然不能适用再犯新罪的规定,如果直接引用《刑法》第71条的规定予以并罚,又无法撤销缓刑。因此,对于判决宣告缓刑的理解至关重要。在法院审理本案过程中,对是否应当撤销被告人缓刑的问题,存在两种意见,一种意见认为,对于判决宣告之前应理解为原判决作出之时,而本案被告人郭某波的盗窃行为发生在原判决宣告之后,不属于发现有漏罪的情形,应从有利于被告人原则方面考虑,不能适用第77条的规定撤销原判决对其宣告的缓刑;另一种意见认为,对于判决宣告之前应理解为原判决发生法律效力之前,即使原判决已经作出,但尚未发生法律效力的,此时被告人再犯其他罪,仍应属于发现判决宣告之前有漏罪的情形,故仍应适用第77条的规定,撤销其缓刑,予以数罪并罚。

综合考虑,第二种意见较为妥当,故被法院采纳,即宜将此处的判决宣告前理解为判决宣告确认之前,即缓刑判决已经发生法律效力之时,而不能理解为一审作出宣判之时。对于本案中的被告人郭某波在原一审宣判后,缓刑考验期开始之前,再犯新罪,即使发现新罪时,原来的判决已经发生法律效力,同样应撤销缓刑,予以数罪并罚。无论是从立法精神还是从实务执行角度,抑或对条文的理解上,均应得出应撤销缓刑的结论。

1. 从立法精神角度看。从立法精神上看,如果是发现在判决宣告之前还有漏罪的情形,必定应撤销缓刑,对此不存争议。对于在缓刑考验期间再犯新罪的,也应撤销缓刑,这也是不存在争议的问题。如果被告人在缓刑的判决宣判之后,考验期还没有开始之前就又犯新罪,与上述情形相比,更能体现被告人的主观恶性较深、人身危险性较大,适用缓刑已经不足以防止其社会危害性。现行《刑法》第77条第1款规定的两种撤销缓刑的情形,再犯新罪不适用,那么就只能适用前一种情形,否则将造成轻纵犯罪人,导致主观恶性较深的被告人再犯新罪却不能撤销缓刑的结果。之所以对于缓刑判决立法规定可以撤销,是因为被告人以其具体行为表现方式体现了主观恶性较深、再犯可能性较大,如继续适用缓刑,显然难以体现罪责刑相适应的精神。对于本案中,被告人郭某波在缓刑考验期之前再犯新罪的行为，如果不撤销缓刑，显然与立法精神相悖。

2. 从实务执行角度看。如果本案中，被告人郭某波未被撤销缓刑，则有可能造成尴尬局面。由于前罪判决已经发生法律效力，那么就面临开始执行的问题。而缓刑执行的是具体的考验期限，考验期限起算开始之日是在判决确定之日，即判决生效之日。如果后罪的追诉是发生在此考验期限之内，并且后罪被判处执行刑，那么一般以执行之日起计算（当然，先行羁押的，羁押日期折抵刑期）。如果其缓刑未被撤销，同一被告人将面临同时被执行缓刑考验期与具体的执行刑期，出现羁押的被告人却在同时接受社区的矫正的奇怪现象。因为缓刑考验期是在判决确定之日起计算，不存在被中断的问题，不因为后罪的判决而导致原来缓刑考验期限的中断执行。对于被适用缓刑的犯罪分子，如果涉及需数罪并罚的情形，由于缓刑存在考验期，如将后罪与前罪并罚，就必须撤销缓刑，否则缓刑考验期将会继续进行下去，罪犯继续处于社区矫正阶段，后罪就无法与前罪进行并罚。即使并罚，也存在同时执行前后罪所判处刑罚的情形。由于前罪的判决作出之时，被告人并未犯新罪，前罪判决所认定的事实并不存在问题。因此，无法对此种情形启动再审程序，只能在后罪的判决中，对被告人是否撤销缓刑，以及是否并罚作出处理。这样才能维持前罪判决认定事实的准确性，同时，以后来发生的新的事实，改变对被告人适用缓刑的结果，才不至于轻纵犯罪分子。

3. 从刑法条文理解角度看。现行《刑法》第 71 条提到了判决宣告以后，刑罚执行完毕以前，犯罪分子再犯新罪应予以并罚的规定。但由于在对缓刑的相关规定中，《刑法》另设一节予以规定，对于缓刑的撤销、数罪的并罚，另行进行了规定，因此，对于缓刑情形下的相关并罚的规定，不能再适用《刑法》第 71 条的规定，适用第 71 条的规定，也无法对被告人撤销缓刑。对于在前罪判决作出后，缓刑考验期开始前再犯新罪的情形下撤销被告人的缓刑所依据的法律规定，就只能是《刑法》第 77 条的规定。而且只能将此种情形理解为发现了判决宣告以前还有其他罪没有判决的情形。因此，对于《刑法》第 77 条第 1 款中规定的判决宣告的理解，应当理解为判决宣告确定，而不能理解为宣判之时。即在一审判决作出后，在法定的上诉期间内，此时判决还未生效，仍然属于在判决宣告缓刑之前。从体系解释角度来看，既然《刑法》第 70 条、第 71 条对发现判决宣告之前有漏罪，以及在宣告之后刑罚执行完毕以前再犯新罪情形的并罚均作出了决定，那么，在对缓刑撤销以及对罪行进行并罚上，同样也应保持衔接，不可能出现不能撤销缓刑的“中间地带”，对于一审宣判之后、判决尚未发生法律效力、缓刑考验期尚未开始时这段时间再犯罪的情形，不能出现真空情形。对于宣告缓刑中的“宣告”的具体含义的理解，应当结合条文所处的位置、具体背景予以解释。对于同一法律术语在不同的背景下的具体含义应作出不同的理解。可以分情形将“宣告”理解为判决宣判作出之时，以及判决宣告确认、发生法律效力之时。如《刑法》第 69 条中的“判决宣告以前”中的“宣告”应理解为判决作出宣告之时，而《刑法》第 75 条中规定的“被宣告缓刑的犯罪分子”中的“宣告”应理解为判决宣告确认之时，而不是判决宣告作出之时。如果“宣告”涉及刑罚具体执行的启动、变更等，涉及缓刑考验的开始及减刑、假释时，此时的“宣告”应理解为判决宣告确认之时。而对于仅仅涉及并罚，不涉及执行以及撤销等相关问题，此时可以将“宣告”理解为一审判决宣告作出之时。

综上，在本案中，被告人郭某波在前罪判决作出之后，判决效力尚未确认之前，又再次犯罪，属于发现在判决宣告以前还有其他罪没有判决的情形，应当适用《刑法》第 77 条的规定，首先撤销原判决对其适用的缓刑，再适用《刑法》第 69 条的规定，对其予以数罪并罚。

133. 缓刑考验期限内又故意犯罪能否再次适用缓刑

对在缓刑考验期限内又故意犯新罪的被告人一般不应再次对其适用缓刑。

司法实例

许某欣职务侵占案

许某欣系东北某电梯有限公司原销售员。因犯挪用资金罪于2012年11月7日被某市某区人民法院判处有期徒刑1年6个月，宣告缓刑2年（缓刑考验期限自2012年11月19日起至2014年11月18日止）。

2013年3月，被告人许某欣进入东北某电梯有限公司担任销售员，负责电梯推销、签订销售合同、缴纳保证金等工作。从2013年6月开始，许某欣利用职务之便，通过向公司提供伪造的电梯采购合同、报价文件、保证金收据等材料，以缴纳保证金、洽谈业务需要资金等名义从公司骗领资金共计65,000元，据为己有。同年11月，许某欣离开公司。在本案审理期间，许某欣的亲属代其退赔了东北某电梯有限公司经济损失65,000元，并支付其他费用100元。

某市某区人民法院审理认为，被告人许某欣身为公司销售人员，利用职务上的便利，将本单位的65,000元资金非法占为己有，数额较大，其行为已构成职务侵占罪，依法应予以处罚。被告人许某欣在缓刑考验期内犯新罪，应当撤销缓刑，对新犯的罪作出判决，把前罪和后罪所判处的刑罚予以并罚。被告人许某欣到案后如实供述自己的罪行，且已退赔被害单位的经济损失，依法对其从轻处罚并可适用缓刑。根据被告人许某欣犯罪的事实、性质、情节及社会危害性等，遂判决撤销某市某区人民法院对被告人许某欣宣告的缓刑；被告人许某欣犯职务侵占罪，判处有期徒刑2年，与前罪所判处的有期徒刑1年6个月并罚，决定执行有期徒刑3年，缓刑5年。

一审宣判后，原公诉机关某市某区人民检察院以原判对被告人许某欣适用缓刑确有错误为由提出抗诉，建议二审法院依法纠正。上级检察院支持抗诉。

某市中级人民法院审理认为，原判认定被告人许某欣实施职务侵占犯罪活动的事实清楚，证据确实、充分。但对被告人许某欣在缓刑考验期限内故意犯罪，撤销缓刑，数罪并罚后，认定其有悔罪表现，再次适用缓刑不当，应予纠正。遂判决维持一审判决第一项以及第二项中对原审被告人许某欣的定罪部分，撤销一审判决第二项中的量刑部分，判决原审被告人许某欣犯职务侵占罪，判处有期徒刑1年5个月，与前罪所判处的有期徒刑1年6个月并罚，决定执行有期徒刑2年6个月。

本案在审理过程中，对原审被告人许某欣在缓刑考验期限内又故意犯新罪能否再次适用缓刑的问题存在两种不同意见：一种意见认为，现行《刑法》第74条规定，对于累犯和犯罪集团的首要分子，不适用缓刑。从其规定内容来看并没有禁止对缓刑考验期限内又故意犯新罪的被告人再次适用缓刑。综观现行刑事法律及司法解释亦未见相关的禁止性规定。虽现行《刑法》第77条第1款规定："被宣告缓刑的犯罪分子，在缓刑考验期限内犯新罪或者发现判决宣告以前还有其他罪没有判决的，应当撤销缓刑，对新犯的罪或者新发现的罪作出判决，把前罪和后罪所判处的刑罚，依照本法第六十九条的规定，决定执行的刑罚。"但此处的"应当撤销缓刑"是指应当撤销被告人前罪的缓刑，而不包含禁止再次适用缓刑的意思。此处的"决定执行的刑罚"亦不能当然得出只能执行收监的实刑，而排斥缓刑的适用可能性。本案原审被告人许某欣虽前后两次犯罪均属侵财类犯罪，但其并不是累犯和犯罪集团的首要分子，其到案后均积极退赔全部赃款，被害单位的财产损失已全部挽回。且其到案后均如实供述自己的罪行,庭审中对检察机关指控的事实与罪名亦无异议,可以认定其有认罪悔罪表现。从前述分析可知法律亦未明确规定不得再次适用缓刑。综上,从有利于被告人的原则来看,本案撤销缓刑,实行数罪并罚后,仍然可以考虑对原审被告人许某欣适用缓刑。另一种意见认为,现行《刑法》第 77 条第 2 款规定:“被宣告缓刑的犯罪分子,在缓刑考验期限内,违反法律、行政法规或者国务院有关部门关于缓刑的监督管理规定,或者违反人民法院判决中的禁止令,情节严重的,应当撤销缓刑,执行原判刑罚。”此处的“执行原判刑罚”是指对被告人收监执行原判的实刑应无争议。从该款规定的内容来看,即使被告人在缓刑考验期限内仅实施了情节严重的违法违规等行为亦应当对其撤销缓刑,收监执行原判实刑。那么对在缓刑考验期限内又故意犯新罪的被告人当然应当撤销缓刑,实行数罪并罚,并不得再次适用缓刑。此外,本案原审被告人许某欣前后两次犯罪均属利用其职务便利实施的侵财类犯罪,且前后两罪案发时间相隔仅 1 年左右,其亦供述将骗取的部分资金用于赌博等违法活动,表明其主观恶性较深,不符合现行《刑法》第 72 条规定的适用缓刑必须具备的“有悔罪表现”“没有再犯罪的危险”的必备条件。综上,对本案原审被告人许某欣不应再次适用缓刑,而应收监执行实刑。

本案二审法院支持了第二种意见,主要理由为:

1. 现行《刑法》间接规定了对缓刑考验期内又故意犯新罪的被告人一般不得再次适用缓刑。一是综观现行《刑法》及司法解释等刑事法律规范,的确没有发现对缓刑考验期内又故意犯新罪的被告人能否再次适用缓刑的明文规定。但这并不意味着现行刑事法律规范没有对此种情形的处理作出隐含式间接规定。上述第一种意见认为现行《刑法》第 74 条规定了适用缓刑的排除性条件,其中并未包含缓刑考验期内又故意犯新罪的情形,据此认为刑事法律对此种情形没有禁止性规定,可以考虑再次适用缓刑。但该条规定的内容主要涉及不适用缓刑的对象,即对被告人主体性要素的要求。与缓刑考验期内又故意犯新罪的情形分属不同层面的问题,不能想当然推论法律对此种情形的处理没有直接或间接的禁止性规定。二是对规定了缓刑考验不合格如何处理的现行《刑法》第 77 条第 1 款与第 2 款,不能机械、孤立地割裂开来理解与适用。单看第 77 条第 1 款规定的内容,确实存在对缓刑考验期内又故意犯新罪的被告人可以再次适用缓刑的解释余地。但将第 2 款规定内容结合起来理解时,则排除了这种解释空间,发现其已隐含式地间接规定了对缓刑考验期内又故意犯新罪的被告人一般不得再次适用缓刑。现行《刑法》第 77 条第 2 款规定:“被宣告缓刑的犯罪分子,在缓刑考验期限内,违反法律、行政法规或者国务院有关部门关于缓刑的监督管理规定,或者违反人民法院判决中的禁止令,情节严重的,应当撤销缓刑,执行原判刑罚。”该款规定的内容相当明确,“执行原判刑罚”即收监执行原判实刑,此处仅存在这一种理解,而无其他解释的可能。比如,被告人甲某第一次犯罪,被法院以盗窃罪判处有期徒刑 1 年,缓刑 2 年,在缓刑考验期间,甲某违反了关于缓刑的监督管理规定,且情节严重,缓刑考察机关则应向法院提出撤销缓刑收监执行的意见,法院经审理查明后则应下达撤销原判缓刑,执行被告人甲某有期徒刑 1 年实刑的裁定。因此,按照举轻以明重的自然解释原则和刑法法条的体系性解释原则,缓刑考验期间,在被告人故意实施了违反缓刑相关监管规定的违法行为,情节严重但尚未构成犯罪的情况下,《刑法》第 77 条第 2 款亦明确规定,应撤销缓刑,实际执行原判刑罚。那么在缓刑考验期内被告人故意实施了比违法行为更为严重的犯罪行为时就更应该实际执行原判刑罚,而不能再次适用缓刑。据此,现行《刑法》第 77 条第 1 款也应相应理解为:被宣告缓刑的犯罪分子,在缓刑考验期限内犯新罪的,应当撤销缓刑,对新犯的罪作出判决,把前罪和后罪所判处的刑罚,依照《刑法》第 69 条的规定,决定收监执行的实刑。以上理解方式符合公认的法律解释原理,亦契合缓刑立法的内在价值精神。此外,最高人民法院、最高人民检察院在 2012 年 8 月 8 日发布的《关于办理职务犯罪案件严格适用缓刑、免予刑事处罚若干问题的意见》中规定数罪并罚后一般不适用缓刑,虽是针对职务犯罪的规定,但对其他犯罪的处罚仍有借鉴意义。结合本案来看,原审被告人许某欣因犯挪用资金罪被判处有期徒刑 1 年 6 个月,缓刑 2 年。在缓刑考验期间,许某欣又利用其职务便利故意侵占公司财产 65,000 元,构成职务侵占罪。综上,许某欣在缓刑考验期内又故意犯新罪,应当对其撤销原判缓刑,实行数罪并罚,并不应再次对其适用缓刑。

在本案审理期间,虽然许某欣的亲属代其退赔,挽回了东北某电梯有限公司全部经济损失,但系其亲属代为退赔,不足以证明其人身危险性较小。反之,原审被告人许某欣在原本是给其改过自新机会的缓刑考验期间,仍然不思悔改,再次故意犯与前罪性质相同的侵财类罪行,证明其规范意识钝化,没有悔罪表现,主观恶性较深,人身危险性较大,明显具有再犯罪的危险。原审被告人许某欣以自己在缓刑考验期内故意犯罪的实际行动,证明了原判对其适用缓刑的错误,并导致法官在心证上对被告人悔罪的真诚度、不再犯罪的可能性等缓刑适用的必要条件产生了严重质疑。综上,原审被告人许某欣不符合《刑法》第 72 条规定的适用缓刑必须具备的"有悔罪表现""没有再犯罪的危险"的必要条件。据此,不应对原审被告人许某欣再次适用缓刑,而应对其实行数罪并罚后予以收监执行实刑。

2. 本案被告人许某欣亦不符合适用缓刑的条件。退一步讲,即使现行刑事法律规范没有对缓刑考验期内又故意犯新罪的被告人再次适用缓刑作出禁止性规定,但通过考察本案的具体情况,原审被告人许某欣也不符合适用缓刑的条件,不应对其再次适用缓刑。现行《刑法》第 72 条、第 74 条对缓刑的适用条件作出了规定。结合本案来看,原审被告人许某欣前后两次犯罪均属单独犯罪,当然不属于犯罪集团的首要分子。从主体信息来看,其先前犯挪用资金罪被判处有期徒刑 1 年 6 个月,缓刑 2 年,正在缓刑考验期内,且并无其他前科,故亦不构成累犯。一审法院对其撤销原判缓刑,实行数罪并罚后决定刑期为有期徒刑 3 年,亦满足适用缓刑的前置刑期条件。据此,应重点考察其是否符合适用缓刑的实质条件。结合全案情况来看,原审被告人许某欣因犯挪用资金罪于 2012 年 11 月 7 日被某市某区人民法院判处有期徒刑 1 年 6 个月,缓刑 2 年(缓刑考验期限自 2012 年 11 月 19 日起至 2014 年 11 月 18 日止)。在其前罪判决后仅隔半年左右的时间,即从 2013 年 6 月开始,许某欣便利用其担任东北某电梯有限公司销售员的职务便利,采用向公司提供伪造的电梯采购合同、报价文件、保证金收据等虚假材料,以缴纳保证金、洽谈业务需要资金等名义,从公司骗领资金共计 65,000 元,据为己有。其前后两次犯罪均属利用其职务便利,故意侵害公司财产法益的性质相同的侵财类犯罪,且时间间隔较短,庭审中亦供述其将部分犯罪所得资金用于赌博等违法活动,虽挽回了公司全部经济损失,但系其亲属代为退赔,不足以证明其人身危险性较小。

综上所述,某市中级人民法院的二审判决是正确的,对在缓刑考验期限内又故意犯新罪的被告人一般不应再次对其适用缓刑。

134. 判决宣告后送达前被告人"脱保"应如何处理

对于判决宣告后送达前被告人"脱保"案件的处理,按照目前法律规定只能对其进行程序性制裁,而难以从刑事实体层面予以惩罚。因此,判决书主文对被告人行为定性、量刑情节的评判、适用法律以及定罪量刑部分宜与宣判内容一致,被告人脱逃的情节暂不纳入其中,也不直接在判决书中改变已经宣告的刑罚。

司法实例

王某岗危险驾驶案

被告人王某岗,男,汉族,41岁,初中文化,务工。因未取得机动车驾驶证驾驶机动车,且使用伪造的机动车驾驶证于2012年11月22日被某省某市公安局行政拘留9日。因涉嫌危险驾驶罪于2013年4月23日被抓获,次日被刑事拘留,同年5月1日被取保候审,并于2013年9月27日脱逃。经某省某市人民法院决定,其于2013年10月19日被依法逮捕。

某省某市人民法院经审理查明:2013年4月23日18时许,被告人王某岗(未取得驾驶证)饮酒后驾驶车牌号为琼QB××1A普通二轮摩托车行驶至某市海滨大道康明路附近路段时,被执勤民警查获。经检测,被告人王某岗的呼吸酒精含量为221毫克/100毫升。后经鉴定,当日从被告人王某岗抽取的血样中检出了乙醇(酒精)成分且其浓度为205毫克/100毫升,达到醉酒标准。

某省某市人民检察院指控被告人王某岗在道路上无证醉酒驾驶机动车,其行为触犯了《刑法》第133条之一第1款,构成危险驾驶罪,检察院向法院提起公诉。

被告人王某岗对起诉书指控的事实及罪名无异议。

某省某市人民法院于2013年9月27日公开审理了该案并当庭宣判,后被告人王某岗经传讯拒不到案,判决书未能送达,遂于2013年9月30日裁定该案中止审理。后被告人王某岗于同年10月19日被逮捕,并于同年10月23日押解回某省某市看守所予以羁押。某省某市人民法院于次日裁定该案恢复审理,并送达刑事裁定书、刑事判决书。

某省某市人民法院经审理认为,被告人王某岗在道路上无证醉酒驾驶机动车,其行为已构成危险驾驶罪,应予惩处。公诉机关指控的罪名成立。被告人王某岗到案后如实供述自己的罪行,依法予以从轻处罚。依照《刑法》第67条第3款、第133条之一第1款之规定,遂判决被告人王某岗犯危险驾驶罪,判处拘役4个月,并处罚金8000元。判决已生效。

本案的特殊之处在于,取保候审的被告人在口头宣判之后书面判决送达之前违反取保候审义务,经传讯拒不到案并潜逃,导致刑事判决书无法送达,案件亦无法审结。此种情形在轻微刑事案件集中审理时容易出现,由于在一段时间内要进行数个庭审,而不能立即向被告人送达刑事判决书,被判处实刑的被告人为逃避惩罚则可能"脱保"潜逃。此类案件的再审理,需要解决以下三个方面的问题:

1. 诉讼程序方面。关于脱逃案件的处理,《刑事诉讼法》第206条第1款规定了被告人在审理过程中脱逃,致使案件在较长时间内无法继续审理的可以中止审理。首先,本案虽已当庭宣判,但仍处于审理之中,人民法院对案件的审理过程并不终止于宣判,因此具备适用裁定中止审理的前提条件。其次,关于法律条文中"脱逃"的理解,应当既包括已被依法关押的被告人脱离监管,逃离关押场所的行为,也包括被采取取保候审、监视居住等强制措施的被告人违反相关义务脱离监管的行为,而不应仅局限地理解为《刑法》第316条第1款脱逃罪中"脱逃"的范围。根据《刑事诉讼法》第71条第1款第1项和第3项关于被告人取保候审义务的规定,取保候审的被告人未经执行机关批准不得离开所居住的市、县,且在传讯的时候应及时到案。本案中被告人王某岗在取保候审期间潜逃,违反了上述两项规定,系脱逃,且致使本案在较长时间内无法继续审理,可以裁定中止审理,待被告人归案后再恢复审理。

2. 判决书送达方面。刑事判决书是载明被告人是否构成犯罪、是否判处刑罚及判处何种刑罚的裁判文书,刑事判决书的送达是关系到公诉机关抗诉权及被告人上诉权等国家机关权力和当事人权利行使的重要事项。因此对个人而言,必须送达当事人本人。对刑事判决书的送达既不能采用诸如民事诉讼中的公告送达,也不适用《刑事诉讼法》第 107 条第 1 款关于传票、通知书和其他诉讼文件可以由成年家属或者所在单位的负责人员代收的规定。对于前者,《刑事诉讼法》没有明文规定,且不符合刑事诉讼的基本规律;对于后者,刑事判决书虽然属于诉讼文件的范畴,但其特殊性决定了其不同于当前法律条文中明确的传票、通知书等与该兜底词语并列的诉讼文件,故不能归入其中。关于判决书的送达期限,《刑事诉讼法》第 202 条第 2 款规定,当庭宣告判决的,应当在 5 日以内将判决书送达当事人和提起公诉的人民检察院。在本案中,因被告人拒不到案,导致无法向其送达判决书,显然无法实现该条文要求。此种情况下判决书是否应先向公诉机关送达,实践中做法不一,综合考虑不宜先行送达。当庭口头宣判与定期宣判不同,定期宣判是在书面判决书已经形成的前提下将判决内容进行宣告,因此对定期宣判的要求是在判决宣告后立即将判决书送达当事人和公诉机关;而口头宣判是在开庭审理的过程中对刑事判决中的定罪量刑部分进行口头宣告,此时判决书尚未形成书面形式,因此《刑事诉讼法》规定了 5 日内送达的期限。故认为,在被告人脱逃的情况下,人民法院已经裁定中止审理的案件,中止审理的期间除依法不计入审理期限外,也不应计入送达期限,理由在于诉讼的中止也应包括送达活动的中止。况且,判决书尚未最终形成,被告人归案后判决书的相关内容可能需要变更,而在被告人长时间未归案无法向其送达判决书的情况下,单方面向公诉机关送达判决书既无实际意义,也有可能造成被动。

3. 判决书内容方面。在司法实践中,一般而言,对当庭宣判的刑事案件,承办法官对判决书的基本内容已形成拟稿,但是拟稿并非最终确定的判决书,仍须根据实际情况来最终确定。本案中,被告人归案后,人民法院对案件裁定恢复审理后,判决书涉及的部分情况如发生变化,则可能存在判决书中相关内容应当如何确定的问题。一般主要体现在以下三个方面:一是判决书首部关于被告人的强制措施情况部分。之前对被告人采取的强制措施是取保候审,通过公安机关追逃并抓获被告人后,于 2013 年 10 月 19 日对其依法逮捕,这一内容应在判决书关于被告人强制措施、羁押情况的部分予以体现。二是案件由来部分。案件由来部分应包括刑事案件的起诉时间、适用程序、开庭审理、审限变化、中止、恢复审理情况等内容。那么,本案于 2013 年 9 月 30 日裁定中止审理,并于同年 10 月 24 日裁定恢复审理的情况应予以写明。三是判决主文部分。被告人在取保候审期间脱逃,严重违犯取保候审义务,从程序方面可以根据《刑事诉讼法》的规定予以没收保证金并根据具体情形责令具结悔过、重新交纳保证金、提出保证人直至变更强制措施。实体方面,被告人妨害刑事诉讼的正常进行,浪费了国家的司法资源,反映其认罪、悔罪态度较差,一般而言,在量刑方面可予以从重考虑。然而,针对本案的情况,由于判决书的主文部分在当庭宣判时已经予以宣告,且在取保候审期间脱逃根据具体情况并不一定必然构成新的犯罪,从审判公开、保障被告人辩护权、维护刑事审判权威等角度考量,已宣判的内容不能直接进行变更。换言之,按照当前的法律规定只能对其进行程序性制裁,而难以从刑事实体层面对其进行惩罚。因此,判决书主文对被告人行为定性、量刑情节的评判、适用法律以及定罪量刑部分应当与宣判内容一致,被告人脱逃的情节并不宜纳入其中,更不能直接在判决书中改变已经宣告的刑罚。

综上,对于判决宣告后判决书送达前被告人"脱保"案件的处理,按照目前法律规定只能对其进行程序性制裁,而难以从刑事实体层面惩罚。因此,判决书主文对被告人行为定性、量刑情节的评判、适用法律以及定罪量刑部分宜与宣判内容一致,被告人脱逃的情节暂不纳入其中,也不直接在判决书中改变已经宣告的刑罚。对此种情形,也有待立法机关或最高人民法院作出具体明确的解释。

分　则

第一章　危害国家安全罪

（略）

第二章　危害公共安全罪

放火罪（《刑法》第 114 条）

135. 为轻生烧毁自家房屋的行为如何定性

行为人明知烧毁自家房屋的行为有引发火灾，危及公共安全的可能性，仍然置他人生命、财产安全于不顾实施该行为，其行为符合放火罪的构成要件，构成放火罪。

司法实例

汤某奇放火案

2017 年 4 月 5 日下午，嫌疑人汤某奇独自一人在某县某村自己家中饮酒时，因联想到家庭矛盾、家中有长期重病患者及近期遇到的诸多烦心事，从而产生轻生念头。后嫌疑人汤某奇使用打火机点燃了其父卧室内用手提塑料袋装着的被子，引燃自家房屋形成火灾。后因扑救及时，大火除将其自家房屋（土木结构）烧毁并将与其房屋相邻的隔壁大伯家的房屋（砖混结构）外墙烧黑外，未造成其他人员伤亡及财产损失。据统计，火灾直接造成 7000 多元的经济损失。

关于汤某奇的行为应如何定性。本案审理中，第一种意见认为，汤某奇的行为构成放火罪。理由：放火罪是指故意放火焚烧公私财物，危及公共安全的行为。本案中嫌疑人汤某奇使用打火机点燃了其父卧室内用手提塑料袋装着的被子，引燃自家房屋形成火灾。虽然村民及时发现和消防员奋力扑救，从而避免给他人人身和财产造成重大损害以及损失，但由于嫌疑人汤某奇家并非独门独户，其房子周围还住有其他村民住户，因此，嫌疑人汤某奇的行为客观上足以危及公共安全。按照《刑法》第 114 条规定，嫌疑人汤某奇的行为构成放火罪。第二种意见认为，汤某奇的行为构成故意毁坏财物罪。理由：故意毁坏财物罪是指故意毁坏或损坏公私财物，数额较大或有其他严重情节的行为。本罪侵犯的客体是公私财物的所有权，包括生产资料、生活资料、动产和不动产等。本案中,嫌疑人汤某奇为轻生引燃自家房屋,引发火灾造成自家房屋被烧毁、他人房屋外墙被烧黑,直接经济损失达7000多元。但由于嫌疑人放火焚烧的是自家的房屋和财产,而且主观上也没有侵害他人生命、健康和重大公私财产安全的故意。因此按照《刑法》第275条规定,嫌疑人汤某奇的行为构成故意毁坏财物罪。第三种意见则认为,汤某奇的行为无罪。理由:法律规定犯罪必须是具有严重危害性的社会行为。具体表现在四个方面:一是危害人民民主专政的政权。二是危害国有和集体所有的公共财产。三是侵犯公民的人身权利、民主权利和其他权利。四是破坏社会主义的社会秩序、经济秩序。本案中,嫌疑人汤某奇之所以放火是因为想轻生,显然,其行为并没有危害到社会、经济秩序和国有、集体财产所有权,也没有侵犯其他公民的人身和民主权利,更不会危害人民民主专政的政权。因此,按照《刑法》第13条规定,嫌疑人汤某奇的行为不是犯罪。

某县人民检察院对汤某奇以放火罪提起公诉后,某县人民法院经过对案件的审理主张第一种意见,以放火罪对汤某奇判处了相应的有期徒刑,判决已生效。理由为:

1. 刑法规定的放火罪,放火行为必须足以危害公共安全。如果虽然实施了放火行为,但从放火焚烧的对象、时间、地点、环境等方面考察,确实不足以危害公共安全,就不存在危害公共安全的危害性,不构成放火罪,如嫌疑人将远离村落,周围几百米没有任何房屋、建筑物或庄稼等可燃物的独立房屋点燃。反之,则构成放火罪。本案中,嫌疑人汤某奇房子所在位置并非独门独户,其房子附近还有其他人家,尤其是其大伯家还与其相邻;同时,农村住宅用电一般都是房屋之间家用电器电线明线相连,一旦发生火灾,电线就会连线加速火灾蔓延;而且案发时恰逢春季,风势较大、天干物燥,一旦失火必然会导致风助火势迅速地蔓延开来,进而殃及与其房屋相连的其他住户。因此,汤某奇的行为足以危害公共安全。

2. 根据刑法理论,如果行为人以放火为手段毁损公私财物,没有造成重大损失,也不可能危及公共安全,应以故意毁坏财物罪论处;如果行为人放火烧毁公私财物,造成重大损失或者危及公共安全,应以放火罪论处。虽然,并非所有用放火方法实施的犯罪行为都构成放火罪,但是如果行为人实施放火行为,无法将火势有效地控制在较小范围内,并且确实足以危害到不特定多数人的生命、健康和重大公私财产安全的,就应定放火罪。本案中,嫌疑人汤某奇虽然放火焚烧的只是自家的住房和财物,但却没有采取必要的安全防范措施,置他人的生命、财产安全于不顾,对可能造成的火灾持放任态度,其行为客观上足以殃及四邻,危害公共安全。因此,嫌疑人汤某奇的行为构成放火罪。

3. 从主观上分析,放火罪在主观方面表现为故意,即明知自己的放火行为会引起火灾,危害公共安全,希望或者放任这种结果发生的心理态度。如果行为人不是出于故意,就不构成放火罪。本案中,嫌疑人汤某奇属于完全刑事责任能力人,具有辨认和控制自己行为的能力。且不说嫌疑人汤某奇在纵火时是否希望引发火灾、危及周围村民的人身财产安全,作为一名心智正常的成年人,嫌疑人汤某奇在实施纵火行为之前理应预料到自己房屋起火后,风助火势,必然会蔓延开来,殃及与其房屋相连的其他住户。但汤某奇却置他人生命、财产安全于不顾,对可能造成的火灾持放任态度,即放任这种危害结果的发生。可见,汤某奇在主观方面存在罪过,即嫌疑人汤某奇对于放火行为具有间接故意,符合放火罪构成的主观要件。

值得提出的是,任何人对属于自己的财产都有处分权,包括将其毁坏,使其失去使用价值或价值。但是,这种权利是以不损害国家、集体和他人的利益为前提的。只要不损害国家、集体和他人的利益,放火烧自己的财物,就属于处分个人所有财产的范畴,理应不构成放火罪。反之,则构成放火罪。

综上，嫌疑人汤某奇明知自己实施的放火行为有引发火灾，危及公共安全的可能性，仍然置他人生命、财产安全于不顾实施该行为，其行为符合放火罪的构成要件，构成放火罪。

136. 放火罪与寻衅滋事罪法条竞合时如何定性

行为人的点火行为虽以寻求刺激为目的，但其系多次、多点点火行为，且均在夜间实施，客观上该行为足以危及公共安全，主观上行为人明知但仍放任这种危险的发生，符合放火罪的主客观构成要件，已构成放火罪。

司法实例

绩某宝等放火案

2014年6月至7月，被告人绩某宝、聪某洛、焦某家、焦某娃、焦某狗（均为未成年人）因放假无聊，为寻求刺激，在某省某市某区自己所在村多次纵火取乐20余次。其中，有几次是单纯玩火，危害不大，未作认定，情节较为严重的一次是几名被告人分别点燃了5户人家房屋附近的草堆，四处草堆均独立燃烧，导致不同程度的毁损。被告人绩某宝在放火过程中被巡逻的警察当场抓获，其余被告人随后到公安机关投案自首。被告人绩某宝、聪某洛、焦某家、焦某娃、焦某狗均为不满18周岁的未成年人，且均已对被害人的损失进行了赔偿。

某县检察机关将5名被告人以放火罪诉至法院。某县人民法院在案件审理中，对于本案被告人出于寻求刺激，多次放火的行为，应当定性为放火罪还是寻衅滋事罪成为争议焦点。一种意见认为，被告人聪某洛、焦某娃、绩某宝、焦某家、焦某狗实施放火行为，虽均出于寻求刺激，但客观上有危害公共安全的危险，其行为触犯了《刑法》第114条的规定，犯罪事实清楚，证据确实、充分，均应当以放火罪追究其刑事责任。另一种意见认为，被告人聪某洛、焦某娃、绩某宝、焦某家、焦某狗虽然实施了放火行为，但其放火行为是否足以危害公共安全需要慎重考虑。嫌疑人均为十六七岁，主观认知、判断能力与成年人有一定差别，其放火行为主要是出于寻求刺激，没有意识到危害了公共安全，对是否危害公共安全的判断也要结合当时的环境、房屋状况、天气等具体条件。而从现场照片看，嫌疑人的纵火行为难以形成现实的火灾，消防部门没有实际出警，也未对现场情况是否能引起火灾作出权威评估，电力部门也认为烧毁墙体外露电表箱仅会引起断电，不会引发火灾，因而应当认定为寻衅滋事罪。

一审法院经开庭审理，合议庭评议并报审委会讨论，判决认定5名被告人均构成放火罪，分别处以有期徒刑及有期徒刑缓刑。判决已生效。法院认定被告人构成放火罪的主要理由为：

1. 关于主观方面的认定。寻衅滋事是指行为人为寻求刺激、发泄情绪、逞强耍横等，无事生非，实施《刑法》第293条规定的行为，其中包括任意损毁公私财物。有学者指出："主观上的流氓动机与客观上的无事生非，是本罪的基本特征，也是本罪与故意伤害罪、抢劫罪、敲诈勒索罪、故意毁坏财物罪的关键区别。"最高人民法院、最高人民检察院于2013年出台的《关于办理寻衅滋事刑事案件适用法律若干问题的解释》认可了上述学者的观点并在第1条第1款指出："行为人为寻求刺激、发泄情绪、逞强耍横等，无事生非，实施刑法第二百九十三条规定的行为的，应当认定为'寻衅滋事'。"本案中嫌疑人都是十六七岁的未成年人，认知能力有限，而且是出于寻求刺激，无事生非以放火取乐，所以第二种意见认为应定寻衅滋事罪。应当说被告人均出于寻求刺激，前后实施了一系列的放火行为，造成了一定的公私财物的损毁，但如放火行为未达到危害公共安全标准，认定为寻衅滋事罪则是合理的。

2. 客观上是否达到足以危害公共安全的标准。放火罪和寻衅滋事罪侵犯的客体不同。放火罪属于危害公共安全的犯罪，侵犯的客体是公共安全，而寻衅滋事罪属于扰乱公共秩序的犯罪，其侵犯的客体是公共秩序。放火罪和寻衅滋事罪最大的区别，就在于行为人的放火行为客观上是否足以危及公共安全。也就是说，如果行为人实施的放火行为，本身没有危害公共安全，也不可能危及公共安全，就只能属于寻衅滋事行为。反之，如果该行为已危害或是已危及公共安全，就只能以放火罪论处。

判断行为人的放火行为是否足以危及公共安全，主要应当结合行为人放火时的环境条件、物理条件、自然条件等多种因素综合考量。如点火时是白天还是黑夜，点火地点是居民区还是偏僻处，点火时气候干燥还是潮湿，有风还是无风、风大还是风小等。本案中，嫌疑人主观上的放火故意和客观上的放火行为都是具备的，结合当时情景分析：一是放火的地点是在村民的住宅旁，在这样的公共场所实施放火行为，一旦火势成灾，势必会造成不特定多数人的人身损害、财产损失，危及公共安全。二是放火的目标是专门选择各个房屋旁边的草堆，草堆属于易燃物，极易引起火灾。三是放火的时间是22时许，正值夜深人静之时，不容易被人发现而及时扑灭火情，危及公共安全。四是当地虽然正处于梅雨季，气候干燥程度与春季尚有一定差别，但点火时均不是下雨天。五是从放火现场的安全保障措施方面考察，放火地点是村庄，消防设备并不健全，倘若不是被巡逻警察当场发现，一旦火势蔓延，后果将不堪设想，周围不特定多数人的生命、健康、公私财物及公共生产、生活的安全足以遭受危害。

此外，从被告人有无控制火势范围的主观心态和客观措施方面考察：一是被告人放火是出于寻求刺激和好玩，多次放火说明其对火势后果是持放任的态度；二是从点火后的客观行为来看，被告人将火点着燃烧起来之后便离开了现场，去另外的地方继续放火，未采取任何控制火势的措施。当时点燃的火均已独立燃烧，若没有巡警发现火情，则火势足以蔓延到周边危及公共安全。因此，从被告人的主观心态和客观防控措施来看，被告人对其放火行为能造成的结果是明知的，客观上也有危害公共安全即不特定多数人的人身安全或公私财产的实际危险。

综上，被告人绩某宝、聪某洛、焦某家、焦某娃、焦某狗等人的放火行为客观上足以危及公共安全，主观上行为人明知但仍放任这种危险的发生，符合放火罪的主客观构成要件，已构成放火罪。

137. 过失犯罪是否存在共同过失

《刑法》第25条第2款是关于二人以上共同过失犯罪，不以共同犯罪论处及对其如何处罚的规定。这是对共同犯罪概念的重要补充。刑法条文明确规定了“共同过失犯罪”这一术语，事实上肯定了共同过失犯罪的存在，且“应负刑事责任”。“不以共同犯罪论处”“按照他们所犯的罪分别处罚”，只是特别规定了对共同过失犯罪的处罚方法，并非否认共同过失犯罪。

司法实例

霍某鹰、莫某利失火案

2016年12月20日15时许，某省某县某村霍某鹰、莫某利二人未经有关部门批准擅自在某县某村一山头上烧炭，霍某鹰点火烧炭，不慎引起森林火灾，森林大火从某县某村的山头一直烧至邻近的某瑶族自治县境内。经某县和某瑶族自治县林业技术部门鉴定：火灾造成过火面积共192.27公顷，其中过火有林面积共139.27公顷。

本案在审理过程中对二被告人属过失犯罪无异议，但对定性及刑事责任认定以及关键的是否构成共同犯罪出现严重分歧。一种意见认为,本案只能追究霍某鹰的刑事责任。理由是:对于过失犯罪,法律有规定的才负刑事责任。过失行为造成法定的危害结果才可能构成犯罪。《刑法》规定,共同犯罪是指两人以上共同故意犯罪。理论上认为不存在共同过失犯罪。本案是霍某鹰实施具体点火行为并引发火灾,如果一起追究两人的刑事责任,对没有引起火灾的莫某利是明显不公平的。另一种意见认为,被告人霍某鹰、莫某利两人构成失火罪,系共同过失犯罪。理由是:虽然《刑法》第25条第1款规定,"共同犯罪是指二人以上共同故意犯罪",但该条第2款又规定,"二人以上共同过失犯罪,不以共同犯罪论处;应当负刑事责任的,按照他们所犯的罪分别处罚"。故我国刑法并没有否定共同过失犯罪。霍某鹰、莫某利两人的共同过失、共同行为造成了严重危害后果,达到刑事追诉标准,均应负刑事责任。

2017年3月12日某县人民法院以失火罪判处霍某鹰、莫某利有期徒刑各2年10个月。显然,法院支持了第二种意见,被告人霍某鹰、莫某利构成失火罪,理由如下:

1. 两被告人主观上有共同过失。过失是指应当预见自己的行为可能发生危害社会的结果,因疏忽大意而没有预见,或者已经预见而轻信能够避免,以致发生这种结果。本案两被告人共同在一个山头烧炭,都负有避免火灾的注意义务,本应相互提醒不得用火或者在用火后共同采取足以预防危险的措施,但两人轻信能够避免火灾。两人的行为相互影响,相互促进,一起违反规定在林地用火,事后又没有采取必要的安全措施,结果造成森林火灾,主观上共同存在轻信过失。

2. 两被告人有共同过错行为,属于"二人以上由过失造成同一危害结果"。两被告人的一系列行为,是事先联络后依据农村习惯共同默认的,以烧炭出卖得钱为共同目的,在实施过程中相互配合并完成的。两人的行为并不是简单巧合的同时行为,而是一个整体,各自的行为是默契的分工行为,属共同危险行为。

3. 共同危险行为造成了足以追究刑事责任的严重后果。本案中失火的结果是毁坏林木,造成过火有林面积达139.27公顷,具有明显严重的社会危害性,达到了失火罪的追诉标准,具备了刑法关于失火罪的构成要件。

4. 我国现行刑法并没有否认共同过失犯罪。虽然《刑法》第25条第1款规定:"共同犯罪是指二人以上共同故意犯罪",但该条第2款又规定:"二人以上共同过失犯罪,不以共同犯罪论处;应当负刑事责任的,按照他们所犯的罪分别处罚"。第2款是关于两人以上共同过失犯罪,不以共同犯罪论处及对其如何处罚的规定。这是对共同犯罪概念的重要补充。刑法条文明确规定了"共同过失犯罪"这一术语,事实上肯定了共同过失犯罪的存在,且"应负刑事责任"。"不以共同犯罪论处""按照他们所犯的罪分别处罚",只是特别规定了对共同过失犯罪的处罚方法,并非否认共同过失犯罪。在生产、生活、工作中,两个人以上共同过失造成严重后果的现象是客观存在的。如果不用刑法予以规制,势必会放纵这种违法行为,造成打击不力。司法实践中也已经认可了共同过失犯罪的成立。如2000年最高人民法院《关于审理交通肇事刑事案件具体应用法律若干问题的解释》(以下简称《交通肇事解释》)第5条第2款规定,交通肇事后,单位主管人员、机动车辆所有人、承包人或者乘车人指使肇事人逃逸,致使被害人因得不到救助而死亡的,以交通肇事罪的共犯论处。

本案中,在点火前,被告人霍某鹰、莫某利两人都在场,均有采取防火措施的义务却没有采取;点火后,二被告人均有义务看火却没有尽注意义务。事前不作为,事后也不作为,是造成此次火灾的主要原因。

被告人霍某鹰、莫某利均未尽到野外用火注意义务,在没有办理野外用火审批和没有采取任何防火措施的情况下擅自烧炭,疏忽大意引起山林火灾,造成公私财产遭受重大损失。其二人行为已触犯《刑法》第115条第2款之规定，应当以失火罪分别追究其刑事责任。

故法院以失火罪判处霍某鹰、莫某利有期徒刑各2年10个月是正确的。

以危险方法危害公共安全罪(《刑法》第115条第1款)

138. 危险驾驶罪中无证驾驶等非犯罪构成要件行为如何评价

无证驾驶等其他违反道路交通安全法规的行为，只是醉酒驾驶行为的附随情节而非危险驾驶罪的构成要件，评价时应将两者区别对待，或者作为行政违法行为予以行政处罚，或者作为危险驾驶罪的从重量刑情节予以刑事评价。

司法实例

渠某俞危险驾驶案

2017年9月9日18时许，湖北省某市被告人渠某俞酒后无证驾驶自己家未检验的奥拓小型轿车，从其住处行驶至某派出所卡点时，被某市公安局民警查获。经鉴定，被告人渠某俞血液内酒精含量为168毫克/100毫升。另查明，被告人渠某俞因无证驾驶机动车辆已于2017年9月10日被某市公安局某分局行政拘留15日。

湖北省某市某区人民法院审理认为，被告人渠某俞醉酒后在道路上驾驶机动车，其行为已构成危险驾驶罪。遂判决认定被告人渠某俞犯危险驾驶罪，判处拘役1个月15日，并处罚金2000元。

一审宣判后，湖北省某市某区检察机关提起抗诉，认为渠某俞无证驾驶行为已经被行政处罚，故应当将行政处罚期限在刑期中予以折抵。湖北省某市中级人民法院经审理后，裁定驳回抗诉，维持原判。

本案的争议焦点为：危险驾驶罪中，公安机关于案件移送起诉前已对无证驾驶等非犯罪构成要件行为作出行政处罚，对于上述行为如何进行刑法评价。

1. 无证驾驶行为与醉酒驾驶行为在刑法中的地位价值并不相等，无证驾驶行为既可由行政处罚法单独评价，也可附随醉酒驾驶行为一并处置。根据《刑法》第133条之一第1款的规定，危险驾驶罪的行为范畴主要包括追逐竞驶、醉酒驾驶、从事校车业务或者旅客运输而严重超载或者严重超速行驶、违反危险化学品安全管理规定运输危险化学品四类。本案行为人驾驶机动车被查获时，血液中酒精含量高达168毫克/100毫升，远超过醉酒驾驶罪入刑标准的80毫克/100毫升，故行为人醉酒驾驶行为已可以被独立评价为危险驾驶罪。而无证驾驶行为仅仅是违反道路交通安全法规的违法行为，不能与作为刑法中行为概念的醉酒驾驶行为进行同等评价。无证驾驶行为既可由行政处罚法单独评价，也可与醉酒驾驶行为一并在刑法中附随处置。一方面，尽管无证驾驶行为、醉酒驾驶行为均以驾驶行为为基础，彼此之间具有一定的关联性，但两者毕竟不是同一行为。醉酒驾驶行为的社会危害性和所体现出的人身危险性均远高于无证驾驶行为，故刑法将醉酒驾驶行为纳入危害公共安全的涵摄范围，通过刑事制裁加大对该类行为的否定性评价力度。而无证驾驶行为虽有一定的社会危害性和人身危险性，但尚未达到犯罪的程度。另一方面，当两者同时发生时，应当界定为一种主行为与附随行为的关系。作为附随行为的无证驾驶行为，具有以下明显特征：一是其紧密附随醉酒驾驶犯罪过程发生，与醉酒驾驶行为在时间、空间等方面具有同一性。二是其与醉酒驾驶行为在主观方面尽管故意的具体内容不同，但均存有相同的违法驾驶的故意。三是无证驾驶行为本身就具有行政违法性，应当承担相应的行政责任。

司法实践中，此类附随行为除无证驾驶行为外，还包括严重超员、超载或者超速驾驶等严重违反道路交通安全法的行为。因此，两者之间具有附随处置的条件和可能。

2. 无证驾驶行为与醉酒驾驶行为的单独评价或者附随处置均不得违反禁止重复评价原则。根据禁止重复评价原则及其精神，如果行为人已经因一个行为受到了否定性评价，则不应再在后续的评价中对该情节予以体现，不论前后两个评价是否属于同一部门法。因此，如果行为人的无证驾驶行为已在行政处罚中予以单独评价，则在刑事评价中不应再予重复。如果无证驾驶行为并未受到行政处罚等其他否定性评价，则需要在对醉酒驾驶进行刑事评价时一并考量。当行政处罚与刑事处罚交集时，禁止重复评价原则就会具体化为刑期的折抵问题，即刑期应否折抵，如何折抵等。从本质上讲，行政处罚或刑事处罚的折抵适用主要体现的是对行为人合理权益的保护。《行政处罚法》第 35 条第 1 款规定，违法行为构成犯罪，人民法院判处拘役或者有期徒刑时，行政机关已经给予当事人行政拘留的，应当依法折抵相应刑期。该款规定主要考虑到在行政处罚和刑事处罚发生属性相同的处罚措施竞合时，对同一行政违法行为采用折抵的处理模式，原则上只能给予一次人身处罚。值得注意的是，行政处罚折抵刑罚是惩罚决定“执行”上的折抵，而不是惩罚“决定”本身的折抵。故发生上述折抵的前提是该违法行为影响到除无期徒刑外的其他自由刑的期限，行为人的人身自由将因此而受到更多的刑罚规制。倘若无证驾驶行为未作为量刑情节考虑，则不存在“执行”上的折抵问题。据此可以推出，在醉驾型危险驾驶案件存在先行予以行政拘留情形时，法院如果又将其作为量刑情节予以考虑，影响到刑罚期限，则行政处罚期限应当折抵刑期。反之，如果未作为量刑情节考虑，对刑罚期限尚未产生影响，则不需要折抵刑期。

具体到本案，一审判决在“本院认为”说理部分并未将无证驾驶行为认定为从重处罚情节，故未将前述违法行为所处行政拘留的期限折抵刑期的做法并无不当，并未违反禁止重复评价原则。

139. 酒后驾车交通肇事逃逸连撞两人致死如何定性

行为人酒后驾车肇事逃逸过程中，置行人、其他机动车辆或非机动车的安全于不顾，其行为应认定为以危险方法危害公共安全罪，定罪量刑时应对该行为人数罪并罚，并从重决定执行的刑期。

司法实例

向某康交通肇事、以危险方法危害公共安全案

2018 年 7 月 13 日，被告人向某康酒后驾驶海马轿车，将同向行驶的驾驶柴油三轮车的希某养撞倒后驾车逃逸，在某超市门前未避让行人，将横过马路的晁某贵撞倒，后又驾车逃逸返回德州。被害人希某养、晁某贵经抢救无效，分别于次日、第 5 日死亡。经交警部门认定，向某康对该两起事故均负全部责任。山东省某市某区人民检察院以被告人向某康犯交通肇事罪、以危险方法危害公共安全罪向法院提起公诉。

山东省某市某区人民法院审理认为，被告人向某康致被害人希某养死亡的行为，是由于向某康违反了交通运输管理法规，其主观方面对犯罪后果系过失，应构成交通肇事罪。向某康致被害人晁某贵死亡，在其肇事逃逸过程中对不特定多数人的公共安全不管不顾，放任危害结果的发生，应构成以危险方法危害公共安全罪。遂判决认定被告人向某康犯交通肇事罪，判处有期徒刑 6 年，以危险方法危害公共安全罪，判处有期徒刑 14 年，决定执行有期徒刑 18 年。赔偿希某养家属各项经济损失共计 459,192.43 元、晁某贵家属各项经济损失共计 465,446.60 元。

一审宣判后,山东省某市某区人民检察院认为原审判决量刑畸轻,提出抗诉;被告人向某康及其辩护人认为,向某康的行为应认定为交通肇事罪一罪,原审判决量刑过重,民事赔偿数额过高,提出上诉;附带民事诉讼原告人认为向某康致二被害人死亡的行为均应认定为以危险方法危害公共安全罪,并应由某市中级人民法院作为一审法院审理,提出上诉。

山东省某市中级人民法院以刑事附带民事裁定驳回抗诉、上诉,维持原判。一、二审法院对被告人向某康以交通肇事罪、以危险方法危害公共安全罪,两罪数罪并罚,决定执行有期徒刑18年,主要理由为:

1. 交通肇事罪与以危险方法危害公共安全罪的区别。本案围绕案件定性的争议,关键在于如何区分交通肇事罪与以危险方法危害公共安全罪,主要应从以下几个方面把握:(1)客体与客观方面。交通肇事罪侵犯的客体是交通运输的安全,客观方面表现为行为人违反了交通运输管理法规,并且发生重大事故。危害公共安全罪侵犯的客体是社会的公共安全,客观方面主要表现为以私设电网,驾车撞人,制、输坏血和病毒血,向人群开枪等危险方法危害公共安全。(2)主观方面。交通肇事罪主观方面表现为过失,主要是应当预见而因疏忽大意没有预见,或者虽已预见,但轻信能够避免,以致造成了严重后果。以危险方法危害公共安全罪在主观方面表现为故意,行为人明知其实施的危险方法会危害公共安全,实践中除少数对危害公共安全的后果持希望态度,属直接故意外,大多持放任态度,属于间接故意。(3)犯罪后果方面。交通肇事罪要求有严重危害结果的发生,属于结果犯。以危险方法危害公共安全罪是只要行为人所使用的危险方法足以危及公共安全,并不要求以发生严重危害后果作为犯罪成立的要件,属于危险犯。(4)量刑处罚方面。交通肇事罪的最高刑为有期徒刑,以危险方法危害公共安全罪的最高刑为死刑。

2. 对酒后发生交通事故后逃逸连撞数人威胁公共安全与交通肇事的认定。为了依法严惩醉酒驾车犯罪案件,最高人民法院2009年《关于醉酒驾车犯罪法律适用问题的意见》(以下简称《醉驾犯罪意见》)规定,行为人醉酒驾车,特别是肇事后继续驾车冲撞,造成重大伤亡,说明行为人主观上对持续发生的危害结果持放任态度,应依法以以危险方法危害公共安全罪定罪。司法实践中,行为人酒后驾车发生了交通事故后若没有逃逸行为,积极配合交警部门处理交通事故,没有将多数人人身财产安全置于不顾,就只是普通的交通肇事;但若酒后驾车发生交通事故后,将行人、其他机动车辆或非机动车的安全置于不顾,仍高速行驶逃逸,已经危害了不特定人的公共安全,应构成以危险方法危害公共安全罪。

3. 对本案的认定意见。(1)被告人向某康酒后驾车撞倒希某养引发交通事故,向某康主观上对其违反规章制度驾车是明知故犯,但对自己的违章行为所引发的重大事故,主观上并无积极追求或放任危害结果的发生,因而应属交通肇事。(2)向某康在交通肇事后逃逸,在逃逸途中,置行人、其他机动车辆或非机动车的安全于不顾,在某超市门前将横过马路的晁某贵撞倒后,又驾车逃逸返回某地。该行为印证了其主观上对危害公共安全持放任态度,属以危险方法危害公共安全的行为。(3)向某康先后将二被害人撞倒致死的行为是两个独立的行为,主观上的故意内容并不相同,侵犯的客体也不一样,应区分对待,两罪并罚。

140. 醉驾致多人死亡如何定罪量刑

行为人醉酒驾驶,并具有无证、超速、超载等多个严重违章情节,发生交通事故致多人死亡的,应当认定对危害结果的发生持间接故意,以危险方法危害公共安全罪定罪处罚。

司法实例

于某众以危险方法危害公共安全案

2013年5月11日晚，于某众与被害人狄某、袁某、沙某等人先在某市经济技术开发区某饭店吃饭饮酒，后又来到该经济技术开发区的一家酒吧继续饮酒。5月12日凌晨从酒吧出来，于某众明知自己未取得机动车驾驶证且已大量饮酒，仍驾驶奔驰小型普通轿车超员搭载被害人狄某等7人，且在行驶过程中未开启车前照灯，并以119～128公里/时的速度从酒吧驶往滨海大道方向。当于某众驾车沿滨海六路（全线设限速50公里/时、夜间无路灯照明）自东向西行经与滨海一道交叉路口西侧50余米路段时，碰撞到由高某华违章停放在道路右侧的重型半挂牵引车的左后部，于某众车上除于某众受轻伤，其他人当场死亡，车辆基本损毁报废。经鉴定，于某众血液中乙醇含量为165.5毫克/100毫升，属醉酒驾驶。后经交警部门认定，于某众未依法取得机动车驾驶证且醉酒后驾驶超过核定人数的小型客车，夜间未开启车前照灯且又超速行驶，以致追尾碰撞停放在道路右侧的车辆，是造成事故的主要原因，于某众应承担事故的主要责任；高某华夜间驾驶安全设施不符合技术标准、超载的机动车在设有禁止停车标志的路段违法在机动车道内停车，是造成事故的次要原因，且发生事故后驾驶车辆逃离现场，高某华应承担事故的次要责任。案发后，货车挂靠经营单位陕西省某市万事达运输有限公司、奔驰车主分别与7名死者的家属达成调解协议，并已支付赔偿款。

某省某市某区人民法院认为，于某众明知必须经过相关培训并经考试合格，取得驾驶执照后才能驾驶机动车辆，但其无视国家交通安全法规，置公共安全于不顾，在未考取驾驶执照的情况下，醉酒后超速、超载驾驶车辆，且在夜间无路灯照明之处未开启车前照灯，以致发生碰撞造成7人死亡、1人轻伤、车辆损毁的严重后果，其行为已构成以危险方法危害公共安全罪。综合于某众的驾驶能力、醉酒程度、行驶速度、行驶状况、肇事后的表现及相关证人证言等情况，足以认定被告人于某众明知其行为会危害不特定他人的生命、健康或财产安全，但仍放任结果的发生，其主观心态已不属过失，而是具有危害公共安全的间接故意，故对辩护人提出的于某众主观罪过形式属于过于自信的过失、应定性为交通肇事罪的意见，不予采纳。依照《刑法》第114条规定，判决于某众犯以危险方法危害公共安全罪，判处有期徒刑14年。判决已生效。

法院判决的主要理由为：

1. 存在多个严重违章行为时应认定行为人对危害后果的发生持故意心态。本案特大交通事故发生后，引起社会的广泛关注。对于某众的行为如何定罪，在审理中争议较大。一种意见认为，于某众无证、醉酒、超速、超载驾车肇事，其行为构成交通肇事罪。另一种意见认为，于某众无证醉酒驾车，且超速超载，在夜间能见度极低的情况下不开启车前照灯，造成严重后果，其行为构成以危险方法危害公共安全罪。分歧的焦点在于如何正确区分交通肇事罪与以危险方法危害公共安全罪。从本案查明的事实及现有证据证明的情况来看，于某众的行为应构成以危险方法危害公共安全罪。理由是：以危险方法危害公共安全罪和交通肇事罪侵犯的客体均为公共安全，故从客体方面很难进行区分，二者的主要区别是行为人的主观罪过形式。如主观罪过形式是故意，应以以危险方法危害公共安全罪定罪。如主观罪过形式是出于过失，则以交通肇事罪定罪。司法实践中，醉酒驾驶的犯罪行为人往往不希望也不积极追求伤亡结果的发生，其主观罪过形式要么属于放任的间接故意，要么属于过于自信的过失。二者的区别较难把握，一般而言，应结合行为人是否具有驾驶能力、是否正常行驶、行驶速度快慢、所驾车辆的车况如何、路况和能见度如何、案发地点车辆及行人多少、肇事后的表现，以及行为人关于主观心态的供述等方面，进行综合分析认定。

本案特大交通事故中，于某众未经机动车驾驶培训并取得合格的驾驶证，说明其不具备正常驾驶能力；案发时血液中的酒精含量为165.5毫克/100毫升，属于严重醉酒；驾车速度119～128公里/时，超过限速50公里/时的2倍以上；虽然车况、路况好，但于某众系借用他人车辆，初次驾驶该车，不熟悉该车的性能，未开启车前照灯，亦无路灯照明，能见度很差；肇事后否认自己是驾驶员，经公安取证后才承认是肇事者，对于供述的主观心态是有意隐瞒；两名证人证实肇事车辆在酒吧出发时碰撞护栏，但仍快速驶离；另多名证人证实肇事车辆经过时马达轰鸣、车速很快。于某众在不具备正常驾驶能力和严重醉酒的情况下，夜间高速驾车行驶于能见度极低的道路上，一般人都能够认识到其行为很可能发生交通事故，危害公共交通安全，而于某众作为心智健全的成年人，也能够认识到自己行为的高度危险性。尤其是于某众驾车出发时碰撞护栏后，其完全能够认识到自己醉酒驾车极可能发生再次碰撞，但于某众不仅不及时停车有效防止肇事，反而继续驾车以超过限速2倍以上的速度行驶，以致追尾碰撞其他车辆，造成多人死亡的严重后果。综合于某众的驾驶能力、醉酒程度、行驶速度、行驶状况、肇事后的表现及相关证人证言等情况，足以认定于某众对该危害结果的发生持放任心态，主观上具有危害公共安全的故意，其行为构成以危险方法危害公共安全罪。需要指出的是，在过于自信的过失中，行为人之所以自信，是因为客观上存在一定的其自以为可以避免危害结果发生的合理依据，只是过高地估计了这些因素对于防止危害结果发生所起的作用，因而未能防止危害结果发生。但在本案中，于某众既无合格的驾驶能力，也无丰富的驾驶经验，其在无驾驶能力的情况下，醉酒驾车高速行驶于能见度很低的道路上，且未采取任何积极的措施来避免发生侵害不特定多数人生命健康的危害结果，故客观上完全不存在使其自信地认为可以避免危害结果发生的合理依据。其主观罪过形式不属于过于自信的过失，对其行为不能认定为交通肇事罪。

2. 应根据行为人的辨识和控制能力判断故意形态。以危险方法危害公共安全造成严重后果的，法定刑为10年以上有期徒刑、无期徒刑或者死刑。就醉酒驾车肇事构成以危险方法危害公共安全罪的案件而言，要贯彻宽严相济刑事政策，适当裁量刑罚。一般情况下，醉酒驾车犯罪构成以危险方法危害公共安全罪的，行为人主观上并不希望也不积极追求危害结果的发生，属于间接故意犯罪。与以制造事端为目的而恶意驾车撞击车辆、行人并造成重大伤亡后果的直接故意犯罪相比，此类犯罪行为人的主观恶性相对较小。因此，在决定刑罚时，不能将此类犯罪与直接故意犯罪完全等同。另外，虽然刑法规定醉酒的人犯罪应当负刑事责任，但在醉酒状态下，犯罪行为人的辨识和控制能力实际上都有所减弱。行为人犯罪时的辨识和控制能力状况，足以反映行为人的主观恶性和人身危险性，而主观恶性和人身危险性正是量刑的重要依据。因此，一般情况下，考虑到醉酒驾车犯罪行为人的辨识和控制能力实际有所减弱，处罚上要适当体现出区别。

本案被告人于某众无证醉酒驾车，追尾碰撞其他车辆，造成7人死亡、1人轻伤及车辆损毁的财产损失，情节恶劣，后果严重，应依法严惩。且其有故意犯罪前科，此次犯罪距其刑满释放8年余，但鉴于其系间接故意犯罪，与直接故意犯罪相比，主观恶性不是很深，人身危险性不是很大，又系在严重醉酒状态下犯罪，驾驶车辆的控制能力实际有所减弱。综合本案的犯罪性质、情节、危害后果及行为人的主观恶性、人身危险性，对于某众判处有期徒刑14年，较好地贯彻了宽严相济的刑事政策。

141. 如何区分醉驾中以危险方法危害公共安全罪与交通肇事罪

醉酒驾驶造成重大人员伤亡案件中，区分交通肇事罪与以危险方法危害公共安全罪的关键点是两罪名的主观方面：交通肇事罪的主观方面是过失，以危险方法危害公共安全罪的主观方面是故意。在醉驾造成重大伤亡案件中，判断行为人的主观罪过除了应重点考察事故是否属于一次性撞击、行为人是否采取紧急制动措施和是否在繁华人多路段高速行驶或高速逆向行驶等关键因素之外，还要结合行为人驾驶技能、醉驾程度等辅助性因素进行综合判定。

司法实例

武某祥、高某正交通肇事案

2016年8月15日23时许，被告人武某祥、高某正与谷某才、邹某志等人相约用餐时大量饮酒。次日凌晨2时许，武某祥、高某正、谷某才、邹某志商定前往某地玩耍，高某正在明知武某祥当晚饮酒且无驾驶资格的情况下同意武某祥驾车并帮武某祥将赣E2××65号车倒出停放处，高某正将车挪出后交给武某祥驾驶。武某祥驾驶该车沿102省道向某地行驶。杨某杰驾驶赣G7××D6号轻型普通货车搭载荣某西、母某石等菜农及蔬菜沿102省道同向行驶，途中行至102省道306公里+250米路段时，因沈某春、黎某阳等7名菜农在公路右侧等候该车而停靠路边。此时，武某祥驾驶赣E2××65号车超速至该处，并撞向沈某春等7名菜农和赣G7××D6号车。武某祥发现撞击后立即采取制动措施，赣E2××65号车滑行20余米后停下，赣G7××D6号车被撞击后滑行30余米后停下。该撞击致沈某春、黎某阳当场死亡，另二人经送医院抢救无效死亡，姜某录等人受伤，赣G7××D6号车受损。被告人武某祥、高某正等人在撞击发生后即下车逃离现场，并商定由高某正顶替武某祥承担责任。公安民警接警后到达现场，并打电话通知高某正接受调查，高某正随即返回现场向公安民警投案，并作如实供述。同日凌晨4时许，武某祥到某县公安局郭家交巡警中队投案，并作如实供述。经鉴定，武某祥驾驶赣E2××65号车在案发时的速度约为90公里/时。武某祥到案后血液中的乙醇含量为116.1毫克/100毫升，高某正到案后血液中的酒精含量为87.2毫克/100毫升。沈某春系创伤失血性休克合并颅脑损伤死亡，黎某阳系颅脑损伤死亡，另一人系创伤失血性休克死亡，一人严重颅脑损伤属重伤二级，一人属重伤二级，其他人均属轻微伤。赣G7××D6号车损失价值为2055元。经某县公安局交通巡逻警察大队认定，武某祥、高某正共同承担本次事故全部责任。

江西省某市中级人民法院认为：被告人武某祥、高某正违反道路交通管理法规，未依法取得机动车驾驶证醉酒超速驾驶机动车，因而发生重大交通事故，致三人死亡、二人重伤，且在事发后为逃避法律追究而逃离事故现场。武某祥、高某正的行为均已构成交通肇事罪，且情节特别恶劣，应共同承担本次事故全部责任。武某祥、高某正作案以后自动投案，如实供述自己的罪行，系自首，且在本案审理过程中与被害方达成赔偿协议，取得被害方的谅解，故依法对武某祥、高某正从轻处罚，并对高某正适用缓刑。遂判决认定被告人武某祥犯交通肇事罪，判处有期徒刑5年，被告人高某正犯交通肇事罪，判处有期徒刑3年，缓刑4年。判决已生效。

本案在审理中存在不同意见，争执焦点是被告人武某祥、高某正的定性问题，即在醉驾造成重大人员伤亡的情况下，行为人是构成交通肇事罪还是构成以危险方法危害公共安全罪。

1. 主观方面是交通肇事罪与以危险方法危害公共安全罪区分的关键点。交通肇事罪，是指违反交通运输管理法规，因而发生重大交通事故，致人重伤、死亡或者使公私财产遭受重大损失的行为。醉驾类以危险方法危害公共安全罪是指故意使用与放火、决水、爆炸、投放危险物质行为等危险性相当的醉驾方法，实施危害公共安全的行为。从犯罪构成上看，二者在犯罪客体（公共安全）、犯罪客观方面（违反交通运输管理法规包括醉驾从而引发交通事故）、犯罪主体（一般主体）方面基本一致。区分的关键在于主观方面：交通肇事罪的主观方面是过失，这里的过失是指行为人对造成的严重后果所持的心理态度，至于对违反交通运输管理法规本身，则可能是明知故犯。① 而以危险方法危害公共安全罪的主观方面是故意。当然，也有学者认为，醉酒驾车行为造成严重后果的，应认定为以危险方法危害公共安全罪。因为在醉酒驾车的情况下，该行为本身就对公共安全造成了不特定的危险，是抽象危险犯，行为人在驾驶机动交通工具时虽然具有自信不会发生危害结果的侥幸心理，但鉴于该自信没有任何可凭借的根据，其主观状态是不可控制的，因此行为人过于自信的过失就能够成立。② 但此观点有必要进一步探究。第一，对行为人主观心理的判断不能根据危害结果进行推断，而应根据行为时行为人的客观现实进行推演。第二，现实生活中也存在醉驾造成重大人员伤亡但行为人对危害结果持过失罪过的情形。例如，行为人醉酒后，为防止发生交通事故，由经验丰富的老司机陪同，选择偏僻、人少路段并在规定时速内行驶，但仍将突然横穿马路的人撞死。此时，行为人显然不希望危害结果发生，是一种过失心态。第三，何为严重后果无法界定。死亡或重伤几人才能作为严重后果无明确标准，假如定三人死亡为严重后果，那死亡人数不足三人时行为人的主观心态就是过失，死亡三人以上就是故意，这也存在逻辑上的矛盾。因此，在案件审理过程中，不能仅因造成特别重大伤亡就认定行为人当时出于故意的罪过，还要综合案件的具体案情来认定。

本案中对被告人武某祥、高某正的定性，主要有两种意见。一种意见认为，武某祥明知无证、酒后驾驶机动车会危及公共安全，仍执意驾驶机动车，最终造成了三死两重伤的严重后果，其主观心态是一种放任危害结果发生的间接故意，已然危害了公共安全，构成以危险方法危害公共安全罪。另一种意见认为，武某祥虽然是醉酒驾驶，并导致了严重交通事故，但是其仅实施了一次撞击行为，并在撞击后立即采取了紧急制动措施，而且本案发生于凌晨 2 时左右，属于人流量稀少时间段，这些都表明他对危害结果持轻信能够避免的过失心态，其行为构成交通肇事罪。由此可见，本案的焦点是如何判断行为人的主观罪过是间接故意还是过于自信的过失。按照“主观支配客观，客观反映主观”的原理，对行为人主观罪过的判定应结合被告人的供述和案件的客观事实情况进行综合评判。

2. 判断行为人主观罪过的客观因素分析。行为人的客观行为是其主观意识的外在表现形式。因此，在刑事案件审判中，可以通过对行为人客观行为的分析来判断其行为时的主观心理态度。但每个刑事案件各有其特点，醉酒驾驶造成重大人员伤亡案件也不例外，理论上可以进行类型化思考，分析在该类案件中，推判行为人是间接故意还是过于自信的过失时应考虑的客观方面。其中最为关键性的因素包括：事故是否属于一次性撞击、行为人是否采取紧急制动措施和行为人是否在繁华人多路段高速或高速逆向行驶等。

（1）事故是否属于一次性撞击。最高人民法院《醉驾犯罪意见》规定，行为人明知酒后驾车违法、醉酒驾车会危害公共安全，却无视法律醉酒驾车，特别是在肇事后继续驾车冲撞，造成重大伤亡，说明行为人主观上对持续发生的危害结果持放任态度，具有危害公共安全的故意。对此类醉酒驾车造成重大伤亡的，应依法以以危险方法危害公共安全罪定罪。一般认为，《醉驾犯罪意见》的上述规定提出了认定醉酒驾车肇事在何种情形下构成以危险方法危害公共安全罪的标准。

① 参见高铭暄、马克昌主编：《刑法学》（第 6 版），北京大学出版社、高等教育出版社 2014 年版，第 360 页。
② 参见郭纹静：《醉驾入刑的理性规制》，载《法学杂志》2014 年第 9 期。

即醉酒驾车肇事,仅发生一次性冲撞的,一般不构成以危险方法危害公共安全罪,肇事后继续冲撞造成重大伤亡的,可以认定为以危险方法危害公共安全罪。① 因为行为人在发生第一次事故后,会为了逃避法律制裁或者因害怕而逃跑,虽然行为人可能不希望再次发生交通事故,但是为了逃跑已经顾不上这么多了,这表现的是一种放任的态度,构成间接故意。"二次冲撞在本质上已经属于一种新的、独立的犯罪行为,虽然源发于交通肇事行为,但是,只是形式上具有关联性,在本质上已经不能为交通肇事罪所涵盖"②,故应定性为以危险方法危害公共安全罪。而仅有一次性撞击的情况下,要慎重认定行为人构成以危险方法危害公共安全罪。在绝大多数交通肇事案件中,行为人对实害结果都是持排斥态度的,因为如果发生事故,行为人本身就是第一个受害人。而且,醉酒驾驶机动车发生交通事故是一种概率性事件,并非必然发生。通常情况下,是因为行为人盲目相信自己的驾驶技术,轻信能够避免危害结果的发生,主观上表现为过于自信的过失。因此,在醉酒驾车一次性撞击造成重大人员伤亡的情况下,以定交通肇事罪为宜。

(2)是否采取紧急制动措施。如行为人采取了紧急制动措施,无论出于本能还是意志控制,都表明其对该事故感到意外或排斥,是一种过失心态,构成交通肇事罪。如果行为人根本未采取紧急制动措施,除行为人醉酒程度已达到完全失去控制能力的程度外,表明行为人已克服本能反应,对危害结果是一种"顾不了那么多了"的心态,意志因素表现为放任,属于间接故意,构成以危险方法危害公共安全罪。

(3)是否在繁华人多路段高速或高速逆向行驶。在繁华人多路段高速行驶或高速逆行,对公众的生命财产安全造成极大威胁,其产生的公共危险与放火、爆炸等行为产生的公共危险相当,即使没有造成危害结果,也应按照《刑法》第 114 条的规定以危险方法危害公共安全罪定罪处罚。根据"举轻以明重"的原理,在繁华人多路段高速行驶或高速逆向行驶,造成了重大人员伤亡,则应该按照《刑法》第 115 条第 1 款之规定以危险方法危害公共安全罪定罪处罚。当然,在醉驾案件中,判断行为人对危害结果属于过于自信的过失还是间接故意,还可以参考的辅助性因素有:行为人是否明知车辆状况特别是刹车情况、行为人的驾驶技能和经验、醉驾的程度、行驶的速度、违犯交通规则的严重程度甚至驾驶时的情绪等。

本案中,被告人武某祥醉酒驾驶机动车并造成三死两重伤的严重后果。但是,被告人武某祥、高某正在主观上没有希望或放任危害结果发生的故意,其二人对于三死两重伤的后果系过于自信的过失。武某祥、高某正构成交通肇事罪。理由如下:其一,三死两重伤的严重后果是一次性撞击造成的,武某祥在事故发生后没有继续驾车冲撞,而是采取了紧急制动措施,并在滑行 20 余米后停下。这表明武某祥在危害结果持续蔓延的时候,积极采取防止危害结果继续扩大的措施,尽可能减轻损害的程度,只是其过分相信自己的技术,轻信能够避免事故发生,属于过于自信的过失。其二,案发时为凌晨 2 时,正常来讲,路上行人和车辆较少,与繁华人多的路段相比,该路段发生重大交通事故的概率相对较小。只是本案情况特殊,7 名菜农正巧在案发路段候车,最终发生了交通事故。结合案发时的时间和环境状况,可以推定被告人武某祥并没有希望或放任公共危险发生的意志表现。

综合上述客观因素,被告人武某祥主观上对无证、酒后驾车导致被害人死伤等危害后果的发生是轻信能够避免,且对危害后果持反对、否定态度,不是积极追求或放任发生。只是由于其过高地估计了这些主客观条件,才导致了本案危害后果的发生,其对危害后果的发生属于过于自信

---

① 参见方文军:《危险驾驶肇事犯罪的定罪量刑问题》,载《法律适用》2014 年第 7 期。

② 于志刚:《危险驾驶行为的罪刑评价——以"醉酒驾驶"交通肇事行为为视角》,载《法学》2009 年第 9 期。

的过失,应以交通肇事罪定罪处罚。根据监督过失理论,车主将自己的机动车交给醉酒者、无驾驶资格者驾驶,没有防止伤亡结果发生的,驾驶者与车主均成立交通肇事罪。所以,高某正在明知武某祥醉酒、无证的情况下,仍帮其倒车,并将车交给武某祥驾驶,最终导致严重交通事故的发生,其行为也构成交通肇事罪。

142. 在公共空间射击应如何定性

判断在事发时段无人出现的公共空间内,行为人某一行为是否具有危害公共安全的性质,应充分结合特定时空环境,运用科学法则和经验法则,来对比和判断该行为是否具有与放火、决水、爆炸以及投放危险物质行为相同的危害性。

司法实例

令某莽以危险方法危害公共安全案

2015 年 6 月 22 日 15 时许,被告人令某莽伙同张某(另案处理),在某市某区某现代城 1 号楼 101 室内,使用 1 把枪状物(枪口比动能为 2. 39 焦耳/平方厘米,大于 1. 8 焦耳/平方厘米,经鉴定为枪支),向放置于屋外露天平台柱子上的目标物射击,造成 101 室对面的某幼儿园二楼资料室、备课室的外墙玻璃被击打损坏。后经民警电话通知,被告人令某莽到案。

另经查明,某市某区某现代城 1 号楼 101 室与对面的某幼儿园处于同一小区内,101 室位于幼儿园东侧,两建筑物之间为一小区内的行人过道,101 室屋外的露天平台高于邻侧的行人过道。

对检察机关以其涉嫌犯以危险方法危害公共安全罪的指控,令某莽辩称:其是向放置于 101 室外东南角处,具有两米以上高度柱子上的梨和瓶子仰射,射击的角度所对应的是幼儿园的高墙,打不到幼儿园的玻璃,且 101 室屋外的院子高于地面 1 米多,从射击目标物的角度来看,也不会伤害到 101 室和幼儿园之间过道上的行人,其行为不具有危害公共安全性质。辩护人认为令某莽出于好奇开枪射击,行为前和行为时都没有意识到可能造成的危害,主观上应是过失。客观上其所射击的目标明确,射击范围内没有不特定的人,故令某莽的行为不构成以危险方法危害公共安全罪。

某市某区人民法院审理认为:在集居民工作和生活于一体的小区内,向处于露天空间的公共场所内实施的枪击行为,客观上具有危害该公共场所安全的危险性,且在社会一般人的认知范围内,令某莽对此应当知道。被告人在明知行为具有危害公共场所安全的情况下,仍伙同他人共同实施,其行为已构成以危险方法危害公共安全罪。被告人及其辩护人所提关于行为危险性和性质的异议,以及辩护人所提被告人主观上系过失,均不予采纳。该院认为,向公共场所内射击,无论是行为人所预先设定的目标物,还是除此之外的整个公共场所,均会因子弹飞行指向和落处的不确定而处于危险当中。本案中证人证言、现场勘验检查记录和照片等证据也证实了被告人所声称的目标物之外的公共场所内的其他物品被损坏,被告人的行为客观上对于整个公共场所的安全造成了威胁,故对上述意见不予采纳。鉴于被告人在接到民警通知后到案,属于主动到案,在到案后虽然就射击目标、方向和行为性质进行辩解,但始终承认向屋外实施了枪击行为这一基础事实,法院认为,被告人对于所实施的行为性质、后果的辩解,并不影响其如实交代所实施行为的情节认定,被告人系自首,依法可以从轻或者减轻处罚。法院结合被告人令某莽的犯罪行为、结果和情节,决定对其减轻处罚。遂判决认定被告人令某莽犯以危险方法危害公共安全罪,判处有期徒刑 1 年 2 个月。

一审宣判后，被告人提出上诉，被某市中级人民法院裁定驳回。

本案主要涉及在事发时无人出现的公共空间内，如何判断某一行为是否危害公共安全。根据刑法传统理论的解释，公共安全是指公众的生命、身体健康以及重大财产的安全。其中，公众是指不特定的人或者众多人，安全的范围限于生命、身体健康以及重大财产的安全。① 本案中被告人是在一个事发时无人出现、视野较为开阔的公共空间内，出于玩耍动机，向摆设于该空间内的目标物进行射击，最终造成所在位置对面的幼儿园窗户玻璃多处受损。就窗户受损价值而言，数额仅有几百元。就被告人的行为性质，公安机关在接到报警后起初并未认为其行为涉嫌犯罪，是在被告人射击时所使用的枪状物被鉴定为枪支后，才以寻衅滋事这一罪名予以立案。后公诉机关认为被告人的行为性质属于以危险方法危害公共安全。法院最终判决被告人的行为构成以危险方法危害公共安全罪。

根据《刑法》第 114 条的规定，以危险方法危害公共安全罪是指以放火、决水、爆炸以及投放危险物质以外的其他危险方法危害公共安全的行为。因罪状表述简单，导致司法实践中对于某一行为是否属于其他危险方法，常存在认定上的争议。在对其他危险方法进行解释时，刑法学者认为应采取体系解释的方法。体系解释强调将解释对象置于整个法律文本体系中进行情境化的理解，对解读其他规定等这样一些盖然性规定尤其具有方法论上的意义。同类解释是体系解释的一种具体规则，是指如果法律上列举了具体的人或物，然后将其归属于一般性的类别，那么，这个一般性的类别，就应当与具体列举的人或物属于同一类型。将同类解释规则适用于对《刑法》第 114 条的解释，必然得出以下结论：在放火、决水、爆炸、投放危险物质或者其他危险方法的规定中，这里的其他危险方法应该具有与放火、决水、爆炸、投放危险物质性质上的同一性。② 令某莽使用枪支进行射击，判定该行为具有危险性毋庸置疑，也完全符合社会公众的认知，但是否具有与放火、决水、爆炸、投放危险物质相同的手段危险性，也就成为评价公诉机关所指控罪名能否成立的关键所在。一般认为，对令某莽行为属性的认定，以及多个行为属性之间的比较，不应仅从字义角度进行解释或者对比，而应放置于特定的时空环境下，结合科学法则和经验法则予以评判。科学法则指的是从自然科学或者逻辑知识的角度对行为属性进行评判。例如，对从案发现场起获的粉末物质是否具有毒害性、放射性、腐蚀性进行鉴定。就本案而言，判定被告人令某莽所使用的枪状物的性质，即运用科学法则。经鉴定，本案令某莽所使用的枪状物，枪口比动能为 2.39 焦耳/平方厘米，大于 1.8 焦耳/平方厘米，被认定为是枪支，这一结论说明其行为是具有危险性的。当然，仅从自然属性角度对行为性质进行评判，是无法得出行为的社会危险性有无以及大小的。行为的刑事违法性首先是基于该行为的社会危险性，任何一行为均是发生于特定的时空环境，在行为的自然属性已确定之前提下，只有从经验法则的角度，结合行为时空环境和对象才能评判行为的社会危险性。例如，在对案发现场起获的粉末检测出系砒霜后，并不能立即对行为人投放砒霜的社会危险性作出结论。行为人投放砒霜是否具有社会危险性，只能结合投放的场合、对象等因素，运用经验法则来认定。使用枪支进行射击同样如此，该行为既可能是发生于无任何目标物的空间当中，也可能是仅作用于某一固定目标的单一行为，还可能是针对不特定对象或者不计后果的连续行为。时空、对象等因素不同，可以说完全影响或决定行为的社会危险性。因此，也只有在结合特定时空环境下，具体运用科学法则和经验法则，来对比和判断放火、决水、爆炸以及投放危险物质以外的其他危险方法，是否具有与这些方法相同的社会危险性，是否

① 参见曲新久：《论刑法中的“公共安全”》，载《人民检察》2010 年第 9 期。

② 参见陈兴良：《口袋罪的法教义学分析：以以危险方法危害公共安全罪为例》，载《政治与法律》2013 年第 3 期。

构成对公共安全的危害。

1. 本案被告人令某莽的行为危害公共安全。本案案发地点某现代城是集办公与生活于一体的商业区域，属于社会公共场所。从被告人令某莽实施射击行为所处地点某现代城 1 号楼 101 室来看，该房屋对面是某现代城某幼儿园，两建筑物之间为一小区内的行人过道，101 室位于幼儿园东侧，101 室屋外的露天平台高于邻侧的行人过道，但案发时行人过道无人行走。对于行为具体地点而言，因其处于公共开放的空间内，故应属于社会公共场所。被告人及其辩护人都以案发时射击视野空间内无人，以及射击目标明确为由，辩称行为不具有危害公共安全属性，核心意思是令某莽未向不特定的人进行射击。在大多数以危险方法危害公共安全的案件中，行为发生时的场合内通常都会有一定的人群，行为危险性也较易察觉和判定。但在非针对财产损害的情形下，是否要求行为时必须有人群出现，方才可判定该行为具有危害公共人身安全的属性，其实并非如此。从我国《刑法》分则第二章所规定的各个危害公共安全罪名来看，行为对于公共安全的危险性，可能是造成不特定多数人人身或者财产损害的实害性后果，也可能是构成具体的危险，或者是具有法律所设定的抽象危险性质。具体到以危险方法危害公共安全罪而言，《刑法》第 114 条、第 115 条第 1 款规定，对于实施放火、决水、爆炸以及投放危险物质以外的其他危险方法危害公共安全，尚未造成严重后果的，即定罪处罚；致人重伤、死亡或者使公私财产遭受重大损失的，加重处罚。也就是说不以造成实害结果作为要件，只要行为具备可能造成危害公共安全后果的具体危险性即齐备构成要件。就本案而言，判断令某莽的行为是否具有危害公共安全的性质，不以造成不特定多数人人身损害为要件，而应分析行为时被告人的行为有无对公共安全造成具体危险。对于具体危险的认定，则需要运用上述经验法则，具体结合时空环境等因素认定。令某莽使用枪支向公共场所内射击，无论是其所预先设定的目标物，还是除此之外的整个公共场所，均因子弹飞行指向和落处的不确定而处于危险当中。本案证人证言、现场勘验检查记录和照片等证据也充分证实了被告人所声称的目标物之外的公共场所内的其他物品被损坏，尤其是多次打中该空间内幼儿园教室的玻璃，虽然未击穿玻璃未使教室内人员受到伤害，但当时幼儿园立即予以停课放学，造成了幼儿园师生恐慌，这足以说明被告人的行为对于公共安全造成了具体危险，其行为性质属于以危险方法危害公共安全。

2. 本案被告人令某莽的行为动机不影响其主观明知的认定。《刑法》第 114 条规定的以危险方法危害公共安全罪，要求行为人主观上应明知其行为的属性，即应明知其行为对社会可能造成的危害后果。对于明知的含义，司法解释均界定为知道或者应当知道。所谓应当知道，是指结合行为人的认知能力、行为手段、方式等主客观因素推定其知道。在一些以危险方法危害公共安全的案件中，被告人常以其无法预料行为的危害后果，否认其主观上明知。诚然，在某些特殊情况下，行为人可能对实际扩大的结果没有预料到，但对于行为危险状态或危害后果的判断，应以行为时所客观存在的、行为人所特别认识到的以及一般人认识到的各种事实为基础，立足于一般人的立场对事态作事前判断。如果从行为时存在的情况以及一般人的观念来看，在侵犯不特定个人时，有危及其他人人身和重大公私财产安全的现实可能性，那么，行为人的行为就具有危害公共安全的性质，构成以危险方法危害公共安全罪。换言之，只要行为人具有正常的认知能力，且根据社会一般人的认知观念，行为时均应知晓行为后果的，即可认定行为人属于应当知道。本案中，令某莽系具有正常认知能力的行为人，其对某现代城 1 号楼 101 室对面的建筑物为某幼儿园，以及两个建筑物之间存在人行过道的事实应该是明知的，对于该空间的社会公共属性也应是知晓的，但仍出于刺激、玩耍的动机使用枪支向该空间内射击，即便无证据证明其追求某种危害后果，但至少其对行为的危害后果是放任的。再者，在射击过程中，人行过道上突然出现行人或者幼儿园窗户被打开，都是可能正常发生的情形，如果这些情形出现必然会增大乃至实现其行为的实害性后果。因此，被告人即使不是出于追求危害后果发生的心态，而是出于刺激、玩耍等动机实施危害公共安全行为，且该行为的危险性亦在其应当知道的范围内的，也不影响其主观明知的认定。因此认为，本案以以危险方法危害公共安全认定被告人令某莽的行为性质是正确的。

143. 强行闯卡并逃逸能否构成以危险方法危害公共安全罪

高危驾驶行为构成以危险方法危害公共安全罪，客观上要求产生具体的、明确的危险状态，而不是抽象的危险；意志因素是判断行为人主观故意的关键，在明知可能引发危险的情况下，如果行为人不具备避免危险状态发生的客观凭借，则推断其可能对危险状态至少存在放任的间接故意。

司法实例

耿某设以危险方法危害公共安全案

被告人耿某设于2017年7月22日23时许，驾驶一黑色别克轿车至某市二马路、大庆路处，遇民警设卡例行检查时，不接受民警警示停车接受检查，强行驾驶车辆闯卡逃逸。在民警卫某剑驾车追截下，被告人耿某设连闯三处红灯、剐蹭行人、在非机动车道逆向快速行驶。当逃至广州路接近成都路处，被追截的警车碰撞仍不停车，又驾车撞到位于成都路98号的咖啡店店面玻璃墙后，弃车逃跑。次日，被告人耿某设向公安机关自首。

某市某区人民法院认为，被告人耿某设因为害怕被警察查处其吸食毒品，即加速变道闯越检查点，其后不顾警车在后追赶、呼喊停车，连续在道路上闯红灯、剐蹭行人、驶入非机动车道逆向快速行驶、碰撞隔离栏、撞击咖啡店玻璃墙，该一系列危险驾驶行为足以危及不特定公众的人身安全及财产安全，且实际造成了相应损失。虽然被告人耿某设没有追求相应危害后果发生的直接故意，但是其为了逃避检查而放任该危害后果发生的间接故意明确。即使被告人耿某设实施上述行为时精神方面可能因为吸毒而处于错乱状态，但吸毒是自陷行为，不能免责。被告人耿某设以其他危险方法危害公共安全，尚未造成严重后果，其行为已构成以危险方法危害公共安全罪。被告人耿某设系自首，可从轻处罚。据此，依照《刑法》第114条、第67条第1款之规定，判决认定被告人耿某设犯以危险方法危害公共安全罪，判处有期徒刑3年6个月。判决已生效。

本案的争议焦点在于定性。一种意见认为，被告人耿某设为逃避检查疯狂逃逸，已经对社会不特定公众的生命、财产安全造成现实紧迫的危险，应当认定为以危险方法危害公共安全罪；另一种意见则认为，被告人主观上不具有危害公共安全的故意，客观上其逃逸行为也不足以认定为危险方法，对其闯卡并逃逸的行为只需以妨害公务罪追究刑事责任。法院同意第一种意见作出认定被告人耿某设犯以危险方法危害公共安全罪，判处有期徒刑3年6个月的判决，主要理由为：

1. 被告人耿某设疯狂逃逸的客观行为与放火、决水、爆炸、投放危险物质等危险方法具有同质性。以危险方法危害公共安全罪被规定于《刑法》第114条和第115条第1款之中，其客观行为被表述为“以其他危险方法危害公共安全”，并与放火、决水、爆炸以及投放危险物质等行为相并列。故从刑法规范的体系看，以危险方法危害公共安全罪具有兜底性质，且是作为《刑法》第114条和第115条第1款的兜底规定，而非《刑法》第二章“危害公共安全罪”的兜底性罪名。因此，根据同类解释的原理，认定以危险方法危害公共安全罪，不仅要求相应危险方法客观上危害公共安全，更要求该危险方法与刑法所明文列举的放火、决水、爆炸、投放危险物质等危险方法具有同质性或相当性。以此为前提，司法实践中判断行为人的相关危害行为是否属于以危险方法危害公共安全罪中的危险方法，应当从以下两个方面着手审查判断：

(1)危险方法行为本身具有危险性，且侵害的对象具有非特定性。放火、决水、爆炸、投放危险物质等行为本身即属于危险行为，具有极大的危险性，且危害的对象往往是不特定多数人的生命、健康或财产安全。如果相关的危险行为只是行为人用于针对特定对象实施犯罪所采取的手段，而对不特定多数人的生命、健康或财产安全并未造成危险或实际损害，则不能认定为以危险方法危害公共安全罪中的危险方法。

(2)危险方法行为造成的危险应当是明确的、具体的危险，而不是抽象的危险。按照传统刑法理论，危险犯有抽象危险犯和具体危险犯之分。[①] 以危险方法危害公共安全罪即属于具体危险犯，是否具备危险状态需要在个案中进行具体的判断。就本案而言，被告人耿某设"毒驾"及强行闯卡并逃逸的行为都是具有危险性的行为，无疑会危及公共安全。当然，仅凭其上述违章驾驶行为尚不足以断定具体危险已经发生，仍需进一步考察个案以判断相关危险状态是否具有现实性、紧迫性。被告人耿某设在逃逸过程中，连续在道路上闯红灯、剐蹭行人、驶入非机动车道逆向快速行驶、碰撞隔离栏、撞击咖啡店，可见其驾车疯狂逃逸行为已经对不特定多数人的生命、健康和财产安全造成现实和紧迫的危险，且已实际造成了一定损失，虽尚未达到成立《刑法》第115条第1款实害犯所要求的重大损失的程度，却足以认定成立《刑法》第114条危险犯所应具备的具体危险已经发生。故耿某设的相应行为可以认定为以危险方法危害公共安全罪中的危险方法。

2. 耿某设对其强行闯卡并逃逸造成的具体危险状态具有放任的间接故意。刑法中的故意，是指明知自己的行为会发生危害社会的结果，并希望或者放任这种结果发生的心理态度。具体到危险犯中，就应是对危害行为所引起的危险状态的明知。因此，以危险方法危害公共安全罪作为一种故意犯罪，在意识因素上，应当要求行为人预见到自己的危害行为可能造成的具体危险状态。

综观本案，被告人耿某设在逃逸过程中实施闯红灯、在非机动车道逆向快速行驶等高危驾驶行为，且连续多次造成他人人身及公共财产损害，其对此不可能没有认知。认定本案被告人耿某设的主观方面，关键在于对其意志因素的判断。耿某设并未积极追求危险状态或实害结果的发生，因此其主观上不具有直接故意。而其已经预见到自己的危害行为可能造成具体危险状态或实害结果，因此也可排除疏忽大意的过失。间接故意和过于自信的过失，在意识因素上都是能预见到危害结果发生的可能性；但在意志因素上，间接故意是放任结果发生，对危害结果既不肯定也不否定，而过于自信的过失对危害结果只能持否定态度。因此对危害结果是否持否定态度，是区别间接故意还是过于自信的过失的关键。因为过于自信的过失对危害结果持否定态度，所以，在实践中判断成立过于自信的过失，一般都要求行为人具备避免危害结果发生的客观凭借，尽管这种凭借客观上往往不足以避免危害结果的最终发生。而在本案中，被告人耿某设并不存在避免具体危险状态发生的客观凭借。其当时已处于"毒驾"状态，控制自己行为的能力有所减弱，即

---

① 抽象危险犯是指只要行为人实施了法律规定之特定行为，立法则直接推定相关犯罪成立所要求的危险状态即形成，而无须司法人员在个案中就危险状态是否具备作出判断。如醉酒驾车构成危险驾驶罪的，只要经检测，驾车人的血液酒精含量达到法定标准从而构成醉驾的，就一律构成该罪，而无须考察其醉驾行为是否实际产生危险。而具体危险犯则不同，尽管危险犯中的危险状态都表示实害结果发生的一种可能性，但具体危险犯中的危险是一种迫在眉睫、离实害结果更接近、极有可能发生的一种状态，因而具有现实性、具体性和明确性。

便凭借自己驾驶水平高的错误认识，但在连续多次造成他人人身及公共财产安全损害的情况下仍继续实施高危驾驶行为，为了逃避检查而放任具体危险乃至进一步实害结果的发生，可以判断其对自己高危驾驶行为造成的具体危险状态明显不具有否定态度。也即，耿某设对危害公共安全的结果具有放任的间接故意。

被告人耿某设强行闯卡逃避检查、不顾警车追赶和呼喊停车而逃逸的行为，阻碍了人民警察依法执行职务，符合妨害公务罪的构成要件。但如果认定妨害公务罪并不足以评价全案，无法将被告人实施的高危驾驶行为造成的对不特定多数人生命、健康及财产权利的危害予以涵括。耿某设以高危驾驶的危险方法阻碍国家机关工作人员依法执行职务，又危害了公共安全，其行为同时触犯两个罪名，根据想象竞合犯的处罚原则，应择一重罪，即以以危险方法危害公共安全罪予以认定。

综上，被告人耿某设客观上实施了以危险方法足以危害公共安全的行为，主观上具有放任的间接故意，故其行为已构成以危险方法危害公共安全罪，本案认定其构成以危险方法危害公共安全罪是正确的。

144. 公共道路通行中故意撞击他人车辆行为性质如何认定

在车行密集的道路上故意撞击构成以危险方法危害公共安全罪。客观方面行为人在车辆近距离并行的情况下，采取故意向右急转弯的方法撞击被害人的车辆致其车辆冲上绿化隔离带及非机动车道。主观方面行为人明知其行为会产生危害公共安全的结果，却放任这种结果的发生。主客观方面符合以危险方法危害公共安全罪的犯罪构成，应当以以危险方法危害公共安全罪定罪。

司法实例

宓某科以危险方法危害公共安全案

2018年9月16日8时30分许，被告人宓某科因其直接领导骆某江与被害人真某栋存在个人恩怨，当遇到真某栋驾车出现后，便驾驶大宇牌客车，在短短几分钟的时间内以闯红灯、逆向行驶、小弯大转等违规驾驶的方法追逐拦截被害人真某栋驾驶的金旅牌客车。后被告人宓某科又在机动车道上车流密集、非机动车道上不时有骑行电动自行车人员经过、其所驾驶车辆四周近距离内均有车辆、真某栋驾驶的车辆紧邻绿化隔离带及非机动车道且与其所驾驶的车辆近距离并行的情况下，采取故意向右急转弯的方法撞击真某栋驾驶的车辆，致对方车辆冲上绿化隔离带及非机动车道。

经鉴定，大宇牌客车物损价值合计4119元，金旅牌客车物损价值合计5618元。案发当日，被告人宓某科明知他人报警仍留在现场等候处理，到案后如实供述了上述犯罪事实。法院审理期间，被告人宓某科在家属的帮助下对被害人作出了经济赔偿，并取得谅解。

某市某新区人民法院审理认为，被告人宓某科以危险方法危害公共安全，尚未造成严重后果，已构成以危险方法危害公共安全罪。遂判决认定被告人宓某科犯以危险方法危害公共安全罪，判处有期徒刑1年3个月。判决已生效。

本案的争议焦点主要在于案件的定性，即被告人宓某科的行为构成何罪。在审理过程中，本案有以下三种不同意见：第一种意见认为，被告人宓某科的行为构成危险驾驶罪。被告人宓某科在客观方面虽然有闯红灯、逆向行驶、小弯大转以及撞击车辆等行为，但这些行为与放火、决水、爆炸以及投放危险物质等行为在危险方法上不具有相当性。且被告人作案针对的对象是特定的，并没有造成危害不特定多数人人身财产安全的后果。在主观方面，被告人宓某科的目的在于截停被害人，不希望危害结果发生，不具有加害的主动性，未造成重大伤亡，造成车辆物损出乎被告人宓某科的意料，被告人宓某科的行为应当构成危险驾驶罪。第二种意见认为，被告人宓某科的行为构成故意毁坏财物罪。被告人宓某科在客观方面撞击对方车辆，致使对方物损5618元。在主观方面，被告人宓某科对毁坏对方财物有直接故意，但是其只是想截停被害人的车辆，没有考虑危害后果，并非追求和放任结果发生，主观上没有危害公共安全的故意，不应构成以危险方法危害公共安全罪，而只构成故意毁坏财物罪。第三种意见则认为，被告人宓某科的行为构成以危险方法危害公共安全罪。被告人宓某科客观方面在车辆近距离并行的情况下，采取故意向右急转弯的方法撞击被害人真某栋的车辆并致其车辆冲上绿化隔离带及非机动车道。主观方面是被告人宓某科明知其行为会产生危害公共安全的危害结果，却放任这种结果的发生。主客观方面符合以危险方法危害公共安全罪的犯罪构成，应当以以危险方法危害公共安全罪定罪。

法院生效判决认为，在车行密集的道路上故意撞击构成以危险方法危害公共安全罪。从主观方面和客观行为分析，被告人宓某科的行为符合以危险方法危害公共安全罪的构成要件，构成以危险方法危害公共安全罪。

1. 从主观构成要件分析。本案中，被告人主观上对危害后果的发生持放任态度。被告人系驾车多年、具有一定经验和判断能力的机动车驾驶员，明知在其驾驶的车辆与被害人真某栋所驾驶的车辆近距离并行的情况下，其采取故意向右急转弯的方法必然会撞击被害人真某栋驾驶的车辆，且应当明知该行为会危及周边车辆、车内人员及路过行人等不特定多数人的安全，仍实施上述高危险行为，明显具有加害的主动性，造成车辆损害在其意图之内，对可能产生的其他危害后果持放任态度。

被告人辩称事发时只是想拦停被害人真某栋的车辆，没有考虑危害后果，不存在危害公共安全的故意。法院认为，行为人明知自己的行为会发生某种危害结果，也不希望这种危害结果发生，而只要停止预定行为，危害结果就不会发生。但是行为人为了追求另一结果的发生，执意实施预定行为，这时候行为人心里既不希望危害结果发生，又意图实施这种引起危害结果的行为。这种不计后果的随意性或是纵容的意识状态恰恰就是间接故意中放任的本质特征。因此，被告人主观上具有危害公共安全的故意。

2. 从客观构成要件分析。从被告人实施的行为来看，可将其行为分为两个，一是违章行为，二是撞击行为。本案被告人的撞击行为符合以危险方法危害公共安全罪的客观构成要件。

（1）对违章行为的评价。被告人在公共道路上为追逐被害人车辆，分别做出了闯红灯、逆向行驶、小弯大转等违反交通法规的行为。而被告人实施的违章行为，既不能构成危险驾驶罪，也不能被以危险方法危害公共安全罪评价。一方面，被告人的驾车违章行为不构成危险驾驶罪。有观点认为这些行为触犯了《刑法》第133条之一危险驾驶罪中的第1款第1项"追逐竞驶，情节恶劣的"。但是，在追逐竞驶的认定中，行为人主观方面多是以竞技、寻求刺激、挑衅泄愤以及赌博牟利等为目的，且竞驶双方有竞驶的合意。客观方面伴有超速行驶等违章驾驶行为。本案被害人驾驶车辆是为躲避被告人的追逐，其没有与被告人竞驶的合意。且两车在追逐过程中，均行驶速度较慢，远未达到超速的标准。所以，被告人的违章行为并不能成立危险驾驶罪。另一方面，被告人的驾车违章行为也不构成以危险方法危害公共安全罪。刑法对以危险方法危害公共安全罪的"危险方法"以列举的方式予以了描述，基于罪刑法定原则及罪责刑相适应原则，对于该罪中的"其他危险方法"应当进行严格的限制解释：其他方法应具有危险的相当性，即以其他危险方法可能造成的危害后果与以放火、决水、爆炸、投放危险物质可能造成的危害后果是大致相当的。只有产生此种严重的危害后果,才能够将行为人的行为认定为本罪。本案中,被告人宓某科在极短时间内实施的闯红灯、逆向行驶、小弯大转等违规驾驶行为虽然危害公共安全,但是与“放火、决水、爆炸以及投放毒害性、放射性、传染病病原体等物质”的行为在危险程度上明显不具有相当性,上述行为不应成为认定其构成以危险方法危害公共安全罪的依据,而仅作为犯罪情节予以考量。

(2)对撞击行为的认定。故意毁坏财物罪,是指故意毁坏财物数额较大或者有其他严重情节的行为。以危险方法危害公共安全罪,是指使用除放火、决水、爆炸、投放危险物质以外的其他方法危害公共安全的行为。本案被告人的行为既符合故意毁坏财物罪的构成要件,也符合以危险方法危害公共安全罪的构成要件。一方面,撞击行为符合以危险方法危害公共安全罪的行为构成要件。被告人在机动车道上车流密集、非机动车道上不时有骑行电动自行车人员经过、其所驾驶的车辆四周近距离内均有车辆、被害人驾驶的车辆紧邻绿化隔离带及非机动车道,且被告人驾驶的车辆与被害人所驾驶的车辆近距离并行的情况下,采取故意向右急转弯的方法撞击被害人驾驶的车辆,致对方车辆冲上绿化隔离带及非机动车道,行为具有高度危险性。撞击车辆行为本身极其危险,车辆碰撞后的态势并非被告人所能控制。本案发生于上班早高峰期间,被告人的撞击行为不仅会对碰撞的车辆造成损害,也足以对车内人员的人身安全造成危害,亦可能危及其他正常行驶的车辆及路过行人等不特定多数人,导致车辆损毁、人员伤亡的严重后果。因此,其危险程度与“放火、决水、爆炸以及投放毒害性、放射性、传染病病原体等物质”的危险方法所产生的危险程度相当,是足以危害公共安全的高度危险行为。故而,将被告人的行为认定构成以危险方法危害公共安全罪,符合该罪的本质和立法精神。另一方面,撞击行为符合故意毁坏财物罪的行为构成要件。本案中,被告人宓某科采取故意向右急转弯的方法撞击被害人真某栋驾驶的车辆,这种撞击行为明显属于刑法中规定的故意毁坏财物行为。此外,根据公安部的相关立案标准规定,故意毁坏财物罪造成公私财物损失 5000 元以上的,属于“数额较大”。毁损公私财物 3 次以上的,纠集 3 人以上公然毁坏公私财物的以及其他情节严重的行为,属于“情节严重”。被告人宓某科的撞击行为致使被害人车辆物损 5618 元,符合故意毁坏财物罪的构成要件。

综上,由于被告人宓某科同一行为同时触犯以危险方法危害公共安全罪和故意毁坏财物罪两个罪名,根据想象竞合犯“从一重罪处罚”的原则,应当以以危险方法危害公共安全罪定罪。

145. 特定的人是否属于危害公共安全罪的犯罪对象

司法实例

蓝某钟以危险方法危害公共安全案

蓝某钟2000 年 6 月 27 日因犯故意杀人罪被判处有期徒刑 7 年,2005 年 7 月 1 日刑满释放。2017 年 3 月 9 日,蓝某钟与朋友郝某疆等人到蓝某钟的妹夫位于本市某村的家中吃午饭。其间,被告人蓝某钟大量饮酒。当日 16 时许,郝某疆驾驶被告人蓝某钟的苏 BS××65 奇瑞轿车送被告人蓝某钟等人回家。途中,被告人蓝某钟认为郝某疆技术不佳,强行换为自己驾驶。当被告人蓝某钟驾车行驶至某路附近时,与被害人余某海(殁年 47 岁)驾驶的沪 DF××90 斯柯达轿车发生追尾。被告人蓝某钟担心醉酒驾车行为被查处,即驾车逃逸,被害人余某海遂驾车追赶。

被告人蓝某钟驾车行驶至某六公路、某祝公路路口时,因遇红色信号灯且前方有车辆阻挡而被迫停车,追至此处的被害人余某海下车后拦在被告人蓝某钟轿车前方欲与其理论。当信号灯转为绿色时,被告人蓝某钟无视被害人余某海还在车前,强行启动轿车,将被害人余某海顶在轿车引擎盖上沿某六公路加速行驶。当车行驶约 1 公里至某六公路、某达路路口时,强行撞击前方的苏 JX××80 奇瑞 QQ 轿车尾部,致使该车油箱破裂并连环撞击前方待转的皖 B××56G 悦达起亚轿车,致奇瑞 QQ 轿车当场起火,车内的被害人连某光、单某芳被烧身亡,被害人余某海被机动车撞击挤压致创伤性休克而死亡,并致悦达起亚轿车内 3 人受伤,还造成财产损失 5 万余元。经鉴定,被告人蓝某钟血液中的酒精含量为 212 毫克/100 毫升。

某市中级人民法院审理认为,被告人蓝某钟醉酒驾驶机动车肇事后,继续驾车随意冲撞他人及车辆,造成 3 人死亡、3 人受伤及公私财产损失等严重后果,其行为已构成以危险方法危害公共安全罪,应依法惩处。遂判决认定被告人蓝某钟犯以危险方法危害公共安全罪,对其判处死刑,剥夺政治权利终身。

被告人蓝某钟上诉提出,是郝某疆驾车与出租车发生碰擦,之后其驾车时突然发现引擎盖上有人,误将油门当刹车踩,导致伤亡事故发生,其主观上没有放任危害后果发生的故意,原判量刑过重。其辩护人提出同车的郝某疆及被害人余某海对本案的发生有过错,被告人蓝某钟有自首情节的辩护意见。

某省高级人民法院二审认为,被告人蓝某钟醉酒驾车肇事后逃逸,冲撞他人及车辆,致 3 人死亡、3 人受伤,并造成 5 万余元财产损失,其行为已构成以危险方法危害公共安全罪。根据已查明的事实和证据,被告人蓝某钟关于其未醉驾肇事,且并非为驾车逃逸而冲撞他人及车辆,主观上没有放任危害公共安全后果发生的上诉理由,以及其辩护人提出的证人郝某疆及被害人余某海的行为对本案的发生有过错,被告人蓝某钟有自首情节的辩护意见与事实不符,不予采纳。被告人蓝某钟犯罪情节特别恶劣、犯罪后果特别严重,应依法惩处。原判认定的事实清楚,证据确实、充分,适用法律正确,量刑适当,审判程序合法。遂依照 2012 年《刑事诉讼法》第 225 条第 1 款第 1 项之规定,裁定驳回上诉,维持原判,并依法报请最高人民法院核准。

最高人民法院复核认为:被告人蓝某钟醉酒驾驶机动车肇事后,为逃避处罚而驾车随意冲撞他人及其他车辆,造成多人伤亡及财产损失等严重后果,其行为已构成以危险方法危害公共安全罪。被告人蓝某钟在明知被害人余某海在其车前的情况下,将其顶在引擎盖上加速行驶,并冲撞其他车辆,致被害人被撞身亡,被撞车辆内的 2 人被烧死、3 人受伤,犯罪情节特别恶劣,犯罪后果特别严重,实属罪行极其严重,且其有持枪故意杀人的犯罪前科,应依法惩处。一审判决、二审裁定认定的事实清楚,证据确实、充分,定罪准确,量刑适当,审判程序合法。遂依照 2012 年《刑事诉讼法》第 235 条、第 239 条和最高人民法院《刑诉法解释》的相关规定,裁定核准某省高级人民法院维持第一审以以危险方法危害公共安全罪判处被告人蓝某钟死刑,剥夺政治权利终身的刑事裁定。

本案的争议焦点有两个,一是被告人蓝某钟醉酒驾车,将被害人余某海顶在轿车引擎盖上高速行驶致其死亡的行为是否属于危害公共安全的行为,即特定的人是否属于危害公共安全罪的犯罪对象;二是如何把握醉驾构成的以危险方法危害公共安全罪的死刑适用标准。

1. 危害公共安全罪的犯罪对象不排斥特定的人。本案审理过程中,对被告人蓝某钟醉酒驾车肇事后为逃避处罚而驾车冲撞其他车辆,致被撞的奇瑞 QQ 轿车和悦达起亚轿车内的人员伤亡及财物损失的行为构成以危险方法危害公共安全罪意见一致,但对致被害人余某海死亡的行为应如何定性则存在两种意见。一种意见认为,被害人余某海在被被告人蓝某钟追尾后,拦在被告人蓝某钟的轿车前欲与蓝某钟理论,此时被害人对于被告人而言是特定的人。在此情形下,被告人不顾被害人的人身安危,驾车将被害人顶在轿车引擎盖上逃逸,致被害人死亡的行为应定性为故意杀人罪,应与其之后驾车冲撞其他车辆致多人死伤的行为所构成的以危险方法危害公共安全罪数罪并罚。另一种意见认为,综观案发全过程,可以认定被告人蓝某钟当时处于一种不顾一切执意驾车逃离现场的状态,其行为并非针对某一特定的人或车,应将其驾车将被害人余某海顶在轿车引擎盖上逃逸的行为与之后驾车冲撞其他车辆致多人死伤的行为作为一个整体来看待,其行为构成以危险方法危害公共安全罪一罪。从裁判结果来看,三级法院均支持第二种意见。主要理由如下:

(1)危害公共安全罪中的"危害公共安全"是指故意或过失地实施危害"不特定多数人"的生命、健康或者重大公私财产安全。据此,危害公共安全不仅是对多数人的生命、健康或者重大财产的损害,而且所针对的对象还是不特定的,这也是危害公共安全犯罪和侵犯公民人身权利犯罪、侵犯财产犯罪的主要区别之一。

危害公共安全是危害公共安全罪的本质特征。公共安全是不特定多数人的生命、健康或者重大公私财产安全,但是不是针对特定对象的犯罪就一定不属于危害公共安全的范畴。对此,首先需要明确公共安全的定义中不特定多数人的含义。不特定多数人是指不特定并且多数的人,它排斥特定的多数人、特定的少数人、不特定的少数人等情形。不特定是一种客观的判断,不以行为人主观有无确定的侵犯对象为转移。它包含两个方面的内容:一是犯罪对象的不确定性,二是危害后果的不确定性。司法实践中,被认定为危害公共安全犯罪的有两种情形,一种情形是行为针对的对象是不特定的,并且行为人事先也没预料到危害后果,危害后果也是不特定的;另一种情形是行为针对的对象是特定的,但实际造成的后果却是行为人没有预料到也不能控制的。从危害公共安全犯罪的这两种情形可以看出,不特定多数人中的"不特定",是相对于其他犯罪对象的特定而言的,而"多数"则是相对于其他犯罪只能危害到个别少数对象而言的。在侵犯不特定多数人,即危害公共安全时,行为人并不一定没有特定的侵犯对象或目标。实施危害公共安全犯罪的行为人,有的在主观上有侵犯的特定对象,同时对损害的可能范围有估计或认识,客观上也有指向的目标,只不过行为所造成的或可能造成的实际后果是行为人难以控制的。因此,不能将"不特定"机械理解为没有特定的侵犯对象或目标。

(2)在行为人具有特定侵犯对象或目标的犯罪中,如何确定行为人的行为是构成危害公共安全犯罪还是其他犯罪,一般不能仅以行为人的主观认识为标准,而应采取客观的立场,以行为一经实施,危害的是不特定多数人的生命、健康或者财产安全,且行为人无法或难以控制危害后果为标准。也就是说,犯罪行为一经实施,不论行为人主观上是否针对特定的对象,但只要其行为在一定条件下造成了众多人员伤亡或公私财产的广泛损失,或者形成对公众生命财产安全的重大威胁,就应当认定其构成危害公共安全犯罪。

(3)本案中,被告人蓝某钟醉酒驾车追尾被害人余某海的出租车后,为逃避处罚而驾车逃逸,在路口遇红灯停车后,被害人拦在被告人蓝某钟的轿车前与其理论,但被告人蓝某钟不顾被害人的人身安危,强行启动车辆,将被害人顶在引擎盖上高速行驶。此时,被害人余某海对于被告人蓝某钟来说是特定的对象,被告人蓝某钟将特定的被害人余某海顶在轿车引擎盖上高速行驶,至少有放任被害人伤亡的故意,表面上符合故意伤害罪或者故意杀人罪的行为特征,这正是本案对定性存在争议的症结所在。结合本案发生时的时空环境,被告人蓝某钟白天在车流、人流密集的城市主干道醉酒驾车,将被害人余某海顶在轿车引擎盖上高速行驶,其主观目的虽然是想摆脱被害人,但客观上却对该路段不特定多数人的生命、健康及财产安全构成重大威胁,而其行为的后果也正是撞到其他正常行驶的车辆,不仅导致被害人余某海被撞身亡,而且造成多人死伤和重大财产损失。被告人蓝某钟虽然是针对被害人余某海这一特定的对象实施犯罪行为，但其在实施针对特定对象的犯罪过程中，无视不特定多数人的生命、健康和财产安全，并实际造成了不特定多数人的伤亡和重大财产损失，其之前针对特定对象和之后造成不特定对象伤亡的行为是整体上的一个法律行为，构成以危险方法危害公共安全罪。因此，第二种意见是正确的。

2. 如何把握醉驾构成的以危险方法危害公共安全罪的死刑适用标准。本案审理过程中，对被告人蓝某钟如何量刑也存在分歧意见。一种意见认为，被告人蓝某钟因醉酒而降低了对自己行为的辨认和控制能力，其主观上不希望、不追求危害后果的发生，属于间接故意犯罪，根据最高人民法院 2009 年发布的《醉驾犯罪意见》及两起醉驾典型案例（孙某铭案、黎某全案），依法可判处其死缓。另一种意见认为，本案犯罪后果特别严重，被告人的犯罪情节特别恶劣，且认罪态度差，有犯罪前科，也未给予被害方赔偿，依法应判处死刑。从裁判结果看，三级法院均同意第二种意见。

根据罪责刑相适应原则，《刑法》第 61 条进一步规定了量刑的具体依据："对于犯罪分子决定刑罚的时候，应当根据犯罪的事实、犯罪的性质、情节和对于社会的危害程度，依照本法的有关规定判处。"尤其是在死刑适用方面，要严格遵循死刑只适用于罪行极其严重的犯罪分子的刑法规定。判断犯罪分子是否属于罪行极其严重，应当从犯罪行为的社会危害性、犯罪分子的主观恶性、人身危险性等方面进行综合分析认定。

一般来说，综合考察醉酒驾驶犯罪行为人的主观恶性、人身危险性及犯罪行为的社会危害性，其一般不属于罪行极其严重的犯罪分子，可以从严格控制和慎重适用死刑的角度出发，一般不对其适用死刑。但是，宽严相济刑事政策要求根据犯罪的具体情况，实行区别对待，做到罚当其罪，实现刑罚的个别化，因此也不排除对造成特别严重后果，社会危害性大、主观恶性深、人身危险性大的犯罪行为人依法适用死刑的可能。

具体到本案，被告人蓝某钟醉酒驾车造成 3 人死亡、3 人受伤的严重后果，与《醉驾犯罪意见》公布的孙某铭案、黎某全案两起醉驾典型案例有相似之处，持不判处其死刑意见的理由也正是基于孙某铭案、黎某全案两案的判决结果。但综合比较，本案与孙某铭案、黎某全案两案有明显不同之处：首先，本案的犯罪性质更为恶劣，社会危害性更大。被告人蓝某钟醉酒驾车追尾被害人余某海驾驶的出租车后，为逃避处罚，不顾同车人的劝阻，在城市主干道驾车高速逃逸，且在明知被害人在其车前阻拦的情况下，将被害人顶在其车引擎盖上高速行驶约 1 公里并冲撞其他车辆，致被害人被撞身亡，被撞车辆内的 2 人被烧死、3 人受伤。若不考虑被告人蓝某钟之后的醉酒驾车对公共安全造成威胁的情节，仅就其将被害人余某海顶在车引擎盖上高速行驶、放任其死亡的行为而言，系故意杀人行为；而孙某铭案、黎某全案两案中，孙某铭、黎某全在造成多人死伤前追尾其他车辆或撞倒他人的行为实际上属于交通肇事行为。本案前行为的故意杀人犯罪性质与孙某铭案、黎某全案两案前行为的交通肇事犯罪性质之不同足以表明本案的犯罪性质更恶劣，社会危害性也更大。其次，本案的犯罪后果更为严重。与本案犯罪情节类似的黎某全案造成 2 人死亡、1 人轻伤，而本案造成 3 人死亡、3 人受伤，犯罪后果更为严重（孙某铭案虽造成 4 人死亡 1 人重伤，但此案的犯罪性质、情节与本案和黎某全案有较大差异，可比性不强）。最后，本案被告人蓝某钟有持枪杀人的犯罪前科，且其归案后对犯罪事实避重就轻，认罪态度差，与孙某铭案、黎某全案两案的行为人相比，其主观恶性更深、人身危险性更大。此外，被告人蓝某钟没有赔偿被害方经济损失，未能取得被害方谅解，未能减轻其犯罪行为所造成的社会危害，故对被告人蓝某钟的量刑不能机械参照孙某铭案、黎某全案两案的判决结果。

146. 以危险方法危害公共安全罪中“不特定多数人”的认定

行为人在人群聚集地采用汽车撞人的方式同时危及多数人的人身权利，是以危险方法危害公共安全罪的典型表现方式之一，对行为人应当以以危险方法危害公共安全罪定罪处罚。

司法实例

谢某桥以危险方法危害公共安全案

2011年12月，被告人谢某桥在未获得相关部门批准的情况下，违法占用某市中部开发办公室管理的位于某市工业园区内的国有土地建房。2012年2月24日，某市国土资源局作出×土资停字〔2012〕000088号《责令停止国土资源违法行为通知书》并送达谢某桥，责令其立即停止违法行为，听候处理。同年4月11日，某市国土资源局作出×土资改〔2012〕11号《责令改正违法行为通知书》并送达谢某桥，责令其自接到通知书后6个月内自行拆除已浇筑的地梁，逾期不改正的，依法追究责任。同年9月15日，某市国土资源局国土资源执法监察人员在巡查中发现，谢某桥不仅没有自行拆除违章建筑，反而继续违法建房，遂当场依法予以制止，但谢某桥事后并未停止其违法建房行为。2013年1月16日，镇政府、市中部开发办公室、某市国土资源局共同商定，以某市国土资源局为执法主体，镇政府、市中部开发办公室协助，定于同年1月18日上午共同对谢某桥的违章建筑实施强制拆除，并于同年1月16日下午电话通知谢某桥自行拆除违章建筑。

同年1月18日上午，谢某桥会同家人和同事，先行拆除部分违章建筑，欲以此达到阻止执法人员拆除其违章建筑目的。当日10时许，市国土资源管理局执法大队工作人员会同镇政府、市中部开发办公室工作人员共50余人来到谢某桥违章建筑所在地。在工作人员的劝说下，谢某桥将原停放在违章建筑前阻挡铲车行进的鄂NB××96私家小轿车倒驶至该道路的坡顶，工作人员遂开始拆除谢某桥的违章建筑，谢某桥则坐在驾驶室内远观。当看到房子被拆的场面后，谢某桥越想越气，产生了驾车去撞工作人员与其拼命的念头。随后，谢某桥便加速驾驶小轿车沿着带有一定坡度的道路直冲下去，撞到了站在道路上维持外围秩序的多名工作人员，其中1人被车头撞飞滚在引擎盖上后又被甩在地上。谢某桥在撞到人后，仍然驾驶汽车继续右转向行驶，并朝工作人员密集的地方冲撞，直至撞上其父亲房屋南侧小门。在此过程中，谢某桥又撞到多名工作人员和其母亲，房屋的小门及门边墙体被撞破损。后谢某桥在其驾车加速后退撞上砖堆时才被工作人员制服。

谢某桥在驾车撞人过程中致10名工作人员受伤，经鉴定，其中5人轻伤，2人为轻微伤。

某市人民检察院以被告人谢某桥涉嫌犯故意杀人罪提起公诉。

某市人民法院审理认为：被告人谢某桥为泄愤，采用驾驶车辆连续冲撞的方式，故意剥夺他人生命的行为，已构成故意杀人罪。被告人谢某桥已经着手实行犯罪，由于意志以外的原因而未得逞，系犯罪未遂，依法可以比照既遂犯从轻处罚。被告人犯罪系临时起意，主观恶性较小，可酌情从轻处罚。综合被告人的犯罪性质、情节以及对社会的危害程度，以被告人谢某桥犯故意杀人罪判处有期徒刑10年。

一审宣判后，被告人以主观上没有杀人故意，其行为应构成故意伤害罪为由提出上诉。

某市中级人民法院审理认为，案发时现场共有拆违工作人员、谢某桥家人及邻居等50余人，谢某桥采用驾车撞人的危险方法冲向不特定多数人，对危害不特定多数人的生命、健康安全持放任态度，主客观上符合以危险方法危害公共安全罪的犯罪构成，而故意杀人罪或故意伤害罪所侵害的客体均为普通公民的个人人身权利，不能涵盖本案侵害客体所具有的社会性。被告人认为构成故意伤害罪的上诉意见，不予采纳。原判定性错误，遂依法改判谢某桥犯以危险方法危害公共安全罪，判处有期徒刑7年。

被告人谢某桥犯罪行为的定性问题是本案的焦点，主要涉及对何为“不特定多数人”和何为“公共安全”两方面的理解。二审法院改判判决的主要理由为：

1. 在人群聚集地采用汽车撞人的方式危及不特定多数人的人身权利，是以危险方法危害公共安全罪的典型表现方式之一。危害公共安全罪是指故意或过失地实施危害不特定多数人的生命、健康或者重大公私财物的安全的行为。危害公共安全罪保护的法益是公共安全，注重的是行为对“公众”利益的侵犯，目的在于将生命、身体等个人法益抽象为社会利益作为保护对象，故应当重视其社会性。“公众”与“社会性”要求重视量的“多数”，换言之，“多数”是“公共”概念的核心。“不特定”也意味着随时有向“多数”发展的现实可能性，会使社会多数成员遭受危害和侵害。① 那么在司法实践中，应当如何理解“不特定多数人”？多数通常指3人以上，但有的情况不一定均为3人以上。以危险方法危害公共安全罪的“危险方法”一般限于与放火、决水、爆炸、投放危险物质相当的方法。

本案中，一方面，谢某桥驾驶汽车从上坡加速冲下，直接冲向人群，其作案方法的危害程度足以与放火、决水等作案方法产生的危害后果相当。另一方面，其主观上虽对犯罪对象有一定的限定范围，即针对拆违工作人员，但“特定”与“不特定”都是相对而言的。首先，拆违现场的拆违工作人员本就多达数十人，已经构成“公众”与“社会性”要求重视量的“多数”。其次，在拆违现场，除了拆违工作人员外，还有谢某桥的邻居、亲属等，其开车撞人时很难控制具体的侵害对象以及所造成的侵害后果。从最后的结果来看，除多名拆违人员受伤外，也直接造成其母亲受伤的后果，其作案手段决定了实际造成的后果无法预料，不可控制。因此，原审法院以本案是“特定的拆违现场有针对性地冲撞特定的工作人员，不具有危害公共安全的特性”为由否定“不特定性”，不能成立。退一步讲，即使本案现场仅仅只有拆违工作人员，也应当认定为以危险方法危害公共安全罪。危害公共安全中侵害客体的“不特定多数人”核心在于“多数”和“社会性”，即使侵犯对象相对特定，是拆违工作人员，但鉴于本案拆违人员多达数十人，符合一般意义上的多数要求，且谢某桥的行为方式也无法控制最终的危害后果。结合以上分析，可以得出一个结论，即在人群聚集地采用汽车撞人的方式同时危及不特定多数人的人身权利，是以危险方法危害公共安全罪的典型表现方式之一。

公诉机关、一审法院对本案的定性偏向于认定为故意杀人罪。故意杀人罪与以危险方法危害公共安全罪在很多情况下的确难以区分，两罪在主观故意、犯罪动机、犯罪对象、犯罪手段及犯罪所造成的后果等方面都存在类似之处，两者最核心的区别在于侵犯的客体（法益）不一样。故意杀人罪所侵害的法益是普通公民的个人人身权利，以危险方法危害公共安全罪所侵害的法益是公共安全，后者可以理解为在一定范围内将前者所保护的对象集合抽象为带有社会性的“多数人”，除了关系到个人本身，更加侧重于对公共安全的保护。

2. 公共安全的核心在于“多数”，即使是在相对封闭的场所，发生了多数人的损伤后果，也可以认定为侵害了“公共安全”。危害公共安全罪的保护法益是公共安全，“公共”，即指不特定或者多数人，“公共安全”的词义解释是多数人的生命、健康和公私财产的安全，核心在于“多数”，包括信息安全、食品安全、公共卫生安全等，是一个相当抽象的概念，不受时间、对象、地域、范围

---

① 参见张明楷：《刑法学》（第3版），法律出版社2007年版，第514～515页。

等的限制。因此只要对不特定多数人的生命、身体或者财产造成危险,即侵害了公共安全。

本案审理中,一审法院认为“案发现场道路是被告人家庭使用的相对封闭的场所”,故不宜认定为侵害了公共安全,不能以以危险方法危害公共安全罪定罪量刑。然而,公共安全不等同于公共场所的安全,公共安全的核心在于“多数”,即使在相对封闭的场所发生了多数人的损伤后果,也可以是侵害公共安全。例如在自然人私宅或其他私人场所中举办沙龙、聚会等,只要人数众多,人员相对不限定在亲属等关联性较强的情况下,都可视为公共场合,都涉及公共安全的问题。故即使是在相对封闭的场所发生了多数人的损伤后果,也有可能属于公共安全。再者,结合本案案情看,本案的案发场所道路并非被告人家庭所有或单独使用,只是由于特殊的地理位置,被告人家庭使用率较高而已,并不是可以排斥他人行走或使用的封闭院落等。因此,本案中被告人谢某桥为泄愤,驾驶车辆在公共场所连续冲撞他人致多人轻伤、轻微伤的行为,构成了以危险方法危害公共安全罪的犯罪形态。

147. 为赶鸟网购零部件自行改装枪支是否构成犯罪

非法制造枪支罪犯罪构成中的主观方面要件为故意,即行为人明知是枪支而制造的行为,至于其制造枪支的目的、动机在所不问。只要行为人制造枪支的行为符合《枪支管理法》规定的枪支标准,符合最高人民法院《关于审理非法制造、买卖、运输枪支、弹药、爆炸物等刑事案件具体应用法律若干问题的解释》(以下简称《枪弹解释》)的数量标准的,均应予以追究刑事责任。但制造枪支的目的、动机可能对于本罪的量刑具有一定影响。

司法实例

陨某和非法制造枪支案

陨某和从事水库养殖业。由于水库水鸟太多,让其一直为之苦恼。陨某和在一次外出中听人说用枪赶水鸟很有效果,回家后其便想试试。自2014年起,陨某和与当地某水库产权单位签订了为期10年的水面养殖合同,2015年1月初,陨某和用别人的淘宝账号在网上购买了射钉枪、钢管、激光笔、瞄准器、空包弹等物品,使用焊接机、切割机等进行改装组装,制成两支枪支,用于驱赶水鸟。2015年1月29日23时许,陨某和驾驶车辆携带自制的两支枪支,途经长途汽车站时被公安巡查民警查获。经鉴定,两支改装组装枪支属于《枪支管理法》规定的以火药为动力发射金属弹丸的非制式枪支。

某县检察机关以陨某和涉嫌犯非法制造枪支罪提起公诉。在法院审理中,对被告人的行为是否构成非法制造枪支罪,一种意见认为,陨某和改装枪支的初衷是为了驱赶水库的水鸟,其目的并不是用于违法犯罪活动,没有造成严重的社会危害,情节轻微,可不认为是犯罪;另一种意见认为,陨某和的行为虽然没有造成严重的社会危害,但其违反《枪支管理法》,擅自改装枪支仍应构成非法制造枪支罪。

某县人民法院经开庭审理,合议庭评议并报审委会讨论,根据《刑法》第125条第1款及相关法律规定,判决认定被告人陨某和犯非法制造枪支罪,判处有期徒刑3年,缓刑3年。判决已生效。

从判决结果看,法院同意第二种意见的理由为:

1. 非法制造枪支是指违反《枪支管理法》规定,未经国家有关部门批准,私自使用原材料制作或改装以火药或者压缩气体等为动力,利用管状器具发射金属弹丸或者其他物质,足以致人伤亡或者丧失知觉的各种枪支。构成本罪的主体要件为一般主体;本罪的客观要件表现为实施了违反枪支管理规定，非法制造枪支的行为；本罪侵犯的客体是公共安全，即不特定多数人的生命、健康和重大公私财产的安全。由于枪支、弹药等危险物品，有可能危及群众生命安全、财产安全，给公共安全留下极大隐患，因此本罪并不要求造成实际后果。

本案中，陨某和擅自改装组装的两支枪支经鉴定可以发射制式枪弹，符合相关法律和规范关于枪械的定义。最高人民法院《枪弹解释》第1条第1款规定："个人或者单位非法制造、买卖、运输、邮寄、储存枪支、弹药、爆炸物，具有下列情形之一的，依照刑法第一百二十五条第一款的规定，以非法制造、买卖、运输、邮寄、储存枪支、弹药、爆炸物罪定罪处罚：……（二）非法制造、买卖、运输、邮寄、储存以火药为动力发射枪弹的非军用枪支一支以上或者以压缩气体等为动力的其他非军用枪支二支以上的……"因此，陨某和违反枪支管理规定，擅自制造两支以火药为动力发射枪弹的非制式枪支，其行为已构成非法制造枪支罪。

2.《刑法》第125条第1款规定了非法制造、买卖、运输、邮寄、储存枪支、弹药、爆炸物罪，其主观方面要件表现为故意，即明知是枪支而故意制造，至于其制造枪支的动机并不影响定罪。本案中陨某和制造枪支的动机以及没有造成社会危害等因素，并不影响其定罪，而只是作为量刑的酌情因素。一审法院考虑被告人系水库养殖承包户，制造枪支的目的确实仅为驱赶水鸟，又系尚未使用即被查获，社会影响及危害性不大，且犯罪情节较轻，有悔罪表现，没有再犯罪的危险，宣告缓刑对所居住社区没有重大不良影响，故对其判处有期徒刑，适用缓刑。

148. 如何正确界定涉枪犯罪中的"买卖"

在枪支犯罪中，必须具有卖出枪支的行为，才构成"买卖"枪支行为。如果既没有出卖事实，也没有出卖目的，不能称为"买卖"行为。单纯的购买自用的行为，应当认定为非法持有行为。

司法实例

夏某梨非法持有枪支案

夏某梨曾犯窝藏罪、容留他人吸毒罪、赌博罪等多次被判处刑罚。2014年在公安机关侦查的另外一起案件中涉案。夏某梨于2013年下半年的一天向尹某顿提出要购买枪支、子弹防身，尹某顿在联系上线时获悉枪支的价格最低为每支10,000元。2013年9月在尹某顿生日当天，南某孝从广东携带两把军用手枪及子弹若干到某市，将其中一支军用手枪及40发子弹作为"生日礼物"赠送给尹某顿并未收取钱款。尹某顿随后联系夏某梨到某市取货。2013年9月，夏某梨驾车到尹某顿处取走手枪、子弹，并依照之前商谈的价格向尹某顿支付10,000元，并将枪藏于家中。公安机关依据上述事实以夏某梨涉嫌非法买卖枪支罪将案件移送至检察机关。对夏某梨的行为该如何定性存在两种意见，一种意见认为对夏某梨应以非法买卖枪支罪定罪处罚。另一种意见认为夏某梨的行为构成非法持有枪支罪，应以该罪定罪处罚。本案检察机关对夏某梨以涉嫌犯非法买卖枪支罪提起公诉，一审法院判决认定夏某梨犯非法持有枪支罪，判处拘役6个月，缓刑1年。判决已生效。

一审判决的主要理由为：

1. 从解释论的角度分析。刑法中的"买卖"应当理解为具有流转交易性质的行为。正是这种流转交易破坏了国家对特定物品的管制秩序，形成刑事违法性的逻辑基础。因此，这种"买卖"具体包括：（1）购买后的出售行为；（2）出售行为；（3）以出售为目的的购买行为。这三类行为都具有流转交易性质，可以认定为刑法意义上的"买卖"。反之，则不能认定为刑法意义上的"买卖”。故而，不以出卖为目的的购买枪支行为，不宜认定为非法买卖枪支罪，而应认定为非法持有枪支罪。

2. 从与枪支犯罪极其类似的毒品犯罪分析。2012 年最高人民检察院、公安部发布的《关于公安机关管辖的刑事案件立案追诉标准的规定（三）》第 1 条规定：“……‘贩卖’是指明知是毒品而非法销售或者以贩卖为目的而非法收买的行为。有证据证明行为人以牟利为目的，为他人代购仅用于吸食、注射的毒品，对代购者以贩卖毒品罪立案追诉。不以牟利为目的，为他人代购仅用于吸食、注射的毒品，毒品数量达到本规定第二条规定的数量标准的，对托购者和代购者以非法持有毒品罪立案追诉……”根据这一规定，毒品交易犯罪的核心乃是贩卖行为，如果是仅以自用为目的的买入行为，不认定为贩卖而认定为持有。同理，在枪支犯罪中，或者是出卖，或者是以出卖为目的的买入，才能成立买卖枪支行为。如果既没有出卖事实，也没有出卖目的，无论如何，不能称为“买卖”行为。单纯的购买行为，应当认定为非法持有行为。

3. 从刑法保护的法益分析。如果行为对刑法保护的法益并未造成侵害或者构成威胁，则不能认定为犯罪。反之，评价一行为构成某罪，应当考量该行为已对受保护的法益造成侵害或者构成威胁。关于枪支犯罪，其共性都是破坏了国家对枪支的管制秩序，而枪支管制秩序是社会公共安全保障的重要内容。但是，刑法相对于非法持有枪支罪而言，对非法买卖枪支罪配置了更重的刑罚，是因为买卖行为较持有行为具有更重的社会危害性：买卖行为引致了枪支的流转，导致国家对枪支管理失控，继而成为各类暴力恐怖、黑恶犯罪案件的源头，对公共安全构成了实质的危害与威胁。而对于不以出售为目的的单纯购买枪支行为，行为人往往是基于爱好、收藏或防身等动机或目的，购买后予以存储或者把玩，其终极目的在于维持对枪支的持有，而不是实现对枪支的流转，其行为并未引发枪支的流转，因此，不能认定为非法买卖枪支罪，而应认定为非法持有枪支罪。

4. 从本案具体情况分析。夏某梨曾犯窝藏罪、容留他人吸毒罪、赌博罪等多次被判处刑罚，虽然劣迹斑斑，但从公安机关侦查的事实情况来看，其向尹某顿索要枪支时明确表示是用来防身的，其虽然支付给尹某顿 10,000 元，但并不表明其有卖的意图。而事实上截至案发前夏某梨也没有出卖枪支的行为出现。因此，如果单纯将购买行为纳入“买卖”的概念范畴，不仅背离了语言的常识含义和通用信息，而且也违背了罪刑法定主义的旨趣。

综上，对夏某梨的行为，应以非法持有枪支罪定罪处罚为宜。

149. 吸毒后驾驶机动车发生重大交通事故如何定罪处罚

对吸食毒品后驾驶机动车辆发生严重交通事故，造成重大人员伤亡和公私财产损失行为的定性，应结合行为人的罪前行为、罪后情节以及行为产生的具体危险状态综合判断。一般而言，行为人不具有肇事后继续驾车冲撞，发生持续危害后果足以推定其具有放任危害后果发生的主观故意情节的，不宜认定为以危险方法危害公共安全罪，而应当以交通肇事罪定罪处罚。

司法实例

苏某雄交通肇事案

被告人苏某雄于 2016 年 4 月 22 日上午，在吸食毒品甲基苯丙胺的情况下，驾驶苏 AH××63 大客车（车上乘客 29 人）从某市中心广场出发前往某风景区。上午 9 时许车辆行至 S38 高速公路 100 公里 +178 米附近时，操作失当致车辆偏驶撞击中央隔离栏后进入对向车道，与在对向车道正常行驶的浙 BY××69 中型厢式货车相撞，致 11 人死亡、10 余人不同程度受伤，后被民警查获。被告人苏某雄于 2016 年 4 月 23 日 0 时 50

分，经甲基苯丙胺检测，结果呈阳性。经交警部门道路交通事故认定书认定，被告人苏某雄负该起事故的全部责任。案发后，全部死者近亲属及部分伤者已得到经济赔偿。经司法鉴定，苏某雄在案发时患有精神活性物质所致精神障碍，但该精神异常系因吸食毒品引发，故对苏某雄在本案中的刑事责任能力不予评定。

某市人民检察院以被告人犯交通肇事罪提起公诉。

某市人民法院审理认为，被告人苏某雄违反道路交通运输管理法律法规的规定，造成11人死亡、10余人受伤的重大交通事故，情节特别恶劣，其行为已构成交通肇事罪，应依法予以惩处。公诉机关指控被告人犯交通肇事罪的事实清楚，证据确实、充分，指控的罪名正确，予以采纳。遂判决认定被告人苏某雄犯交通肇事罪，判处有期徒刑7年。判决已生效。

《刑法修正案（八）》增设了危险驾驶罪，将在道路上驾驶机动车追逐竞驶和醉酒驾驶机动车两种最为突出、对道路公共安全危害最大、人民群众反映最为强烈的危险驾驶行为规定为犯罪。同时，基于刑法的谦抑性角度考虑，对吸毒后驾驶机动车、严重超载等其他危险驾驶行为暂不入罪。① 然而，近年来，吸毒后驾驶机动车行为呈现高发、多发态势，由此引发的重大恶性交通事故时有发生，严重危害道路交通的正常秩序和公共安全。因此，如何坚持罪刑法定原则和罪刑相适应原则，正确理解和适用法律，妥善审理因吸毒驾驶机动车引发的刑事案件，具有重要的现实意义。本案是一起典型的因被告人吸毒后驾驶机动车而引发的刑事案件，本案的判决对于今后类似案件的处理具有一定的参考价值。鉴于毒驾行为有别于一般的醉酒驾驶或者追逐竞驶，具有一定的特殊性，且本案造成的后果极其严重，案发后一度引起社会的广泛关注，要求严惩肇事者的反响强烈。在诉讼过程中，针对被告人行为的定性也存在认识上的分歧，主要有两种意见：一种意见认为，被告人的行为应当认定为以危险方法危害公共安全罪。另一种意见认为，对被告人应当以交通肇事罪定罪处罚。审理本案的一审人民法院采纳了第二种意见，主要理由为：

1. 从本案被告人的主观心态看，其对事故和结果的发生属于过失心态。至于过失的类型，一种意见认为，被告人属于过于自信的过失。主要理由是：(1)吸毒是《道路交通安全法》明令禁止的违法行为，被告人不可能不知道吸毒驾车的危害。(2)被告人具有赖以轻信的条件：一是以前吸毒后驾车没出过事，被告人有侥幸心理；二是某市到某风景区驾车时间不长，被告人有理由相信不会发生事故。另一种意见认为，被告人应该属于疏忽大意的过失。主要理由是：(1)从对毒驾行为危害后果的预见义务和预见能力上看，被告人作为具有多年驾龄的老驾驶员，特别是作为拥有驾驶大型客车驾照的驾驶人员，不仅应当预见，而且与一般驾驶人员相比，应该承担更高的注意义务，具备更高的预见能力。(2)从认识层面来看，被告人虽然对自己吸食毒品的违法行为事实是明知的，但由于疏忽大意并没有能够预见吸食毒品后驾车可能带来的严重后果。被告人疏忽大意的原因恰恰是其以前也曾有过吸毒后驾车的经历，包括前一天开车几百公里，都没出过事。不仅如此，其在事发前驾车甚至从未有过违法记录。本案证据表明，被告人长期疲劳驾驶，在事发前也没有得到很好的休息，自己已经感觉到状态不好，在出车前想找人代驾未能如愿，说明其预见到疲劳驾驶可能带来的危害。为了避免疲劳驾驶可能带来的危害，其采取的是另一种违法的补救措施，也就是通过吸毒起到提神作用，消除疲劳。由此说明，被告人只是预见到疲劳驾驶可能带来的危害后果，而对毒驾行为可能造成的危害后果没有充分的意识，结果导致事故的发生。(3)从意志层面来看，被告人对危害结果的发生既不是希望也不是放任，而是希望能够避免。被告人事前感到疲劳，曾想找人代驾，事故发生后试图跳楼轻生被人劝阻，上述行为都能够

---

① 参见张军主编：《〈刑法修正案（八）〉条文及配套司法解释理解与适用》，人民法院出版社2011年版，第168页。

证明这一点。

综上，被告人的行为属于对危害结果无认识的过失犯罪行为，也就是疏忽大意的过失。

2. 从司法实践来看，毒驾行为是否构成以危险方法危害公共安全罪，需结合行为产生的具体危险状态综合判断。(1)2009 年最高人民法院《醉驾犯罪意见》及其公布的典型案例表明，推定醉驾行为人对危害结果持放任故意，从而认定以危险方法危害公共安全罪的案件，一般应具有"肇事后继续驾车冲撞，发生持续危害后果"的情节。(2)最高人民法院组织编写的《〈刑法修正案(八)〉条文及配套司法解释理解与适用》一书，对于在道路上追逐竞驶和醉酒驾车，应当以以危险方法危害公共安全罪论处的情形进行了列举：一是因醉酒而基本丧失驾驶能力后在车流量大、行人多的道路上驾驶机动车高速行驶的；二是在车流量大、行人多的道路上闯红灯追逐竞驶的；三是在道路上驾驶安全装置不全或者安全机件失灵的机动车追逐竞驶的；四是以超过规定时速 1 倍的速度驾驶机动车追逐竞驶的；五是其他存在具体危险的情形。从上述最高人民法院关于醉驾行为的规定和解读来看，醉驾行为能否构成以危险方法危害公共安全罪，关键在于醉驾行为是否造成了类似于放火、决水、爆炸、投放危险物质等方法造成的现实而紧迫的具体危险。继续驾车冲撞行为和上述列举的五种情形，都造成了具体危险，都能反映出行为人对公共交通安全的极端漠视，主观上对危害结果的发生持放任态度，具有危害公共安全的故意。毒驾与醉驾的行为性质和危险程度相当，审理毒驾案件可以参照上述精神处理。本案被告人不存在肇事后继续驾车冲撞行为，也没有因吸毒而基本丧失驾驶能力，乘客反映其在事故发生前开车平稳，事故是快到目的地的时候一瞬间发生的，本案仅仅依靠毒驾行为本身以及驾驶车辆乘客较多尚难以认定其行为的危险程度与上述情形相当，因此推定其具有放任故意的事实依据有所欠缺。

3. 从司法解释的规定来看，根据 2000 年最高人民法院《交通肇事解释》第 2 条第 2 款第 1 项的规定，交通肇事致 1 人以上重伤，负事故全部或者主要责任，并属于酒后、吸食毒品后驾驶机动车辆的，以交通肇事罪定罪处罚。上述规定表明，吸食毒品后驾驶机动车辆是交通肇事罪的基本构成要件事实，毒驾导致严重交通事故符合交通肇事罪的犯罪构成。

4. 从坚持罪刑法定的原则来看，除非法律明文规定，即使死伤人数多，犯罪后果极其严重，也仍应坚持罪刑法定原则，依法定罪量刑。本案死伤人数众多，且被告人负事故全责，根据 2000 年最高人民法院《交通肇事解释》的规定，符合加重处罚的条件，吸毒后驾驶大型载客营运车辆的行为还可以作为酌定从重处罚情节加以考虑，所以对被告人可以判处交通肇事罪最高刑 7 年有期徒刑。同时考虑到被告人所在公司已经积极赔偿了被害方的经济损失，上述处罚也基本做到了罪刑相当。

综上，对吸食毒品后驾驶机动车辆并发生严重交通事故，造成重大人员伤亡和公私财产损失的行为不能一概而论，而应结合行为人的罪前行为、罪后情节以及行为产生的具体危险状态加以综合判断。一审法院综合全案具体情况，对被告人苏某雄以交通肇事罪定罪处罚是正确的。

150. 没有酒精含量测试结果可否认定危险驾驶罪

在利用间接证据认定危险驾驶犯罪时，需要从以下方面进行证明：一是通过证人证言等证明嫌疑人饮酒的时间、品种、数量、度数，以及饮酒后的表现；二是通过监控录像、目击证人，证实酒后驾车的情况；三是询问专家意见，根据嫌疑人饮酒的品种、数量、度数以及嫌疑人的身体状况去客观推算酒后血液中酒精含量能达到多少。

司法实例

孙某更危险驾驶案

孙某更于2017年8月16日19时在本市某酒店参加同学聚会，饮酒后于当晚22时30分许驾驶奥迪轿车回家，在一无红绿灯的交叉路口与一行人碰撞，造成行人摔倒后受伤，车辆受损。事故发生后，孙某更驾车离开现场。交警部门根据监控录像锁定犯罪嫌疑人，于17日2时30分将孙某更及其驾驶的奥迪轿车查获，3时10分带至医院提取静脉血液。8月18日经两家检测机构鉴定均未检出酒精成分。孙某更被抓获时有浓重的酒味，从其状态观察明显属于醉酒，但血液检测并无酒精成分。

从表面上看危险(醉酒)驾驶罪案件事实比较简单，证据形式比较清楚，主要是接报警记录、血液酒精含量的鉴定意见、行为人驾驶信息、户籍证明、相关证人证言、犯罪嫌疑人供述、监控执法录像等。法律规定也很明确，在认定危险驾驶罪中血液酒精含量是最直接最重要的证据，那么如果没有这一关键证据，能否认定危险驾驶罪？本案经进一步调查，侦查人员发现，3名证人及孙某更本人供述均证明孙某更在同学聚会上饮用约200毫升的53度茅台酒。案发当天抽血的护士证明抽血时孙某更有很浓的酒味，应处于醉酒状态。另有同事力某顺证明：8月17日晚，孙某更请力某顺驾车将其送至医院，以皮肤过敏需要化验为由请求护士提取了两管静脉血样。视频监控证明：8月18日7时40分，孙某更利用其公安机关工勤人员熟悉情况的便利，前往交警队执法办案场所的血液储存室将提取的血样更换为自行前往提取的血样。据孙某更本人供述：回家后其将换回来的血样倒入卫生间马桶。另外，还有受案登记表、立案决定书、常住人口信息、抓获经过、驾驶人员信息查询单、交通事故认定书及调取的视频监控、被害人的供述在案佐证。由于缺乏血液酒精含量鉴定，对于罪与非罪存在争议，检察机关积极引导侦查取证，补齐补强间接证据，认为尽管没有血液酒精含量鉴定这一直接证据，但是孙某更为逃避法律追究，私自将抽取的静脉血样更换并销毁，导致无法对其血液中的酒精含量进行鉴定，性质恶劣。专家出具咨询意见证实，一般人饮白酒80~100毫升即可造成酒精中毒，血液中酒精浓度可达到100毫克/100毫升。因此，现有证据能够形成证据锁链，足以证明孙某更饮用200毫升以上白酒，醉酒驾车出行，在发生事故后逃离，利用公安机关工作的便利更换血样，逃避处罚，其行为构成危险驾驶罪，应予追究。

案件移送起诉后，2017年11月一审法院经开庭审理举证质证、当庭辩论，支持了检察机关的指控，认定孙某更醉酒驾驶机动车导致交通事故并负事故全部责任，事故发生后又逃逸，且为逃避责任，更换血样阻碍检查，对其应从重处罚。遂判决认定被告人孙某更犯危险驾驶罪，判处拘役4个月，罚金8000元，并承担相应的民事赔偿责任。孙某更不服提出上诉，2018年2月，二审法院裁定驳回上诉，维持原判。

司法实践中，在缺乏关键证据的情况下，利用间接证据定案在司法实务中相对比较少，尤其是在危险驾驶案中更为少见，本案即属于没有酒精含量测试的直接证据而认定危险驾驶罪。此类案件在审查认定时需重点从以下几个方面证明：

1. 通过证人证言，比如同桌饮酒人员、酒店服务员等的证言证明嫌疑人饮酒的时间、酒种、品牌、数量、度数，以及饮酒后的表现，包括语言是否异常、走路是否正常、神态表情等。本案中，同桌饮酒的人员均证明了嫌疑人孙某更所饮酒的品种、度数和数量，且与孙某更本人供述可以相互印证。

2. 通过监控录像、目击证人，证实酒后驾车的情况。本案中，被告人孙某更本人表示对发生交通事故不知情，从侦查机关调取的道路监控视频及对现场遗留的塑料残块的鉴定，可以认定肇事的车辆系孙某更驾驶，由此判定孙某更酒后驾车处于不清醒状态。另外，被害人陈述也证明了肇事经过和后果。

3. 咨询专家意见，根据嫌疑人饮酒的品种、数量、度数以及嫌疑人的身体状况客观推算酒后血液中酒精含量能达到多少，如果按照一般规律能够确保在80毫克/100毫升以上且不在80毫克/100毫升边缘的，也可以进行认定。本案中，司法鉴定所的高级工程师出具了《人体血液中乙醇浓度和饮酒关系的说明》，对相关技术性问题提出了专家意见。

本案因为是以间接证据定罪量刑，在办理期间多次沟通交流，多方求证。危险驾驶犯罪案件虽然是简单案件，但是，司法实践中，在缺乏直接证据的情况下，起诉、审判阶段需全面审查如下证据：

1. 证实所饮酒的酒精浓度、饮酒量、饮酒时间。(1)饮酒现场勘查笔录、物证提取，证实嫌疑人饮用了何种酒精度的酒种以及现场空酒瓶的数量；(2)证人证言，证实嫌疑人饮酒的种类和数量，以及饮酒后距离开车的时间。

2. 证实饮酒后驾驶机动车的路线。(1)证人证言；(2)视听资料，包括道路监控视频、行车记录仪等证明行车轨迹、时间以及有无超速；等等。

3. 证实是否达到醉酒程度。(1)酒精含量测试、呼气酒精含量测试结果、血液酒精含量测试结果，包括血液提取登记表、抽血过程录像拍照，提取、保存、移送的过程应有书证完整反映。由于酒精容易挥发，对于保存的血样应当使用特殊的仪器保存，并且保持适当保存条件，以保证在重新检测时较少偏离原值。需要注意的是，如果血液不能尽快提取，检测结果不能很快得出时，建议一定要做呼气酒精含量测试。另外，如果酒后1~2小时血检值比呼气测试低很多，应当注意血样是否被人为作了手脚。(2)证人证言，嫌疑人是否满嘴酒气，语言表述是否清醒，走路是否稳当。

4. 其他量刑情节。(1)前科材料；(2)到案经过，有无抗拒检测情节；(3)有无行驶证、驾驶证；(4)车辆检测是否合格；(5)是否发生事故，是否有逃逸行为；等等。

151. 指使危害公共安全的醉驾司机逃逸能否构成以危险方法危害公共安全罪的共犯

以危险方法危害公共安全罪和交通肇事罪的主要区别在于主观心态是故意还是过失。刑法上所指的故意或者过失，是针对行为人在犯罪行为时对危害结果的心态，不能把明知醉酒驾车可能危害公共安全的行为等同于危害公共安全的故意。交通肇事后，指使醉驾者逃逸而连续发生交通事故，危害公共安全，因指使者主观上对危害结果的发生持放任心态，客观上促使了重大交通事故的发生，其构成以危险方法危害公共安全罪的共犯。

司法实例

钱某良、牛某铭以危险方法危害公共安全案

2017年3月14日，被告人钱某良醉酒(血液中酒精含量为100毫克/100毫升)驾车，致一轻伤、二轻微伤。事故发生后，钱某良即刹车减速，在副驾位置的被告人牛某铭见状说："四哥，赶紧跑。"并指示道路叫其开车向南逃。钱某良遂驶上乡道，行至拐弯处时，因车速过快冲出道路，撞向路边小店，致一死亡、一重伤。钱某良刹车打方向，直至车头撞树才停下。牛某铭遂掰下车后牌照，对站在车旁发呆的钱某良说："走！"二人遂逃离现场。钱某良当晚投案自首，案发时其还在寻衅滋事罪的缓刑考验期。

甘肃省某县人民法院审理认为:被告人钱某良主观上对他人的生命财产安全持放任态度,构成以危险方法危害公共安全罪;被告人牛某铭明知钱某良饮酒后不能开车,却事后指使其继续开车逃逸,严重危及公共安全,对于第二损害结果的发生构成以危险方法危害公共安全罪的共犯;对钱某良撤销缓刑,将新罪与前罪并罚;钱某良系主犯,应当按照其所参与的全部犯罪处罚,牛某铭系从犯,依法应当从轻处罚;钱某良投案自首,依法可以从轻处罚;牛某铭归案后认罪态度较好,酌情从轻处罚。遂于2017年8月25日判决:撤销对钱某良的缓刑。钱某良犯以危险方法危害公共安全罪,判处有期徒刑13年,剥夺政治权利3年,与前罪拘役6个月并罚,决定执行有期徒刑13年,剥夺政治权利3年。牛某铭犯以危险方法危害公共安全罪,判处有期徒刑10年,剥夺政治权利2年。判决已生效。

本案的焦点是,在醉驾者发生第一事故后,乘车人指使肇事者逃逸,又发生重大事故,其指使行为是以交通肇事罪论处,还是以以危险方法危害公共安全罪的共犯论处。在案件审理中出现多种意见:第一种意见认为,被告人钱某良醉酒驾驶,其明知酒后不能驾车而为之,发生追尾事故后又驶入乡道高速行驶,在拐弯处冲向路边小店,主观上对他人的生命财产安全持放任态度;其在发生第一事故后继续高速行驶,导致严重后果的发生,严重危害了公共安全;其途中遇到急转弯路面,仅系引起撞击发生的条件之一,非为刑法上的因果关系,而实质上是行为人醉酒高速驾驶导致了危害结果的发生;在发生第一事故后钱某良已踩刹车减速,而被告人牛某铭却让其"赶紧跑",遇拐弯处时因车速过快而冲向路边小店外的棚子;轿车虽然系钱某良驾驶,但被告人牛某铭明知钱某良饮酒后不能开车,却在事故发生后指使其继续开车,后钱某良在乡村道路上高速驾驶严重危害到公共安全,对于结果的发生二被告人具有共同的犯罪故意;被告人牛某铭的指使行为与危害结果的发生具有刑法上的因果关系,与被告人钱某良的行为均构成以危险方法危害公共安全罪。第二种意见认为,被告人钱某良的行为不构成以危险方法危害公共安全罪,理由是其无犯罪故意,遇到急转弯路面系致人死亡的原因。第三种意见认为,被告人牛某铭与钱某良不属共同犯罪,其行为不构成犯罪,理由是控制车辆的系钱某良而非牛某铭。本案一审法院认为,指使醉驾者逃逸具有放任危害结果发生的故意。法院作出二被告人均构成以危险方法危害公共安全罪的判决,主要理由为:

为依法严肃处理醉驾犯罪案件,统一法律适用标准,有效遏制酒后和醉酒驾车犯罪的多发、高发态势,2009年9月11日,最高人民法院出台《醉驾犯罪意见》,对其法律适用问题作出了统一规范。即行为人醉驾肇事后继续驾车冲撞,造成重大伤亡,说明行为人主观上对持续发生的危害结果持放任态度,具有危害公共安全的故意。如果造成重大伤亡,可以按照本意见规定,按以危险方法危害公共安全罪定罪。据此,醉驾连续冲撞构成以危险方法危害公共安全罪的基本条件是:醉酒驾车肇事,放任危害结果发生,造成了重大伤亡结果。

1. 醉驾连续肇事构成以危险方法危害公共安全罪的关键在于放任心态的认定。从对《醉驾犯罪意见》的理解看,醉酒驾车肇事者对危害结果发生的心理状态是间接故意还是过失,具有一定的模糊性,难以从第一次碰撞事故的客观情况作出结论性的判断。因此,认定此类犯罪的罪过形式,应当坚持主观支配客观、客观反映主观的刑法原理,结合案件的具体情况综合判断。在证据不足时根据存疑有利于被告人的原则作出有利于被告人的判断,即将第一次碰撞姑且认为醉驾行为人是出于对其驾驶技能的信心而轻信能够避免事故发生的心态,即过于自信的过失。但是,行为人在已经发生一次碰撞事故后,仍选择在高度危险的状态下驾车逃逸,又发生连续碰撞的事实。至此,已发生的事故应当能够让行为人清醒地认识到醉驾具有高度的危险性,继续驾车还会造成何种后果,但其仍然不顾及问题的严重性、漠视他人生命和财产安全而选择逃逸。此时的客观情况明显反映出其根本不存在轻信能够避免事故发生的心态,从而否定了第一次碰撞其轻信能够避免的设定。

因此,行为人的疯狂逃逸、连续冲撞的整个行为就是在明知其行为极有可能再次发生事故的情况下,置不特定多数人的公共安全或财产安全于不顾,属于放任危害结果发生的间接故意,造成重大危害结果的,依法构成以危险方法危害公共安全罪。

2. 钱某良危害公共安全的间接故意的认定。钱某良醉驾发生第一事故后,尚知道刹车减速,并能在他人指使下驾车加速逃逸。在发生第二事故后,也知道刹车减速,仍能在他人指使下弃车逃逸,说明其案发时具有辨认和控制能力,对其行为可能造成的危害结果明知。钱某良首次撞伤三人后,无视其先行为义务而置被撞人员安危于不顾,仍继续驾车企图离开现场,继而撞向路边小店,致一死一重伤,说明其心态非为轻信能够避免危害结果的发生,而是主观上对不特定多数人的生命、健康或重大财产的危害结果持放任态度,即具有危害公共安全的间接故意。其行为已构成以危险方法危害公共安全罪。

3. 牛某铭构成以危险方法危害公共安全罪共犯的认定。(1)本案的特别之处是,在发生第一事故时,行为人钱某良已刹车减速,而在乘坐人牛某铭的指使下选择逃逸,这是否意味着,钱某良的第一次肇事行为与后续肇事行为独立存在,应以交通肇事罪的构成来判断,而不能与后续肇事行为作为一个整体以以危险方法危害公共安全罪来判断。实际上,钱某良的第一次肇事行为不能独立存在,因为牛某铭的指使并不具有“指示、命令、威胁”等性质,而更多地体现的是一种“提醒、劝说、促成”的教唆行为。而钱某良作为完全刑事责任能力人,其不仅有能力对事故所造成的危害结果作出理性的判断,而且有能力对他人这种教唆实施与否作出选择,即驾车逃逸与否的最终决定权在于控制车辆的驾驶人钱某良,而非乘坐人牛某铭。牛某铭的教唆行为虽然强化了其犯罪意图,但起到的是促进和次要而非决定的作用。因而行为人钱某良与其后续肇事行为的主观心态具有连续性和一致性,即非另起犯意。这也是本案区分主从犯的关键。(2)根据《刑法》第 133 条的规定,交通肇事只有“发生重大事故,致人重伤、死亡或者使公私财产遭受重大损失的”,才可以定罪处罚。虽有违法行为,但未造成上述严重后果的,不能以本罪论处。关于重大事故的判断,相关司法解释也作了规定。本案第一事故造成一轻伤和两轻微伤,以及即使摩托车损失,其价值也达不到重大损失的标准。因而其并非重大事故;即使第一事故是出于过失,也不构成交通肇事罪。另根据《刑法》第 115 条第 1 款的规定,构成以危险方法危害公共安全罪必须满足“致人重伤、死亡或者使公私财产遭受重大损失”的条件。因此,本案第一事故不能独立成罪,而应结合后续碰撞事故的性质来定罪处罚。(3)根据司法解释的规定,交通肇事后,单位主管人员、机动车辆所有人、承包人或者乘车人指使肇事人逃逸,致使被害人因得不到救助而死亡的,以交通肇事罪的共犯论处。即在该情况下单位主管人员、机动车辆所有人、承包人或者乘车人与肇事者共同构成交通肇事罪,是交通肇事罪的共犯。本案中,因驾驶者第一次碰撞事故不构成交通肇事罪,故即使乘坐人指使逃逸,其行为也不因此构成交通肇事罪。(4)由于第一次碰撞事故发生后,驾驶人应当认识到醉酒引发了该事故,理应停车,且负有抢救的义务,而其对伤者弃之不理,仍选择在醉酒这种高度危险的情况下逃逸,对后续行为产生的危害结果处于放任心态,进而否定了其连续碰撞行为过失心态的存在;虽然乘坐人牛某铭没有第一肇事行为,但其在现实情况下,应该意识到继续行驶极有可能再次威胁他人生命、财产安全,且在驾驶人钱某良发生第一事故后即刹车减速的情况下,非但不积极劝说钱某良施救以及自身从道义出发协助营救,反而指使钱某良继续驾车逃逸,其主观上反映出一种对危害结果发生的放任心态,客观上促使了钱某良放任后续行为的危害结果的发生。且在二人行为共同作用下,导致第二次碰撞而发生重大事故,应为共同犯罪。

152. 在内环快速公路碰瓷可否构成以危险方法危害公共安全罪

相对于国、省、县道等道路而言，城市内环快速路与高速公路具有基本相当的车速快、车流量大的特点，行为人在内环快速公路实施碰瓷行为，危险程度足以与“放火、决水、爆炸和投放危险物质”等危害公共安全行为的危险性相当，在严重危害特定被害车辆驾乘人员生命财产安全的同时，由于其行为本身的高度危险性及其他不可控因素的影响，也严重危害到同时段、同地段行驶的不特定其他来往车辆驾乘人员的生命财产安全，其所导致的危害后果具有不确定性，符合犯罪构成要件的，对行为人以以危险方法危害公共安全罪论处。

司法实例

米某香等以危险方法危害公共安全案

2017年7月，被告人米某香等人驾驶丰田锐志、皇冠等高档车辆从广东来到河南，在某市内环快速东南路段、南环立交等路段，使用由周某平定做的假牌照，故意碰撞行驶中的机动车辆，人为制造剐蹭、擦剐事故，用语言威胁等手段，向他人索取车辆维修费。扣除平时住宿、吃饭等花销后，按照约定车主、驾驶员、副驾驶人员以4：4：2的比例分赃。(1)2017年7月25日15时许，被告人周某强与被告人米某香驾驶黑色雪佛兰轿车，在内环快速南环分道口附近，制造与被害人江某国所驾驶的车辆剐蹭事故后，强行向被害人江某国索要车辆维修费2600元。(2)2017年7月26日16时许，被告人钱某英与被告人幕某华驾驶黑色丰田皇冠轿车在内环快速界石路口附近，制造与被害人果某所驾车辆的擦剐事故后，强行向其索要车辆维修费1000元。(3)2017年7月28日19时左右，被告人周某强驾驶奔驰C200轿车，搭载被告人周某平、米某香、果某刚从石桥出发到市内玩耍。当车辆行驶至南环快速南环桂亭附近时，临时起意制造与被害人孙某世所驾车辆的剐蹭事故后，被告人周某强、周某平、米某香三人与被害人孙某世私下解决时，强行索取车辆维修费2000元。(4)2017年7月29日15时许，被告人钱某英与幕某华驾驶黑色丰田皇冠轿车在内环快速界石立交附近，制造与被害人文某治所驾车辆的擦剐事故后，强行向被害人索取车辆维修费2300元。案发后，被告人周某强、钱某英积极赔偿被害人损失并取得谅解。

某市某区人民法院审理认为：被告人米某香等6人为索取钱财，置他人生命财产安全于不顾，在快速路上驾车找寻、跟踪、追逐碰撞进而逼停行驶中他人车辆的行为，在严重危害特定被害车辆驾乘人员生命财产安全的同时，由于其行为本身的高度危险性及其他不可控因素的影响，也严重危害到同时段、同地段行驶的不特定其他来往车辆驾乘人员的生命财产安全，其危害后果具有不确定性，即6名被告人的行为具有危害公共安全性。公诉机关指控被告人犯以危险方法危害公共安全罪的犯罪事实及罪名成立。在共同犯罪中，被告人米某香、周某强、周某平、钱某英、幕某华起主要作用，系主犯。被告人果某刚在共同犯罪中起次要作用，系从犯，依法应当减轻处罚。被告人周某强积极赔偿被害人全部损失并取得谅解，酌情从轻处罚。被告人周某平曾因犯罪被判处刑罚，系前科，酌情从重处罚。被告人钱某英曾因故意犯罪被判处有期徒刑，在刑罚执行完毕5年内再犯应当判处有期徒刑以上刑罚，系累犯，依法从重处罚。被告人钱某英积极赔偿被害人全部损失并取得谅解，酌情从轻处罚。被告人米某香、周某强、周某平、果某刚、钱某英、幕某华到案后能如实供述犯罪事实，依法从轻处罚。遂判决认定被告人米某香等犯以危险方法危害公共安全罪，分别判处有期徒刑2年至3年3个月不等，并没收扣押的假牌照。

一审宣判后，被告人米某香、周某强、果某刚、钱某英、幕某华认为不构成以危险方法危害公共安全罪，原审量刑过重，提起上诉。

某市中级人民法院审理认为，原判认定事实清楚，定罪准确，审判程序合法。维持原审法院对上诉人周某强、果某刚、钱某英、幕某华及原审被告人周某平的定罪量刑，因上诉人米某香在二审期间有立功表现，仅对上诉人米某香的刑期依法改判为有期徒刑3年。

以危险方法危害公共安全罪，是指故意以放火、决水、爆炸、投毒以外的危险性与之相当的危险方法，实施足以危害公共安全的行为。本罪主观方面表现为犯罪的故意，包括直接故意与间接故意。客观方面实施了与放火、决水、爆炸、投放危险物质等危害后果相当的其他危险方法。侵犯的客体是社会公共安全，即不特定多数人的生命、健康或者大量公私财产的安全。

在本案审理中，对被告人的行为定性存在不同意见：一种意见认为，被告人米某香等6人的行为构成以危险方法危害公共安全罪。米某香等6人为索取钱财，置他人生命及财产安全于不顾，在快速路上故意驾车碰撞行驶中的他人车辆，虽然未造成重大事故，但作案地点是在封闭的快速道路上，使用机动车这一特定工具故意碰撞他人车辆，在发生碰撞时是无法控制碰撞的后果的，特别是无法控制被害车辆在被碰撞后的行为的危险性，且被告人找寻跟踪被害车辆、故意碰撞后逼停等行为，严重危害了其他来往车辆的安全，故构成以危险方法危害公共安全罪。另一种意见认为，被告人米某香等6人的行为构成敲诈勒索罪。根据主客观相统一原则，主观方面的故意、过失除了当事人的供述外，应当主要从行为人的犯罪行为中推断。本案中，6名被告人的行为是利用前方车辆变道行驶之机，故意驾车与之发生剐蹭或擦剐，人为造成对方车辆依照《道路交通安全法》的规定负全部责任。碰撞发生时，有的被害人没有感觉发生了擦剐、有的被害人感觉车子后面被顶了一下、还有的被害人感觉像是后轮碾压了一个小石头、另一名被害人听到“嘭”的一声，而4名被害人车辆最后检查结果均为轻微的剐蹭或擦剐，没有明显的凹痕，只有保险杠有新鲜的擦剐痕迹。由此可以推断，6名被告人选择碰撞时力度较轻。通过6名被告人的供述可以发现，各被告人作案的对象是特定的外地牌照车辆，作案的地点均是快速道路变道地方，按照道路交通法规的规定，行驶中的车辆应该减速行驶，且限制车速规定为40公里/时以下。作案的时间除了第三起犯罪是晚上七八时，其余三起犯罪均是选择下午三四时，该时间段车辆相对较少。6名被告人均陈述下雨天不作案，在供述中也称乘坐副驾驶室的同案犯要观察车后有没有跟得近的大货车。从碰撞发生后双方车辆进行解决处理的地点来看，各被告人均选择在应急道路或者从快速路下道后的普通道路上解决，车辆均闪应急灯。因此，可以推断6名被告人对作案的时间、地点、来往的车辆采取了一定的控制手段，其主观方面对危害后果是持排斥的态度，因此主观方面不符合以危险方法危害公共安全罪的构成要件，故不构成该罪。而从6名被告人的行为中可以看出，在解决擦剐被害人不愿意私了时，有部分被告人假装打电话给砍人装混社会的人员，从而使被害人心理产生巨大的压力，进而不得不迫于威胁私了。因此6名被告人的行为符合敲诈勒索罪的构成要件，应当以敲诈勒索罪定罪处罚。

从裁判结果看，一、二审法院支持第一种意见，主要理由为：

1. 被告人驾驶车辆“碰瓷”从一定程度讲主观方面符合间接故意。6名被告人自称采取下雨天不作案、副驾人员在“碰瓷”行为中观察车后跟车情况等措施防范重大事故发生，准确地证明6名被告人事先主观上对侵害选定车辆驾乘人员生命健康和财产的后果有明确的认知。同时，他们对“碰瓷”行为可能会严重侵害选定目标车辆以外的不特定第三人的生命财产也具有明确的认知。但各被告人为了达到自己的目的，仍然决意实施“碰瓷”行为，放任危害不特定第三人的结果发生，属典型的间接故意，符合以危险方法危害公共安全罪的主观故意要求。

2. 快速或高速道路“碰瓷”行为危害性极大。相较于公路交通系统中的国道、省道、县道等道路而言，城市内环快速公路与高速公路具有基本相当的车速快、车流量大的特点，6名被告人的

"碰瓷"行为的危险程度应当是现代公路交通体系中最大的，足以与"放火、决水、爆炸和投放危险物质"等危害公共安全的行为的危险性相当，而且高速公路上的交通事故一般都能造成严重的人员伤亡和财产受损，应当是现代社会中具有高度盖然性的危险行为，即6名被告人的行为具有高度危险性，属"其他危险方法"。

3. 米某香等六人以敲诈勒索罪处罚量刑畸轻。某省高级人民法院制定的《量刑指导意见实施细则》规定，敲诈勒索公私财物，犯罪数额达到"数额较大"起点或两年内敲诈勒索次数达3次的，在4个月拘役至6个月有期徒刑幅度内确定量刑起点。敲诈勒索公私财物，数额虽未达到"数额较大"起点，但达到前述规定标准的50%，具有下列情形的，在4个月拘役至6个月有期徒刑幅度内确定量刑起点。且规定以黑恶势力名义敲诈勒索的，在量刑起点的基础上，根据敲诈勒索数额和次数等其他影响犯罪构成的犯罪事实增加刑罚量，确定基准刑。又规定有下列情形的，增加相应的刑罚量："犯罪数额每增加一千五百元，增加一个月刑期。"本案中，米某香犯案两次，犯罪金额是4600元，是6名被告人中犯罪金额最多的。但按照《量刑指导意见实施细则》，米某香最高的起点刑为6个月，基准刑为7个月，如实供述可以减少基准刑的20%以下，故品迭后最高只能判处有期徒刑6个月。本案处理重点主要在于主客观相统一原则与罪责刑相适应原则的取舍。控、辩双方对罪名的分歧，主要原因在于检察机关认为被告人米某香等6人的行为造成的社会危险程度极大，不严厉打击会助涨犯罪分子的嚣张气焰，不利于维护社会的公共安全。辩护人认为从全案证据分析，被告人主观对危害后果的发生有清醒的认识，且被告人自己也采取了一定的措施来避免严重后果的发生，证明被告人主观上对公共安全的危害后果是持否定态度，而认定以危险方法危害公共安全罪的主观间接故意非常牵强，故从有利于被告人原则和主客观相统一原则角度出发，以敲诈勒索罪定罪更符合个案案情。法院在处理两种意见时也存在两种罪名之间的取舍。以危险方法危害公共安全罪虽然主观上间接故意比较牵强，但以该罪量刑可以达到刑罚的轻重与犯罪分子所犯罪行和承担的刑事责任相适应；而以敲诈勒索罪定罪，虽然主客观相统一，但所犯罪行与其承担的刑事责任完全不相适应。故从罪责刑相适应、严厉打击犯罪、切实维护公共安全角度出发同意第一种意见。

司法实践中，行为人选择在高速或快速路上"碰瓷"的时有发生，而公安机关受侦查技术所限，破案往往存在一定困难，如被害人不报案、被告人使用假牌照等方法逃避打击、案发地点比较偏僻等。从打击力度讲，若机械适用主客观相统一原则，死磕刑法条文，一是难免有处罚过轻之嫌，二是各地的治安状况、发案特点具有一定差异。司法实践中，应当将此类案件与社会治安整治、平安中国建设及扫黑除恶专项斗争紧密结合起来，尽量实现法律效果和社会效果的有效统一，坚持打击犯罪与保护被告人合法权益并重。最高司法机关亦应抓紧研究，制定完善健全的司法解释及相关规定，以更好地指导司法实践。

153. 乘客扯拽正在驾驶车辆的司机引发交通事故的行为定性

行为人明知扯拽正在驾驶机动车的司机会危及车辆、乘客及行人安全，而不计后果地扯拽正在驾驶公交车辆的司机手臂，致使车辆失控，虽尚未造成严重后果，但其行为已构成以危险方法危害公共安全罪。

司法实例

渠某键以危险方法危害公共安全案

2016年6月17日晚19时57分许，被告人渠某键在乘坐F4路公交车（车牌号为云B6××72）时，因被误会没有刷卡而与驾驶员赖某梅发生争执。20时3分许，当车行驶至某市某区消防中队附近路段时，被告人突然上前扯拽正在驾驶公交车的赖某梅右上臂，致使车辆撞上消防中队营房，造成车上十余名乘客受伤（其中2人轻伤、4人轻微伤）、车辆及消防中队营房损坏（直接经济损失90,930元）。

另查明，被告人渠某键的家属赔偿消防中队损失6万元；赔付公交公司115,253元（系人身损害代偿款，公交公司自愿放弃车损赔偿）。

某市某区人民检察院以被告人渠某键涉嫌犯过失以危险方法危害公共安全罪提起公诉。

辩护人辩称：（1）关于事实认定方面，事故的发生主要有被告人被误解未获及时道歉引发纠纷，被告人长期心理病患与药物作用的“反常反应”，以及司机处置不当，没有采取制动措施、无障碍大幅右转三大原因；（2）关于定性方面，被告人的行为应属交通肇事而非过失以危险方法危害公共安全性质，且未达到交通肇事罪定罪标准。一是被告人拉扯司机影响正常驾驶的行为是一般交通违章行为，完全符合交通肇事违法犯罪所要求的“违章”与“肇事”的客观要件及“过失”的主观要件，但未达到相关司法解释的定罪标准，依法应承担行政责任和民事赔偿责任。二是没有理由将持“过失”心态的一般情形下的交通违章肇事行为纳入“危险方法”范畴。

某市某区人民法院审理认为：被告人渠某键明知扯拽正在驾驶的司机会危及车辆、乘客及行人安全，而不计后果扯拽正在驾驶公交车辆的司机手臂，致使车辆失控，但尚未造成严重后果，其行为已构成以危险方法危害公共安全罪。公诉机关指控的罪名不当，应予纠正。辩护人的辩护意见亦与事实法律不符，不予采纳。鉴于被告人的行为尚未造成更严重的后果，且系因被误解而冲动为之，可酌情从轻处罚。被告人归案后能如实供述自己罪行并当庭自愿认罪，且已经赔付相关损失取得谅解，可从轻处罚。结合本案事实和情节及被告人的悔罪表现，可对其适用缓刑。遂判决认定被告人渠某键犯以危险方法危害公共安全罪，判处有期徒刑3年，缓刑3年。判决已生效。

在本案审理中，对于本案事实的定性存在三种不同意见：第一种意见认为，被告人作为成年人，明知扯拽正在驾驶的司机将引发交通事故而不管不顾，突然上前两次拽拉司机右大臂且持续4秒钟，令司机惊慌失措，造成车辆失控，被告人对这样的结果持放任的态度，属于间接故意。第二种意见认为，被告人主观上没有危害公共安全的故意，是一种过于自信的过失。从起因上看，渠某键被司机误解，想让司机道歉，而不是为了报复司机、某个乘客或者社会，本案最终造成多名乘客受伤及公交车、消防中队营房毁损与其行为的动机、出发点是相背离的。从意志因素看，渠某键不可能将自己和年事已高的母亲的安全置于不顾，可以反推渠某键是反对出现公交车失控的。从认识因素看，渠某键本身并非司机，对于扯拽司机手臂会直接导致汽车方向偏离，以及司机在受到干扰后难以恰当控制车辆的认识还不是很明确。第三种意见则认为，被告人渠某键的行为应该属于交通肇事。法院判决同意第一种意见的主要理由为：

1. 被告人渠某键扯拽司机手臂的行为与肇事结果之间存在法律上的因果关系。从案情来看，被告人因被误会未刷卡而与驾驶员赖某梅发生争执，后来突然上前拉扯正在驾驶公交车的赖某梅右上臂，致使车辆撞上某消防中队营房及车库立柱，造成十余名乘客受伤及车辆、消防中队营房损坏的后果。辩护人认为，被告人只是拉扯司机的右上臂要求道歉，并未直接抢夺方向盘，其不可能预见到作为司机的赖某梅会使驾驶的车辆失控，且司机存在没有采取制动措施、无障碍大幅右转等不当处置，才致车辆失控。然而，尽管存在司机处置不当等因素，但是这一危害结果主要是被告人的过错行为所致。判断刑法上的因果关系的基本标准是：没有前者行为就没有后者结果，前者就是后者的原因。若两个或者两个以上行为人的行为结合到一起共同造成了危害结果，就应从各种行为导致结果发生的可能性大小、介入情况以及对结果发生的作用大小、介入情况的异常性大小来考察。本案中，如被告人没有突然扯拽正在驾驶车辆的司机，就不会发生肇事结果。即使有辩护人所称处置不当的“介入情况”，但被告人的行为是导致出现“介入情况”的唯一因素，符合任何一个普通司机的正常反应，我们不可能对司机有更高的期待。总体上讲，被告人的行为当然与肇事结果具有法律上的因果关系。

2. 被告人渠某键主观罪过上是故意。无论是以危险方法危害公共安全罪，还是过失以危险方法危害公共安全罪或交通肇事罪，侵犯的都是不特定多数人的人身和财产安全，在犯罪客体上具有相同之处，因此，三个罪名区分的关键是分析被告人行为时的主观方面是故意还是过失，是间接故意还是过于自信的过失。从本案的事实看，被告人对于发生车辆、房屋受损和乘客受伤的后果并非希望和积极追求，缺乏实施这种行为的动机，因此不存在直接故意。同时，扯拽正在驾驶公交车司机的手臂，无论是从其扯拽行为本身的危险程度还是当时的客观环境，都可以推断被告人并不是没有预见拉扯司机可能发生危害社会的结果，不属于因为疏忽大意而没有预见的“无认识”的过失。① 结合本案来看，被告人的主观心理状态应是间接故意，而不是过于自信的过失。

（1）被告人渠某键因被司机误解而心生不满，拉拽司机迫使司机停车对其道歉。拉拽司机的手臂必然会带动方向盘从而影响行车安全，是任何一个正常的公民都应明知的，作为拥有大专文化水平的成年人，被告人对于其实施的危险行为所包含的社会意义是有认识的。当可能危及不特定多数的乘客、行人及车辆安全时司机会采取措施停止操作，同时被告人也知道“拉拽”可能导致的后果就是让司机停止操作。因此，从被告人迫使司机停车道歉的目的亦可推断其对“拉拽”司机可能产生的后果有现实、明确的认识。

（2）车内监控显示：11 分 20 秒左右，在公交车等红灯时，司机赖某梅再次回头要求未刷卡人员刷卡或投币，被告人母女先后到司机处解释，后回到座位。16 分 9 秒时被告人突然起身再次来到司机处，直接用右手两次拉扯司机右大臂要求司机道歉，司机很惊慌，可以听到有人在喊“怎么可以这样的”，13 秒时公交车司机为避让一辆自行车挣脱被告人的手，16 秒时公交车撞上右侧建筑物。从这样的行为过程看，第一，尽管被告人被误解，但其是在纠纷已经停止较长时间后，突然上前拉拽致司机惊慌失措。第二，被告人拉拽的力度之大，让司机整个上身已经两次偏离座位。第三，被告人在司机第一次挣脱后再次拉拽，并将拉拽行为持续了 4 秒钟，其当时的意志因素就是“不管不顾”，根本不存在自信能够避免结果的发生，且当时在很短的时间

---

① 在司法实践中，间接故意与过于自信的过失容易混淆，二者对可能发生的危害结果都有一定的认识，且行为人实施危害行为不在于追求后来发生的危害结果。但二者之间也存在重大区别。一是在认识因素方面，二者认识的程度不同。在间接故意的情况下，行为人对其行为可能发生的危害结果有比较清楚、现实的认识。“明知自己的行为可能会发生危害社会的后果”与“认识到危害结果会发生”不是等同的含义。不能简单地认为故意的认识内容就是认识到危害结果发生，而应认为认识内容包括明知自己行为的内容、社会意义与结果等。而在过于自信的过失的场合，行为人对其行为可能发生的危害结果虽有一定认识，但是这种认识一般比较模糊，特别是对其现实性认识不足。二是在意志因素方面，间接故意是为了其他意图而实施行为，主观上根本不考虑是否可以避免结果的发生；过于自信的过失的行为人之所以实施其行为，是因为其考虑到可以避免结果的发生。客观上是否采取防止结果发生的措施，是判断行为人是间接故意还是过于自信的过失的重要依据。过于自信的过失的犯罪行为人虽然没有能够防止危害结果发生，但在预见危害结果可能发生时，往往会根据自己的认识采取一定的预防措施。三是过于自信的过失的行为人总是凭借一定主客观条件，认为危害结果不会发生，如熟练的技能、丰富的经验、他人的行为等。的确存在某种程度上能够避免危害结果发生的条件，并且行为人对这些条件有一定认识，只是由于行为人过高地估计了这些条件，因而导致危害结果的发生。而在间接故意的场合，不存在避免危害结果发生的条件，或者行为人根本没顾及这些条件存在与否。

内其亦根本未顾及是否存在避免结果发生的主客观条件。

(3)刑法规范对行为人所持犯罪故意内容的要求,只需认识其行为可能会发生危害社会的结果,而不要求认识到全部犯罪的构成要件,包括何种具体实际的危害结果,故行为人对合法权益持藐视的心理态度亦是可以被纳入犯罪故意内容进行考量的。被告人在对待“获得道歉”与“维护公共安全”的心理态度上失衡,这明显超出了一个正常人的行为标准,同时也反映出被告人主观上对可能发生的危害结果持放任的心理态度。被告人实施的行为危及包括乘客在内的多数人人身安全、车辆安全及马路上其他无法预知的人身、财产安全,是一种高度危险的行为,不同于一般交通违法行为,需要刑法来评价。另经精神疾病鉴定,被告人具有完全刑事责任能力。基于上述理由,应当认定被告人主观上对危害不特定多数人的结果持放任的心理态度,其行为已构成以危险方法危害公共安全罪。

值得提出的是,近年来,公交车司乘冲突刑事案件呈高发态势。据统计,2016 年 1 月 1 日至 2018 年 9 月 30 日,全国各级人民法院一审审结的公交车司乘冲突刑事案件共计 223 件。各年案件量约占当年全国一审审结刑事案件的万分之一。据此,针对一些地方接连发生在公共交通工具上妨害安全驾驶的现状,包括有的乘客仅因琐事纷争,对正在驾驶公共交通工具的驾驶人员实施暴力干扰行为,造成重大人员伤亡、财产损失,严重危害公共安全等情形,为依法惩治妨害公共交通工具安全驾驶的违法犯罪行为,维护公共交通安全秩序,保护人民群众生命财产安全,根据有关法律规定,2019 年 1 月 8 日最高人民法院、最高人民检察院、公安部联合发布了《关于依法惩治妨害公共交通工具安全驾驶违法犯罪行为的指导意见》,为此类案件司法实践具体适用法律提供了遵循。①

154. 公交车行驶中司机与乘客互殴属何性质

司法实践中,乘客殴打驾车行驶中的公交车司机,引发互殴的,对于该乘客与擅自离开座位、放弃车辆控制而与乘客互殴的公交车司机的行为均应当认定为以危险方法危害公共安全罪,但该乘客与驾驶员不构成共同犯罪。

司法实例

公交车驾驶员管某莽与乘客侠某猛殴斗以危险方法危害公共安全案

2018 年 12 月 9 日,管某莽在某市驾驶××路公交车时与因上车后始终站在车门附近不愿为后上车乘客腾出空间,影响了其他乘客上车的侠某猛发生了口角。在双方争吵中侠某猛突然挥拳殴打正在驾车行驶的管某莽,击中管某莽的脸部。管某莽被打后,置行驶中的车辆于不顾,离开驾驶座位,与侠某猛扭打在一起。公交车因无人控制冲出道路,先撞到一位骑电动车的路人,致其当场死亡,后又与一辆私家车相撞,接着撞毁路边的一段围墙,公交车内多人受轻微伤,造成直接经济损失 3 万余元。本

① 该意见明确规定:乘客在公共交通工具行驶过程中,抢夺方向盘、变速杆等操纵装置,殴打、拉拽驾驶人员,或者有其他妨害安全驾驶行为,危害公共安全,尚未造成严重后果的,依照《刑法》第 114 条的规定,以以危险方法危害公共安全罪定罪处罚;致人重伤、死亡或者使公私财产遭受重大损失的,依照《刑法》第 115 条第 1 款的规定,以以危险方法危害公共安全罪定罪处罚。对有下列情形的,即使尚未造成严重后果,一般也不得适用缓刑:(1)在夜间行驶或者恶劣天气条件下行驶的公共交通工具上实施的;(2)在临水、临崖、急弯、陡坡、高速公路、高架道路、桥隧路段及其他易发生危险的路段实施的;(3)在人员、车辆密集路段实施的;(4)在实际载客 10 人以上或者时速 60 公里以上的公共交通工具上实施的;(5)经他人劝告、阻拦后仍然继续实施的;(6)持械袭击驾驶人员的;(7)其他严重妨害安全驾驶的行为。

案在该市引发强烈社会影响，引起市民广泛关注。

侯某猛、管某莽先后被公安机关以交通肇事行政拘留。后检察机关对该二人以涉嫌犯以危险方法危害公共安全罪提起公诉。在法院审理中，对驾驶员管某莽和乘客侯某猛的行为如何定性，成为本案的焦点。而主要分歧也集中在二被告人的行为构成以危险方法危害公共安全罪与交通肇事罪中的何罪，以及二人是否属于共同犯罪。一种意见认为，公交车司机管某莽的行为构成以危险方法危害公共安全罪，乘客侯某猛的行为构成交通肇事罪。理由主要是：(1)管某莽离开驾驶座位的行为是一种间接故意行为，其目的是报复侯某猛，即管某莽明知自己的行为会发生危害社会的结果，而放任这种结果发生；(2)管某莽对其行为的后果是有充分认识的，即其知道放弃驾驶的行为会造成危害结果，而仍在间接故意的犯意支配下放弃控制公共汽车，置公共安全于不顾，造成了车毁人亡的严重后果，构成以危险方法危害公共安全罪；(3)乘客侯某猛作为一个有正常判断能力的人，应当预见自己殴打正在驾驶公交车司机的行为可能会造成严重后果，但其轻信管某莽不会离开驾驶座位对其还手，其主观上是过于自信的过失；(4)侯某猛殴打驾驶中的司机，违反了交通法规，导致了一人死亡，造成重大损害后果，构成交通肇事罪。另一种意见认为，管某莽和侯某猛的行为均已构成以危险方法危害公共安全罪，且二人是共同犯罪。理由主要是：(1)管某莽主观上具有以危险方法危害公共安全的犯罪故意，属于放任危害结果发生的间接故意，客观上实施了以危险方法危害公共安全的犯罪行为；(2)侯某猛殴打正在驾驶车辆的司机，明知会导致司机实施过激行为，危害不特定多数人的生命、财产安全，侯某猛却放任这种危害结果的发生，因而构成以危险方法危害公共安全罪；(3)侯某猛首先使用暴力，而司机基于同样的放任意志予以还击，即两人有共同的认识与意志因素，两人的合力造成危害结果，因而两人构成共同犯罪。

某市某区人民法院经开庭审理，合议庭评议后提交审委会讨论，认为对于被告人管某莽、侯某猛的行为均应当认定为以危险方法危害公共安全罪，但乘客侯某猛与驾驶员管某莽两人不构成共同犯罪。遂依照《刑法》第115条第1款的规定，判决认定被告人管某莽犯以危险方法危害公共安全罪，判处有期徒刑10年。侯某猛犯以危险方法危害公共安全罪，判处有期徒刑8年。

二被告人均不服一审判决，以量刑过重为由提起上诉。某市中级人民法院裁定驳回上诉，维持原判。

从一、二审法院裁判结果看，以上两种不同意见中对公交车驾驶员管某莽的行为均定性准确，但对于乘客侯某猛的行为应当认定为以危险方法危害公共安全罪，且乘客侯某猛与驾驶员管某莽两人不构成共同犯罪。主要理由为：

1. 被告人乘客侯某猛主观方面是间接故意。侯某猛殴打正在驾驶公交车的司机，应当预见到可能会发生交通事故，这是生活常识，为一般人共同知晓。一是殴打行为可能导致司机无法控制车辆而发生交通事故，二是司机还手也可能发生交通事故。那么司机还手和其打架并没有超出被告人侯某猛意识范围和积极追求的目的，否则其也不可能殴打司机。被告人侯某猛在明知可能发生危害结果的情况下仍然动手殴打司机，其实施的这种行为立刻使本车乘客和路上的行人、车辆处于危险的境地和状态，事实上正是由于其先行殴打行为才导致司机与其互殴而发生交通事故。其主观上对本车乘客和路上的行人、车辆的损害结果持放任态度，明知自己的行为会发生危害社会的结果，并且放任这种结果的发生是间接故意，而不应当认定为过失。

2. 乘客侯某猛的行为不符合交通肇事罪的构成要件。交通肇事罪一般应指机动车驾驶员违反交通运输管理法规，出于自信或者疏忽大意的过失而造成重大事故。对于非交通运输人员构成本罪的，根据最高人民法院《交通肇事解释》第7条的规定，单位主管人员、机动车辆所有人或者机动车辆承包人指使、强令他人违章驾驶造成重大交通事故的,以交通肇事罪定罪处罚。乘客侠某猛显然不属于这些人员的范围。另外,本案中乘客侠某猛主观上没有过失。一是其殴打司机是基于故意,二是其对殴打行为可能造成的危害结果所持的放任态度也是故意。

对于上文"司法实例"第一种意见中提到的侠某猛轻信司机不会离开驾驶座位对其还手,所以才殴打的司机,是过于自信的过失,此观点有失偏颇。被告人侠某猛如果有这样的供述与辩解,完全是为了减轻自己的责任,殴打正在驾驶中的司机,可能会发生交通事故是众人皆知的事实,这种行为会严重危害到公共安全,其不可能预见不到。被告人侠某猛主观上对危害结果持放任的态度,客观上造成了重大交通事故,危害了公共安全,按照主客观相统一原则,应当将其实施的行为定性为以危险方法危害公共安全罪。

3. 对于被告人公交车司机管某莽应当以以危险方法危害公共安全定罪处罚。2019 年 1 月 8 日公布施行的最高人民法院、最高人民检察院、公安部《关于依法惩治妨害公共交通工具安全驾驶违法犯罪行为的指导意见》第 1 条第 3 款规定,驾驶人员在公共交通工具行驶过程中,与乘客发生纷争后违规操作或者擅离职守,与乘客厮打、互殴,危害公共安全,尚未造成严重后果的,依照《刑法》第 114 条的规定,以以危险方法危害公共安全罪定罪处罚。致人重伤、死亡或者使公私财产遭受重大损失的,依照《刑法》第 115 条第 1 款的规定,以以危险方法危害公共安全罪定罪处罚。

4. 乘客侠某猛与驾驶员管某莽不构成共同犯罪。按照我国刑法的共同犯罪理论,共同犯罪的构成要求共同犯罪人具有共同意思的联络。他们之间并未商量,因此在本案中属于同时犯罪,即二人同时同地侵害同一对象,但彼此缺乏共同犯罪的意思联络,不构成共同犯罪。该二人都应当定性为以危险方法危害公共安全罪,但是应当分别对二人进行刑事处罚。当然,对于两名被告人虽非构成共同犯罪,在量刑时,也应当注意适当平衡。

155. 驾车追逐逼停汽车致人死亡行为如何定性

过失以危险方法危害公共安全罪与以危险方法危害公共安全罪在主观方面前者由过失构成,后者则出于故意。在司法实践中,对间接故意与过于自信的过失构成的上述犯罪难以区分。二者行为人对其行为可能造成的危害公共安全的严重后果均已预见,并且都不希望结果发生。但前者虽不希望却未采取避免结果发生的任何措施,而是心存侥幸任其发生,危害结果发生与否均不违背行为人的意愿。后者行为人则采取一定的措施,或者相信具有可能防止结果发生的主客观条件,只是过高地估计和轻信了这些条件,才使得危害结果未能避免,发生这种危害结果违背行为人的意愿。

司法实例

星某涵过失以危险方法危害公共安全案

2019 年 2 月 20 日晚,被害人王某西驾驶新 HG××93 长城轿车送被告人星某涵的妻子及小孩至星某涵租住房的楼下时,发现星某涵驾驶新 DB××85 奥迪轿车在其后面,王某西便驾车载着星某涵的妻子及小孩驶离。星某涵见状怀疑其妻子及小孩在车上即驾车追逐。当其与王某西驾驶的轿车并行时发现妻子及小孩坐在副驾驶位置,遂按喇叭并大喊"丁某萌,停车",但王某西并未停车,星某涵便继续追逐,至某市一大巴扎门口旁,星某涵超车并向左转减速行驶欲逼停王某西,王某西见状意欲左转,结果所驾车辆撞上马路水泥路基而翻车,导致王某西受伤后被送往医院,因救治无效死亡。案发后,星某涵主动报警,并在现场等待民警处理。

另查明，案发后，星某涵与王某西亲属达成附带民事赔偿调解协议，并取得了王某西亲属的谅解。

对星某涵驾车追逐逼停汽车并致人死亡的行为如何定性，对此，审理中存在两种意见：一种意见认为，被告人星某涵驾驶机动车在城市道路上追逐、逼停他人所驾车辆，而且在天山大道上以70～80公里/时的速度行驶，超过城区限速将近一倍，其应当明知可能发生危害公共安全的严重后果，却仍然放任这种结果的发生，以致造成车辆翻车，并致一人死亡的严重后果，被告人星某涵的主观故意应为间接故意，因此其行为已构成以危险方法危害公共安全罪。另一种意见认为，被告人星某涵因家庭事务追逐、逼停被害人的车辆，只是想让被害人将车停下，问清楚被害人与其妻子是否存在不正当的男女关系。虽然其在天山大道上的速度达到了70～80公里/时，但其进入楼兰路后行车速度只有40～50公里/时，而城区限速40公里/时，且星某涵逼停王某西汽车并致王某西死亡的行为发生在楼兰路上，故其对结果的发生没有主观上的故意，因此其行为已构成过失以危险方法危害公共安全罪。

本案某市某区人民法院以过失以危险方法危害公共安全罪判处被告人星某涵有期徒刑3年，缓刑5年。判决已生效。法院认为被告人星某涵的行为构成过失以危险方法危害公共安全罪的主要理由为：

过失以危险方法危害公共安全罪与以危险方法危害公共安全罪在客观方面都表现为使用其他危险方法危害公共安全的行为。但前者必须是发生致人重伤、死亡或者公私财产遭受重大损失的严重后果，才构成犯罪。后者只要实施危害公共安全的行为，即使尚未造成严重后果，也构成犯罪。

过失以危险方法危害公共安全罪与以危险方法危害公共安全罪在主观方面前者由过失构成，后者则出于故意。

本案中被告人星某涵及被害人王某西的行车路线为被告人某租住房的楼下即某小区、某大巴扎门口、天山大道、楼兰路，两人在天山大道上的行车速度为70～80公里/时，楼兰路上的行车速度为40～50公里/时，而城区限速40公里/时，且本案发生的时间为2019年2月20日21时多，从公安机关的天网监控录像显示路上仍然有行人及车辆来往。本案中被告人星某涵因家庭事务追逐、逼停被害人王某西的车辆，只是想让被害人将车停下，问清楚被害人与其妻子是否存在不正当的男女关系，虽然其在天山大道上的速度达到了70～80公里/时，但其进入楼兰路后行车速度只有40～50公里/时，而城区限速40公里/时。按照道路交通安全法规的规定，车辆行驶不能超过限速的120%，即48公里/时。星某涵在楼兰路上的行驶速度在正常范围之内，且星某涵逼停王某西汽车并致王某西死亡的行为就发生在楼兰路上，故其对结果的发生没有主观上的故意。首先，被告人星某涵的妻子及女儿坐在被害人王某西驾驶车辆的副驾驶位，从正常人的思维理解，被告人星某涵不希望自己的女儿死亡，因此可以排除被告人星某涵的直接故意。其次，被告人星某涵的主观状态是间接故意还是过于自信的过失，从意志因素上讲，二者有较大差别。间接故意属于放任危害结果的发生，危害结果的发生并不违背行为人的本意。过于自信的过失中，危害结果的发生是违背行为人的意志的。这种意志因素上的差别，也决定了行为人的行为特征具有明显的不同。由于过于自信的过失中行为人是反对、否定危害结果发生的，故当危害结果发生时，行为人往往会立即停止危害行为，或积极采取补救措施等。而在间接故意中，由于危害结果的发生并不违背行为人的意志，故当危害结果发生时，行为人并不感到突然，表现出无所谓的态度，也不一定会立即停止自己的行为。当危害结果扩大、蔓延时，行为人往往听之任之，任凭发展。而本案中当被害人王某西的车辆翻车后，被告人星某涵立即将被害人从车辆中抱出来，放在地上，并且报警等待救援，可以说明被告人星某涵对被害人的死亡是持否定的态度，而并非放任。

综上，被告人星某涵驾驶机动车在城市道路上追逐、逼停他人所驾车辆，明知可能发生危害公共安全的严重后果，却轻信能够避免，以致车辆翻车，并造成一人死亡的严重后果，其行为已构成过失以危险方法危害公共安全罪。

156. 没有枪支杀伤力鉴定可否认定非法买卖枪支罪

刑法所规定的涉枪犯罪，并没有明文规定枪支的司法鉴定是非法买卖枪支罪构成的必要条件，有无枪支杀伤力鉴定并不必然影响涉枪犯罪的有罪认定。

司法实例

靳某利、力某顺非法买卖枪支案

2016年8月，被告人力某顺得知其朋友肖某（另案处理）有枪要卖，便联系被告人靳某利，问其是否需要枪。被告人靳某利表示需要，但要先看枪。同年9月的一天，被告人力某顺将枪交给了被告人靳某利。同年9月的另一天，被告人力某顺又将20发子弹送到被告人靳某利家中，后在靳某利家院内试枪，发现该枪不能击发，被告人靳某利遂将该枪退给被告人力某顺。被告人力某顺又将该枪退给了肖某，后肖某将该枪拆卸后藏匿家中。2016年12月，公安机关侦查人员为办理其他案件对肖某住所搜查时，依法查获一长一短二节钢管，霰弹弹壳一枚。经肖某辨认，长钢管是被拆卸枪支上的枪管，于同年9月经力某顺介绍卖给靳某利，因未能击发将枪退回，现只剩枪管，其他部件已丢失。

检察机关以涉嫌犯非法买卖枪支罪对力某顺和靳某利提起公诉。

法院审理过程中对力某顺和靳某利是否构成犯罪存在两种不同意见。一种意见认为，靳某利、力某顺的行为不构成犯罪。理由：按照我国《枪支管理法》第46条所规定的枪支概念进行理解，枪支即指以火药或者压缩气体等为动力，利用管状器具发射金属弹丸或者其他物质，足以致人伤亡或者丧失知觉的各种枪支。这是将枪支的杀伤力作为犯罪构成要件来看待。本案没有对枪支是否有杀伤力进行科学鉴定，无法认定涉案枪支构成法律规定的枪支。从本案证据证实涉案枪支当时在买卖过程中也不能击发，案发后该枪支客观上无法进行司法鉴定，现有证据不能证实涉案枪支属于法律规定上的枪支，且对社会公共安全具有危害性。不能认定靳某利、力某顺的行为构成非法买卖枪支罪。另一种意见认为，靳某利、力某顺的行为构成非法买卖枪支罪。理由是：有无枪支杀伤力鉴定并不影响涉枪犯罪的有罪认定。这一点从《枪弹解释》关于枪支散件可以定罪处罚的规定上可以得到间接印证。另外，枪支杀伤力鉴定作为证据与其他证据相互印证，用来证明行为人的主观认识与客观事实是否相符。如果两者相符，则行为人对犯罪对象认识正确；如果不相符，则说明行为人认识错误。但是，行为人对犯罪对象的认识是否正确不影响犯罪定性，只影响其情节。本案客观上涉及的枪支无法进行鉴定，即使枪支经鉴定不具杀伤力，涉枪犯罪依然可以认定，只不过系犯罪未遂。本案两被告人构成非法买卖枪支罪，按犯罪未遂处理。

某县人民法院审理认为，被告人力某顺和靳某利的行为已经构成非法买卖枪支罪，但因枪支不能击发，犯罪未遂，可以对二被告人比照既遂犯从轻处罚。二被告人认罪认罚，可酌情从轻处罚。遂依照《刑法》第125条第1款等条文规定，判决认定二被告人犯非法买卖枪支罪，分别判处有期徒刑3年，缓刑4年；有期徒刑3年，缓刑3年。判决已生效。一审法院同意第二种意见，对被告人力某顺和靳某利的行为认定已经构成非法买卖枪支罪的主要理由为：

1. 从非法买卖枪支罪的犯罪构成要件分析。(1)从犯罪构成主体要件来看。本案两被告人具备完全刑事责任能力。(2)从犯罪构成主观要件来看。构成非法买卖枪支罪，主观上要求行为人必须出于故意，过失不构成本罪。对于“非法买卖枪支罪”的犯罪构成所要求的明知程度应当是明知是枪支即可，法律并没有要求行为人必须明知自己的行为违法或必须明知枪支具有很强的杀伤力才算是“明知”。本案的两被告人主观上明知购买的是枪支且出于故意。(3)犯罪构成所侵害的客体。该类犯罪所侵害的同类客体是国家或社会的公共安全。而从法律所直接保护的社会秩序角度来看，该类犯罪所直接侵害的客体是国家对枪支或弹药的管理制度。本案两名被告人违反国家对枪支或弹药的管理制度，实施了购买枪支的行为。(4)犯罪构成的客观方面表现。二被告人违反国家有关枪支管理法规，客观上已经着手实施了非法买卖枪支的行为，且该行为只需抽象地危及公共安全，而不要求发生具体危险或危害结果。概括而言，认定涉枪犯罪主要需要证明行为人对枪支在主观上是否明知，客观上是否实施了相关行为，是否具有刑事责任能力即可。

2. 从本案的事实与相关法律理解分析。从本案事实上分析，被告人完成了试枪行为，由于发现该枪不能击发而中止买卖，是由于被告人意志以外的原因而未能完成买卖枪支行为。案发后涉案的枪支只有枪管，其他部件丢失，客观上也造成对涉案枪支无法鉴定。通过对相关法律理解来分析，刑法所规定的涉枪犯罪，并没有明文规定枪支的司法鉴定是非法买卖枪支罪构成的必要条件，有无枪支杀伤力鉴定并不影响涉枪犯罪的有罪认定。事实上从事情发展的先后顺序来看，涉枪犯罪是行为人基于对枪支的认识而实施相关行为在先，对枪支杀伤力进行司法鉴定在后，而行为人的涉枪行为是否构成犯罪在其实施行为当时即已确定，而不能从事后进行倒推。如果一些犯罪嫌疑人案发后将涉案枪支丢弃或故意毁坏，导致枪支无法提取或虽提取到但无法鉴定而无法定罪处罚，则不利于打击涉枪犯罪，有放纵犯罪之嫌。我国《刑法》第 23 条第 1 款规定，已经着手实行犯罪，由于犯罪分子意志以外的原因而未得逞的，是犯罪未遂。本案认定靳某利、力某顺构成非法买卖枪支罪，按犯罪未遂处理，这样才能在打击涉枪犯罪时最大限度地做到不枉不纵，罚当其罪，符合罪刑责相适应的原则。

157. 汽车行驶中轮胎脱落致人死亡司机是否构成交通肇事罪

《道路交通安全法》第 21 条规定：“驾驶人驾驶机动车上道路行驶前，应当对机动车的安全技术性能进行认真检查；不得驾驶安全设施不全或者机件不符合技术标准等具有安全隐患的机动车。”该规定对行为人的要求为“应当”，系强制性义务。对于装运重型货物的车辆，行为人在接车时已被告知有异响，即使凭目测不能发现故障，行为人未对车辆认真检查即上路行驶，应认定其主观上对安全机件失灵“明知”。发生交通事故，构成追究刑事责任标准的，应当认定交通肇事罪。

司法实例

虹某转交通肇事案

2016 年 3 月 19 日 15 时左右，被告人虹某转驾驶鄂 BA××35 重型自卸货车从荆州市沿着 107 国道由南往北行驶至 981 公里 +450 米处时，因该重型自卸货车右后倒数第二轮毂轴承间隙过大，轮胎在行驶中偏摆，导致轮毂轴承承受较大的径向内力而断裂脱落，砸向停放在路边的鄂 FI××FZ 小客车和行人何某，造成何某当场死亡的重大交通事故。荆江市公安局某交通警察大队事故认定书认定被告人虹某转因驾驶机件不符合技术标准的机动车上道路行驶，负此次事故的全部责任。案发当天上午，鄂BA××35货车由该车车主关某罗驾驶，中午移交给虹某转驾驶，并告知该车后面有异响，而被告人虹某转驾驶该车出门不到10公里就发生本次事故。

对于虹某转是否构成交通肇事罪，在案件处理中相关部门及人员存在不同意见。第一种意见认为，车主关某罗将车移交给被告人虹某转时虽告知车后有异响，本案轮毂轴承断裂脱落系隐形故障，一般人难以发现，根据《交通肇事解释》第2条第2款第3项之规定，没有充分证据证明被告人虹某转"明知"车辆安全机件失灵，因此不能认定虹某转构成交通肇事罪。第二种意见认为，根据我国《道路交通安全法》第21条规定，被告人虹某转驾车上路前应当对机动车安全技术性能进行认真检查。因此该案应认定虹某转"明知"车辆安全机件失灵而构成交通肇事罪。第三种意见则认为，本案造成被害人死亡，且被告人虹某转负事故全部责任，并非"一人以上重伤"，符合《交通肇事解释》第2条第1款第1项之规定，构成交通肇事罪。

本案荆州市某区人民检察院对被告人虹某转以涉嫌犯交通肇事罪起诉到法院。在交警部门处理事故后，被害人家属已得到足额经济赔偿，并表示对被告人予以谅解。

荆州市某区人民法院审理认为，被告人虹某转在车主向其告知涉案车辆有异响后，未按《道路交通安全法》第21条规定，驾车上路前对车辆认真进行安全技术性能检查，排除故障，属"明知"车辆安全机件失灵仍驾驶该车辆出行，造成重大交通事故，已构成交通肇事罪。遂判决认定被告人虹某转犯交通肇事罪，判处有期徒刑3年，缓刑3年。判决已生效。

1. 本案应适用《交通肇事解释》第2条第1款第1项的规定，认定被告人虹某转的行为构成交通肇事罪。《交通肇事解释》第2条第2款第3项针对的是"交通肇事致一人以上重伤"的情形，而第2条第1款第1项规定的后果是"死亡一人或者重伤三人以上"。前者入罪门槛低，但条件比后者严苛，前者要求行为人不仅负事故全部或者主要责任，并且要具备该条第2款规定的情形之一。本案导致的后果是1人死亡，交警部门责任认定书认定被告人虹某转驾驶机件不符合技术标准的机动车上道路行驶，违反了《道路交通安全法》第21条的规定，负事故的全部责任。因此，符合《交通肇事解释》第2条第1款第1项的规定，虹某转的行为构成交通肇事罪。虹某转负刑事责任的主要原因是违反了《道路交通安全法》第21条规定的义务，对其违反道路交通安全法律法规的行为已进行了评价，不能又据此适用《交通肇事解释》第2条第2款第3项的规定，否则系重复评价。

2. 司法实践中《交通肇事解释》第2条第2款第3项"明知"的认定。对"明知"的理解，最高人民法院、最高人民检察院《关于办理与盗窃、抢劫、诈骗、抢夺机动车相关刑事案件具体应用法律若干问题的解释》第6条规定："行为人实施本解释第一条、第三条第三款规定的行为，涉及的机动车有下列情形之一的，应当认定行为人主观上属于上述条款所称'明知'：(一)没有合法有效的来历凭证；(二)发动机号、车辆识别代号有明显更改痕迹，没有合法证明的。"结合以上司法解释精神，"明知"既包括"知道"，也包括"应当知道"，还可以根据客观行为推定。我国《道路交通安全法》第21条规定："驾驶人驾驶机动车上道路行驶前，应当对机动车的安全技术性能进行认真检查；不得驾驶安全设施不全或者机件不符合技术标准等具有安全隐患的机动车。"该规定对行为人的要求为"应当"，系强制性义务。

本案车辆用于装运砂石等重型货物，且车主关某罗在车辆交接时告知被告人车后有异响，即便凭目测不能发现故障，被告人虹某转也应当对车辆进行一下检查，对车后异响予以查清、排除，而被告人未对车辆认真检查就驾驶上路，应认定其主观上对安全机件失灵"明知"。对被告人虹某转提出其没有发现轮毂轴承间隙过大的辩解应不予采纳。故一审法院判决其构成交通肇事罪适用法律是正确的，又因本案被告人得到被害人亲属谅解，法院对被告人适用缓刑，量刑是适当的。

158. 如何区分交通肇事后的逃逸与潜逃

交通肇事后，行为人已经履行法定义务，再为逃避法律责任逃跑的行为不属于交通肇事后逃逸，应当认定为交通肇事犯罪后潜逃。

司法实例

施某昌交通肇事案

2014年9月29日15时15分许，施某昌无证驾驶冀EH××69号厢式货车在某市运河路与渤海路交叉路口与续某文驾驶的冀ED××65号起亚轿车相撞，致续某文及同乘人时某度，冀EH××69号车同乘人邱某洋、明某骏受伤，邱某洋经抢救无效于2014年9月30日死亡。经交警部门认定，被告人施某昌负事故的主要责任。

被告人施某昌事后逃跑，2017年4月8日被山东省武城县公安局抓获。被告人归案后如实供述了犯罪事实。被告人施某昌逃跑期间，时某度、续某文及邱某洋亲属以施某昌、冀EH××69号车车主槐某云及相关保险公司为被告分别向法院提起诉讼，法院分别作出民事判决并已生效。案件审理过程中，被告人施某昌家属与被害人邱某洋家属达成民事赔偿协议，邱某洋家属出具了谅解书对被告人施某昌的行为表示谅解。

某市某区人民法院一审审理认为，被告人施某昌违反交通运输管理法规，无证驾驶机动车发生交通事故，致一人死亡，负事故主要责任，其行为构成交通肇事罪，遂判决认定被告人施某昌犯交通肇事罪，判处有期徒刑3年。

一审宣判后，施某昌向某市中级人民法院提出上诉。

某市中级人民法院二审审理认为，上诉人施某昌违反交通运输管理法规，发生重大交通事故，致一人死亡且负事故主要责任，构成交通肇事罪。对于上诉人及其辩护人提出其行为不构成交通肇事逃逸的上诉理由，二审认为，上诉人在交通肇事中亦受伤，被过路人报警后送医院救治，次日即到交警队讲明情况，故不属于交通肇事后逃逸。上诉人到案后如实供述犯罪事实，认罪态度较好，积极赔偿各被害人的经济损失，取得了被害人家属谅解，依法可对上诉人从轻处罚。遂判决维持一审判决的定罪部分，即被告人施某昌犯交通肇事罪。撤销一审判决的量刑部分，即判处有期徒刑3年。上诉人施某昌犯交通肇事罪，判处有期徒刑2年，缓刑3年。

本案中，上诉人确有在犯罪后"逃"的行为，但对该行为性质是"交通肇事后的逃逸"还是"犯罪后的潜逃"存有争议。对此，二审在正确理解肇事逃逸含义的基础上，对逃逸和潜逃作出了区分。

1. 逃逸本质上是对专门法规定的法定义务的违反。依据《道路交通安全法》第70条第1款的规定，在道路上发生交通事故，车辆驾驶人应当立即停车，保护现场；造成人身伤亡的，车辆驾驶人应当立即抢救受伤人员，并迅速报告执勤的交通警察或者公安机关交通管理部门。因抢救受伤人员变动现场的，应当标明位置。这说明肇事人在肇事后有保护现场、抢救伤者和财产、迅速报案的法定义务，这也是其他犯罪主体所不要求具备的。刑法制裁交通肇事后的逃逸行为，主要目的是最大限度地保护被害人的利益，维护交通管理秩序。

2. 不能将交通肇事犯罪中的逃跑行为简单等同于逃逸。公安部《道路交通事故处理程序规定》（以下简称《道交事故规定》）中明确规定，交通肇事后"逃逸"是逃离事故"现场"的行为。其隐含的基本含义也应当是发生交通事故后，肇事人不履行保护“现场”、积极抢救现场受伤人员、迅速报案及固定现场证据等与“现场”有关的义务而逃跑的行为。在《刑法》和《交通肇事解释》中，“逃逸”分别出现在“交通运输肇事后逃逸”和“因逃逸致人死亡”中，两处“逃逸”的含义基本是相同的。司法解释把因“逃逸”致人死亡解释为“行为人在交通肇事后为逃避法律追究而逃跑，致使被害人因得不到救助而死亡的情形”。显然，此情形不包括履行了救助义务而抢救未果的特例。所以，这里所解释的“逃逸”也不应当包含已经履行了肇事后抢救伤者等义务后逃跑的情况。

3. 本案上诉人在肇事后已履行法定义务，虽又逃跑，但不能认定为逃逸。本案上诉人在交通肇事中亦受伤，自己失去或者已不具备主动报警的能力和条件，被过路人报警后送医院救治，说明现场报案及时，肇事人自己也没有破坏现场和阻挠侦查的行为。有证人证实肇事人第二天即到交警队讲明情况，说明其在条件具备时，还是立即履行了配合交警查明案件事实，判明案件责任的义务。故其行为不属于交通肇事后“逃逸”。至于其后来基于某些原因不配合后续的刑事诉讼，既可能是欲逃避承担刑事责任，也可能是欲逃避承担民事赔偿责任，抑或兼而有之。故此时的逃避责任，认定为犯罪后的“潜逃”是较为合适的。

159. 行为人交通肇事后找人顶包，自己在现场冒充路人，应如何定性

行为人交通肇事后要求他人顶包，并在民警到达事故现场时称他人为肇事车主。其虽未逃离现场，但实施找人顶包的行为，主观目的是逃避法律追究，客观方面表现为隐瞒自己系肇事者的事实，其行为符合逃逸的实质要件，应认定为逃逸。

司法实例

贺某翔交通肇事案

2017年2月18日23时许，贺某翔饮酒后驾驶保时捷越野车搭载宗某荣行驶至本市西南二环与汇通路交口时，与骑电摩的被害人施某昌相撞，致施某昌重伤二级。事故发生后，宗某荣拨打“120”，贺某翔电话联系其在本市工作的表弟陶某辉过来替自己顶包。在民警到达现场开展调查时，陶某辉自称为保时捷越野车司机，而贺某翔在现场亦称陶某辉为该车司机。3月4日12时，民警通过技术手段查询陶某辉手机通话记录发现诸多异常，进而发现陶某辉替贺某翔顶包的事实。

在本案处理中，就贺某翔是否构成交通肇事后逃逸存在不同意见：一种意见认为，贺某翔虽有为逃避法律追究而找人顶包的行为，但其始终未离开事故现场，不存在《交通肇事解释》中“逃跑”的客观行为，也没有《道交事故规定》中“驾驶或者遗弃车辆逃离道路交通事故现场以及潜逃藏匿的行为”，不应认定为逃逸。另一种意见认为，贺某翔肇事后要求他人为自己顶包，并在民警到达事故现场时称他人为肇事车主。其虽无逃离现场的行为，但其找人顶包，主观目的是逃避法律追究，客观方面表现为隐瞒自己系肇事者的事实，其行为符合逃逸的实质要件，应认定为逃逸。

一审法院判决认定被告人贺某翔构成交通肇事逃逸，以其犯交通肇事罪判处了相应刑罚。被告人上诉后，二审法院维持一审判决。法院裁判持第二种意见。法院的认定关键是行为人交通肇事后在现场冒充路人并让人顶包的行为，是否应认定为逃逸，司法实践中，应注意以下几个方面：

1. 应明确认定逃逸的主要法律依据及规定。《交通肇事解释》第3条规定，交通运输肇事后逃逸，是指行为人具有一定情形时，在发生交通事故后，为逃避法律追究而逃跑的行为。而《道交事故规定》第112条第1项则规定，交通肇事逃逸是指发生道路交通事故后，道路交通事故当事

人为逃避法律责任，驾驶车辆或者遗弃车辆逃离道路交通事故现场以及潜逃藏匿的行为。《交通肇事解释》是专门针对审判工作中具体应用法律所作的解释，而《道交事故规定》作为部门规章，是根据《道路交通安全法》及其实施条例等有关法律法规制定的。《立法法》虽未明确二者的效力层级，但最高人民法院《关于裁判文书引用法律、法规等规范性法律文件的规定》第3条规定，刑事裁判文书应当引用法律、法律解释或者司法解释。该条并未将部门规章列为需要引用的规范性文件。故在交通肇事刑事案件中应当将《交通肇事解释》作为认定逃逸的主要法律依据。

2. 在现场冒充路人仍应认定为"逃跑"。《交通肇事解释》将逃逸定义为"为逃避法律追究而逃跑的行为"，要求行为人主观上有逃避法律追究的故意，客观上有逃跑的行为。行为人所逃避的责任，既包括行政责任、民事责任，也包括刑事责任。(1)如认为逃跑要求行为人必须实施离开现场的行为，会导致这种机械、字面的解释，并不能揭示《刑法》及《交通肇事解释》中逃逸的真实含义。故需对其进行目的解释，将其解释为"为隐瞒事实真相而采取的行为，不仅包括积极的逃跑行为，如案发后逃离现场，也包括消极的逃跑行为，如在现场谎称自己不是肇事者，将自己置身于路人的位置"。(2)《道路交通安全法》第70条第1款明确规定了救助被害人和保护现场及迅速报案这两项作为义务，对逃跑进行目的解释，符合对行为人所必需履行先前行为所产生的作为义务的法律要求。(3)在现场冒充路人，易对公安司法机关查明案件事实造成误导，妨害正常的诉讼活动，更有可能导致案发时的证据因得不到及时保全而毁灭。

3. 不履行法定的救助被害人和保护现场及迅速报案的作为义务应认定为交通肇事后逃逸。如仅以不救助被害人为核心来认定逃逸，即有需要救助的被害人时，离开现场就认定为逃逸，没有需要救助的被害人时离开现场时就不认定为逃逸。这是以是否存在需救助的被害人来判断行为人是否存在逃逸行为，具有单纯通过客观来推定主观之嫌，也不能真正反映行为人当时的主观动机，且不合理地排除了行为人保护现场及迅速报案的义务。故同时违反两项作为义务的逃跑行为才能认定为肇事后逃逸。

综上，被告人贺某翔交通肇事后虽留在现场，但要求其表弟陶某辉为其顶包，并在民警到达事故现场时称其表弟陶某辉为肇事车主。其虽无逃离现场的行为，但其找人顶包，主观目的是逃避法律追究，客观方面表现为隐瞒自己系肇事者的事实，其行为符合逃逸的实质要件，应认定为逃逸。

160. 交通肇事者擅自离开事故发生地是否构成交通肇事后逃逸

肇事者在交通事故中受伤后被送往医院救治，在医院救治过程中无法定事由或者正当理由擅自离开事故发生地，其行为应当认定为交通肇事逃逸。

司法实例

谷某才交通肇事案

2016年9月13日23时许，被告人谷某才无驾驶资格驾驶一辆无牌证比亚迪轿车，从某县县城往某镇方向行驶，途经县城某镇某林村路段(国道×××线700公里+200米处)时，与行人东某四碰撞，造成东某四和被告人谷某才受伤的交通事故。事故发生后，被告人谷某才和东某四被群众送往某县医院治疗。次日，被告人谷某才擅自离开医院。2016年11月17日，公安机关对被告人谷某才涉嫌交通肇事立案侦查，同月28日，公安机关因被告人谷某才未到案接受调查而对其上网追逃。2017年1月3日15时许，被告人谷某才在黑龙江省某县一建筑工地被公安机关抓获归案。同年4月11日，东某四在某县医院死亡。经司法鉴定，东某四是遭受交通事故所致的颅脑损伤及多发性损伤进而引起的全身多器官功能衰竭死亡。经某县公安局交警大队认定，被告人谷某才负事故全部责任。

辽宁省某县人民法院审理认为，被告人谷某才违反交通运输管理法规，无驾驶资格驾驶明知是无牌证的机动车辆，因而发生重大事故，致一人死亡，负事故全部责任，且交通运输肇事后逃逸，其行为已构成交通肇事罪。公诉机关指控被告人谷某才所犯罪名成立，法院予以支持。依照刑法等有关法律之规定，遂判决被告人谷某才犯交通肇事罪，判处有期徒刑4年7个月。

被告人谷某才不服，上诉称其不构成交通运输肇事后逃逸，一审法院处罚过重。该上诉经审理后被二审法院驳回。

“交通运输肇事后逃逸”是1997年《刑法》关于交通肇事罪增加规定的加重处罚情节。本案的焦点是被告人谷某才在医院救治过程中无法定事由或者正当理由擅自离开事故发生地的行为是否构成交通肇事后逃逸，本案一、二审法院认为肇事者被告人谷某才实施的上述行为构成交通肇事后逃逸，主要基于以下考虑：

1. 肇事者在逃逸时已经明知或者应当明知其先前的行为已导致交通事故的发生，逃逸的目的是逃避法律的追究，这是肇事者的主观认知因素和主观上具有逃避法律追究的故意。如果肇事者交通肇事后虽未对伤者进行抢救，出于害怕被受害者家属殴打等原因而驾车逃离现场后又第一时间到公安机关投案，但在主观上并没有逃避法律追究的目的，则该逃离行为不构成肇事后逃逸。

2. 肇事者事故后逃逸行为不应仅限于“逃离事故现场”，也应包括事后逃逸。如果仅将逃逸界定为逃离事故现场，则性质同样恶劣的在非事故现场逃避法律追究的行为（如肇事者因伤在送往医院途中逃跑）就得不到严惩，这是对刑法立法目的的误读，可能会影响对此类犯罪行为的惩处力度。因此，只要是肇事者在肇事后为逃避法律追究而逃跑的行为，均应视为肇事后逃逸的表现。

3. 肇事者因其交通肇事行为致一人死亡、负事故全部责任等情形而已构成交通肇事罪，事故后逃逸行为作为加重情节予以评价。根据《交通肇事解释》的规定，在肇事者的交通肇事行为致一人以上重伤，事故后为逃避法律追究逃离事故现场，又负事故全部或者主要责任，同时肇事者不具备其他交通肇事罪定罪情节的情形下，事故后逃逸行为作为交通肇事罪的定罪情节。反之，肇事者因具有《交通肇事解释》第2条第1款以及第2款第1～5项所规定的八种情形（例如肇事者酒后或者吸食毒品后驾驶机动车辆，其肇事行为致一人以上重伤，负事故全部或者主要责任），已构成交通肇事罪，那么肇事者事故后逃逸行为不作为定罪情节，而作为加重情节，即事故后逃逸行为作为加重情节予以评价。

本案中，被告人谷某才交通肇事后，因伤在医院治疗期间无法定事由或者正当理由擅自离开事故发生地辽宁省某县，导致交警部门工作人员无法通知其前往交警部门处理本次交通事故，经公安机关上网追逃方被抓获归案，应当认定被告人谷某才的行为属为逃避法律追究而逃离。根据《交通肇事解释》第3条关于交通运输肇事后逃逸的规定，在被告人谷某才因其交通肇事行为致东某四死亡，负事故全部责任而已被认定为交通肇事罪的前提下，被告人谷某才事故后逃逸的行为已构成交通运输肇事后逃逸。

161. 车辆被撞后离开事故现场是否构成交通肇事后逃逸

根据《自首解释》第1条第1项中犯罪嫌疑人因病、伤或者为了减轻犯罪后果，委托他人先代为投案，或者先以信电投案的，应当视为自动投案的规定，行为人在交通事故发生后，已经委托他人报案或投案，且随时接受办案部门传唤调查的，不能定性为逃逸。

司法实例

费某金交通肇事案

费某金轻度聋哑，没有文化，无业；妻子早年病逝，现有一子，正在读书。自驾一辆无牌无证柴油农用机动三轮车，依靠捕捞鱼虾出售为生。2016年4月29日5时5分许，邬某弟驾驶冀B××276普通二轮摩托车沿沿海高速由南向北行驶，途径S214线7公里+570米路段，撞到费某金驾驶的停在路东边的柴油农用机动三轮车，造成车辆损坏、邬某弟受伤经抢救无效死亡的道路交通事故。事故发生后费某金驾车离开现场。公安机关抓获费某金后，费某金对犯罪事实供认不讳。后公安交警部门出具的道路交通事故认定书认定费某金负该起事故的主要责任。

在案件处理中，对费某金行为的定性：第一种意见认为，费某金的行为构成交通肇事罪，且是逃逸。理由是：《刑法》第133条规定，违反交通运输管理法规，因而发生重大事故，致人重伤、死亡或者使公私财产遭受重大损失的，处3年以下有期徒刑或者拘役；交通运输肇事后逃逸或者有其他特别恶劣情节的，处3年以上7年以下有期徒刑；因逃逸致人死亡的，处7年以上有期徒刑。且侦查机关认为，费某金驾驶机动车发生交通事故，肇事后逃离现场，最终致一人死亡，负事故主要责任，其行为已触犯了《刑法》第133条之规定，构成交通肇事罪，且具有逃逸行为。第二种意见认为，费某金的行为构成交通肇事罪，但不是逃逸。交通肇事逃逸是适用重一档法定刑的情节。《刑法》第133条规定的“交通运输肇事后逃逸”，是指在发生交通事故后(以构成交通肇事罪为前提)，为逃避法律追究而逃跑的行为。“因逃逸致人死亡”是指行为人在交通肇事后为逃避法律追究而逃跑，致使被害人因得不到救助而死亡的情形。本案是发生在4月29日清晨5时5分许，此时已经天亮，嫌疑人把车停放在路边，在路边的河沟捕捞鱼虾，车辆此时处于停止状态。而受害人邬某弟驾驶的二轮摩托车撞到费某金停放在路边的三轮车，受伤倒地，并引来群众围观。费某金得知上述情况后，赶紧跑到自己车辆旁，并委托带有手机的群众打电话报警(经证实：事故发生后确有2名群众打电话给交警和派出所报案)。之后，费某金以“是他(指邬某弟)车子撞到我车子的，我又没有撞他；还需要到农贸市场卖鱼虾挣钱”为由，随即驾驶车辆离开了事故现场。有关人员认为费某金驾驶的是无牌无证机动车，与邬某弟发生碰撞后，驾车离开现场，构成交通肇事罪，但因为事先委托他人代为报案，故不能认定为逃逸。第三种意见认为，费某金的行为不构成交通肇事罪，只应该承担民事赔偿责任。《交通肇事解释》(2000年11月10日最高人民法院审判委员会第1136次会议通过)第1条明确规定：“从事交通运输人员或者非交通运输人员，违反交通运输管理法规发生重大交通事故，在分清事故责任的基础上，对于构成犯罪的，依照刑法第一百三十三条的规定定罪处罚。”经深入细致审查，4月29日清晨发生的事故，受害人邬某弟自身也有很大责任。邬某弟因为疲劳驾驶，导致其自身摩托车撞到他人的车辆上，最后因伤势过重抢救无效而死亡。死者家属纠集数十人到交警大队上访闹事，阻塞大门，影响办公，提出惩治凶手、巨额赔偿等若干要求，交警部门将费某金收监，费某金表示无力承担巨额的赔偿要求。有观点认为，根据《道路交通安全法》第76条第1款明确规定：机动车发生交通事故造成人身伤亡、财产损失的，由保险公司在机动车第三者责任强制保险责任限额范围内予以赔偿；不足的部分，按照下列规定承担赔偿责任：(1)机动车之间发生交通事故的，由有过错的一方承担赔偿责任；双方都有过错的，按照各自过错的比例分担责任；(2)机动车与非机动车驾驶人、行人之间发生交通事故，非机动车驾驶人、行人没有过错的，由机动车一方承担赔偿责任；机动车一方没有过错的，承担不超过10%的赔偿责任。因此费某金承担的应该是不超过10%的赔偿责任。所以，该案中费某金应该不构成交通肇事罪，费某金只应承担部分民事赔偿责任。

某区人民法院生效裁判结果为同意第二种意见，认为费某金构成交通肇事罪，但不是逃逸，并认定费某金属投案自首。在当地交警、司法机关、道路交通事故救助基金机制以及费某金所在村基层组织共同努力下，本案民事赔偿问题得到妥善解决，被告人费某金被从轻判处有期徒刑缓刑。判决已生效。主要理由为：

1. 根据《道路交通安全法》第 8 条明确规定，国家对机动车实行登记制度。机动车经公安机关交通管理部门登记后，方可上路行驶。尚未登记的机动车，需要临时上道路行驶的，应当取得临时通行牌证。本案中，费某金驾驶的是无牌无证机动车。

2.《道路交通安全法》第 17 条明确规定，国家实行机动车第三者责任强制保险制度，设立道路交通事故社会救助基金。具体办法由国务院规定。本案中，费某金的机动车没有参加第三者强制责任保险。

3.《道路交通安全法》第 19 条第 1 款明确规定，驾驶机动车，应当依法取得机动车驾驶证。本案中，费某金没有取得机动车驾驶证。

4.《道路交通安全法》第 56 条第 2 款明确规定，在道路上临时停车的，不得妨碍其他车辆和行人通行。本案中，费某金的车辆违章停放，且没有设置警示标志，妨碍了其他车辆的正常通行。

5.《道路交通安全法》第 70 条第 1 款明确规定，在道路上发生交通事故，车辆驾驶人应当立即停车，保护现场；造成人身伤亡的，车辆驾驶人应当立即抢救受伤人员，并迅速报告执勤的交通警察或者公安机关交通管理部门。因抢救受伤人员变动现场的，应当标明位置。乘车人、过往车辆驾驶人、过往行人应当予以协助。本案中，发生交通事故后，费某金非但没有保护现场，也没有立即抢救受伤人员，反而驾车离开了现场。

6. 根据《自首解释》第 1 条第 1 项中犯罪嫌疑人因病、伤或者为了减轻犯罪后果，委托他人先代为投案，或者先以信电投案的，应当视为自动投案的规定，该案中费某金在交通事故发生后，先后委托 2 名群众打电话报警，根据此规定不能定性费某金为逃逸。

综上，本案中费某金的行为构成交通肇事罪，但不是逃逸。一审法院裁判认定是正确的。

162. 报警后逃离肇事现场又主动投案是否构成逃逸

《刑法》第 133 条规定的交通肇事后逃逸，是指行为人交通肇事构成犯罪，在发生交通事故后，为逃避法律追究而逃跑的行为。行为人交通肇事未造成严重后果而逃逸的，不属于本条所规定的情况，可作为行政处罚的从重情节考虑。可见，逃逸行为是交通肇事罪的法定加重情节，其前提是行为人的行为必须已经构成交通肇事罪。最高人民法院《交通肇事解释》第 3 条规定，“交通运输肇事后逃逸”是指行为人在发生交通事故后，为逃避法律追究而逃跑的行为。司法实践中，发生重大交通事故后行为人驾车逃离现场的行为自然可以认定为典型的逃逸，但是也出现了有些行为人在肇事后拨打报警电话将车留在案发现场，人在离开后又主动投案的情况，那么，对这种情形能否认定为行为人肇事后逃逸。

1. 从客观上看，行为人肇事后弃车离开现场的行为违反了其应当履行的法定义务。根据我国《道路交通安全法》第 70 条规定，在道路上发生交通事故，车辆驾驶人应当立即停车，保护现场；造成人身伤亡的，车辆驾驶人应当立即抢救受伤人员，并迅速报告执勤的交通警察或者公安机关交通管理部门。因抢救受伤人员变动现场的，应当标明位置。根据该规定，行为人肇事后在法律层面上立即产生多项法定义务，即保护现场、抢救伤员以及报警说明身份及事故情况等，而抢救伤员的义务无疑最具有时效性、紧急性。刑法将逃逸行为设置为交通肇事罪的加重情节,就是为了督促行为人及时履行法定义务,及时救助伤员,最大限度地保护法益,体现了对生命权的尊重与保护。由此,行为人肇事后弃车离开肇事现场的行为违反了其肇事后应该履行的法定义务:(1)违反保护现场的义务。行为人的离开导致肇事现场无法得到及时保护,为此后快速准确处理事故增加了难度。(2)违反积极抢救伤员的义务。即便有些行为人辩解已经拨打“120”急救电话,但其离开现场的行为也从另一个角度体现了其对生命权的漠视,尤其在很多紧急情况下,肇事者如果先行采取救护措施很可能为伤员赢得更多生还机会。(3)违反如实报告义务。法律法规规定的如实报告义务,不仅包括报告事故发生的时间、地点和事故情况,更包括要如实报告肇事者的身份信息,只有这样才能确保交警及时妥善处理事故,节约司法资源,同时最大限度地保护伤员的合法权益。在司法实践中,许多行为人拨打报警电话的内容仅仅是报告事故发生地点以及肇事车辆与伤员的情况,基本上不涉及肇事者的具体身份信息,而留在现场的车辆并不意味着车主就是肇事者,交警部门后期仍需要自行侦查取证,方能确定肇事者的身份。因此,拨打报警电话的行为并不能简单认定为已经履行报警义务,必须针对其报警的具体内容才能予以准确认定。

2. 从主观上看,交通肇事后逃逸要求肇事者主观上必须以逃避法律追究为目的。换言之,若行为人弃车离开现场的目的不是逃避法律追究,而是因为害怕伤者家属殴打自己而逃跑或者其他原因,就不能构成刑法意义上的“逃逸”。然而,主观目的并不能仅凭行为人自己表述就能认定,要通过客观行为等综合分析来体现。对于行为人弃车离开现场的行为,必须通过弃车现场的具体情况,及其后续去向等因素综合分析认定其离开的目的。如若行为人离开现场后立即前往公安部门投案说明情况,或者委托他人报案或电话投案后离开现场去做其他事情,但事后保持与交警的联系等,鉴于其离开现场与后续投案是两个自然衔接的先后行为,足以反映出行为人主观上有主动接受法律追究的意愿,不能认定为逃逸。如果行为人离开现场后去了别处,没有在合理的时间内前往公安部门投案,即便于次日投案也不能合理解释其案发后离开现场的目的,毕竟其离开现场的行为和次日投案的行为已经失去了时间上的有效衔接,无法体现其主动接受法律追究的主观目的,因此应该认定为交通肇事后逃逸。此处的“合理时间”,在司法实践中并没有统一的衡量标准,要根据案发现场与公安机关等相关部门的距离远近、时间因素、天气状况、交通情况等结合日常经验综合认定。

3. 交通肇事后逃逸与自首情节可以同时认定,不能以事后投案自首否认逃逸行为,也不能以逃逸行为否定投案自首。根据最高人民法院《自首立功意见》的规定,交通肇事逃逸后自动投案,如实供述自己罪行的,应认定为自首,但应依法以较重法定刑为基准,视情决定对其是否从宽处罚以及从宽处罚的幅度。因此,交通肇事逃逸后自首情节可以依法认定,但量刑方面要根据个案情况具体把握,以准确体现宽严相济的刑事政策。

司法实例

蓝某冰交通肇事案

2017 年 8 月 3 日 22 时许,被告人蓝某冰驾驶其长城哈弗小型越野车回家,途经本市城郊接合部某村路段(某省道 158 公里处)时,将骑自行车下班回家同向行驶的阮某三剐蹭倒地,造成阮某三颅脑严重损伤的交通事故。被告人蓝某冰自称附近店铺众多,恐被害人是当地人自己遭围攻,电话报警后启车逃离现场。被害人被民警及“120”送院抢救未果造成死亡。被告人蓝某冰回家后经过反复考虑,随即给交警队打电话自首。当夜,被告人被民警带走。经某市公安局某区交警大队认定,被告人蓝某冰负事故全部责任。被告人与被害人家属达成民事赔偿协议,取得谅解。某市某区人民法院经审理认为,被告人蓝某冰违反交通运输管理法规,驾驶机动车辆发生重大事故,致一人死亡,负事故全部责任,交通运输肇事后逃逸,其行为已构成交通肇事罪。公诉机关指控被告人蓝某冰所犯罪名成立，法院予以支持。依照《刑法》等有关法律之规定，遂判决认定被告人蓝某冰犯交通肇事罪，判处有期徒刑3年6个月。

被告人蓝某冰不服，上诉称一审法院处罚过重。某市中级人民法院经审理认为，原审判决认定事实清楚，定罪和适用法律正确，量刑适当，审判程序合法。遂依照《刑事诉讼法》等相关规定，裁定驳回上诉，维持原判。

163. 企图将肇事责任转嫁给同乘死者能否认定为逃逸

司法实践中，认定交通肇事后逃逸要坚持主客观相一致的原则，不能将两者分离开来。行为人虽然在公安机关对其进行的前两次讯问时没有如实供述，但是后来又进行了如实供述；虽然没有报案，但是有客观正当的原因；同时其没有私自离开医院，也没有谎报自己的身份信息。因此，其主观上虽然一开始有逃避法律追究的目的，但是客观上没有逃离现场，导致公安机关无法找到其本人，故而，其行为不属于交通肇事后逃逸。

司法实例

卞某梁交通肇事案

2015年9月12日22时许，卞某梁酒后驾驶黑色本田125型无号牌摩托车(后载湛某航)沿本区八场王庄村东西水泥路由东向西行驶至十场3号桥时，撞上桥东侧南边石墩，造成湛某航受伤，后经抢救无效死亡。经事故责任认定，卞某梁承担事故全部责任。事故发生后，在公安机关侦查过程中，卞某梁故意隐瞒自己是肇事者的真实身份。

案发后，卞某梁拨打“120”急救电话，但是未拨打“110”，“120”救护车到达现场之后，将湛某航与卞某梁送至区医院进行救治。卞某梁从区人民医院转院至市人民医院期间一直处于民警的控制下，其并未从医院逃跑。在2015年9月20日14时30分至15时40分(讯问地点在区人民医院)、2015年9月20日16时4分至17时30分(讯问地点在区公安局办案中心)两次讯问笔录中，卞某梁均供述事发当时是湛某航驾驶摩托车。2015年9月21日至11月2日，在公安机关对其进行了5次讯问后，卞某梁才作了真实的供述，并供述了之前虚假供述的原因。

在起诉、审判阶段，对卞某梁的行为构成交通肇事罪均无异议，但是对于其先前虚假供述后又如实供述犯罪事实是否属于交通肇事后的逃逸行为，产生严重分歧。一种意见认为，卞某梁的行为属于交通肇事后逃逸，原因是其在案发之后未报案，且在公安机关对其讯问时做了虚假的供述。后公安机关经过多次调查走访并加大审讯力度，在强大的攻势面前，卞某梁最终承认自己是肇事者，其客观行为表明其主观上具有逃避法律追究的动机与目的。另一种意见认为，卞某梁的行为不属于逃逸，原因是卞某梁在交通事故发生后因受伤而住院，且并未脱离公安机关的控制，也未隐瞒其本人的身份信息，只是最初未能如实供述犯罪事实，后经批评教育又如实供述，因此，不属于逃逸。

公诉机关起诉书认为被告人卞某梁的行为属于逃逸。某区法院一审判决没有认定被告人逃逸。检察机关抗诉后，某市中级人民法院终审裁定驳回抗诉，维持一审判决。一、二审法院不认定被告人逃逸，主要基于以下考虑：

1. 关于现场的理解应当进行适当的扩大解释。交通肇事后逃逸是指行为人明知发生了交通事故，为了逃避法律追究而逃跑的行为，该定性明确要求构成交通肇事后逃逸必须同时具备主客观要件，即主观上具有逃避法律追究的目的，客观上实施了逃离现场的行为，也就是说行为人在这样一个主观目的的指引下实施了该行为。对于此处的现场如何理解，《刑法》及相关的司法解释并无明确的规定，交通肇事的地点作为现场肯定是无异议，但是某省高级人民法院、某省人民检察院、某省公安厅于2011年3月15日联合下发的×高法〔2011〕×××号《关于办理交通肇事刑事案件适用法律若干问题的意见（试行）》关于交通肇事后逃逸情节的认定，指出交通肇事行为人明知发生交通事故，驾驶车辆或者弃车逃离事故现场的行为一般应当认定为逃逸。具有下列情形之一的，一般应当认定为交通肇事后逃逸：（1）虽将被害人送至医院，但未报案或者无故离开医院，或者向被害人、被害人亲属、医务人员谎报虚假的身份信息和联系方式后离开医院的；（2）交通事故发生后，对相关事宜未能协商达成一致，或者虽然经协商但给付的赔偿费用明显不足，行为人未留下本人有效信息，而强行离开现场的。由此可见，该解释将现场扩大解释为包括医院等救护场所在内。该解释还规定，行为人因本人伤重需要到医院救治原因离开现场，无法及时报案的一般不予认定为交通肇事后逃逸。但是何种伤情为伤重，该解释并未明确规定，一般来说，应当按照有利于犯罪嫌疑人的原则进行解释。本案中卞某梁在交通事故中受伤，其当时拨打了“120”急救电话，但是未报警，其因受伤而到医院进行救治，且住院期间未无故离开医院。因此，不能认定其为逃跑、逃离现场。

2. 对逃避法律追究的理解也应当进行适度扩大解释。逃避法律追究是犯罪嫌疑人本人的主观心态，是其内心的所思所盼，外人无从得知，只有通过其客观方面的行为才能判断其主观目的，但是犯罪嫌疑人的哪些行为表明其主观目的是逃避法律追究，《刑法》及相关司法解释也没有明确规定。然而某省高级人民法院、某省人民检察院、某省公安厅下发的《关于办理交通肇事刑事案件适用法律若干问题的意见（试行）》关于交通肇事后逃逸情节的认定，明确规定了不予认定交通肇事后逃逸的七种情形。司法实践中，犯罪嫌疑人往往以被害人家人可能到现场对其进行殴打为由，进而离开现场，但是其也不能对此进行举证，故法院对此辩解不予采纳，而认定为逃逸。

综上，司法实践中，认定交通肇事后逃逸要坚持主客观相一致的原则，不能将两者分离开来。具体到本案，卞某梁虽然在公安机关对其进行的前两次讯问时没有如实供述，但是后来又进行了如实供述。虽然没有报案，但是有客观正当的原因。同时其没有私自离开医院，也没有谎报自己的身份信息。因此，其主观上虽然一开始有逃避法律追究的目的，但是客观上没有逃离现场，导致公安机关无法找到其本人，故而，卞某梁的行为不属于交通肇事后逃逸。

164. 交通肇事后逃离事故现场是否构成交通肇事罪中的逃逸

行为人在发生交通事故后，除非行为人因本人伤重需要到医院救治原因离开现场，无法及时报案的以外，没有正当理由，仅为逃避法律追究而逃跑的行为，应当认定为逃逸。

司法实例

郄某晋交通肇事案

2018年8月25日7时许，被告人郄某晋无证驾驶微型电动汽车，沿大经路由西向东行驶至河西路交叉口转盘处向右转弯时，与骑电动车沿河西路由北向南行驶的倪某经相撞后，又与正在道路上打扫卫生的封某玉相撞，造成倪某经、封某玉受伤的交通事故。事故发生后，郄某晋弃车逃逸。2018年9月30日，封某玉经抢救无效死亡。经交警部门认定，郄某晋负此事故的全部责任。本案中被害人倪某经对被告人郄某晋的民事赔偿请求已明确表示主动放弃，被告人郄某晋亲属与被害人封某玉的女儿达成民事赔偿协议，封某玉女儿对被告人予以谅解。本案民事部分双方已达成调解协议,法院已作出并送达刑事附带民事调解书。

某市某区人民法院认为,被告人郄某晋违反交通运输管理法规,发生重大交通事故,致1人死亡,且肇事后逃逸,其行为已构成交通肇事罪。公诉机关指控罪名成立。鉴于本案被告人郄某晋的主观恶性不大,案发后已积极赔偿被害方的经济损失,并取得被害方的谅解,可从轻处罚。被告人认罪态度良好,有悔罪之意,具有不致再危害社会的条件,可以宣告缓刑。遂判决认定被告人郄某晋犯交通肇事罪,判处有期徒刑3年,缓刑4年。判决已生效。

本案在审理过程中,对于"交通肇事后逃逸"的理解与认定存在构成逃逸与不构成逃逸及是否适用缓刑的分歧。一审法院合议庭及审委会认定被告人构成逃逸及适用缓刑的主要考量为:

1. 关于交通肇事后逃逸的行为及理解问题。根据《交通肇事解释》第3条的规定,交通运输肇事后逃逸是指行为人具有本解释第2条第1款规定和第2款第1~5项规定的情形之一,在发生交通事故后,为逃避法律追究而逃跑的行为。该解释第2条第1款的规定如下:交通肇事具有下列情形之一的,处3年以下有期徒刑或者拘役:(1)死亡1人或者重伤3人以上,负事故全部或者主要责任的;(2)死亡3人以上,负事故同等责任的;(3)造成公共财产或者他人财产直接损失,负事故全部或者主要责任,无能力赔偿数额在30万元以上的。第2条第2款规定如下:交通肇事致1人以上重伤,负事故全部或者主要责任,并具有下列情形之一的,以交通肇事罪定罪处罚:(1)酒后、吸食毒品后驾驶机动车辆的;(2)无驾驶资格驾驶机动车辆的;(3)明知是安全装置不全或者安全机件失灵的机动车辆而驾驶的;(4)明知是无牌证或者已报废的机动车辆而驾驶的;(5)严重超载驾驶的;(6)为逃避法律追究逃离事故现场的。从以上法律规定中可以很清楚地了解"交通肇事后逃逸"所指的各种情形。

2. 在逃逸的原因上,现实生活中错综复杂,但交通肇事后逃逸的原因仅指为逃避法律追究而逃跑的行为。即肇事者在肇事行为发生后,害怕被司法机关发现追究其法律责任而逃离事故现场的行为。实践中,交通事故发生后,被害人的家属由于情绪难以控制,往往纠集众人对肇事者进行报复,肇事司机在这种情况下的躲避行为与肇事后为逃避法律责任而逃逸的行为有着本质的区别。此外,行为人由于正在执行抢险、救灾等紧急任务,在肇事后为继续执行任务而离开现场的行为应不属于肇事后逃逸行为。因此在司法实践中,必须把肇事后逃逸行为与肇事司机因害怕被害人家属的报复不得已采取的躲避行为及因执行紧急任务而不得不离开现场的情况区别开来。在具体的案件审理过程中,作为承办案件的法官一定要结合肇事者的行为特征及心理特征作综合分析,来认定肇事者肇事后逃跑的行为是否属逃逸行为。

3. 关于"交通肇事后逃逸"这一情节是否属于犯罪构成的要件抑或量刑的情节,有不同看法。有一种观点认为,交通肇事后的逃逸行为是一种事后行为,它能够在一定程度上反映出行为人的主观恶性的大小,但该事后行为对其先前行为是否构成犯罪不起决定作用,也就是说交通肇事后的逃逸行为不能作为交通肇事罪的构成要件。但从某种意义上说,交通肇事后逃逸既是一种量刑情节,又是犯罪构成的一个要件。在行为人的行为已经构成交通肇事罪的情况下,逃逸就是量刑情节;在行为人的行为尚不构成犯罪的情况下,逃逸则可以是该行为构成犯罪的一个构成要件。根据《交通肇事解释》第2条第2款规定,交通肇事致1人以上重伤,负事故全部或者主要责任,并具有为逃避法律追究逃离事故现场的情形的,以交通肇事罪定罪处罚。从中可以看出,为逃避法律追究而逃离事故现场的行为即交通肇事后逃逸是交通肇事罪的一个构成要件,因此在某些特定情况下,逃逸行为可以是交通肇事罪的构成要件。但在《刑法》第133条中规定,交通运输肇事后逃逸或者有其他特别恶劣情节的,处3年以上7年以下有期徒刑;因逃逸致人死亡的,处7年以上有期徒刑。此条款中的逃逸是建立在构成交通肇事罪的基础之上的,是作为法定型升格的一个量刑情节出现的。根据《刑法》第 133 条的规定，行为人只有在违反交通运输管理法规，以致发生了致人重伤、死亡或者使公私财产遭受重大损失的交通事故时，其行为才构成犯罪。如果行为人并没有违反交通运输管理法规或者有违规行为但没有造成严重后果，即使肇事者有事后逃逸行为，肇事行为亦不构成犯罪，否则就违反了罪刑法定原则。因此一审法院认为除了最高人民法院的解释中第 2 条第 2 款第 6 项规定之外的交通肇事后的逃逸行为只是一种量刑情节，即在行为人行为已经构成交通肇事罪的情况下，如果行为人又有逃逸行为的，应该在 3 年以上 7 年以下量刑。

4. 关于本案被告人是否适用缓刑的问题。交通肇事逃逸，是交通肇事罪的量刑情节，有时也是定罪情节。但是被告人是否构成逃逸，对于能否适用缓刑并无直接决定性影响。虽然被告人具有逃逸情节，但最后决定量刑在 3 年或 3 年以下有期徒刑，同时符合《刑法》第 72 条第 1 款犯罪情节较轻、有悔罪表现、没有再犯罪的危险、宣告缓刑对所居住社区没有重大不良影响四个条件的，依然可以适用缓刑。

综上，本案被告人郄某晋违反交通运输管理法规，发生重大交通事故，致 1 人死亡，且负事故全部责任，其行为已构成交通肇事罪，其肇事后弃车逃离现场的行为是为了逃避法律追究，属《刑法》第 133 条规定的交通肇事后逃逸的行为。在量刑上，交通肇事后逃逸的行为又是被告人量刑的一个加重情节，即行为人的行为已经构成交通肇事罪的情况下，如果行为人又有逃逸行为的，应该在 3 年以上 7 年以下量刑。鉴于案发后被告人郄某晋已积极赔偿被害方经济损失，并取得谅解，因此可对其酌情从轻处理。故本案对被告人郄某晋的定罪量刑是正确的。

165. 交通肇事后将轻伤者送医途中遗弃并逃逸如何认定

根据《交通肇事解释》第 6 条的规定，行为人在交通肇事后为逃避法律追究，将被害人带离事故现场后隐藏或者遗弃，致使被害人无法得到救助而死亡或者严重残疾的，应当分别以故意杀人罪或者故意伤害罪论处。被害人没有出现死亡或者严重残疾的情况，不能认定为故意杀人罪或故意伤害罪。交通肇事罪是在交通运输活动中违反交通运输管理法规，因而发生重大事故，致人重伤、死亡或者使公私财产遭受重大损失的行为。行为人虽然在交通运输活动中违反交通运输管理法规，但未发生重大事故，致人重伤、死亡或者使公私财产遭受重大损失的行为，因而也不能构成交通肇事罪。

司法实例

周某午交通肇事案

2018 年 7 月 20 日 21 时许，周某午外出办事驾驶迈腾轿车回家途中，在某国道 808 公里处，将骑自行车的缪某长碰倒。周某午询问缪某长，缪称其头疼、手脚能动，周某午遂将缪某长抱上车准备送往该县人民医院就诊。途中，缪某长坚持要到该县某镇医院就诊，周某午见缪某长手脚都可移动，且外表伤势并不严重，担心被缪某长家人围殴或勒索，就将缪某长抱下车放在路边，并留给缪某长 500 元，开车离开回家。当晚 22 时许，杭某经过此地，发现缪某长躺在地上招手喊救命，遂报警。公安机关后将周某午抓获。经司法鉴定，缪某长损伤程度为轻伤二级。

某县公安机关对周某午按交通肇事刑事案件立案，某县检察机关以涉嫌犯交通肇事罪对周某午提起公诉。某县法院在审理中，对周某午的行为认定产生严重分歧，一方是被害人及家属坚持要求按照交通肇事罪判处周某午有期徒刑，一方是被告人及其辩护人坚持被告人不构成交通肇事罪。最后，本案在法院主持下，被告人与被害人达成民事赔偿调解协议，由被告人赔偿了被害人全部医药费、误工费等，法院遂判决认定被告人周某午不构成交通肇事罪，并出具了刑事附带民事调解书。本案中，争议的焦点在于周某午是否构成犯罪。法院作出被告人不构成交通肇事罪判决的主要理由为：

1. 根据本案证据之一道路交通事故认定书，周某午在发生交通事故后逃逸，负全部责任，但其交通肇事行为不构成交通肇事罪。根据《刑法》第133条的规定，交通肇事罪客观方面表现为在交通运输活动中违反交通运输管理法规，因而发生重大事故，致人重伤、死亡或者使公私财产遭受重大损失。由此可见，本罪的客观方面是由以下4个相互不可分割的因素组成的：(1)必须有违反交通运输管理法规的行为，即在交通运输中实施了违反交通运输管理法规的行为，这是发生交通事故的原因，也是行为人承担处罚的法律基础。(2)必须发生重大事故，致人重伤、死亡或者使公私财产遭受重大损失的严重后果。这是构成交通肇事罪的必要条件之一。行为人虽然违反了交通运输管理法规，但未造成上述法定严重后果的，不构成本罪。(3)严重后果必须由违章行为引起，二者之间存在因果关系。行为人有违章行为，造成了严重后果，而且在时间上存在先行后续关系，则构成本罪。(4)违反规章制度，致人重伤、死亡或者使公私财产遭受重大损失的行为，必须发生在从始发车站、码头、机场准备载人装货至终点车站、码头、机场旅客离去、货物卸完的整个交通运输活动过程中。本案的危害后果为轻伤二级，不属于致人重伤、死亡或者使公私财产遭受重大损失的严重后果，故不宜认定为交通肇事罪。

2. 周某午将被告人遗弃在路边的行为，也不构成故意伤害罪和故意杀人罪。根据《交通肇事解释》第6条的规定，行为人在交通肇事后为逃避法律追究，将被害人带离事故现场后隐藏或者遗弃，致使被害人无法得到救助而死亡或者严重残疾的，应当分别以故意杀人罪或者故意伤害罪论处。本案中，被害人并没有出现严重残疾或者死亡的情况，所以也不能认定周某午构成故意伤害罪或故意杀人罪。

3. 虽然周某午的先前行为造成了被害人的损伤，具有救助义务，但周某午并不构成遗弃罪。一是遗弃罪侵犯的客体是被害人在家庭成员中的平等权利，对象只限于年老、年幼、患病或者其他没有独立生活能力的家庭成员。二是遗弃罪在客观方面表现为对年老、年幼、患病或者其他没有独立生活能力的家庭成员，应当扶养而拒不扶养，情节恶劣的行为。三是遗弃罪的主体为特殊主体，必须是对被遗弃者负有法律上的扶养义务而且具有抚养能力的人。只有具备上述条件的人，才可能成为本罪的主体。如果在法律上不负有扶养义务，互相间不存在扶养关系，也就不发生遗弃的问题。从本案的情况看，以上条件该案当事人均不具备，所以也不宜认定周某午构成遗弃罪。

综上，周某午的行为虽然性质恶劣，但法无明文规定不为罪，法无明文规定不处罚，故一审法院作出被告人周某午不构成犯罪的无罪判决。

166. 交通肇事后虽未离开现场但在做笔录时逃跑属何性质

行为人交通肇事后在事故现场并随办案民警来到交警大队的行为，可以认定为立即投案。但是，行为人在尚未立案和做酒精含量测试的情况下，在做笔录时逃离交警大队，使得其立即投案的行为还未完成，自然不具备立即投案这一形式要件。故行为人此行为仍然构成交通肇事后逃逸。

司法实例

钱某永交通肇事案

2018 年 8 月 6 日 14 时 50 分许，钱某永驾驶新款桑塔纳轿车在超越同向行驶正在左转弯的由被害人凌某佑驾驶的一辆三轮电动车时，两车相撞，造成凌某佑受伤后经医院抢救无效于当天死亡、钱某永受伤和两车受损的重大交通事故。事故发生后，群众帮助报警，钱某永在事故现场并随办案民警来到交警大队。当晚 20 时许，在做完第一次讯问笔录尚未立案和做酒精含量测试的情况下，钱某永借故上厕所跳窗翻墙逃离了交警大队。10 日后，钱某永在广西被抓获。经交警部门认定，钱某永负本次事故的主要责任。

钱某永的行为已构成交通肇事罪无疑，但是否成立交通肇事后逃逸有不同意见。

《交通肇事解释》第 3 条规定，交通运输肇事后逃逸，是指行为人具有本解释第 2 条第 1 款规定和第 2 款第 1～5 项规定的情形之一，在发生交通事故后，为逃避法律追究而逃跑的行为。《自首立功意见》第 1 条认为，交通肇事后保护现场、抢救伤者，并向公安机关报告的，应认定为自动投案。结合本案，产生了两种观点：一种观点认为，钱某永的行为系在交通事故发生后，为逃避法律追究而逃跑的行为，属于交通肇事后逃逸。另一种观点认为，钱某永随办案民警去交警大队的行为应认定为自动投案，在做笔录时如实供述自己的罪行，符合《刑法》第 67 条第 1 款之规定，是自首。但其逃离交警大队的行为只灭失了其自首情节，不能从轻处理，而不是构成交通肇事后逃逸的从重情节。

根据《交通肇事解释》的规定，交通肇事后逃逸，是指行为人的交通肇事行为首先已构成交通肇事罪的基本犯后，为逃避法律追究而逃跑的行为。笔者认为，阻却交通肇事逃逸的成立需具备：(1)本质要件，即肇事人离开现场时是否积极履行救助义务；(2)形式要件，即肇事人离开现场时是否立即投案。就本质要件而言，不难理解。刑法禁止交通肇事后逃逸的主要目的在于最大限度地保护被害人的利益，维护交通秩序。交通事故关系着公民的生命财产安全，一旦发生，被害人的生命安全将处于危险状态，任何延误都可能导致被害人生命危险的加剧，甚至死亡。而作为造成这一危险的肇事者，只要其还有行动的能力和自由，抢救伤者就是其首要义务，特别是在没有其他救助者在场的情形下，其自身的这种义务就越发重要和突出。就形式要件而言，肇事者是否立即投案，能够反映出肇事者是否有接受法律追究的主观意愿。立即投案与主动投案两个行为之间具有密切的不可分割的连续性，反映出肇事人主观上具有接受法律追究的意向，客观上也已经开始实施接受法律追究的行为，如果积极有效地配合办案人员，应该认定为自首。《自首立功意见》还表明，如果肇事人逃离现场没有立即投案，而是经过一段时间后事后投案，则说明肇事人的逃离与投案分属两个独立的行为，这种事后投案不能成为否定其肇事后逃逸的理由。

就本案而言，钱某永在事故现场并随办案民警来到交警大队的行为，应当是立即投案的情形。但是，在还未立案和做乙醇含量测试的情况下钱某永逃离交警大队，使得其立即投案的行为未能完成，自然不具备立即投案这一形式要件。正如积极履行救助义务一般，如果仅仅是将受害人送到医院门口就离开，救助义务当然还未完成。换言之，救助义务和立即投案都是要求完整的、有效果的，钱某永的立即投案行为并不是在做完一份讯问笔录后就已完成。试想，如果办案人员立案侦查，进一步查清案件事实，并对钱某永采取强制措施后，钱某永再逃离交警大队，那就应该另当别论了。

所以，本案中，钱某永的行为构成交通肇事后逃逸。法院生效判决认定被告人钱某永犯交通肇事罪，并根据其逃逸及全案其他情节，对其判处了有期徒刑。

167. 司机交通肇事后逃逸是否都构成交通肇事罪

行为人虽在发生交通事故后逃离现场，但有证据证明此交通事故的发生及人员伤亡与其无关或者系意外事件的，虽被交警部门认定为逃逸，也不一定必然构成交通肇事罪。

司法实例

昝某远交通肇事案

2017 年 7 月 18 日 23 时，昝某远驾驶其私家车沿某市淮海路正常行驶，管某为抢绿灯横穿马路，其左前侧直行道上停靠的一辆洒水车正准备启动。由于洒水车较大，管某未看见洒水车右后侧昝某远所驾驶的私家车，昝某远也未看见管某。管某跑过洒水车后，昝某远的私家车正好开过来，管某一头撞在昝某远私家车的左侧后视镜上，由于反作用力摔倒在地，而此时恰好洒水车经过，当场将管某轧死。昝某远见被害人被洒水车碾轧在车轮下，遂驾车逃离现场。交警部门认为昝某远在发生交通事故后逃逸，遂认定其负事故主要责任，构成交通肇事罪。

案件进入起诉、审判环节后，围绕昝某远是否构成交通肇事罪出现不同意见：一种意见认为，本案事故造成一人死亡的后果，事故认定书又认定昝某远负主要责任，因此应当认定昝某远构成交通肇事罪。另一种意见认为，昝某远因为逃逸行为被认定为负主要责任，但发生逃逸时被害人已经死亡，逃逸的行为对被害人死亡的结果本身并没有直接的因果关系，因此不应当认定昝某远构成交通肇事罪。

本案法院生效判决为第二种意见（本案最后处理结果为昝某远及洒水车司机均不构成交通肇事罪，并已通过其他途径得到解决）。主要理由是，本案事故中一人死亡，昝某远又负主要责任，从表象上看，确实符合交通肇事罪的构成条件，但通过深入分析，会发现其实昝某远并不符合交通肇事罪的犯罪构成要件，具体如下所述。

1. 交警部门因昝某远的逃逸行为鉴定其负事故的主要责任值得研究。在司法实践中，根据《道路交通安全法实施条例》第 92 条第 1 款规定："发生交通事故后当事人逃逸的，逃逸的当事人承担全部责任。但是，有证据证明对方当事人也有过错的，可以减轻责任。"根据这条规定，交警大队在行为人逃逸后一般都认定机动车驾驶者承担全部责任。但是《道路交通安全法实施条例》第 91 条规定："公安机关交通管理部门应当根据交通事故当事人的行为对发生交通事故所起的作用以及过错的严重程度，确定当事人的责任。"也就是说，交警部门的鉴定应当首先根据当事人在发生事故时的行为对事故所起的作用以及过错的严重程度来确定，只有在当事人逃逸致使无法确定事故责任时才能依据逃逸行为确定由驾驶者承担全部责任，而不是即便责任能够弄清也不予落实，一律认定逃逸者承担全部责任。在本案中，昝某远事后的逃逸行为并没有完全破坏现场，根据当时的录像和当事人的证词完全可以还原当时的事故情况，从而根据当事人当时的行为对事故所起的作用进行鉴定。从事故本身可以看出，由于被害人急闯红灯，撞在昝某远所驾驶的私家车侧面弹倒在地继而被洒水车轧死，显然昝某远对于这一突发事件始料未及，不应当认定其负主要责任。然而交警部门并没有据此作出鉴定。故这个鉴定并不是完全针对事故本身产生的原因进行的鉴定。这种在事故发生后很容易查明逃逸者责任很小的情况下，强行推定肇事者负全部责任的行为，是违反客观事实的。

2. 行政责任认定不能等同于刑事责任认定。行政法律责任是行政法主体因为侵犯行政法权利或者不履行行政法义务而承担的强制性后果。行政法律责任的性质是社会责任，过错原则是行政法律责任的基本归责原则，无过错责任是补充性的归责原则。而刑事责任则是因为实施犯罪行为而对犯罪人施加的非难可能性，表明了国家对犯罪行为的否定性评价和对犯罪人的谴责，明确刑罚的目的是实现正义和预防犯罪。因此，刑事责任往往具有伦理属性，排斥结果责任。如果简单地依据行政责任认定的结果来评价嫌疑人的刑事责任，无疑会扩大刑法的适用。昝某远在发生交通事故后没有履行及时救助和保护现场的义务，违反了行政法规，交警部门也对其逃逸作出了责任鉴定书，但这些都是行政责任，与交通肇事罪的责任并不完全对应。在确定交通肇事罪是否成立时，必须从刑法角度进行责任的实质判断，这种判断要严格按照犯罪的构成要件，根据当时的客观情况具体问题具体分析，而不能直接按照交警大队的事故认定结果一概而论。

3. 认定逃逸这一加重情节必须以行为人首先构成交通肇事罪的基本犯为前提。在交通肇事犯罪中，逃逸只是犯罪的加重情形，是依附于基本犯罪的，不是认定构成交通肇事罪的依据，不能成为独立意义的犯罪。本案中，如果昝某远首先构成交通肇事罪，又有逃逸行为可以加重处罚，但是如果其构成交通肇事罪这一基本犯的证据不足，仅仅根据逃逸行为本身是不能认定其构成交通肇事罪的。

4. 综合各方因素全面分析本案可以看出，昝某远既没有实施交通肇事罪的主观过错也没有实施交通肇事罪的客观行为，被害人的死亡与认定嫌疑人负事故主要责任的违章行为即逃逸也不存在法律上的因果关系。本罪在客观方面首先表现为违反了交通运输法规，而本案中是被害人自己冲撞到昝某远的车辆侧面倒地后继而被另外一辆车轧死，昝某远是正常行驶，本身并没有实施违反交通运输法规的行为。在主观方面表现为过失，而昝某远不可能已经预见到被害人会闯红灯冲过来而轻信能够避免，也不可能应当预见到被害人会被洒水车轧死而没有预见，因此其主观上不存在过于自信或者是疏忽大意的过失。另外，昝某远逃离现场时被害人管某已经死亡，昝某远的逃逸行为和被害人死亡的后果之间不存在法律上的因果关系。因此昝某远的行为从根本上就不符合交通肇事罪的构成要件，不构成交通肇事罪。

168. 前车肇事逃逸，后车碾压致人死亡案件如何处理

行为人驾驶机动车交通肇事撞伤他人后，因害怕法律追究而驾车逃离现场，没有履行救助义务，致使伤者躺在车辆高速通行的公路上，身处高危环境得不到救助，而被后车碾压致死，符合交通肇事后因逃逸致人死亡的构成要件，一般应认定行为人构成交通肇事罪。

司法实例

米某学交通肇事案

2016 年 11 月 2 日 18 时许，米某学驾驶帕萨特轿车由南向北行驶到某县际公路 28 公里 +279 米处时，在超车时与右前方驾驶电动车同向行驶的梁某豪相碰撞，致梁某豪倒地受伤，米某学遂驾车逃离现场。20 分钟后，天色已黑，受伤倒地的梁某豪仍躺在车辆高速行驶的路面上，此时孟某夯驾驶中型货车经过，因视线不佳，导致车辆碾压到梁某豪头部，致其当场死亡。后米某学又驾车返回事故现场并投案自首。

该案处理中对米某学的行为如何定性，有三种不同意见：第一种意见认为，米某学的行为不构成犯罪。诚然米某学肇事后有逃逸行为，但交通肇事致一人以上重伤，负事故全部或主要责任，并且逃逸的以交通肇事罪定罪处罚。本案中米某学驾车撞倒梁某豪后，梁某豪倒地受伤，且不论事故责任划分，因不能确定当时梁某豪的伤势轻重，在此情况下根据“疑罪从无”原则，米某学不构成交通肇事罪，更谈不上逃逸致人死亡。此外，

米某学肇事行为与梁某豪的死亡没有直接的因果关系，梁某豪的死亡是后来的介入因素即孟某夯驾车碾压致其死亡，孟某夯应对被害人死亡承担刑事责任。第二种意见认为，米某学的行为构成交通肇事逃逸致人死亡。本案中，米某学驾车将骑电动车的梁某豪撞翻后致使其躺在车辆高速通行的公路上，因害怕法律追究而驾车逃离现场，没有履行救助义务，使梁某豪身处高危环境得不到救助，而被后车碾压致死，符合交通肇事后因逃逸致人死亡的构成要件。第三种意见则认为，米某学的行为构成过失致人死亡罪。米某学肇事后，应该知道事故地点来往车辆频繁，也清楚地知道当时夜幕降临，视野不佳，所以其有义务预见到被害人被撞倒受伤后如不及时救助，很可能受后车的撞击或碾压，但其却驾车逃逸任由被害人躺在车辆高速行驶的路面上。后米某学驾车返回事故现场，证明行为人在主观上希望避免危害结果的发生，但轻信当时可以避免，表现为过失。客观上由于米某学的不作为，使梁某豪的生命安全处于极度危险状态，最终不幸被后车碾压致死，符合过失致人死亡罪的构成要件。

当地检察机关对米某学以涉嫌犯交通肇事罪向当地法院提起公诉，法院认为，米某学驾驶机动车因超车将骑电动车同向行驶的梁某豪撞翻后致使其躺在车辆高速通行的公路上，因害怕法律追究而驾车逃离现场，没有履行救助义务，使被害人身处高危环境得不到救助，而被后车碾压致死，符合交通肇事后因逃逸致人死亡的构成要件。遂判决认定被告人米某学犯交通肇事罪，判处有期徒刑 3 年。判决已生效。本案检法两家均同意第二种意见，即米某学的行为构成交通肇事罪，属于该罪中的逃逸致人死亡的加重情节。主要理由为：

1. 米某学的行为首先构成交通肇事罪。本案中米某学违反交通运输管理法规，发生事故后逃逸致梁某豪被后车碾压，造成一人死亡的重大交通事故，且从案发现场来看，米某学是与右前方同向行驶骑电动车的梁某豪相撞，应负事故主要责任，根据最高人民法院《交通肇事解释》规定，构成交通肇事罪。

2. 米某学交通肇事后逃逸行为与被害人的死亡具有因果关系。根据刑法因果关系理论，当没有前行为就没有后结果时，前者就是后者的原因。在本案中，米某学肇事逃逸后，孟某夯驾车碾压受害人头部直接导致其死亡，这一介入因素无法隔断先前的因果关系。因为只有是一般人无法预料的或者是极其偶然的，并且对危害结果的出现起到重要作用的介入因素才会隔断因果关系。本案中米某学肇事后明知受害人受伤倒地，在当时天色逐渐变暗，且车辆高速行驶的公路上，作为一个具有生活常识的普通人，完全能够预见此时受害人如得不到救助，随时有被后车碾压的可能。米某学的先行肇事行为使受害人面临生命安全的紧迫危险，负有采取有效措施排除危险或防止结果发生的特定义务，如果米某学履行救助义务，危害结果便不会发生，但此时米某学选择了逃逸、不作为。正是这种不作为的逃逸行为导致梁某豪最终死亡，所以孟某夯后来的碾压不是偶然的、异常的介入因素，而是人们完全可以预料到的，不会阻断米某学逃逸行为与梁某豪的死亡结果之间的因果关系，所以米某学应当承担相应的刑事责任。当然对于后车的驾驶人孟某夯碾压致人死亡的事实，虽事出有因，但如果其负有事故主要责任，也可以构成交通肇事罪。

3. 米某学的行为属于逃逸致人死亡，而不是普通的过失致人死亡。“因逃逸致人死亡”是指行为人在交通肇事后为逃避法律追究而逃跑，致使被害人因得不到救助而死亡的情形，是交通肇事罪中的结果加重犯。这里的逃逸“致被害人因得不到救助而死亡”，包括被害人未被及时送往医院治疗导致死亡，也包括冻伤致死等，还应包括特定环境下不可避免地被后车碾压或其他外力因素导致死亡等情况。本案中米某学的逃逸行为与被害人死亡结果之间具有因果关系，所以行为人肇事造成被害人受伤，逃逸最终导致被害人死亡。本案之所以不适用过失致人死亡，理由是米某学的交通肇事犯罪行为同时触犯了《刑法》第 133 条交通肇事罪和第 233 条过失致人死亡罪，属于法条竞合，根据特殊法优先的处理原则，即《刑法》第233条中"本法另有规定的，依照规定"，应当适用交通肇事逃逸致人死亡，认定交通肇事罪。

169. 交通肇事罪中如何认定因逃逸致人死亡

根据刑法、司法解释及有关规定精神，司法实践中，认定因逃逸致人死亡应当同时具备以下条件：一是行为人已经构成交通肇事罪；二是行为人交通肇事后逃逸；三是发生了被害人死亡的危害后果；四是被害人死亡是因行为人交通肇事后逃逸，从而得不到救助造成的，即被害人死亡的危害后果与行为人的逃逸行为具有刑法上的因果关系。

司法实例

冯某万
交通肇事案

2015年9月16日21时10分，被告人冯某万驾驶川A0××32号长城哈弗小型轿车(系套牌且属报废车辆)沿天仙路由北往南方向行驶，当车行驶至某市城区某公园东大门处时与在斑马线上横过公路的行人何某楠、庞某秀、展某雨三人相撞，造成何某楠经送往医院抢救无效死亡，庞某秀、展某雨二人受伤的重大交通事故。事故发生后，被告人冯某万驾车逃离现场。该事故经交警部门认定，被告人冯某万应承担此事故的全部责任。案发后，被告人冯某万于2015年9月18日到公安机关投案，其亲属在交警部门交赔偿款10,000元，本案在审理期间被告人冯某万的家属赔偿被害人经济损失65,000元。

陕西省某市某区人民检察院以被告人冯某万涉嫌犯交通肇事罪提起公诉。

某市某区人民法院审理认为，被告人冯某万驾驶无牌照的报废车辆上路超速行驶，致一人死亡，二人受伤，其行为违反《道路交通安全法》的规定，构成交通肇事罪。被告人冯某万在案发后到公安机关投案自首，其亲属代为赔偿了受害人的部分经济损失，但鉴于被告人冯某万在案发时驾驶的系套牌且报废车辆，肇事后逃逸，负此事故的全部责任，且造成的后果严重，社会影响恶劣，依法应从重处罚。据此，根据被告人的犯罪事实、情节、社会危害程度，经审判委员会讨论决定，依照《刑法》第67条第1款、第133条之规定，判决认定被告人冯某万犯交通肇事罪，判处有期徒刑5年。

一审宣判后，检察机关提出抗诉认为：(1)本案事实认定错误，适用法律不当。本案中，被告人冯某万违反《道路交通安全法》的规定，明知自己所驾驶的车辆为使用套牌的报废车，在地段繁华、人流量较大的路段超速行驶，因而发生重大交通事故。肇事后，被告人冯某万置伤者于不顾，驾车逃离现场，致使被害人何某楠贻误救治时机，抢救无效而死亡。其情节特别恶劣，社会危害性大，应当以交通肇事逃逸致人死亡对被告人冯某万予以从重处罚，判处其7年以上有期徒刑。(2)量刑畸轻。被告人冯某万在案发后，虽然能够主动到公安机关报案，具备法律对其从轻或减轻处罚的情节，但其犯罪情节恶劣，所造成的后果严重且未积极主动赔偿被害人的各项经济损失，对被告人冯某万不能从轻或减轻处罚。一审无视上述情节，仅适用《刑法》第67条第1款之规定对其判处有期徒刑5年，显属量刑畸轻。

某市中级人民法院裁定驳回抗诉，维持原判。

本案的焦点是，如何认定交通肇事罪因逃逸致人死亡；如何对本案准确量刑。

一、二审判决认定被告人冯某万犯交通肇事罪，致一死二轻伤，且肇事后逃逸，从重判处有期徒刑5年的主要理由为：

1. 区别交通肇事后逃逸与因逃逸致人死亡的关键在于行为人逃逸同被害人死亡后果有无刑法上的因果关系。被告人交通肇事逃逸后，被害人经抢救无效死亡的情形在交通肇事罪案件中较为常见，而此类案件在适用法律时往往存有争议，本案即是如此。《刑法》第 133 条规定，违反交通运输管理法规，因而发生重大事故，致人重伤、死亡或者使公私财产遭受重大损失的，处 3 年以下有期徒刑或者拘役。交通运输肇事后逃逸或者有其他特别恶劣情节的，处 3 年以上 7 年以下有期徒刑。因逃逸致人死亡的，处 7 年以上有期徒刑。从刑法条文的内在逻辑性和加重处罚的合理性来看，"交通肇事后逃逸"与"因逃逸致人死亡"的区别在于行为人逃逸同被害人死亡后果有无刑法上的因果关系，应当是没有疑问的。但是，由于因果关系的复杂性和交通肇事罪的特殊性，造成司法实践对交通肇事罪中"因逃逸致人死亡"情形的认定往往难以把握，因此，最高人民法院在《交通肇事解释》中对"因逃逸致人死亡"作了具体解释。《交通肇事解释》第 5 条第 1 款规定："'因逃逸致人死亡'，是指行为人在交通肇事后为逃避法律追究而逃跑，致使被害人因得不到救助而死亡的情形。"这一规定强调的是"被害人因得不到救助而死亡"，主要是指行为人主观上并不希望发生被害人死亡的后果，但是没有救助被害人或者未采取得力的救助措施，导致发生被害人死亡结果的情形。

虽然司法解释作出了上述规定，但司法实践中还是应当注意，不能简单以"被害人有无得到救助"作为认定"因逃逸致人死亡"的标准，应当按照"因逃逸致人死亡"的构成条件，特别是行为人逃逸与被害人死亡的因果关系方面进行全面把握。根据刑法和司法解释的规定，"因逃逸致人死亡"的构成条件是：(1)行为人已经构成交通肇事罪；(2)行为人交通肇事后逃逸；(3)发生了被害人死亡的危害后果；(4)被害人死亡是因行为人交通肇事后逃逸，从而得不到救助造成的，即被害人死亡的危害后果与行为人的逃逸行为具有刑法上的因果关系。

刑法上的因果关系具有客观性、顺序性、相对性、特定性等特点。司法实践中，考察逃逸行为与死亡结果之间是否具有因果关系可以从以下几方面进行把握：一是顺序性。在时间上，被害人死亡必然发生在逃逸行为过程中或者逃逸之后。如果先前的交通肇事行为发生时已经致被害人死亡，即使肇事者实施逃逸行为，仍然属于"交通肇事后逃逸"，而不能认定为"因逃逸致人死亡"。这是认定因果关系的前提和基础。二是特定性。即被害人没有得到及时的救治。司法解释对"救助"由谁实施没有作限定，因此，按照一般理解，应当包含他人的救助。同时对被害人救助的及时性，也应当是司法解释中"救助"的应有之义。因此，被害人虽然是在行为人逃逸后死亡，但是其得到了他人的及时救助，则不能成立因果关系。反之，如果被害人虽然得到了救助，但是却因行为人的逃逸而贻误了救治时间、时机，导致被害人死亡的，则有可能构成"因逃逸致人死亡"。三是客观性。即被害人具有经过及时救治存活的可能性。司法解释之所以将有无得到救助作为因果关系有无的基本标准，其意图就是要将那些已无可救治的特别严重伤排除在"因逃逸致人死亡"的加重处罚情形之外，以避免量刑时可能发生重复评价。如果有证据证明被害人即使救治也不能存活的，应当认定不构成"因逃逸致人死亡"。但是司法实践中，鉴定人或者医疗部门往往很难出具此类证明。那么，对于虽然被害人得到及时救治，但因伤情过重，经抢救无效而死亡的情况，可以视为"被害人濒临死亡，无法救治成活"，从有利于被告人的原则考虑，认定因果关系不成立。四是排除介入因素。即被害人死亡结果与行为人逃逸行为之间不存在阻断因果关系的其他介入因素。例如，由于发生医疗事故，致使被害人在救治过程中死亡的，不能认定具有因果关系。

结合本案，被告人冯某万违反《道路交通安全法》的规定，交通肇事致一人死亡，二人受伤，负事故的全部责任，按照《刑法》第 133 条和最高人民法院《交通肇事解释》第 2 条第 1 款的规定，其行为已构成交通肇事罪。在发生交通事故后,被告人为逃避法律追究而逃跑,其行为又构成“交通运输肇事后逃逸”应当是没有疑问的。本案的特殊性在于,被害人是在被告人逃逸之后死亡的,而且在事故发生后对被害人及时实施了救治。因此,本案审查的重点应当是被害人何某楠的死亡与被告人冯某万逃逸之间是否具有刑法上的因果关系,而审查因果关系的关键在于审查被害人何某楠是否得到及时救助。结合本案事实,本案事故发生后5分钟,“110”指挥中心接到群众报案后立即通知交警部门和拨打“120”急救电话,某医院接“120”指令即到达现场抢救伤者。从时间上看,被害人被撞后8分钟,120救护车即赶到现场施救,应当说对被害人的救助是比较及时的。从医院的抢救过程上看,先是实施手术,后两次实施紧急抢救等措施,表明已尽全力。从案发当时被害人伤情上看,被害人三级脑外伤、脑疝形成、颅骨骨折、深度昏迷、瞳孔散大、耳道出血、无自主呼吸等,表明被害人伤势已是十分严重。以上几方面的事实,说明被害人何某楠受伤后已经得到了及时、全力的救助,但确因伤情过重,经医院全力抢救无效而死亡。也就是说,即使被告人不逃逸,及时将被害人送往医院救治,也极有可能是同样的结果。因此,被害人何某楠的死亡不是被告人冯某万逃逸造成的,而是其先前肇事行为所致。被害人的死亡与被告人的逃逸行为之间不具有刑法上的因果关系,被告人冯某万的行为不属于“因逃逸致人死亡”。此外,抗诉机关并没有提出“被告人冯某万驾车逃离现场,致使被害人何某楠贻误救治时机”的证据。因此,检察机关的抗诉理由不能成立。

2. 按照宽严相济刑事政策和量刑规范化的要求对交通肇事犯罪案件准确适用刑罚。随着经济发展和人民生活水平的提高,机动车保有量持续上升,交通肇事犯罪案件也一直处于高发态势,严重危害着人民群众的生命、财产安全,影响社会的和谐稳定,必须采取综合手段进行整治。人民法院审理交通肇事犯罪案件要按照宽严相济刑事政策的要求,正确适用法律,准确裁量刑罚,确保取得较好的法律效果和社会效果。

交通肇事罪是过失犯罪。对于过失犯罪如何处罚,最高人民法院《关于贯彻宽严相济刑事政策的若干意见》第32条作了明确要求:“对于过失犯罪,如安全责任事故犯罪等,主要应当根据犯罪造成危害后果的严重程度、被告人主观罪过的大小以及被告人案发后的表现等,综合掌握处罚的宽严尺度。对于过失犯罪后积极抢救、挽回损失或者有效防止损失进一步扩大的,要依法从宽。对于造成的危害后果虽然不是特别严重,但情节特别恶劣或案发后故意隐瞒案情,甚至逃逸,给及时查明事故原因和迅速组织抢救造成贻误的,则要依法从重处罚。”本案中,被告人冯某万虽然具有投案自首、经济赔偿等从宽情节,但同时,被告人冯某万无视交通安全,使用套牌报废车辆在城区行驶,交通肇事致一人死亡,二人轻伤,并且逃逸,又具有法定或酌定从严的情节,综合考虑其主观恶性和危害后果,应当对被告人冯某万从重处罚。一审法院对被告人冯某万量刑过程中,按照最高人民法院《人民法院量刑指导意见(试行)》(现已失效)、某省高级人民法院《〈人民法院量刑指导意见(试行)〉实施细则》的要求,根据其造成的危害后果和当前交通肇事犯罪的治安状况,顶格确定量刑起点4年,因无其他刑罚量增减,因此基准刑也是4年,然后用自首等量刑情节对基准刑进行调节,计算拟宣告刑为37个月。但是,此宣告刑显然没有体现对被告人从重处罚,罪责刑不相适应。一审法院按照“定量分析和定性分析相结合”量刑指导原则,经审判委员会讨论决定,判处被告人冯某万有期徒刑5年,既符合宽严相济刑事政策,又符合量刑规范化的要求,量刑是准确、适当的。

170. 交通肇事后找人顶替、作伪证如何定性

行为人交通肇事后指使他人顶替、作伪证，将被指使人送往交警队后离去，可认定为交通运输肇事后逃逸。交通运输肇事后逃逸包含行为人未逃离肇事现场而指使他人顶替、作伪证以逃避法律追究的情形，故对上述情形不宜一概以交通肇事罪、妨害作证罪数罪并罚。

司法实例

史某贤交通肇事案

2018年11月2日13时50分许，被告人史某贤在未取得机动车驾驶资格的情况下，超载驾驶装满混凝土的牌号为甘H8××32的12方商砼运输罐车（超载率220%），从某市郊区一搅拌站开往市区一建筑工地。当日14时5分许，车辆途经某大道立交桥下路段时，遇行人京某惠（被害人）在车前方突然从道路右侧向左横穿，史某贤鸣喇叭，向左打方向并紧急刹车，但仍避让不及，车头左侧将京某惠碰倒，左前轮碾压其胸颈部，致京某惠当场死亡。肇事后，史某贤指使他人顶替，企图逃避法律追究。经某市公安局交警支队认定，该交通事故中，史某贤负主要责任。经法医鉴定，京某惠符合遭机动车辆碰撞、碾压致颈部、胸部重度毁损伤而死亡。另查明，案发后被告人史某贤的亲属与被害人亲属就民事赔偿部分达成调解协议，被害人亲属获赔87万元，且被告人史某贤亲属已履行。

甘肃省某市人民检察院以被告人史某贤涉嫌犯交通肇事罪提起公诉。

被告人史某贤及其辩护人提出史某贤没有逃离现场，不构成逃逸，请求对史某贤适用缓刑的辩解和辩护意见。

甘肃省某市人民法院认为，被告人史某贤违反交通运输管理法规，未取得驾驶资格驾驶机动车，严重超载驾驶，造成交通事故致一人死亡，肇事后逃逸，且负该事故的主要责任，其行为已构成交通肇事罪。公诉机关指控的罪名成立，适用法律正确。对被告人史某贤及其辩护人提出的史某贤没有逃离现场，不构成逃逸，请求对史某贤适用缓刑的辩解和辩护意见，经查，被告人史某贤在肇事后要求邵某元顶替，并在交警到达事故现场时自称系肇事车主，隐瞒自己为肇事者的事实，并和他人将邵某元送至交警中队，其本人则回家换掉肇事时所穿的衣服。邵某元归案后指认被告人史某贤系真正的肇事者，史某贤归案之初拒不承认，后才予以承认。被告人史某贤虽无逃离现场的行为，但其找人顶替，显然是为了逃避法律追究，客观方面表现为隐匿自己为肇事者，其行为符合逃逸的实质要件。被告人史某贤的行为构成交通肇事后逃逸。被告人及辩护人关于不构成逃逸的辩护意见，不予采纳。被告人的辩护人辩称史某贤仅负交通事故的主要责任，归案后认罪态度较好，系初犯、偶犯，并且被告人委托代理人与被害人亲属达成赔偿协议，被害人亲属获取赔偿款87万元，要求对史某贤从轻处罚的辩护意见与查明的事实及相关法律相符，予以采纳。综合被告人犯罪事实、情节、危害后果及其认罪、悔罪表现，遂判决认定被告人史某贤犯交通肇事罪，判处有期徒刑3年6个月。

一审宣判后，被告人史某贤上诉提出：(1)其未取得驾驶资格驾驶机动车和严重超载驾驶已作为认定交通肇事主要责任的情节，原判又将该两个情节作为量刑情节，属于重复处罚。(2)一审判决认定其交通肇事后逃逸错误。客观上自己没有逃离现场的逃跑行为，虽然在现场没有承认自己是肇事司机，但一直没有离开现场，且主动向交警说明自己是车主，直至跟随交警去交警中队。主观上自己不存在逃避法律追究的目的，让邵某元顶替自己作为肇事者，主要是担心不能获得保险理赔，即考虑经济利益而并非意图逃避法律追究。被害人在事故发生之时已经当场死

亡，自己开始没有承认是肇事司机的行为并没有扩大事故的损害结果。综上，原判量刑过重，请求从轻改判。

甘肃省某市中级人民法院经审理查明的事实、证据与一审一致，且被告人史某贤对未取得驾驶资格并严重超载驾驶机动车造成一人死亡的交通事故、肇事后指使他人顶替的事实均没有异议，一审判决认定的事实清楚，证据确实、充分，予以确认。原判以接近法定最低刑从轻判处，原判量刑适当。因此，史某贤及其辩护人的上诉理由均不成立，亦不予采纳。原判定罪正确，量刑适当，审判程序合法。遂裁定驳回上诉，维持原判。

本案一、二审法院如此裁判的主要理由与考量为：

1. 被告人交通肇事后在现场指使他人顶替、作伪证，将被指使人送往交警队后离去，可以认定为交通运输肇事后逃逸。行为人交通肇事后逃逸在交通肇事案件中较为常见、多发。肇事人逃逸会导致被害人得不到及时救助、损失得不到赔偿，社会危害性显著增加，同时也增大了案件查处的难度。为严惩此类犯罪行为，1997 年《刑法》明确将交通运输肇事后逃逸作为交通肇事罪的加重情节，规定了比普通交通肇事罪更重的法定刑。为准确理解与适用该条文，《交通肇事解释》第 3 条对该条文作了进一步的明确，即交通运输肇事后逃逸是指行为人具有本解释第 2 条第 1 款规定和第 2 款第 1～5 项规定的情形之一，在发生交通事故后，为逃避法律追究而逃跑的行为。《交通肇事解释》界定了逃逸的范围，厘清了审判实践中的模糊认识，确保了不枉不纵。但在实践中对为逃避法律追究而逃跑的把握仍存在两种主要不同意见：一种意见认为，行为人肇事后，只有为逃避法律追究而逃离肇事现场，才可以认定逃逸。另一种意见认为，从该条文保护的法益看，行为人肇事后是否逃离现场并不是刑法规制的重点，行为人是否救助被害人的行为才是重点。换言之，行为人肇事后在现场冷眼旁观而不为任何救助行为，甚至指使他人冒名顶替、作伪证，亦可认定为交通运输肇事后逃逸。

关于交通运输肇事后逃逸的条文的理解与适用，结合《交通肇事解释》的规定，成立交通运输肇事后逃逸主要应具备以下两个条件：(1)行为人肇事后逃跑是为了逃避法律追究，这是成立交通运输肇事后逃逸的前提条件。司法实践中，绝大多数肇事人逃跑是为了逃避法律追究，但也有少数人逃跑系惧怕受害方或者其他围观的群众对其殴打，或者基于一时恐慌，这些人在逃跑后通常能够通过报告单位领导或者主动投案等方式接受法律处理，由此体现出二者社会危害性的差别。《交通肇事解释》明确将逃跑的前提条件界定为为了逃避法律追究，避免了打击范围的扩大。(2)行为人具有逃跑行为。关键是对逃跑的认定，有观点认为，逃跑是指逃离事故现场，换言之，行为人逃离了事故现场，即成立逃逸，未逃离事故现场，则不成立逃逸。这显然是从形式上、字面上把握逃跑的含义，背离了立法初衷，对于司法实践中频繁发生的诸如行为人交通肇事后不离开现场，具有实施救助的条件而不实施救助行为，甚至在现场掩盖罪行的严重情节，便不能给予严惩。故而认为，对逃跑的理解必须结合交通运输肇事后逃逸的立法目的及规范的价值予以把握。刑法之所以仅在交通肇事罪中将逃逸规定为法定刑的升格情节，而不在故意伤害、故意杀人等罪名中作类似规定，是因为行为人对发生的重大交通事故致人重伤、死亡或者使公私财产遭受重大损失的后果，主观上是一种过失。在此场合，往往有被害人需要救助，刑法可以期待肇事人给予及时救助，因此，该条文的立法目的是促使行为人于肇事后及时救助被害人，防止交通肇事危害后果即被害人的死伤等进一步扩大。因此，逃跑行为不应仅限于逃离肇事现场。此外，《交通肇事解释》规定的逃跑也没有时间和场所的限定。交通肇事后，即使行为人没有逃离事故现场，但在事故现场袖手旁观不实施救助行为，或者毁灭罪证，指使他人冒名顶替、作伪证的，也符合交通运输肇事后逃逸的构成要件。

本案中，史某贤肇事后，虽已在现场报警，但其在现场附近打电话指使已离开现场的同乘人自认是肇事司机，并在交警到达事故现场时仍隐瞒自己是肇事司机的事实而谎称邵某元才是肇事司机，其目的就是让邵某元顶替自己承担法律责任，史某贤案发后逃避法律追究的意图明显；且之后在某市某区交警中队，史某贤确认邵某元被公安机关误认为肇事司机后，仍没有主动向公安机关投案自首，而是逃离公安机关；当日下午，史某贤还是没有主动向公安机关投案自首，而是公安机关在掌握史某贤是肇事司机的情况下以肇事车车主名义口头传唤史某贤到案；在第一次讯问过程中，史某贤仍心存侥幸，继续隐瞒事实，拒不供认。综上，史某贤交通运输肇事后，为逃避法律追究而找人顶替，隐瞒自己是肇事司机的行为，应认定为交通运输肇事后逃逸。

2. 行为人交通肇事后，指使他人顶替、作伪证的行为能否独立构成他罪。对于该问题，司法实践中主要有两种观点：一种观点认为，行为人交通肇事后，指使他人顶替、作伪证，已经侵害了另一种法益，扰乱了司法秩序，可以认定为妨害作证罪，与交通肇事罪数罪并罚。另一种观点认为，交通运输肇事后逃逸包含行为人未逃离肇事现场而指使他人顶替、作伪证以逃避法律追究的情形，故对上述情形不宜一概以交通肇事罪、妨害作证罪数罪并罚。司法实践中，二者均有为之，但以第二种观点居多。

（1）交通肇事发生后，行为人逃离事故现场，后又为掩盖罪行、逃避法律追究而指使他人顶替、作伪证的，在此场合，行为人交通肇事后为躲避法律追究而逃离事故现场的行为已完全满足交通运输肇事逃逸的构成要件。行为人又采取贿买等手段指使他人顶替、作伪证的，又侵犯了另一种新的法益，扰乱了司法秩序，单纯以交通肇事罪定罪处罚已不足以体现刑法对后一危害行为的规制，此时，宜以交通肇事罪、妨害作证罪数罪并罚。

（2）交通肇事发生后，行为人如果未逃离事故现场，而是采取贿买等手段指使他人顶替、作伪证以逃避法律追究，此时，行为人指使他人顶替、作伪证的行为是肇事后逃避法律追究的手段之一，符合交通运输肇事逃逸的构成要件，已被吸收在交通运输肇事逃逸情节中，不能再单独认定为妨害作证罪。反之，若再另认定为妨害作证罪，即为重复评价。

本案中，被告人史某贤交通肇事后未逃离事故现场，其为逃避法律追究而指使他人顶替，一、二审均将其为逃避法律追究而找人顶替的行为认定为交通肇事罪的从重处罚情节，未再认定其他犯罪，无疑也是正确的。

171. 逃逸情节被两次评价是否一定构成重复评价

当事人肇事后逃逸致使责任无法认定的，应当负事故的全部责任。逃逸情节在责任认定和构罪要件中被两次评价并未违反刑法关于禁止重复评价基本原则。

司法实例

焦某里交通肇事案

2014年9月9日，焦某里驾驶小型货车沿某市主干道由北往南行驶，欲从主干道绿化隔离带缺口进入辅道时，恰遇贾某堂驾驶两轮摩托车由南往北行驶至此，因躲闪不及，被焦某里驾驶车辆撞击倒地头部受重伤，后焦某里驾车逃离现场。经交警部门认定：焦某里因逃逸负此次事故的主要责任，贾某堂因逆行负此次事故的次要责任。案发后，焦某里主动到公安机关投案。

该案在处理中争议焦点主要集中在两个方面：（1）逃逸情节是否被

重复评价。《交通肇事解释》第2条第2款规定,交通肇事致一人以上重伤,负事故全部或者主要责任,并具有为逃避法律追究逃离事故现场情形的,以交通肇事罪处罚。根据该司法解释,焦某里交通肇事致一人重伤负事故主要责任,且有逃逸情节应以交通肇事罪追究其刑事责任。但该案认定焦某里负主要责任的交通事故责任认定书的作出依据的是《道路交通事故处理办法》(现已失效)第20条。逃逸情节在责任认定和构罪要件中被两次评价是否违反了刑法关于禁止重复评价基本原则。(2)行为与危害结果是否有因果关系。交警部门依焦某里逃逸认定其负事故主要责任,焦某里行为与贾某堂伤害结果之间是否存在因果关系,是否应依疑罪从无原则认定焦某里无罪。

1. 关于重复评价问题。禁止重复评价是指在定罪量刑时禁止对同一犯罪构成事实予以两次或两次以上的评价。① 目前,我国《刑法》和《刑事诉讼法》均未明确规定禁止重复评价原则,故在实践中对于该原则有多种理解:第一种观点认为,禁止重复评价是指禁止对法条所规定之构成要素,在刑法裁量中再度当作刑罚裁量事实,重加审酌,而作为加重或减轻刑罚之依据。② 第二种观点认为,禁止重复评价是指在定罪量刑时,禁止对同一犯罪构成事实予以2次或2次以上的法律评价。③ 第三种观点认为,禁止重复评价是指禁止对与被告人刑事责任有关的要素作多次评价。④ 由此可见,禁止重复评价与本文探讨案例有关的含义是禁止对同一犯罪构成有关的事实、要素予以2次或者2次以上的法律评价。

(1)对逃逸情节评价的主体及适用的法律不构成刑法意义上的重复评价。对某一事实作2次或者2次以上的评价应是刑法意义上的评价,而本案中对焦某里逃逸的第一次评价是行政主管部门根据相关行政法规作出行政确认行为,其依据的是行政法规,作出确认是为后续民事、刑事等法律问题解决提供相应依据,其本身并无惩戒、制裁内容。因此,从主体机关、适用法律及是否包含制裁内容看,该交通事故责任认定书对逃逸行为的评价不属于刑法意义上评价。

(2)对焦某里的构罪论证逻辑不构成重复评价。根据《交通肇事解释》,焦某里构罪的关键主要有三个方面:一是负事故主要以上责任,二是造成他人重伤,三是事故发生后逃逸。现有争议认为第一点对焦某里负主要责任的认定中包含了第三点逃逸的情节,逃逸在焦某里构罪论证中进行了两次评价,其实该理解无限延伸了刑法评价范畴并将刑事司法需解决问题无限扩张。《刑事诉讼法》第54条第2款规定:“行政机关在行政执法和查办案件过程中收集的物证、书证、视听资料、电子数据等证据材料,在刑事诉讼中可以作为证据使用。”由此可知,只要确定行政机关收集的证据客观真实、程序合法、适用法律正确即可作为证据采纳。在确定焦某里是否负主要责任的问题上,刑事司法面对的证据是行政机关基于综合判断所作出的行政确认行为,而非单纯的逃逸情节。虽然当前学界对交通事故责任认定书归类存在争议,但根据《刑事诉讼法》第50条第1款规定:“可以用于证明案件事实的材料,都是证据。”交通事故责任认定书显然可以证明案件客观事实,因此不能人为剥夺其证据资格,故在入罪时确定行政机关行政确认行为合法后可结合其他两个要件确定是否构罪。

(3)从社会危害性角度不宜认定为重复评价。以禁止重复评价确认焦某里无罪将会带来极坏的示范效应,甚至使交通肇事立法保护公民人身、财产权利的初衷被架空。行政法规之所以规

---

① 参见陈兴良:《禁止重复评价研究》,载《法学论丛》1993年第6期。

② 参见林山田:《刑法通论》,台北,三民书局1986年版,第431页。

③ 参见陈兴良:《禁止重复评价研究》,载《法学论丛》1993年第6期。

④ 参见刘为军、郭泽强:《禁止重复评价原则研究》,载《山东公安专科学校学报》2003年第2期。

定行为人逃逸导致事故无法认定应负事故主要责任,其主要目的是惩戒逃逸行为,以立法形式推定其当然承受不利后果。但如肇事者破坏现场逃逸虽被交警部门认定负主要责任,但在刑事司法中被免除刑罚,这将形成破坏现场逃逸绝对只需承担民事赔偿责任无须承担刑事责任的悖论,这一处理方式势必会带来鼓励逃逸及损害司法公正、危害公共安全的严重后果。

2. 关于因果关系。

(1)判断因果关系的标准应多元。刑法上的因果关系是指犯罪实行行为与对定罪量刑有价值的危害结果之间引起与被引起的合乎规律的联系。① 由于刑法评价的是行为而非思想,因此行为与被侵害的法益间是否存在因果关系成为刑事司法的重要判断标准。有观点认为该案中焦某里因事后逃逸被认定为负主要责任,从责任认定中无法判断焦某里违反交通运输法规行为与危害结果之间存在关联,且贾某堂也存在逆行过错,不排除贾某堂故意撞向焦某里驾驶车辆,故应依"疑罪从无"原则宣告焦某里无罪。

诚然,行为与危害结果的因果关系成立是构成犯罪不可或缺的条件,但上述论断存在一致命缺陷,即将责任认定书限定为证明行为与危害结果之间因果关系的唯一证据,这显然与客观事实不符,也与我国《刑事诉讼法》关于综合判断证据的规定相左。本案除了交通事故责任认定书外另有现场勘验、检查笔录、车速鉴定意见等相关证据可证明焦某里在从主干道进入辅道时未尽到鸣按喇叭、停车避让等安全注意义务,其在整个事故中存在明显过错,其违反道路交通安全法的行为与危害结果之间存在因果关系。

(2)应在刑事立法中推定逃逸者承担更多不利责任。从对本案因果关系的争议中可以反思,如焦某里交通肇事致一人或者数人死亡,其在逃离现场前将现场完全破坏致使侦查机关无法出具责任认定书且无法通过勘查现场获取更多信息,只能依《道路交通事故处理办法》(现已失效)第20条关于逃逸认定主责的规定认定其负事故主要或全部责任。那么是否应以无法确定危害行为和危害结果有因果关系为由对其不予追究刑事责任?该问题同时涉及立法目的实现、人权保障落实及刑事司法证明标准等。应该说针对交通肇事逃逸的社会危害性,应更多侧重于维护公共安全的立法目的,并在刑事立法、司法上推定逃逸者承担更多不利后果并适度降低证明标准。主要理由:一是逃逸者主观恶性大,相对于交通肇事的过失心态,逃逸行为主观上是一种置他人生命财产安全于不顾的故意,其主观恶性远超一般过失犯罪。二是逃逸行为危害大,大多数情况下交通事故往往会造成人员伤亡财产损失,事故发生后及时设置警示标志并积极抢救伤员与将他人生命财产安全置于极度危险状况逃离现场所带来的结果大相径庭。因逃逸导致被害人遭受二次伤害或因抢救不及时死亡的案例屡见不鲜,种种现状证明了逃逸行为带来的巨大社会危害性。三是逃逸行为大幅增加社会管理及司法成本。从现今一些案例中可以发现,交通肇事逃逸后,司法机关及相关主管部门需要花费大量人力、物力、财力抓捕犯罪嫌疑人,同时伴随着证据缺失带来的种种问题及应对被害人及其家属甚至是媒体施加的重重压力,其困难程度可见一斑。

由于交通肇事罪司法解释繁杂,且逃逸行为系事后行为等的特殊性,对于该类案件的处理在司法实践中仍存在诸多争议,有待于立法或司法解释有权机关就交通肇事罪在司法实践中存在的问题及时出台相关司法解释,进一步明晰入罪及证明标准,从而使对交通肇事案件的处理真正做到保障人权和打击犯罪的有机统一。

---

① 参见马克昌主编:《犯罪通论——根据1997年刑法修订》,武汉大学出版社1999年版,第214页。

172. 本案交通肇事犯罪被告人是否构成逃逸致人死亡

通过对在案证据的综合分析，能够得出被告人在交通肇事后具有逃逸的主观故意，并应当负事故的主要或全部责任，且逃逸行为与被害人死亡结果存在直接因果关系的，应当认定为构成交通肇事罪，并以因逃逸致人死亡情节来判处刑罚。

司法实例

冀某华交通肇事案

被告人冀某华系某镇镇长。2019 年 9 月 29 日晚，冀某华驾驶晋 K766××号奥迪轿车从某市区家中前往所在镇政府参加国庆安保部署会议。当日 18 时 20 分许，冀某华驾车途经某省道 231 公里 +90 米某乡大马村路段时，与骑电动自行车的被害人舞某禄在快车道内发生碰撞，致舞某禄及电动自行车倒地。肇事后，被告人冀某华明知发生交通事故，未停车查看，而是驾车逃离现场，行至某镇汽车站时下车查看，发现车身右侧损坏较为严重时仍然将车开至某镇政府并停于院内比较隐蔽处。之后，被害人舞某禄被途经现场的晋 K366××号三菱轿车碾压后死亡。事故发生后，被告人冀某华被某县交警大队查获并二次电话传唤其到交警大队接受调查，被告人在接到第二次电话传唤后便打"110"报警谎称其汽车停在某镇政府大门口路边时被剐蹭造成损失。另查明，被告人冀某华与被害人亲属对民事赔偿部分达成和解协议，被害人亲属对被告人表示谅解。经法医鉴定，舞某禄系与钝性物暴力撞击造成颅脑严重损伤致脑功能急性衰竭死亡。

山西省某县人民法院审理认为，被告人冀某华驾驶机动车违反交通运输管理法律法规的行车规定，发生交通事故后未停车查看救助伤员，而是驾车逃离现场，致使被害人因伤无法离开现场而被其他车辆碾压致死，其行为已经构成交通肇事罪。公诉机关指控罪名成立。遂以交通肇事罪判处被告人冀某华有期徒刑 7 年 4 个月。

一审宣判后，被告人冀某华以其驾车驶离事故现场时未看到撞伤他人，并非为逃避法律追究而驾车逃跑，不能认定为逃逸以及交警部门出具的道路交通事故认定书和被害人的死亡原因鉴定意见均存在瑕疵等为由，提出上诉。某市中级人民法院经审理认为，通过运用生活常识对肇事车辆的车况和案发现场路况等客观因素的分析，并结合被告人的事后反应等进行综合判断，应当认定其属于交通肇事后逃逸。侦查机关依据法定程序委托具有鉴定资质的鉴定机构出具的被害人死亡原因鉴定意见，与在案的其他客观证据相吻合，应当作为定案依据。原判认定事实正确，定罪、量刑均符合法律规定。相关上诉意见依据不足，不予采纳。遂裁定驳回上诉，维持原判。

本案两级法院均认定被告人冀某华构成交通肇事罪，且构成逃逸，因其逃逸致使被害人因伤无法离开现场而被其他车辆碾压致死，虽经被害人亲属谅解，但不具有投案自首等法定从轻、减轻情节，只能在法定量刑幅度内酌情从轻处罚。主要理由为：

1. 在判断是否具有肇事后逃逸的主观故意时，不能仅依据被告人的辩解，应当结合实际情况进行分析认定。本案中，被告人辩解其驾车行驶的过程中并未看见撞到他人，当时汽车发生了一些震动，其认为是碰上石头等障碍物，因而没有停车查看，后驾车驶离现场的行为不是为逃避法律追究而驾车逃跑，不能认定为逃逸。经调查，被告人冀某华的视力正常并取得机动车驾驶证，所驾小型轿车经过鉴定包括车灯在内各项功能均符合技术标准。肇事路段较为平坦宽阔，在该行车条件下，被告人应当能够看见同向驾驶电动车的被害人舞某禄。且从被告人所驾小型轿车与被害人所骑电动车发生碰撞的撞击痕迹上看，碰撞较为强烈，但被告人在发生碰撞后未停车查看，而是驾车驶离现场。且其在接到交警电话传唤后还报警谎称所驾车辆的撞击痕迹系停在某镇政府大门口路边被剐蹭,试图掩盖真相。被告人的以上行为足以反映其在交通肇事后妄图逃避法律处罚驾车逃跑的主观故意。

2. 认定被告人具有"因逃逸致人死亡"情节,仅需证明其逃逸行为与被害人死亡结果之间具有直接因果关系,被害人得到及时救治仍有可能死亡不能作为排除该情节适用的理由。侦查机关为查明被害人舞某禄损伤形成及死亡原因,先是委托某市一司法鉴定所进行鉴定,鉴定意见为被害人舞某禄系因交通事故钝性外力致脾脏挫伤破裂进而致失血性休克,在生命垂危状态下再次被车辆碾压而死亡。在被告人申请重新鉴定后又委托山西太原某司法鉴定中心进行鉴定,鉴定意见为被害人舞某禄系因道路交通事故造成重型颅脑损伤、脾脏破裂大失血休克致循环呼吸衰竭而死亡,第一次事故撞击造成舞某禄脾脏破裂大失血休克,损伤程度为重伤二级,且处于无自救能力的状态。从以上两份基本一致的鉴定意见可以得出被害人舞某禄被冀某华撞伤导致失去自救能力无法离开现场是其被其他车辆碾压死亡的直接原因的结论,即冀某华的逃逸行为与被害人舞某禄死亡结果之间具有直接因果关系。

有观点认为,认定被告人具有交通肇事后逃逸致人死亡情节,还需要证明如果被告人不逃逸,而是停车救治被害人就不会死亡,如果存在即便及时救治被害人仍会死亡的可能性,则排除该情节的适用。在司法实践中一般来说,从立法本意和法律效果方面来理解,只要证明被告人逃逸行为与被害人死亡结果之间具有直接因果关系即可,被害人得到及时救治仍有可能死亡不能必然排除该情节的适用。主要理由为:一是在发生交通事故后,肇事者应当及时履行保护现场和救治伤员的法律义务,未尽义务导致他人死亡,则应当承担较重的刑事责任,以"因逃逸致人死亡"情节来量刑符合罪刑相适应原则。二是该类案件在司法实践中有相当一部分由于证据方面的原因,仅能证明被害人被撞击后并未死亡,至于伤情是否致命往往因为被其他车辆碾压等原因难以进行鉴定,在该情况下均排除该情节的适用不利于对生命权的保护。三是除非在发生交通事故后,肇事者因受伤严重,不得已离开现场送医院治疗,但即便在这种情况下,也应当先行报案或投案,除非肇事者已经失去意识,如昏迷不醒等。

173. 无法确定附带民事赔偿受偿主体的交通肇事罪如何适用缓刑

司法实践中,对于交通肇事案件,因被害人身份无法确定,因而找不到民事赔偿受偿主体的情形,可采取将赔偿款由受理法院暂作扣押或根据《民法典》规定交由公证部门提存等方式,对于符合《刑法》第 72 条及相关交通肇事案件司法解释规定,应当判处有期徒刑适用缓刑的被告人,及时适用缓刑。不能因被害人身份无法确定,找不到民事赔偿受偿主体使该判缓刑的而判实刑。

司法实例

朱某膺交通肇事案

2018 年 8 月 2 日 22 时许,被告人朱某膺驾驶自己的本田雅阁轿车加班后回家,在一大街十字路口处撞倒一 70 岁左右的男性行人,朱某膺当即报警并随急救车至就近医院抢救,并支付抢救费用 6976 元。后伤者经抢救无效于次日死亡,因死者身份不明,经交警部门刊登认尸公告无果,最终按无主尸体火化,朱某膺支付火化费等费用 22,435 元。交警部门认定朱某膺负事故全部责任。肇事车辆投有交强险及第三者责任险,事故发生在保险期内。

本案是一起犯罪构成明晰、定性没有争议的交通肇事案件。被告人积极救助伤者,支付丧葬费等相关费用,体现出明确的认罪态度及悔罪表现。肇事车辆投有保险,对赔偿形成保障,故被告人符合适用缓刑条件。但由于死者身份暂时无法查明,赔偿及谅解无法落实,案件附带民事部分无法审理,受理法院因考虑如适用缓刑,恐引起不必要的麻烦,被告人最终因交通肇事罪被判处有期徒刑 1 年 3 个月。法院的苦衷可以理解,但这种仅审理刑事部分的做法,受限于现行的法律制度,自然造成了被告人想赔却无人可赔、酌定从轻情节及悔罪表现无法充分体现、保险金额无法使用等遗憾。对于一些特定被告人,更是造成无法解脱的困境。类似案件所涉及的附带民事诉讼部分,在现行法律框架下,如何适当审理、妥善解决是难点与焦点。

在一般的交通肇事案件中,依法有权主张权利的诉讼主体是很好确定的。但本案由于死者身份暂时无法核实,则无确定、适格的民事主体参与本案诉讼。目前此现象已引起理论界及实务界的广泛重视,大范围的讨论及尝试性的应用旨在探索符合法律规定的解决方法,力争在现行法律体系下最大限度地保护死者、死者近亲属以及被告人的合法权益。现阶段,实践中存在由民政部门、检察机关、交警部门作为主体参与诉讼、主张权利等若干操作模式,但笔者认为,以上三部门均不是适格的主体。

民政部门代表国家对流浪、乞讨人员进行扶助、管理,当流浪、乞讨人员为上述事故的当事人时,当地民政部门有权作为适格主体进行诉讼。然而本案死者身份暂时无法核实,不能推定该"无名氏"为流浪、乞讨人员。同时,没有证据证明民政部门对其进行了扶助、管理,自然不能将民政部门列为适格主体。

根据《刑事诉讼法》第 101 条第 2 款的规定,由于被告人的犯罪行为,使国家财产、集体财产遭受损失的,人民检察院在提起公诉时,可以提起附带民事诉讼。可见,检察机关只能代表国有、集体单位而不能代表自然人提起附带民事诉讼,故检察机关作为此类案件的诉讼主体是不适宜的。

实践中,也有交警部门作为主体参与诉讼的。然而,作为处理交通事故的公安机关,无论是其工作职责还是其工作内容、对象,都不允许其代受害人亲属主张权利。需要注意的是,对于此类案件交警部门往往代为处理有关尸体事宜,因此对于垫付的丧葬费用,交警部门可以主张,并应予保护。

通过以上分析不难看出,以上三部门无论是部门职能还是管理对象,都决定了其不能作为适格的主体参与类似案件的诉讼。针对这一特殊情形,并结合司法实践,对于无法确定民事赔偿权利主体的交通肇事案件,除被告人无赔偿能力及意愿,肇事车辆亦未投保外,赔偿及谅解则可视以下情况处理:

1. 如被告人有赔偿能力及意愿,可采取刑事及民事分开审理的方式。一方面,由被告人向法院提交申请,并主动交纳赔偿费用(费用包括并不限于死亡赔偿金及丧葬费,数额以不低于此两项费用之和为限,计算依据可参照上一年度城镇居民收入相关标准)至该法院,法院对此笔费用暂作扣押(可视作特殊保全)。另一方面,对交通肇事罪进行审理时,可按照被告人予以赔偿并取得谅解进行量刑,如案件情节及被告人自身情况符合适用缓刑的规定,可直接适用。民事部分及扣押的费用按照民法典相关规定确定诉讼时效,即适格主体在知道或应当知道事故发生之日起 3 年内向暂扣费用法院提起诉讼,并向包括被告人在内的赔偿义务主体主张权利,但最长不超过 20 年。法院进行实体审查,确定赔偿项目及数额,作出判决,并由该院在暂扣款中直接支付。若暂扣款不足以支付,则由适格被告再行支付。有多名赔偿义务主体的,可在赔款后由被告人另行主张。若在以上诉讼时效内无适格主体主张权利或暂扣款超出应赔款,则法院应将暂扣款或部分暂扣款返还被告人。

2. 如肇事车辆投保保险,也由被告人先行交纳费用,暂扣至法院。待实际赔偿后,被告人可按照保险合同向保险公司理赔，诉讼时效从实际赔偿后起算3年。20年内无人主张的，同样将暂扣款返还被告人。同理，仍可对被告人直接适用缓刑。

3. 按照民法典相关规定，将赔偿款向公证处等部门予以提存。《民法典》第570条规定，有下列情形之一，难以履行债务的，债务人可以将标的物提存：(1)债权人无正当理由拒绝受领；(2)债权人下落不明；(3)债权人死亡未确定继承人、遗产管理人，或者丧失民事行为能力未确定监护人；(4)法律规定的其他情形。本案可以依照第2项或第4项进行提存，但需要在判决书中将提存的情况，如提存的数额、提存的公证处名称等予以载明。

司法实践中，无论采用何种方式，都不能因为被害人身份不能确定，故而不能确定受偿主体使案件不能及时结案，更不能因此而影响对于符合适用缓刑条件应当适用缓刑的被告人的缓刑适用。但个别地方因为被害人身份不能确定，找不到受偿主体而担心留下“后遗症”而干脆对应当判处缓刑的也判实刑。

关于在交通肇事罪中是否适用缓刑，仍应将重点回归到案件情节是否满足缓刑的适用条件，而非将民事赔偿、谅解作为衡量缓刑适用的唯一条件。以上处理方法，是各地结合案件情况及审判实践，特别是按照现行法律理论体系所作的积极有益的探索，采取这样的处理方式，既较完善地保护了死者及其近亲属的合法权益，也最大限度地维护了被告人的合法权益，具有现实可操作性。

174. 行为人不慎将亚硝酸盐混入白糖销售致人死亡如何定性

行为人经营中误将亚硝酸盐混入白糖销售给他人，致他人发生亚硝酸盐中毒，经抢救无效死亡的行为，构成过失以危险方法危害公共安全罪。

司法实例

何某楠过失以危险方法危害公共安全案

被告人何某楠在所居住的社区长期开店从事预包装、散装食品销售。2017年11月25日早晨，何某楠在店内正准备用亚硝酸盐调配硝卤水，因一时忙碌将亚硝酸盐遗留在经营区域，店内其他销售人员误将亚硝酸盐混入白糖销售箱，售给华某桐、尹某森等人。当天中午，被害人石某东在食用华某桐购买的白糖后，发生亚硝酸盐中毒，经抢救无效死亡。2017年12月8日，被害人尹某森食用先前购买的白糖后，发生亚硝酸盐中毒，构成轻微伤。

本案在法院审理中，对于被告人何某楠对亚硝酸盐未尽到妥善保管义务导致亚硝酸盐被混入食品出售并致一人死亡、一人轻微伤的行为是否构成犯罪以及构成何种犯罪存在三种不同意见。第一种意见认为，被告人的行为属于意外事件，不构成犯罪。被告人的行为虽然在客观上造成了损害结果，但其损害结果是由于不能预见引起的，被告人主观上既无犯罪故意，也无犯罪过失，因而缺乏构成犯罪和负刑事责任的主观依据，不认定为犯罪。第二种意见认为，被告人的行为构成过失致人死亡罪。被告人作为一名长期从事食品销售的人员对亚硝酸盐的危害性是熟知的，应当预见将亚硝酸盐放在食品销售区的危险性，因疏忽大意而没有预见，以致发生致人死亡的结果，构成过失致人死亡罪。第三种意见认为，被告人的行为构成过失以危险方法危害公共安全罪。

检察机关对被告人以涉嫌犯过失致人死亡罪提起公诉，法院审理期间，被告人何某楠亲属向死者亲属作出适当赔偿，取得谅解。根据《刑法》第115条第2款的规定，一审法院判决认定被告人何某楠犯过失以危险方法危害公共安全罪，并科以相应的有期徒刑。被告人以量刑过重上诉后被二审法院裁定驳回。一、二审法院作此裁判的主要理由为：

1. 被告人的行为不属于意外事件。根据《刑法》第 16 条的规定，行为在客观上虽然造成了损害结果，但不是出于故意或者过失，而是由于不能预见的原因所引起的，是意外事件，不是犯罪。判断该原因能否被预见，需从两方面考量：一是行为人是否有预见的义务，该义务包括法律、法规、职业与业务方面的规章制度所规定的义务以及日常生活准则所提出的义务。二是行为人是否有预见的能力，该能力来源于行为人日常生活实践和自身行为能力。本案中的亚硝酸盐属于剧毒物质，食入 0.2～0.5 克即可导致中毒甚至死亡，国家对食品流通领域亚硝酸盐的管理十分严格，被告人作为一名长期从事食品销售的个体工商户对其危害性应是熟知的。同时，亚硝酸盐在外观上与食盐、白糖相似，极容易造成混淆，而被告人销售的食品中恰恰有散装白糖，更应予以妥善保管。根据被告人的职业、认知能力和当时的具体条件，其有义务也有能力预见亚硝酸盐放在食品销售区可能带来的危险性，只是由于其疏忽大意而没有预见，故不属于意外事件。

2. 被告人的行为不构成过失致人死亡罪。过失以危险方法危害公共安全罪、过失致人死亡罪，罪过形式均是过失且都有可能发生致人死亡的结果，二者的主要区别在于：过失以危险方法危害公共安全罪侵犯的对象是随机的，危害的是社会公共安全。过失致人死亡罪侵犯的对象具有一定指向性，危害的是公民个人生命健康。过失以危险方法危害公共安全罪要求行为人的行为应具有“大规模”和“杀伤性”。“大规模”是指该行为一经实施就可能危害到多数人或不特定多数人，“杀伤性”是指行为后果严重，该方法能够造成致人重伤、死亡或者使公私财产遭受重大损失的后果。过失致人死亡罪要求行为人的行为只具有“杀伤性”而不具有“大规模”。本案中，亚硝酸盐掺入白糖后，其危害的对象是不固定的，具有“大规模”的特点，故本案被告人不构成过失致人死亡罪。

3. 被告人的行为构成过失以危险方法危害公共安全罪。过失以危险方法危害公共安全罪，是危害公共安全罪的罪名之一，是指过失以放火、决水、爆炸、投放危险物质以外的其他危险方法，致人重伤、死亡或者使公私财产遭受重大损失的行为。“其他危险方法”是指与放火、决水、爆炸、投放危险物质等方法危害性相当的方法。该罪的构成要件是：行为侵犯的客体是公共安全，客观方面表现为行为人过失以放火、决水、爆炸、投放危险物质以外的其他危险方法，致人重伤、死亡或者使公私财产遭受重大损失。主体为一般主体，主观方面为过失。本案中，被告人客观上实施了对亚硝酸盐未尽到妥善保管义务，将其放在食品销售区域的行为，行为人对危害结果的发生主观上是过失。被告人的未妥善保管行为发生在食品销售流通领域，对社会公共安全造成了潜在的和现实的威胁，而这种威胁是对不特定的多数人而言的，这种不特定既可以是人数的不特定，也可以是危害后果的不特定。本案被告人的行为最终导致一死一轻微伤的严重后果，该行为构成刑法上的“其他危险方法”。因此，本案被告人的行为符合过失以危险方法危害公共安全罪构成要件，应以此罪定罪处罚。

175. 醉酒驾驶超标电动自行车能否构成危险驾驶罪

理论上超过有关国家标准的电动自行车依法应当被认定为机动车。醉酒驾驶超标电动自行车的危险性达到了危险驾驶罪所规定的危险程度，故可以构成危险驾驶罪。但在定罪量刑时，要体现刑法的谦抑性，不能一律定罪。构成犯罪的，量刑时也要比照同等情形下驾驶其他机动车的被告人,适度从宽处罚。司法实践中,在有关部门明确将超标电动自行车纳入机动车产品目录进行规范之前,应持审慎态度,不宜因醉酒驾驶超标电动自行车的行为对道路交通安全构成较大威胁,就将其认定为犯罪。

司法实例

刁某法危险驾驶案

2017 年 9 月 25 日 19 时许,被告人刁某法醉酒驾驶一辆"×铃"牌电动自行车,行至某县道上路口时被当场查获。经鉴定,刁某法血液酒精含量为 179.04 毫克/100 毫升。

某县人民检察院以刁某法涉嫌犯危险驾驶罪提起公诉。

某县人民法院审理认为,被告人刁某法在道路上醉酒驾驶机动车,其行为构成危险驾驶罪。公诉机关指控的罪名成立。刁某法归案后如实供述自己的罪行,认罪态度较好,可以从轻处罚。遂判决认定被告人刁某法犯危险驾驶罪,判处拘役 2 个月,并处罚金 2000 元。判决已生效。

本案的焦点是醉酒驾驶超标电动自行车的,是否构成危险驾驶罪。

实践中,对于将汽车、货车等常见车型认定为机动车没有异议,但对于以动力装置驱动且设计最高时速、空车质量、外形尺寸超出有关国家标准,达到或者接近机动车标准的电动自行车等交通工具(以下简称超标车)是否属于机动车,争议较大。各地司法机关对醉酒驾驶超标电动自行车的行为是否构成危险驾驶罪,存在不同认识。一种意见认为,超标电动自行车属于机动车。主要理由是:(1)不符合国家标准的电动自行车不属于非机动车。《道路交通安全法》第 119 条第 3 项规定:"'机动车',是指以动力装置驱动或者牵引,上道路行驶的供人员乘用或者用于运送物品以及进行工程专项作业的轮式车辆。"《道路交通安全法》第 4 项规定:"'非机动车',是指以人力或者畜力驱动,上道路行驶的交通工具,以及虽有动力装置驱动但设计最高时速、空车质量、外形尺寸符合有关国家标准的残疾人机动轮椅车、电动自行车等交通工具。"根据《道路交通安全法》的规定,机动车、非机动车在逻辑上是非此即彼的排斥关系。既然符合国家标准的残疾人机动轮椅车、电动自行车等交通工具是非机动车,那么超标电动自行车则不属于非机动车。(2)超标电动自行车符合机动车类别中摩托车的技术条件。2012 年 9 月 1 日施行的《机动车运行安全技术条件》(GB7258—2012,以下简称《机动车国标》,现已失效)将摩托车界定为由动力装置驱动,具有两个或者三个车轮的道路车辆,并将电驱动、最大设计车速不大于 20 公里/时、具有人力骑行功能,且整车整备质量、外廓尺寸、电动机额定功率等指标符合国家标准规定的两轮车辆等四类车排除在外。其中,最大设计车速不大于 50 公里/时的属于轻便摩托车,最大设计车速大于 50 公里/时的属于普通摩托车。根据该规定,超标电动自行车已达到轻便摩托车甚至普通摩托车的技术条件,故属于机动车。(3)出于安全保障需要有必要将超标电动自行车认定为机动车。实践中,为满足消费者快捷出行的需求,大部分电动自行车生产厂商制造的电动自行车的最高车速大于 20 公里/时,整车质量也超过 40 千克。这些超标电动自行车速度较快,安全性能较低,加之一些驾驶人员无视道路交通安全法律、法规,导致交通事故频发,超标电动自行车已成为继摩托车之后事故最多发的车型之一。为有力保障道路交通安全和人民群众人身财产安全,对醉酒驾驶超标电动自行车的行为应当作为犯罪处理。本案中,被告人刁某法醉酒后驾驶的电动自行车设计最高时速大于 20 公里/时,整车质量超过 40 千克,已达到轻便摩托车的技术标准,属于机动车,据此应当认定刁某法醉酒驾驶电动自行车的行为构成危险驾驶罪。另一种意见认为,不宜将超标电动自行车认定为"机动车",在道路上醉酒驾驶超标电动自行车的,不构成危险驾驶罪。

司法实践中,对于是否将超标电动自行车认定为机动车,各地做法不甚统一。本案一审法院将其认定为机动车,事实上在国家没有统一明确具体的规定之前认定与不认定均无可非议。但从国情和各地的实际考量，将超标电动自行车一律认定为“机动车”，似有研究的必要。

1. 危险驾驶罪属于行政犯，对“机动车”等概念性法律术语的理解应当与其所对应的行政法规保持一致，不能随意扩大解释。目前，对于超标电动自行车是否属于机动车，相关行政法规并未作出明确规定。虽然根据《机动车国标》对摩托车的规定，部分超标电动自行车符合摩托车的技术条件，似属机动车，但《机动车国标》并未明确规定超标电动自行车属于机动车，只是规定符合国家标准的残疾人机动轮椅车、电动自行车不属于摩托车。退而言之，即使《机动车国标》明确规定超标电动自行车属于机动车，其法律性质与效力也存在疑问。《标准化法》规定，保障人体健康，人身、财产安全的标准和法律、行政法规规定强制执行的标准是强制标准，必须执行。据此，《机动车国标》属于强制性国家标准，但强制性国家标准是否属于行政法规、部门规章，法律并无明确规定。虽然从其设置的权利义务和效力等实质要件判断，强制性国家标准与部门规章并无实质差异，但从其制定与发布的程序、体系结构、名称内容等形式要件判断，其不属于部门规章，只是接近于行政规范性文件。因此，国家标准对人民法院审理案件有一定的参考价值，但不具有法律规范意义上的约束力。只有行政法规或者部门规章明确规定超标电动自行车属于机动车之后，人民法院才能据此认定超标电动自行车属于法律意义上的机动车。在此之前，不应片面地以超标电动自行车符合《机动车国标》的规定，或者以《道路交通安全法》未排除超标电动自行车属于机动车为由，认定醉酒驾驶超标电动自行车或者驾驶超标电动自行车追逐竞驶情节恶劣的行为构成危险驾驶罪。这种认定，属于不合理的扩大解释，违反了罪刑法定原则，在实践层面还会造成行政执法的困境。《道路交通安全法》规定，无证驾驶机动车应当受行政处罚，但公安机关交通管理部门从未颁发过超标电动自行车驾驶证，故无权对无证驾驶超标电动自行车的行为进行处罚，对醉驾超标电动自行车者吊销其机动车驾驶证的行政处罚更是无从谈起。

2. 将超标电动自行车作为机动车进行规定和管理存在较多困难。(1)当前尚不具备将超标电动自行车规定为机动车的现实条件。2009 年 6 月 25 日发布的《电动摩托车和电动轻便摩托车通用技术条件》(GB/T 24158—2009，以下简称《摩托车国标》，现已废止)本拟于 2010 年 1 月 1 日施行，但其关于最大设计车速为 20～50 公里/时的属于轻便摩托车的规定，遭到电动自行车生产厂商和消费者的抵制。因目前生产和销售的大部分电动自行车的最大设计车速已超过 20 公里/时，如果将这部分电动自行车作为轻便摩托车进行管理，会导致大量生产厂商被迫停业停产整顿甚至转产，也会增加消费者的出行成本，导致购买力大幅下降。2009 年 12 月 15 日，国家标准化管理委员会不得不专门就电动摩托车相关标准实施事项下发通知(国标委工一〔2009〕98 号)，决定暂缓实施《摩托车国标》等 4 项国家标准中涉及电动轻便摩托车的内容，并表示将加快电动自行车国家标准的修订工作。2012 年 5 月 11 日，《机动车国标》发布后，再次引发关于超标电动自行车是否属于机动车的争议。同年 8 月 14 日，国家标准化管理委员会在与公安部、工业和信息化部、交通运输部、中国轻工业联合会、中国自行车协会等部门代表和有关专家参加的座谈会上达成一致意见，国家标准《电动自行车通用技术条件》的修订要适应产业发展的新形势，其不受限于《机动车国标》等现有国家标准相关条款的规定。在《电动自行车通用技术条件》新标准出台后，国家标准化管理委员会将及时梳理和调整相关国家标准，保持国家标准之间的一致性。因此，超标车的性质仍需留待电动自行车国标修订完善时予以明确。(2)将超标电动自行车作为机动车进行管理难度较大，且超标电动自行车在机动车道上行驶存在较大安全隐患。根据机动车管理的相关规定，机动车在上路行驶前，应当通过公安机关交通管理部门的登记审查，获得机动车登记证书、号牌和行驶证，投保机动车交通事故责任强制保险，机动车驾驶人还应当考取机动车驾驶证。这些工作需要投入大量的人力、物力和时间。超标电动自行车一旦证照齐全,就可以在机动车道上行驶。但如果有大量超标电动自行车与汽车、摩托车在有限的机动车道上抢行,无疑会造成一种无序状态,大大增加交通事故发生的概率。

3. 公众普遍认为超标电动自行车不属于机动车,此类醉酒驾驶或者追逐竞驶的行为人往往不具有相关违法性认识。与故意杀人、抢劫、强奸等自然犯不同,危险驾驶罪是行政犯,对行为人违法性认识的要求更高。不仅要求行为人认识到自己是在驾驶的事实,还要求行为人认识到驾驶的车辆属于法律意义上的机动车。从该罪防范社会危险的罪质特征考虑,判断行为人是否认识到其驾驶的车辆属于法律意义上的机动车,需要根据一般人的生活经验、认识水平和理解能力进行综合评价。如前所述,国家既未对超标电动自行车的法律属性作出明确规定,又未对其按照机动车进行管理,在此情况下要求普通公众认识到超标电动自行车属于机动车,既不现实,也不妥当,有强人所难之嫌。因此,目前醉酒驾驶超标电动自行车或者驾驶超标电动自行车追逐竞驶的行为人普遍不具有构成危险驾驶罪所需的违法性认识。如对这种行为追究刑事责任,则违背了主客观相统一的定罪原则。实践中,有的地方为了解决行为人主观方面的认识因素问题,会由交通管理部门出具情况说明或者鉴定意见,称涉案的超标电动自行车属于机动车。然而,这种做法既不能证明行为人认识到自己驾驶的电动自行车属于超标电动自行车,更不能证明行为人认识到超标电动自行车属于机动车。况且,在相关行政法规未明确规定超标电动自行车属于机动车的情况下,地方交通管理部门或者鉴定机构认定超标电动自行车属于机动车,超出了其权限范围。本案被告人刁某法到案后认罪,且未提出上诉,并非因为其认为自己驾驶的电动自行车属于机动车,而是基于"醉酒驾车一律要受刑事处罚"的错误认识。故不能因为刁某法认罪,就简单认为其具有危险驾驶的违法性认识。

4. 将醉驾超标车等行为以危险驾驶罪定罪处罚,打击面过大,社会效果不好。电动自行车因其方便快捷,已成为人们常用的重要交通工具之一。据统计,我国电动自行车保有量目前已超过1.6亿辆,且逐年快速递增。由于大部分电动自行车都存在超标现象,如果将醉酒驾驶超标电动自行车等行为一律作为犯罪处理,将会大大扩大刑法的打击面。因此这样的效果并不好,毕竟驾驶电动自行车的绝大多数行为人都是没有前科劣迹的普通公民,一旦被贴上"犯罪人"的标签,对其工作、生活和家庭影响较大,甚至会出现影响社会稳定的不和谐因素。从这个角度考虑,对醉酒驾驶超标电动自行车等行为也不宜作为犯罪处理。行为人驾驶超标电动自行车超速行驶的(超过15公里/时),可以对其处以警告、罚款或者扣留车辆的行政处罚。如果发生轻微交通事故,可以通过民事赔偿予以补救。如果发生重大交通事故,符合交通肇事罪构成要件的,可以依法处理。

当然,一些地方醉酒驾驶超标电动自行车的现象较为严重,且发生多起交通事故,也确实需要高度重视超标电动自行车存在的安全隐患。这需要相关主管部门采取有力措施,规范电动自行车的生产和消费市场,修改完善电动自行车运行安全技术条件,适当提高电动自行车的最大设计车速。必要时,可以考虑将其中一部分符合摩托车技术条件的超标电动自行车作为机动车进行管理。但在有关部门明确将超标电动自行车纳入机动车产品目录进行规范之前,公安、司法机关不宜因醉酒驾驶超标电动自行车的行为对道路交通安全构成较大威胁,就将其认定为犯罪。综上考虑,类似本案情形,做无罪处理更为妥当。

176. 在允许公众通行的校内驾车致人死亡的行为如何定罪

在学校建设过程中，因建设施工期间外来车辆允许通行，且学校无固定的门岗，完全属于开放性的空间状态，其学校院内通道应属于公共道路，故在校内驾车致人死亡的行为，符合《刑法》第133条及相关规定的应当以交通肇事罪定罪处罚。

司法实例

陈某如交通肇事案

2016年8月5日10时许，陈某如受人委托，帮其往本市某中学用机动车运送红砖。案发当天，陈某如无证驾驶无牌照机动柴油三轮车从学校外往学校院内拉红砖，在学校院内，陈某如不慎将被害人张某京碾轧，造成张某京经抢救无效死亡的事故。经事故责任认定，陈某如负此次事故的全部责任。经现场勘查，该新建教学楼在案发当时未投入使用，该中学当时没有固定大门，在同一个院内的另一栋教学楼外，学生的自行车可以停留摆放。

在本案处理中，相关司法机关及辩方对于陈某如构成交通肇事罪还是过失致人死亡罪，抑或重大责任事故罪出现严重分歧。

一审某市某区人民法院按照交通肇事罪对被告人进行了定罪科刑，判决已生效。法院认定被告人的行为构成交通肇事罪的主要理由为：

根据《交通肇事解释》第8条的规定，在实行公共交通管理的范围内发生重大交通事故的，以交通肇事罪论处；在公共交通管理范围外，驾驶机动车辆或者使用其他交通工具致人死亡或者致使公共财产或者他人财产遭受重大损失，构成犯罪的，分别依照《刑法》第134条第1款重大责任事故罪、第135条重大劳动安全事故罪和《刑法》第233条过失致人死亡罪的规定定罪处罚。可见，适用这一解释规定，必须解决两个问题：一是如何区分公共交通管理的范围，二是在非公共交通管理的地方驾驶机动车辆或者使用其他交通工具致人死亡的，如何准确适用罪名。

1. 关于如何理解公共交通管理的范围。《道路交通安全法》第5条第1款规定："国务院公安部门负责全国道路交通安全管理工作。县级以上地方各级人民政府公安机关交通管理部门负责本行政区域内的道路交通安全管理工作。"可见，所谓公共交通管理的范围，关键看案发地点是不是道路。关于"道路"的定义，《道路交通安全法》第119条第1项规定，道路是指公路、城市道路和虽在单位管辖范围但允许社会机动车通行的地方，包括广场、公共停车场等用于公众通行的地方。因此，只要是允许公众通行的地方，都可以归到公共交通管理范围内的道路。《道路交通安全法》第77条规定："车辆在道路以外通行时发生的事故，公安机关交通管理部门接到报案的，参照本法有关规定办理。"至此，将非道路交通事故也交由公安交警部门比照道路交通事故处理，进一步扩大了公共交通管理的范围。但司法实践中对于非道路交通事故是否都按交通肇事罪进行处理，关键还是看具体行为符合何种犯罪构成要件。

2. 关于如何确定具体罪名。(1)交通肇事罪是指违反交通管理法规，因而发生重大事故，致人重伤、死亡或者使公私财产遭受重大损失的行为。本罪在客体方面是危及不特定群众生命及财产的交通运输安全。在客观方面是指因违反交通运输管理法规，正在道路上进行的交通运输活动造成了严重的危害后果。在主观方面要求是过失，主体为一般主体。(2)过失致人死亡罪是指因过失而致人死亡的行为，过失致人死亡罪与交通肇事罪的主要区别在于：一是前者侵犯的客体是特定人的生命权，后者侵犯的是不特定人的生命财产安全，是公共安全。二是前者不需要违反相关的法律法规，后者则需要违反交通管理法规。三是前者没有空间时间限制，后者则要求必须发生在正在行驶的道路运输活动中。四是前者犯罪工具不是必备,后者则必须借助交通工具。(3)重大责任事故罪是指工厂、矿山、林场、建筑企业或者其他企业、事业单位的职工,以及群众合作经营组织或个体经营户的从业人员,在生产、作业过程中,因违反有关生产安全方面的操作流程、劳动纪律和劳动保护等规定,造成重大事故。一般而言,行为人必须有违反有关安全管理规定的行为,一般表现为不服管理、不听指挥、不遵守操作规程和工艺设计要求,盲目蛮干或者擅离岗位。且该案中的生产、作业一般是指含有科技成分的技术活动,一般都有特种行业规定的安全生产操作规范、制度、规则、流程、办法和制度。

3. 关于本案定性。本案中,被告人陈某如无证驾驶超载的无牌照机动柴油三轮车从某砖厂往学校内拉砖,虽然肇事行为发生在学校院内,但由于学校正在建设且未建成,在建设过程中,外来车辆允许通行,且学校无固定的门岗,完全属于开放性的空间状态。在案发当时,学生正在该学校院内的另一栋教学楼内上课,学生自驾的自行车辆也停放在院内。在学校院内,也没有为建设新教学楼设立建筑安全标识。此外,在案发当时,陈某如并不是从事特定的生产、作业活动,只是一般的运输活动,且其运输活动有危害不特定人生命财产安全的危险性。因此,比照交通肇事罪、过失致人死亡罪、重大责任事故罪的犯罪构成,陈某如在允许公众通行的学校院内驾驶机动车肇事并致一人死亡,其行为属于公共交通运输活动。在学校建设施工期间,其学校院内通道应属于公共道路,且其无证、无牌、超载的行为更是违反了《道路交通安全法》的规定,故其行为符合交通肇事罪的犯罪构成要件,应当以交通肇事罪追究其刑事责任。

177. 危险驾驶罪与以危险方法危害公共安全罪等相关罪名的区分及认定

危险驾驶罪与以危险方法危害公共安全罪都属于危害公共安全犯罪,两者的区分需要着重从危害程度方面进行界定。追逐竞驶,既应包括对向型的竞驶行为,还应包括行为人一方以竞驶为目的而实施的追赶行为。对情节恶劣的准确认定,要坚持主客观相统一的原则,充分考虑到追逐竞驶的时间、地点、速度、危害结果、次数、行为人的主观恶性等。

司法实例

茅某佩危险驾驶案

2015年8月22日3时许,被告人茅某佩为寻求刺激,驾驶无牌照的"川崎"牌NinjaH2型摩托车,违反禁令标志指示,由某市某区某桥出发,仅用时12分53秒绕行二环主路外环一周,超过规定时速50%以上行驶,且多次违反禁行标线标示变道超车,摩托车速度表显示最高时速达237公里/时。经鉴定,茅某佩行驶途中部分路段的平均时速为151公里/时。被告人茅某佩于2015年9月1日被抓获,摩托车等物证已扣押。

某市某区人民法院审理认为:被告人茅某佩为追求刺激,罔顾法律规定,在某市二环路主路违法驾驶未悬挂机动车号牌的二轮摩托车。在行驶中,被告人茅某佩驾驶摩托车以超过该路段规定时速50%以上的速度随意追逐、超越其他正常行驶的车辆,频繁、突然并线,并近距离穿插于其他车辆之间,其间该车速度表显示最高时速达237公里/时,其行为引发了其他车辆驾驶员的恐慌。茅某佩的上述行为违反了道路交通安全法的有关规定,危害了公共安全,属于追逐竞驶,且系情节恶劣,已构成危险驾驶罪,依法应予刑罚处罚。某市某区人民检察院的指控事实清楚,证据确实、充分,指控罪名成立。鉴于被告人茅某佩能够如实供述犯罪事实,可对其依法从轻处罚。遂判决认定被告人茅某佩犯危险驾驶罪,判处拘役3个月,并处罚金3000元。判决已生效。

危险驾驶罪是由2011年出台的《刑法修正案(八)》制定、由2015年出台的《刑法修正案(九)》加以完善的罪名。司法实践中对于该罪名的准确认定尚处于经验不断积累阶段。实践中,处理此类案件最常遇到的问题,一是该罪与其他近似罪名的区分和竞合问题,二是具体案件中对危险驾驶罪本身构成要件的理解和适用。

1. 审判实践中危险驾驶罪与以危险方法危害公共安全罪、交通肇事罪等罪名的区分要点

其一,危险驾驶罪与以危险方法危害公共安全罪的区分。危险驾驶罪与以危险方法危害公共安全罪均属于危害公共安全类的犯罪,均系危险犯,两罪在主体、主观方面以及侵害客体方面均相同,具体案件在司法实践中经常遇到认定以上两个罪名的分歧。区分两者最重要的因素在于危害程度。危险驾驶罪是抽象危险犯,不需要出现一定的危害结果,其本质在于行为本身具有侵害法益的高度危险性。因此,立法者将此危险拟制而将量刑前置化,目的在于减轻控方的追诉责任,降低入罪门槛,对特定危险行为加以特殊规制。只要发生醉驾以及追逐竞驶、情节恶劣的行为,就满足抽象危险犯的客观要求,成立危险驾驶罪。而以危险方法危害公共安全罪是具体危险犯,危险方法必须是足以造成他人重伤、死亡或者使公私财产遭受重大损失的物质性结果的行为,并且该行为应该是同一行为或者是同一时间段内的连续行为,必须具有危及不特定或者多数人的生命、身体等的紧迫危险,没有发生侵害结果实属偶然。对其的评价因素包括驾驶能力、是否正常行驶、行驶速度、车辆安全状况、案发地点的人车流量等。

目前,实践中醉驾型危险驾驶罪属高发态势,对于醉驾型危险驾驶罪与以危险方法危害公共安全罪,可以从以下方面予以区别:第一,二者对公共安全的侵害程度不同。二者同为危害公共安全类犯罪,但对客体的侵犯程度并不相同。醉驾行为对犯罪客体的侵犯程度有轻重缓急之分,尽管以危险方法危害公共安全罪用"其他危险方法"进行兜底,但仍不能将所有的醉驾行为都纳入进去,还应结合犯罪的时间、地点、行为人主观认识进行判断区分。只有当醉驾行为达到与放火、决水、爆炸等行为对公共安全相当的严重侵害程度时,才可能构成以危险方法危害公共安全罪。因此,二者的法定刑也不相同。危险驾驶罪的法定刑仅是拘役与罚金,而以危险方法危害公共安全罪最高可判死刑。第二,刑法对二者的谴责性不同。虽然二者都是故意犯罪,但驾车行为本身就具有一定危险,刑法认为这种危险是可控的、能容忍的,只有在超过一定界限时才会对其进行否定评价。而放火、爆炸、决水等危险行为是刑法坚决不能容忍、必须给予否定性评价的。如果行为人就是想以"醉驾"的方式实现与放火等行为相当的危害后果,此时就应将"醉驾"视作与放火等程度相当的"其他危险方法"。《醉驾犯罪意见》即认为,行为人明知酒后驾车违法、醉酒驾车会危害公共安全,却无视法律醉酒驾车,特别是在肇事后继续驾车冲撞,造成重大伤亡,说明行为人主观上对持续发生的危害结果持放任态度,具有危害公共安全的故意。对此类醉酒驾车造成重大伤亡的,应以以危险方法危害公共安全罪定罪。第三,司法实践中二罪的犯罪事实不同。一般而言,醉酒驾驶犯罪的行为人不直接追求损害结果的发生,犯罪行为往往比较节制。在损害结果即将发生时,行为人也会主动采取避让措施。而行为人采取醉酒驾车方式构成以危险方法危害公共安全罪的,往往表现为行为没有节制,也不会主动避让,其会在肇事后继续驾车冲撞行人直至行为被迫终止。

其二,危险驾驶罪与交通肇事罪的区分。一般而言,危险驾驶罪与交通肇事罪最显著的区分在于罪过形式,即犯罪人的主观心理状态,危险驾驶罪是故意犯罪,而交通肇事罪则为典型的过失犯罪。但由于行为人的主观心理状态一般情况下是不可能直接知晓的,加之主观方面的间接故意与轻信可以避免的过失在外在行为表现上有诸多近似之处,因此,司法实践中区分危险驾驶罪和交通肇事罪的关键在于对刑法意义上实害结果的判断。即危险驾驶罪的成立并不要求行为

对道路交通安全的危险具体达到现实化的程度,更不要求实害结果的发生,而交通肇事罪以发生致人重伤、死亡或使公私财产遭受重大损失的危害结果作为构成要件。另外,由于交通肇事行为中包含了危险驾驶行为,实践中对于未造成严重危害结果的交通肇事行为,如满足危险驾驶罪的构成要件,则往往以此罪论处。

对于危险驾驶罪与交通肇事罪,可以从以下方面予以区别:第一,犯罪主体不尽相同,交通肇事罪侧重于从事交通运输活动的人员,包括从事交通运输的机动车及其他交通工具的驾驶人员甚至包括违反交通法规的行人;而醉驾型危险驾驶罪则重点关注醉酒后实施危险驾驶行为的机动车驾驶人员。第二,主观方面不同,醉驾型危险驾驶罪为故意,而交通肇事罪为过失。第三,客观方面存在差异。刑法对二罪的实行行为规定的方式不同。对于醉驾型危险驾驶罪采用列举方式,醉酒驾驶只是两种典型的危险驾驶行为之一。而交通肇事罪的实行行为类型则十分丰富。第四,犯罪结果方面有差别,实践中行为造成的损害后果是区分两罪的重要依据。醉驾的行为后果明显轻于交通肇事罪。在行为人违反交通运输管理法规,醉酒驾驶造成交通事故的情况下,只有造成一人以上重伤,行为人负事故全部或主要责任时,才以交通肇事罪定罪处罚。相反,如果事故后果达不到以上标准或行为人对事故不负全部或主要责任的,则只构成危险驾驶罪而不构成交通肇事罪。

2. 危险驾驶罪与相关犯罪的常见竞合情形

(1)危险驾驶罪与以危险方法危害公共安全罪的竞合情形。如果行为人在闹市追逐竞驶,产生具有危害公共安全的高度危险,其危险程度足以与放火、决水、爆炸、投放危险物质等行为的危险程度相当时,在没有造成伤亡结果时,构成危险驾驶罪与以危险方法危害公共安全罪的想象竞合犯,以《刑法》第 114 条的规定进行处罚。如果造成了严重的危害结果,则以《刑法》第 115 条第 1 款的规定进行处罚。对此,最高人民法院在《醉驾犯罪意见》中指出,行为人醉酒驾车,放任危害结果发生,造成重大伤亡事故,构成以危险方法危害公共安全罪的,应处以 10 年以上有期徒刑、无期徒刑或者死刑。由于以危险方法危害公共安全罪量刑较重,因此,要充分考虑危险驾驶行为的性质,是否具有危害公共安全的与放火、决水、爆炸、投放危险物质相当的社会危害性,综合考虑被告人的手段、地点、时间、危害结果、主观恶性以及方式。

(2)危险驾驶罪与交通肇事罪的竞合情形。当一个危险驾驶行为,如醉驾、追逐竞驶、校车或客车超载、违规运输危险化学品,引发较严重的损害结果,则构成危险驾驶罪和交通肇事罪的竞合。由于后罪刑罚重于前者,根据“从一重处断”的原则,应以交通肇事罪定罪处罚,此时行为人对危险驾驶行为的主观心理状态是故意,且多是间接故意,但对造成的严重后果则是抱有过失的主观心理,系违背注意义务的过失犯罪。

本案中,被告人茅某佩驾驶未悬挂机动车号牌的二轮摩托车,违反禁令标志指示,进入禁止二轮摩托车通行的某市二环主路高速驾驶。但鉴于本案发生在凌晨 3 时许,道路上人流、车辆相对较少,被告人具有一定的驾驶能力,平均速度在 151 公里/时,同时考虑到本案被告人的行为没有造成现实的危害结果,故判定被告人驾驶摩托车造成的社会危害性尚达不到与放火、爆炸、决水、投放危险物质等行为的危害程度相当的地步,且在本案中发生危害结果并不是必然的结论,故茅某佩的行为不构成以危险方法危害公共安全罪或交通肇事罪。

3. 具体案件中对危险驾驶罪的理解与把握

构成要件的理解和适用根据我国《刑法》第 133 条之一的规定,危险驾驶罪是指在道路上驾驶机动车追逐竞驶,情节恶劣的;醉酒驾驶机动车的;从事校车业务或者旅客运输,严重超过额定乘员载客,或者严重超过规定时速行驶的;违反危险化学品安全管理规定运输危险化学品,危害公共安全的行为。对于以上四种情形，司法实践中亟须加以明确和引导适用的焦点在于如何理解“追逐竞驶，情节恶劣”。

(1)追逐竞驶的认定。对于追逐竞驶，一般认为不仅包括对向型的竞驶行为，还包括行为人一方以竞驶为目的而实施的追逐行为。只要行为人具有“竞”的目的，实施了追逐的行为，事实上已经使他人处于危险状态中，每个人都可能成为受害主体，影响公众对公共安全的信任感。如行为人具有危害不特定人的客观危险，且达到情节恶劣的程度，当然可以对其进行惩治。本质上，追逐竞驶并不要求行为人具有犯罪的共同故意，只要行为人一方具有此故意，并实施相应行为，该行为本身即具有侵害法益的高度危险性，应依据责任自负原则，追究行为人的相应责任。本案中，被告人茅某佩的狂飙行为事实上是一种以创造纪录为目的的非法行为，其把行人当作假想敌，尽力超越，具有与其他人竞赛的主观意图，并在行驶的过程中不断并线、穿插、追逐、超越其他车辆，最高时速达到237公里/时，具有危害不特定或者多数人生命、健康和重大公私财产安全的高度危险性，符合追逐竞驶的基本要求。

(2)情节恶劣的认定。《刑法修正案(八)》规定追逐竞驶型危险驾驶罪以情节恶劣为构成条件之一，属于典型的情节犯。情节恶劣的界定直接关系到犯罪的成立与否，是判断犯罪与违法的依据和界限。对情节恶劣可从以下几个方面加以认定：第一，追逐竞驶的时间。在人流量大的情况下发生的追逐竞驶显然要比人烟稀少时的危害严重得多，而人流量在不同时间段显著不同，如在白天上班高峰期间追逐竞驶要比在夜深人静时危害严重，节假日期间追逐竞驶要比平日危害严重。因此，追逐竞驶发生的时间与情节恶劣程度直接相关。第二，追逐竞驶的地点。不同地点因人流量、交通状况不同而存在不同的危害性。如主干道、人行道、步行街等人流量相对较多，在此进行追逐竞驶危害更大。再如公共车库、厂房等场所的道路人流量相对较少，道路交通相对简单，故危险性也相对较小。第三，追逐竞驶的速度。不同的行驶速度对社会造成的影响也不同，超速程度与危害性成正比，超速越严重的危险驾驶行为危害性越大。第四，危害结果。危险驾驶罪属于抽象危险犯，无论是否具有现实的、具体的危害结果，都可能构成危险驾驶罪。如对他人人身安全和财产造成现实危害，并触犯其他严重罪行时，根据想象竞合犯“从一重处断”的原则，以其他罪行定罪处罚。但有的危险驾驶行为(如来回穿插、频繁并线、逆行)虽未触犯其他严重罪行，或未造成人员、财产损失的情况下，却导致交通堵塞、瘫痪、引发公众恐慌等，亦可将其作为定罪量刑时考虑的危害结果因素。第五，追逐竞驶次数。追逐竞驶行为的次数也是影响情节恶劣是否成立的因素之一，对于偶发性且没有造成客观危害的追逐竞驶行为，应持宽容态度。而对于多次实施追逐竞驶行为并以此为乐的，则应认定为具有较大危害性。第六，主观恶性。情节是主客观要素的统一体，具体到追逐竞驶行为，反映犯罪主观方面的情节主要包括犯罪的动机、目的、是否有预谋，以及罪过的形式及其程度等。可作为主观恶性的考量因素有：为炫耀和显示或为追求刺激、争强好胜、发泄怨气等故意选择在闹市进行飙车，明知自己无证、吸毒仍旧飙车，事先有预谋地进行飙车，曾因追逐竞驶受过行政处罚或刑事处罚仍屡教不改、明知故犯，带有黑恶势力性质或有组织犯罪背景的等情况。

本案中，被告人茅某佩追逐竞驶的地点是特大城市二环路主路；追逐竞驶的速度是超过该路段规定时速50%以上的速度，最高时速达237公里/时；从被告人的供述及相关证据可见，其有多次飙车的记录；主观方面是为了炫耀、追求刺激，并因飙车受过行政处罚，驾驶改装过的摩托车，且对在某市二环进行飙车有预谋，主观恶性较深；虽然被告人的行为没有造成严重的危害结果，但其来回穿插、频繁并线亦是危害结果的表现形式之一，故被告人茅某佩狂飙摩托车行为达到了情节恶劣的程度。

综上，被告人茅某佩的行为符合追逐竞驶及情节恶劣的条件，构成危险驾驶罪，法院对其以危险驾驶罪判处拘役的处罚是适当的。

178. 行为人拒绝酒精检测的处理——醉驾人过错导致血液酒精测试结果缺失时呼气酒精测试结果的证据效力

血液酒精含量检验鉴定意见是认定行为人是否处于醉酒状态的关键依据。因为醉驾行为人过错而导致无法取得血液酒精测试结果，如行为人拒绝配合交警进行酒精检测的情况下，呼气酒精测试结果能够取代血液酒精测试结果作为认定醉驾酒精含量的定罪证据使用。在排除呼气测试结果远超被告人体内真实酒精含量可能的情况下，超过检定周期的呼出气体酒精含量探测器的检测结果仍然有效。

司法实例

索某立危险驾驶案

2012年12月27日17时许，被告人索某立至本市某小区窦某放家中吃晚饭。当晚20时许，索某立驾驶牌号为湘HU××68的奥迪A8轿车从大江街由西向东行驶至前进路口西侧路段时，与道路中心隔离护栏碰擦后冲入对向车道，与对向车道内龚某昌驾驶的牌号为湘AH××22的宝马7系轿车相撞，造成湘AH××22宝马7系轿车及道路中心隔离护栏损坏。20时30分许，某市公安局“110”指挥中心接到龚某昌报警，民警到达现场后发现索某立有醉酒驾车嫌疑。21时30分许，民警将索某立带回交警中队，对其做酒精含量呼气测试。经测试，其血液酒精含量为224.9毫克/100毫升。21时49分许，索某立未经许可擅自离开交警中队，并于22时许被民警抓获，后带回交警中队抽血取样。

2012年12月28日，被告人索某立血样被送至某市中西医结合医院司法鉴定所进行检验。经检验，其血液中检出酒精成分，含量为1.61毫克/毫升。2013年1月5日，经无锡市公安局刑事科学技术研究所重新鉴定，索某立血液中检出酒精成分，含量为1.57毫克/毫升。某市某区检察院以被告人涉嫌犯危险驾驶罪提起公诉。

某市某区人民法院认为，被告人在道路上醉酒驾驶机动车，其行为构成危险驾驶罪，遂判决认定以危险驾驶罪判处被告人索某立拘役2个月，并处罚金3000元。

一审宣判后，被告人提出上诉。索某立及其二审辩护人认为原审判决书确认的多名证人关于其饮酒的证言相互矛盾，且与相关书证相矛盾；侦查机关没有及时对其进行酒精含量呼气测试和血液酒精含量检验，事后所做酒精含量呼气测试的时间与实际时间不符，两次血液酒精含量检验报告中的检材与实际提取过程有矛盾，因此认定其构成危险驾驶罪的证据不足，请求二审宣告索某立无罪。

某市中级人民法院二审审理查明：(1)认定索某立构成危险驾驶罪的证据有多名证人的证言、公安机关的酒精含量呼气测试、理化检验意见、某市中西医结合医院司法鉴定所的血液酒精含量检验意见，上述证据取证程序合法，内容真实客观，并能相互印证。(2)公安机关接到报警后及时赶到现场出警，在发现索某立有醉酒驾驶的嫌疑后，即要求其到交巡警中队进行酒精含量呼气测试，但索某立拒绝配合，并妨碍公安机关的事故处理程序，因此未及时对索某立进行酒精含量呼气测试系其本人的妨碍行为所致。(3)一审法院业经审查酒精含量呼气测试记录、血液酒精含量检验检材记录上存在的瑕疵，并对该组证据进行核实及补充调查，侦查机关、鉴定人员及相关证人已经作出合理解释，该瑕疵并不影响其证明效力。该院认为，原判认定的事实清楚，证据确实、充分，定罪正确，量刑适当，审判程序合法，应予维持。上诉人索某立及其辩护人提出的相关上诉、辩护理由均不能成立，不予采纳。遂裁定驳回上诉，维持原判。

本案的焦点是：如何认定行为人属于醉酒状态；行为人拒绝配合交警执法所导致的不利后果由谁承担；瑕疵证据应当如何采信。

本案作为一起典型的醉酒驾驶争议案件，所涉问题主要包括：第一，行为人醉酒状态的认定依据；第二，行为人拒绝配合交警进行酒精检测情形下的司法认定；第三，瑕疵证据的可采性问题。关于前两个问题，最高人民法院、最高人民检察院、公安部于 2013 年 12 月 18 日联合出台的《关于办理醉酒驾驶机动车刑事案件适用法律若干问题的意见》（以下简称《醉驾刑事案件意见》，现已失效）均有规定。本案二审虽于 2013 年 12 月 8 日宣判，当时《醉驾刑事案件意见》并未出台，但处理结果及裁判理由与《醉驾刑事案件意见》的规定却完全契合，即认为血液酒精含量检验鉴定意见属于认定行为人是否处于醉酒状态的关键证据。对于行为人拒绝配合交警进行酒精检测的情形，司法认定时应当通过简化、减低对侦查人员的证明要求，从而将因行为人导致的不利后果归由其本人承担。关于第三个问题即瑕疵证据的处理，应当通过责令办案人员进行补正或者作出合理解释说明，实现瑕疵证据向合法证据的转换。通过对这些问题的探讨，有利于促进司法部门统一对醉驾问题的认定标准，从而真正实现醉驾入刑的预期功能。

司法实践中，办理醉酒驾驶案件，血液酒精含量检验鉴定意见是认定行为人是否处于醉酒状态的关键依据。醉酒驾驶，是指在醉酒状态下在道路上驾驶机动车的行为。根据《车辆驾驶人员血液、呼气酒精含量阈值与检验》的规定，车辆驾驶人员血液中的酒精含量大于或者等于 80 毫克/100 毫升的，属于醉酒驾驶。《醉驾刑事案件意见》第 1 条沿用了这一数值标准。从刑法规定来看，醉酒驾驶是否构成犯罪不需要司法人员判断醉酒行为是否具有现实的公共危险，只要行为人处于醉酒状态即可构成犯罪。因此，在司法实践中，如何确定行为人的血液酒精含量系认定醉驾最关键的问题。本案中，被告人申请了多名事发当晚与其一同吃饭的人出庭作证，用以证明其当晚未曾饮酒。由于这些证人均系当晚与索某立一同吃饭的人，部分证人与索某立系朋友关系，导致部分证人的当庭证言与侦查阶段证言存在矛盾，使证人证言的证明力大打折扣。值得强调的是，认定行为是否构成危险驾驶罪无须证明行为人在何时、何地饮酒，以及具体每次饮酒的数量，而只要借助科学的检验、鉴定来证明行为人驾驶时血液中的酒精含量是否达到 80 毫克/100 毫升，并以此认定行为人是否处于醉酒状态。

实践中，交警部门采取的酒精检验主要包括两种方式：呼气酒精含量检验与血液酒精含量检验。在处理醉驾问题时，通常会对驾驶人员先进行呼气酒精含量检验，如果呼气检验结果达到或者接近醉酒标准，再对驾驶人员进行血液酒精含量检验。《醉驾刑事案件意见》第 6 条第 1 款中规定，血液酒精含量检验鉴定意见是认定犯罪嫌疑人是否醉酒的依据。该条规定包含三点含义：

1. 认定行为人构成醉驾的基础为血液酒精含量检验鉴定意见。在通常情形下，未经血液酒精含量检验鉴定的，不能定罪。《醉驾刑事案件意见》将血液酒精含量检验鉴定意见明确为行为人是否醉酒的依据，表明实践中只有经过该鉴定，并且鉴定的数值达到醉驾的标准，方可认定行为人构成犯罪，不能仅以呼气酒精含量检验结果作为定罪的依据。实践中，交警部门通常会对行为人抽取两管血样标本用作检材，当行为人对鉴定意见不服时，可以申请重新鉴定。本案中，索某立即对第一次鉴定意见不服，提出了重新鉴定的申请。相关鉴定部门经重新鉴定，检出索某立血液中含有酒精成分，含量为 1.57 毫克/毫升，已经达到入罪标准。

2. 血液酒精含量检验鉴定的实体、程序均应合法有效。若因存在非法内容而被法院排除，不能定罪。实践中，鉴定意见被认定为非法的情形主要包括：一是鉴定人资格或者条件的缺失。根据全国人民代表大会常务委员会《关于司法鉴定管理问题的决定》的要求，鉴定机构需要有明确的业务范围，所接收的鉴定业务不能超越该业务范围。鉴定人也必须具备与鉴定能力相适应的相关资格和条件。二是鉴定程序违法或者鉴定方法错误。司法鉴定具有较强的专业性和技术性，若违背了法律、法规和司法解释确定的程序，或者使用了错误的方法，则可能导致鉴定意见被视为非法证据。三是送检材料真实性存疑。检材来源不明或者受到污染，会导致鉴定意见非法。存在问题的血液酒精含量检验鉴定意见如被认定为非法证据而予以排除，则不能退而求其次，再以呼气酒精含量检验结果作为定罪依据，而应直接认定行为人无罪。

3. 呼气酒精含量检验结果与血液酒精含量检验鉴定意见存在冲突时，应当以后者为准。由于两种检验形式在方法上、时间上存在差别，因此实践中会出现呼气酒精含量检验结果与血液酒精含量检验鉴定意见相冲突的情况。具体来看，主要包括以下三种情形：一是两种检验结果均达到了醉驾的程度，但呼气酒精含量检验结果与血液酒精含量检验鉴定意见存在较大差异。二是呼气酒精含量检验结果达到了醉酒的程度，但血液酒精含量检验鉴定意见没有达到醉酒的程度。三是呼气酒精含量检验结果未达到醉酒的程度，但血液酒精含量检验鉴定意见达到了醉酒的程度。根据《醉驾刑事案件意见》的规定，对以上三种情形，均应当以血液酒精含量检验鉴定意见为准。之所以确立这一原则，主要是因为血液酒精含量检验鉴定是直接检验驾驶人员血液中的酒精含量，而呼气酒精含量检验是检验驾驶人员呼气中的酒精含量，再按照 1∶2200 的比例换算成血液酒精含量，且血液酒精含量检验鉴定的程序要求更严格，具有可复查性，故证据效力更高。相比而言，呼气酒精含量检验仅是一种侦查手段，测定的结果更多具有参考和辅助作用，通常无法仅凭其认定行为人构成犯罪。

本案中，交警部门依法对索某立先后进行了呼气酒精含量检验和血液酒精含量检验鉴定。血液酒精含量检验，也应索某立的申请而进行了重新鉴定。因此，只要该鉴定意见合法，就应当将其作为定案的依据。

179. 驾驶校车严重超载是否构成危险驾驶罪

行为人在道路上驾驶机动车，从事校车业务，严重超过额定乘员载客的，其行为可以构成危险驾驶罪。

司法实例

明某成危险驾驶案

被告人明某成于 2011 年 9 月与某市某幼儿园达成协议，用其所有的中巴车从事校车业务，负责接送 15 名幼儿上学和回家。因校车核载 9 人，平日均分两批接送。2015 年 12 月 7 时 20 分许，明某成为了提前赶回家送生病的母亲到医院诊疗，便一次性接载幼儿园学生 15 人及随车教师 1 人，在沿某市某路由南向北行驶至与中某路交叉路口（无交通信号灯）左转弯时，因注意力不够集中，疏于观察路口其他来车，与宗某驾驶的轿车发生碰撞。事故致两车损坏、被告人明某成右髌骨骨折，乘坐校车的 15 名幼儿园学生及随车教师均未受伤。某市公安局交巡警大队出具道路交通事故责任认定书，认定明某成负此次事故的主要责任，宗某负次要责任。

某市人民法院审理认为，被告人明某成在道路上驾驶机动车，从事校车业务，严重超过额定乘员载客，其行为已构成危险驾驶罪，依法应判处拘役，并处罚金。鉴于被告人明某成犯罪以后自动投案，并如实供述了自己的罪行，是自首，依法予以从轻处罚。公诉机关对被告人明某成的指控，事实清楚，证据确实、充分，其指控罪名成立，法院予以支持。遂依照《刑法》第133条之一第1款第3项等条款的规定，于2016年1月28日判决认定被告人明某成犯危险驾驶罪，判处拘役2个月，并处罚金2000元。判决已生效。

自2015年11月1日起施行的《刑法修正案(九)》第8条规定，从事校车业务或者旅客运输，严重超过额定乘员载客，或者严重超过规定时速行驶的，构成危险驾驶罪。这对保障公众安全和维护交通秩序无疑是一大进步。一审法院认定被告人构成危险驾驶罪并判处拘役并处罚金，主要理由为：

1. 超额载客型危险驾驶犯罪的主体范围。危险驾驶罪为一般主体，即具备刑事责任能力年满16周岁的自然人。对于本罪刑事责任主体范围的确定，多数观点认为应只限于危险驾驶者本人，无处罚未完成犯罪和共犯的必要性。也有人认为本罪为故意犯罪，存在共犯问题，对合作从事校车业务的双方管理人、负责护送学生的随车教师、旅客运输管理者均可纳入本罪的刑事责任主体范围。司法实践中，主流观点认为，对超额载客型危险驾驶犯罪刑事责任主体的确定，不宜扩大打击面，但亦不一定仅处罚危险驾驶者本人。因为刑事政策具有追求效率的本性，在其制定和实施过程中，必然关注以最少的社会资源耗费，达成最大地预防和控制犯罪的效用。如果车辆管理人或者车主强行要求驾驶员超过额定乘员载客，那么其已成为本罪的共同正犯，而仅处罚超载驾驶者本人，既不公平，也不利于充分发挥刑法的预防和控制功能。所以，应将这类人员纳入本罪的刑事责任主体范围。就本案而言，被告人明某成与某市某幼儿园达成协议，用其所有的中巴车从事校车业务，负责接送15名幼儿上学和回家。由此可见，被告人明某成从事的是幼儿园外包校车业务，其既是该校车的经营者和管理者，又是校车驾驶员，校车在其完全掌控之下，对校车行车安全负有不可推卸的直接责任。校车严重超过额定乘员载客，是明某成心存侥幸故意为之，因此，明某成系本案唯一适格的被告人主体。

2. 严重超过额定乘员载客之"严重"的界定。对于超额载客型危险驾驶犯罪，构成本罪的前提条件就是从事校车业务或者旅客运输，严重超过额定乘员载客。非从事校车业务或者旅客运输，少量超过额定乘员载客的均不构成本罪。《道路交通安全法》第49条规定："机动车载人不得超过核定的人数，客运机动车不得违反规定载货。"第92条第1款规定："公路客运车辆载客超过额定乘员的，处二百元以上五百元以下罚款；超过额定乘员百分之二十或者违反规定载货的，处五百元以上二千元以下罚款。"从本罪的罪状描述来看，是直接把交通行政管理法规禁止的超额载客行为上升为刑法规制的行为，其中既没有损害结果的要求，也没有发生具体危险的要求。如果把"超过额定乘员百分之二十"认定为严重超载，不能体现行政法规制与刑法规制的界限，没有使道路交通安全法相关规定与刑法相关规定有机衔接，那么，如何把握好度，正确认定严重超载？一般认为，可以在《道路交通安全法》规定的公路客运车辆载客超过额定乘员20%的基础上再增加10%作为严重超载的分界线，即从事校车业务或者旅客运输，超过额定乘员30%的，可认定为严重超过额定乘员载客，构成危险驾驶犯罪。理由如下：

(1)使超额载客行为的刑法法律规制与交通行政法律规制形成有机衔接。《道路交通安全法》规定公路客运车辆载客超过额定乘员20%为严重超载，以超过额定乘员30%作为认定刑法中特定的校车和客车严重超员载客的基准线，有利于促进刑法评价严重超载的标准与交通行政法规评价严重超载的标准形成合理阶梯，宽严适度，使刑法与道路交通安全法各自发挥应有的作用，形成对超过额定乘员载客的危险驾驶行为更加完善的法律规制。

(2)构成“严重”的标准不宜过宽,否则将削弱惩戒和预防超载犯罪的作用。一方面,由于校车和客车都属于营运车辆,乘客的生命安危都系于司机一身,一旦司机没有履行安全职责,就可能造成群死群伤等重大事故。因此,加重对校车、客车司机的刑法约束,能够更好地促使司机依法谨慎驾驶。另一方面,客运车辆的超载行为,在实际生活中比较常见,尤其在节假日超载现象更为严重。之所以出现这种现状,就是因为对客运车辆超载处罚力度不大。按照现行法律法规,超载属于违反道路交通安全法的行为,仅会被处以罚款、扣分,违法成本过低。因此,很容易使那些安全意识不高的司机造成一种错觉:只要不发生事故,超载不过是罚款扣分了事。公安部的数据表明,客车超员等严重交通违法行为是特大道路交通事故频发的重要原因,超员导致的事故甚至占到了总数的23.1%。将这些行为纳入危险驾驶罪范畴,可以刑法权威来提高震慑力,预防事故发生。

(3)消除“没出事就没事”的侥幸心理,警示校车和客车驾驶者及管理者,这是一条不可逾越的交通安全红线。随着汽车工业的发展和人民生活水平的提高,我国在维护交通秩序、保障公共安全领域还有很大的提升空间。我国以往的交通违法量刑主要以造成违法结果为标准,如有没有造成伤亡、造成多少伤亡成为量刑的重要参考指标。这种量刑思路当然没错,但更应该加强对违法行为过程的约束。比如超速、超载等行为,即便没有造成事故,也应当严加处罚,以消除事故隐患和侥幸心理,从根本上减少交通事故的发生,保障公众交通安全。

本案被告人明某成驾驶的校车中,乘员除1名随车教师外,其余15名乘员均是无民事行为能力的幼儿园学生,其所驾驶的中型普通客车核载人数为9人,却载员17人(包括驾驶员),超载率达88.89%,严重超过额定乘员载客。该行为使校车中师生及车外其他不特定或者多数人的生命、健康或者财产利益受到威胁,随时都可能出现无法预料和难以控制的危害后果,危害了公共交通的安全。

《刑法修正案(九)》自2015年11月1日起施行以来,校车严重超载入刑已经被报刊媒体广泛宣传,被告人明某成作为校车驾驶员应当知道校车严重超载是违法犯罪行为,明知而心存侥幸即为故意,因此,其主观上具有犯罪的故意。明某成虽然在行车过程中交通肇事,造成他人车辆及校车损坏、自己受伤的后果,但该行为仅是一般的道路交通事故,不构成交通肇事罪。综上,本案以危险驾驶罪对被告人定罪处罚有事实和法律依据,明某成的交通肇事行为可作为一个量刑情节予以考虑。

180. 危险驾驶罪是否可以适用缓刑

根据刑法和司法解释的规定,危险驾驶罪符合缓刑适用条件的应当或可以适用缓刑。但应当根据行为人危险驾驶的够罪程度,罪前、罪中、罪后情节及其有无犯罪前科、是否因危险驾驶或酒驾受过行政处罚等,进行综合考量、评判。

司法实例

芮某文危险驾驶案

芮某文系某高校学生处长,平时应酬较多。2019年5月15日,芮某文因酒后驾车被全市交警异地联查酒驾行动某卡点查获,受到行政处罚。同年7月27日,芮某文在参加完同学聚会饮酒后回到家不久,又接到多年不见的大学同学出差来本市,提出要其到高铁站接站的电话。芮某文意识到前不久刚因酒驾被处罚,如再被查住,后果不堪设想。故其便打电话找代驾,因接近23时,附近代驾没人应接,找到一名代驾司机因路途较远，需半小时赶到。眼看同学高铁快要到站，芮某文当即决定自己先开上车往高铁站方向走，让代驾在中途相迎。没想到车开出离学校家属院不远准备上通往高铁站的主干道时，即被突然出现的治理酒驾统一行动民警当场查获。经呼气及血液酒精检测，芮某文酒精含量高达269毫克/100毫升，属严重醉驾。

某市某区检察机关对芮某文以涉嫌犯危险驾驶罪起诉至法院。某区法院认为，被告人芮某文醉酒驾驶机动车的行为已经触犯刑法危险驾驶条款，构成危险驾驶罪，虽然认罪悔罪，但其在3个月内曾因酒后驾驶机动车被行政处罚，且血液中酒精含量高达269毫克/100毫升，依法应从重处罚。遂判决认定被告人芮某文犯危险驾驶罪，判处拘役2个月，并处罚金1000元。

被告人芮某文以本想找代驾，尚未交接即被查获，量刑过重，应适用缓刑为由提起上诉，被某市中级人民法院二审驳回。

本案的焦点是，对于被告人是否可以适用缓刑。本案一、二审法院认定被告人芮某文构成危险驾驶罪，并判处拘役实刑并处罚金的主要理由是：

1. 被告人芮某文已达到危险驾驶罪的定罪标准。《刑法》第133条之一规定，在道路上驾驶机动车，有下列情形之一的，处拘役，并处罚金：(1)追逐竞驶，情节恶劣的；(2)醉酒驾驶机动车的；(3)从事校车业务或者旅客运输，严重超过额定乘员载客，或者严重超过规定时速行驶的；(4)违反危险化学品安全管理规定运输危险化学品，危及公共安全的。机动车所有人、管理人对前款第3项、第4项行为负有直接责任的，依照前款的规定处罚。有前两款行为，同时构成其他犯罪的，依照处罚较重的规定定罪处罚。根据最高人民法院、最高人民检察院、公安部《醉驾刑事案件意见》第1条第1款的规定，在道路上驾驶机动车，血液酒精含量达到80毫克/100毫升以上的，属于醉酒驾驶机动车，依照《刑法》第133条之一第1款的规定，以危险驾驶罪定罪处罚，被告人芮某文的酒精含量达到“80毫克/100毫升以上”，已经构成危险驾驶罪。

2. 被告人芮某文属于危险驾驶罪中从重处罚的对象。根据最高人民法院、最高人民检察院、公安部《醉驾刑事案件意见》第2条的规定，醉酒驾驶机动车，具有下列情形之一的，依照《刑法》第133条之一第1款的规定，从重处罚：(1)造成交通事故且负事故全部或者主要责任，或者造成交通事故后逃逸，尚未构成其他犯罪的；(2)血液酒精含量达到200毫克/100毫升以上的；(3)在高速公路、城市快速路上驾驶的；(4)驾驶载有乘客的营运机动车的；(5)有严重超员、超载或者超速驾驶，无驾驶资格驾驶机动车，使用伪造或者变造的机动车牌证等严重违反道路交通安全法的行为的；(6)逃避公安机关依法检查，或者拒绝、阻碍公安机关依法检查尚未构成其他犯罪的；(7)曾因酒后驾驶机动车受过行政处罚或者刑事追究的；(8)其他可以从重处罚的情形。本案中，一是本案被告人芮某文酒精含量高达269毫克/100毫升，远远超过从重处罚的起点标准。二是其3个月内曾因酒驾被行政处罚，被告人芮某文具备第2项和第7项两个从重处罚的条件，因此，应当对其从重处罚。在司法实践中，对于具有上述8个从重处罚情形之一的，一般不能适用缓刑。

3. 对于其他不适用缓刑的情形。司法实践中，对于具有下述十种情况的危险驾驶罪的犯罪分子，一般也不能宣告缓刑：(1)有危险驾驶前科3年内又危险驾驶的；(2)有冲卡等不配合检查行为的；(3)在高速公路上行驶的；(4)造成一人以上轻伤的；(5)有吸毒后驾驶机动车辆的；(6)无驾驶资格驾驶机动车辆的；(7)明知是安全装置不全或者安全机件失灵的机动车辆而驾驶的；(8)明知是无牌证或者已报废的机动车辆而驾驶的；(9)严重超载驾驶的；(10)为逃避法律追究逃离事故现场的。

4. 对于危险驾驶罪被告人的量刑。最高人民法院《关于常见犯罪的量刑指导意见(二)(试行)》规定了危险驾驶罪的量刑标准:一是构成危险驾驶罪的,可以在1个月至2个月拘役幅度内确定量刑起点。二是在量刑起点的基础上,可以根据危险驾驶行为等其他影响犯罪构成的犯罪事实增加刑罚量,确定基准刑。三是对于醉酒驾驶机动车的被告人,应当综合考虑被告人的醉酒程度、机动车类型、车辆行驶道路、行车速度、是否造成实际损害以及认罪悔罪等情况,准确定罪量刑。对于情节显著轻微危害不大的,不予定罪处罚。犯罪情节轻微不需要判处刑罚的,可以免予刑事处罚。

181. 生产烟花爆竹使用烟火药是否按照爆炸物追究刑事责任

行为人为非法生产烟花爆竹而配制、买卖烟火药的行为,构成非法制造、买卖爆炸物罪。如果行为人配制、买卖烟火药的行为没有造成严重的社会危害性,数量不大,经教育确有悔改表现,可以根据有关规定和法律确定的程序,对行为人从轻、减轻或者免除处罚。

司法实例

樊某坤非法制造、买卖爆炸物案

2015年2月18日,被告人樊某坤在某省某县某村向何某孝(另案处理)购氯酸钾26千克、银粉6千克、硫黄粉21千克、引火线9把作原料,无证生产土制鞭炮销售牟利。为逃避公安机关检查,被告人樊某坤唆使其妻陈某琼将家中剩余的原料及配制的烟火药藏匿。案发后,陈某琼主动向公安机关交出氯酸钾9.65千克、硫黄粉18千克、疑似烟火药4.25千克、引火线15把(含樊某坤原向朱某兴购买部分)。经某省烟花爆竹产品质量监督检查站检验:4.25千克疑似烟火药中所含成分为烟火药,引火线所含成分为烟火药,每一米引火线含烟火药0.432克。经清算,查获引火线总长度为12,569米,所含烟火药总量为5.43千克(12,569米×0.432克)。被告人樊某坤归案后主动向某县人民检察院上缴赃款2010元。

某省某县人民法院审理认为:2006年5月国务院公布的《民用爆炸物品安全管理条例》(已被修改),以及同年11月国防科工委、公安部依照条例的规定公布的《民用爆炸物品品名表》中均没有规定烟花爆竹与烟火药,公诉机关指控被告人樊某坤为生产土制鞭炮所配制的烟火药及其购买的引火线属于爆炸物的证据不足,指控不能成立不予支持。据此,经审判委员会讨论决定,判决宣告被告人樊某坤无罪。

一审宣判后,某省某县人民检察院认为一审判决认定事实有误、适用法律不当,向某省某市中级人民法院提起抗诉。其理由是:根据最高人民法院法释〔2001〕15号《枪弹解释》(已被修改)第1条第1款第6项之规定,烟火药属于《刑法》第125条第1款规定的爆炸物范围。该司法解释仍然有效,原审法院对原审被告人樊某坤判决无罪不当。

某省某市中级人民法院经审理认为:2006年1月21日国务院颁布实施的《烟花爆竹安全管理条例》(已被修改)是为了对烟花爆竹实行更规范的管理,保障人民群众生命财产安全,而不是否定烟花爆竹及有关原材料——黑火药、烟火药的爆炸物特性。国防科工委、公安部2006年11月9日颁布的《民用爆炸物品品名表》是与《民用爆炸物品安全管理条例》相对应的,《民用爆炸物品安全管理条例》既规范一般的民用爆炸物,也规范爆破器材。爆破器材一般使用黑火药,而不使用烟火药,所以品名表没有列举烟火药,但是不能据此认为烟火药不是爆炸物。在某些情况下,烟火药比黑火药更敏感,易爆性更强,故用于生产烟花爆竹的烟火药应属《刑法》第125条第1款规定的爆炸物。一审认定烟火药不是爆炸物属认定不当。樊某坤违反国家法律、行政法规的规定,非法配制烟火药4.25千克,买卖含5.43千克烟火药的引火线,依照最高人民法院《枪弹解释》的规定,应以非法制造、买卖爆炸物罪定罪处罚。某县人民检察院的抗诉意见成立,予以采纳。樊某坤配制烟火药数量不大,并经教育确有悔改表现。案发后,樊某坤在被采取强制措施前,如实向公安机关供述了主要犯罪事实,应认定为具有自首情节。根据本案被告人的犯罪事实、犯罪性质、情节和社会危害性,可免除处罚。据此,依照1996年《刑事诉讼法》第189条第2项,《刑法》第67条第1款、第125条第1款,最高人民法院《枪弹解释》第1条第1款第6项的规定,判决撤销某县人民法院一审刑事判决,原审被告人樊某坤犯非法制造、买卖爆炸物罪,免予刑事处罚。

本案的焦点在于,用于生产烟花爆竹的烟火药是否属于《刑法》第125条第1款规定的爆炸物。对此,一种意见认为,烟火药不属于爆炸物,因而被告人为非法生产烟花爆竹配制、买卖烟火药的行为不构成非法制造、买卖爆炸物罪。理由在于:2001年最高人民法院《枪弹解释》虽明确规定非法制造、买卖、运输、邮寄、储存烟火药3000克以上的,构成非法制造、买卖、运输、邮寄、储存爆炸物罪,但由于1984年《民用爆炸物品管理条例》已被2006年9月1日起实施的《民用爆炸物品安全管理条例》所取代,而适用于该新条例的《民用爆炸物品品名表》未包含烟火药,并对黑火药一栏明确备注了“用于生产烟花爆竹的黑火药除外”。因此,应认为用于生产烟花爆竹的烟火药、黑火药等不再是民用爆炸物品。《枪弹解释》的规定与新行政法规抵触的部分,应不再予以适用。另外,国务院2006年1月21日颁布了《烟花爆竹安全管理条例》(已被修改),其中虽然对烟火药、引火线等进行了管理,但也没有明确其为爆炸物品。另一种意见认为,烟火药属于爆炸物,因而被告人为非法生产烟花爆竹配制、买卖烟火药的行为构成非法制造、买卖爆炸物罪。理由在于:2001年《枪弹解释》在本案二审期间仍有效,应予适用。1984年《民用爆炸物品管理条例》虽因2006年9月1日《民用爆炸物品安全管理条例》实施而废止,但在2006年1月,国务院颁布了《烟花爆竹安全管理条例》,对生产烟花爆竹的民用黑火药、烟火药、引火线等物品实行许可证制度,并规定非法生产、经营、运输烟花爆竹构成犯罪的,依法追究刑事责任。可以理解为1984年《民用爆炸物品管理条例》被2006年《民用爆炸物品安全管理条例》和《烟花爆竹安全管理条例》共同取代,但2001年《枪弹解释》适用的法规基础还存在。

本案二审判决采纳第二种意见的主要理由为:

1. 国家对烟火药等物品不是放松了管理,而是用专门行政法规进行规范。《烟花爆竹安全管理条例》出台于临近春节,烟花爆竹生产、销售进入旺季之时,且由于部分城市对烟花爆竹由禁止燃放改为限制燃放的大背景,市场需求量剧增,一些企业和个人受经济利益的驱动,抢产量、赶进度、超能力生产,严重忽视生产安全。与此同时,非法生产、销售烟花爆竹的活动也日趋严重,爆炸事故频发。国务院安全生产委员会多次发布事故通报和严厉打击非法生产、经营烟花爆竹行为的通知,并为有效规范、监管烟花爆竹的生产、经营、运输和燃放,预防爆炸事故发生,单独制定了行政法规,其目的是对烟花爆竹实行更规范的管理,保障人民群众生命财产安全,而不是否定烟花爆竹及有关原材料黑火药、烟火药的爆炸物特性。从立法目的、限制程度等方面看,该条例与《民用爆炸物品安全管理条例》无异。

2. 非法制造、买卖爆炸物罪中的爆炸物,并非局限于《民用爆炸物品安全管理条例》中的民用爆炸物品。非法制造、买卖、运输、邮寄、储存枪支、弹药、爆炸物罪,是指违反国家有关枪支、弹药、爆炸物的管理规定,未经批准,非法制造、买卖、运输、邮寄、储存枪支、弹药、爆炸物,危害公共安全的行为。这里的爆炸物,也即刑法意义上的爆炸物,是指能够引起爆炸,具有较高危险性、较大杀伤力的物品。既包括雷管、炸药、导爆索等民用爆炸物,也包括手榴弹、地雷等军用爆炸物,绝不仅仅限于《民用爆炸物品品名表》中所列物品，不能以烟火药未列在《民用爆炸物品品名表》内就否认其属于刑法意义上的爆炸物，进而排除《枪弹解释》的适用。

3. 烟火药是主要利用其燃烧反应产生可见光、红外辐射、高热、高压气体、气溶胶烟幕和声响等效应的弱爆炸性物质，属于低速炸药，能够引起爆炸，可能危及公共安全。在某些情况下，烟火药比黑火药更敏感，易爆性更强，应属于刑法意义上的爆炸物。2009 年 11 月 16 日，最高人民法院法释〔2009〕18 号对 2001 年《枪弹解释》进行了修改。该司法解释出台于 2006 年《民用爆炸物品安全管理条例》之后，但并未依据《民用爆炸物品品名表》而将烟火药排除出非法制造、买卖爆炸物罪的对象，这可看作对烟火药爆炸物属性的再次确认。

综上，行为人为生产烟花爆竹而配制烟火药，购买含有烟火药成分的引火线的行为构成非法制造、买卖爆炸物罪。

182. 商业三者险中肇事逃逸免责条款是否有效

保险人以肇事逃逸为由免除自己的商业第三者责任保险全部赔偿责任，违反公平原则、诚实信用原则和《保险法》的规定，属于无效条款。

司法实例

单某良交通肇事附带民事赔偿案

2017 年 4 月 17 日 18 时许，被告人单某良驾驶黑 DL××73 号牌大货车行驶至 S101 线公路某镇某村路口附近，因掉头转弯占线，与被害人戚某石驾驶的黑 CK××08 号牌摩托车发生碰撞，致戚某石倒地受伤。单某良驾车逃离现场，行至某收费站附近时被群众开车追上抓获。戚某石住院抢救 17 天后死亡。肇事车辆系黑龙江省某县某运输公司所有，实际支配人为孔某栋。某运输公司已为该车向某财产保险股份有限公司某分公司（以下简称某保险公司）分别购买了机动车交强险和商业第三者责任险，其中商业第三者责任保险赔偿限额为 50 万元。交警部门认定单某良对此次事故负全部责任。

某县人民检察院以交通肇事罪向某县人民法院提起公诉。被害人戚某石的近亲属提起附带民事诉讼，要求被告人单某良赔偿经济损失 69 万余元，车主某运输公司、实际支配人孔某栋、某保险公司承担连带赔偿责任。

某县人民法院经过审理，以被告人单某良犯交通肇事罪，判处有期徒刑 4 年 8 个月，赔偿民事原告人 55.8 万元；判决某保险公司在交强险限额内赔偿民事原告人 12 万元；车主某运输公司、实际支配人孔某栋、某保险公司对被告人的民事赔偿承担连带责任。

宣判后，某保险公司以合同订有肇事逃逸免责条款为由，提出上诉，请求不承担连带赔偿责任。

某市中级人民法院审理认为，第三者责任险是为确保因被保险人的致害行为而受害的第三人能够得到切实有效的赔偿而设立，保险人和被保险人约定的免责事由不能对抗受害人，遂裁定驳回上诉，维持原判。

某保险公司以同样理由向某省高级人民法院提出申诉。

某省高级人民法院审查认为，在商业第三者责任保险中，交通事故的发生意味着合同约定的赔偿条件成就，保险人即应履行赔偿义务。肇事逃逸的影响只及于事故发生之后，不溯及以前，投保人只应对逃逸行为扩大损害的部分担责。保险人以肇事逃逸为由免除自己的全部责任，违反公平原则、诚实信用原则和《保险法》的规定，属于无效条款。本案被告人肇事逃逸的行为并没有给保险人造成新的损失,保险人不能以此为由免除赔偿责任。遂裁定驳回某保险公司的申诉请求。

本案的争议焦点有两个:一是商业第三者责任保险中关于交通肇事逃逸免责的条款是否有效;二是交警部门根据肇事逃逸行为作出的事故责任认定书是否能成为保险人免除赔偿责任的理由。从本案一、二审及申诉裁判结果可见,三级法院意见一致,即对上述第一个问题认为商业第三者责任保险中关于交通肇事逃逸免责的条款无效,对第二个问题认为交警部门根据肇事逃逸行为作出的事故责任认定书不必然成为保险人免除赔偿责任的理由。

1. 免责条款违反公平原则、诚实信用原则和《保险法》的规定。投保人购买商业第三者责任保险的目的,是为车辆发生交通事故后将赔偿责任转移给保险公司,从而减少自己的损失,确保第三者得到切实有益赔偿。在本案中,保险事故即交通事故,交通事故发生意味着保险合同约定的赔偿条件成就,保险人的赔偿义务便从或然变为应然。投保人或其允许的驾驶人肇事后逃逸的行为,并不改变在此之前已经发生交通事故的事实,即肇事逃逸行为的影响仅及于逃逸之后,不溯及以前。保险公司开设商业第三者责任保险业务,即意味着保险人承诺在收取保险费后愿为投保车辆可能给第三者造成的损害承担赔偿责任。如果保险人在订立合同时利用其优势地位,以格式条款的方式免除自己的责任,加重投保人的负担,完全是一种违背诚实信用的行为。

2. 交通事故责任认定书不能成为保险人免责的理由。本案中,保险人提出:《道路交通安全法实施条例》已有明文规定,发生交通事故后当事人逃逸的,逃逸的当事人承担全部责任。因此,保险公司不再对第三者承担损害赔偿责任。这是对两种法律关系的有意混淆。

(1)《道路交通安全法实施条例》属于行政法规,其调整的对象是国家与公民之间、法人(含其他组织)之间以及公民和法人之间在维护道路交通秩序,保证交通安全方面的权利义务关系。而商业保险属于经济活动,其合同调整对象是平等主体之间的权利义务关系,不能以国家确定的交通事故归责方法作为确定保险人和投保人权利义务的根据。换言之,交通法规涉及的是事故当事人的责任,并不涉及保险当事人的责任,其关于肇事逃逸的归责方法,本身带有一定的惩罚性,这种惩罚不适用于平等主体的保险合同。司法实践中,驾驶人发生交通肇事后逃逸的原因很复杂,有的是为了逃避经济责任,有的是为了逃避法律制裁,有的是为了免受人身伤害等,这些所有原因,都不能成为惩罚投保人而免除保险人责任的理由。

(2)商业第三者责任保险保证的是一种责任风险,保险人的义务就是为投保人可能对第三者造成的损害责任买单。若投保人没有责任,保险公司可拒绝理赔。《保险法》第21条规定,投保人、被保险人或者受益人知道保险事故发生后,应当及时通知保险人。故意或者因重大过失未及时通知,致使保险事故的性质、原因、损失程度等难以确定的,保险人对无法确定的部分,不承担赔偿或者给付保险金的责任,但保险人通过其他途径已经及时知道或者应当及时知道保险事故发生的除外。也就是说,投保人负有事故发生后的通知义务,如果疏于通知,应当对由此造成的损失部分担责。肇事逃逸行为不仅可能会扩大事故的损失,还可能造成对事故真正原因、责任、损失等难以分清的状况,但保险人并非没有救济手段,其完全可以通过事后协商解决,协商不成的还可以通过法律诉讼的方法加以解决。对此,《道路交通安全法实施条例》第92条第1款规定,发生交通事故后当事人逃逸的,逃逸的当事人承担全部责任。但是,有证据证明对方当事人也有过错的,可以减轻责任。最高人民法院《关于审理道路交通事故损害赔偿案件适用法律若干问题的解释》第24条也规定,公安机关交通管理部门制作的交通事故认定书,人民法院应当审查并确认其相应的证明力,但有相反证据推翻的除外。由此可见,交警部门根据肇事逃逸行为作出的事故责任认定书也不必然成为保险人免除赔偿责任的理由。

183. 如何判定交通肇事罪中的间接因果关系

行为人驾驶无证载客“黑车”在高速公路应急车道违章下客，乘客横穿高速公路被正常行驶的车辆撞击致死。行为人的违法行为虽符合过失致人死亡罪的构成要件，但按照法条竞合的处理原则，对交通运输过程中的危害行为应优先考虑交通肇事罪。同时，行为人的违法行为与乘客死亡的结果之间存在间接因果关系，但因果关系被乘客的横穿行为所阻，行为人作为“黑车”驾驶员的行为不构成交通肇事罪。

司法实例

祁某乾涉嫌交通肇事案

2015 年 11 月 22 日，被告人祁某乾驾驶与驾驶证载明的准驾车型不相符的小型普通客车从事非法营运，超员载客 10 人自某地经京昆高速公路往山西方向行驶。17 时许，车辆行驶至京昆高速公路山西境内离某服务区还有 500 米时，祁某乾在应急车道内停车下客。被害人鲍某芳与乘客周某伟横穿至高速公路中心隔离带附近时，被正常行驶的一辆小型货车撞上。被害人当场死亡，小型货车也部分受损。事发后，祁某乾驾车驶离现场，后将车变卖，外出务工直至被抓获归案。经交警部门认定，祁某乾承担事故的主要责任，被害人承担次要责任，小型货车驾驶员无责任。

某县人民检察院以被告人祁某乾涉嫌犯交通肇事罪提起公诉。

祁某乾辩称，死者不是本人所驾驶的车辆所撞，不应承担主要责任；其离开时不知道是车上的乘客被撞，不是逃逸。

案件审理期间，某县人民法院就附带民事诉讼部分主持调解，被告人祁某乾与附带民事诉讼原告人达成协议，由祁某乾赔偿附带民事诉讼原告人死亡赔偿金、丧葬费等各项经济损失共计 12 万元（已履行）。附带民事诉讼原告人出具谅解书，请求不予追究祁某乾的法律责任。

案件审理过程中，某县人民检察院于 2017 年 9 月 14 日以被告人祁某乾可能存在其他不构成犯罪的情况，决定对被告人祁某乾撤回起诉。

某县人民法院审理认为，某县人民检察院要求撤回起诉的理由符合法律规定，撤回起诉理由成立。遂裁定准许某县人民检察院撤回起诉。后该县人民检察院就本案被告人祁某乾未再重新起诉。裁定已生效。

在本案审理过程中，对被告人祁某乾的行为是否构成犯罪，出现意见分歧。第一种意见认为，祁某乾的行为构成过失致人死亡罪。第二种意见认为，祁某乾的行为构成交通肇事罪。第三种意见则认为，被害人的死亡后果和祁某乾的违法下客行为没有刑法上的因果关系，不构成犯罪。从某县人民检察院撤回起诉、某县人民法院裁定准许检察院撤回起诉的结果看，检察院、法院同意第三种意见。主要理由为：

1. 交通肇事罪与过失致人死亡罪存在法条竞合关系。交通肇事罪从本质上看也是一种过失犯罪，其与过失致人死亡罪存在法条竞合关系，按照特殊法优于一般法的原则，发生在交通运输过程中的犯罪应考虑认定交通肇事罪。若在交通肇事罪的视角下，小货车驾驶员由于法律的规定被免除了其在合法驾驶过程中的法外注意义务，故在事故中不承担责任。而被害人虽有过错，但交通肇事罪的认定在对各方行为进行事实判断的基础上，还要对各方行为进行规范判断，以规范判断后的责任认定考虑刑责的划分和因果关系的认定。因此，认为祁某乾构成过失致人死亡罪的观点不能成立。

2. 对刑法意义上因果关系的认定应审慎。本案犯罪构成的四个方面似乎均已具备，但在因果关系上仍值得探讨。由于刑法的责任承担方式就是科以刑罚,而刑罚的严厉性、持久性和影响力远超过其他部门法所规定的责任承担方式。因此为避免刑罚滥用,保护公民权益,对于刑法意义上因果关系的认定更应克制和审慎。同理,交通肇事罪虽不排斥间接因果关系,但无论是直接因果关系还是间接因果关系的认定都应受到近因原则的限制,不能舍近因、求远因,更不能近因无责、归罪远因。

具体到本案,被害人死亡的直接原因是肇事车辆的撞击,肇事小货车的撞击就是被害人死亡的直接近因。由于肇事小货车在本案中没有交通违法行为,对事故不承担责任,驾驶员的刑责也就无从谈起。而本案的间接近因究竟是祁某乾的违法下客行为,还是被害人的横穿高速公路行为?祁某乾将被害人放置于高速应急车道上的行为和高速公路自身环境一起在客观上造成被害人处于某种潜在威胁和一定程度的危险之中,客观方面祁某乾的行为将被害人置于危险境地,主观方面是“应当预料到自己违法下客的行为可能导致乘客在横穿高速公路时出现伤亡,但其轻信可以避免”。但是,社会当中存在危险的行为无处不在,不可能要求行为人就其每一个对法益存在潜在威胁的行为都承担刑法意义上的安全保障义务。案发现场作为一个长期自发形成的违法上下客的集散地,在案发之前已经存在多时,很多旅客通过横穿高速公路乘车外出。如果在案发现场上下客必然或者高度可能发生死伤的后果,那么任何一个理性的、对自己生命负责的乘客都不会冒着伤亡的风险去横穿高速公路,任何一个具有社会良知和基本道德品质的司乘人员也不会放任乘客走上“不归之路”。因此,通过反向思维可以得出相对于其他多数横穿高速公路无恙的其他人,被害人的死亡本身就是一个小概率事件,不具有必然或者高度可能性的结论。

184. 醉酒驾驶拒不配合检查应定一罪还是数罪

2011年《刑法》第133条之一第2款的立法初衷是将危险驾驶罪与相似罪名相区分,是想象竞合犯理论在《刑法》分则中的注意性规定,对该条款的理解与适用应结合想象竞合犯的基本理论。但行为人醉酒驾驶与下车后拒不配合检查系两个行为,满足数罪的构成要件,且先后侵犯了不同法益,应数罪并罚,故不适用该条款的从一重罪处罚原则。

司法实例

时某度妨害公务、危险驾驶案

2017年11月16日23时许,被告人时某度酒后驾驶东风日产轿车行驶至某市河海西路中山路口时遇民警检查酒驾,时某度拒不配合,欲弃车逃离,被民警带至路口警务站内进行检查。在站内,被告人时某度推搡、拉扯民警及其警服,阻碍民警检查,致民警任某某轻微伤。经司法鉴定所鉴定,被告人时某度血液中酒精含量为206毫克/100毫升。案发后,被告人时某度如实供述,并赔偿了被害人任某某损失3100元。

某市某区检察机关对被告人时某度以涉嫌犯妨害公务罪、危险驾驶罪提起公诉。

本案在法院审理中,对于被告人时某度醉酒驾车且拒不配合临场检查,以暴力方法阻挠执法,造成执法人员人身伤害的行为,应从一重罪处罚还是数罪并罚,产生严重分歧。一种意见是适用数罪并罚,另一种意见是不适用数罪并罚。

某市某区人民法院审理认为,被告人时某度醉酒驾驶机动车,对公共安全具有一定的危害,其行为已构成危险驾驶罪;后又以暴力方法阻碍国家机关工作人员依法执行职务,其行为又构成妨害公务罪,依法应当数罪并罚。遂依照2011年《刑法》第133条之一第1款、第277条第1款等规定,判决认定被告人时某度犯妨害公务罪,判处拘役 5 个月,犯危险驾驶罪,判处拘役 2 个月,并处罚金 2000 元,决定执行拘役 6 个月,并处罚金 2000 元。

被告人不服一审判决,以本案不应实行数罪并罚、量刑重为由提出上诉。

某市中级人民法院经审理认定事实与一审一致,该院认为,2011 年《刑法》第 133 条之一第 2 款虽然规定"有前款行为,同时构成其他犯罪的,依照处罚较重的规定定罪处罚",但本案中的情形并不适用该条款的规定。本案一审判决事实清楚,证据确实、充分,适用法律正确,量刑适当,遂裁定驳回上诉,维持原判。本案一、二审法院裁判的主要理由为:

1. 醉酒驾驶后又抗拒检查的行为不满足从一重罪处罚的立法初衷和想象竞合犯理论,故不应从一重罪处罚。(1)本条款的立法初衷主要是规制危险驾驶行为与交通肇事行为及以危险方法危害公共安全行为的关系,因为三者侵犯的法益均可以概括为社会的公共安全。(2)该条款规定是想象竞合犯理论在《刑法》分则中的注意性规定。行为人醉酒驾驶后抗拒检查的行为不符合想象竞合犯的"一个行为"的判断。一是二者动机不同,行为人实行危险驾驶的动机,是想通过追逐竞驶寻求一定的刺激或者醉酒状态下在道路上驾车的一种无畏心态使然。而促使行为人抗拒检查的内心起因是其害怕受到相应处罚甚至承担法律责任。二是行为人醉酒驾驶与抗拒检查不具有单一的一致性特征。两个行为先后相继发生,下车后抗拒检查时醉酒驾驶行为已经终结。

2. 醉酒驾驶后抗拒检查行为满足数罪的构成要件,行为人先后实施两个行为,侵犯了两个法益,应数罪并罚。一方面,醉酒驾驶后抗拒检查行为先后满足危险驾驶罪和妨害公务罪构成要件。行为人在醉酒驾驶的开始便已构成危险驾驶罪,该状态持续至行为人被执勤民警拦下便已终结。行为人在警务站内阻碍民警检查,将民警打成轻微伤的行为已经属于妨害公务罪的涵摄范围。另一方面,醉酒驾驶后抗拒检查行为先后侵犯不同法益。危险驾驶罪侵犯的法益是道路交通安全,妨害公务罪侵犯的法益是国家的正常管理活动。

综上,本案被告人先后实施了两个行为,侵犯了没有交叉重叠关系的两个法益,应当实行数罪并罚。

185. 如何理解重大责任事故罪的主体要件及行为要件

建设单位的主要负责人未办理施工许可证,未审核建筑施工资质即将建设工程项目予以发包,没有履行安全管理职责;施工单位主要负责人没有取得施工资质而承接建筑工程项目,没有对施工人员进行安全技术培训即安排进场施工,没有落实安全措施,没有履行安全管理责任;施工单位的现场负责人招募未经安全生产教育培训的施工人员,做出不符合安全生产、作业要求的工作安排,安排无证施工人员高空作业,致施工人员坠地死亡,未履行安全管理职责。由上可知,各行为人的行为都违反了安全生产法、建筑法和建设工程安全生产管理条例等法律法规关于安全管理的规定。

司法实例

周某典等重大责任事故案

某市某建筑安装工程有限公司(以下简称建安公司)经营范围为建筑工程施工、轻钢结构、彩钢板的制造、加工、销售、安装等,其无建筑施工资质,无安全生产许可证,被告人杨某剑系法定代表人。2016 年年初,被告人周某典在未审核建筑施工资质、未办理施工许可证的情况下,与被告人杨某剑签订合同,由建安公司承建某市某电器有限公司(以下简称电器公司)的中控室改建工程。之后,被告人邵某三作为建安公司的现场施工负责人招募了曲某四、万某五等人，在未进行安全技术培训的情况下即安排进场施工。5月14日，被告人邵某三安排没有取得高处作业操作证的曲某四、万某五等人在二层顶（约9.5米高）处铺设钢结构楼层板，曲某四不慎坠落至地面，致颅脑损伤死亡。事发后，被告人与被害人家属达成了赔偿协议。

某市某区法院审理认为：周某典等三名被告人在生产、作业中违反有关安全管理的规定，致使发生伤亡事故，造成1人死亡，其行为均已构成重大责任事故罪。遂判决认定周某典等三被告人犯重大责任事故罪，分别判处有期徒刑9个月到6个月不等，缓刑1年到6个月不等。

一审宣判后，被告人周某典提出上诉被二审法院裁定驳回。

本案有两个争议焦点：一是建设单位、施工单位的负责人或者直接责任人员是否符合重大责任事故罪的主体要件；二是将工程发包给未取得建筑资质的单位进行违章改扩建而发生伤亡事故是否构成重大责任事故罪。对此，在审理过程中存在两种不同意见：一种意见认为，建安公司是事故发生单位，系事故直接责任单位，电器公司不是直接从事项目施工的单位。周某典所在的电器公司与建安公司约定，涉案中控室改造工程的施工许可证由建安公司办理，安全责任由建安公司负责，故周某典对本起事故没有责任。周某典没有直接参与现场施工，没有参与中控室改建，对事故发生没有直接关系，也没有在生产、作业中违反安全管理规定，不符合刑法关于重大责任事故罪的构成要件。另一种意见认为，重大责任事故罪的主体是自然人，对生产、作业负有组织、指挥或者管理职责的负责人、管理人员、实际控制人、投资人等人员，以及直接从事生产、作业的人员都可以构成本罪的主体。三名被告人均系建设单位、施工单位的负责人或者直接责任人员，在建设工程全过程中均应承担法律法规规定的建设工程安全责任，并不因合同约定而转移或者免除责任。被告人周某典的行为虽然没有直接导致事故发生，但其违规发包等行为与事故的最终发生存在密不可分的关系，也与本案损害后果的发生存在间接因果关系。三名被告人作为工程的发包方、施工方，违反安全管理法规，不履行及消极履行各自的职责，最终导致伤亡事故发生，其行为符合重大责任事故罪的构成要件。

本案一、二审法院裁判认定建设方、施工方违规致人伤亡构成重大责任事故罪，主要理由为：

1. 主体要件符合性。建设单位、施工单位的负责人或者直接责任人员可以构成重大责任事故罪的主体。（1）建设工程安全责任认定。首先，建设单位应当将工程发包给具有资质条件的施工单位。根据《建筑法》第7条和第22条的规定，建设单位负有进行报批并取得施工许可证的责任，并且应当将建设工程发包给具备资质条件的承包单位。本案中，被告人周某典所在的电器公司没有办理报批手续，也没有取得施工许可证。建安公司无建筑企业资质、无安全生产许可证，电器公司作为建设单位对于安全生产事故的发生显然是负有责任的。其次，安全生产责任不因合同约定而转移或者免除。上述建设工程中的安全生产责任是法律法规明确规定的法律责任，对于建设单位、施工单位等与建设工程相关的单位都具有法律约束力，不能因为建设单位和施工单位之间的合同约定而转移或者免除，建设单位和施工单位不能在合同中约定安全生产责任的归属。辩护人提出的电器公司与建安公司在签订的工程合同中约定安全责任由建安公司负责而与电器公司无关的意见不能成立。（2）主体要件认定。根据《刑法》第134条第1款的规定，重大责任事故罪包括在生产、作业中违反有关安全管理的规定，因而发生重大伤亡事故或者造成其他严重后果的情形。此条是《刑法修正案（六）》对原条文修改后的表述，原条文规定的犯罪主体为“工厂、矿山、林场、建筑企业或者其他企业、事业单位的职工”，而修改后的刑法对本罪的犯罪主体没有进行具体的描述，不再使用“不服管理、违反规章制度”的表述，而是突出了“违反有关安全管理的规定”这一重大责任事故罪的本质特征。因此，重大责任事故罪的主体是自然人，对生产、作业负有组织、指挥或者管理职责的负责人、管理人员、实际控制人、投资人等人员，以及直接从事生产、作业的人员都可以构成本罪的主体。

根据建设工程安全生产管理相关法律法规的规定，被告人杨某剑作为施工单位的主要负责人，在没有取得资质的前提下承接建筑项目，未落实安全措施，未对从业人员进行安全生产教育和培训，对施工现场疏于管理，对于事故发生负有管理责任；被告人邵某三作为施工单位的现场负责人，在施工过程中，随意招募施工人员，安排无证人员进行高处作业，导致事故发生，是事故发生的直接责任人员；被告人周某典未经施工许可，将建筑施工项目发包给不具备资质的建安公司承建，未审核施工单位的安全生产条件，未履行安全管理职责，对于事故发生负有监督和管理责任。被告人周某典、杨某剑、邵某三作为涉案建设工程的建设单位、施工单位负责人或者直接责任人员，均符合重大责任事故罪的主体要件。

2. 行为要件符合性。(1)重大责任事故罪的行为与结果要件分析。根据《刑法》第134条第1款的规定，重大责任事故罪的行为与结果要件的内容为，在生产、作业中实施违反有关安全管理规定的行为，因而发生重大伤亡事故或者其他严重后果。一方面，被告人违反了有关安全管理的规定。“有关安全管理的规定”，既包括国家制定的关于安全管理的法律、法规，也包括行业或者管理部门制定的关于安全生产、作业的规章制度、操作章程等。本案中，三名被告人违反安全管理规定的行为形式不同。建设单位的主要负责人周某典未办理施工许可证，未审核建筑施工资质即将建设工程项目发包给建安公司，没有履行安全管理职责。施工单位主要负责人杨某剑没有取得施工资质而承接建筑工程项目，没有对曲某四、万某五等施工人员进行安全技术培训即安排进场施工，没有落实安全措施，没有履行安全管理责任。施工单位的现场负责人邵某三招募未经安全生产教育培训的施工人员，做出不符合安全生产、作业要求的工作安排，安排无证施工人员高空作业，致施工人员坠地死亡，邵某三未履行安全管理职责。因此，三名被告人的行为都违反了安全生产法、建筑法和建设工程安全生产管理条例等法律法规关于安全管理的规定。另一方面，被告人违反有关安全管理规定的行为引起了重大伤亡事故或者造成其他严重后果。刑法对本罪规定了“重大伤亡事故”和“其他严重后果”两个标准，但只要具备其一便构成犯罪。对于“重大伤亡事故”的理解，法律没有明确规定，可以参照最高人民检察院《关于人民检察院直接受理的侵犯公民民主权利、人身权利和渎职案件立案标准的规定》(现已失效)中的规定予以认定。该规定中，重大责任事故罪的结果表现为以下三种情形：一是致人死亡1人以上，或者致人重伤3人以上的；二是造成直接经济损失5万元以上的；三是经济损失虽不足规定数额，但情节严重，使生产、工作受到重大损害的。本案中，施工人员曲某四坠落至地面致颅脑损伤而死亡，属于重大伤亡事故。(2)重大责任事故罪的因果关系认定。本案中，事故发生的直接原因是施工单位建安公司不具备资质条件，对施工现场管理混乱，安排无证人员从事高处作业且未落实具体安全保护措施。事故发生的间接原因是建设单位电器公司未经报批许可擅自开工建设，将工程发包给没有资质条件的施工单位，未审核施工单位的安全生产条件、措施。直接原因与间接原因共同作用导致现场作业人员曲某四高处坠亡事故发生，上述原因与本案危害后果之间均具有刑法上的因果关系。被告人周某典的行为虽然没有直接导致事故发生，但其违规发包等行为与事故的最终发生存在密不可分的关系，也与本案损害后果的发生存在间接因果关系。三名被告人作为工程建设方、施工方，违反安全管理法规，不履行及消极履行各自职责，最终导致伤亡事故发生，其行为已符合重大责任事故罪的行为要件，构成本罪，应予惩处。

186. 在市场附近和居民区销售汽油如何定性

司法实例

雷某危险作业案①

这是自《刑法修正案(十一)》正式施行以来,江西省首例以危险作业罪判决的案件。自2019年9月至2020年6月,被告人雷某在未经有关部门批准和取得危险化学品经营许可证的情况下,先后10余次在南昌市青云谱区某钢材市场附近,距离公路3.23米和居民区105.9米的区域,利用擅自改装油罐货车向同案人苗某二(已判刑)销售汽油,销售金额累计151,516元,非法获利4000元。后苗某二将上述汽油在安义县东阳镇136车站附近等地进行非法零售。经鉴定,雷某向苗某二销售的汽油符合汽油指标特征,为汽油产品类,闭口闪点低于零下20摄氏度,辛烷值不合格。

另查,汽油在国家安全监管总局等10部门公告的《危险化学品目录》(2015版)中,编号为1630,CSA号86290－81－5,属危险化学品。

2021年1月12日,被告人雷某主动向公安机关投案,如实供述了上述犯罪事实。同年4月28日,雷某上缴非法所得4000元。

另外,雷某因犯绑架罪,于2012年2月28日被某县人民法院判处有期徒刑5年,并处罚金1万元,2015年9月26日刑满释放;因吸毒,于2019年11月29日被公安局治安罚款500元。

公诉机关认为,被告人雷某违反国家规定,未经批准擅自从事危险物品的经营,具有发生严重后果的现实危险,其行为已触犯《刑法》第134条之一第3项规定,应当以危险作业罪追究其刑事责任。雷某自愿承认指控的犯罪事实,愿意接受处罚,可以从宽处理。其具有《刑法》第67条第1款规定的情节,且上缴了违法所得,可以从轻处罚;但其还具有《刑法》第65条第1款的情节,系累犯,应从重处罚。据此,建议判处雷某有期徒刑8个月。

一审法院审理认为,被告人雷某违反国家有关规定,未经批准或许可,擅自从事危险化学品经营活动,具有发生重大伤亡事故或其他严重后果的现实危险性,其行为已构成危险作业罪。公诉机关指控罪名成立。被告人雷某在犯罪后主动投案,并如实供述自己的罪行,系自首,依法从轻处罚。其自愿认罪认罚,且签字具结,依法从宽处理。其已上缴全部违法所得,酌情从轻处罚。其曾因故意犯罪被判处有期徒刑,在刑罚执行完毕后5年内再犯应判处有期徒刑之本罪,系累犯,依法从重处罚。公诉机关的量刑建议无明显不当,符合法律规定,予以采纳。辩护人提出的雷某具有自首等量刑情节的相关辩护意见,与本案事实和法律相符,予以采纳,但提出的量刑过重的辩护意见,没有事实和法律依据,不予采纳。2021年6月15日,某县人民法院依法以危险作业罪一审判处雷某有期徒刑8个月,退缴在案的违法所得4000元,予以没收,上缴国库。判决已生效。

一审法院判决认定被告人雷某构成危险作业罪,并判处有期徒刑8个月,退缴在案的违法所得4000元,予以没收,上缴国库,主要理由为:

1. 关于危险作业罪的定义。所谓危险作业罪,是指强令他人违章冒险作业,或者明知存在重大事故隐患而不排除,仍冒险组织作业,因而发生重大伤亡事故或者造成其他严重后果,或者具有发生重大伤亡事故或者其他严重后果的现实危险的行为。本罪系《刑法修正案(十一)》新增加的罪名。《刑法》第134条之一规定:“在生产、作业中违反有关安全管理的规定,有下列情形之

① 《雷某犯危险作业罪获刑八个月》,载中国法院网2021年6月21日。

一,具有发生重大伤亡事故或者其他严重后果的现实危险的,处一年以下有期徒刑、拘役或者管制:(一)关闭、破坏直接关系生产安全的监控、报警、防护、救生设备、设施,或者篡改、隐瞒、销毁其相关数据、信息的;(二)因存在重大事故隐患被依法责令停产停业、停止施工、停止使用有关设备、设施、场所或者立即采取排除危险的整改措施,而拒不执行的;(三)涉及安全生产的事项未经依法批准或者许可,擅自从事矿山开采、金属冶炼、建筑施工,以及危险物品生产、经营、储存等高度危险的生产作业活动的。"本案被告人雷某为了获利,在市场附近和居民区销售汽油,具有发生严重后果的现实危险。

2. 关于危险作业罪的构成要件。(1)主体要件。危险作业罪为一般主体,即凡是达到刑法规定的刑事责任年龄的人都可以成为本罪的适格主体。(2)客体要件。危险作业罪侵害的客体是生产安全,是公共安全的重要组成部分。危害生产安全,同样表现为能够使不特定的多数人的生命、健康或者公私财产遭受重大的损害,其特点是这些损害发生在生产过程中。(3)客观要件。危险作业罪在客观方面表现为在生产、作业中违反有关安全管理规定。这里的违反有关安全管理规定,是指违反有关生产安全的法律、法规、规章制度。主要表现在以下方面:一是关闭、破坏直接关系生产安全的监控、报警、防护、救生设备、设施,或者篡改、隐瞒、销毁其相关数据、信息的。二是因存在重大事故隐患被依法责令停产停业、停止施工、停止使用有关设备、设施、场所或者立即采取排除危险的整改措施,而拒不执行的。三是涉及安全生产的事项未经依法批准或者许可,擅自从事矿山开采、金属冶炼、建筑施工,以及危险物品生产、经营、储存等高度危险的生产作业活动的。(4)主观要件。本罪的主观方面是过失。所谓过失是指行为人对所发生的后果,即对于既违章又冒险是明知的。

综上,危险作业罪如果造成他人受伤,出现财产损失,或者出现其他严重后果的,一般处以一年以下有期徒刑、拘役,并处以一定量罚金。该罪要求有侵害他人生命、损害财产的可能性,这也是与其他主体身份区别的标志。

3. 本案被告人雷某的行为"具有发生重大伤亡事故或者其他严重后果的现实危险"。《刑法》第134条之一危险作业罪的内涵为:"具有发生重大伤亡事故或者其他严重后果的现实危险",而不是已经发生了重大伤亡事故或者其他严重后果,这是本罪区别于重大责任事故等罪名的标志。自2019年9月至2020年6月,被告人雷某在未经有关部门批准和取得危险化学品经营许可证的情况下,先后10余次在南昌市青云谱区某钢材市场附近,距离公路3.23米和居民区105.9米的区域,利用擅自改装油罐货车向同案人苗某二(已判刑)销售汽油,其在长达8个月的时间里,在"距离公路3.23米和居民区105.9米的区域"危险作业,在这期间,重大伤亡事故或者其他严重后果随时可能发生。因此,雷某已经构成危险作业罪。

综上,一审法院判决认定被告人雷某犯危险作业罪,又根据其系累犯,对其判处有期徒刑8个月,退缴在案的违法所得4000元,予以没收,上缴国库,适用法律正确,量刑适当。

187. 违规开发旅游项目致多人死亡构成何罪

行为人违反安全管理规定,从事驾艇载客出海观光旅游,快艇倾覆致多人死亡的,应认定为重大责任事故罪,且属于情节特别恶劣。

司法实例

单某社等重大责任事故案

2015年8月，被告人宣某祝驾驶由被告人单某社管理经营的快艇，搭载游客出海旅游，途中快艇倾覆并致4人死亡。事故发生的直接原因是无证人员驾驶无合法手续的小型船舶，严重超额载客出海，未给所有游客穿戴救生衣。

某县人民检察院对被告人单某社、宣某祝以涉嫌犯重大责任事故罪提起公诉。

某县人民法院审理认为，二被告人在生产、作业中违反有关安全管理的规定，发生重大伤亡事故，其行为已构成重大责任事故罪，且属情节特别恶劣。二被告人犯罪后自动投案，如实供述了自己的犯罪事实，系自首，可从轻处罚。二被告人认罪态度较好，事发后积极施救，可酌情从轻处罚。遂判决认定被告人单某社、宣某祝犯重大责任事故罪，分别判处有期徒刑3年3个月。

一审宣判后，被告人单某社、宣某祝均以快艇属于交通运输工具，驾驶快艇载客出海属于运输行为，应以交通肇事罪定罪提起上诉，被某市中级人民法院驳回。

本案一、二审法院裁判认定二被告人构成重大责任事故罪并分别判处3年3个月有期徒刑的主要理由为：

1. 重大责任事故罪的犯罪主体。重大责任事故罪，是指在生产、作业中违反有关安全管理的规定，发生重大伤亡事故或者造成其他严重后果的犯罪。2006年《刑法修正案(六)》第1条将原来"工厂、矿山、林场、建筑企业或者其他企业、事业单位的职工"的犯罪主体限定，扩大为在各类生产经营活动中从事生产、作业及指挥管理的人员。该罪侵害了不特定多数人的生命、健康或者重大公私财产安全，属于危害公共安全的犯罪。因此，"生产、作业"并不限于公司、企业等法人的生产、作业活动，它涵盖了在社会生活中能反复实施，威胁不特定多数人的生命、健康或者重大公私财产的诸多生产、作业活动。具体而言，重大责任事故罪的犯罪主体既包括原先法条规定的工厂、矿山、林场、建筑企业或者其他企业、事业单位的职工，也包括其他生产经营单位、个体经营户、群众合作组织的生产、管理人员，甚至包括违法经营单位、无照经营单位的生产、作业及其指挥管理人员等。

本案中，被告人宣某祝在快艇管理经营人单某社的认可同意下驾驶快艇载客出海从事观光旅游，违反登记检验、禁止超载、应着救生衣等海上安全生产管理规定，严重威胁快艇上不特定乘客的生命、健康安全。虽然被告人宣某祝违法无证载客，被告人单某社仅系管理经营人，但均属重大责任事故罪的犯罪主体。因此，二被告人的行为符合重大责任事故罪的构成要件。

2. 重大责任事故罪的量刑。《刑法》第134条第1款规定，在生产、作业中违反有关安全管理的规定，因而发生重大伤亡事故或者造成其他严重后果的，处3年以下有期徒刑或者拘役。情节特别恶劣的，处3年以上7年以下有期徒刑。但如何判断重大伤亡、其他严重后果以及情节特别恶劣，法条中未作明确规定。2007年最高人民法院、最高人民检察院《关于办理危害矿山生产安全刑事案件具体应用法律若干问题的解释》(以下简称《矿山安全解释》，现已失效)第4条规定，发生矿山生产安全事故，具有下列情形之一的，应当认定为《刑法》第134条、第135条规定的"重大伤亡事故或者其他严重后果"：(1)造成死亡1人以上，或者重伤3人以上的。(2)造成直接经济损失100万元以上的。(3)造成其他严重后果的情形。具有下列情形之一的，应当认定为《刑法》第134条、第135条规定的"情节特别恶劣"：(1)造成死亡3人以上，或者重伤10人以上的。(2)造成直接经济损失300万元以上的。(3)其他特别恶劣的情节。

虽从上述条文来看，《矿山安全解释》将其适用范围限定于矿山领域，但安全生产事故无论发生在矿山领域,还是发生在工厂、林场、建筑、海上等领域,相应人员伤亡或财产损失所造成的社会危害性大体相同。《矿山安全解释》出台后,实践中对其他类别、领域的重大责任事故的定罪量刑多是参照该标准执行。如 2008 年最高人民检察院、公安部《关于公安机关管辖的刑事案件立案追诉标准的规定(一)》第 8 条规定,在生产、作业中违反有关安全管理的规定,涉嫌下列情形之一的,应予立案追诉:(1)造成死亡 1 人以上,或者重伤 3 人以上的。(2)造成直接经济损失 50 万元以上的。(3)发生矿山生产安全事故,造成直接经济损失 100 万元以上的。(4)其他造成严重后果的情形。

为进一步理顺法律适用,2011 年 12 月 30 日最高人民法院在《关于进一步加强危害生产安全刑事案件审判工作的意见》第 12 条明确指出,非矿山生产安全事故中,认定构成“重大伤亡事故或者其他严重后果”“情节特别恶劣”等,可参照《矿山安全解释》的相关规定。该意见对发生在其他领域安全事故的有关情节认定作了科学统一和明确的指引,即在非矿山安全事故中造成死亡 3 人以上的,可以认定为《刑法》第 134 条第 1 款规定的“情节特别恶劣”。

第三章 破坏社会主义市场经济秩序罪

188. 如何定性将食品作为具有药用疗效的产品宣传销售行为

将食品宣传为具有药用疗效的产品进行销售的行为，符合“以非药品冒充药品”的表述特征，构成销售假药罪。

司法实例

某广告有限公司、某文化传媒有限公司及周某泽、熊某水等销售假药案

被告人周某泽系被告单位某广告有限公司实际经营人，与被告单位某文化传媒有限公司实际经营人熊某水系大学同学。二人经市场调查发现，通过电视台播放养生节目销售治疗高血压、糖尿病等产品的市场很好，遂产生利用电视广告销售此类产品获利的构想。经实地考察，二人决定对某公司生产的两种代用茶(具有QS标志①，属普通食品)更换商标及包装，换成三种某汤，并与该公司达成供货协议。该公司根据定制要求，生产标准不变，在代用茶包装上虚增原料成分，并标注成分功效和周某泽提供的服务热线。后熊某水负责制作广告片，周某泽负责寻找广告段位。2017年3月至6月，涉案产品广告片在数地电视台播放，采用健康养生的节目形式，首先由假名医介绍高血压、糖尿病等疾病成因、危害和治疗原则，接着介绍涉案产品药用疗效，讲解中植入广告介绍和宣传热线，最后由所谓的患者现身说法证明疗效，明示产品的功能主治、适应症等，将产品冒充为治疗人体疾病的药品进行虚假宣传。

被告人梁某序、沈某安明知涉案产品非药品，受周某泽、熊某水安排，管理督促话务员以医生等身份，向拨打热线的观众宣传产品具有药用疗效进行推销。同年6月，一患者观看广告片后购买该产品，发现无药品批准文号认为受骗，遂向公安机关报案致案发。

某县人民法院经审理认为，被告单位某广告有限公司、某文化传媒有限公司是以涉案产品具有治疗相应疾病的名义对外宣传，而被害人亦是基于宣传的“治疗作用”才购买该产品，且该产品无药品批准文号，客观上被告单位的行为已构成销售药品的行为，应当认定为销售假药罪。被告人周某泽、熊某水作为公司直接负责的主管人员，被告人梁某序、沈某安作为公司直接责任人员，其行为均构成销售假药罪，属共同犯罪。综合考虑被告单位及被告人具有的量刑情节，以销售假药罪对被告单位某广告有限公司、某文化传媒有限公司判处罚金刑；对熊某水判处有期徒刑3年6个月，并处罚金320万元；对周某泽等人判处缓刑，并处罚金，同时适用禁止令。

宣判后，熊某水不服，提出上诉。某市中级人民法院审理认为，原审判决认定事实清楚，证据确实、充分，定罪准确，鉴于二审中熊某水揭发检举他人犯罪构成立功，同时考虑量刑均衡，遂对熊某水等人的量刑予以改判。熊某水犯销售假药罪，判处有期徒刑3年，缓刑5年，并处罚金280万元；其他被告人犯销售假药罪，均免予刑事处罚。

本案争议焦点是将食品宣传为具有药用疗效的产品并予以销售的行为如何定性。对此，有三种不同意见：第一种意见认为构成销售假药罪；第二种意见认为构成虚假广告罪；第三种意见

---

① 企业食品生产许可标志。

认为构成诈骗罪。本案一、二审法院支持第一种意见，即构成销售假药罪。主要理由为：

1. 从前期定制产品、虚增产品成分与功效行为判断，周某泽、熊某水具有以产品冒充药品的主观故意。二人明知订购的产品属于普通食品，但为增加销售量，授意生产公司改换产品名称、包装，并在包装上虚增配料，同时对配料中的中草药成分分别注明具有降血压、降血糖等疗效，并注明早晚分两次服用及食用期间某些禁忌食物等不同于常规食品的用法和用量内容，企图混淆视听，迷惑消费者，使消费者不易辨别是药品还是食品，从而当作中药购买。由此可推断二人前期准备产品行为的主观目的很明确，具有以产品冒充药品销售的故意。

2. 从电视广告以及热线电话宣传产品的方式与内容来看，周某泽、熊某水实施了将产品冒充药品进行销售的客观行为。以非药品冒充药品的为假药，但何种情形属于“以非药品冒充药品”，相关法律未作明确规定。对此，可结合药品的定义进行判断。《药品管理法》第 2 条第 2 款规定，药品是指用于预防、治疗、诊断人的疾病，有目的地调节人的生理机能并规定有适应症或者功能主治、用法和用量的物质，包括中药、化学药和生物制品等。据此，药品包含三个法定特征：一是产品用途在于预防、治疗和诊断人的疾病；二是产品作用在于有目的地调节人的生理机能；三是产品规定有适应症或者功能主治、用法和用量。因此，只要某种产品符合上述法定特征，就应定性为药品，而不具备该特征的产品显然就是非药品。结合该定义，行为人在外观上将非药品明示为药品，以及将非药品宣传为具有功能主治、诊治人体疾病、调节人体生理机能等功效的药品进行销售的情形，均可以认定为“以非药品冒充药品”。具体到本案，周某泽与熊某水销售的产品虽有 QS 标志，未明示为药品，但销售中，一方面通过电视广告将产品作为能够治疗高血压、糖尿病等人体疾病的药品进行宣传，另一方面让公司员工冒充医生等身份，通过热线电话宣传产品具有药用疗效进行推销，显然，二人是将食品冒充药品来销售的，而非单纯的销售食品行为。

3. 周某泽、熊某水等将食品冒充药品宣传销售的行为符合销售假药罪的客体要件。销售假药罪所侵犯的客体包括国家药品管理制度和公民生命健康权利。药品的特殊性决定了其不能等同于其他产品，为此，国家专门建立了一套保证药品质量、保障用药安全的管理制度，将药品与非药品作了严格区分与管理。本案中，周某泽、熊某水等明知所售产品系普通食品，却冒充为药品进行宣传销售，该行为扰乱了药品管理秩序，欺骗误导了消费者将食品当作治疗疾病的药品购买、服用，致使多人服用后出现不良反应，造成了人体健康的损害，符合销售假药罪的客体要件。

综上，行为人所售食品虽外观上未明示为药品，但销售中一方面通过电视广告宣传该食品可以治疗人体相应疾病，另一方面通过热线电话宣传该食品具有药用疗效进行推销，该行为符合“以非药品冒充药品”的表述特征，构成销售假药罪。本案被告人将食品宣传为具有药用疗效的产品进行销售的行为符合销售假药罪的构成要件，构成销售假药罪。值得研究的是，本案中某公司生产的两种代用茶（具有 QS 标志，属普通食品），该公司应被告人周某泽、熊某水的要求，“更换商标及包装，换成三种某汤”的行为是否构成本案销售假药罪的共犯；如不构成本案的共犯，是否属于违反相关行政法律、法规及规定的行为，也值得深入研究。

189. 偷换样品虚假提高产品质量获取非法利润构成何罪

行为人在销售产品过程中，通过偷换检验样品虚假提高产品质量，以次充好，从而达到获取非法利润目的，构成销售伪劣产品罪。销售伪劣产品罪与合同诈骗罪都属于破坏社会主义市场经济秩序罪一类的犯罪，销售者作为合同的一方当事人，在销售伪劣产品的过程中也采取了欺诈手段，故两者极易混淆，但两者在犯罪的客观方面、主观方面、客体上都存在显著区别。

司法实例

董某森销售伪劣产品案

自2012年3月开始，某市耐久冶金材料有限公司（另案处理，以下简称耐久公司）成为某省某钢铁有限公司（以下简称某钢公司）的钼铁供应商，由耐久公司向某钢公司提供规格为FeMo60－B的钼铁。货款结算价格方式方面，提高钼铁品位（钼含量）就能多结算货款。2014年12月31日，某钢公司与耐久公司签订了2015年度钼铁采购合同，双方约定钼的含量为60%～65%。在履行合同过程中，耐久公司为了牟利，由派驻某钢公司的业务员刁某华（另案处理）出面与被告人董某森商量，被告人董某森为了谋取好处费，决定采用调换钼铁检验样品的方法来虚假提高钼铁品位，从而使得耐久公司能多结算货款。2015年7月29日、8月16日耐久公司向某钢公司供应的两批次钼铁（均为60吨），均由耐久公司在发货时随货准备一袋高品位的钼铁样品。钼铁运送至某市后，先由刁某华将预先准备的高品位钼铁样品交给被告人董某森后，再将钼铁送至某钢公司检验，被告人董某森利用曾在某钢公司三炼钢检查站石灰石金班担任取样员所熟知的钼铁取样检验流程及工作环境，趁晚上无人之机进入某钢公司存查样室，将取样员事先提取的钼铁样品调换成耐久公司预先准备的高品位钼铁样品，次日质检员拿着已经被调换的样品进行检测，检测数据就成了某钢公司与耐久公司结算的依据。两批次钼铁的钼含量入厂检测数据分别为65.28%、63.31%。某钢公司依据检测数据计算得出2015年7月29日批次钼铁货款为8,046,298元，2015年8月16日批次钼铁货款为8,459,645元。某钢公司在接收了2015年8月16日批次钼铁后，发现钼铁质量异常，经双方联合取样送至SGS检验，得出2015年7月29日批次、2015年8月16日批次钼铁的钼实际含量为55.66%、55.94%。

另查明，被告人董某森采用调包方法帮助耐久公司虚假提高钼铁品位，使得耐久公司能够以次充好销售低品位钼铁，某钢公司为此多支付3,060,817元货款。被告人董某森获取了105,000元赃款。案发后，被告人董某森退赔了全部赃款。耐久公司与某钢公司就民事赔偿也已达成协议，共赔偿某钢公司14,615,149.38元。

某市某区人民检察院以被告人董某森涉嫌犯销售伪劣产品罪且系主犯提起公诉。

被告人董某森及其辩护人对公诉机关指控的犯罪事实没有异议，但辩称其行为构成合同诈骗罪，其在共同犯罪中系从犯。

某市某区人民法院审理认为，被告人董某森帮助耐久公司在履行合同中，采用调换钼铁检验样品的方法来虚假提高钼铁品位，从而骗取某钢公司多支付货款，数额特别巨大，其行为构成合同诈骗罪。因被告人董某森主观上并不明知耐久公司销售的钼铁为伪劣产品，且没有确实、充分的证据证明耐久公司销售的钼铁系伪劣产品，故公诉机关指控的销售伪劣产品罪罪名不能成立。在合同诈骗共同犯罪中，被告人董某森在他人纠集下，通过弄虚作假的方式帮助耐久公司销售不符合约定的产品，且只分得少数赃款，起次要作用，系从犯，依法应当从轻或减轻处罚。被告人董某森归案后如实供述了犯罪事实，依法可以从轻处罚。被告人董某森退赔了全部赃款，可以酌情从轻处罚。被告人董某森犯罪情节较轻，确有悔罪表现，没有再犯罪危险，宣告缓刑对所居住社区没有重大不良影响，可以对其宣告缓刑。依照《刑法》第224条第5项等条款规定，判决认定被告人董某森犯合同诈骗罪，判处有期徒刑3年，缓刑5年，并处罚金150,000元。

一审宣判后，被告人董某森没有上诉，某市某区人民检察院向某市中级人民法院提出抗诉，认为一审判决错误地理解了董某森的主观心态；一审判决改变定性错误；一审判决适用法律不当，导致量刑畸轻。

某市中级人民法院二审审理认为，原审被告人董某森采用调换样品的方法虚假提高钼铁品位，帮助耐久公司以次充好销售低品位钼铁金额200万元以上，其行为构成销售伪劣产品罪。在销售伪劣产品的共同犯罪中，原审被告人董某森起次要作用，系从犯，依法应当从轻或者减轻处罚。原审被告人董某森归案后如实供述了其犯罪事实，依法可以从轻处罚。原审被告人董某森退赔了全部赃款，可以酌情从轻处罚。某市某区人民检察院提出"一审判决错误地理解了董某森的主观心态"的抗诉理由，经查，原审被告人董某森主观上具有通过调换钼铁检验样品以次充好使某钢公司多支付货款、耐久公司获取非法利润的故意，该公司虚假提高钼铁品位的点数并不影响该主观故意的成立。一审判决认为董某森不具有销售伪劣产品的主观故意系认定错误，故该抗诉理由成立，应当予以采纳。某市某区人民检察院提出"一审判决改变定性错误"的抗诉理由，经查，耐久公司与某钢公司签订钼铁供销合同，进行了实际的钼铁买卖，耐久公司与原审被告人董某森的主观目的是以次充好以获取非法利润，而不是非法占有某钢公司的财物。某市某区人民检察院指控原审被告人董某森犯销售伪劣产品罪定性准确，一审判决认为原审被告人董某森犯合同诈骗罪系定性错误，故该抗诉理由成立，应当予以采纳。某市某区人民检察院提出"一审判决适用法律不当，导致量刑畸轻"的抗诉理由，经查，原审被告人董某森调换钼铁检验样品的行为在耐久公司销售伪劣产品共同犯罪中起次要作用，系从犯，而不是主犯。但是，由于销售金额在200万元以上，对原审被告人董某森依法应当判处7年以上有期徒刑。一审判决认为原审被告人董某森在共同犯罪中起次要作用，系从犯，以董某森犯合同诈骗罪判处其有期徒刑3年，缓刑5年，并处罚金150,000元，系部分适用法律不当，量刑畸轻，故该抗诉理由部分成立，应当予以部分采纳。原审判决认定的基本事实清楚，证据确实、充分，审判程序合法，但对原审被告人董某森定罪错误，量刑不当。遂依照《刑法》第140条等条款及《刑事诉讼法》相关条款的规定，判决撤销一审刑事判决，原审被告人董某森犯销售伪劣产品罪，判处有期徒刑7年，并处罚金200,000元。

在本案审理过程中，对被告人的行为如何定性存在两种意见。一种意见认为，被告人构成合同诈骗罪，理由是：被告人董某森帮助耐久公司在履行合同过程中，采用偷换钼铁检验样品的欺诈方法来虚假提高钼铁品位，从而骗取某钢公司多支付货款，其主观上具有非法占有某钢公司货款的故意，没有销售伪劣产品的故意，故其行为构成合同诈骗罪，而不构成销售伪劣产品罪。另一种意见认为，被告人构成销售伪劣产品罪，理由是：被告人董某森采用偷换钼铁检验样品的方法虚假提高钼铁品位，帮助耐久公司以次充好销售低品位钼铁金额200万元以上，其客观上实施了以次充好的销售伪劣产品的行为，主观上具有获取非法利润的目的，而不具有非法占有对方当事人财物的目的，故其行为构成销售伪劣产品罪，而不构成合同诈骗罪。本案从裁判结果看，二审法院赞成第二种意见，主要理由为：

1. 在犯罪的客观方面，被告人帮助耐久公司实施了以次充好的销售伪劣产品行为，而没有实施利用合同诈骗财物的合同诈骗行为。

销售伪劣产品罪和合同诈骗罪在犯罪的客观方面都表现为虚构事实或者隐瞒真相的欺诈行为，但欺诈行为的具体表现方式是不相同的。销售伪劣产品罪是指销售者在产品中掺杂、掺假，以假充真，以次充好或者以不合格产品冒充合格产品，销售金额在5万元以上的行为。其具体表现方式有四种：一是在产品中掺杂、掺假；二是以假充真；三是以次充好；四是以不合格产品冒充合格产品。其中的以次充好是指以低等级、低档次产品冒充高等级、高档次产品，或者以残次、废旧零配件组合、拼装后冒充正品或者新产品的行为。本案中，被告人董某森通过偷换钼铁检验样品，帮助耐久公司以钼含量为55.66%、55.94%的钼铁分别冒充钼含量为65.28%、63.31%的钼铁，系以低等级、低档次产品冒充高等级、高档次产品，是典型的以次充好的销售伪劣产品的行为,而且销售金额在200万元以上,故被告人董某森的行为完全符合销售伪劣产品罪的客观要件要求,构成销售伪劣产品罪。

2. 在犯罪的主观方面,被告人的犯罪目的是帮助耐久公司获取非法利润,而不是帮助该公司非法占有某钢公司的财物。

销售伪劣产品罪和合同诈骗罪在犯罪的主观方面都是故意,但两者的犯罪目的不同。虽然《刑法》第140条没有明确规定销售伪劣产品罪的犯罪目的,但是销售伪劣产品罪的犯罪目的通常是获取非法利润或者不正当竞争。本案中,耐久公司与某钢公司签订了钼铁供销合同后,在履行合同过程中,通过被告人董某森偷换钼铁检验样品来虚假提高钼铁质量,从而提高耐久公司的销售收入。根据销售收入=货款结算价格=(钼含量/基准含量60)×净重×单价的计算公式,在钼铁净重及单价不变的情况下,提高钼铁的钼含量就可以提高销售收入;再根据利润=销售收入-成本的计算公式,在成本不变的情况下,提高销售收入就可以获取更多的利润。因此,被告人的犯罪目的是帮助耐久公司获取非法利润并从中得到分成,被告人的行为完全符合销售伪劣产品罪的主观要件。

3. 在犯罪客体方面,被告人的行为主要是侵犯了国家的产品质量管理制度,而合同诈骗罪侵犯的客体不是国家的产品质量管理制度。

销售伪劣产品罪侵犯的客体是复杂客体,主要客体是国家的产品质量管理制度,次要客体是国家的市场管理制度和消费者的合法权益。如果销售者在销售产品的过程中不是针对产品质量采取欺诈手段,而是针对其他方面如产品数量采取欺诈手段使购买者多支付货款,那么,销售者的行为就不构成销售伪劣产品罪,而构成诈骗罪。具体到本案中,被告人的行为既侵犯了国家的产品质量管理制度,又侵犯了国家的市场管理制度和某钢公司的合法权益,完全符合销售伪劣产品罪的客观要件要求,故构成销售伪劣产品罪。如果被告人不是虚假提高钼铁质量,而是采取某种欺诈手段如利用遥控装置秘密增加钼铁重量,将实际重量由60吨虚假提高到65吨,则被告人的行为就没有侵犯国家的产品质量管理制度,就不构成销售伪劣产品罪,而构成一般的诈骗罪,仍不构成合同诈骗罪。

在本案中,被告人为了获取非法利润而在合同约定的产品质量上弄虚作假,其行为主要是侵犯了国家的产品质量管理制度,而不是正常的市场交易秩序,不符合合同诈骗罪的客观要件要求,故不构成合同诈骗罪。

190. 在食品中违规掺入添加剂能否构成犯罪,构成何罪

食品生产者向食品中违规掺入添加剂,致使食品质量不符合国家法律、法规或者相关食品卫生标准规定的质量要求,销售金额达5万元以上的,构成《刑法》第140条规定的生产、销售伪劣产品罪。单位犯罪的,对直接负责的主管人员和其他责任人员,按其在单位犯罪中所起的作用追究刑事责任。

司法实例

亿豪公司生产、销售伪劣产品案

某市某食品工业集团有限公司(以下简称食品集团)系于2006年8月设立的民营股份有限责任公司,生产许可证允许经营项目为植物性蛋白、豆类植物馅、淀粉的生产销售等。2013年9月1日,食品集团对该公司产品中添加滑石粉、二氧化钛、双乙酸钠、日落黄、辣椒红等添加剂向某市质量技术监督局备案。同年9月26日,质监部门书面通知食品集团,上述添加剂在国家标准GB 2760—2007《食品添加剂使用卫生标准》中未

能查询到允许使用在豆制品(其他豆制品)上,特通知该企业在生产加工产品中不得添加上述添加剂。

2014 年 2 月至 2016 年 9 月,在食品集团总经理孟某伦安排下,该公司将滑石粉、二氧化钛、双乙酸钠、日落黄、辣椒红等添加剂添加到食品集团所生产的系列产品中,在质监部门到该公司抽检时,孟某伦多次指使工人将上述添加剂予以隐匿以逃避检查。食品集团先后向本省及邻省部分企业销售合计价值 798 万余元的添加上述添加剂的系列产品。

某市人民检察院对食品集团以涉嫌犯生产、销售伪劣产品罪向法院提起公诉。

某市人民法院经审理认为,国家明确禁止在生产属于豆制品(其他豆制品)分类的产品中添加辣椒红、双乙酸钠、二氧化钛、日落黄、滑石粉等添加剂,质监部门已书面通知食品集团不得在其产品中添加上述添加剂,被告单位食品集团仍然违反国家关于食品安全法律、法规的规定,在其生产的系列产品中添加辣椒红、双乙酸钠、二氧化钛、日落黄、滑石粉等添加剂,以不合格产品冒充合格产品销售,销售金额达 798 万余元,其行为构成生产、销售伪劣产品罪。被告人孟某伦作为被告单位直接负责产品生产和销售的主管人员,安排其公司员工在其生产的豆制品(其他豆制品)等产品中添加上述添加剂,且在质监部门到食品集团抽检时,其还指使工人将违规使用的添加剂隐匿,其主观故意明显,其行为已经构成生产、销售伪劣产品罪。《刑法》第 140 条规定,生产者、销售者在产品中掺杂、掺假,以假充真,以次充好或者以不合格产品冒充合格产品,销售金额 200 万元以上的,应在“十五年有期徒刑或者无期徒刑,并处销售金额百分之五十以上二倍以下罚金或者没收财产”的量刑幅度内处罚。遂判决认定被告人食品集团犯生产、销售伪劣产品罪,判处罚金 700 万元;被告人孟某伦犯生产、销售伪劣产品罪,判处有期徒刑 15 年,并处罚金 400 万元。

被告单位食品集团及被告人孟某伦不服一审判决,分别以不构成犯罪及量刑重为由提起上诉。

某市中级人民法院经审理认为,上诉人食品集团违反国家关于食品安全法律、法规的禁止性规定,在生产属于豆制品及其他豆制品分类的产品中违规添加多种添加剂,销售金额达 798 万余元,其行为构成生产、销售伪劣产品罪;上诉人孟某伦作为被告单位直接负责的主管人员,其行为亦构成生产、销售伪劣产品罪。原判事实清楚,证据充分,适用法律正确,量刑适当,审判程序合法。遂裁定驳回上诉,维持原判。

本案一、二审法院认定被告单位及主要负责人构成生产、销售伪劣产品罪,主要基于如下考量:

关于食品安全犯罪,刑法规定了三个罪名,即生产、销售有毒、有害食品罪,生产、销售不符合安全标准的食品罪和生产、销售伪劣产品罪。生产、销售有毒、有害食品罪,生产、销售不符合安全标准的食品罪专指生产和流通领域的食品犯罪,生产、销售伪劣产品罪是指生产和流通领域的特定产品犯罪,这里的产品包括食品、药品、化妆品等特定产品。关于被告单位食品集团生产、销售不合格豆制品及其他豆制品分类的产品的行为究竟如何定性,具体如下。

1. 被告单位食品集团在产品中违法添加添加剂的行为完全符合生产、销售伪劣产品罪的构成要件。根据《刑法》第 140 条的规定,生产、销售伪劣产品罪必须具备以下几个条件:(1)生产者、销售者有生产、销售伪劣产品从中牟利的故意,如果行为人在主观上不是故意的,不知所售产品是次品,而当作正品出售了,应承担民事责任,不能作为犯罪。(2)生产者、销售者在客观上实施了“在产品中掺杂、掺假,以假充真,以次充好或者以不合格产品冒充合格产品”等行为。所谓“在产品中掺杂、掺假”,是指在产品中掺入杂质或者异物,致使产品质量不符合国家法律、法规或者产品明示质量标准规定的质量要求,降低、失去应有使用性能的行为。“以假充真”,是指以不具有某种使用性能的产品冒充具有该种使用性能的产品的行为。“以次充好”,是指以低等级、低档次产品冒充高等级、高档次产品，或者以残次、废旧零配件组合、拼装后冒充正品或者新产品的行为。“不合格产品”，是指不符合《产品质量法》第26条第2款规定的质量要求的产品。对上述行为难以确定的，应当委托法律、行政法规规定的产品质量检验机构进行鉴定。(3)生产者、销售者在产品中掺杂、掺假，以假充真，以次充好或者以不合格产品冒充合格产品，销售金额必须达到5万元以上，才构成犯罪。(4)生产、销售伪劣产品的犯罪主体是生产者、销售者，消费者不能构成本罪的主体。

根据《刑法》第144条的规定，生产、销售有毒、有害食品罪，行为人在主观方面是故意犯罪，即故意往食品中掺入有毒、有害非食品原料或者明知是有毒、有害食品而销售的行为；在客观上实施了在生产、销售的食品中掺入有毒、有害的非食品原料或者明知是掺有有毒、有害的非食品原料的食品而销售的行为，至于销售后有无具体危害后果的发生并不影响本罪的成立。所谓“有毒、有害的非食品原料”，是指对人体具有生理毒性，食用后会引起不良反应，损害机体健康的不能食用的原料。如制酒时加入工业酒精，在饮料中加入国家严禁使用的非食用色素等。如果掺入的是食品原料，由于污染、腐败变质而具有了毒害性，不构成本罪。

本案经质监部门对公安机关扣押的食品集团生产的系列产品抽样检验，未发现有毒、有害的成分。因此，食品集团在豆制品中违规掺入添加剂的行为，不构成生产、销售有毒、有害食品罪。

2. 不合格食品不等于不符合安全标准的食品。目前没有证据证明食品集团生产的豆制品造成了消费者严重食物中毒事故或者其他严重食源性疾病，因而也不构成不符合生产、销售不符合安全标准的食品罪。从主观上看，2013年9月26日，某市质量技术监督局书面告知食品集团，辣椒红等五种添加剂不在《食品添加剂使用卫生标准》(GB 2760—2007)允许使用在豆制品(其他豆制品)上的范围内，但该公司为达到提高收益的目的，仍使用原配方，指使工人将上述五种添加剂掺入到部分系列产品中，并销售给省内外部分企业；其间，在质监部门检查时，食品集团主管生产和销售的总经理孟某伦还指使工人将上述添加剂隐匿。因此，食品集团既有违规在食品中掺入多种添加剂，放任对公众健康可能造成不良后果的间接故意，又有逃避有关部门监管破坏国家食品监管秩序的直接故意。从客观行为看，食品集团以不合格产品冒充合格产品出售，且销售金额达798万余元，数额特别巨大(销售金额200万元以上的为特别巨大)，其行为符合生产、销售伪劣产品罪的客观行为要件。

综上，食品集团的行为符合生产、销售伪劣产品罪的全部特征及犯罪构成要件，故构成生产、销售伪劣产品罪；孟某伦作为被告单位直接负责产品生产和销售的主管人员，亦应以生产、销售伪劣产品罪追究其刑事责任。

191. 司法实践中销售伪劣产品罪与诈骗罪的区分

销售伪劣产品罪与诈骗罪的犯罪构成不同，特别是在犯罪的主观方面和客观方面存在明显区别，但对二者的区分关键要从是否存在真实的交易，是否存在或交付了标的物等方面进行考察。

司法实例

向某某销售伪劣产品案

被告人向某某从贾某康处以每床37元的价格购进棉絮，再与其他人一起将棉絮卖出。在整个过程中，其他人加入需经向某某同意，并由向某某提供棉絮，制定行经路线、安排住宿，且以每床2元的价格向其他人收取好处费。2014年2月20日开始，石某某与汤某恒等数人先后加入。向某某在复印店打印用于贴在包装袋子上冒充新疆优质棉花的单据、凭条，分发给以上人员，让其驾车到乡镇或街道，物色到销售对象后，杜撰一人名上前询问是否认识该人并称自己是受托从新疆给其带棉絮回来的，待对方回答不认识时，便假意给他人打电话，并在电话里说错了位置，称有急事须马上离开，棉絮只能便宜处理，使对方相信该棉絮确系新疆优质棉絮，能便宜购得亦符合逻辑，以此方法以单价每床108元左右顺利销售该棉絮共计509床，金额合计55,265元。经某县价格认证中心鉴定该棉絮正常售价为45元/床。公诉机关认为被告人向某某以假充真、以次充好销售产品，销售金额高达55,265元，应以销售伪劣产品罪追究刑事责任。

某县人民法院审理认为，被告人向某某以假充真、以次充好销售棉絮，销售金额高达55,265元，其行为构成销售伪劣产品罪，遂判决被告人向某某犯销售伪劣产品罪，判处有期徒刑6个月。判决已生效。

本案审理中一种意见认为，本案销售伪劣产品罪与诈骗罪形成想象竞合犯，应从一重罪处理。另一种意见认为，该案存在市场交易行为，侵犯的不是公民财产所有权而是消费者的合法权益，棉絮本身具有一定的经济价值，这种交易型诈骗罪中的商品与种类物的价值悬殊并非过大，销售伪劣产品罪与诈骗罪构成法条竞合，本案应认定为销售伪劣产品罪。法院生效判决赞同第二种意见，本案焦点在于实物诈骗与销售伪劣产品罪应如何区别。

1. 本案应定性为销售伪劣产品罪。销售伪劣产品罪与诈骗罪在主、客观方面都有相同之处：主观罪过都是故意；客观行为都具有欺诈的性质。二者的区别为：(1)客观行为的性质和发生的领域不同。销售伪劣产品的客观行为从性质上属于经济行为，发生在商品生产、销售活动之中。诈骗罪的客观行为则不是经济行为，不是发生在商品生产、销售活动之中，而是发生在日常生活之中。实践中，区分实物诈骗和销售伪劣产品主要考虑：第一，考察是否存在真实的交易，是否存在或交付了标的物。销售伪劣产品行为人虚构事实，目的是引诱对方订立合同进行交易，客观上确实也发生了交易行为，行为人谋取的是伪劣产品与真实产品的差价之利润，其本质上仍是货物买卖，只是交付的货物质量存在瑕疵、与其所标榜的不相符。而诈骗往往没有标的物存在，也没有交付货物的履行义务表现，虚构事实的目的在于直接占有对方财物，骗取钱款。第二，判断交付标的物价值与约定标的物差距是否较大。诈骗行为也可能向被害人交付具有通常功能的货物，但其价值相比于约定标的物差距较大。第三，在都交付标的物的前提下，考察所交付标的物是否具备种类物的通常功能、使用价值。(2)主体不完全相同。销售伪劣产品罪的主体既可以是自然人也可以是单位，而诈骗罪的主体只能是自然人。(3)主观目的不同。销售假冒、伪劣产品不以非法占有为目的，以赚取丰厚的利润为目的，而诈骗罪则以非法占有为目的。(4)侵犯的客体不同，销售伪劣产品罪不仅侵犯国家对产品质量的管理制度，也侵犯消费者的合法权益，还侵犯了产品市场管理秩序。本案中向某某虽有欺诈故意，但以销售“质优”棉絮的方式，侵犯了消费者的合法权益，棉絮本身存在价值，故不能简单定性为诈骗罪。

2. 销售伪劣产品罪与诈骗罪是法条竞合。想象竞合犯的构成要件包括行为人实施了一个危害行为，行为同时触犯数个罪名所代表的数个性质不同的犯罪构成，行为所触犯的各犯罪构成之间应无重合关系。法条竞合的本质在于“特别条款优于一般条款来定罪”。实践中，生产、销售伪劣产品罪与诈骗罪二者之间属于想象竞合犯还是法条竞合存在不同看法，少数观点认为都存在欺诈故意，犯罪构成之间有重合关系，多数观点认为应按照法条竞合犯罪处理。笔者认为，如果按照想象竞合犯的观点，须从一重罪处罚，而相同数额情况下诈骗罪的处罚远重于销售伪劣产品罪。如此，此类案件无一例外均应定诈骗罪，从而架空了销售伪劣产品罪适用的可能。因此，销售伪劣产品罪与诈骗罪之间为法条竞合，销售伪劣产品罪本身就是诈骗罪在扰乱社会市场秩序中的特殊罪名。

综上,法院判处被告人向某某犯销售伪劣产品罪,判处有期徒刑 6 个月。

192. 对生产售卖病死猪肉行为如何定性、鉴定及追诉

生产、销售不符合安全标准的食品罪只有在足以造成严重食物中毒事故或者其他严重食源性疾病的情况下才能构成。生产、销售、加工一头以上(包括本数)病死猪肉,以及食用后足以或者可能造成严重食物中毒事故或者其他严重食源性疾病的,均应追究刑事责任。

司法实例

牛某利生产、销售不符合安全标准的食品案

被告人牛某利在某县某村建起养猪场,并在其家中设立摊位销售猪肉。某公安派出所接到群众举报后,会同某乡政府、某县动物卫生监督所等相关单位对牛某利家销售摊点进行检查,当场查获 210 公斤死猪肉,并将被告人牛某利传唤至某公安派出所接受讯问。同日,某县动物卫生监督所决定没收查扣的 210 公斤死猪肉,并于当晚进行了深埋处理。经某县食品预防控制中心检测,被查扣病死猪肉中检出奇异变形杆菌等;经某县卫生局鉴定,人食用病死猪肉后可能导致严重食物中毒或其他严重食源性疾病。归案后,被告人牛某利如实供述涉案事实,交代在 2016 年 2 月至 2017 年 5 月 6 日,其将自己养猪场内的 8 头病死猪偷偷宰杀,并将猪肉销售给他人食用,共计获利 3850 余元。

某县人民检察院对牛某利以涉嫌犯生产、销售有毒、有害食品罪向法院提起公诉。被告人牛某利及其辩护人以本案不构成生产、销售有毒、有害食品罪,县级机构没有鉴定权及不符合立案标准予以辩解。

某县人民法院审理认为:被告人牛某利生产、销售不符合安全标准的食品,食用后足以造成严重食物中毒或其他严重食源性疾病,其行为已构成生产、销售不符合安全标准的食品罪。公诉机关指控罪名成立。鉴于被告人归案后如实供述其犯罪事实,且能当庭自愿认罪,依法可予从轻处罚。遂判决认定被告人牛某利犯生产、销售不符合安全标准的食品罪,判处有期徒刑 2 年,并处罚金 1 万元;没收被告人牛某利的犯罪所得 3850 元。判决已生效。

食品安全和人们的日常生活密切相关,生产、销售不符合食品安全标准的食品会造成食物中毒事故或者其他食源性疾病,损害人民群众的身体健康。

1. 关于生产、销售病死猪肉的定性问题。依据《刑法》第 143 条规定,生产、销售不符合安全标准的食品罪只有在"足以造成严重食物中毒事故或者其他严重食源性疾病"的情况下才能构成。可见,"足以造成"是判定生产、销售不符合安全标准的食品罪与非罪之界限。如何判断"足以造成",司法实践中,应从判定基础、判定方法、判定标准三方面入手。判定基础是指作为判断是否"足以造成"依据的事实范围。对足以造成的判断应以客观存在的事实为基础,而不应以行为人的主观认识为基础。具体应主要把握两个方面:(1)涉案食品本身是否含有不符合安全标准的物质及其含量的高低和对人体健康危害性的大小;(2)涉案含有不符合安全标准物质的食品可能扩散的范围大小。判断方法可根据判定危险状态的时间不同分为事前判断、事后判断,以及先进行事前判断再进行事后判断。事前判断应坚持主观标准,事后判断坚持客观标准。实践中还应坚持主客观相结合的方法进行判断,即在事前判断所得出的肯定行为具有造成危险状态的属性的基础上再进行下一步的事后判断。具体到生产、销售不符合安全标准的食品罪中的"足以造成"的判断,一是应通过事前判断首先确定该行为是否具有造成严重食物中毒事故或者其他严重

食源性疾病的属性。如果通过事前判断可以否定行为具有造成该危险状态的属性，事后判断也就可以放弃了。二是如果事先判断无法否定该行为具有造成严重食物中毒事故或者其他严重食源性疾病的属性，则需要再确认是否出现了足以发生严重食物中毒事故或者其他严重食源性疾病之实害结果的可能性。判定标准是衡量危险状态的有无及危险程度的大小。根据最高人民法院、最高人民检察院《关于办理生产、销售伪劣商品刑事案件具体应用法律若干问题的解释》，应以客观科学的鉴定结论作为判断“足以造成”的标准。

生产、销售不符合安全标准的食品罪与生产、销售有毒、有害食品罪理论上比较容易区分，但实践中却很容易混淆。区分的关键是：从事食品生产、销售的生产者、销售者，如果在食品生产、销售的过程中没有掺入其他非食品原料或者有毒有害物质，而是由于生产、销售的过程不规范或者违反相关规定，致使所生产、销售的食品不符合食品安全标准甚至有毒、有害，足以造成严重食物中毒事故或者其他严重食源性疾病的，应以生产、销售不符合安全标准的食品罪定罪处罚；如果在食品生产、销售的过程中掺入有毒、有害的非食品原料，显然应以生产、销售有毒、有害食品罪定罪处罚。对生产销售病死猪肉案件，虽然猪肉没有国家卫生标准，鉴定也没有计量认证，但本案被告人在家自办养猪场，设立摊位销售其养猪场内病死的猪肉，这些病死猪肉本身含有不符合安全标准的物质，通过检测病死猪肉中的奇异变形杆菌等，知其具有造成严重食物中毒事故或者其他严重食源性疾病的属性。通过鉴定可知，人食用病死猪肉后可能导致严重食物中毒或其他严重食源性疾病。同时，根据《食品安全法》的规定，“不符合食品安全标准的食品”共有十种，其中包括“（七）病死、毒死或者死因不明的禽、畜、兽、水产动物肉类及其制品”，“（八）未按规定进行检疫或者检疫不合格的肉类，或者未经检验或者检验不合格的肉类制品”。

因此，应当认定本案被告人牛某利的行为属于生产、销售不符合安全标准的食品的行为。

2. 关于生产、销售病死猪肉的鉴定问题。最高人民法院、最高人民检察院《关于办理生产、销售伪劣商品刑事案件具体应用法律若干问题的解释》第 4 条第 1 款规定：“经省级以上卫生行政部门确定的机构鉴定，食品中含有可能导致严重食物中毒事故或者其他严重食源性疾患的超标准的有害细菌或者其他污染物的，应认定为刑法第一百四十三条规定的‘足以造成严重食物中毒事故或者其他严重食源性疾患’。”《刑法修正案（八）》将“生产、销售不符合食品卫生标准的食品”修改为“生产、销售不符合食品安全标准的食品”，同时将“疾患”改为“疾病”，但对于如何认定“足以造成”，依然规定要经省级以上卫生行政部门确定的机构鉴定。据此，实践中有人认为，是否“足以造成”，必须由省级以上卫生行政部门鉴定，县级卫生局没有鉴定资格，其鉴定结论不能作为定罪依据。此观点过于机械。原因：一是从文义理解“经省级以上卫生行政部门确定的机构鉴定”，不是指必须由省级以上卫生行政部门鉴定，而是指经省级以上卫生行政部门确定或指定的机构鉴定，换言之，只要是省级卫生行政部门认可的有鉴定资格的机构鉴定均可。二是从实务角度，某省卫生厅×卫发〔2008〕×××号文件确定县级以上卫生行政部门为鉴定食品中含有可能导致严重食物中毒事故或者其他严重食源性疾病的超标准的有害细菌或者其他污染物的机构，因此，本案中某县卫生局的鉴定意见有效。实务中可能出现鉴定意见过于简单的情况，对此必须严格掌握。对于不能明确说明鉴定食品中含有可能导致严重食物中毒事故或者其他严重食源性疾病的超标准的有害细菌名称或者其他污染物的鉴定意见，不宜直接作为证据使用。经审查，确有必要进一步鉴定的，可到上一级鉴定部门重新鉴定，仍达不到证据标准的则应依照《刑事诉讼法》的证据标准宣告无罪。

3. 关于生产、销售病死猪肉的追诉标准。根据《刑法》第 143 条的规定，“生产、销售不符合食品安全标准的食品，足以造成严重食物中毒事故或者其他严重食源性疾病的”，即可构成犯罪。

最高人民检察院、公安部《关于公安机关管辖的刑事案件立案追诉标准的规定(一)》(公布于《刑法修正案(八)》出台之前)第19条规定,生产、销售不符合卫生标准的食品,并经省级以上卫生行政部门确定的机构鉴定,食品中(1)含有可能导致严重食物中毒事故或者其他严重食源性疾患的超标准的有害细菌的;(2)含有可能导致严重食物中毒事故或者其他严重食源性疾患的超标准的其他污染物的,应予立案追诉。严厉打击危害食品安全行为是为了保护民生、维护社会稳定。国外食品安全危机如欧洲的“疯牛病”事件、日本的“毒大米”事件等,都是用严格的法律予以应对。如美国法律规定,无论金额大小,只要有制假或售假的行为就构成犯罪。因此,司法实践中,对于生产、销售、加工一头以上(包括本数),以及食用后足以或者可能造成严重食物中毒事故或者其他严食源性疾病的,均应予以追究刑事责任。

193. 超限量滥用食品添加剂造成人员伤亡的定性

国家允许在生产、销售的食品中加入允许使用的食品添加剂,但超出允许使用的范围或超过允许的最大使用量或残留量,有危害食品安全的现实风险或造成严重后果的,应当以生产、销售不符合安全标准的食品罪定罪处罚。

司法实例

曹某发、颜某孚生产、销售不符合安全标准的食品案

被告人曹某发系有证经营流动烧烤摊的摊主,其平时一般均在被告人颜某孚的调味品商店购买调味品。2016年8月,颜某孚向曹某发推荐亚硝酸钠,称此调料可以增色,并建议曹某发在烧烤中使用此调料,曹某发遂购买了一包亚硝酸钠。2016年9月8日,曹某发在腌制烧烤备用的鸡腿时取出部分亚硝酸钠用水稀释后加入腌制的鸡腿中,并于次日将腌制过的鸡腿进行烧烤后出售。被害人苗某刚等6人食用后,先后出现中毒症状并被送往某市医院救治。苗某刚经某市医院抢救无效死亡,经法医学鉴定,苗某刚系亚硝酸钠中毒致多器官损害死亡。经某省疾病预防控制中心检验,曹某发自行腌制并烤制的鸡腿中,亚硝酸钠含量高达85.2毫克/公斤,远远超出残留量要求≤30毫克/公斤的国家标准,显然属于超过使用限量使用食品添加剂。经省市两级医院会诊确诊,苗某刚等6名食用人均为亚硝酸钠中毒。

某省某市人民检察院以曹某发、颜某孚涉嫌犯生产、销售有毒、有害食品罪提起公诉。

某省某市人民法院审理认为,被告人曹某发违反国家食品安全管理法规,违反食品安全标准,超范围滥用食品添加剂亚硝酸钠,造成一人死亡、多人中毒的严重后果,其行为已触犯刑律,构成生产、销售不符合安全标准的食品罪;被告人颜某孚明知曹某发生产、销售不符合安全标准的食品而向其推荐和提供食品添加剂亚硝酸钠,与曹某发构成生产、销售不符合安全标准的食品罪的共犯。公诉机关指控罪名有误,予以变更。在共同犯罪中,曹某发购买亚硝酸钠后不按使用说明、不计后果,超限量添加到腌制的鸡腿中,经烧烤后向市民出售,致被害人苗某刚食用后经医治无效死亡及多人食用后中毒的特别严重后果,系本案主犯;颜某孚向曹某发推荐并销售食品添加剂亚硝酸钠,在共同犯罪中起辅助作用,系本案从犯。遂判决认定被告人曹某发犯生产、销售不符合安全标准的食品罪,判处有期徒刑8年,并处罚金1万元;被告人颜某孚犯生产、销售不符合安全标准的食品罪,判处有期徒刑3年,缓刑3年,并处罚金5000元。并对二被告人发布了在一定期限内禁止从事原从事行业经营的禁止令。判决已生效。

本案的焦点是二被告人的行为是否构成犯罪、构成何罪。在罪名确定上涉及刑法中生产、销售有毒、有害食品罪和生产、销售不符合安全标准的食品罪两个罪名的区分。公诉机关指控的罪名是生产、销售有毒、有害食品罪，而生效判决改变了指控罪名，以生产、销售不符合安全标准的食品罪对被告人定罪处罚。理由为：

1. 根据《刑法》第143条的规定，生产、销售不符合食品安全标准的食品罪构成要件在主观方面表现为，行为人必须是故意，即故意生产、销售不符合食品安全标准的食品；在客观方面表现为，行为人有生产、销售不符合食品安全标准的食品的行为。本案二被告人具备了上述要件。

2. 根据《食品安全法》和《食品安全国家标准食品添加剂使用标准》（GB2760—2014）（以下简称《食品安全国家标准》）的规定，食品添加剂是为改善食品品质和色、香、味，以及为防腐、保鲜和加工工艺的需要而加入食品中的人工合成或者天然物质。《食品安全法》明确规定，食品安全标准是强制执行的标准，食品、食品添加剂、食品相关产品中的致病性微生物，农药残留、兽药残留、生物毒素、重金属等污染物质以及其他危害人体健康物质的限量规定均属于食品安全标准的内容。《食品安全国家标准》规定了食品添加剂的使用原则、允许使用的食品添加剂品种、使用范围以及最大使用量或残留量，在生产、销售的食品中加入的食品添加剂超出该标准允许使用的品种，或者在生产、销售的食品中加入的食品添加剂超过了使用范围或使用限量，就应认定为不符合食品安全标准的食品。不在该标准所列食品添加剂品种范围之内的，属于禁止作为食品添加剂使用的物质，若所添加的物质不在标准所列品种范围之内，又含有有毒、有害物质，则应认定为生产、销售有毒、有害食品。

3. 生产、销售有毒、有害食品罪和生产、销售不符合安全标准的食品罪属于逻辑上的种属关系，凡是有毒、有害的食品，必然属于不符合安全标准的食品；但是不符合安全标准的食品，不一定是有毒、有害的食品。根据《食品安全国家标准》，亚硝酸钠的确属于国家允许使用的食品添加剂，在用于熏、烧、烤肉类时，其最大使用量为0.15克/公斤，残留量要求≤30毫克/公斤，而本案中，“毒鸡腿”的亚硝酸钠含量达到了85.2毫克/公斤，显然属于超过使用限量使用食品添加剂，应以生产、销售不符合安全标准的食品罪论处。

4. 就本案而言，原卫生部（现为卫计委）、原国家食品药品监管局（现为国家市场监管总局）于2012年5月28日下发的“2012年第10号公告”，虽然明令禁止餐饮服务单位采购、贮存、使用食品添加剂亚硝酸盐（亚硝酸钠、亚硝酸钾），但亚硝酸钠本身的属性仍属于食品添加剂，而不属于《刑法》第144条中所规定的“有毒、有害的非食品原料”；被告人曹某发在腌制鸡腿时加入亚硝酸钠，没有超出《食品安全国家标准》对该添加剂使用范围的规定，但其在腌制鸡腿过程中超限量添加亚硝酸钠，违反食品安全标准，并造成一人死亡、多人住院治疗的特别严重后果，其行为符合《刑法》第143条关于生产、销售不符合安全标准的食品罪的构成要件。被告人颜某孚长期经营食品调味品，对于亚硝酸钠的使用方法与限量较为清楚，其在明知曹某发生产、销售不符合安全标准的食品的情况下，向曹某发推荐和提供食品添加剂亚硝酸钠，故对其在宣告缓刑的同时判令禁止其在缓刑考验期内从事与食品相关的经营活动。

194. 走私气枪铅弹是否构成犯罪，构成何罪

气枪铅弹在涉枪支弹药犯罪案件中应当属于子弹或弹药的范畴，走私气枪铅弹达到足够数量标准的可以构成走私弹药罪，但从社会危害性考虑，走私气枪铅弹的量刑标准应当与一般的走私非军用子弹有所区别。同理，非法制造、出售、买卖、私藏气枪铅弹，达到足够标准，亦能构成非

法制造、买卖、持有弹药等罪名。

司法实例

谈某良走私弹药、非法持有枪支案

2010年，被告人谈某良对气枪产生浓厚兴趣，后从互联网非法购买MP654K气手枪1支及相关配件。2013年，谈某良认为气手枪威力小，欲获取高压气步枪，遂非法取得国产“锡峰”气步枪的配件1套和气枪弹，并将组装成的气步枪、气手枪和气枪弹在家中藏匿。2012年5月，谈某良在淘宝网上找到海外代购商程某，指使程某通过提供虚假的收货人身份信息并伪报商品信息，逃避海关监管，以710元的价格从国外非法购入气枪铅弹1625发。2013年至2015年，谈某良还多次在网上购买了各类气枪配件。后谈某良在其租用的民宅内购置简易设备，仿制气枪铅弹3800发。

2016年3月1日，侦查人员在某物流园抓获前来收取包裹的谈某良，并在包裹内查获枪管2根。侦查人员从谈某良的家中查获高压气枪2支，气枪铅弹1190发，枪管6根，高压气瓶11个。在其所租民房查获气枪铅弹3800发。经鉴定，谈某良非法持有的2支高压气枪为枪支，4990发气枪铅弹均为弹药，19件枪支零件为枪支零部件。

某市人民检察院以谈某良涉嫌犯走私弹药罪，非法持有枪支、弹药罪，非法制造弹药罪提起公诉。

某市人民法院审理认为，被告人谈某良通过海外代购的方式，使用虚假收货人身份证明，告知代买人在报关时使用虚假的商品信息以逃避海关监管等行为，从境外网站购买气枪子弹1625发，其行为构成走私弹药罪，但情节较轻；非法制造气枪子弹3800发，其行为构成非法制造弹药罪；谈某良非法持有以压缩气体为动力的非军用枪支2支，其行为又构成非法持有枪支罪。所犯数罪，依法应予并罚。公诉机关指控谈某良非法持有国产气枪铅弹365发的事实，仅有谈某良的供述，没有其他证据印证，认定谈某良犯非法持有弹药罪的证据不足，不予认定。遂判决认定被告人谈某良犯走私弹药罪，判处有期徒刑4年，并处罚金2万元；犯非法制造弹药罪，判处有期徒刑1年；犯非法持有枪支罪，判处有期徒刑2年，决定执行有期徒刑6年，并处罚金2万元。

一审宣判后，被告人谈某良上诉提出：原判认定其从境外代购气枪铅弹的事实不清；涉案气枪铅弹并非走私弹药罪中规定的弹药；其购买、仿造铅弹系出于个人爱好，社会危害性小，没有造成危害后果；原判量刑过重。

某市中级人民法院审理认为，原判认定的事实清楚，适用法律准确。对上诉人谈某良购买、制造气枪铅弹系出于个人爱好，行为社会危害性小，没有造成危害后果等情节，原判已予考虑，量刑并无不当。遂裁定驳回上诉，维持原判。

本案焦点问题，一是气枪铅弹是否属于走私弹药罪及涉枪支弹药犯罪中的“弹药”；二是走私气枪铅弹的量刑标准是否应当有别于一般的走私非军用子弹。

本案检察机关及一、二审法院的起诉、裁判理由为：

1. 气枪铅弹属于走私弹药罪中的“弹药”。最高人民法院于2000年出台的《关于审理走私刑事案件具体应用法律若干问题的解释》(以下简称2000年《走私解释》，现已失效)，将弹药分为军用子弹和非军用子弹两类。走私军用子弹100发以上、非军用子弹1000发以上即可认定“情节特别严重”。但是2000年《走私解释》既没有对军用子弹和非军用子弹做出明确界定，也没有对常见的军用子弹和非军用子弹予以列举，仅在第1条第7款作了提示性规定，即“刑法第一百五十一条第一款规定的‘武器、弹药’的种类，参照《中华人民共和国海关进口税则》及《中华人民共和国禁止进出境物品表》的有关规定确定”。《海关进口税则》列举的弹药种类中没有气枪铅弹，《禁止进出境物品表》仅在第1条“禁止进境物品”中将“各种武器、仿真武器、弹药及爆炸物品”列为第 1 项,也没有明确弹药的种类。因此,难以根据现有法律规定直接判断气枪铅弹是否属于“弹药”。

弹药是指含有火药、炸药或其他装填物,爆炸后能对目标起毁伤作用或完成其他战术任务的军械用品,是武器系统中的核心部分,是借助武器(或其他运载工具)发射至目标区域,完成既定战斗任务的最终手段。它包括枪弹、炮弹、手榴弹、枪榴弹、航空炸弹、火箭弹、导弹、鱼雷、水雷、地雷、爆破筒、爆破药包等,以及用于非军事目的的礼炮弹、警用弹和狩猎、射击运动的用弹。传统弹药的核心含义一是在功能上具有杀伤力;二是在结构上包括弹头、弹壳、火药、炸药或者其他装填物;三是可以借助武器或其他运载工具发射至目标区域。气枪铅弹无疑具有杀伤力,在结构上有弹头,尾部有部分弹壳,可以借助气枪等武器发射至目标区域,但是没有火药、炸药或者其他装填物,它与很多非军用子弹特别是一些运动用弹具有一定的类似性,将其认定为非军用子弹并不会超出人们的认知可能性;且我国海关对于各类枪支弹药的走私行为都是严厉禁止的,走私气枪铅弹的行为对我国的进出口贸易制度和弹药的监管秩序造成了侵害,从法益保护的角度,对此类行为予以刑事处罚具有必要性。

此外,将气枪铅弹认定为走私弹药罪或涉枪支弹药犯罪的犯罪对象,与最高人民法院出台的相关司法解释规定的含义相符。如最高人民法院于 2009 年出台的《枪弹解释》明确将气枪铅弹作为非军用子弹的一种作出了列举式规定。2000 年《走私解释》尽管对走私弹药罪中的“弹药”没有作出类似的列举式规定,但从体系解释用语一致性的角度考虑,《枪弹解释》的规定无疑具有参考价值。

最高人民法院、最高人民检察院于 2014 年 8 月出台的《关于办理走私刑事案件适用法律若干问题的解释》第 1 条取消了军用枪支和非军用枪支的区分,因此《走私解释》对弹药也未区分军用弹药和非军用弹药。从该规定看,气枪铅弹属于走私弹药罪中的“弹药”。

2. 对走私气枪铅弹犯罪的量刑标准应当有别于一般的走私非军用子弹犯罪。本案中,被告人谈某良走私 1625 发气枪铅弹,是否属于“情节特别严重”,审理时存在两种不同意见:一种意见认为,2000 年《走私解释》规定走私非军用子弹 1000 发以上即属于走私弹药情节特别严重,谈某良的行为已属于此种情形。另一种意见认为,气枪铅弹不同于一般的非军用子弹,如果机械适用 2000 年《走私解释》对非军用子弹规定的量刑标准,则应当判处谈某良无期徒刑或者死刑,这显然与一般正常人的认知相悖,也有违罪责刑相适应原则。综合来看,谈某良出于个人兴趣爱好走私气枪铅弹,走私物品案值低,未造成严重后果,对谈某良应当按照《刑法》第 151 条关于“情节较轻”的规定,在 3 年以上 7 年以下的法定刑幅度内量刑。

法院采纳了后一种意见。主要基于以下考虑:一是人民法院应坚持罪责刑相适应原则,决定刑罚轻重必须与犯罪危害程度相适应。气枪铅弹虽然借助气枪等武器可发射至目标区域,具有一定杀伤力,但没有火药、炸药等装填物,因此杀伤力明显小于其他具有火药等装填物的弹药。从立法精神分析,走私武器、弹药罪虽然侵犯的直接客体是国家的进出口贸易制度和国家对武器、弹药的监管秩序,但本质上是国家出于对公共安全的考虑以及履行国际公约的需要而禁止武器、弹药的流通。无论走私“其他非军用子弹”还是“气枪铅弹”都侵犯了刑法保护的法益,既然气枪铅弹危害程度显著小于一般非军用子弹,走私“气枪铅弹”对法益的侵害程度也自然也小于走私同样数量的一般非军用子弹。因此,根据罪责刑相适应原则,应当将两者在量刑标准上区别对待。二是将走私气枪铅弹的量刑标准有别于一般的走私非军用子弹,是保持刑法解释协调性的需要。以走私弹药罪与其他以弹药为犯罪对象的犯罪予以对比,根据《刑法》第 125 条的规定,犯非法制造、买卖、运输、邮寄、储存弹药罪，情节严重的，法定刑为10年以上有期徒刑、无期徒刑或者死刑；依照《枪弹解释》的规定，非法制造、买卖、运输、邮寄、储存军用子弹50发、一般非军用子弹500发、气枪铅弹2500发，方能达到情节严重的标准。《枪弹解释》明确将气枪铅弹作为非军用子弹的一种予以列举，但是定罪量刑的数量要求是军用子弹的50倍、一般非军用子弹的5倍。盗窃、抢夺弹药罪量刑标准也体现了类似精神，均按照气枪铅弹是一般非军用子弹数量的5倍标准予以把握。走私弹药罪与非法制造、买卖、运输、邮寄、存储弹药罪以及盗窃、抢夺弹药罪等罪的犯罪对象性质相同，即均属"弹药"，虽整体危害程度有别，但就各罪名本身来说，都存在因"弹药"种类不同而量刑时应有所区别的问题。《走私解释》出台于2000年，《枪弹解释》出台于2009年，《枪弹解释》对"气枪铅弹"与其他非军用子弹进行差异化评价，相对于《走私解释》更能体现罪责刑相适应原则。根据实质解释的立场，遵循体系解释的方法，我们认为，《枪弹解释》确立的气枪铅弹在量刑的数量要求上是一般非军用子弹的量刑标准的5倍，可以作为走私气枪铅弹类犯罪案件量刑的参考。根据2014年8月出台的《走私解释》第1条第1款第2项的规定，走私气枪铅弹500发以上不满2500发，或者其他子弹10发以上不满50发的可以认定为《刑法》第151条第1款规定的"情节较轻"。本案被告人谈某良走私1625发气枪铅弹，符合《走私解释》规定的"情节较轻"的量刑标准。

此外，就走私弹药罪而言，"弹药"的种类和数量固然能够直接反映出走私行为的社会危害性程度，但它不是唯一的判断标准。司法实践中，除了"弹药"的种类和数量，还要综合考虑行为人作案动机、主观恶性、作案手段、走私物品案值大小、用途、是否流向社会及造成实际危害结果等诸多因素，量刑上做到区别对待。本案中，谈某良出于个人兴趣动机而走私气枪铅弹，并非为了实施其他犯罪，其主观恶性和人身危险性相对较小；从走私物品案值来看，谈某良走私、非法制造的气枪铅弹案案值较低，虽然其中一部分气枪铅弹已经被消耗掉，但仅仅是练枪玩耍时所用，未造成任何其他严重后果。

综上，法院依法认定谈某良所犯走私弹药罪属"情节较轻"，单就该罪对其判处有期徒刑4年，并处罚金2万元，量刑是适当的。

195. 如何认定竣工未决算工程中失职但未造成国家损失行为的性质

公司、企业、事业单位人员失职罪是结果犯，国有财产尚处于可控状态，没有造成实际损失，而国有公司人员在已竣工但未进行决算工程中有失职行为但被及时发现而未造成国家利益实际损失的行为，不构成国有公司、企业、事业单位人员失职罪。

司法实例

籍某元、谭某刚国有公司、企业、事业单位人员失职案

2015年7月，某市城市建设发展有限公司（甲方，国有独资公司）（以下简称发展公司）将该市一项绿化及环境整治工程发包给某建筑安装工程有限公司（乙方）（以下简称建安公司）。犯罪嫌疑人籍某元作为发展公司工程部负责人对涉案工程具有管理审查的职责，犯罪嫌疑人谭某刚系甲方在涉案工程的现场代表，负责该工程的前期图纸审查及现场监督工作。

2015年7月15日，发展公司电话预约勘测队要求对涉案工程的土方量进行勘测。7月18日，建安公司工作人员提供该工程的设计图，要求勘测队工程师钱某营用原始地形图概算土方量。钱某营电话告知发展公司现场代表谭某刚并征得其同意后,结合设计图用2011年测量的原始地形图概算了一个土方量(挖方8.32方,填方131,361.9方),并打印了白图。在征得发展公司现场代表谭某刚的同意后,建安公司工作人员将本应由发展公司领取的测算图领走。次日上午,勘测队对该工程的土方量进行实测,实测数据为61,517.74方,与原测算图数据不一致。勘测队遂将实测结果电话告知谭某刚,但谭某刚未予理睬。后谭某刚在勘测队领取登记表上补签字,其中登记表上标注了领取的测算图"系地形图上取的高程",而非实测结果。之后该测算图被用于工程招标、施工等。在施工方进场后,谭某刚作为现场代表应当组织施工方、监理公司使用仪器对施工现场的工程量进行复核,但谭某刚并未组织复核,致使实测数据至工程结束一直未被使用。2017年7月,某市某区纪委监委等相关部门对虚方情况进行调查期间,犯罪嫌疑人籍某元、谭某刚又对该工程的实测数据进行篡改。

案发时,涉案工程已竣工并交付使用,工程竣工材料处于审计决算过程中。本案工程总造价946万余元,甲方已拨付工程款635万元,占合同总价款的67.16%。其中,土方工程按测算图计算已拨付土方工程款329万余元,然而,根据实测数据计算,按比例仅应拨付208万余元。目前,甲方已超额拨付土方工程款209万余元。

某市某区人民检察院以涉嫌犯国有公司、企业、事业单位人员失职罪对被告人籍某元、谭某刚提起公诉。

在这起国有公司、企业、事业单位人员失职罪案件中,行为人在一起工程建设中因严重不负责任,导致国家实际划拨的工程决算款项超过了应划拨的款项且数额超过了追诉标准。但该项工程尚未进行决算,且其因失职导致国家实际划拨的单项工程决算款项超过应划拨款项的行为已被及时发现,由此没有最终造成国家利益的重大损失。对其失职行为是否造成国家利益实际损失及是否构成犯罪在认定方面具有较大的争议。一种意见认为:犯罪嫌疑人作为国有公司工作人员,严重不负责任,造成了国家利益重大损失,构成国有公司、企业、事业单位人员失职罪。理由是:本案涉案工程已经竣工,工程款已经向施工方支付,虽然工程未决算,但仅就某一单项工程而言,由于行为人的失职行为,国有公司按照比例计算该单项工程款已多支付。同时结合证据材料看,该工程已竣工并报送审计,审计部门出具了情况说明,证实根据甲方提供的资料无法审计出相应的问题。因此,可以认定国家利益已实际受到损失,且金额达到50万元以上,应构成犯罪。另一种意见认为:行为人虽然有失职行为,但本案没有实际造成国家利益损失,不应认定为犯罪。其理由是:本案涉案工程已经竣工,对于整个工程的所有权已经转移给国家,已支付的某一单项工程款虽按比例已超额支付,但尚未支付整个工程的价款。由于整个工程尚未决算,因外界原因介入,查出了某一单项工程款图纸存在问题,决算必然按照实测数据进行,后续可能支付的超额付款也不可能支付,而对于前期超额支付的工程款,则可以在审计后通过最后决算在未支付的款项里面进行扣除,扣除后国有公司实际上还有余款未向施工方支付,就此而言,国家利益损失尚未实际发生。故涉案犯罪嫌疑人的行为不应构成国有公司、企业、事业单位人员失职罪。

本案在法院审理过程中,合议庭也出现严重分歧,经报审判委员会讨论,按照少数服从多数的原则,审判委员会意见基本同意后一种意见。本案一审宣判后,检察机关提起抗诉,二审法院驳回抗诉,维持原判。

本案涉及罪名是国有公司、企业、事业单位人员失职罪。《刑法》第168条第1款规定,国有公司、企业的工作人员,由于严重不负责任或者滥用职权,造成国有公司、企业破产或者严重损失,致使国家利益遭受重大损失的,处3年以下有期徒刑或者拘役;致使国家利益遭受特别重大损失的，处 3 年以上 7 年以下有期徒刑。本罪属结果犯，严重不负责任的行为只有“造成国有公司、企业破产或者严重损失”，致使“国家利益遭受重大损失”时才构成犯罪，刑法学界通说认为结果犯是以法定的犯罪结果发生为犯罪成立要件的犯罪，“这就意味着只要过程尚未结束就不可能构成犯罪，因此过失犯罪就不可能具有犯罪构成的各种未完成形态”①。从本案争议的焦点来看，过程是否结束，如何界定损失是定罪量刑的关键。从裁判结果看，一、二审法院同意第二种意见，即认为国有财产尚处于可控状态，没有造成实际损失，而国有公司人员在已竣工但未进行决算工程中有失职行为但被及时发现而未造成国家利益实际损失的行为不构成国有公司、企业、事业单位人员失职罪。

1. 本罪中的损失应当以债务的实际履行进行计算。根据最高人民检察院《关于渎职侵权犯罪案件立案标准的规定》（以下简称《渎职侵权规定》）②的相关规定，直接经济损失是指立案时确已造成的财产损毁、减少的实际价值，立案以后，判决宣告以前追回的损失，作为量刑情节予以考虑。本案中合同约定工程款为946 万余元，现已支付635 万元，但由于纪委监委的介入，可能会超额支付的部分通过审计决算后不可能支付，纪委监委的介入就使得应当支付的工程款没有支付，由此可见该案纪委监委介入查出问题与《渎职侵权规定》中挽回损失有本质的区别，挽回损失应当是通过退回、赔偿等方式从获利的对方或者责任方取得，而本案中因工程款尚未完全支付，发展公司只需从尚未支付的工程款中直接扣除，而扣除的工程款与已支付的工程款系同一个合同关系之中，不属于挽回损失的范畴，而属于工作程序上的补救，故纪委监委所查出的工程款存在的问题在实际履行之前不能认定为经济损失。

2. 本罪中的损失必须是失去对财物或经济利益的控制，所有权发生转移。我国实行国家建设项目强制审计制度，审计决定可以作为否定当事人之间工程决算协议法律效力的依据。依据 2001 年 4 月 2 日，最高人民法院民一庭针对河南省高级人民法院的请示作出的《关于建设工程承包合同案件中双方当事人已确认的工程决算价款与审计部门审计的工程决算价款不一致时如何适用法律问题的电话答复意见》③，本案中合同明确约定工程款的全部支付必须通过审计、决算，其审计的最终结果将影响到本案工程的决算、工程款的支付，后续工程款的支付必将采取多退少补的方式，通过审计、决算，发展公司是否会多支付工程款尚处于一种不确定的状态。具体到本案，审计部门必然依据实测的图纸进行审计，而不可能依据原始地形图图纸审计，故审计后发展

---

① 何秉松主编：《刑法教科书》，中国法制出版社 1997 年版，第 352 页。

② 《渎职侵权规定》“三、附则”之“（四）”规定：本规定中的“直接经济损失”，是指与行为有直接因果关系而造成的财产损毁、减少的实际价值；“间接经济损失”，是指由直接经济损失引起和牵连的其他损失，包括失去的在正常情况下可以获得的利益和为恢复正常的管理活动或者挽回所造成的损失所支付的各种开支、费用等。有下列情形之一的，虽然有债权存在，但已无法实现债权的，可以认定为已经造成了经济损失：（1）债务人已经法定程序被宣告破产，且无法清偿债务；（2）债务人潜逃，去向不明；（3）因行为人责任，致使超过诉讼时效；（4）有证据证明债权无法实现的其他情况。直接经济损失和间接经济损失，是指立案时确已造成的经济损失。移送审查起诉前，犯罪嫌疑人及其亲友自行挽回的经济损失，以及由司法机关或者犯罪嫌疑人所在单位及其上级主管部门挽回的经济损失，不予扣减，但可作为对犯罪嫌疑人从轻处理的情节考虑。

③ 2001 年 4 月 2 日，最高人民法院民一庭针对河南省高级人民法院的请示作出《关于建设工程承包合同案件中双方当事人已确认的工程决算价款与审计部门审计的工程决算价款不一致时如何适用法律问题的电话答复意见》（[2001]民一他字第 2 号），内容为“你院‘关于建设工程承包合同案件中双方当事人已确认的工程决算价款与审计部门审计的工程决算价款不一致时如何适用法律问题的请示’收悉。经研究认为，审计是国家对建设单位的一种行政监督，不影响建设单位与承建单位的合同效力。建设工程承包合同案件应以当事人的约定作为法院判决的依据。只有在合同明确约定以审计结论作为结算依据或者合同约定不明确、合同约定无效的情况下，才能将审计结论作为判决的依据”。

公司必然按照审计结果进行支付，而发展公司在审计前所支付的工程款是属于超额支付的部分还是属于正常履行合同的部分更不能确定，财物是否失去控制，损失工程款所有权的转移是否发生无法确定。

3. 本罪中的损失应当基于民事法律关系终结后的最终判定。所谓实际损失，是指因对方过错造成的所有损失，包括直接损失和间接损失。直接损失，是指现有财产的损失、毁灭和已经花费的其他开支；间接损失，是指因当事人一方违约使另一方本来应该增加而未增加的财产收入。据此，损失都是基于一个行为之后所产生的效果，而民事活动中的损失，必定是民事法律活动所产生的效果，"损失"也就是对该民事法律活动结果的最终评判。本案中，发展公司与建安公司签订了一个工程施工合同，发展公司基于该合同需向建安公司支付工程款，按照合同约定发展公司在工程竣工后已向建安公司支付了合同工程款的67.16%，剩余部分在工程审计决算后予以支付。而按照实际工程量计算，发展公司本就应向建安公司（乙方）支付764万余元，双方是基于合法的合同法律关系。现阶段甲方向乙方支付了635万元，虽然依据合同约定的比例，发展公司有超额支付的情况，但该超额支付的工程款与尚未支付的工程款都是基于同一个合同法律关系，不能分割，该合同关系还处于正在履行的过程中，工程项目也尚未决算，同时基于合同建安公司方已将工程交付发展公司方使用，发展公司方仍然欠建安公司方部分工程款尚未支付，由此来看发展公司方没有经济损失。

4. 施工方不能依据原始施工合同主张自己的超额债权。该案在办理过程中，就发展公司方是否应当继续履行合同支付工程款产生了较大分歧，有人认为发展公司现阶段未超付工程款，工程款是施工方在施工中的实际支出，是其应得，就算是多付的钱，也可以通过后续的决算予以扣除，有无损失存在不确定状态，因此不能追究籍某元、谭某刚的刑事责任。有人认为发展公司现阶段已经超付工程款，同时建安公司所施工的工程量完全按照发展公司提供的图纸，其主观上没有过错，施工合同应当继续履行。对于超额支付的工程款，建安公司在事后应当以不当得利予以退还，对此发展公司超额支付的工程款就是损失。而事后通过其他手段追回，以及追回多少不是该罪的犯罪构成要件，不影响犯罪的成立。从司法实践角度考量，后一种看法似不可取。一是对于涉及国有财产的工程项目属于法定的强制审计，审计结果必将影响后续工程款的支付，审计过程中发现了工程量存在问题，建安公司仍继续要求按原合同收取工程款，而不按照实际工程量收取工程款于法无据；二是发展公司在决算时扣除超额支付的工程款是履行正常的合同程序，而非事后对自己损失的救济；三是根据合同约定，决算是作为后续工程款的必经程序，是工程款予以支付的依据，而决算作为对工程施工的一个查漏补缺的监督程序，对于查出的问题必然予以纠正，不可能就错误的工程量继续履行合同。

综上，本案因纪委监委介入查出问题及时弥补了工程程序上的漏洞，整个合同尚未履行完毕，发展公司应当支付的工程款尚未支付，按比例超额支付的部分也属于效力待定，本案尚未造成国家利益遭受重大损失，不宜认定行为人构成刑事犯罪，但可以追究其行政或纪律责任。

196. 如何定性注册公司后抽逃所借资金的行为

行为人在借资注册公司后又将资本抽出，数额巨大的，可以构成抽逃出资罪。

司法实例

何某文、孔某余抽逃出资案

2017年5月，被告人何某文为贷款方便决定再新注册成立一个有限责任公司，并委托孔某余办理某市日新科技工贸有限公司（以下简称日新公司）登记注册事宜，注册资本为500万元，股东为何某文和其弟弟何某武二人，法定代表人为何某武。同年5月18日孔某余借资500万元转入日新公司临时存款账户，通过了会计师事务所的验资，于5月26日取得企业法人营业执照，5月29日便将500万元中的499.9万元转出归还出借人。何某文支付孔某余7万元融资等费用。2017年5月、2018年6月，被告人何某文先后以汇金公司急需流动资金为由骗取银行贷款300万元、280万元，后因无法归还贷款案发。

检察机关对何某文、孔某余以涉嫌犯虚假出资罪提起公诉。

在法院审理中，对本案的定性存在三种意见：第一种意见认为，被告人何某文通过孔某余融资注册公司，欺骗工商登记部门，取得公司登记，虚报注册资本巨大，构成虚报注册资本罪。第二种意见认为，被告人何某文违反公司法的规定没有真实出资的行为，构成虚假出资罪。第三种意见认为，被告人何某文在借资注册公司后又将资本抽出，数额巨大，构成抽逃出资罪。

一审法院审理认为，被告人何某文在借资注册公司后又将资本抽出，数额巨大，构成抽逃出资罪；孔某余帮助何某文融资后又与何某文共同抽逃出资的行为，构成何某文的共犯。遂根据《刑法》第159条及相关条款，判决认定被告人何某文、孔某余构成抽逃出资罪，分别判处相应的有期徒刑并处罚金。判决已生效。法院如此裁判的理由为：

虚报注册资本罪和虚假出资罪、抽逃出资罪的定义及特征。《刑法》第158条虚报注册资本罪的客观方面构成要件为：行为人在客观上必须实施了使用虚假证明文件或者采取其他欺诈手段虚报注册资本，欺骗公司登记主管部门的行为。《刑法》第159条虚假出资罪客观方面构成要件为：未交付货币、实物或者未转移财产权，虚假出资的行为；抽逃出资罪客观方面构成要件为：在公司成立后又抽逃其出资的行为。三个罪名都是违反公司法的犯罪，都使用了欺骗的手段，也都具有获取非法利益的目的，且在构成犯罪的数额、后果和情节的规定方面也相同。不同之处就在于：(1)虚报注册资本罪的主体范围更为宽泛一些，包括公司登记中的其他相关人和实施人，如代理人、中介人等；而虚假出资罪、抽逃出资罪的主体则是公司的发起人、股东。(2)虚报注册资本罪的欺骗公司行为只发生在公司登记过程中；而虚假出资、抽逃出资行为发生在公司登记过程中和公司成立之后。(3)虚假出资罪中的“未交付货币”，是指没有按规定一次足额交付其所认缴的出资额或者根本就没有交付任何货币；“未交付实物或者未转移财产权”，是指以实物、工业产权、非专利技术或者土地使用权出资的，根本没有实物移交或者没有办理所有权、土地使用权转让手续。“虚假出资”，主要是指对以实物、工业产权、非专利技术或者土地使用权出资的，在评估作价时，故意高估或者低估作价，然后再作为出资等情况。目前在实践中发生最多的是对个人或非国有资产作为出资额时高估作价，而对国有资产故意低估作价。这样做，不仅损害了国家和人民的利益，同时也是一种虚假出资的行为。(4)虚假出资罪、抽逃出资罪两种犯罪在虚假出资、取得公司登记方面有交叉，容易混淆，实践中应具体分析。

我国《公司法》规定，出资人以其出资额或者持有的股份即注册资本，对外承担责任。虚假出资、抽逃出资的行为人违反《公司法》的规定，没有交付货币，或者在公司成立后又抽逃其出资，侧重通过虚假的出资行为欺骗其他股东，进而骗取公司股份。《刑法》第159条的立法意图是保护国家对公司的管理制度和公司其他股东的合法利益；虚报注册资本罪的行为人目的在于通过欺诈手段虚报注册资本，欺骗公司登记主管部门，骗取公司登记。

本案中,何某文委托孔某余将申请公司登记所需的500万元资金,转入汇金公司的验资账户,通过验资取得验资报告,尽管何某文对用于注册的资金没有支配权,但在工商部门审查中,该资金实际上已经入账,则证明该验资报告所证实的内容就是真实的而非虚假,对于工商部门而言,该资金的合法所有权者就是汇金公司。因此,对此类犯罪审查的是资金是否真实入账,至于资金是否为实际的所有人所有,其来源如何,并非认定此类犯罪构成要件需要审查的事实。

在取得公司登记后,孔某余立即将申请登记所需的由其所借的资金归还出借单位,造成公司在取得登记后账户上并无资金的状况。何某文和孔某余的行为符合抽逃出资罪的客观要件。理由是:汇金公司本无申请公司登记的注册资本,在借资的情况下,无论孔某余以何种理由借资,也无论实际的申请公司登记人何某文与被委托的孔某余之间签订什么形式的合同,申请注册后必须归还所借资金。因而,在公司成立后以归还方式实施的抽逃出资,公司的实际申请人何某文和受委托代办的孔某余都是明知的,因此,应当认定何某文和孔某余具有抽逃出资的共同故意和共同行为,构成抽逃出资罪的共同犯罪。

虚报注册资本罪,表现为行为人实施了使用虚假证明文件或者采用其他欺诈手段虚报注册资本,欺骗公司登记主管部门,取得公司登记的行为。本案中,受委托的孔某余所借资金如只是用于验资,在取得验资报告等一些书面证明后、办理公司登记之前,就将所借资金归还的,则考虑应当以虚报注册资本罪追究其刑事责任。

综上,何某文主观上不交付注册资金,客观上采取借资取得公司注册登记,在公司成立后又抽逃其出资,数额巨大,其行为已构成了抽逃出资罪。

197. 公司成立前抽回垫资款属何性质及与关联罪名的区别

被告单位或被告人在注册新公司,完成验资环节后新公司成立前即全额退出认缴资本的行为,属于违反《刑法》第159条规定的"公司发起人、股东违反公司法的规定未交付货币、实物或者未转移财产权,虚假出资"的行为,未交付货币,虚假出资"数额巨大、后果严重或者有其他严重情节的",其行为构成虚假出资罪。

司法实例

某信息公司、施某准虚假出资案

被告人施某准为被告单位某市华龙高科技信息工程有限公司(以下简称信息公司)法定代表人。2008年5月,信息公司与国强国际信息咨询工程有限公司(以下简称咨询公司)申请设立注册资本为1500万元的某市高科技信息工程集团有限公司(以下简称信息集团公司),其中信息公司认缴出资765万元,咨询公司认缴735万元。在设立过程中,信息公司未按公司法规定实际交付上述出资。其间,在施某准的操办下,某市润泽置业集团有限责任公司(以下简称润泽置业公司)于同月12日以信息公司名义向信息集团公司的验资账户付入765万元。同日,会计师事务所出具了信息公司已全额认缴出资的验资报告。次日,上述765万元即被全额归还润泽置业公司。同月16日,信息集团公司经核准登记成立,此后由施某准实际负责经营。事后,信息公司仅补缴100万元。在经营过程中,信息集团公司产生460万余元债务,经法院强制执行,公司另一发起人咨询公司作为被追加的被执行人偿还了400万余元债务,另有60万余元债务尚未履行。

某市某区人民检察院对被告单位信息公司、被告人施某准以抽逃出资罪提起公诉。

2016年9月12日,某市某区人民法院以虚假出资罪分别判处被告单位信息公司罚金30万元，判处被告人施某淮有期徒刑 3 年。

一审宣判后，被告人施某淮以其行为构成虚报注册资本罪为由提出上诉被驳回。

本案中，委托他人垫付认缴出资款，在通过验收后公司成立前即抽回委托垫资款的行为，是构成虚假出资罪还是虚报注册资本罪，抑或抽逃出资罪，存在争议：第一种意见认为，被告人施某淮明知所垫资金在经过会计师事务所出具全额缴纳认缴出资的验资证明后，会被立刻归还给垫资方，仍同意这种行为，说明其主观目的是骗取会计师事务所据此出具被告单位信息公司已全额缴纳出资款的验资报告，且垫资方实际在公司尚未登记成立之前就已经将垫资款抽回，属于虚假出资，不仅妨害公司、企业的管理秩序，还造成信息集团公司债务由另一发起人咨询公司一人承担，严重侵犯了咨询公司的权益，故其行为构成虚假出资罪，应对被告单位信息公司判处虚假出资金额 2% 以上 10% 以下罚金，对被告人施某淮判处 5 年以下有期徒刑或者拘役。第二种意见认为，被告单位信息公司未按公司法规定实际交付出资，其委托其他公司垫资只是为了骗取会计师事务所出具信息公司已全额缴纳出资的验资报告，然后以此虚假证明文件欺骗公司登记主管部门以取得公司登记，虚报注册资本数额巨大、后果严重，被告单位信息公司、被告人施某淮的行为构成虚报注册资本罪，应对被告单位信息公司判处虚报注册资本金额 1% 以上 5% 以下罚金，对被告人施某淮判处 3 年以下有期徒刑或者拘役。第三种意见认为，本案中无须考虑垫资的时间长短，只需考虑垫资方愿意借款给被告单位信息公司作为注册资本，就不能认为是虚假出资，其后抽回垫资款只能认定为一种抽逃出资行为，且数额巨大、后果严重，被告单位信息公司、被告人施某淮的行为构成抽逃出资罪，应对被告单位信息公司判处抽逃出资金额 2% 以上 10% 以下罚金，对被告人施某淮判处 5 年以下有期徒刑或者拘役。

本案一、二审法院认为，应以虚假出资罪定罪处罚。主要理由为：

根据《刑法》第 158 条、第 159 条的规定，三罪都属于妨害公司、企业的管理秩序犯罪，客体大致相同；单位都可以成为犯罪主体；主观方面都是故意。因此司法实践中，对于虚假出资罪、虚报注册资本罪和抽逃出资罪往往难以分清，容易混淆。对于本案被告单位信息公司、被告人施某淮的行为是构成虚假出资罪、虚报注册资本罪，还是抽逃出资罪，关键是要正确区分三罪之间的界限。

1. 如何区分虚假出资罪与抽逃出资罪。两罪的相同点是都侵害了公司出资制度，具体为公司、其他股东以及未来债权人的合法利益；主体都为公司发起人、股东；主观上均为故意。两罪的主要区别点在于客观方面表现不同。具体可以从两个方面进行区分：一是行为表现形式不同，虚假出资罪表现为违反公司法规定，没有出资或者没有按照约定全额出资，即无代价或无对等价而取得股份，是欺骗其他股东的一种行为；而抽逃出资罪表现为在公司成立时缴纳了所应缴付的出资，但在公司成立后又违反公司法规定，不经过登记机关批准，撤出出资额全部或部分，使公司成立时的原有注册资本减少的行为。二是实施行为的时间节点不同，虚假出资罪发生在公司成立前，而抽逃出资罪发生在公司成立后。因此，一般可以根据行为发生在公司成立之前还是之后，来区分虚假出资行为和抽逃出资行为。

2. 如何区分虚假出资罪与虚报注册资本罪。两罪的主要区别：(1) 主体不同。虚假出资罪的主体为公司发起人、股东；而虚报注册资本罪的主体为一般主体，即申请设立公司登记的代表或者共同委托的代理人。(2) 客观方面表现不同。虚假出资罪的客观方面表现为违反公司法的规定未交付货币、实物或者未转移财产权，虚假出资；而虚报注册资本罪的客观方面表现为使用虚假证明文件或者采取其他欺诈手段虚报注册资本，欺骗公司登记部门，取得公司登记。(3) 客体不同。虚假出资罪侵害的是公司出资制度，具体为公司、其他股东以及未来债权人的合法利益。首先,欺骗其他股东的行为,实质上是违反公司法规定,未出资或足额出资而实施"足额"的虚假出资行为,即不支付相应对价而取得公司股份。其次,此行为还可能侵害未来债权人的合法利益,因为公司的实际出资状况也会影响到相对债权人对该公司资信状况和偿债能力的判断。其中,对其他股东利益的侵害是现实的、必然发生的,对未来债权人利益的侵害是可能的。而虚报注册资本罪侵害的是公司登记制度,具体为未来债权人的合法利益。在市场交易中,交易的相对方往往要根据公司在工商行政管理机关登记的注册资本额来判断该公司的资信状况和偿债能力,而虚报注册资本行为使公司的实际偿债能力与注册资本不符,从而使得未来债权人的利益处于不能清偿的危险之中,这就是虚报注册资本罪所侵害的"公司登记制度"背后的法益所在。但是,这样的侵害只是将相对债权人的利益置于危险之中,而非现实损害。因为相对债权人在交往中还有机会通过其他途径识别该公司的实际清偿能力,如果虚报注册资本的公司通过欺骗等非法手段来侵害债权人的利益,则还可适用诈骗罪、合同诈骗罪等其他罪名对之进行惩罚。正因为虚假出资罪主要侵害了公司、其他股东的利益,也有可能侵害未来债权人的利益,其危害性是现实的;而虚报注册资本罪只是侵害了未来相对债权人的利益,其危害性只是可能的,而非现实的,故刑法对虚假出资罪设置了比虚报注册资本罪较重的法定刑。

虚假出资罪与虚报注册资本罪所侵犯的具体客体不同,即虚假出资罪表现为部分公司发起人、股东实施的一种对内的个体行为,存在其他受损失的股东,或者公司发起人、股东一人欺骗其他股东,或者多名股东合谋欺骗其他出资人等,无论何种形式,无论是否最终虚报了注册资本,关键在于是否具备"欺骗其他出资人"这一特征。而虚报注册资本罪表现为申请设立公司登记的代表或者共同委托的代理人,实施欺骗公司登记主管部门的一种对外的整体行为,没有其他受损失的股东,行为人或者一人(如一人公司),或者数人合谋,通过使用虚假证明文件或者采取其他欺诈手段虚报注册资本,欺骗公司登记主管部门,取得公司登记。因此,在全体股东虚假出资的情况下,只可能成立虚报注册资本罪,而不可能同时构成虚假出资罪;只有部分股东虚假出资、欺骗其他股东的情况下才有可能成立虚假出资罪,两个罪名之间并不存在法条竞合关系。但如果公司的发起人、股东在虚假出资的情况下,同时又实施了以少报多的虚报注册资本行为,则同时符合虚假出资罪和虚报注册资本罪的构成要件,属于一个行为(伪造自己的出资证明)同时触犯数个罪名的情况,成立想象竞合犯,应从一重处断,即按照虚假出资罪定罪处罚。

3. 关于如何认定本案性质。本案中,被告单位信息公司作为信息集团公司发起人而并非申请公司登记人,通过润泽置业公司垫资 765 万元,以骗取会计师事务所出具的全额认缴出资的验资报告,次日将 765 万元全额抽回归还润泽置业公司。显然,信息公司这一虚假行为欺骗了信息集团公司另一股东咨询公司,将信息集团公司经营产生的风险转嫁给了咨询公司,严重损害咨询公司的利益,且事实上对咨询公司以及相关债权人的合法利益造成了严重损害后果,属于部分股东实施的欺骗其他股东的一种对内的个体行为,而非欺骗公司登记主管部门的整体对外的虚报注册资本行为,故应认定为虚假出资行为。而且,润泽置业公司所垫资的 765 万元在验资报告出具后的次日,尚未等到公司成立即被全部抽回,因而不属于公司成立之后的抽逃出资行为。

被告单位信息公司作为信息集团公司股东,违反《公司法》规定,未交付货币,虚假出资数额巨大,且后果严重,其行为构成虚假出资罪,应处虚假出资金额 2% 以上 10% 以下罚金。被告人施某淮作为被告单位的法定代表人,应承担直接负责的主管人员的刑事责任,处 5 年以下有期徒刑或者拘役。一、二审法院根据被告单位信息公司、被告人施某淮犯罪的事实及对咨询公司、相关债权人造成的损害后果等,依法以虚假出资罪所作裁判定性准确、量刑适当。

198. 是否凡具有链接关系的营业均属“同类的营业”

非法经营同类营业罪中的“同类营业”，是指与行为人所任职国有公司、企业具有一定竞争关系的营业，且该罪侵犯的客体是国有公司、企业的利益。虽具有链接关系的营业，但如果与本公司的业务不存在竞争或利益冲突，不属于非法经营“同类的营业”。

司法实例

周某亚、县某均非法经营同类营业案

被告人周某亚、县某均分别担任某国有道桥公司的董事和经理。2015 年，经周某亚提议，周某亚与县某均、商某恒（另案处理）共同注册成立某市恒发贸易有限责任公司（以下简称贸易公司），股权比例为周某亚占股 37%，县某均与商某恒分别占股 32%。周某亚、县某均在某国有道桥公司任职期间，二人分别利用担任董事、经理的职务便利，为贸易公司向其所任职的国有道桥公司钢材销售提供帮助。2015 年至 2018 年，贸易公司共向二被告人任职的某国有道桥公司销售钢材 3.36 亿余元，获利 3160 万余元。

某市某区检察机关以周某亚、县某均涉嫌犯非法经营同类营业罪提起公诉。

某市某区人民法院审理认为，被告人周某亚、县某均分别利用担任某国有道桥公司董事、经理的职务便利，由自己经营的贸易公司向其所任职的国有道桥公司销售钢材，并获取巨额利益，但从涉案公司的经营范围来看，周某亚、县某均与商某恒开办的贸易公司所经营的是钢材采购、销售等业务，既不在二被告人所任职道桥公司的工商登记经营范围之内，也不在被告人所任职公司的实际经营范围之内，即贸易公司所经营的业务是二被告人所任职公司不经营的业务，不属同类的营业，故周某亚、县某均的行为不构成我国《刑法》第 165 条规定的非法经营同类营业罪，被告人亦不构成其他犯罪。公诉机关指控的罪名不能成立，遂判决宣告被告人周某亚、县某均无罪。

一审宣判后，检察机关提起抗诉被某市中级人民法院二审驳回。

本案在一、二审法院审理中存在三种不同意见。第一种意见认为，被告人周某亚、县某均利用职务便利，通过自己开办的贸易公司向所任职的道桥公司供应钢材，属于非法经营同类的营业。虽然非法经营“同类营业”的核心含义是指与国有公司、企业的董事、经理所任职公司、企业具有横向竞争关系的营业，但核心含义并不完全等同于全部含义，刑法用语通常有必要作体系解释和目的解释。鉴于此，与国有公司对口进行的买卖经营活动，也可以理解为同类营业。与为亲友非法牟利罪比较，国有公司、企业的董事、经理利用职务便利为亲友经营的公司牟利的，可以构成为亲友非法牟利罪。但国有公司董事、经理利用职务便利直接为自己经营的公司牟利，其行为性质更为严重，理当予以刑法规制。第二种意见认为，非法经营同类营业罪源于公司的董事、经理对竞业禁止义务的违反，与所在公司订立合同或者交易的行为并未违反这一义务，而是违反了其对公司的忠实义务。在公司法已经将“与本公司订立合同或者交易”与“经营与所任职公司同类的业务”明确并列为违反对公司忠实义务行为的基础上，刑法只将后者规定为犯罪，应认为立法已有特殊考虑。第三种意见认为，国有公司的董事、经理，利用职务便利向所任职的道桥公司供应钢材，是否属于非法经营“同类的营业”，应参照公司法、民事实践中的规定或做法，不能任意扩大范围，把行为人所有与本单位的交易都认为属于同类营业。对非法经营同类营业罪的认定，既要看刑法的相关规定，也要看民事上的相关规定。从公司道德和党纪政纪上讲，本案被告人的行为是违反有关规定的，但把这种与行为人所在单位的交易行为，特别是交易本身如果并无明显高于市场价格、产品质量存在问题等不正常情形认定为同类营业,属对同类营业的理解过于宽泛。

从一、二审法院裁判结果可以看出,从刑法角度上,与本公司的业务相同或者相似的营业才属同类营业。

《刑法》第165条第1款规定:“国有公司、企业的董事、监事、高级管理人员,利用职务便利,自己经营或者为他人经营与其所任职公司、企业同类的营业,获取非法利益,数额巨大的,处三年以下有期徒刑或者拘役,并处或者单处罚金;数额特别巨大的,处三年以上七年以下有期徒刑,并处罚金。”对具有链接关系的营业,若与本公司的业务不存在竞争或利益冲突,不属于非法经营“同类的营业”。就本案来讲,一、二审法院支持了第二种意见,即认为国有公司的董事、经理,利用职务便利向所任职的道桥公司供应钢材,不属于非法经营“同类的营业”,被告人周某亚、县某均的行为不构成非法经营同类营业罪。主要理由:

1.《刑法》第165条中“经营与其所任职公司、企业同类的营业”,是指从事与其所任职国有公司、企业相同或者相似的业务。行为人利用其在国有公司任职所获得的在产、供、销、市场、物资、信息等方面的优势,利用其所任职公司、企业的人力、资金、物质、信息资源、客户渠道等,有可能在市场竞争中占据有利地位,排挤所任职的国有公司、企业,损害国有公司、企业的利益。从公司经营的范围来看,行为人自己开办的公司,经营的是钢材采购、销售业务,既不在行为人所任职公司的工商注册登记经营范围之内,也不在行为人所任职公司的实际经营范围之内,即行为人自己的公司所经营的业务与其所任职公司经营的业务并不相同或相似。

2. 行为人自己经营的公司作为钢材供应商,向其所任职的道桥公司供应钢材,与其他供应商展开不正当竞争,损害的是其他供应商的利益。行为人自己的公司既未高价供应钢材,也未供应不合格钢材,亦未独家垄断供货渠道,故未实际损害行为人所任职公司的利益。对行为人所任职公司是否造成实际损害,虽不是非法经营同类营业罪的构成要件,但在一定程度上反映了其行为的社会危害性。

3. 对非法经营同类营业罪的认定不宜明显有违相关行政法律法规的规定。2018年《公司法》第148条列举了董事、高级经理不得有违反对公司忠实义务的八种行为,其中明确包括“违反公司章程的规定或者未经股东会、股东大会同意,与本公司订立合同或者进行交易”及“未经股东会或者股东大会同意,利用职务便利为自己或者他人谋取属于公司的商业机会,自营或者为他人经营与所任职公司同类的业务”。可见,相关法律已经明确区分了“与本公司订立合同或者交易”与“经营与所任职公司同类的业务”。从上述规定也可以看出,公司法已认为“与本公司订立合同或者交易”和“经营与所任职公司同类的业务”是两种不同的行为,适用刑法时更不宜再将二者混为一谈。

4. 竞业禁止的立法目的是防止利益冲突,而利益冲突的表现形式是多样的,自己同自己私下做买卖是当前利益冲突的一个重要表现形式。从上下游产业链关系来看,假设行为人自己的公司经营了与其所任职公司同类的营业,则可得出这样一个结论,即道桥企业与钢材销售或者生产企业经营的是同类的营业,钢材生产企业与铁矿石的销售或者生产企业经营的也是同类的营业,这模糊了上下游产业链之分,有违一般人的认知。

5. 从刑法的谦抑性来看,非法经营同类营业罪源于公司法中董事、经理对竞业禁止义务的违反。公司法规定任何类型公司的董事、高级管理人员均有竞业禁止义务,而刑法只对国有公司、企业的董事、经理违反竞业禁止义务的行为给予刑事处罚。公司法规定了董事、经理的多项竞业禁止义务,刑法也未全部规定为犯罪。同理,对《刑法》第165条规定的“与其所任职公司、企业同类的营业”一般也不宜作扩大解释。

6. 对刑法规定的同类营业在理解上有一定的弹性空间。从字面来说，横向的、纵向的、相向的关联业务都可以理解为同类营业，并不排除自己和自己做交易的行为。同类业务不限于同种业务，道桥公司的业务不能仅限定为就是修路建桥，设计、购买原材料也是其中一项内容。如果仅限于被告人另开办一个道桥企业才算经营同类业务则范围过窄。但从罪刑法定原则来看，在刑法、立法解释、司法解释、规范性文件未对“与其所任职公司、企业同类的营业”作出明确解释的情况下，扩大解释应予慎重。根据罪刑法定原则的要求，对刑法用语的解释，不宜超出一般人的理解。如果认为国有公司董事、经理利用职务便利向其所任职的道桥公司供应钢材的行为属于“与其所任职公司、企业同类的营业”，则此解释明显有违一般人的认知，有类推解释嫌疑。但如果行为人所开公司与任职公司的交易行为严重损害了任职公司利益，造成重大损失，构成《刑法》第166条为亲友非法牟利罪，第168条国有公司、企业、事业单位人员滥用职权罪等规定的犯罪的，可依照刑法相关规定处理。

综上，非法经营同类营业罪中的“同类营业”，首先须是与行为人所任职国有公司、企业具有相同或者相近似的业务，其次须是与行为人所任职国有公司、企业具有一定竞争关系的营业，再次该罪侵犯的客体是国有公司、企业的利益。虽具有链接关系的营业，但若与本公司的业务不存在竞争或利益冲突，则不属于非法经营“同类的营业”。

199. 对非法吸收公众存款罪中抵押担保的法律评价

提供抵押担保仅是行为人非法集资的一种手段，不能因此否定其向不特定公众借款，从而扰乱正常的金融秩序行为构成犯罪这一客观事实。行为人以抵押担保、高息吸存等不同方式，向不特定公众借款，当其行为达到法律规定的严重程度、扰乱了金融秩序，则其向不特定公众借款行为均构成非法集资行为，不能以是否提供了抵押担保来区分行为人的行为是否构成犯罪。

司法实例

时某岚、周某魁非法吸收公众存款案

2009年5月被告人时某岚通过股权转让形式收购某市某贸易有限公司，注册资金共4000万元，其中时某岚出资3240万元，占81%股份，公司性质为有限责任公司。后因该公司未进行年检，于2011年9月9日被某市工商行政管理局吊销营业执照。2009年5月至2011年3月，被告人时某岚作为某贸易有限公司的法定代表人，为收购位于某市某街30号等处的房产，用于出租给某企业经营超市，承诺以月利率1.5分至9分作为回报，以某贸易有限公司名义向权某良、严某江等69人募集资金65,902.65万元，归还本金及利息17,811.9535万元，其余48,090.6965万元未归还。另查明，下列房产属时某岚所有：某市某贸易有限公司名下的房产25套，建筑面积共计16,000.22平方米；时某岚名下房产21套，建筑面积共计985.31平方米；尹某初名下房产2套，建筑面积共计51.14平方米；时某秀名下房产13套，建筑面积共412.49平方米；周某魁名下房产7套，建筑面积共230.34平方米；高某宕名下房产2套，建筑面积370.46平方米。2009年3月至2011年5月，被告人周某魁单独或伙同树某卿（已判刑），为获取高额息差，承诺以月利率1分至3分作为回报，以个人名义向庆某申、汪某侠、黎某光、阴某明等20人募集资金共计2945万元，后以高息出借给时某岚等人。被告人周某魁和树某卿仅归还被害人借款本息合计1645.85万元，其余1299.15万元未归还。

公诉机关指控被告人时某岚作为某市某贸易有限公司直接负责的主管人员，违反国家金融管理制度，非法吸收公众存款，数额巨大；被告人周某魁违反国家金融管理制度，非法吸收公众存款，数额巨大，其行为均构成非法吸收公众存款罪，提请法院依照《刑法》第176条之规定，依法判处。

时某岚辩称其非法吸收公众存款是为了某市某贸易有限公司收购某街30号的房产，然后出租给某企业开办超市从事营利活动，因金融危机银行未按期放贷导致资金链断裂。对于具体的借款及还款金额，希望法院在查明事实的基础上依法判决。其目前所拥有的房产能够全额清偿债务，希望法院能从轻处罚。

辩护人认为时某岚具有以下酌情从轻处罚的情节：(1)时某岚向本案被害人所借款项主要用于收购本市某街30号等处的房产，属于合法的生产经营活动。(2)时某岚认罪态度好，为挽回被害人损失作出最大努力。(3)起诉书指控时某岚向陈某东借款130万元，因陈某东与时某岚于2008年3月28日签订了债权转让协议，且经某仲裁委裁决确认该债权转让有效，并已进入执行阶段，因此陈某东的130万元借款不应认定为本案犯罪数额。(4)起诉书指控时某岚向梁某法、邓某安借款2000万元，系委托某银行某某支行定向放贷，性质系委托贷款，属于合法的民事借贷关系，不应认定为本案犯罪数额，但可以纳入本案统一分配。

周某魁认为其认罪态度好，而且会积极筹款归还被害人，要求法院从轻处罚。

辩护人认为周某魁与树某卿共同借款部分，因双方约定该部分借款由树某卿负责归还，因此请法院督促树某卿能尽早归还这些共同借款部分。被告人周某魁认罪态度好，能积极配合司法机关说明犯罪所得去向，社会危害性不大，希望法院能酌情从轻处罚。

某市某区人民法院审理认为：某市某贸易有限公司违反国家规定，向社会不特定公众非法募集资金达5.9亿余元，数额巨大，且造成被害人3.9亿余元的经济损失，严重扰乱金融秩序，被告人时某岚作为某市某贸易有限公司直接负责的主管人员，其行为已构成非法吸收公众存款罪。被告人周某魁以获取非法利益为目的，违反国家金融管理制度，单独或伙同他人向社会不特定公众非法募集资金2880万余元，数额巨大，且造成被害人1300万余元的经济损失，严重扰乱金融秩序，其行为构成非法吸收公众存款罪。公诉机关指控两被告人的罪名成立。鉴于被告人时某岚募集资金用于扩大本单位的经营规模，目前某市某贸易有限公司被查封的房产可以抵偿被害人部分经济损失，被告人时某岚能自愿认罪，因此对其可以酌情从轻处罚。被告人周某魁能自愿认罪，可酌情从轻处罚，辩护人就此提出的辩护意见可予以采纳。依照《刑法》第64条、第176条，判决被告人时某岚犯非法吸收公众存款罪，判处有期徒刑5年，并处罚金50万元；被告人周某魁犯非法吸收公众存款罪，判处有期徒刑3年，并处罚金10万元。对各被告人的违法所得予以追缴。责令各被告人退赔被害人的经济损失。判决已生效。

从生效判决结果看，法院采纳的是后一种意见。理由是：

为促进市场经济发展，国家允许民间借贷与募集资金的活动。法律规定，建立在真实意思基础上的民间借款合同受法律保护，民间借贷行为属合法之列，前提是只要民间借贷利率在最高人民法院司法解释规定的最高利率以下。鉴于此，本案在审理过程中，对于被告人时某岚以某市某贸易有限公司所有的房产作抵押，向被害人借款，约定利率未超过银行利率的4倍，该部分抵押借款合同是否有效，有抵押担保的借款金额是否作为非法吸收公众存款罪的犯罪金额认定，存在不同的处理意见。一种意见认为，非法吸收公众存款罪的主要特征在于向不特定公众借款从而扰乱金融秩序，但是作为善意的出借人，履行了谨慎注意义务，大多数抵押借款合同经过了公证，是双方当事人真实意思表示。当被告人因为其民间融资行为被定性为非法吸收公众存款罪，则善意出借人与被告人之间的借款合同无效,抵押担保合同也无效,这样不仅出借人的利息得不到保障,而且不能享有优先受偿权。由作为善意相对方的借款人对被告人的犯罪行为买单是极不公平的。目前理论界对该罪名的设立、认定上都存在一定的争议,对提供抵押担保的借款系集资款无明确规定,因此从考虑保护合法债权人的角度,应认定抵押借款合同有效。另一种意见认为,非法吸公众存款罪与合法的民间借贷存在本质区别,本案符合非法吸收公众存款罪的本质特征,对于被告人非法吸收公众存款罪的犯罪行为应从整体上把握,不能将设有抵押担保的借款行为从被告人的非法吸收公众存款行为中割裂出来,因为被告人向被害人借款时提供了抵押担保或保证担保而认定该借款合同合法有效,并将其借款数额从犯罪数额中扣除了。

1. 从法益上看,罪与非罪的根本区别在于刑法所保护的法益是否受到了侵害,或者是否具有受到侵害的可能性。本案被告人时某岚作为某市某贸易有限公司的法定代表人,以购买某街30号等处的房产用于出租给某企业经营超市的名义,以提高借款利率做诱饵,向69名不特定公众募集资金5.9亿元,且造成3.9亿元尚未归还的严重后果,完全达到了侵害金融秩序的程度,符合非法吸收公众存款罪的本质特征。

2. 非法吸收公众存款罪所保护的法益是金融秩序,虽然非法吸收公众存款行为与民间借贷行为在形式上具有一定的相似性,但要达到侵害金融秩序的程度,则前者必然表现出借贷行为的非法性与借贷对象广泛性的特征。唯有如此,才能达到扰乱国家金融秩序的程度,如果实施民间借贷行为未经有权机关批准向社会不特定对象吸收资金,扰乱了国家金融秩序,则就超出了民间借贷的范畴,演化为非法吸收公众存款罪。本案被告人以提高借款利率做诱饵,向69名不特定公众募集资金5.9亿元,其行为已不符合一般借贷行为的特征。

3. 从被告人的主观故意上看,其所有的借贷行为都是在企图通过非法吸收公众存款来营利这一主观目的的支配下完成的,虽然本案被告人一部分借贷设有抵押担保,一部分借贷没有设定抵押担保,但是我们在认定犯罪事实时,应当把每一笔非法募集资金的行为看成被告人同一故意内容支配下实施的行为,而不能将其单独割裂开来,把其中设有担保且没有超过银行利率4倍的借款金额从犯罪金额中扣除。

4. 将借款人与被告人之间的借款合同认定为无效,抵押担保合同也无效,这样不仅出借人的利息得不到保障,而且不能享有优先受偿权,作为善意相对方的借款人不得不为被告人的犯罪行为付出代价,这其实是一个涉及惩罚犯罪与保障被害人权益之间如何求得平衡的问题,也是一个单纯运用刑事法律无法解决的问题。事实上,法院所受理的时某岚、周某魁非法吸收公众存款案在经济发达地区并非个案,而是多发性案件中的一个。该类案件的多发,有其特定的根源,在民营经济发达地区,民间融资非常普遍,这类行为一般通过提高利率等手段,将大量的社会闲散资金集中到少数单位或者个人手中,造成这部分资金失控,不利于国家进行必要的宏观调控。同时,行为人一般不具有合法金融机构强大的经济实力、没有完善的经营管理制度、缺乏有效的监督机制、承担风险的能力极弱,一旦出现经营亏损或资金周转困难,会给存款人带来极大的利益损失,出现影响社会稳定的严重后果,所以,我们既要保护民间融资对金融市场的积极作用,又要防范民间融资所导致的金融风险。而刑法作为补充法,不宜直接对民间融资行为进行指引和规范,因此,有必要出台相关的民间融资管理实施办法,对民间融资主体双方的权利义务、交易方式、期限利率、违约责任和权益保障等加以明确,以规范和引导民间融资。

200. 关于非法集资类犯罪非法占有目的等的理解与把握

行为人以向亲友集资为名，实质上希望或者放任亲友向社会介绍，行为人在非法集资过程中产生非法占有目的的，应当只对非法占有目的支配下的非法集资犯罪行为以集资诈骗罪定性处罚。对于之前实施的行为，构成非法吸收公众存款罪等其他犯罪的，应按相关犯罪处理，并实行数罪并罚。亲友间接向社会公众吸收资金的，不影响其向社会公众吸收资金的认定；以口头方式发布、传播集资信息，以达到通过口口相传向社会公众非法集资的目的，符合向社会公布宣传的本质特征。

司法实例

周某海、杨某顺等集资诈骗、非法吸收公众存款案

被告人周某海、杨某顺案发前从事违法高利放贷业务。2010 年 2 月至 2011 年 9 月，被告人周某海、杨某顺以投资经商、临时周转为由，以支付高息为诱饵，向简某民、訾某甲、幕某太等 70 余名社会不特定人员非法吸收资金达 3.6 亿余元，用于高息出借、投资经商等，后因经营亏损等造成 9000 万余元不能归还。其间，被告人沈某杰、吕某喜受周某海、杨某顺指使，分别协助从事记账、结算账目和收付款等工作。

2011 年 9 月以后，被告人周某海、杨某顺在已严重负债的情况下，明知无偿还能力，仍继续以投资房地产和开发红色旅游为由，以支付高息为诱饵，向展某君、周某骏等人非法集资 2105 万元，用于还债和支付高息等。至案发，尚有 1865 万元无法归还。

某市人民检察院起诉认为，被告人周某海、杨某顺、沈某杰、吕某喜向社会不特定人员非法吸收资金的行为均已构成非法吸收公众存款罪；2011 年 9 月之后，被告人周某海、杨某顺在明知自己没有偿还能力的情况下，采取虚构事实、隐瞒真相的手段，继续向他人非法集资，骗取他人巨额钱财，其行为构成集资诈骗罪，应实行数罪并罚。被告人沈某杰、吕某喜属从犯，可以从轻或减轻处罚。

被告人周某海、杨某顺及其辩护人分别辩称，周、杨吸收资金的对象仅限亲朋好友，并未向社会公众吸收资金，主观上没有非法占有他人钱财的诈骗犯罪故意，不构成集资诈骗罪。

被告人沈某杰、吕某喜对指控的事实没有异议。其辩护人辩称沈、吕某喜与周某海、杨某顺系亲属关系，听命于周某海、杨某顺起辅助作用，系从犯，要求减轻处罚。

某市中级人民法院审理认为：被告人周某海、杨某顺、沈某杰、吕某喜以高息为诱饵，通过口头宣传等途径向数十名社会不特定人员非法吸收数亿元资金，数额和损失均特别巨大，其行为均已构成非法吸收公众存款罪。被告人周某海、杨某顺在出现巨额亏损后，明知自己没有偿还能力，仍以非法占有为目的，编造谎言，骗取他人财物，数额特别巨大，其行为还构成集资诈骗罪。对被告人周某海、杨某顺应数罪并罚。被告人沈某杰、吕某喜在共同犯罪中起辅助作用，属于从犯，分别予以从轻或减轻处罚。遂判决认定被告人周某海犯集资诈骗罪，判处无期徒刑，剥夺政治权利终身，并处没收个人全部财产；犯非法吸收公众存款罪，判处其有期徒刑 8 年，并处罚金 40 万元，决定执行无期徒刑，剥夺政治权利终身，并处没收个人全部财产。被告人杨某顺犯集资诈骗罪，判处无期徒刑，剥夺政治权利终身，并处没收个人全部财产；犯非法吸收公众存款罪，判处其有期徒刑 8 年，并处罚金 40 万元，决定执行无期徒刑，剥夺政治权利终身，并处没收个人全部财产。以非法吸收公众存款罪，分别判处被告人沈某杰、吕某喜有期徒刑缓刑，并处罚金 5 万元。责令各被告人退赔全部违法所得，返还给被害人。

一审宣判后，周某海、杨某顺不服，以将集资款均用于投资、经营，一直致力于还款，主观上无非法占有集资户资金的目的,客观上没有采用虚构事实、隐瞒真相等诈骗手段集资,原判认定其构成集资诈骗罪,定性错误;未通过媒体、推介会、手机短信等途径向社会公开宣传,且集资对象为亲朋好友,不符合2010年最高人民法院《关于审理非法集资刑事案件具体应用法律若干问题的解释》对非法吸收公众存款罪所规定的向社会公开宣传和向社会公众吸收资金的构成特征,即使构成非法吸收公众存款罪,但考虑其不典型性、社会影响小等因素,亦应从轻处罚为由提出上诉,要求依法改判。

某省高级人民法院经审理查明的事实与一审认定一致。该院认为,被告人周某海、杨某顺等违反法律规定,以高息为诱饵,通过口头宣传等途径公开向社会不特定对象非法吸收巨额资金,扰乱金融管理秩序,其行为均已构成非法吸收公众存款罪;被告人周某海、杨某顺在出现巨额亏损后,明知自己无偿还能力,以非法占有为目的,采用虚构事实、隐瞒真相等诈骗手段非法集资,骗取他人财物,数额特别巨大,其行为均构成集资诈骗罪,应依法惩处。被告人周某海、杨某顺上诉分别提出原判定性有误、要求改判的理由不足,不予采纳。遂终审裁定驳回上诉,维持原判。

一、二审法院裁判的主要理由为:

最高人民法院于2022年2月23日发布法释〔2022〕5号文件,对《非法集资解释》进行了修改。[①]《非法集资解释》第1条对非法集资概念的特征条件予以具体细化,明确成立非法集资需同时具备非法性、公开性、利诱性和社会性四个特征,即(1)未经有关部门依法许可或者借用合法经营的形式吸收资金;(2)通过网络、媒体、推介会、传单、手机信息等几种途径向社会公开宣传;(3)承诺在一定期限内以货币、实物、股权等方式还本付息或者给付回报;(4)向社会公众即社会不特定对象吸收资金。同时明确规定未向社会公开宣传,在亲友或者单位内部针对特定对象吸收资金的,不属于非法吸收或者变相吸收公众存款。

1. 关于集资过程中非法占有目的的认定。非法占有目的既是区分非法吸收公众存款罪和集资诈骗罪等其他集资犯罪的关键,也是审理的难点。集资类案件犯罪活动持续的时间往往比较长,行为人在非法集资之初往往为了非法牟利,不一定就有非法占有目的,而是在非法集资的过程中,随着形势的发展变化,非法占有的故意逐步形成并越来越明确;参与实施的人员也可能比较多,部分行为人与主犯之间不一定有非法占有目的的犯意联络。因此,在审理中,正确判定行为人非法占有目的的有无以及非法占有目的的产生时间就显得非常重要。[②] 行为人主观上是否具有非法占有的目的,应当根据主客观相统一原则加以综合分析认定。行为人在非法集资过程

---

① 该司法解释2022年修正后第1条的内容为:“违反国家金融管理法律规定,向社会公众(包括单位和个人)吸收资金的行为,同时具备下列四个条件的,除刑法另有规定的以外,应当认定为刑法第一百七十六条规定的‘非法吸收公众存款或者变相吸收公众存款’:(一)未经有关部门依法许可或者借用合法经营的形式吸收资金;(二)通过网络、媒体、推介会、传单、手机信息等途径向社会公开宣传;(三)承诺在一定期限内以货币、实物、股权等方式还本付息或者给付回报;(四)向社会公众即社会不特定对象吸收资金。未向社会公开宣传,在亲友或者单位内部针对特定对象吸收资金的,不属于非法吸收或者变相吸收公众存款。”

② 《非法集资解释》第7条第2款规定:“使用诈骗方法非法集资,具有下列情形之一的,可以认定为‘以非法占有为目的’:(一)集资后不用于生产经营活动或者用于生产经营活动与筹集资金规模明显不成比例,致使集资款不能返还的;(二)肆意挥霍集资款,致使集资款不能返还的;(三)携带集资款逃匿的;(四)将集资款用于违法犯罪活动的;(五)抽逃、转移资金、隐匿财产,逃避返还资金的;(六)隐匿、销毁账目,或者搞假破产、假倒闭,逃避返还资金的;(七)拒不交代资金去向,逃避返还资金的;(八)其他可以认定非法占有目的的情形。”为了避免客观归罪,该条第3款明确:“集资诈骗罪中的非法占有目的,应当区分情形进行具体认定。行为人部分非法集资行为具有非法占有目的的,对该部分非法集资行为所涉集资款以集资诈骗罪定罪处罚;非法集资共同犯罪中部分行为人具有非法占有目的,其他行为人没有非法占有集资款的共同故意和行为的,对具有非法占有目的的行为人以集资诈骗罪定罪处罚”。

中产生非法占有目的,应当只对非法占有目的支配下的非法集资犯罪行为以集资诈骗罪定性处罚,对于之前实施的行为,构成非法吸收公众存款罪等其他犯罪的,应按相关犯罪处理,并实行数罪并罚。本案中,被告人周某海、杨某顺在2011年9月后,在高利放贷业务严重亏损和负债几千万元、投资房地产和旅游项目亏损并无继续投资的情况下,明知自己无偿还能力,继续以投资房地产项目和旅游项目为幌子,高息集资,所集资款项用于归还前款和高息及消费等,并未用于投资。本案以2011年9月为时间点,对此前的集资行为以非法吸收公众存款认定,对此后在非法占有目的支配下的集资行为认定为集资诈骗,体现了主客观相统一的原则,符合有关规定,是正确的。

2. 关于向社会公开宣传的认定。有人认为,根据司法解释规定,向社会公开宣传即公开性是非法吸收公众存款罪的必备要件,宣传的途径限于司法解释所列明的通过媒体、推介会、传单、手机短信等几种,本案被告人周某海、杨某顺没有通过媒体、推介会、传单、手机短信等途径对社会进行公开宣传,而是采用口头宣传的方式吸取资金,不符合《非法集资解释》第1条关于向社会公开宣传的规定,因而不构成非法吸收公众存款罪。同理,集资诈骗罪也难以成立。其实,这是对司法解释的误解,这种观点也不能成立。向社会公开宣传系判定行为人主观上具有向社会不特定对象集资的客观依据之一。公开宣传的具体途径可以多种多样,不应局限于司法解释所列举的通过媒体、推介会、传单、手机短信等几种。对于以口头等方式发布、传播集资信息是否属于公开宣传,能否将口口相传的效果归责于集资行为人,应根据主客观相统一的原则,结合行为人对此是否知情、态度如何,有无具体参与、是否设法加以阻止等主客观因素具体认定。同时,公开宣传既包括针对社会各阶层、广大群体通过媒体宣传,又包括为逃避监管,针对具体的不特定集资对象,采用相对隐蔽的手段进行宣传。根据《刑法》第176条规定及中国人民银行和国家工商管理局《关于进一步打击非法集资等活动的通知》(银发〔1999〕第289号)所指出的,非法集资行为包括利用民间会社形式或者利用传销或秘密串联的形式。一些犯罪行为人为逃避监管,采用相对隐蔽的手段,仅仅是在不特定对象一定范围内公开,但并未向社会各阶层公开。如果将此类行为片面理解为一定要向社会各阶层公开,而不认定为犯罪的话,将会放纵这类犯罪。本案被告人周某海、杨某顺在非法集资过程中虽未通过网络、媒体、推介会、传单、手机信息等方法,但其为逃避有关部门的监管,以口头方式发布、传播集资信息,通过口口相传以达到向社会不特定对象非法集资的目的,其所实施的行为符合集资犯罪中向社会公开宣传的本质特征。故被告人周某海、杨某顺上诉及其辩护人称两被告人的行为不具备向社会公开宣传的构成要件等理由,与事实及法律规定不符,不予采信。

3. 如何认定向社会公众吸收资金。本案在审理过程中,各方对被告人周某海、杨某顺向亲戚朋友及亲戚朋友介绍的社会其他人员吸取资金,是否符合《非法集资解释》第1条规定的向社会不特定对象即社会公众集资,存在分歧。有人提出,本案被告人集资的对象是被告人的亲戚朋友,是针对特定对象集资,不符合《非法集资解释》对非法吸收公众存款罪所规定的社会性这一构成特征。既然连非法吸收公众存款罪都难以构成,更谈不上构成集资诈骗罪,因而有的主张对被告人沈某杰、吕某喜宣告无罪,对被告人周某海、杨某顺2011年9月之后的诈骗行为仅以普通诈骗罪处理即可。这些观点不符合最高人民法院《非法集资解释》的规定精神。非法吸收公众存款等集资犯罪行为的本质特征在于违反规定向社会公众即社会不特定对象吸收资金。集资对象是否特定的判断,既要考察行为人主观上是否仅向特定对象吸收资金,又要考察其客观上所实施的行为是否可控。如果行为人对集资行为的辐射面事先不加以限制、事中不作控制,或者在蔓延至社会后听之任之,不设法加以阻止,应当认定为向社会不特定对象吸收资金。行为人以向单位内部职工或亲友集资为名，实质上希望或放任内部职工或亲友向社会介绍，通过内部职工或亲友间接向社会公众吸收资金的，可以认定为向社会不特定对象吸收资金。

本案被害人人数多达70余人，仅有少部分集资户为被告人的亲友。被告人主观上具有向社会不特定对象吸收资金的意图，客观上对集资行为的辐射面未作任何控制，只要有资金，不管集资对象是谁，均予以吸收，完全符合非法吸收公众存款等集资犯罪中向社会公众吸收资金的构成特征。故被告人周某海、杨某顺上诉及其辩护人称两被告人行为不具备向社会公众吸收资金的构成要件等理由，与事实及法律规定不符，不予采信。

值得提出的是，2021年1月26日，《防范和处置非法集资条例》（以下简称《非法集资条例》）公布。《非法集资条例》对非法集资进行了界定①。特别是《非法集资条例》对非法集资资金清退作了明确规定②。因此，司法机关在处理非法集资类案件时，应当将《非法集资条例》与最高人民法院的解释、意见一并执行。

201. 如何认定非法吸收公众存款犯罪手段

行为人非法吸收存款的手段多样，有时与正常的民间融资行为相互交叉，难以区别，但是，不论其吸收资金的理由是投资、借款、转贷还是其他，只要具备了非法性、广延性、公开性和经济回报性这四个特征，符合非法吸收公众存款罪的构成要件，即可以该罪对其定罪处罚。

司法实例

韩某星非法吸收公众存款案

被告人韩某星在某村担任村出纳和农村信用联社代办员、协理员。2008年夏天，被告人之子韩某财买彩票中奖15万元后严重痴迷，持续、多次购买，每次购买彩票数千元甚至上万元，很快将奖金15万元用完。韩某财遂以与朋友联手中标了某县某大型工程，需要大量启动资金为由骗其父母，向他们索要钱款购买彩票。韩某星表示同意，并决定利用其信用联社协理员身份向亲朋好友、熟人或某村、邻村村民借款，对平常来他家存款或以前存款到期的存户，说服对方将钱借给他们或贷给他们，并出具借条，答应到期还本付息。2008年6月至2010年8月，被告人韩某星以其子搞工程为由，向他人借钱入股或邀请他人投资；以其子同学急用钱或者村里养殖户、经营户急用钱，并帮忙以高额利息转贷为由，吸收他人存款；以帮助其完成信用社分配的存款任务为由，吸收不特定他人的存款；或以个人有急事急需用钱为由，向不特定他人借款。被告人韩某星

---

① 《非法集资条例》所称非法集资，是指未经国务院金融管理部门依法许可或者违反国家金融管理规定，以许诺还本付息或者给予其他投资回报等方式，向不特定对象吸收资金的行为。该定义明确了非法集资的三要件：一是"未经国务院金融管理部门依法许可或者违反国家金融管理规定"，即非法性；二是"许诺还本付息或者给予其他投资回报"，即利诱性；三是"向不特定对象吸收资金"，即社会性。

② 《非法集资条例》坚持最大限度保护人民群众合法权益，明确非法集资人、非法集资协助人应当向集资参与人清退资金；清退过程应当接受处置非法集资牵头部门监督；任何单位和个人不得从非法集资中获取经济利益。《非法集资条例》明确了清退资金的来源，包括：非法集资资金余额、收益，非法集资人及其他相关人员从非法集资中获得的经济利益，非法集资人隐匿、转移的非法集资资金或者相关资产，在非法集资中获得的广告费、代言费、代理费、好处费、返点费、佣金、提成等经济利益，以及可以作为清退集资资金的其他资产。为尽可能多地向集资参与人清退资金，《非法集资条例》规定，非法集资人、非法集资协助人不能同时履行所承担的清退集资资金和缴纳罚款义务时，先清退集资资金。《非法集资条例》沿用1998年国务院《非法金融机构和非法金融业务活动取缔办法》（以下简称《非法金融取缔办法》，现已失效，现行有效的为《非法集资条例》）有关规定，明确因参与非法集资受到的损失，由集资参与人自行承担。

以上述各类名义，先后向107户亲戚朋友和某村、邻村村民等不特定对象，非法吸收存款达398.5623万元，并将这些款项交给其子韩某财。韩某财实际并无投资行为，骗取钱财后，将钱款全部挥霍。

某县人民检察院对被告人韩某星以涉嫌犯非法吸收公众存款罪提起公诉。

在法院审理中，关于本案中被告人韩某星吸收资金的多种手段是否均认定为非法吸收公众存款的犯罪手段，控辩双方及合议庭均存在严重分歧。一种意见认为，被告人韩某星系信用联社代办员，其吸收资金手段多样，应视情况区别对待。另一种意见认为，被告人韩某星违反国家相关法律规定，采取一定的公开宣传行为向不特定的对象吸收资金，并承诺给予一定的经济回报，其行为均构成非法吸收公众存款罪，其在该特定时段为了特定目的而吸收的款项均应视为非法吸收公众存款的数额。

某县人民法院经报请审委会讨论，审委会多数人意见同意后一种意见，认定被告人韩某星非法吸收存款数额为398.5623万元，以韩某星犯非法吸收公众存款罪，判处有期徒刑9年，并处罚金50万元。判决已生效。

我国刑法对非法吸收公众存款罪的罪状描述较为简单，虽有司法解释，但在实践中对于罪与非罪的界限仍有时难以把握。本案一审法院判决坚持第二种意见的主要理由为：

1. 如何理解构成非法吸收公众存款罪的实质要件。非法吸收公众存款罪，是指非法或者变相吸收公众存款，扰乱金融秩序的行为。《非法金融取缔办法》规定，非法吸收公众存款，是指未经中国人民银行批准，向社会不特定对象吸收资金，出具凭证，承诺在一定期限内还本付息的活动；变相吸收公众存款，是指未经中国人民银行批准，不以吸收公众存款的名义，向社会不特定对象吸收资金，但承诺履行的义务与吸收公众存款性质相同的活动。这个规定，在一定程度上充当起非法吸收公众存款罪的罪状描述责任。2010年12月，最高人民法院《非法集资解释》对构成“非法吸收公众存款或者变相吸收公众存款”限定了四个条件。结合上述法律法规，非法性、广延性、公开性、经济回报性是构成非法吸收公众存款罪的四个实质要件。

(1)非法性，体现在主体非法和行为非法两个方面。主体非法，即单位或个人没有中国人民银行批准而实施吸收存款的行为。目前，根据《商业银行法》的规定，有权吸收公众存款的是商业银行、城市信用合作社、农村信用合作社、邮政储蓄机构，其他任何单位和个人不得吸收存款或变相吸收存款。行为非法，即虽具有吸收存款的主体资格，但采取了违法的方式吸收存款，如通过采取擅自提高利率、先行扣付或许诺其他物质利益的做法来招揽储户。(2)广延性，体现在面向社会不特定公众吸收资金。如果存款人是少数人或特定人，则不构成本罪。我国刑法没有规定非法吸收公众存款金额和存款人数起点，根据2022年最高人民检察院、公安部联合颁布的《关于公安机关管辖的刑事案件立案追诉标准的规定(二)》(以下简称《立案标准(二)》)对非法吸收公众存款或变相吸收公众存款设定了追诉标准。《非法集资解释》将该追诉标准中的“户”变为“人”，强化了对该罪的打击力度。这个追诉标准和《非法集资解释》为广延性成为构成非法吸收公众存款罪的实质要件之一提供了一定的依据。(3)公开性，体现在以一定的公开宣传手段非法吸收或者变相吸收公众存款。《非法集资解释》认定构成非法吸收公众存款或变相吸收公众存款必须以一定方式向社会公开宣传。经查，韩某星在村里担任信用联社代办员、协理员，某村和周边的村民依循先例到他家去办理存取款业务，因此，其称得上是一定范围的公众人物，其通过串门或打电话、发短信等，向村民们借钱或贷款，动员说服平时来存款或存款到期的储户自愿把钱借给或贷给被告人。来其家存取款的人是不特定的，因此，其多种方式宣传的行为具备了公开宣传的性质。而其宣传的效果最终使107户村民受害，因此，该宣传达到了公开性的程度。(4)经济回报性,体现在承诺给付一定经济回报。《非法集资解释》规定,认定构成非法吸收公众存款或变相吸收公众存款,必须承诺在一定期限内以货币、实物、股权等方式还本付息或给付回报。本案中,被告人非法吸收公众存款时,有的许诺给高额利息并在借条上写明利息,有的借条虽未写利息但口头约定利息,有的未约定明确利息。对于未约定明确利息的,被告人和被害人证实,依循先例或约定俗成,被告人会支付银行同期利息或同期贷款利息等好处,均存在一定的经济回报。

2. 韩某星利用信用联社代办员、协理员身份和便利条件非法吸收公众存款,是个人行为还是职务行为。经法院调查,2005 年前后,农村信用社的代办员统一变更为协理员,信用社不再给协理员存取款凭证和准备金,协理员只负责联系客户到柜台办理存取款、贷款业务,不再直接办理业务。从韩某星的职责变化来看,其已经失去了直接在家办理存取款业务的职权。而且,韩某星吸收部分存款时虽然以帮助完成信用社分配给他的存款任务为由,但此理由是虚假的,其没有按照存款人的意愿将以这种理由吸收的存款交至信用社柜台办理存款,而是交给儿子韩某财做所谓的“工程启动资金”。因此,韩某星利用个人信誉、超越职权的吸收存款行为,是其个人行为,也是非法吸收公众存款的具体手段。

3. 韩某星以借款名义吸收存款是否应视为正常的民间借贷。如果韩某星有买房、治病等真实、正当理由而借款,应认定为正常的民间借贷,而韩某星实际上并无真实的用款意向,其所谓借款、顶存款任务等理由实际上都是应其子韩某财的用款要求而予以吸收资金。

因此,虽然被告人的借款行为具有民间借贷的特征,但却不属于正常的民间借贷,其广泛借贷的行为属于刑法评价和规制的范畴,具有了正常民间借贷所不具有的社会危害性,应该按照刑法的有关规定定罪处罚,即便是公众自愿将存款交给被告人,也不能免除被告人的责任。

202. 对于集资诈骗犯罪中的担保债务如何定性

对集资诈骗案件中部分债务附有相应担保,该部分融资是否应定性为集资诈骗计人犯罪总金额中,又或其性质为合法民间借贷而从总的犯罪金额中予以剔除。此问题不仅对被告人的刑事责任产生影响,也在刑事案件审结后对债务人、担保人相应民事判决产生重大影响:如认定为犯罪行为,一是债务人不能通过物保或人保优先受偿,其地位由民事权利人转为刑事被害人,仅能通过追赃程序与其他被害人就被告人财产平等受偿。二是物保标的物转为被告人的一般担保财产,无过错的担保人往往也受到被告人的欺骗,拥有类似于刑事被害人的地位,债务人起诉担保人的请求往往不能得到支持。三是已经生效的民事判决既判力受到刑事判决的影响,已执行的须执行回转,由各被害人平等受偿;如认定为合法债务,则债务人享有担保债务的优先受偿权,担保人也要承担保证责任,相应已生效民事判决的既判力不受影响。

1. 行为人以非法财产设立担保物权的债务应当计入集资诈骗犯罪总金额。“非法财产”指的是诈骗所得财产。根据集资诈骗行为的认定标准,在行为人实施集资诈骗行为之日起,其往往已资不抵债,不具备归还债务的能力,在犯罪行为持续期间所购入的财物,其实质是以从被害人处骗得的财物所购置。刑事审判注重行为的实质审查,行为人表面上虽已获得新购置财产的所有权,但该财产系用其犯罪所得购买,新财产实为犯罪所得的价值转化。若行为人在此新财产上设立担保物权,由某一出借人全额受偿,显然有失公允。鉴于此,犯罪行为持续期间购得的财产属于赃物,应列入追赃程序,由各被害人平等受偿。

2. 行为人以善意第三人的财产设立担保物权或以善意第三人为保证人的债务应当计入集资诈骗总金额。在各类诈骗案件中,第三人为行为人提供物保或人保的情况比较常见,此类案件往往涉及刑民案件的冲突。一是行为人主观上有非法占有他人财物的故意。在以第三人的财产作为集资款的担保时,行为人显然具有非法占有目的,提供担保仅为达到其诈骗目的的手段。二是行为人客观上使用了欺骗方法进行集资,他人因受蒙骗而产生财产损失。行为人除了对被害人有虚构事实、隐瞒真相的行为,对担保人也有同样的欺骗行为,在行为人潜逃或隐匿案发后,有的担保人已承担了担保责任,有的担保人被被害人起诉。从法律效果上看,善意的担保人承担担保责任,系将被害人的损失转嫁于无过错的担保人,且刑法又未赋予担保人类似于被害人的诉讼地位及权利,其承担责任后无法通过追赃程序受偿。鉴于此,此处的"损失"不应仅理解为被害人的损失,善意担保人的损失也应包含在内。据此,在善意第三人提供担保时,行为人不仅有非法占有的目的,且实施了以诈骗手段集资的行为,造成他人财产受损的后果,与其他集资行为本质相同,应当计入集资诈骗总金额。

3. 行为人以自己所有的合法财产即行为人在实施集资诈骗犯罪行为前个人所有的合法财产设立担保物权的债务属合法债务。一是行为人不具有非法占有的主观故意。集资诈骗的主观构成要件内容除故意外,还必须具有将他人合法财产非法占为自己所有的目的。最高人民法院《非法集资解释》第7条对"非法占有目的"的几种情形进行了列举,均以行为人主观上有非法占有的心态,客观上实施了致使集资款不能返还的行为为认定标准。目的属行为人的主观心态,必须以其客观行为来考察,而行为人以自己合法财产为债务设定相应担保时,其主观上显然有清偿债务的意愿,客观上也具有清偿债务的可能性。即使行为人将借款挥霍、用于违法犯罪活动或者逃匿,使欠款无法返还,债权人仍可通过行使担保物权而使债务得到大部或全部清偿,行为人的非法占有目的无从谈起。二是出借人行使以集资人合法财产设立的担保物权不会损害被害人的平等受偿权。行为人集资诈骗的行为往往是一个在一定时间内延续的过程,在集资诈骗行为的持续过程中,行为人不仅没有偿还集资款的意愿,也没有偿还的能力,其经济来源已无法弥补巨额亏损,随着时间的推移,资不抵债的情形持续加剧。在集资诈骗行为的持续过程中,行为人购置动产及不动产等财物的资金均来源于被害人,如果以此财物设立担保,个别债务人又因该担保财产优先受偿,其实质是损害了多数被害人的平等受偿权而有失公允。故如果行为人在集资诈骗持续过程中购买的财产上设立担保,担保物权人能否行使该物权优先受偿值得研究。但行为人如果以自有合法财产设立担保,实为对所有物的自由处分行为,并非对非法占有的他人财产处分,应当肯定这一行为的合法性。三是出借人无须为行为人的不当行为所造成的后果负责。在非法集资类案件中,出借人与行为人往往信息严重不对称,就集资人的实际财务状况,出借人处于被蒙蔽的地位。对出借人而言,其向行为人的借款,是基于对行为人偿还能力的信任而进行的正常借贷行为,特别是在设立担保的情况下,出借人更是对自己的财产处分行为尽到了相当的注意义务。在集资人有意对自己的偿还能力、借款用途进行欺瞒的情况下,让善意的出借人承担因集资人的不当行为带来的不利后果,显然不妥。

《非法集资条例》沿用《非法金融取缔办法》有关规定,明确因参与非法集资受到的损失,由集资参与人自行承担。司法机关在处理此类案件时,应当引起注意。

203. 如何区分非法集资与民间借贷、民间融资

非法吸收公众存款与民间借贷、民间融资的概念：

民间融资作为个人和单位募集资金的重要渠道，因其融资目的的模糊性、与非法吸收公众存款行为的相似性，在司法实践中容易将民间融资作为非法集资或非法吸收公众存款犯罪处理，在定性上往往争议较大。

关于非法集资。《非法集资条例》对非法集资进行了界定。《非法集资条例》所称非法集资，是指未经国务院金融管理部门依法许可或者违反国家金融管理规定，以许诺还本付息或者给予其他投资回报等方式，向不特定对象吸收资金的行为。该定义明确了非法集资的三要件：一是“未经国务院金融管理部门依法许可或者违反国家金融管理规定”，即非法性；二是“许诺还本付息或者给予其他投资回报”，即利诱性；三是“向不特定对象吸收资金”，即社会性。

关于民间借贷。最高人民法院《关于审理民间借贷案件适用法律若干问题的规定》（以下简称《民间借贷规定》）第1条第1款明确：民间借贷，是指自然人、法人和非法人组织之间进行资金融通的行为。民间借贷的对象有特定的范围，如亲戚朋友、同事同学等，一般依托借贷双方一定的人际和社会关系形成借贷法律关系；而非法吸收公众存款行为针对的是社会不特定的对象，其往往通过宣传、介绍、许以高额回报等手段诱使社会公众基于增值货币的愿望出让资金，扰乱了国家金融秩序、违反了金融监管制度。

非法集资与民间借贷的主要区别：二者的行为目的不同、二者的行为对象不同、二者的利率合法性不同。重点应从行为目的上区分。

1. 二者的行为目的不同。民间借贷行为的指向性比较明确，往往是出于生产经营等特定的急需资金的目的，而非法集资或非法吸收公众存款的行为人通过非法手段吸取公众资金至其“金融机构”后，其目的虽是通过货币运营等金融手段获取利润，但资金使用方向并不明确。实践中，民间融资行为的常见目的为以正常生产经营为目的进行融资。民间融资是目前民营企业特别是中小企业的首选融资渠道。企业以正常生产经营为目的进行融资主要表现为：以融资弥补日常生产经营资金缺口，如原材料的采购等；补充短期流动，用于季节性、应急性资金周转；高科技企业为产品创新而融资；为扩大企业生产经营规模或者进行多元化经营而融资。以正常生产经营为目的的民间融资具有其存在的必要性，如果将此类民间融资活动认定为非法集资或非法吸收公众存款罪，事实上是否认民间融资的合法性，是刑法对市场经济的过度干预。因此，在加强民事、行政法律规制后，合法民间融资也应当以行为目的的单一性作为限定民间融资正当化的前提条件。

以非法占有为目的进行融资。《非法集资解释》第4条第2款①详细列举了“以非法占有为目的”的具体表现，行为人以非法占有为目的进行民间融资，满足集资诈骗罪的其他犯罪构成要件后，应当以集资诈骗罪定罪处罚。司法实践中，合法的民间融资引发的债务纠纷与集资诈骗罪相对容易区分，原因即在于集资诈骗罪责任要素除故意外，还要求筹集资金时具有非法占有的目的，二者的区分标准比较清晰、明确。

司法实践中，民间融资与非法集资或非法吸收公众存款罪容易混淆、难以区分。在多种所有制经济并行发展的过程中，如果仅因数额、对象人数达到法律规定的标准，就将民营企业为了解

---

① 对应修正后该司法解释的第7条第2款。

决生存发展的资金困境而进行民间融资的行为认定为犯罪,不仅不符合市场经济发展的规律,也遏制了民营企业的发展。因此,在难以从客观行为明确区分非法吸收公众存款与民间融资的情境下,有必要回归到主观方面,以特定犯罪目的作为界分标准。即在数额、人数、直接经济损失数额等客观方面符合入罪标准的情况下,务必重视犯罪目的在界定罪与非罪时的关键作用,即应当准确考察融资行为是否满足合法的民间融资行为目的单一性。如果满足,即使出现无法还本付息的结果,民间融资行为本身具有合法性,由此引发的债务纠纷属于一般的民事纠纷;如不满足,则对融资行为的目的予以进一步的分析。也就是说,行为人满足以货币、资本经营为目的进行融资的,即应当以非法吸收公众存款罪定罪处罚;行为人以非法占有为目的进行融资的,则应当认定为集资诈骗罪,从而在非法吸收公众存款罪的认定中,坚决贯彻特定犯罪目的与客观危害结果相统一的原则。

2. 二者的行为对象不同。民间借贷的对象有特定的范围,如亲戚朋友、同事同学等,一般依托借贷双方一定的人际和社会关系形成借贷法律关系;而非法集资或非法吸收公众存款行为针对的是社会不特定的对象,其往往通过宣传、介绍、许以高额回报等手段诱使社会公众基于增值货币的愿望出让资金,扰乱了国家金融秩序、违反了金融监管制度。司法实践中,关键是正确把握“公众”及“不特定的对象”,不能扩大化。

3. 二者的利率合法性不同。民间借贷一旦发生纠纷,若借贷双方约定的利率超过年利率36%(后最高人民法院明确为24%),超过部分的利息约定无效。而非法集资或非法吸收公众存款行为许以的高额回报不受法律保护。

总之,非法集资或非法吸收公众存款犯罪的认定应该从非法从事资本、货币经营的角度去界定。如果仅仅是吸收社会资金进行个人发展或扩大企业生产经营,而未进行资本、货币经营,即使未经银行管理机构批准,一般也不宜认定为非法集资或非法吸收公众存款。

204. 非上市公司向公众转让股权能否构成擅自发行股票罪

非上市公司为筹集经营资金,在未经证券监管部门批准的情况下,向不特定社会公众转让公司股东的股权,其行为属于未经批准擅自发行股票的行为,数额巨大、后果严重或者有其他严重情节的,应当以擅自发行股票罪定罪处罚。

司法实例

某市康爱生物科技股份有限公司及被告人淦某洋擅自发行股票案

被告单位某市康爱生物科技股份有限公司(以下简称康爱公司)成立于1998年3月,注册资金为3600万元,股东包括2家单位和18名自然人。被告人淦某洋担任康爱公司的董事长、法定代表人,持股比例为45%。康爱公司经工商管理部门核准的经营范围为:生物制品,化工原料、建筑材料、金属材料销售等。

2002年10月,被告单位康爱公司为筹集研发资金,由被告人淦某洋提议经股东会集体同意后,委托中介公司及个人向社会不特定公众转让自然人股东的股权。此后直到2008年7月,由淦某洋负责联系并先后委托某投资有限公司、某投资实业公司、周某军、吴某和、洪某荡等个人,以随机拨打电话的方式,对外谎称康爱公司的股票短期内将在美国纳斯达克上市并能获取高额回报,向不特定社会公众推销淦某洋及其他自然人股东的股权。淦某洋和中介人员具体商定每股转让价格为2~4元不等。康爱公司与受让人分别签订《股权转让协议书》和《回购承诺书》(承诺如果3年内公司不能上市就回购股权),并发放自然人股东缴款凭证卡和收款收据。

经审计,被告单位康爱公司向社会公众250余人发行股票计331万股,筹集资金1218万余元,其中有166人在股权托管中心托管,被列入公司股东名册,并在工商行政管理部门备案。上述募集资金全部用于康爱公司的经营活动和支付中介代理费。

被告单位康爱公司成立后主要从事抗癌药物的研发,一直处于研发阶段,没有任何生产和销售行为。案发后不能回购股票,不能退还钱款,仅有土地及房产被查封。

某市某区人民检察院以被告单位康爱公司及被告人淦某洋犯擅自发行股票罪,向某市某区人民法院提起公诉。

被告单位康爱公司、被告人淦某洋及其辩护人均辩称:国家法律对于非上市股份公司能否转让股权没有明确规定,依据"法无明文规定不为罪"的原则,被告单位及被告人的行为不构成刑事犯罪;被告单位及被告人从事的是正常的股权转让业务,本案应属康爱公司与受让人之间的民事债权债务纠纷。

某市某区人民法院审理认为,被告单位康爱公司违反国家政策及相关法律规定,未经证券监管部门的批准,委托他人以公开方式向不特定社会公众发行股票,情节严重,被告人淦某洋系康爱公司直接负责的主管人员,其行为均已构成擅自发行股票罪。公诉机关指控的罪名成立,被告单位、被告人及辩护人的辩护理由不成立,不予采纳。被告单位与被告人均有自首情节,依法从轻处罚。对被告人应予数罪并罚。遂判决认定被告单位康爱公司犯擅自发行股票罪,判处罚金40万元;被告人淦某洋犯擅自发行股票罪,判处有期徒刑2年;违法所得予以追缴。判决已生效。

本案的争议焦点是:被告单位康爱公司与被告人淦某洋的行为是否构成擅自发行股票罪。在法院审理中,存在本案被告单位及被告人构成与不构成擅自发行股票罪两种截然不同的意见。本案一审法院支持了前一种意见。其裁判的主要理由为:

《刑法》第179条规定:未经国家有关主管部门批准,擅自发行股票或者公司、企业债券,数额巨大、后果严重或者有其他严重情节的,构成擅自发行股票、公司、企业债券罪。依据《公司法》和《证券法》的规定,股份公司的股权表现形式就是股票,也包括未上市股份公司的股权。因此,这里的"发行股票"包括未上市公司转让股权。据此,应从以下几个方面判断行为人的行为是否构成擅自发行股票罪:

1. 发行股票行为是否经国家有关主管部门批准。我国法律、法规及相关政策对非上市股份公司的股权能否转让、如何转让,有三个阶段的限制性规定。第一阶段,从1998年到2002年,为严令禁止。第二阶段,从2003年到2006年,为托管引导。第三阶段,从2006年至今为明确规范。《证券法》规定,向不特定对象发行证券或向特定对象累计超过200人发行证券,属于公开发行证券。公开发行证券,必须经国务院证券监管机构或国务院授权的部门核准。2006年年底,国务院办公厅发布的《关于严厉打击非法发行股票和非法经营证券业务有关问题的通知》规定,一是严禁擅自公开发行股票,向不特定对象发行股票或向特定对象发行股票后股东累计超过200人的,为公开发行,应依法报经证监会核准。二是严禁变相公开发行股票。非公开发行股票及其股权转让,不得采用广告、公告、广播、电话、传真、信函、推介会、说明会、网络、短信、公开劝诱等公开方式或变相公开方式向社会公众发行。严禁任何公司股东自行或委托他人以公开方式向社会公众转让股票。国家一直禁止擅自进行非上市公司的股权交易①。本案中，被告单位康爱公司与被告人淦某洋在2002年至2008年7月，连续不间断地擅自向社会公众转让股权，其行为违反上述规定，系在未经有关主管部门批准的情况下实施发行股票行为。

2. 有无实施发行股票的行为。根据本案事实，被告单位康爱公司与被告人淦某洋擅自向社会公众转让股权的行为，属于国务院办公厅《关于严厉打击非法发行股票和非法经营证券业务有关问题的通知》所严禁的行为，应当认定为《刑法》第179条规定的“擅自发行股票或者公司、企业债券”的行为。理由如下：(1)受让人属于不特定对象②。本案中，被告单位康爱公司委托中介公司与个人，随机向上海及浙江宁波等地的居民进行推销，不审查财产状况且没有人数限制，应当认定为向不特定对象转让股权。(2)转让股权的价格具有不确定性③。本案中，转让股权价格未经过任何审计、批准备案、公开的程序，仅由被告人淦某洋与中介公司商定，按照注册资本3600万元确定为3600万股，审计报告显示，每股转让价格从1.5元到4.1元不等，包括11种不同价格。这充分说明涉案股权转让价格具有极大的随意性和不确定性。(3)采用公开的形式转让股权。④ 本案中，被告单位康爱公司与被告人淦某洋委托多家中介公司与个人，先采用随机拨打电话的方式，以提供理财帮助为名邀请不特定对象到中介公司，后由业务员介绍并推销股权，对于犹豫不决的客户，业务员反复打电话以动员劝诱。故可以认定涉案股权转让形式属于公开发行。(4)转让股权的运作模式不合规⑤。本案中，被告单位康爱公司与被告人淦某洋转让股权没有详细工作计划，没有披露公司的详细财务状况，没有委托固定有资质的中介机构，没有签订规范的服务合同，在2002年到2008年7月，被告方频繁地更换中介公司与个人，这种运作模式完全不符

---

① 发行股票、公司、企业债券是企业实行公司制以后，市场经济条件下的一种有效的集资手段。但由于面向社会公众，这种大规模的集资方式并非只是一家公司自己筹措资金的简单行为，而是事关广大股票、债券投资者的切身利益。因此发行股票、公司、企业债券的单位要向投资者负责。发行股票要定期付给股东红利，发行公司、企业债券要按时归还本金及利息，这依赖于发行公司、企业的生产经营管理及其经济效益的好坏，具有一定风险性，同时由于这种活动涉及面广，事关大量资金的流向，与社会金融秩序的稳定甚至社会安定密切相关。因此，公司法对发行股票、公司债券规定了严格的条件和批准程序：股份有限公司的设立如果采用募集设立形式需向社会发行股票募集股份的，或者股份有限公司成立后需发行新股的，都必须要先报经国务院证券管理部门批准，必须由证券经营机构采取承销方式发行股票，必须公告招股说明书并制作认股书，并将募集情况报国务院证券管理部门备案或者向公司登记机关办理变更登记，并公告。公司发行公司债券，必须报经国务院证券管理部门批准；国有独资公司要发行公司债券，则必须在国家授权投资的机构或者国家授权的部门作出决定，再经国务院证券管理部门批准后，才能发行。公司法的这些规定，体现了国家对发行股票、公司债券活动的严格监督和管理。

② 区分特定对象与不特定对象，应当结合投资者的选择程序、承担风险能力与人数等因素综合分析。通常情况下，出让方委托中介机构面向社会公众采用推广会等方式进行宣传，随后筛选出合适的投资人，审查投资人的资产价值与申报财产内容的真实性、是否具备识别并承担风险的能力等内容，明确提示投资风险，有明确的人数和资金总量的限制。对于符合上述条件的，应当认定为属于特定对象。相反，对于不设定任何标准和人数条件，不考察投资人的具体情况，只要出资即予以接纳的情况，应当认为属于不特定对象。

③ 合法的转让股权应由第三方对公司财务状况进行审计，结合审计结论、运营情况、公司拟上市后的预增利润等综合因素，由出让方确定统一合理的出让价格，报证券监管部门批准备案后向全社会公布。

④ 判断公开与非公开方式的标准，是信息沟通渠道是否畅通。非公开发行是指基于相互信任与意思自治原则，双方能够交流获取真实有效的信息，无须借助第三方力量来传递信息达到沟通目的。而公开发行由于面向社会公众且信息不对称，出让方需要借助中介力量，利用广告、公告、广播、电话、推介会、说明会、网络等方式传递信息，以达到吸引投资人获取资金的目的。

⑤ 由于涉及社会公众权益，转让股权必须接受多方面的监管，要求运作模式必须合法规范，包括中介机构的主体资格、签订合同的内容、披露信息的要求、财务情况公开、区分收费账户与公司账户、按约履行权利义务等。

合规范。(5)募集资金全部用于经营活动和支付中介费用①。本案中,被告单位康爱公司募集资金1109万元均存入公司账户,有400万元支付中介代理费,另有600万余元用于公司的生产经营活动,包括租用厂房、购买设备、支付工资、研发费用等,且公司财务账册中未反映有挪用抽逃等不正常现象发生,仅仅由于客观上经营不善导致钱款不能返还,不能认定主观上具有非法占有目的。

根据最高人民法院、最高人民检察院、公安部、证监会《关于整治非法证券活动有关问题的通知》的规定,公司、公司股东违反规定擅自向社会公众转让股票,应当追究其擅自发行股票的责任。根据《立案标准(二)》的规定,未经国家有关主管部门批准,擅自发行股票涉嫌下列情形之一的,应予追诉:数额在50万元以上的、不能及时清偿或者清退的、造成恶劣影响的。这是对于擅自发行股票罪的情节要件的规定,本案符合此项规定。

此外,本案中部分受让人到股权托管中心托管并到工商部门备案的情节不影响犯罪的认定。根据证监会《关于未上市股份公司股权托管问题的意见》的规定,未上市股份公司股权托管问题,成因复杂,涉及面广,清理规范工作主要由地方政府负责。在这一政策指引下,许多地方政府都以行政规章的形式要求对非上市公司的股权进行集中托管,据此,该市发布《关于进一步规范本市发起设立股份有限公司审批、登记和备案相关事项的通知》,在此背景之下,某股权托管中心应运而生。依据股权托管中心提供的资料显示,其是专业从事非上市股份公司股权集中托管、过户、查询、分红等业务的股权托管登记服务机构,为非上市股份公司股权规范有序流动提供服务平台,其主要职能分三类,股权托管、登记与服务功能。托管中心仅负责为股权转让双方办理过户登记手续,并向受让人发放托管卡,记载有股权名称、双方姓名、证件信息、转让份额、托管账号等信息,受让人凭托管卡号和账户密码,可以查询到个人持股情况及托管中心提供的公司相关信息。本案中,有166名受让人在购买股权后曾到股权托管中心进行登记领取托管卡,并被列入被告单位康爱公司的股东名册且在工商部门备案。康爱公司确认这166人具有公司股东的身份,但是,由于康爱公司一直处于药物研发阶段,没有经营和销售行为,没有盈利分红,没有因重大事项召开过股东大会,因此这部分人没有参与公司经营管理和决策,实质上他们未能享受股东权利和履行股东义务。从全案情况分析,到托管中心登记的166人和未登记的84人,他们购买股权的动机和目的是完全一致的,由于康爱公司谎称将在美国纳斯达克上市股票能获得巨大利润,并承诺如果不能上市将原价回购股票,使全部受让人轻信这些言语且相信投资能够保本,他们投资购买股权的主观目的是希望通过投资换取未来的丰厚利润。托管中心作为第三方组织,对于股权转让行为只负责登记备案,并没有审核及监督义务,托管登记的形式,仅证实双方确有股权转让行为,但不能证明股权转让行为本身的合法与否。因此这一情节不影响本案的定性。

需要说明的是,《立案标准(二)》第29条规定,未经国家有关主管部门批准或者注册,擅自发行股票或者公司、企业债券,涉嫌下列情形之一的,应予立案追诉:(1)非法募集资金金额在100万元以上的;(2)造成投资者直接经济损失数额累计在50万元以上的;(3)募集的资金全部或者主要用于违法犯罪活动的;(4)其他后果严重或者有其他严重情节的情形。

综上,被告单位康爱公司违反国家政策及相关法律规定,未经证券监管部门的批准,委托他

---

① 实践中,有利用擅自发行股票的方法取得资金以实施集资诈骗的情况发生,这种集资诈骗罪与擅自发行股票罪的主要区别在于主观上是否具有非法占有的目的。集资诈骗罪是以非法占有为目的,行为人发行股票只是诈骗财产的一种手段,在取得钱款后往往出现携款逃跑、挥霍滥用、抽逃转移资金、隐匿销毁账目等情况。擅自发行股票罪的主观方面则是为了非法募集生产经营资金,不具备非法占有的目的。

人以公开方式向不特定社会公众发行股票，情节严重，被告人淦某洋系康爱公司直接负责的主管人员，其行为均已构成擅自发行股票罪。

205. 如何区别擅自发行股票罪与集资诈骗罪

公司的法定代表人以非法占有为目的，未经国家主管部门批准擅自向社会发行公司股票，非法募集资金数额较大的，其行为符合集资诈骗罪的构成要件，应以集资诈骗罪定罪处罚。

司法实例

回某发、柳某敏集资诈骗案

被告人回某发，化名回某段，原系旭日电子科技有限公司法定代表人、总经理。被告人柳某敏，化名柳某杰，原系旭日电子科技有限公司副总经理。2008年6月起，被告人回某发将其注册成立的旭日电子有限公司（以下简称旭日公司）进行包装后谎称可以到美国上市，然后借机对外进行融资。该公司于2003年2月成立，法定代表人回某发，注册资金70万元，没有生产和科研场地，没有自身产品，没有生产科研团队，没有知识产权和专利技术，没有下属公司或机构，也不属于高新技术企业，公司2003年度至2008年度的应纳税额为零；2008年11月4日公司名称变更为旭日电子科技有限公司（以下简称旭日电子科技公司），旭日电子科技公司注册资本7000万元，法定代表人回某发。被告人回某发化名回某段向某市某数字网络技术有限公司租用空间建立了旭日电子科技公司网站，在旭日公司名称尚未变更为旭日电子科技公司之前，即私刻了旭日电子科技公司公章、旭日电子科技公司财务章、某律师事务所印章、回某发印章，在网站上发布了大量关于旭日电子科技公司产品、规模、实力以及将赴美国纳斯达克上市等虚假信息（如宣称该公司拥有3个独资子公司和6个控股子公司，是专业化的电子科技高新技术企业，拥有国家级专利技术及自主知识产权产品的生产企业；公司近两年电子科技产品生产量超过12,356万元，营业额6000万美元，截至2006年12月31日公司总资产为32,700万元，净资产为21,260万元；公司通过股权信托受益权转让方式获得的资金将用于几项电子高新技术，公司计划用两年时间完成海外上市，计划在美国纳斯达克证券市场上市，预计于2008年7月挂牌上市；公司拥有高新技术企业认定证书、质量管理体系认证证书等证书）。为进一步骗取投资者信任，2008年9月至11月，被告人回某发先后雇请任某耀、京某升（均另案处理）代垫注册资本金并办理相关工商登记手续，分4次将旭日电子公司的注册资本由70万元虚增至7000万元。2008年11月，旭日电子公司的注册资本为7000万元。为此被告人回某发先后支付给任某耀、京某升一定比例的垫资增资费用。被告人柳某敏化名柳某杰，担任旭日电子科技公司副总经理，主要负责公司股权信托受益权转让业务的相关事宜。被告人柳某敏独自或指使公司员工与某信托投资咨询有限公司、某融创信合企业管理有限责任公司等多家中介机构联系，委托中介机构招揽投资者购买旭日电子科技公司股东沈某楚（系被告人回某发的妻子）名下的股权信托受益权，并承诺给予一定比例的分成，谎称旭日电子科技公司将于2009年到美国纳斯达克证券市场上市等，并向投资者出具了大量的虚假宣传资料（如旭日电子科技公司的企业法人营业执照、税务登记证、财务报表、沈某楚与回某发之间的民事股权信托约定书等），从而诱骗被害人吴某伟、白某峰、杨某广等61名投资者在2008年6月至2008年12月将投资款转入其指定的以沈某楚名义在建设银行、工商银行、交通银行、中国银行开立的账户。被告人回某发则实际持有和控制上述银行的共5张银行卡，先后骗取61名被害人的投资款项共计5,607,680元，收款后立即全部转走并予以瓜分，致使

61 名被害人的大部分投资款至今无法返还。除已查扣的赃款 78.5 万元外,其余赃款均没有追回。

某市某区人民检察院指控,被告人回某发、柳某敏以非法占有为目的,结伙采用虚构事实的手段,以转让股权为幌子,非法集资达 560 万余元,数额特别巨大,其行为应以集资诈骗罪追究刑事责任。

被告人回某发辩称,其一直都想让公司去美国上市,根本没有以非法占有为目的,没有诈骗的目的,况且公司只收回 60 多万元,款项都用于公司的投资,其行为构成擅自发行股票罪。其辩护人提出:本案构成擅自发行股票罪,而且是单位犯罪。被告人柳某敏辩称,其不认同指控的罪名,指控的犯罪事实有部分不属实。其没有参与瓜分款项,没有拿股东的投资款。其辩护人提出:被告人柳某敏不构成集资诈骗罪,不具有非法占有集资款的目的。被告人柳某敏在本案中仅起次要作用。

某市某区人民法院审理认为:擅自发行股票罪的行为人主观上是以非法募集经营资金为目的,而集资诈骗罪的行为人主观上是以非法占有为目的。擅自发行股票罪与集资诈骗罪的重要区别就是行为人是否具有非法占有目的。本案二被告人均使用化名对外联系,使用私刻的旭日电子科技公司印章与投资者签订协议书,多次虚增公司注册资金,而且散布大量的虚假信息。开始募集资金时旭日电子公司也不具有偿还能力或者盈利能力,二被告人根本没有落实其对外宣称的生产经营项目,投资者的投资款也没有被用于约定的用途,相反二被告人收到投资者的投资款后立即全部转走并予以瓜分,非法随意处分。通过对二被告人的主体身份、履约能力、履约行为、对非法筹集资金的处置的综合分析,可以充分认定二被告人具有非法占有目的。二被告人以非法占有为目的,打着公司的旗号进行非法集资活动,其实施的行为不符合擅自发行股票罪的犯罪构成要件,而且不属于单位犯罪的范畴。二被告人及其辩护人的上述辩解和辩护意见,依据不足,不予采纳。被告人回某发、柳某敏以非法占有为目的,结伙采用虚构事实的手段,以转让股权信托受益权为幌子,以虚假的证明文件和高回报率为诱饵,变相向社会募集资金达 560 万余元,数额特别巨大,严重扰乱了国家金融管理秩序,侵犯了他人的财产所有权,其行为均已构成集资诈骗罪,且系共同犯罪。公诉机关指控的罪名成立。案发后,被告人回某发的家属自动上交了部分赃款,可对被告人回某发酌情从轻处罚。虽然本案不宜区分主从犯,但是在共同犯罪中被告人柳某敏的作用相对较小,应判处较轻的刑罚。遂判决认定被告人回某发、柳某敏犯集资诈骗罪,分别判处有期徒刑 12 年并处罚金 40 万元,有期徒刑 10 年 6 个月并处罚金 30 万元。一审宣判后,二被告人均上诉,被二审驳回。

本案是以擅自发行公司股票方式进行的集资诈骗犯罪。经过一、二审最终以集资诈骗罪定罪。本案存在的模糊认识,主要在于对集资诈骗罪与擅自发行股票罪、合同诈骗罪的正确区分上。

1. 如何区分集资诈骗罪和擅自发行股票罪。集资诈骗罪和擅自发行股票罪同属非法集资类犯罪。《刑法》第 160 条的欺诈发行证券罪,第 179 条的擅自发行股票、公司、企业债券罪,第 176 条的非法吸收公众存款罪,第 192 条的集资诈骗罪,构成打击非法集资类犯罪的刑事体系。

集资诈骗罪是指以非法占有为目的,使用诈骗方法非法集资数额较大的行为;而擅自发行股票罪是指个人或者单位,未经公司法规定的有关主管部门的批准,擅自发行股票或者不符合法律规定的条件发行股票,数额巨大、后果严重或者有其他严重情节的行为。两罪主要有两点区别,一是侵犯的客体有所不同。集资诈骗罪侵犯的客体是复杂客体,不仅包括国家金融管理秩序,而且包括公私财物所有权。而擅自发行股票罪侵犯的是简单客体,即国家对股票的管理秩序,其广义上属于国家金融管理秩序。二是主观故意内容有所不同。集资诈骗罪的行为人主观上必须具有非法占有他人财物的目的,此为集资诈骗罪不可缺少的主观故意的构成要件;而擅自发行股票罪的行为人主观上一般是以非法募集经营资金为目的,并不具有非法占有他人财物的目的。虽然理论上两罪有明显的界限,但司法实践中往往难以区分。集资诈骗行为人一般也打着为公司募集经营资金的旗号,例如本案二被告人。而擅自发行股票行为中的投资者也常常血本无归,但是并不能直接认定投资者的财产所有权受到了侵害。司法实践中要判断行为人的主观故意是非法募集经营资金,还是非法占有,并非易事,特别是诈骗类犯罪的行为人往往极力回避或者隐藏自己具有非法占有目的。本案二被告人从归案一直到二审结束,均没有供述自己具有非法占有目的,这给刑事诉讼带来了一定的难度。对二被告人主观故意的认定,仅能通过已经收集到的证据来分析推定,对二被告人主观故意的分析认定成为本案焦点和难点。

集资诈骗罪的本质特征是行为人主观上具有非法占有目的,客观上使用诈骗方法非法集资。应当采取对行为人的履约能力、履约行为、主体身份、对非法筹集资金的处置四方面进行综合判断的方式来认定二被告人主观上具有非法占有目的。

(1)从行为人的履约能力判断,看行为人开始实施犯罪行为时是否具有一定的偿还能力或者盈利能力,其集资项目和资金需求是否真实。本案二被告人刚开始对外转让股权信托受益权时,旭日电子科技公司这个主体身份尚不存在,2008 年 11 月旭日公司名称才变更为旭日电子科技公司,而且注册资金是虚增的。旭日公司的真实情况是连续几年处于应税销售收入、应纳税额均为零的近乎歇业状态,被告人宣称的旭日电子科技公司的产品、规模、实力等,以及其经营旭日电子科技公司的盈利能力均为虚假。二被告人在旭日电子科技公司网站和对外散发的宣传资料上关于旭日电子科技公司的偿还能力或者盈利能力的描述也均不真实。

实践中,擅自发行股票罪的行为人往往也有一定的虚假宣传行为,但擅自发行股票罪行为人的一些虚假宣传行为与非法占有没有直接关系,虚假宣传行为的目的是发行股票募集资金。而集资诈骗罪中的虚假宣传是一种诈骗方法,与非法占有具有直接关系,是诈骗方法直接导致了非法占有的后果。

(2)从行为人的履约行为判断,看行为人有无履行集资约定事项的诚意和实际行动。① 本案二被告人并没有将募集到的资金存入公司的银行账户,而是存入以沈某楚名义在银行开立的私人账户。二被告人根本没有落实其对外宣称的旭日电子科技公司的生产经营项目,投资者的投资款项没有被用于约定的用途,至今二被告人也没有给投资者任何回报。

(3)从行为人的主体身份判断,看行为人在集资过程中是否假冒他人名义或者使用虚假名义。② 本案二被告人使用化名、虚假的企业法人营业执照,用私刻的旭日电子科技公司公章和投资者签订协议,并且为旭日电子科技公司虚增注册资本等。二被告人给投资者提供这些虚假的信息、虚假的协议书,目的就是引诱投资者上当,并且让投资者今后难以索回投资款项,以便二被

---

① 擅自发行股票案件中,行为人当初一般是将非法募集的资金投入到公司的生产经营活动中,如进行研究开发、进行贸易活动、购买生产设备、厂房等,行为人有履约的诚意,也积极实践事先的承诺,即使后来由于客观情况变化或者经营管理不善导致行为人丧失偿还能力或者破产,甚至导致投资者的投资款无法返还,根据行为人当初的情况也不能直接认定行为人具有非法占有的主观目的。而集资诈骗案件中,行为人一般没有把募集到的资金投放到公司生产经营活动中,没有兑现募集资金时承诺的资金项目和用途。

② 擅自发行股票案件中,行为人一般是未经国家主管部门批准擅自发行股票,既可能是符合法律规定的发行股票的条件而没有经过国家主管部门批准,也可能是其发行的股票不符合法律规定的条件,但是行为人发行股票一般不会出现假冒他人名义或者虚假名义的情形。而集资诈骗案件中,使用假冒他人名义或者虚假名义是行为人的主要手段。

告人最终实现非法占有的目的。

(4)从行为人对非法筹集资金的处置判断,主要看行为人是否将募集资金投入到生产经营活动中。① 本案二被告人在收到投资者的投资款后立即全部转走并予以瓜分,非法随意处分。除本案已经追缴的赃款外,二被告人的行为客观上造成了投资者350万余元投资款至今无法追回的危害后果,侵害了投资者的财产所有权。

通过上述四个方面的综合判断,可以认定二被告人具有非法占有目的,且系以擅自发行股票为形式,实则进行集资诈骗活动。

2. 关于如何认定被告人具有非法占有目的,除上述几个方面外,最高人民法院《金融犯罪纪要》指出,在司法实践中,认定是否具有非法占有目的,应当坚持主客观相一致的原则,既要避免单纯根据损失结果客观归罪,也不能仅凭被告人自己的供述,而应当根据案件具体情况具体分析。② 但是,在处理具体案件的时候,对于有证据证明行为人不具有非法占有目的的,不能单纯以财产不能归还按金融诈骗罪处罚。最高人民法院颁布的《关于审理诈骗案件具体应用法律的若干问题的解释》(以下简称《审理诈骗案件的解释》,现已失效)第3条规定,集资诈骗罪的诈骗方法是指行为人采取虚构集资用途,以虚假的证明文件和高回报率为诱饵,骗取集资款的手段。而具有下列情形之一的,应当认定其行为属于以非法占有为目的,使用诈骗方法非法集资:(1)携带集资款逃跑的;(2)挥霍集资款,致使集资款无法返还的;(3)使用集资款进行违法犯罪活动,致使集资款无法返还的;(4)具有其他欺诈行为,拒不返还集资款,或者致使集资款无法返还的。上述规定实际上类似于法律推定,只要具备了上述规定的情形之一,就可以直接认定行为人具有非法占有目的。上述情形是最高人民法院从各级法院审判实践中总结出来的关于客观行为表现与非法占有目的之间的常态规律。上述司法解释和刑事政策也特别规定了在有证据证明行为人不具有非法占有目的的情况下,不能单纯以财产不能归还就按金融诈骗罪处罚。这是上级司法机关基于对这种推定的局限性的认识,而特别作出的限制。本案没有相反证据证实二被告人不具有非法占有目的,所以本案的上述分析认定是可以成立的。

206. 如何定性收买他人信用卡后出售的行为

根据《刑法》第177条之一第1款和最高人民法院、最高人民检察院《关于执行〈中华人民共和国刑法〉确定罪名的补充规定(三)》的规定精神,目前对于收买、出售或者收买他人信用卡后出售的行为,均按照《刑法》第177条之一第1款妨害信用卡管理罪定性,其中符合该罪构成要件的,以该罪确定罪名。

---

① 擅自发行股票案件,非法募集的资金被投入到公司正常的生产经营活动中,行为人没有对这些资金行使处分权。而集资诈骗案件中,行为人往往将募集资金直接用于个人消费、个人私分、肆意挥霍等活动,甚至隐匿财产、携款潜逃,致使募集到的资金根本无法返还。

② 根据司法实践,对于行为人通过诈骗的方法非法获取资金,造成数额较大资金不能归还,并具有下列情形之一的,可以认定为具有非法占有的目的:(1)明知没有归还能力而大量骗取资金的;(2)非法获取资金后逃跑的;(3)肆意挥霍骗取资金的;(4)使用骗取的资金进行违法犯罪活动的;(5)抽逃、转移资金、隐匿财产,以逃避返还资金的;(6)隐匿、销毁账目,或者搞假破产、假倒闭,以逃避返还资金的;(7)其他非法占有资金、拒不返还的行为。

司法实例

吴某桂、邹某春、郝某章妨害信用卡管理案

2019年6月至2020年5月，吴某桂以每张800元的价格向熟人、亲朋好友收买某商业银行的银行卡28张，然后以每张1300元的价格出售给邹某春，邹某春又以每张1500元的价格出售给郝某章，郝某章又将收购的银行卡以每张1780元至2000元的价格出售给他人。2020年8月28日，受害人高某虎被他人利用手机QQ聊天转账的方式，骗走102万元。公安机关经侦查，骗取高某虎转款102万元的过程中，曾用到三名被告人买卖、非法提供给他人的户名为郝某章的银行卡，遂破获此案。抓获吴某桂、邹某春、郝某章。

某市某区人民检察院对三被告人以涉嫌犯收买、非法提供他人信用卡信息罪提起公诉。

某市某区人民法院审理中，对三被告人收买他人信用卡又出售的行为如何定性出现两种意见：一种意见认为，三被告人收买、非法提供他人信用卡信息，其行为已构成收买、非法提供他人信用卡信息罪。另一种意见认为，三被告人非法持有他人信用卡数量较大，其行为均构成妨害信用卡管理罪。经合议庭评议并报经审委会讨论，多数人意见认为，三被告人非法持有他人信用卡28张，三被告人的行为符合《刑法》第177条之一第1款第2项非法持有他人信用卡且数量较大的规定，应以妨害信用卡管理罪定罪处罚。遂判决认定被告人吴某桂、邹某春、郝某章犯妨害信用卡管理罪，分别判处3年以下有期徒刑，并处数额不等的罚金。判决已生效。

一审法院采纳第二种意见的主要理由为：

1.《刑法》第177条之一第1款是关于妨害信用卡管理的犯罪及其处罚的规定。根据本条款的规定，构成妨害信用卡管理的犯罪，必须符合以下构成要件：一是行为人主观上为故意，即明知自己的行为会发生妨害信用卡管理的后果，并希望这种结果发生。二是行为人客观上实施了妨害信用卡管理的行为。根据本条款的规定，行为人实施的妨害信用卡管理的行为主要有以下形式：(1)明知是伪造的信用卡而持有、运输的，或者明知是伪造的空白信用卡而持有、运输，数量较大的①。(2)非法持有他人信用卡，数量较大的。② (3)使用虚假的身

---

① 近年来，为了逃避打击，许多犯罪组织之间形成了细致的分工。从空白银行卡的印制、运输、买卖，到写入磁条信息完成假卡制作，再到使用假卡取现或骗取财物的各个环节往往由不同犯罪组织的人员承担。除了在伪造和使用环节查获的案件以外，对其他环节查获的人员，如果要按照共同犯罪来追究，则行为人之间的共同犯罪故意很难查证。实践中查获的一些案件，行为人持有大量伪造的银行卡或者伪造的空白银行卡，但如果不能查明该银行卡系其本人伪造，或者要用于实施诈骗，就很难追究刑事责任。因此，修改了《刑法》，在妨害信用卡管理的犯罪行为中，规定了非法持有伪造的信用卡或者伪造的空白信用卡的行为。值得注意的是，持有、运输伪造的信用卡，无论数量多少，均可构成犯罪；而持有、运输伪造的空白信用卡，必须达到数量较大，才能构成犯罪。

② 近年查获的多起大量持有他人信用卡的案件，是国际信用卡犯罪的一种新形式，在我国境内也有发生，如有的国际信用卡犯罪集团或者个人在他国与资信状况不良者串通，帮助其领取信用卡后予以收买，然后将大量信用卡携带至我国境内消费或取现。当发卡行向持卡人催收欠款时，持卡人以其未曾出境为由拒付，而按照有关规定，信用卡只能供持卡人本人使用。虽然也不排除在民事活动中，有的持卡人违反规定将信用卡交给他人使用的情况，但从这类案件中行为人持有他人信用卡的数量、行为人与持卡人的关系等，不难判断其行为的诈骗性质。但如果要一一查明行为人所持的信用卡的来历，行为人与持卡人的串通情节等，不仅很困难，而且也没必要。有些信用卡犯罪集团也正是利用跨国取证难这一点来逃避打击。因此，将持有大量他人银行卡，无法说明其合法来源的行为规定为犯罪不仅是必要的，也是完全可行的。当然，构成本罪，必须是行为人持有他人信用卡的数量较大，否则不构成本罪。

份证明骗领信用卡的。[①] (4)出售、购买、为他人提供伪造的信用卡或者以虚假的身份证明骗领的信用卡的。这些行为往往是信用卡诈骗犯罪的重要环节,属于信用卡诈骗犯罪的上游犯罪,其危害性不言而喻,必须运用刑罚的手段予以惩治,以维护我国的金融安全。根据《刑法修正案(五)》和最高人民法院、最高人民检察院《关于执行〈中华人民共和国刑法〉确定罪名的补充规定(三)》的规定精神,将包括"出售、购买信用卡""非法持有他人信用卡"等行为,均囊括在妨害信用卡管理罪名之中。

2. 本案犯罪对象为刑法意义上的信用卡。信用卡与信用卡信息资料的内涵和外延完全不同,厘清本案的犯罪对象究竟是信用卡还是信用卡信息资料,对准确定性具有关键意义。信用卡信息资料是指足以伪造可进行交易的信用卡,或者足以使他人以信用卡持卡人名义进行交易的资料。从本案事实证据看三被告人收买出售的系他人的成品信用卡,并非信用卡信息资料。《刑法》第177条之一第2款是关于窃取、收买或者非法提供他人信用卡信息资料的犯罪及其处罚的规定。伪造银行卡的最后也是最关键的环节,是在银行卡的磁条或者芯片上写入事先非法获取的他人银行卡的磁条或芯片信息。[②] 银行卡犯罪集团非法获取他人银行卡磁条或者芯片信息的一种方式是自行窃取,主要是使用望远镜偷窥、在ATM上安装摄像头偷录,或者安装吞卡装置并张贴假的客服电话骗取持卡人信息等方式,获取有自设密码保护的借记卡的磁条或者芯片信息。另一种方式就是收买特约商户的收银员、金融机构的工作人员,利用受理银行卡业务之际盗录他人银行卡磁条或者芯片信息。这成为伪造信用卡集团获取信用卡磁条或者芯片信息的主要来源。磁条或者芯片信息本身只是一组加密数据,除了用于伪造他人银行卡外别无他用。但如果要将非法获取、向他人非法提供银行卡磁条或者芯片信息的行为人按照伪造银行卡的共犯处理,就需要查明行为人非法获取他人银行卡磁条或者芯片信息是否要用于伪造银行卡,或者非法提供他人银行卡磁条或者芯片信息的行为人与伪造银行卡者之间有无共同犯罪的故意。这一点很难查证。在刑法中明确规定非法获取、非法提供他人银行卡磁条或者芯片信息的行为为犯罪,有利于从源头上打击银行卡犯罪活动。

3. 对非法持有他人信用卡的理解和认定。本案中,对于三被告人非法持有他人信用卡均无争议,关键在于其收买他人信用卡又出售的行为是否属于妨害信用卡管理罪所列举的"非法持有他人信用卡",这也是紧扣本案争议焦点,区分三被告人行为的关键。就本案而言,一是吴某桂的熟人、亲朋好友合法办理信用卡后出售给吴某桂,卡的来源看似合法,但吴某桂违反信用卡管理规定,以牟利为目的对外出售的行为,具有当然的违法性。吴某桂、邹某春、郝某章在出售他人信

---

① 使用虚假的身份证明、资信证明等,骗领信用卡后大量透支诈骗银行贷款的犯罪,是当前多发的一种信用卡诈骗活动。有的行为人使用伪造的身份证明、任职证明、收入证明骗领信用卡;有的假借招聘,骗取求职者身份资料后,使用真实的身份证复印件,伪造在职证明、收入证明等一次骗领大量信用卡;有的公司冒用员工名义骗领信用卡后供公司使用。有的不法分子以信用卡代理公司的名义,专门帮助他人骗领信用卡牟利。这些人员利用熟悉银行内部发卡审核程序的便利,替申请人伪造各种资信证明文件和资料,向多个发卡银行骗领多张信用卡,有的为一个申请人一次申领多张信用卡。这些申请人往往资信状况较差,骗取信用卡就是为了透支取现。有的代理公司还以各种手段骗取银行授权,成为特约商户,然后帮助申请人在其POS机上取现,并收取高额手续费。针对这种情况,有必要将使用虚假身份证明骗领信用卡的行为规定为犯罪,因为这种行为人主观上非法占有的目的是很明显的。至于一些申请人为了顺利取得信用卡,或者获得较高的授信额度,在申请信用卡时对自己的收入状况等作了不实陈述的行为,因为其主观上并无非法占有的目的,性质是不同于上述骗领信用卡的。

② 银行卡的磁条或者芯片信息,是一组有关发卡行代码、持卡人账户、账号、密码等内容的加密电子数据,由发卡行在发卡时使用专用设备写入银行卡的磁条或者芯片中。银行卡磁条或者芯片信息是POS机、ATM等终端机器识别合法用户的依据,没有这些信息,伪造的银行卡是无法使用的。

用卡过程中,必然包含持有形态,且系非法持有。二是根据目前的法律规定及最高人民法院、最高人民检察院的解释,尚未将收买、出售或收买后有出售的行为单独确定为罪名。

司法实践中,大量收买、出售信用卡的非法行为,严重扰乱了金融秩序,侵犯了银行信用卡的信用度,应予严厉打击。当前,将非法收买、出售或买卖信用卡的行为按照"非法持有他人信用卡",同归于妨害信用卡管理罪中,是否有利于严厉打击此类犯罪值得研究。是否有必要在《刑法》第177条之一中或之后,增加"非法收买、出售他人信用卡,数量较大的,按妨害信用卡管理罪定罪处罚"。《刑法》第177条之一第1款第2项规定,非法持有他人信用卡,数量较大的,以妨害信用卡管理罪定罪处罚。非法出售他人信用卡与非法持有他人信用卡相比,出售行为的社会危害性更大。非法持有尚且构成妨害信用卡管理罪,非法出售他人信用卡数量较大的,更应以妨害信用卡管理罪定罪处罚。正是因为该法条没有"非法收买、出售他人信用卡,数量较大的,按妨害信用卡管理罪定罪处罚"的具体规定,司法实践中才会对此类案件经常产生争议。

207. 以传销方式骗取财物应当构成何罪

组织、领导传销活动罪与集资诈骗罪并非对立关系,对于利用传销活动进行骗取财物的,在构成组织、领导传销活动罪的同时也构成集资诈骗罪。在具体处理上,可按想象竞合犯原理从一重罪处罚。也即当犯罪数额特别巨大或有其他严重情节时,可以集资诈骗罪定罪处罚。

司法实例

鹿某造等集资诈骗案

2015年9月,被告人鹿某造、包某支、伍某彦商定由鹿某造伪造某远洋集团(以下简称远洋集团)的授权委托书,以虚构加盟远洋集团东南地区代理商业务的方式骗取资金,即对外宣称用所谓的个人税号形式去消化远洋集团在国外的营业额,要求加盟人员一次性最低缴纳1个单位即1万元的押金,最高缴纳20个单位即20万元的押金,并另外缴纳1000元每人用于办理税号的方式加盟。加盟人员缴纳3个单位押金后,可获得直接补助、间接补助、职务津贴的收益。其中直接补助按发展下线的不同可享受缴纳押金的25%乃至更高的收益。发展下线后,可得间接补助,但每个人只能得自己直接下线的间接补助1次。如下线再发展下线可得职务津贴,但职务津贴只能得4次。做满500个单位后可得到最高收益回报,即押金的50倍收益。收益在1万元内,公司收取8%的税费,收益在1万元以上,公司收取12%的税费。所有加盟人员交纳的资金均直接交于鹿某造提供的账户。为了骗取更多人员加盟和逃避相关部门的打击,三被告人进一步约定由鹿某造假扮远洋集团东南地区代理商负责人,包某支假扮原某地三区八县代理商负责人,伍某彦假扮做满500个单位现在已退休并领取到1000多万元收益的负责人。2016年5月,鹿某造和包某支共同筹集注册资金,并由包某支负责申请注册登记成立了某县伯乐人才中介服务有限责任公司(以下简称伯乐公司),由鹿某造和包某支出任该公司的法定代表人。至2017年7月止,三被告人以成立的伯乐公司为幌子,对加盟人员以许诺高额返利为诱饵,用收取加盟人员押金和税号钱的名义,分别骗取51名被害人共计245.26万元。

某县人民法院审理认为,被告人鹿某造、包某支、伍某彦以非法占有为目的,采取虚构事实、隐瞒真相的方法,非法向社会公开募集资金,数额特别巨大,严重扰乱了国家金融秩序,侵犯了公民的财产所有权,三被告人的行为均构成集资诈骗罪。判决认定三被告人犯集资诈骗罪,分别判处鹿某造、包某支、伍某彦有期徒刑10年4个月至9年不等,并处罚金12万元至10万元不等。

一审宣判后，三被告人不服均提起上诉，被某市中级人民法院驳回。一、二审裁判的主要理由为：以传销形式进行诈骗活动的，应认定为集资诈骗罪还是只能认定为组织、领导传销活动罪，事实上，组织、领导传销活动罪与集资诈骗罪并非对立关系，二者完全可能发生竞合。当利用传销活动骗取财物数额特别巨大或有其他严重情节时，应当以集资诈骗罪定罪处罚。

1. 关于组织、领导传销活动罪。根据《刑法》第224条之一的规定，组织、领导传销活动罪，是指组织、领导以推销商品、提供服务等经营活动为名，要求参加者以缴纳费用或者购买商品、服务等方式获得加入资格，并按照一定顺序组成层级，直接或者间接以发展人员的数量作为计酬或者返利依据，引诱、胁迫参加者继续发展他人参加，骗取财物，扰乱经济社会秩序的传销活动的行为。组织、领导传销活动犯罪中的传销活动具有以下特征：(1)往往以从事商品、服务推销等经营活动为名，诱骗他人参加。① (2)要求参加者以缴纳费用或者购买商品、服务等方式获得加入资格。② (3)按照一定顺序组成层级，直接或者间接以发展人员的数量作为计酬或者返利的依据。这是关于传销组织在结构特征上的层级性规定。③ 所谓"直接或者间接"以发展人员的数量作为计酬或者返利的依据，是指有的传销组织直接以参加者所发展的人员的数量作为计算其回报的依据；有的传销组织的"计酬规则"虽然没有明确规定直接以参加者所发展人员的数量多少计算回报，但是以参加者的"业绩"，或者参加者所发展的人员(下线)的"业绩"作为计算其回报的依据，这实际上也是"间接"地以发展人员的数量计算回报。④ (4)传销活动最本质的特征在于其欺骗性。⑤ 传销活动的参加者既是这种诈骗活动的受害者，又是使这种诈骗机制发挥作用的违法者。(5)传销活动具有多方面的社会危害性。

本案中，被告人要求被害人以缴纳资金的方式获得加盟资格，前期也以发展下线作为直接与间接收入来源，在行为方式上确实类似于传销活动。但要认定为组织、领导传销活动罪，还必须

---

① 传销活动一直为国家所禁止。一些不法分子为了逃避打击，诱骗不明真相的群众参加，往往利用一些群众急于"发财致富"的心理，编造各种名目的"经营项目"，如"种植""养殖""共销入股""网络倍增""消费联盟"等，有的甚至打广告，拉名人做宣传。不论行为人编造何种名目，其承诺或者宣传的高额回报是虚假的，至于其经营的商品，只是象征性的"道具"，有的甚至没有任何商品或者服务，而纯粹地欺骗参加者去"拉人头"。

② 传销活动的目的就是诱骗尽可能多的参加者加入传销组织，骗取参加者缴纳的钱财。参加传销组织的条件，就是按照传销组织的要求，购买传销组织"经营"的"商品"或者"服务"，又称"入门费"。需要注意的是，这里的所谓"商品"和"服务"，有的具有真实内容，但物非所值，有的仅仅是名义上的，是虚拟的。无论以何种形式存在，其本质是只有在"购买"了一定数量或者金额的"商品"或者"服务"后，才能取得进一步发展其他成员加入传销组织并按照一定比例抽取报酬的资格。

③ 各种传销活动不论名目如何，在组织结构上都是按照加入的顺序、发展人员的多少、"业绩"大小等因素组成"金字塔"形层级结构。尽管每一个传销组织具体确定层级所采用的计算方式和称谓可能各不相同，如有的实行"五级三阶制"等，但所有传销组织的共同特征是，参加传销者的回报取决于其在传销组织中的层级位置；而参加传销者的层级位置则取决于其(直接或者间接)发展的人员的数量。

④ 这样一种机制就诱使传销的参加者不断挖空心思，欺朋骗友地"发展"他人参加，使传销组织像滚雪球一样越滚越大。因此，也有将传销组织形象地称为"老鼠会"。这里的"计酬"与"返利"，并无本质不同，是针对传销组织所采用的不同名目的回报计算方式所作的规定。

⑤ 传销活动尽管名目繁多，组织内部的结构也不尽相同，但其共同点在于以高额回报为诱饵，对参加者进行精神乃至人身控制，诱骗甚至迫使其成员不断发展新成员(下线)，以敛取成员缴纳的入门费。传销组织所虚假宣传的"经营"活动，根本不可能保持传销组织的运转。有的传销组织甚至没有任何实际经营活动。传销组织许诺或者支付给成员的回报，来自成员缴纳的入门费，要保持传销组织的运转，必须使新成员以一定的倍数不断增加。由于其人员不可能无限增加，资金链必然断裂。由此可见，传销活动实际上是一种特殊的诈骗活动，传销组织是一种诈骗组织。这种诈骗的特殊性在于，传销组织实际上建立了一种诈骗机制。参与传销的人员不论对传销组织的诈骗本质是否有所认识，一旦加入传销组织，就成为这种诈骗组织的一部分，其不断发展下线的活动本身又导致更多的人卷入传销诈骗组织，骗取大量参加者的财物。

满足按一定顺序组成层级与引诱、胁迫参加者继续发展他人参加两个要素。首先是关于引诱、胁迫发展下线问题。本案被告人虽无胁迫行为,但其以直接补助、间接补助、职务津贴等作为被害人的前期收入来源,事实上就是引诱被害人发展下线。也许有人认为,被害人的内心冲动是做满500个单位后获得最高收益回报。这500个单位价值500万元,暂且不论一般人有无如此经济实力来完成这一目标,事实上即使是对于有此经济实力的人来说,当其发展下线能获利时,也难以抵制这种诱惑。其次是关于层级。本案中,三被告人是组织者,就其内部关系而言,呈现出一定层级关系。鹿某造组织、策划、具体实施、收取资金、分配赃款,处于金字塔的最顶端。包某支、伍某彦参与策划、宣传,在管理层作用相对较小。就领导层与下线关系而言,是一种剥夺与被剥夺关系,属层级无疑。需要探讨的是下线与下线之间是否具备层级关系。虽然发展起来的人员都直接向鹿某造负责,而不由发展人控制,钱款也全部交由鹿某造账户,发展人不过是按人头领取收益,从表面上看下线与下线之间不具备层级关系。但无法否认的是,犯罪人既要获利又要逃避打击,站在犯罪人的角度,对于加盟资历老、缴纳钱款多、发展下线多的肯定更为信赖与重视,从而成为重点关照对象。而对于加盟时间短、缴纳钱款少、发展下线少的则会持警惕与轻视态度。这无形中就形成了甚至连下线自己都不知道的隐秘层级关系。因而,本案各被告人的行为完全符合组织、领导传销活动罪的构成要件,构成组织、领导传销活动罪。

2. 本案应以集资诈骗罪定罪处罚。根据《刑法》第192条的规定,以非法占有为目的,使用诈骗方法非法集资,数额较大的,构成集资诈骗罪。从本案行为方式来看,被告人以虚构加盟远洋集团东南地区代理商业务,发展下线后可获得收益,做满500个单位后可获得押金50倍收益的方式骗取被害人不断投入资金,并促使被害人在收益回报的驱使下不断为犯罪人宣传、物色和介绍新被害人加盟,从而达到非法集资目的。这在本质上符合集资诈骗罪的构成要件,构成集资诈骗罪。

因此,本案在实质上并非集资诈骗罪与组织、领导传销活动罪的区分,而在于二者发生竞合时如何处理。对此,张明楷教授指出,"组织、领导以骗取财物为目的、以传销活动为外表的传销活动同时触犯集资诈骗、合同诈骗或者普通诈骗等犯罪的,应当以想象竞合犯从一重罪处罚"。①具体本案中,三被告人骗取财物数额高达240多万元,属数额特别巨大,按组织、领导传销活动罪的量刑幅度,即使认定为情节严重,也只能判处5年以上15年以下有期徒刑,并处罚金。按集资诈骗罪的量刑情节,对于数额特别巨大或者有其他特别严重情节的,可判处10年以上有期徒刑或者无期徒刑,并处5万元以上50万元以下罚金或者没收财产。二者相比之下,集资诈骗罪的处罚更重。因此,本案一、二审法院对各被告人以集资诈骗罪定罪处罚是正确的。

208. 改变贷款用途是否构成骗取贷款罪

行为人虽然在与银行或其他金融机构签订贷款合同时提供了抵押,但取得贷款后擅自改变贷款用途,并以在其他银行或金融机构重新申请贷款以偿还其贷款的理由,欺骗其解除了抵押,但在其他银行或金融机构重新获得贷款后并未按约定将另行获得的贷款用于偿还先前贷款,而

① 张明楷:《传销犯罪的基本问题》,载《政治与法律》2009年第9期。例如,组织、领导诈骗型传销组织,同时触犯集资诈骗罪或者诈骗罪,如果属于《刑法》第192条或者《刑法》第266条规定的"数额巨大或者有其他严重情节的"情形,应以集资诈骗罪或者诈骗罪论处;反之,则认定为组织、领导传销活动罪。这样解释和适用不仅符合现实,更有利于惩治传销犯罪,而且能够实现刑法的公平正义性。

是继续转投风险很高的黄金期货市场，给先前的银行或其他金融机构造成重大损失，应认定为骗取贷款罪。

司法实例

宜某晋骗取贷款案

被告人宜某晋系生产球墨铸铁管件及部分农业畜牧业养殖综合企业的实际控制人。2018年8月，被告人谎称需要资金扩大生产规模，用其厂房设备及50亩的土地使用权作抵押，向本市天盈小额贷款公司（经合法登记注册）（以下简称天盈公司）借款1500万元，并办理了抵押登记。8月14日，被告人收到贷款，当日全部转入炒黄金期货，后亏损1060万余元。2019年年初，被告人与天盈公司商议，建行贷款利率低，希望天盈公司撤销抵押，其再用该厂房设备及50亩的土地使用权到建行办理贷款，贷款后马上还给天盈公司。2019年4月中旬，双方办理了抵押登记撤销手续；5月下旬，宜某晋以该厂房设备及50亩土地使用权抵押从建行办理贷款1200万元，但未归还天盈公司，而是又继续全部投资炒黄金期货，绝大部分亏损。尚有本金近900万元未能归还。天盈公司经催要未果，遂报案。

检察机关以涉嫌犯贷款诈骗罪对宜某晋提起公诉。

在某基层人民法院审理中，对于宜某晋取得天盈公司贷款后，改变贷款用途，骗取撤销抵押又不按约定偿还债务，导致天盈公司受到严重损失的行为是否构成骗取贷款罪，存在两种截然不同的意见：一种意见认为，宜某晋虽然改变了贷款用途，但在签订贷款合同时，提供了真实、合法、有效的抵押，并非欺骗，不应认定为骗取贷款罪。另一种意见认为，宜某晋擅自改变贷款用途，虽然在签订合同时提供了抵押，但事后通过欺骗手段解除了抵押，且未按约定将另行获得的贷款用于偿还债务，而是继续转投风险很高的黄金期货市场，给天盈公司造成重大损失，应认定为骗取贷款罪。

法院一审审理认为，被告人宜某晋与天盈公司虽然在签订合同时提供了抵押，但事后通过欺骗手段解除了抵押，且未按约定将另行获得的贷款用于偿还债务，而是继续转投风险很高的黄金期货市场，造成巨额贷款不能偿还，给天盈公司造成重大损失，其行为符合《刑法》第175条之一规定的骗取贷款罪的构成要件，应以骗取贷款罪对其追究刑事责任。遂判决认定被告人宜某晋犯骗取贷款罪，判处有期徒刑6年，并处罚金100万元。

一审宣判后，被告人及其辩护人以宜某晋与天盈公司签有真实的借款合同，并办理了合法的抵押登记，没有骗的故意为由提起上诉。

二审法院经审理认定的事实与一审认定一致。该院认为，上诉人与天盈公司虽办理了抵押登记，开始并无非法占有天盈公司贷款的目的，但在其向其他银行贷款后立即归还天盈公司贷款的谎言欺骗下，天盈公司同意撤销了抵押，上诉人在其他银行贷款后并未归还天盈公司，而是又继续炒黄金期货，造成巨额亏损，致使无力偿还天盈公司贷款的行为，从性质上并非贷款诈骗，而是骗取贷款行为，一审判决认定事实清楚，证据确实、充分，定罪准确，量刑适当，审判程序合法。遂终审裁定驳回上诉，维持原判。

本案一、二审法院裁判赞同第二种意见的主要理由：

1. 根据《刑法》第175条之一的规定，构成骗取贷款罪除主体、客体、客观方面要件外，犯罪人还必须采取了欺骗的手段。所谓"欺骗手段"，是指行为人在取得银行或者其他金融机构的贷款、票据承兑、信用证、保函等信贷资金、信用时，采用的是虚构事实、隐瞒真相等手段，掩盖了客观事实，骗取了银行或者其他金融机构的信任。只要申请人在申请贷款的过程中有虚构事实、隐瞒真相的情节，或者在申请贷款过程中，提供假证明、假材料，或者贷款资金没有按申请的用途使用，均符合这一条件。

2. 擅自改变贷款用途属于欺骗手段。资金申请的用途是影响贷款风险的重要因素，因此，也成为实践中贷款风险度测定的重点并构成借款合同必备条款。中国人民银行《贷款通则》第71条就改变贷款用途作了专门限制，并明确列举了“用贷款在有价证券、期货等方面从事投机经营”这一行为，主要是因为它的投机性及其对金融安全的风险。骗取贷款罪客观要件中的“欺骗手段”，是指采取虚构事实、隐瞒真相等手段，骗取银行或者其他金融机构的信任，如虚构假项目、提供假证明、使用假担保等骗取贷款，或者贷款资金没有按申请用途去使用，均属于欺骗。本案中宜某晋在具体贷款办理过程中，明确说是需要资金扩大生产规模，而隐瞒了炒黄金期货目的，并在贷款发放当天全部转去炒黄金期货，改变资金用途的欺骗性主观意图和客观行为明显。

3. 关于欺骗行为与获得贷款之间因果关系的认定。刑法上的因果关系，实质上是认定行为人对于结果是否有支配力，是否应当为结果承担责任的过程。具体到骗取贷款罪中的因果关系，就是看行为人的欺骗行为对其获得贷款是否具有支配力，也即行为人的欺骗行为是否使银行等金融机构陷入错误认识，并进而发放贷款。(1)行为人的欺骗行为必须足以使银行或其他金融机构陷入错误认识，并基于错误认识而发放贷款。① 但如果银行等金融机构为了片面追求银行的利润收益，明知行为人提供了虚假贷款资料，仍然冒险发放贷款，由于其并未陷入错误认识，而不能认定行为人构成骗取贷款罪。(2)部分银行或其他金融机构的工作人员明知是否影响对银行或其他金融机构陷入错误认识的认定。② 借款人的欺骗行为与决策者的错误认识以及基于该错误认识而发放贷款之间具有直接的因果关系，故使银行或其他金融机构陷入错误认识是指使决策者或有财产处分权限的人陷入错误认识，进而发放贷款，而部分银行或其他金融机构的工作人员明知不能等同于银行或其他金融机构明知，不影响对银行或其他金融机构陷入错误认识的认定。(3)有真实抵押、担保情况下是否影响因果关系的认定。司法实践中，在行为人提供了真实抵押、担保的情况下，应综合认定银行或其他金融机构是否陷入错误认识，并进而发放贷款。是否有真实的抵押、担保只是认定欺骗手段的其中一个要素，并非唯一。否则，《商业银行法》《贷款通则》等法律、法规也不会对借款人的资格、条件、程序作出诸多限制，对银行等工作人员的审查内容、方式、流程等都作出一系列的规定，从这些限制和规定中均可以看出，是否有真实的担保、抵押仅仅是审查是否符合贷款发放条件的其中一项内容。

---

① 为了规范贷款行为，提高贷款质量，保证贷款资金的安全性和使用的有效性，加速信贷资金周转，国家制定颁布了《商业银行法》《贷款通则》等一系列金融法律、法规，对贷款主体资格、条件、程序等作出了一系列的规定。实践中，行为人为了获取贷款，达到上述法律、法规规定的贷款条件，通常采取编造引进资金、项目等虚假理由，使用虚假的经济合同、虚假的财务报表等资信证明和虚假的产权证明作担保，或者超出抵押物价值重复担保等方式欺骗银行或其他金融机构，进而使银行等金融机构根据行为人提供的虚假贷款资料，误认为其符合上述法律、法规或规范性文件规定的贷款资格、条件，进而发放贷款。那么在此种情况下，行为人的欺骗行为对银行等金融机构陷入错误认识就具有了原因力，银行等金融机构也正是基于这种错误认识作出发放贷款的决定，行为人的欺骗行为对银行等金融机构发放贷款起到了支配性的作用。

② 司法实践中，部分行为人通过各种不正当手段与一些银行或其他金融机构工作人员，尤其是信贷人员建立起了某种“感情”，从而使部分银行或其他金融机构的工作人员对行为人提供的虚假资料明知，甚至内外勾结，此种情况下应如何认定，是否还能认为银行或其他金融机构陷入了错误认识。骗取贷款罪的欺骗对象不仅是信贷人员，更重要的是银行或其他金融机构中具有财产处分权限和地位的人。贷款的发放实行的是贷审分离制，而银行或其他金融机构中具有决定发放贷款权限的人正是通过审查借款人提供的贷款资料等方式来决定其是否符合条件，进而决定是否发放贷款的。虽然不具有决定权的银行工作人员(实践中往往是信贷员)，明知借款人提供了不实贷款资料，甚至为借款人隐瞒真相，共同实施欺骗，但具有发放贷款决定权的人并不了解真相，决策者基于行为人提供的贷款资料及信贷员的前期调查报告等资料而陷入了错误认识，并基于该错误认识而发放贷款。

如果行为人虽然提供了真实的抵押、担保，但编造虚假的贷款事由、资信证明、使用虚假的经济合同等虚假材料，虚构资金用途，导致银行或者其他金融机构高估其资信现状，陷入了错误认识，误认为其符合贷款的条件，能够按期收回本息，进而发放贷款的，其欺骗行为对发放贷款具有原因力，二者之间具有因果关系，如果给银行或者其他金融机构造成了重大损失或有其他严重情节，就应当认定行为人的行为构成骗取贷款罪。如果行为人为获得贷款，只是对自己的资信状况、财务状况作了某种程度的夸大，并不影响银行等金融机构对其是否符合贷款条件的认识，就不能认为其行为构成骗取贷款罪。

4. 对于改变资金用途、夸大投资项目甚至提供虚假证明材料，但提供了合法有效抵押的，通常不认定为骗取贷款罪。① 本案中，宜某晋利用与天盈公司这一熟人身份，并以撤销抵押后用该厂房设备及50亩的土地使用权再抵押获得的贷款还钱给天盈公司为由，骗得对方撤销抵押权，使得该笔债权失去了抵押担保，并客观上给天盈公司造成了重大损失。故对于本案，不能仅以贷款时抵押合法有效来排除骗取贷款罪的适用，而应综合全案发展进程进行研判。在金融犯罪司法实践中，不少金融民事欺诈行为是逐步转化为金融犯罪的，如为获得更多贷款而夸大投资项目、提供虚假材料，如果之后偿还能力较好或是有足够可以实现的担保，则不会以犯罪来追诉；但如果出现高风险投资失败、多头债务无法周转、资金链断裂等因素，由于之前的欺骗手段及之后造成的重大损失，极可能转化成为刑事案件。②

5. 关于骗取贷款罪与贷款诈骗罪、高利转贷罪等相似罪名的区分。骗取贷款罪与贷款诈骗罪在客观方面都表现为使用欺骗手段骗取贷款，区别点在于行为人主观上是否具有非法占有的目的，对行为人主观上没有非法占有目的，或者证明其非法占有目的的证据不足的，只能认定为骗取贷款罪。骗取贷款罪与高利转贷罪均设置在《刑法》的同一条中，两罪主观上均没有非法占有贷款的目的，但在客观行为上存在一定相似性。如果行为人骗取贷款以后再高利转贷给他人，其行为就可能同时符合骗取贷款罪与高利转贷罪，最终选择适用哪一个罪名，要综合考虑行为人的违法所得、银行或者其他金融机构的损失等情节。对于造成银行或者其他金融机构重大损失的，一般选择认定骗取贷款罪，以突出犯罪行为的欺骗性和对金融秩序的严重危害性特征；如果没有造成银行或者其他金融机构重大损失，行为人通过转贷牟利的，一般倾向于认定为高利转贷罪。③

---

① 但这并非因为这些行为不是欺骗手段，而是因为该罪属于结果犯，要求有重大损失或其他严重情节。而合法有效的抵押能够担保债权实现，在借款人无力还贷时，通过实现抵押债权即可，一般不会造成银行或其他金融机构重大损失。可一旦行为人提供的是虚假担保，或者超出抵押物价值重复担保，或者在提供担保后骗取对方撤销担保，就会使贷款风险大幅上升。

② 骗取贷款罪是《刑法修正案（六）》增设的罪名，主要是针对骗贷行为危害金融安全，但认定行为人"非法占有"贷款目的存在困难这一现象。为加大金融犯罪打击力度，增设该罪名，降低了追诉犯罪门槛，不论行为人有无"非法占有"目的，只要符合"以欺骗手段取得银行或其他金融机构贷款""造成重大损失或有其他严重情节"等要件，即可成立骗取贷款罪。

③ 根据最高人民检察院、公安部于2010年5月出台的《关于公安机关管辖的刑事案件立案追诉标准的规定（二）》（已于2022年修订）第27条之规定，凡以欺骗手段取得贷款等数额在100万元以上的，或者以欺骗手段取得贷款等给银行或其他金融机构造成直接经济损失数额在20万元以上的，或者虽未达到上述数额标准，但多次以欺骗手段取得贷款的，或者有其他给金融机构造成重大损失或者有其他严重情节的情形的（以上简称"四种情形"），应予立案追诉。在此之前，公安部经侦局已率先于2009年作出了《关于骗取贷款罪和违法发放贷款罪立案追诉标准问题的批复》，其基本精神与上述规定也是一致的。不过应注意该解释的溯及力问题。关于刑事司法解释的时间效力，最高人民法院、最高人民检察院《关于适用刑事司法解释时间效力问题的规定》确立的是"无旧从新，有旧从旧兼从轻"的做法，且规定对于在司法解释施行前已办结的案件如果无错误就不再变动。

209. 对金融机构工作人员与借款人勾结骗取贷款的行为定性

行为人与银行或其他金融机构工作人员串通或合谋，使用虚假材料从银行或其他金融机构骗取贷款，不能按期归还，使银行或其他金融机构遭受重大损失的，行为人的行为构成骗取贷款罪；银行或其他金融机构工作人员与行为人系共犯关系，构成骗取贷款罪的共犯和违法发放贷款罪的想象竞合犯，应从一重罪处罚，即违法发放贷款罪。

司法实例

罗某浩骗取贷款、金某涛和佟某铁违法发放贷款案

罗某浩因承包建筑工程缺少资金，便找到熟人某信用社信贷主任佟某铁和信贷员金某涛，要求贷款100万元用于工程垫资。因罗某浩的建筑企业缺少建筑资质，其本人也不符合贷款条件，金某涛让罗某浩去找他人的身份证、土地使用权证等资料用于贷款。罗某浩找到一熟人的身份证及其已过期的企业的土地使用权证等资料交给金某涛。金某涛与罗某浩通过篡改土地使用权证面积，利用他人的土地、厂房拍照等手段，伪造了贷款用于耕地改造的资料。金某涛按照贷款程序审批并提交信贷主任佟某铁审批后上报，罗某浩成功贷款100万元，用于其在某地的挂靠工程垫资。此贷款授信24个月，约定每年一还，每月支付利息。在放贷第22个月时，信用社工作人员发现罗某浩未如期支付利息（之前一直如期缴纳），遂启动贷款审查，发现罗某浩因其建筑企业借用资质承包工程，技术力量严重不足，导致施工质量出现重大问题，经法院判决，必须由罗某浩拆毁返工重建，罗某浩损失巨大，已无还款能力。案发时，罗某浩欠银行本金100万元，利息15万余元。

某县检察机关对罗某浩以涉嫌犯骗取贷款罪、对金某涛和佟某铁以违法发放贷款罪提起公诉。

某县人民法院在本案审理中意见产生分歧：一种意见认为，罗某浩构成骗取贷款罪。罗某浩与信用社工作人员合谋，使用虚假材料从信用社骗取贷款100万元，不能按期归还，使信用社遭受重大损失，其行为构成骗取贷款罪。信贷员金某涛及佟某铁与罗某浩是共犯关系，构成骗取贷款罪的共犯和违法发放贷款罪的想象竞合犯，应从一重罪处罚。另一种意见认为，罗某浩虽然通过伪造材料的形式从信用社贷款，但其行为不能认定为欺骗手段，信用分社虽不是法人，但已有信用联社（法人）的授权，信用社审批人员金某涛及负责人佟某铁对这种情形是明知的，不存在被骗。罗某浩获取贷款并非因其采取欺骗手段使信用社工作人员陷入错误认识而得逞，因而不构成骗取贷款罪。金某涛及佟某铁违法发放贷款，构成违法发放贷款罪。

某县人民法院审理认为，罗某浩的行为构成骗取贷款罪，信贷员金某涛及佟某铁构成骗取贷款罪的共犯和违法发放贷款罪的想象竞合犯，应从一重罪处罚。遂依照《刑法》第175条之一和第186条等条款规定，判决认定被告人罗某浩犯骗取贷款罪；被告人金某涛、佟某铁犯违法发放贷款罪，并分别科以相应的有期徒刑。

一审宣判后，三被告人均以量刑重为由提起上诉，某市中级人民法院经二审审理，终审裁定驳回上诉，维持原判。

本案一、二审法院裁判的主要理由为：

1. 关于骗取贷款罪的构成。骗取贷款罪的实质是以欺骗手段取得贷款且情节严重的行为，主观上申请贷款时有欺骗的意识，但并不以非法占有为目的，即有偿还贷款的意愿。客观上须具备三个要素:一是"欺骗手段"①的实行行为;二是"欺骗手段"与"取得贷款"之间存在因果关系;②三是对银行及其他金融机构造成严重危害的"严重情节"③。本案中,罗某浩使用虚假篡改的土地使用权证作抵押,又无担保,向信用社递交的是农村耕地改造低风险投资项目,从而骗取信用社贷款,实际上却利用此100万元作为高风险的建筑工程施工垫资,因罗某浩无资质、缺技术施工导致工程质量出现重大问题,返工重建导致血本无归。其欺骗手段足以危及信用社资金安全,最终导致信用社损失115万余元资金,应认定为本罪中的"欺骗手段";本案中信用社的100万元贷款及本息不能归还,系因罗某浩与信贷员勾结,使用虚假申请材料所致,故二者具有因果关系;借款人罗某浩以欺骗手段取得贷款后,造成信用社直接经济损失115万余元,属"严重情节",应当以本罪追究刑事责任。

2. 关于骗取贷款罪的性质。根据刑法相关条款的规定,骗取贷款罪是情节犯④,即必须具有对社会造成严重危害的"严重情节"的情况才能构成本罪,而"严重情节"表现在两个方面:一是给银行或其他金融机构造成"重大损失";二是具有"其他严重情节"。以文义解释的角度理解,"重大损失"与"其他严重情节"是并列关系,是"其他严重情节"的表现之一。司法解释为减少裁量的任意性、控制入罪面,将刑法中的很多情节犯还原为数额犯或危险犯,此罪也属此列。此罪客体是金融安全及管理秩序,将造成"重大损失"还原为数额犯、将"其他严重情节"解释为危险犯,对入罪、裁量等具有实际的指导意义。本案中,罗某浩以虚假材料骗取贷款100万元,最后无力还贷,致信用社造成直接经济损失115万余元,根据《立案标准(二)》20万元以上的,应予立案追诉的规定,该案已达到立案标准,应当以罗某浩涉嫌骗取贷款罪立案。如果没有给银行造成"重大损失",但由于行为人的欺骗行为,使银行或其他金融机构的巨额资金陷入巨大风险的情况下,可能严重危及银行或其他金融机构贷款资金的安全,与造成"重大损失"的危险具有相当性,可界定为"其他严重情节"。因此,单纯的欺骗手段,而未给银行或金融机构造成"重大损失"或"其他严重情节"的,不属本罪规制的范围。

---

① 欺骗手段。一是本罪的"欺骗手段"主观上须是借款人故意为之,即借款人认识到其提供的材料和陈述与客观事实不一致,是为取得贷款故意提供。如欠缺此认识要件,则属于客观归罪,不成立本罪。二是欺骗手段须足以危及金融管理秩序或资金安全,仅有欺骗手段,但不足以危及金融管理秩序或资金安全的,不构成本罪。在实践中,往往有使用虚假的材料和陈述,但投资项目真实、担保机构可靠或抵押物足额,不至于危及金融管理秩序或资金安全的,不能构成本罪。

② "欺骗手段"须与"取得贷款"之间存在因果关系。借款人使用虚假材料,须使银行或其他金融机构陷入错误认识,并基于这种错误认识发放贷款,借款人因此取得贷款,则认定存在因果关系。如果银行或其他金融机构并非基于这种错误认识发放贷款,则不构成本罪。在实践中,存在银行或其他金融机构明知借款人提供的是虚假材料,仍发放贷款,但不至于危及资金安全的情况,如借款人提供了可靠的担保人或机构、足额的抵押物等,此类应不属于银行基于错误认识发放贷款的情况,不能认定"欺骗手段"与"取得贷款"之间存在因果关系。

③ 本罪的"严重情节"包括造成"重大损失"和"其他严重情节"。2010年5月最高人民检察院、公安部出台的《关于公安机关管辖的刑事案件立案追诉标准的规定(二)》(已于2022年修订)第27条明确规定了构成该罪的条件:以欺骗手段取得贷款100万元以上的;以欺骗手段取得贷款造成直接经济损失20万元以上的;或未达到上述数额,但多次以欺骗手段取得贷款,以及有其他严重情节的,应予立案追诉。但从文义解释来看,只要满足上述任何一款,均应追究刑事责任。但本罪中最关键的是"严重情节",即给银行或其他金融机构造成直接经济损失或危及资金安全,缺乏了这一条件,应不构成本罪。如借款人以欺骗手段取得贷款100万元或多次以欺骗手段取得贷款,但借款人如期缴纳本息,未给银行或其他金融机构造成任何损失和风险,也未利用贷款进行任何非法活动,应当认定为市场背信行为,不应以本罪追究刑事责任。但本案不同,借款人罗某浩以欺骗手段取得贷款后,造成信用社直接经济损失115万余元,属"严重情节",应当以本罪追究刑事责任。

④ 《刑法》第175条之一规定,以欺骗手段取得银行或者其他金融机构贷款、票据承兑、信用证、保函等,给银行或者其他金融机构造成重大损失或者有其他严重情节的行为,构成骗取贷款、票据承兑、金融票证罪。

《刑法修正案(十一)》将《刑法修正案(六)》增加的《刑法》第175条之一第1款“以欺骗手段取得银行或者其他金融机构贷款、票据承兑、信用证、保函等,给银行或者其他金融机构造成重大损失或者有其他严重情节的,处三年以下有期徒刑或者拘役,并处或者单处罚金;给银行或者其他金融机构造成特别重大损失或者有其他特别严重情节的,处三年以上七年以下有期徒刑,并处罚金”修改为“以欺骗手段取得银行或者其他金融机构贷款、票据承兑、信用证、保函等,给银行或者其他金融机构造成重大损失的,处三年以下有期徒刑或者拘役,并处或者单处罚金;给银行或者其他金融机构造成特别重大损失或者有其他特别严重情节的,处三年以上七年以下有期徒刑,并处罚金”。

3. 关于银行及其他金融机构工作人员行为性质的认定。银行及其他金融机构工作人员的行为能否评价为职务行为,关键在于其是否履行银行及其他金融机构授权的职责,如果是按照银行及其他金融机构授权,依据内部规程实施的行为,应当评价为职务行为,因为其得到了单位或组织授权认可;相反,如果其超越职权,擅自做出超出规定、未予规定或规定禁止的行为,在未得到单位或组织事后追认情况下,应当评价为个人行为。本案中,某信用社信贷主任佟某铁和信贷员金某涛明知甚至协助罗某浩伪造虚假材料,并以此帮助罗某浩取得贷款100万元,最终致信用社直接经济损失115万余元。佟某铁和金某涛的行为严重违反了信用社贷款审查的有关规定,事后也未得到信用联社的追认,应当评价为个人行为。对于信用社来说,罗某浩与佟某铁、金某涛合谋使用虚假材料,是为“欺骗手段”;信用社基于罗某浩的虚假材料、金某涛的调查材料和佟某铁的审查材料向罗某浩发放贷款100万元,罗某浩与佟某铁、金某涛的“欺骗手段”与罗某浩“取得贷款”间存在因果关系,最终造成115万余元的直接经济损失,是为造成“重大损失”,共同构成骗取贷款罪;同时,佟某铁、金某涛身为信用社工作人员,违法发放贷款,触犯违法发放贷款罪,两罪想象竞合,应择一重罪处罚。①

210. 如何认定骗取贷款罪的因果关系及“重大损失”

行为人实施了骗取行为,相关银行或其他金融机构工作人员陷入了错误认识,并在错误认识的基础上决定向借款人发放贷款,借款人因而取得了贷款,并给银行或者其他金融机构造成重大损失或者有其他严重情节,即具备了本罪的因果关系。行为人骗取银行或者金融机构贷款的行为,只有达到给银行或者其他金融机构造成重大损失或者有其他严重情节的,即只有当“其他严重情节”的危害性须与“重大损失”相当,方能入罪。司法实践中,可以比照类似犯罪,从次数、后果、手段等方面综合进行考察研判。

司法实例

铁某钢骗取贷款案

2017年3、4月,铁某钢担任某市强劲风机制造有限公司(以下简称风机公司)法定代表人期间,经与时任某银行信贷科科长的董某国(另案处理)联系申请贷款300万元,董某国要求其提供申请贷款的相关资料,后铁某钢伪造了风机公司2015年至2017年上半年的资产负债表、利润表等财务报表,并向该银行提交上述伪造的财务报表等资料申请贷款。董某国没有向税务部门调取相关纳税报表进行审核,仅在对风机公司开

① 在司法实践中,因借款人往往与银行及其他金融机构工作人员存在利益输送问题,故对于其明知或协助借款人伪造或提供虚假材料及陈述的证据收集起来一般比较困难,如果出现无法证明银行及其他金融机构工作人员明知借款人提供虚假材料及陈述的情况,根据“疑罪从无”“有利于犯罪嫌疑人”的原则,也只能仅对借款人以涉嫌骗取贷款罪予以追诉。

展双人贷前调查的基础上认为该公司符合授信500万元的条件并作为业务调查人和分管主任签字向上级行申报，致使风机公司分别于2017年5月12日、5月15日、8月3日贷款178万元、120万元、200万元(贷款期限均为1年)，且均由某钢铁股份有限公司提供担保。上述贷款除其中30万元在2017年8月由铁某钢出借给董某国外，其余资金主要用于生产经营活动。

2018年5月，铁某钢在归还到期的贷款178万元和120万元后，又采用同样的手段，伪造资产负债表、利润表等财务报表，向该银行申请续贷。董某国仍未向税务部门调取纳税报表进行审核，仅在再次开展双人贷前调查的基础上认为风机公司仍符合授信500万元的条件而同意续贷，致使风机公司分别于2018年5月12日、15日续贷178万元、120万元(贷款期限均为3个月)，并由某钢铁股份有限公司继续提供担保。上述贷款主要用于生产经营活动。至2018年7月底，风机公司倒闭，对上述共近500万元的贷款在2018年8月上中旬到期后无力归还。贷款到期后，该银行扣除了风机公司的存款余额3.6万余元后，在未向法院起诉的情况下，某钢铁股份有限公司代为偿还了上述近500万元贷款本息的剩余部分合计513万余元。

某市某区人民法院审理认为，被告人铁某钢在担任风机公司法定代表人期间，以提供虚假财务报表手段，骗取银行贷款近500万元，情节严重，其是直接负责的主管人员，其行为已构成骗取贷款罪。公诉机关指控的罪名成立，应予以惩处。因风机公司负债倒闭，其主体资格不复存在，故无法追究其单位犯罪责任。被告人铁某钢有自首情节，依法可以从轻处罚；被告人铁某钢当庭认罪，可酌情从轻处罚。视本案具体情况，决定对被告人铁某钢适用缓刑。遂判决认定被告人铁某钢犯骗取贷款罪，判处有期徒刑1年，缓刑1年6个月，并处罚金5万元。判决已生效。

骗取贷款罪的入罪须符合两个条件：一是行为人实施了骗取行为，即行为人在向银行或其他金融机构贷款时，以虚构事实或隐瞒真相等欺骗手段取得银行或者其他金融机构贷款。二是行为人骗取贷款的行为须给银行或者其他金融机构造成重大损失或者有其他严重情节。尽管规定简单，但司法实践中对于骗取贷款罪案件的审理裁判争议较多、难度较大。

1.“造成重大损失或者有其他严重情节”的认定。① (1)如何认定造成“损失”。骗取贷款罪的入罪情节之一为造成银行或者其他金融机构重大损失。对于此处“重大损失”的认定，一般认为，应当考虑结果犯的本质是犯罪既遂，因骗取贷款导致银行或其他金融机构贷款无法收回，金融资金安全受损方构成“重大损失”这一情节。司法实践中，许多骗取贷款案件中有担保公司担保，在借款人不能清偿的范围内，银行已通过民事途径向担保公司收回余款的，并没有给银行造成实际损失，如果没有“其他严重情节”，不应当认定为骗取贷款罪。本案最终因担保公司起诉贷款银行主张保证合同无效胜诉后，对银行造成了损失，从而追究了被告人铁某钢的刑事责任。(2)犯罪数额如何认定。本案中，行为人对骗取的贷款到期后以相同手段骗取续贷的，金额应当认定为一笔金额还是累加计算。一般来说，续贷行为与第一笔贷款有着紧密的关联性，并且续贷也没有增加新的金融风险，故不宜将续贷行为与前一笔骗取的贷款累加计算，这样可以体现罪刑法定原则和有利于被告人原则。(3)关于损失计算的时间节点。司法实践中存在这样的情形，为

---

① 骗取贷款罪是结果犯和情节犯并存的犯罪。行为人实施了刑法规定的危害行为，而且必须发生法定的危害结果或具有法定的情节才构成犯罪，骗取银行或者金融机构贷款的行为，只有达到给银行或者其他金融机构造成重大损失或者有其他严重情节的，才能构成犯罪。但最高人民法院尚未出台对重大损失和其他严重情节的具体内容予以明确的相关司法解释。

挽回金融机构的损失，侦查机关做出努力后，借款人在一审判决前归还了部分欠款，此种情况下，造成银行或者其他金融机构"损失"的时间节点按侦查机关立案时间认定还是按一审判决前认定，客观地说应当区分构罪数额和量刑数额。构罪数额按侦查机关的立案时间认定，有利于保证诉讼过程的稳定性，而借款人或者担保人在立案之后的还款可以在量刑中予以考量。(4)"其他严重情节"如何认定。司法解释对其他严重情节并没有作出解释，虽然立法规定比较笼统，但并不等于在具体案件中对此可以作出任意解释，立法用"严重"作为情节入罪的门槛，即表明了对入罪的限缩。从现实情况看，借款人为获得贷款，对自己公司的经营状况做某种程度的夸张，也是较为常见的现象。应该说本罪常态的入罪条件是"造成重大损失"，对于没有造成损失的情况下，一般无须将这些欺骗行为纳入骗取贷款罪的规制范围。只要担保单位可靠和抵押物足额，纵使资料、手段有虚假，也不致给银行或其他金融机构造成金融风险。从逻辑上看，只有当"其他严重情节"的危害性与"重大损失"相当时，方能入罪。司法实践中，可以比照类似犯罪，从次数、后果、手段等方面综合进行考察研判。

2. 关于取得贷款与骗取行为之间因果关系的认定。司法实践中，把握欺骗行为与取得贷款之间的因果关系应重点考察以下两个方面：(1)行为人的欺骗行为足以使银行或其他金融机构工作人员陷入错误认识。在一些存在担保公司的骗贷案件中，如果负责贷款各个环节的银行或其他金融机构工作人员明知借款人提供了不实贷款资料，但因为担保物或保证人的信用是真实、足额的，银行或其他金融机构工作人员本质上基于本单位的利益而发放了贷款，由于其代表了银行或其他金融机构的意思和行为，处分财产也不是基于错误认识，因而借款人不构成骗取贷款罪。此种情况因无须刑法保护，即使造成损害后果，也应属于被害人自我归责的范围，应视为当事人之间的交易更为客观。(2)银行或其他金融机构工作人员陷入错误认识，并基于错误认识而处分了财产。司法实践中确实存在不符合贷款条件的行为人通过行贿或其他利益输送手段与银行工作人员内外勾结作案，参与骗取贷款，给银行或其他金融机构造成重大损失的情形。对此应区别不同情况，如果参与其中的是银行或其他金融机构一般工作人员，具有放贷决定权的人不明知，只是基于错误认识而发放了贷款，则借款人构成骗取贷款罪。对于放贷决定权人本身参与内外勾结，共同骗取贷款的情形，实务界存在不同意见，①应结合具体案情及各种情节，参照现行相关或相近的司法解释、各地法院的规范性文件及相关案例，审慎研判。

3. 关于如何判断骗取贷款行为中的犯意转化。骗取贷款行为中的犯意转化，是判断行为人是否具有非法占有目的，区分骗取贷款罪与贷款诈骗罪的关键。司法实践中，许多借款人一开始并不或者没有证据证明其主观上具有"非法占有目的"，在使用欺骗手段取得贷款以后，行为人主观上的故意发生变化，出于非法占有目的不归还贷款，此种情况能否以贷款诈骗罪认定，认识也

---

① 一种意见认为，银行或其他金融机构工作人员明知借款人提供了不实贷款资料仍予以发放贷款，其目的不是本单位利益，而是基于私情或利益驱动，与借款人串通共同损害本单位利益，其行为实质上不具有银行或其他金融机构的代表性，同样属于骗取贷款罪的骗取行为，对借款人可定骗取贷款罪，如造成损失，银行或其他金融机构工作人员则构成违法发放贷款罪，如没有造成损失，但有其他严重情节的，则构成骗取贷款罪共犯。另一种意见则认为，借款人通过贿赂等不正当手段获得金融机构贷款的，此时欺骗手段对借款人获得贷款不具有影响力，不成立骗取贷款罪，可能构成行贿罪或向非国家机关工作人员行贿罪。

不统一。① 借款人采取欺骗手段获得贷款以后，不履行相应的还款义务，银行或其他金融机构对借款人享有的是相应的债权，对于借款人是否构成贷款诈骗罪，可按以下几种情形具体分析。(1)借款人在取得贷款以后，将贷款用于生产、经营或者其他用途，由于种种原因客观上无法履行还款义务。此时，不论行为人主观上出于何种心态，由于没有相应的行为与行为人主观心理呼应，因而不能构成贷款诈骗罪。② (2)借款人获得贷款以后，有还贷能力，但出于非法占有的目的，拒不履行还款义务。如果银行或其他金融机构可以通过救济手段自己实现债权，宜作为贷款纠纷或者骗取贷款罪处理，不构成贷款诈骗罪。如借款人在银行或其他金融机构有足额的担保财产可供执行，或者银行或其他金融机构可以执行该贷款的担保人的财产，则对借款人不应以贷款诈骗罪定罪。(3)借款人取得贷款后，在非法占有目的的支配下，采取种种手段完全排除银行债权的实现，与直接占有银行贷款本质上并无区别。而且，此种行为仍然是发生在贷款合同履行的过程中。2001 年《金融犯罪纪要》对此也有涉及。对于实践中经常发生的在获得贷款以后携款逃匿的，不是用于正常的生产经营，而是在非法占有目的的支配下肆意挥霍，或将款项化整为零，非法转移、隐匿的；将资产转移到关联公司，原公司只剩空壳的；或者搞假破产、假倒闭，造成自己无归还能力的事实，以逃避债务等行为的，其主观方面的非法占有目的，完全可能是取得贷款以后产生的，都应该以贷款诈骗罪定罪量刑。

211. 诈骗罪、信用卡诈骗罪、贷款诈骗罪的区分

蚂蚁“借呗”平台系被中国人民银行纳入其他金融机构性质的网络小额借贷公司。以非法占有为目的冒用他人支付宝账户骗取蚂蚁“借呗”贷款的行为，属于贷款诈骗行为。达到《刑法》第 193 条规定数额较大标准并符合该罪犯罪构成要件的，应当以贷款诈骗罪追究刑事责任。

司法实例

孔某柱、钟某况贷款诈骗案

2017 年 5 月 22 日至 24 日，被告人孔某柱、钟某况经预谋，利用他人网上泄露的身份信息和建设银行 e 付卡注册漏洞及支付宝(中国)网络技术有限公司“借呗”平台的漏洞，冒用冯某会等人的真实身份信息通过支付宝实名认证，并利用冯某会等人的真实信用额度从“借呗”平台骗取贷款 19 笔，共计 200,290 元。案发后，被告人孔某柱退赔共同违法所得 89,789 元。案件审理过程中，被告人钟某况亲属代为退赔共同违法所得 102,048 元。

---

① 肯定意见认为，行为人在获取贷款之前或之时并无非法占有的目的，但在合同履行期间产生不法占有的目的，并通过转移、藏匿等手段非法处置贷款，此时行为人之前的合法行为经与其犯罪目的的整合，其后续行为构成一个完整的系统，整个系统因目的对行为的控制和调节而具有犯罪性了。因此，行为人骗取贷款时没有非法占有目的，但后来产生非法占有目的的，应当按贷款诈骗罪等相关的金融诈骗罪处理，不能定骗取贷款罪，也不能数罪并罚。否定意见则认为，既遂以贷款的发放为标志，从着手到既遂都要求其有贷款诈骗罪的故意和非法占有的目的，而行为人占有贷款后形成非法占有目的的，因不可能再有诈骗的行为，而属于事后故意，而非行为实施中的故意即事中故意。事后故意是不能构成故意犯罪的罪过的。

② 2001 年《全国法院审理金融犯罪案件工作座谈会纪要》指出：“……对于合法取得贷款后，没有按规定的用途使用贷款，到期没有归还贷款的，不能以贷款诈骗罪定罪处罚；对于确有证据证明行为人不具有非法占有的目的，因不具备贷款的条件而采取了欺骗手段获取贷款，案发时有能力履行还贷义务，或者案发时不能归还贷款是因为意志以外的原因，如因经营不善、被骗、市场风险等，不应以贷款诈骗罪定罪处罚……”这一规定的精神可以适用于此种情况的主观方面分析。

某县人民检察院对二被告人以涉嫌犯诈骗罪提起公诉。

在本案审理中，出现三种不同意见。第一种意见认为本案应定诈骗罪；第二种意见认为本案应定信用卡诈骗罪；第三种意见认为本案应定贷款诈骗罪。

某县人民法院审理认为：被告人孔某柱、钟某况以非法占有为目的，冒用他人支付宝账号诈骗其他金融机构的贷款，数额巨大，其行为均已触犯刑法，构成贷款诈骗罪。在共同犯罪中，被告人孔某柱系犯意提起者，钟某况作用略小于孔某柱。鉴于被告人孔某柱、钟某况归案后能如实供述自己的罪行，且能积极退赔共同违法所得，依法予以酌情从轻处罚。遂于2018年10月24日判决认定被告人孔某柱、钟某况犯贷款诈骗罪，分别判处有期徒刑4年6个月、4年，并处罚金5万元、4.5万元。判决已发生法律效力。

本案一审法院采纳第三种意见的主要理由为：

1. 被告人的行为不构成诈骗罪。(1)蚂蚁"借呗"平台性质的确定。根据工商登记查询，蚂蚁"借呗"平台系重庆市阿里巴巴小额贷款有限公司，该小额贷款公司系重庆市金融工作办公室批准经重庆市江新区市场和质量监督管理局登记注册成立的具有法人资格的有限责任公司，经营范围是在全国范围内开展办理各项贷款等业务。另外，中国人民银行在《金融机构编码规范》中确定了小额贷款公司的编码为金融机构二级分类码Z—其他，将小额贷款公司纳入了金融机构范围。(2)被害人身份。一是被冒用人冯某会等人在发现支付宝关联账号被冒用并贷款后，已及时向蚂蚁"借呗"平台说明情况，且支付宝公司已冻结该账号并向公安机关提供被冒用账号交易数据等证据。故此，本案最终受侵害的是蚂蚁"借呗"平台所发放的20万余元贷款。二是从民事借贷合同来看，冯某会等人并非出于真实意思表示，且在尽到合理注意义务的情况下，被他人冒用支付宝账号与蚂蚁"借呗"平台签订借贷合同，该借贷合同对冯某会等人不具有法律效力，蚂蚁"借呗"平台亦无法向冯某会等人进行追偿贷款。因此，本案中实际被害人应为蚂蚁"借呗"平台。(3)根据特别法优先于一般法的法律适用规则，被告人骗取蚂蚁"借呗"贷款的行为不构成普通诈骗罪。

2. 被告人的行为不构成信用卡诈骗罪。根据《刑法》第196条的规定，信用卡诈骗的方式包括使用伪造的信用卡，或者使用以虚假的身份证明骗领的信用卡、使用作废的信用卡、冒用他人信用卡、恶意透支等四种情形。最高人民法院、最高人民检察院《关于办理妨害信用卡管理刑事案件具体应用法律若干问题的解释》明确，"冒用他人信用卡"包括窃取、购买、骗取或以其他非法方式获取他人信用卡信息资料，并通过互联网、通讯终端等使用的。本案被告人冒用他人身份信息完成建设银行e付卡注册，并在第三方支付平台支付宝绑定该信用卡通过实名认证的行为，依法构成信用卡诈骗罪。但被告人真实目的在于利用支付宝账户的"借呗"申请额度骗取贷款，冒用信用卡的行为是手段，骗取"借呗"贷款才是犯罪目的，冒用信用卡与骗取"借呗"贷款具有牵连关系，且冒用信用卡行为被贷款诈骗行为所吸收，应择一重罪处罚，贷款诈骗罪相较于信用卡诈骗罪为重罪。

3. 被告人的犯罪行为系以非法占有为目的骗取其他金融机构贷款的行为。贷款诈骗罪是指以非法占有为目的，诈骗银行或者其他金融机构贷款的行为。"以非法占有为目的"作为贷款诈骗罪的关键特征，是与其他破坏社会主义经济秩序之类罪区分的主要标志。判断行为人主观上是否以非法占有为目的，不仅要看其取得贷款的手段，更要看其取得贷款后如何处理贷款的客观表现。

本案中被告人的行为由注册建设银行e付卡、绑定支付宝信用卡通过实名认证、使用支付宝"借呗"进行贷款三个行为组成。第一个行为是注册建设银行e付卡的行为。被告人通过网络非法获取他人身份信息冒领信用卡，属于冒用他人信用卡，是建设银行基于错误认识通过其 e 付卡注册。第二个行为是行为人通过支付宝实名认证的行为。被告人在网络上非法购买他人第三方支付平台支付宝账户，并在所购买支付宝上绑定之前申请的 e 付卡以通过实名认证，进而获取蚂蚁“借呗”功能的资格并享有一定贷款额度。第三个行为是骗取蚂蚁“借呗”贷款的行为。被告人采用冒用他人信用卡和通过支付宝实名认证的方式虚构事实、隐瞒真相，使蚂蚁“借呗”平台陷入认识错误，误认为是被冒用人冯某会等人本人贷款，并基于此错误认识发放了贷款。此外，被告人前后 19 次使用同样的方法骗取蚂蚁“借呗”贷款 200, 290 元，具有明显的非法占有目的。

212. 银行或其他金融机构工作人员冒用他人名义贷款构成何罪

银行或其他金融机构工作人员利用工作上的便利，虚构事实、隐瞒真相，冒用他人身份获取贷款并全部挥霍，具有“非法占有”的主观目的，客观上实施了诈骗银行或其他金融机构贷款的行为，符合贷款诈骗罪的构成要件，应以贷款诈骗罪追究其刑事责任。

司法实例

奚某楠贷款诈骗案

奚某楠原系某信用社工作人员，2005 年 3 月起至 2017 年 5 月案发时一直担任该信用社信贷员。2009 年 1 月至 2014 年 3 月，奚某楠在发放贷款过程中，利用杨某、刘某等人的身份资料，假冒杨某、刘某等人的名义和签名，编造虚假的借款理由，先后与该信用社签订借款合同 13 份，共计贷款 47 万元，上述贷款被奚某楠用于个人消费。2014 年 3 月，在 13 笔贷款全部到期的情况下，奚某楠利用该信用社管理上的漏洞，未归还所有贷款的本金及利息，2017 年 5 月案发后奚某楠已经没有能力归还。

某县人民检察院以涉嫌犯骗取贷款罪对被告人提起公诉。

法院审理过程中，对本案的定性出现多种分歧意见。第一种意见认为，奚某楠身为信贷员，违反法律、行政法规发放贷款 47 万元，给单位造成了巨大损失，构成违法发放贷款罪。第二种意见认为，奚某楠利用职务上的便利，挪用本单位资金归个人使用，其行为触犯了《刑法》第 272 条的规定，构成挪用资金罪。第三种意见认为，奚某楠虽采取了冒用他人名义的手段骗取了金融机构的贷款，但其“非法占有”的主观故意不明显，其采取欺骗手段取得金融机构贷款，并给金融机构造成了重大损失，触犯了《刑法》第 175 条之一，构成骗取贷款罪。第四种意见认为，奚某楠非法占有金融机构资金的主观故意明显，客观方面采取了冒用他人名义的手段，且骗取金融机构贷款数额巨大，其行为触犯了《刑法》第 193 条，构成贷款诈骗罪。

某县人民法院经开庭审理，合议庭评议认为，检察机关对被告人指控的事实属实，但被告人奚某楠利用自己的特殊身份，冒用他人名义骗取其他金融机构贷款，非法占有其他金融机构资金的主观故意明显，且数额巨大，其行为已构成贷款诈骗罪，并且已无法偿还，给被害单位造成巨大损失。被告人认罪悔罪，可酌情从轻处罚。遂判决认定被告人奚某楠犯贷款诈骗罪，判处有期徒刑 7 年，并处罚金 10 万元。

一审宣判后，被告人以没有非法占有目的，因客观情况造成无法归还贷款，量刑重为由提起上诉，被二审驳回。

本案一、二审法院裁判同意第四种意见，其主要理由为：

1. 奚某楠的行为不构成违法发放贷款罪。根据《刑法》第 186 条的规定，违法发放贷款罪是指银行或者其他金融机构的工作人员违反国家规定发放贷款，数额巨大或者造成重大损失的行为。银行或者其他金融机构的工作人员违反国家规定,向关系人发放贷款的,依照前款的规定从重处罚。关系人的范围,依照《商业银行法》和有关金融法规确定。本案看似符合行为人故意放弃审查而向"关系人"发放贷款的情形,因为奚某楠也可以成为"关系人",但将这种案件定性为违法发放贷款罪的前提是行为人用自己的真实身份申请贷款,或者在征得他人的许可后利用他人的名义申请贷款。本案中,杨某、刘某等人对相关贷款事项一无所知,这与在杨某、刘某等人知情下,由奚某楠替名贷款有着本质上的区别。奚某楠是冒用他人名义及签名骗取了某信用社的贷款,其行为已超出了违法发放贷款罪范畴,本案不属于违法发放贷款行为,故不应认定为违法发放贷款罪。

2. 奚某楠的行为不构成挪用资金罪。根据《刑法》第 272 条的规定,挪用资金罪,是指公司、企业或者其他单位的工作人员,利用职务上的便利,挪用本单位的资金归个人使用或者借贷给他人,数额较大、超过 3 个月未还,或者虽未超过 3 个月,但数额较大、进行营利活动的,或者进行非法活动的行为。本案中,被告人系某信用社的信贷员,趁单位制度不健全、管理混乱之机,冒用他人身份,先后与单位签订了 13 份借款合同,从而将单位的资金私自挪出归自己使用,似乎构成挪用资金罪。但是从挪用资金罪的特征看,其行为一般都较为隐蔽,挪用单位资金后,一般被挪用单位账目并无反映。本案中,被告人奚某楠从某信用社贷出 47 万元后,某信用社的账目上是有清晰记录的。所以认为奚某楠构成挪用资金罪的理由并不充分。

3. 奚某楠的行为构成贷款诈骗罪而不是骗取贷款罪。根据《刑法》第 175 条之一和第 193 条的规定,骗取贷款罪是指以欺骗手段取得银行或其他金融机构贷款、票据承兑、信用证、保函等,给银行或者其他金融机构造成重大损失的行为;贷款诈骗罪是指以非法占有为目的,采用虚构事实或者隐瞒真相的方法,诈骗银行或其他金融机构的贷款,数额较大的行为。二者取得贷款的方式都是欺骗,最根本的区别是行为人有没有"非法占有"的主观故意。

本案中,被告人奚某楠具有"非法占有"的主观故意。一是被告人利用自己对贷款操作、审批流程的熟悉,冒用他人名义和签名获取贷款,即获取贷款的手段是虚构事实、隐瞒真相。二是被告人采取欺骗的手段取得贷款并全部挥霍,且不能归还,不能因为其是信贷员,以为贷款如不能收回,其脱离不了干系,就简单地判定其主观上不具有非法占有的目的。三是作为信贷员的奚某楠只是负责检查贷款审批的相关材料,没有发放贷款的审批权或决定权,而拥有信用社贷款审批权的是信用社信贷部的主任。在本案中,被告人奚某楠能够获取贷款利用的是其在信用社工作的便利,而不是其职务上的便利。四是被告人利用某信用社管理上的漏洞和自己工作上的便利不履行还款的义务,致使 47 万元的贷款长期不能归还,在案发后也没有积极偿还,应认定其主观上具有非法占有的目的。

综上,被告人奚某楠利用工作上的便利,虚构事实、隐瞒真相,冒用他人身份获取贷款并全部挥霍,具有"非法占有"的主观目的,客观上实施了诈骗信用社贷款的行为,符合贷款诈骗罪的构成要件,应以贷款诈骗罪追究其刑事责任。

213. 骗贷后又清偿完毕,是否构成贷款诈骗罪

行为人以非法占有为目的,虚构事实并提供虚假材料骗取他人贷款担保,骗取银行或其他金融机构贷款后,擅自改变贷款用途,将贷款主要用于偿还个人债务及挥霍,贷款到期后本人逃匿,具有非法占有贷款的故意,其贷款虽然已由担保公司足额清偿完毕,但其行为依然构成贷款诈骗

罪。考虑到银行或其他金融机构对贷款的所有权并未受到侵害，可对行为人酌情从轻处罚。

司法实例

鞠某岚
贷款诈骗案

2015年8月至10月，鞠某岚谎称其为某市某有限公司法定代表人，先后两次采取虚构事实、提供虚假财务报表等欺骗手段骗取某县某咨询担保有限公司担保，骗取某县农村合作银行贷款600万元，并在贷款使用过程中擅自改变贷款用途，主要用于偿还个人债务。其中，只偿还了部分利息30万余元。贷款到期后鞠某岚逃匿，致使600万余元贷款本息无法偿还。后某咨询担保有限公司向某县农村合作银行偿还了全部贷款本息，蒙受600万余元经济损失。后经公安经侦部门网上通缉后在外省被抓获归案，但鞠某岚已将所贷之款尽数挥霍，无力偿还。

某县检察机关对被告人鞠某岚以涉嫌犯贷款诈骗罪向法院起诉。

某县法院在审理中出现意见分歧：第一种意见认为，鞠某岚虚构事实并提供虚假材料骗取他人贷款担保后，骗得银行贷款，并擅自改变贷款用途，将贷款主要用于偿还个人债务及挥霍，贷款到期后本人逃匿，具有非法占有贷款的故意，其行为构成贷款诈骗罪。第二种意见认为，鞠某岚虽然采取了虚构事实等欺骗手段骗取担保公司的贷款担保并在获取贷款后擅自改变贷款用途及挥霍，贷款到期后逃匿，但银行的贷款已由担保公司足额清偿完毕，某县农村合作银行对贷款的所有权并未受到侵害，故其行为不构成贷款诈骗罪。第三种意见则认为，鞠某岚采取虚构事实、提供虚假的财务报表等手段骗取担保公司担保后获得贷款，贷款到期后由于无力偿还贷款本息，迫于还贷压力而潜逃，对其应以构成骗取贷款罪予以处理为宜。

某县人民法院审理认为，被告人鞠某岚以非法占有为目的，虚构事实并提供虚假材料骗取他人贷款担保后，骗得银行贷款，并擅自改变贷款用途，将贷款主要用于偿还个人债务及挥霍，贷款到期后本人逃匿，具有非法占有贷款的故意，其行为已构成贷款诈骗罪，且数额巨大。考虑本案某县农村合作银行的贷款已由担保公司足额清偿完毕，某县农村合作银行对贷款的所有权并未受到侵害，被告人认罪悔罪，故对其可酌情从轻处罚。遂依照《刑法》第193条等条款规定，判决认定被告人鞠某岚犯贷款诈骗罪，判处有期徒刑7年，并处罚金30万元。

判决已生效。

从一审法院判决结果看，法院同意第一种意见，行为人鞠某岚构成贷款诈骗罪，并根据其犯罪的罪前、罪中、罪后情节，判处其有期徒刑7年，并处罚金30万元。作此判决的主要考量：

贷款诈骗罪，是指借款人以非法占有为目的，用虚构事实或隐瞒真相的方法，骗取银行或者其他金融机构的贷款，数额较大的行为。在该罪的构成要件中，行为人主观上必须有非法占有的目的，客观上必须有采取欺骗手段骗取银行或其他金融机构数额较大贷款的行为，二者应同时具备，缺一不可。

如果行为人主观上有非法占有贷款的目的，在获取贷款时又采取了欺骗的手段，则构成贷款诈骗罪；如果行为人主观上没有非法占有贷款的目的，即使在申请贷款时使用了欺骗的手段，也不构成本罪。因此，“以非法占有为目的”是构成贷款诈骗罪的前提，是区分罪与非罪的关键。行为人的非法占有目的，较之于诈骗手段本身，因没有明确、具体的判定标准，而成为此类案件审理认定中的难点。对行为人以欺骗手段取得贷款其已经归还的，因归还贷款行为本身已能说明行为人不具有非法占有贷款的目的，因而不能认定行为人构成贷款诈骗罪；对以欺骗手段取得贷款后有能力归还而拒不归还的，因拒不归还行为本身足以证明行为人具有非法占有贷款的目的，应认定行为人构成贷款诈骗罪。

上述两种情况在司法实践中比较容易判断，但对于以欺骗手段取得贷款后无法归还的，因客观情况比较复杂,对行为人非法占有贷款目的的认定则有一定的难度。对此,应具体情况具体分析,坚持主客观相一致的原则,既要避免单纯根据损失结果客观归罪,认定行为人主观上具有非法占有贷款的目的;也不能仅凭被告人供述,认定其主观上不具有非法占有贷款的目的。而应在对行为人取得贷款的手段、贷款时的资信情况、贷款的用途是否改变、贷款无法归还的原因等方面及对相关客观事实进行综合分析的基础上,判断行为人是否具有非法占有贷款的目的。对此,最高人民法院印发的《全国法院审理金融犯罪案件工作座谈会纪要》中,在总结司法实践经验的基础上,对金融诈骗犯罪中非法占有目的的认定,提出了明确的意见。① 同时强调,在处理具体案件时,对于有证据证明行为人不具有非法占有的目的,不能单纯以财产不能归还就按金融诈骗罪处罚。

本案中,被告人鞠某岚在寻求担保公司的担保之始便冒充他人身份、虚构事实编造虚假财会资料,在获取贷款之后擅自变更贷款用途,将贷款主要用于偿还个人债务及挥霍,贷款到期后逃匿,属于一种完全彻底的诈骗行为,主要理由为:(1)冒充他人身份,说明其无还款能力或能力有限;(2)虚构事实,编造虚假财务报表,说明其获取贷款手段的非正当性;(3)擅自改变贷款用途,说明其贷款目的的非正当性;(4)将主要贷款用于偿还个人债务及挥霍,说明银行对贷款的所有权已经现实地陷入危机;(5)贷款到期后逃匿,未采取任何补救措施,说明其并无归还贷款的诚意,银行已丧失对贷款的所有权。据此,应当认定本案被告人对所借贷款具有非法占有的目的。

本案争议中,认为担保公司已经把贷款本息足额偿还给银行,银行对贷款的所有权并未受到侵害的说法欠妥。一是贷款是由担保公司偿还的,并非被告人本人所偿还,本案贷款实际上已由被告人占有。二是被告人无力偿还贷款后逃匿即为对银行贷款所有权的侵害,后担保公司向银行偿还贷款本息的行为只是在民事范围内对被侵害的银行贷款所有权进行弥补与恢复,不能就此认为损害没有发生,也不等于银行贷款所有权未受到侵害。三是贷款诈骗罪所侵犯的客体是复杂客体,既侵犯了银行或其他金融机构的贷款所有权,又侵犯了国家的金融管理秩序。虽然本案银行的贷款本息最终得到担保公司的归还,但对国家金融管理秩序的侵犯则是已经无法弥补的事实。认为对本案被告人应定骗取贷款罪的意见更是不着边际。骗取贷款罪,行为人的主观目的是用骗取的贷款投入经营性事项牟取利益,而非非法占有。是否具有非法占有的目的,是区别骗取贷款罪与贷款诈骗罪的关键。本案被告人从始至终,具有明确的非法占有该笔贷款的目的,因此,对被告人认定为骗取贷款罪是错误的。

综上,本案被告人鞠某岚的行为构成贷款诈骗罪。一审法院对其定罪量刑是正确的。

214. 以空白支票骗取财物构成票据诈骗罪还是合同诈骗罪

空白支票经行为人授权被害人补记,可视为签发行为已经完成。但至兑付日届满时如支票账户中无对应资金,或账户资金远不足以兑付金额的,则行为人提供该支票的行为等同“签发空头支票”,骗取他人财物数额较大的,应以票据诈骗罪定罪处罚。

---

① 对于行为人通过诈骗的方法非法获取资金,造成数额较大不能归还,并具有下列情形之一的,可以认定为具有非法占有的目的:(1)明知没有归还能力而大量骗取资金的;(2)非法获取资金后逃跑的;(3)肆意挥霍骗取资金的;(4)使用骗取的资金进行违法犯罪活动的;(5)抽逃、转移资金,隐匿财产,以逃避返还资金的;(6)隐匿、销毁账目,或者搞假破产、假倒闭,以逃避返还资金的;(7)其他非法占有资金,拒不返还的行为。

司法实例

何某度票据诈骗案

2018年4月28日，被告人何某度与被害人倪某元签订书面协议一份，双方约定，被告人何某度以49万元的价格从被害人处购得一块9.9公斤左右的璞玉，并出具一张中国光大银行支票，承诺期限一个月，到时以支票换现金，若无现金可持该支票至银行兑现。被告人何某度依约提供给倪某元出票人为某市某地产集团有限公司的中国光大银行加密支票一张（该支票系光大银行的正规支票），取得该璞玉。该支票除记载有出票人签章外，出票日期、收款人、金额、用途、密码均空白。在此期间倪某元曾联系被告人何某度，何某度称再过几天将主动与其联系，但在一个月内始终未与其联系。同年5月28日，被害人在未取得49万元的情况下，持该支票至光大银行兑现，被银行告知账户内无资金，且该支票设有密码。被害人发觉被骗后向何某度多次追讨未果，遂报案。2019年5月8日，被告人被抓获归案。

某市某区人民法院审理认为，被告人何某度以非法占有为目的，采用签发空头支票的方法，骗取他人财物，数额巨大，其行为已构成票据诈骗罪。被告人何某度在缓刑考验期内又犯新罪，依法应当撤销缓刑，与新犯的罪数罪并罚。遂判决认定被告人何某度犯票据诈骗罪，判处有期徒刑7年，并处罚金8万元；撤销某县人民法院原一审对被告人何某度以非法经营罪判处有期徒刑2年，缓刑3年，并处罚金10万元的刑事判决，决定执行有期徒刑8年6个月，并处罚金18万元；责令被告人何某度退赔被害人倪某元49万元。

一审宣判后，何某度提出上诉，辩称其没有向倪某元购买璞玉，而是帮其代售，提供的支票不是空头支票，不构成票据诈骗罪。

辩护人认为，何某度提供给倪某元的是空白支票，票据本身无效，不符合《刑法》所规定的"签发空头支票"的情形，且何某度多次提出归还倪某元璞玉，证明何某度没有非法占有他人财物的故意。

某市中级人民法院审理认为，上诉人何某度与被害人倪某元之间存在璞玉买卖关系。何某度提供给被害人的支票可在被害人签约一个月后没有获得行为人支付现金对价的情况下介入银行结算，被害人正是基于何某度提供了该张支票才交付璞玉。何某度应保证付款日期届至时支票存款账户内存有相应资金，但案发后经公安机关查明，在出具支票及支票到期日时何某度相关账户内均无对应资金。因此，何某度提供的缺少兑现必要事项的支票实为空头支票。与此同时，应认为该张支票上的金额、收款人等必要事项行为人已授权被害人补记。何某度提供不能兑现的空头支票，实质等同"签发空头支票"，其行为侵犯了国家对金融票据的管理制度和他人财产所有权，应以票据诈骗罪定罪处罚。综上，上诉人何某度签发空头支票，骗取他人财物，数额巨大，其行为构成票据诈骗罪。原判根据何某度犯罪的事实、犯罪的性质、情节和社会危害程度等所作判决，事实清楚，证据确实、充分，适用法律及定罪量刑并无不当，诉讼程序合法，遂终审裁定驳回上诉、维持原判。

本案的争议焦点在于被告人何某度出具空白支票骗取他人财物的行为，是属于《刑法》第194条第1款第4项"签发空头支票或者与其预留印鉴不符的支票，骗取财物的"情形，构成票据诈骗罪，还是属于《刑法》第224条第2项"以伪造、变造、作废的票据或者其他虚假的产权证明作担保的"情形，构成合同诈骗罪。从一、二审法院的裁判结果看，认定被告人何某度构成票据诈骗罪的主要理由为：

1."签发空头支票，骗取财物"中的支票，应具有支付结算和担保作用。根据《票据法》的规定，票据的基本用途是充当支付的工具，同时还应具有担保功能，保证基础资金关系的实现。同样，票据诈骗罪中的支票，也应具有支付结算和担保作用。本案中，被告人何某度出具给被害人的空白支票，既作为何某度和被害人基础合同的担保工具，又作为被害人不能直接取得钱款时的支付结算工具，即本案中的支票既具有担保作用也具有支付结算作用。然而，何某度通过出具该空白支票，骗取了被害人倪某元数额巨大的财物，其行为不仅侵犯了他人财产所有权，还直接侵犯了票据管理制度，故其行为构成票据诈骗罪。

2. 根据《刑法》第194条第1款第4项规定的“签发空头支票或者与其预留印鉴不符的支票，骗取财物的”情形，构成票据诈骗罪本项规定，即构成签发空头支票或者与预留印鉴不符的支票的诈骗行为，应当符合以下几个条件：(1)行为人主观上是故意的。实践中出现签发空头支票或者与其预留印鉴不符的支票的情况比较复杂，造成这种情况的原因很多。有些是由于企业内部管理不善；有些则是由于资金转让、结算等方法的原因，如有的银行、金融机构在办理结算、汇款等业务中“压单”“压票”情况比较严重，使原本按正常期限应当到账的款项被拖延，单位在这种情况下，可能会误认为钱已到账而开出空头支票。在这种情况下，行为人主观方面不具有犯罪的故意，不构成本款规定的票据诈骗罪。(2)行为人必须实施了签发空头支票或者与其预留的本人签名式样或者印鉴不符的支票的行为。这里所说的“空头支票”，是指出票人所签发的支票金额超过其付款时在付款人处实有的存款金额的支票。所谓付款人就是指签发空头支票人开立账户的银行或者其他金融机构。简言之，出票人签发的支票金额超过其在银行现有的存款金额，这样的支票就是空头支票。本项规定的签发与其预留印鉴不符的支票，就是指票据签发人在其签发的支票上加盖与其预留存在银行或者其他金融机构处印鉴不一致的财务公章或者支票签发人的名章。这里所说的“与其预留印鉴”不符，可以是与其预留的某一个印鉴不符，也可以是与所有的预留印鉴都不符。(3)行为人的目的是骗取财物，这是区分罪与非罪的界限。也就是说，要求行为人故意签发空头支票或者与其预留印鉴不符的支票。行为人的目的如果不是骗取财物，则不构成犯罪。例如，有的企业因一时资金周转不过来签发了空头支票，事后及时在账上补充资金。在这种情况下行为人主观上没有骗取财物的目的，只是违反了票据法及有关行政法规，应受到行政处罚，但不构成犯罪。本案在案发后经公安机关查明，在被告人何某度出具支票及支票到期日时何某度相关账户内均无对应资金，这充分说明了被告人开具空头支票的目的即为骗取财物。

3. 空白支票经授权补记即可成为有效票据，且出票行为视为已完成。包括支票在内的所有票据均为要式证券，而根据《票据法》第84条的规定，票面确定的金额、付款人名称、出票日期等事项又都是支票的绝对必要记载事项，支票上未记载绝对必要记载事项之一的，支票无效。《刑法》第224条第2项所称的“作废的票据”既包括《票据法》规定的过期票据和被依法宣布作废的票据，也包括无效票据。本案中，被告人何某度出具的欠缺票面金额、收款人、付款日期等事项的支票，是否属于“作废的票据”，其出票行为是否也因此而未完成，对此，需要明确本案中其出具的票据属于何种性质的票据。在作出该张支票之后授权被害人补记相关事项之前，该票据应为空白支票。所谓空白授权支票，是指出票人签名于票据之上，将票据其他应记载事项的一部分或者全部授权持票人补充的票据。欠缺法定绝对必要记载事项的票据，当属无效票据。然而，如果票据权利安全性能够得到充分保障，此时出票人完全可以在签发票据时记载不完整，而授权持票人在提示承兑或提示付款时将不完整事项补充完整。[①] 具体到本案，被告人何某度出具的支票除记

---

① 我国《票据法》承认空白授权支票。空白授权支票欠缺记载的，一般就是绝对必要记载事项。空白授权支票在补充完整之前，不具有票据效力，而在补充完整之后则成为有效票据。从这个意义上说，空白支票是未完成支票，而非不完全支票。空白支票欠缺的应记载事项系出票人有意留下的空白，留待他人补充完成。而不完全支票则是因出票人疏忽未填写完全，出票人并未授权他人补充完全，此时他人补充欠缺事项而使该支票记载事项完全的，属于对该支票的变造。出票人作出空白授权支票后授权持票人补充，持票人因而获得对票面未记载事项的补充权或填充权。该项权利指补充或填充欠缺的应记载事项而使空白支票成为完成支票的权利。持票人有权依照出票人的授权以自己认为适当的文义将票面事项补充完成。可见，持票人的补充权或填充权为形成权。

载有出票人签章外，出票日期、金额、收款人、密码等事项均为空白。如果何某度未授权被害人补充完整空白事项，则该支票为无效票据自无异议。然而，被告人与被害人的书面协议表明，何某度已经授权被害人将支票欠缺事项补充完整，被害人享有相应的补充权或填充权。根据《票据法》第 85 条的规定，支票上的金额可以由出票人授权补记，未补记前的支票，不得使用。同时根据《票据法》第 86 条第 1 款的规定，支票上未记载收款人名称的，经出票人授权，可以补记。出票人的授权可以为明示行为，亦可不另外授权，在票据上签名并交付票据，就是授权的明示。本案被告人何某度已授权被害人补记相关事项，在经行为人授权被害人补记相关应记载事项后，该支票即成为有效票据，而非“作废的票据”。

支票的出票，是指在银行或者其他金融机构开立支票存款账户的人，依照《票据法》的规定作成支票并交付收款人的票据行为。在空白授权支票补记完成后，出票行为也应视为已完成。结合本案，在未授权被害人补记该支票之前，出票行为未完成，因为出票人未作成支票。作成支票要求出票人须按规定记载支票的必要记载事项。在实质上授权被害人补记完整支票上的必要记载事项之后，出票人已做成该支票，出票行为视为已完成。因此，补充记载事项的票据，效力与完全出票相同。

本案中的支票为加密支票，尽管可以认为已授权被害人补记相关事项，但支票密码在未告知被害人的情况下，被害人是无法补记完成的，而被害人如不知晓出票人设定的密码，则依然无法获取相应资金。欲使空白支票成为有效票据并使有瑕疵的出票行为最终完成，必须将空白的绝对必要记载事项补充完成。根据《票据法》第 84 条的规定，支票必须记载的事项包括：(1)表明“支票”的字样；(2)无条件支付的委托；(3)确定的金额；(4)付款人的名称；(5)出票日期；(6)出票人签章。在这些绝对必要记载事项中，并不包括支票密码。因此，如果在一张加密支票上密码未填写而其他绝对必要记载事项已填写完整，则并不影响该支票的有效性和出票行为的最终完成。持票人是否能最终取得票面金额与该票据的有效性和出票行为的最终完成并不具有必然联系。

4. 签发的空白支票经授权补记成为有效票据后，同时符合空头支票相关规定的，实质上等同于“签发空头支票”。行为人作出空白支票并授权被害人补记绝对必要记载事项之后，该空白支票就具备了完全效力，签发行为也视为已完成。此时，如果该支票符合《票据法》第 87 条的规定，则该支票为空头支票，签发该支票的行为视为签发空头支票。①

司法实践中如何判断出票人签发的支票金额超过其付款时在付款人处实有的存款金额，及如何判断为空头支票。应重点注意，对空头支票的判断，不能简单地看出票人出票时所签发的票面金额与其在付款人处实有的存款金额是否一致，而应以出票人在付款期限内是否向持票人实际付款为准，如果出票人出票时在付款人处没有票面金额对应钱款或对应钱款不足，但只要出票人在付款期限内向持票人实际支付了票面金额对应钱款，就不能以签发空头支票来认定。结合本案，被告人何某度出具的空白支票经授权被害人补记完整后成为有效票据，签发行为业已完成，但付款期限届至前后，该支票存款账户中仍无对应资金。故此时，该支票符合空头支票的特质，应认定为空头支票，签发该支票的行为可同时认定为签发空头支票。即使行为人在签发支票

---

① 根据《票据法》第 87 条的规定，出票人签发的支票金额超过其付款时在付款人处实有的存款金额的，为空头支票。空头支票为有效票据。因为虽然行为人出具了一张空头支票，但当事人之间的票据权利义务关系依然存在，票据权利义务关系的效力独立于票据基础关系的效力，基础关系无效或有瑕疵并不必然影响票据权利义务关系的效力，支票自身的效力可与支票的基础资金关系相分离，空头支票并不因基础资金关系的瑕疵而当然无效。实际上，只要支票上的记载事项和签章等形式要件符合法定要求，即使是空头支票也应认定为有效票据。空头支票是有效票据，那么符合支票法定形式要件的有效票据如果同时具备《票据法》第 87 条规定的情形，则可认定为空头支票。而签发该支票的行为则可认定为签发空头支票。

时明知对应账户内没有资金或资金不足，但只要出票人事后补足存款金额从而使持票人在付款期限届至时获得票面金额，支票关系就没有被破坏。

综上，本案中被告人何某度出具空白支票骗取他人财物的行为，其实质就是签发空头支票骗取他人财物，且数额巨大，人民法院对其以票据诈骗罪定罪处罚是正确的。

215. 以炒股理财方式非法集资应如何定罪

以炒股、委托理财等方式采取欺骗方法非法集资，具有非法占有目的，达到数额较大标准的，应以集资诈骗罪定罪处罚。

司法实例

施某安集资诈骗案

2012年5月，被告人施某安与某市某商贸有限公司（以下简称商贸公司）法定代表人陈某宁约定，施某安借用该公司的名义对外开展业务活动，所产生的债权债务一概由施某安承担。2012年9月7日，施某安以商贸公司的名义与北京博庭科技发展中心签订《软件定制合作协议》，施某安要求该中心更改飞狐交易师证券分析决策系统的软件名称、软件图标和启动界面，在此基础上制作出100套名为“赚钱就好”的软件，施某安向该中心支付软件定制费5.90万元。

2014年，被告人施某安因个人经营证券而造成亏空并外负巨额债务。2014年年初至2015年4月，施某安通过互联网相关网站、手机短信、微信等途径，向社会公开宣传其研发出“天天赚”“炒股只赚不赔”的软件，承诺给付月息5%～10%的高额回报，先后用多家公司的名义，以委托炒股协议、合作理财协议及借款合同的形式吸收本市及周边县市社会公众张某梅、岳某夏等103人资金共计3218.60万元。施某安将上述款项用于支付高额利息、偿还个人债务以及填补期货交易的长期亏损，造成共计2220.83万元无法偿还。

某市人民法院审理认为，被告人施某安以非法占有为目的，使用诈骗方法非法集资，骗取他人财物，数额特别巨大并且给人民利益造成特别重大损失，其行为已构成集资诈骗罪。根据被告人犯罪的事实、性质、情节和对社会的危害程度，遂依照《刑法》第192条等有关规定判决认定被告人施某安犯集资诈骗罪，判处有期徒刑15年，并处罚金40万元；扣押在案的作案工具，予以没收；责令被告人施某安退赔犯罪所得，发还被害人。

一审宣判后，被告人施某安提出上诉。某市中级人民法院裁定驳回上诉，维持原判。

1. 关于本案被告人行为性质的认定。根据《刑法》第192条集资诈骗罪的罪状表述，认定集资诈骗犯罪必须具有三个条件：以非法占有为目的、使用诈骗方法、非法集资。在具备三个条件的情况下，根据犯罪数额的大小对被告人在不同的量刑幅度内量刑。

（1）被告人实施了典型的非法集资行为。一是具有非法性特征。国家金融法律明确规定了禁止从事吸收资金的行为，同时规定了开展融资业务的具体申请、批准流程。本案被告人施某安未经任何金融部门的批准即以多家公司的名义吸收资金。二是具有公开性特征。施某安通过互联网相关网站、手机短信、微信及口口相传等途径，向社会公开宣传。三是具有利诱性特征。施某安均在协议、借条中明确约定给付月息5%～10%的高额回报，并载明“如甲方（施某安）炒股亏损，自愿变卖其具有所有权的全部财产偿还”。此约定明显与其炒股、理财等投资行为自负盈亏一般原则不符，显然是以高额回报为诱饵吸引公众集资。四是具有社会性特征。本案103名集资人，绝大多数不认识施某安。

(2)被告人在非法集资过程中使用了典型的诈骗方法。在案证据证实,施某安所谓的“天天赚”软件只不过是软件研发公司应施某安的要求对某类似软件外壳的更改、包装,并不具有且不可能具有施某安宣传的“只赚不赔”等功能,同时施某安在自身因生意严重亏损负有巨额外债的情况下,还夸大自身资产作为偿还集资人集资款保证,故可以认定施某安使用了虚构软件性能、夸大自身资产等诈骗方法。

(3)被告人主观上具有非法占有的目的。根据司法实践,对于行为人通过诈骗的方法非法获取资金,造成数额较大资金不能归还,并具有下列情形之一的,可以认定为具有非法占有的目的:一是明知没有归还能力而大量骗取资金的;二是非法获取资金后逃跑的;三是肆意挥霍骗取资金的;四是使用骗取的资金进行违法犯罪活动的;五是抽逃、转移资金,隐匿财产,逃避返还资金的;六是隐匿、销毁账目,或者搞假破产、假倒闭,逃避返还资金的;七是其他非法占有资金,拒不返还的行为。施某安在明知自己没有归还能力的情况下使用诈骗方法募集资金,且募集资金后将收到的前期资金偿还个人债务以及填补期货交易的亏损,后期资金用于支付前期高额利息,属于明知无偿还能力而大量骗取资金,可以认定其主观上具有非法占有的目的。综上,被告人施某安的行为符合集资诈骗罪的三个条件,依法应认定为集资诈骗行为。

2. 关于本案被告人诈骗的方法。《刑法》第192条所规定的“使用诈骗方法非法集资”,是指行为人以非法占有为目的,通过编造谎言、捏造或者隐瞒事实真相等欺骗的方法,骗取他人资金的行为。不论其采取什么欺骗手段,实质都是为了隐瞒事实真相,诱使公众信以为真,错误地相信非法集资者的谎言,以达到其进行非法集资进而非法占有集资款的目的。本案被告人其实根本不懂炒股,只不过是其在期货生意严重亏本后未弥补巨额亏空而挖空心思想出的骗财之道。其正是利用了绝大多数股民根本不懂炒股而期望发财的心理和谎称只赚不赔的炒股神器,使众多股民深陷其中。现实生活中,根本不存在也不可能有人能发明出只赚不赔的炒股软件,被告人的作案手段显然系典型的诈骗方法。

3. 关于本案被告人犯罪数额的认定。在非法集资犯罪案件中,认定集资数额、返还数额以及损失数额往往是司法实践中的难点问题。本案没有进行审计,虽被告人施某安对于书证理财协议、借条等均予认可,但其中是否存在利息转存以及如何认定归还利息数额仍需查明。综合被告人的供述、被害人的陈述以及相应书证等证据材料,采用了有利于被告人的原则,对犯罪数额进行了核对、统计,确定了案件集资数额、返还数额以及损失数额。

综上,本案一、二审法院对本案被告人施某安的定罪准确、量刑适当。

216. 既有特定对象又有不特定对象时集资数额如何确定

行为人既向亲友又向社会公众吸收资金,此时行为人将亲友视如社会公众,行为人对亲友具有了集资的概括故意,其向亲友所筹资金也属于非法集资款项,其集资数额应计入非法吸收公众存款的总额。

司法实例

韩某泉非法吸收公众存款案

2012年至2018年,被告人韩某泉以承包建筑工程施工垫资及养殖场扩大经营规模等需要资金周转为由,采取以支付高息为手段,以承诺还本付息为方法,通过口口相传的方式,以借款的形式向158名集资参与人吸收资金共计5296.5万元。2019年4月20日,韩某泉主动到当地公安机关投案,如实供述了向社会公众吸收资金的全部事实。

某县人民检察院对被告人韩某泉以涉嫌犯非法吸收公众存款罪提起

公诉。

某县人民法院审理认为，被告人韩某泉违反国家金融管理法律规定，以承诺高息并还本付息的方式，向社会公众吸收资金，扰乱金融秩序，数额巨大，其行为构成非法吸收公众存款罪。韩某泉投案自首有法定从轻情节，依法可对其从轻处罚。遂判决认定被告人韩某泉犯非法吸收公众存款罪，判处有期徒刑4年，并处罚金20万元。

一审宣判后，被告人韩某泉不服，以其向25名亲友所吸收的资金共965万元不属于非法集资款项，应当从一审法院认定的5296.5万元中减掉为由提出上诉。

某市中级人民法院审理认为，韩某泉虽向部分亲友吸收了资金，但现有证据证明其通过这些亲友向社会发布信息吸收了大量社会不特定人员的资金，原判认定韩某泉非法吸收公众存款数额符合法律规定。遂裁定驳回上诉，维持原判。

本案争议焦点是：如果韩某泉的158名集资参与人中确实包含其部分亲友，其向这些亲友所吸收的资金是否应当计算为其非法集资的犯罪数额。在法院审理本案中，对此存在两种意见：一种意见认为，根据《非法集资解释》第1条第2款的规定，该笔款项不应属于韩某泉的犯罪数额。另一种意见认为，《非法集资意见》第2条、第3条结合起来看，只要除亲友外，还向其他社会公众吸收了资金，此时行为人具有向社会公众吸收资金的概括故意，向亲友所吸收的资金也属于非法集资犯罪数额。

需要说明的是，《非法集资解释》第3条规定：非法吸收或者变相吸收公众存款，具有下列情形之一的，应当依法追究刑事责任：(1)非法吸收或者变相吸收公众存款数额在100万元以上的；(2)非法吸收或者变相吸收公众存款对象150人以上的；(3)非法吸收或者变相吸收公众存款，给存款人造成直接经济损失数额在50万元以上的。非法吸收或者变相吸收公众存款数额在50万元以上或者给存款人造成直接经济损失数额在25万元以上，同时具有下列情节之一的，应当依法追究刑事责任：(1)曾因非法集资受过刑事追究的；(2)二年内曾因非法集资受过行政处罚的；(3)造成恶劣社会影响或者其他严重后果的。

一、二审法院对于本案的处理，支持第二种意见，主要理由为：

1.《非法集资解释》和《非法集资意见》中的“亲友”或“单位内部人员”应指关系紧密的人。《非法集资解释》第1条第2款规定，未向社会公开宣传，在亲友或者单位内部针对特定对象吸收资金的，不属于非法吸收或者变相吸收公众存款。根据《非法集资意见》第3条的规定，在向亲友或者单位内部人员吸收资金的过程中，明知亲友或者单位内部人员向不特定对象吸收资金而予以放任的；或者以吸收资金为目的，将社会人员吸收为单位内部人员，并向其吸收资金的，不属于《非法集资解释》第1条第2款规定的“针对特定对象吸收资金”的行为，应当认定为向社会公众吸收资金。《刑法》所规定的近亲属，包括父母、配偶、子女、同胞兄弟姐妹，理应属于《非法集资解释》和《非法集资意见》中“亲友”的主要组成部分；而其他亲属或者朋友、单位内部人员，如果他们还同时符合以下关系紧密的特点，这部分人员也可以认为是《非法集资解释》和《非法集资意见》中的“亲友”或者“单位内部人员”：与行为人日常交往密切、交往基础扎实、持续时间较长、知晓行为人与集资相关的真实信息、基于亲情或友情而非基于投资获利而借钱等。且《非法集资解释》为最高人民法院2010年发布，《非法集资意见》为最高人民法院、最高人民检察院、公安部2014年发布，《非法集资意见》对《非法集资解释》又做了必要的说明或解释。因此《非法集资意见》所规定的内容更具指导性。

2. 仅向亲友或单位内部人员吸收资金不构成非法集资犯罪。如果行为人仅向上述亲友或者单位内部人员宣传相关吸收资金信息并客观上吸收了他们的资金，根据《非法集资解释》第1条和《非法集资意见》第2条、第3条的规定,此时行为人并没有非法集资的主观故意和客观行为。在行为性质的认定上,可以归结为两种情形:一种是行为人主观上具有非法占有亲友或单位内部人员等特定对象财物的故意,客观上实施了虚构事实和隐瞒真相等手段骗取对方财物,此时其行为构成诈骗罪;另一种是行为人将所借资金用于生产经营等正常活动,主观上不具有非法占有不特定对象财物的故意,行为人与不特定对象之间形成的是民间借贷关系,双方的行为应当由民法调整,不宜作为刑事案件处理。

3. 既向亲友或单位内部人员又向社会公众吸收资金时犯罪数额的认定。行为人从特定对象处获得的集资款仍然属于非法集资犯罪数额,主要理由是:从行为人非法集资的主观故意上来看,如果集资对象中既有特定对象又有不特定对象,无论这些不特定对象是否如《非法集资意见》第2条、第3条第1项所述,是通过行为人放任其亲友或者单位内部人员向外传播集资信息并向外吸收资金而来,还是通过行为人自己亲自或主动要求其亲友等人向外传播集资信息并向外吸收资金而来,均表明行为人主观上没有将集资范围严格限定在特定对象上的故意,而其主观上所占据主导地位的恰恰是向社会公众等所有人吸收存款的概括故意。此时,不论是亲友或单位内部人员,还是社会公众等不特定对象,均是行为人在上述同一个犯意支配下非法吸收存款行为所指向的对象,此时的亲友或单位内部人员与其他社会公众等不特定对象的地位和属性,在行为人看来是相同的,都是包括在“社会公众”范畴内。因此,行为人向亲友和单位内部人员所吸收的资金也应该属于行为人非法集资的犯罪数额。

4. 司法实践中关于非法集资类案件犯罪数额认定应注意的几个问题。在非法集资或非法吸收公众存款案件中,数额不仅是定罪的依据,也是量刑的依据,同时也是认定追缴返还的依据,因此犯罪数额必须明确具体,逐笔算清,该审查减除的数额应予减除。实践中常见的影响犯罪数额认定的几个问题:

(1)仅有借条及被害人陈述无法准确证明犯罪数额。欲证明集资或借款金额及集资款或借款是否存在,必须提供借款已实际给付的证据,民事案件尚且有明确的要求,何况刑事案件,证明标准应当更严于民事案件,应达到确实、充分并排除合理怀疑的程度。如通过银行转账向被告人支付,则应提供相关转账记录;如通过现金给付,则应当提供收据或其他能证明已经给付的证据。如仅有借条及被害人陈述,而被告人不认可,又无其他证据予以佐证,是否计入犯罪金额应当十分审慎。

(2)案发前已经归还的数额,不应当计入犯罪数额。非法集资类犯罪属于目的犯,应当从非法占有的目的来认定是否为诈骗,归还行为恰恰表明被告人对这部分资金没有非法占有的目的,被害人的财产也未受损,因此对于已归还的数额不应当计入。对于此,《非法集资解释》第8条第3款已经作出了明确规定。

(3)案发前已支付的利息,原则上应当扣除。根据《非法集资解释》第8条规定:行为人为实施集资诈骗活动而支付的利息,除本金未归还可予折抵本金以外,应当计入诈骗数额。被告人在犯罪既遂后支付利息并非犯罪手段,被告人支付利息正说明其没有非法占有的目的,而且被害人的该部分财产并没有受到损失,因此不应当计入犯罪数额。

(4)复利部分应当扣除。复利是指行为人在借款到期后,暂不支付借款人利息,而是将利息计入本金重新签订协议,本金与约定的利息重新计算,再形成新的数额。从非法集资类犯罪的对象来看,应当是被害人实际支付的数额,也就是财物受损的数额,而不包含其应当得到的回报。从双方主体来看,利息是借款人支付的数额而非出借人支付。因此重新签订协议中的“利息”部分应当予以扣除,司法实践中一般也是如此认定。

综上，本案中，被告人韩某泉的集资对象既包含亲友等特定对象，也包括社会上的其他不特定对象，其所有集资款均应当认定为非法集资数额。故本案一、二审法院裁判认定事实清楚，适用法律正确。

217. 如何理解非法吸收公众存款与集资诈骗两罪的主要区别

主观上是否具有非法占有目的是区分集资诈骗罪与非法吸收公众存款罪的关键。行为人将非法集资的大部分资金用于生产经营，少部分资金用于个人高档消费，在未超出预期收益的情况下，不应认定为挥霍，不能据此认定行为人主观上具有非法占有目的，从而认定其构成集资诈骗罪。

司法实例

卞某森、支某秀集资诈骗、非法吸收公众存款；支某赣等非法吸收公众存款案

2009年3月，被告人卞某森、支某秀夫妇成立某信用担保有限公司，经营范围为贷款、票据承兑、贸易融资三项担保等。2010年上半年至2013年8月，卞某森、支某秀以投资温州民诚信用担保有限公司为幌子，以月息2%～3%为诱饵，通过口口相传的方式，先后向万某化、高某芝、展某梅等100余名被害人非法吸收存款达41，989.60万元，并将非法吸收的资金用于高利转借给他人，投资房产、企业，支付借款利息及用于个人、家庭消费等。其间，被告人支某赣明知卞某森、支某秀非法吸收公众存款，仍吸收并转给卞某森、支某秀资金1576万元。被告人郄某艳（2010年上半年至2013年8月）、尹某卿（2010年上半年至2013年8月）、查某巧（2012年9月至案发）、周某静（2009年8月至2012年8月）明知卞某森、支某秀非法吸收公众存款，仍受聘以月工资2000～3000元，先后在公司内担任会计或出纳，在不同的岗位上为卞某森、支某秀夫妇非法吸收公众存款提供帮助，其中查某巧参与非法吸收公众存款7304万元，周某静参与非法吸收公众存款1985万元。2013年8月，卞某森、支某秀因资金链断裂，致使万某化、高某芝、展某梅等89户共计12，062.56万元资金无法归还。

2011年开始，被告人卞某森、支某秀将上述部分非法吸收的资金用于个人及家庭享受，其中以178万元购买了保时捷轿车一辆（登记于支某秀名下）、以320万元购买了奔驰轿车一辆，并从国内外购买了名贵手表数只、黄金制品若干。2013年8月，卞某森、支某秀夫妇出现资金周转困难。为偿还债务，二人将奔驰轿车、保时捷轿车卖掉还债，并将所购置的名贵手表予以抵债、典当，其中一只以100万元的价格抵债给被害人万某化，另外多只以140万余元的价格予以典当。典当所得中的80万元用于还债，另60万元用于其子女国外费用。2015年1月，卞某森、支某秀夫妇因无力偿还债务而逃离。

2015年2月8日，被告人郄某艳被公安机关抓获归案；同月9日，被告人支某赣被公安机关抓获归案；同年3月27日，被告人卞某森、支某秀在越南被抓获并引渡归案；同年5月14日，被告人尹某卿向公安机关投案，并如实供述了主要犯罪事实；同年7月29日，被告人周某静、查某巧分别经公安机关电话通知到案，并如实供述了主要犯罪事实。

某市某区人民法院于2017年5月11日作出一审刑事判决：认定被告人卞某森犯非法吸收公众存款罪，判处有期徒刑8年，并处罚金40万元；犯集资诈骗罪，判处有期徒刑13年，并处罚金30万元，决定执行有期徒刑19年，并处罚金70万元。被告人支某秀犯非法吸收公众存款罪，判处有期徒刑6年,并处罚金30万元;犯集资诈骗罪,判处有期徒刑10年,并处罚金20万元,决定执行有期徒刑14年,并处罚金50万元。被告人支某赣犯非法吸收公众存款罪,判处有期徒刑3年6个月,并处罚金15万元。被告人郄某艳、尹某卿、查某巧、周某静犯非法吸收公众存款罪,分别判处有期徒刑1年至6个月,缓刑1年6个月至1年,并处罚金2.50万元至2万元。责令被告人卞某森、支某秀退赔被害人共计12,062.56万元;被告人支某赣对其中的1576万元负连带责任。

一审宣判后,被告人卞某森、支某秀、支某赣均不服,提出上诉。卞某森、支某秀上诉均称,其不具有非法占有的目的,不存在挥霍行为,亦未使用集资款购买奢侈品,集资款无法返还系其投资失误、大部分债权无法收回所致,原判认定其构成集资诈骗罪不当,要求二审予以改判。

某市人民检察院出庭意见认为,豪车、名表属于奢侈品,所花费的730万元数额也属较大,应认定为挥霍行为,且被告人购买豪车亦是为显示自己担保公司的实力,可见其具有非法占有的目的,一审认定卞某森、支某秀构成集资诈骗罪并无不当。

某市中级人民法院审理认为,上诉人卞某森、支某秀将吸存的4亿余元资金主要用于可获得回报的项目,其将730万元用于高档汽车和名贵手表消费时,在未超出预期收益的情况下,不应认定为挥霍;且卞某森、支某秀在资金周转困难后,将汽车变卖还债,将手表抵债或典当,之前用于购买汽车、手表的相应数额不应认定为被其非法占有,可见卞某森、支某秀的行为不符合集资诈骗罪的构成要件,故卞某森、支某秀提出不构成集资诈骗罪的意见,予以采纳。依照《刑法》《刑事诉讼法》的相关规定,遂终审判决:维持一审判决第三、四、五、六、七、八项。撤销一审判决的第一、二项。上诉人卞某森犯非法吸收公众存款罪,判处有期徒刑8年,并处罚金40万元。上诉人支某秀犯非法吸收公众存款罪,判处有期徒刑6年,并处罚金30万元。

在本案一、二审审理过程中,对被告人卞某森、支某秀将少量集资款用于购买高档汽车和名贵手表的行为能否认定为集资诈骗罪,合议庭及审委会始终存在较大争议。对非法吸收公众存款均无异议,主要集中在是否还认定为集资诈骗罪。一种意见认为,被告人卞某森、支某秀将集资款用于购买高档汽车和名贵手表,从价值上看,购买的高档汽车已经超出了正常的经营所需,购买的名表虽存在保值增值的可能,但主要是为了自用,可见二被告人存在肆意挥霍集资款的行为,应认定主观上具有非法占有的目的,故构成集资诈骗罪。另一种意见认为,一审在整个非法吸收的存款中分出一小部分金额作为集资诈骗罪认定,逻辑上存在矛盾。被告人在资金实力尚可的情况下,适当的高消费不宜一概认定为肆意挥霍,何况被告人在资金链断裂后,积极将所购高档汽车及名贵手表用于抵债或典当还债,可见其主观上具有非法占有目的的证据不够充分,故不构成集资诈骗罪。

一审判决最终同意了第一种意见,二审判决则同意了第二种意见,从二审法院判决看,其裁判的主要理由为:

1. 区分集资诈骗罪与非法吸收公众存款罪的关键是主观上是否具有非法占有目的。作为涉众型经济犯罪,非法吸收公众存款罪与集资诈骗罪具有许多相似之处。从犯罪构成要件上看,行为人主观上是否具有非法占有的目的,客观上有无实施虚构事实、隐瞒真相骗取集资款的行为是两罪的主要区别之处,其中非法占有目的又是区分两罪的关键。司法实践中,如何理解把握集资诈骗罪的主观方面构成要件即非法占有目的。一是从时间节点上看,非法占有目的存在于行为人实施非法集资行为之前,或产生于行为人实施非法集资行为之时,不能将行为人事后产生的非法占有目的溯及行为人行为时,否则相当于承认了存在事后的非法占有目的,有违主客观相统一原则和行为与责任同时存在原则。也就是说集资诈骗罪必须要求行为人在具有非法占有目的的同时,虚构事实、隐瞒真相,使他人陷入错误之后自愿处分财产,即行为人实施欺诈行为必须在非法占有目的的支配下。二是刑法上的非法占有应有别于民法上的非法占有,虽然两者都是指行为人对财物事实上的支配和管理,但前者意图改变的是财物的所有权,后者意图改变的仅是财物的占有状态。换言之,在认定集资诈骗罪非法占有目的时,不仅要看行为人是否有通过自己的欺诈行为非法控制他人资金的意图,还要看其是否具有将所骗集资款据为己有的永久意图。具体到本案,被告人卞某森、支某秀于 2011 年分别以 178 万元的价格购买保时捷轿车 1 辆,以 320 万元的价格购买奔驰轿车 1 辆,而现有证据无法证实二被告人购买名贵手表的时间和价格以及二被告人出现资不抵债的时间界限。二被告人在 2013 年出现资金周转困难后,将高档汽车变卖还债,将名贵手表抵债或典当还债,是对集资款进行返还的具体表现,难以认定二被告人主观上具有非法占有集资款的目的。此外,一审判决在本案整个非法吸收的公众存款中提出一小部分金额作为集资诈骗罪来认定,逻辑上存在矛盾。在现有证据无法查清卞某森、支某秀用于购买汽车和手表的 730 万元资金来源的情况下,如认定源于被告人的自有资金,显然不构成集资诈骗罪;如认定源于非法吸收的公众存款,显然原判应将该部分数额在非法吸收的公众存款数额中予以扣除。何况,即使认定该 730 万元源于非法吸收的公众存款,也应当查清楚究竟源于哪一笔(事实上已无法查清),因为被告人对同一笔借款不可能既具有非法占有的目的,同时又不具备非法占有的目的。一审在非法吸收的存款中将一小部分金额认定为集资诈骗罪,显然是判决中存在这种逻辑上的矛盾。

2. 司法实践中如何正确认定集资诈骗罪中的非法占有目的。非法占有目的作为行为人的一种主观意图,蕴藏于行为人的客观行为之中。具体到案件审理中,在被告人不主动供述的情况下,只能借助于外在的客观情形加以推定这种主观意图。《非法集资解释》第 7 条列举了八种可以认定为非法占有目的的情形。从内容上看,构成集资诈骗罪的情形无不立足于无法返还或拒不归还集资款上。但在具体司法个案中,在无法归还集资款的情况下,不能单从无法返还这一事实本身推断行为人主观上具有非法占有目的,否则易混淆非法吸收公共存款罪与集资诈骗罪的界限。

根据司法实践经验,应当根据集资后资金的总体运用方式来认定行为人是否具有非法占有目的。如果行为人集资后携款潜逃或者全部挥霍,当然应当认定具有非法占有目的,但实践中情形绝非如此简单。如行为人集资后将部分集资款用于生产经营,部分集资款用于消费或偿债,此种情形下,如何判断行为人主观上是否具有非法占有目的。2001 年 1 月 21 日最高人民法院《全国法院审理金融犯罪案件工作座谈会纪要》指出,"行为人将大部分资金用于投资或生产经营活动,而将少量资金用于个人消费或挥霍的,不应仅以此便认定具有非法占有的目的"。如果行为人将大部分资金用于生产经营,用于消费的少量资金未超出预期收益,即使事后因经营失败无法归还集资款,也不能据以认定具有非法占有的目的。

具体到本案,卞某森、支某秀集资金额达数亿元之多,主要用于高利转借给他人、投资本地及外地房产、国企电力建设、关系民生项目的制药企业及支付借款利息,少部分用于个人及家庭消费,在其消费 730 万元未超出预期收益的情况下,不应认定为挥霍,故卞某森、支某秀不构成集资诈骗罪。本案二审判决对一审的改判是正确的。

218. 如何区分信用卡透支的善意透支与恶意透支

区分善意透支与恶意透支的关键在于持卡人主观意志内容的不同,主观上不具有非法占有银行资金目的的是善意透支,否则便是恶意透支。恶意透支属于信用卡诈骗罪的一种类型,持卡人以非法占有为目的,超过规定限额或者规定期限透支,并且经发卡银行两次有效催收后超过3个月仍不归还的,即属于恶意透支。恶意透支数额较大的(1万元为起点),应按照信用卡诈骗罪定罪处罚。

司法实例

莫某晨信用卡诈骗案

2016年10月,被告人莫某晨在建行某县支行办理了一张信用额度为100,000元的信用卡。2016年10月至12月,莫某晨持该信用卡多次透支共计38,790元用于日常生活、旅游等开销。到期后建行通过多种方式多次催收,莫某晨仍不归还。在公安机关立案侦查期间,莫某晨通过家属于2017年11月28日偿还了全部透支款本息和相关费用共计53,530.2元。

某县人民检察院以涉嫌犯信用卡诈骗罪对被告人莫某晨提起公诉。

本案的案情比较简单,但关于案件的定性,某县人民法院在案件审理中产生分歧:一种意见认为,被告人莫某晨使用一张信用卡,共透支高达38,790元,已达到了犯罪数额的标准,且透支超过银行的规定期限不返,经多次催收后仍不归还,其行为符合信用卡诈骗罪的条件,构成信用卡诈骗罪。另一种意见认为,被告人莫某晨使用一张信用卡透支,主观上具有"恶意",总透支达到38,790元,表面上符合信用卡诈骗罪的构成要件,但由于使用的是一张信用卡,信用卡透支款是多次透支,不是一次透支数额,不符合此罪的立法初衷,故不构成信用卡诈骗罪。

某县人民法院审理认为,被告人莫某晨以非法占有为目的,违反信用卡管理法规,恶意透支38,790元,数额较大,其行为已构成犯罪。案发后,被告人亲属积极偿还透支银行全部本金利息及相关费用,被告人莫某晨认罪悔罪,考虑对被告人宣告缓刑对所居住社区没有重大不良影响,遂判决认定被告人莫某晨犯信用卡诈骗罪,判处有期徒刑1年4个月,缓刑2年,并处罚金20,000元。判决已生效。

本案一审法院、公诉机关认同第一种意见,主要理由为:

1. 关于信用卡诈骗罪。信用卡是银行或者信用卡公司发给用户(包括单位和个人)用于购买商品、取得服务或者提取现金的信用凭证。信用卡在经济活动中主要具有转账结算、消费信贷、自动取款等功能。以信用卡为凭证,持卡人可以在暂不支付现金的情况下先得到某项商品或服务,进行消费活动。由于信用卡的使用以持卡人的个人信用为基础,这就决定了信用卡业务具有较高的风险性。信用卡作为一种大众化的支付工具,流通范围广、环节多,任何一个环节出现问题,都有可能给发卡机构或者特约商户带来损失,或者造成经济损失。利用信用卡进行诈骗活动,更容易对金融机构和社会公众的利益造成严重损失,对金融机构的信誉和金融秩序造成严重破坏。

根据我国《刑法》第196条规定,信用卡诈骗罪是指以非法占有为目的,违反信用卡管理法规,利用信用卡进行诈骗活动,骗取财物数额较大的行为。本罪客观方面的具体表现有四种:一是使用伪造的信用卡,或者使用以虚假的身份证明骗领的信用卡的;二是使用作废的信用卡的;三是冒用他人信用卡的;四是恶意透支信用卡的。这里规定的"透支"是指在银行设立账户的客户在账户上已无资金或者资金不足的情况下,经过银行批准,以超过其账上资金的额度支用款项的行为。信用卡基本上都有透支功能,只有持卡人恶意透支,数额较大的,才构成本项规定的犯罪。本条第2款对恶意透支的含义进行了解释。

2. 关于善意透支与恶意透支的区分。善意透支是指信用卡持卡人在信用卡资金不足或者已无资金时,根据发卡银行的信用卡章程或者得到发卡银行的批准,超过自己的信用卡账户内资金余额支取款项，并且在规定的时间内归还本息的行为。善意透支必须同时符合以下两个基本条件：(1)在发卡银行信用卡章程规定的或者发卡银行授权的限额内。(2)在规定的时间内归还本息。恶意透支是指持卡人以非法占有为目的，超过规定限额或规定期限，并且经发卡银行催收无效的透支行为，属于信用卡诈骗的犯罪行为。恶意透支的两个限制条件：一是发卡银行的两次有效催收；二是超过3个月没有归还。

善意透支是与恶意透支相对而言的概念，是一种不具有非法占有目的的透支，可以分为合法的善意透支和不当的善意透支两种：合法的善意透支是指持卡人遵照信用卡章程和有关协议的规定，在规定的限额和规定的期限内透支，并按时偿还透支款和透支利息的行为；不当的善意透支是指持卡人虽然超越了信用卡章程及有关协议规定的限额或者期限透支，但行为人主观上并不具有非法占有的目的，在银行催收后能够及时归还透支款和透支利息的行为。恶意透支是一种故意的违法行为，根据其危害性程度的不同，可以将其分为两类，即违规性的恶意透支和犯罪性的恶意透支。

(1)司法实践中，区分善意透支与恶意透支的关键在于主观意志内容的不同，主观上不具有非法占有银行资金目的的是善意透支，否则便是恶意透支。恶意透支属于信用卡诈骗罪的一种类型，持卡人以非法占有为目的，超过规定限额或者规定期限透支，并且经发卡银行两次有效催收后超过3个月仍不归还的，即属于恶意透支。客观上是否超过限额、期限透支，透支后经银行催收是否归还等只是认定行为人主观意志内容的表征，只是便于外在、直观地认定行为人主观上的非法占有目的，而不具有决定性意义。如果因为没有收到银行的催款通知或者其他的催款文书，而没有按时归还的行为，不属于恶意透支。恶意透支数额较大的(1万元为起点)，处5年以下有期徒刑或者拘役，并处2万元以上20万元以下罚金；数额巨大(10万元为起点)或者有其他严重情节的，处5年以上10年以下有期徒刑，并处5万元以上50万元以下罚金。

(2)善意透支与恶意透支的本质区别还在于行为人具有不同的主观故意。二者在客观表现上虽然都造成了透支，但善意透支的行为人是为了先用后还，届时将归还透支款和利息；恶意透支的行为人是为了将透支款占为己有，根本不想偿还或者没有能力偿还，因此在行为上表现出千方百计地逃避有关部门的催收。

本案被告人莫某晨在使用信用卡透支了38,790元后，银行的工作人员在2017年1月起通过挂号邮件、电话通知、上门等多种方式多次催收其还款，但其超过3个月后仍逾期不还，已经属于恶意透支，综观本案，莫某晨持有信用卡，大量透支银行款，经发卡银行的多次催收，超过3个月仍不归还，其行为性质符合“以非法占有为目的”的恶意透支情形，其行为已构成信用卡诈骗罪，应当以信用卡诈骗罪追究刑事责任。

综上，一审法院认定被告人莫某晨犯信用卡诈骗罪，判处有期徒刑1年4个月，缓刑2年，并处罚金20,000元的判决是正确的。

219. 如何把握恶意透支型信用卡诈骗犯罪数额认定与定罪标准

对于持卡人的逾期还款行为及持卡人还款期间是否具有非法占有目的，应结合持卡人逾期还款行为及主观因素综合考虑持卡人是否构成犯罪；恶意透支型信用卡诈骗犯罪的数额应为持卡人着手实行犯罪开始至银行经两次催收的时间区间内，持卡人尚欠信用卡的数额应当减去复利、手续费和滞纳金的数额。

司法实例

刁某锁信用卡诈骗案

2012年3月至2014年2月，被告人刁某锁在某市一家民生银行支行，申请办理了一张民生信用卡，并多次用此卡刷卡消费，累计欠款共计51,580余元，后经民生银行两次催收后超过3个月不归还。2014年2月27日，被告人刁某锁被某市某区公安分局抓获。案发后被告人刁某锁的家属已将全部欠款本金利息及相关费用归还并取得被害单位的谅解。

某市某区人民检察院以涉嫌犯信用卡诈骗罪对被告人刁某锁提起公诉。

某市某区人民法院认为，被告人刁某锁以非法占有为目的，使用信用卡恶意透支，进行信用卡诈骗活动，数额较大，其行为已构成信用卡诈骗罪，应予处罚。鉴于被告人刁某锁能如实供述犯罪事实，认罪悔罪，且已归还信用卡所欠款项并取得被害单位谅解，故对其予以从轻处罚。考虑对被告人宣告缓刑对所居住社区没有重大不良影响，可对其适用缓刑。遂判决认定被告人刁某锁犯信用卡诈骗罪，判处有期徒刑1年，并处罚金3万元。

一审宣判后，被告人刁某锁不服，提出上诉。

二审期间，某市中级人民法院调取了民生银行信用卡中心出具的材料，证明2012年3月至2014年2月，刁某锁持有的民生银行信用卡共计消费123,838元，共计还款72,258元，利息、手续费、滞纳金共计欠款51,580元。该院审理认为，上诉人刁某锁以非法占有为目的，使用信用卡恶意透支，进行信用卡诈骗活动，数额较大，其行为已构成信用卡诈骗罪，依法应予惩处。关于刁某锁犯罪数额计算问题，经查，根据现有司法解释规定，信用卡诈骗犯罪恶意透支的数额不包括复利、滞纳金、手续费等发卡银行收取的费用。根据现有证据，并结合法院调取的证据，截至2014年2月，刁某锁使用民生银行信用卡共计消费123,838元，共计还款72,258元，恶意透支数额应为51,580元。原判未将刁某锁恶意透支信用卡期间产生的全部利息、滞纳金及手续费从犯罪数额中予以扣除，计算刁某锁的犯罪数额有误。鉴于被告人刁某锁能如实供述犯罪事实，认罪悔罪，且已归还信用卡所欠款项并取得被害单位谅解，故对其予以从轻处罚。遂改判刁某锁犯信用卡诈骗罪，判处有期徒刑8个月，并处罚金2万元。

本案的焦点问题是：如何理解恶意透支型信用卡诈骗罪的犯罪构成；如何认定恶意透支型信用卡诈骗犯罪的着手；对于恶意透支型信用卡诈骗犯罪的数额如何计算。

1. 如何理解恶意透支型信用卡诈骗罪的犯罪构成。根据《刑法》第196条第2款及最高人民法院、最高人民检察院《关于办理妨害信用卡管理刑事案件具体应用法律若干问题的解释》（以下简称《妨害信用卡管理解释》）第6条第1款规定，持卡人以非法占有为目的，超过规定限额或者规定期限透支，并且经发卡银行两次催收后超过3个月仍不归还的，应当认定为恶意透支。恶意透支的数额，应当是前款条件下持卡人尚未归还的数额或拒不归还的数额，不包括复利、滞纳金、手续费等发卡银行收取的费用。该解释还规定了判断持卡人非法占有目的的几种情形，一是明知没有还款能力而大量透支，无法归还的；二是肆意挥霍透支的资金，无法归还的；三是透支后逃匿、改变联系方式，逃避银行催收的；四是抽逃、转移资金，隐匿财产，逃避还款的；五是使用透支的资金进行违法活动的；六是其他非法占有资金，拒不归还的行为。持卡人是否具有非法占有目的主要通过以上情形进行判断。

然而，司法实践中，一些地方不同程度存在将恶意透支信用卡行为机械入罪现象。如有的并未严格审查持卡人是否具有非法占有目的，仅凭发卡银行提供的信用卡交易流水，只要有客观证据证明持卡人经银行两次有效催收后超过3个月未还的欠款达到1万元以上，就简单认定为持卡人构成信用卡诈骗罪等。如何理解持卡人的逾期还款及还款期间是否具有非法占有目的，司法解释对此尚无明确具体的规定。如果要求持卡人催收后即全部还清欠款，既不符合银行发行信用卡盈利的本意,也有些强人所难。如果持卡人通过每月只象征性地偿还极少数的欠款来逃避刑事追究,则又会给信用卡管理机构带来很大风险。司法实践中对恶意透支型信用卡诈骗犯罪的入罪标准应该如何把握,要结合《妨害信用卡管理解释》第 6 条规定的非法占有目的的六种情形,准确判断恶意透支型信用卡诈骗持卡人是否具有非法占有目的,关键是要区分持卡人对所欠款项是不能还还是不想还。如持卡人使用信用卡的还款记录一直良好,因短期资金紧张或不可抗力,如新冠疫情等而不能按期还本付息,并能提供当时经济状况的证据,就不宜认定持卡人具有非法占有的目的。此处应举证责任倒置,如持卡人提出因经济状况恶化而不能正常还款,应由持卡人提供能够证明其因经济状况突然变化而不能按期还款的证据。如果持卡人无法提供相关证据证明该事实,除不可抗力,如疫情等,应推定持卡人具有非法占有目的。对于持卡人超过还款日还款是否构成信用卡诈骗罪,应当根据不同情况予以区分。

根据信用卡管理使用中的最低还款额规定,以及司法解释规定构成恶意透支型信用卡诈骗罪 1 万元的数额标准,可以将超过规定期限透支,并经发卡银行两次催收后超过 3 个月仍不归还分为以下几种情况:一是经发卡银行两次催收后 3 个月内还款均不够最低还款额,但所欠款项超过 1 万元。二是经发卡银行两次催收后 3 个月内还款达到最低还款额,但所欠款项高于 1 万元。三是经发卡银行两次催收后 3 个月内没有任何还款,所欠款项超过 1 万元。四是经发卡银行两次催收后 3 个月内还款均不够最低还款额,但所欠款项不足 1 万元。五是经发卡银行两次催收后 3 个月内还款达到最低还款额,但所欠款项不足 1 万元。第三种情况持卡人从未有过还款行为,对透支钱款具有非法占有目的,持卡人开始使用信用卡消费或取现即可视为着手实施犯罪。第四种、第五种情况,由于持卡人所欠款项未达司法解释规定的 1 万元入罪数额,故不构成信用卡诈骗罪。第二种情况,持卡人并没有违反与信用卡管理机构达成的最低还款额约定,且信用卡管理机构设立最低还款额的初衷也是在一定范围内,给不能完全偿还欠款的持卡人留出时间,故此种情况虽持卡人未还钱款已达到司法解释的入罪数额,但由于仍未超出持卡人与信用卡管理机构的契约范围,所以不构成信用卡诈骗罪。如果持卡人同时具有《妨害信用卡管理解释》第 6 条第 3 款所规定的以非法占有为目的的情形,应构成信用卡诈骗罪,信用卡诈骗罪的着手时间应当追溯至能够判断持卡人具有非法占有目的之时。第一种情况,由于持卡人所欠款项已达到司法解释规定的 1 万元入罪数额,且持卡人未能按照信用卡最低还款的规定还款,已超出与信用卡管理机构的契约范围,可以直接推定持卡人具有非法占有目的,构成信用卡诈骗罪。非法占有目的不仅是信用卡诈骗罪构成要件中的主观方面,也决定了信用卡诈骗罪的着手时间。也就是说,要将经催收超过 3 个月不归还的客观行为与持卡人的主观因素两方面结合起来确定着手实施犯罪的时间。《妨害信用卡管理解释》中所列举的持卡人具有非法占有目的的几种情形并不能完全覆盖实际发生的情形,在实践中要根据具体情况判断持卡人是否具有非法占有目的及何时产生了非法占有目的。如一些持卡人在已无能力偿还银行信用卡资金时,仍申领其他银行信用卡并透支使用,则持卡人申领并使用新的信用卡时即可认定为着手实施信用卡诈骗行为,犯罪数额应从申领并使用新信用卡时计算;如持卡人在明知自己没有还款能力的情况下,还大额透支使用信用卡,即使持卡人有小额还款行为,也可以认定持卡人具有非法占有目的。如本案中被告人刁某锁 2012 年 3 月申领民生银行信用卡,随即陆续用该信用卡支付近 12 万余元工程款,经发卡银行多次催收,其每次仅作小额还款,并仍使用该信用卡肆意高额透支消费或取现。大额透支后,在短期没有全额偿还能力的情况下,仍然使用信用卡进行高额消费和取现,由此可以推定被告人在申领信用卡时即具有非法占有目的。

2. 如何认定恶意透支型信用卡诈骗犯罪的着手。我国刑法通说一般认为,着手实行行为的起点，标志着犯罪行为进入了实行阶段。如累犯规定的5年内再犯应当判处有期徒刑以上刑罚之罪，“再犯”应当理解为着手实行犯罪。恶意透支型信用卡犯罪数额的计算区间也应从持卡人着手实施信用卡诈骗行为开始，一直到持卡人经银行两次催收为止。换言之，持卡人着手实行犯罪的时间，直接影响信用卡诈骗犯罪数额认定及本案被告人是否构成累犯。实践中，对此有不同认识：第一种意见认为，持卡人超过规定限额或者规定期限透支，并经发卡行两次催收后超过3个月仍不归还时是着手实行犯罪。① 第二种意见认为，持卡人自使用信用卡起即着手实施犯罪。② 第三种意见则认为，持卡人以非法占有为目的实施透支信用卡行为时视为着手实施犯罪。张明楷教授认为，犯罪的本质是侵犯法益，只有当行为产生了侵害法益的具体危险状态时，才算着手。至于何种行为具有侵害法益的紧迫危险，应根据不同犯罪、不同案件的具体情况综合判断。③ 持卡人以非法占有为目的实施透支信用卡行为，使透支款项被非法占有，产生了侵害法益的具体危险状态，应视为着手实行犯罪。根据我国打击信用卡犯罪的实际，第三种意见将透支使用信用卡行为与非法占有目的结合起来判断何时着手实行犯罪，符合主客观相统一原则，也有利于避免客观归罪。本案中，2012年3月刁某锁申领民生银行信用卡，随即陆续用该信用卡支付12万余元工程款，经发卡银行多次催收，其每次仅作小额还款，并仍使用该信用卡肆意高额透支消费或取现，已能体现出刁某锁非法占有资金拒不归还的非法占有目的，其透支行为已经具有侵害法益的紧迫危险，因此，本案着手实行犯罪的时间可以认定为2012年3月刁某锁申领民生银行信用卡后第一次刷卡消费时间。

3. 对于恶意透支型信用卡诈骗犯罪的数额如何计算。恶意透支型信用卡诈骗犯罪的数额应是持卡人着手实行犯罪开始至银行经两次催收的时间区间内，持卡人尚欠信用卡的数额减去复利、手续费和滞纳金的数额。这里“复利”的文意是利息的利息。根据1993年最高人民法院《关于贪污、挪用公款所生利息应否计入贪污、挪用公款犯罪数额的问题的批复》（现已失效）的规定，贪污、挪用公款所生利息，不应作为贪污、挪用公款的犯罪数额计算，但应作为被告人的非法所得依法追缴。司法实践中，诈骗、盗窃等经济犯罪的所生利息也不算入犯罪数额。因此，此处复利的含义应当理解为利息，持卡人恶意透支使用信用卡期间产生的全部利息，应与手续费、滞纳金一并从犯罪数额中予以扣除。

220. 使用以虚假的身份证明骗领的信用卡与恶意透支信用卡诈骗并存时犯罪数额如何认定

行为人使用以虚假身份证明骗领的信用卡进行诈骗，又恶意透支，数额巨大，其行为构成信用卡诈骗罪，属于普通型信用卡诈骗与恶意透支型信用卡诈骗并存，系同类不同种数额可以累计

---

① 理由是，根据现代刑法中实行的着手理论的形式客观说观点，实施符合构成要件的行为才属于实行着手。根据该理论，持卡人透支使用信用卡经催收并超过3个月未归还，且数额达到1万元以上，满足信用卡诈骗罪各构成要件时即视为着手实施犯罪。然而，根据《妨害信用卡管理解释》的规定，恶意透支的数额需经过银行两次催收，那么催收后透支的数额就不应计入犯罪数额。也就是说，持卡人经银行两次催收应视为计算信用卡诈骗犯罪数额的时间区间终点，而非起点。因此不应将持卡人经银行两次催收并超过3个月未还认定为着手实施犯罪。

② 司法实践中大多数恶意透支型信用卡诈骗案件都认为持卡人为恶意透支而申办信用卡并使用，将持卡人首次使用信用卡时即认定为着手实施犯罪。即使持卡人使用信用卡期间有部分还款行为，但是该还款行为不能阻却其在非法占有的主观故意下的恶意透支行为。然而，对于有证据证明持卡人在申领信用卡后有正常的消费及还款记录的案件，不宜将持卡人首次透支使用信用卡视为信用卡诈骗犯罪的着手。

③ 张明楷：《刑法学》（第4版），法律出版社2011年版，第319页。

并就轻认定的情形，对于同类不同种数额可以累计并就轻认定。

司法实例

褚某有使用以虚假的身份证明骗领的信用卡又恶意透支信用卡诈骗案

2015年7月至10月，被告人褚某有使用虚假的身份证明骗领招商银行信用卡二张，从中套取现金5.5万元。褚某有还先后申领两张该行信用卡，恶意透支8.7万余元，经发卡行多次催收后超过3个月仍不归还。后褚某有接到公安机关传唤后主动投案自首。

某市某区人民检察院以涉嫌犯信用卡诈骗罪对褚某有提起公诉。

某市某区人民法院审理认为，被告人褚某有使用以虚假的身份证明骗领的信用卡进行诈骗，数额较大；又恶意透支，数额较大，其行为构成信用卡诈骗罪。褚某有具有自首情节，认罪态度较好，可以依法从轻处罚。遂判决认定被告人褚某有犯信用卡诈骗罪，判处有期徒刑3年4个月，并处罚金3万元；追缴非法所得，依法发还被害单位。

一审宣判后，某市某区人民检察院抗诉提出，被告人褚某有在实施"以虚假身份骗领信用卡并使用"和"恶意透支"两款行为分别构成犯罪的情况下，应对两款犯罪金额予以累加后综合量刑，即被告人褚某有犯信用卡诈骗罪，属数额巨大，应处5年以上10年以下有期徒刑。原判适用法律错误，量刑明显不当，应依法纠正。

某市中级人民法院审理认为：原审被告人褚某有使用以虚假身份证明骗领的信用卡进行诈骗，又恶意透支，数额巨大，其行为构成信用卡诈骗罪。褚某有具有自首情节，认罪态度较好，可依法从轻或减轻处罚。原判适用法律存在错误，但量刑适当，审判程序合法。二审法院遂作出判决：纠正原判适用法律错误，维持原判量刑部分。

本案中，被告人褚某有实施的两种行为都构成信用卡诈骗罪，均属数额较大，均应处5年以下有期徒刑或者拘役。实践中，对被告人以信用卡诈骗罪定罪没有争议，但如何量刑存在不同意见。第一种意见认为：尽管"以虚假身份骗领信用卡并使用"和"恶意透支"这两种行为都属于信用卡诈骗行为，但行为性质不同，故不能直接累计两种行为的数额量刑。同时，我国的数罪并罚一般是指异种数罪并罚，在这两种行为都构成信用卡诈骗罪的情况下不能并罚，而应该比较两种行为的轻重，在处罚较重的法定刑幅度内酌情从重处罚。第二种意见认为：被告人褚某有实施"以虚假身份骗领信用卡并使用"和"恶意透支"两种行为，与行为人实施诈骗犯罪的既遂行为和未遂行为并存，实施生产、销售伪劣产品犯罪的已销售行为和待销售行为并存一样，都不宜直接累计数额量刑，而应比较几种行为的轻重，在处罚较重的法定刑幅度内酌情从重处罚。最高人民法院、最高人民检察院《关于办理非法生产、销售烟草专卖品等刑事案件具体应用法律若干问题的解释》第2条第2款就有如此规定。第三种意见认为：尽管"以虚假身份骗领信用卡并使用"和"恶意透支"两种行为性质不完全相同，入罪和法定刑升格标准也不一样，但都属于信用卡诈骗行为。对被告人如何量刑，主要应考虑累计两种信用卡诈骗数额后是否会导致法定刑升格。如果累计数额后导致法定刑升格的，必须累计，否则将轻纵犯罪。反之，一般不予累计，从一重再酌情从重处罚即可达到罪刑均衡。本案属于必须累计的情形，累计数额后以恶意透支型信用卡诈骗犯罪标准处罚，属数额巨大，对被告人应在5年以上10年以下有期徒刑范围内量刑。

本案二审法院认为，原审被告人褚某有使用以虚假身份证明骗领的信用卡进行诈骗，又恶意透支，数额巨大，其行为构成信用卡诈骗罪，即认为同类不同种数额可以累计并就轻认定。主要理由为：

1. 使用以虚假身份证明骗领的信用卡诈骗与恶意透支型信用卡诈骗在入罪和法定刑升格

上都要求不同的数额标准。《刑法》第196条信用卡诈骗罪规定了四种不同的信用卡诈骗行为，即使用伪造的信用卡或者使用以虚假的身份证明骗领的信用卡进行诈骗、使用作废的信用卡进行诈骗、冒用他人信用卡进行诈骗和恶意透支。刑法理论界和实务界，一般将前三种统称为普通型信用卡诈骗。由于恶意透支型信用卡诈骗的社会危害性明显低于前三种普通型信用卡诈骗，而且恶意透支型信用卡诈骗的非法占有目的的认定主要靠推定，故2009年《妨害信用卡管理解释》改变了以前关于四种不同形式的信用卡诈骗都以“5000元以上”作为追诉标准的规定。①

2. 使用以虚假身份证明骗领的信用卡诈骗即普通型信用卡诈骗数额与恶意透支型信用卡诈骗数额属于同类不同种数额。在数额犯立法中，有的只是概括性地对客观危害行为作出规定，即没有进一步细化行为类型，如诈骗罪，诈骗公私财物，数额较大的，处3年以下有期徒刑、拘役或者管制，并处或者单处罚金；有的则列举性地对客观危害行为作出规定，即进一步细化行为类型，规定了多种不同危害行为，如挪用公款罪和信用卡诈骗罪等。由于概括性立法没有进一步细化行为类型，因此多次实施某一类型化行为涉及的多次数额，属于同类同种数额（也可以为同类数额）。而对于列举性立法，多次实施某一类型化行为涉及的多次数额，既可能属于同类不同种数额，如既挪用公款进行营利活动又挪用公款进行非法活动的；也可能属于同类同种数额，如多次冒用他人信用卡进行诈骗的。本案中，被告人褚某有实施了“以虚假身份骗领信用卡并使用”这种普通型信用卡诈骗和恶意透支型信用卡诈骗两种不同的信用卡诈骗行为，涉及两种不同的数额，但属于同类不同种数额。

3. 同类不同种数额可以累计并就轻认定。由于同类同种行为的入罪和法定刑升格标准相同，因此对于同类同种数额，不论是违法数额还是犯罪数额，只要是未经处理的，有的是刑法明文规定按照累计数额处罚，如《刑法》第383条贪污罪中规定，对多次贪污未经处理的，按照累计贪污数额处罚；有的尽管刑法没有规定，实践中一般也是累计数额处罚。同类同种数额可以累计，同类不同种数额是否可以累计，对此，有人认为不同种行为性质不同，不可累计。一般认为，尽管刑法将类型化行为细化为几种不同行为，有的还对不同种行为规定了不同的入罪、法定刑升格标准，但这些不同种行为仍然属于同类行为，具有类的属性。从类行为角度，可以对同类不同种行为一并进行评价；同时，从不同种行为所涉数额角度，累计同类不同种数额可以综合反映类行为的社会危害程度。因此，不仅同类同种数额可以累计，同类不同种数额也可以累计。本案中，使用以虚假身份证明骗领的信用卡诈骗这种普通型信用卡诈骗数额与恶意透支型信用卡诈骗数额即属同类不同种数额，应当累计数额。

对于入罪、法定刑升格标准相同的同类不同种数额，可以直接累计数额处罚；而对于入罪、法定刑升格标准不同的同类不同种数额，由于不同种行为的相同数额的社会危害性不同，累计数额后必须就轻认定，即以入罪、法定刑升格标准较高的轻种行为为标准进行处罚，同时将入罪、法定

---

① 根据2009年《妨害信用卡管理解释》第5条的规定，实施普通型信用卡诈骗，数额在5000元以上不满5万元的，应当认定为“数额较大”；数额在5万元以上不满50万元的，应当认定为“数额巨大”；数额在50万元以上的，应当认定为“数额特别巨大”。而根据2009年《妨害信用卡管理解释》第6条的规定，实施恶意透支型信用卡诈骗，数额在1万元以上不满10万元的，应当认定为“数额较大”；数额在10万元以上不满100万元的，应当认定为“数额巨大”；数额在100万元以上的，应当认定为“数额特别巨大”。由此可见，普通型信用卡诈骗与恶意透支型信用卡诈骗在入罪和法定刑升格上都要求不同的数额标准。《妨害信用卡管理解释》于2018年修正的原第6条第1款相应内容已修改为：“持卡人以非法占有为目的，超过规定限额或者规定期限透支，经发卡银行两次有效催收后超过三个月仍不归还的，应当认定为刑法第一百九十六条规定的‘恶意透支’。”

刑升格标准较低的重种行为数额作为从重量刑情节考虑。如果累计数额后以重种行为为标准进行处罚，显然会加重行为人的刑事责任，如本案中，普通型信用卡诈骗在入罪和法定刑升格标准上低于恶意透支型信用卡诈骗，故当两种行为并存时，普通型信用卡诈骗属于重种行为，恶意透支型信用卡诈骗属于轻种行为。这样，累计普通型信用卡诈骗数额与恶意透支型信用卡诈骗数额，就应当以轻种行为即恶意透支型信用卡诈骗的数额标准进行处罚。

4. 累计同类不同种数额后导致入罪或者法定刑升格的必须累计数额处罚。同类不同种数额累计既可以是犯罪数额的累计，也可以是违法数额的累计，还可以是犯罪数额与违法数额的累计。如果累计同类不同种违法数额导致行为入罪的，必须累计；如果累计同类不同种犯罪数额或者违法数额与犯罪数额导致法定刑升格的，也必须累计，否则将放纵或轻纵犯罪。对于累计数额后不会导致入罪的，一般不予累计，直接作为违法行为处理；同理，对于累计数额后不会导致法定刑升格的，一般也不予累计，采取从一重再酌情从重处罚即可实现罪刑均衡。

本案中，被告人褚某有使用以虚假身份证明骗领的信用卡诈骗即普通型信用卡诈骗，骗取5.5万元，属数额较大，构成信用卡诈骗罪，应处5年以下有期徒刑或者拘役；又恶意透支8.7万余元，属数额较大，构成信用卡诈骗罪，也应处5年以下有期徒刑或者拘役。如果不累计两种信用卡诈骗的数额，而是从一重再酌情从重处罚，对褚某有就只能处5年以下有期徒刑或者拘役。但普通型信用卡诈骗数额与恶意透支型诈骗数额系同类不同种数额，可以累计，且累计数额后为14.2万余元，就轻认定即以恶意透支型信用卡诈骗的数额标准进行处罚，属数额巨大，应处5年以上10年以下有期徒刑。可见，本案属于累计同类不同种数额后导致法定刑升格的情形，必须累计。否则，就会出现恶意透支14.2万余元的刑事责任，重于使用以虚假身份证明骗领的信用卡诈骗5.5万元及恶意透支8.7万余元的刑事责任这种罪刑不均衡现象。

综上，本案一审对于应当累计数额处罚的没有累计而是从一重再酌情从重处罚，属适用法律错误，对此，二审进行了纠正。本应对被告人褚某有判处5年以上10年以下有期徒刑，但鉴于其有自首的从轻、减轻情节，减轻为判处5年以下有期徒刑的量刑适当，故二审判决维持了一审判决的量刑部分。

221. 在通信终端使用非法获取的信用卡信息应定何罪

行为人诱骗被害人将绑定信用卡的手机号码设置为其提供的诈骗号码，并设置指定密码，在移动通信终端上使用他人的信用卡进行交易，属于冒用他人信用卡的情形，数额较大的，构成信用卡诈骗罪。

司法实例

古某达信用卡诈骗案

2016年4月，古某达与古某信（已另案处理）冒充银行信贷部工作人员，以提供贷款为诱饵，要求被害人办理银行卡开通手机银行并存入一定现金证明其具有还款能力，再通过手机银行转账的方式将被害人银行卡中的资金占为己有。二人又邀约严某忠、古某干（已另案处理）一同实施诈骗，所得赃款由古某达、古某信、严某忠三人分配，古某干每月固定领取4000元。2016年4月至6月，古某达等四人分别诈骗了被害人肖某刚7万元、沙某存3万元、刘某辉6000元。2018年3月，古某达被公安机关网上追逃在异地被抓获。

检察机关对被告人古某达以涉嫌犯信用卡诈骗罪向法院起诉。

法院审理中,对本案的争议焦点被告人的行为是否属于冒用他人信用卡、被告人是否构成信用卡诈骗罪出现不同意见。一种意见认为,被告人仅仅是提供了自己用于诈骗的手机号码及一串数字给他人,从而预设为信用卡的绑定手机号码及密码,该手机号码是被告人自己的,密码对于被告人也是公开的,不属于他人信用卡信息资料。本案中,被告人诱骗他人往"不设"密码的银行卡内存入现金,关键在于其虚构了事实、隐瞒了真相,符合诈骗罪构成要件,应当以诈骗罪定罪处罚。另一种意见认为,被告人提供自己的手机号码诱骗被害人预设为信用卡的绑定手机号码,属于植入行为,与黑客植入木马程序类似,通过此种手段获取了被害人的信用卡信息,包括卡号、密码、用户名以及卡内金额,进而通过通信终端发出交易指令,违背被害人的意愿,属于冒用他人信用卡的情形,数额较大,构成信用卡诈骗罪。

一审法院判决结果采信了第二种意见,认为被告人古某达提供自己的手机号码诱骗被害人预设为信用卡的绑定手机号码,属于植入行为。被告人通过此种手段获取了被害人的信用卡信息,包括卡号、密码、用户名以及卡内金额,进而通过通信终端发出交易指令,违背了被害人的意愿,属于冒用他人信用卡的情形,数额较大,已经构成信用卡诈骗罪。遂判决认定被告人古某达犯信用卡诈骗罪,判处了相应有期徒刑并处罚金刑罚。判决已生效。一审作此判决的主要理由为:

1. 本案中预设的手机号码及密码属于信用卡信息资料。对于"信用卡信息资料"的定义,法律没有明确规定,学界有广义说和狭义说。广义说认为,信用卡信息资料是办理信用卡的必要条件,它包括信用卡所有人的姓名、性别、年龄、身份证号码、工作单位、家庭住址、电话号码、信用卡内的存款余额、信用卡编号、密码、发卡行代码、持卡人账户、密码等电子数据,由发卡行在发卡时使用专用设备输入信用卡的磁条中。狭义说认为,对信用卡信息资料应当作限制解释,信用卡信息资料是关于发卡行代码、持卡人账户、密码等内容的加密电子数据,由发卡行在发卡时使用专用设备输入信用卡磁条中,成为 POS 机、ATM 等终端机识别合法用户的依据。

应当说两种主张都有一定道理,但狭义说更客观实际一些。一是信用卡交易安全是刑法法益保护的目的,只要获取他人信用卡的账号和密码就可以通过互联网、通信终端等进行转账、消费等,从这个角度说,信用卡信息资料应当包含信用卡的账号、密码等。二是被害人办理了信用卡,这一过程需要提供个人的身份信息资料,同时与交易相关联的手机绑定验证、密码设置等行为均具有私密性,银行方面也给予了相应的提示,上述内容也属于个人隐私范畴,其他人无权知晓。三是被害人信用卡绑定手机号码后,他人通过技术手段能够通过手机通信终端处置被害人的财产。由于银行方面基于有效信任及识别,对相关交易安全不必进行其他审查,如果相关信息被泄露,必然危害公民个人财产安全。因此,对于影响交易安全的绑定手机号码及交易密码应当认定为信用卡信息资料。

2. 被告人的行为符合信用卡诈骗罪的构成要件。一是在犯罪主体和主观方面,被告人古某达为完全刑事责任能力人,其要求被害人预设指定的绑定手机号码及密码的行为,真实意图是骗取被害人信用卡中的财物,在主观上为故意,具有非法占有他人财物的目的。二是在犯罪客体上,本案中,被告人古某达利用信息不对称,突破了传统的信用卡安全保护机制,严重侵害了国家对信用卡有序、正常的管理秩序,同时也侵害了被害人的财产权,具有严重社会危害性。三是在客观方面,被告人古某达利用被害人对于信用卡及手机银行等方面的专业知识欠缺,诱骗被害人设置指定的绑定手机号码及密码属于非法获取行为。被告人的行为手段具有非法性,其通过发放虚假广告,冒充银行工作人员,以发放贷款为诱饵诱使被害人将被告人的手机号码绑定在被害人信用卡上,故号码的取得显然不具法律上的授权,违背了公民的真实意愿,应当认定为以非法方式获取的范畴。被告人古某达等人利用非法获取的信息资料，在通信终端上使用，支取被害人信用卡内的财物，其行为属于冒用他人信用卡，即非持卡人以持卡人名义使用持卡人的信用卡骗取财物的行为，金额达到数额巨大，其行为符合信用卡诈骗罪的构成要件。

3. 关于“冒用他人信用卡”。《刑法》第 196 条第 1 款第 3 项“冒用他人信用卡”，一般是指非持卡人以持卡人名义使用持卡人的信用卡骗取财物的行为，如使用捡拾的信用卡的；未经持卡人同意，使用为持卡人代为保管的信用卡的；骗取他人信用卡并使用的；窃取、收买、骗取或者以其他非法方式获取他人信用卡信息资料，并通过互联网、通信终端等使用的，以及其他冒用他人信用卡的情形。信用卡诈骗中的“冒用”，应该由“冒充他人身份”和“使用信用卡”两个先后衔接的过程组成。此处冒用中的“冒”，首先，是指行为人冒充合法持卡人的身份，在司法实践中，通常表现为未经合法持卡人的同意，行为人以持卡、签名等明示和默示的方法向他人表明自己是合法持卡人。信用卡必须由持卡人本人使用是信用卡的一项基本制度，《银行卡业务管理办法》（以下简称《银行卡业务办法》）第 28 条第 3 款规定：“银行卡及其帐户只限经发卡银行批准的持卡人本人使用，不得出租和转借。”但在现实生活中，行为人拿他人信用卡消费时，营业员在不知道真相的前提下通常会认为持有人即为该卡的合法所有者。所以，行为人以非法占有他人财物为目的，在使用之前持有他人信用卡、冒充自己是真正的持卡人，这种默示的行为本身就是对合法持卡人身份的“冒用”。其次，意欲通过信用卡诈骗行为获取非法利益，行为人一般还需主动实施伪造身份证明、仿冒签名、输入密码等行为来向他人证明“自己”的身份，以明示的方法向他人表明自己是“合法”的持卡人，以便顺利地完成信用卡诈骗行为。冒用中的“用”，是指行为人利用他人信用卡非法获取财物的过程。根据刑法理论研究的需要，将行为人以非法占有为目的使用他人信用卡的方式分为两种：一种是行为人在营业员的协助下使用他人的信用卡，通常表现为行为人持他人信用卡在特约商户里消费或在银行营业柜台前取款和转账；另一种情况则是行为人在机器上自助地使用他人信用卡，通常表现为行为人持他人信用卡在 ATM 上取款和转账、行为人在网上银行对他人的信用卡账户进行转账等。

4. 构成本项规定的冒用他人信用卡的犯罪，行为人主观上必须具备骗取他人财物的目的。只有主观上具备诈骗的故意，客观上有冒用他人信用卡的行为，才构成本项规定的犯罪。实践中有的信用卡持有人将自己的信用卡借给他人使用，如借给自己的亲属、朋友等，虽然这种行为是违反信用卡使用规定的，但是使用人在主观上不是以非法占有持卡人财物为目的，因此不具备诈骗罪的本质特征。在这种情况下可以对其进行纠正或者按照有关规定处理，不能适用本项规定作为犯罪处理。

综上，被告人古某达诱骗被害人将绑定信用卡的手机号码设置为其提供的诈骗号码，并设置指定密码，在移动通信终端上使用他人的信用卡进行交易，属于冒用他人信用卡的情形，数额较大，构成信用卡诈骗罪。

222. 还款后又透支拒不归还能否构成信用卡诈骗罪

行为人虽使用信用卡多次消费、透支及还款，但最终以非法占有为目的，超过规定期限透支，数额较大，并且经发卡行催收两次后超过 3 个月仍不归还的，其行为可构成信用卡诈骗罪。

司法实例

周某芎信用卡诈骗案

2011年9月30日,被告人周某芎以本人身份证向交行某支行申请办理了一张交通银行信用卡,后周某芎使用该信用卡多次进行消费、透支及还款。2013年7月16日,周某芎累计透支29,000元,因透支还款期限将至,为延长透支期限,周某芎让朋友周某泽帮忙还款,并告诉其次日可把钱透支出来。周某泽于同年8月18日帮助归还了透支款31,000元,并于次日再次透支31,000元。同月周某芎因欠外债外逃,并更换了手机号码,也未通知发卡行,透支款至今未还。

就涉案透支款,交行某支行曾于2013年12月以周某芎为被告向法院提起民事诉讼,法院于2014年3月作出判决,判令周某芎给付交行某支行欠款本金及利息等3万余元。

被告人周某芎因涉嫌犯非法吸收公众存款罪于2014年2月27日即被当地公安机关刑事拘留,同年11月被判处有期徒刑8年6个月,并处罚金40万元,后被送监狱服刑。2014年12月31日,公安机关对被告人周某芎以涉嫌信用卡诈骗一案进行立案。

对于本案的定性,法院审理中存在两种不同意见:一种意见认为,被告人周某芎以非法占有为目的,超过规定期限透支,数额较大,并且经发卡行催收两次后超过3个月仍不归还,其行为已构成信用卡诈骗罪。另一种意见认为,现有证据不足以证实周某芎以非法占有为目的透支,虽经发卡行两次催收后超过3个月未还,但该行为已经法院民事判决,周某芎的行为不构成犯罪。最后,一、二审法院支持了第一种意见,对被告人认定了信用卡诈骗罪,并与前罪数罪并罚。

随着改革开放的不断深化,由于社会生活的丰富性、被告人供述和辩解的多样性以及民刑行为相互交织,对于司法实践中信用卡诈骗罪的正确判定带来一定困难,而本案争议既有犯罪构成要件中主观方面和客观方面问题,也有刑法适用层面的罪犯承担民事责任后是否可以免除刑事责任的承担问题。但本案核心的问题在于其主观方面的认定,特别是其非法占有目的的认定。本案一、二审法院裁判认定被告人周某芎构成信用卡诈骗罪的主要理由为:

1. 关于信用卡诈骗罪中非法占有目的的认定。刑事司法实践中,对于信用卡诈骗罪的主观故意的认定,即可根据被告人的供述、证人证言等直接证明心理状态的证据加以证明,但在缺乏这些直接证据的情况下,也可在坚持主客观相统一的原则下,确保两次催收、超过3个月未还等事实的真实性及听取被告人的反驳,在综合考虑全面分析的基础上推定其具有主观故意。本案中周某芎主观上具有非法占有目的,可以从其一系列客观行为过程中的相应证据进行综合分析认定。(1)周某芎透支前已经存在非法吸收公众存款的行为,对外已经负债累累。根据被告人周某芎供述,其早在2013年6月经济状况就已经恶化,自己吸收的存款需要支付高额利息,放贷出去的资金无法收回,所以资金周转出现严重困难。在这样的经济状况下,其仍然于2013年6月至7月17日使用信用卡透支,数额达31,000元。因此,被告人周某芎在明知没有还款能力的情况下而大量透支,无法归还。(2)周某芎透支后逃匿、改变联系方式,逃避银行催收。本案中,周某芎欠债逃匿是一种概括故意,既躲避非法吸收公众存款的债权人,也逃避银行催收。如仅为躲避其他债权人,其有足够的时间、条件告知发卡行变更后的联系方式,其应通知而未通知,逃避银行催收的故意明显。其逃匿、改变联系方式的一系列行为表现可以证明其具有明确的非法占有目的。(3)周某芎未及时还款,并非如其辩解是因逃匿躲债而疏忽。事实上周某芎在2013年8月外逃后还记得让周某泽帮助归还此前的透支款并告知其可再次透支,再次透支期满后周某芎也知道银行在向其催款,说明其明知这笔透支款的存在。而且,该事实不能掩盖被告人周某芎具有非法占有主观故意的本质,反而更进一步证明了其不仅在透支当时没有归还能力,透支之后也确实没有归还能力,需要采用让朋友还钱后立即取现的方式替其"养卡"。证人周某泽的证言以及周某芎的供述证实,证人周某泽于2013年8月18日的还款以及次日的透支行为均是在被告人周某芎的授意下进行的,目的是拖延银行还款期限,其本质最终还是透支行为。周某泽还款后再次透支系受周某芎授意所为,责任应由周某芎承担。被告人周某芎委托他人还款后又让人次日即透支,上述还款行为并非真实的履行还款义务,其本质表明周某芎没有相应的偿还能力,佐证了其具有非法占有的主观故意。(4)周某芎在2013年8月出逃时携带了11万元现金,属于有能力归还而未归还。周某芎在经济恶化,无其他资金可归还的情况下,不先考虑用该11万元彻底归还透支款,而采取让他人帮助归还再取现的方式继续透支,致使透支款最终无法归还,进一步证明了被告人周某芎对透支款具有非法占有的主观故意。(5)周某芎经发卡行两次有效催收后超过3个月仍未归还的事实佐证了其具有非法占有目的。综合检察机关在一、二审中提供的证据,足以证明银行两次向周某芎催收了透支款。涉案信用卡透支期满后,发卡行进行了两次书面催收。第一次是2013年11月12日由该行两位工作人员上门催收。因找不到周某芎,二人将催收通知书放进周某芎家院子,并拍下周某芎家的照片。该次催收有证人董某明、钱某军、房某臻的证词,书证催收通知书及银行提供的所拍摄的周某芎家的照片等予以证实。第二次是2013年11月18日委托某市邮政局商业信函局进行的信函催收,证明发卡行通过该局将催收信函寄至周某芎的户籍所在地。该次催收有证人洪某贵、房某臻的证言,书证催收备忘历史信息,催款通知书,某市邮政局商业信函局的邮寄回执和情况说明,交行某分行和信用卡中心出具的情况说明予以证实。以上两次催收的情况还得到了周某芎之父的印证,周某芎在侦查、审查起诉阶段以及抗诉期间向抗诉机关所作的供述中均承认其在外逃期间通过父亲电话告知以及回家看到有多封交行的催收信函,从而知道交行向其催收透支款的事实。因此,涉案透支款从透支至今历时三年多,历经民事判决、公安侦查、检察院起诉、法院审判,周某芎在已经明确知道催收的前提下,仍然未予归还,也佐证了其具有非法占有目的。

2. 涉案透支款虽已经过法院民事判决,但并不影响对信用卡诈骗罪中其主观故意的认定及刑事责任的追究。同一犯罪行为可能会同时产生刑事责任和民事责任的重合。解决责任重合问题不仅是一个单纯的法律适用问题,还涉及刑事政策问题。我国现阶段,虽然随着恢复性司法的倡导、被害人实益的关注和刑法谦抑性的提出,刑事责任与民事责任时而出现交融的现象,但是,以承担民事责任的方式替代刑事责任,仅限于法律或司法解释有明文规定的情形(如交通肇事造成直接财产损失,负主责以上,无力赔偿额低于30万元的和刑事和解程序中)。通常情况下,刑事责任与民事责任不可相互转换和相互替代。主要理由:(1)民事判决和刑事追究二者性质不同,属于不同的法律调整范畴。① 本案周某芎恶意透支的行为既侵害了银行债权的实现,也扰乱了国家对金融秩序的管理,侵犯了刑民两种不同的法益。民事判决仅仅是解决了银行与持卡人之间的透支款纠纷,而对金融管理秩序这一公权力的侵犯则需刑法加以调整,并采取对责任人以刑罚处罚的方法予以维护。因此,民事责任的承担并不能替代刑事处罚,民事判决并不影响对周某芎的刑事追究。(2)在解决刑民交叉冲突时,一般遵循先刑后民原则,刑事权利处于

---

① 民事责任是民事主体违反民事义务而依法应承担的民事法律后果,属于加害方向受害方承担的责任,以一方当事人补偿另一方当事人的损失为主要目的,民事责任属于私法责任。刑事责任是行为人实施犯罪行为所引起的法律后果,主要是犯罪人向国家和社会承担的责任,以惩罚犯罪人为主要目的,属于公法责任。

优先地位。① 本案中，被告人周某芎恶意透支不归还银行欠款的行为，分别侵犯了两种不同的法益，一是周某芎与银行之间成立债权债务关系，其不还钱侵害了银行的债权实现权；二是周某芎恶意透支无力归还欠款，扰乱了国家对金融的管理秩序。民事诉讼仅仅是解决银行与持卡人之间因透支信用卡产生的债权债务纠纷，维护银行的债权利益，而另一法益受损就需要以追究持卡人信用卡诈骗罪的方式来实现，故刑事部分处分的是被告人扰乱国家金融管理秩序的行为。所以民事判决不影响追究周某芎的刑事责任。(3)从法律效果看，仅因案件经民事诉讼处理而放弃刑事诉讼，实际是“以民止刑”，将会导致刑法的空置。② 具体到本案，被告人周某芎恶意透支交行资金拒不偿还的行为，不仅是对发卡银行的民事违约，也是对信用卡管理秩序的破坏，已构成犯罪，其既应当承担民事违约责任，也应当接受刑罚处罚。

综上，遵循主客观相统一的原则，综合考虑分析各方证据，被告人周某芎具有非法占有目的的主观故意以及经两次有效催收、超过 3 个月未还行为的客观事实，符合恶意透支型信用卡诈骗犯罪的特征。

223. 信用卡未到期的分期付款数额能否计算在恶意透支数额中

对信用卡诈骗案件中“分期付款”恶意透支数额的认定，除持卡人与银行之间有协议明确约定外，不应将未到期的分期付款数额计算在恶意透支数额中。

司法实例

夏某霍信用卡诈骗案

2013 年 11 月 5 日，被告人夏某霍向招商银行某分行申办了两张信用卡，共享信用额度为 6000 元，后于 2014 年 10 月 11 日升级合并为一张白金信用卡，信用额度调整为 8.8 万元。2015 年 4 月，经夏某霍申请，招商银行某分行又追加授予夏某霍临时信用额度 4.55 万元。同年 6 月 28 日起，夏某霍持卡消费、套现透支出现连续逾期的情形。截至 2018 年 1 月 22 日，共透支本金 13 万余元，拖欠利息 5434 元、滞纳金 1.4 万余元，其中透支本金 13 万余元中包含夏某霍未逾期的分期消费未出账单金额 3.5 万余元。同年 4 月 5 日，夏某霍在其住处被公安机关抓获归案，并如实供述了上述事实。同年 4 月 16 日，夏某霍的亲属代其向被害银行偿还透支本金 13 万余元。

某市某区人民检察院以被告人夏某霍涉嫌犯信用卡诈骗罪提起公诉。起诉书认定被告人夏某霍持招商银行信用卡恶意透支本金 13 万余元，拖欠利息 5434 元、滞纳金 1.4 万余元。

某市某区人民法院审理认为，被告人夏某霍以非法占有为目的，超过规定期限透支，并且经发卡银行多次催收后超过 3 个月仍不归还，恶意透支本金共计 13 万余元，数额巨大，其行为已构成信用卡诈骗罪。鉴于夏某霍到案后如实供述自己罪行，当庭亦自愿认罪，认罪态度较好，且其家属已代为偿还全部透支本金，被害单位的经济损失得以挽回，故决定对其依法从轻处罚。遂判决认定被告人夏某霍犯信用卡诈骗罪，判处有期徒刑 5 年，并处罚金 5 万元。

---

① 最高人民法院相关司法解释和规定要求：对于人民法院在经济纠纷案件审理中发现有经济犯罪嫌疑的，应当移送公安机关或检察机关侦查、起诉；对人民法院受理或作出生效判决的民事案件，如属于同一法律事实，公安机关经检察机关通知可以立案侦查，不因民事立案或生效民事判决而且改变行为性质从而不予刑事追究，而原审民事判决与本案属于同一法律事实但侵害了两种不同的法益。

② 刑法和民法之间存在规范竞合，所不同的是，民法旨在对私权利进行救济，因而民事责任主要是赔偿责任；而刑法旨在预防和制裁犯罪，故刑事责任是刑罚的承担。因此，民法和刑法之间有些不是只能择一适用的关系。

一审宣判后,夏某霍不服,以一审法院将其未到期的部分透支本金计入犯罪数额不公平、量刑重为由提起上诉。

某市中级人民法院审理认为,上诉人夏某霍以非法占有为目的,超过规定期限透支,经发卡银行多次催收后超过3个月仍不归还,恶意透支本金共计9.8万元,数额较大,其行为已构成信用卡诈骗罪。原判认定上诉人夏某霍信用卡诈骗犯罪的部分事实清楚,证据确实、充分,定罪准确,但在认定信用卡诈骗数额时,认为将截至2018年4月5日招商银行某分行报案,夏某霍尚未逾期超过3个月的透支本金数额3.5万余元一并计入不当,致认定事实和适用法律有误,应予纠正。鉴于夏某霍到案后如实供述犯罪事实,认罪、悔罪态度较好,其亲属已代为偿还全部透支本金,被害单位亦对其予以谅解,并综合考虑夏某霍恶意透支信用卡系为解决家庭生活困难的实际,可予以从轻处罚,鉴于对其宣告缓刑对所居住社区没有重大不良影响,可对其宣告缓刑。遂终审判决维持一审判决定罪部分,撤销一审判决量刑部分,夏某霍犯信用卡诈骗罪,判处有期徒刑3年,缓刑3年,并处罚金2万元。

本案二审法院作出改判判决的主要理由为:

司法实践中,人民法院在审理恶意透支型信用卡诈骗案件时面临许多难题,信用卡"分期付款"恶意透支数额的认定便是其中之一。究竟应以经银行两次有效催收后超过3个月仍不归还的到期分期消费已出账单数额来计算,还是要将尚未到期的分期消费未出账单数额一并计入,各地作法不尽统一,由此也产生了定罪门槛或量刑幅度上的差池,应当认真研究。

信用卡分期付款,是指持卡人使用信用卡进行大额消费时,由银行向商户一次性支付持卡人所购商品(或服务)的消费资金,然后让持卡人分期向银行还款的过程。银行会根据持卡人申请,通过账务处理将已透支的本金一次性扣除,之后根据分期期数,逐步计入透支本金,持卡人按照每月入账金额进行偿还即可。而银行在寄给持卡人的对账单上显示的欠款余额也会作相应调整,分期本金从欠款余额中扣除。在此情况下,恶意透支数额是否应包括分期本金,一般认为,除非持卡人与银行之间签订有书面协议,明确约定若持卡人逾期不还超过规定时间则分期付款业务自动失效,且发卡银行将持卡人之前支付的分期付款手续费用来冲还透支本金,并就冲还后的透支本金按照规定进行催收,其他情形一概不应将未到期的分期付款数额计算在恶意透支数额当中:

1. 从权责对等的契约原则来看,既然发卡银行经持卡人申请同意为其办理分期付款业务,且持卡人依约缴纳了高额的分期付款手续费,那么发卡银行就应遵守约定赋予持卡人享有分期履行还款义务的权利。但当持卡人出现逾期还款超过规定时间的情况下,发卡银行要么针对到期分期消费已出账单金额进行催收,要么根据所谓惯例性做法单方取消分期付款业务,将分期付款本金一并计入透支数额并进行催收。对于第一种情形,由于银行在催收时未涉及未到期分期消费未出账单金额部分,也无法推定行为人主观上具有非法占有的目的,因此不能将未到期的分期消费未出账单金额认定在恶意透支数额范围内。对于第二种情形,银行单方取消持卡人分期付款业务并不具有法律效力,况且许多银行在提供该项服务时,只需持卡人电话申请即可,并未与其签订书面协议明确告知相关权利义务。退一步说,即便银行有权单方取消分期付款业务,但其既没有降低办理分期付款手续费用标准,也没有将已支付的分期付款手续费用于冲还透支本金,明显违反公平、对等原则,更何况这种单方调整民事法律关系进而影响甚至加重持卡人承担刑事责任的情形,在刑法理念上也是不被允许的。

2. 从法律规定恶意透支的认定条件来看,根据《妨害信用卡管理解释》第6条的规定,持卡人以非法占有为目的,超过规定限额或者规定期限透支,并且经发卡银行两次催收后超过3个月仍不归还的，应当认定为《刑法》第 196 条规定的“恶意透支”。可见，有非法占有目的与否、超过规定期限与否均是认定恶意透支时需要单独评价的要件。而对于已办理分期付款业务的透支本金来说，一方面，尚未到期的分期消费的还款期限未到；另一方面，无法推定持卡人在主观上对于尚未到期的分期消费未出账单数额具有非法占有目的。故在认定此类案件的恶意透支数额时，不应当将未到期的分期付款数额包括在内。

3. 从刑事法律宽容谦抑的法理精神来看，目前，我国刑法及相关司法解释对恶意透支的认定做了严格规定，目的在于尽力避免将持卡人纳入刑事打击的范围。因此，在对分期付款的恶意透支数额计算尚存争议的情况下，应从刑法的谦抑性精神出发考虑，坚持有利于被告人的原则从严掌握，即严格按照经银行两次催收后超过 3 个月仍不归还的到期分期消费已出账单数额来计算。实际上，信用卡透支对银行来说本身就是一种高风险的业务，银行本应充分认识到该业务的风险性，而国家法律出于保护正常金融秩序的需要，将由正常透支最终演变来的恶意透支行为上升到刑法层面进行规制，这已经有“银行放贷、司法催债”之嫌。信用卡透支类案件通过民事诉讼渠道最后自动履行的比例很低，但信用卡恶意透支型信用卡诈骗刑事案件中被告人的退赔比例非常之高，从裁判文书网搜索情况看，各地法院有 80% 左右，局部地区达到 90% 以上的被告人在一审宣判前主动全部或者大部分退赃。可见，刑事制裁的强大威慑力不仅使银行非常容易从持卡人手中收回透支本金，而且还能从中获得滞纳金、利息等高额费用作为赔偿。从这个角度讲，法院在对信用卡分期付款情形的犯罪数额进行认定时，更应从严掌握，即不应当将尚未到期的分期消费未出账单数额一并计入，以更好地贯彻落实宽严相济的刑事政策。

综上，本案一审在认定信用卡诈骗数额时，简单地以银行提供的计算数额为依据，而没有注意到截至 2018 年 5 月 4 日招商银行某分行报案时，夏某霍尚未逾期超过 3 个月的透支本金数额 3.5 万余元的重要情形，将该未逾期的分期消费数额 3.5 万余元一并计入不当，对此二审依法予以纠正。显然，一、二审采取的两种不同计算方式，对被告人夏某霍的量刑有着重大影响，即关系到法定刑是否升格的问题。可见，正确适用分期付款恶意透支数额的认定标准，是涉及对被告人定罪、量刑的重大原则问题，在司法实践中，应本着对被告人有利的原则，认真严格审查，审慎决断，确保依法公正裁判。

224. 信用卡诈骗中持卡人部分还款对银行催收效力有何影响

恶意透支型信用卡诈骗罪的客观方面要件之一是经发卡银行两次催收后超过 3 个月仍不归还。如持卡人在银行催收后归还了部分欠款，该部分还款行为并不影响银行对未归还部分欠款催收的效力；但银行对已归还部分的催收效力因催收目的的实现而归于终结，该部分金额应当从犯罪金额中扣除。

司法实例

白某山信用卡诈骗案

2015 年 7 月，被告人白某山持自己身份证向光大银行申领信用卡一张。2015 年 8 月 4 日至 2016 年 2 月 4 日，白某山持该卡消费、取现，经光大银行多次催收，于 2016 年 3 月、5 月和 6 月先后向光大银行三次还款，共计拖欠光大银行本金 235,628.66 元，经该行多次催收，超过 3 个月仍不归还。2016 年 6 月 16 日，白某山被公安机关抓获，到案后如实交代了上述犯罪事实。案发后，白某山于 2016 年 8 月、11 月先后向银行还款 2

次,共计6100元。

某市某区人民检察院对被告人以涉嫌犯信用卡诈骗罪向法院提起公诉。被告人对起诉书指控的事实无异议,但辩解其没有诈骗的故意,故其行为不构成信用卡诈骗罪。

某市某区人民法院审理认为,被告人白某山以非法占有为目的,恶意透支,进行信用卡诈骗活动,数额巨大,其行为已构成信用卡诈骗罪。被告人到案后如实供述自己的罪行,可以从轻处罚。遂判决认定被告人白某山犯信用卡诈骗罪,判处有期徒刑5年,罚金5万元;责令被告人白某山退赔违法所得,发还被害单位。

一审宣判后,被告人白某山以银行对其催收后其已部分还款,银行应重新对持卡人进行催收,故而以影响案件数额的认定为由提起上诉,后又撤回上诉,一审判决已生效。

从本案一审判决来看,根据《妨害信用卡管理解释》第6条的规定,经银行两次有效催收超过3个月不归还是恶意透支型信用卡诈骗罪犯罪构成的客观方面之一。实践中,有些持卡人在银行催收后只归还部分欠款,这种部分还款行为能否使银行的前期催收失效,银行是否需要重新进行催收并计算3个月的期间。被告人及其辩护人认为持卡人只要存在还款行为,无论还款金额大小,则一律推翻银行之前催收的效力。理由是司法解释并未明确催收不还指的是"不完全归还"还是"完全不归还",从有利于被告人的角度考虑,持卡人只要在银行两次催收后的3个月内有一次归还透支款的行为,无论归还多少金额,均不符合经发卡银行两次有效催收后超过3个月仍不归还的法律规定,故此前银行的所有催收归于无效,银行应重新对持卡人进行催收。检察机关认为持卡人在银行催收之后须归还全部金额的到期透支款,才能推翻银行催收的效力。有的学者认为持卡人在银行催收之后并非归还任何金额的透支款即可,归还金额必须达到一定的金额才能推翻银行催收的效力。而关于"一定的金额"到底系多少也有不同的看法。有的认为应达到欠款总额的一半以上,有的则认为达到最低还款金额即可,即欠款总额的10%。有关银行认为在银行进行第二次催收后如果还款未达到最低还款金额,则视为未还款。当持卡人经银行催收之后除了归还最低还款金额之外,还有其他积极的意思表示或者作为,如说明合理的无法全部偿还的理由,并与银行约定推迟还款的计划等,这一系列行为才使得银行的前述催收归于无效。如持卡人按照还款协议的约定按时还款,则不再追究持卡人的刑事责任;如持卡人未按照还款协议的约定还款,则银行需重新进行催收后,持卡人的行为才可能构成催收不还。一审法院认为,持卡人部分还款仅导致该部分催收效力的终止。

1. 持卡人部分还款仅导致该部分催收效力的终止。持卡人部分还款对催收的效力,可从法律规定催收不还的目的及部分还款行为本身来评判。恶意透支本质上是一种源于金融业固有风险的投机行为,应限制使用刑罚,故科以刑罚时通过非法占有目的及催收不还加以限定。非法占有目的产生于透支前或透支时,此时恶意透支仅是一种潜在的风险,并不受到刑法追究;而催收不还使不确定的金融风险变成确定的债权债务关系,直接侵犯了财产权和金融管理秩序,从而导致刑罚的发动。可见,法律规定催收不还的目的是将此作为区分一般违法意义上的恶意透支和刑法意义上恶意透支的界限,前者系民事纠纷,后者则要接受刑事处罚。持卡人的行为从非正常还款之时起即处于违法状态,两次催收及3个月的还款期是法律给持卡人的一个缓冲期,是从民事违法行为上升到应受刑罚处罚行为的过渡阶段。从这方面讲,催收不还直接导致信用卡诈骗罪的成立,对催收的效力认定应非常谨慎。"催收"的"收"是目的,"催"只是手段,催收的刑法效力应根据催收目的是否实现进行评判:在银行两次有效催收后的3个月内,持卡人全额还款的,催收目的完全实现,故催收效力全部终结,持卡人不构成恶意透支;若持卡人继续透支的,由于银行对增加的金额并未催收,不存在催收目的是否实现的问题,故银行需对该部分金额进行新的催收;持卡人归还部分欠款的,催收目的部分实现,故而对归还部分金额的催收效力终止,但对尚未归还部分金额的催收目的并未实现,催收继续有效。

从部分还款本身来看,一方面是持卡人的一种客观行为,另一方面还能够体现持卡人在面对银行催收时的主观还款意愿,因此应从主客观方面考察其效力。从客观方面看,信用卡欠款系银行与持卡人的债权债务关系,持卡人在银行催收后归还部分透支款的,债务部分消灭,该部分不属于催收不还,故不追究刑事责任;未归还部分的债权债务关系继续存在,持卡人对该部分仍属催收不还。从主观方面看,持卡人在申办信用卡时已经了解了银行关于透支的规定,因此持卡人理应在银行催收后归还全部欠款。持卡人归还部分欠款时,其对于银行催收剩余部分金额系明知的,银行不需履行司法解释规定的两次催收以外的催收义务。

总之,在银行进行两次有效催收后,催收行为及 3 个月的缓冲期就此固定,持卡人归还部分欠款的行为不推翻此前催收的效力。无论持卡人有多少次还款行为,也无论还款金额为多少,银行对于尚未归还部分的催收效力均继续发生作用,不需对该部分金额进行重新催收;但对于已归还部分的催收效力则因催收目的实现而终止,该部分金额应从犯罪金额中扣除。如此认定,既能做到罚当其罪,罪刑责相适应,符合宽严相济的刑事政策,又能够鼓励持卡人积极偿还欠款以减少银行损失,降低金融风险,符合本罪的目的。本案中,被告人在银行两次催收后有数次小额还款行为,并不影响银行催收的效力,故被告人构成信用卡诈骗罪,但数次还款金额均应从犯罪金额中扣除。

2. 按照任意金额还款后一律重新催收可能导致持卡人恶意规避刑事责任。若持卡人透支 10 万元,在银行第二次催收后的 3 个月内归还 1 元,则催收失效,银行须重新催收;在银行重新催收后又归还 1 元,银行又须重新催收。如此恶性循环,既不合理地增加了银行的成本,也给了持卡人钻法律空子的机会,深谙于此的恶意透支“老手”甚至可以通过定期归还极小金额的欠款而永远不被刑事追诉,从客观上使恶意透支型信用卡诈骗罪的适用被架空。更为严重的是,在这一过程中,透支金额可能持续增加,导致金融风险进一步扩大,不符合本罪的立法目的。

同样,认为持卡人归还“一定的金额”的透支款可以直接否定银行催收的效力,也会产生类似的不利后果。一是关于“一定的金额”没有统一的认识,实践中可能因理解不同而导致司法不统一。而将最低还款金额作为“一定的金额”的底线也缺乏合法依据,最低还款金额是银行在持卡人正常用卡的情况下给持卡人的一种信用,持卡人非正常还款导致信用被破坏,若未经银行同意仍赋予持卡人仅归还最低还款金额的权利,有公法过度侵犯私权利之嫌。二是同样会出现恶意持卡人通过定期归还一定金额的欠款来逃脱刑事责任的问题,而银行则疲于催收,对持卡人长期高额的透支不还行为无法以刑罚威慑,造成金融安全和金融秩序的隐患。

3. 银行与持卡人签订还款协议应受必要限制。实践中,银行往往在催收的同时与持卡人进行协商,持卡人通过归还最低还款金额以上的欠款表明其还款意愿,进而双方达成还款协议,银行允诺暂时不追究持卡人的刑事责任。由于信用卡诈骗罪不仅损害银行的利益,更是对金融管理秩序和诚信体系的破坏,故是否追究刑事责任不当然受银行对其私权利处分的影响。只是当透支金额较大且双方达成还款协议时,根据相关司法解释的规定,可能因情节显著轻微而不予追究刑事责任。因此允许银行对恶意透支数额较大的情形行使处分权,一方面能够给持卡人一定的还款机会,排除那些因客观原因造成的还款不能的情形;另一方面也能够很大程度上避免持卡人因无法承受全额还款的沉重压力而失去还款能力,从而给银行带来经济损失。但当透支金额巨大时,即便银行因达成还款协议而不报案,也不影响刑法意义上催收的效力,理论上持卡人仍可能构成信用卡诈骗罪,否则可能因持卡人无法履行还款协议而导致更大的金融风险。

司法实践中,在银行与持卡人达成还款协议的情况下,还应注意:(1)导致催收效力终止的是银行的处分权,而并非持卡人的部分还款行为。(2)银行是否与持卡人达成还款协议,是银行根据持卡人在催收后的表现对其权利的一种处分,而非银行的义务。(3)当案件涉及还款协议时,一是应审查还款协议是否为银行的真实意思表示,防止银行工作人员以个人名义违规操作,损害银行利益;二是银行就数额巨大的透支款项达成还款协议的,不影响催收效力及对持卡人刑事责任的认定,但持卡人履行还款协议的行为可以作为量刑情节予以考虑。

225. 冒用他人身份证骗领借记卡是否构成犯罪,构成何罪

妨害信用卡管理罪中的"信用卡"不限于有消费支付、信用贷款、转账结算、存取现金全部功能的信用卡,还应包括缺少信用贷款功能的借记卡。

司法实例

冯某廷妨害信用卡管理案

被告人冯某廷在某车站拾得甘某军的身份证后,于2015年9月9日未经甘某军同意,使用甘某军的身份证,在某县以甘某军的名义在中国邮政储蓄银行某支行、中国农业银行某支行营业部、中国建设银行某支行一分理处、某省农村信用社某分社共骗领借记卡4张:分别为中国邮政储蓄银行绿卡通(借记卡,办卡时存入现金100元)、中国农业银行银联卡、中国建设银行龙卡通(储蓄卡)、某省农村信用社百福卡(办卡时存入现金100元)。

某县人民法院审理认为,被告人冯某廷违反国家信用卡管理法规,违背他人意愿,使用虚假的身份证明骗领信用卡,严重扰乱了国家金融管理秩序,其行为已构成妨害信用卡管理罪。鉴于冯某廷能当庭自愿认罪,有悔罪表现,依法可酌情从轻处罚。遂依照《刑法》第177条之一第1款第3项之规定,判决认定被告人冯某廷犯妨害信用卡管理罪,判处有期徒刑1年,并处罚金1万元。

一审宣判后,冯某廷不服,提出上诉。

某市中级人民法院裁定驳回上诉,维持原判。

本案的争议焦点是被告人冯某廷所办理的四张借记卡,是否属于妨害信用卡管理罪中的"信用卡",这将影响到罪与非罪的认定问题。在法院审理中,对此存在两种不同意见:一种意见认为,《银行卡业务办法》中很明确地将银行卡分为信用卡和借记卡;此外,信用卡与借记卡相比,使用的社会危害性更大。因此,妨害信用卡管理罪中的"信用卡"仅指《银行卡业务办法》所规定的信用卡。另一种意见认为,从全国人大常委会《关于〈中华人民共和国刑法〉有关信用卡规定的解释》(以下简称《信用卡解释》)对《刑法》中的"信用卡"含义的理解上,以及行为人使用他人虚假身份骗领借记卡同样破坏了金融管理秩序这一客体来看,妨害信用卡管理罪中的"信用卡"应包括《银行卡业务办法》所规定的信用卡和借记卡,即相当于《银行卡业务办法》所规定的银行卡。法院支持第二种意见,主要理由为:

1. 从立法解释的效力和文义解释来看应包括借记卡。2004年12月29日实施的《信用卡解释》规定,《刑法》规定的"信用卡",是指由商业银行或者其他金融机构发行的具有消费支付、信用贷款、转账结算、存取现金等全部功能或者部分功能的电子支付卡。1999年3月1日起实施的《银行卡业务办法》规定,银行卡包括信用卡和借记卡。信用卡按是否向发卡银行交存备用金分为贷记卡、准贷记卡两类。借记卡按功能不同可以分为转账卡(含储蓄卡)、专用卡和储值卡。根

据《银行卡业务办法》第2条、第6条至第10条的规定，信用卡具有消费支付、信用贷款、转账结算、存取现金四种功能中的全部功能，而借记卡具有除信用贷款功能外的其他三个功能中的一至三个功能。有观点认为，因为当前并无广义或狭义信用卡的说法，且《信用卡解释》也未明确《刑法》中的“信用卡”与《银行卡业务办法》中的“信用卡”是否存在区别。因此，《刑法》中的“信用卡”应当仅指《银行卡业务办法》所规定的具有信用贷款功能的信用卡而不应包括借记卡。我们认为，全国人大常委会对《刑法》规定的“信用卡”作出的立法解释在效力上等同于法律，高于作为部门规章的《银行卡业务办法》，关于妨害信用卡管理罪的认定上应当适用位阶更高的《信用卡解释》中关于“信用卡”含义的界定，而不应适用《银行卡业务办法》的规定。而且，根据对《信用卡解释》条文进行文义解读，《信用卡解释》中有关《刑法》中的“信用卡”的含义与《银行卡业务办法》中规定的“银行卡”内涵是一致的，即《刑法》中的“信用卡”应当包括《银行卡业务办法》所规定的信用卡和借记卡。

2. 虚构他人身份骗领借记卡同样破坏金融管理秩序。妨害信用卡管理罪是指违反国家信用卡管理法规，在信用卡的发行、使用等过程中，妨害国家对信用卡的管理活动，破坏信用卡管理秩序的行为，属于破坏金融管理秩序类犯罪。从社会危害性上来看，与信用卡相比，使用他人身份证骗领借记卡，干扰了银行等金融机构对借记卡的正常管理，同样破坏了金融管理秩序，对社会同样造成了较大的危害。且若行为人通过虚构其他事实以他人名义骗取银行贷款并将贷款打入该银行卡，同样会造成极大的社会危害性。因此，从侵犯客体上来看，妨害信用卡管理中的信用卡应当包括借记卡。

226. 借用他人信用卡恶意透支是否构成犯罪，构成何罪

恶意透支型信用卡诈骗罪的犯罪主体不仅包括信用卡申领人，还可以包括信用卡实际使用人。如信用卡申领人和实际使用人具有共同犯罪故意，并共同实施犯罪行为，应以信用卡诈骗罪共犯论处；在信用卡申领人缺乏共同犯罪故意，或者无法查明信用卡申领人具有共同犯罪故意的情形下，只能对信用卡实际使用人以信用卡诈骗罪定罪处罚。

司法实例

范某聪信用卡诈骗案

2014年12月，符某民向中国银行某分行申领长城信用卡一张。2015年2月，被告人范某聪向符某民借用该信用卡，在明知没有还款能力的情况下，持该信用卡通过消费、提现等方式累计透支本金3.5万余元。其间，中国银行多次通过电话、制发通知书等方式进行催讨，被告人范某聪超过3个月仍不归还。2018年2月17日，被告人范某聪主动到公安机关投案自首，如实供述了上述事实，退赔了涉案全部赃款3.5万余元，并清偿了透支本金的利息、滞纳金及相关费用。

某市某区人民法院认为，被告人范某聪以非法占有为目的，对持有的信用卡超过规定期限透支，并且经发卡银行多次催收，超过规定的期限仍不予归还，数额较大，其行为已经构成信用卡诈骗罪，应依法予以惩处。检察机关指控被告人的犯罪事实清楚，证据确实、充分，定性准确。被告人范某聪主动到公安机关投案，如实供述犯罪事实，系自首，且弥补了被害单位的经济损失，确有认罪悔罪表现，可依法和酌情从轻处罚。考虑对其宣告缓刑对所居住社区没有重大不良影响，可对其适用缓刑。遂依照《刑法》第196条第1款第4项、第2款等规定，判决认定被告人范某聪犯信用卡诈骗罪，判处有期徒刑8个月，缓刑1年，并处罚金2万元；被

告人范某聪退缴的赃款3.5万余元，发还被害单位中国银行某分行。判决已生效。

被告人范某聪如持有自己申领的信用卡超过规定期限透支，并且经发卡银行多次催收仍不予归还，当属刑法意义上的恶意透支型信用卡诈骗行为。而在本案中，被告人范某聪用于恶意透支的信用卡系向他人所借。对此行为，法院审理中有不同意见，争议的焦点在于：恶意透支型信用卡诈骗罪的主体是否仅限于合法持卡人，能否包括实际使用人，恶意透支的行为人与合法持卡人分离的情形下，应当由谁承担相应的刑事责任。对此，存在以下几种意见：第一种意见认为，符某民与范某聪均构成犯罪。符某民违反规定将信用卡借给范某聪使用，而范某聪实施了恶意透支的行为，二人应当共同承担相应的刑事责任。第二种意见认为，符某民构成恶意透支型信用卡诈骗罪，范某聪不构成犯罪。因为本罪的主体是合法持卡人，符某民作为合法持卡人，明知不得将信用卡借给他人使用，仍然有偿出借给范某聪，应当承担相应的风险和结果。范某聪不具备适格的主体身份。第三种意见认为，在排除共同犯罪的前提下，符某民不构成犯罪，范某聪构成恶意透支型信用卡诈骗罪。根据刑法行为与责任同在的原则，恶意透支的刑事责任应当由行为人范某聪承担。符某民既没有共同犯罪的故意，也没有实施犯罪行为，不构成犯罪。

从一审法院判决结果看，一审法院、检察机关及侦查机关的认识基本一致，即均认为恶意透支型信用卡诈骗罪的主体不应当仅限于合法持卡人，还可以包括实际使用人。实践中，主要分以下两种情形认定：

1. 合法持卡人与实际使用人具有共同犯罪故意和犯罪行为的，以恶意透支型信用卡诈骗罪的共犯论处。根据共同犯罪理论，如果有证据证明合法持卡人主观上也具有非法占有的目的，默许实际使用人的恶意透支行为，符合恶意透支的构成要件，则应当追究实际使用人和合法持卡人共同犯罪的刑事责任，认定为恶意透支型信用卡诈骗罪的共犯。

2. 合法持卡人无共同犯罪故意的，应当对实际使用人以恶意透支型信用卡诈骗罪定罪处罚。在合法持卡人缺乏共同犯罪故意，或者无法查明合法持卡人具有共同犯罪故意的情形下，由于合法持卡人既无犯罪故意，又无犯罪行为，不能构成犯罪，只能对实际使用人以信用卡诈骗罪论处。本案即属此种情形，应当对恶意透支的行为人范某聪以恶意透支型信用卡诈骗罪定罪处罚，合法持卡人符某民不构成犯罪。理由为：

（1）根据无行为即无犯罪的原则，符某民不构成犯罪。没有行为就没有犯罪，行为是犯罪的基础。刑事与民事的最大区别就在于，刑事关注的是行为人的行为造成的社会危害性，而民事则侧重于当事人之间的法律关系。刑事责任强调的是实质性判断，对刑事责任承担者的判断不能单纯地以行为人在民事法律关系中的地位为唯一标准，更不能简单地将各主体在民事法律关系中的地位移植于刑事法律关系中。恶意透支型信用卡诈骗罪中，如果合法持卡人同意授权实际使用人使用信用卡，出现恶意透支的情形时就涉及刑民交叉的问题。根据民法原理，这种情形存在两个民事法律关系，即合法持卡人与银行之间的借贷关系、实际使用人与合法持卡人之间的借贷关系。如果实际使用人恶意透支信用卡，则合法持卡人应当向银行承担透支款项的全部责任，实际使用人充其量作为有利害关系的第三人，合法持卡人虽然在承担责任后可以向实际使用人追偿，但这不能成为免除其个人责任的抗辩理由。但是，如果要追究刑事责任，则不能按照民事责任的认定逻辑将合法持卡人作为刑事责任的主体。因为如果合法持卡人主观上不具有恶意透支的直接故意，客观上亦未实施非法占有银行资金的行为，仅以合法持卡人的民事不法行为而追究其刑事责任，显然违反了实质正义理念，违背了无行为就无犯罪的原则。本案中的合法持卡人符某民主观上缺乏非法占有的目的，也没有实施恶意透支的行为，不应当构成犯罪。

（2）实际使用人成为恶意透支型信用卡诈骗犯罪主体具有合法性。首先，将合法持卡人理解为既包括合法持卡人，也包括其他实际用卡人，并未突破合法持卡人的合理内涵。有观点认为，1999年《中国人民银行关于下发〈银行卡业务管理办法〉的通知》第28条第3款规定，银行卡及其账户只限经发卡银行批准的合法持卡人本人使用，不得出租和转借。因此刑法中的合法持卡人也只能限于合法持卡人。其实，据此解读刑法意义上的合法持卡人依据并不充分。同样的词语在不同部门法中的外延会有较大的差别，同样，刑法对同一用语的解释不一定就完全照搬前置法的规定，比如刑法对信用卡的界定就与《信用卡业务办法》的规定不同。2004年12月29日第十届全国人民代表大会常务委员会第十三次会议通过的《信用卡解释》指出："刑法规定的'信用卡'，是指由商业银行或者其他金融机构发行的具有消费支付、信用贷款、转账结算、存取现金等全部功能或者部分功能的电子支付卡。"1999年《中国人民银行关于下发〈银行卡业务管理办法〉的通知》第2条第1款规定，本办法所称银行卡，是指由商业银行(含邮政金融机构，下同)向社会发行的具有消费信用、转账结算、存取现金等全部或部分功能的信用支付工具。可见，刑法规定的信用卡范畴大于《信用卡业务办法》的规定。因此，应当认为，恶意透支型信用卡诈骗罪的主体不应当仅限于《信用卡业务办法》规定的合法持卡人。其次，犯罪的本质是对犯罪客体的侵犯。刑法的目的在于保护客体，个罪在司法实践中的解释应当以客体保护为目标。信用卡诈骗罪规定在我国刑法金融诈骗犯罪中，其侵犯的主要客体是国家金融管理秩序。恶意透支型信用卡诈骗犯罪打击的是那些具有非法占有目的，且实际采用恶意透支信用卡的形式实施了非法占有银行资金、破坏金融秩序的行为。在此意义上，无论是否属于合法持卡人，只要行为人的恶意透支行为破坏了金融管理秩序和制度，就对信用卡诈骗罪保护的法益造成了损害，就应当追究行为人的刑事责任。最后，后一行为的刑事违法性并不因先行行为无效而被排除。有观点认为，合法持卡人违反规定将信用卡借与他人的行为属于民事法律上的无效授权，如果发生了恶意透支的结果，应当由合法持卡人承担相应的法律后果。实际上，前行为是否合法有效并不影响刑法对后行为的评价。如虽然通过伪造国家机关公文、证件担任国家工作人员职务的行为本身属于无效的法律行为，但其利用该国家工作人员身份实施职务犯罪行为的，应当以伪造国家机关公文、证件罪和相应的职务犯罪追究刑事责任，实行数罪并罚。虽然合法持卡人将自己的信用卡借与他人违反了《信用卡业务办法》的规定，但不能将民事法律关系中责任认定的逻辑适用于刑法，并以此排除刑法违法性，应当根据实际使用人的行为追究其相应的刑事责任。因此，虽然合法持卡人符某民违反规定将信用卡借与范某聪使用，但并不影响对范某聪恶意透支行为刑事违法性的评价。

3. 对于实际使用人即借用人恶意透支所借用的信用卡单独认定为恶意透支型信用卡诈骗罪具有一定积极意义。根据《刑法》第196条规定和相关司法解释，恶意透支是指合法持卡人以非法占有为目的，超过规定限额或者规定期限透支，并且经发卡银行两次催收后超过3个月仍不归还的行为。根据这一定义，恶意透支型信用卡诈骗罪的犯罪主体是"持卡人"，但目前尚没有相关规定明确"持卡人"的范围，从而导致司法实践中在处理该类案件上存在争议。依据刑法规定和刑法精神，结合司法实践，借用人即实际使用人的行为可以单独构成恶意透支型信用卡诈骗罪。

(1)从规范层面看，借用人可单独构罪符合刑法条文内涵。对恶意透支型的信用卡诈骗罪，刑法规定的主体是"持卡人"，但立法者并未限定为登记合法持卡人还是实际持卡人。从司法实践看，申领人为登记合法持卡人，借用人为实际持卡人，两者都属于合法持卡人，都可以纳入《刑法》第196条的"持卡人"范畴。以《银行卡业务办法》相关规定为依据，将恶意透支型的信用卡诈骗罪主体限定为申领人的主张，实质上混淆了刑事犯罪与民事违约之间的界限。《银行卡业务办法》第59条规定，"持卡人出租或转借其信用卡及其帐户的，发卡银行应当责令其改正，并对其处以1000元人民币以内的罚款(由发卡银行在申请表、领用合约等契约性文件中事先约定)"。

这里的"罚款",实质上是对民事违约行为如何赔偿的约定,其目的在于确定当事人之间的民事关系,但不能据此替代刑法评价。实际上,刑法评价具有独立性,与注重形式的民事法律关系不同,刑法重在关注行为实质的社会危害性,只要行为人使用信用卡的行为侵犯了信用卡管理秩序与公私财产所有权,并符合恶意透支等行为要件,就有可能构成恶意透支型信用卡诈骗罪。而且从刑法理论讲,先前民事违约行为并不影响对后一行为的刑法评价,关键是认定后一行为是否具有应受刑罚处罚必要的社会危害性。具体到本案,信用卡申领人符某民违规出借信用卡不影响对实际使用人范某聪恶意透支行为的刑法评价,这就为实际使用人范某聪可以构成恶意透支型信用卡诈骗罪留下了充分的解释空间。

(2)从犯罪原因看,借用人可以单独构成恶意透支型信用卡诈骗罪符合立法预期。金融实践中,部分银行因各种原因,未经审慎审查义务乱发、滥发信用卡的现象客观存在。在恶意透支型案件中,甚至有极个别银行帮助不具有申领资格的人员造假,导致不具有申领资格的人员领取了具有透支功能的信用卡。在日常交易过程中,有些银行也疏于管理,如未严格要求特约商户审查用卡人是否系信用卡申领人,只要求输入正确密码即可完成支付。凡此种种,都是导致申领人基于各种考虑出借信用卡的重要原因。由于银行不了解实际使用人经济状况及个人信用,难以对其透支行为进行有效监督,实际使用人逾期不归还卡内欠款时有发生,部分进一步演化为恶意透支行为。应该说立法者对此有充分的认识和考量,突出表现在被害人银行存在一定过错,导致涉及的信用卡实际使用人数众多,对其定罪量刑标准从宽掌握,即提高了恶意透支型信用卡诈骗罪的定罪量刑标准。因此,将实际使用人解释为恶意透支型信用卡犯罪主体,将实际使用人的恶意透支行为认定为信用卡诈骗,并未超出立法者的认识与预期。

(3)从犯罪追诉角度看,借用人可以单独构成恶意透支型信用卡诈骗罪利于有效惩治犯罪。有观点借用共犯理论来解决实际使用人的犯罪主体问题,认为实际使用人是否构成犯罪依附于合法持卡人的行为。且不论将实际使用人排除在恶意透支型信用卡诈骗罪主体范围外与刑法规定不符,单就犯罪追诉看,这种观点容易造成对犯罪行为的放纵。实践中,信用卡申领人往往对信用卡借用人也即实际使用人的恶意透支行为并不知情,主观上没有非法占有的故意,客观上也非申领人实施的恶意透支行为,虽然银行根据预留的信息进行催收,但因申领人犯罪主观意图缺乏,不构成犯罪。比如本案,无法证实符某民对实际使用人范某聪恶意透支行为具有追求的直接故意或放任的间接故意。相反地,申领人符某民是在知晓范某聪有合法经营的生意及固定的收益,因为短期资金周转的需要,才同意向其出借信用卡的。实践中,还有些申领人为了亲戚朋友的正常需要,申领信用卡后交给其长期使用。在早期正常使用信用卡时,为方便银行催收和实际使用人还款,申领人往往都将银行预留号码设定或修改为实际使用人的手机号码。因此,申领人一般不构成恶意透支型的信用卡诈骗罪。如果按照共犯理论的主张,申领人不构成信用卡诈骗罪,相应地实际使用人也不构成信用卡诈骗罪,这显然是对借用人无限恶意透支行为的放纵,不利于信用卡管理秩序的维护和他人合法财产的保护。如果借用人可单独入罪,则可防止类似情形发生,能有效惩治恶意透支的信用卡诈骗行为。

当然,也有观点认为,若将实际使用人列为恶意透支型信用卡诈骗罪的犯罪主体,可能不利于银行开展催收工作。然而,在借用情况下,实际使用人与申领人有着密切关系,难以完全切断彼此间的联系,银行一般能够根据申领人提供的联系方式或者通过其进行有效催收。催收的方式可以按照其在银行预留的联系方式,电话联系或者书面送达均可,发卡银行须按照规定做好催收记录,如联系时间、联系内容、联系结果等。通过电话方式联系的,必要时可以录音,如果显示其电话已经成为空号,应当按照其他方式进行联系,机械连续拨打的方式不可取,这也能够避免申领人与实际使用人恶意串通躲避追诉。

综上,本案人民法院判决认定信用卡实际使用人范某聪犯信用卡诈骗罪并承担相应的刑事责任是正确的。本案中,符某民作为信用卡申领人将信用卡借给范某聪使用,导致其恶意透支。在民事上符某民应负连带赔偿责任,但在刑事上,符某民对范某聪的恶意透支既无与范某聪的共谋,也无对范某聪的任何默许,更无与范某聪共同实施的行为,故不应对符某民追究刑事责任。

227. 利用支付宝与信用卡绑定关系使用他人信用卡构成何罪

行为人利用支付宝账户与银行信用卡的绑定关系进行信用卡的消费、取现或者骗取他人支付宝信息盗刷绑定银行卡,致使他人财产受损的行为,应认定为信用卡诈骗罪。

司法实例

周某泽信用卡诈骗案

2013 年 8 月,被告人周某泽在移动通信一营业部购买了被害人邵某虎已销号的手机卡号 136××××6999,使用过程中被告人周某泽发现该手机号绑定了邵某虎的支付宝和银行信用卡账号,被告人周某泽遂利用该手机号重置了支付宝账户密码,并利用支付宝账户与银行信用卡的绑定关系,通过支付宝账户进行网上消费或转账取现。被害人邵某虎支付宝账户所绑定的中国工商银行信用卡及交通银行信用卡共被被告人周某泽消费、转账 20,836.57 元。

被害人报案后,某市公安机关以周某泽涉嫌诈骗罪移送审查起诉,某市人民检察院以信用卡诈骗罪对周某泽提起公诉,某市人民法院采纳检察机关意见,判决认定被告人周某泽犯信用卡诈骗罪,判处有期徒刑 9 个月,并处罚金 2 万元。

本案在法院审理中争议较大。第一个争议是,本案应认定为盗窃罪还是信用卡诈骗罪。一种意见认为,本案应认定为盗窃罪。理由是:由于被害人邵某虎将支付宝账户与信用卡绑定,并设置为快捷支付关系,支付宝消费从信用卡上直接扣款的行为即已经被授权,被告人在使用过程中不需要输入信用卡密码即可将信用卡上的钱用于支付宝账户付款,故被告人周某泽实际上是从被害人邵某虎的支付宝账户内将其钱款盗用。被告人周某泽系采用网络盗用的手段,秘密窃取被害人钱款,是在被害人不知情的状态下完成的,符合盗窃罪中"秘密窃取"的法律特征,构成盗窃罪。另一种意见认为,本案应认定为信用卡诈骗罪。理由是:使用支付宝账户所绑定的信用卡消费有一个基本特点就是使用一次就造成一次他人财物的损失。被告人周某泽是在被害人邵某虎不知情的情况下,因购买、使用手机卡号,无意中发现邵某虎先前绑定使用的支付宝账户,继而进行消费、提现,造成被害人邵某虎与该支付宝账户绑定的工商银行信用卡、交通银行信用卡上的现金损失,系采用冒用他人信用卡的手段,进行信用卡诈骗活动,符合信用卡诈骗罪的犯罪特征,构成信用卡诈骗罪。第二个争议是,使用支付宝账户内的原始余额消费与利用支付宝账户与信用卡的绑定关系从信用卡中支付消费,二者究竟有何区别。

1. 被告人周某泽的行为构成信用卡诈骗罪。(1)本案系被告人周某泽冒用被害人邵某虎信用卡并进行消费和取现的行为。冒用他人的信用卡,是指非持卡人以非法占有为目的,未经持卡人同意或者授权,擅自以持卡人的名义使用信用卡,进行信用卡业务内的提取现金、购物、消费等诈骗行为。本案中,被害人邵某虎作为信用卡持卡人,被告人周某泽在未经被害人邵某虎同意或授权的情况下,擅自以持卡人邵某虎的名义使用信用卡,将信用卡钱款划入其实际控制的支付宝账户内并进行消费和取现,属于冒用他人信用卡的行为。(2)从支付宝交易过程看本案获利的关键。从网络支付宝历史交易明细中可以看出,支付宝利用信用卡支付消费有这样的一个过程:首先是从信用卡中划出钱款,然后入账到支付宝账户,再从支付宝账户中支出消费金额。本案中,被告人周某泽将支付宝账户密码重置,支付宝账户已处于其实际控制之下,将被害人邵某虎信用卡内的钱款划入支付宝账户后,被告人周某泽已实际完成财产转移。从支付宝利用信用卡支付消费的过程中可以看出,被告人周某泽真正实现获利的,是之前的冒充持卡人邵某虎从信用卡中划款的欺骗行为而不是之后的使用支付宝账户进行消费和取现的行为,后者只是其对赃款的一个后续处理行为。

2. 使用支付宝账户内的原始余额消费与利用支付宝账户与信用卡的绑定关系从信用卡中支付消费二者之间具有明显区别:(1)使用方式不同。使用支付宝账户内的原始余额支付消费,无须行为人(被告人)从被害人的信用卡中划拨钱款,即可直接从支付宝账户内直接消费。利用支付宝账户与信用卡的绑定关系从信用卡中支付消费,必须先将与支付宝账户绑定的信用卡中的钱款划入到支付宝账户内,才可支付消费。(2)资金来源不同。支付宝账户内的原始余额,是指支付宝账户内由被害人通过银行转账等方式在支付宝账户内存入一定的金额,实践中一般是为了在消费的过程中操作方便。利用支付宝账户与信用卡的绑定关系从信用卡中支付消费,是指行为人(被告人)从被害人的信用卡中支取钱款以用于支付消费,支付宝成为一个中转交易平台。故使用支付宝账户内的原始余额进行消费,侵犯了他人的财产所有权,系以非法占有为目的,采用秘密手段窃取他人(支付宝账户内的)钱款,构成盗窃罪。利用支付宝账户与信用卡的绑定关系从信用卡中支付消费,不但侵犯了他人的财产所有权,也侵犯了信用卡管理秩序,系以非法占有为目的,冒用他人信用卡骗取钱款的行为。本案将金额全部认定为信用卡诈骗罪的原因是被害人邵某虎的支付宝账户内原本是没有钱款的。若支付宝账户内存有一部分原始钱款,则应对这一部分钱款进行另外评价,根据金额确认是否构成盗窃罪。

3. 司法实践中对于骗取他人支付宝信息盗刷绑定银行卡应如何定性。如被告人范某聪由于近期自身经济拮据,想从朋友叶某实处弄点钱花,便向叶某实谎称帮助其提升支付宝信用积分,叶某实出于对朋友的信任,随即将其支付宝密码和验证码告知被告人范某聪。在获得叶某实支付宝账户信息后,范某聪使用自己的手机登录叶某实支付宝账户,分3次盗刷叶某实支付宝绑定的银行卡现金共计9665元。叶某实得知银行卡中现金被盗刷后,要求范某聪归还,遭范某聪拒绝,叶某实遂向警方报案。经法院判决认定,范某聪的行为构成信用卡诈骗罪。在案件审理期间,范某聪全额归还了叶某实的资金及利息,取得了叶某实谅解。范某聪被判处有期徒刑缓刑。本案系范某聪获得叶某实支付宝账户信息后,盗刷支付宝绑定银行卡数额较大的现金,属于以骗取方式获得他人信用卡信息资料,并通过互联网、通信终端使用,该行为应当定性为信用卡诈骗罪,主要理由为:(1)支付宝密码与银行卡密码具有等值性。根据《支付宝服务协议》规定,用户申请支付宝账户时,需要设定登录密码和交易密码,如要绑定银行卡,还要提供用户个人信息。用户进行交易时,只需使用支付宝密码,不再提供银行卡密码,由支付宝平台向银行机构发出交易指示。所以,只要掌握用户的支付宝密码等信息后,就相当于掌握了其银行卡密码,二者具有等值性。该案中,范某聪采用欺骗手段获取叶某实支付宝密码等信息,就相当于获得了其银行卡相关重要信息。(2)获取他人银行卡信息后通过通信终端使用系"冒用他人信用卡"的行为。《妨害信用卡管理解释》规定,窃取、收买、骗取或者以其他非法方式获取他人的信用卡信息资料,并通过互联网、通信终端使用的,属于"冒用他人信用卡"的行为。范某聪在获取叶某实支付宝交易密码后,未经持卡人同意擅自以持卡人名义进行消费,使银行误以为系持卡人本人消费而做出错误认证,银行是受骗者,叶某实是持卡人,是实际的财产损失人,按司法解释规定应认定为信用卡诈骗罪。

综上,对于利用支付宝账户与银行信用卡的绑定关系进行信用卡的消费、取现或者骗取他人支付宝信息盗刷绑定银行卡,致使他人财产受损的行为,应认定为信用卡诈骗罪。

228. 骗领多张信用卡透支均偿还最低额构成何罪

行为人冒充他人身份,办理多张信用卡透支消费,并对上述信用卡每期账单按时还款,但只还最低还款额,有别于恶意透支型信用卡诈骗行为人使用他人信用卡进行恶意透支诈骗活动,且从发卡行催告及逾期的时间、每笔消费数额及累计数额计算把握等方面的考量,对此种行为以妨害信用卡管理罪定罪较为适宜。

司法实例

漆某营妨害信用卡管理案

某集团公司职工漆某营离职前利用工作便利,私自复印了公司法定代表人赵某顺的身份证及该公司的营业执照,并伪造了赵某顺的收入证明等。漆某营离开该公司后,使用上述证件以赵某顺的名义向多家银行申领了多张信用卡,多次刷卡进行透支消费或非法套现。后漆某营被抓获。在刷卡透支消费期间,漆某营无固定收入,日常生活完全依靠透支信用卡维持,对上述信用卡每期账单,漆某营按时还款,但只还最低还款额。案发后,漆某营欠多家银行信用卡透支款本金、利息等共计47万余元。

检察机关以涉嫌犯信用卡诈骗罪对被告人漆某营提起公诉。

在法院审理中,存在两种不同意见:一种意见认为,漆某营使用以虚假身份证明骗领的信用卡,进行信用卡诈骗活动,数额巨大,符合《刑法》第196条规定的信用卡诈骗罪的构成要件,应当以信用卡诈骗罪追究其刑事责任。另一种意见认为,漆某营冒充赵某顺的身份,办理多张信用卡透支消费,其对上述信用卡每期账单按时还款,但只还最低还款额,故有别于典型的使用信用卡进行诈骗活动的犯罪故意,对其行为以妨害信用卡管理罪定罪较为适宜。

最后,一审法院采纳的是后一种意见,依照《刑法》第177条之一等条款规定,判决对被告人漆某营以犯妨害信用卡管理罪定罪处罚。判决已生效。

从法院一审判决结果看,法院认定被告人犯妨害信用卡管理罪的主要理由为:

1. 妨害信用卡管理罪是指违反国家信用卡管理法规,在信用卡的发行、使用等过程中,妨害国家对信用卡的管理活动,破坏信用卡管理秩序的行为,属于破坏金融管理秩序类犯罪。漆某营窃取赵某顺的身份资料骗领信用卡并使用的事实清楚,应当认定为《刑法》第177条之一第1款第3项规定的"使用虚假的身份证明骗领信用卡"的行为,构成妨害信用卡管理罪。但对于漆某营是否具有非法占有透支款项的故意,还需要依据证据作出判断。有人认为,现有证据证明,漆某营透支欠款本金数额高达47万余元,完全超出其个人还款能力,其只能利用不同银行信用卡的还款期差别,用多张骗领的信用卡"挪东墙补西墙",并且已经造成银行的实际损失,因此应当认定为"明知没有归还能力而大量骗取资金的"的行为。根据《金融犯罪纪要》的规定,可以认定其"具有非法占有目的",其行为属于诈骗。

但是,认定是否具有非法占有目的应当坚持主客观相一致原则,根据在案证据和客观事实进行认定。该案中,漆某营的行为应当认定为"明知没有归还能力而大量骗取资金",但是仅依此行为尚不宜当然认定漆某营具有非法占有的目的,还要看其行为是否具备"造成数额较大资金不能归还"的后果,才能按照《金融犯罪纪要》的规定认定其具有非法占有的目的。虽然该案中有47万余元的信用卡透支款没有归还,很可能给银行造成损失,但是漆某营对涉案信用卡已按照最低标准予以还款。虽然根据常理判断,其仅靠个人能力会难以还款而最终造成透支款不能归还,但是漆某营利用信用卡的特殊金融属性带来的便利条件,使得不能归还透支款的事实在案发前并没有发生,并且也不能完全排除有他人帮助其还清信用卡透支款的可能性。因此,现有证据不能证实漆某营在非法占有的主观故意支配下造成了"数额较大资金不能归还"的事实。

2. 信用卡诈骗罪是指以非法占有为目的,违反信用卡管理法规,利用信用卡进行诈骗活动,骗取财物数额较大的行为。本罪的客观方面表现为行为人实施了"使用伪造的信用卡,或者使用以虚假的身份证明骗领的信用卡的;使用作废的信用卡的;冒用他人信用卡的;恶意透支的"行为之一。本案被告人漆某营私自复印了公司法定代表人赵某顺的身份证及该公司的营业执照,并伪造了赵某顺的收入证明等。漆某营离开该公司后,使用上述证件以赵某顺的名义向多家银行申领了多张信用卡,多次刷卡进行透支消费或非法套现。从客观方面看,被告人确实实施了"冒用他人信用卡""恶意透支"的行为,符合《刑法》第 196 条信用卡诈骗罪中的两个客观方面行为,但是其对上述信用卡每期账单按时还款,虽只还最低还款额,但仍有别于典型的使用信用卡进行诈骗活动的犯罪故意。一是一般典型的恶意透支型信用卡诈骗对恶意透支的款项数额不进行还款;二是信用卡诈骗罪中的"恶意透支"也有严格的限定。恶意透支在客观上表现为超过规定限额或者规定期限透支,并且经发卡银行催收后仍不归还。"规定限额或者规定期限",是指有关主管部门规章和发卡银行规定中规定的透支限额或者透支期限。"催收",是指发卡银行以函件、电话、电子邮件等各种方式催促持卡人归还透支款项的行为。本案被告人漆某营在刷卡透支消费期间,无固定收入,日常生活完全依靠透支信用卡维持,并不排除其具有非法占有的目的。被告人虽只还最低还款额,但对上述信用卡每期账单按时还款,故按照《刑事诉讼法》"事实清楚,证据确实、充分"的要求及有利于被告人的原则,对被告人漆某营以妨害信用卡管理罪定罪处罚比较稳妥。

综上,漆某营不构成信用卡诈骗罪,仅构成妨害信用卡管理罪。

3. 本案的情况仅适用于个案。实践中出现类似情形,应具体案件具体分析。如实践中,盗取他人身份证银行卡信息转走其银行存款有的即可按信用卡诈骗罪定罪处罚。2015 年 3 月 16 日,被告人崔某宜利用一次公务活动中获取的被害人赵某余的居民身份证信息,在当时个别地方制假活动尚未得到遏制的情形下,补办了一张以赵某余名义及身份证信息和自己照片为内容的假身份证。随后,被告人崔某宜持该假身份证到联通通信公司补办了被害人赵某余的手机卡,并利用上述补办的手机号通过网络注册了支付宝账号和微信账号,同时将被害人赵某余的招商银行卡添加到支付宝和微信进行网络支付。2015 年 3 月 26 日至 4 月 6 日,被告人崔某宜通过支付宝转账、微信支付发红包的方式,分数次将被害人赵某余招商银行卡账户内的部分存款 7 万余元转走。该案检察机关按诈骗罪起诉,法院审理中有的认为应定盗窃罪,有的认为应定诈骗罪,还有的认为应定信用卡诈骗罪。法院生效判决最后对被告人以信用卡诈骗罪定罪处罚。主要理由:(1)从法律规定看,崔某宜的行为符合信用卡诈骗的情形。根据最高人民法院、最高人民检察院《妨害信用卡管理解释》第 5 条第 2 款的规定,《刑法》第 196 条第 1 款第 3 项所称"冒用他人信用卡",包括以下情形:拾得他人信用卡并使用的;骗取他人信用卡并使用的;窃取、收买、骗取或者以其他非法方式获取他人信用卡信息资料,并通过互联网、通信终端等使用的;其他冒用他人信用卡的情形。该案中,崔某宜取得信用卡是欺骗行为而不是盗窃行为,即崔某宜通过欺骗的方法取得被害人的银行卡和手机卡,并通过"支付宝"及"微信"支付的方式将被害人的存款转走,其行为属于《刑法》第 196 条规定的"冒用他人信用卡"中骗取他人信用卡并使用的情形,符合信用卡诈骗的犯罪构成特征。(2)从犯罪的客观方面看,崔某宜的行为符合信用卡诈骗罪的犯罪构成特征。区别诈骗罪和盗窃罪最关键的是要厘清行为人取得财产到底是其窃取的,还是所有人或持有人"自愿"处分。该案中,崔某宜伪造被害人的身份信息取得银行卡和手机卡,通过支付宝及微信支付的方式将被害人的银行存款转走,主要原因是崔某宜的欺骗行为造成银行或其他金融机构错误地认为是被害人的支取行为,而自愿将银行存款正常转走,是银行或其他金融机构自愿支付的行为。崔某宜取得被害人的存款并不是通过窃取银行或金融机构以及被害人的方式获取的。因此,崔某宜的行为不符合盗窃罪的犯罪构成特征。(3)从犯罪客体看,崔某宜的行为侵害了国家金融制度中的信用卡管理制度。崔某宜伪造被害人的身份信息取得银行卡和手机卡,通过支付宝及微信支付的方式将被害人的存款转走,同时使银行向本无权支配使用该银行卡账户下钱款的人错误地进行支付,侵害了信用卡的正常结算管理制度以及国家正常的金融管理秩序,而盗窃罪侵犯的客体仅仅是公民的财产权。所以,崔某宜的行为不应当构成盗窃罪而应当构成信用卡诈骗罪。

229. 非投保人、被保险人或者受益人能否构成保险诈骗罪

保险诈骗罪是特殊主体罪。保险诈骗罪的主体必须是投保人、被保险人或者受益人。但如果行为人仅是名义上的投保人和被保险人,各股东才是实际对车辆享有权利、承担义务的人,当投保车辆发生意外事故时,财产损失的承受者是各股东,他们是真正意义上的、隐性的投保人和被保险人。故实际股东应当认定为具有构成保险诈骗罪的主体身份。

司法实例

龚某晓等保险诈骗案

2008年8月,童某希、吴某祥、龚某晓三人合伙购买了一辆中型客车,并订立书面协议,约定未经其他股东许可,不得将股份转让。随后,童某希妻子龚某玲(亦是龚某晓妹妹)为车辆办理保险,成为该车的投保人和被保险人。车辆运营9个月后,吴某祥擅自将自己的股份转让给其亲戚盛某林(该车的售票员)。

2009年6月20日,持有机动车驾驶证A证、具备驾驶大客车资格的股东兼驾驶员龚某晓因故委托持机动车驾驶证B2证、无驾驶该车资格的吴某祥代为驾驶。当该客车行至某村时,因吴某祥要去亲戚家喝喜酒,又将车交予持机动车驾驶证B2证、无驾驶该车资格的盛某林驾驶。当车行至某省道109公里+300米处时该客车发生事故,导致车上7名乘客受伤、车辆受损。事故发生后,吴某祥、盛某林、龚某晓三人经过协商,决定隐瞒事故真相,由龚某晓冒名顶替盛某林为肇事人,并具体实施了欺骗保险公司及公安机关的行为,最终获得保险公司理赔款65,428元。理赔款到位后,盛某林因未能及时拿回先期支付的医疗费及维修费,与三名股东发生纠纷,导致案发。

在案件审查起诉阶段,本案争议的焦点集中在案件的定性及处理上,即龚某晓、吴某祥、盛某林三人的行为是否构成犯罪、构成何罪、应如何处理,对此存在四种意见。第一种意见认为,龚某晓、盛某林的行为构成诈骗罪,但情节轻微,可作相对不起诉处理;吴某祥行为情节特别轻微,可认为不是犯罪,作法定不起诉处理。主要理由是:龚某晓、盛某林二人以非法占有保险金为目的,采用隐瞒真相、虚构事实的欺骗手段,使保险公司信以为真,从而支付理赔款的行为,构成诈骗罪。因二人不是车辆的投保人或被保险人,不符合保险诈骗罪对主体身份的要求,不能构成保险诈骗罪。同时,基于案发后,他们积极退回理赔款,没有造成恶劣的社会影响,根据宽严相济的刑事政策,可以对二人作相对不起诉处理。而吴某祥在整个案件中,仅是知晓事故真相,在骗取保

险金过程中无任何实质性的行为和作用,其犯罪情节显著轻微、危害不大,不认为是犯罪,可作法定不起诉处理。第二种意见认为,龚某晓、吴某祥、盛某林三人行为构成了诈骗罪,应提起公诉。主要理由是:龚某晓等三人的行为符合诈骗罪的全部要件,构成诈骗罪。虽然案发后三人有从轻情节,但主观恶性较大,如不给予处罚将可能造成社会模仿效应,具有潜在的社会危害性,不符合不起诉的条件,应提起公诉。第三种意见认为,对龚某晓、吴某祥应以保险诈骗罪提起公诉,对盛某林应以诈骗罪提起公诉。主要理由是:龚某晓、吴某祥为该车的股东,是隐性投保人,符合保险诈骗对主体身份的要求,根据法条竞合原则,应当认定二人构成保险诈骗罪。同时,由于吴某祥转让股份予盛某林的行为不符合相关法律规定及书面约定,该行为无效,即盛某林未能成为隐性投保人,不符合保险诈骗罪的主体身份,其行为构成诈骗罪。同时考虑到三人行为的社会危害性,应提起公诉。第四种意见认为,龚某晓、吴某祥、盛某林三人均构成保险诈骗罪,认定龚某晓作为主犯,应提起公诉。主要理由是:吴某祥转让股份的行为虽未发生实质性的效力,盛某林不具备构成保险诈骗罪的主体身份,但因三人对欺骗行为事先经过协商,属事先通谋的共同犯罪,所以应当认定三人的行为均构成保险诈骗罪。同时,考虑到龚某晓具体实施了提供虚假材料、作出虚假陈述等欺骗行为,在整个案件中起到了主要作用,应认定为主犯。

检察机关采纳了第四种意见,对被告人龚某晓、吴某祥、盛某林三人均以涉嫌犯保险诈骗罪提起公诉,并将被告人龚某晓列为主犯。

一审法院在审理中,也产生了类似检察环节存在的分歧意见。经合议庭评议、审委会讨论,法院判决采纳了公诉机关的起诉意见,对被告人龚某晓、吴某祥、盛某林三人均以保险诈骗罪,被告人龚某晓作为主犯予以定罪处罚。判决已生效。法院判决的主要理由为:

保险诈骗罪,是指投保人、被保险人、受益人以使自己或者第三者获取保险金为目的,采取虚构保险标的、保险事故或者制造保险事故等方法,骗取保险金,数额较大的行为。根据近些年来发生在保险业中诈骗犯罪案的情况,针对保险活动各个环节可能发生的问题,《刑法》第 198 条具体规定了保险诈骗罪的五种表现形式:(1)投保人故意虚构保险标的,骗取保险金的;(2)投保人、被保险人或者受益人对发生的保险事故编造虚假的原因或者夸大损失的程度,骗取保险金的;(3)投保人、被保险人或者受益人编造未曾发生的保险事故,骗取保险金的;(4)投保人、被保险人故意造成财产损失的保险事故,骗取保险金的;(5)投保人、受益人故意造成被保险人死亡、伤残或者疾病,骗取保险金的。

1. 龚某晓、吴某祥是实际投保人和被保险人,符合保险诈骗罪的主体身份。根据《刑法》第 198 条的规定,保险诈骗罪的主体必须是投保人、被保险人或者受益人,即保险诈骗罪是特殊主体罪。同时,《保险法》明确规定,投保人是与保险人订立保险合同,并按照合同约定负有支付保险费义务的人;财产保险的被保险人在保险事故发生时,对保险标的应当具有法律上承认的利益。结合本案,从表面来看,只有作为投保人和被保险人的龚某玲才有可能构成保险诈骗罪。但从实质上看,龚某玲不过是保险的代办人,办理保险的相关费用实际由三名股东承担,她与车辆的关系是通过股东之一的丈夫童某希联系上的。据此,龚某玲仅是名义上的投保人和被保险人,三名股东才是实际对车辆享有权利、承担义务的人,即如果投保车辆发生意外事故,财产损失的承受者是三名股东,他们是真正意义上的、隐性的投保人和被保险人。所以,作为股东的龚某晓、吴某祥应当认定为具有构成保险诈骗罪的主体身份。

2. 盛某林等三人以非法占有保险金、减少经济损失为目的,共同协商并实施了虚构事实骗取保险金的行为。根据《保险法》第 27 条第 3 款的规定,保险人对于编造虚假事故原因或者夸大损失程度的,对虚假部分不承担赔偿或者给付保险金的责任。同时,根据《中国人民保险机动车辆损失保险条款》第6条的规定，驾驶与驾驶证准驾车类不相符合的车辆，造成保险车辆的损失或第三者的经济赔偿责任，保险公司均不负责赔偿，即保险人只对保险责任范围内的保险事故承担赔偿责任。结合本案，盛某林驾驶与驾驶证不相符的客车发生交通事故，不属于保险责任范围，保险公司本不予赔偿。但事故发生后，梁某等三人为获得保险金，降低经济损失，协商由有驾驶资格的龚某晓冒名顶替，向相关部门提供了虚假材料，作虚假陈述，并最终获得保险公司的理赔款，即三人在主观和客观行为上符合诈骗罪要求。

3. 根据特别法条款规定优于普通法条款规定的原则，应当认定龚某晓、吴某祥构成保险诈骗罪。当一行为同时符合同一法律的普通条款与特别条款规定的犯罪构成要件时，应以适用特别法优于普通法为原则，以适用重法优于轻法为例外。众所周知，《刑法》第266条关于诈骗罪的条款属于普通法条，而《刑法》第192条至第198条关于金融诈骗罪的条款属于特别法条。在诈骗侵财案件中，首先成立的是普通诈骗罪，为体现对特殊领域的保护，《刑法》分则又具体规定了集资诈骗罪、保险诈骗罪等，其旨在对此类领域的特殊保护。结合本案，龚某晓、吴某祥的行为构成诈骗罪是毋庸置疑的，同时二人为隐性的投保人和被保险人，具有构成保险诈骗罪的主体身份，所以根据上述原则，应当认定龚某晓、吴某祥的行为构成保险诈骗罪。

4. 本案系共同犯罪，盛某林亦构成保险诈骗罪。《民法典》第967条规定，合伙合同是两个以上合伙人为了共同的事业目的，订立的共享利益、共担风险的协议。同时，相关的司法解释规定，在合伙经营过程中增加合伙人、合伙人退伙等，书面协议有约定的，按照协议处理，没有协议的，须经全体合伙人同意，否则无效。结合本案，吴某祥私自将股份转让予盛某林的行为应无效，盛某林未能成为该车的合法股东，即不具有保险诈骗的主体身份。但因隐瞒真相、虚构事实的行为是经三人协商决定的，他们之间相互沟通，彼此协调和默契，属事前通谋的共同犯罪，所以应对诈骗保险的行为共同承担责任，即盛某林亦构成保险诈骗罪。

5. 龚某晓应认定为保险诈骗共同犯罪中的主犯。《刑法》第26条及第27条明确规定，主犯是在共同犯罪中起主要作用的，从犯是起次要或者辅助作用的。具体到本案，龚某晓在整个保险诈骗的过程中，向保险公司及公安机关提交虚假材料、作出虚假陈述，并积极劝说每位知情人员作虚假证言，从而成功骗取保险公司的理赔款，是具体实施欺骗手段的行为人。其作用相对于仅知晓事故真相并协商骗取手段的盛某林、吴某祥来说明显要大，故实属本案主犯。

综上，检察机关对龚某晓等三被告人以保险诈骗罪提起公诉，一审法院对龚某晓等三被告人以保险诈骗罪定罪处罚，同时考虑到龚某晓在共同犯罪中起主要作用，将其认定为主犯，该起诉和判决是正确的。

司法实践中需要注意的是，保险诈骗罪以具备投保人、被保险人、受益人的特定身份作为该罪成立的主体要件。没有特定身份的人不可能直接实施保险诈骗罪，也不可以利用具有特定身份的人而成为保险诈骗罪的间接正犯。当行为人单独或结伙，以非法占有为目的，采用虚构事实、隐瞒真相的方法，骗取保险公司财产，因其行为不符合保险诈骗罪的犯罪构成要件，且数额较大，可以构成诈骗罪。

230. 基本医疗保险基金能否成为保险诈骗罪的犯罪对象

保险诈骗罪惩处的是利用商业保险合同诈骗保险金的犯罪行为。由于基本医疗保险是一种社会保险，不是商业保险，因此，基本医疗保险基金不能成为保险诈骗罪的对象。单位实施非单位犯罪的,并不禁止追究单位中自然人犯罪的刑事责任。单位中的组织者、指使者、直接实施者的行为符合犯罪构成要件的,应当承担相应的刑事责任。

司法实例

周某钟等骗取基本医疗保险基金案

2009年12月,被告人周某钟和成某良(另案处理)与某市卫生局就某卫生院的经营管理权签订了为期5年的转让合同。2010年年底,周某钟和成某良为提高某卫生院的经济收入,召集了包括被告人谈某颖、宗某军、孔某健、水某毅在内的该院多名骨干开会,授意上述人员分工合作,虚开某卫生院住院病历供某市医保参保人员向某市各医保事务中心骗取医保报销,并收取参保人员好处费。其中,谈某颖和宗某军负责虚开包括出院小结在内的多份病历记录;水某毅负责根据谈某颖、宗某军二人开具的病历记录虚开费用明细单和收费收据;孔某健则介绍了多名某市医保参保人员到宗某军处虚开病历记录,同时还作为主治医生在部分谈某颖虚开的出院小结上签字。经查,共有洪某城、安某合等45名某市医保参保人员持某卫生院开具的虚假出院记录、费用明细单和收费收据向某市多家医保事务中心共计骗取基本医疗保险基金115万余元。其中,谈某颖参与骗取51万余元,包括在2012年1月向卓某琴开具了5套虚假的医保报销凭证,卓某琴骗取2.1万余元;宗某军参与骗取53万余元,包括在2011年11月至2013年1月先后开具给赵某宝4套虚假的医保报销凭证,赵某宝骗取5.3万余元;孔某健作为主治医生在谈某颖虚开的11份出院小结上签字,同时还介绍了王某强等7人在宗某军处虚开医保报销凭证,共计参与骗取23万余元。

公安机关于2014年6月13日将谈某颖、宗某军、孔某健抓获归案,于9月28日、10月19日、11月12日分别将卓某琴、周某钟、水某毅抓获归案。同年10月9日,赵某宝向公安机关投案,并退赔了全部赃款。到案后,谈某颖、宗某军、孔某健、水某毅、卓某琴、赵某宝均如实供述了犯罪事实。谈某颖、宗某军各退赔赃款22万元,孔某健退赔赃款13万元、水某毅退赔赃款7万元、卓某琴退赔赃款2.1万元。

某市某区人民检察院以诈骗罪对上述被告人提起公诉。

某市某区人民法院认为,被告人周某钟、谈某颖、宗某军、孔某健、水某毅向被告人卓某琴、赵某宝等45人提供虚假的医保凭证,供后者骗取医保报销款,其中周某钟、水某毅、宗某军、谈某颖、孔某健犯罪数额特别巨大,卓某琴、赵某宝犯罪数额较大,其行为均已构成诈骗罪。在共同犯罪中,周某钟起主要作用,系主犯;谈某颖、宗某军、孔某健、水某毅起次要作用,系从犯,依法应当减轻处罚。赵某宝具有自首情节,犯罪情节较轻,且案发后退赔全部赃款,可以免除处罚。谈某颖、宗某军、孔某健、水某毅、卓某琴如实供述自己的罪行,可以从轻处罚;积极退赔,可以酌情从轻处罚;对上述五名被告人均可适用缓刑。

某市某区人民法院以诈骗罪分别判处周某钟有期徒刑11年4个月,并处罚金10万元;判处谈某颖、宗某军、孔某健、水某毅、卓某琴各有期徒刑9个月至3年不等,缓刑1年至5年不等,并处罚金1.5万元至6万元不等;对赵某宝以诈骗罪免予刑事处罚。违法所得责令退赔并发还被害单位。

一审宣判后,周某钟不服,提出上诉。某市中级人民法院经审理认为,由于《刑法》对于诈骗犯罪没有规定单位犯罪,因此某卫生院不构成单位犯罪,但是仍然应当追究周某钟等人的刑事责任。原判认定事实和适用法律正确,量刑适当,诉讼程序合法。遂裁定驳回上诉,维持原判。

在法院审理本案过程中,对于周某钟等5人以某卫生院的名义,制作虚假材料,供卓某琴、赵某宝等人骗取医疗保险基金的行为如何定性存在三种不同意见。第一种意见认为,周某钟等5人与投保人相互勾结,制作虚假材料,编造未曾发生的保险事故,骗取医疗保险基金,进行保险诈骗活动,符合保险诈骗罪的构成要件。而且周某钟等人系以某卫生院名义实施诈骗行为,诈骗所得进入某卫生院账户,符合单位犯罪的特征。单位构成保险诈骗罪,应当分别追究某卫生院直接负责的主管人员周某钟、其他直接责任人员谈某颖、宗某军、孔某健、水某毅的刑事责任。第二种意见认为,医疗保险基金属于社会保险范畴,不是商业保险,不能成为保险诈骗罪的对象。周某钟作为某卫生院的院长,召集谈某颖、宗某军等各科室职能部门人员分工合作实施诈骗,诈骗所得款项进入某卫生院账户,系单位行为。由于刑法没有明文规定单位可以构成诈骗罪的主体,故某卫生院不构成诈骗罪。自然人的罪责依附于单位,在刑法没有规定单位犯罪罪名的情况下,应坚持罪刑法定原则,不得追究其中自然人的刑事责任。因此,周某钟、谈某颖、宗某军、孔某健、水某毅不构成犯罪。第三种意见同意第二种意见中周某钟等人不构成保险诈骗罪的意见,但是认为在《刑法》分则没有明文规定单位可以构成犯罪的情况下,并不禁止追究单位中自然人犯罪的刑事责任。周某钟指使谈某颖、宗某军、孔某健、水某毅等人分工合作,以非法占有为目的,制作虚假材料,骗取医疗保险基金115万余元,符合诈骗犯罪的构成要件。虽然周某钟等人以某卫生院名义实施诈骗行为,诈骗所得进入某卫生院账户,但由于刑法对于诈骗犯罪没有规定单位犯罪,因此某卫生院不构成单位犯罪,但是仍然应当追究周某钟等人诈骗犯罪的刑事责任。法院最终采纳了第三种意见,主要理由为:

1. 基本医疗保险基金不属于保险诈骗罪的对象,本案中,周某钟等人诈骗的对象是基本医疗保险基金,故某卫生院及周某钟等人不构成保险诈骗罪。社会医疗保险,指的是广大社会劳动者因疾病或受伤害需要接受医疗诊治时,由社会提供必需的医疗服务和物质帮助的一种社会保障制度。根据我国《社会保险法》的规定,国家建立基本养老保险、基本医疗保险、工伤保险、失业保险、生育保险等社会保险制度,保障公民在年老、疾病、工伤、失业、生育等情况下依法从国家和社会获得物质帮助的权利。城镇居民基本医疗保险实行个人缴费和政府补贴相结合。享受最低生活保障的人、丧失劳动能力的残疾人、低收入家庭、60周岁以上的老年人和未成年人等所需个人缴费部分,由政府给予补贴。符合基本医疗保险药品目录、诊疗项目、医疗服务设施标准以及急诊、抢救的医疗费用,按照国家规定从基本医疗保险基金中支付。因此,基本医疗保险属于社会保险的范畴。保险诈骗罪,是指投保人、被保险人或者受益人,以非法占有为目的,违反《保险法》规定,用虚构事实或者隐瞒真相的方法,骗取保险金,数额较大的行为。该罪的犯罪对象是保险金,客观方面表现为违反《保险法》规定,用虚构事实或者隐瞒真相的方法,骗取保险金,数额较大的行为。而我国《保险法》中所称的"保险",是指投保人根据合同约定,向保险人支付保险费,保险人对于合同约定的可能发生的事故因其发生所造成的财产损失承担赔偿保险金责任,或者当被保险人死亡、伤残、疾病或者达到合同约定的年龄、期限等条件时承担给付保险金责任的商业保险行为。可见,我国《刑法》规定保险诈骗罪,惩处的是利用商业保险合同诈骗保险金的犯罪行为,保险诈骗罪侵犯的客体是社会主义市场经济秩序。由于基本医疗保险系一种社会保险,不是商业保险,因此,基本医疗保险基金不能成为保险诈骗罪的对象,本案中的某卫生院以及周某钟等人不构成保险诈骗罪。

2. 单位实施非单位犯罪的,并不禁止追究单位中自然人犯罪的刑事责任。单位犯罪,一般是公司、企业、事业单位、机关、团体为本单位谋取非法利益或者以单位名义为本单位全体成员或多数成员谋取利益,由单位的决策机构按照单位的决策程序决定,直接责任人员具体实施的,且刑法有明文规定的犯罪。据此,构成单位犯罪要符合以单位名义实施犯罪,经单位决策机构作出决定或由负责人员决定，为本单位谋取非法利益，刑法具有明文规定等四个特征。在刑法没有明文规定单位可以构成犯罪的情况下，即单位不构成犯罪的，能否追究单位成员的刑事责任则需要进一步研究。本案中，由于《刑法》对于诈骗罪没有规定单位犯罪，某卫生院的周某钟等人能否构成诈骗罪是本案的一大争议焦点。一般认为，在《刑法》分则没有明文规定单位可以构成犯罪的情况下，并不禁止追究单位中责任人犯罪的刑事责任。一是单位犯罪形态中包含两个犯罪构成：单位主体与单位成员自然人主体，即拟制主体与实际主体；单位整体意志与单位成员意志，即整体意志与个别意志；单位行为与单位成员行为，即拟制行为与实体行为。单位犯罪构成相对于自然人犯罪构成具有修正性和拟制性，单位主体的归责是由法律拟定的整体性责任和单位成员个人行为责任的“复合”。二是单位中自然人个体构成犯罪是单位构成犯罪的小前提，单位自然人因构成犯罪承担刑事责任，而不是相反的单位自然人的有责性以单位构成犯罪为前提。这是因为就单位与单位成员的性质而言，单位属于虚拟的生命体，单位成员属于实在的生命。同社会中的其他自然人一样，单位成员并未因处于单位这一组织体中而失去相对的意志自由和实施适法行为的期待可能性。恰恰相反，单位成员具有独立的意思决定能力：既可以决定实施违反社会规范的行为，也可以决定不实施违反社会规范的行为；既可以决定借助单位这一“外衣”实施违反社会规范的行为，也可以决定不借助单位这一“外衣”实施违反社会规范的行为。而单位毕竟与自然人不同，不可能亲自实施任何具有社会意义的法律行为。单位要实现其意图，必然要通过单位成员这一中介，根本不可能脱离单位成员的意志和行为。① 三是犯罪的本质是法益侵害。同一种犯罪行为，无论实施的主体是单位还是自然人，在法益侵害的程度上是相同的，单位实施的危害行为与自然人实施的危害行为对法益的侵害没有实质区别。综上，由于单位犯罪构成本身包含着单位自然人犯罪和单位犯罪，只是由于法律上的规定，将单位成员犯罪竞合为单位犯罪，单位自然人成为单位主体的组成部分。在单位实施《刑法》分则未规定为单位犯罪的危害行为时，虽然单位客观上也具有犯罪性，但由于法律没有规定而不追究刑事责任。单位中的自然人，如果其行为符合犯罪构成要件，就应当对自己的犯罪行为负责，承担相应的刑事责任。《盗窃解释》第 13 条规定：“单位组织、指使盗窃，符合刑法第二百六十四条及本解释有关规定的，以盗窃罪追究组织者、指使者、直接实施者的刑事责任。”该规定正是体现了单位实施非单位犯罪的，并不禁止追究单位中自然人犯罪的刑事责任的精神。本案中，由于《刑法》对于诈骗犯罪没有规定单位犯罪，因此某卫生院不构成单位犯罪。但是周某钟等 5 名被告人具有非法占有的目的，彼此之间存在犯罪的沟通和联络，其中周某钟系组织者、指使者，谈某颖等 4 名被告人系直接实施者，他们分工合作，制作虚假资料，骗取医疗保险基金共计 115 万余元，系共同诈骗犯罪，应当为其各自的行为承担相应的刑事责任。全国人大常委会《关于〈中华人民共和国刑法〉第三十条的解释》规定：“公司、企业、事业单位、机关、团体等单位实施刑法规定的危害社会的行为，刑法分则和其他法律未规定追究单位的刑事责任的，对组织、策划、实施该危害社会行为的人依法追究刑事责任。”全国人大常委会《关于〈中华人民共和国刑法〉第二百六十六条的解释》规定：“以欺诈、伪造证明材料或者其他手段骗取养老、医疗、工伤、失业、生育等社会保险金或者其他社会保障待遇的，属于刑法第二百六十六条规定的诈骗公私财物的行为。”本案一、二审法院所作的判决完全符合立法解释的精神和规定。

① 叶良芳：《论单位犯罪的形态结构——兼论单位与单位成员责任分离论》，载《中国法学》2008 年第 6 期。

231. 伪造车辆行驶证年检记录获取保险金是否构成犯罪

行为人伪造车辆行驶证年检记录获取保险金的行为，不属于《刑法》第198条第1款规定的保险诈骗罪中所列举的五种客观行为中的任何一种，因此不构成保险诈骗罪，同时也不符合诈骗罪的构成要件。保险公司所列的“在规定检验期限内未进行安全技术检验或检验未通过的”免责条款，根据现有证据不能证实其在订立合同时对格式条款作出足以引起投保人注意的提示的，或针对该条款的内容未以书面或口头方式向投保人作出明确说明的，该项免责条款对当事人属于无效条款。无论行为人是否以伪造年检方式进行索赔，保险公司均负有理赔的义务。驾驶员为适格驾驶主体，事故发生后车辆已完全损毁，无法鉴定事故发生原因是否由车辆本身安全性能问题引发的，根据存疑有利于被告人的原则，保险公司仍应承担理赔责任。

司法实例

于某佳伪造车辆行驶证年检记录获取保险金案

犯罪嫌疑人于某佳于2014年9月通过宿州通达物流运输有限公司（以下简称通达公司）购买了一辆东风牌自卸型货车，挂靠通达公司，并与其签订了车辆服务合同。根据该合同，通达公司帮助于某佳对该车进行入户上牌、年检年审和购买保险。2014年10月9日该车入户上牌，登记所有人为通达公司，年审检验有效期至2015年10月30日。2015年10月17日该车由通达公司向保险公司投保交强险和商业险。

2016年5月10日5时许，嫌疑人于某佳聘请的驾驶员郑某远驾驶该车沿某省道由南向北行驶至某镇政府路段时，追尾一辆一汽重型货车，造成两车不同程度损坏，东风牌自卸型货车损毁严重的交通事故。经某市公安局交警支队某大队认定郑某远负此次事故的全部责任。事故发生后嫌疑人于某佳向保险公司索赔，在得知因年检过期不予理赔后，遂通过办假证伪造了一个“检验有效期至2016年10月”的年检记录印，向保险公司申请理赔，获得车祸理赔损失款7.7万元。后保险公司发现于某佳车辆行驶证年检记录为伪造，遂向当地公安机关报案，该案案发。

检察机关对被告人于某佳以涉嫌犯保险诈骗罪向法院提起公诉。

在法院审理本案过程中，针对本案被告人于某佳的行为究竟应如何定性，主要存在以下三种不同的意见。第一种意见认为，于某佳的行为构成保险诈骗罪。在主观上，于某佳具有明显的非法占有保险金的故意；在客观上，行为人于某佳虽然不是投保人也不是被保险人，但是其作为实际受益者，为了获取保险赔偿金，故意伪造车辆年检合格记录，属于《刑法》第198条第1款第2项规定的“对发生的保险事故编造虚假的原因或者夸大损失的程度，骗取保险金的”行为，符合保险诈骗罪的客观行为要件。因此，于某佳的行为构成保险诈骗罪。第二种意见认为，行为人的行为不构成保险诈骗罪，但构成诈骗罪。理由：一是于某佳明知过期年检无法取得保险金，而采取虚假手段骗取，主观上有明显的非法占有的故意；二是客观上于某佳确实采取编造虚假车辆行驶证年检记录的手段，骗取保险公司财物7.7万元。于某佳的行为符合诈骗罪的犯罪特征，构成诈骗罪。第三种意见认为，于某佳的行为不构成犯罪。一是于某佳的行为不符合《刑法》关于保险诈骗罪中所列举的以下五种客观行为中的任何一种：（1）投保人故意虚构保险标的，骗取保险金的；（2）投保人、被保险人或者受益人对发生的保险事故编造虚假的原因或者夸大损失的程度，骗取保险金的；（3）投保人、被保险人或者受益人编造未曾发生的保险事故，骗取保险金的；（4）投保人、被保险人故意造成财产损失的保险事故，骗取保险金的；（5）投保人、受益人故意造成被保险人死亡、伤残或者疾病，骗取保险金的。二是该保险公司所罗列的“在规定检验期限内未进行安全技术检验或检验未通过的"免责条款,根据现有证据不能证实其在订立合同时对该格式条款作出足以引起投保人注意的提示,或针对该条款的内容未以书面或口头方式向投保人作出明确说明,因此,该项免责条款对本案当事人属于无效条款。无论于某佳是否以伪造车辆年检方式进行索赔,保险公司均负有理赔的义务。三是本案驾驶员郑某远持有 B2 驾驶证属适格驾驶主体,事故发生后于某佳所有的东风牌自卸货车车头、驾驶室已完全撞毁,无法鉴定事故发生原因是否由车辆本身安全性能问题引发。根据存疑有利于被告人的原则,保险公司仍应承担理赔责任。综上,于某佳的行为不构成犯罪。

一审法院经开庭审理,合议庭倾向于第三种意见,即于某佳的行为不构成犯罪。检察机关在两次退回补充侦查均未查明事故发生近因的情况下,向人民法院申请撤回起诉,一审法院裁定准许撤诉。后检察机关对被告人于某佳作出存疑不起诉的审查决定。

关于检察机关、人民法院认为本案被告人于某佳不构成犯罪的主要理由为:

1. 保险公司一方在主张免赔的同时负有举证的责任。近因原则是保险法的基本原则,是指只有当导致保险事故发生的原因属于保险责任范围内时,保险人才承担保险责任,赔付、给予保险金。如果造成保险标的损失的原因属于免责事由,保险人则不负赔付责任。而保险公司一方在主张免赔的同时负有举证的责任。本案中,交通事故发生是由于车辆安全技术不合格还是其他原因,由于肇事车辆已严重损毁而无法查明。负有举证责任的保险公司,在无其他证据能够证明事故与车辆年检有直接因果关系或近因关系或有其他免责事由的情况下,应由其承担不利后果,即保险公司依法赔付保险金。从刑法原则上看,即为存疑有利于被告人原则。

2. 法无明文规定不为罪,法无明文规定不处罚。《刑法》第 3 条规定,法律明文规定为犯罪行为的,依照法律定罪处刑;法律没有明文规定为犯罪行为的,不得定罪处刑。而刑法解释方法同样要求在合理的范围内对刑法立法本意和立法精神进行解释、适用。罪刑法定原则是相对封建社会罪刑擅断而言的。确立这个原则,是现代刑事法律制度的一大进步。实行这个原则需要做到:一是不溯及既往;二是不搞类推;三是对各种犯罪及其处罚的规定必须明确、具体;四是防止法官滥用自由裁量权;五是司法解释不能超越法律。罪刑法定原则既是刑事立法原则,刑法修改遵循了这个原则,同时又是刑事司法的原则。刑法取消类推,明确规定这个原则,是我国司法制度的重大改革,是我国社会主义民主与法治的重大进步,对内更有利于保护公民的合法权益,对外也更能体现我国保护人权的形象。本案中,于某佳伪造车辆年检记录的行为不属于保险诈骗罪所涵盖的五种行为方式,根据刑法罪刑法定的基本原则,于某佳的行为不构成保险诈骗罪。同时,于某佳虽然采取伪造证件的方式,但是骗取的是其本应获得赔付的保险金,不属于非法占有他人钱财。本案中,于某佳伪造材料的手段行为,虽然违反社会管理秩序,但不具有严重的社会危害性,因此,于某佳的行为不构成诈骗罪。

3. 被告人被认定不构成犯罪后本案善后处理。保险实践中,因车辆未年检保险公司拒赔的案件有很多,有的肇事车辆事后经补充年检,经检验合格而保险公司仍然以免责条款为由拒绝履赔的,法院经审理认为,车辆行驶证虽然未按时年检,但并非为无效证件、也并不代表该车存在安全隐患不能上路行驶,因此,保险公司不能仅仅因为车辆年检超期进行免责。另外,依据《保险法》第 17 条第 2 款规定,"对保险合同中免除保险人责任的条款,保险人在订立合同时应当在投保单、保险单或者其他保险凭证上作出足以引起投保人注意的提示,并对该条款的内容以书面或者口头形式向投保人作出明确说明;未作提示或者明确说明的,该条款不产生效力"。因此,"车辆未年检免赔"格式条款的适用,需要格外提醒投保人注意,否则该条款对其无效。最后,法院判决保险公司赔付保险金,客观地平衡投保方与承保方的民事权利义务,在尊重意思自治的原则的同时，亦符合社会公平正义的基本价值追求。

本案从刑事上来看，于某佳的行为不构成犯罪，其伪造车辆年检记录行为可依据治安管理处罚条例的相关规定进行法律规制。从民事上来看，无论于某佳是否伪造车辆年检记录，根据本案现有证据，保险公司在举证不能的情况下，应当由其承担举证不能的法律后果，即承担赔付责任。于某佳可通过民事诉讼的方式向保险公司再次主张其权利，因为本案于某佳与通达公司之间存在车辆服务合同，且通达公司系投保人和被保险人，所以，根据车辆服务合同约定，于某佳可要求通达公司协助，代为提起保险索赔诉讼。

232. 人员变动对认定逃税单位直接负责的主管人员和其他直接责任人员有无影响

行为人作为逃税单位的直接负责的主管人员和其他直接责任人员实施了逃税行为，但因其均已离开逃税单位，并未经过行政处罚程序，此类行为人不符合逃税罪所构建的程序性要件。因此，对行为人不能适用刑罚处罚。

司法实例

顺发公司及刁某峰等逃税案

某市顺发贸易投资有限公司（以下简称顺发公司）于2012年4月23日办理了股权变更登记，总经理由被告人王某湘变更为刁某峰。另查明，被告人雷某声于2002年至2008年担任顺发公司的财务经理，被告人范某飞于2008年至2012年担任顺发公司的财务经理。2013年8月5日，税务机关接到举报对顺发公司进行税务稽查，对顺发公司送达了税务处理决定书、税务行政处罚决定书，要求顺发公司补缴税款合计31,895,285.46元，并处罚款458,555.68元。2016年1月10日，税务机关又向顺发公司送达税务事项通知书，要求顺发公司补缴税款、缴纳滞纳金并接受行政处罚，但顺发公司仍然拒不缴纳。2016年5月10日，该案移交公安立案侦查。经查明，顺发公司于2004年至2011年共欠缴税款31,264,863.76元，已达到逃税罪的定罪量刑标准。

在是否对上述人员刁某峰、雷某声、范某飞追究刑事责任问题上，本案的争议焦点是，单位在人员变动前存在逃税行为，税务机关在人员变动后下达追缴通知，单位拒不缴纳的，对单位人员变动前的直接负责的主管人员和其他直接责任人员是否应当追究刑事责任。主要存在两种分歧意见：一种意见认为，三位被告人采取欺骗、隐瞒手段逃避缴纳税款，数额较大并且占应纳税额10%以上，已经构成逃税罪。并且，顺发公司拒缴税款，不符合《刑法》第201条第4款前半段的规定，应当追究三被告的刑事责任。另一种意见认为，三位被告人实施了符合逃税罪构成要件的行为，但《刑法》第201条第4款规定，只有经税务机关依法下达追缴通知后，不补缴应纳税款、不缴纳滞纳金或者不接受行政处罚的，才能定罪处罚。本案三位被告人既未收到追缴通知书，也没有实施拒不缴纳应纳税款、不缴纳滞纳金或者不接受行政处罚的行为，不能以逃税罪定罪处罚。

经公安机关与检察机关、税务机关协调，本案未进入司法程序。公安机关、检察机关、税务机关同意第二种意见的主要理由为：

1. 从文义解释来看，《刑法》第201条第1款规定了逃税罪的构成要件，该条第4款前半段是第1款的处罚阻却事由，即虽然符合该条第1款，但行为人实施了该条第4款前半段的行为，依法应当不予追究刑事责任。反过来讲，行为人只有实施了《刑法》第201条第1款“纳税人采取欺骗、隐瞒手段进行虚假纳税申报或者不申报，逃避缴纳税款数额较大并且占应纳税额百分之十以上的”行为，并且违反该条第4款前半段，即经税务机关依法下达追缴通知后，不补缴应纳税款及不缴纳滞纳金的，才能认定为逃税罪。从某种意义上来看，逃税罪是复行为犯。本案中，顺发公司实施《刑法》第201条第1款行为之时，三被告人为顺发公司直接负责的主管人员和其他直接责任人员，应当对公司逃税行为负责。但是，顺发公司在实施违反《刑法》第201条第4款前半段的行为时，三被告人已经不再是顺发公司的直接负责的主管人员和其他直接责任人员，对该行为不承担责任。因此，三被告人不同时符合《刑法》第201条第1款的规定并且未违反该条第4款前半段的规定，应当依据《刑法》第201条第4款前半段的规定，不予追究刑事责任。

2. 根据“没有责任就没有刑罚”的责任主义原则，即使行为人实施了符合犯罪构成要件的行为，客观上造成了法益侵害，但只要行为人主观上没有非难可能性，也不能科处刑罚。根据该原则，逃税罪不仅要求行为人对逃税行为具有主观故意，还要求行为人对拒不补缴税款、拒不缴纳滞纳金或者拒不接受行政处罚具有主观故意。前者是指行为人明知自己实施的是逃税行为，依然希望或者放任其发生的主观心态；后者是指行为人明知自己实施的是拒不补缴税款、拒不缴纳滞纳金或者拒不接受行政处罚的行为，而依然希望或者放任其发生的主观心态。本案中，三被告人均被顺发公司撤换后，税务机关才对顺发公司进行税务稽查，并依法下达追缴通知。此时，三被告人已经离开顺发公司，对税务稽查、追缴通知根本不知情。退一步说，即使三被告人知情，但因其不再是顺发公司的直接负责的主管人员和其他直接责任人员，不能再对顺发公司是否缴纳税款产生影响，因此，三被告人不具有非难可能性，不能对其科处刑罚。

3. 从刑事政策角度来看，《刑法》第201条第4款规定对补缴税款、缴纳滞纳金并接受行政处罚的初犯不予追究刑事责任，其立法目的是维护税收征管秩序，保证国家税收收入，同时有利于促使纳税义务人依法积极履行纳税义务。因此，刑罚应当作为处罚逃税行为的最后手段，对于未经税务机关行政处罚的逃税案件不能作为刑事案件处理。换言之，行政处罚程序是指逃税案件刑事追诉的前置程序。本案中，三被告人作为顺发公司的直接负责的主管人员和其他直接责任人员实施了逃税行为，但因其已经离开顺发公司，并未经过行政处罚程序，因此，对本案的三被告人适用刑罚处罚不符合逃税罪所构建的程序性要件。

233. 如何区别虚开发票罪与非法出售发票罪

具有从税务机关领取发票的主体资格，但在涉案发票显示的两单位没有货物购销或服务交易的前提下，仍为他人虚假开具发票，无论是否从中赚取佣金，都可以构成虚开发票罪。虚开发票罪与非法出售发票罪两罪中行为人的主观故意及对虚开发票内容的主导性不尽相同，两罪犯罪主体是否具有合法的发票申领资格不同，两罪的行为方式有所不同。在司法实践中，应当从上述几个方面进行区分。

司法实例

石某勇虚开发票案

被告人石某勇在没有真实业务发生的情况下，以自己担任法定代表人的某市欧亚文宣咨询策划有限公司为收款单位，为他人虚开某市娱乐业、服务业、文化体育业专用发票3张，票面金额达885,800元。2015年2月18日，在某市某区一餐馆，被告人石某勇向与某市欧亚文宣咨询策划有限公司无任何交易事项的陶某伟开具虚假交易内容的某市服务业、娱乐业、文化体育业专用发票3张（经鉴定均为真发票），票面金额分别为110,800元、425,000元、350,000元,并约定交易费用为16,900元。民警当场起获被告人石某勇持有的苹果手机1部,并在对被告人石某勇住所进行搜查的过程中起获松下牌打印机1台、公司印章1枚、税控器1台及空白的某市文化体育业专用发票31张。

某市某区人民检察院以被告人石某勇涉嫌犯虚开发票罪,提起公诉。某市某区人民法院审理认为:被告人石某勇实施犯罪行为时明知自己单位与他人单位没有实际贸易仍然为他人虚开发票,具有实施犯罪的直接故意。石某勇担任法定代表人的某市欧亚文宣咨询策划有限公司具有从税务机关领取发票的主体资格,但其在与涉案发票显示的两单位没有货物购销或服务交易的前提下,仍为他人虚假开具发票并从中牟取利益,客观上侵犯了国家的发票管理秩序和税收秩序,应当认定为虚开发票罪。遂判决认定被告人石某勇犯虚开发票罪,判处拘役5个月,罚金2万元。判决已生效。

本案争议的关键为石某勇行为的定性问题,即如何区分虚开发票罪与非法出售发票罪。本案在《刑法修正案(八)》颁布实施前是一起非常典型的非法出售发票的案件,但在虚开发票罪成为一个独立的罪名后,本案应当如何定性是首先需要考虑的。虚开发票罪的牟利方式包含了通过交易赚取佣金,这说明在行为人为他人虚开票面内容并提供发票以此赚取佣金时,两罪存在竞合,这就给司法实践中如何分辨两罪带来了一定困惑。再加上司法实践中虚开发票案件较少,具有可操作性的犯罪构成要件解释也比较欠缺。因此,在本案处理中存在两种意见:一种意见认为,石某勇构成非法出售发票罪。理由为:非法出售发票罪的客观行为一般可概括为三个特点:一是伴随着虚开票面内容的行为;二是发票来源非法;三是伴随金钱交易。本案中,石某勇实施犯罪行为时所具有的主观故意系通过出售发票赚取手续费;客观方面,石某勇区别于一般非法出售发票案的犯罪嫌疑人之处就在于其所出售的发票系其担任法定代表人的公司从税务机关合法申领的发票,但其实施出售的行为与非法出售发票罪的客观要件相符,不同的只是行为人在获得真发票的渠道中所处的环节不同。而几乎所有的非法出售的发票,其票面内容都是虚假的,不能单单因为内容系虚开就认定为虚开发票罪。另一种意见认为,石某勇构成虚开发票罪。理由为虚开发票罪是指违反发票管理规定,虚开各种不能用于出口退税、抵扣税款的发票的行为。本罪的犯罪主体为一般主体,主观上系故意犯罪且为直接故意,具有虚开的故意。客观方面,参照虚开增值税专用发票、用于骗取出口退税、抵扣税款罪的客观方面,虚开行为应当包括四种表现形式,即为他人虚开发票、为自己虚开发票、让他人为自己虚开发票及介绍他人虚开发票。这里的虚开包括在没有实际贸易内容的前提下虚开发票及虽发生了实际贸易内容但所开发票与实际发生的贸易数量或金额不相符等情况,且该罪的犯罪对象为虚开增值税发票罪的犯罪对象以外的发票,俗称普通发票,客观上危害了国家财务管理制度和税务征管制度。在本案中,石某勇实施犯罪行为时主观方面明知自己单位与其他单位没有实际贸易仍然为他人虚开发票,具有实施犯罪的直接故意;客观方面,石某勇担任法定代表人的某市欧亚文宣咨询策划有限公司具有从税务机关领取发票的主体资格,但其在与涉案发票显示的两单位没有货物购销或服务交易的前提下,仍为他人虚假开具发票并从中牟取利益,客观上侵犯了国家的发票管理秩序和税收秩序,应当认定为虚开发票罪。

从判决结果看,一审法院同意后一种意见,理由主要有:

《刑法》第205条之一规定,虚开本法第205条规定以外的其他发票,情节严重的,处2年以下有期徒刑、拘役或者管制,并处罚金;情节特别严重的,处2年以上7年以下有期徒刑,并处罚金。单位犯前款罪的,对单位判处罚金,并对其直接负责的主管人员和其他直接责任人员,依照前款的规定处罚。本条第1款是关于虚开第205条规定以外的其他发票行为的处罚规定。“虚开发票”，是指为他人虚开、为自己虚开、让他人为自己虚开、介绍他人虚开等行为。虚开的手段则多种多样，比如“大头小尾”、开“阴阳票”、改变品目、使用营业税发票开其他业务发票，甚至使用假发票等。虚开的目的可以是赚取手续费，也可以是通过虚开发票少报收入，偷税、骗税，甚至是用于非法经营、贪污贿赂、侵占等违法犯罪活动。“第二百零五条规定以外的其他发票”，是指除增值税专用发票或者其他具有退税、抵扣税款功能的发票以外的普通发票，既包括真的，也包括伪造、变造的普通发票。

1. 非法出售发票罪与虚开发票罪两罪中行为人的主观故意及对虚开发票内容的主导性不尽相同。虚开发票罪的主观故意为明知无交易或交易不实而虚开，并不要求主观上要以牟利为目的。虚开发票罪要求行为人必须明知是虚开行为仍然为之的故意，而且一般会带有牟利的目的。这种牟利可以是开票人或中间介绍人通过虚假开票从中赚取高额手续费，也可以是通过为自己虚开，或者让他人为自己虚开而通过平账予以转账支票串现。但是，以牟利为目的并不是本罪主观上的必要条件，无论行为人是为朋友帮忙，还是出于牟利的目的，只要存在虚开发票的行为，且达到了刑事案件立案追诉标准，就可以构成虚开发票罪。因此，虚开发票罪的主观故意强调明知无交易或交易不实而虚开。两罪中行为人对虚开发票内容的主导性也不同。非法出售发票罪的行为人对虚开发票内容的行为不具有主导性，均依照买票人的要求打印，收款单位与付款单位千变万化。但石某勇将自己公司作为虚假交易一方，且发票亦在税务局有登记，因此其对于虚开行为的主导性与积极追求性要强于前者。

2. 两罪犯罪主体是否具有合法的发票申领资格不同。虚开发票罪的犯罪主体往往具有合法的发票申领资格，而非法出售发票罪的犯罪主体往往不具备这一资格。虚开发票类犯罪的犯罪主体申领发票是符合税法规定的，其虚开的发票多是具备发票申领资格的企业从税务机关领出的。这些企业可以是具有实际经营项目的企业，也可以是之前有经营内容后因经营不善不存在贸易内容但保有领取发票资格的企业，这些企业申领发票均是符合税法的。非法出售发票类案件的被告人绝大多数是职业票贩子，他们在整个发票非法销售贩卖链中处于中间一环，发票一般是从网上购买或者从一些皮包公司购买。根据《发票管理办法》的规定，除税务机关可以依法发售各种发票外，其他一切出售发票的行为都是非法的。因此，除了税务机关之外的其他主体发售发票，达到犯罪标准均构成非法出售发票罪。

3. 两罪的行为方式有所不同。虚开发票罪的行为方式有别于非法出售发票罪中的虚开环节。一是虚开发票罪中虚开的行为方式多于非法出售发票罪，囊括了非法出售发票罪中的虚开行为手段。虚开发票罪包括为自己虚开发票、让他人为自己虚开发票、介绍他人虚开发票、为他人虚开发票四种行为方式。前三种行为方式一般不会出现在非法出售发票罪的客观行为中，而为他人虚开发票仅可能是非法出售发票罪的手段行为，出售发票并获得利益才是此罪的目的行为。由此可见，相较于非法出售发票罪，虚开发票罪的客观行为强调的是虚开而非虚开后的牟利行为。二是虚开发票罪并非必然伴随金钱交易。金钱交易不等同于谋利，强调的是双方或多方基于一定目的的钱财与货物或服务的流转。虚开发票罪中为自己虚开是典型的不存在金钱交易的行为方式，而其他三种虚开发票的行为方式一般情况下均具有金钱交易，但也有例外，如朋友间为帮忙而进行的虚开并提供发票的行为，此种行为是不能用非法出售发票罪来评价的。而在非法出售发票类案件中，金钱交易是必然存在的。此时对于出售应当做狭义的理解，不包括行为人没有从中牟利的转借发票的行为等。三是两种行为侵犯的法益存在细微差别。非法出售发票罪与虚开发票罪虽然都是妨害发票管理制度，但后者同时侵害了国家税收管理制度，会导致除增值税、关税等以外的其他税款的流失。因此，虚开发票罪中的重点在于虚开发票的行为，而非法出售发票罪中出售是核心行为。本案中,石某勇获取利益即是虚开交易内容后收取开票费,然后向税务机关虚报交易额后赚取税金差价。

综上,被告人石某勇实施犯罪行为时主观方面明知自己单位与他单位没有实际贸易或服务,仍然为他人虚开发票,具有实施犯罪的直接故意;客观方面,石某勇担任法定代表人的某市欧亚文宣咨询策划有限公司具有从税务机关领取发票的主体资格,但其在与涉案发票显示的两单位没有货物购销或服务交易的前提下,仍为他人虚假开具发票并从中牟取利益,客观上侵犯了国家的发票管理秩序和税收秩序,应当认定为虚开发票罪。

234. 如何定性用散装润滑油冒充名牌润滑油出售的行为

行为人以散装润滑油假冒品牌润滑油销售,系未经注册商标所有人许可,在同一种商品上使用与其注册商标相同的商标行为;同时,行为人将价格低的散装润滑油灌入品牌润滑油油桶内冒充品牌润滑油销售,又属生产者、销售者故意在产品中掺杂、掺假,以假充真,以次充好或者以不合格产品冒充合格产品的行为。其行为既属于假冒注册商标犯罪,又属于销售假冒注册商标的商品罪,还属于假冒注册商标罪与生产、销售伪劣商品罪的牵连,应从一重罪定罪处罚。按照相关司法解释规定,实施《刑法》第213条规定的假冒注册商标犯罪,又销售该假冒注册商标的商品,构成犯罪的,应当依照《刑法》第213条的规定,以假冒注册商标罪定罪处罚。假冒注册商标罪的法定最高刑高于生产、销售伪劣商品罪,故对行为人应以假冒注册商标罪定罪处罚。

司法实例

党某勋、蒋某兴假冒注册商标案

2009年6月至7月,党某勋、蒋某兴以散装润滑油冒充"昆仑"牌润滑油多次向经销商销售润滑油。其中党某勋销售60桶(1700元/桶),销售金额达102,000余元;蒋某兴销售51桶,销售金额达86,700元,剩余49桶尚未销售。

"昆仑"牌润滑油方向公安机关报案后,此案告破,尚未销售的49桶假冒"昆仑"牌润滑油被查封。检察机关对党某勋和蒋某兴以涉嫌销售伪劣产品罪向法院提起公诉。

在审理本案过程中,法院对被告人党某勋和蒋某兴行为的定性产生不同认识。主要分歧意见有三种:第一种意见认为,党某勋和蒋某兴构成销售伪劣产品罪;第二种意见认为,党某勋和蒋某兴构成假冒注册商标罪;第三种意见认为,党某勋和蒋某兴构成销售假冒注册商标的商品罪。

一审法院经开庭审理认为,被告人党某勋和蒋某兴的行为已经构成假冒注册商标罪,遂依照《刑法》第213条及相关条款,判决认定二被告人犯假冒注册商标罪,分别判处有期徒刑10个月,缓刑1年,并处罚金3万元;有期徒刑8个月,缓刑1年,并处罚金2万元。一审判决已生效。一审判决的主要理由为:

1. 关于假冒注册商标罪与销售假冒注册商标的商品罪的吸收问题。一是行为人未经注册商标所有人的许可,在同一种商品上使用与其他注册商标相同的商标后,又将该种商品出售,获取非法利益的,属于吸收犯罪。吸收犯,是指数个犯罪行为,其中一个犯罪行为吸收其他的犯罪行为,仅成立吸收的犯罪行为一个罪名的犯罪形态。吸收犯的数个行为之间具有吸收关系,前一犯罪行为可能是后一犯罪行为发展的所经阶段,后一犯罪行为可能是前一犯罪行为发展的必然结果。二是上述情况下,前行为与后行为是吸收行为与被吸收行为,属假冒注册商标罪的整个犯罪过程的组成部分,彼此之间存在联系,后行为是前行为的必然结果,行为人在自己的商品上使用他人注册商标,多是为了将自己的商品出售,在此情况下,可认定行为人的行为构成假冒注册商标罪,而不能实行数罪并罚。三是最高人民法院、最高人民检察院《关于办理侵犯知识产权刑事案件具体应用法律若干问题的解释》第13条第1款明确规定:"实施刑法第二百一十三条规定的假冒注册商标犯罪,又销售该假冒注册商标的商品,构成犯罪的,应当依照刑法第二百一十三条的规定,以假冒注册商标罪定罪处罚。"

2. 关于侵犯知识产权犯罪与生产、销售伪劣商品罪的牵连问题。一是销售假冒注册商标的商品罪是指明知是假冒注册商标的商品而故意予以销售,销售金额数额较大的行为。本罪的客体是国家商标管理秩序或商标注册人的商标专用权,本罪的犯罪对象是注册商标。生产、销售伪劣产品罪是指生产者、销售者故意在产品中掺杂、掺假,以假充真,以次充好或者以不合格产品冒充合格产品,销售金额在5万元以上的行为。本罪侵犯的客体是国家对产品质量的监督管理制度和消费者的合法权益;本罪的犯罪对象是伪劣产品,即生产、销售的商品违反国家法律、法规的规定,质量低劣或者失去了使用价值。二是销售伪劣商品罪往往与假冒注册商标罪、销售假冒注册商标的商品罪相互交叉竞合,犯罪分子为了能够顺利地销售伪劣产品,往往冒用名牌产品的注册商标,而假冒商标或者销售假冒注册商标的商品,往往也是将自己生产的质量较差的商品冒充他人质量较好或信誉较好的商品,其实质也是一种以次充好的行为。严格区分两者的界限,应根据假冒产品的性质进行区分。生产、销售伪劣产品罪的犯罪对象是伪劣产品,即质量低劣不合格的产品,主要是从该产品的性能看是不合格的。而假冒商标罪、销售假冒注册商标的商品罪的犯罪对象是假冒他人已注册的商标,从性质上看,可能该商品本身就是伪劣产品,也可能该商品针对其产品的性能是合格的,如某食品厂生产的食品口感不好,便假冒另一食品厂已注册的名牌商标推销等。后者只能构成假冒商标罪或销售假冒注册商标的商品罪。三是本案中党某勋与蒋某兴将散装伪劣润滑油灌装到"昆仑"牌润滑油空桶中后,假冒"昆仑"牌润滑油予以出售,此行为属于用伪劣产品假冒他人注册商标的商品进行生产、销售,是一种牵连犯罪。牵连犯,是指以实施某一犯罪为目的,其方法行为或者结果行为又触犯其他罪名的犯罪形态,实质是数个独立的行为之间具有方法行为与目的行为,或者原因行为与结果行为具有牵连关系,但裁判上应按一罪处理。所以,在此情况下属于目的行为与手段行为的牵连犯罪,应从一重罪处罚。同时,根据最高人民法院《关于办理生产、销售伪劣商品刑事案件具体应用法律若干问题的解释》和最高人民法院、最高人民检察院、公安部《关于办理侵犯知识产权刑事案件适用法律若干问题的意见》(以下简称《侵犯知识产权意见》)的内容,行为人实施生产、销售伪劣商品犯罪,同时构成侵犯知识产权犯罪的,依照两罪中处罚较重的规定定罪处罚。

3. 关于本案中党某勋与蒋某兴的行为应确定何种罪名的问题。鉴于本案中党某勋与蒋某兴将散装润滑油倒装在"昆仑牌"润滑油空桶内,以冒充"昆仑"牌润滑油的方式,多次向经销商销售润滑油,销售数额均已达到5万元以上。因此,根据《刑法》第140条的规定,生产者、销售者故意在产品中掺杂、掺假,以假充真,以次充好或者以不合格产品冒充合格产品,销售金额5万元以上不满20万元的,处2年以下有期徒刑或拘役,并处或者单处销售金额50%以上2倍以下罚金。根据《刑法》第213条的规定,未经注册商标所有人许可,在同一种商品上使用与其注册商标相同的商标,情节严重的,处3年以下有期徒刑或者拘役,并处或者单处罚金。假冒注册商标罪的法定刑较高,处罚重于销售伪劣产品罪,同时,由于党某勋和蒋某兴实施假冒注册商标犯罪,又销售该假冒注册商标的商品,应当以假冒注册商标罪定罪处罚。

综上,本案对被告人党某勋与蒋某兴应当以假冒注册商标罪定罪处罚,追究刑事责任。

235. 审查商标类犯罪案件事实如何进行权利比对

认定行为人是否构成销售假冒注册商标的商品罪等商标类犯罪，需要将涉案商品及其使用的标识与对应注册商标进行同一性比对，未经比对或比对不规范导致无法确认是否属于假冒注册商标的，属于事实认定不清。认定“同一种商品”，应当在权利人注册商标核定使用的商品和行为人实际生产销售的商品之间进行比较。就“相同商标”的判断，应以商标注册证显示的商标图样为比对对象，以文字的字形、读音、含义或者图形的构图及颜色，或者各要素组合后的整体结构，或者其立体形状、颜色组合作为具体的比对要素。

司法实例

窦某岛销售假冒注册商标的商品案

2015 年 3 月以来，被告人窦某岛通过物流公司陆续从深圳、珠海、义乌等地购进假冒的好太太、福满好、荣事达等品牌的日化用品及小家电产品，并将上述物品存放在自己在某市某社区租赁的仓库内欲批发销售。2016 年 4 月 8 日，窦某岛租赁的数处仓库及送货车被某区工商分局例行检查查获大量假冒日化用品、小家电，共计 215,678 件。经鉴定，上述物品价值共计 500,894 元。

某市某区检察机关对被告人窦某岛以涉嫌销售假冒注册商标的商品罪向某区人民法院提起公诉。

某市某区人民法院经审理认为，被告人窦某岛明知是假冒注册商标的商品而予以销售，销售数额巨大，由于意志以外的原因而未得逞，其行为已构成销售假冒注册商标的商品罪，系犯罪未遂。公诉机关指控的罪名成立。鉴于窦某岛系犯罪未遂，且有自首情节，予以从轻处罚。遂判决认定被告人窦某岛犯销售假冒注册商标的商品罪，判处有期徒刑 2 年，并处罚金 20 万元。

一审宣判后，窦某岛不服一审判决提出上诉。

某市中级人民法院经审理认为，原审法院认定涉案商品属于假冒注册商标的商品，进而对窦某岛以销售假冒注册商标的商品罪定罪处罚，属于认定事实不清，证据不足。遂终审裁定撤销一审刑事判决，发回原审法院重审。

某区人民法院重新组成合议庭审理了此案。公诉机关提交了相关日化用品及小家电商标比对的补充证据。除查明的假冒注册商标的商品件数为 126,875 件与原判不一致外，其余查明事实与原判一致，遂重审一审判决认定被告人窦某岛犯销售假冒注册商标的商品罪，判处有期徒刑 2 年，缓刑 3 年，并处罚金 20 万元。重审一审判决现已生效。

原审二审裁定及重审一审判决的主要理由为：

1. 权利比对是商标类犯罪案件定罪量刑的前提。涉案商品是否属于假冒注册商标的商品是认定本罪成立与否的关键。根据《刑法》第 213 条的规定，未经注册商标所有人许可，在同一种商品上使用与其注册商标相同的商标，情节严重的，处 3 年以下有期徒刑或者拘役。最高人民法院、最高人民检察院《关于办理侵犯知识产权刑事案件具体应用法律若干问题的解释》第 8 条规定，“相同的商标”，是指与被假冒的注册商标完全相同，或者与被假冒的注册商标在视觉上基本无差别、足以对公众产生误导的商标。根据《侵犯知识产权意见》第 5 条的规定，“同一种商品”，应指名称相同的商品以及名称不同但指同一事物的商品。《侵犯知识产权意见》第 6 条还规定了构成“相同的商标”的四种具体情形。

根据以上规定，无论是认定“相同的商标”，还是“同一种商品”，均需要组织控辩双方将涉案商品标识与注册商标是否相同或在视觉上基本无差别，以及将涉案商品与注册商标核定使用的商品类别是否相同进行比对。通过权利比对,才能排除涉案商品中不属于假冒注册商标的部分,剔除对应金额,其结果可能会出现涉案商品销售金额并未达到构成该罪金额要求的情况。因此,知识产权刑事案件审理中的权利比对,不仅是查明犯罪事实的重要环节,也是确定罪名成立与否的前提。这是知识产权犯罪案件与其他类型刑事案件审理中的重要区别。

2. 未经权利比对或比对不规范属于事实认定不清的实体瑕疵。针对缺少权利比对,或者权利比对不规范导致无法查明是否符合犯罪构成要件的案件处理,一是就案件处理结果而言,根据《刑事诉讼法》相关规定,二审法院对于事实不清或者证据不足的实体瑕疵,可以在查清事实后改判,也可以发回重审;而存在程序瑕疵可能影响公正审判的应当发回重审。二是针对需要发回重审的程序瑕疵,《刑事诉讼法》具体列举了五种违反法律规定的情形,其目的均在于纠正可能影响公正审判的程序违法。三是缺少比对或比对不规范导致的结果是,无法查明涉案商品是否属于假冒注册商标等,进而导致涉案犯罪事实不明,无法确定是否构成犯罪。

本案原审一审中侦查机关、公诉机关不仅未提供相应物证,也未提供可以反映涉案商品标识的图片等资料,原审法院在未对涉案商品使用的标识与他人注册商标是否构成相同商标进行比对、判断的情形下,认定窦某岛构成销售假冒注册商标的商品罪,显属事实不清、证据不足,该事实又无法通过现有证据由二审法院进一步查明,故将本案发回重审。

3. 商标类刑事案件审理中的权利比对方法。不同类型的知识产权案件的比对方法不同,就商标类刑事案件而言,在法院审理中应当注意以下事项:一是需要明确涉案注册商标的权利状态、核定使用类别、有效期限等,以明确权利比对的对象。就“同一种商品”的判断,应以注册商标核准登记的商品或服务类别作为比对对象,不应仅局限于商品名称的比对,还可以从用途、功能、消费对象、生产部门、销售渠道等方面对“同一种商品”进行比对判断。认定“同一种商品”,应当在权利人注册商标核定使用的商品和行为人实际生产销售的商品之间进行比较。就“相同的商标”的判断,应以商标注册证显示的商标图样为比对对象,以文字的字形、读音、含义或者图形的构图及颜色,或者各要素组合后的整体结构,或者其立体形状、颜色组合作为具体的比对要素。具有下列情形之一的,可以认定为“与其注册商标相同的商标”:(1)改变注册商标的字体、字母大小写或者文字横竖排列,与注册商标之间仅有细微差别的;(2)改变注册商标的文字、字母、数字等之间的间距,不影响体现注册商标显著特征的;(3)改变注册商标颜色的;(4)其他与注册商标在视觉上基本无差别、足以对公众产生误导的商标。二是比对环节应在庭审中独立体现,在庭审调查阶段进行,可在其他证据质证完毕后进行,也可与鉴定结论等涉及商标同一性的证据质证后同步进行比对,一般先由公诉机关发表涉案商品是否假冒注册商标的具体比对意见,后由被告人及辩护人发表反驳意见,如无较大争议则一般进行两轮即可,对争议较大或涉及商标数量较多的,可以分别不同商标、不同比对要素逐一进行,比对过程应清晰、准确地在庭审笔录中体现。三是对“同一种商品”应以综合判断为原则,对“相同的商标”以整体比对、隔离比对为原则。就“同一种商品”既要进行对商标的整体比对,又要进行商标主要部分的比对,比对应当在比对对象隔离的状态下分别进行。

236. 司法实践中对网络犯罪如何认定

网络犯罪,是指行为人运用计算机技术,借助于网络对其系统或信息进行攻击,破坏或利用网络进行其他犯罪的总称,既包括行为人运用其编程,加密,解码技术或工具在网络上实施的犯罪,也包括行为人利用软件指令、网络系统或产品加密等技术及法律规定上的漏洞在网络内外交互实施的犯罪,还包括行为人借助于其居于网络服务提供者特定地位或其他方法在网络系统实施的犯罪。简言之,网络犯罪,是指在互联网上运用计算机专业知识实施的犯罪行为。网络犯罪是针对和利用网络进行的犯罪,网络犯罪的本质特征是危害网络及其信息的安全与秩序。2009年修正的《关于维护互联网安全的决定》将以计算机系统为犯罪对象的侵入计算机信息系统犯罪、破坏计算机系统犯罪等都囊括在网络犯罪概念之中。

1. 利用网络侵犯著作权犯罪行为的认定

(1)在线盗版行为的认定。在线盗版,是指在数字网络环境下复制和发行或者通过网络传播盗版软件的行为。我国《著作权法》第47条规定了通过信息网络向公众传播作品是一种侵权行为,构成犯罪的,依法追究其刑事责任。依据《关于办理侵犯知识产权刑事案件具体应用法律若干问题的解释》第11条第3款规定,通过信息网络向公众传播他人文字作品、音乐、电影、电视、录像作品、计算机软件及其他作品的行为,应当视为《刑法》第217条规定的"复制发行"。根据该规定,对"在线盗版"行为构成犯罪的,应当依照《刑法》第217条侵犯著作权罪定罪处罚。《刑法》第217条、第287条和《关于维护互联网安全的决定》是惩治电子商务领域侵犯著作权犯罪的主要刑事法律规定,对于行为人在电子商务活动中实施侵犯著作权犯罪的,一般依据《刑法》第217条侵犯著作权罪定罪量刑。

(2)不以营利为目的侵犯著作权行为也可以构成犯罪。《刑法》第217条规定侵犯著作权的行为必须以营利为目的。但是在网络上一些人在不具有牟利目的的情形下实施侵权复制品行为,其社会危害性远远在传统形态的侵犯著作权行为之上,由于刑法对侵犯著作权罪的主观目的有营利的限制性规定,导致这种行为逃脱了刑法的管控。对于有些复制他人享有著作权的作品,并将其登载在网络上,使不特定的多数人可以无偿地下载,虽然并未直接获利,但由于登载侵权复制品,提高了网站的点击率,可从中间接获利,对于这种情况应当认为行为人具有间接营利目的,构成侵犯著作权犯罪。

(3)侵犯著作权犯罪未遂形态的认定。我国《刑法》将"销售金额""违法所得数额""情节严重""造成重大损失""造成特别严重后果"等作为侵犯著作权犯罪的数额认定标准,实务界对犯罪既遂、未遂形态出现了成罪标准与既遂标准的争议。一般认为,从实际需要看,适度惩治侵犯知识产权犯罪的未遂行为是必要的。传统的侵犯著作权行为的非法经营额较易计算,以侵权复制品的码洋(图书出版发行部门常用的全部图书定价总额)与复制品的总量相乘即可得出非法经营额。在网络空间内,侵权人将他人享有著作权的作品复制登载在公共网页上,侵权复制品可以被不特定的多人下载复制,很难确定复制品的数量,因而无法以传统方法计算在网络空间内侵犯著作权的非法经营额。一般而言,应当以被非法复制的作品在网时间与该网页在这段时间内的点击率相乘,推断该作品被复制的次数。当被非法复制、发行的作品是营利性作品时,将该作品的市场零售价与复制品的总量相乘,即可得出推定的非法经营额。但是,如果被侵权复制、传播的复制品并非营利性的,而且侵权人实施非法复制、传播行为不具有直接的营利目的,只是为了提高网页的点击率,增加广告收入,从而间接获利,但其复制、传播复制品的行为可能使被侵权人蒙受了巨大的经济损失,可以参照最高人民法院、最高人民检察院《盗窃解释》,最高人民法院、最高人民检察院《关于办理生产、销售伪劣商品刑事案件具体应用法律若干问题的解释》对于相关犯罪未遂行为的处罚规定,适当提高数额标准,依法追究犯罪未遂的刑事责任。

2. 私自架设或外挂服务器行为的认定

私设网络游戏服务器是行为人未经网络游戏著作权人许可,复制网络游戏原程序,私自架设服务器,通过销售游戏点卡获利的行为。根据原新闻出版总署、原信息产业部、原国家工商行政管理总局、国家版权局、全国“扫黄”“打非”工作小组办公室2003年12月18日发布的《关于开展对“私服”、“外挂”专项治理的通知》精神,“私服”“外挂”违法行为是指未经许可或授权,破坏合法出版、他人享有著作权的互联网游戏作品的技术保护措施、修改作品数据、私自架设服务器、制作游戏充值卡(点卡),运营或挂接运营合法出版、他人享有著作权的互联网游戏作品,从而谋取利益、侵害他人利益,属于非法互联网活动。

其他非法出版物,是除了《出版管理条例》第25条规定禁止的10条所规定的内容反动、淫秽或者是侵犯著作权之外的出版物,主要是指内容上本身有问题的出版物。而私设网络游戏服务器行为在内容上一般没有问题,不属于其他非法出版物的范畴。私挂服务器行为侵犯的是国家对网络游戏的监管秩序。从这个方面来说,也不可以《刑法》第225条规定的其他非法行为认定。解释《刑法》第225条第4项规定的其他非法行为,应该采取严格解释和限制解释的原则,强调必须是关系国计民生的其他产品。因此,对于“私设”“外挂”网络服务器的行为不能认定为非法经营罪,而应认定为侵犯著作权罪。即便行为人修改作品数据,只要在内容上与原件基本相同,就应视为侵犯他人著作权的“复制”行为。

3. 非法侵入计算机信息系统罪和破坏计算机信息系统罪的认定

(1)对非法侵入计算机信息系统罪的认定。《刑法》第285条规定的非法侵入计算机信息系统罪,是指违反国家规定,侵入国家事务、国防建设、尖端科学技术领域的计算机信息系统的行为。根据本条第1款规定,违反国家规定,侵入国家事务、国防建设、尖端科学技术领域的计算机信息系统的,无论其侵入的动机和目的如何,也不需要在侵入后又实施窃取信息,进行攻击等侵害行为,侵入行为本身即构成犯罪。本条第1款规定的犯罪与第2款规定的犯罪在构成犯罪的条件上具有较大差别。如上所述,侵入国家事务、国防建设、尖端科学技术领域的计算机信息系统的犯罪,只要行为人实施了侵入行为,即可构成。而本条第2款规定的犯罪,不仅要有侵入行为,还要有侵入计算机信息系统后从事非法获取计算机信息系统中的信息,或者对计算机信息系统实施非法控制的行为,仅实施侵入行为不构成本罪。因此,从构成犯罪的条件看,侵入国家事务、国防建设、尖端科学技术领域的计算机信息系统犯罪的入罪门槛更低。另外,如果行为人侵入国家事务、国防建设、尖端科学技术领域的计算机信息系统后,从事非法获取这些计算机信息系统中存储、处理、传输中的信息的,还可能构成窃取、刺探国家秘密罪、间谍罪等严重犯罪,应当依照处罚较重的相关犯罪追究刑事责任,而不再按照本条第1款的规定处罚,因此,其实际适用的刑罚远重于本条第2款规定的刑罚。

非法侵入计算机信息系统的方法主要有以下几种:一是冒充,主要有窃用他人的访问代码冒名进入他人计算机网络,利用网络的设计缺陷及合法用户输入口令之机获取访问,或于合法用户结束使用但未取消联机之前进入,利用非法程序或方法蒙骗正在向计算机登陆的合法用户进入系统;二是“陷阱门”,也称“活门”,是指制造商为了调试程序或处理计算机内部意外事件而预先设计的自动转移条件,一般在交货时由制造商关闭,然而如果制造商忘记关闭,被人发现并利用,则会绕过保护机制而直接进入系统;三是技术攻击,是指不采取其他方法,用行为人本身的技术打败计算机保护机制,如猜测口令、运行程序破解口令等。该罪名在实践中往往会与窃取国家秘密、商业秘密或者其他秘密的犯罪行为紧密相连,一般认为,行为人所实施的非法侵入计算机信息系统的行为只是其为窃取国家秘密或其他秘密而采取的手段,应当根据牵连犯理论,对上述行为择一重罪定罪处罚,而不能数罪并罚。

(2)对破坏计算机信息系统罪的认定。《刑法》第286条第1款规定的破坏计算机信息系统罪，是指违反国家规定，对计算机信息系统功能进行删除、修改、增加、干扰，造成计算机信息系统不能正常运行，后果严重的行为。“违反国家规定”，是指违反国家关于保护计算机安全的有关规定，目前主要是指违反《计算机信息系统安全保护条例》的规定。“计算机信息系统功能”，是指在计算机中，按照一定的应用目标和规则对信息进行采集、加工、存储、传输、检索的功用和能力。“删除”，是指将原有的计算机信息系统功能除去，使之不能正常运转。“修改”，是指对原有的计算机信息系统功能进行改动，使之不能正常运转。“增加”，是指在计算机系统里增加某种功能，致使原有的功能受到影响或者破坏，无法正常运转。“干扰”，是指用删除、修改、增加以外的其他方法如故意制作、传播计算机病毒等破坏性程序，破坏计算机信息系统功能，使其不能正常运行。“不能正常运行”，是指计算机信息系统失去功能，不能运行或者计算机信息系统功能不能按原来设计的要求运行。“后果严重的”，一般是指国家重要计算机信息系统的功能受到破坏的，给国家、集体、组织或者个人造成重大经济损失的，造成恶劣社会影响的，等等。根据本款规定，后果严重是构成本罪的要件，没有造成严重后果的，不构成本罪。本款根据犯罪后果轻重，规定了两档处刑：一是后果严重的，处5年以下有期徒刑或者拘役；二是后果特别严重的，处5年以上有期徒刑。所谓“后果特别严重”，主要是指国家特别重要的计算机信息系统的功能受到破坏的，给国家、集体、组织或者个人造成特别重大的经济损失的，社会影响特别恶劣的，等等。

237. 如何认定利用互联网公开损害他人商业信誉和商品声誉

行为人未经核实，凭空捏造散布虚伪事实，利用互联网或其他媒体公开损害他人商业信誉、商品声誉，给他人造成重大损失或者有其他严重情节的，应当以损害商业信誉、商品声誉罪定罪处罚。

司法实例

顾某栋损害商业信誉、商品声誉案

某市××酒业集团系百年老厂，在当地甚至全国都有很高的知名度。被告人顾某栋与某市××酒业集团董事长朗某浩系发小，关系密切。顾某栋多年来利用其与董事长的特殊关系，常年到××酒业集团免费灌装散啤酒。2016年6月，该市国资委对部分国资企业领导干部予以调整，朗某浩调离××酒业集团去其他单位任职。新任董事长兼总经理到任后，狠抓企业管理，特别是跑冒滴漏问题，其中规定严禁任何关系人到该集团免费灌装啤酒，违者将被扣发1个月奖金，重者开除。被告人顾某栋对此怀恨在心。2016年7月25日，被告人顾某栋编发了内容为“今天在公交车上听说有人亲眼看到我市××酒业集团有三四名工人跳进啤酒发酵罐里洗澡，可恨不可恨！他们集团的啤酒不能再喝了”。此微信内容随即在全市乃至周边地区迅速传播，本市众多啤酒销售网点要求退货或停止进货，一些超市将该集团的啤酒下架，导致该集团连续数月销售额下滑30%～60%，给该集团造成重大经济损失。该集团一边通过当地官方媒体及本集团网站大量辟谣，一边请某省食品酒类检验所检验并发布官方消息，同时向公安机关报案，将造谣的始作俑者被告人顾某栋抓获，并在电视台曝光，经过近半年努力才逐步扭转局面。

某市某区人民检察院对被告人顾某栋以涉嫌犯损害商业信誉、商品声誉罪提起公诉。

某市某区人民法院经公开开庭审理认为，被告人顾某栋利用互联网散布虚假信息，损害他人的商业信誉、商品声誉，给他人造成重大损失，其行为构成损害商业信誉、商品声誉罪。遂根据《刑法》第221条及相关条款规定，判决认定被告人顾某栋犯损害商业信誉、商品声誉罪，判处有期徒刑 2 年，并处罚金 20 万元。

一审宣判后，被告人及其辩护人以发着玩，不构成犯罪，量刑重为由，向某市中级人民法院提出上诉。

某市中级人民法院经审理认定事实与一审一致。该院认为，上诉人顾某栋，为发泄对某市××酒业集团拒绝其免费灌装散啤酒的不满，捏造并散布虚伪事实，损害了某市××酒业集团的商业信誉、商品声誉，给该厂造成了重大损失。其行为已经构成损害商业信誉、商品声誉罪。上诉人的犯罪行为在当地造成恶劣社会影响，同时也为该市的经济发展造成一定的负面效应，应予酌情从重处罚。一审判决认定事实清楚，证据确实、充分，适用法律正确，量刑适当，审判程序合法。遂终审裁定驳回上诉，维持原判。

近年来，随着信息科技迅猛发展，网络、媒体与自媒体高度发达且融合，在极大方便民众的同时，网络信息良莠不齐，网络谣言频发。一些不法分子或别有用心、心术不正人员，利用网络造谣成本低、效果好、风险小的特点，无端捏造耸人听闻的虚假负面消息，大肆造谣传谣，给他人造成了伤害或损失。本案被告人通过互联网环境下的大众猎奇心理，故意捏造虚伪信息予以传播，恶意诋毁他人商业信誉、商品声誉，造成了恶劣的社会影响。

1. 根据《刑法》第 221 条的规定，损害商业信誉、商品声誉罪，是指捏造并散布虚伪事实，损害他人的商业信誉、商品声誉，给他人造成重大损失或者有其他严重情节的行为。我国的经济体制由计划经济转变为市场经济后，加强对市场秩序的规范是一个非常重要的问题。在扰乱市场秩序的行为中，行为人捏造散布虚假事实，损害他人商业信誉进行不正当的竞争，或者为报复陷害他人，捏造散布虚假事实，不仅损害了他人的商业信誉，给他人造成了经济损失，而且严重扰乱了市场秩序。本条具体规定了“捏造并散布虚伪事实，损害他人的商业信誉、商品声誉”的行为。这里所称的“捏造”，既包括完全虚构，也包括在真实情况的基础上的部分虚构，歪曲事实真相。“散布”，既包括口头散布，也包括以书面方式散布，如宣传媒介、信函等。“他人的商业信誉”，主要是指他人在从事商业活动中的信用程度和名誉等，如他人在信守合约或履行合同中的信誉度，他人的生产能力和资金状况是否良好等；“他人的商品声誉”，是指他人商品在质量等方面的可信赖程度和经过长期良好的生产、经营所形成的知名度等。造成损害他人的商业信誉、商品声誉的后果是多方面的，既可以是直接的，也可以是潜在的，如使他人的商业信用降低，无法签订合同或无法开展正常的商业活动，或者使他人的商品声誉遭到破坏，产品大量积压，无法销售等。

2. 损害商业信誉、商品声誉罪的构成，行为人捏造并散布谣言，两行为缺一不可。行为人客观实施了两种行为，即捏造和散布。捏造一般是无中生有，凭空虚构事实的行为；散布一般是以各种形式在社会公众中宣传、扩散其捏造的虚假事实的行为。本案被告人顾某栋因其发小调离××酒业集团后，其再也不能喝“霸王啤酒”，故对新厂长怀恨在心，恶意报复，故意编造××酒业集团工人在啤酒发酵罐洗澡的虚伪信息予以散布，随后在朋友圈里相继转发，造成了恶劣社会影响，也给××酒业集团造成重大经济损失。显然，被告人采取了以上两种行为，用手机编写虚假事实属于捏造，在其微信朋友圈里相继转发属于散布，客观上使相关生产经营者××酒业集团及销售网点商业形象及信誉被严重诋毁，市场销售额急剧下滑，造成生产经营者市场竞争力明显下降，也给当地经济造成不可估量的负面影响。

3. 捏造并散布的必须是虚伪事实，有事实根据的批评性言论，不属于虚伪事实。实践中，经常发生一些消费者通过正常渠道反映生产、经营者的商品有假冒伪劣的情况或者质量问题，或者新闻媒体对一些商业信誉、商品声誉差的生产、经营者予以公开披露、曝光，对于这类正当批评，即使揭露的事实中有一定出入，但是由于其基本事实属实，上述公开披露、曝光的行为也应当属于合法行为,应予以支持和保护。在认定侵害结果时,首先要确认捏造并散布的确属虚伪事实。本案中,经某省食品与酒类产品质量计量检测所抽样检验,××酒业集团的啤酒完全合格,故认定被告人顾某栋捏造并散布的是虚伪事实。

4. 捏造并散布虚伪事实,造成了损害他人的商业信誉、商品声誉的后果。"给他人造成重大损失"和"有其他严重情节"是选择性要件,两者只要具备其一,即可构成犯罪。所谓"给他人造成重大损失",主要是指给他人造成重大的经济损失,这种损失有的可以估算,有的则是潜在的无法估算,如由犯罪人的犯罪行为所导致的他人商誉价值的下降,进而影响其商品的销售等经济活动所造成的经济损失。本案中,被告人的行为给××酒业集团造成了极大经济损失,包括退货、销售额急剧下降、市场占有份额的减少、滞销压库损失、为正名所进行宣传耗费的损失等。所谓"其他严重情节",是指行为人在捏造并散布虚假事实、损害他人的商业信誉、商品声誉的过程中,采取的手段特别恶劣及除"重大损失"外的各种情况。立法上对情节的明确规定体现在2010年《关于公安机关管辖的刑事案件立案追诉标准的规定(二)》(2022年已修订)第74条规定:"捏造并散布虚伪事实,损害他人的商业信誉、商品声誉,涉嫌下列情形之一的,应予立案追诉:(一)给他人造成直接经济损失数额在五十万元以上的;(二)虽未达到上述数额标准,但具有下列情形之一的:1. 利用互联网或者其他媒体公开损害他人商业信誉、商品声誉的……"另外,全国人大常委会《关于维护互联网安全的决定》第3条规定,为了维护社会主义市场经济秩序和社会管理秩序,对有所列行为之一的,构成犯罪,依照《刑法》有关规定追究刑事责任,其中第2项规定:"利用互联网损坏他人商业信誉和商品声誉。"本案中,有关司法机关对于被告人编造散布虚伪信息给某市××酒业集团造成的经济损失,没有进行详细具体的开列举证,虽然没有足够证据证明被告人顾某栋的行为给被害人公司造成了50万元的经济损失,但其行为明显属于利用互联网(微信)损害他人商业信誉和商品声誉,本案被害人某市××酒业集团的经济损失无疑是重大的。

综上,本案一、二审法院对被告人顾某栋故意编造散布虚伪信息,恶意损害他人的商业信誉、商品声誉的行为,判决认定构成损害商业信誉、商品声誉罪,并结合本案具体情节予以从重顶格量刑的裁判是正确的。

238. 如何认定串通投标罪犯罪形态、主体及共犯

出借单位不知情或者没有证据证明出借单位知情的情况下,单个行为人利用掌控的多个单位参与围标的,应认定为串通投标罪。

司法实例

周某春等串通投标案

被告人周某春系某市某软件公司法定代表人,被告人董某信、何某华、郝某达、郑某喜系该公司职员,被告人冀某营系某省某建设工程有限公司法定代表人。2015年2月至5月,上述6被告人与杨某理、王某项、郑某威、周某刚(均另案处理)先后在某市某区某居民点星城工程(以下简称星城工程)、某市保障性住房民佳北区工程(以下简称民佳工程)招投标中,共同采取相互串通投标报价等方式,排挤其他投标人的公平竞争,损害招标人或者其他投标人利益,周某春等人从中获利达130多万元。

2015年2月,在星城工程招投标过程中,杨某理、王某项、郑某威为了能够顺利承接一、二、三标段,经与被告人周某春预谋,由周某春等人分别向某省某龙建设有限公司等16家公司租借资

质投标,由杨某理、王某项、郑某威通过各自账户及冀某营等人账户向上述公司转出投标保证金并支付资质租借费,由周某春等被告人共同编制上述不同投标公司的投标文件,通过在“工程量清单计价软件”中增加记录、检查加密狗号和机器码的软件工具并将其制作的投标文件的加密狗号和机器码数据进行修改等方式排挤其他投标人的公平竞争,使某省某龙建设有限公司以7108万元的报价成为一标段中标人,某市某怡建筑工程有限公司以8765万元的报价成为二标段中标人(实际中标人为王某项、杨某理),某省某信建设集团有限公司以9838万元的报价成为三标段中标人(实际中标人为郑某威)。同年5月8日,某市某区公共资源交易管理办公室通过调查,发现上述公司在投标过程中存在串通投标行为,发文通知星城工程第一中标人候选人无效并决定所有标段依法重新招标。

2015年4月,民佳工程由某市发展和改革局批准建设后决定公开招标以选定施工承包人,周某刚为了能够顺利承接该工程,经与被告人周某春预谋后,通过周某春、冀某营、周某刚分别向某省某星建设集团有限公司等7家公司租借资质投标,由周某刚通过冀某营等人账户向上述公司转出投标保证金并支付资质租借费,由周某春等6被告人共同编制上述不同投标公司的投标文件等方式排挤其他投标人的公平竞争,使某省某星建设集团有限公司以7686万元的中标价成为中标人(实际中标人为周某刚)。

某市某区人民检察院对周某春等6被告人以涉嫌犯串通投标罪提起公诉。

某市某区人民法院经审理认为:被告人周某春、冀某营受他人之托,为他人借用投标资质,参与围标,并为他人提供投标文件、资金账号,违法流转投标资金,且从中获利;被告人董某信、何某华、郝某达、郑某喜接受被告人周某春授意,为他人制作多份呈规律性差异的标书,并通过其掌握评标计价软件的技术优势,对为他人提供的工程量造价标书,修改标书验证机号和加密狗号,以掩盖多份标书系同一主体完成的事实,致使多份标书直接进入到评标环节,并获得较高中标概率,排挤其他投标人的公平竞争,损害了招标人、其他投标人利益,为请托投标人获得中标概率而形成行为一致性。周某春等6被告人的行为均构成串通投标罪。6被告人在共同犯罪过程中,居于帮助犯地位,依据其性质、作用、地位和社会危害性程度,均可认定为从犯,依法应当从轻、减轻处罚或者免除处罚。各被告人归案后,对指控其犯罪的基本事实均能供认,依法可以对各被告人酌定从轻处罚。遂判决认定周某春等各被告人犯串通投标罪,对周某春、冀某营、周某刚分别判处有期徒刑缓刑,并处数额不等的罚金;对被告人何某华、郝某达、郑某喜免予刑事处罚。判决已生效。

司法实践中,投标人相互串通的较为多见,本案难点:一是在出借单位不知情或者没有证据证明出借单位知情的情况下,单个行为人利用掌控的多个单位参与围标,能否以串通投标罪来认定;二是被告人周某春等6人为投标人获得中标概率而形成行为一致性,该共同性是否能构成串通投标罪的共犯;三是实际投标中最终并未实际中标,其犯罪形态是既遂还是未遂。

根据《刑法》第223条的规定,串通投标罪,指投标人相互串通投标报价,损害招标人或者其他投标人利益,或者投标人与招标人串通投标,损害国家、集体、公民的合法权益,情节严重的行为。串通投标罪具有以下特征:(1)本罪侵犯的客体是复杂客体,既侵害了正常的招标、投标市场秩序,也侵害了国家、集体和公民的合法权益。招标、投标是一种竞争性很强的市场交易方式,其优越性在于优胜劣汰,使整个社会的人力、物力、财力资源得到更好的配置,其本身应当遵循公开、公平、公正和诚实信用的原则。倘若当事人通过串通投标的不正当手段排斥他人的正当竞争,就会使招标投标活动丧失其原有功能,进而损害国家利益、社会公共利益和其他投标当事人的合法权益。(2)本罪在客观方面表现为:投标人相互串通投标报价,损害招标人或者其他投标人利益的行为。这通常表现为投标人之间相互通气,彼此就投标报价形成书面或口头的协议、约定,或者就报价互相通报信息,以期避免相互竞争,牟取不正当的利益。主要有以下表现形式:①投标人之间相互约定,一致抬高投标报价。②投标人之间相互约定,一致压低投标报价。③投标人之间约定,在类似项目中轮流以高价位或低价位中标。④投标人之间相互串通,约定给没有中标或者弃标的其他投标人以“弃标补偿费”。这里,须区分这样几个概念:投标报价、标底和标价。所谓投标报价,是指投标人向招标人出示的愿意付出的交易商品或完成工作的价位。标底,是指内部掌握的建设单位对拟发包的工程项目准备付出全部费用的额度。标底一般先由设计单位、工程咨询服务部门或专门从事建筑预算定额部门编制出设计概算或施工预算,然后经建设单位和主管机关、建设银行等共同审查后确定。标底是选择中标企业的一个重要指标,在开标前要严加保密,防止泄露,以免影响招标的正常进行。标底确定的是否合理、切合实际,是选择最有利的投标企业的关键环节,是实施建设项目的重要步骤。确定标底时,不能认为把标价压得越低越好,要定的合理,要让中标者有利可图,才能调动其积极性,努力完成建设任务。标价是底标价(同标底价)与投标报价的统称,一般是指后者。投标报价中的标价,一般是指各投标单位个别的总报价,在开标时当众启封全部投标人的标函,按其标价高低顺序排列,同时公布标底价,一般以最接近标底价的标价,或符合招标文件规定浮动幅度的最低标价为中标价。以上两类标价,通常均称为合理标价。中标与否,标价是主要因素,但不是唯一因素。在采用“明标”方式招标时,在招标文件中公开的“标底价”,以及在开标时公布的“标底价”都可称为招标人的“标价”。

1. 关于串通投标罪的共犯。审理本案的人民法院结合审判实践认为,本案虽不是各投标人之间的相互串通,但是相关被告人一人控制几家公司投标,比与他人的串通行为更为严重,举轻以明重,当然构成串通投标。国务院2012年2月1日实施的《招标投标法实施条例》第40条规定,有下列情形之一的,视为投标人相互串通投标:(1)不同投标人的投标文件由同一单位或者个人编制;(2)不同投标人委托同一单位或者个人办理投标事宜;(3)不同投标人的投标文件异常一致或者投标报价呈规律性差异;等等。本案中,周某春及其公司其他从业人员共同完成了同一工程的多份工程量造价标书的制作,并利用其公司的技术优势,帮助实际投标人在招投标过程中获得较高中标概率,具有较大的社会危害性,与实际投标人共同构成串通行为。在对实际投标人经审判确定为有罪的前提下,应成立为共犯。故此认为,周某春作为某软件公司法定代表人,与公司职员共同完成工程量造价标书,修改标书验证机号和加密狗号,致使多份标书直接进入评标环节,其共同行为已成为公司共同意志,符合单位犯罪构成要件,应当认定为系某软件公司与实际投标人冀某营的共同一致性的串通行为。冀某营帮助实际投标人借用他人资质,提供银行账号,分流投标保证金到借用资质单位,代周某春收取制作标书费用,在公安机关查处时转移资金,其行为系个人意志,应认定以其自然人身份与某软件公司、实际投标人共同完成串通投标行为。

2. 关于串通投标罪的犯罪主体。招投标领域出现的犯罪行为,依现行《刑法》规定其犯罪主体一般为招标人、代理机构、投标人。也就是说,串通投标罪的主体是特殊主体,一般仅限于招标人和投标人。由于工程建设领域的复杂性,致司法实践中出现的疑惑颇多,特别是串标、围标以及牵连性质(渎职、受贿)、关联性质(纵、横向对合性共同)的犯罪,对其主体认识复杂化。比如,工程建设招投标中出借经营资质的情况十分普遍,一人(或一个单位)常同时向多个单位借用资质,然后以多个单位的名义参加某一工程的投标。表面上,这几个单位都是独立的投标人,实际上,这几个单位都是由一人(或一个单位)在幕后操控,实践中称其为“围标”。如果出借资质单位明知借用者参与围标而积极配合的，其行为应具有串通性，出借者与借用者均应作为串通投标认定，这在实践中并没有分歧。但在出借单位不知情或者没有证据证明出借单位知情的情况下，单个的行为人利用掌控的多个单位参与围标，能否认定为串通投标罪。本案中，实际投标人与其他主体，利用其制作的多份呈规律性差异的标书，并通过其掌握评标计价软件的技术优势，为投标人获得中标概率而形成行为一致性，该共同性是否能构成串通投标罪的共犯。大多数情况下串通投标罪以共同犯罪形式出现，但是这个"共同"表现为投标人之间共同或者投标人与招标人共同形式，而本案的"共同"则体现在投标人与非投标人、招标人之间，这就成为司法实践中认识上的难题。这也导致否定说、肯定说各执一词，最后法院认定 6 被告人的行为均应以串通投标罪定罪，但认定 6 被告人为起到一定帮助作用的从犯。

3. 关于串通投标犯罪的既遂和未遂。串通投标罪，从《刑法》条款上理解本罪属情节犯，只有情节严重的串通投标报价，损害招标人或者其他投标人利益的行为才能构成本罪，情节不属严重，即使实施了串通投标，损害招标人或者其他投标人利益的行为，也不能以本罪论处。一是关于串通投标罪的"情节严重"。何为情节严重，目前尚无明确的司法解释加以界定，仅有公安机关的立案标准。司法实践中，一般认为，所谓情节严重，主要是指采用卑劣手段串通投标的；多次实施串通投标行为的；给招标人或者其他投标人造成严重经济损失的；造成恶劣的影响甚至国际影响的；等等。根据最高人民检察院、公安部《关于经济犯罪案件追诉标准的规定》（现已失效）和司法实践，福建省高级人民法院、福建省人民检察院、福建省公安厅《办理串通投标犯罪案件有关问题的座谈会纪要》明确规定，投标人相互串通投标报价，或者投标人与招标人串通投标，有下列情形之一的，应认定为情节严重：（1）损害招标人、其他投标人或者国家、集体、公民的合法利益，造成直接经济损失数额在 50 万元以上的。（2）串通投标的中标人卖标、参与串通投标的其他投标人获取"好处费""补偿"等，违法所得总额在 30 万元以上的。（3）对其他投标人、招标人等投标招标的参加人采取威胁、欺骗、贿赂等非法手段，或者盗用其他单位名义投标的。（4）虽未达到上述数额标准，但因串通投标，受过行政处罚二次以上，又串通投标的。（5）在国家和省重点项目的招标活动中串通投标，造成恶劣的社会影响或者国际影响的。（6）其他情节严重的情形。各地在司法实践中可以参照适用。二是串通投标罪作为情节犯是否存在未遂状态。在犯罪形态方面，本案在审理中存在不同意见。一种意见认为，本案由于没有最终中标公告，实际投标者并未实际中标，而仅获取了中标候选人资格，因案发被招标单位宣告无效，故其犯罪行为尚未实施终了、危害后果尚未显现、犯罪目的亦尚未实现，故应认定该起犯罪行为系未遂。另一种意见认为，周某春等 6 人的犯罪形态系既遂。理由是周某春等人帮助他人借用资质，制作多份呈规律性差异的标书，利用公司掌握评标计价软件的技术优势地位，修改标书验证机号和加密狗号，致使多份标书直接进入评标环节，从而排挤其他投标人的公平竞争，损害了招标人和其他投标人利益，其犯罪行为已完成串通投标的全过程。也就是说，帮助他人串通围标虽然没有实际中标，但也应认定为犯罪既遂，构成串通投标罪。法院采纳了后一种意见。

239. 串通竞买挂牌出让国有土地构成何罪

行为人以公司名义参与竞买挂牌出让的国有建设用地使用权的过程中，因收取其他竞买人巨款后放弃竞买，损害出让人利益，情节严重的，其行为构成串通投标罪。

司法实例

戴某州串通投标案

2013年5月16日，某市国土资源局经某市人民政府批准，以挂牌方式出让某市玉城街环城路南侧地块2.2203公顷土地。挂牌起始价为每平方米790元，挂牌时间为2013年6月1日9时至14日16时，符合条件的单位或个人均可申请参加，竞买保证金900万元，保证金交纳截止时间为2013年6月11日16时。被告人戴某州以某省某市建设工程有限公司法定代表人名义报名参与该土地竞买，戴某州负责办理具体竞买事项，并以公司名义交纳竞买保证金900万元。

经某市国土资源局审核，确定房某文（另案处理）、何某顺（系房某文姐夫）、王某德、某市某建设工程有限公司为竞买人。房某文等人为低价竞买该块土地，在正式竞买之前，通过阴某营（另案处理）联系某省某市建设工程有限公司参与竞买的被告人戴某州，承诺给予戴某州好处费，要求戴某州放弃该块土地的正式竞买。2013年6月14日，被告人戴某州通过其继父府某有收受了房某文通过何某顺（系房某文妹夫、另案处理）出具银行本票方式支付的110万元，并在当天的第一轮竞价中放弃竞买。该块土地后被何某顺竞得。被告人戴某州所收受房某文支付的110万元，用于个人投资等用途。

案发后，被告人戴某州退出违法所得110万元。

某市人民法院审理认为，被告人戴某州以某省某市建设工程有限公司名义，参与竞买挂牌出让的国有建设用地使用权的过程中，因收取其他竞买人110万元后放弃竞买，损害了出让人利益，情节严重，其行为构成串通投标罪。被告人戴某州参与竞买，只是利用了公司名义，而非利用公司职务之便收受他人财物，故公诉机关指控被告人戴某州犯非国家工作人员受贿罪罪名不成立。依照《刑法》第223条第1款等条款规定，判决认定被告人戴某州犯串通投标罪，判处有期徒刑1年10个月，并处罚金6万元，并追缴扣押的被告人戴某州违法所得110万元，上缴国库。

一审宣判后，被告人戴某州不服，以不构成犯罪为由在法定期间内提起上诉，被二审法院裁定驳回。

本案的焦点是，被告人戴某州在国有建设用地使用权挂牌出让过程中与其他竞买人串通竞买，损害出让人利益的行为，是否构成犯罪，构成何罪。对此，在一、二审法院审理中，产生了不同意见。第一种意见认为，被告人戴某州身为公司法定代表人，利用职务上的便利，非法收受他人财物，为他人谋取利益，数额巨大，应当依照《刑法》第163条第1款以非国家工作人员受贿罪追究刑事责任，检察机关即持此观点并提起公诉。第二种意见认为，被告人戴某州并未利用公司职务之便，所实施的也并非侵害国家对公司工作人员职务活动管理制度的行为，不符合非国家工作人员受贿罪的构成要件。在国有建设用地使用权挂牌出让中串通竞买的行为，刑法并无明文规定，其行为不构成犯罪。第三种意见认为，被告人戴某州的行为符合《刑法》第223条第1款串通投标罪的构成要件，应当以串通投标罪定罪处罚。

从法院一、二审裁判结果来看，被告人戴某州的行为符合《刑法》第223条第1款串通投标罪的构成要件，应当以串通投标罪定罪处罚。主要理由为：

1. 从目的解释的角度分析，串通竞买行为具有串通投标行为的本质属性。串通投标罪属于《刑法》分则第三章第八节扰乱市场秩序罪，从条文即可鲜明地看出，本罪保护的法益是公平公正的市场竞争秩序。招投标制度的本意是为了使潜在合作对象公平开展竞争，以确定最优目标，提高经济效益。串通投标行为破坏招投标的公平性，从而损害了招标人、其他投标人，或者国家、集体、公民的合法利益。串通投标有两种基本类型，一是投标人相互串通投标报价，二是投标人与招标人串通。前者是对报价的串通，后者则不限于投标报价。

国有建设用地使用权的招标出让,是招标方式在该领域的运用,是指出让人发布招标公告,邀请特定或者不特定的自然人、法人和其他组织参加国有建设用地使用权投标,根据投标结果确定国有建设用地使用权人的行为。一般而言,串通投标是为了以相对低价取得土地使用权,在此同时受到损害的,是作为出让人的国家的利益。

挂牌出让,目前仅指挂牌出让国有建设用地使用权,是指出让人发布挂牌公告,按公告规定的期限将拟出让宗地的交易条件在指定的土地交易场所挂牌公布,接受竞买人的报价申请并更新挂牌价格,根据挂牌期限截止时的出价结果或者现场竞价结果确定国有建设用地使用权人的行为。在挂牌出让过程中串通竞买,主要是竞买人相互串通竞买报价,用串通的方式抑制竞争,以相对低价取得土地使用权,损害出让人也就是国家的利益。

不难发现,串通竞买与第一种类型的串通投标罪,在行为方式上并无二致,而其危害本质,均是通过消除或者减少公平竞争损害招标人或出让人利益,由串通者分享。在国有建设用地使用权出让领域,挂牌还是招标,是不同地方根据不同情况做出的选择,二者在具体操作程序上有所不同,但在法律地位、性质与功能上并无实质差异。因此,将串通竞买行为解释为串通投标,符合串通投标罪的立法意图,本案认定被告人戴某州构成串通投标罪符合刑法立法目的。

2. 从文义解释的角度分析,串通竞买未超出《刑法》第 223 条串通投标的语义范围。

(1)串通竞买与串通投标。根据《刑法》第 223 条的规定,刑法上的串通投标是指两种行为,一是投标人相互串通投标报价,损害招标人或者其他投标人利益,情节严重的;二是投标人与招标人串通投标,损害国家、集体、公民的合法利益的。第一种行为是投标人之间对投标报价的串通,通过这种串通消除或者减少投标人之间的竞争,促使某一投标人以优势条件成功中标,各行为人从中获取经济利益。第二种行为是投标人与招标人之间的串通,但不限于投标报价,这种串通不仅会损害招标人利益,还会造成投标人之间的不公平竞争。

而串通竞买,主要是竞买人相互串通竞买报价,用串通的方式消除或者减少投标人之间在竞买报价过程中的竞争,促使某一竞买人以相对低价取得出让标的,损害出让人利益。通常情况下,行为人之间会通过相互联络与协商,约定交换的条件为:部分竞买人退出竞买,竞买成功者支付一定报酬。如本案中,房某文为保证何某顺竞买成功,通过中间人阴某营支付被告人戴某州 110 万元。戴某州收受该款后在竞买报价中自动放弃竞买,致使何某顺顺利以低价竞买成功。通过这种私下的交易,原本应由出让人享有的利益转移到了被告人等人手中。

由此可见,本案中的串通竞买行为与《刑法》第 223 条第 1 款规定的串通投标行为并无二致。区别仅在于,前者行为人称为竞买人,后者称为投标人,前者发生在挂牌出让中,后者发生在招投标中。这种称谓上的差别并非不可逾越。

(2)国有建设用地使用权挂牌出让与招投标。招投标在我国的发展史并不长,串通投标罪是我国《刑法》在 1997 年修订时新增的罪名,而《招标投标法》1999 年才予颁布。有研究表明,1979 年,我国一些建筑企业开始参加国际招标投标活动,1980 年 10 月国务院在《关于开展和保护社会主义竞争的暂行规定》(现已失效)中首次提出“对一些适宜于承包的生产建设项目和经营项目,可以试行招标、投标的办法”。在此之后,招投标才逐渐被家喻户晓。

国有土地使用权出让领域采用招投标的方法时间更晚。1990 年 5 月国务院《城镇国有土地使用权出让和转让暂行条例》(已于 2020 年修订)明确了土地使用权可以采用协议、招标和拍卖三种方式,国有土地使用权的招投标才正式作为法定方式。

从某种意义上来说,国有土地使用权的招标、拍卖、挂牌出让方式都是为了消灭协议出让方式而生的，其中，拍卖方式最早被采用，挂牌方式诞生最晚。20世纪末，为了使更多的经营性用地进入市场，部分省市在招标、拍卖、出让土地使用权的实践中创新出一种结合了招标和拍卖优点的新的出让方式，即挂牌出让。这种崭新的方式很快得到认可，2002年5月9日，原国土资源部发布《招标拍卖挂牌出让国有土地使用权规定》（已于2007年修订），在规章的层面第一次明确了挂牌出让作为国有土地出让的法定形式之一，并对挂牌的概念、挂牌公告内容及程序、挂牌成交的条件、出让合同的签订、出让结果的公开等作出了明确的规定。原国土资源部有关负责人在《关于〈招标拍卖挂牌出让国有土地使用权规定〉的几点说明》中称："……挂牌方式综合体现了招标、拍卖和协议方式的优点，具有公开、公平、公正的特点，是招标和拍卖方式的重要补充形式，尤其适用于当前我国土地市场现状，具有招标、拍卖不具备的优势……从某种意义上讲，挂牌方式在目前条件下，优于招标、拍卖，可以取代协议方式，具有强大的生命力。"2007年，原国土资源部颁布《招标拍卖挂牌出让国有建设用地使用权规定》，保持了11号令的总体框架和主要内容，并对有关内容进行了修改完善。至今，国有建设用地使用权"招、拍、挂"三种出让方式并存的局面已维持了十几年，基本定型。也就是说，挂牌出让方式是在总结国有建设用地使用权拍卖和招投标实践经验的基础上的创新。从诞生过程以及具体规定中都可以发现，挂牌方式具备招投标的主要特点，继承了招投标的主要制度价值，同时融入了拍卖制度的某些有益成分。因此，挂牌出让与招投标虽从语义上并不是相同的概念，但很难认为国有建设用地使用权的三种出让方式是三种并列的制度。在某种意义上，挂牌出让更像是一种新形式的招投标，并未完全跳出招投标的语义范围。

3. 从社会危害性角度分析，应当对刑法上的串通投标作出扩张解释。一般认为，刑法解释是指对于刑法规范含义的阐明，目的是要将刑法规定的含义揭示出来，解决刑法规范不明确、不确定的问题，或者将一定的法律规范与特定的案件事实联系起来，从而回答该法律规范是否适用于该种法律事实的问题。而扩张解释，或称扩大解释，是指超出刑法条文字面含义的解释。合理的扩张解释要有正当理由，可能基于下述两种原因：一是按照通常解释会造成刑法社会保护机能和人权保障机能不相统一；二是按照通常解释不能保障稳定、抽象的刑事立法对易变、复杂的社会现实的适应性。①

刑法解释要符合维护社会秩序和促进社会发展的要求，因为这是刑法的任务和目的，是刑法产生和存在的重要理由。刑法的解释应该从有利于维护社会秩序和促进社会发展的角度出发，否则，就会导致刑法的适用不能实现刑法的任务和目的。对刑法的规定是否进行扩张解释，取决于对个案处理的实际需要，个案的社会危害性越大，处罚的必要性越强，对相关规定进行扩张解释的可能性越大。

而扩张解释的另外一种必要，源于稳定、抽象的刑事立法与易变、复杂的社会生活之间的紧张关系。有些情况下，刑法用语具有多种含义，可能具有的含义比较宽泛，或者有些含义被掩盖，解释者必须将先前理解置于生活事实之中进行检验，才能发现法律的真正含义。有些情况下，立法技术不足，或者法律用语与日常生活用语含义不同，解释者必须用法律智慧来延续法律条文的生命力。而有些情况下，随着时间的推移，社会生活形势的变迁，刑法用语逐渐不能适应社会需要，抑或其字面或者通常含义的涵摄力越来越不足，解释者不得不赋予刑法用语以新的含义。

本案中，按照通常解释，被告人戴某州的行为属于串通竞买，而非《刑法》第223条规定的"串通投标"，对被告人戴某州的行为不能依照该条处理。这种解释（无罪的观点）充分考虑了保障被告人权益的需要，但与此同时也有两个不容忽视的问题，一是置这种与串通投标行为具有同等危

---

① 参见陈志军：《论刑法扩张解释的根据与限度》，载《政治与法律》2005年第6期。

害性的行为于不顾,不能体现刑法保护社会的功能;二是固守立法用词,忽视了刑法用语含义的发展变化。被告人戴某州串通竞买的行为与串通投标一样,具有严重的社会危害性。同时,从国有建设用地使用权的挂牌出让与招投标制度的相互关系可见,在国有建设用地使用权出让领域,招投标的含义已经有了新的发展。因此,通常解释已经不符合实践需要,应当对刑法中的串通投标一词作出扩张,解释为包括本案中的串通竞买行为。

4. 从罪刑相适应的角度分析,将串通竞买行为认定为串通投标可以实现罪刑均衡。若本案按照第一种处理意见,将被告人戴某州的行为认定为非国家工作人员受贿罪,意味着其犯罪数额为110万元,应当判处被告人戴某州5年以上15年以下有期徒刑。从实践经验看,刑期可能在10年左右。若按照第二种意见,认定被告人戴某州不构成任何犯罪,则无须追究刑事责任,两种意见的结论差异不可谓不大。

(1)第一种意见的量刑结论让人难以接受。一方面,被告人戴某州并非利用职务上的便利收受财物,也非危害公司利益以谋取私利,其行为并不符合非国家工作人员受贿罪的构成要件。另一方面,在一般的非国家工作人员受贿行为中,犯罪数额主要受到被侵害的单位利益以及行为人职务权限的影响,相对有限,因而法定刑升格较快。但串通竞买行为侵害的是国家利益,收取的财物数额主要受到出让标的价值的影响,一般较为庞大。因此,若将串通竞买行为认定为非国家工作人员受贿罪,会造成此类非国家工作人员受贿罪比一般非国家工作人员受贿罪量刑更重。

(2)无罪的处理意见同样违背一般认识。一方面,串通竞买与串通投标在行为方式上并无二致,具有显而易见的可罚性;另一方面,采取招投标或者挂牌方式出让国有建设用地使用权是十分灵活的选择,若仅因为称谓上有所差别就将串通竞买无罪处理,势必造成不法分子有意回避招投标方式,利用挂牌出让方式谋利。因此,将串通竞买行为认定为非国家工作人员受贿罪会造成处罚过于严厉,作无罪处理则会助长违法犯罪。

但依据《刑法》第223条的规定,将被告人戴某州的行为认定为串通投标罪,量刑具有合理性。刑法对串通投标罪设置了唯一的量刑档次,即3年以下有期徒刑或者拘役,并处或者单处罚金。实践中主要参考2010年5月7日最高人民检察院、公安部《关于公安机关管辖的刑事案件立案追诉标准的规定(二)》(已于2022年修订)第76条的规定进行裁量。按照该规定,串通投标罪的量刑依据包括造成的直接经济损失、违法所得、中标项目金额,也包括非数额标准。因为挂牌出让与招投标的紧密联系,这些标准完全契合串通竞买行为的特征,可以使处罚结论与危害性相对应,实现罪刑均衡。

240. 如何认定合同诈骗罪中非法占有他人财物的目的

行为人与他人签订合同时,隐瞒自身无资质、无授权、无履行能力的事实,在对方交付保证金后逃匿挥霍,数额较大的行为应认定为合同诈骗罪,不能按一般合同纠纷处理。

司法实例

田某星合同诈骗案

2011年6月,某地某矿业有限责任公司(以下简称矿业公司)与某地某建设工程有限公司某分公司第二工程处(以下简称第二工程处)负责人刘某才签订了某县某煤矿的煤矿开采施工合同书(因刘某才是挂靠某地某建设工程有限公司某分公司,该工程处对外没有合同签订权)。刘某才与矿业公司谈好此项目后,由矿业公司先在合同书上加盖好该公司的合同章,然后,由刘某才找某地某建设工程有限公司某分公司负责人田某星加盖该分公司的合同章。田某星在加盖该分公司合同章的过程中，私自将此合同留存，并在私自留存期间虚构合同承包人的身份，假称该工程由该分公司副经理熊某亚负责，使用此份本不属于该分公司的合同书，指定由田某星于2011年6月19日，与被害人树某庆签订了某县某煤矿《土方工程内部承包协议》，收取了被害人树某庆15万元的保证金；于2011年7月28日，与被害人王某凤签订了某县某煤矿《土方工程内部承包协议》，收取了被害人王某凤5万元的保证金。田某星在收取了两名被害人的保证金后，让公司财务人员分别给两名被害人出具了该分公司的收款收据。直到案发，被告人田某星指使熊某亚与两名被害人签订的协议也未执行，所收的20万元保证金被被告人田某星在逃匿中挥霍。

另查明：某地某建设工程有限公司于2010年10月通过工商行政部门申请变更由田某星出任该公司某分公司负责人，并负责该分公司的全面工作；某地某建设工程有限公司某分公司于2010年6月12日在银行开户至2013年3月11日侦查机关查询为止，未发生业务，同时，根据工商行政部门存档的年检资料，该分公司的年检负债及利润总额、净利润均为零。

某市某区检察机关认为被告人田某星的行为涉嫌构成合同诈骗罪，依法向某市某区人民法院提起公诉。

田某星辩护人辩护意见：田某星的行为不构成犯罪而是民事合同纠纷；田某星没有实施犯罪的主观故意，且涉案的保证金，该分公司开具了收款收据，因该分公司会计下落不明，现有证据不能证实是被告人田某星收取了涉案的20万元，故被告人行为不构成犯罪。

某市某区人民法院审理认为：被告人田某星以非法占有为目的，虚构事实，隐瞒真相，在签订、履行合同过程中，骗取他人钱财，涉案金额达20万元，数额巨大，其行为已构成合同诈骗罪。遂判决认定被告人田某星犯合同诈骗罪，判处有期徒刑7年，并处罚金15万元，附加剥夺政治权利2年；对其违法所得继续予以追缴。

一审宣判后，被告人田某星不服一审判决，提起上诉被二审驳回。

本案争议的焦点在于被告人的行为构成合同诈骗罪还是一般合同纠纷，而行为人主观上有无非法占有他人财物的目的，是区分两者的关键，从裁判结果看，一、二审法院认定被告人构成合同诈骗罪并予刑事处罚的主要理由为：

根据《刑法》第224条的规定，合同诈骗罪，是指以非法占有为目的，在签订、履行合同过程中，骗取对方当事人财物，数额较大的行为。构成合同诈骗罪须满足的条件是：(1)行为人在主观上具有“以非法占有为目的”，这是构成合同诈骗罪的主观要件。非法占有的目的，一般来说，可以从行为人的行为判断出来，如行为人自始就根本没有履行合同的条件，也没有去创造履行合同的条件或者无意履行合同或者携款潜逃等。(2)行为人实施了本条规定的诈骗行为。本条共列举了五项犯罪行为：一是以虚构的单位或者冒用他人名义签订合同的，即虚构合同主体的情形。其中，“虚构的单位”，是指采用根本不存在的单位的名义订立合同；“冒用他人名义”，是指未经他人允许或委托而采取他人的名义，即冒名订立合同的行为。二是以伪造、变造、作废的票据或者其他虚假的产权证明作担保的，即虚构担保。在签订合同时，根据法律、法规的规定或者对方当事人的要求，出具合同担保，是减少合同风险和保障合同履行的常规做法。这里所说的“票据”，主要指的是汇票、本票、支票等金融票据。“产权证明”包括土地使用证，房屋所有权证以及能证明动产、不动产权属的各种有效证明文件。采用虚构的担保文件的方式欺骗对方当事人而与其签订、履行合同，是合同诈骗中一种常见的方式。三是没有实际履行能力，以先履行小额合同或者部分履行合同的方法，诱骗对方当事人继续签订和履行合同的。这是通常讲的“钓鱼式合同”，即行为人以履行小额合同或者部分履行合同为诱饵，骗取对方当事人的信任后，继续与其签订合同，以骗取更多的财物的情况。四是收受对方当事人给付的货物、货款、预付款或者担保财产后逃匿的。这是指行为人一旦收受了对方当事人按合同约定给付的上述财产后，一逃了之的行为。这里的“逃匿”，指行为人采取使对方当事人无法寻找到的任何逃跑、隐藏、躲避的方式。五是以其他方法骗取对方当事人财物的。这一项规定是指采取上述四项规定以外的其他方法骗取对方当事人财物的行为，也是为了适应这类犯罪的多样性、复杂性而规定的。具体到本案：

1. 被告人田某星在签订合同时无履行合同的能力。经调查，某地某建设工程有限公司某分公司于2010年6月12日在银行开户至2013年3月11日侦查机关查询为止，未发生业务，同时，根据工商行政部门存档的年检资料，该分公司的年检负债及利润总额、净利润均为0。根据以上事实及证据，足以证明被告人田某星根本不具备履行合同的实际能力，完全是出于骗取财物的目的，也就是说，被告人主观上具有骗取财物的故意。

2. 被告人田某星在签订和履行合同中实施了虚构合同承包人身份等诈骗行为。本案中，被告人明知工程系其挂靠人刘某才联系的，其只是收取挂靠费，却在为刘某才加盖公司合同章时，私自留存本不属于自己的合同，并虚构合同承包人身份，编造谎言，骗取被害人信任，指使熊某亚与被害人分别签订内部承包协议。在收取被害人保证金后，虽然出具了该公司的收款收据，但该款并未入账，被告人田某星自行支配、花费了此款，给被害人造成了重大经济损失，因此被告人主观上非法占有被害人财物的目的是明确的。

3. 被告人田某星在签订合同后无履行合同的实际行为。一般的合同纠纷中，行为人有履行合同的诚意，在签订合同后会千方百计创造条件使合同得以履行。本案中，被告人在合同签订后，根本没有履行合同的行为，在20万元保证金到手后逃匿，大肆挥霍，这与一般的合同纠纷有本质的区别。

综上，本案被告人田某星以非法占有为目的，采用虚构事实、隐瞒真相的方法，骗取他人财物，价值20万元，其行为已构成合同诈骗罪。一、二审法院对被告人的裁判是正确的。

241. 如何认定定点医疗机构骗取医保金的性质

定点医疗机构与医疗保险事业管理中心签订的服务协议在性质上应属民事合同。行为人在履行合同过程中采取“小病大医”“空挂床位”等手段，多开、虚开治疗项目和治疗费用，骗取医保资金数额较大的，构成合同诈骗罪。

司法实例

被告单位某市某区某医院、岑某勤、昌某华合同诈骗案

某市某区某医院是一家营利性的“民办非企业单位”，法定代表人为冯某力，实际负责人为被告人岑某勤（与冯某力系夫妻关系）。该单位于2012年6月22日、2014年4月9日被某市某区劳动和社会保障局分别确定为某区城镇职工基本医疗保险定点医疗机构和某区城乡居民合作医疗保险定点医疗机构，并分别于2012年8月3日、2014年5月10日与某市某区医疗保险事业管理中心签订了医疗保险定点医疗机构服务协议。2013年7月至2015年7月，被告单位某市某区某医院以非法占有为目的，在履行医保合同过程中，该院负责人岑某勤授意该院市场部负责人昌某华，以给乡村医生和敬老院院长一定介绍费等办法，将“五保户”“低保户”引诱入院，并授意该院内外科医生对病人采取“小病大医”“空挂床位”等手段，多开、虚开治疗项目和治疗费用，骗取医保、民政救助资金共计172, 621.64元。

某市某区人民检察院以被告单位某市某区某医院、被告人岑某勤、昌某华涉嫌犯保险诈骗罪提起公诉。

某市某区人民法院审理认为,被告单位某市某区某医院以非法占有为目的,在履行医保合同过程中,采取“小病大医”“空挂床位”等手段,多开、虚开治疗项目和治疗费用,骗取医保资金和民政救助资金数额达172,621.64元,系单位犯罪,其行为已构成合同诈骗罪;被告人岑某勤作为单位直接负责的主管人员,被告人昌某华作为其他直接责任人员,其行为均已构成合同诈骗罪。被告人岑某勤揭发他人犯罪行为,已经查证属实,是立功,可以从轻处罚。对被告人岑某勤的辩护人提出的被告单位按被告人岑某勤的安排将骗取的资金主要用于了对“五保户”“低保户”的救治,其主观恶性不大的辩护意见,经查明,某市某区某医院采取不交或只缴小部分费用的方法引诱医保人员入院是为骗取医保资金和民政救助资金,以获取更大的利益,是诈骗的一种方式,故其辩护意见本院不予采纳;其辩称的被告人岑某勤有立功情节,认罪态度好,且赃款已全部退回,可以对其从轻处罚的辩护意见,本院予以采纳。对被告人昌某华的辩护人提出的被告人昌某华是为完成工作任务而实施了犯罪,本人并未获利,以及被告人昌某华应按从犯的规定处理的辩护意见,经查明,被告人昌某华按“业绩”提成是一种获利,且因在单位故意犯罪案件审判中是按照直接负责的主管人员和其他直接责任人员在犯罪中所起的作用来判处刑罚,实际上已是一种责任的划分,本案不区分主从犯,对被告人昌某华的辩护人的该辩护意见,本院不予采纳;其辩称的被告人昌某华作为其他直接责任人员作用轻于被告人岑某勤,且认罪态度好,可以酌情从轻处罚的辩护意见,本院予以采纳。遂判决认定被告单位某市某区某医院犯合同诈骗罪,判处罚金10万元(限于判决生效后10日内缴纳)。被告人岑某勤、昌某华犯合同诈骗罪,分别判处有期徒刑10个月、8个月,并处罚金2万元、1万元;没收被告单位某市某区某医院犯罪所获赃款,并上缴国库。

一审宣判后,被告单位及二被告人以不构成犯罪为由提起上诉,被二审法院驳回。

本案的争议焦点在于定点医疗机构骗取医保资金到底该不该定罪,应该认定何罪。在法院审理中,对本案被告单位是否构成犯罪及本案的定性出现三种不同意见。第一种意见认为单位不构成犯罪,单位直接负责的主管人员和其他直接责任人员构成诈骗罪。理由是我国《刑法》第266条并未规定单位可以构成诈骗罪的主体,根据罪刑法定原则,单位不构成本罪。单位直接负责的主管人员和其他直接责任人员以单位名义实施诈骗行为,诈骗所得归单位所有,对个人以诈骗罪追究刑事责任。第二种意见认为单位和个人均构成保险诈骗罪的共犯。根据《刑法》第198条第1款第2项和第3项的规定,“投保人、被保险人或者受益人对发生的保险事故编造虚假的原因或者夸大损失的程度,骗取保险金的;投保人、被保险人或者受益人编造未曾发生的保险事故,骗取保险金的”构成保险诈骗罪。第三种意见认为单位和个人均构成合同诈骗罪。定点医疗机构与医疗保险事业管理中心签订的服务协议在性质上应属民事合同,其在履行合同过程中采取“小病大医”“空挂床位”等手段,多开、虚开治疗项目和治疗费用,骗取医保资金数额较大,是单位犯罪,构成合同诈骗罪。

本案一、二审法院支持第三种意见,对被告单位及被告人按合同诈骗罪予以定罪处罚。主要理由为:

1. 本案不构成保险诈骗罪。根据我国《刑法》第198条第1款第2项和第3项的规定,“(二)投保人、被保险人或者受益人对发生的保险事故编造虚假的原因或者夸大损失的程度,骗取保险金的;(三)投保人、被保险人或者受益人编造未曾发生的保险事故,骗取保险金的”构成保险诈骗罪。根据本条的立法精神,保险诈骗罪是专门规制商业保险活动的条款,其犯罪对象是商业保险金,侵犯的客体是国家的商业保险制度。而医疗保险是社会保险不是商业保险,医疗机构虽然是“虚开医药费,还假借他人之名编造虚假病历,诈骗医疗保险金”,但医疗机构既不是医疗保险合同上的被保险人和受益人也不是投保人,不属于保险诈骗罪的犯罪主体,所以医疗机构“虚开医药费,还假借他人之名编造虚假病历,诈骗医疗保险金”的行为,不可能构成保险诈骗罪的单独犯。

2. 本案符合合同诈骗罪的犯罪构成。其一,定点医疗机构与医疗保险事业管理中心签订的服务协议在性质上应属民事合同。双方是一种平等主体的交易关系,系民事法律关系。其二,在犯罪客体上,定点医院骗取医保基金,既侵害了参保人的财产所有权,同时又扰乱了正常的医疗保险工作秩序,医疗保险工作秩序显然是属于市场秩序的范畴。其三,在犯罪的客观方面,定点医疗机构在履行合同过程中,以非法占有为目的,虚构事实,隐瞒真相,骗取了广大参保人员及其单位所缴纳的交由医保资金管理机构进行保管和代行支付的医疗保险金,符合合同诈骗罪的客观要件。其四,在犯罪主体上,根据我国《刑法》第224条、第231条的规定,单位可以构成合同诈骗罪。

由此可见,定点医院非法占有医保基金应当构成合同诈骗罪。定点医院为非法占有医保基金,利用与医疗保险事业管理中心签订的协议,采用非法手段,骗取医保基金,数额巨大,严重损害了参保人的财产所有权,扰乱了正常的医疗保险工作秩序,符合合同诈骗罪的构成要件,理应按《刑法》相应条款规定,以合同诈骗罪的定罪量刑受到刑罚处罚。

3. 本案是以单位名义实施的为单位谋取利益的单位犯罪行为。所谓单位犯罪,是指公司、企业、事业单位、机关、团体等法定单位,经单位集体研究决定或由有关负责人员代表单位决定,为本单位谋取利益而故意实施的,或不履行单位法律义务、过失实施的危害社会的而由法律规定应负刑事责任的行为。

这里存在一个值得研究的问题,某些犯罪刑法并未规定为单位犯罪,但在现实生活中却存在因为谋取非法利益,经单位决策机构集体研究或由负责人员决定实施这些犯罪的现象,如单位实施诈骗罪、盗窃罪等。在这种情况下,由于刑法未规定单位可以构成这些犯罪,当然不能追究单位的刑事责任,但是否可以追究单位中直接负责的主管人员和其他直接责任人员的刑事责任,对此,我国刑法理论上存在否定说与肯定说之争。① 一般认为,单位犯罪的主体只能是单位,单位中的直接负责的主管人员和其他直接责任人员对于单位的刑事责任具有某种依附性。在单位不构成犯罪的情况下,对单位中直接负责的主管人员和其他直接责任人员以个人犯罪论处,属缺乏法理根据。对此,2001年1月21日发布的《全国法院审理金融犯罪案件工作座谈会纪要》作出规定:“……根据刑法第三十条和第一百九十三条的规定,单位不构成贷款诈骗罪。对于单位实施的贷款诈骗行为,不能以贷款诈骗罪定罪处罚,也不能以贷款诈骗罪追究直接负责的主管人员和其他直接责任人员的刑事责任。但是,在司法实践中,对于单位十分明显地以非法占有为目的,利用签订、履行借款合同诈骗银行或者其他金融机构贷款,符合刑法第二百二十四条规定的合同诈骗罪构成要件的,应当以合同诈骗罪定罪处罚。”这一规定对于解决上述问题具有一定的参照价值。此外,最高人民法院研究室在《以单位名义实施盗窃行为如何适用法律问题的解答》中还指出,一般认为,对单位盗窃不能以盗窃罪追究刑事责任。因为根据《刑法》第30条的规定,公司、企业、事业单位、机关、团体实施的危害社会的行为,法律规定为单位犯罪的,应当负刑事责

① 否定说认为,单位中直接负责的主管人员和其他直接责任人员的刑事责任是以单位构成犯罪为前提的。既然单位不构成犯罪,上述人员也不能追究刑事责任。肯定说则认为,在刑法没有规定单位构成犯罪的情况下,对单位不能追究刑事责任,但这并不妨害对单位中直接负责的主管人员和其他直接责任人员以个人犯罪追究刑事责任。对于上述两种观点,主要涉及单位与单位中的直接负责的主管人员与其他直接责任人员之间的关系。

任。而我国刑法中关于盗窃罪的有关条文中,均没有单位犯罪。因此根据罪刑法定原则,法律没有明文规定为犯罪行为的,不得定罪处刑。此外,从实践中来看,单位盗窃的对象主要涉及电力、天然气等,具有一定的行业性,与普通盗窃罪的社会危害性差别较大,单位盗窃的数额往往很大,如果按照自然人盗窃犯罪的数额标准量刑,量刑又很重;如果按照单位盗窃,个人并没有得到好处,这就产生了量刑失衡的问题。综合上述理由,对于实施盗窃的单位,不能以盗窃罪追究刑事责任”。2002 年 8 月 9 日最高人民检察院《关于单位有关人员组织实施盗窃行为如何适用法律问题的批复》明确规定:“单位有关人员为谋取单位利益组织实施盗窃行为,情节严重的,应当依照刑法第二百六十四条的规定以盗窃罪追究直接责任人员的刑事责任。”

242. 如何认定事后合同诈骗中的事先部分

行为人在合同履行过程中,合法占有他人财物时并没有采取欺骗手段,也没有诈骗的意图,但后来其主观方面发生了变化,意图非法占有他人财物,采用欺骗手段不归还原来占有的财物并继续骗取他人财物,故原先占有部分也应当计入合同诈骗数额。

司法实例

储某雪合同诈骗案

2011 年 8 月 31 日,被告人储某雪将自己位于某县城某小区的住房以 20 万元的价格出售给高某沙。双方在签订书面协议的同时,储某雪收取高某沙现金 20 万元并将房屋所有权证及钥匙交给高某沙,双方约定择日办理所有权变更登记手续。当月储某雪发现高某沙并非房屋的实际购买者后,拒绝与高某沙办理变更登记手续,并对日后高某沙的催促置之不理。2012 年 10 月,被告人储某雪到房屋交易所将该房屋所有权证挂失,重新补领了房屋所有权证,并于 2013 年 6 月又将该房屋以 37 万元出售给杨某,同时与杨某办理了所有权变更登记手续。2014 年 2 月,高某沙在不知情的情况下,再次催促储某雪办理所有权变更登记手续时,储某雪隐瞒了已将房屋出售的事实,又以房屋价格上涨等为由与高某沙续签了一份房屋买卖补充协议,并约定让高某沙再追加支付 10 万元,原协议继续有效。因高某沙了解市场上房价上涨的情况,便信以为真,于当日再次交给储某雪现金 5 万元,其余 5 万元待办理过户登记手续时付清。2014 年 3 月 26 日,被告人储某雪找高某沙收取剩余 5 万元时,由于对方要求办理变更登记手续,储某雪惧怕事情败露,即编造谎言逃脱,后被公安机关抓获。

某县人民法院审理后认为,被告人储某雪以非法占有为目的,在签订、履行合同过程中,骗取对方当事人财物数额巨大,其行为已经构成合同诈骗罪,应予处罚。某县人民检察院指控被告人储某雪犯合同诈骗罪的事实清楚,证据确实、充分,指控的罪名成立。被告人储某雪作为房屋所有权人与他人签订房屋买卖合同,并收取 20 万元房价款并无不当;即使再将房屋以 37 万元价格卖给杨某的行为也只需承担相关民事责任;被告人储某雪将房屋进行所有权转移登记之后应当与高某沙协商退还 20 万元房款事宜,但其仍然隐瞒了已经将房子转卖他人的事实,以房价上涨等为由,要求高某沙予以补偿,在达成协议当日,又收取现金 5 万元。至此,可以认定被告人储某雪不但对新收取的 5 万元具有了非法占有的故意,而且对先前收取的 20 万元也具有了非法占有的故意,应当计入合同诈骗犯罪数额之内。鉴于被告人储某雪的亲属在案发后为其退出全部非法所得,未造成严重后果,法院酌情予以从轻处罚。遂判决认定被告人储某雪犯合同诈骗罪,判处有期徒刑 5 年,并处罚金 1 万元。

一审宣判后，被告人储某雪不服提起上诉。被告人及辩护人提出，先前的20万元不应计入犯罪数额，量刑重。二审法院裁定驳回。

本案争议的焦点是对于被告人储某雪先前收取的20万元房款是否应当计入合同诈骗犯罪数额之内，在审理中出现三种不同意见。

第一种意见认为，不应计入合同诈骗犯罪数额中，该部分应属合同纠纷。理由是这20万元房款并不是储某雪通过虚构事实、隐瞒真相的手段获取的，而是通过签订房屋买卖合同获得的，其后采取欺骗手段诈骗5万元和这部分没有关系。第二种意见认为，不应计入合同诈骗犯罪数额中，该部分应当认定构成侵占罪。理由是该部分由被告人储某雪通过买卖合同取得，之后属合法保管。后来储某雪采取欺骗手段骗取5万元时，该部分拒不退还，已转化为非法占有，构成侵占罪。第三种意见认为，应当计入合同诈骗犯罪数额之内。理由是前后两部分金额不能分裂开来看，被告人储某雪在隐瞒真相诈骗5万元的同时，其具有非法占有20万元房款的犯罪意图，应当计入合同诈骗犯罪数额之内。

本案两审法院裁判同意第三种意见，认定被告人构成合同诈骗罪，并将前后两部分金额记入合同诈骗犯罪数额，予以定罪处罚。主要理由为：

1. 非法占有他人财物是合同诈骗罪和合同纠纷的本质区别。认定被告人是否具有非法占有的目的，应坚持主客观一致原则。一般来说，应从以下几方面认定：一是行为人是否具有履约能力。如果行为人冒充他人，冒用他人资料或虚构资金、人员、场所来签订合同，根本不具有履约能力，基本可认定具有非法占有的目的。二是行为人履行合同的情况。合同签订后，当事人应当实际履行或者为履行合同而作出努力，如果行为人根本不具有履行合同的实际行动，也不为履行合同做任何努力，便可认定为具有非法占有的目的。三是行为人没有履行合同的原因。因自然灾害等不能预见或不可抗拒的原因造成不能履行，行为人不具有违约责任。因当事人过错不能履行，应承担违约责任。若行为人不履行既不是因不可抗力也不是因自身过错，而是毫无履行能力或履行意图，便可认定其非法占有。四是行为人取得款物的用途。一般来说，当事人应将从合同对方获得的款物用于履行合同或与履行合同有关的正当的经营活动，如果其用于个人挥霍、享受或抵偿个人的债务，或者携款潜逃，其非法占有的目的确认无疑。

本案中，储某雪作为房主与他人签订房屋买卖合同，收取20万元的房款合情合法。当其发现高某沙不是真正购房者，拒绝将房屋过户并将房产证挂失后转卖给杨某时，储某雪之前收取20万元房款的行为也应属民事纠纷范围。在这一阶段，储某雪完全具有房屋买卖的履行能力，其也曾试图履行合同，将房屋转让给高某沙，因发现高某沙不是真正的购买者便没有履行合同，应属事出有因，其后转卖于他人也只需承担违约责任。但是，储某雪隐瞒了房屋已卖出并将产权转移登记的事实，又以房屋价格上涨等为由继续骗取高某沙的信任，当场获取了高某沙的5万元。此时的储某雪已然没有了履约能力，也不具有履行买卖合同的主观意图，其不仅不将之前收取的20万元房款退还，还虚构事实，骗取了高某沙的5万元现金，由此可见，其已经具有了将20万元房款非法占有的目的。从储某雪收取20万元房款，直到其实施诈骗一直没有将房款退还高某沙，其间其是否具有非法占有的意图不易断定，但其隐瞒房屋已卖出又对高某沙进行诈骗之时，储某雪即具有了对20万元房款非法占有的故意。因此，被告人储某雪对于20万元房款的行为不属于合同纠纷，而是具有非法占有的犯罪目的。

2. 取得财物的方式不同是侵占罪和合同诈骗罪的根本区别。侵占罪和合同诈骗罪均要求行为人具有非法占有他人财物的意图，但前者获得财物的手段是非法占有自己保管的他人财物或遗忘物、埋藏物，拒不退还或交还，后者获得财物的手段是在合同签订或履行时采取欺骗手段，骗取对方信任进而骗财。简单地说,侵占罪是非法侵占他人财物,而合同诈骗罪是非法骗取他人财物。因此,区分侵占罪和合同诈骗罪的根本在于行为人获取财物采取了何种手段。

需特别注意的是,侵占罪要求行为人具有侵占行为,没有侵占行为则不能形成侵占。就现金而言,因现金的特殊种类物的特点,只要转移占有便转移所有(特定情况除外)。因此,即使保管人在使用了现金的情况下,也因不属于他人财物而不必然构成侵占罪,只有在委托人要求退还,行为人拒不退还或交还时,才能认定为侵占罪。

就本案而言,从被告人储某雪收取 20 万元房款到实施诈骗 5 万元期间,对于其是否具有非法占有 20 万元的意图不易断定,因此,关键在于判断其 5 万元诈骗时非法占有 20 万元房款的行为属于侵占还是合同诈骗。综合分析后,应当认为储某雪的行为不属于侵占罪,原因在于构成侵占罪的基本条件一是由占有变所有,二是拒不退还或交出,三是数额较大,三者缺一不可。而本案被害人高某沙一直被被告人储某雪所蒙骗,到案发前,其一直不知道房屋已经转卖的事实,还以为储某雪能够为其办理房屋产权过户登记手续,并一直催促储某雪进行办理,始终没有让储某雪退还、交出 20 万元房款的意思,不符合侵占罪的构成要件。从签订房屋买卖合同时起,储某雪就收取了房款,并一直占有,直到其实施犯罪,被害人高某沙毫不知情,还在四处寻找储某雪要求继续履行合同。因此,在高某沙没有要求被告人退还房款时,储某雪虽占有房款,但仍不能认定其构成侵占罪。

实际上,储某雪隐瞒了房屋已卖出的事实,高某沙以为此时储某雪还能为其办理房屋过户登记手续,便将房屋价格上涨的 5 万元和之前的 20 万元房款一并作为房屋过户登记的对价,要求储某雪为其办理过户登记手续。而此刻,被告人储某雪通过隐瞒真相、虚构事实的方法,不仅当场骗取了高某沙 5 万元现金,而且也骗获了之前收取高某沙的现金 20 万元。因此,储某雪对这 20 万元的非法占有,具有合同诈骗罪骗取的特点,依法构成合同诈骗罪。

3. 储某雪对于 20 万元房款的行为构成合同诈骗罪。本案和以往的合同诈骗犯罪有一定的不同,即被告人的行为明显存在两个不同的阶段。前一阶段中被告人通过合法手段取得了财物 20 万元,后一阶段中被告人主观意图发生改变,利用欺骗手段骗取他人财物 5 万元的同时不归还原先占有他人的财物 20 万元。对行为人而言,实际上是利用欺骗手段获取了当场和原先的两项财物。这种情况本质上和虚构事实当场骗取他人财物并没有实质上的区别,但可在量刑时根据具体情节予以酌情考虑。因此,对此类案件,在司法实践中,应进一步明确合同诈骗非法占有目的形成的时间,既可以在合同签订之前或同时或履行中,也可以在占有之前或者在占有以后,将非法占有的意图和占有财物统一起来看,准确确定非法占有目的形成的时间,才能做到不枉不纵。

实践中,不能以行为人签订合同时有无履约能力或履约行为或者是否返还对方财物等某一特定因素就轻率认定行为人是否具有非法占有的主观目的。签订合同时没有履约能力,未必有非法占有目的,而有履约能力的也可能具有非法占有的目的,因为签订合同时有履约能力很可能在签订合同后丧失了履约能力,因而产生非法占有的意图,或者即使有履约能力仍然具有非法占有他人财物的目的。

具体到本案,被告人储某雪和高某沙签订合同后,其取得 20 万元房款是其初步履行合同的结果,完全是合法的,并没有诈骗故意和利用欺骗手段。其后,储某雪将该房屋转卖给他人,在高某沙的催促下隐瞒了这一事实,又以房价上涨等为由签订补充协议,要求高某沙追加支付 10 万元,并实际收取 5 万元。此时,储某雪的主观意图发生变化,在用欺骗手段骗取高某沙 5 万元房价上涨费的同时具有非法骗取高某沙 20 万元房款的主观意图,这两部分款项均在其合同诈骗罪的概括故意之内,故这 20 万元房款应当计入合同诈骗罪的犯罪数额中。

243. 如何认定隐瞒事实将已抵押房屋卖给他人的行为性质

在客观方面，行为人实施了隐瞒房屋抵押事实的手段与买房人签订房屋买卖合同，并收取购房款；在主观方面，行为人在签订合同时明知房屋已抵押给银行，其不可能为买房人办理产权证书，明知无履行合同的客观条件，其没有为各购房人办理产权证书的诚意，故既无履行合同的诚意，在签订合同后将大部分购房款用于经营及偿还个人其他债务等，又具有非法占有被害人购房款的主观意图，且数额巨大，故行为人的行为构成合同诈骗罪。

司法实例

邢某贵合同诈骗案

2015年年底，邢某贵用已经办理了土地使用权证和房产证位于某县城周边的一幢六层楼的单体住宅到银行办理了92万元的贷款抵押，抵押期限为12年，并办理抵押房屋的他项权证。2016年年初，邢某贵隐瞒房屋已贷款抵押的事实，分别与周某剑、左某可、邓某雄、静某侠签订了买卖该幢房屋的合同，邢某贵将抵押的房屋分层卖给他人，并收取各买房人给付的部分购房款140万余元。2017年，各买房人得知房屋已经抵押的真相后报案。从抵押贷款至案发，邢某贵对银行的贷款一直按期还本付息，邢某贵将收取的大部分购房款用于了个人经营等其他开支。

某县检察机关对被告人邢某贵以涉嫌犯合同诈骗罪提起公诉。

在某县法院审理本案中，对于本案的定性产生了分歧。一种意见认为，邢某贵的行为构成合同诈骗罪，理由为：在客观行为上，邢某贵采取隐瞒房屋抵押事实的手段与各买房人签订房屋买卖合同，并收取了买房人的购房款140万余元。在主观故意上，邢某贵在签订合同时明知房屋已抵押给银行，其不可能为买房人办理产权证书，明知无履行合同的客观条件，其没有为各购房人办理产权证书的诚意，无履行合同的诚意；在签订合同后邢某贵将大部分购房款用于经营及偿还个人其他债务等，邢某贵具有非法占有各被害人购房款的主观意图。综上，从主观心态、客观行为上分析，邢某贵的行为构成合同诈骗罪。另一种意见认为，邢某贵的行为不构成合同诈骗罪。邢某贵将房产抵押给银行后出售，虽未告知各买房人抵押事实，但邢某贵对银行贷款按期还本付息，各买房人已经实际占有房屋，其以非法占有为目的的主观故意不明显，故认为邢某贵不构成合同诈骗罪。

某县人民法院审理认为，被告人邢某贵隐瞒其楼房已被银行抵押的事实，又向他人出卖该楼房的行为，具有非法占有他人财物的目的，且数额巨大，已经构成合同诈骗罪。被告人邢某贵认罪悔罪，并积极筹措资金，退还了被害人大部分购房款项，可予从轻处罚。同时考虑对其宣告缓刑对其所居住社区没有重大不良影响，可适用缓刑。遂判决认定被告人邢某贵犯合同诈骗罪，判处有期徒刑3年，并处罚金5万元；剩余购房款被告人邢某贵于判决生效后1年内向被害人全额退赔。判决已生效。

从法院判决结果看，一审法院赞同第一种意见，主要理由为：

1. 本案中行为人采取隐瞒抵押真相的手段明显，分歧关键在于对行为人非法占有目的的主观故意的认定。要认定具有非法占有的主观故意，关键应首先清楚对非法占有的认识。从民法上对占有的分类可分为合法占有和不法占有。凡有法律依据，即依照法律规定、所有人的意志、行政命令或法院裁判以及其他合法原因而实行的占有，叫作合法占有；反之为不法占有。根据当时的《合同法》第54条规定，一方以欺诈手段使对方在违背真实意思的情况下订立的合同，属于可撤销合同，对方可通过撤销使合同归于无效合同。而无效合同中买受人的占有属于无权占有、非法占有。因此从民法角度分析，本案中被告人邢某贵采取隐瞒房屋已向银行抵押的事实与各买房人签订房屋买卖合同是可撤销合同，买房人可通过撤销使合同归于无效合同，因此邢某贵对购房款的占有是非法占有。其次要判断其占有是否为非法占有就要看行为人的行为是否侵犯了他人的合法权益、侵犯的权益大小及程度。从物权法理论角度来看，所有权的积极权能包括占有、使用、收益和处分权能。本案中，各买房人支付购房款购买房屋，虽然可以事实占有、使用房屋，但不能从法律上实现对房屋的交付，也不能从法律上实现对房屋的占有和处分，而处分权能是所有权中带有根本性的一项核心权能，是所有权最基本的权能，是拥有所有权的根本标志。因此，本案中各买房人并没有取得对所购房屋的所有权。被告人邢某贵的行为侵犯了各买房人对所购房屋的所有权，也破坏了社会主义市场经济秩序，邢某贵的行为符合侵犯合同诈骗罪所保护的刑法权益，邢某贵对购房款的占有是非法占有。

2. 要正确区分刑法上的合同诈骗与民法上的合同欺诈的界限。合同诈骗与合同欺诈两者都有欺骗行为，都会侵犯他人的权益。但在合同诈骗罪中，合同只是达到非法占有对方财物的一种工具，无履行合同的诚意；民事欺诈的行为人以签订合同为基础，欺诈以合同条款或内容为主，如隐瞒有瑕疵的合同标的物，或对合同标的物质量作虚假的说明和介绍，但在履行合同方面是有诚意的，通过履行合同来谋取利益。有没有履行合同的诚意，是一个主观上的问题，但可以通过客观方面来检验，不是单看被告人的供述。被告人与被害人签订合同时有没有履行合同的条件，事实上能不能履行合同，是判断被告人有没有履行合同的诚意的一个关键。本案中，被告人邢某贵在签订房屋买卖合同时，既未经过抵押银行的同意，也没有告知买房人房屋已经抵押的事实，且抵押期限长达 12 年，邢某贵明知不可能在短期内为买房人办理产权证，不具有履行合同的客观条件，故行为人无履行合同的诚意。

3. 从本案的社会危害性分析。各买房人支付购房款购买房屋，虽然可以事实占有房屋，但不能从法律上实现对房屋的占有、处分，即使邢某贵对银行贷款按期归还本息，但抵押期限是 12 年，使各购房人对房屋的所有权的充分实现受到现实的侵害或者长期处于风险之中，同样侵犯了刑法所保护的法益。邢某贵的行为侵犯了各买房人对所购房屋的所有权，也破坏了社会主义市场经济秩序，其行为侵犯了合同诈骗罪所保护的法益，具有严重的社会危害性，需要运用刑法加以保护和调整相应的社会关系。

综上，从以非法占有为目的的主观心态、合同诈骗与合同欺诈的界限、社会危害后果上分析，被告人邢某贵的行为宜定性为合同诈骗罪。

244. 将租赁来的汽车出卖的行为如何定罪

合同诈骗罪与诈骗罪在逻辑上是特殊与一般的关系，都侵犯了他人财产权益，都采用虚构事实或者隐瞒真相的方式骗取他人财物等。区分的要点是：诈骗行为是否发生在签订、履行合同过程中，利用合同的形式骗取公私财物或者财产性利益。

司法实例

洪某喜合同诈骗案

2014 年 6 月 6 日至 10 日，被告人洪某喜来到杨某城和钱某营所开的汽车租赁行，与租赁行签订租赁合同，租赁三辆汽车，洪某喜谎称车辆为某县法院查封的车，将车分别卖给王某顺、回某发和董某军。后汽车租赁行在无法与洪某喜取得联系后，自行通过车载 GPS 定位找到车辆并报案。经某市价格认证中心鉴定，三辆轿车价值 212,880 元。2014 年 4 月，被告人洪某喜为了诈骗梁某、严某华，利用在某县法院工作之机，谎称可以将该法院查封的一辆轿车和一台钩机卖给梁某、严某华，伪造了某县人民法院民事裁定书一份，裁定将法院查封的钩机归梁某所有，并收取严某华购机款120,000元，将其伪造的某县人民法院民事裁定书和收款证明复印件交给梁某，原件销毁。后被告人洪某喜因无法将轿车和钩机交付，梁某、严某华向被告人单位某县人民法院纪检部门告发，被告人洪某喜将其诈骗的120,000元退给严某华。

本案经指定管辖，某市人民检察院对被告人洪某喜以涉嫌犯合同诈骗罪、诈骗罪向某市人民法院提起公诉。

某市人民法院审理后认为，被告人洪某喜以非法占有为目的，在签订履行合同过程中，骗取对方当事人财物，数额巨大，其行为已构成合同诈骗罪；以非法占有为目的，采取虚构事实、隐瞒真相的方法骗取公私财物，数额巨大，其行为已构成诈骗罪，应予惩处。被告人洪某喜犯数罪，依法应数罪并罚。遂判决认定被告人洪某喜犯合同诈骗罪，判处有期徒刑4年，并处罚金8万元；犯诈骗罪，判处有期徒刑2年，并处罚金4万元，决定执行有期徒刑5年，并处罚金12万元。

一审宣判后，被告人洪某喜不服判决，提出上诉。其辩解及辩护人的辩护意见称，洪某喜从汽车租赁行租出汽车虚构事实卖给他人的行为与虚构可将法院查封车辆、钩机卖给他人的行为均系诈骗行为，被骗对象均为买车人，应按诈骗罪一罪定罪量刑。

某市中级人民法院审理认为，上诉人洪某喜为非法占有他人财物，与汽车租赁行签订租赁合同，并将租到的汽车转卖与他人的行为，与以非法占有为目的，利用自己在法院工作之机，伪造法院文书，谎称可将法院查封车辆、钩机卖与被害人，骗取被害人钱款的行为，虽主观目的相同，都采取了欺骗手段，但两个行为在实施方式、性质、侵害客体等方面都有明显区别，属不同类型的犯罪。原审判决认定洪某喜构成合同诈骗罪和诈骗罪，依法数罪并罚，并无不当。原判认定事实清楚，证据确实、充分，定罪准确，量刑适当，审判程序合法。遂裁定驳回上诉，维持原判。

1. 合同诈骗罪与诈骗罪的区分。洪某喜的前后两种行为均系诈骗行为，但两种行为的区别在于前行为利用了汽车租赁合同这一形式实施诈骗，不仅损害了车行对汽车的所有权，而且扰乱了汽车租赁的市场秩序。洪某喜与车行签订租赁合同将车租出又虚构事实卖与他人的行为构成合同诈骗罪，因为洪某喜租车的目的并不是为了使用汽车而是为了转卖他人谋利，并为此与车行签订租赁合同，虽然其租车过程中使用的是真实的身份信息，但在租出车后便与车行失去联系，使车辆脱离车行的监督与管理。该行为符合在签订、履行合同过程中诈骗对方财物的犯罪要件，应认定为合同诈骗罪。虽然洪某喜在实现将车辆卖与他人的犯罪目的时，有编造理由、欺骗他人相信车辆来源的事实，但其犯罪行为的真正受害者系车行，而不是实际接受车辆的买受人。车行发现被骗后通过GPS定位找回车辆的行为属犯罪完成后的事实，不影响合同诈骗罪的成立。

合同诈骗罪，是指以非法占有为目的，在签订、履行合同过程中，以虚构事实或隐瞒真相的方法，骗取对方当事人的财物，数额较大的行为。该罪侵犯的客体是经济合同管理秩序和公私财物的所有权，客观方面表现为在签订、履行合同过程中，骗取对方当事人财物，数额较大的行为。

合同诈骗罪与诈骗罪在逻辑上是特殊与一般的关系，两者存在很多共同之处，都侵犯了他人的财产权益，都采用虚构事实或者隐瞒真相的方式骗取他人财物等。区别在于：(1)犯罪主体方面，诈骗罪的主体只能是自然人，而合同诈骗罪的主体既可以是自然人，也可以是单位；(2)犯罪客体方面，诈骗罪侵犯的客体是简单客体，即公私财产所有权，合同诈骗罪侵犯的则是复杂客体，包括经济合同管理秩序和公私财物的所有权；(3)犯罪客观方面，《刑法》明确规定了合同诈骗罪的五种特定行为方式，概括来说就是在签订、履行合同过程中，利用合同手段，采取虚构事实、隐瞒真相的方法骗取对方当事人财物，而诈骗罪在手段与方式上则没有限制，只要行为人主观上具有非法占有的目的,客观上有通过虚构事实或者隐瞒真相的手段骗取数额较大的财物的行为,就构成诈骗罪。换言之,区分合同诈骗和普通诈骗的要点在于:诈骗行为是否发生在签订、履行合同过程中,利用合同的形式骗取公私财物或者财产性利益。

合同诈骗罪中的“合同”不同于一般意义上的合同,特指存在于市场经济活动中,反映市场经济条件下的交易关系,以财产为内容体现合同当事人之间财产关系,受市场秩序制约的合同。一般应具有以下几个特性:(1)该合同必须确认商品交换关系,没有约定商品交换的合同不是合同诈骗罪中的合同;(2)该合同必须是在市场交易的过程中签订、履行的合同,如果该合同与市场交易无关,则不属于合同诈骗罪中的合同;(3)该合同必须是双务、有偿合同;(4)合同诈骗罪中的合同,不仅包括书面合同,也包括口头合同和其他形式的合同。

在诈骗罪中,行为人为了使对方陷入认识错误,达到非法占有行骗物的目的,也可能有与对方签订合同的行为。对这种情形的认定,主要应当考察该合同是否属于经济往来活动中的合同,行为人骗取对方财物主要是通过合同实施,还是仅仅将签订合同作为实施犯罪的一种具体手段。如果行为人虽然与对方签订了合同,但行为人获得财物并不是利用合同实施欺骗的结果,而是通过虚构其他事实或者隐瞒其他真相而获得的,或者双方签订的合同不存在商品交换关系,与市场交易无关或关联不紧密,也应当认定为诈骗罪。在办理案件过程中,要具体情况具体分析,不仅要审慎区分涉案合同是否属于经济合同,还要结合诈骗犯罪的实际情况分析在整个案件过程中合同所起的作用。

2. 以租赁形式行使合同诈骗行为的认定。汽车租赁合同是为了维护汽车租赁行业健康有序发展,根据相关法律法规的规定,为明确出租方与承租方权利义务关系,经双方协商一致而订立的合同,属于经济合同的一种。汽车租赁合同诈骗犯罪虽然基本手法相同,但表现形式多样,最常见的是将租赁车辆转手倒卖、抵押、质押或抵债等。司法实践中对汽车租赁合同诈骗案件中认识模糊、存在较大争议的方面主要有合同问题、被害人确定及租赁车辆不同处置情形下的认定等,甚至同样的情形有的地方定为合同诈骗罪,有的则定为诈骗罪,在定性上比较混乱,给审判实践带来不少困惑,也不利于法律适用的统一和司法权威的维护。

汽车租赁合同诈骗犯罪争议较大的问题是诈骗行为的受害者如何认定。这是解决汽车租赁诈骗定罪及后续行为属性的关键。在诸多汽车租赁合同诈骗案件中,买车人(抵押权人、质权人、债权人等)和汽车租赁公司的合法权益均受到了侵犯,关于谁是被害人的问题,司法实践中也存在争议。一种观点认为买车人(抵押权人、质权人、债权人等)是被害人,另一种观点认为被害人是汽车租赁公司。从刑法理论与实践角度看,第二种观点更为客观。合同诈骗罪侵犯的是双重客体,即同时侵犯了市场经济秩序和公私财产所有权。行为人采取签订租车协议的手段骗取汽车,其行为不仅侵犯了汽车租赁公司的财产所有权,也侵犯了汽车租赁交易市场的安全秩序。之后,行为人为了达到实施诈骗的目的,可能虚构事实将所租车辆卖出或抵押等,对车辆的继受者也构成了民事法律关系上的侵害,但这种侵害只是一种民事欺诈。车辆继受者基于行为人的虚构,产生错误认识,并与行为人完成了买卖或抵押等,实现了对等或对价交换,自己的财产权益并未受到损失。这种行为应属民事行为,受民事法律调整。车辆继受者可能因为汽车租赁诈骗犯罪受害者追索或公安机关查扣,而丧失对车辆的控制,但此时的丧失不应归为因犯罪行为而受的损失。实践中,大多数车辆继受者可依民法上的善意取得制度而取得车辆的所有权,或者通过由车行支持相关费用等方式而追回。

本案中,洪某喜为了出卖租赁车辆与车行签订租车合同,取得车辆后,其合同诈骗行为即为完成。其后的虚构事实出卖租赁车辆行为只是合同诈骗行为的当然行为,是赃物的处理过程,正如盗窃财物是为了变卖获得金钱一样,汽车租赁合同诈骗的目的就是出卖车辆而获得非法收益。本案被告人洪某喜在将租赁车辆卖给他人后,车行在找不到洪某喜的情形下,发现车辆可能被骗,通过自力救助的方式找到被骗车辆,只是犯罪既遂后犯罪对象的追回与确认,不影响合同诈骗犯罪的成立,也不能因此说购车人是该案的实际受损失者。且不论购车人可以依民法原理对抗车行的追索,单就犯罪性质的认定来说,这种认识容易引起此罪与彼罪的认定争议,最终导致定罪错误。

司法实践中,还有一种较复杂的汽车租赁合同诈骗行为:行为人将租来的车辆进行了抵押后,为了赎回原有车辆,再进行租赁,再以后租赁车辆抵押,换回前抵押车辆返还车行,如此循环租赁抵押的情形。一种意见认为,这种情形不构成犯罪,因为行为人租赁并抵押车辆不是以非法占有为目的,其将车辆抵押后,按租车合同约定履行支付利息的义务,并在合同约定的期限内归还车辆,完全地履行了合同义务,故不成立犯罪。另一种意见认为,这种情形构成合同诈骗罪,行为人为了抵押而租赁汽车,是为了非法占有该车辆的抵押收益,也是一种非法占有的形式。行为人租来车辆办理抵押后,其合同诈骗行为就已完成,其真实意图是通过对每一车辆逐次分别短期占有,来实现对利益的相对较长的占有,后来在约定期限内归还之前租赁车辆的行为不影响诈骗犯罪的成立,只是降低了犯罪行为给社会造成的危害程度而已,符合相关司法解释中以后次诈骗财物归还前次诈骗财物的规定,在量刑上可以酌情予以考虑。应该说,第二种意见认为,此种情形应主要从行为人的主观目的及给被害汽车租赁单位造成的实际损失方面进行评价和认定,客观行为方面的循环租车来回抵押与单笔抵押获利并无本质区别,不过是犯罪手段的不同而已。

综上,合同诈骗罪区别于普通诈骗罪等其他诈骗犯罪的一个重要特点,即在于合同诈骗罪采用了合同这种特殊形式骗取他人财物。因此,准确界定合同诈骗罪中“合同”的内涵和外延、合同诈骗的受害人及合同诈骗犯罪后续行为,对于区分罪与非罪、此罪与彼罪具有重要意义。据此,本案一、二审法院对被告人的行为分别定性为合同诈骗罪及诈骗罪,并予以相应刑罚的裁判是正确的。

245. 如何定性伪造合同骗取转包工程保证金的行为

行为人通过伪造合同骗取转包工程保证金的行为,符合诈骗罪的构成要件,成立诈骗罪;在诈骗过程中,伪造的工程承包合同与工程转包合同两份合同均起到了至关重要的作用,行为人的行为不仅侵犯了他人的财产权,同时破坏了社会主义市场经济秩序,也构成合同诈骗罪。根据特别法条优先原则,行为人的行为应当以合同诈骗罪定罪处罚。

司法实例

左某前合同诈骗案

左某前系某县某水利工程公司法人。该公司于2016年10月注册,系一人有限责任公司,注册资本1200万元,经营项目包括水利工程、水电工程、房屋建筑工程、土石方工程等。

2017年8月底,因公司长期没有承接到相关承建的工程,左某前原来所借的大量民间贷款到期无力偿还,便伪造了一份公司与中铁十八局的工程承包合同。2017年10月11日,左某前凭借伪造的合同,骗取陈某与公司签订内部承包协议,后陈某依据协议向左某前缴纳保证金20万元。2017年10月16日,陈某在自行前往中铁十八局商谈工程具体事宜时,被告知该局与左某前未签订工程合同,后陈某向当地公安机关报案。左某前归案后,辩解自己仅想拿陈某的保证金用于公司周转,等陈某发现后再将其归还。经侦查机关查实,左某前及家庭负债累累,公司的注册资本未实际缴纳,公司无其他从业人员,无专业会计和收支账目。同时,案发后左某前一直无力退还保证金。

检察机关以涉嫌犯诈骗罪对被告人左某前提起公诉。

本案争议的焦点在于左某前的行为是否构成犯罪以及构成何罪。在一审法院审理本案过程中,出现多种不同意见。第一种意见认为,左某前的行为构成诈骗罪。理由:左某前以非法占有为目的,伪造与中铁十八局的工程合同,后通过该合同,骗取陈某信任,导致陈某自愿与左某前签订合同,继而支付左某前保证金20万元,即左某前的行为完全符合诈骗罪的行为过程。第二种意见认为,左某前的行为不构成犯罪。一是从左某前辩解可知,左某前主观上无非法占有的故意;二是从左某前实施诈骗的手段来说,该骗局极易被发现、拆穿,且结果已印证此点;三是结合主观和客观情况,不能排除左某前仅想骗钱周转的合理怀疑。因此,左某前的行为不宜以诈骗罪定罪处罚。第三种意见认为,左某前的行为构成合同诈骗罪。理由:(1)左某前的行为符合诈骗罪的构成要件,成立诈骗罪;(2)在诈骗过程中,两份合同起到了至关重要的作用,左某前行为不仅侵犯了他人的财产权,同时破坏了社会主义市场经济秩序,构成合同诈骗罪;(3)根据法条竞合通常适用原则即特别法条优先原则,左某前的行为应当以合同诈骗罪定罪处罚。第四种意见认为,左某前的行为构成单位合同诈骗罪。理由:左某前的行为构成合同诈骗,但基于左某前伪造的合同是以某水利工程公司的名义,与陈某签订的合同也是以该公司的名义,同时,左某前骗取资金的目的是公司周转。因此,左某前的行为应当以单位犯罪论处。

一审法院判决认定被告人左某前构成合同诈骗罪,并酌情从轻科以相应刑罚。判决已生效。一审法院持第三种意见,对被告人按照合同诈骗罪定罪处罚的主要理由为:

1. 被告人左某前的行为构成诈骗罪。综观本案,被告人具有非法占有的目的。虽然左某前辩解自己骗钱仅想周转,其不具有非法占有的主观故意。但根据有关左某前及家庭经济状况的证据,以及案发后左某前无力退还保证金的事实,可以证实左某前无实际归还能力。根据2001年《全国法院审理金融犯罪案件工作座谈会纪要》规定,金融诈骗罪中的非法占有的认定,不能仅凭被告人自己的供述,而应当根据案件具体情况具体分析,对于明知没有归还能力而大量骗取资金的,可以认定其具有非法占有的目的。据此,可以认为左某前在行为时具有非法占有的主观故意。即使左某前后期退还了所骗的20万元,但其行为属于事后退赃,不影响案件的定性。同时,左某前实施犯罪的手段是虚构事实,并最终骗取他人处分财产,自己非法获得财产。因此,左某前的行为符合诈骗罪的构成要件。

2. 本案中,合同在整个诈骗过程中起到关键性作用。在左某前实施诈骗过程中,先后出现了两份合同,一是左某前伪造的公司与中铁十八局签订的合同,二是依托左某前伪造的公司与中铁十八局签订的合同,左某前使陈某自愿与自己签订的合同。左某前之所以能够成功骗取陈某20万元保证金,是因为陈某相信了左某前公司与中铁十八局签订的合同,以为该工程真实存在,于是自愿与左某前签订了转包工程的协议,并基于协议约定,将20万元的保证金交付给左某前。从整个犯罪过程看,不难发现,左某前的行为不仅侵犯了陈某的财产权,同时破坏了社会主义市场经济秩序,左某前的行为符合《刑法》第224条规定"在签订、履行合同过程中,骗取对方当事人财物",其行为构成合同诈骗罪。

3. 根据法条竞合通常适用原则,左某前的行为应当以合同诈骗罪追究其刑事责任。诈骗罪与合同诈骗罪属于法条竞合,即依据法律规定,行为构成合同诈骗罪的同时自然构成诈骗罪。根据《刑法》第266条"本法另有规定的,依照规定",可知诈骗罪属于普通条款,合同诈骗罪属于特殊条款。结合法条竞合通常适用原则即特别法条优先原则,即行为同时构成诈骗罪和合同诈骗罪时,应以合同诈骗罪定罪。

4. 本案不构成单位犯罪，应当以个人犯罪追究左某前的刑事责任。虽然，从表面上看，左某前伪造的合同是以公司的名义，签订的合同也是以公司的名义，貌似该犯罪应定性为单位犯罪。但由于该公司系一人有限责任公司，左某前对公司的行为具有决定权，且该公司未实际缴纳注册资本，无其他从业人员，无专业会计和收支账目，未进行年度验资等，该公司实则为皮包公司。虽然左某前曾以公司的名义承包过工程，但公司一直处于资不抵债境地，左某前个人及家庭财产与公司财产无法区分，所谓骗取的保证金是为了公司周转，只不过是左某前的辩解，无其他证据予以佐证。因此，本案中的公司实为左某前实施犯罪所借助的工具，根据最高人民法院关于单位犯罪的相关司法解释，本案不能简单理解为单位犯罪，而应以个人犯罪追究被告人左某前的刑事责任。

综上，本案应以合同诈骗罪对被告人左某前定罪处罚。

246. 用欺诈手段取得他人财物又以自身财物作担保如何定性

行为人通过欺骗的方式，从被害人处骗取财物的同时，将自己价值相当的财物作质押，由此推断行为人主观上没有非法占有他人财物的目的。行为人的行为不符合合同诈骗罪或诈骗罪抑或侵占罪等犯罪构成要件，属于民事上的欺诈行为的，应由民法予以规制。

司法实例

沈某杰涉嫌合同诈骗案

2011 年 7 月 19 日，犯罪嫌疑人沈某杰得知其朋友李某宝和某单位签订了一份关于填海工程的合同，便要求李某宝待工程承包下来后由其做该工程，李某宝答应后将一份密封合同交由嫌疑人沈某杰保存，并要求其不得解封，待工程进场后再转包给沈某杰，但该合同始终未实际履行，沈某杰也未拆封该合同。随后，嫌疑人沈某杰在没有取得合同分包权的情况下，便携带该密封合同并冒用“某开发建设集团有限公司”的名义，将该合同中所谓的填海运输工程部分分包给被害人童某洲，双方签订《某生态城填海运输分包合同》，要求被害人童某洲交付工程保证金 20 万元，并提前告诉被害人该密封的合同不能拆封，是其瞒着领导偷着分包的。被害人童某洲因担心工程不能开工而损失 20 万元，在合同签订前，犯罪嫌疑人沈某杰将自己所有的一辆重型自卸货车(后鉴定价格 17 万余元)作担保质押给被害人童某洲，被害人童某洲于当日为沈某杰出具了车辆质押收条，犯罪嫌疑人沈某杰将该车的相关手续(车辆所有权登记证书)交予被害人童某洲，并且将该车交给了被害人童某洲的朋友使用。

犯罪嫌疑人沈某杰后将上述 20 万元工程保证金偿还了其在交通银行某支行的到期贷款。后因工程迟迟不开工，被害人童某洲多次找沈某杰要钱，沈某杰一直许诺将要开工，但始终没有还款并予躲藏。2013 年 7 月 28 日，童某洲找到犯罪嫌疑人沈某杰，要求其退还 20 万元保证金，同时也不再愿意将该货车作为担保。犯罪嫌疑人沈某杰仍未退还 20 万元保证金，后童某洲 2014 年 5 月 28 日到公安机关报案，并将沈某杰扭送到公安机关。公安机关以合同诈骗罪移送检察机关审查起诉。

某县人民检察院在审查起诉过程中，内部出现分歧，最后对被告人沈某杰以涉嫌犯合同诈骗罪提起公诉。

某县人民法院在本案审理中，也存在严重分歧。经三次开庭审理，合议庭评议并报审委会讨论，多数人意见认为被告人不构成犯罪，建议检察机关撤回起诉，或补充新的证据后另行起诉。最后，检察机关申请撤诉，法院裁定准予撤诉。

在公安、检察、法院环节，对于沈某杰的行为是否构成犯罪，始终存在较大分歧。一种意见认为构成合同诈骗罪，理由是：犯罪嫌疑人沈某杰在客观方面具有冒用他人名义，虚构合同标的，签订工程承包合同，骗取他人工程保证金的行为；其主观方面具有非法占有的目的。因为沈某杰将所得20万元全部用于偿还个人贷款，其后一直躲藏，搪塞工程将要开工，拒不退还；虽然其质押了一辆大货车，但其目的是掩饰假象，迷惑被害人。另一种意见认为属于民事欺诈，理由是：沈某杰通过欺骗的方式，从被害人处骗取20万元的同时将自己的价值相当的一辆大货车质押给被害人童某洲，童某洲签收，由此推断沈某杰主观上无非法占有他人财物的目的。

从本案最终结果看，法院、检察院取得共识，即沈某杰的行为尚不构成犯罪，属于民事欺诈行为，均同意了第二种意见。主要理由归结为：

1. 从本案的基本案情看，沈某杰当时因银行催贷急于归还金融贷款，个人无力偿还，在说出实情不可能得到童某洲同意的背景下，在迫不得已的情况下，冒用他人名义，虚构了工程合同内容，隐瞒了真实意图，从童某洲处骗取保证金20万元。童某洲在不知真相，基于以为能够拿到工程、有更大收益的错误认识而将20万元保证金自愿交付童某洲，但其同时取得了对沈某杰货车的质押权。童某洲的损失能够以该设定的质押权得到救济，沈某杰不能实现“空手套白狼”的目的，其行为是一种变相地占用他人资金的行为。况且，沈某杰也始终认为密封的合同有可能履行，在与童某洲签订合同时，提出以自己所有的大货车作质押，说明其主观上有承担违约责任的诚意。即便其以后无论因预期的工程迟迟无法开工，还是因无力退还童某洲的工程保证金而无颜面对童某洲而不得已躲避，其质押的大货车则表明了其实实在在的态度，即其无偿非法占有他人财物的主观故意难以确定。

2. 本案被害人童某洲真实意思表示所指向的是该工程，并不是获得该车，其设定该车的质押权是为了保证合同的履行，一旦合同不能履行，沈某杰不退还20万元保证金时，童某洲可行使该质押权得到受偿。如果沈某杰当初不使用欺诈方法，其不可能愿意花20万元换一辆价值相当的货车。事后，童某洲要求沈某杰退还20万元保证金，主动要求解除该车质押的事实恰恰印证了这一点。因此，沈某杰采取欺诈手段和童某洲签订的合同以及有关质押的附合同违背了童某洲的真实意思表示，属于合同欺诈。童某洲可以到法院主张自己的权利，受损的权益完全能够通过民事诉讼得以救济。

综上，沈某杰的行为不符合合同诈骗罪或诈骗罪抑或侵占罪等犯罪构成要件，属于民事上的欺诈行为，应由民法予以规制。

247. 合同诈骗罪犯罪数额是否应当包括已履行部分

对于合同诈骗罪的犯罪数额认定，应当以行为人实际骗取的数额，即被害人的实际损失数额作为犯罪数额予以认定。行为人已经履行部分，不能再计入犯罪数额，但可以作为量刑情节予以考虑。

司法实例

胡某丰合同诈骗案

2010年至2011年，被告人胡某丰在某市某钢材市场从事钢材“拼缝”的生意，闲暇时就在某金属材料有限公司休息，对客户声称该公司是其所有，并私刻了一枚某金属材料有限公司的公章。2011年5月，被告人胡某丰冒用某金属材料有限公司经理名义骗取被害人展某的信任，并与其达成销售钢材口头协议，参照某金属材料有限公司与某物流经贸有限公司签订的合同，以直条钢材每吨3850元，线条钢材每吨4000元价格出售给展某钢材。2011 年 5 月 7 日被告人胡某丰收取展某 100 万元货款,发给展某价值 27 万元的钢材,后经展某多次催要钢材,被告人胡某丰又将其对他人的 22 万元债权转让给展某并潜逃。2013 年 5 月 21 日被害人报案,同年 7 月 9 日胡某丰被公安机关在外地抓获。

某市某区检察机关对被告人胡某丰以涉嫌犯合同诈骗罪提起公诉,起诉书认定犯罪数额 100 万元。

本案经某市某区人民法院开庭审理,以胡某丰犯合同诈骗罪,诈骗金额 51 万元,判处有期徒刑 10 年,并处罚金 3 万元。

一审宣判后,被告人提起上诉,被某市中级人民法院驳回。

在本案审理中,对于本案的事实认定、定罪均无异议,但对于犯罪数额的认定存在不同意见,一种意见认为:应以被害人实际交付的货款数额作为合同诈骗犯罪的定罪数额。因为合同诈骗罪的本质是行为人骗取他人的财产,而骗取是在相对方因相信行为人,陷入错误认识而"自愿"地把财物实际交付给行为人的基础上实现的,被害人将财物实际交付给行为人,标志着合同诈骗的完成。本案中,胡某丰冒用他人的名义与被害人签订合同,骗取到被害人的货款,利用合同诈骗的行为已经完成,100 万元货款全部在胡某丰的控制和支配下,诈骗的事实与内容符合合同诈骗的构成要件,已经属于犯罪既遂。另一种意见认为:应以被害人展某实际损失的 51 万元作为合同诈骗犯罪的定罪数额,因为被害人因受骗只损失部分财物的情况下,若使犯罪分子对全部合同的标的额承担刑事责任,则会造成轻罪重罚的后果。本案中胡某丰履行了一部分合同,给被害人发了一车价值 27 万元的钢材,通过债权转让的方式退还了被害人 22 万元货款,对这 49 万元胡某丰主观上没有非法占有的故意,应在被害人实际交付的 100 万元货款中扣除。此方法能比较准确反映合同诈骗行为对社会造成的客观危害和行为人的主观恶性程度。

本案一、二审法院同意第二种意见,按照被害人实际损失计算犯罪数额,其主要理由为:

合同诈骗罪是数额犯,行为人犯罪数额的大小是对其正确定罪量刑的依据,直接体现了行为的社会危害性程度。由于合同诈骗手段的多样性及犯罪过程的复杂性,合同诈骗罪涉及的犯罪数额有自己的特殊性。《刑法》公布后还没有对合同诈骗罪的犯罪数额问题做过立法或司法解释,目前司法实践中一般仍然参照最高人民法院 1996 年《审理诈骗案件的解释》(现已失效),该解释第 2 条第 2 款对诈骗既遂规定为:"利用经济合同进行诈骗的,诈骗数额应当以行为人实际骗取的数额认定,合同标的额可以作为量刑情节予以考虑。"

由于主客观原因,合同诈骗会呈现不同形态,而不同犯罪形态中存在不同犯罪数额,因此谈论犯罪数额问题,必须以具体的犯罪形态为基础科学地认定。传统的刑法理论认为,区分合同诈骗罪的既遂与未遂,应当以行为人是否骗取了对方当事人的财物为标准,凡是行为人已经骗取了对方当事人财物,数额较大的,就是合同诈骗罪的既遂;由于犯罪以外的原因,致使这一结果没有发生的,则为合同诈骗罪的未遂,在既遂的状态下,行为人实际取得所骗的财物数额即是犯罪数额。根据司法实践经验来看,这种说法值得研究。

1. 刑事立法的目的是维护合法权益,而且刑法对每一种具体犯罪的禁止性规定都是为了维护某种特定的合法权益。刑法关于犯罪既遂、犯罪未遂、犯罪预备等犯罪形态的划分也是从属于这一目的的,其着眼点在于将那些对合法权益危害程度不同的犯罪情形区别开来,以便正确地适用刑罚。因此犯罪行为对刑法意图维护的特定权益的客观危害程度,应当成为我们去区别犯罪既遂与犯罪未遂形态的根据。

2. 就合同诈骗而言,立法意图所要防止的也是诈骗行为人通过诈骗侵占他人的财产从而损害他人利益的行为,因此应当从刑法保护法益的角度出发,以被害人实际损失的数额作为犯罪数额,才既能体现行为人对受害人财物的侵犯程度,准确反映行为的社会危害性大小,又可以保证正确适用刑罚,实现保护受害人合法利益的刑法目的。

3. 合同诈骗罪本身具有特殊性,许多合同诈骗案件中包含了具有真实交易的部分,这也是合同诈骗与普通诈骗的区别之一。实践中,被害人交付的数额并不都是行为人实际想骗取的数额,将案发前已经履行的数额扣除,按实际未履行的数额认定更科学合理。本案中,被告人胡某丰前期使用欺骗的手段冒用他人名义与被害人签订合同,后期履行过程中由于客观情况变化,钢材价格持续上涨,导致资金断链,无能力在继续履行合同于是逃匿。胡某丰对合同履行的部分没有非法占有的主观故意。本案以被害人直接损失数额为定罪数额,这样既对实施合同诈骗的行为人不枉不纵,保护了被害人的合法利益,也是主客观一致,罪责相适应原则的体现。

本案一、二审裁判,对被告人以实际骗取的数额,即被害人的实际损失数额作为犯罪数额予以认定,并科以相应刑罚,无疑是正确的。

248. 对既有既遂又有未遂的数额犯应如何量刑

在数额犯中,犯罪既遂部分与未遂部分分别对应不同法定刑幅度的,应当先决定对未遂部分是否减轻处罚,确定未遂部分对应的法定刑幅度,再与既遂部分对应的法定刑幅度进行比较,选择适用处罚较重的法定刑幅度,并酌情从重处罚;二者在同一量刑幅度的,以犯罪既遂酌情从重处罚。

司法实例

谷某亮合同诈骗案

2014年7月29日,被告人谷某亮使用伪造的户口簿、身份证,冒充房主即谷某亮之父的身份,在某市某区一家房地产中介公司,以出卖位于该小区68号楼一处商品住宅为由,与被害人展某签订房屋买卖合同,约定购房款为120万元,并当场收取展某定金2万元。同年8月12日,谷某亮又收取展某支付的购房首付款40万元,并约定余款过户后给付。后双方在办理房产过户手续时,谷某亮虚假身份被某区住建委工作人员发现,余款未取得。2015年4月23日,谷某亮被公安机关查获。次日,谷某亮的亲属将赃款退还给被害人展某,被害人展某对谷某亮表示谅解。

某市某区人民法院审理认为,被告人谷某亮的行为已构成合同诈骗罪,数额巨大,同时鉴于其如实供述犯罪事实,在亲属帮助下退赔了全部赃款,取得了被害人的谅解,依法对其从轻处罚。公诉机关某市某区人民检察院指控罪名成立,但认为数额特别巨大且系犯罪未遂有误,不予采纳。遂判决认定被告人谷某亮犯合同诈骗罪,判处有期徒刑7年,并处罚金1万元。

一审宣判后,某区人民检察院提出抗诉,认为犯罪数额应为120万元,数额特别巨大,而原判未评价78万元未遂,仅依据既遂42万元认定犯罪数额巨大,系适用法律错误。某市人民检察院支持抗诉意见与此一致。被告人谷某亮以原判量刑过重为由提出上诉,在法院审理过程中又申请撤回上诉。

某市中级人民法院经审理作出裁定,准许上诉人谷某亮撤回上诉,维持原判。法院生效裁判认为,谷某亮以非法占有为目的,冒用他人名义签订合同,其行为已构成合同诈骗罪。一审判决事实清楚,证据确实、充分,定性准确,审判程序合法,但未评价未遂78万元的犯罪事实不当,予以纠正。根据《刑法》及司法解释的有关规定,考虑谷某亮合同诈骗既遂42万元,未遂78万元但可对该部分减轻处罚,谷某亮如实供述犯罪事实,退赔全部赃款取得被害人的谅解等因素,原判量刑在法定刑幅度之内,且抗诉机关亦未对量刑提出异议,故应予维持。某市某区人民检察院的抗诉意见及某市人民检察院的支持抗诉意见，酌予采纳。鉴于二审期间谷某亮申请撤诉，撤回上诉的申请符合法律规定，故二审法院裁定依法准许撤回上诉，维持原判。

本案争议焦点是，在数额犯中犯罪既遂与未遂并存时如何量刑。最高人民法院、最高人民检察院《关于办理诈骗刑事案件具体应用法律若干问题的解释》第6条规定："诈骗既有既遂，又有未遂，分别达到不同量刑幅度的，依照处罚较重的规定处罚；达到同一量刑幅度的，以诈骗罪既遂处罚。"因此，对于数额犯中犯罪行为既遂与未遂并存且均构成犯罪的情况，在确定全案适用的法定刑幅度时，先就未遂部分进行是否减轻处罚的评价，确定未遂部分所对应的法定刑幅度，再与既遂部分对应的法定刑幅度比较，确定全案适用的法定刑幅度。如果既遂部分对应的法定刑幅度较重或者二者相同，应当以既遂部分对应的法定刑幅度确定全案适用的法定刑幅度，将包括未遂部分在内的其他情节作为确定量刑起点的调节要素进而确定基准刑。如果未遂部分对应的法定刑幅度较重，应当以未遂部分对应的法定刑幅度确定全案适用的法定刑幅度，将包括既遂部分在内的其他情节，连同未遂部分的未遂情节一并作为量刑起点的调节要素进而确定基准刑。

本案中，谷某亮的合同诈骗犯罪行为既遂部分为42万元，根据司法解释及某省的具体执行标准，对应的法定刑幅度为有期徒刑3年以上10年以下；未遂部分为78万元，结合本案的具体情况，应当对该未遂部分减一档处罚，未遂部分法定刑幅度应为有期徒刑3年以上10年以下，与既遂部分42万元对应的法定刑幅度相同。因此，以合同诈骗犯罪既遂42万元的基本犯罪事实确定对被告人谷某亮适用的法定刑幅度为有期徒刑3年以上10年以下，将未遂部分78万元的犯罪事实，连同其如实供述犯罪事实、退赔全部赃款、取得被害人谅解等一并作为量刑情节，故对谷某亮从轻处罚，判处有期徒刑8年，并处罚金5万元。

249. 对承运人调包承运货物的行为如何确定其性质

区分盗窃罪和诈骗罪，除根据行为人非法取得财物的主要方式外，关键是考量其是否具有转移占有的意思表示和行为。承运人在承运过程中将承运货物暗中调包，其行为在性质上不是窃取，而是骗取，且系利用经济合同方式骗取财物，故与普通诈骗犯罪相区别，宜定性为合同诈骗罪。

司法实例

王某山等合同诈骗案

2013年8月，被告人王某山、李某和预谋利用承运某地某国家粮食储备库小麦之机，以半年前从该粮食储备库低价购买的陈化粮小麦调包非法取得本次所承运的优质小麦，由王某山与委托人签订运输合同，安排车辆提货运输，并提供货物信息给李某和，由李某和联系被告人刘某广，由赵某大将陈化粮小麦运至本次承运小麦途中的某乡某村一闲置工厂院内，将优质小麦与陈化粮小麦进行调包。王某山在使用自己的车辆实施三次犯罪后，又联系使用被告人周某龙的车辆，伙同周某龙采取同样手段调包承运物。被告人张某龙不仅参与王某山等人的共同犯罪，且自己纠集个体车主孔某均（另案处理），采取同样手段调包承运小麦。其中，被告人王某山涉案货物价值26.8万元，被告人李某和、赵某大、刘某广涉案货物价值338,716元，被告人张某龙涉案货物价值115,312元，被告人周某龙涉案货物价值108,700元。

某市某区人民检察院起诉认为，被告人王某山、李某和、赵某大、刘某广、张某龙、周某龙违反了《刑法》第264条之规定，均应以盗窃罪追究刑事责任。

某市某区人民法院认为,被告人王某山、李某和、赵某大、刘某广、张某龙、周某龙以非法占有为目的,秘密窃取财物,数额特别巨大,其行为均构成盗窃罪。遂以盗窃罪判处被告人王某山、李某和、赵某大、刘某广、张某龙、周某龙有期徒刑,并处罚金及剥夺政治权利。

一审宣判后,被告人王某山、李某和、赵某大、刘某广、张某龙、周某龙均以不构成盗窃罪为由提出上诉,且被告人刘某广、张某龙、周某龙均称系共同犯罪的从犯。

某市中级人民法院认为,原审判决认定上诉人王某山、李某和、赵某大、刘某广、张某龙、周某龙犯罪的基本事实清楚,证据确实、充分,但适用法律错误,定性不当,且对各上诉人在共同犯罪中的地位、作用应予区分。六上诉人以非法占有为目的,在签订、履行合同过程中,骗取对方当事人财物,王某山、张某龙、周某龙的参与数额巨大,李某和、赵某大、刘某广的参与数额特别巨大,均构成合同诈骗罪。综合本案的社会危害性及各上诉人在犯罪中的地位、作用和其他影响量刑的情节,以合同诈骗罪分别改判了上诉人王某山、李某和、赵某大、刘某广、周某龙的量刑。

本案是承运人私自调包承运货物、数额巨大的行为,案件事实清楚,对于本案被告人的行为具有严重的社会危害性,已经构成犯罪各方均无异议。但在罪名确定上,控辩双方及两审法院均分歧较大,主要有三种不同意见:第一种意见认为应定盗窃罪;第二种意见认为应定诈骗罪;第三种意见认为应定合同诈骗罪。本案一审法院以盗窃罪对被告人定罪处罚。二审法院认为,定盗窃罪属定性和适用法律错误,终审判决深刻分析被告人的犯罪事实,认真研究其犯罪性质,从而对其触犯罪名作出准确认定,以合同诈骗罪予以改判。二审法院的主要理由为:

1. 本案被告人的行为不宜定盗窃罪,而应属于诈骗犯罪。盗窃罪与诈骗罪均是以非法占有为目的,非法占有他人财物的行为,两罪的主要区别在于行为人获取财物时使用的手段不同。某种行为系盗窃还是诈骗,一般不难区分,但对于一些以假乱真、骗偷兼有"调包"行为的案件,定性为盗窃还是诈骗并不明显。有观点认为,这要看行为人取得财物具有决定性意义的是偷还是骗,如果取得财物是秘密窃取的,即使在盗窃前后实施了一些欺骗手段掩饰其盗窃犯罪,也不影响其盗窃罪的成立。但是,如果案件行为人采取的是以假乱真、隐瞒真相手段,且该手段确实系在被害人不知情的情况下秘密进行的,则很难界定其中具有直接和关键意义的是窃取还是骗取。所以,有必要进一步梳理盗窃罪与诈骗罪的区别。在刑法理论上,盗窃罪和诈骗罪都属于占有转移的犯罪。从两罪的逻辑结构上看,盗窃罪的行为逻辑结构可以表述为:犯罪人窃取财物、被害人失去对财物的有效控制、犯罪人取得财物;而诈骗罪的行为逻辑结构为:犯罪人实施了欺骗行为、被害人陷入错误认识、被害人基于认识错误交付财物、行为人取得财物。从盗窃罪与诈骗罪的关系来说,诈骗罪实质上是从盗窃罪利用被害人的法益关系的错误而转移财产的间接正犯中,将受骗者有处分意识与处分行为的情形分离出来而形成的独立犯罪。两罪的本质区别是被害人对财物是否有转移占有的意思和行为,被告人取得财物是否基于被害人产生的错误认识,并依此进行了财产处分。换言之,被害人如果无转移财产的意思和行为,则成立盗窃犯罪;否则,则成立诈骗犯罪。

因此,定性诈骗还是盗窃,首先要看行为人取得财物的方法。如果据此不能识别,则要看被害人财产转移至被告人占有,是否是被害人基于认识错误而进行的处分。一是转移占有须有被害人将财物交付对方保管时,在主观上同时认识到自己丧失占有。如果被害人系将财物交于从事技术或劳务服务的人员进行某种处理,那么此时被害人只是临时地将财物交付给对方,其在主观上并未放弃对财物的占有,如果被告人将被害人交付的财物进行调包,则应定性为盗窃。二是转移占有须有被害人主动交付的行为。如果被害人根本没有将财物交付给被告人,被告人偷偷将被害人财物进行了调包,在此之后即使接续有虚构事实、隐瞒真相行为,因其没有被害人转移交付的行为,亦应认定为盗窃。三是转移占有应包括价值转移。随着市场经济的发展,现实生活中出现的货物买卖关系越来越多,如果当事方为谋取不对称的交换利益,采取欺诈手段使对方发生价值误认,从而使被害人在不知情的情况下将价值交付,这种情形与非法侵占财物的行为无异。从被告人取得财物的关键方式看,该行为中被害人产生了价值误认,从而对被告人多占有的交换价值是认可的,被告人从中主要采取的是欺诈方式,而很难说是毫不为人所知的秘密窃取;按照被害人是否具有转移占有的标准来看,在此行为中被告人欺骗被害人应支付较大的交换价值,但被害人对此并不知情,从而产生的"自愿"交付是主动进行的,因此该行为在本质上属于诈骗。

本案在签订承运合同之初,涉案被告人系为达到非法占有他人财物的目的,事先预谋利用承运优质小麦的机会调包为陈化粮小麦骗取他人财物,非法占有的故意非常明显;在合同具体履行过程中,被告人采用调包方法,即以价值较低的货物换取价值较高的货物,在此起主要作用的手段是骗取而非秘密窃取。被告人在取得承运货物后,即取得财物的控制权,在此之后偷偷进行的调包,不能再次发生转移占有,因此其不符合秘密窃取的特征。本案承运合同委托人是基于对被告人承运能力的认识而委托被告人承运货物,其属于自愿将货物交被告人占有,也就在涉案货物转移占有时,被害人在主观上具有将财物转移至承运人占有的意思和行为。从被告人角度来说,正是基于被害人根据错误认识进行的财产处分,其获得了对涉案财物的控制权。因此,被告人行为在本质上系为骗取,应定性为诈骗犯罪。

2. 本案被告人的行为应定为合同诈骗罪。合同诈骗罪是随着市场经济的发展,现实中大量出现利用经济合同进行犯罪的行为后,为加大对该行为的打击力度,逐步从诈骗罪中分离出来的罪名,两罪均属于采取诈骗手段非法取得他人财物。但与诈骗罪相比,仍有不同之处:一是侵犯的客体不同。诈骗罪侵犯的是他人的财产所有权,因此规定于《刑法》"侵犯财产罪"一章中;合同诈骗罪除侵犯他人财产权外,还侵犯了国家合同管理制度和市场经济秩序,因此该罪被置于《刑法》"破坏社会主义市场经济秩序罪"一章中。二是从客观方面,合同诈骗罪须有利用签订、履行合同扰乱市场经济秩序的行为,诈骗罪则不需要。三是犯罪主体不尽相同。由于经济合同的签订、履行主体大多为单位,合同诈骗犯罪往往体现为集体意志而为单位谋取利益,因此合同诈骗罪既可以由自然人构成,也可以由单位构成;而诈骗罪属于普通的侵犯他人财产犯罪,只能由自然人构成。

综上,运输合同是市场经济中较为常见的一类合同,本案被告人骗取他人财物,较为典型地利用了合同的形式。被告人事先签订合同,并在履行合同过程中将承运的优质小麦暗中调换为陈化粮小麦,事后又按合同约定运送至约定地点,其是利用了合同实施诈骗活动,不仅侵害了他人财物的所有权,而且严重扰乱了正常的市场经济秩序。在所采用具体的骗财方式上,本案被告人没有采取《刑法》对合同诈骗罪列举的前四项方式,而是采取了"以其他方法骗取对方当事人财物的"方式。因此,行为人系出于非法占有他人财物的目的,利用签订、履行合同实施诈骗犯罪活动,破坏了社会主义市场经济秩序的健康、有序运行,应当以合同诈骗罪定罪处罚。

250. 在对外业务中金融机构工作人员双向欺骗行为属何性质

金融机构工作人员在开展对外业务中,向本单位及客户双向欺骗,居中谋取利益的行为定性,应当按照民商事规则确定财产损失方,如果受损方为单位,符合相应数额要求的,构成职务侵占罪;反之,则构成合同诈骗罪。

司法实例

沙某余合同诈骗案

沙某余系某国际银行某国家级开发区支行的客户经理,在经办与某地产集团公司、某建设投资公司贷款业务中,向对方谎称:本行贷款办理,除了按常规签订贷款合同,办理规范的手续外,尚需支付一定比例的“财务咨询费”给第三方公司,由第三方公司再转给本行。为骗取对方信任,沙某余特意伪造了某国际银行的公函,载明某经济咨询公司系本行指定的第三方财务咨询公司,要求对方将300万余元的“财务咨询费”支付给这家公司。某地产集团公司、某建设投资公司相信了沙某余的说法,获取银行贷款后的当月,即按照沙某余的要求,先后将所谓的“财务咨询费”打给了某经济咨询公司。除了支付给某经济咨询公司一定的开票费用外,沙某余实得270万余元。

某市某开发区人民检察院对被告人沙某余以涉嫌犯职务侵占罪向法院提起公诉。

某市某开发区人民法院认为,被告人沙某余以非法占有为目的,在签订借款合同中,虚构融资利率有部分需以“财务咨询费”名义支付至银行指定第三方财务咨询公司的事实,骗取钱财,数额特别巨大,已构成合同诈骗罪,结合其有自首情节、认罪悔罪、退缴了自己所得全部赃款等量刑情节,遂以合同诈骗罪判处其有期徒刑5年,并处罚金10万元;退赔的赃款270万余元返还某地产集团公司、某建设投资公司。

一审宣判后,被告人沙某余不服,以定性错误为由提起上诉被二审驳回。

在检察机关审查起诉和法院审理本案过程中,对本案的定性始终存在分歧。一种意见认为,被告人沙某余的行为构成职务侵占罪。另一种意见认为,被告人沙某余在与某地产集团公司、某建设投资公司签订合同过程中,隐瞒真实贷款利率,虚构还需支付“财务咨询费”等事实,诱骗对方支出了不必要的花销,成立合同诈骗罪。本案系涉及刑民交叉案件,其定性关系到沙某余的量刑及在案赃款分配,以合同诈骗罪定性,量刑上更重,扣押在案的赃款应当按比例发还给这两家公司。但是,如果认定职务侵占罪,量刑上对沙某余更为有利,并且赃款所有权归属于某国际银行。被告人沙某余同时满足职务侵占罪与合同诈骗罪客观要件的部分要素,关键是确定300万余元“财务咨询费”所有权人。

从本案一、二审裁判结果来看,被告人沙某余应当成立合同诈骗罪,某国际银行利益没有受损,案涉“财务咨询费”应当退还给某地产集团公司、某建设投资公司。主要理由为:

1. 本案被告人沙某余不成立民法上的表见代理,合同内容部分无效。沙某余作为银行客户经理,在贷款业务中的工作内容为对接客户并审查对方资信状况等,没有决定合同内容的权限。本案中,被告人沙某余经过领导或上级银行批准,将贷款年利率确定在了7.5%,本应按照该利率与某地产集团公司、某建设投资公司签订合同,但虚构了更高的利率,并向对方谎称需要以“财务咨询费”名义向第三方公司支付超出部分,这已经超出其职务权限,且其并无代理权。表见代理作为对真实市场交易规则的突破,应持更严谨的态度。本案沙某余能否成立表见代理,应该分析其权利外观能否使一般人相信其有代理权。银行作为专业的办理结算单位,不可能有将部分利率需要通过第三方公司流转才可入账的操作,这是正常的市场活动参加者一般均应具备的常识。所以,沙某余这一谎称,不具备被授权外观,不属于表见代理。因而,双方签订的合同,超出银行7.5%利率部分为无权代理。银行没有追认,不能根据合同获得某地产集团公司、某建设投资公司支付的“财务咨询费”。

2. 本案的财产受损失方为某地产集团公司、某建设投资公司。本案中,银行的行为与其工作人员的行为出现了偏离,对银行自身而言,按照既定利率对外贷款,事实上也收回了相应的款项,财产权益并未受到损害。某地产集团公司、某建设投资公司与某国际银行订立合同,本应按照7.5%的利率支付给合同相对方,但由于被告人沙某余虚构合同内容、伪造银行公函等行为介入,对合同内容产生了认识错误,支付了270万余元的额外费用,造成了财产损失。结合以上分析,本案财产受损方应为某地产集团公司、某建设投资公司,其在支付270万余元的"财务咨询费"时,存在事实认识错误,而此认识错误的发生,正是基于被告人沙某余在签订合同时虚构、隐瞒事实的行为。因此,沙某余的行为符合合同诈骗罪的构成要件。职务侵占罪保护的是单位财产权。本案中,某国际银行如约收回了贷款本息,对于沙某余向对方虚构的"财务咨询费",因为涉及这部分的合同无效,事实上也没有提供给某地产集团公司、某建设投资公司相应的服务,其不能取得这笔款项的所有权,单位利益没有受损,所以被告人沙某余不成立职务侵占罪。

3. 确定受损方标准应参照市场规则进行。刑法的功能之一是作为市场经济顺利运行的安全保障法,要求其在保持独立性价值判断的同时还应充分尊重民商事规则。本案损失方的确定,应当参考民商法确立的标准。本案借贷合同为典型的有名合同,民商事规则也较为成熟。具体而言,需要分析是否成立表见代理、合同效力如何、是否存在违约、是否存在认识错误及其程度等法律问题。

综上,本案一、二审法院对被告人沙某余以合同诈骗罪定罪处罚,并将非法收取、被告人退赔的270万余元返还被害单位的裁判是正确的。

251. 借用他人烟草专卖许可证经营烟草专卖品如何定性

行为人借用他人烟草专卖许可证经营烟草专卖品,按照该证规定的供货单位、经营场所、许可范围购进烟草专卖品并销售的行为,应当从非法经营罪的犯罪构成及犯罪的本质特征分析判断,不能简单地认定为非法经营罪。

司法实例

母某芬非法经营案

2015年10月,母某芬将江某营转让的位于本县城某小区周边的烟酒日杂零售商店盘下,转让协议中讲明江某营将商店及所有物品全部交由被告人母某芬经营的同时,将其办理的尚未到期的烟草专卖许可证及扣烟款的银行存折等也归母某芬使用。2016年1月1日至6月11日,母某芬从某县烟草专卖局购进香烟共1100余条并进行经营,购进价格共计11万余元。2016年6月11日,某县烟草专卖局接群众举报,在母某芬经营的商店内查获价值500余元的假冒伪劣卷烟三条。同时,发现其借用他人烟草专卖许可证经营烟草专卖品的问题。

某县检察机关对被告人母某芬以涉嫌犯非法经营罪提起公诉。

某县人民法院在案件审理中,在本案被告人是否构成犯罪出现严重分歧,核心是借用他人的烟草专卖许可证,按照该证规定的供货单位、经营场所、许可范围购进烟草专卖品并销售的行为,是否构成非法经营罪。一种意见认为,在对经营烟草专卖品的行政管理中这种情况是按照无证经营进行处罚,因此,可以认定为非法经营罪;另一种意见认为,从非法经营罪的犯罪构成及犯罪的本质特征来看,不能认定为非法经营罪。

某县人民法院经开庭审理,合议庭评议并报审委会讨论后认为,本案被告人的行为属于无证经营行为,不构成非法经营罪或其他犯罪。检察机关申请撤回起诉,法院裁定准许撤诉。法院认为被告人不构成犯罪的主要理由为：

1. 被告人的行为不符合非法经营罪的客观表现形式。根据非法经营罪的《刑法》分则条文规定，该犯罪行为必须违反了“国家规定”，即该罪的行为方式要以国家规定为依据。根据非法经营罪的刑法规定，结合烟草专卖有关法律，主要有两种行为方式可以认定为非法经营罪的客观表现形式。(1)无烟草专卖许可证经营烟草专卖品的行为。“无自己的烟草专卖许可证经营烟草专卖品”和“无烟草专卖许可证经营烟草专卖品”在对国家专卖制度的违反程度上完全不同，二者有实质上的差异。前者依然遵循国家对专卖物品的管理，将经营行为纳入国家专卖管理制度之内，依照烟草专卖许可证的限制进行经营，遵从了国家专卖机关对烟草专卖品销售的布局、数量、进货渠道的规定。将经营活动依然交由国家统一掌控的行为，从根本上看，仍然是“有证”经营，不符合非法经营罪中“无证”经营否定国家专卖管理的本质特征。(2)以烟草专卖许可证为经营对象的倒卖行为属于非法经营罪的客观表现形式。

本案中，被告人使用他人的烟草专卖许可证进行卷烟销售的行为，根据母某芬、江某营二人的说法来看，母某芬对如何得到并使用该许可证使用了“租”“冒用”等词语，但没有为许可证单独支付款项，而江某营称明确告知过母某芬该证不能转让、买卖，否认自己是转让、买卖行为。现有证据不能证实母某芬与江某营之间是买卖烟草专卖许可证的关系，而“冒用”一般是指在证件所有人不知情的情况下进行使用，本案显然也不属于。根据本案证据，认定母某芬“借用”他人烟草专卖许可证经营烟草专卖品更恰当。而借用他人烟草专卖许可证经营烟草专卖品，不符合非法经营罪的客观表现形式。而且，即使母某芬向江某营购买了烟草专卖许可证并经营卷烟，其行为不是以烟草专卖许可证为经营对象，也不符合非法经营罪的客观表现形式。

2. 被告人的行为尚未达到犯罪的社会危害程度。对违法行为是否构成犯罪，在社会危害性的判断上要有量的标准，一般来说司法中确定的追诉标准就是对社会危害性量的具体化，使社会危害性的判断更加具有操作性，但是社会危害性的判断还应有质的标准，即行为是否对法益造成了严重侵犯或危害。被告人母某芬的行为违反了国家烟草专卖的行政管理规定，但是并不是所有违反行政管理规定的行为，达到一定数量标准都一概以犯罪处罚，还需要判断这种行为是否具有实质的危害：(1)借用他人烟草专卖许可证经营烟草专卖品的行为，没有根本破坏国家对烟草专卖品的管理制度。(2)借用他人烟草专卖许可证经营烟草专卖品的行为，没有损害国家控制烟草专卖经营活动所保护的法益，因而不具备犯罪应具有的法益侵害性。被告人母某芬借用他人的烟草专卖许可证销售卷烟，仍然按照烟草专卖局颁发的许可证规定的地点、进货渠道进行经营，虽违反烟草专卖管理部门对许可证不予流通的管理规定，但这种违法行为并未增加烟草对消费者利益的危害，也不会造成国家财政收入的损失，不具有法益侵害性。(3)被告人母某芬借用他人烟草专卖许可证经营卷烟的行为，在行政管理上属于应当重新申领许可证而未申领，也不是严重的行政违法行为，不是必须动用刑罚才能解决。另外，虽然母某芬借用他人烟草专卖许可证经营卷烟的行为不构成非法经营罪，但如果其销售假冒他人注册商标的卷烟、伪劣卷烟达到一定程度，也可能因侵害其他法益而定罪，但目前查获母某芬店中假冒伪劣卷烟的数量仅 3 条，金额 500 余元，数量、金额都达不到犯罪的起诉标准，因此，不能对该行为以非法经营罪或其他犯罪定罪处刑。

综上，一审法院及检察机关对本案被告人母某芬不按非法经营罪或其他犯罪处理是正确的。

252. 销售以收取的医保卡套取的药品构成何罪

行为人以医保卡兑现为名收取医保卡后套取各种药品进行销售的行为属于《刑法》第225条规定的未经许可经营法律、行政法规规定的专营、专卖物品或者其他限制买卖的物品的非法经营行为，情节严重的构成非法经营罪。

司法实例

尤某营、尤某利非法经营案

被告人尤某营、尤某利兄弟二人经与潘某冠（另案处理）合谋，为贩卖药物非法牟利，在没有药品经营许可证的情况下，于2014年3月至2015年3月，以医保卡兑现为名，按照60%～75%的返现比例，对外大量收取医保卡，并由被告人尤某利及潘某冠至某市某大药房、某药店划卡套取各种药品。2015年3月，被告人尤某营、尤某利等人通过上述方式购得药品，支付了返现款后先将药品集中放置于某市新区某花园188号308室并进行整理封包，后由被告人尤某营分四次将所购药物通过位于某市某区的某物流（集团）有限公司，将药品以邮寄的方式销售给李某峰（另案处理），销售款约22万余元；其中被告人尤某利参与帮助被告人尤某营发货一次。2015年3月15日，被告人尤某营在接到公安机关电话后，主动前往接受处理；同日，被告人尤某利被民警抓获。在本案审理过程中，被告人尤某营的亲属代其退出违法所得30,000元。

某市某区人民法院认为，被告人尤某营、尤某利伙同他人违反国家药品监督管理规定，非法经营药品，扰乱市场秩序，情节严重，其行为均已构成非法经营罪，且系共同犯罪。被告人尤某营在共同犯罪中起主要作用，系主犯，应当按照其所参与的全部犯罪处罚。被告人尤某利在共同犯罪中起次要作用，系从犯，依法予以从轻处罚。被告人尤某营案发后自动投案，并如实供述自己的罪行，系自首，依法予以从轻处罚。被告人尤某利被公安机关抓获后如实供述自己的罪行，自愿认罪，予以从轻处罚。被告人尤某营的亲属代其退出违法所得30,000元，可视为被告人尤某营悔罪表现较好，酌情予以从轻处罚。关于被告人尤某营的辩护人、被告人尤某利的辩护人提出的辩护意见，法院认为，被告人尤某营、尤某利等人在无经营许可的情况下，于2014年3月至2015年3月长达一年的时间里，以医保卡兑现为名，大量对外收购医保卡，并到药店、药房划卡套现各种药品达上百次，后销售给他人，犯罪时间长，涉案数额达22万余元，情节严重，严重扰乱了市场秩序，并损害了社保基金的安全，主观恶性较大，社会危害性极大，应予严惩。从本案的犯罪情节和社会危害性考虑，二被告人均不符合判处缓刑的法定条件。故被告人尤某营的辩护人提出的被告人尤某营犯罪的社会危害性很小，主观恶性不深，系偶犯，请求从轻处罚的辩护意见，不予采纳；被告人尤某利的辩护人提出的被告人尤某利的主观恶性不大，请求判处缓刑的辩护意见，与事实和法律规定不符，不予采纳。二被告人的辩护人提出的其他辩护意见，予以采纳。遂判决认定被告人尤某营、尤某利犯非法经营罪，分别判处有期徒刑1年4个月、1年2个月，并处罚金9万元、5万元；被告人尤某营退缴在案的违法所得3万元，予以没收，上缴国库。判决已生效。

法院对本案被告人以医保卡兑现为名收取医保卡后套取各种药品进行销售的行为，以非法经营罪定罪处罚的主要理由为：

1. 收取医保卡划卡套取各种药品后进行销售的行为是否属于非法经营。非法经营罪，是指违反国家规定,从事非法经营活动,扰乱市场秩序,情节严重的行为。[1] 本案被告人尤某营、尤某利以医保卡兑现为名,和医保卡持有人达成协议,通过划社保卡去某些联系好的药房购买药品,再将药品出售,将卖药得来的钱按照以前说好的折扣点提取中介佣金后,返还给医保卡持有者,从中赚取差价。被告人收取医保卡划卡套取各种药品后进行销售的行为即属于《刑法》第 225 条规定中的第 1 项,未经许可经营法律、行政法规规定的专营、专卖物品或者其他限制买卖的物品的,其行为应构成非法经营罪,且系共同犯罪。

为了保障市场秩序,我国对一些有关国计民生、人民生命健康安全以及公共利益的物资实行限制经营买卖。只有经过批准,获取经营许可证后才能对之从事诸如收购、储存、运输、加工、批发、销售等经营活动。没有经过批准而擅自予以经营的,就属非法经营。哪些物品限制买卖,由国家法律、行政法规规定。《药品管理法》明确规定,药品经营必须凭药品经营许可证到工商行政管理部门办理登记注册,无药品经营许可证的,不得经营药品。二被告人在客观方面实施了未取得药品经营许可证的情况下,违反国家药品监督管理规定,非法经营药品的行为,侵犯了国家限制买卖物品和经营许可证的市场管理制度。

2. 被告人尤某营、尤某利的非法经营行为是否属于情节严重。非法经营罪属情节犯,非法经营行为必须达到情节严重才能构成犯罪,如果只有非法经营行为,情节并不严重则不构成犯罪。情节特别严重是加重情节。非法经营行为涉及的物品门类多,非法经营的手段多种多样,如何确定情节严重、情节特别严重,依据目前公布实施的法律法规,立法部门按照不同的物品行业进行了列举式的规定。那么,对于没有列举的非法经营行为,在司法实践中如何确定情节严重与否。一般认为,确定非法经营罪的情节问题应考虑非法经营数额、生产、销售数额、违法所得数额、经营规模、经营区域、经营时间、损害后果、是否累犯、行政处罚的认定标准、受行政处罚的次数等因素综合评价。

本案中,被告人尤某营、尤某利等人在无经营许可的情况下,于 2014 年 3 月至 2015 年 3 月长达一年的时间里,以医保卡兑现为名,大量对外收购医保卡,并到药店、药房划卡套现各种药品达上百次,然后销售给他人,犯罪时间长,非法经营数额达 22 万余元,严重扰乱了市场秩序,并损害了社保基金的安全,根据司法实践中一般掌握的认定标准,应当认定为情节严重。

值得提出的是,对于社会上不断出现的以医保卡兑现为名,按照一定比例返现,对外大量收取医保卡的行为应当如何定性,换言之,对于单纯收取医保卡的行为,属于何性质,是否构成犯罪,构成何罪,值得高层立法机关及司法部门深入研究,出台措施予以遏制。

253. 擅自开办营利性学校能否构成犯罪,构成何罪

行为人无学历教育办学资质,擅自招生、设置专业并收取费用,进行经营性办学活动,情节严重的,应当对其以非法经营罪定罪处罚。

---

① 《刑法》第 225 条规定:"违反国家规定,有下列非法经营行为之一,扰乱市场秩序,情节严重的,处五年以下有期徒刑或者拘役,并处或者单处违法所得一倍以上五倍以下罚金;情节特别严重的,处五年以上有期徒刑,并处违法所得一倍以上五倍以下罚金或者没收财产:(一)未经许可经营法律、行政法规规定的专营、专卖物品或者其他限制买卖的物品的;(二)买卖进出口许可证、进出口原产地证明以及其他法律、行政法规规定的经营许可证或者批准文件的;(三)未经国家有关主管部门批准非法经营证券、期货、保险业务的,或者非法从事资金支付结算业务的;(四)其他严重扰乱市场秩序的非法经营行为。"

司法实例

孙某占等非法经营案

被告人孙某占，系某市某工业培训中心校长；被告人耿某赶，系副校长；被告人单某申，系某科技职业中专副校长。某市某工业培训中心于2005年8月10日获得民办学校办学许可证（办学类型：非学历），同年8月15日注册登记（民办非企业单位），于2009年6月17日被撤销。自2004年至案发，被告人孙某占、耿某赶预谋后，以营利为目的，违反《民办教育促进法》等国家规定，在没有学历教育资质的情况下，冒用某纺织职业技术学院等学校名义招收全日制大专、“3＋2”大专学生共计339人开展高等学历教育，非法经营额达652万余元。自2005年至案发，被告人单某申在明知被告人孙某占、耿某赶不具备学历教育资质，违反国家规定擅自开展高等学历教育的情况下，为牟利而帮助解决2004年、2005年、2006年招录学生的学籍注册、提供毕业文凭等事宜，后提供部分假毕业文凭给被告人孙某占。被告人孙某占将其中部分假毕业文凭发放给学生。具体如下：(1)2004年7、8月，被告人孙某占、耿某赶预谋后，以营利为目的，在没有学历教育资质的情况下，私刻“某纺织职业技术学院××分院”印章，篡改招生简章、录取通知书，冒用某纺织职业技术学院的名义招生；在未与该学院正式联系的情况下，使用他人提供的录取通知书，冒用该学院的名义招生，共计招收全日制大专、“3＋2”大专学生52人，后自行设置专业、在某地租用场所擅自开展高等学历教育、收取学费等费用。(2)2005年7、8月，被告人孙某占、耿某赶预谋后，擅自变更办学类型，在未与该学院正式联系的情况下，使用他人提供的录取通知书，冒用该学院的名义招生；在明知该学院须学生到该校学习才能注册学籍的情况下，仍冒用该学院名义招生，共计招收“3＋2”大专学生43人，后自行设置专业、在某地租用场所擅自开展高等学历教育、收取学费等费用。(3)2006年7、8月，被告人孙某占、耿某赶预谋后，擅自变更办学类型，在未与某科技职业学院正式联系的情况下使用他人提供的录取通知书，冒用该科技职业学院名义招收全日制大专学生126人、“3＋2”大专学生63人，后自行设置专业、擅自开展高等学历教育、收取学费等费用。(4)2007年7、8月，被告人孙某占、耿某赶预谋后，擅自变更办学类型，在明知某科技职业学院须学生到该校学习才能注册学籍的情况下，仍冒用该科技职业学院的名义招收全日制大专学生55人，后自行设置专业、在某地租用场所擅自开展高等学历教育、收取学费等费用。

另查明，被告人孙某占、耿某赶主动向公安机关投案，并如实供述自己的罪行；被告人单某申归案后如实供述自己的罪行。

某省某市某区人民检察院对被告人孙某占、耿某赶、单某申以涉嫌犯非法经营罪向法院提起公诉。

某省某市某区人民法院审理认为，被告人孙某占、耿某赶、单某申违反国家法律法规，未经教育主管部门许可，无高等学历教育办学资质，擅自招生、设置专业并收取费用，进行经营性办学活动，情节特别严重，其行为均已构成非法经营罪。被告人孙某占、耿某赶均积极实施非法经营行为，在共同犯罪中起主要作用，是主犯；被告人单某申在所参与的共同非法经营犯罪中起辅助作用，应认定为从犯，并予以减轻处罚。被告人孙某占、耿某赶犯罪后自动投案并如实供述自己的罪行，是自首，依法予以从轻处罚。被告人单某申归案后如实供述自己的罪行，依法从轻处罚。遂判决认定被告人孙某占、耿某赶、单某申犯非法经营罪，分别判处6年6个月、5年6个月、3年有期徒刑，并处20万元、15万元、10万元罚金。判决已生效。

对于本案被告人的行为能否构成非法经营罪，在审理过程中存在不同意见。一种意见认为，本案被告人无学历教育办学资质，擅自招生、设置专业并收取费用，进行经营性办学活动，应认定为非法经营犯罪且属情节特别严重。另一种意见认为，民办教育事业属于公益性事业，不属于社会主义市场经济范畴,故被告人的行为不构成非法经营犯罪。

一审法院认定本案被告人构成非法经营罪并予以相应刑罚,主要理由为:

1. 无学历教育办学资质,擅自招生、设置专业并收取费用,进行经营性办学活动,从性质上属于非法经营。(1)本案被告人的行为系非法经营性办学活动。《民办教育促进法》第 3 条第 1 款规定,民办教育事业属于公益性事业,是社会主义教育事业的组成部分。公益事业通常是指有关公共利益的事业,其受益人或者服务对象是不特定的群体和个人。民办教育事业作为社会主义教育事业的一个组成部分,属于公益性事业。但公益性事业与公益性组织既有联系,又有区别。通常来说,在公益事业领域从事活动的组织,要求其坚持公益性原则,不得以营利为目的,但这也并不等于说在公益事业领域里活动的组织就是公益性组织,它还必须以非营利为前提,需要根据该组织的章程来确定。故民办教育属于公益事业,应要求民办学校按照公益事业的原则来开展活动,但不能就此认定所有的民办学校自然就是公益性组织。现实中大部分民办学校是营利性的,投资人希望得到回报。因此,《民办教育促进法》并未强制规定不得以营利为目的举办民办学校,而是从正面强调民办教育属于公益事业。《民办教育促进法》第 19 条规定,民办学校的举办者可以自主选择设立非营利性或者营利性民办学校。但是,不得设立实施义务教育的营利性民办学校。非营利性民办学校的举办者不得取得办学收益,学校的办学结余全部用于办学。营利性民办学校的举办者可以取得办学收益,学校的办学结余依照公司法等有关法律、行政法规的规定处理。公益事业与营利性不存在非此即彼的关系,公益事业中既有非营利性的机构,也有营利性的机构。作为民办学校,其本身就是市场经济的产物。对于民办学校的管理,应当符合市场经济规律,故将民办教育事业作为公益性事业从而排除出社会主义市场经济范畴的意见,是对民办教育事业公益属性的曲解。本案中,被告人孙某占等人擅自招生、设置专业、开展高等学历教育活动,并收取费用、从中牟利,其目的和行为主要是通过办学牟利,在这个前提下,其非法从事经营性办学的行为明显破坏了社会主义市场经济秩序,故其本质上属于非法经营性质。(2)本案被告人的经营行为违反了国家规定。《刑法》第 225 条中的"违反国家规定"是指违反《刑法》第 96 条规定范围内的规范性文件中的禁止性规范,且依法应承担法律责任的情形。一是要求该行为须为上述特定规定中的法律规范所禁止;二是违反该种禁止性法律规范的行为,被明确规定了相应的法律责任,甚至是刑事责任。《刑法》第 96 条规定的"国家规定",是指全国人大及其常委会制定的法律和规定,国务院制定的行政法规、规定的行政措施、发布的决定和命令。《民办教育促进法》于 2002 年 12 月 28 日经第九届全国人大常委会第三十一次会议通过并予以公布,《民办教育促进法实施条例》于 2004 年 2 月 25 日经国务院第四十一次常务会议通过并予以公布,均属国家规定。① 根据上述法律和条例规定,民办学校的设立、变更和终止,应当按照国家有关规定办理审核、批准、注册或者备案手续。被告人孙某占等人在无办学许可或只具有非学历教育办学许可的情况下,擅自改变民办学校层次、类别,开展大学专科学历教育的行为,明显违反了国家规定中的禁止性规范,并应承担行政、刑事责任。②

---

① 《民办教育促进法》第 12 条规定:"举办实施学历教育、学前教育、自学考试助学及其他文化教育的民办学校,由县级以上人民政府教育行政部门按照国家规定的权限审批……"《民办教育促进法实施条例》第 15 条第 1 款规定:"设立民办学校的审批权限,依照有关法律、法规的规定执行。"

② 《民办教育促进法》第 62 条规定:"民办学校有下列行为之一的,由县级以上人民政府教育行政部门、人力资源社会保障行政部门或者其他有关部门责令限期改正,并予以警告;有违法所得的,退还所收费用后没收违法所得;情节严重的,责令停止招生、吊销办学许可证;构成犯罪的,依法追究刑事责任:……(二)擅自改变民办学校名称、层次、类别和举办者的……"

2. 被告人的非法经营行为是否构成情节特别严重。非法办学类型的非法经营犯罪中情节严重、情节特别严重的认定标准,现尚无司法解释予以明确。是否构成情节特别严重,应结合具体案情,综合考虑社会危害程度、社会影响等因素作出判断。基本情节是非法经营的数额、违法所得数额的大小。本案中,被告人孙某占、耿某赶非法经营数额达652万余元,被告人单某申参与非法经营数额达408万余元。从现行司法解释有明确规定的情况来看,按非法经营罪处理的涉烟犯罪,非法经营数额在5万元以上的,或者违法所得数额在2万元以上的,或者非法经营卷烟20万支以上的,或者曾因非法经营烟草专卖品3年内受过二次以上行政处罚,又非法经营且数额在3万元以上的,属情节严重,应当定罪处罚,犯罪数额分别达到情节严重的情形的5倍以上的,属情节特别严重。电信类非法经营犯罪,经营去话业务数额在500万元以上或经营来话业务造成电信资费损失数额在500万元以上的,属情节特别严重。出版物类非法经营犯罪(个人犯罪)经营数额在15万元至30万元以上的,属情节特别严重;出版物类非法经营犯罪(单位犯罪)经营数额在50万元至100万元以上的,属情节特别严重。故综合上述情况,一是被告人孙某占、耿某赶、单某申的非法经营数额超过或接近现有规定的其他犯罪情节特别严重的规定数额。二是要综合考虑非法经营行为的客观危害性,须对动机、目的、时间、区域、规模、手段、形式、损害后果等具体情节进行全面分析。被告人的非法经营性办学延续了数年,受害学生达300余人,经过学习但无法取得文凭,社会影响恶劣,故对被告人孙某占等人应认定属于非法经营犯罪情节特别严重。

254. 手机定位是否属于刑法中的公民个人信息

手机定位可以指向特定信息主体,能够显示出被害人的活动轨迹,侵害了其隐私权,因此属于刑法中的公民个人信息。在手机定位信息计算方式上,应以定位手机号码为计件单位,对于同一手机多次定位的应按照一条计算。情节严重的认定上应采用多因素分析法,结合侵犯的信息数量,同时应考量定位次数、定位时间长短、信息的流向、扩散时空范围、物质损失情况等方面综合因素。

司法实例

李某骏、赵某民非法获取公民个人信息案

2014年5月起,被告人李某骏、赵某民因不会手机定位,通过互联网搜索到能够帮人手机定位的QQ昵称为"飞翔号码通信""服装批发""手机G位"的人,与其建立上下线关系,被告人李某骏、赵某民遂合谋决定通过手机定位获取非法利益,先由被告人李某骏与需要手机定位的人联系,通过银行卡转账的方式收取高额费用后,再由需要手机定位的人通过QQ将被定位人的手机号码发送给被告人赵某民。被告人赵某民收到手机号码后,通过支付宝或网银支付一定费用给上线,并将该号码通过QQ发送给上线,上线定位后,遂将手机定位信息发送给被告人赵某民,被告人赵某民再转发给需要定位的人。被告人李某骏、赵某民通过上述方式,非法为他人提供手机定位信息27部次,违法所得共计20,680元,其中支付给上线费用7250元。

另查明,案发后,被告人李某骏主动到公安机关投案,并如实供述了自己及所知同案犯的犯罪事实。被告人赵某民归案后,如实供述了自己及同案犯的犯罪事实,并积极退出全部违法所得。

某省某市人民检察院以涉嫌犯非法获取公民个人信息罪对被告人李某骏、赵某民提起公诉。

某省某市人民法院审理认为,被告人李某骏、赵某民为获取非法利益,通过支付费用给上线的方式,获取他人手机定位信息,再以收取高额费用的方式为客户提供手机定位服务,从中非法获利，其行为属于向他人购买公民个人信息并出售，触犯了《刑法》第253条之一第2款的规定，应当以非法获取公民个人信息罪追究其刑事责任。本案属共同犯罪，两被告人在犯罪中均起主要作用，均系主犯。被告人李某骏案发后自动投案，并如实供述了自己及所知同案犯的罪行，是自首，依法可以从轻处罚。被告人赵某民归案后，如实供述了自己及所知同案犯的罪行，依法可以从轻处罚。据此，依照《刑法》第253条之一第2款等条款的规定，判决认定二被告人犯非法获取公民个人信息罪，分别判处有期徒刑1年2个月、1年，缓刑2年、1年。二被告人退出的违法所得予以没收，上缴国库。判决已生效。

《刑法修正案（七）》将侵犯公民个人信息纳入刑法规制范畴，具体为出售、非法提供公民个人信息罪、非法获取公民个人信息罪两个罪名。本案在审理中对于被告人违反相关规定，以买卖方法非法获取手机定位信息进行出售，是否构成非法获取公民个人信息罪，认识不一。争议焦点在于：一是手机定位信息是否属于刑法所保护的公民个人信息；二是如何认定以手机定位作为犯罪对象的非法获取公民个人信息罪的情节严重。

1. 手机定位信息属于公民个人信息。

（1）公民个人信息的界定。关于刑法中的公民个人信息，目前的论述中多采用列举的方式，认为公民个人信息包括姓名、职业、职务、年龄、婚姻状况、学历、专业资格、工作经历、家庭住址、电话号码、信用卡号码、指纹、网上登录账号和密码等能够识别公民个人身份的信息。[①] 有的观点认为，个人信息还包括了一个人的种族、肤色、肖像、性别、家庭情况、宗教信仰、思想观点、爱好、受教育情况、财产状况、血型、指纹、病历、电话、电子邮件等情况。但个人信息的界定通过列举的方式难以完全涵盖全部类型，对于列举式的方式因人而异，个人信息的具体形态也难以穷尽，应从刑法保护的目的理解个人信息的本质特征。关于非法获取公民个人信息罪的客体，即保护的法益，并不是简单的公民的个人信息所有权和使用权。《刑法修正案（七）》将非法获取公民个人信息罪规定在侵犯公民人身权利、民主权利一章中，本罪保护的法益是公民的隐私权。隐私是指个人私生活安宁不受他人非法干涉，个人信息保密不受他人非法收集、刺探或公开，包括私生活安宁和私生活秘密两个方面。[②] 因此从法益保护的目的对犯罪对象即公民个人信息进行解释，决定了个人信息具有隐私性和识别性。个人信息必须具有隐私性，决定了个人信息首先与公民的人格、人身性权利相联系，没有反映出人身权利性质的虚拟货币、虚拟游戏设备等自然不属于本罪的保护对象。考虑到法条的法益保护目的，也要考虑国民的自由保障，对公民个人信息应该做限制性解释，公民的个人信息是一般公民不随意公布的，姓名、性别、普通工作单位一般不属于公民个人信息。[③]

最高人民法院、最高人民检察院《关于办理侵犯公民个人信息刑事案件适用法律若干问题的解释》（以下简称《侵犯公民个人信息解释》）第1条规定，《刑法》第253条之一规定的“公民个人信息”，是指以电子或者其他方式记录的能够单独或者与其他信息结合识别特定自然人身份或者反映特定自然人活动情况的各种信息，包括姓名、身份证件号码、通信联系方式、住址、账号密码、财产状况、行踪轨迹等。

公民个人信息的识别性是个人信息与信息主体存在客观确定的可能性，简单地说，这些个人

① 周光权：《刑法各论》（第2版），中国人民大学出版社2011年版，第66页。
② 张新宝：《隐私权的法律保护》，群众出版社2004年版，第7页。
③ 张明楷：《刑法分则的解释原理》（下册），中国人民大学出版社2011年版，第94页。

信息能够直接或者间接地指向确定的主体。因此单纯的血型、学历等单个信息难以反映主体的身份信息，不能认定为本罪的犯罪对象，只有一项信息或者多项信息组合具有特定指向，既能与主体发生关联，同时能够识别出个体身份时，才能认定为公民个人信息。

有关公民个人信息的几种罪的保护法益是公民的个人信息安全。公民个人信息关系到每个人日常生活的开展、正常生活状态的维持，不仅关涉个人名誉，同时影响个人的社会评价。公民个人信息的破坏或侵害，既可能给公民带来物质上的损失，也可能造成精神上的伤害，并影响公民在社会经济生活、社会政治生活中各项权利的实现。对公民个人信息的犯罪应考虑法条竞合之间的关系，如窃取、收买、非法提供他人信用卡信息资料，足以伪造可进行交易的信用卡，依照《刑法》第 177 条之一第 2 款的规定，以窃取、收买、非法提供信用卡信息罪定罪处罚；窃取、收买、骗取或者以其他非法方式获取他人信用卡信息资料，并通过互联网、通信终端等使用的，属于《刑法》第 196 条信用卡诈骗第 1 款第 3 项所称“冒用他人信用卡”的情形。

（2）手机定位信息的属性。手机定位信息是指通过特定的定位技术来获取移动通信设备的位置信息，在电子地图上标出被定位对象位置的技术或服务。一是从形式上看，手机定位信息具有动态性，与一般稳固性的静态信息不同，难以与强调身份隐私性与可识别性的公民个人信息相同。但是手机定位信息不仅通过号码与公民个人直接关联可以识别出主体身份，且反映出的公民的活动轨迹显然是公民不希望一般人知晓的，如果被侵害，必然造成对公民个人生活和社会生活的影响，与个人隐私也存在联系。二是公民个人活动轨迹情况的泄漏，相较于其他信息而言，对公民生命、健康、财产安全的威胁可能更大，因为想要获取上述信息的行为人往往早有预谋，行为对象明确，行为目标确定，一旦获知被定位人的所在位置，有可能使被定位人处于急迫的危险当中，甚至危及生命安全。因此手机定位信息在实质上不仅具有保护的必要性，而且具有隐私性、识别性特定，应当属于刑法意义上所保护的公民个人信息。

2. 非法获取公民个人信息罪。

非法获取公民个人信息罪（因《刑法修正案（九）》出台，该罪已经被取消，并变更为侵犯公民个人信息罪，自 2015 年 11 月 1 日起施行）是指以窃取或者其他方法非法获取国家机关或者金融、电信、交通、教育、医疗等单位在履行职责或者提供服务过程中获得的公民个人信息，出售或者非法提供给他人，情节严重的行为。根据《刑法》规定，犯本罪的，处 3 年以下有期徒刑或者拘役，并处或者单处罚金。

这里的“窃取”，是指采用秘密的方法或不为人知的方法取得公民个人信息的行为，如在 ATM 旁用望远镜偷看或用摄像机偷拍他人银行卡密码、卡号或身份证号，或通过网络技术手段获得他人的个人信息等情况。“以其他方法非法获取”，如通过购买、欺骗等方式非法获取公民个人信息的行为。应当注意的是，本款规定的非法获取公民个人信息的行为，只要达到情节严重，就构成非法获取公民个人信息罪。情节严重是构成本罪的必备条件。这里的“情节严重”，一般是指非法获取公民个人信息的手段恶劣，获取了公民个人大量的信息，多次窃取或非法获取公民个人信息后又出售给他人牟利等情节。

3. 关于情节严重的认定。

按照《刑法》第 253 条之一的规定，出售、非法提供、非法获取公民个人信息的行为，只有达到情节严重的才构成犯罪。情节的限制既是立法谦抑性的表现，也符合刑罚经济性的要求，由于目前没有关于情节严重的司法解释，因此在判断罪与非罪的界限时，需要行使自由裁量权。

（1）关于情节严重的认定方式及因素。关于情节严重，有的观点以数量或者数额作为入罪的标准,如原国家经贸委、国家计委等共同研究制定的《中小企业标准暂行规定》中对中型企业要求的最低人数作为侵犯公民个人信息犯罪情节严重中的量的基础依据,即以 100 人作为量的起点,获利额以非法获利 5000 元为犯罪起点。在关于情节犯的认定中,设定了数额或者数量作为反映社会危害性的单一性情节,只要具体案件符合其中任何一项单一情节标准,即可认定为情节严重。这种模式属于单一标准解释模式,但是单一模式下对考量因素作了不同程度的列举,其所列举的考量因素并不周延,很难避免挂一漏万的现象。

其实情节严重作为一种概括性的定罪情节,其内涵与外延应当从犯罪构成的各个方面进行多角度考量,采用多因素分析法,不应仅局限在数额或者数量的单个情节上或者设定某个情节,而应该进行综合性的考虑,如除了非法获取信息数量的大小、次数的多少,还应该包括信息隐秘程度、信息扩散时空范围、被害人精神伤害及物质损失情况、被告人获利情况以及获得信息的流向是用于商业性经营还是用于实施犯罪活动的。因此在情节严重的认定和解释上是结合主客观因素综合性认定,而非单一情节的设定。

根据《侵犯公民个人信息解释》第 5 条第 1 款的规定,非法获取、出售或者提供公民个人信息,具有下列情形之一的,应当认定为《刑法》第 253 条之一规定的“情节严重”:①出售或者提供行踪轨迹信息,被他人用于犯罪的;②知道或者应当知道他人利用公民个人信息实施犯罪,向其出售或者提供的;③非法获取、出售或者提供行踪轨迹信息、通信内容、征信信息、财产信息 50 条以上的;④非法获取、出售或者提供住宿信息、通信记录、健康生理信息、交易信息等其他可能影响人身、财产安全的公民个人信息 500 条以上的;⑤非法获取、出售或者提供第 3 项、第 4 项规定以外的公民个人信息 5000 条以上的;⑥数量未达到第 3 项至第 5 项规定标准,但是按相应比例合计达到有关数量标准的;⑦违法所得 5000 元以上的;⑧将在履行职责或者提供服务过程中获得的公民个人信息出售或者提供给他人,数量或者数额达到第 3 项至第 7 项规定标准一半以上的;⑨曾因侵犯公民个人信息受过刑事处罚或者 2 年内受过行政处罚,又非法获取、出售或者提供公民个人信息的;⑩其他情节严重的情形。

(2)关于手机定位信息的计算方式。关于如何计算手机定位的数量,存在两种计算方式。有人认为,对同一部手机定位一次即属于一条信息,定位多次则属于多条信息。有的观点认为如果基于同一个人的申请,在相对固定的时间内(如一周、一个月或者一年)对同一部手机进行连续多次定位,可以计算为一条信息,对一个手机号码以月为单位以固定次数打包计价出售,虽然在一个月内对同一部手机进行了多次定位,仍可以计算为一条信息。根据《侵犯公民个人信息解释》第 11 条规定,非法获取公民个人信息后又出售或者提供的,公民个人信息的条数不重复计算;向不同单位或者个人分别出售、提供同一公民个人信息的,公民个人信息的条数累计计算;对批量公民个人信息的条数,根据查获的数量直接认定,但是有证据证明信息不真实或者重复的除外。

公民个人信息是关于公民主体身份的信息,因此对于信息数量的计算也应与主体身份相对称,对一部手机进行多次定位的,仍然是指向同一被害人,在刑法意义上仅侵害了一人的法益,属于一条信息。但是根据对情节严重的多因素分析方式,不应局限于信息的数量,还应考虑连续定位、多次定位行为的危害性,信息的流向及其被告人的获利情况等因素。本案中,两被告人手机定位信息 20 余部次,有的长达数月之久,将信息出卖给他人且违法所得 2 万余元。多次获取多个公民个人信息,严重干扰了他人正常生活,应构成情节严重。因此,其行为构成非法获取公民个人信息罪(现为侵犯公民个人信息罪)。

应当说,在对于此类犯罪尚无明确司法解释的情况下,一审法院根据刑法修正案条款规定及立法原意,结合司法实践经验,对本案被告人的定罪处罚是正确的。

第四章 侵犯公民人身权利、民主权利罪

255. 因反抗严重家暴而杀人的应属酌定从轻量刑情节

受害者因反抗长期遭受的严重家庭暴力而杀死施暴者，其行为具有防卫因素，如犯罪情节不是特别恶劣，作案手段不是特别残忍的，应作为酌定情节，根据具体案情，有的可认定为故意杀人罪的“情节较轻”。

司法实例

华某云(女)故意杀人案

被告人华某云和被害人俞某淮系夫妻关系，二人婚后育有3名子女。俞某淮与华某云结婚10余年来，在不顺意时即对华某云拳打脚踢，华某云时常被打得浑身青紫，深受同事们的同情。2015年下半年，俞某淮开始有了婚外情，在日常生活中变本加厉地对华某云进行殴打。2016年9月8日中午，俞某淮在其务工的某省某市某皮鞋厂职工宿舍内因琐事再次殴打华某云，当晚还向华某云提出离婚并要求华某云独自承担子女的抚养费用。次日凌晨，华某云在绝望无助、心生怨恨的情况下产生杀害俞某淮的想法。华某云趁俞某淮熟睡之际，随手拿起宿舍中一根铁棍猛击俞某淮头部数下，又持菜刀砍向俞某淮的颈部，致其当场死亡。作案后，华某云拨打“110”报警并留在现场等待警察。经法医鉴定，俞某淮系头部遭棍棒类物体多次打击和颈部遭受长刃锐器多次切割造成严重颅脑损伤合并左侧颈外动脉破裂大失血而死亡。案发后，被害人的父母表示谅解华某云的行为，并恳求对华某云从轻处罚。

某省某市中级人民法院经审理认为，被告人华某云因不堪忍受丈夫俞某淮的长期严重家庭暴力而持械杀死俞某淮，其行为已构成故意杀人罪。华某云作案后没有逃匿或隐瞒、毁灭罪证，而且主动打电话报警，在现场等待民警抓捕，归案后如实供述自己的犯罪事实，并带领侦查人员找到作案使用的菜刀，具有自首和认罪、悔罪情节。综上，华某云的作案手段并非特别残忍、犯罪情节并非特别恶劣，应当认定为《刑法》第232条规定的故意杀人“情节较轻”。同时，考虑到被害人俞某淮的父母对华某云表示谅解，且华某云尚有三个子女需要抚养，因此对华某云给予较大幅度的从轻处罚。遂判决认定被告人华某云犯故意杀人罪，判处有期徒刑4年。判决已生效。

一审法院判决认为被告人华某云构成故意杀人罪，认定自首，因其处于反抗长期家庭暴力而杀人，作案手段并非特别残忍、犯罪情节并非特别恶劣，故认定为《刑法》第232条规定的故意杀人“情节较轻”，主要理由为：

1. 被告人的杀人动机是为了反抗、摆脱家庭暴力，其行为具有防卫因素。施暴者实施的家庭暴力是诱发被告人产生犯罪动机或者使犯罪动机外化最主要的因素，被害人在案发起因上存在严重过错，这也是认定被告人故意杀人“情节较轻”的主要依据之一。在审理此类案件时，应分析判断被告人杀人的动机，只有在被告人因不堪忍受家庭暴力，为了反抗、摆脱家庭暴力而产生杀人故意的情形下，才能适用2015年两高两部《关于依法办理家庭暴力犯罪案件的意见》(以下简

称《办理家暴意见》)第20条的规定①。结合本案,华某云长期遭受被害人的殴打,但其一直默默忍受、委曲求全,但被害人出轨后对其殴打更频繁、更凶狠,往往两三天就要打一次,导致华某云内心的怨气、恐惧已经积累到相当严重的程度。案发当天凌晨,终因丈夫提出离婚并要求其独自抚养子女,再也无法忍受而采取极端的手段杀人。丈夫提出离婚并要求华某云独自抚养两个子女看似与华某云遭受的家庭暴力无关,但正是因为华某云在遭受了长期的家庭暴力之后,在其主观认识上,俞某淮提出离婚也是其实施的家庭暴力的一部分。因此华某云杀人的动机主要还是为了反抗其遭受的长期家庭暴力。

2. 司法实践中如何认定长期严重家庭暴力。家庭暴力一般是指家庭成员包括配偶、父母、子女以及其他共同生活的近亲属之间实施的,以殴打、捆绑、禁闭、残害或者其他手段对身体、精神、性等方面的侵害。家庭暴力的发生往往具有周期性,即从双方关系紧张期到暴力期再到平静期,如果经过三个以上这样的周期,即多次实施家庭暴力,即可认定家庭暴力的存在。因此,家庭成员之间偶尔发生的肢体冲突并不构成家庭暴力,在司法实践中应与家庭暴力加以区分。同时,被告人遭受的家庭暴力应达到一定的程度,2015年《办理家暴意见》对此从强度和长度两个方面作出了规定,即遭受严重家庭暴力,身体、精神受到重大损害或者遭受了长期家庭暴力。但《办理家暴意见》对何为严重家庭暴力、何为重大损害、何为长期家庭暴力并未做出明确规定。

对于判断何为长期严重的家庭暴力,除了考虑家庭暴力延续时间的长短,还要考虑家庭暴力延续的时间在整个婚姻家庭关系存续期间所占的比例以及对被告人心理、精神所造成的影响等因素。本案中,被告人华某云供述其与俞某淮结婚以来,只要不服从即遭俞某淮拳打脚踢,在俞某淮有婚外情后,只要过问婚外情的情况,遭受殴打的程度就更加严重、频率更加频繁。本案有10余名证人,包括被害人俞某淮的亲属、工友、同乡,均证实曾亲眼看见华某云遭受俞某淮殴打或者听闻俞某淮经常殴打华某云的经过或情况。本案在案的华某云唯一一次就诊记录尚无法反映出其身体受到了重大的损害,但华某云自结婚10余年来一直遭受俞某淮的殴打,足以认定其遭受了长期严重的家庭暴力。

3. 被告人特殊的心理和行为模式对犯罪情节认定的影响。家暴受害者以暴制暴的案件不同于一般故意杀人案件,被告人往往具有特殊的心理和行为模式,在评价被告人的作案手段和犯罪情节时应充分考虑被告人特殊的心理和行为模式。家庭暴力的受害者出于自我保护的目的,防止施暴者在未死的情况下对其造成更大的伤害,在怨恨、恐惧、忍受积累到一定程度时,往往会使用具有杀伤性的工具加害于施暴者的致命部位,对此不宜认定为"犯罪手段特别残忍"。只有在泄愤、报复、折磨等目的的支配下,用凶残狠毒或者社会大众难以接受的手段和方法长时间、高频率加害于被害人的身体,故意加重被害人的痛苦程度,才能认定为"犯罪手段特别残忍"。除此之外,如果被告人杀人的动机是反抗、摆脱家庭暴力,其杀人的对象具有特定性,其只针对施暴人,对社会大众不具有人身危险性,作案后具有自首情节或者认罪、悔罪态度较好,没有破坏现场、毁

① 2015年两高两部《办理家暴意见》第20条规定:"充分考虑案件中的防卫因素和过错责任。对于长期遭受家庭暴力后,在激愤、恐惧状态下为了防止再次遭受家庭暴力,或者为了摆脱家庭暴力而故意杀害、伤害施暴人,被告人的行为具有防卫因素,施暴人在案件起因上具有明显过错或者直接责任的,可以酌情从宽处罚。对于因遭受严重家庭暴力,身体、精神受到重大损害而故意杀害施暴人;或者因不堪忍受长期家庭暴力而故意杀害施暴人,犯罪情节不是特别恶劣,手段不是特别残忍的,可以认定为刑法第二百三十二条规定的故意杀人'情节较轻'。在服刑期间确有悔改表现的,可以根据其家庭情况,依法放宽减刑的幅度,缩短减刑的起始时间与间隔时间;符合假释条件的,应当假释。被杀害施暴人的近亲属表示谅解的,在量刑、减刑、假释时应当予以充分考虑。"

灭罪证、侮辱被害人尸体的，一般可以认定为“犯罪情节不是特别恶劣”。结合本案，被告人华某云虽然使用了铁棍、菜刀等具有杀伤性的作案工具，在敲击俞某淮的头部之后再用菜刀砍向其颈部，但结合受虐妇女的特殊心理模式，其主观上只想迅速结束被害人的生命，防止被害人逃脱获救后会反过来杀死自己。被告人华某云作案后拨打了“110”，在现场等候警察抓捕，并主动带警察寻找作案工具，综合其在全案中的犯罪情节，可以认定华某云手段不是特别残忍、犯罪情节不是特别恶劣。

综上，依照《办理家暴意见》的规定，对被告人华某云以故意杀人“情节较轻”认定。考虑到被害人的父母对华某云表示谅解，以及华某云尚有三个未成年子女需要抚养，最终对其判处有期徒刑4年。

256. 将不会游泳的人强推下水致其溺亡构成何罪

行为人虽然未满18周岁，但是具有判断事实的能力，且主观上知道被害人不会游泳，将不会游泳的人强推下水，虽不具有希望或积极追求危害结果发生的主观故意，但明知其行为可能致被害人溺水死亡的情况下，处于开玩笑的动机，不顾被害人的大声呼叫、他人的严正警告，仍然强行推被害人落水，并且不设法阻止危害结果的发生，而是放任危害结果的发生，其行为应认定为故意杀人罪（间接故意），而非过失致人死亡罪。

司法实例

敬某兆、成某非故意杀人案

敬某兆、成某非、侯某强在某县城同一小区居住。年龄15周岁的侯某强得知成某非（不满18周岁）在弄桥边戏水后邀请敬某兆等人过去玩。侯某强越过护栏坐在桥边，敬某兆试图将侯某强推下水，但未成功，侯某强告知他自己不会游泳，敬某兆又推侯某强，侯某强抱住成某非的大腿未落水，并再次告知敬某兆自己不会游泳，成某非也警告敬某兆水太深，不可开玩笑，但敬某兆未予理睬，再次推侯某强，侯某强顺势抓住桥上的灯柱，此时成某非将侯某强抓住灯柱的手指掰开，侯某强顺势抓住成某非的手，将成某非拖入水中，后成某非爬上浮桶。侯某强沉入水中后，敬某兆、成某非未实施营救，曹某等人进行了救援但未果。随后，邢某晶打电话报警，成某非应敬某兆安排告知警方案发地点。随后，敬某兆与成某非离开现场并在途中拒接警方电话。

某县人民检察院以敬某兆、成某非涉嫌犯故意杀人罪提起公诉。

某县人民法院审理认为，被告人敬某兆、成某非构成故意杀人罪（间接故意）。被告人敬某兆、成某非均系主犯，但被告人成某非较被告人敬某兆而言所起作用相对较小，可酌情从轻处罚。被告人敬某兆主动归案后，未在公安机关掌握其主要犯罪事实之前如实供述，依法不能认定为自首，但其能如实供述自己的犯罪事实，依法可以从轻处罚。被告人成某非犯罪时未满18周岁，且系初犯、偶犯，归案后能如实供述犯罪事实，依法应当减轻处罚。遂判决认定被告人敬某兆犯故意杀人罪，判处有期徒刑12年；被告人成某非犯故意杀人罪，判处有期徒刑6年。

一审宣判后，被告人敬某兆不服一审判决，以其主观上并无故意杀害侯某强的故意，对侯某强的死亡属于疏忽大意的过失，事发后，其离开现场是因为惧怕承担责任而非放任侯某强死亡不管，一审法院认定其构成故意杀人罪错误，应当以过失致人死亡罪追究刑事责任为由提起上诉。被告人成某非不服一审判决，以其是与被害人侯某强开玩笑，并无伤害侯某强的主观故意，其对侯某强的死亡结果属于应当预见而未预见，符合疏忽大意的过失心态，构成过失致人死亡罪而非故意杀人罪，对侯某强的死亡，其仅起到了辅助作用，属于从犯，应从轻处罚为由提起上诉。

某市中级人民法院二审判决维持一审法院判决中的定罪部分，撤销一审法院判决中的量刑部分；上诉人敌某兆犯故意杀人罪，判处有期徒刑10年；上诉人成某非犯故意杀人罪，判处有期徒刑4年。

一、二审法院对本案二被告人以故意杀人罪定罪处罚，其主要理由为：

1. 二被告人强推被害人下水的行为已构成故意杀人罪。根据《刑法》第232条的规定，故意杀人罪是指故意非法剥夺他人生命的行为。此处的故意分为直接故意和间接故意，其中间接故意是明知自己的行为会发生危害社会的结果，并且放任这种结果发生的心理状态。而过失是应当预见自己的行为可能发生危害社会的结果，因为疏忽大意而未预见，或者已经预见而轻信能够避免，以致发生这种结果的心理状态。据此，间接故意与过失心态的主要区别在于：(1)认识因素不同。间接故意的主观认识因素是明知，即对危害后果的发生具有完全的认知，主观上对自己的行为可能导致损害后果的发生明知；而过失的主观认识因素是应当预见，即作为社会一般人或平常人，根据行为时的客观情况结合社会经验、预见能力等因素，对危害后果的发生能够预见。(2)意志因素不同。间接故意对损害后果的发生系持放任态度，即虽没有积极地追求，但也没有有效地阻止，既无所谓希望，也无所谓反对，而是放任自流，听之任之，任凭它发生与否，对结果的发生在行为上持一种消极的态度，但在心理上是肯定的，不与其意志冲突。而过失则是一种"不希望"犯罪结果发生的心理状态，但最终由于自身过错即轻信能够避免或疏忽大意而导致了犯罪结果的发生。本案被告人主观上知道被害人不会游泳，将不会游泳的人强推下水，虽不具有希望或积极追求危害结果发生的主观故意，但在明知其行为可能致被害人溺水死亡的情况下，出于开玩笑的动机，不顾被害人的大声呼叫、旁人的严正警告，仍然强行推被害人落水，并且不设法阻止危害结果的发生，而是放任危害结果的发生，蔑视他人的生命，其行为应认定为故意杀人罪(间接故意)，而非过失致人死亡罪。

2. 二被告人强推被害人下水的行为属于间接故意。在司法实践中应当注意区分过于自信的过失致人死亡与间接故意杀人。虽然二行为人都预见到可能发生他人死亡的后果，但一人并不希望或放任这种结果发生，而只是轻信能够避免；另一人则对结果的发生采取放任、听之任之和漠不关心的态度。本案二被告人及被害人就在附近居住，均知悉此处的水深情况；二被告人明明知道被害人不会游泳，此处水深，落水后在水下无生存的能力，不顾被害人和他人的警告将其推下水，且在被害人掉落水中后，未实施积极的救援行为，而是放任被害人落水。被告人已知被害人和他人的警告，应当知道被害人落水后会发生的危害后果，知道自己的行为会危害他人的生命，但是行为人依然采取行为，两次推被害人下水未得逞后，又实施了第三次的强推行为，并且在被害人落水后未采取任何救援措施，任由被害人落水后可能溺水死亡的危害后果发生。据此，可以认定行为人主观上是在明知强推被害人入水会导致其死亡的情况下，将其推入水中，且未积极采取任何救助措施，而是听之任之，放任损害后果的发生，故行为人的主观心态是间接故意，既非直接故意，也非过于自信的过失或疏忽大意的过失。

综上，对二被告人应当以故意杀人罪定罪量刑，而不应以过失致人死亡罪追究被告人的刑事责任。

257. 对于遭受暴力讨债时的反抗行为应如何定性

行为人因其驾驶车辆的持有人与他人发生民事纠纷，在偏僻的山坳里，被被害人深夜拦车，持铁器打碎车窗玻璃并持续追赶、违反交通规则强行超车，被害人的行为显然具有不法侵害性，行为人以为路遇抢劫，不敢停车而推行被害人所驾驶的商务车的行为具有防卫性质。但行为人推行商务车达500余米并撞上同向行驶的大货车，明显超过了防卫的必要限度，且造成一人死亡，三人受伤的重大损害后果，属防卫过当，应承担刑事责任。其行为构成故意杀人罪，但在量刑上应予减轻处罚。

司法实例

黎某佐故意杀人案

被告人黎某佐系附带民事诉讼被告人汪某有、沈某南、毕某和雇用的驾驶员。2014年10月，汪某有、沈某南、毕某和三人合伙与某租赁有限公司签订融资租赁合同一份，合同约定某租赁有限公司对其某车号的一辆水泥槽罐车享有所有权，汪某有对该车具有占有和使用权。至2014年7月，汪某有等人未按约支付某租赁有限公司租金，某租赁有限公司多次催款未果。

2014年8月9日，某租赁有限公司指派员工王某银、郄某侠、崔某琢等五人驾驶一辆商务车到某县寻找该辆水泥槽罐车，并指示发现车辆可以强行扣车。次日4时，被告人黎某佐驾驶该水泥槽罐车同妻子阴某一起从某市返回本县，途经205国道1605公里某县宾馆路口路段时，被王某银等人发现并拦停。随即王某银、郄某侠、崔某琢、周某德、顾某南手拿摇把、套筒等工具下车，先后走到槽罐车边。被告人黎某佐见状即驾车驶离，其间郄某侠等人用摇把、套筒将槽罐车车窗玻璃打碎并返回商务车上，由王某银驾车追赶被告人黎某佐。被告人黎某佐见此情形，便蛇形行驶设法不让商务车超车，致使王某银数次超车未果。其间被告人黎某佐又先后打电话给沈某南、毕某和，告知槽罐车车窗玻璃被他人打碎，并遭他人追赶的情况。两车行驶十来分钟，至某市道5公里某县贾村路段时，王某银驾驶商务车从槽罐车右侧超上去，被告人黎某佐驾驶的水泥槽罐车车头撞上商务车左侧中间部位，两车碰撞后，被告人黎某佐未采取制动等紧急措施，槽罐车顶着商务车向前行驶525米，并撞上前方同向行驶的一辆货车尾部后，两车才停下，被告人随即逃离现场。事故造成商务车上顾某南死亡，王某银、周某德重伤，郄某侠轻微伤。

附带民事诉讼原告人认为某租赁有限公司去索要欠款的行为不属于不法侵害，某租赁有限公司对拖欠租金的水泥槽罐车依法享有收车权，并且被害人使用工具砸碎车窗，并未对被告人人身形成紧迫的威胁。被告人没有拨打“110”而是打电话给其老板，说明被告人应当知道是索要欠款，所以被告人的行为不属于正当防卫。被告人明知驾车高速行驶，二次撞击可能造成车毁人亡的后果，却积极追求这种结果的发生，所以被告人的行为构成故意杀人罪，要求判处被告人死刑。

被告人黎某佐认为自己撞车后，心里很紧张，意识混乱，所以没顾上踩刹车，自己的行为属正当防卫。其辩护人认为：一是被告人主观上没有故意杀人的故意，客观上也没有实施故意杀人的行为。二是本案撞车的原因是由于被害人突然强行超车，二车发生相撞，被告人由于吓坏了，思维混乱，所以才没踩刹车。三是某租赁有限公司对水泥槽罐车没有所有权，享有的只是债权。被害人手拿凶器，砸碎车窗的行为应属不法侵害，行为性质明显是共同抢劫，被告人的行为属正当防卫。四是被告人防卫的程度没有超过必要的限度，在车辆高速运行的过程中，二车发生相撞，发生的后果不是被告人主观能控制的。并且被告人顶着商务车前行525米而撞上前面的车子会造成什么后果现在也不清楚，目前也没有证据证明第一次撞车以后商务车上的五个人已经丧失对被告人继续加害的能力。综上，被告人的行为属正当防卫，且没有超过必要的限度。

三附带民事诉讼被告人的委托代理人认为，某租赁有限公司对于本案中的水泥槽罐车没有所有权，只享有债权，被害人没有权利强行拦车。被害人等人在公路上高速追逐并强行超车拦截高速行驶中的他人车辆，涉嫌危害公共安全罪，被告人可以行使无限防卫权，不应承担刑事和民事责任。

某县人民法院审理认为，被告人黎某佐在水泥槽罐车与商务车相撞后，明知顶着商务车继续行驶，可能导致他人伤亡的后果，却不采取制动等措施，仍驾车前行525米，直至撞上同向行驶的大货车尾部才停止，停车后商务车上的人员一死二重伤，其行为已构成故意杀人罪。王某银等五人因民事纠纷采取强行扣车、打碎车窗玻璃并追赶车辆的行为具有违法性，且二车相撞后违法性未彻底消除，被告人实施的反击行为具有防卫性质，但明显超过必要的限度，构成防卫过当。从现场照片和被告人的供述、现场勘验检查工作笔录分析，水泥槽罐车与商务车发生第一次碰撞时，水泥槽罐车位于主车道上。二车停下来时，水泥槽罐车还是位于主车道上，而第一次碰撞地与车辆停下地距离为525米，且二地之间有一个弯道，如果被告人在第一次碰撞后不控制方向盘，车辆不会还是沿主车道前进，应该是冲出道路，所以被告人主张自己因思维混乱，没顾上踩刹车的辩解不予采信。遂判决认定被告人黎某佐犯故意杀人罪，判处有期徒刑4年。民事赔偿部分(略)。

一审宣判后，被告人、各附带民事诉讼原告人、各附带民事诉讼被告人均不服，分别提起上诉。

某市中级人民法院审理认为，黎某佐在正当防卫过程中，明显超过必要的限度致一人死亡、二人重伤、一人轻微伤，其行为已构成故意杀人罪。被害人深夜拦车，持铁器打碎车窗玻璃并持续追赶、违反交通规则强行超车，其行为显然具有不法侵害性，黎某佐以为路遇抢劫，不敢停车而推行被害人所驾驶的商务车的行为具有防卫性质。但被告人推行商务车达525米并撞上同向行驶的大货车，明显超过了防卫的必要限度，且造成一人死亡，三人受伤的重大损害后果，属防卫过当，应承担刑事责任。据此，对刑事部分维持原判。

从本案一、二审法院裁判结果来看，对被告人的行为是不是正当防卫，被告人是否可以行使无过当防卫权，被告人应构成何罪，裁判的主要理由为：

1. 被告人的行为是否属于正当防卫。成立正当防卫，须符合五个条件：(1)为了维护国家、社会、自己或他人的合法权利。(2)必须有不法侵害的行为。(3)必须针对正在进行的不法侵害。(4)必须针对实施不法侵害的人。(5)正当防卫不能超过必要的限度。附带民事诉讼原告人认为因为水泥槽罐车车主欠某租赁有限公司融资租赁款，所以被害人强行扣车的行为不属于不法侵害。应当说，某租赁有限公司与水泥槽罐车车主虽然有债权债务关系，但是某租赁有限公司无权采用强行扣车的方法来实现自己的债权，并且在凌晨4时许，在偏僻的山坳里，采用打碎车窗玻璃的方式欲强行扣车，见被告人驾车逃离又持续追赶被告人驾驶的水泥槽罐车，违反交通规则强行超车拦截，显然与正当的索债行为有本质区别，故本案被害人的行为具有违法性。被告人为维护雇主及自身的合法权利可以行使正当防卫，但造成了一死二重伤的重大损害后果，显然已经超过了必要的限度，应属防卫过当。

2. 被告人是否可以行使无过当防卫权。《刑法》第20条第3款规定："对正在进行行凶、杀人、抢劫、强奸、绑架以及其他严重危及人身安全的暴力犯罪，采取防卫行为，造成不法侵害人伤亡的，不属于防卫过当，不负刑事责任。"无过当防卫与正当防卫的区别在于不法侵害行为是否属于严重危害人身安全的暴力犯罪。不法侵害行为是否属于严重危害人身安全的暴力犯罪的认定要依据普通人的认识。本案中被害人等5人在4时,手持铁器在一个偏僻的山坳里拦住被告人驾驶的车辆,打破车窗玻璃,并追赶被告人的车辆,当时被告人的车上还有怀孕的妻子,足以使被告人产生心理上的恐慌,按照普通人惯常的理解都是路遇抢劫了,只是事后经过公安机关侦查才发现被害人没有非法占有的目的,其他都符合抢劫罪的特征。故认为,按照普通人惯常的理解是路遇抢劫,被告人当然可以行使无过当防卫。

还需注意,《刑法》第20条所列举的杀人、抢劫、强奸、绑架并不是罪名,而是采用列举的方式说明哪些是严重危害人身安全的暴力犯罪。对不法侵害行为是否属于严重危及人身安全的暴力犯罪,应采用主客观相统一的原则来认定。本案一是从客观上看被害人只打碎了车窗玻璃,并没有造成被告人及其妻子人身伤害。二是从主观上看被告人在驾车逃跑过程中,完全有能力打电话报警,而被告人却只打了两个电话给雇主告知车窗玻璃被人打破了,并遭人追赶的情况,说明被告人并没有产生不法侵害行为已经严重危及了他及妻子人身安全的紧迫感。综上,被告人所遭受的不法侵害不属于严重危及人身安全的暴力犯罪行为,不能行使无过当防卫权,被告人的行为属防卫过当。

3. 被告人的行为是构成故意伤害致死还是属于间接故意杀人。故意伤害致死和间接故意杀人由于客观行为动作基本相同,因而二罪的界限比较模糊,不容易分清。被告人和被害人素不相识,被告人主观上没有杀人的故意,罪名应当认定为故意伤害罪。但对行为人主观方面的认定要结合客观情况综合评判。在本案中,一是被告人作为一名驾驶员,应当知道二车相撞后仍顶着商务车在公路上行驶,可能会发生车毁人亡的后果。二是被告人不踩刹车驾车顶着商务车行驶的距离有525米,如果没有撞上前面的大货车,不知道还要多久才能停下来,说明被告人的行为没有节制性。三是被告人车子停下来后,被告人不是抢救伤员,而是逃离现场。从以上三点分析被告人主观上对造成的死亡的后果是持放任态度,其行为应属间接故意杀人。

综上,被告人的行为构成故意杀人罪,且属防卫过当。一、二审法院对被告人认定构成故意杀人罪,并减轻处罚是正确的。

258. 判断被告人的行为是故意杀人还是交通肇事

行为人在其交通肇事后,将受害人带离事故现场藏匿而致其死亡,其行为构成故意杀人罪;被害人的亲属找到被害人的尸体后,向公安机关报案,公安人员到达现场,后将行为人带到公安机关讯问,行为人才如实供述了自己的犯罪事实,因此,行为人的行为依法不构成自首。

司法实例

张某晁故意杀人案

2016年6月5日23时10分许,被告人张某晁酒后无证驾驶无号牌红色二轮摩托车搭载李某海沿某县城西环路自南向北行驶,当行至某村以西时,与前方顺行骑电动车的邢某爱尾随相撞,张某晁、李某海、邢某爱当即倒地受伤。邢某爱被路人刘某、崔某扶起,被压在车下的张某晁随即起来去拉倒在一旁的李某海,李某海发出呻吟声。邢某爱等人走后,张某晁将李某海拖至路西树下,并在路边挖土坑试图将李某海掩埋。后李某海落入路边河内,被告人张某晁用从河边找到的一根布条系在李某海身上,将其拖至北边桥下,头朝里脚朝外塞进桥洞,后张某晁推摩托车回家。交警部门认定张某晁负事故全部责任。经法医鉴定,被害人李某海系重型颅脑损伤死亡。

本案一审争议焦点：被告人张某晁的行为是否构成故意杀人罪。

一审法院审理认为：关于被告人张某晁所提“当时很想救李某海，在确信其已死亡后仍给其做人工呼吸”的辩解，审理认为，张某晁当庭供述其不会做人工呼吸，发生交通事故后，其完全可以选择其他更具可行性的救助方式，如拨打“120”急救电话、请过路群众帮忙救人等，但他却没有选择，而是采取了给被害人做人工呼吸这一其根本不通晓的抢救措施，被告人的做法不符合情理。且关于给被害人做人工呼吸的辩解在侦查阶段讯问时并未提及，仅有被告人供述，没有其他证据印证，结合其他证据可知，被告人张某晁并未对被害人采取抢救措施。故其该辩解不成立，不予采纳。

被告人张某晁违反道路交通安全法规驾车发生交通事故后，为逃避法律追究将受害人带离事故现场藏匿，使受害人无法得到救助，最终导致死亡，其行为构成故意杀人罪。关于被告人张某晁所提“其没有杀李某海的故意”的辩解，及辩护人提出“本案应定性为交通肇事罪”的意见，审理认为，事故发生后，有证人见到受害人肚子在喘着粗气，并发出呻吟声；尸检报告记载，尸体左腋后皱襞前、后侧及左肩背部皮下脂肪组织内片状出血，说明此时仍有生理反应，上述证据均表明被告人张某晁将受害人带离事故现场时受害人尚未死亡。被告人张某晁交通肇事后负有积极抢救伤者的义务，且在当时的情况下有多种救助渠道可供选择，他却未予施救，反而将已严重受伤的受害人带离事故现场藏至不易被发觉的桥洞中，使受害人丧失了被他人发现从而获救的可能，最终导致死亡结果的发生。对于被害人的死亡，被告人张某晁主观上是故意的心理状态。故被告人张某晁的上述辩解及辩护人意见不成立，不予采纳。综上，被告人张某晁犯罪事实清楚，证据确实充分，后果严重，应依法惩处，鉴于本案系交通事故引发，在案发起因上具有偶然性和意外因素，对被告人可酌情从轻处罚。遂判决认定被告人张某晁犯故意杀人罪，判处有期徒刑15年。

一审宣判后，被告人张某晁以“不构成故意杀人罪，应为交通肇事罪，存在自首情节”为由，提出上诉，请求二审法院改判。

二审法院认为，上诉人张某晁驾驶无号牌摩托车搭载被害人李某海发生交通事故，致李某海严重受伤后，没有依法保护现场、抢救伤员，而是破坏现场，藏匿被害人，致李某海死亡，其行为不符合交通肇事罪的犯罪构成要件，依法构成故意杀人罪，原审判决定罪准确，量刑并无不当。被害人李某海的亲属找到李某海的尸体后，向公安机关报案，公安人员到达现场，后将被告人张某晁带到公安机关讯问，张某晁才如实供述了自己的犯罪事实，因此，张某晁的行为依法不构成自首。综上，上诉人张某晁违反《道路交通安全法》的规定，无证驾驶机动车肇事将被害人李某海摔伤后，为逃避责任，将被害人李某海藏匿于河水淹没的桥洞内，致使被害人李某海死亡，其行为构成故意杀人罪。鉴于该案系交通事故引发，且上诉人张某晁能够认罪，且系初犯，依法可对其酌情从轻处罚。原审判决认定事实清楚，证据确定、充分，定罪准确，量刑适当，审判程序合法。遂依法驳回上诉，维持原判。

1. 本案被告人的行为属交通肇事转化的故意杀人。交通肇事罪，是指违反交通管理法规，因而发生重大事故，致人重伤、死亡或者使公私财产遭受重大损失的行为。该罪主观上是过失的心理状态。故意杀人罪，是指故意非法剥夺他人生命的行为。主观上是故意的心理状态，包括直接故意和间接故意。关于交通肇事转化故意杀人的情形，《交通肇事解释》第6条对此做了规定，即行为人在交通肇事后为逃避法律追究，将被害人带离事故现场后隐藏或者遗弃，致使被害人无法得到求助而死亡的，应当以故意杀人罪定罪处罚。由此可知，交通肇事转化为故意杀人应具备如下要件：(1)行为目的是逃避法律追究；(2)客观行为是行为人在交通肇事后，将被害人带离事故现场后隐藏或者遗弃;(3)行为人主观上具有希望或者放任被害人死亡的心理态度;(4)危害结果是造成被害人因无法得到救助而死亡。本案被告人张某晁无证酒后驾驶无号牌摩托车发生交通事故,此时其主观上是过失的心理状态,后为逃避法律追究,不仅不对被害人采取任何抢救措施,而且将其拖至路边被水淹没的桥洞内隐藏,然后径自回家,这时其主观上已由过失转化为故意,即杀人的故意。客观上又导致了被害人无法得到救助而死亡的结果,因而被害人的死亡并不违背被告人的主观意图,未超出其主观故意的范围。本案被告人的行为符合上述构成要件,属于典型的交通肇事转化为故意杀人的情形,应以故意杀人罪追究其刑事责任。

2. 本案被告人的行为不构成自首。根据《刑法》第 67 条的规定,犯罪后自动投案,如实供述自己的罪行的,是自首。即成立自首一般应同时具备两个要件:一是自动投案;二是如实供述。所谓自动投案,是指犯罪事实或者被告人未被司法机关发觉,或者虽被发觉,但被告人尚未受到讯问、未被采取强制措施时,主动、直接向公安机关、人民检察院或者人民法院投案。本案被害人的亲属向公安机关报案后,公安人员到达现场将被告人张某晁带回公安机关讯问,张某晁才如实供述了自己的犯罪事实,因此,张某晁不属于自动投案,其行为依法不构成自首。

3. 交通肇事后逃逸致人死亡与故意杀人的区分。司法实践中,对于交通肇事后逃逸致人死亡案件的定性往往存在不同意见,有的案件以故意杀人罪起诉,最终按逃逸致人死亡处理;也有一些案件一审认定故意杀人罪,二审改为交通肇事罪。从《刑法》及相关司法解释的规定精神及司法实践经验来看,“因逃逸致人死亡”与故意杀人罪的主要区别:首先是两者的主观方面不同。“因逃逸致人死亡”的主观方面包括故意与过失,故意杀人罪、伤害犯罪的主观方面是故意。其次是两者的行为方式不同。“因逃逸致人死亡”的行为方式是不作为,故意杀人罪、伤害犯罪的行为方式是作为。最后是两者对法益的侵害程度不同。单纯逃逸后,由于受害人还有可能被其他人救助,所以逃逸行为只是对生命、健康造成危险。肇事后移置受害人的,一般是将其转移至隐秘的地方,受害人被他人救起的可能性非常小。所以逃逸行为对法益的侵害程度轻于故意杀人、伤害罪,这也是刑法对逃逸致人死亡的处罚轻于故意杀人罪、伤害犯罪的主要原因。

259. 在被超车辆前故意急刹车致人死亡如何定性

行为人明知在路面不宽的道路上赶超与其有隙的他人搭乘的三轮摩托车后紧急刹车会造成该车驾乘人员重大伤亡的严重后果,而驾驶大货车赶超该车后故意紧急刹车,致三轮摩托车嵌入其大货车车底,造成驾驶员一人死亡的严重后果。其行为侵害了他人的生命权,故行为人的行为构成故意杀人罪(间接故意)。

司法实例

田某生故意杀人案

2016 年 4 月一天,田某生与臧某毅因装货先后顺序问题发生纠纷,田某生觉得受了臧某毅的气,心里感到十分憋屈,越想越气愤,便驾驶自己的货车至臧某毅装货的地点找其理论。下车后两人当即发生争执并发生肢体冲突,在相互推拉过程中被他人拉开。田某生准备走,臧某毅也准备离开。此时,臧某毅的好友沈某正正好驾驶一辆三轮摩托车路过此地,于是臧某毅上了沈某正的车离开。此时,田某生越想越气,便萌生了报复臧某毅的念头,随即驾车追赶臧某毅乘坐的三轮摩托车,追了三四公里便将沈某正的三轮摩托车追上。因道路较窄,田某生鸣笛快速超过沈某正的三轮摩托车后又向右打了一下方向在三轮摩托车前紧急刹车,导致两车相撞,三轮摩托车嵌入田某生货车车厢下面。田某生下车后就用事先准备的铁棍对坐在三轮车上的臧某毅进行殴打，臧某毅跳下车后逃跑，田某生又进行追打。此时，路人将因两车相撞而在货车下面的沈某正拖出，发现其生命垂危，田某生没有对沈某正实施抢救，便离开现场。沈某正在送往医院的途中死亡。经鉴定，沈某正系因暴力作用于腹部导致急性失血性休克死亡。

在本案审理中，对田某生的行为如何定性，存在不同意见：第一种意见认为，田某生驾驶机动车辆时，不注意行车安全，发生重大交通事故致一人死亡，其行为符合交通肇事罪的构成要件，应定交通肇事罪。第二种意见认为，田某生主观上是想报复臧某毅，对沈某正的死亡主观上是过失，其行为符合过失致人死亡罪的构成要件，应定过失致人死亡罪。第三种意见认为，田某生有故意损坏他人身体健康的行为，其行为符合故意伤害罪的构成要件，应定故意伤害罪。第四种意见认为，田某生的行为符合故意杀人罪的构成要件，应定间接故意杀人罪。第五种意见认为，田某生的行为应定以危险方法危害公共安全罪。

本案检察机关对被告人田某生以涉嫌犯故意伤害罪提起公诉。

某市某区人民法院审理认为，被告人田某生的行为已具备故意杀人罪的全部要件，属于间接故意杀人性质，遂判决认定被告人田某生犯故意杀人罪，判处了相应的有期徒刑。

一审宣判后，被告人田某生及其辩护人以被告人田某生构成交通肇事罪，一审判决被告人田某生犯故意杀人罪定性错误为由提起上诉，被二审驳回。

一、二审法院裁判采纳第四种意见，对被告人田某生以故意杀人罪定罪量刑的主要理由为：

1. 田某生的行为不构成交通肇事罪。根据《刑法》第133条的规定，交通肇事罪，是指违反道路交通管理法规，发生重大交通事故，致人重伤、死亡或者使公私财产遭受重大损失，依法被追究刑事责任的犯罪行为。交通肇事行为构成交通肇事罪，其唯一判定标准是该罪的犯罪构成。在犯罪的主观方面，交通肇事罪是过失犯罪。本案中，被告人田某生虽然违反道路交通管理法规在公共交通道路上进行了不法侵害，发生了重大交通事故，致人重伤、死亡，但田某生是在追上臧某毅乘坐的三轮摩托车后，近距离的紧急刹车，并非过失，而是直接故意。其明知在追上臧某毅乘坐的三轮摩托车后近距离的紧急刹车会造成三轮摩托车来不及刹车导致重大事故而为之，因此不构成交通肇事罪。

2. 田某生的行为不构成过失致人死亡罪。根据《刑法》第233条的规定，过失致人死亡罪，是指由于过失导致他人死亡后果的行为。本案中，田某生因纠纷而起意报复侵害臧某毅，导致与臧某毅在同一车上的司机沈某正的死亡，主观上是故意而非过失。田某生驾车追赶臧某毅搭乘的三轮摩托车这一特定的车和人，在快速超车并向被超三轮摩托车行使的道上打方向盘而占据三轮摩托车的行车道后，在被超三轮摩托车前面近距离紧急刹车，明知自己的行为可能造成被超三轮摩托车的司乘人员伤亡的严重后果，还继续实施这一行为，放任伤亡结果的发生，主观方面是间接故意，因此田某生的行为不构成过失致人死亡罪。

3. 田某生的行为不构成故意伤害罪。故意伤害罪，是指故意非法伤害他人身体并达到一定的严重程度（致人轻伤或重伤）、应受刑法处罚的犯罪行为。本罪在客观方面表现为实施了非法损害他人身体的行为。损害他人身体的行为的方式，既可以表现为积极的作为，亦可以表现为消极的不作为。无论是直接由本人实施还是间接实施，亦无论是针对何种部位、采取什么样的方式，只要出于故意，能造成他人的人身健康损害，即可构成本罪。本案中沈某正系暴力作用于腹部导致急性失血性休克死亡，从行为方式上来看，结果的造成是在双方的车辆快速追逐的情况下，其中一方紧急刹车导致的。按照正常人的判断，当时刹车时的冲击力足够大，对沈某正就不仅是伤害的结果，而是足以剥夺三轮摩托车驾乘人员的生命，故被告人田某生的行为不应认定为故意伤害罪。

4. 田某生的行为不构成以危险方法危害公共安全罪。以危险方法危害公共安全罪是一个概括性罪名，是故意以放火、决水、爆炸以及投放危险物质以外的并与之相当的危险方法，足以危害公共安全的行为。该罪侵犯的客体是公共安全，即不特定的多数人的生命、健康或者重大公私财产的安全。如果行为人用危险方法侵害了特定的对象，对不特定的多数人的生命、健康或重大公私财产的安全并无危害即不危害公共安全，就不构成该罪。本案中，被告人田某生犯罪对象特定，即臧某毅和臧某毅的朋友沈某正，其追赶臧某毅乘坐的三轮摩托车的道路为一般道路，其行为尚不属于以危险方法危害公共安全的行为，故被告人田某生的行为不应认定为以危险方法危害公共安全罪。

5. 田某生的行为构成故意杀人罪。一是田某生对沈某正的死亡主观上是间接故意。虽然起初田某生不是直接追求臧某毅及其同车人员沈某正伤亡结果的发生，但田某生是放任自己的行为可能造成臧某毅及其同车人员沈某正伤亡结果的发生，田某生是为了追求一个结果（伤害臧某毅）的发生而放任另一个结果（与臧某毅同车的人员的生命健康遭受可能的伤害）的发生，这种损害结果仍然没有超出不法侵害他人生命健康权这一法定构成要件的范畴，或者说不法行为侵害所预定的对象与实际加害的对象属于同一构成要件范围，就不妨碍行为人故意的成立。二是田某生侵犯的客体是沈某正的生命权。田某生知道在该路面不宽的道路上追赶臧某毅搭乘三轮摩托车的安全程度，更清楚自己不逼停摩托车，是不可能直接对臧某毅实施侵害的，因此田某生采取与之相适应的一系列追赶、堵截、殴打行为，最后发生了与其行为有直接关系的致沈某正死亡的危害结果，侵害了沈某正的生命权。故此田某生的行为应定故意杀人罪。

260. 将伤者放在医院附近致其死亡是否构成犯罪

行为人拉载被害人前往医院抢救途中，因委托人逃离而在行驶至距医院门口 500 米处停下，将被害人背出出租车摆靠在一棵树下，并留字留钱等一系列行为，证明行为人在主观上已经预见到被害人如果得不到及时救治可能会发生死亡的结果，但其认为已经放在现场现金且有留言，医院门口不会断人，会有行人予以救助，而轻信能够避免这一结果的发生，但死亡结果仍然发生，系过于自信的过失。应以过失致人死亡罪定罪处罚。

司法实例

树某斌过失致人死亡案

小轿车驾驶员臧某楞（已另案处理）驾车过失撞倒他人后，在路人的要求下，拦截一辆出租车，请求出租车司机树某斌协助其将被害人送往医院抢救。去医院途中，臧某楞谎称买礼品打点一下医生趁机逃跑。树某斌见臧某楞逃跑，心里十分害怕，虽然继续送被害人去医院，但在行驶至距医院门口 500 米处停下，将被害人背出出租车，将其身体靠在一棵树下，用随车携带的粉笔在其前面的地面上急速写下“请速送往医院抢救！”并用石块压住 300 元钱，然后驾车驶离。当天因为是星期日，出租车司机离开时正值傍晚，天色将黑，医院门口没有行人来往，最后被害人因被延误抢救时间多时，失血过多而死亡。

检察机关以被告人树某斌涉嫌犯故意伤害罪提起公诉。

一审法院审理认为，被告人树某斌将被害人弃置医院附近离开，致使其被延误抢救时间多时，失血过多而死亡。但被告人树某斌既无损害被害人身体健康的故意，亦无剥夺被害人生命的故意,其从主观上认为,医院门口人流不断,会有行人对被害人予以救助,这属于过于自信的过失,发生的结果出乎其意料、违背其意愿,其行为构成过失致人死亡罪。遂判决认定被告人树某斌犯过失致人死亡罪,并科以相应的刑罚。判决已生效。

在检察机关审查起诉及法院审理过程中,对本案出租车司机树某斌的行为应如何定性,存在分歧。主要有三种不同意见。第一种意见认为,树某斌的行为不构成犯罪。理由是树某斌答应的是臧某楞的请求对被害人进行协助救助,尽管臧某楞与被害人都坐在了车上,但是由于树某斌的真实意思表示,只有臧某楞与树某斌形成了客运合同,被害人仅是受益人。被害人与树某斌之间没有形成有效的客运合同,树某斌也就不会产生客运合同中安全送达、救助等义务,更不具有刑法上的作为义务,因此树某斌不构成犯罪。第二种意见认为,树某斌的行为构成故意伤害罪。理由是树某斌在将被害人送至医院门口500米处后所采取的一系列措施,一方面说明树某斌明知自己的行为可能会造成被害人因得不到及时有效救治而伤亡,另一方面也证实了树某斌放任这一危害结果的发生,是间接故意,构成故意伤害罪。第三种意见认为,树某斌的行为构成过失致人死亡罪。理由是树某斌既无损害被害人身体健康的故意,更无剥夺被害人生命的故意,其行为致被害人死亡,从主观方面讲完全是一种过于自信的过失,发生的结果是出乎其意料、违背其意愿的,是树某斌排斥、反对的,因此树某斌构成过失致人死亡罪。

从法院判决结果看,一审法院结合本案具体案情,采纳了第三种意见,对树某斌的行为以过失致人死亡罪定罪处罚,主要理由为:

1. 被告人树某斌对被害人的死亡,有作为义务而没有作为,系不作为的犯罪。不作为犯罪中,不作为的作为义务是论证不作为的原因及其犯罪性的关键所在,是不作为构成的核心要素,是不作为存在之前提。其作为义务来源包括:(1)法律的明文规定。法律明文规定的作为义务是不作为之作为义务的主要来源之一,这也是罪刑法定原则的必然要求。(2)行为人职务或业务上的要求。具有某种职务或者从事某种特定业务的人,都具有特定的作为义务。(3)基于行为人的法律地位或法律行为所产生的特定义务。法律行为是指法律上能够引起一定的权利和义务的行为,在实践中主要表现为合同行为,也包括自愿承担义务的行为。例如,基于合同关系受雇照看病人或者儿童,当病人或者儿童的生命、健康发生危险时,受雇者具有排除这种危险的义务。(4)基于自己的先行行为所产生的特定作为义务。当行为人已经实施的行为给法律所保护的利益造成危险时,行为人具有排除这种危险的特定作为义务。

本案中,被告人树某斌作为出租车司机,其与臧某楞、被害人之间形成的法律关系应当受到《合同法》(现已失效)的约束,依据《合同法》(现已失效)第301条、现《民法典》第822条的规定,承运人在运输过程中应当尽力救助患有疾病、分娩、遇险的旅客。按照常理以及树某斌作为承运人应当尽力救助的义务,树某斌应当将被害人送至医院救治,而其将被害人送至距离医院门口500米处的地方,没有尽到救助义务,显然违反了该条规定。在臧某楞下车之后,树某斌对于被害人基于其自愿承担协助臧某楞将被害人送往医院抢救的义务,其就成为法律上唯一一个现场救助者。其随后继续拉着被害人前往医院的行为,乃至后来的一系列行为是在履行其承诺救助被害人的先行法律义务。因此,树某斌对被害人有法律上的安全送达、救助义务,而其却没有履行,导致了被害人的死亡,客观上构成了过失致人死亡罪中的不作为。

2. 树某斌对被害人的死亡,在主观上存在错误认识系过于自信的过失。过失致人死亡罪,是指因过失导致他人死亡结果发生的行为,包括疏忽大意的过失和过于自信的过失。过于自信的过失致人死亡罪,系行为人已经预见到自己的行为可能发生他人死亡的结果,但存在自认为能够避免他人死亡的结果发生的因素,如行为人自身能力方面的经验或他人的行为预防措施,以及客观条件或自然力方面的有利因素等，轻信他人死亡的结果不会发生，以致他人死亡的结果最终发生。本案中，树某斌在行驶至距医院门口 500 米处停下，将被害人背出出租车，把其身体靠在一棵树下，用随车携带的粉笔在他前面的地面上急速写下“请速送往医院抢救！”并用石块压住 300 元等一系列行为，证明树某斌在主观上已经预见到被害人如果得不到及时救治，就可能发生致其死亡的结果。其为了避免这一结果的发生而采取了以上行为，但是死亡结果仍然发生了，其主观上已经认识到死亡结果发生的可能性，但其认为，其已经放在现场现金，医院门口不会断人，会有行人予以救助，而轻信能够避免，系过于自信的过失。

3. 被告人树某斌的行为不能因臧某楞的行为而免责，其行为与被害人的死亡结果存在刑法上的因果关系。刑法上的因果关系一般应该是必然因果关系，即在犯罪行为中包含着危害结果发生的必然性。偶然因果关系在刑法上也具有一定的意义。有些犯罪行为，本身并不包含产生某种危害结果的必然性，但在其发展过程中又偶然地与另一原因交错，并促使另一原因发挥作用，从而合乎规律地造成某种危害结果。这样在犯罪行为与危害结果之间就存在偶然因果关系①。

本案中，臧某楞在将被害人撞伤后具有了法律上的救助义务，而出租车司机树某斌的介入并承诺协助臧某楞将被害人送往医院救治，其便产生了作为义务，臧某楞的逃跑，导致仅剩下树某斌作为唯一的义务人。而树某斌在臧某楞逃跑后，没有履行其承诺的义务，导致被害人被延误抢救时间多时。此因素正是导致被害人死亡的原因，即树某斌未履行义务的不作为延误了对被害人抢救的时间多时，而导致了被害人的死亡，该因果关系正是刑法上不作为犯罪的因果关系。

综上，一审法院对于出租车司机被告人树某斌的行为以过失致人死亡罪定罪处罚是正确的。

261. 如何定性为躲避交警执法致交警死亡的行为

行为人为逃避交警检查而冲岗时，故意绕开受害人，并轻信自己在绕过受害人后，受害人不会再阻止，也就不会造成受害人死亡的后果。没想到受害人在其右侧叫停未果后，又跑到其车头前强行拦截意图逼停车辆，受害人被该车碾压致死。行为人在未明确确认受害人是否有拦截、追赶等行为时，主观上轻信自己冲岗后受害人不会采取拦截、追赶等手段，加速冲岗并疏于观察以致造成受害人死亡的，其主观上是过失心态。故其行为构成过失致人死亡罪。

司法实例

张某毅过失致人死亡案

2017 年 4 月，被告人张某毅持 C 照驾驶经非法改装后加高加长的四轴重型货车，由某省某市往某县方向行驶。其 10 天前刚刚因超载和准驾不符被处罚，本次仍持 C 照驾驶大货车，当行驶至某市二环路东段与鲲鹏路交叉口，准备右转上阳江二桥时，遇到正在该路口执行联合治超集中检查任务的辅警杨某晓，杨某晓示意其靠边停车检查。张某毅为逃避检查和处罚，未听从指挥减速前行，而是抬起右手向右前方指点，假意将在

① 认定刑法上的因果关系主要包括以下特殊情况：(1) 中断的因果关系。(2) 竞合的因果关系。(3) 重叠的因果关系。两个以上相互独立的行为，单独不能导致结果的发生，但合并在一起造成了结果时，就是所谓重叠的因果关系。(4) 不作为犯罪的因果关系。刑法理论一般肯定不作为与危害结果之间具有因果关系，认为不作为行为与危害结果的因果关系是客观存在的。不作为的原因就在于它应该阻止而没有阻止事物向危险方向发展，以至于引起了危害结果的发生。不作为犯罪因果关系的特殊性只在于，它要以行为人负有特定的作为义务为前提。

道路右前方停车以欺骗杨某晓。在杨某晓后退时张某毅左转车辆绕过杨某晓准备右转继续前行。杨某晓见车辆未靠边停车，遂在车辆右侧随车跑步并拍打该车右驾驶窗下护板让其停车，但仍无法阻止该车前行，遂跑至车辆的正前方，试图逼停该车。但张某毅急于逃离，遂加大油门加速前行，车辆在将杨某晓推行10余米后将其撞倒在地，该车左前轮及左后轮从杨某晓身上碾过致杨某晓死亡。

案发后，经专业检测机构对肇事车辆用于观察车前情况的下视镜进行检测，下视镜符合安全要求，即案发时能正常观察车辆近前方情况。

本案经相关新闻媒体报道后在当地社会产生强烈影响。对于本案的定性在侦查、批捕、起诉、审判阶段均存在很大分歧。第一种意见认为，张某毅的行为构成故意杀人罪。理由是：张某毅有主观明知其行为具有危害被害人的可能而予以放任的间接故意。其主观故意主要体现为两个阶段。第一个阶段，当张某毅驾驶非法改装车辆行驶中遇受害人执法检查时，其明知受害人在其车辆前方，为逃避检查，在没有确认受害人离开时就放任自己的危险行为强行冲岗，其对自己行为可能造成受害人死亡的结果应当是明知的。第二个阶段，当其绕过受害人再前行时，其应当知道自己冲岗，受害人会阻止，而实际上受害人已到其车前方拦截，且有部分证人证实看见受害人敲车前窗护板，听见受害人叫张某毅停车，通过该车下视镜亦能清晰观察到受害人就在车近前方，张某毅对自己的行为会造成受害人死亡的后果系放任态度。因此，其行为构成间接故意杀人罪。第二种意见认为，张某毅的行为构成过失致人死亡罪。理由为：张某毅为逃避检查冲岗时，其有意绕开了受害人，并轻信自己在绕过受害人后，受害人不会再阻止，也就不会造成受害人死亡的后果，其主观上系过失而非故意。因此，其行为构成过失致人死亡罪。第三种意见认为，张某毅的行为构成交通肇事罪。理由为：(1)张某毅的行为系违反交通管理法规的行为。其持准驾不符的驾驶证驾驶非法改装车辆，在绕过交警后未尽观察义务造成交警死亡的行为违反了《道路交通安全法》第16条关于任何单位或者个人不得有“拼装机动车或者擅自改变机动车已登记的结构、构造或者特征”、第38条“车辆、行人应当按照交通信号通行；遇有交通警察现场指挥时，应当按照交通警察的指挥通行”，《道路交通安全法实施条例》第62条关于驾驶机动车不得有“拨打接听手持电话、观看电视等妨碍安全驾驶的行为”的规定，均系违反道路交通安全法规的行为。(2)本案发生地点为公共交通道路，《交通肇事解释》第8条规定：“在实行公共交通管理的范围内发生重大交通事故的，依照刑法第一百三十三条和本解释的有关规定办理。在公共交通管理的范围外，驾驶机动车辆或者使用其他交通工具致人伤亡或者致使公共财产或者他人财产遭受重大损失，构成犯罪的，分别依照刑法第一百三十四条、第一百三十五条、第二百三十三条等规定定罪处罚。”因本案中张某毅发生事故地点为车流通行集中的公共道路，因此应适用本解释。(3)其行为造成了一人死亡的重大后果，且该后果系其违反交通管理行为所致，前后具有直接因果关系。(4)交通肇事罪与过失致人死亡罪均系过失犯罪，属于法条竞合，系特别条款与一般条款的关系，根据特别条款优于一般条款原则，应适用交通肇事罪，因此，其行为构成交通肇事罪。

某市人民检察院以被告人张某毅涉嫌犯故意杀人罪起诉。

某市中级人民法院判决对被告人张某毅以过失致人死亡罪定罪处罚。

一审宣判后，某市人民检察院以定性错误，量刑畸轻为由提起抗诉，某省人民检察院不同意抗诉。被告人没有上诉，一审判决已生效。

某市中级人民法院一审判决及某省人民检察院不同意抗诉，认为被告人张某毅的行为应认定为过失致人死亡罪的主要理由为：

1. 张某毅的行为不构成故意杀人罪。故意杀人罪侵犯的客体是他人的生命权利，主观方面必须具有非法剥夺他人生命的主观故意,包括直接故意和间接故意。直接故意是有明确的杀人目的,并且希望其行为能致使被害人死亡;间接故意是对自己的行为可能造成被害人死亡的后果采取放任的态度。而被告人张某毅的行为因为难以认定为其具有杀人的主观故意。故意杀人与过失致人死亡在结果上虽然相同,但主观故意不同。故意杀人中行为人具有非法剥夺他人生命的主观意图,即行为人主观上知道自己的行为会发生死亡的结果,而希望或放任死亡结果的发生。过失致人死亡中行为人主观上没有非法剥夺他人生命的故意,系过失,即行为人应当预见自己的行为可能发生死亡的结果,因为疏忽大意而没有预见,或者已经预见而轻信能够避免,以致发生他人死亡的危害结果。在本案中,判断被告人张某毅主观上是否具有杀人的故意应从两个方面看,一是张某毅是否明知、是何时明知受害人在其车辆前方;二是如张某毅知道受害人在车前方,是否有放任肇事车辆碾压受害人的行为。就整个案发过程中看,上述情况主要从两个阶段体现。第一个阶段,当张某毅驾驶非法改装车辆途经案发地点看见交警示意自己停车接受检查时,其主观上是明确知道交警就在车辆右前方。此时,其为逃避检查而左打方向盘使车辆绕过了交警。从该行为看,张某毅主观上虽有冲岗意图,但不具有杀害交警的故意。第二个阶段,当张某毅车辆绕过交警加速冲岗时,受害人系在肇事车辆右侧。此时,如受害人不追赶、拦截肇事车辆则不会被碾轧。而本案中,受害人在见车辆未停车时随即在车辆右侧追赶并跑至车辆正前方,此时如张某毅发现受害人追赶并跑至其车辆前方却不刹车,其主观上就具有间接杀人的故意。因此,认定张某毅在驾车冲岗后主观上是否明知受害人就在车前方或知道受害人必然会到车前方成为本案的焦点。一是本案中被告人张某毅所驾驶车辆为重型大货车,如不观察车辆右上方的下视镜无法察看到车辆近前的景况,而案发时受害人系贴近车身跑至车辆前方。在此情况下,只有通过下视镜才能看见受害人是否在肇事车辆前方。一方面,从本案证据看,虽然有证人证实受害人在车辆右侧跑动时有敲右侧车护板和喊叫张某毅马上停车的情况,但因案发现场车辆多、声音嘈杂,加上肇事车辆车窗系关闭,因此不能充分证明张某毅是知道受害人正在拦截其车辆的情况;另一方面,车辆下视镜的主要功能系用于车辆起步、停车时察看车辆近前是否有障碍物等情况,根据张某毅辩解,其在冲岗过程中忙于逃离,只观察了车辆前方是否有其他车辆和行人,并没有观察车辆右上方下视镜。综合本案整个案发过程只有几秒的情况看,其辩解理由是无法完全排除的。二是按照正常人的认知理解,张某毅一般不可能知道受害人在其冲岗后必然会到车前拦截。在实践中,当驾驶员冲岗时执法人员一般情况下可能要进行拦截,但不仅没有法律规定当车辆冲岗后执法人员必须到车前拦截,而且实践中当车辆冲岗后执法人员一般也不会到车辆前拦截,作为被告人的张某毅也无法知道其冲岗后受害人必然跑至车前对自己强行拦截,也没有法律规定的其必然明知义务。综合上述情况,本案中认定张某毅主观上明知的证据是不充分的,故认定故意杀人无法成立。

2. 张某毅的行为不构成交通肇事罪。一是本案发生地点虽为公共道路,但《道路交通安全法》所规范的对象主要为机动车、非机动车、乘车人及行人。行人是指道路上行走、通行的人,其目的系通过道路。就本案看,受害人系辅警,虽然也在道路上,但其目的不是在道路上通行,而是进行执法检查。被告人张某毅在冲岗前已明确知道了受害人正在对其执法这一情况,二人关系为执法者与被执法者的关系,所以不能将受害人看成《道路交通安全法》中的行人。二是从案件发生过程看,当受害人在案发地执法检查时,被告人张某毅在明知自己所驾驶车辆如被拦下将面临处罚时,为逃避检查而欺骗受害人并意图迅速逃离执法现场,其在逃离过程中没有观察受害人动向的行为是因逃避执法检查所致。此时,杨某晓与张某毅的关系是执法与反执法的关系,不应适用《道路交通安全法》中车辆与行人的关系予以规制。因此,张某毅的行为不属于交通肇事行为,故张某毅不构成交通肇事罪。

3. 张某毅的行为符合过失致人死亡罪的构成要件。一是从主观上看,被告人张某毅在受害人让其停车检查时有意绕过受害人,但其绕过受害人逃离时,应当意识到自己冲岗后受害人作为执法人员可能会对其拦截或采取其他行动。张某毅在未明确确认受害人是否有拦截、追赶等行为时,主观上轻信自己冲岗后受害人不会采取拦截、追赶等手段,加速冲岗并疏于观察以致造成受害人死亡,其主观上是过失心态。二是从危害结果上看,被告人张某毅的行为造成了执法人员死亡的重大后果,二者具有直接的因果关系。因此,其行为构成过失致人死亡罪。

综上,本案中被告人张某毅为逃避交警执法检查和处罚而冲岗,造成交警死亡结果的发生,其行为构成过失致人死亡罪。

值得提出的是,本案中受害人对于受害结果的发生也负有一定的责任。① 在本案中,案发点为交通集中的转弯区,受害人所选择的执法点、拦截车辆的执法方式均有悖于公安部规定,应当引起相关执法人员的注意。

262. 因赠送药物致人死亡是否构成犯罪,构成何罪

行为人将为自己家人治疗疾病剩下的从土郎中手中购得没有正规许可和生产批号的药粉在其知道该药粉以毒药为主要成分的情况下好意给被害人服用致其死亡。行为人能够预见到被害人可能出现呕吐直至抢救等严重后果,但轻信能够避免,属于过于自信的过失。因此,行为人应承担过失致人死亡的刑事责任。

司法实例

赖某印过失致人死亡案

赖某印与谢某平居住在两省交界处的村庄,相互距离几十公里。2017 年 8 月的一天,两人在本地一县际班车上相识,通过聊天,赖某印得知谢某平患有精神分裂症多年久治不愈,且近年来发作频率增高,严重影响自己及家人的正常生活,甚为烦恼。赖某印告知谢某平其女儿曾经也患有精神分裂症,通过服用在某省某村购买的两副药粉后治愈,并劝其也到该处购买。后因越聊越投机,赖某印便告诉谢某平自己现在家里还剩下一副。谢某平于 2017 年 9 月 5 日到赖某印家中登门求药,出于同情,赖某印把女儿吃剩下的药送给了谢某平。由于该药服用方法特殊,且服用后会出现长时间呕吐,其女儿还曾出现过抢救的情况,赖某印和谢某平一起返回谢某平家中。同年 9 月 6 日 7 时许,赖某印把药粉掺入面粉用油煎成药饼给谢某平服用,几分钟后让其喝水,谢某平出现呕吐。赖某印认为谢某平的呕吐和其女儿服药后的症状相同,属于服药后以毒攻毒的正常反应,便在 10 时许离开谢某平家。后谢某平在赖某印离开 2 小时后死亡。经法医鉴定,谢某平符合药物自身毒理作用及呕吐等药物反应引起的机体脱水、代谢紊乱,以及液体充填气管腔影响呼吸道通畅,最终引起呼吸循环衰竭死亡。案发后,被告人赖某印对被害人亲属积极进行民事赔偿,取得谅解。

某县人民检察院对赖某印以涉嫌犯非法行医罪提起公诉。

---

① 根据公安部《交通警察道路执勤执法工作规范》第 40 条、第 73 条的规定,交通警察纠正违法行为时,应当选择不妨碍道路通行和安全的地点进行。当遇有机动车驾驶人拒绝停车的,不得站在车辆前面强行拦截,或者脚踏车辆踏板,将头、手臂等伸进车辆驾驶室或者攀爬车辆,强行责令机动车驾驶人停车,不得站立在被拦截车辆行进方向的行车道上拦截车辆等。

某县人民法院审理认为，被告人赖某印从非合法、非正规途径购买没有药品上市许可证和批准文号及生产批号的药粉，且在其知道该药粉以毒药为主要成分的情况下给被害人服用，且能够预见到被害人可能出现呕吐直至抢救等严重后果，但轻信能够避免，认为被害人"扛过去"就能痊愈，属于过于自信的过失。被告人赖某印的行为构成过失致人死亡罪。遂依照《刑法》第 233 条及相关条款规定，判决以过失致人死亡罪对被告人予以定罪并从轻处罚，判处有期徒刑 3 年，缓刑 3 年。判决已生效。

在本案审理中，对于本案被告人赖某印出于同情，将自己女儿服用剩下的药送给被害人谢某平服用致其死亡的行为是否构成犯罪、构成何种犯罪，存在不同意见。第一种意见认为，被告人赖某印不构成犯罪。赖某印是在被害人的一再要求下，出于同情把药免费送给被害人的，其女儿服用该药后痊愈，且赖某印已经告知服用该药后可能出现呕吐的现象，并在临走时交代被害人的母亲让被害人多喝水，赖某印无法预见到被害人死亡的后果，对被害人死亡后果不存在故意或过失，不构成犯罪。第二种意见认为，赖某印构成非法行医罪。赖某印在不具备医生执业资格的情况下，给被害人服用从外省某农村一名具有家传秘方的人手中购得的药粉，致被害人当日死亡，其行为符合非法行医罪的构成要件。第三种意见认为，赖某印构成过失致人死亡罪。赖某印从土郎中手中购得没有正规许可和生产批号的药粉，在知道该药粉以毒药为主要成分的情况下给被害人服用，且能够预见到被害人可能出现呕吐直至抢救等严重后果，但轻信能够避免，认为被害人"扛过去"就能痊愈，属于过于自信的过失。

一审法院及提起公诉的检察机关均同意第三种意见，对被告人赖某印以过失致人死亡罪予以定罪处罚。主要理由为：

1. 根据《刑法》第 336 条第 1 款的规定，非法行医罪，是指未取得医生执业资格的人非法行医，为他人治病，情节严重的行为。根据执业医师法的规定，未经医师注册取得执业证书，不得从事医师执业活动。"未取得医生执业资格的人非法行医"，是指未取得医师从业资格的人从事医疗工作。按照最高人民法院《关于审理非法行医刑事案件具体应用法律若干问题的解释》(以下简称《非法行医解释》)第 1 条的规定，"未取得医生执业资格的人非法行医"是指下列情形：(1)未取得或者以非法手段取得医师资格从事医疗活动的；(2)个人未取得医疗机构执业许可证开办医疗机构的；(3)被依法吊销医师执业证书期间从事医疗活动的；(4)未取得乡村医生执业证书，从事乡村医疗活动的；(5)家庭接生员实施家庭接生以外的医疗行为的。"情节严重的"，是指非法行医经处理后仍不改正的；缺乏基本医学知识，乱医乱治，欺骗就诊人的；由于误诊，贻误病情，使患者病情加重的；以迷信、愚昧、野蛮的方法医病治病的等。按照《非法行医解释》第 2 条的规定，"情节严重"是指下列情形：(1)造成就诊人轻度残疾、器官组织损伤导致一般功能障碍的；(2)造成甲类传染病传播、流行或者有传播、流行危险的；(3)使用假药、劣药或不符合国家规定标准的卫生材料、医疗器械，足以严重危害人体健康的；(4)非法行医被卫生行政部门行政处罚两次以后，再次非法行医的；(5)其他情节严重的情形。非法行医罪的客观构成要件表现为行为人具有非法行医行为，即非法从事诊断、治疗、医务护理工作，并以实施医疗行为为业，属于典型的职业犯。被告人赖某印虽然没有医生执业资格，但他没有反复、继续私自为他人治疗精神分裂的意思，客观上也没有反复实施这种行为，其行为不具有危害公共卫生的性质，故被告人赖某印不构成非法行医罪。

2. 被害人的死亡后果系其服用的药物自身毒理作用及呕吐物充填气管腔，最终引起呼吸循环衰竭死亡。如果没有赖某印让其服药的行为，被害人不会死亡，因此死亡结果与赖某印的危害行为之间具有必然的因果关系。同时，虽然是被害人央求赖某印赠送其药物，但死亡结果是违反被害人的真实意志的，由此本案中被害人的承诺不能作为违法性阻却事由，应当追究赖某印危害行为的刑事责任。

3. 药品系特定物品，被告人赖某印作为一名有一定社会生活经验的成年人，且明知该药粉的主要成分是毒药，应该预见到因为服用个体的不同可能会出现不同反应。且其女儿在服用该药粉后曾出现过呕吐不止最终去医院抢救的状况，可以推定赖某印预见到谢某平服用药粉后可能出现呕吐、脱水或者死亡后果，但轻信“呕吐完就好了”，危害结果可以避免，主观上系过于自信的过失。

4. 赖某印的先前危险行为使被害人的生命处于危险状态，赖某印负有避免谢某平死亡结果发生的义务。赖某印让谢某平服药出现呕吐后，有义务留下来继续观察，并予以救助，而赖某印却自行离开，并在谢某平出现严重昏厥，其家人电话联系时，为了逃避民事上的责任，关机不接电话，没有履行这一应当积极作为的义务。赖某印的不作为与谢某平的死亡后果仍具有刑法上的因果关系，因此，赖某印应承担过失致人死亡的刑事责任。

263. 伤害特殊体质被害人致其死亡如何定性

行为人与身患高血压的被害人素有嫌隙，偶遇后相互口角、争斗至肢体冲突、互殴，被害人被行为人用雨伞击打手部、头部，致被害人因高血压导致颅脑出血死亡。行为人对被害人的死亡既无伤害的故意，也无杀人的故意，只是由于应该预见而没有预见，才造成被害人死亡结果的发生。因此，应定性为过失致人死亡罪。同时考虑本案系因一果多因，被告人认罪悔罪，被害人与被告人的特殊亲属关系及积极赔偿取得谅解等具体情节，对其判处相应的有期徒刑，并宣告缓刑。

司法实例

冯某芬过失致人死亡案

冯某芬与松某云系妯娌关系，两人素有嫌隙。某日，冯某芬与松某云在路边相遇因口角发生纠纷至互殴，松某云先抽出一把伞欲殴打冯某芬，后冯某芬将伞夺下，并用该伞击打松某云手部、头部数下，松某云被打倒在地，经送医院抢救无效于当天死亡。经法医学检验鉴定，松某云系因高血压导致颅脑出血死亡，吵架、殴打是死亡的诱发因素。案发后被告人对被害人家属做了适当民事赔偿，取得了谅解。

在该案的起诉审查及审判过程中，对于被告人冯某芬是否应对被害人的死亡后果承担刑事责任的问题，存在以下四种不同的意见：第一种意见认为，被告人冯某芬的伤害行为与被害人松某云死亡之间不具有因果关系，被告人冯某芬的行为不构成犯罪。理由是：本案中，导致被害人松某云死亡的原因是多方面的，法医鉴定认为，吵架、殴打是被害人死亡的诱因，诱因和直接原因不同，死亡结果与被害人自身患有高血压这一因素是分不开的，不能确认嫌疑人的击打行为与被害人死亡结果之间具有刑法上的因果关系，被告人冯某芬的行为不构成犯罪。第二种意见认为，被告人冯某芬的行为与松某云死亡的结果之间存在因果关系，但是本案应属意外事件，被告人冯某芬不应承担刑事责任。理由：冯某芬用伞击打的行为虽然客观上造成了松某云死亡的结果，但是冯某芬主观上无法预见到松某云患有高血压，也无法预见到其击打行为会诱发松某云的高血压并导致颅脑出血死亡，该死亡结果完全出乎冯某芬的意料，该死亡结果是由于不能预见的原因引起的，应定性为意外事件。第三种意见认为，被告人冯某芬的行为构成故意伤害罪。理由是：冯某芬用伞对被害人松某云手部、头部击打数下，其主观上应该能够认识到该行为可能会对被害人的身体健康造成伤害，虽然被害人的死亡结果超出其本人的主观意愿，但符合故意伤害(致人死亡)罪的构成要件。第四种意见认为，被告人冯某芬的行为构成过失致人死亡罪。理由是：嫌疑人冯某芬既没有伤害的故意，也没有杀人的故意，只是由于应该预见而没有预见，才造成被害人死亡结果的发生。因此，应定性为过失致人死亡罪。

检察机关以涉嫌犯故意伤害罪对被告人冯某芬提起公诉。

一审法院以过失致人死亡罪对被告人冯某芬予以定罪处罚。判决已生效。

一审法院判决同意第四种意见，认为本案被告人冯某芬的行为构成过失致人死亡罪，同时考虑本案系因一果多因，被告人认罪悔罪，被害人与被告人的特殊亲属关系及积极赔偿取得谅解等具体情节，对其判处相应的有期徒刑，并宣告缓刑。主要理由为：

1. 本案被告人的行为与被害人的死亡是否具有因果关系。被告人冯某芬的击打行为与松某云的死亡结果是否有刑法上的因果关系，是冯某芬是否构成犯罪的关键。没有因果关系，行为人就没有承担刑事责任的客观根据，其行为当然就不构成犯罪。在一般情况下，因果关系不难认定，但在某些复杂情况下，如本案中被害人具有特殊体质，因伤害行为导致被害人死亡的，究竟如何认定因果关系。本案中，由于被告人冯某芬的加害行为，诱发了松某云的高血压，导致颅脑出血死亡，冯某芬的伤害行为与松某云的死亡结果有一定的因果关系。虽然在一般情况下，施害人用伞击打被害人的手部、头部几下的行为不会产生被害人死亡的结果，被害人死亡对于施害人来说是一种偶然现象，但松某云患有高血压，在与冯某芬吵架、互殴过程中，情绪已经很激动，对其头部、手部的击打就有可能致其死亡。冯某芬的击打行为的必然后果是对松某云的身体健康造成一定的伤害，至于是死亡、重伤、轻伤或者是轻微伤，则是不确定的。总之，如果冯某芬不对松某云进行击打，可能就不会诱发松某云高血压发作，死亡的结果也就可能不会发生。因此，认为冯某芬的行为与松某云的死亡结果不具有因果关系既没有法理依据，也没有法律依据。

2. 在确认因果关系的基础上，需要进一步明确责任。由于结果对于冯某芬来说，是一个偶然现象，那么冯某芬对于松某云的死亡结果是否存在过失、冯某芬对于死亡结果的预见可能性就关乎本案的定性。我国《刑法》第16条规定："行为在客观上虽然造成了损害结果，但是不是出于故意或者过失，而是由于不能抗拒或者不能预见的原因所引起的，不是犯罪。"损害结果是由于不能预见的原因所引起的，即为刑法上的意外事件。所谓的不能预见，是指根据行为人的主观情况以及发生损害结果当时的客观情况，行为人不具有能够预见的条件和能力。本案中，被告人冯某芬是否预见或者应当预见到被害人松某云患有高血压以及用伞击打其头部很可能诱发其高血压这一事实，就成为冯某芬是否承担刑事责任的关键。综合分析本案的证据材料，被告人冯某芬与松某云系妯娌关系，双方常因为家庭纠纷发生口角，摩擦不断，能够合理地推断冯某芬应当是知道松某云患有高血压这一事实的，同时以一个社会一般人的认知能力和预见能力为标准，冯某芬应当预见到侵犯他人身体的行为无论力度有多大，都有可能对他人的身体健康乃至生命安全造成损害，冯某芬应当预见而未预见，对于松某云的死亡结果存在主观上的过失，本案不应认定为意外事件，冯某芬对于松某云死亡的结果应承担刑事责任。

3. 本案被告人的行为是故意伤害罪还是过失致人死亡罪。冯某芬对于松某云死亡的结果既然存在过失，那么本案是定性为故意伤害致人死亡罪还是过失致人死亡罪？这二者在客观上都是造成了被害人死亡的结果，主观上对死亡结果均出于过失。然而，故意伤害致死显然是以具有伤害的故意为前提，过失造成的死亡结果则是故意伤害罪的加重情节。过失致人死亡时，行为人则既无杀人的故意也无伤害的故意。因此，不能将所有的"故意"殴打致人死亡的案件都认定为故意伤害致死。换言之，殴打不等于伤害，一般生活意义上的"故意"不等于刑法意义上的"故意”,即如果行为人只具有一般殴打的意图,并无伤害的故意,由于某种原因或者条件引起了被害人死亡的,不能认定为故意伤害致死,如果行为人对死亡结果具有过失,应认定为过失致人死亡罪。本案双方系妯娌关系,起因也并非有何深仇大恨,而只是日常生活琐事造成的平素不和,本次双方只是因为口角纠纷,冯某芬虽然实施了一定的侵害行为,但力度较轻,排除掉被害人松某云具有特殊体质外,冯某芬的行为客观上不会造成被害人轻伤以上的伤害后果,冯某芬在实施这种伤害行为时并没有故意伤害被害人的主观故意,而更多的是为了表达愤怒、不服、示威等情绪,由于介入了被害人松某云是特殊体质这一因素才导致了被害人死亡,冯某芬应当预见而未预见,属于疏忽大意的过失,对被害人松某云死亡的结果应承担过失致人死亡罪的刑事责任。

4. 本案属于刑法上的多因一果行为。即被告人冯某芬与被害人松某云的口角、争斗进而肢体冲突,是造成被害人松某云死亡的原因之一,而被害人松某云本身患有高血压疾病也是造成其死亡的原因。前者为诱因,后者为致死的直接原因。两种原因互为作用,才导致被害人松某云死亡。即被害人松某云如果不患有高血压或其他疾病,其与被告人发生这样的口角、争斗进而肢体冲突、互殴,一般没有致死的可能。但是正因为被害人患有高血压这样的基础性疾病,加之与人口角、争斗进而发生肢体冲突、互殴,才导致被害人死亡。另外,由于被告人与被害人二人相遇发生口角、争斗进而肢体冲突、互殴,因无相关证人在场,被害人也已死亡,本次案件的起因、双方的责任,如究竟是谁先挑起事端,是谁先动手打人等已经无法查清。司法实践中,对于此类情形,有的按照故意伤害罪定罪处罚,同时对多因一果的特殊情形按照《刑法》第 63 条第 2 款“犯罪分子虽然不具有本法规定的减轻处罚情节,但是根据案件的特殊情况,经最高人民法院核准,也可以在法定刑以下判处刑罚”的规定,在法定刑以下量刑,层报最高人民法院核准。当然,对多因一果的情形,究竟应当按故意伤害罪还是过失致人死亡罪定罪,还要根据案件的具体情节分析认定。

综上,一审法院对被告人冯某芬的行为判决以过失致人死亡罪定罪处罚适用缓刑并无不当。

264. 是否属于共同故意伤害实行过限的判断

实行过限,是指共同犯罪中有人实施的行为超出了共同犯罪的故意范围,其他共犯只在共同故意的范围内承担责任,行为过限的部分由直接加害者独自承担责任。行为人因赌博与他人产生钱款纠纷,在其前来讨债时,纠集其兄帮忙,在打斗过程中共同造成他人死伤的后果。二被告人均应对后果承担刑事责任。行为人被人围住后打电话纠集其兄过来帮忙,虽然没有明确告诉其兄怎么做,但这里包含的意思是伤害对方的概括故意,故其应该对其兄的故意伤害行为负责任。同案犯的行为在共谋范围之内,当然不属于实行过限。如果临时出现的行为不违背或符合其他同案犯的期待,可以认为同案犯之间事中形成新的共谋,该行为仍然属于共同犯罪故意的内容。

司法实例

江某金、江某重故意伤害案

2016 年 1 月,被害人鲍某君在某县某村赌博过程中,与被告人江某重产生 4500 余元的钱款纠纷。2016 年 2 月 8 日晚,鲍某君和被害人谢某平(男,殁年 30 岁)、莫某建、舞某禄等四人共同去某村找江某重讨债,之后在该村村民广场内与江某重发生争执。其间,江某重打电话叫哥哥(被告人)江某金前来帮忙。江某金接到电话后,携折叠刀赶至村民广场。在江某重与他人发生扭打后,江某金持刀朝谢某平、鲍某君、莫某建等人捅刺,致谢某平、鲍某君受伤倒地。二被告人随即驾车离开现场,并将折叠刀丢弃在途中。谢某平因遭锐器创致左颈外动脉离断失血性休克,经送医院抢救无效死亡。鲍某君的伤情为轻伤。案发当晚江某金、江某重马上向公安机关投案。案发后,江某金、江某重家属代为赔偿谢某平家属经济损失5.5万元。

某市中级人民法院审理认为,被告人江某金、江某重共同故意伤害他人,致1人死亡、1人轻伤,其行为均已构成故意伤害罪。公诉机关指控的罪名成立,依法应予惩处。江某重因赌博与鲍某君产生钱款纠纷,在鲍某君、谢某平等人前来讨债时,纠集哥哥江某金帮忙,在打斗过程中共同造成他人死伤后果。二被告人均应对后果承担刑事责任。江某重及其辩护人提出死亡后果不应由江某重承担及并未纠集江某金打架的辩解和辩护意见,与事实和法律规定不符,不予采纳。江某金、江某重犯罪后主动投案,并且如实供述所犯罪行,均系自首,依法可以从轻处罚。被害人的行为对引发本案有一定责任,但并非明显过错,辩护人提出被害人存在过错并据此请求从轻处罚的意见与事实不符,不予采纳。江某金、江某重的行为给被害人家属造成了经济损失,依法应当承担民事赔偿责任。遂判决认定被告人江某金犯故意伤害罪,判处无期徒刑,剥夺政治权利终身;被告人江某重犯故意伤害罪,判处有期徒刑10年,剥夺政治权利2年。判令江某金、江某重赔偿附带民事诉讼原告人周某云等经济损失共计70万元。其中被告人江某金承担53万元,江某重承担17万元,二被告人对上述款项互负连带赔偿责任。

一审宣判后,二被告人以量刑过重为由提出上诉。其中,江某重提出其不知道江某金携带刀具,该结果不是其本意,也非其能预料的,江某金的行为属于实行过限,应对谢某平的死亡后果单独承担责任。

某省高级人民法院二审审理认为,虽然谢某平的死亡是江某金用刀捅刺直接造成,但江某重亦一起殴打,且江某重打电话纠集江某金前来打架时并没有对手段、程度做出限制,故均应对伤害后果承担责任。被告人江某金、江某重共同故意伤害他人,致1人死亡、1人轻伤,其行为均已构成故意伤害罪。由此给附带民事诉讼原告人造成的物质损失,应当承担赔偿责任。江某金、江某重犯罪后主动投案,如实供述所犯罪行,构成自首,依法予以从轻处罚。原判定罪及适用法律正确,量刑及民事判赔适当,原审审判程序合法。遂终审裁定驳回上诉,维持原判。

本案中,故意伤害致人死亡是被告人江某金直接造成的,其自然应该对此结果承担责任,关键是对江某重是否也应以故意伤害致人死亡来定罪量刑。江某重应该对其纠集来的江某金实施的故意伤害致死的后果承担责任,江某金的伤害行为相对于江某重的行为,不属于实行过限。实行过限,也称共犯过剩,是指共同犯罪中有人实施的行为超出了共同犯罪的故意范围,其他共犯只在共同故意的范围内承担责任,行为过限的部分由直接加害者独自承担责任。

1. 是否属于实行过限可以从可预见性判断。可预见是指共犯对实行犯的行为以及该行为在客观上、法律上可能的结果能够预见,要从此类行为通常可能出现的情况来判断,即该结果的出现在情理之中,并不意外,其他同案犯应当预见,如果没有预见,主观上至少存在过失。预见的内容,应是对实行犯的行为性质、对象和结果能够认识,并不要求对实施该行为的手段等具体细节也能够预见。江某重上诉提出死亡结果不是其追求的,其兄持刀不是其能预料的。不可否认,江某重本身可能没有明确的计划,没有说让江某金带刀,江某金自己带刀把人捅死看似超出了江某重的故意。但问题是,江某金持刀捅刺,江某重称超出其意料,如果以其他方式,比如持棍殴打同样可以致人死亡,随手在现场拿起其他工具,甚至赤手空拳也可能将人打死。因为实行犯在实施过程中往往会有一个应变行为,对具体手段等细节其他同案犯往往是无法预料的,不能因此就认为属于实行过限。故意伤害行为造成他人轻伤、重伤或者死亡都是经常发生的结果,故本案江某金致谢某平死亡的结果属于应当预见,江某金的行为不属于实行过限。

2. 是否属于实行过限可以从共同犯罪的故意内容判断。共同犯罪中有的事先有明确的犯意内容,实施过程中行为人超出、偏离该共同犯罪故意之外的行为应独自承担责任。但有些临时起意的案件,共犯之间事前并没有明确约定,则需根据具体情形判断共同犯罪的故意内容。本案中,江某重被人围住后打电话纠集江某金来帮忙,虽然没有明确告诉江某金怎么做,但这里包含的意思是伤害对方的概括故意,故其应该对江某金的故意伤害行为负责任。同案犯的行为在共谋范围之内,当然不属于实行过限,但也不能简单认为超出共谋范围的行为都属于实行过限,这就涉及超出的行为是否可预见的问题。

3. 是否属于实行过限还可以从其他同案犯事中是否知情、是否容忍来判断。如果犯罪过程中,某实行犯的行为超出了其他同案犯的故意,属于同案犯不能够预见的情况,则应根据其他同案犯是否知晓来分情况处理,如果知晓,并认为该行为超出了其故意,则应在其能够阻止的情况下予以阻止,在来不及、无法制止的情况下,才属于实行过限;如果不知晓,则该超出行为属于实行过限。具体在本案中,假如被害人受伤倒地后,江某金接着朝被害人要害部位捅刺多刀,则其行为应定性为故意杀人,行为性质发生转变,江某重如果不知情,则对该杀人行为不承担责任。否则,虽然事前没有约定,但临时出现的行为不违背或符合其他同案犯的期待,可以认为同案犯之间事中形成了新的共谋,该行为仍然属于共同犯罪故意内容。

4. 组织、纠集者应对指使同案犯实施犯罪可能发生的结果承担责任。共犯的地位作用是不同的,承担的责任也应有所区别。如一案件中,某甲雇人去打仇人,要求被雇佣者打断对方一条胳膊,但由于被害人身材高大,在行凶打斗中占据优势,被雇佣者情急之下掏出刀捅了被害人一刀,致被害人死亡。这种情况虽然事前共谋的内容很明确,是一般伤害故意,但一方面,故意伤害的实施过程常常是不可控的,容易造成严重后果;另一方面,普通参与者受组织、纠集者指使,听其指挥,为其利益而行为,只要该实行犯的适应情景行为不是异常的,侵害的是同种客体,只是出现了加重后果或加重情节,对组织、纠集者而言,就不应属于实行过限,这符合共同犯罪的处罚原则。

265. 对指使逼迫他人传销致死的行为人如何定罪

行为人指使他人对拒绝加入该传销组织的被害人进行“开导”,其主观上具有伤害的故意,其行为构成故意伤害罪,且属于致人死亡的结果加重犯。因此,对行为人的行为应以故意伤害罪定罪处罚。

司法实例

冷某训等故意伤害案

2016 年 8 月,淦某营被网友骗至某传销点后,因其感觉势头不对,怀疑此为传销组织而拒绝加入,该传销点负责人冷某训指使组织成员杨某晓、蓝某谦按照“规矩”对其进行“开导”。杨某晓、蓝某谦二人先将淦某营的身份证、手机强行收缴代为保管,杨某晓、蓝某谦二人在“开导”过程中轮番“开导”不让其睡觉,并多次踢打淦某营胸腹部,致使其当场昏迷。杨某晓、蓝某谦二人将淦某营送往医院,淦某营经抢救无效,因脾脏破裂而死亡。

某市某区人民检察院对三被告人以涉嫌犯故意伤害罪提起公诉。

某市某区人民法院在案件审理过程中产生意见分歧:对被告人冷某训、杨某晓、蓝某谦三人为强迫淦某营加入传销组织,而非法剥夺其人身自由的行为认为构成非法拘禁罪,而且杨某晓、蓝某谦的暴力打人行为已经超出非法拘禁范围,构成故意伤害等犯罪没有争议。但对于被告人冷某训指使他人使用暴力对淦某营进行“开导”,并致其死亡的行为如何处理,存在三种不同意见。第一种意见认为,冷某训的行为构成非法拘禁罪,且属于致人死亡的结果加重犯。虽然冷某训指使他人对淦某营进行“开导”,但这种“开导”仅指按照“规矩”对被害人进行轻微打骂,杨某晓、蓝某谦二人使用暴力致人死亡的行为属于实行过限,冷某训仅在非法拘禁范围内与其成立共犯,应当以非法拘禁致人死亡对冷某训定罪量刑。第二种意见认为,冷某训的行为构成故意杀人罪。冷某训虽然要求杨某晓、蓝某谦二人按照组织“规矩”对淦某营进行“开导”,但这种“开导”本身就意味着对被害人人身进行暴力伤害。冷某训主观上是一种放任的概括故意,应当依照《刑法》第238条第2款的规定直接转化为故意杀人罪。第三种意见认为,冷某训等三人的行为构成故意伤害罪,且属于致人死亡的结果加重犯。冷某训指使他人对被害人进行“开导”,其主观上的确有伤害的故意,但并无杀人的故意,对于此时非法拘禁应转化为故意杀人还是故意伤害,应当坚持主客观相一致的原则,不能以结果论。

本案一审法院经开庭审理,合议庭评议并报审委会讨论,按照多数人意见,判决对三被告人以故意伤害罪定罪处罚。

一审宣判后,三被告人均以不构成故意伤害罪,仅构成非法拘禁罪为由提起上诉。二审维持了一审判决。

从裁判结果看一、二审法院同意第三种意见,对三被告人均以故意伤害罪定罪处罚。主要理由为:

1. 被告人冷某训与杨某晓、蓝某谦二人构成故意伤害的共同犯罪,不存在实行过限。冷某训为强迫淦某营加入传销组织,指使传销组织成员杨某晓、蓝某谦二人对其进行“开导”,而这种“开导”是指威胁或殴打等轻微暴力行为。因此,冷某训能够预见杨某晓、蓝某谦二人可能对淦某营实施暴力伤害,此时三人之间已经形成了共同伤害的故意,且内容较为概括,不存在实行过限。事实上,杨某晓、蓝某谦二人踢打被害人胸腹部的行为属于典型的故意伤害,但这种死亡后果显然违背行为人进行“开导”的目的,这从行为人事后及时将被害人送医院抢救的行为也可以得到印证。因此,三名行为人对死亡结果的发生主观上均为过失,并未超出伤害的共同故意范畴,故冷某训与杨某晓、蓝某谦二人成立故意伤害的共同犯罪,且属于故意伤害致人死亡的结果加重犯。

2. 非法拘禁过程中使用暴力致人死亡转化定性时,仍应坚持主客观相一致的原则。《刑法》第238条第2款规定,非法拘禁过程中“使用暴力致人伤残、死亡的”,依照故意伤害罪、故意杀人罪的规定定罪处罚。司法实践中,对于该条款如何理解存在一定争议。有人认为,该条款属于转化犯,应当以结果论,只要是致人伤残的,一律认定为故意伤害,致人死亡的,一律认定为故意杀人。应该说这种认识过于机械。一是从该条规定的内容来看,使用暴力致人伤残、死亡的,显然符合故意伤害罪和故意杀人罪的构成要件,因此从立法技术层面讲,该条款应当视为在法律已作基本规定的前提下,提示司法工作人员的“注意规定”,而非将原本不符合某种规定的行为按照该规定处理的“法律拟制”。而在适用“注意规定”时,要坚持主客观相一致的原则,不能唯结果论。二是从条文解释的角度出发,该条款明确规定是依照故意伤害罪和故意杀人罪的规定进行定罪处罚,即必须满足故意伤害罪和故意杀人罪的构成要件,而两罪中均可能包含死亡的结果,因此在出现死亡结果时,应当根据行为人的主观方面是故意还是过失来具体区分。三是此条款虽然是转化犯,但转化犯并不是法律上的明确概念,对其定罪时仍应坚持《刑法》总则中的主客观相一致原则。

3. 按照《刑法》第224条之一的规定，组织、领导传销活动犯罪，是指组织、领导以推销商品、提供服务等经营活动为名，要求参加者以缴纳费用或者购买商品、服务等方式获得加入资格，并按照一定顺序组成层级，直接或者间接以发展人员的数量作为计酬或者返利依据，引诱、胁迫参加者继续发展他人参加，骗取财物，扰乱经济社会秩序的传销活动的行为。关于组织、领导传销活动的犯罪主体，根据本条规定，只有传销活动的组织者、领导者才能构成本罪。其他参与传销活动的人员，既是受害者，也是害人的违法者，本着教育、挽救大多数的原则，对其应当依法予以行政处罚或者批评教育。“组织”传销活动，是指策划、发起、设立、指挥传销组织，进行传销活动。组织者既可能直接出面设立和领导传销组织的活动，在传销组织中居于一定的层级和位置，也可能在幕后策划、指使，不直接在传销组织中担任具体职务，而由其代理人出面领导传销组织进行活动。“领导”传销活动，在广义上包括一些躲在幕后的组织者对传销组织的实际操纵和控制，但主要是指在传销组织中居于领导地位的人员，对传销组织的活动进行策划、决策、指挥、协调的行为。传销组织的领导者主要是在传销组织的层级结构中居于最核心的、对传销组织的正常运转起关键作用的极少数人员。值得研究的是，本案中对于被告人冷某训作为该传销点负责人，是否符合本罪的犯罪主体要件，是否应当对其以组织、领导传销活动犯罪追究刑事责任，值得研究。非法传销指组织者或者经营者通过发展下线人员，要求被发展人员继续发展其他人员加入，对发展的人员以直接或者间接滚动发展人员的数量为依据，计算和给付报酬，包括物质和其他利益。在巨大利益的驱使下，众多参与者甚至诱骗其亲属加入，致使家破人亡，社会危害极大。对于何为“传销活动的组织者、领导者”，特别是何为“领导者”，对哪一层级的负责人是领导者及应予追究刑事责任，此前虽有一些相关规定，但对此缺少系统、明确的司法解释，各地在处理中也存在一些偏差。因此有待最高立法或司法机关尽快予以明确。

266. 如何区别故意伤害致死和过失致人死亡

判断行为人的行为是构成故意伤害罪（致死）还是过失致人死亡罪，要看行为人行为时的主观心态。如果行为时行为人具有伤害被害人的故意，只是对于死亡结果的出现存在过失，则行为人的行为构成故意伤害罪（致死）；如果行为人行为时没有伤害被害人的故意，只是出于排除妨害的目的基于过失致使被害人死亡，被害人死亡的结果是出乎行为人意料的，则行为人的行为构成过失致人死亡罪。

司法实例

郁某群过失致人死亡案

2015年4月11日16时许，被告人郁某群开车在某市某通信基站施工时，被害人支某练因向通信施工人员索要300余米电线未果，酒后将电动车停在路中间，无故辱骂施工人员，被告人郁某群见状，便开车绕路到了通信基站东600米左右的一处空地，被害人支某练随后又追赶至此处，骂被告人郁某群及副驾驶座上的工人，二人因此发生争执。后在被告人郁某群欲开车走时，被害人支某练为阻止其走，将被告人郁某群驾驶的货车的左侧倒车镜及雨刷拽坏，随后被告人郁某群再次离开，将车开至某村南一条公路北侧，被害人支某练骑电动车再次追赶至此地，并将电动车停放在被告人郁某群车前，阻挡其前行，为此两人再次发生争吵。争吵中，被告人郁某群用脚将被害人支某练踹倒在地，支某练头部摔在地面上，后被送往医院，于2015年4月12日经抢救无效死亡。经法医鉴定,被害人支某练系重度颅脑损伤死亡。

某市人民检察院以被告人郁某群涉嫌犯故意伤害罪(致死)提起公诉。

某市人民法院认为,被告人郁某群因被害人支某练阻拦施工而与之发生争吵,为排除妨害,用脚踹被害人肘部位置,致其倒地后头部碰撞地面,造成急性闭合性颅脑损伤,后抢救无效死亡,其行为构成过失致人死亡罪。被告人郁某群在实施脚踹行为时,从脚踹的部位和踹倒后被害人的表现看,其主观上既不希望被害人身体受伤,更不希望被害人死亡的危害结果发生,不存在伤害他人的主观故意。被告人的脚踹行为对于正常人来讲,不会造成被害人死亡的严重后果,其应当预见而没有预见被害人会因倒地导致头部碰撞地面后死亡的严重后果,系疏忽大意的过失。被告人主观上有过失,客观上造成了被害人死亡的严重后果,符合过失致人死亡罪的构成要件,其行为构成过失致人死亡罪。鉴于被害人支某练酒后到施工现场索要电线不成而阻挠施工,且将被告人郁某群所驾驶的施工车辆的倒车镜及雨刷拽坏,其行为存在过错。被告人郁某群亲属案发后愿意积极赔偿被害人损失,主动交纳赔偿款 10 万元,故应酌情对被告人从轻处罚。遂判决认定被告人郁某群犯过失致人死亡罪,判处有期徒刑 3 年,缓刑 5 年。赔偿附带民事诉讼原告人李某凤、位某利、位某忠经济损失 434,944.5 元。

一审宣判后,某市人民检察院提起抗诉。某省某市中级人民法院审理后,裁定驳回抗诉,维持原判。

根据《刑法》第 233 条的规定,过失致人死亡罪,是指由于过失导致他人死亡后果的行为。过失致人死亡,包括疏忽大意的过失致人死亡和过于自信的过失致人死亡。前者是指行为人应当预见自己的行为可能造成他人死亡的结果,由于疏忽大意而没有预见,以致造成他人死亡。后者是指行为人已经预见到其行为可能会造成他人死亡的结果,但由于轻信能够避免以致造成他人死亡。本罪的客观构成要件为,实施了致人死亡的行为,并且已经造成死亡结果,责任形式为过失,即应当预见自己的行为可能发生他人死亡的结果,因为疏忽大意而没有预见,或者已经预见而轻信能够避免,以致发生他人死亡的结果。把故意伤害致死与过失致人死亡相比较,二者在客观上都造成了被害人死亡的结果,主观上对死亡结果均出于过失。两种罪的区别在于,过失致人死亡时,行为人既无杀人故意,也无伤害故意。故意伤害致死时,显然以具有伤害故意为前提,过失造成的死亡结果则是故意伤害罪的加重情节。因此,不能将所有的"故意"殴打致人死亡的案件都认定为故意伤害致死。本案的焦点问题是被告人的行为构成故意伤害罪(致死)还是构成过失致人死亡罪。

某市人民法院在案件审理过程中曾存在两种不同意见:一种意见认为,被告人郁某群用脚踹被害人支某练,故意伤害他人身体,并致被害人支某练死亡,其行为已经构成故意伤害罪(致死);另一种意见认为,被告人郁某群没有伤害他人的故意,其采取脚踹行为排除妨害,因为疏忽大意的过失而致被害人死亡,构成过失致人死亡罪。最终,一、二审法院采纳了后一种意见,即认定被告人郁某群的行为构成过失致人死亡罪。

故意伤害致死与过失致人死亡罪的区分是司法实践中经常遇到而又容易产生争议的问题。二者在客观上都造成了被害人死亡的结果,主观上对死亡结果均出于过失。区分二者的关键在于行为人主观上有无伤害他人身体健康的故意。故意伤害致死的行为人在主观上有伤害他人身体健康的故意,过失造成的死亡结果,则是故意伤害罪的加重情节。而过失致人死亡罪的行为人在主观上既无伤害他人身体健康的故意,更无剥夺他人生命的故意,对他人伤亡的结果是疏忽大意或者过于自信的心理状态。刑法通说认为,一般生活中的"故意"不等于刑法意义上的伤害故意，一般殴打行为不等于刑法意义上的伤害行为。因此，不能将所有的“故意”殴打致人死亡的案件，都认定为故意伤害致死。如果行为人只具有一般殴打的意图，并无伤害的故意，只是由于某种原因或条件引起死亡结果，不能认定为故意伤害致死；如果行为人主观上对死亡结果具有过失，应认定为过失致人死亡罪。①

1. 从案件起因和有无预谋来看，郁某群没有放任危害后果发生的心理动因。② 本案被告人与被害人初次相识，并无积怨，因被害人阻挠施工，被告人曾多次开车避让以避免与之发生冲突，但是被害人紧随其后与被告人发生争执，被告人为排除来自被害人的妨害才用脚踹被害人，所以被告人根本不存在故意伤害被害人的心理动因。郁某群与被害人从未见过面，根本不认识，事先也没有伤害被害人的预谋。

2. 从行为方式来看，郁某群系因疏忽大意而没有预见到危害后果的发生。郁某群用脚踹被害人的肘部，从踹的部位来看被告人伤害被害人的故意并不明显，而且对于正常人来说，一般不会因倒地导致头部撞击地面而死亡，被害人因醉酒身体不能自控也起到了一定的作用。被告人系因疏忽大意没有预见到严重后果的发生。

3. 从使用工具、打击部位和力度来看，郁某群并没有使用任何工具，而只是用脚踹了被害人，也没有有选择性地刻意打击被害人的要害部位，而是随机踹在了被害人的肘部一下。虽然客观上被害人被踹后随即跌倒，由此可以推断该打击有一定的力度，但由于该打击在正常情况下一般不会直接致人损伤，因此不能由此片面推断出被告人有伤害被害人的故意。

4. 从行为后果发生后被告人的态度来看，郁某群有避免危害后果的意愿。被害人倒地后很快便打呼噜，郁某群以为被害人因醉酒睡着了，还特地从车上拿了一个汽车上的海绵坐垫垫在被害人头下边。从这些行为表现来看，被告人根本没有伤害被害人的故意。

5. 从有无节制即死因方面来看，郁某群在支某练倒地后即停手，没有继续上前实施殴打，行为较为克制，可说明其并没有伤害被害人的故意。支某练是被踹后因外因自然力的作用，后脑着地致急性闭合性颅脑严重损伤而死亡，而不是被踹中肘部后发生病变而直接引起的死亡。

综上，本案被告人郁某群因支某练阻拦施工而与之发生争吵，为排除妨害，用脚踹被害人肘部位置，致其倒地后头部碰撞地面，造成急性闭合性颅脑损伤，后抢救无效死亡，其行为构成过失致人死亡罪。被告人应当预见而没有预见到被害人会因倒地导致头部碰撞地面后死亡的严重后果，系疏忽大意的过失。被告人主观上有过失，客观上造成了被害人死亡的严重后果，符合过失致人死亡罪的构成要件，其行为构成过失致人死亡罪。

---

① 司法实践中，要查明行为人主观上有无伤害他人身体健康的故意比较困难，尤其是在推搡中打一拳、踢一脚致人死亡的情况下，要认定行为人主观上有无伤害的故意就更加困难，也没有现成的标准可以套用。但是，由于主观故意总是通过客观行为予以体现出来，因此法官可以通过对案件的起因、行为方式、有无预谋、有无使用工具、打击部位、打击力度、有无节制、行为后果发生后被告人的态度、双方的关系等多方面进行综合分析判断，从而准确认定行为人案发时的主观故意，进而避免客观归罪。

② 故意伤害，是指故意非法损害他人身体健康的行为。故意伤害罪和过失致人死亡罪的相同点是二者在客观上都造成了被害人死亡的结果，主观上对死亡的结果均出于过失，即不希望也不放任死亡结果的发生，死亡结果的发生是出乎意料的。两罪的根本区别在于前罪具有伤害他人的故意，其死亡结果是行为人意志以外的原因造成的；而后罪没有犯罪的故意，是由于过失致人死亡。

267. 对伤害他人又拿走财物的行为应否数罪并罚

行为人以非法占有为目的，实施伤害行为后又拿走被害人手机，参照《审理抢劫、抢夺案件意见》①规定，其行为应当构成抢劫罪。如行为人实施伤害行为后，又利用被害人因伤害而不敢反抗的处境拿走被害人的财物而故意毁损、抛弃或灭失的，可能构成故意毁坏财物罪，并与此前实施的故意伤害罪并罚。行为人是否具有非法占有目的，应结合行为人的供述及客观行为综合认定。

司法实例

邬某虎抢劫、故意伤害案

被害人混某宜和同乡常某祥在某市某小区租房合伙从事小额贷款、信用卡刷卡、套现业务。2016 年 8 月 13 日 11 时许，被告人邬某虎经与常某祥联系之后到该室找混某宜、常某祥办理信用卡套现业务，因常某祥不在，邬某虎一直在办公室等候。14 时许，邬某虎与混某宜因言语不和发生争执、口角继而相互厮打。在厮打过程中，邬某虎用刀具捅向混某宜胸部将其捅成轻伤。为阻止混某宜求助，又将混某宜放在桌子上的一部苹果手机和一部三星手机拿走逃离现场，后将苹果手机丢弃。经鉴定，被拿走的两部手机价值 1685 元。2016 年 8 月 15 日，邬某虎被公安人员抓获，从其身上查获了被害人的三星手机。案发后，邬某虎的亲属代为赔偿了被害人医疗费等经济损失，取得谅解。

某市某区人民检察院对被告人邬某虎以涉嫌犯故意伤害罪、抢劫罪起诉。

被告人邬某虎及其辩护人对指控的犯罪事实无异议。邬某虎辩解其拿走混某宜的手机是为阻止混某宜找人，不是抢劫。辩护人提出邬某虎从案发现场拿走混某宜手机的行为没有非法占有的故意，不构成抢劫罪。

某市某区人民法院认为，被告人邬某虎故意伤害他人身体，致一人轻伤，其行为构成故意伤害罪。对邬某虎及辩护人提出的邬某虎从案发现场拿走两部手机的行为，因其没有非法占有的故意，不构成抢劫罪的辩解和辩护意见，经查，根据被害人陈述、证人证言、被告人供述，可证实邬某虎在案发现场拿走两部手机是担心混某宜求助他人导致自己无法离开，不是以非法占有为目的而拿走手机，故该辩解和辩护意见予以采纳。邬某虎归案后如实供述自己罪行，并积极赔偿被害人经济损失，取得被害人谅解，依法对其从轻处罚。遂判决认定被告人邬某虎犯故意伤害罪，判处有期徒刑 1 年 8 个月，缓刑 2 年。

一审宣判后，被告人邬某虎未上诉。公诉机关以被告人邬某虎捅伤混某宜后，将其两部手机拿走，其行为构成故意伤害罪和抢劫罪，应数罪并罚为由提起抗诉。

某市中级人民法院二审审理认为，原审被告人邬某虎因琐事故意伤害他人身体，致一人轻伤；实施伤害行为后又利用被害人因受到伤害而不敢反抗的境地，劫取被害人苹果、三星手机各一部，后因害怕持手机被定位将苹果手机丢弃，而将三星手机一直随身携带并使用，表明其主观上具有非法占有的目的，其行为已经构成抢劫罪，依法应与故意伤害罪并罚。抗诉机关及二审出庭检察员的意见，予以采纳。原审判决认为邬某虎的行为不构成抢劫罪不当，应予纠正。遂终审判决撤销原判，以原审被告人邬某虎犯抢劫罪，判处有期徒刑 3 年，并处罚金 3000 元，与故意伤

① 《审理抢劫、抢夺案件意见》第 8 条规定："行为人实施伤害、强奸等犯罪行为，在被害人未失去知觉，利用被害人不能反抗、不敢反抗的处境，临时起意劫取他人财物的，应以此前所实施的具体犯罪与抢劫罪实行数罪并罚……"

害罪有期徒刑1年8个月并罚，决定执行有期徒刑3年8个月，并处罚金3000元。

本案争议的焦点是对行为人为阻止被害人求助而拿走其手机的行为如何定性。一审法院以邬某虎不具有非法占有目的为由认定其不构成抢劫罪，检察机关认为该行为构成抢劫罪并以此为主要理由提出抗诉，二审法院采纳了构成抢劫罪的抗诉意见。二审法院对上诉人犯抢劫罪、故意伤害罪数罪并罚。其主要理由为：

1. 关于抢劫罪及非法占有目的的界定。根据《刑法》第263条的规定，抢劫罪是指以非法占有为目的，当场使用暴力、胁迫或者其他方法强行劫取公私财物的行为。构成抢劫罪的显著特征是“以暴力、胁迫或者其他方法抢劫公私财物”。所谓“暴力”，是指犯罪人对财物的所有者、管理人员实施暴力侵袭或者其他强制力，包括捆绑、殴打、伤害直至杀害等使他人处于不能或者不敢反抗的状态当即抢走财物。所谓“胁迫”，是指当场使用暴力相威胁，对被害人实行精神强制，使其产生恐惧，不敢反抗，被迫当场交出财物或者不敢阻止而由行为人强行劫走财物。如果不是以暴力相威胁，而是对被害人以将要揭露隐私、毁坏财产等手段相威胁，则构成敲诈勒索罪，而不是抢劫罪。所谓“其他方法”，是指对被害人采取暴力、胁迫以外的使被害人处于不知反抗或者不能反抗的状态的方法。本案被告人对本害人实施伤害行为后又利用被害人因受到伤害而不敢反抗的境地，劫取被害人手机的行为属于“暴力”“胁迫”。但非法占有他人财物的目的是抢劫罪的主观故意内容，是构成抢劫罪的必备要件，如果不具备非法占有的目的，则不能认定为抢劫罪①。

2. 本案被告人主观上具有非法占有目的。判定行为人是否具有非法占有目的，应以非法占有目的的两个构成要素为着眼点，结合行为人的供述及客观行为表现综合认定。本案中，被告人邬某虎供述其拿走被害人两部手机是为了阻止被害人使用手机求助，此时因其已实际占有了被害人的手机，具备了排除意思，但尚不能认定其具有非法占有目的。实际上，之后其将其中一部三星手机一直随身携带并使用，表明其主观上又具备了利用意思，可以认定其具有了非法占有手机的目的。其虽然将苹果手机丢弃，但这只是因害怕持苹果手机被定位而不得已的行为，并不能因此否定其有非法占有目的。表面上看其对苹果手机无利用的意思，但是追究其丢弃苹果手机的内在动因即可发现其仅是因为此手机有定位功能，若无定位功能，其亦会留予自用，故而也可认定为行为人对两部手机皆具有利用意思。因此，其行为可以构成抢劫罪。

非法占有目的是抢劫罪的故意内容，存在与否直接关系到抢劫罪与非罪、彼罪的界限。本案中，如果被告人事后及时将手机全部完好地返还被害人，那么因其主观上缺乏非法占有目的，其拿取手机的行为可能不构成犯罪；但如果将被害人手机拿走后将两部手机毁坏或者丢弃，其行为则可能构成故意毁坏财物罪。

---

① 对何为非法占有目的，理论界尚有争议。通说认为，非法占有目的是指排除权利人，将他人的财物作为自己的财物进行支配，并遵从财物的用途进行利用、处分的意思，即由排除意思和利用意思构成，二者必须同时具备，缺一不可。否则，不能认定非法占有目的的存在。排除意思的主要机能是将不值得以刑罚谴责的盗用、骗用行为排除在犯罪之外，其基本含义是指达到了可罚程度的妨害他人利用财物的意思。因此，一般要求排除的是权利人之所有，而不能仅是占有，行为人虽然有占有行为和利用意思，却并不具有排除权利人对财物之所有的意思，也不能认定其具有刑法意义上的非法占有目的。但就抢劫罪而言，由于其犯罪对象一般为动产，而动产之占有与所有具有高度的一致性，对占有之破坏就是对所有之否定，只要行为人实际占有了他人财物，便可以认定具有排除意思。利用意思的机能在于使抢劫等占有型犯罪与故意毁坏财物罪相区别，其基本含义是指遵从财物可能具有的用途进行利用、处分的意思，而不只限于遵从财物的经济用途、本来用途。凡是具有享用财物可能产生的某种效用、利益的意思的，或者说，凡是以单纯毁坏意思以外的意思而取得他人财物的，都可以评价为具有利用意思。以单纯毁坏意思取得他人财物并使权利人遭受财物损失的，行为人则不具备利用意思，从而就不能认定其具有非法占有目的。

3. 关于本案认定抢劫罪是否违背禁止重复评价原则。司法实践中,禁止重复评价原则一般只适用于同一诉讼的量刑阶段,并非完全意义上的定罪原则,其基本含义是不得将已作为定罪的事实再作为量刑要素予以评价,或者是不得对同一量刑情节予以两次以上的评价。本案中,被告人邬某虎持刀朝被害人身上连捅数刀,当时确实是为了伤害被害人,但其在将被害人捅成轻伤后,手里还拿着刀子,在这种情形下,即使不发出任何语言或者动作威胁,也对被害人形成了实际的胁迫,暗示着如果被害人敢反抗,必将再次遭到伤害。被害人正是基于被告人在实施伤害过程中的暴力而认为暴力行为可能还会持续,因而不敢反抗,而不是自愿放弃反抗。被告人邬某虎临时起意,利用了被害人不敢反抗的心理和处境拿走被害人的手机,符合抢劫罪的客观方面构成要件。反之,如果以重复评价为由否定抢劫罪,则会导致被害人的财产权利在遭到不法侵害后却得不到法律救济,最终将会放纵犯罪,影响本案打击处理犯罪的社会效果和法律效果。被告人邬某虎以非法占有为目的,实施伤害行为后又拿走被害人手机,参照《审理抢劫、抢夺案件意见》第8条的规定,"行为人实施伤害、强奸等犯罪行为,在被害人未失去知觉,利用被害人不能反抗、不敢反抗的处境,临时起意劫取他人财物的,应以此前所实施的具体犯罪与抢劫罪实行数罪并罚",其行为应当构成抢劫罪。

268. 司机对被害人强行登车跳车伤亡应否负刑事责任

行为人作为驾驶员,对被害人强行进入其运货车辆并在行驶途中自行跳车伤亡的,没有安全保障义务,不构成犯罪;检察机关撤回起诉的公诉案件的,其刑事附带民事诉讼部分不应继续审理。

司法实例

吕某壮故意伤害案

2015年10月21日1时15分许,被告人吕某壮酒后与罗某明、杨某等人打扑克赢钱,结束后,吕某壮赢5000余元后欲驾驶其双排座货车回到其在某货运公司的暂住处,其他参赌人员以赢家不能先走为由拦车不让其离开,其中输得最多的参赌人员罗某明从其货车副驾驶车窗爬入驾驶室,勒令吕某壮下车继续参赌。吕某壮与众人僵持10余分钟后趁有人去厕所,在人少之际驾车离开,在途中被害人罗某明对吕某壮实施殴打。吕某壮强忍怒火未与罗某明动手。被害人罗某明强令吕某壮停车,吕某壮仍继续驾驶。车行至某市某路180号处,被害人从副驾驶车窗跳下。被告人吕某壮虽看见被害人跳车,但仍未减速、停车,继续向本单位驶去。罗某明跳车后被车辆碾压造成腹部大出血,因失血性休克于当日8时死亡。吕某壮回到单位后,马上向公安机关报警,遂被带至公安机关。

某市某区人民检察院以被告人吕某壮涉嫌犯故意伤害罪向法院提起公诉。本案审理期间被害人家属向法院提起附带民事诉讼。

被告人及其辩护人对指控的事实均无异议,但辩解称被告人没有伤害的故意,不构成犯罪。

某市某区人民法院经审理认为,被害人罗某明非法进入被告人吕某壮驾驶的双排座货车驾驶室殴打被告人,并在驾驶过程中自行跳车,造成死亡的后果,对此,被告人吕某壮客观上没有危害行为,主观上既无故意也无过失,因此不构成犯罪,对被害人的死亡结果不负刑事责任。本案审理过程中,某市某区人民检察院认同一审法院的意见,向法院申请撤诉。某市某区人民法院经审查后裁定同意检察院撤回起诉,并驳回附带民事诉讼原告人的起诉,告知其可另行提起民事诉讼。裁定已生效。

检察机关审查起诉和法院审理本案中,均存在不同意见,一种意见认为被告人吕某壮构成故意伤害罪;另一种意见认为被告人吕某壮的行为既不构成故意伤害罪,也不构成其他犯罪。鉴于合议庭存在重大分歧,遂报请一审法院审判委员会讨论,审判委员会多数意见认为被告人吕某壮不构成犯罪。一审法院审判委员会决定的主要理由为:

1. 本案货车驾驶员被告人吕某壮对非法、强行进入其车辆的人员没有法律上的安全保障义务。公诉机关开始认为,本案中被告人对被害人具有先行行为产生的安全保障义务和驾驶员与乘车人之间的安全保障义务,被告人可以履行但没有履行这种义务导致人员伤亡的,系不作为犯罪。具体而言,被告人在被害人要求其停车的情况下,拒不停车,并发生语言冲突,不排除有相互刺激性的言语,造成被害人的心理恐惧,导致被害人陷入一种危险状态中,无奈选择跳车。同时,被告人客观上不履行作为司机职业赋予的安全保障义务,当被害人通过副驾驶室车窗跳出车外时,被告人仍拒不停车,继续保持原速行驶。被告人主观上明知其继续高速驾驶的行为可能会造成被害人伤害的结果,却放任这样的结果发生,属于间接故意伤害(致人死亡),构成(间接)故意伤害罪。我国刑法理论及司法实践中一般认为,行为人负有某种义务并且在能够履行自己的义务情况下不履行该义务的,系不作为。不作为犯罪的义务来源一般包括法定的义务、职务要求的义务、先行行为的义务和法律行为引起的义务四种。公诉机关起诉意见认定本案中驾驶员和被害人之间构成事实上的乘运关系,并且被告人的先行行为使被害人陷入危险状态,因此,无论从驾驶员的职务要求还是先行行为产生的义务出发,其均应保障被害人安全。而实质上,本案被告人对非法进入车辆并自行跳车的人员,从法律上不负有职务上的或者先行行为产生的安全保障义务,不作为义务来源不存在,因此被告人构成不作为故意伤害罪的前提不存在。

(1)本案中的驾驶员和被害人之间没有形成实质上的搭乘和运输关系,本案被告人不具有业务上的安全保障义务。驾驶员和乘车人之间是否存在安全保障义务应该从多方面进行认定:一是乘车的原因。乘客与司售人员建立了客运合同,合法持票上车的,司售人员无疑应有安全保障义务。虽无票上车但经过司售人员同意上车的亦然。二是运行车辆的性质。根据《民法典》的规定,客运车辆驾驶员对乘客的安全有确定的保障义务,货车驾驶员对运输货物有保管义务,但货车一般是禁止人货混装、搭载乘客。三是下车的主观动因。乘客在公交站点正常下车,驾驶员有安全保证义务;在非站点处强行下车或违规下车的,驾驶员保障其安全比较困难。四是驾驶员的注意状况。乘客在驾驶员注意范围之外悄然下车的,可免除驾驶员的安全保障义务。驾驶员注意到乘客下车的,一般情况下应当保障其安全。本案中,被害人不是合法上车,而是自行翻车窗入内;上车目的不是搭乘,而是对被告人实施殴打,属不法肇事人;吕某壮驾驶的是货车而非客车;被害人因为恐惧遭到报复自行从车窗跳出,虽然驾驶员注意到其下车,但对停车后是否会继续遭到殴打心存恐惧。故本案中驾驶员和被害人之间并非乘运关系,被告人不负有保障非法上车人安全的义务。司机对乘客的安全保障义务,一般应建立在乘客合法乘车的前提下,片面强调司机对乘车人行驶过程中必须承担安全保障义务,会造成乘车人无论是否为非法上车,是否在车上对司机实施非法行为,司机还必须根据不法乘车人的要求,保障其自行下车时人身安全的荒唐现象。在处理民事案件时可以对车辆驾驶人员或司售人员的安全保障义务作宽泛解释,但在刑事审判中应从严把握。

(2)被告人不负有先行行为产生的义务。一是被告人与被害人的言语冲突不足以产生对被害人的现实危害,被害人心理恐慌不等于被害人处于危险状态。被害人非法侵入货车,实施了非法殴打驾驶员的行为,被告人并未还手,并继续开车,这是摆脱被殴打困境的自救行为。客观上,这个行为并未对强行闯入驾驶室中的被害人造成身体的实际伤害,也未将被害人的身体与生命置于危险状态。此时驾驶室中的被害人对于驾驶行驶中的车辆的被告人而言,力量上占优势。实际上是被害人自己的跳车行为将自己置于危险状态的。主观上,被告人与被害人素不相识,既无伤害受害人的动机和故意,也不存在主观过失。

二是即使造成被害人的恐惧心理,被害人仍然可以自由选择下车或者不下车。被告人并未强迫其跳车。如果其选择继续留在车上,并不会受到伤害。被害人作为智力、精神正常的成年人,面对行驶中的车辆,应当预见强行跳车可能会造成受伤或者死亡的严重后果。本案中,被害人的伤亡结果系自行跳车所致,其自行违规跳车然后被碾压死亡的结果应由其自行承担。

(3)从期待可能性的角度看,不能期待本案被告人在被被害人伤害威胁的情况下停车。被告人不停车是为了摆脱被害人的不法纠缠而采取私力自救的行为。在当时的情况下吕某壮面对殴打他的人明显处于劣势,吕某壮与被害人的言语冲突和持续开车是当时正常的自我保护行为。如果在半路停车,吕某壮有可能会被被害人继续殴打。当被害人自行跳车时,不能苛求被告人一边驾车一边躲避有殴打意图的被害人,还要时刻留心保障被害人的安全,并在其跳车时减速或者停车予以配合。这种要求对于常人来说过于苛刻。即使在道德层面上这种安全保障义务也是难以成立的。从常理上说,被害人自行登车且殴打被告人后又自行跳车,责任却由只顾开车、被动避险的被告人承担,显失公平。既然被告人在当时情况下停车不具有期待可能性,那么被告人不停车也不应该承担刑事责任。

综上,被告人吕某壮的行为不构成犯罪。

2. 公诉机关撤诉的刑事案件附带民事部分不应再继续审理。附带民事诉讼应该和刑事诉讼一并判决,即使是无罪判决亦该如此。1998 年最高人民法院《关于执行〈中华人民共和国刑事诉讼法〉若干问题的解释》(现已失效)第 101 条规定:“人民法院认定公诉案件被告人的行为不构成犯罪的,对已经提起的附带民事诉讼,经调解不能达成协议的,应当一并作出刑事附带民事判决。”但是该解释对刑事案件审理过程中检察机关撤诉的附带民事诉讼如何处理并未做出明确规定。刑事本诉部分和附带民事诉讼部分具有依附关系,附带民事诉讼以刑事审判查清并判决的案件事实和刑事责任为依据,然后直接确定民事责任,无须另行起诉,以实现程序效率和便民审判宗旨。在刑事部分事实审查清楚并判决(包含有罪判决和无罪判决)、审判组织没有变动的情况下,法院应当继续审理并判决附带民事诉讼部分。但是在刑事部分宣判前公诉机关撤回起诉的,由于这时作为附带民事诉讼基础的刑事案件已不复存在,犯罪事实尚未查清、刑事责任不能确定,附带民事诉讼中的侵权责任也就无法查明。这时附带性的民事诉讼演变为单独的民事诉讼,理应由民事审判庭专门审理。检察院撤回公诉后,法院应建议附带民事诉讼原告人撤回起诉另行提起民事诉讼,如果民事诉讼原告人坚持不撤回的,可以裁定驳回起诉,告知其另行起诉。

269. 伤害案件中消极康复治疗能否构成被害人过错

伤害案件中,医疗及康复治疗是减轻被害人损伤结果的原因,不是多因一果中的致害原因,被害人未按照医嘱进行康复治疗和锻炼,对于最终的损伤结果并不构成过错,致害人也不能因此减免责任。

司法实例

华某玉故意伤害案

华某玉与宫某顺系同楼邻居。2016年4月17日下午，两家因空调滴水问题发生纠纷，宫某顺报警。华某玉与宫某顺被传唤到派出所处理纠纷时又发生激烈争吵继而互相厮打，华某玉将宫某顺右手拧伤，造成右手中指近指间关节脱位，经法医鉴定构成轻微伤。宫某顺住院治疗152天，未按照主治医师医嘱坚持理疗及康复锻炼，出院后右手中指近指间关节僵直，经法医鉴定构成轻伤。

某市某区人民检察院以被告人华某玉涉嫌犯故意伤害罪提起公诉。被害人宫某顺提起刑事附带民事诉讼。

某市某区人民法院审理认为，被告人华某玉因琐事故意伤害他人身体，致人轻伤，其行为已构成故意伤害罪。公诉机关指控被告人华某玉犯故意伤害罪罪名成立。鉴于本案是邻里间民事纠纷所引发，且被告人华某玉已赔偿被害人5万元，可酌情对其从轻处罚。遂判决认定被告人华某玉犯故意伤害罪，判处有期徒刑1年；被告人华某玉赔偿被害人宫某顺各种经济损失合计近7.6万元。

一审宣判后，被告人华某玉以被害人的轻伤系因其不按医生要求坚持理疗锻炼所致，并非其直接伤害所为为由提出上诉。

某市中级人民法院在二审审理过程中，双方就附带民事部分达成和解，华某玉认罪、悔罪并在一审基础上，又赔偿宫某顺各项损失8万元，宫某顺谅解华某玉并请求法院对华某玉从轻量刑。同时，考虑宣告缓刑对所居住社区没有重大不良影响，据此，某市中级人民法院终审判决撤销一审判决，上诉人华某玉犯故意伤害罪，判处有期徒刑1年，缓刑1年。

本案在二审中对于被害人没有按照主治医师医嘱坚持理疗及康复锻炼是否存在过错存在不同意见。第一种意见认为，被害人受伤后评定为轻微伤，因其在医疗过程中不坚持理疗和锻炼，导致伤害后果扩大，最终评定为轻伤。鉴于被害人存在过错，被告人是否构成犯罪存疑，本着疑罪从无的原则，应当认定被告人无罪。第二种意见认为，被害人不坚持理疗和锻炼是导致其伤害结果的一个原因，本案是多因一果的案件，应当发回重审，对被害人的行为与伤害结果之间的因果关系进行鉴定，查明案件事实后依法判决。第三种意见认为，医疗行为作为阻断伤害结果发生的因素，不是多因一果案件的致害原因，致害人不能给被害人设置接受医疗、理疗和锻炼的义务，被害人不进行理疗和锻炼不构成过错。本案被告人对被害人实施伤害的事实，证据确实、充分，只是对于被告人是否构成犯罪存在认识分歧，不应引用疑罪从无的原则，应当维持原判。

从一、二审法院的裁判结果来看，两级法院倾向采纳的是第三种意见，没有将被害人不按照主治医师医嘱坚持理疗及康复锻炼认定为过错。二审法院在审理过程中，继续做好附带民事赔偿的调解工作，最终使被告人取得被害人的谅解，上诉人认罪悔罪，同时考虑宣告上诉人缓刑对其所居住社区没有重大不良影响的情况，对其依法改判为有期徒刑1年，缓刑1年。主要理由为：

1. 侵权行为和犯罪行为不能给他人设置义务。被害人受伤后，是否有主动求医、配合治疗、积极锻炼的义务，如果存在这样的义务，不这样做或拒绝这样做就存在过错；如果没有这样的义务，则被害人不配合医疗、拒绝治疗产生的后果都要归责于致害人。侵权行为和犯罪行为不能给他人设置义务，这句话单独看不会有人怀疑，但在实践中容易引发争议。人们很容易认为被害人有进行治疗的义务，即如果被害人不配合治疗，产生的后果不能完全归责于致害人，致害人只对通过医疗不能恢复的部分及医疗过程中的费用负责。其实，这个义务的来源既不是法定的，也不是约定的。如果没有致害行为，被害人就无须进行医疗，也就不存在进行治疗的义务。从这个角度来说，这个义务是致害行为给被害人设定的。一个侵权或犯罪行为为他人设置了义务，这是一个荒诞的逻辑。这种理解与《民法典》合同编关于守约方扩大损失的规定有相似之处，违约方只对其可以预见的违约后果承担责任，守约方未积极采取措施避免损失的，对扩大的损失承担责任。两种理解的相似之处反映出法律认知的移植过程。但合同是基于善意、诚信、互利的原则制定的，而侵权和犯罪行为大多是恶意、自利、单边的，不能把《民法典》合同编中对违约情况的理解简单地移植到侵权和刑事案件中，否则必然会得出荒唐的结论。

2. 身体权、健康权、生命权处分过程中的特殊情况。身体权、健康权、生命权是公民的基本权利，但人们在处置这些权利时会受到一定限制。如自杀和自残都是违背社会基本伦理的，它与疾病等自然原因引起的情况不同，更多的体现的是国家和社会的责任。公民自杀或自残后，国家和社会进行制止、救治，这个过程是不允许被害人拒绝的，也无须征得被害人同意，此时被害人接受医疗就是义务。但在其他的情况下，被害人或其亲属支付医疗费用，即他们的医疗行为是自主行为，而不是国家和社会强制的救助行为，被害人有权选择医疗项目或拒绝接受医疗，接受医疗对于被害人是其权利而非义务。

3. 多因一果的伤害案件中各种因素的责任分析。多因一果的伤害案件中可能介入的因素较多，有多个侵害行为叠加的，也有被害人自伤或重大过失叠加损伤的，还有特异体质等客观因素介入的，有时还需考虑过失与故意的叠加，司法实践中会遇到各种情况，常因观点迥异而引发争议。因果关系中致害行为与客观条件相互作用形成最终的结果，致害行为应从起因和动机进行考量，即根据主观恶性分为故意、过失和意外。而对于客观条件，只需考量致害人明知（应知）或意外两种形态。当致害行为是意外时，无论对于客观条件是否明知，案件都应定性为意外事件，其他的情况可以进行具体分析。

以特异体质为例：（1）特异体质是不受被害人、致害人意志支配的客观因素，只有当致害人主观上不存在故意或过失时，才能对特异体质引发的后果按照意外事件处理；致害人明知被害人为特异体质，故意侵害被害人身体造成的后果，属于利用被害人特异体质致害，如果被害人死亡，应当定为故意杀人罪，对全部结果按故意犯罪定罪量刑；致害人不知道也不应当知道被害人为特异体质，其故意的伤害行为因特异体质因素介入引发被害人死亡时，应当按照故意伤害致死进行定罪量刑，其伤害的故意作为定罪的基础，而死亡的结果完全归责于致害人。（2）过失犯罪中如果致害人明知或应当知道被害人是特异体质，如医疗事故或在医院内过失致害，因其处在特殊环境，被害人身体条件的特殊性应当被考虑，此时的损害结果应当全部归责于致害人的过失行为；过失致害案件中，致害人不知道被害人是特异体质时，应当排除特异体质在其中的作用，即被害人只对其过失行为直接引发的后果负责，这样才符合主客观相一致的原则。① （3）被害人受到伤害后为了加重对致害人的处罚，自残身体或采取其他方法扩大伤害结果的，致害人不对被害人自

---

① 另外，特异体质不是被害人过错，不能因此而减轻致害人的刑事和民事责任，换言之，无论致害人是否承担刑事责任，都应当承担全部的民事责任。多个行为共同致害的，应当区分每个行为在结果中的责任比例，再具体分析每个行为应承担的责任，然后按照下列情形进行分析。（1）致害行为故意，客观情况明知，对于全部损伤后果，按故意承担责任。（2）致害行为故意，客观情况意外，按行为的故意定罪，对全部的损伤后果承担责任。（3）致害行为过失，客观情况明知，对于全部损伤后果，按过失承担责任。（4）致害行为过失，客观情况意外，只对行为的过失承担责任，客观因素介入扩大的损害排除在刑事责任之外。（5）前行为构成犯罪，后行为构成犯罪，分别定罪量刑，按过错比例分担民事责任。（6）前行为构成犯罪，后行为故意或过失但未构成犯罪，前行为定罪量刑时，后行为扩大的伤害应从前行为的罪责中排除，按过错比例承担民事责任。（7）前行为构成犯罪，后行为属意外事件，不排除后行为在其中的作用，后行为按客观因素处理，前行为承担全部责任。（8）前行为不构成犯罪，后行为不构成犯罪，均不按犯罪处理，按过错比例承担民事责任。

残行为的结果承担责任，对这部分损伤被害人应自负其责。

在致害行为、客观条件和损伤结果之间，还有一个因素存在，就是损伤结果的阻断因素，包括致害人中止，被害人自救、闪避，其他人的医疗和救助等。这些因素不作为时不会加重损伤结果，作为时会减轻损害，因此不能按照多因一果案件中的致害原因进行考虑，它的作用是反方向的。这些因素作为时，减轻损害后果的同时也减轻了致害人的责任，因此考虑不作为的情况。只有负有特定义务的人，不作为才应当承担责任，如在负法定救助义务的人不作为时，不作为的行为应当按照上面的方式进行罪过分析，其他人对因此扩大的伤害不负责任。没有法定、约定义务的人不作为，是不应该进行罪过分析的。如致害人打击被害人时，被害人能够躲避但拒绝躲避，因被害人并不负有躲避打击的义务，所以其面对打击采取的不作为不应当被归责，致害人也不应当因此减免责任。侵权行为和犯罪行为不能给他人设置义务，被害人受伤后没有进行医疗自救的义务，其不积极接受治疗、理疗，不积极进行锻炼等不作为不构成被害人过错，致害人不能因此对扩大的伤害减免责任。

270. 明知是幼女而强迫卖淫应定何罪

行为人明知被害人系未满 14 周岁的幼女，仍以暴力、胁迫等手段强迫其卖淫，其行为触犯了《刑法》第 236 条第 3 款第 1 项之规定，已经构成强奸罪，应以强奸罪定罪处罚。

司法实例

楚某生强奸案

2016 年 7 月 18 日，被告人楚某生以营利为目的，预谋强迫未满 14 周岁的初二女学生资某燕卖淫。同日下午，楚某生等人通过言语威胁、上学校门口堵截等方式，强行将资某燕带至某宾馆内，强迫其卖淫 2 次。后被人举报，卖淫窝点被查抄捣毁，楚某生等人被公安机关抓获。

某县人民检察院对被告人楚某生以涉嫌犯强迫卖淫罪提起公诉。

某县人民法院审理认为，被告人楚某生明知资某燕系未满 14 周岁的幼女，仍以暴力、胁迫等手段强迫其卖淫，其行为触犯了《刑法》第 236 条第 3 款第 1 项之规定，已经构成强奸罪，依法应予惩罚。遂判决认定被告人楚某生犯强奸罪，判处其有期徒刑 11 年。

一审宣判后，被告人楚某生以不构成强奸罪，量刑过重为由提起上诉，被二审驳回。

在本案审理中，对被告人楚某生明知资某燕系未满 14 周岁的幼女，仍以暴力、胁迫等手段强迫其卖淫的行为应定何罪产生分歧：第一种意见认为，应定强迫卖淫罪，在 5～10 年的有期徒刑幅度内从重处罚。理由是：幼女卖淫是一种客观现象，不会因为《刑法修正案（九）》取消了对向性的嫖宿幼女罪而消失，且《刑法》第 358 条第 2 款规定的强迫对象未成年人中已经包含不满 14 周岁的幼女。根据该条规定，一般情节的处 5～10 年有期徒刑，情节严重的处 10 年以上有期徒刑或者无期徒刑。鉴于本案被告人只强迫 1 名未成年人卖淫 2 次，不属于情节严重，故在 5～10 年内从重处罚即能达到罪与刑相适应的要求。如果定强奸罪，则违背罪刑法定原则。第二种意见认为，应定强奸罪，判处 10 年以上有期徒刑。理由是：未满 14 周岁的幼女没有性自主权和性承诺能力，即使自愿卖淫也应定强奸罪；而且定强奸罪有利于防止涉案幼女背上卖淫女的污名，也有利于加大对相关犯罪的处罚力度。同时，《刑法修正案（九）》将嫖宿幼女罪取消后，幼女已不再是组织卖淫罪、强迫卖淫罪的对象，对于强迫不满 14 周岁的幼女进行性交易的行为，应以强奸罪的共犯论处。量刑方面，因强奸罪主要有两档刑期，强迫幼女卖淫行为应属于《刑法》第 236

条第3款第1项规定的奸淫幼女情节恶劣的情形,故应判处其至少10年以上的刑罚。第三种意见认为,在前两种观点的基础上,应按想象竞合从一重来判处。既然楚某生的行为同时符合强奸与强迫卖淫罪的犯罪构成,就需要根据具体情节来选择适用重刑:强迫卖淫罪量刑幅度为5年至无期,而强奸罪为3年至死刑,如果不是情节严重,则定强迫卖淫罪更重;如果情节严重,则定强奸罪更重。鉴于本案不属于情节严重,故定强迫卖淫罪在5~10年内科刑更适当。

本案一、二审法院认为,对本案被告人定性为强奸罪并在10年有期徒刑以上量刑符合刑法精神。主要理由为:

1.《刑法修正案(九)》将强迫幼女卖淫及嫖宿幼女的相关规定修改后,司法实践中对此类行为的处理存在较大分歧:在定性方面,是定强奸罪还是强迫卖淫罪,在量刑方面,选择最低3年、5年还是10年哪个档次,在主观方面,是否需要行为人明知对方是幼女,在司法解释出台前,相关问题亟待厘清。全国人民代表大会法律委员会在2015年8月24日所作的关于《〈中华人民共和国刑法修正案(九)(草案)〉审议结果的报告》第7条明确指出:"……建议取消刑法第三百六十条第二款规定的嫖宿幼女罪,对这类行为可以适用刑法第二百三十六条关于奸淫幼女的以强奸论、从重处罚的规定,不再作出专门规定。"尽管该报告中未对"这类行为"作出明确规定,但可以肯定不仅只包括嫖宿幼女的行为。又因嫖宿幼女罪原来规定在《刑法》分则第六章第八节中,同类行为不外乎强迫、组织、容留幼女卖淫等行为,故上述行为理应按照强奸罪来处理。而且,最高人民法院也有"嫖宿幼女罪取消后,幼女不再作为组织卖淫罪、强迫卖淫罪的对象,对于组织、强迫未满14周岁的幼女进行性交易的行为,通常应当以强奸罪的共犯论处"的观点。故本案被告人楚某生强迫幼女资某燕卖淫的行为,应按照强奸罪(共犯)论处。

2. 从强奸罪与强迫卖淫罪的罪名设置来看。尽管强奸罪属于《刑法》分则第四章侵犯公民人身权利的行为,强迫卖淫罪属于妨害社会管理秩序的行为,但两个罪名的客体及客观方面具有一定程度上的重合。强迫卖淫行为同强奸一样,也往往使用暴力、胁迫等手段,同时必然违背妇女意志,侵犯其性自主权,所以两个罪名并非对立关系。而且,在刑法保护的法益等级中,惩处强迫卖淫罪所保护的社会管理秩序是低于强奸罪所保护的人的健康与性自主权的,如果为了保护低等级的法益而损害更重要的法益,显然是本末倒置。所以,本案从这一角度亦应优先认定为强奸罪。从法理上讲,不满14周岁的幼女由于身体和心智发育还不成熟,不存在性自主权和性承诺能力,即使幼女在性行为时表示了同意,该同意在法律上也是无效的,如果是被强迫发生性交易,则更是违背幼女意志,当然应按强奸罪处理。从社会效果来看,如果认定为强迫卖淫罪,相当于实际承认幼女系卖淫女,往往引发幼女及其家属和社会公众的质疑。在此背景下,在《刑法修正案(九)》已经明文删除嫖宿幼女罪名的前提下,本案如果再定强迫卖淫罪,实际上是违背了立法本意,故第一种、第三种意见不宜采纳。当然,该案认定为强奸罪而不认定为强迫卖淫罪不是没有法律障碍,即现行《刑法》第358条第2款已将强迫未成年人卖淫纳入该条规制内容。

3. 本案三种争议意见对量刑的争议,一方面源于对罪名的认定,另一方面也源于对强迫幼女卖淫行为是否属于情节恶劣的理解,一般认为强迫幼女卖淫行为属于强奸罪第3款第1项规定的奸淫幼女情节恶劣的情形,应处以10年以上有期徒刑、无期徒刑或者死刑。

(1)从相关犯罪的横向比较来看。《刑法》第359条第2款专门规定,引诱不满14周岁的幼女卖淫的,处5年以上有期徒刑。也有地方高级人民法院出台文件认为,容留、介绍不满14周岁的幼女卖淫的,可在5年至6年有期徒刑幅度内确定量刑起点。强迫幼女卖淫行为比引诱、容留、介绍行为更加恶劣,根据《刑法》举轻以明重的解释原则,该强迫卖淫行为的起刑点也应高于此类行为。

(2)从强迫幼女卖淫行为的社会危害来看。不满14周岁的幼女，一般都是初中二、三年级以下的学生，其身体、心智发育都尚不成熟，自我保护意识普遍低于成人，容易成为不法分子的侵害对象，如果强迫其与不特定的人发生性关系，对其身心健康的伤害也远高于普通的强奸或者奸淫行为。同时，如果法院量刑过低，不利于遏制和打击性侵幼女行为，也易招致公众质疑，带来不良社会影响。如果将强迫幼女卖淫行为认定为“强奸妇女、奸淫幼女情节恶劣”并处以10年有期徒刑以上刑罚，则能更好地做到罪责刑相适应，并兼顾公众情绪，同时达到更好的预防和打击犯罪的效果。

在此类案件的审理过程中，对被告人主观方面的认定也是此类案件处理的难点之一，将强迫卖淫行为认定为强奸罪是否需要被告人明知对方是幼女，从理论上说，故意犯罪是认识因素与意志因素的结合，只有认识或者应当认识到犯罪结果的发生，才能以故意犯罪定罪处罚，故认识到对方是幼女是该案认定为强奸罪的必要条件。但实践中往往比较复杂，被告人常以各种理由辩称不知被害人是幼女，给案件认定造成一定的困难。根据2013年最高人民法院、最高人民检察院、公安部、司法部《关于依法惩治性侵害未成年人犯罪的意见》(现已失效)第19条的规定，对不满12周岁的被害人实施性侵害行为的，无论被告人如何辩解，均应当认定行为人“明知”对方是幼女；对性侵已满12周岁不满14周岁的被害人，可从其身体发育状况、言谈举止、衣着特征、生活作息规律等观察，如果据此认定其可能是幼女而实施性侵害行为的，亦应当认定为“明知”。具体到本案，楚某生明知资某燕系初二学生，身着中学校服，背着书包出入学校，故可推定其主观上知道或者应当知道资某燕系幼女。如果有证据证明资某燕曾对楚某生谎称其已满14周岁，且其身体发育、穿着打扮等的确不像幼女，则司法机关可不认定为强奸罪，而以《刑法》第358条强迫卖淫罪中的第2款规定的强迫未成年人卖淫从重处罚。

综上，本案一、二审法院对本案被告人楚某生强迫幼女卖淫行为认定为强奸罪并科处至少10年以上刑罚，既符合《刑法修正案(九)》的立法精神和强奸罪的犯罪构成，也符合从严惩处性侵幼女犯罪的刑事政策，无疑是正确的。

271. 强行与卖淫女发生性关系是否构成犯罪

卖淫女的性权利同样应当受到法律保护。行为人违背被害人意志，采取暴力手段强行与被害人发生性关系，其行为已经触犯《刑法》第236条的规定，构成强奸罪。对行为人应当以强奸罪定罪处罚。

司法实例

塞某银强奸案

2014年7月的一天晚上，塞某银和朋友相约在县城某饭店喝酒，酒后到歌厅唱歌至23时，二人又到附近一家美容院，塞某银花400元为自己和朋友找了两名“小姐”，并谈好“包夜”。后4人打的到一宾馆开了两个房间，塞某银和朋友各自携1名小姐入住。进入房间后，因是否使用避孕套问题，塞某银与小姐郎某芬发生分歧，塞某银将郎某芬手机摔在地上，将郎某芬按在床上10多分钟，郎某芬一直挣扎，直至没有力气。事后，郎某芬趁塞某银进卫生间，赤身裸体跑出房间打电话报警。

某县人民检察院对塞某银以涉嫌强奸罪提起公诉。

某县人民法院审理认为，卖淫女的性权利同样应当受到法律保护。被告人违背被害人意志，采取暴力手段强行与被害人发生性关系，其行为已经触犯《刑法》第236条的规定，构成强奸罪。遂判决对被告人塞某银以强奸罪定罪处罚。

一审宣判后，被告人塞某银不服判决，以其与卖淫女发生性关系系嫖娼行为不构成犯罪为由，向某市中级人民法院提起上诉被驳回。

本案自检察机关审查起诉到法院审理的过程中，始终存在分歧。争议的焦点集中在案件的定性上，即塞某银与郎某芬之间是卖淫嫖娼中发生的纠纷，还是塞某银违背郎某芬意志强行与其发生性关系的强奸行为。一种意见认为，塞某银的行为构成强奸罪。主要理由：一是被告人与被害人进入房间后，两人因是否必须戴避孕套问题产生分歧，郎某芬对被告人不戴避孕套发生性关系一事持反对意见，塞某银违背了郎某芬的意愿；二是在发生性行为的过程中，塞某银将郎某芬手机摔在地上，并将其强行按在床上长达10分钟之久，可认定塞某银使用了暴力手段；三是侦查机关的证据确实、充分，已经形成被告人强行与被害人发生性关系的完整证据链。另一种意见认为，塞某银与郎某芬之间是嫖娼交易纠纷。主要理由：一是郎某芬的身份是“卖淫女”，塞某银和郎某芬谈好价格后前往宾馆开房，可以认定郎某芬是自愿与塞某银发生性关系；二是郎某芬裸体跑出房间报警不能直接证明塞某银实施了暴力手段；三是侦查机关提供的证据存在瑕疵，不能排除合理怀疑。

从本案一、二审法院裁判结果来看，法院同意第一种意见，对被告人塞某银以强奸罪定罪处罚，主要理由为：

强奸罪，是指违背妇女的意志，以暴力、胁迫或者其他手段强行与妇女发生性关系的行为。本罪的犯罪主体一般是男子，教唆、帮助男子强奸妇女的女子，也可以成为强奸罪的共犯。本罪在客观方面表现为违背妇女意志强行与妇女发生性关系的行为。这种行为具有以下特征：(1)必须违背了妇女的真实意愿。① (2)行为人必须以暴力、胁迫或者其他手段强行与妇女发生性关系。这里所说的“暴力”手段，是指犯罪分子直接对被害妇女施以殴打等危害妇女人身安全和人身自由，使妇女不能抗拒的手段。“胁迫”手段，是指犯罪分子对被害妇女施以威胁、恫吓，进行精神上的强制，迫使妇女就范，不敢抗拒的手段，如以杀害被害人、加害被害人的亲属相威胁的，以揭发被害人的隐私相威胁的，利用职权、教养关系、从属关系及妇女孤立无援的环境相胁迫的，等等。“其他手段”，是指犯罪分子使用暴力、胁迫以外的使被害妇女不知抗拒、无法抗拒的手段，如假装为妇女治病而进行奸淫的，利用妇女患病、熟睡之机进行奸淫的，将妇女灌醉、麻醉后进行奸淫的，等等。

1. 被害人的意志仍应以发生性关系前的意愿为准。“违背妇女意志”，是判断行为是否构成强奸罪的重要条件之一。意志是主观的，虚无缥缈、瞬息而变，往往可追溯到双方生殖器接触前。虽然本案具有特殊性，被害人系卖淫女，其性行为的随意性较大，行为又与金钱挂钩，但法律不能剥夺她在行为前因种种原因“反悔”的权利。因此，对其意志不应仅以收取“嫖资”而体现，仍应以发生性关系前的意愿为准。具体到本案，虽然郎某芬与被告人塞某银谈好价格，收取“嫖资”，并自愿与塞某银前往宾馆开房，但在她和塞某银发生性关系前，因塞某银拒绝戴避孕套，郎某芬明确表示不同意发生性关系，所以此次塞某银与郎某芬发生性关系是违背了郎

---

① 判断与妇女发生性关系是否违背妇女的意志，要结合性关系发生的时间、周围环境、妇女的性格、体质等各种因素进行综合分析，不能将妇女抗拒作为违背其意愿的唯一要件。对于有的被害妇女由于害怕等原因而不敢反抗、失去反抗能力的，也应认定是违背了妇女的真实意愿。同无责任能力的妇女(如呆傻妇女或精神病患者)发生性关系的，由于这些妇女无法正常表达自己的真实意愿，因此无论其是否“同意”，均构成强奸罪。

某芬意志的。

2. 被害人与被告人的供述一致。就被告人塞某银实施暴力这一点供述和陈述是高度统一的。“实施暴力、胁迫或者其他手段,导致妇女不能或者不敢反抗”,是判断行为是否构成强奸罪的另一重要条件。从本案来看,塞某银在其供述和辩解中,承认自己将被害人按在床上10多分钟,被害人一直反抗,直至没有力气才同意与其发生性关系。被害人的陈述,虽然与被告人的供述和辩解有所出入,但就塞某银实施暴力这一点,两者是高度统一的。这些证据足以证明,塞某银与郎某芬发生性关系的过程中,实施了暴力行为。

3. 确有证据从侧面推定被害人郎某芬受到暴力侵袭。所谓推定,是指根据法律的规定,从已证事实直接认定另一事实的存在,除非被追诉者提出反证加以推翻。通过推定来认定部分案件事实,已为我国相关法律所认可,如刑法。从本案来看,被害人郎某芬赤身裸体跑出房间打电话报警求助的行为,可以推定其曾受到过暴力侵袭。一般情况下,即使是一名卖淫女,在没有受到任何身体和精神上冲击的时候,也不会赤身裸体地跑出房间,并在明知自己从事的是违法职业的情况下,来找警察相助。所以,在被告人塞某银没有提供相应证据推翻的前提下,被害人赤身裸体跑出房间这一客观事实,可以推定发生性关系违背了被害人的意志,在发生性关系过程中被害人曾受到暴力侵袭。

4. 法律在坚决打击卖淫嫖娼的同时也应该保护卖淫女的合法权益。一是法律将强行与妇女发生性关系的行为作为犯罪,列入刑法处罚范围之内,是为了保护妇女的性权利不受侵犯。卖淫女虽然身份特殊,从事卖淫嫖娼,其行为违背法律及公序良俗,但她们仍是女性,性权利不因她们的职业而被剥夺。相反,卖淫女大多为生活所迫,属弱势群体中的弱势群体,更需要法律的保护。故此认为,法律在严厉打击卖淫嫖娼的同时,也应当保护卖淫女的合法权益。二是将被害人郎某芬和被告人塞某银之间的行为认定为嫖娼交易纠纷的观点,从某种意义上说,这种观点已经将卖淫嫖娼合法化,与我国现行法律相违背。

综上,本案被告人塞某银强行与郎某芬发生性关系的行为应构成强奸罪。

272. 如何认定强奸案被告人是否属于违背妇女意志

行为人以教被害人学做足疗为由对被害人欺骗引诱,通过抚摸、按摩等行为使年少无知的被害人因生理原因自然丧失反抗能力,不能反抗,继而与其发生性关系,被害人坚决控告。行为人的行为违背了妇女的意志,也符合强奸罪的行为方式中的“其他手段”的要求。故行为人的行为构成强奸罪。

司法实例

程某新强奸案

程某新,男,40岁,理发店老板,被害人沙某枝,农村女孩,15周岁,生活经历简单、无性经历,与程某新的妻子有亲戚关系。沙某枝经人介绍到程某新位于某市的理发店做学徒工,到理发店的当天21时,程某新要教沙某枝做足疗,便带沙某枝到三楼的一间房子内,程某新见沙某枝穿牛仔裤,以衣服太紧、无法教其做足疗为由让其换上宽松的睡衣,然后让沙某枝躺在按摩床上。程某新通过抚摸沙某枝腿部、腹部、背部并按摩,使沙某枝昏昏然。之后,程某新趁机脱去沙某枝衣服,抚摸、亲吻沙某枝乳房,使沙某枝感觉头脑发晕,浑身没有力气反抗。后程某新趁机与沙某枝发生了性关系。几分钟后,沙某枝恍然醒悟,大骂程某新是色狼,并打电话将此事告知自己的父母,其父母当即报警。

某市某区人民检察院对被告人程某新以涉嫌强奸罪提起公诉。

某市某区人民法院在本案审理中产生严重分歧,争议焦点涉及被告人罪与非罪。一种意见认为程某新的行为不构成强奸罪,理由是:程某新的行为没有违背沙某枝的意志,在实施足疗过程中,沙某枝产生性欲,继而两人发生性关系,是很正常的事实,程某新既没有违背妇女意志,也没有使用《刑法》规定的强奸手段来实现发生性关系的目的,不应当作为犯罪处理,在参加案件讨论的人员中大多支持该观点;另一种意见认为程某新的行为构成强奸罪,理由在于程某新先前的抚摸、按摩等行为使年少无知的沙某枝因生理原因自然丧失反抗能力,不能反抗,继而发生性关系。程某新的行为违背了妇女的意志,也符合强奸罪的行为方式中的“其他手段”的要求,参加讨论的人中有多数人支持此观点。

一审法院经开庭审理、合议庭评议并经专业法官会议讨论,意见仍存在严重分歧,最后报请审委会讨论,审委会按照多数人意见形成决议,对被告人程某新以强奸罪定罪处罚。遂判决认定被告人程某新犯强奸罪,并科以相应刑罚。

一审宣判后,被告人程某新以被害人对二人发生关系系其自愿行为,不构成强奸罪为由提起上诉。

某市中级人民法院经二审审理认为,上诉人程某新利用被害人年少无知,以教被害人学做足疗为由对被害人进行引诱、而后采取抚摸、按摩等行为使年少无知的沙某枝因生理原因自然丧失反抗能力,不能反抗,继而与其发生性关系,系乘人之危,违背了被害人的意志,属《刑法》第236条第1款中的以“其他手段”强奸妇女的行为,符合强奸罪的构成要件。一审判决认定上诉人的强奸犯罪事实清楚,证据确实、充分,定罪准确,量刑适当,审判程序合法。遂终审裁定驳回上诉,维持原判。

从一、二审法院裁判结果来看,两级法院均支持本案争议中的第二种意见,认为该案中被告人程某新的行为构成强奸罪。程某新的行为既符合“违背妇女意志”的要件,又符合强奸罪中的暴力、胁迫或者其他手段之“其他手段”的要件。

1. 关于本案争论的焦点。本案争论的焦点一是如何理解刑法中强奸罪的“违背妇女意志”;二是如何理解强奸罪中的“暴力、胁迫或者其他手段”的行为方式,尤其是其中的“其他手段”。实际上,两个焦点问题是一个问题的两个方面。理由在于,违背妇女意志,是刑法中规定的构成强奸罪的一个至关重要的要素,既是司法实践中认定强奸罪的难点所在,也是司法实践中认定强奸罪的必备要件,而暴力、胁迫或者其他手段均是违背妇女意志的具体样态,是违背妇女意志的客观表现。此外,《刑法》第236条规定,以暴力、胁迫或者其他手段强奸妇女的,处3年以上10年以下有期徒刑,奸淫不满14周岁的幼女的,以强奸论,从重处罚。从刑事立法者设立强奸罪所要保护的法益来看,该罪所要保护的就是妇女的性自由、性不可侵犯的权利,因而,违背妇女性自由意志的行为即为该罪所要禁止的行为。因此,强奸罪的行为方式正是违背妇女性自由意志的具体形态。因此,认定强奸罪的行为方式与认定违背妇女意志是等值的。

2. 从《刑法》第236条的规定来看,刑法规定的违背妇女意志的行为方式主要有依靠暴力手段使对方不能反抗,强行与妇女发生性关系;通过胁迫手段使对方不敢反抗,实现与妇女发生性关系的目的;利用其他手段使对方不知反抗,与妇女发生性关系。其中第三种行为方式是一种兜底性规定。这三种行为方式分别使被侵犯的妇女不能反抗、不敢反抗、不知反抗。该三种行为方式均是违背妇女意志的具体表现形式。其中,通过暴力手段实施的奸淫行为,违背了妇女意志,实践中一般很少出现争议;而通过胁迫手段和其他手段和妇女发生性关系,如何认定违背妇女意志，极易产生争议。具体到本案，程某新的行为显然不属于暴力行为或胁迫行为，但是否属于强奸罪中以其他手段实施奸淫的行为。因为在强奸罪中违背妇女意志的行为与强奸罪的行为方式实质上为一个问题的两个方面，所以，本案中要解决的问题即为程某新以教沙某枝做足疗的名义按摩、抚摸以及亲吻沙某枝使沙某枝基于生理原因产生性欲，程某新趁机与沙某枝发生性关系，是否属于违背妇女（沙某枝）意志的行为。

从司法实践经验来看，本案被害人沙某枝年仅15周岁，属未成年人，其性防卫意识较弱，在程某新实施所谓的足疗行为后，沙某枝基于自然的生理原因，产生性冲动，完全丧失性防卫能力，程某新趁机与沙某枝发生了性关系，程某新的行为系乘人之危，其先前实施的行为可以认定为强奸罪中的"其他手段"，其违背了沙某枝的意志。因为年仅15周岁的沙某枝到程某新的理发店学习技术的当晚，程某新声称教其做足疗，沙某枝一方面是来学习的，另一方面又与程某新妻子有亲属关系且年龄尚轻，综上情况，沙某枝当时既缺乏理解程某新行为性质的能力又缺乏防卫程某新的意识。在程某新的一番按摩、抚摸及亲吻后，年幼的沙某枝更是进入无知觉状态，完全丧失反抗能力，不知反抗，程某新才趁机与沙某枝发生了性关系。因此，程某新的先前行为是违背妇女意志的，也就是说，程某新的先前行为可以认定为《刑法》第236条强奸罪中的"其他手段"。

3. 被害人是否具有性防卫意识是判断是否违背了妇女意志的前提。《刑法》第236条直接规定与不满14周岁的幼女发生性关系，无论女方是否自愿，均构成强奸罪。关于强奸幼女的情形，并非不要求具备违背妇女意志的要件，而是因为不满14周岁的少女缺乏性防卫意识，立法者将与未满14周岁的幼女发生关系的行为直接推定为违背妇女意志。这是因为立法者从保护幼女的根本立场出发，认为与不满14周岁的幼女发生性关系，是对幼女的侵犯与伤害。既然立法者认为未满14周岁的幼女缺乏性防卫意识，那么认为刚满15周岁且生活经历简单的少女系相对缺乏性防卫意识，是可以为一般人所接受的。因此，可以认为沙某枝相对缺乏性防卫意识。假如，程某新的按摩、抚摸行为针对的是18周岁以上的妇女或者有过性经历的14周岁以上的女性，那么在程某新实施其行为前或行为时，对方是有性防卫意识的，若在程某新行为当时表示反对，此时程某新强行与对方发生性关系，则构成强奸；若对方未表示反对，女方虽然经过程某新的抚摸等行为也同样可能基于生理原因进入不知反抗的状况，但其对程某新的先前行为的性质是有正确的认识的，因而，程某新先前实施的行为不能认定为强奸罪中的"其他手段"，程某新不构成犯罪。而本案的事实在于，被告人程某新的行为实施在生活经历简单年仅15周岁缺乏性防卫意识的被害人沙某枝身上，沙某枝不能理解程某新的行为性质，误认为程某新所实施的按摩、抚摸等行为是程某新在教其做足疗，使沙某枝不知不觉中处于不知反抗的境地，从这个角度上说，程某新的先前行为使沙某枝处于不知反抗的情形可以认定为强奸罪中的"其他手段"。

综上，本案被告人程某新的行为符合强奸罪的行为特征，亦违背了沙某枝的性自由意志。因此，程某新的行为构成强奸罪。本案一、二审法院的裁判是正确的。

273. 抢劫后强迫恋人当面发生性行为构成何罪

行为人持刀抢劫被害人后，又以暴力相威胁，要求女被害人违心地与男友当众发生性关系，扬言女被害人如不和其男友当众发生性关系就将其强奸，在被害人身体和意志都受到强制，不敢反抗的情况下，女被害人被迫与男友当众发生性关系。行为人的逼迫行为显然既侵犯了女被害人的性权利，又侮辱了其人格，行为人的行为符合《刑法》第237条的规定，构成强制猥亵、侮辱罪。

司法实例

商某雄、陶某怀抢劫、强制猥亵、侮辱妇女案

被告人商某雄、陶某怀预谋抢劫，二人于某日深夜在公园中寻找作案目标，遇到岳某骏和其女朋友邢某晶正在此处幽会，商某雄、陶某怀持刀对岳某骏进行威胁，并从邢某晶、岳某骏二人身上抢走现金及手机等物品。后商某雄见二人并未反抗，就要求二人将衣服脱光并发生性关系，岳某骏、邢某晶不从。商某雄对岳某骏说："你要是不和她发生性关系，我就把她上了。"陶某怀也上前对邢某晶进行恐吓、扯拽，岳某骏、邢某晶无奈之下，只得脱下衣服，当着二被告人的面发生了性关系。根据卷中公安机关询问材料，案发前，岳某骏与邢某晶已经多次发生性关系。

某市某区检察机关对商某雄、陶某怀以涉嫌犯抢劫罪和强制猥亵、侮辱罪提起公诉。

某市某区人民法院在案件审理中意见产生分歧：对商某雄、陶某怀构成抢劫罪无异议，但对于商某雄、陶某怀二人逼迫邢某晶、岳某骏当面发生性关系这一行为如何定性，出现三种不同意见：第一种意见认为，商某雄、陶某怀以语言和直接的身体暴力对岳某骏和邢某晶进行威胁，使岳某骏不敢反抗，并违心地与邢某晶在二人的注视之下发生性关系。有学者认为，岳某骏此时虽然确实受到了威胁，但是并没有丧失意志自由，其与邢某晶发生性关系违背了邢某晶的意志，因此岳某骏与商某雄、陶某怀三人同时构成强奸罪，但岳某骏是胁从犯，应当减轻或者免除处罚。也有学者认为商某雄二人以暴力对邢某晶进行威胁，且扬言如不从就要强奸邢某晶，此时岳某骏受到多方面的威胁，已经失去了自主行为的能力，商某雄、陶某怀利用自己的优势地位支配岳某骏，使岳某骏在违背邢某晶意愿的情况下强行与其发生性关系，商某雄、陶某怀的行为系间接正犯，符合《刑法》第236条的规定，构成强奸罪，岳某骏不构成犯罪。第二种意见认为，商某雄、陶某怀以直接的身体暴力对邢某晶进行威胁，且商某雄扬言邢某晶如果不和岳某骏当众发生性关系就将其强奸，邢某晶身体和意志都受到强制，不敢反抗，只能当众与男友岳某骏发生性关系。商某雄、陶某怀以暴力胁迫，要求邢某晶违心的与岳某骏当众发生性关系，显然是对邢某晶人格的侮辱，侵犯了邢某晶的性权利，其行为符合《刑法》第237条的规定，构成强制猥亵、侮辱罪。第三种意见认为，商某雄、陶某怀以暴力胁迫岳某骏、邢某晶当众发生性关系，虽然邢某晶对与男友岳某骏发生性关系内心并不排斥，但是当众发生性关系损害了二人的人格尊严，且情节严重，商某雄、陶某怀的行为符合《刑法》第246条的规定，构成侮辱罪。

某市某区人民法院经开庭审理，合议庭评议认为，被告人商某雄、被告人陶某怀均构成抢劫罪，猥亵、侮辱罪，遂依照《刑法》第69条、第237条、第263条等相关条款，判决认定被告人商某雄、陶某怀犯抢劫罪，猥亵、侮辱罪，并分别判处相应的有期徒刑，分别决定了执行的刑期。

一审宣判后，二被告人均以量刑重为由提起上诉，被二审法院驳回。

从判决结果看，本案一、二审法院同意第二种意见，对二被告人以抢劫罪和强制猥亵、侮辱罪分别定罪，数罪并罚分别决定执行的刑期的主要理由为：

1. 从被告人行为主观方面分析。根据《刑法》第237条的规定，强制猥亵、侮辱罪，是指违背妇女的意愿,以暴力、胁迫或者其他方法强制猥亵妇女或者侮辱妇女的行为。① 强奸罪,强制猥亵、侮辱罪和侮辱罪行为人在主观方面均表现为故意。强奸罪可以表现为直接故意和间接故意,而强制猥亵、侮辱罪和侮辱罪只能是直接故意。在具体的犯罪动机、目的方面三者也存在差异。强奸罪的行为人出于满足自己性欲望的动机,希望自己或帮助共犯达到与妇女发生不正当性关系的目的;强制猥亵、侮辱罪的行为人出于流氓动机(也不排除报复等其他动机)、精神空虚,为发泄刺激自己的性欲而实行犯罪行为,其意图是为了满足自己的性欲和下流的精神刺激;侮辱罪行为人一般出于报复泄愤、嫉贤妒能的动机,以贬低他人人格、损坏他人名誉为目的。本案中,商某雄、陶某怀与邢某晶、岳某骏二人素不相识,更不可能有什么恩怨,因此不存在报复泄愤的可能性,其客观上虽然确实造成了贬低二人人格的危害后果,但却不是二被告人主观事先意图达到的目的,且商某雄等人虽然是为了满足自己畸形的性欲望,但目的却不是自己强行与邢某晶发生性关系;岳某骏在主观方面与商某雄、陶某怀并无强奸的犯意联络,不构成商某雄等人的共犯,商某雄、陶某怀出于流氓动机,通过观看他人性交的行为,满足自己的性欲,其追求的是一种下流的精神刺激,因此,其主观方面符合强制猥亵、侮辱罪的特征,不符合强奸罪和侮辱罪的特征。

2. 从被告人行为侵犯的客体分析。强奸罪,强制猥亵、侮辱罪和侮辱罪侵犯的客体都是公民的人身权利和其他与人身直接相关的权利以及民主权利。但是将其细分,三罪所侵犯的具体客体仍有区别。② 本案中,商某雄、陶某怀强迫邢某晶、岳某骏二人发生性关系,其行为违背了邢某晶的自由意愿。但是邢某晶与岳某骏系男女朋友关系,邢某晶在案发前也多次与岳某骏发生性关系,案发当日也没有明确表示反对与岳某骏发生性关系,可见其对与岳某骏发生性行为内心并不一定排斥,因此,商某雄、陶某怀的行为并未侵犯邢某晶独有的性拒绝权。按照我国法律规定和公序良俗的社会习惯,性行为是公民完全自愿的隐私行为,即使其自愿向他人展示,也是一种违法甚至犯罪行为。邢某晶、岳某骏二人并无将自己性行为展示给他人的主观意愿,而商某雄、陶某怀以暴力胁迫,强迫二人当面发生性关系,将他人隐私暴露在自己面前,违背了岳某骏、邢某晶的自由意志,不但侵犯了邢某晶作为妇女的人格尊严,也侵犯了岳某骏作为公民的人格尊严,因此符合强制猥亵、侮辱罪和侮辱罪的客体特征。

3. 对被告人行为从客观方面分析。强奸罪在客观方面表现为行为人违背妇女意志,以暴力或者胁迫的手段,自己或者帮助其共犯强行与妇女发生性关系。强奸罪的共犯要满足《刑法》总则中关于共犯的规定,一是共犯之间对犯罪行为要有共同的犯意联络;二是共犯之间必须共同完成了犯罪行为,包括教唆他人犯罪和帮助他人犯罪。本案中,岳某骏按照商某雄、陶某怀的要求

---

① 这里所说的"暴力"方法,是指犯罪分子直接对被害妇女施以伤害、殴打等危害妇女人身安全和人身自由,使妇女不能抗拒的方法;"胁迫"方法,是指犯罪分子对被害妇女施以威胁、恫吓,进行精神上的强制,迫使妇女就范,不敢抗拒的方法。例如,以杀害被害人、加害被害人的亲属相威胁的,以揭发被害人的隐私相威胁的,利用职权、教养关系、从属关系及妇女孤立无援的环境相胁迫的,等等。"其他方法",是指犯罪分子使用暴力、胁迫以外的使被害妇女不知抗拒、无法抗拒的方法。例如,利用妇女患病、熟睡之机进行猥亵、侮辱的,将妇女灌醉、麻醉后进行猥亵、侮辱的,等等。这里所规定的"强制猥亵",主要是指违背妇女的意愿,以脱光衣服、抠摸等淫秽下流的手段猥亵妇女。"侮辱",主要是指违背妇女的意愿,以多次偷剪妇女的发辫、衣服,向妇女身上泼洒腐蚀物、涂抹污物,故意向妇女显露生殖器,追逐、堵截妇女等手段侮辱妇女的行为。

② 强奸罪侵犯了妇女的性权利,主要是一种拒绝与其无合法婚姻关系的男子发生性关系的权利。强制猥亵、侮辱罪虽然也可能侵犯到妇女的性权利,但是这只是一种具体的表现方式,其本质上侵犯的客体是妇女的人格、尊严。侮辱罪侵犯的客体是他人的人格,包括人格尊严和社会名誉。按照文义解释"他人"当然包括作为行为人的妇女外的其他妇女,因此,侮辱罪与强制猥亵、侮辱罪的客体是一种包容与被包容的关系。

与邢某晶发生性关系，虽然违背了邢某晶的意志，引起了危害后果的发生，但是岳某骏的行为不应当受到刑事处罚。其一，岳某骏当时刚刚被商某雄、陶某怀以暴力威胁进行抢劫，暴力状态此时仍然在持续中，并未解除，其人身仍被控制、意志仍被强制，且岳某骏也是本案的被害人之一，他的人格尊严也受到了侵害，按照刑法期待可能性理论，作为被害人的岳某骏在当时情况下，无拒绝与邢某晶发生性关系的可能性，因此，岳某骏的行为不应当承担刑事责任；其二，本案中商某雄扬言如果岳某骏不和邢某晶发生性关系就要强奸邢某晶，此时，邢某晶的人身权利受到了严重的威胁，性权利即将受到损害，在这种情况下，岳某骏作为邢某晶的男友，按照商某雄、陶某怀的要求与邢某晶发生性关系，对于邢某晶而言，这种权益损害明显小于商某雄强奸行为所造成的损害。因此，岳某骏此时的行为是一种紧急避险行为，对其不能以胁从犯论处，认为岳某骏因为受到精神强制，无行为能力而被商某雄等人作为犯罪工具对邢某晶实施强奸行为的意见在法理上同样存在错误。间接正犯包括事实上处于支配地位的人，通过其他人有故意但无目的工具行为实现自己的犯罪目的。本案中，岳某骏虽然受到商某雄、陶某怀的威胁与邢某晶发生性关系，但是岳某骏此时意志仍然未完全受到控制，并且知道二人的犯罪意图，因此并非商某雄等人的犯罪工具，商某雄、陶某怀非间接正犯，不构成强奸罪。

强制猥亵、侮辱罪在客观方面表现为行为人以暴力威胁的手段，在妇女不能反抗的情况下，对其实施猥亵、侮辱行为。侮辱罪在客观方面表现为以暴力或者其他方法，公然贬低他人人格、破坏他人名誉，情节严重的行为。当侮辱罪的对象是妇女时，二者有相似之处，但仍然有着明显的区别。[①] 具体到本案，一是商某雄、陶某怀开始的动机是抢劫，对岳某骏二人实施抢劫后临时起意，强迫二人发生性行为，其针对的犯罪对象并非事先特定的；二是商某雄、陶某怀虽然强迫被害人发生性行为的地点是公园，属于公共场所，但是从时间上看已是夜深人静，公园内基本没有其他游客，犯罪行为虽然是公然进行的，但是并没有使岳某骏、邢某晶二人的名誉在较大的范围内受到损害；三是商某雄、陶某怀明确要求岳某骏、邢某晶当面发生性关系，其犯罪的直接对象就是性活动。虽然这种行为同时造成岳某骏、邢某晶的人格尊严受到损害，但是性色彩较强。

综上，本案被告人商某雄、陶某怀的行为更符合强制猥亵、侮辱罪的客观构成，虽然其行为侵犯了邢某晶的人格尊严，构成侮辱罪，但是因其是同一行为，侮辱罪已被强制猥亵、侮辱罪吸收，不应再单独进行评价。

274. 怎样认定猥亵儿童罪的公共场所

在自行开设的补习班内猥亵儿童，因其行为地点非涉众性、行为对象特定性、行为方式隐秘性和行为后果可控性，不符合在公共场所当众猥亵儿童这一加重情节的设定目的与内涵实质，不应当认定为猥亵儿童罪的加重犯，而应当认定为基本犯。

---

① （1）强制猥亵、侮辱犯罪中，侵害的对象往往带有很大的随意性，而侮辱罪的侵害对象一般是特定的；（2）强制猥亵、侮辱妇女既可以公开进行，也可以暗地实施，但侮辱罪必须是公然进行，并且引起了恶劣的社会影响；（3）强制猥亵、侮辱罪一般都有强烈的性色彩，侮辱罪虽然也可能有性色彩的成分，但程度较低。在某些针对妇女犯罪的案件中，行为人的行为可能同时构成强制猥亵、侮辱罪和侮辱罪，属于法条竞合，应当从一重罪，以强制猥亵、侮辱罪定罪处罚。

司法实例

洪某佑猥亵儿童案

2016年3月，被告人洪某佑系本县五中数学教研组组长，其数学教学能力在全县有口皆碑，本校及外校学生家长慕名找其为学生补课的越来越多，后来，应学生家长请求，租用了本县城某小区单元房专门开设数学补习班并按人头按课时收费。同时，为保证学生安全，被告人还要求学生补习一律由家长接送，家长均知悉该房屋的门锁密码并持有单元门门禁卡，发现外泄或违反此规定的，一律将学生劝退。其所在的县五中学校初中一年级班上的学生符某薇（女，2003年5月21日生）、江某娜（女，2003年1月15日生）等人及其他学校学生共12人在课余时间到该补习班补习数学并完成作业。2016年6月11日晚，被告人洪某佑在补习班上利用为学生批改作业之际，采用手伸进衣服摸胸、腰等手段分别对符某薇、江某娜、苑某雅进行猥亵。

某县人民检察院以洪某佑涉嫌犯猥亵儿童罪提起公诉。

辩护人提出，对公诉机关指控被告人洪某佑犯猥亵儿童罪无异议，但不能认定其在公共场所猥亵儿童，建议对被告人在5年有期徒刑以下从轻处罚。

某省某县人民法院审理认为，被告人洪某佑作为对未成年人负有特殊职责的人员，利用为学生补习的机会，猥亵未满14周岁的儿童，其行为构成猥亵儿童罪，依法应予从重从严惩处。被告人归案后如实供述罪行，当庭自愿认罪，依法予以从轻处罚。公诉机关指控被告人猥亵儿童罪的事实清楚，证据确实、充分，指控的罪名正确，予以采纳，但认定被告人洪某佑在公共场所猥亵儿童不当。遂判决认定被告人洪某佑犯猥亵儿童罪，判处其有期徒刑4年。

一审宣判后，被告人洪某佑以量刑重为由提出上诉，被二审驳回。

本案在法院审理中，对构成猥亵儿童罪无争议。但对于被告人在自行开设的补习班上猥亵儿童是否构成《刑法》第237条第2款在公共场所当众猥亵儿童的加重情节，在案件审理过程中，形成两种不同意见：第一种意见认为补习班与教室性质相似，具有一定的涉众性和开放性，基于司法实践中通常将教室认定为公共场所，补习班也应当被认定为公共场所；第二种意见认为被告人在其租赁的房屋内开设补习班从事有偿家教，由于该行为受到相关教育法规的明令禁止，具有一定的隐秘性，因此补习班不同于公开办学的学校教室，不具备公共场所的特征。

本案合议庭在评议中产生严重分歧，经专业法官会议讨论，根据合议庭多数人意见，一审法院判决认定被告人猥亵儿童的场所不属于公共场所，故不能适用《刑法》第237条第2款量刑。法院认为，猥亵儿童罪这一加重情节的设定，表面建构在对公共场所的形式属性判断上，深层次蕴含着对行为人选择公共场所实施犯罪所揭示的主观恶性和社会危害性的实质属性判断。此与强奸罪中认定公共场所的标准内涵基本一致。法院裁判同意第二种意见的主要理由为：

1. 公共场所的本质特征是为不特定人使用的开放性空间。根据《辞海》的解释，公共场所是指公众可以去的地方或者对公众开放的地方；公众是指社会上大多数的人或者大众。因此，仅从文义解释的角度分析，公共场所是指供社会上大多数人从事工作、学习、文化、娱乐、体育、社交、参观、旅游和满足部分生活需求的一切公用建筑物、场所及其设施的总称。这一解释突出了公共场所系相对于私人场所而言即可由多数人进出、使用的功能特征。从对“公共场所”的最狭义理解来看，一般应当强调该场所“供非固定人员进出、使用”的功能特征，唯此方能体现公共场所的涉众性。例如，学校教室是供学生学习的专门设施，一定时期内使用教室的学生范围相对固定，因此，仅从狭义解释的角度考察，似与一般意义上的公共场所有所不同。但学校教室并非私人场所，而且是供多数学生使用，具有相对的涉众性。考虑到这一点，将教室解释为“公共场所”并未超出“公共场所”概念所能包含的最广泛含义，也符合一般公民的理解和认知，属于合理的扩大解释。《公共场所卫生管理条例》规定,公共场所是为公众提供进行工作、学习、经济、文化、社交、娱乐、体育、参观、医疗、卫生、休息、旅游和满足部分生活需求所使用的一切公用场所及其设施的总称。因此,作为公共场所应当具备以下特征①:一是空间的开放性和共享性;二是人员的不特定性和高流动性;三是活动的公开性和透明化。

本案中,补习班的设立目的和运行特性与公共场所的本质特征不相吻合。一是补习场所的使用权和支配权专属于被告人。补习班开设地系被告人个人租赁的房屋,仅限学生及其家长入内,停留时间和设施使用必须经被告人许可,能够进入该房屋的根本前提是支付一定的对价接受被告人的家教服务。二是提供补习服务的对象特定且流动稳定。该补习班的生源相对固定,主要来自被告人执教学校及周边学校的学生,人数规模控制在10余人。基于补习课程的持续性,学生变化周期往往较长,补习过程呈现人员相对集中、活动规律一致和流动频率较低的特点。三是补习班的开设运行较为隐秘。由于受到相关教育法规明令禁止,补习招生不对外公开,系被告人凭借一定的工作便利形成的稳定生源。在运行过程中,周围人群即使对该补习班有所察觉,但由于无法随意进入,仅能了解人员出入等表面情况,无法掌握内部具体动态。综上,本案被告人在其私人专有的场所向相对特定的对象提供营利性教育服务,有别于公开办学的学校及其教室的公开性、公益性特点,与公共场所的属性有明显差异。

2. 刑法意义上公共场所的构成在于犯罪行为与不特定他人权益之间的客观潜在联系和选择行为场所的主观恶性。判断在公共场所当众犯罪的标准,第一个层面是实施犯罪的场所必须在行为之前已经足以认定具有公共性特征,第二个层面是犯罪行为实施之时必须有其他不特定多人在场,并从行为人角度判断是否具有为众人发现的现实可能性。需要强调的是,对这一当众犯罪环境的判断更加强调行为人的主观立场而非客观状况,此为定性的关键所在。主要体现在:目标的随机性,即没有明确的侵害对象,任何人均有可能成为犯罪目标,危害范围和后果不可预估;行为的公然性,即在公共场所意味着罪行极易被他人发现,且无论是否被人发现,都在行为人的主观预想之中,其刻意追求被众人知晓或者根本不顾忌被当场发现的可能;潜在威胁性,即行为人利用公共场所戒备心较小的特点提高犯罪既遂的可能性,在严重损害被害人身心健康的同时,对他人的安全感产生潜在深远的负面影响。

本案被告人选择在自己开设的补习班内对女学生实施猥亵,其瞄准受害人年龄尚小而缺乏性防卫能力或对性认识不足、出于师生关系产生的熟悉感而对其毫无戒备心的犯罪便利条件,有针对性地实施犯罪。在手段上利用为被害人批改作业这一单独近距离接近的机会,采用摸胸、腰等不易使被害人引起强烈反应和被他人察觉的、力度相对较轻的猥亵手段,本质上反映了被告人追求犯罪过程的隐秘性及选择作案目标的特定性,蕴含了其对不易暴露罪行环境的事前判断和积极避免被他人发现的主观意图。其客观上造成的危害主要及于受害人本身,对在场的其他学生并未产生直接影响,符合被告人的行为预期。

3. 在公共场所当众犯罪指向对基本公共秩序的侵害性和社会公众影响的恶劣性及广泛性。根据《刑法》第237条的规定,对猥亵儿童的基本犯处5年以下有期徒刑或拘役;在公共场所当众猥亵儿童的处5年以上有期徒刑。量刑升格的处罚设定基于以下三个方面:一是对特定罪行基

① 一是空间的开放性和共享性。一个场所具有公共性,根源于其所有者基于自身意志将用途设定为公众进行活动的空间。人们可以自由出入、停留、使用该场所,对该场所和活动方式的选择具有单向性,对场所内资源共同享有使用权和支配权,不受特定人控制或者限制。二是人员的不特定性和高流动性。公共场所面向不特定多数人开放,人员流动性较大,来往人员之间通常不构成常态稳定的联系。三是活动的公开性和透明化。在公共场所内进行活动不具有私密性和隐蔽性,具有为不特定众人发现的现实性和可能性。

本法益的侵犯程度超越一定限度；二是对超出人性合理范围的主观恶性评价；三是对社会基本公共秩序等其他法益的较大侵害。① 在公共场所实施性犯罪，从根本上破坏了性行为非公开化的社会秩序，需要通过设定法定加重情节给予刑法上的独立评价。据此，可以判断本案被告人猥亵儿童行为的主观恶性和危害后果尚未超越基本犯的限度，法益侵害性尚未达到损害社会基本公共秩序的程度。

综上，本案犯罪地点的非涉众性、犯罪对象的特定性、犯罪过程的隐秘性和犯罪后果的可控性，充分说明一审法院认定被告人洪某佑构成猥亵儿童罪的基本犯是准确的。

275. 是否构成非法拘禁罪的判断

行为人开始并无非法拘禁的故意，但被害人被拘禁后，行为人明知被害人已经被他人实施了捆绑、殴打等行为，仍继续帮助看守被害人，此时，行为人已经参加了对被害人的非法拘禁的共同犯罪。如果对行为人的行为单独评价，对其以非法拘禁罪定罪处罚尚有一定难度。但对全案进行整体分析，则为一起典型的共同非法拘禁犯罪案件，行为人主要承担看守任务，系实施非法拘禁中分工不同，因此行为人应当承担非法拘禁的法律后果，构成非法拘禁罪。

司法实例

平某、王某等非法拘禁案

被害人曹某辟欠被告人王某、解某（二人系夫妻关系）85,800元债务。2017年8月27日，被告人王某要求被告人平某帮忙向曹某辟索取债务。当日17时许，平某安排被告人陈某同“阿毛”、“胖子”（均另案处理）跟随王某前往索债。陈某就一直跟着被害人曹某辟夫妇。9月1日9时许，陈某因感觉很累经平某同意后先回了厦门。21时许，被害人曹某辟仍不肯还款。于是，被告人平某、陈某某、“阿毛”、“胖子”同被告人王某、解某强行将被害人曹某辟从家中带走。此后，为逼迫被害人曹某辟还款，被告人平某、陈某某等在某地大山内三次转移拘禁被害人曹某辟，并对被害人实施捆绑、殴打，被告人王某、解某在一旁索要债务。

同年9月2日3时许，被告人陈某某按照平某的要求，在厦门某宾馆开了房间，被告人陈某接平某电话后赶到宾馆，与“胖子”、“阿毛”在房间看守被害人曹某辟。19时许，被害人曹某辟被被告人平某、王某、解某等人带到宾馆附近吃饭时，被害人曹某辟见一辆警车经过，遂向民警求救解脱。经某市公安局物证鉴定所鉴定，被害人曹某辟所受损伤为轻伤一级。

---

① 一是对特定罪行基本法益的侵犯程度超越一定限度。性侵犯罪侵害的是被害人的性自主权，其造成的根本危害在于被害人不可弥补的受辱心理，尤其对未成年被害人的影响更甚。在公共场所当众猥亵儿童，系将被害人身体受辱的事实公之于众，在严重加剧其受辱心理的同时，对其今后学习、生活的正常开展和身心健康成长必将造成极其严重甚至毁灭性的影响，必须通过加重法定刑来取得罪责刑相适应的评价。二是对超出人性合理范围的主观恶性评价。实践中，实施性侵犯罪通常较为隐蔽，在公共场所当众猥亵儿童的案例较为少见。但有些行为人在教室内有诸多年幼学童在场的情况下，以辅导功课或安排任务为名，将部分学童哄骗到讲台上或教室某个角落，采取利用课桌遮挡等隐蔽手段对被害人进行猥亵，此种猥亵行为单从表面上看虽然有别于当着众人的面公然猥亵，但究其实质，该猥亵行为实施时处于教室内其他学生随时可能发现、可以发现的状况，完全符合“在公共场所当众实施猥亵”的认定条件。如果行为人选择在公共场所实施猥亵，则表明其毫不忌惮周围人是否发现甚至故意寻求，显现出一种丧心病狂的意志倾向和无法控制的人身危险性，必须科以更重的刑罚才能体现预防功能。三是对社会基本公共秩序等其他法益的较大侵害。犯罪的当众性体现出行为人蓄意挑战社会公众及治安的底线，藐视公序良俗，侵害了他人对公共安全的合理信赖。

某县检察机关对上述被告人均以涉嫌犯非法拘禁罪提起公诉。

某县人民法院经开庭审理,判决对上述被告人以非法拘禁罪定罪处罚。判决已生效。

本案在审查起诉和审判环节,均存在分歧意见。关于被告人非法拘禁各方无异议,但对被告人陈某是否构成非法拘禁罪认识不一。一种意见认为,被告人陈某的行为不构成非法拘禁罪。理由是:本案可划分为三个阶段:第一个阶段,被告人王某、平某等人在向被害人曹某辟索债的时候并没有明确提出要限制被害人的人身自由,从主观犯意上看,被告人陈某当时在索债的时候没有非法拘禁的故意,只是起到看守被害人的作用。到了第二个阶段,由被告人平某和王某一起商量并实施非法拘禁,而这个阶段陈某并没有参与,从同案犯的笔录里面可以印证陈某没有参与第二个阶段的非法拘禁,因此陈某在这个阶段没有非法拘禁的故意。到了第三个阶段的时候,陈某虽然参与了,且明知被害人曹某辟已经被其他嫌疑人实施了捆绑、殴打等行为,但还是继续帮助看守被害人曹某辟,应该说从这个时候起陈某才能算参加了非法拘禁,根据非法拘禁罪立案标准的规定,具有下列情形之一的,应予立案:(1)非法拘禁持续时间超过24小时的;(2)3次以上非法拘禁他人,或者1次非法拘禁3人以上的;(3)非法拘禁他人,并实施捆绑、殴打、侮辱等行为的;(4)非法拘禁,致人伤残、死亡、精神失常的;(5)为索取债务非法扣押、拘禁他人,具有上述情形之一的;(6)司法工作人员对明知是无辜的人而非法拘禁的。从本案中可以看出陈某参与实施非法拘禁的行为总共只有14小时且没有殴打和侮辱被害人的行为,根据立案标准规定:(1)非法拘禁持续时间超过24小时的……(3)非法拘禁他人,并实施捆绑、殴打、侮辱等行为的,陈某的行为均不符合立案标准第1项和第3项任何一条的规定,因此,陈某的行为不构成非法拘禁罪。另一种意见认为,被告人陈某的行为涉嫌非法拘禁罪。理由是:本案中被告人陈某一开始就参与跟踪索债,其在明知被告人王某、平某、陈某某、解某等人对被害人曹某辟实施非法拘禁并被捆绑、殴打的情况下还积极参与看守被害人曹某辟,在主观上具有共同的犯罪的故意,应认定为共犯。因此陈某的行为构成非法拘禁罪。

从本案处理结果看,一审法院及公诉机关均同意第二种意见,将被告人陈某也以非法拘禁罪定罪处罚,主要理由为:

1. 关于非法拘禁罪。按照《刑法》第238条的规定,非法拘禁罪,是指以拘禁或者其他强制方法非法剥夺他人人身自由的行为。非法拘禁罪表现在两个方面,一是实施了拘禁他人的行为;二是这种拘禁行为是非法的。实践中,为索取债务而非法扣押、拘禁他人的,也属于这里规定的非法拘禁。非法拘禁具有如下特征:(1)侵犯的客体是他人的人身自由。(2)在客观方面表现为以非法拘禁或者以其他方法非法剥夺他人人身自由的行为。(3)主体为一般主体。(4)在主观方面表现为故意。对于一般的情节显著轻微,危害不大的非法拘禁行为,不认为是犯罪,只有对那些情节比较严重,并造成一定危害后果的才能以本罪论处。在司法实践中,对具有下列情形之一的,一般应当以本罪论处:一是国家工作人员滥用职权,非法拘禁无辜群众,造成恶劣影响的;二是非法拘禁他人,并且实施捆绑、殴打、侮辱等行为的;三是多次非法拘禁他人,或者非法拘禁多人,或者非法拘禁时间较长;四是非法拘禁,致人重伤、死亡、精神失常或者自杀的;五是非法拘禁,造成其他严重后果的。

2. 被告人陈某具有非法拘禁的故意。一是陈某一开始虽然没有直接采取捆绑、殴打、侮辱等方式拘禁被害人曹某辟,但被告人陈某等人一直守在被害人曹某辟的家里,并跟踪索债,致使被害人的人身自由受到了限制,同时也给被害人带来一种精神上的强制,而精神的不自主必然会引起受害人行动的受限,因此具有较大的人身危害性和社会危害性。陈某在此阶段参与看守跟踪的时间达到15小时。在第二个阶段陈某未参加也没有对被害人曹某辟实施捆绑、殴打、侮辱的行为。二是第三个阶段，陈某明知被害人曹某辟被其他嫌疑人捆绑、殴打、侮辱的情况下，仍然积极参与在宾馆看守被害人时间长达15小时。综观全案不难看出，这是一起没有经过事先严密商量、预谋的共同犯罪，各个嫌疑人均在主犯平某的指挥下进行的。陈某被通知到宾馆看守被害人后，知道了被害人之前已经被其他嫌疑人捆绑、殴打、侮辱过，也知道被害人是被非法拘禁的，并继续在宾馆里面看守被害人曹某辟，因此，陈某的上述行为，充分反映出其非法拘禁的主观犯意。

3. 被告人陈某构成非法拘禁罪的共犯①。本案中被告人陈某的共同故意在其被被告人平某叫去宾馆看守被害人曹某辟的时候就产生了。此前平某已经叫陈某跟着被害人，陈某对其所实施的行为是在向被害人曹某辟索债是明知的，后来平某再次让陈某去宾馆看守被害人时，这时陈某到宾馆后看到被害人曹某辟身上有伤，而且也知道被害人之前已经被非法拘禁在宾馆里。纵观本案，如果把陈某的行为单独予以评价，则对其以非法拘禁罪定罪处罚尚有一定难度，但通观全案进行整体分析，则这是一起典型的共同非法拘禁犯罪案件，被告人陈某虽主要承担了看守被害人的任务，但在该案实施非法拘禁的整个过程中，各行为人只是分工不同，虽然陈某之前不知道被害人被捆绑、殴打，但是当其知道被害人被捆绑、殴打后，还继续帮助看守被害人曹某辟，因此其应当承担非法拘禁的法律后果，故本案被告人陈某的行为构成非法拘禁罪。

276. 以挟持儿童的方式寻找他人是否构成犯罪

行为人为逼迫其因家庭纠纷而外出打工不归的妻子回家，将妻子的两个未满14周岁的侄子挟持到山上作为人质，直到其确认妻子已在回家路上时，才将人质释放。行为人主观上不是为了索取财物或实现其他不法目的，也不是为收养人质或供其使唤、奴役，而是为解决家庭纠纷，因此，其行为不构成绑架罪。但行为人非法限制人质人身自由达38小时，其行为已经构成非法拘禁罪。

司法实例

包某崇非法拘禁案

被告人包某崇之妻江某舟因家庭琐事与包某崇闹矛盾后外出务工，包某崇多次打电话要求其回家均遭拒绝。包某崇为逼迫江某舟回家，突发奇想，于2017年10月12日8时许，将江某舟娘家哥哥、弟弟的两个儿子(一个11岁，一个9岁)带至一座山上，直到两天后10月14日晚上得知江某舟正在回家路上的确切消息后才将两被害人送下山，并在下山途中被公安机关抓获归案。在此期间，包某崇为人质购买了食物和水，同时以殴打威胁被害人不要哭闹，同时向江某舟提出只有她马上回家，才将两被害人送回的要求。案发后，被害人父母出具谅解书，要求对包某崇从轻处罚或不予追究刑事责任。

① 刑法中的共同犯罪，是指二人以上共同故意犯罪，在客观方面，各共同犯罪人必须具有共同的犯罪行为。共同犯罪行为，是指各共同犯罪的行为都是指向同一犯罪，彼此联系，互相配合，成为一个统一的犯罪活动整体。在实施共同犯罪活动中，尽管各自具体的分工、所处的地位以及参与的程度、所起的作用可能不同，但他们的行为并非孤立的，而是由一个共同的犯罪目标将他们联系在一起，形成一个有机的犯罪整体，他们各自的行为，都是整个犯罪活动的必要组成部分。在主观方面，他们具有共同的犯罪故意，他们之间通过意思联络，知道自己是和他人配合共同实施犯罪，认识到他们共同犯罪行为会发生危害社会的结果，并希望或者放任这种结果的发生。

某县人民检察院对包某崇以涉嫌犯拐骗儿童罪提起公诉。

某县人民法院审理认为，被告人包某崇绑架他人作为人质，其行为已构成绑架罪。被告人包某崇在实施犯罪过程中，属临时起意，且主观恶性不深，既没有采取严重暴力伤害被害人，也没有给被害人的家庭造成严重不良后果，其犯罪情节较轻，且事后得到被害人亲属的谅解。根据《刑诉法解释》第505条第1款的规定，对达成和解协议的案件，人民法院应当对被告人从轻处罚；判处法定最低刑仍然过重的，可以减轻处罚。包某崇及其辩护人辩解称，被告人包某崇的行为构成非法拘禁罪，该辩解与刑法规定的非法拘禁罪的构成要件不相符，不予采信。遂判决认定被告人包某崇犯绑架罪，判处有期徒刑2年，并处罚金2000元。

一审宣判后，某县人民检察院对定性无异议，但以原判量刑畸轻提出抗诉。

某市中级人民法院二审审理认为，原审被告人包某崇为逼其妻子回家，非法拘禁两名年幼的儿童，其行为已构成非法拘禁罪。包某崇非法拘禁两名年幼的儿童长达38个小时，应当从重处罚；包某崇如实供述犯罪事实，并获得被害人亲属的谅解，可从轻处罚。原审判决认定事实清楚，但定罪错误，量刑偏重，应予纠正。遂终审判决撤销一审判决，原审被告人包某崇犯非法拘禁罪，判处有期徒刑1年6个月。

本案争议的焦点是：包某崇为了要求其妻子回家而以其妻子的侄子作为人质相要挟的行为是否构成犯罪，构成何罪。本案一审法院将其认定为绑架罪，二审法院对其进行了纠正，改判认定非法拘禁罪。二审改判的主要理由为：

1. 本案被告人包某崇的行为不构成绑架罪。根据《刑法》第239条的规定，绑架罪是指为勒索财物或者其他目的，使用暴力、胁迫或者其他方法绑架他人，或者绑架他人作为人质的行为。绑架罪的行为人往往利用被绑架人的近亲属或者其他人对被绑架人安危的忧虑，以勒索财物或满足其他不法要求为目的，使用暴力、威胁或者其他方法劫持或控制他人。绑架罪与非法拘禁罪在客观方面有着部分相似的构成要件，即以暴力、胁迫或者其他手段非法剥夺他人人身自由等人身权利，其亲属或他人会感到忧虑、担心，但两者存在以下三个方面的主要区别：一是犯罪客体上不同。非法拘禁罪主要侵犯的是被害人的人身自由权等人身权利；而绑架罪侵犯的是双重客体，既侵犯了被害人的人身自由权等人身权利，同时也侵犯了公私的财产权或国家的某项权利（如司法权、政治权利等）。二是犯罪的主观目的不同。绑架罪中行为人主观目的是索取他人财物或谋求其他不法利益（如逃避追捕、要求司法机关释放罪犯等）；而非法拘禁罪的主观目的是出于解决某种民事纠纷，包括婚姻家庭矛盾和经济纠纷，常见的如追讨合法工资或法律未予保护的赌债、高利贷等，法律并未规定追求这些纠纷或矛盾的解决是不法的，而仅认为是法律不予保护的。三是犯罪客观方面有些不同。虽然两罪可以以类似的方式剥夺他人人身自由，但在行为的暴力程度上明显有差别，绑架罪的暴力程度远大于非法拘禁罪。具体到本案，被告人包某崇并未使用严重暴力，且仅侵犯了两被害人的人身自由权这一种权利，同时其主观目的不是非法索取财物或实现其他不法目的，而是为了解决婚姻家庭纠纷。因此，包某崇的行为不符合绑架罪的构成要件，公诉机关及一审法院认定包某崇的行为构成绑架罪不当。

2. 本案被告人包某崇的行为不构成拐骗儿童罪。根据《刑法》第262条的规定，拐骗儿童罪，是指以欺骗、引诱或者其他方法，使不满14周岁的儿童脱离家庭或者监护人，致使监护人不能继续对该未成年人行使监护权。根据《刑法》第238条的规定，非法拘禁罪是以拘押、禁闭或者其他强制方法，非法剥夺他人人身自由的行为。两罪在客观方面均可表现为非法剥夺儿童人身自由的行为，但两罪的主要区别点在于行为人的主观目的不同：拐骗儿童罪中，行为人追求的目的是收养儿童，或是供自己使唤、奴役。而本案中，被告人包某崇剥夺儿童人身自由的目的是以此要挟其妻子回家,并无拐骗儿童之意,故公安机关以拐骗儿童罪向人民检察院提出起诉意见不当。

3. 本案被告人包某崇的行为构成非法拘禁罪。自2000年7月19日开始施行的最高人民法院《关于对为索取法律不予保护的债务非法拘禁他人行为如何定罪问题的解释》(以下简称《索债非法拘禁如何定罪问题的解释》)规定,行为人为索取高利贷、赌债等法律不予保护的债务,非法扣押、拘禁他人的,依照《刑法》第238条的规定定罪处罚。本案中,被告人包某崇在主观上为了解决与其妻子之间的婚姻家庭纠纷,客观上实施了控制被害人并剥夺两被害人人身自由达38个小时的行为,侵犯了被害人的人身自由权,该行为与《索债非法拘禁如何定罪问题的解释》所规定的为索取高利贷、赌债而拘禁他人的行为性质相似,符合《索债非法拘禁如何定罪问题的解释》的精神,行为本质上也符合非法拘禁罪的构成要件,故二审法院以非法拘禁罪定罪更为适当。

277. 开办特殊学校致人死亡是否构成犯罪

行为人与他人合伙开办体能强化训练班,并担任校长,虽然没有直接参与关禁闭的行为,但其聘请的教官按照行为人作为校长制定的禁闭室管理细则执行,禁闭室管理细则规定关禁闭的时间不得少于12小时,4名教官将6名学生关在禁闭室26小时,符合细则的要求,没有超出行为人的主观故意范围,故行为人与4名教官构成共同犯罪。但其对于1名教官在禁闭室内将1名学员殴打致死的行为,没有共同的故意,故行为人对该学员的死亡不应承担刑事责任。行为人与本案其他非法拘禁的实施者构成非法拘禁罪的共同犯罪。

司法实例

武某田等非法拘禁、故意杀人案

武某田与他人以某学院的名义合伙开办了一个体能强化训练班,主要针对厌学、早恋、叛逆、上网成瘾等品行障碍的中小学生进行行为矫正。武某田任校长,并聘请符某迪、邬某良、晁某信、庆某虎等人为训练班教官。训练班制定的禁闭室管理细则明确规定,新学员入学后首先要在禁闭室内关禁闭,禁闭时间不得少于12小时,禁闭期间,学员要在禁闭室内站军姿,背诵训练班的规章制度,并不得随意走动。学员家长在送孩子入学时需与学校签订一份委托辅导、训练协议书,协议规定:"训练班不排除对孩子进行适度的苦难教育、惩罚教育,以不虐待孩子或不损害孩子的健康为限。"2015年5~7月训练班教官符某迪、邬某良、晁某信、庆某虎单独或共同将学员单某元、毋某陶、曹某涛、孙某发等6人关进禁闭室,责令学员站军姿,不许吃饭、睡觉,持续时间均超过26小时。其间,6名学员均被教官用竹鞭抽打手心或臀部,其中毋某陶因站立过久昏倒,被符某迪用冷水泼醒后继续用竹鞭抽打。2015年7月3日,学员孙某发在禁闭室内被训练教官邬某良殴打致死。

某市人民检察院对武某田等被告人以涉嫌犯非法拘禁罪向法院提起公诉。

某市中级人民法院经开庭审理认为,被告人符某迪、晁某信、庆某虎等人的行为已经构成非法拘禁罪,被告人武某田的行为构成非法拘禁罪共犯,邬某良构成故意杀人罪。遂依照《刑法》第232条、第238条等相关条款,判决认定被告人邬某良犯故意杀人罪,判处无期徒刑,剥夺政治权利终身;被告人符某迪、晁某信、庆某虎、武某田犯非法拘禁罪,分别处以1年至3年有期徒刑。

一审宣判后,被告人邬某良、武某田、符某迪不服,邬某良以不构成故意杀人罪,武某田、符某迪均以量刑重为由,提起上诉,被某省高级人民法院二审驳回。

本案在检察机关审查起诉和法院审理环节，均存在分歧意见。对关于本案被告人武某田、邬某良、符某迪、晁某信、庆某虎是否构成犯罪，构成何罪存在以下争议：第一种意见认为，武某田不构成犯罪，因为武某田仅是开办了一个训练营，企图挽救迷途少年，其做法有可取之处，同时武某田并没有参与关禁闭、殴打学生，没有犯罪行为。符某迪、晁某信、庆某虎的行为构成非法拘禁罪。邬某良的行为构成故意杀人罪。第二种意见认为，符某迪、晁某信、庆某虎构成非法拘禁罪，武某田是雇主，应构成非法拘禁罪的共犯。邬某良的行为构成故意伤害（致人死亡）罪，主要理由是邬某良没有杀人的故意，邬某良只是想伤害孙某发，孙某发的死亡不是邬某良希望的结果，所以不能认为邬某良构成故意杀人罪。第三种意见认为，符某迪、晁某信、庆某虎构成非法拘禁罪，武某田构成非法拘禁罪共犯，邬某良构成故意杀人罪。

从本案裁判结果看，审理本案的中、高级人民法院及市、省两级检察机关均持本案争议中的第三种意见，即被告人符某迪、晁某信、庆某虎构成非法拘禁罪，被告人武某田构成非法拘禁罪共犯，被告人邬某良构成故意杀人罪。作此认定处罚的主要理由为：

1. 本案中被告人邬某良、符某迪、晁某信、庆某虎将学员关禁闭室 26 小时的行为，触犯了我国《刑法》第 238 条第 1 款的规定，构成非法拘禁罪。非法拘禁是指故意非法拘禁他人或者以其他方法非法剥夺他人人身自由的行为。（1）非法拘禁罪中作为行为对象的“他人”没有限制，有身体活动自由的自然人均可，不要求具有刑法上的责任能力与民法上的民事行为能力，故中小学生可以成为本罪的对象。（2）非法拘禁罪的行为内容是非法拘禁他人或者以其他方法非法剥夺他人人身自由。显然，剥夺人身自由的方法没有限制，关禁闭室不能被排除在外。（3）非法拘禁罪中的剥夺人身自由的行为需具有违法性，不具备违法阻却的事由。本案中，家长虽然与学校签订一份委托辅导、训练协议书，由监护人承诺将孩子交给学校管理，但家长承诺的范围仅是适度的苦难、惩罚教育，且以不虐待孩子和损害孩子的健康为限，这种对孩子达到犯罪标准的拘禁行为并没有在家长承诺的范围内，况且犯罪行为也不会因为被害人或者法定代理人的承诺就变成合法行为。（4）依照相关规定，非法拘禁的情节达到一定程度才能构成非法拘禁罪。参照最高人民检察院 2006 年 7 月 26 日发布的《渎职侵权规定》，该案由于涉及以下情节：非法剥夺他人人身自由 24 小时以上；实施殴打、虐待行为；非法拘禁 3 人次以上，故达到了非法拘禁罪的立案标准，构成了该罪。所以，邬某良、符某迪、晁某信、庆某虎的行为构成非法拘禁罪。

2. 被告人武某田与上述四人构成非法拘禁罪的共同犯罪。武某田虽然没有直接参与关禁闭的行为，但其聘请了邬某良、符某迪、晁某信、庆某虎，且 4 人的行为都是按照武某田作为校长制定的禁闭室管理细则执行的，该细则规定关禁闭的时间不得少于 12 小时，4 人对 6 名学生关禁闭室 26 小时，符合禁闭室管理细则的要求，没有超出武某田的主观故意范围，故武某田与 4 人构成共同犯罪。但其对于被告人邬某良在禁闭室内将学员孙某发殴打致死的行为，武某田没有共同的故意，故被告人武某田对学员孙某发的死亡不应承担刑事责任。同理，除邬某良之外的其他被告人没有与邬某良共同致学员孙某发死亡的故意，故也不应对学员孙某发的死亡承担刑事责任。

3. 邬某良在禁闭室内将学员孙某发殴打致死的行为触犯了我国《刑法》第 238 条第 2 款后段的规定，由非法拘禁罪转化为故意杀人罪。《刑法》第 238 条第 2 款后段规定：使用暴力致人伤残、死亡的，依照《刑法》第 232 条、第 234 条的规定定罪处罚。这里所讲的暴力，应该是指超出非法拘禁行为所需范围之外的暴力，如果暴力没有超出拘禁行为所需范围，应以非法拘禁罪的结果加重犯论处，如果暴力行为超出拘禁行为所需范围，致人伤残的就构成故意伤害罪，致人死亡的就构成故意杀人罪，如果在拘禁中产生杀人的故意并将人杀死，那么就要以非法拘禁罪和故意杀人罪数罪并罚。本案中，邬某良并没有杀人故意，只是在使用超出拘禁行为所需暴力时，致孙某发死亡,因此根据该条规定邬某良只构成故意杀人罪一罪。

故此本案被告人邬某良的行为构成故意杀人罪,被告人武某田、符某迪、晁某信、庆某虎的行为均构成非法拘禁罪。

278. 索取债务明显超过法定数额是否构成犯罪

行为人不仅对被害人实施了限制人身自由的行为,而且要求被害人交付远超过债务数额的财物,其行为属于以索取债务为借口,出于勒索钱财的目的而非法拘禁他人,即使存在债权债务关系,也应认定为绑架罪。

司法实例

梁某维绑架案

2014 年 4 月 19 日 9 时许,被告人梁某维驾驶车牌号为苏 F××189 本田雅阁轿车与耿某宪、司某有(均另案处理)等人,在山东省某市某区雅宝路 56 号某摩托车配件门市附近,将被害人苏某声所驾驶的车牌号为鲁 G××535 的保时捷越野车逼停,耿某宪、司某有等人下车强行将苏某声戴上手铐并拖入被告人梁某维驾驶的汽车,以解决苏某声欠耿某宪 146,670 余元的债务为由,向苏某声索要现金 20 万元,遭拒绝后用木棍等对苏某声进行殴打,威胁如不交钱到河南省后将其腿打断,并将苏某声带至河南省某市某某县看管。后苏某声被迫答应交付 18 万元并与其妻子任某颖联系付款。任某颖在得知付款才能放人后,于次日上午将 18 万元汇至耿某宪的建行卡上,耿某宪等人得款后将苏某声释放。被告人梁某维分得赃款 2 万元。

某市某区人民检察院对被告人梁某维以涉嫌犯敲诈勒索罪诉至法院。

某市某区人民法院审理认为,被告人梁某维等人以非法占有为目的,采用暴力、胁迫的手段拘禁他人勒索钱财,其行为已构成绑架罪,系共同犯罪,属情节较轻。在共同犯罪中,被告人梁某维起次要作用,属从犯,故予以减轻处罚。遂判决认定被告人梁某维犯绑架罪,判处有期徒刑 3 年 6 个月,并处罚金 1 万元;涉案赃款继续予以追缴,并发还被害人。判决已生效。

在法院审理中,对于梁某维等人的行为构成何罪,出现三种不同意见:第一种意见认为,梁某维等人为索取债务,将被害人强行掠走,非法限制其人身自由,时间长达 20 多个小时,其行为已构成非法拘禁罪;第二种意见认为,梁某维等人以非法占有为目的,对被害人采取了威胁和要挟的方法,向被害人强行索取财物,其行为符合敲诈勒索罪的特征,应以敲诈勒索罪定罪;第三种意见认为,梁某维等人以勒索被害人钱财为目的,劫持被害人为人质,让其家人以财物交换,其行为符合绑架罪的特征,应以绑架罪定罪。

本案在审理中出现三种不同意见的原因主要是,勒索型绑架罪与索债型非法拘禁罪、敲诈勒索罪之间存在一定相似之处。索债型非法拘禁罪与勒索型绑架罪在主观上都是出于索取财物的目的,客观上均表现为采取暴力、胁迫或者其他手段,非法限制并剥夺他人人身自由的行为。而勒索型绑架罪与敲诈勒索罪都是以勒索他人财物为目的,并采取威胁或要挟等手段,迫使被害方交出财物。因此,在司法实践中,很容易发生索债型非法拘禁罪、敲诈勒索罪与勒索型绑架罪之间的混淆,这也是此类案件审判中的难点之一,应当认真加以区别:

1. 勒索型绑架罪与索债型非法拘禁罪的区别。主要有三个区别点:(1)犯罪的客观方面不同。后者的客观方面表现除非法拘禁他人行为之外,没有提出其他非法要求的行为。行为人只是提出了要求债务人清偿债务的请求,该请求是合理的,虽然不合法,但没有侵犯他人财产权的犯意。前者的构成实质上是复合行为,包括手段行为和目的行为,即不仅要求有对被害人形成强制的行为,而且还要求有勒索财物的行为。(2)犯罪侵犯的客体不同。虽然二者都属于侵犯公民人身权利、民主权利罪一章,但后者所侵犯的客体是公民的人身权利,是单一客体;前者侵犯的客体是复杂客体,除侵犯公民的人身权利,还包括侵犯他人财产权,着重点在侵犯公民的人身权利。(3)犯罪的主观方面不同。非法拘禁罪行为人的目的是剥夺他人人身自由,而绑架罪行为人的目的不仅是非法剥夺他人人身自由,还有勒索财物或满足行为人其他不法要求。债务的存在与否对行为的定性至关重要,如果双方存在债权债务关系,行为人基于索债的目的,且索取的债务数额与实际享有的债权数额相差不大,表明其主观目的主要是索取债务,应认定为非法拘禁罪。但如果索取明显超过债务数额的财物,表明行为人的主观目的主要是非法占有他人财物,而索取债务成为次要目的,就应认定为绑架罪。具体到本案,被告人梁某维等人不仅对被害人实施了限制人身自由的行为,而且要求被害人交付远超过债务数额的财物,该要求没有法律事实与依据,其行为已经超出非法拘禁罪的刑法评价范围,以索取债务为借口,出于勒索钱财的目的而非法拘禁他人,即使存在债权债务关系,也应认定为绑架罪。

2. 勒索型绑架罪与敲诈勒索罪的区别。主要区别点:(1)行为方式不同。勒索型绑架罪以杀害、伤害、扣留不放等方式向被害人家属或其他人发出威胁,索取赎金,暴力方式具有可立即付诸实施的现实性和急迫性,"以钱赎人"是其本质特征。而敲诈勒索罪中,威胁、要挟的内容包括暴力伤害、毁坏被害人的人格或名誉、揭发被害人的隐私、毁坏被害人的重要财物、栽赃陷害等,不必限制被害人的人身自由,只要能够引起被害人心理恐惧即可,威胁内容是将来实施。(2)勒索财物的对象不同。绑架罪中被害人与被勒索财物人为不同的人,敲诈勒索罪中,被害人与被勒索财物人具有同一性。本案中,被告人梁某维等人控制了被害人的人身自由,而且以伤害被害人相威胁,并以此向被害人的家属要挟,这种威胁具有现实性。此外,梁某维等人要挟和威胁的对象不仅仅是被害人本人,其所得 18 万元也是在胁迫被害人家人的情况下取得的,即被害人与被勒索财物人不具有同一性。因此,被告人梁某维等人的行为不符合敲诈勒索罪的犯罪构成。

综上,法院采纳第三种意见,对被告人梁某维等人以绑架罪定罪处罚是正确的。

值得提出的是,实践中对于为催要赌债而挟持他人还钱的行为如何定性的问题是司法实践中的难点之一。

司法实例

平某勇绑架案

慎某君曾欠平某勇赌债 3 万元。平某勇在向慎某君催要赌债无果的情况下,纠集好友把慎某君挟持至牛某解家,并给慎某君家打电话,声称如果再不还钱,就砍掉慎某君一只胳膊。

慎某君家属持平某勇电话录音向公安机关报案。公安机关通过技侦手段很快将平某勇抓获。

检察机关以平某勇涉嫌犯非法拘禁罪提起公诉。

一审法院在审理中对如何定罪出现两种意见:一种意见认为,被告人平某勇纠集他人非法挟持慎某君至牛某解家,非法剥夺了慎某君的人身自由,构成非法拘禁罪。另一种意见认为,被告人平某勇以非法方法剥夺了他人人身自由,且为获取非法债务而对他人以进行重大伤害相威胁,故应构成绑架罪。

一审法院判决采纳了第二种意见,对被告人平某勇以绑架罪定罪处罚。判决已生效。法院如此判决的理由为:

1. 绑架罪与非法拘禁罪都是侵犯他人人身自由权利的犯罪,绑架罪在客观上表现为非法剥夺他人人身自由的行为,与非法拘禁罪的方法没有本质区别。《刑法》第 238 条第 3 款规定,为索取债务非法扣押、拘禁他人的，以非法拘禁罪定罪处罚。同时，最高人民法院《索债非法拘禁如何定罪问题的解释》规定："行为人为索取高利贷、赌债等法律不予保护的债务，非法扣押、拘禁他人的，依照刑法第二百三十八条的规定定罪处罚。"

2. 刑法理论通说认为，为索取非法债务或者单方面主张的债务，如果以杀害或者重大身体伤害进行威胁的，成立绑架罪（向第三人提出不法要求）或者抢劫罪（直接向被害人非法索取财物）。具体到本案，被告人平某勇以催要赌债为由，将慎某君挟持到牛某解家，要挟慎某君家还钱。由此可知，平某勇所要赌债为非法债务。平某勇挟持并剥夺他人人身自由后，便以砍掉慎某君一只胳膊相威胁，向慎某君家人索要钱财，是向第三人提出不法要求的行为。因此，平某勇构成绑架罪。

279. 如何区分当场抢劫与当面勒索

行为人绑架他人后，挟持人质至人质亲属住所，以人质的人身安危相威胁，逼迫其亲属交付一定数额的财物，但未对其亲属的人身及其财产安全造成直接威胁的，应以绑架罪定罪处罚。

司法实例

贵某虎绑架案

被告人贵某虎因听说被害人孟某山（男，案发时未满16周岁）曾向他人散布过其受贵某虎威逼参与盗窃的言论，心生愤恨，遂纠集伙同阴某中（另案处理）等人，于2016年3月6日2时许，至孟某山住处，持钢管、尖刀对其进行殴打。而后，又将孟某山强行带至本市一旅馆看管，限制其自由。当日8时许，贵某虎以打断孟某山一条腿为要挟，迫使孟某山给其父亲打电话称已被绑架，速让其父亲拿10,000元赎人，但被拒绝。之后，贵某虎等人又将孟某山带至其姑姑孟某芬家，仍以打断孟某山一条腿为要挟，向其姑姑索要10,000元，后因听到他人电话报警而逃离现场。

某市某区人民检察院对被告人贵某虎以涉嫌犯绑架罪提起公诉。

被告人及其辩护人辩护认为，贵某虎的行为不构成绑架罪；贵某虎在限制被害人孟某山的人身自由期间，没有殴打、伤害被害人，犯罪情节较轻，应从轻处罚。

某市某区人民法院根据开庭审理查明的上述事实，判决认定被告人贵某虎犯抢劫罪，判处有期徒刑3年，并处罚金8000元。

一审宣判后，某市某区人民检察院以被告人贵某虎的行为构成绑架罪，一审判决认定被告人构成抢劫罪定性错误为由提起抗诉。

某省某市中级人民法院二审审理认为，上诉人贵某虎对被害人孟某山实施殴打后强行带离其住处作为人质，通过电话联络向其父亲索要财物未果，后又挟持被害人至其其他亲属处，利用孟某山的亲属对其人身安危的担忧当面向其亲属勒索财物，其行为构成绑架罪。抗诉机关的抗诉理由成立，予以支持；原审判决认定抢劫罪的定性错误，应予纠正。贵某虎对被害人实施绑架后索取财物时未实施殴打等暴力行为，亦未造成严重后果，犯罪情节较轻。依照《刑法》第239条第1款、《刑事诉讼法》第189条第2项之规定，判决撤销某市某区人民法院一审刑事判决，即被告人贵某虎犯抢劫罪，判处有期徒刑3年，并处罚金3000元。判决认定上诉人（原审被告人）贵某虎犯绑架罪，判处有期徒刑5年，并处罚金10,000元。

本案的争议焦点在于，被告人贵某虎绑架被害人后挟持被害人去其亲属家当面勒索10,000元的行为构成绑架罪还是抢劫罪。本案被告人贵某虎等人出于非法获取10,000元的犯罪目的，实施了两个阶段的犯罪行为。第一个阶段是被告人贵某虎等人将被害人孟某山劫持至一旅馆看管,并通过电话联络向其父亲勒索 10,000 元的事实;第二个阶段是被告人贵某虎等人挟持被害人至其姑姑家索要 10,000 元的事实。被告人在第一个阶段的行为构成绑架罪应无疑问,并且属于《刑法》第 239 条第 1 款规定的以勒索财物为目的绑架他人,犯罪情节较轻的,应在 5 年以上 10 年以下量刑的情形。在第二个阶段的行为如果构成绑架罪,此案认定绑架罪则无异议。但是如果第二个阶段的行为构成抢劫罪,应当属于入户抢劫的情况,并应当属于《刑法》第 263 条第 1 项规定的在 10 年有期徒刑以上量刑的情形,则应从一重罪处罚,此案应当认定为抢劫罪。因此,本案的关键问题就在于对被告人第二个阶段的行为如何定性,即上述所阐明的争议焦点。

绑架罪是指以勒索财物或扣押人质为目的绑架他人的行为,其中以勒索财物为目的绑架他人,是指采用暴力、胁迫或者麻醉的方法,强行将他人劫持,以杀害、杀伤或者不归还人质相要挟,勒令与人质有关的亲友,在一定期限内交出财物,以钱赎人。抢劫罪是指以非法占有为目的,当场使用暴力、胁迫或者其他方法,强行立即夺取公私财物的行为。在司法实践中,绑架罪多表现为以勒索财物为目的绑架他人的行为,且在一定情况下比较容易与抢劫罪相混淆。但只要准确理解两个罪名的罪质特征,认真分析案件的事实情节,亦不难作出恰如其分的判断,正确适用法律规范,准确有力地打击犯罪,从而切实保障刑法的实施效果。

1. 从被告人实施暴力、胁迫的目的及其所指向的对象来看。抢劫罪与绑架罪在实施过程中均有使用暴力、胁迫或其他方法对被害人的人身权利进行侵害的行为,但暴力的目的及胁迫的内容与后果却存在一定差别。绑架罪中犯罪行为人使用暴力、胁迫分两个阶段,在实施绑架过程中使用暴力、胁迫的目的在于使人质处于行为人的控制之下任其摆布,而在勒索财物过程中使用暴力、胁迫的目的在于迫使被害人的亲属交付一定数额的财物。但无论是在绑架过程中还是在勒索财物过程中,暴力或即将使用的暴力所指向的对象始终是被害人,并不指向被害人的亲属,被害人亲属的人身权利处于犯罪行为的暴力控制之外。而抢劫罪中犯罪行为人使用暴力、胁迫的目的在于使被害人不能或不敢反抗,从而失去对财物的实际控制,任其非法占有。其暴力或即将使用的暴力所指向的对象是在场的所有受害人。在这类犯罪中,存在这样的一种情况,就是有互为亲属关系的多名受害人同时成为抢劫罪的侵犯对象,犯罪行为人可能为逼迫在场人交出财物而仅对其中一人或一部分人使用暴力或威胁,但其暴力并不仅指向一人或一部分人,所有在场的互为亲属关系的受害人的人身权利均处于犯罪行为的暴力控制之中。

具体到本案,被告人贵某虎等人将被害人孟某山强行带至一旅馆,通过电话联络向其父亲勒索财物未果后,挟持被害人至其姑姑家中,当面向其姑姑勒索 10,000 元。在这种情况下,虽然犯罪场景发生了变化,但暴力、胁迫所指向的对象并未发生变化,受害人的范围并未扩大到孟某山的在场亲属,也未使在场亲属的人身安危处于被告人贵某虎等人的暴力控制之下,因此,绑架罪的行为定性并不因此受到影响。

2. 从被告人实施犯罪的目的与被侵犯财产的控制主体来看。以勒索财物为目的的绑架罪与抢劫罪均是以非法获取他人财产为目的,这也是实践中容易导致两个罪名相混淆的主要交织点。但从被侵犯财产在犯罪行为发生时的控制主体来看,区别还是比较明显的。绑架罪在犯罪行为发生时,被害人即被绑架人(以下所称绑架罪中的被害人均仅指被绑架人,不包括其亲属)身边是否有财产、有多少财产,以及犯罪行为人是否对此财产进行了侵犯,与绑架罪的行为定性并无太大关联。绑架的目的主要是以被害人的人身安危相威胁,逼迫被害人或被害人的亲属交出一定数额的财物。此处一定数额财物的所有人可能是被害人,也有可能是被害人的亲属,也有可能都不是,而是被害人的近亲属在被逼无奈的情况下多方借贷而得。但无论如何,这笔财产当时并不在被害人的控制之下。抢劫罪在犯罪行为发生时,被害人的身边具体有多少数额的财产,对犯罪行为人来说并不确定,犯罪行为人使用暴力、胁迫或者其他方法使被害人不能或不敢反抗,从而可以现时、立即从被害人处夺取特定或不特定数额的财物。当然,也有被害人身无分文,犯罪行为人抢劫不到任何财物的情况发生。在从被害人处夺取特定或不特定数额的财物得逞的情况下,受侵犯的财物不一定属被害人所有,但一般是在被害人的占有、使用、管理等控制之中。本案被害人孟某山身边并无财产,被告人贵某虎等人控制其人身自由后,并不能从其自身或其所能控制的财产中获取任何财物,而以要打断被害人一条腿相威胁,逼迫其亲属交出10,000元,显然与绑架罪的特征相吻合。

3. 从被告人实施胁迫行为的内容与后果来看。单就胁迫而论,绑架罪中勒索财物阶段的胁迫,其内容一般为:如果被害人的亲属不交出一定数额的财物,犯罪行为人将对被害人进一步实施侵犯其人身权利的暴力行为,如杀害、杀伤等。胁迫不成的后果是被害人的人身权利可能会遭到严重的伤害,但犯罪行为人勒索财物的犯罪目的最终并不能得到实现,这也正是《刑法》分则中将绑架罪列入侵犯公民人身权利、民主权利罪而未列入侵犯财产罪的一个重要原因。而抢劫罪中胁迫的内容则是:如果被害人不将其所控制中的财物交与犯罪行为人,犯罪行为人将立即采取暴力方法自行强夺其财物。胁迫不成的后果往往是犯罪行为人对被害人实施进一步的暴力行为,并强行取得被害人控制下的财物,最终实现其非法占有他人财物的犯罪目的。本案被告人贵某虎等人虽然将被害人孟某山带至其姑姑家中,要求其拿出10,000元,但其胁迫的内容是如果其不拿出10,000元就打断孟某山的一条腿,其威胁的后果也仅限于此,并未对被害人的姑姑及其家人造成将要实施的暴力威胁,对其姑姑家中的财产亦未形成被当场非法占有的威胁。故一审法院在审理此案时,认为被告人贵某虎等人挟持被害人孟某山至其姑姑家中勒索财物的行为符合抢劫罪两个当场的特征,认定被告人的行为构成抢劫罪是错误的,应当予以纠正。

4. 从被告人的行为特点来看。从平时发生的抢劫案来看,抢劫罪一般均为明抢,虽然犯罪行为人为逃避法律制裁会进行一定的伪装,如部分遮盖面部、使用虚假声音或冒充他人等,但抢劫均是在面对面中进行的。而以勒索财物为目的的绑架案中,犯罪人为逃避法律制裁,多隐匿于藏身处所,且并不与被害人亲属照面。但这只是犯罪行为人为逃避法律制裁而采取的一种自我保护措施,并不是绑架罪区别于抢劫罪的罪质特征。像本案被告人这样挟持被害人去其亲属家中当面勒索财物的绑架犯罪实践中比较少见,但只要具备了绑架罪的罪质特征及其他主客观要件,即可构成本罪。

280. 是否构成非法侵入住宅罪的判断

行为人未经住宅人同意,强行闯入,被害人几次要求其离开,行为人拒不离开,并采取威胁手段强行居住了两天,其行为已经严重侵犯了被害人的住宅安宁权,符合非法侵入住宅罪的特征,构成非法侵入住宅罪。

司法实例

苏某旺非法侵入住宅案

被告人苏某旺与被害人苑某臻系同居关系且已同居两年,二人经常因琐事发生争吵,关系日渐恶化。2018年5月19日,二人因故再次大吵,苑某臻便正式提出分手,搬回在本市的父母家居住。后经几次劝解,苑某臻仍决意分手。2018年6月9日晚,苏某旺酒后来到苑某臻的父母家,借着酒劲使劲敲门,并以解决问题为由,强行闯入,苑某臻及其父母要求其离开,苏某旺非但不离开,还摔打家中物品,威胁说如报警就将苑某臻的隐私照片发到网上,随后便在客厅住下。直到6月10日10时许,苑某臻趁其周末熟睡之际报警,后苏某旺在公安民警的劝解下离开。且案发后,经亲友多方做工作,被害人坚决不同意和被告人复和,被告人也拒不认错,没有得到被害方谅解。

某市某区人民检察院以涉嫌非法侵入住宅罪对被告人苏某旺提起公诉。

被告人苏某旺辩解称,其行为属于家庭纠纷,不构成犯罪。

某市某区人民法院在本案审理中,对被告人苏某旺的行为是否构成非法侵入住宅罪,出现严重分歧。一种意见认为,苏某旺的行为构成非法侵入住宅罪。理由是:被告人苏某旺未经住宅人同意,强行闯入,被害人几次要求其离开,拒不离开,并采取威胁手段强行居住两天,其行为已经严重侵犯了被害人的住宅安宁权,符合非法侵入住宅罪的特征,构成非法侵入住宅罪。另一种意见认为,苏某旺的行为不构成非法侵入住宅罪。理由:一是身份特殊,被告人苏某旺与被害人苑某臻有两年的同居关系,在同居期间也曾偶尔到苑某臻的父母家中探望,因此,事发当日苑某臻的父母虽有不情愿,但苏某旺进入房屋也没能达到强行闯入的程度;二是苏某旺为了解决问题而进入被害人家中,得到了被害人苑某臻及其父母的承诺,具有违法阻却事由,因此不构成该罪。

某市某区人民法院经开庭审理,合议庭评议,并报经审委会讨论,按照多数人意见形成决议,遂判决认定被告人苏某旺犯非法侵入住宅罪,判处有期徒刑6个月。被告人苏某旺3年内未经同意不得与被害人及其家人接触。

一审宣判后,被告人苏某旺不服判决,仍以一审辩解理由提起上诉。

某市中级人民法院经二审审理认为,上诉人苏某旺与被害人在非法同居期间产生纠纷,被害人与其脱离同居关系搬回父母家居住后,上诉人未经住宅人同意,强行闯入被害人父母家中,几次被要求离开,拒不离开,并采取威胁手段强行居住两天,其行为已经严重侵犯了被害人的住宅安宁权,符合非法侵入住宅罪的全部要件,已经构成非法侵入住宅罪,且没有认罪悔罪,应依法惩处。一审判决认定事实清楚,证据确实、充分,定罪准确,量刑适当,审判程序合法,遂依照《刑事诉讼法》相关条款规定,终审裁定驳回上诉,维持原判。

从裁判结果看,一、二审法院及检察机关均同意第一种观点,对被告人的行为以非法侵入住宅罪定罪处罚,主要理由为:

根据《刑法》第245条的规定,非法侵入住宅罪,是指未经住宅主人同意,非法强行闯入他人住宅,或者经住宅主人要求其退出仍拒不退出的行为。具体到本案,被告人苏某旺违背住宅人苑某臻及父母的意志,强行闯入,又以摔打东西、揭露隐私相威胁,阻止报警并居住长达两天,要求其退出拒不退出,直至公安民警赶到,予以劝解并批评教育才离开,被告人苏某旺的行为已经构成非法侵入住宅罪。

1. 本案案发住宅属于非法侵入住宅罪的侵犯对象。非法侵入住宅罪的犯罪对象是“他人住宅”。顾名思义,“他人住宅”是指不属于行为人生活在其中的住宅。“住宅”是指供人起居之用的场所以及用于日常生活所占据的场所。“他人”包括住宅所有权人、对住宅有居住或者出入权利的人。具体到本案:一是被害人的房屋属于刑法意义上的住宅是毫无异议的;二是苏某旺与被害人苑某臻只是同居关系,虽然同居两年,但并未办理结婚手续,其身份在法律上仍然属于朋友关系,就苑某臻父母的住宅而言,苏某旺不属于生活在其中的人。因此,该住宅属于本罪侵犯的对象。

2. 被告人苏某旺的行为符合“侵入”的特征。“侵入”是以侵害他人住宅安宁的形式进入,侵入行为属于继续犯,行为人经权利人要求退出而拒不退出的,属于非法侵入住宅的不作为犯罪的表现形式。本案中被告人苏某旺经住宅人几次要求退出,拒不退出,直至两天后,苑某臻趁其熟睡之际，偷偷报警，经公安民警的劝解及批评教育才离开。因此苏某旺的行为已经严重侵害了被害人的住宅安宁权。

3. 被告人苏某旺的行为符合侵入的非法性。这里的“非法”，主要是指无权或者无理进入他人住宅而强行闯入或者拒不退出。行为人不经住宅人同意，又没有法律依据，或不依法定程序进入则属强行侵入。如果是事先征得住宅主人的同意，或者是司法工作人员为依法执行搜查、逮捕、拘留等任务而进入他人住宅，都不是非法侵入他人住宅。另外法令行为、紧急避险行为或者居住人的承诺可以阻却违法事由。比如居住人真实承诺或推定承诺行为人进入住宅的，不构成犯罪。具体到本案，一是被告人苏某旺是经过反复敲门，苑某臻及父母害怕影响邻居休息，出于无奈不得已开门；二是进屋后，所有居住人均表示不欢迎，让其退出并准备报警，苏某旺则以摔砸东西、揭露隐私的手段阻止报警。因此，被告人苏某旺是在没有征得住宅人同意的情况下强行闯入，同时也不存在住宅人承诺的违法阻却事由，其行为符合侵入的非法性。

综上，被告人苏某旺的行为符合非法侵入住宅罪的全部特征，应当以该罪定罪处罚。

281. 企业公开信息中的自然人信息是否受刑法保护

司法实践中，企业信息虽然包含了自然人姓名及联系方式，但该信息属于刑法中公民个人信息保护的例外，行为人收集、出售的行为不构成侵犯公民个人信息罪。但由于涉案的信息中含有自然人姓名及联系方式等自然人信息，仅从形式上就能够识别特定自然人身份，如果该信息不属于企业公开的企业信息，则仍属于公民个人信息范畴。

司法实例

麦某京侵犯公民个人信息案

被告人麦某京自2015年起，在网上通过QQ、微信等方式向他人贩卖公民个人信息。2016年4月，李某捷、兰某序向麦某京购买公民个人信息用于犯罪，麦某京向此二人贩卖公民个人信息767,886条，在查获的麦某京的电脑内查获1,076,285条公民个人信息。

某市某区人民检察院对被告人麦某京以涉嫌犯侵犯公民个人信息罪提起公诉。

某市某区人民法院审理认为，被告人出售的信息中含有公司名称、法定代表人姓名、手机号码、公司地址、经营范围、注册资金、所属行业、企业类型等，属于能够单独识别特定自然人身份的信息，该类信息属于公民个人信息。被告人未经被收集者同意，将合法收集的公民个人信息出售给他人，情节特别严重，构成侵犯公民个人信息罪。被告人构成坦白，可从轻处罚。遂依据《刑法》第253条之一等条款规定，判决认定被告人犯侵犯公民个人信息罪，判处有期徒刑5年，并处罚金5万元。

一审宣判后，被告人不服一审判决，以不构成犯罪为由提出上诉。

某市中级人民法院审理认为，企业根据法律法规规定或为经营所需而公开的企业信息，即使包含了个人姓名、联系方式，亦不属于刑法意义上的公民个人信息，原审认定该类信息属公民个人信息有误。本案被告人使用计算机软件收集信息，该软件是否具备非法窃取功能并未查明，导致查获的个人信息是否均为企业公开信息的事实不清。遂以事实不清，适用法律错误为由，裁定撤销原判，发回重审。

本案在法院审理中，一审法院与二审法院存在不同认识。对于本案被告人利用特定软件收集互联网中包含自然人姓名及联系方式的企业信息，并将该信息出售给他人，该行为如何定性，主要存在三种不同意见。第一种意见认为,被告人出售的信息中含有公司名称、法定代表人姓名、手机号码、公司地址、经营范围、注册资金、所属行业、企业类型等,属于能够单独识别特定自然人身份的信息,该类信息属于公民个人信息。被告人未经被收集者同意,将合法收集的公民个人信息出售给他人,属于侵犯公民个人信息。《侵犯公民个人信息解释》规定,未经被收集者同意,将合法收集的公民个人信息向他人提供的,属于非法提供公民个人信息,但是经过处理无法识别特定个人且不能复原的除外。麦某京利用软件在网络中搜索包含自然人姓名及联系方式的企业信息,属合法收集公民个人信息,但其未经被收集者同意,将合法收集的公民个人信息出售给他人,构成侵犯公民个人信息罪。第二种意见认为,被告人收集、出售的信息不属于刑法意义上的公民个人信息,被告人不构成侵犯公民个人信息罪。根据原审查明的事实,被告人收集的对象是企业在互联网中公开的包含自然人姓名及联系方式的企业信息,该类公开的企业信息中包含自然人姓名及联系方式或者符合法律规定,或者是经营所需,该自然人信息应从属于企业信息范围,不存在法益保护的需要,应属于刑法保护的公民个人信息的例外。第三种意见认为,企业信息中公开的自然人姓名及联系方式不构成刑法上的公民个人信息,且本案还存在事实不清的问题。本案被告人利用计算机软件收集信息,该软件的搜索范围是否仅限于互联网中依法公开的企业信息并不明确。如果该软件还具备非法侵入、窃取功能,则表明本案收集的自然人姓名及联系方式可能是窃取得来的,窃取得来的自然人身份信息,当然不是企业依法或为经营主动公开的企业信息,该自然人信息就属于刑法保护的公民个人信息,被告人收集、出售该类信息,就构成侵犯公民个人信息罪。故应撤销原判,将案件发回重审。

从裁判结果可以看出,二审法院认为,企业公开信息中的自然人信息不受刑法保护。主要理由为:《刑法》第253条之一规定了侵犯公民个人信息罪,将违反国家有关规定,向他人出售或者提供公民个人信息,或者窃取或者以其他方法非法获取公民个人信息的行为,均纳入了刑法规制的范围。从犯罪构成要件符合性看,行为人必须有出售、提供或者窃取及其他非法方法获取的行为。从侵害对象或者法益看,行为对象必须是公民个人信息,如果是商业秘密则可能构成侵犯商业秘密罪,而涉及其他刑法予以保护的数据则应根据相应的刑法规范予以评价。但如果刑法没有规定为犯罪的,则不构成任何犯罪。因此,对于侵犯公民个人信息的犯罪案件,应该把握好行为与对象两个关键,并围绕这两个方面进行审理。本案被告人收集并出售的对象是包含了部分自然人信息的企业信息,如何认定该对象的性质显得尤为重要,直接关系到本案罪与非罪及审理思路。由此引出了本案值得关注讨论的问题,一是如何理解认定企业信息中依法或者为经营公开的自然人信息;二是侵犯公民个人信息案件应如何把握行为与对象之间的关系。

1. 刑法层面上保护的公民个人信息范畴及例外。侵犯公民个人信息犯罪侵犯的对象是公民个人信息,《侵犯公民个人信息解释》对于公民个人信息的概念作出了规范解释,“公民个人信息”,是指以电子或者其他方式记录的能够单独或者与其他信息结合识别特定自然人身份或者反映特定自然人活动情况的各种信息,包括姓名、身份证件号码、通信联系方式、住址、账号密码、财产状况、行踪轨迹等。虽然理论界对公民个人信息的属性有所争论,但在司法实践中应当严格按照《侵犯公民个人信息解释》的规定来界定公民个人信息的范畴是罪刑法定原则的必然要求和体现。因此,只要相关信息中包含了上述类型的特定自然人身份及活动情况的信息,应认定为公民个人信息。本案被告人收集、出售的信息中就包含了个人姓名及联系方式,一审据此认定该信息属于公民的个人信息。但形式上符合刑法规范意义上公民个人信息的自然人身份信息,可以存在刑法保护的例外。

被告人供述,其出售的信息是利用卓讯企业名录搜索软件在某网站内搜索得来的,信息中包括企业名称、地址、座机电话、法定代表人姓名、手机号码、经营范围、注册资金等，该供述与查获的企业信息清单基本一致。根据目前的证据可以认定被告人收集、出售的是企业的基本经营信息，只是该信息包含了自然人姓名及联系方式。一是企业在经营过程中主动公开相关企业信息，包括自然人姓名及联系电话信息，既是国家相关法规的要求，也是企业经营的必需，从这个意义上讲，企业信息包含的自然人姓名及联系方式，不能等同于刑法意义上的公民个人信息。从刑法法益保护角度分析，当个人姓名及联系方式等信息根据国家有关规定或者为经营需要以企业基本信息的方式在互联网公开时，是企业为了符合法律规定或者经营需要选择将自然人信息从属于企业信息。如果限制该信息的流转、使用，反而与该信息公开的目的相违背，因此对于该部分自然人信息刑法并无介入保护的必要。二是企业公开的企业信息中包含自然人姓名及联系方式，对个人来讲是个人为企业让渡、牺牲了部分公民个人信息的利益，个人对其相关信息会被扩散和周知应该有所认知并同意该信息向社会公开，公众可以自由查询，对该类信息合理合法的利用属于公众合理的期待范围。从这个角度讲，亦无将此类个人信息列入刑法侵犯公民个人信息罪调整对象的必要。因此，企业信息中依法或者为经营需要公开的自然人信息应当属于刑法上公民个人信息保护的例外，刑法不应对此予以调整。

2. 关于侵犯公民个人信息犯罪行为与对象关系的把握。审理侵犯公民个人信息犯罪案件，首先要明确侵犯的对象是否属刑法意义上的公民个人信息，只有确定属于公民个人信息，才有必要进一步判断行为是否受刑法规制，即是否属违反国家有关规定向他人出售或者提供公民个人信息，或者窃取或者以其他方法非法获取公民个人信息的行为；是否属于违反国家有关规定通过购买、收受、交换等方式获取公民个人信息，或者在履行职责、提供服务过程中收集公民个人信息的行为。同时，由于案件及实际情况的复杂性，应综合把握行为与对象的有机联系，方能更准确判断涉案信息是否属刑法意义上的公民个人信息及相关行为是否构成犯罪。

具体到本案审判的前提就是要对被告人收集、出售的信息是否属公民个人信息作出正确的判断。一审认为涉案信息属于公民个人信息，被告人收集行为合法，因未经被收集人同意出售该信息，故出售行为构成犯罪。但如果侵犯对象是公民个人信息，被告人的收集行为同样是侵犯公民个人信息，因为其收集公民个人信息没有合理的业务因素或者合法的授权因素，仅是为了出售获利，该行为也受刑法规制。二审法院认为企业信息虽然包含了自然人姓名及联系方式，但该信息属于刑法保护公民个人信息的例外，被告人收集、出售的行为不构成侵犯公民个人信息罪。案件如果审理到此就会得出被告人无罪的结论，但审理案件不能仅限于此。由于涉案的信息中含有自然人姓名及联系方式等自然人信息，从形式上判断该自然人信息就属于能够识别特定自然人身份的信息，如果该信息不属于企业公开的企业信息，那么仍属于公民个人信息的范畴。

之所以要考虑这个问题，一是企业信息中确有不公开或者有限制公开的信息，比如限制了公开的范围、对象、时间；二是被告人是使用搜索软件搜索信息，虽然被告人供称该搜索软件仅能搜索互联网中企业公开的基本信息，但公安机关并未对此进行查实，无法认定该软件是否类似“黑客”软件具备窃取企业未公开信息的功能。如果该软件具备窃取功能，本案中包含的个人信息就可能不属于企业公开的信息，不属于公开的自然人信息，无疑还属于公民个人信息的范畴，被告人通过窃取手段获得并出售该类信息，仍构成侵犯公民个人信息的犯罪行为。

故本案二审法院对一审判决予以撤销，对本案发回重审，以进一步查清案件事实的处理是正确的。

282. 出卖先天智障女儿的行为是否构成犯罪，构成何罪

行为人拒不履行法定抚养义务，因家庭生活困难，将其先天智障的亲生女儿卖于他人为妻，致使被害人被两次收买又分别被送回和转卖，且在此过程中被害人怀孕并流产，生存状况极其恶劣，所处境地较为危险。行为人对于被害人的遭遇应有所预料，但是其放任这种损害结果的发生，行为人的行为已经达到情节恶劣的程度。行为人对被害人负有法律上的抚养义务却对其实施了遗弃行为，情节恶劣，已经构成遗弃罪。

司法实例

童某玲遗弃案

2013 年 9 月初，赖某印通过葛某堂以 38,000 元的价格将童某玲的女儿梁某秀买至家中当儿媳，童某玲得 3000 元，后因梁某秀生活不能自理又将其送回。2014 年 4 月，赵某平到童某玲家中，要帮助梁某秀“介绍对象”，后经介绍，童某玲将自己的女儿卖给侯某文患有间歇性精神病的妻兄钮某寇，童某玲得 4000 元。因梁某秀生活不能自理，2014 年 5 月 28 日，已经怀孕的梁某秀被侯某文以 26,000 元的价格卖出。本案中，童某玲的两次行为均未考察收买人实际状况及梁某秀之后的生活境遇，导致梁某秀在此过程中怀孕并流产。本案被害人梁某秀为先天智障，其母患有精神疾病，家庭生活困难。

某县人民检察院对被告人童某玲以涉嫌遗弃罪提起公诉。

某县人民法院在案件审理中对于童某玲的行为能否构成犯罪出现分歧意见。第一种意见认为，童某玲的行为不构成犯罪；第二种意见认为，童某玲的行为构成拐卖妇女罪；第三种意见认为，童某玲的行为构成遗弃罪。

经合议庭评议，按照少数服从多数原则，一审法院作出判决，对被告人童某玲以遗弃罪定罪处罚，并根据本案的具体情节和被告人的家庭实际困难，对被告人适用缓刑。同时，法院及时与基层组织及相关部门对接，对被告人及其女儿予以社会帮扶及司法救助。判决已生效。本案收到了法律效果与社会效果的最佳统一。

1. 童某玲的行为是否构成拐卖妇女罪。区分童某玲的行为能否构成拐卖妇女罪的关键在于对拐卖妇女罪与非罪的界限把握，最高人民法院、最高人民检察院、公安部、司法部联合发布的《关于依法惩治拐卖妇女儿童犯罪的意见》（以下简称《惩治拐卖妇女儿童的意见》）第 17 条第 1 款明确规定：“要严格区分借送养之名出卖亲生子女与民间送养行为的界限。区分的关键在于行为人是否具有非法获利的目的。应当通过审查将子女‘送’人的背景和原因、有无收取钱财及收取钱财的多少、对方是否具有抚养目的及有无抚养能力等事实，综合判断行为人是否具有非法获利的目的。”具体到本案，区分童某玲的行为能否构成拐卖妇女罪的关键即是其是否具有非法获利的目的。

（1）童某玲妻女皆为无独立生活能力人，家庭生活困难，其将女儿卖给他人为妻的行为，一是为了减轻自身的生活负担，二是为了能让梁某秀有个归宿，此为其“卖”女儿的背景及原因。《惩治拐卖妇女儿童的意见》第 17 条第 3 款规定：“不是出于非法获利目的，而是迫于生活困难，或者受重男轻女思想影响，私自将没有独立生活能力的子女送给他人抚养，包括收取少量‘营养费’、‘感谢费’的，属于民间送养行为，不能以拐卖妇女、儿童罪论处……”童某玲家庭负担沉重，确属生活困难，其行为虽不是送养行为，但与将梁某秀送与他人抚养无异。据此，可以认定童某玲的行为符合《惩治拐卖妇女儿童的意见》第 17 条第 3 款之规定。

（2）本案中，赖某印通过葛某堂以 38,000 元的价格将梁某秀买至家中当儿媳，另一被告人侯

某文转卖梁某秀获利26,000元。据童某玲收取钱财的情况可以看出,其收取钱财数额在整个案件中所占比例较小。所以,从收取钱财方面看,童某玲并不具有非法获利的目的,其所收取的7000元更宜认定为"彩礼"抑或聊以慰藉的钱财。

(3)本案中的收买人的本意均是将梁某秀买回作配偶,后梁某秀被送回和转卖均是因其为先天智障确无生活能力。因此,对方是否具有抚养目的和抚养能力不是考察童某玲是否具有非法获利目的的因素。

综上,童某玲的行为并不具有非法获利的目的,其"卖出"女儿的行为不能构成拐卖妇女罪。

2. 童某玲的行为是否构成遗弃罪。根据《刑法》第261条的规定,遗弃罪,是指对于年老、年幼、患病或者其他没有独立生活能力的人,负有扶养义务而拒绝扶养,情节恶劣的行为。这里所说的"没有独立生活能力",是指不具备或者丧失劳动能力,无生活来源而需要他人在经济上予以供给扶养,或者虽有经济收入,但生活不能自理而需要他人照顾等情况。遗弃罪的犯罪主体是对上述对象负有扶养义务的人。这里所规定的"负有扶养义务",是指行为人对于年老、年幼、患病或者其他没有独立生活能力的人,依法负有的对上述被扶养人在经济、生活等方面予以供给、照顾、帮助,以维护其正常的生活的义务。[①] 遗弃罪的犯罪主体是具有扶养义务的人,如果对没有独立生活能力的人不负有扶养义务,就不存在拒绝扶养的问题,也就不能构成本罪。本罪在客观方面表现为具有扶养义务而拒绝扶养。由于行为人不履行自己的法定义务,致使被扶养人得不到经济上的保障或者生活上的必要照顾和帮助,生命和健康受到较为严重的威胁和损害。根据本条规定,遗弃行为人必须情节恶劣才能构成犯罪,这是划清本罪与非罪的重要界限之一。这里所规定的"情节恶劣",主要是指由于遗弃造成被害人重伤、死亡等严重后果的,有遗弃行为屡教不改的,或者遗弃手段、情节特别恶劣的,等等。

具体到本案,有三个关键因素,一是被告人童某玲是否负有抚养义务;二是被告人童某玲是否实施了遗弃行为;三是被告人童某玲的行为是否达到情节恶劣的程度。

首先从抚养义务来看,《婚姻法》(现已失效)规定父母对确无独立生活能力和条件的成年子女具有抚养义务。这里的无独立生活能力和条件主要是指患有精神病的无民事行为能力人或限制民事行为能力人,或生活在城镇的子女无就业机会尚处于待业状态的。本案中的梁某秀为先天智障,显然无独立生活能力和条件,因此童某玲对梁某秀是具有抚养义务的。其次从童某玲的行为来看,遗弃行为主要是指负有抚养义务而不提供其生存所必需的物质条件或生活照料的行为。童某玲虽属家庭生活困难,但是仅为梁某秀提供生存所需的物质条件尚有余力,其明知梁某秀为先天智障,应该可以预想到梁某秀被"嫁"出后生存条件可能不会被满足仍旧将其"嫁"出。因此,童某玲的行为可能会将梁某秀置于比较危险的境地,应认定为遗弃行为。最后从行为的恶劣程度来看,遗弃行为能否达到情节恶劣是区分罪与非罪的一个重要界限。但是如何界定情节恶劣目前并没有明确的立法解释和司法解释,在司法实践中通常是根据遗弃行为的方式、对象、后果等进行综合评价,如由于遗弃造成被害人重伤、死亡等严重后果的,有遗弃行为屡教不改的,或者遗弃手段、情节特别恶劣的,等等。

本案中,梁某秀被两次收买又分别被送回和转卖,且梁某秀在此过程中怀孕并流产,可见其

---

① 扶养关系主要包括以下几个方面:夫妻间有相互扶养的义务;父母对子女有抚养教育的义务;子女对父母有赡养扶助的义务;养父母与养子女、继父母与继子女之间有相互扶养的义务;有负担能力的祖父母、外祖父母对父母已经死亡的未成年的孙子女、外孙子女有抚养义务;有负担能力的孙子女、外孙子女,对于子女已经死亡的祖父母、外祖父母有赡养义务;有负担能力的兄姐对父母已经死亡或者父母无力扶养的未成年弟妹有抚养的义务;等等。

被童某玲“嫁”出后生存状况极其恶劣，所处境地较为危险。被告人童某玲对于梁某秀的遭遇应有所预料，但是其放任这种损害结果的发生只是一心想要将梁某秀“嫁出”。

基于上述分析，被告人童某玲的行为能够达到情节恶劣的程度。

综上，本案被告人童某玲对梁某秀负有法律上的抚养义务却对梁某秀实施了遗弃行为，情节恶劣，已经构成遗弃罪。一审法院判决对被告人以遗弃罪定罪处罚，根据其家庭实际对其适用缓刑，并积极对其进行社会帮扶、救助，判决合法正确，作法亲民、暖心，值得称道。

283. 诱骗儿童盗窃构成何罪

行为人以物质引诱的手段，拐骗不满14周岁的未成年人脱离家庭或者监护人，又诱骗、指使不满14周岁的人实施盗窃活动的，其行为分别构成拐骗儿童罪和组织未成年人进行违反治安管理活动罪，依法应以拐骗儿童罪和组织未成年人进行违反治安管理活动罪予以数罪并罚，决定执行的刑期。

司法实例

唐某昊等拐骗儿童、组织未成年人进行违反治安管理活动案

2016年9月17日15时许，被告人唐某昊伙同申某天以请上本县某中学学生吕某均等（以上3人均未满14周岁）3人看电影、上网、吃撸串并带他们去某市唱歌、逛街买衣服等方式，将吕某均等3人诱骗至某市实施盗窃活动。次日6时许，被告人唐某昊和申某天发给吕某均等3人每人一把铁质弹弓，并传授给吕某均等人使用技巧后将吕某均等3人与申某天分成两组，指使他们使用弹弓将沿街停放的小轿车玻璃打碎后实施盗窃。其间，被告人唐某昊和申某天指使吕某均等3人实施了多起盗窃活动，但盗窃数额均较小或只窃得一些日用品。同月24日13时许，被告人唐某昊和申某天发现被害人凌某云的一辆黑色奔驰小轿车好像东西较多，便指使吕某均等3人用弹弓将该车副驾驶后座的车窗玻璃打碎，盗得价值5866元的联想笔记本电脑一台及其他物品一件。

某市某区检察机关对被告人唐某昊、申某天以涉嫌犯盗窃罪提起公诉。

某市某区人民法院在审理本案过程中，对被告人唐某昊、申某天的行为如何定性处理，出现意见分歧。第一种意见认为，被告人唐某昊和申某天的行为构成组织未成年人进行违反治安管理活动罪。第二种意见认为，被告人唐某昊和申某天的行为构成盗窃罪和拐骗儿童罪，应实行数罪并罚。第三种意见认为，被告人唐某昊和申某天的行为构成盗窃罪。第四种意见认为，被告人唐某昊和申某天的行为构成拐骗儿童罪。第五种意见认为，被告人唐某昊和申某天的行为构成拐骗儿童罪和组织未成年人进行违反治安管理活动罪，应数罪并罚。

一审法院经开庭审理，合议庭评议，并广泛听取各方面意见，最后采纳了第五种意见，判决认定被告人唐某昊、申某天犯拐骗儿童罪和组织未成年人进行违反治安管理活动罪，依法予以数罪并罚，分别科以各被告人相应的决定执行的刑期。

一审宣判后，被告人唐某昊及其辩护人不服判决，以唐某昊的行为不构成犯罪，应以违反治安管理处罚法给予行政处罚、量刑重为由提出上诉，被二审法院驳回。

1. 关于拐骗儿童罪。根据《刑法》第262条的规定，拐骗儿童罪，是指拐骗不满14周岁的未成年人脱离家庭或者监护人的行为。这里所规定的“拐骗”，是指用欺骗、利诱或者其他手段，将不满14周岁的未成年人带走。“脱离家庭或者监护人”，是指使不满14周岁的未成年人脱离家庭或者离开父母或其他监护人,致使不满 14 周岁的未成年人的父母或者监护人不能继续对该未成年人行使监护权。依据我国《民法典》的有关规定,这里所规定的"监护人",是指未成年人的父母以及其他依法履行监护职责,保护被监护人的人身、财产以及其他合法权益的人。拐骗不满 14 周岁的未成年人脱离家庭或者监护人的行为多种多样,既可以直接对不满 14 周岁的未成年人本人进行,如利用物质好处进行引诱,骗得其好感后将其拐骗;也可以对其家长或者监护人进行,如假装为保姆,骗得家长信任后,寻机将不满 14 周岁的未成年人带走。至于拐骗不满 14 周岁的未成年人脱离家庭或者监护人的行为的目的,刑法并未做特别限制。

2. 关于组织未成年人进行违反治安管理活动罪。根据《刑法》第 262 条之二的规定,组织未成年人进行违反治安管理活动罪,是指组织未成年人进行盗窃、诈骗、抢夺、敲诈勒索等违反治安管理活动的行为。(1)本罪的主体要件。从该条的规定来看,本罪主体需为年满 16 周岁的具有刑事责任能力的自然人。不可以将本罪的主体定义为成年人,由于我国的《未成年人保护法》第 2 条规定"本法所称未成年人是指未满十八周岁的公民",因此 16～18 岁的具有刑事责任能力的未成年人亦可以成为本罪的主体。(2)主观要件。本罪的主观方面非常明确,即故意,既包括组织者明知自己是组织未成年人实施违反治安管理的行为的直接故意,也包括组织者可以按照普通人的理解推断出是未成年人而仍旧组织其进行违反治安管理的活动的间接故意。如果行为人在实施组织行为时并不知道对象是未成年人,但是在实施行为之后的某个时刻了解了对象的年龄,但却没有停止行为,仍进行组织活动,也应当认定行为人主观上是故意。(3)客体要件。本罪的客体是复杂客体。即在侵犯了未成年人的人身自由及身心健康的同时,也侵害了社会管理秩序。打击本款规定的犯罪行为,首先能够保护未成年人的人身自由和权利免受侵犯、身心健康不受摧残,其次可以维护正常的社会秩序,因此,未成年人的人身自由和身心健康是本罪的主要客体,社会管理秩序是本罪的次要客体。(4)客观要件。本罪的客观方面表现为行为人实施了组织未成年人进行违反治安管理活动的行为,这就是说行为人组织未成年人实施的盗窃、抢夺、敲诈勒索的行为没有达到我国《刑法》规定的犯罪的标准,但是已经违反了我国《治安管理处罚法》。《治安管理处罚法》第 2 条规定,扰乱公共秩序,妨害公共安全,侵犯人身权利、财产权利,妨害社会管理,具有社会危害性,依照《刑法》的规定构成犯罪的,依法追究刑事责任;尚不够刑事处罚的,由公安机关依照本法给予治安管理处罚。第 49 条规定,盗窃、诈骗、哄抢、抢夺、敲诈勒索或者故意损毁公私财物的,处 5 日以上 10 日以下拘留,可以并处 500 元以下罚款;情节较重的,处 10 日以上 15 日以下拘留,可以并处 1000 元以下罚款。由此,只有符合上述规定内容的行为,才能被认定为违犯了《治安管理处罚法》,是违反治安管理活动的行为,符合组织未成年人进行违反治安管理活动罪的客观方面的构成要件。

3. 对本案被告人行为的分析。纵观本案被告人唐某昊和申某天的整个犯罪活动,可以分成两个独立的行为部分,第一行为部分:将未满 14 周岁的吕某均等 3 人诱骗至某市,脱离监护人的行为;第二行为部分:组织吕某均等人实施盗窃行为。(1)从犯罪构成分析。第一行为部分,被告人唐某昊伙同申某天通过物质利诱的方式使未满 14 周岁的吕某均等 3 人脱离其监护人的监护的行为,符合拐骗儿童罪的犯罪构成。第二行为部分,被告人唐某昊和申某天组织吕某均等人盗窃的行为。一是被告人唐某昊和申某天教唆未达法定刑事责任年龄的吕某均等人实施秘密窃取数额较大购物的行为,其将吕某均等 3 人作为犯罪工具来实现自己的犯罪目的,属于盗窃罪的间接正犯。二是被告人唐某昊和申某天组织未满 14 周岁的未成年人实施违反治安管理的犯罪活动,符合组织未成年人进行违反治安管理活动罪的犯罪构成。即"组织吕某均等人实施盗窃的行为"既符合盗窃罪间接正犯的构成要件,也符合组织未成年人进行违反治安管理活动罪的构成要件。(2)从罪数理论分析。一是第二行为部分,即组织吕某均等人实施盗窃的行为,在司法理论与实践中存在两种截然不同的处理方式。有的认为应当采用想象竞合处理,即在盗窃罪与组织未成年人进行违反治安管理活动罪中择一重罪处罚。有的则认为应该实行数罪并罚,即盗窃罪与组织未成年人进行违反治安管理活动罪数罪并罚。《刑法修正案(七)》增设组织未成年人进行违反治安管理活动罪是为了"拾漏补缺",并且此处组织盗窃的一个行为中有一次数额达到刑事立案标准,对于此种情形采用想象竞合来处理更为恰当,宜根据法外牵连犯处断的通常做法择一重罪从重处罚。案情对应两罪的刑档,法定最高刑均为3年,法定最低刑盗窃罪为管制,组织未成年人进行违反治安管理活动罪为拘役,故就第二行为部分,应当以组织未成年人进行违反治安管理活动罪定罪,并从重处罚。二是第一行为部分和第二行为部分之间的关系,被告人唐某昊和申某天将未满14周岁的未成年人诱骗至某市的行为,与其实施的组织实施盗窃行为之间存在密切联系。其利诱、拐骗是组织盗窃的方法行为,其通过利诱拐骗来获取未达到刑事责任年龄的被组织对象的信任,然后实施其组织盗窃的目的行为,最终实现其非法占有的目的。但两者是否具有牵连关系,牵连关系的认定有主观说、客观说、折中说以及类型说。采用通说类型说,即只有当某种手段通常用于实施某种犯罪,或者某种原因通常导致某种结果行为时,才宜认定为牵连犯。故此处不宜认定拐骗行为与组织盗窃行为之间存在牵连关系,将两罪并罚更为适宜。

综上,本案应当认定被告人唐某昊和申某天构成拐骗儿童罪和组织未成年人进行违反治安管理活动罪,数罪并罚。

第五章 侵犯财产罪

284. 如何区分抢劫罪与敲诈勒索罪

行为人发现被害人有不法行为，以此要挟，直接限制被害人的人身自由进行胁迫，迫使被害人当场交出财物的行为，构成抢劫罪，不构成敲诈勒索罪。

司法实例

姚某欣等抢劫案

2017年6月20日，被告人姚某欣从其女友处得知几名被害人特别有钱后，纠集被告人庄某笑、沈某军（二人均另案处理）经预谋分工，由被告人庄某笑找人并准备作案工具、沈某军找车，决定抢劫几名被害人。次日16时许，被害人孔某晃、纪某康刚从某洗浴中心消费出来，就被在洗浴中心门口等候的五被告人拦住，将二被害人带至本市郊区的山里。在去山里的车上，几被告人持刀威胁二被害人并当场抢得钱包一个。在实施抢劫的过程中，当被告人姚某欣等得知与孔某晃一起的还有3人正在洗浴中心消费，且身上有钱和手机时，被告人庄某笑与黄毛便赶到洗浴中心将另外3名被害人栾某飞、牛某海、历某槐带出洗浴中心，与被告人姚某欣、董某恩及黄毛、沈某军在郊区一旅馆汇合，利用威胁、恐吓的方法强行劫取被害人的财物。被告人姚某欣、庄某笑、董某恩共抢劫被害人现金4350元、手机五部、洗浴中心会员卡一张。破案后追回苹果手机两部、赃款100元，其余赃款被挥霍。经价格鉴定，被抢劫的苹果手机两部评估价值为每部5200元、华为手机三部评估价值为每部2300元。被抢五部手机共计价值17,300元。

某市某区人民检察院依据《刑法》第263条之规定，以被告人姚某欣、庄某笑、董某恩涉嫌抢劫罪，向某市某区人民法院提起公诉。

三被告人对公诉机关指控的基本事实均无异议。被告人姚某欣辩称其当时觉得被害人的钱来路不正，没想去抢，只是想去讹被害人。三被告人均请求从轻处罚。

被告人姚某欣的辩护人辩称：对公诉机关指控的案件事实无异议，但认为本案符合敲诈勒索罪的构成要件，应以敲诈勒索罪定罪量刑；被告人姚某欣系初犯、偶犯，主观恶性较小，认罪态度好，请求人民法院从轻、减轻处罚。

被告人庄某笑的辩护人辩称：本案从被告人的犯意上看符合敲诈勒索罪的构成要件，应以敲诈勒索罪对被告人定罪量刑；被告人庄某笑系初犯、偶犯，未当场实施暴力手段，且退赔被害人部分款项，社会危害性较小，请求人民法院从轻、减轻处罚；涉案现金有出入，建议以较低数额认定，物品评估是以新购机价作价，价值较高。

被告人董某恩的辩护人辩称：本案应以敲诈勒索罪定罪量刑。被告人董某恩未参与共谋，系从犯；被告人董某恩系初犯、偶犯，认罪态度较好，且被害人有过错，请求人民法院从轻或减轻处罚。

某市某区人民法院经审理认为：被告人姚某欣、庄某笑、董某恩以非法占有为目的，伙同他人采取恐吓、威胁手段，当场劫取他人财物，其行为触犯《刑法》第263条之规定，构成抢劫罪，公诉机关指控罪名成立。经庭审查明，虽然被告人在得知被害人的财物是其盗窃所得后有过将被害人送派出所的语言表示，但被告人对被害人采取了控制其人身自由、以暴力相威胁并当场劫取被害人财物的客观行为，符合抢劫罪的主客观构成要件，构成抢劫罪。根据3名被告人的供述和被害人的陈述，法院认为被告人姚某欣的多次一致供述与其他被告人的供述及被害人的陈述能够相互印证,公诉机关认定几被告人抢劫现金4350元,有证据证实,故法院予以认定。辩护人的辩称理由不能成立,不予采信。综合考虑各被告人在共同犯罪中的地位、作用及认罪态度、退赃情况,三被告人与实施殴打的暴力抢劫行为相比犯罪情节较轻等情节,判决认定姚某欣等三被告人犯抢劫罪,分别判处6年、4年、3年6个月有期徒刑,分别并处6000元、5000元、4000元罚金。

本案是一起比较常见的犯罪,但本案的关键点是司法实践中如何准确区分抢劫罪和敲诈勒索罪。

1. 关于抢劫罪与敲诈勒索罪的区别。抢劫罪与敲诈勒索罪主观上都是以非法占有为目的,客观上也具有某些相同或相似的特征,如行为人都有可能当场使用威胁手段,而且敲诈勒索罪也可能当场实施暴力,当场取得财物。因此,在"当场使用暴力或当场实施威胁,当场取得财物"的情况下,两罪比较相似,但从犯罪客体和犯罪的主观方面来看,两罪有明显区别。(1)两罪的犯罪客体不同。两罪都在侵犯财产权的同时,侵犯了公民的人身权,但是侵犯公民人身权的具体内容却完全不同。抢劫罪侵犯的是公民的生命权与健康权,而敲诈勒索罪不仅以侵犯公民的生命权与健康权相威胁,还包括以侵犯公民的名誉权相威胁等。如果行为人以当场或事后诋毁他人名誉相威胁,就构成敲诈勒索罪,而非抢劫罪。(2)两罪在犯罪客观方面显著不同。犯罪客观方面的差异,是区分两罪的关键所在。抢劫罪表现为当场以暴力或威胁抑制被害人反抗,从而当场直接取得财物;而敲诈勒索罪一般表现为通过要挟或威胁的方法,对被害人精神上施加压力,使其感到恐惧,从而被迫无奈交出财物。司法实践中,可以从行为内容、行为方式、暴力程度、侵害付诸实施的紧迫性、被害人的意思自治、取得的非法利益等六个方面加以区分。①

---

① 一是行为内容不同。抢劫罪一般是以杀害、伤害等方式实施人身暴力或威胁。而敲诈勒索罪的威胁的内容比较广泛,可以是以暴力相威胁,但大多是以揭发隐私、毁坏财物、损害名誉等实施威胁,胁迫被害人交出财物,威胁的内容只要足以使被害人产生恐惧即可,不必实际产生恐惧心理。二是行为方式不同。抢劫罪是由行为人对被害人当场使用暴力,且明示实施。而敲诈勒索罪的威胁,既可以当面,也可以通过书信、电话、电报等形式发出;既可以明示,也可以暗示发出;既可以由行为人本人,也可以通过第三人实施威胁。即使以暴力为内容,只要不当面进行威胁,就不能构成抢劫罪,而只能构成敲诈勒索罪。三是暴力程度不同。抢劫罪中的暴力表现为对被害人人身和财产安全的双重威胁,强度达到足以抑制被害人反抗、不敢反抗的程度。敲诈勒索罪的暴力主要表现为一种精神上的强制,且不足以抑制他人反抗。需要注意的是,不能把抑制反抗的标准定得过严,否则可能放纵罪犯,导致重罪轻判。司法实践中,如何认定"足以抑制被害人反抗",是区别抢劫与敲诈勒索的难点所在。通常认为,一般应从暴力、胁迫的形态、手段、时间、场所等因素,结合被害人的年龄、性别、体力等实际情况,进行综合判断。同一性质的胁迫对一个人可能"足以抑制反抗",而对另一个人则未必,所以在具体案件中,应以个案中"具体的人"为标准进行认定,而不能以"一般人"为标准,否则不利于实现个案的公正。在行为人当场实施暴力的情况下,如果足以抑制个案被害人的反抗,则应认定为抢劫,否则宜认定为敲诈勒索。四是侵害付诸实施的紧迫性不同。抢劫罪以"当场"实施暴力侵害相威胁,如果被害人不"当场"交出财物,行为人将"当场"付诸实施,强调方法手段行为与目的结果行为的时空同一性,被害人受到侵犯是现实直接的。敲诈勒索罪的威胁不具有紧迫性,行为人往往扬言如不满足要求将把威胁内容变成现实,通常设定某种不利后果转为现实的时间间隔,时空跨度较大,一定程度上为被害人遭受物质或精神上的伤害提供了缓冲的余地。需要强调的是,"当场"的法律意义关键是时空,而且要从抢劫的手段行为和目的行为的承接关系上来理解。行为人胁迫被害人"当场"交付财物,否则"日后"将侵害被害人的,宜认定为敲诈勒索罪。行为人对被害人"当场"实施暴力或以"当场"实施暴力相威胁,其目的不在于对被害人造成人身伤害,而在于使被害人内心产生恐惧心理,利用其担心受到更为严重侵害的心理,使其确定地在将来某个时间交付财物,这样的暴力应是敲诈勒索罪中要挟手段的强化,而非抢劫罪的暴力,应以敲诈勒索罪定罪处罚。实践中,不可因"当场"使用暴力手段一概认定为抢劫。五是被害人的意思自治不同。抢劫的被害人不能充分表达自己的意志,丧失了意思表示的自由,处于极度紧迫的危险状态,除了当场交付财物之外,没有选择的余地,否则其人身当场会遭受侵害。而敲诈勒索的被害人没有完全丧失自由意志,还可以采取权宜之计,尚有选择的余地,但由于精神上感到恐惧,有能力反抗而没有反抗,为了保护自己更大的利益而不得已处分数额较大的财产,意思表示上存在瑕疵。六是取得的非法利益不同。抢劫罪占有的只能是在场的财物,限于动产,且没有具体的数额要求。而敲诈勒索罪占有的既可以是动产,也可以是不动产,甚至可以是财产性利益;既可以是在场财物,也可以是不在当场的财物,且必须数额较大才构成犯罪。

2. 本案中的被告人对指控的犯罪事实没有异议,公诉人和辩护人对罪名的认定持有异议,这是人民法院审理案件常见的情况。本案犯罪行为人采取的犯罪手段都是胁迫。这种胁迫既可能出现在抢劫犯罪中,又可能出现在敲诈勒索犯罪中,还可以出现在强奸犯罪之中。虽然刑法采用了相同的规范用语,但是实际含义是不同的。一般认为强奸罪中胁迫的含义较宽泛,而敲诈勒索罪、抢劫罪中的胁迫含义较窄。有相互包含的含义,如果把抢劫中的胁迫解释为敲诈勒索中的胁迫,就会扩大抢劫犯罪的范围;如果将敲诈勒索中的胁迫解释为抢劫的胁迫,就会放纵罪犯。同时,刑法没有将当场取得财物的敲诈勒索排斥在外,采取胁迫手段当场获取财物的犯罪,抢劫罪和敲诈勒索罪区分界限就会变得模糊不清。一是在胁迫的程度上。本案的被告人采取胁迫手段,在抢劫另外的被害人后,带着被害人去挟持其他被害人到其他地方,当场迫使被害人交出财物,其胁迫是抢劫的胁迫,应当认定为抢劫罪。二是尽管被害人的财物有盗窃所得的嫌疑,而被告人也有用此恐吓的行为,但抢劫罪并不限制被害人的财物是合法的财物,即使被告人看到被害人抢劫其他人的财物,以此对被害人胁迫,让被害人交出财物,仍然构成抢劫。三是被告人的主观故意不能以被告人的辩解来认定,而应以其行为表现出来的意思确定。被告人斗殴的故意,一旦致人重伤,就应当认定为故意伤害,其主观故意只能是伤害而非斗殴。被告人可能有敲诈的故意,但其行为表现出来的是抢劫,就应当认定其具有抢劫的故意。

285. 如何区分抢劫罪与绑架罪

行为人采用暴力的方法当场劫取了被害人的财物,符合抢劫罪的犯罪特征。但行为人的后续行为,即逼迫被害人打电话告知其家人自己已被人控制,要其打30万元到某银行卡上,属于索要赎金的性质。从这一行为上看,行为人已经不是直接针对被害人了,而是针对第三人,向被绑架人的亲属勒索财物,犯罪性质发生了改变,已经构成绑架罪。因此,对行为人应以相对较重的绑架罪定罪处罚。

司法实例

凌某云等被控抢劫案

被害人荣某富系在南方某县城经营某知名品牌弱碱性小分子饮水机的经销商,其生意十分红火。被告人凌某云、田某阙、耿某民系挚友,关系密切。三人早就对荣某富的财富垂涎三尺,多次密谋“找荣老板搞点钱”。2016年3月2日上午,被告人凌某云、田某阙、耿某民乘坐事先由被告人凌某云租用的汽车,来到被害人荣某富租住的某县城某小区的住所旁。被告人耿某民以买饮水机为名,打电话将被害人荣某富从其住房内骗出。被害人荣某富出来后,三被告人立即将其拖至车内,用衣服蒙住其头部,并将其押至邻县一宾馆616房间。在去邻县的路上和在某宾馆616房间内,三被告人通过殴打和搜身的方式,抢走被害人荣某富的金项链(价值6730元)、金手链(价值8870元)、金戒指(价值4200元)、华为手机(价值540元)和现金2400元等财物,搜走荣某富身上的四张银行卡,逼迫被害人荣某富说出银行卡密码,取走其中二张银行卡内现金23,000元。同时,三被告人还逼迫被害人荣某富给妻子打电话告知自己已被人控制,要其打30万元到某某银行卡上。但被害人荣某富之妻筹集不到30万元款,故没有打款。勒索不成后,三被告人用700元租车将被害人荣某富押回某县城后释放。当晚,三被告人将剩余赃款赃物分掉。

某县人民检察院以涉嫌抢劫罪对三被告人提起公诉。

某县人民法院在本案审理中产生两种不同的意见:一种意见认为,被告人凌某云、田某阙、耿某民以买饮水机为名将被害人荣某富从其居住小区骗出，并将其押至邻县某宾馆616房间。其间，采用暴力的方法当场劫取了被害人荣某富的金项链（价值6730元）、金手链（价值8870元）、金戒指（价值4200元）、华为手机（价值540元）和现金2400元等财物；搜走荣某富身上的四张银行卡，逼迫被害人荣某富讲出银行卡密码，取走其中二张银行卡内现金23,000元；同时强行索要钱财；其行为构成抢劫罪。另一种意见认为，被告人凌某云、田某阙、耿某民以买饮水机为名，将被害人荣某富从其住房内骗出并将其押至邻县某宾馆616房间。其间，不仅通过殴打和搜身的方式抢走被害人荣某富的金项链、金手链、金戒指、手机和现金等财物，搜走荣某富身上的四张银行卡，逼迫被害人荣某富说出银行卡密码，取走其中二张银行卡内现金23,000元，而且逼迫被害人荣某富给其妻子打电话勒索现金30万元。其行为构成了绑架罪。

一审法院判决对三被告人均以绑架罪定罪处罚。被告人凌某云、田某阙提起上诉。

某市中级人民法院经二审审理，终审裁定驳回上诉，维持原判。

本案的争议焦点是对于被告人凌某云、田某阙、耿某民抢劫被害人荣某富钱财的行为如何定性。正确认定本案的性质，关键要注意区分抢劫罪与绑架罪的界限。

1. 关于抢劫罪与绑架罪的定义。抢劫罪，是以非法占有为目的，对财物的所有人、保管人当场使用暴力、胁迫或其他方法，强行将公私财物抢走的行为。本罪具有如下构成特征：（1）本罪客观方面表现为行为人以暴力、胁迫或者其他方法，当场强行劫取他人财物的行为。（2）本罪主观方面表现为只能由直接故意构成，故意的内容必须以非法占有公私财物为目的。（3）本罪侵犯的客体是复杂客体，即主要侵犯公私财产所有权，同时侵犯被害人的人身权利。绑架罪，是指以勒索财物或劫持人质为目的，使用暴力、胁迫或者其他方法绑架他人的行为。本罪具有如下构成特征：（1）客观方面表现为使用暴力、胁迫或者其他的方法，绑架他人的行为。（2）主观方面表现为由直接故意构成，并且具有勒索财物或者扣押人质的目的。（3）本罪侵犯的客体是公民的人身权利和财产权利。

2. 关于抢劫罪与绑架罪的区别。司法实践中，对于抢劫罪与绑架罪主要应从五个方面进行区别：（1）犯罪的方式不同。前者当场对被害人使用暴力、胁迫或者其他方法将财物劫走；后者则以暴力、胁迫或者其他方法劫持他人，再以伤害或者杀死人质相威胁向被绑架人的亲属勒索财物或者向有关方面提出非法要求。（2）主观方面不尽相同。抢劫罪中，行为人一般出于非法占有他人财物故意实施抢劫行为；绑架罪中，行为人既可能为勒索他人财物而实施绑架行为，也可能出于其他非经济目的（有的还基于政治目的）实施绑架行为。（3）行为手段不尽相同。抢劫罪表现为行为人劫取财物一般在同一时间、同一地点，具有“当场性”；绑架罪中表现为行为人以杀害、伤害等方式向被绑架人的亲属或其他人或单位发出威胁，索取赎金或提出其他非法要求，劫取财物一般不具有“当场性”。（4）索取财物的数额不同。绑架罪一般按照被告人的要求将一定数额的财物送到一定地点，被告人可以漫天要价，具有随意性；抢劫罪则一般是限于被害人随身携带的财物。（5）实现犯罪目的的方式不同。前者是直接从被害人身上劫取财物，不与第三人发生关系；后者则通过把被绑架人作为人质胁迫被绑架人的亲属或其他利害关系人出钱赎人，犯罪目的必须通过被绑架人以外的第三人实现。

具体到本案，三被告人采用暴力的方法，当场劫取了被害人荣某富的金项链、金手链、金戒指、手机和现金等财物，搜走荣某富身上的银行卡，逼迫被害人荣某富说出银行卡密码，取走其中二张银行卡内现金23,000元，符合抢劫罪的犯罪特征。但最关键的一点是三被告人的后续行为。三被告人还逼迫被害人荣某富打电话告知妻子自己已被人控制，要其打30万元到某某银行卡上。从这一行为上看，三被告人已经不是直接针对被害人了，而是针对第三人，向被绑架人的亲属勒索财物，性质已经发生了完全改变，故应当构成绑架罪。按照《审理抢劫、抢夺案件意见》规定，绑架过程中又当场劫取被害人随身携带财物，同时触犯绑架罪和抢劫罪两罪名的，应择一重罪定罪处罚，因此，本案应以相对较重的绑架罪定罪处罚。

综上，一、二审法院裁判同意上述第二种意见，认定被告人凌某云、田某阙、耿某民构成绑架罪，并予以相应刑罚处罚是正确的。

286. 因讨债错误劫取财物拒不归还是否构成犯罪

行为人纠集多人采取语言威胁等方法强行将他人的财物劫走，直接侵犯了他人的财物所有权。虽然在劫取他人的财物时行为人没有“非法占有”的意图，但其在明确得知财物非目标被害人所有的情况下产生了非法占有的故意，置他人财物遭受损失的结果于不顾，已经具备了抢劫罪的主观要件。从主客观相一致的原则出发，行为人的行为应当构成抢劫罪。

司法实例

冷某财抢劫案

冷某财、陨某格二人素有业务来往，2002 年某日，冷某财因陨某格长期拖欠其货款不还，遂纠集多人到陨某格经营的商店强行讨债。商店营业员告知冷某财该商店已经被陨某格转让给他人，店内货物并非陨某格所有。冷某财认为营业员是在故意欺骗自己，遂指挥随从人员将营业员拉开，强行将店内的价值两万余元的货物（与陨某格所欠货款大抵相等）搬走。事后，该商店的经营者董某恩找到冷某财，要求其归还被抢走的货物，而冷某财虽明知所抢的货物所有权人是董某恩而非陨某格，但拒绝归还，声称只有陨某格还债后，才能将货物返还董某恩。

对冷某财的行为定性存在如下三种意见：第一种意见认为，冷某财构成抢劫罪。冷某财纠集多人采取语言威胁等方法强行将他人的财物劫走，直接侵犯了他人的财物所有权。虽然行为人在劫取他人的财物时没有非法占有的意图，但其在明确得知财物为董某恩所有的情况下开始产生非法占有的故意，置他人财物遭受损失的结果于不顾，已经具备了抢劫罪的主观要件。从主客观相一致的原则出发，冷某财的行为应构成抢劫罪。第二种意见认为，冷某财的行为不构成犯罪。冷某财虽然在客观上采取了类似抢劫的手段使董某恩的合法财物受到侵害，但在实施“劫取”财物时，冷某财并没有非法占有他人财物的故意，之所以“劫取”他人财物，是出于对对象的认识错误，在罪过形式上充其量只是过失。由于我国刑法没有规定过失抢劫罪，故按照罪刑法定原则，冷某财的行为不应作为抢劫罪处理。至于在知道真相的情况下，仍拒不归还财物的行为，属于民法上的不当得利，应通过民事诉讼途径解决。第三种意见认为，冷某财的行为构成侵占罪。冷某财在基于认识错误而过失“劫取”他人财物后，已经与财物所有权人之间形成了一种“代为保管”的关系，这种关系虽非基于委托，但已形成了事实上的管理。在这种情况下，冷某财产生非法占有的故意，拒不交还他人财物，直接侵犯了他人的财产所有权，符合侵占罪的构成要件。

检察机关以被告人冷某财涉嫌抢劫罪提起公诉，一审被告人、辩护人辩护、辩解不构成犯罪。一审法院经开庭审理，对被告人冷某财判决以抢劫罪定罪处罚。一审宣判后，被告人不服，以一审的辩护辩解理由提起上诉。二审法院裁定维持一审判决。

从本案一、二审裁判结果看，法院采纳的是第一种意见。该案以抢劫罪定性，但理由与第一种意见不完全相同。

1. 关于第一种意见。冷某财出于讨债的目的，纠集多人去他人经营的门店以追讨货款为名，强行劫走他人门店内的财物。在此过程中,门店的营业员已经明确告知冷某财等人,该门店经营者已经易主,店内财物不属于其讨债对象陨某格所有。冷某财被告知真相后,有责任和义务了解清楚情况,但是其因讨回自己货款的心情过于强烈,对自己的行为有可能造成他人财物遭受损失的危害结果采取放任、听之任之的态度。必须承认,冷某财等人实施行为时,讨债的心理也就是不具有非法占有目的的心理占据了绝对优势,以至于对自己非法占有他人财物的可能性被忽视了,结果对自己所具有的非法占有他人财物的目的存在模糊认识。因此,在存在认识错误的情形下,当冷某财事后确切地知道自己非法占有了董某恩的财物时,若能及时归还所劫走的财物,对其行为可以不作为犯罪处理。理由是冷某财存在认识上的错误并在发现错误之后及时归还财物,足以证明其不具有非法占有的目的。然而冷某财在明知当初的行为性质是劫走非债务人董某恩的财物之后,冷某财当初主观上的模糊认识——非法占有的目的——变得清晰可见,其仍未及时采取补救措施退还财物,而是设定先决条件拒不归还,据此冷某财的行为应以抢劫罪定性,这也是完全符合主客观相统一的原则的。值得注意的是,在存在认识错误的情形下,抢劫罪成立既遂,齐备主客观要件的时间点稍有滞后,但是定性仍然符合主客观相统一原则。

2. 关于第二种意见。冷某财实施"劫取"他人财物时,不具有非法占有的目的,从而不成立抢劫罪。这种完全排除其主观上具有非法占有目的的观点并不符合实际情况,因为冷某财在劫取财物时营业员已明确告知财物不是其债务人的。一般来看,这种明确告知的情况是完全可能发生的。但冷某财急于追回陨某格所欠的货款而放任不管,对自己非法占有他人财物的可能性听之任之,从而对自己的行为具有非法占有目的存在模糊认识。这种模糊认识与主观上不具有非法占有目的的情形是完全不同的。事实上冷某财在行为时,主观上并没有完全排除非法占有目的的可能性。故第二种意见不符合事实,这种行为具有严重的社会危害性,不作为犯罪处理显然不当。

3. 关于第三种意见。将"劫取"的财物认为是"代为保管"的财物,不符合客观事实,过于牵强附会。认定成立侵占罪只评价了劫取财物之后的行为,对社会危害性更大的基于认识错误劫取他人财物的行为却没有纳入评价的范围,其结论是片面的。故尽管该意见在实务部门中占主流地位,也是不妥当的。

因此,第一种定性意见是妥当的,但是其理由需要进行修正,以更加符合实际和更有说服力。

287. 作案后专为逃跑所劫车辆应否计入犯罪数额

行为人抢劫作案后为尽快逃离现场,将被害人的机动车辆开至远离市区的野外一偏僻处丢弃,使被害人丧失了对其车辆的实际控制权,属于抢劫犯罪的后续行为,行为人开走被害人车辆仍属于抢劫行为,《审理抢劫、抢夺案件意见》第 6 条第 2 款规定:"为抢劫其他财物,劫取机动车辆当作犯罪工具或者逃跑工具使用的,被劫取机动车辆的价值计入抢劫数额……"故该车辆鉴定数额应当计入行为人抢劫犯罪的数额之中。

司法实例

梁某顺等抢劫案

2017 年 8 月 4 日,梁某顺纠集温某科、赵某平驾驶梁某顺的长城轿车预谋实施抢劫。当日 22 时许,三被告人尾随被害人曹某庆驾驶的宝马轿车至曹某庆的住宅楼下,被告人温某科、赵某平分别持刀上前对在车内打电话的被害人曹某庆进行威胁并抢劫,因被害人试图逃跑,被告人温某科持刀朝曹某庆躯干右后背处捅刺一刀,曹某庆随即倒地,致轻伤。后被告人温某科、赵某平将曹某庆用胶带捆绑后,抢到曹某庆手机两部。后被告人温某科驾驶曹某庆的宝马轿车逃离现场，梁某顺驾驶其比亚迪轿车尾随其后离开现场。至某电器公司附近时，被告人温某科、赵某平将被害人放下。后温某科将被害人的车开至野外一偏僻地段并将车弃置该处。经鉴定：宝马轿车价值221,300元。三被告人被抓获后，均辩称"只想抢钱，没想抢车，之所以开车是因为当时在被害人楼下，如果将被害人在案发现场释放，其有可能报警，为了安全逃跑，才将车和人一块带走"。

某市人民检察院对被告人梁某顺、温某科、赵某平以涉嫌抢劫罪提起公诉。

某市人民法院在本案审理中，对被告人梁某顺、温某科、赵某平的行为构成抢劫罪各方均无异议，但对三被告人将被害人的车辆开离案发现场后丢弃，车辆的价值是否应计入抢劫数额分歧较大，主要存在两种不同意见。一种意见认为，三被告人将被害人的车辆开离案发现场后丢弃，涉案车辆的价值不应计入抢劫的数额。理由是抢劫罪以非法占有为目的，要求行为人必须具有抢劫的故意即行为人明知自己的抢劫行为会发生侵犯他人人身与财产的危害后果，并且希望或者放任这种结果的发生。就本案而言，三被告人当时之所以将车开走是为了尽快逃离案发现场，没有非法占有车辆的主观故意，后来将车辆丢弃也证明了这一点，如果将车辆价值计入抢劫数额，与刑法的主客观相一致原则相违背。量刑上也相差甚远，抢劫罪第一量刑档次是3年以上10年以下有期徒刑，并处罚金，而如果数额巨大则处10年以上有期徒刑、无期徒刑或者死刑，并处罚金或者没收财产。显然是否将车辆价值计入抢劫数额直接关系各被告人的刑期。另一种意见认为，三被告人将被害人的车辆开离案发现场后丢弃，涉案的车辆的价值应计入抢劫的数额。理由是三被告人将被害人的宝马轿车开离案发现场，使车辆脱离了被害人实际控制，该车辆处于不安全状态，事实上被告人已经实际占有了他人的财物，同时被害人也丧失了对其车辆的占有、使用、处分等权利，因此应当认定三被告人对车辆具有非法占有的故意。同时认为，三被告人之所以不承认具有抢劫车辆的故意，是为了逃避法律更严厉的制裁。人的主观具有随意性，一个人的真实想法只有本人知道，在处理此类案件时，应结合客观行为，三人将车辆丢弃正是对赃物的处分。

一审法院对本案经开庭审理，合议庭认真分析研究，最后将被害人的车辆鉴定数额计算入被告人的抢劫数额，按照抢劫罪定罪量刑。

一审宣判后，三被告人及其辩护人均不服一审判决，均以被害人的车辆数额不应计入抢劫数额，量刑重为由提起上诉。

某市中级人民法院经二审审理，认定事实与一审一致。二审法院认为，上诉人抢劫作案后为逃离现场将被害人的宝马轿车开至远离市区的野外一偏僻处丢弃，属于抢劫行为的后续行为，上诉人开走被害人车辆仍属于抢劫行为，故该车辆数额应当计入上诉人抢劫犯罪的数额之中。一审判决认定事实清楚，证据确实、充分，定罪准确，量刑适当，审判程序合法。遂依照《刑事诉讼法》的相关条款及有关司法解释规定，裁定驳回上诉，维持原判。

从本案一、二审法院裁判结果来看，对于涉案车辆是否应计入抢劫数额，两级法院均同意第二种意见，将涉案车辆计入抢劫数额。主要理由为：

《审理抢劫、抢夺案件意见》第6条第2款规定："为抢劫其他财物，劫取机动车辆当作犯罪工具或者逃跑工具使用的，被劫取机动车辆的价值计入抢劫数额……"本案中有分歧的两种不同意见都引用了该条规定，但却有不同的解释。认为涉案车辆不应计入抢劫数额的将该意见理解为"这是针对为抢劫做准备而事前抢劫机动车的行为，不包括事后为逃跑而劫取机动车辆的行为，而本案三被告人将车开走是在实施抢劫完成之后，不是事前已经抢劫的车辆，也就是说劫取车辆的时间与抢劫其他财物的时间是有先后的"。而支持涉案车辆应计入抢劫数额的则认为该意见

“未限定劫取车辆的时间应当在作案前或是作案后，三被告人在实施抢劫之后，为了安全逃跑，劫取被害人的车辆作为工具后将车辆扔下，符合该规定，应计入抢劫数额”。司法实践中一般认为，《审理抢劫、抢夺案件意见》第6条第2款的规定包含两层意思：第一层意思是，“为抢劫其他财物，劫取机动车辆当作犯罪工具使用，被劫取的机动车价值计入抢劫数额”。该层意思中劫取机动车应该在作案前。因为车辆是作为作案工具使用，目的是抢劫其他财物。第二层意思是，“为抢劫其他财物，劫取机动车辆当逃跑工具使用，被劫取的机动车价值计入抢劫数额”。该层意思中劫取机动车辆可以在作案前也可以在作案后，既可以事先抢好车辆在实施完抢劫财物之后逃跑，也可以在抢劫完财物之后劫取机动车当做逃跑工具。具体到本案，三被告人因害怕将被害人在楼下释放，被害人及时报警求助致使他们被抓，而将被害人及车辆一块劫走，目的就是抢劫完财物之后将车辆作为逃跑工具使用。另外，抢劫罪是以非法占有为目的，当场使用暴力或者以暴力相威胁，劫取他人财物的行为，据此有观点认为，非法占有不仅包括非法据为己有还包括客观上剥夺或排除他人占有，只要被告人没有返还情形，即可判定行为人主观上具有非法占有的目的。本案涉案车辆虽然被被害人领回，但事实上三被告人的行为已经导致车辆所有人失去对车辆的实际控制权，据此认定三被告人将被害人车辆开走的行为构成抢劫罪。因此，该车辆应计入抢劫的数额，应该说最高人民法院的规定并未明确规定劫取机动车应当具有“非法占有”机动车的目的，只是针对劫取机动车辆的价值应计入抢劫数额进行了规定，因此该案不应过多地强调行为人主观上是否具有非法占有的目的，而应重点考察客观上所实施的行为。如果按照不计入抢劫数额的意见推演，假如被告人在抢劫作案后，又为逃跑将被害人的车辆劫走，到异地抛弃，该车辆丢失，被害人无法找回。在这种情况下，犯罪分子没有得到与抢劫车辆数额对应的刑罚处罚，被害人被劫走的车辆也无法找回，岂不出现了无人担责的荒唐局面，这不符合抢劫罪刑事立法的初衷。故将涉案车辆价值计入抢劫数额，是对被告人的犯罪行为进行的评价，失去该评价就可能轻纵抢劫犯罪，无法充分实现刑法所保护的法益。

综上，应当将涉案车辆价值计入抢劫数额。

288. 如何理解把握多次抢劫的认定及其犯罪形态

抢劫罪属于严重暴力犯罪。多次抢劫犯罪形态的认定，应当体现从严惩处的精神，只要被告人实施抢劫3次以上，且每次行为均构成犯罪即可构成多次。多次抢劫是我国刑法规定的加重情节之一，出于严厉打击抢劫犯罪的立法目的，只有所有抢劫行为均属未遂，才能以抢劫（未遂）论处。

司法实例

臧某山等抢劫案

2016年5月10日、21日，被告人臧某山、明某成经共谋，先后骑摩托车在某市北环路、胜利公园实施戴头套蒙面抢劫，抢得手镯、项链、手机等物品，共计价值4153元。2016年6月7日，当二人在某市东环路再次抢劫时，遭遇被害人激烈反抗，被恰逢外出办案回市路过此地的某公安分局刑警大队民警当场抓获。

某市某区人民检察院以被告人臧某山、明某成涉嫌犯抢劫罪提起公诉。

被告人臧某山、明某成及其辩护人对于检察机关指控的事实及罪名均无异议，但均辩护称，臧某山、明某成被抓获当天的抢劫行为未抢得任何财物，也未给被害人造成轻伤以上的后果，因此，应当以犯罪未遂定罪并减轻处罚。

某市某区人民法院经审理认为，被告人臧某山、明某成以非法占有为目的，相互配合，采用蒙面、暴力手段强行劫取他人财物，其行为均已构成抢劫罪，依法应予惩处。二被告人实施抢劫3次，属多次抢劫。虽二被告人被抓获当天的一起抢劫行为可以单独评价为犯罪未遂，但多次抢劫本身即为量刑情节，其仅有构成与否的问题，而无既未遂之分。在对多次抢劫量刑时，只有每次抢劫行为均属未遂，才能以抢劫未遂定罪处罚。本案被告人臧某山、明某成参与实施的3次抢劫行为中，2次既遂，仅有1次未遂，不应认定为抢劫未遂。故此，对二被告人及其辩护人提出的辩解、辩护意见均不予采纳。遂判决认定被告人臧某山、明某成犯抢劫罪，分别判处有期徒刑12年、11年，并处罚金8000元、6000元，剥夺政治权利3年。

一审宣判后，被告人臧某山、明某成均不服，以量刑重为由提起上诉。

某市中级人民法院二审审理与一审审理认定的事实一致。二审法院认为，上诉人臧某山、明某成相互勾结，共同作案，多次蒙面拦路抢劫，社会危害性严重，社会影响极坏，曾在当地民众中引起一定程度的恐慌。虽被当场抓获的一起抢劫属于抢劫未遂，但并不影响对其多次抢劫的认定。对上诉人应当依照《刑法》第263条第4项"多次抢劫"，在"十年以上有期徒刑、无期徒刑或者死刑，并处罚金或者没收财产"的幅度内量刑。二上诉人不具有法定从轻、减轻处罚情节。一审判决认定上诉人多次抢劫的犯罪事实清楚，证据确实、充分，对二上诉人的犯罪行为定罪准确，根据二上诉人在犯罪中的地位作用、认罪悔罪等具体情节所科处的刑罚量刑适当，审判程序合法。遂依照《刑事诉讼法》及其司法解释相关条款的规定，终审裁定驳回上诉，维持原判。

在本案审判过程中，对于被告人构成抢劫罪均无异议，但对于二被告人的行为能否以犯罪未遂定罪处罚，存在明显不同意见。一种意见认为，二被告人被抓获当日的一起抢劫行为并未抢得财物，且未给被害人造成轻伤以上的后果，故应当依法认定为犯罪未遂，否则便无法体现这一未遂事实。另一种意见认为，虽然二被告人被抓获当日的一起犯罪行为系未遂，但是二人所犯属同种数罪，且属我国《刑法》规定的加重处罚情节，不应以抢劫未遂定罪处罚。

从本案一、二审法院的裁判结果来看，两级法院均同意后一种意见，可见，后一种意见更符合立法精神与相关刑法理论及司法实践惯例。主要理由为：

1. 司法实践中仅有部分抢劫行为未遂不宜对全案以未遂处罚。虽然立法及司法解释并未对多次抢劫作形态上的区分，但司法实践中部分行为既遂、部分行为未遂的案件并不鲜见，甚至占有相当比例。然而，对于这种情形需不需要认定为犯罪未遂，并以此从轻或者减轻处罚，则鲜有深入探讨。在实践中，司法人员也认识不一，这在一定程度上造成了司法标准的混乱，不同程度地影响了法律的权威，不利于部分罪犯息诉服判。故此从从严惩处的立法精神与犯罪情节没有既未遂的刑法原理以及基本逻辑关系出发，仅有部分抢劫行为未遂的，不能以抢劫未遂定罪处罚，即不能据此从轻或者减轻处罚。① 多次抢劫应当加重处罚，是刑法对于多次抢劫的整体评价，

① 一是从文义解释层面考量，未遂不计入犯罪次数不利于打击犯罪。多次抢劫的基本含义核心在于犯罪次数，这是多次最基础的含义。立法者对此并未提出除犯罪次数以外的其他要求，司法解释则更直接体现了这一点，多次的认定与犯罪形态无关。否则，过于苛求必须是每次均为既遂，3次以上才为多次，显然对于严厉打击惩治犯罪不利。二是从从严惩处层面考量，仅有部分抢劫未遂的也不宜以犯罪未遂论处。抢劫犯罪是一种常见的暴力型犯罪，严重危害、威胁着人民群众的生命财产安全，是世界各国均严厉打击的严重暴力犯罪。我国立法未对多次抢劫做出既遂的要求，体现的就是从严惩处的精神。多次抢劫，一方面体现了行为人较大的主观恶性，另一方面也反映出行为人更严重的社会危害性（即使是多次均属未遂，多次实施抢劫对于社会秩序的冲击以及被害人身心的损害也很严重）。实施抢劫的次数便是加重处罚的充分依据，即使是抢劫未遂，但只要多次行为均构成抢劫罪，就应当加重处罚。因此，部分抢劫行为未遂以犯罪未遂定罪处罚便违背了从严惩处的立法精神。三是部分抢劫行为未遂以犯罪未遂定罪处罚极易出现以偏概全的弊端。

并非对每次抢劫行为进行单独刑法评价后的整合。然而,若部分抢劫未遂以犯罪未遂定罪处罚,犯罪未遂的评价就涵盖了既遂部分,存在以偏概全的弊端。

2. “多次抢劫”仅为对抢劫犯罪次数上的要求。多次抢劫与入户抢劫、在公共交通工具上抢劫、持枪抢劫等,均属我国现行《刑法》中的加重处罚情节,具备这些情节的,即应当在基础刑以上决定刑罚。

“多次抢劫”作为抢劫罪的加重犯,并非严格意义上的情节加重犯,而是实质上的同种数罪。如果刑法没有规定“多次抢劫”作为加重处罚情节,那么不管是对多次抢劫行为进行数罪并罚,还是对其逐一定罪量刑并分别执行,其实际执行的刑罚都不及将“多次抢劫”规定为加重处罚来得严厉。在不具备其他加重处罚条件的场合,根据《刑法》第 69 条的规定,对于多次抢劫若实行数罪并罚,处断刑最高也只能判处 20 年有期徒刑。而在《刑法》第 263 条规定的加重处罚情况下,“多次抢劫”最低处断刑期为 10 年以上有期徒刑,最高刑期为死刑。由此,刑法对“多次抢劫”进行严厉处罚的程度可见一斑。然而,从我国刑法体例来看,同种数罪并非法定加重处罚事由,并不是所有多次实施某种犯罪行为都应加重处罚,而是只有在法律的特别规定下,才可对某些多次犯罪行为加重处罚,且这种例外规定也不多见。据不完全统计,目前我国《刑法》第 292 条、第 318 条、第 321 条、第 328 条和第 358 条等条款有此规定。《刑法》第 263 条第 4 项规定:多次抢劫或抢劫数额巨大的,处 10 年以上有期徒刑、无期徒刑或者死刑。关于多次抢劫的认定,《审理抢劫、抢夺案件意见》指出,多次抢劫是指抢劫 3 次以上,多次的认定,应以行为人实施的每一次抢劫行为均已构成犯罪为前提。依照上述司法解释的规定,多次抢劫仅需每次抢劫行为均构成犯罪即可,而无须犯罪达到既遂形态,也即犯罪形态不影响多次抢劫的认定,即使多次抢劫均属未遂,依然是法定的加重处罚情节。当然,司法实践中,对于多次抢劫未遂与多次抢劫既遂,或者多次抢劫中未遂的起数多于既遂的起数与多次抢劫中既遂的起数多于未遂的起数,在量刑上应当适当有所区别,以体现罪刑相适应的刑法基本原则,尽量防止量刑失衡。

司法实践中需要注意的是,《审理抢劫、抢夺案件意见》第 3 条,《刑法》第 263 条第 4 项中的“多次抢劫”是指抢劫 3 次以上。对于“多次”的认定,应以行为人实施的每一次抢劫行为均已构成犯罪为前提,综合考虑犯罪故意的产生,犯罪行为实施的时间、地点等因素,客观分析、认定。对于行为人基于一个犯意实施犯罪的,如在同一地点同时对在场的多人实施抢劫的;或基于同一犯意在同一地点实施连续抢劫犯罪的,如在同一地点连续对途经此地的多人进行抢劫的;或在一次犯罪中对一栋居民楼房中的几户居民连续实施入户抢劫的,一般应认定为一次犯罪。从该规定可知,“多次抢劫”中的“次”应符合价值判断和事实判断:价值判断即要求行为人的每一次抢劫行为均应达到犯罪程度;事实判断即要求行为人系基于一个犯意或者基于同一犯意在同一地点实施连续抢劫。

3. 司法实践中如何理解《审理抢劫、抢夺案件意见》第 10 条的规定。《审理抢劫、抢夺案件意见》第 10 条关于“抢劫罪的既遂、未遂的认定”规定,抢劫罪侵犯的是复杂客体,既侵犯财产权利又侵犯人身权利,具备劫取财物或者造成他人轻伤以上后果两者之一的,均属抢劫既遂;既未劫取财物,又未造成他人人身伤害后果的,属抢劫未遂。据此,《刑法》第 263 条规定的 8 种处罚情节中除“抢劫致人重伤、死亡的”这一结果加重情节之外,其余 7 种处罚情节同样存在既遂、未遂问题,其中属抢劫未遂的,应当根据《刑法》关于加重情节的法定刑规定,结合未遂犯的处理原则量刑。依照上述解释,似乎是认定入户抢劫、多次抢劫等情节均存在既遂与未遂之分,即可以就入户、多次、持枪等情节本身来区分犯罪形态。(1)“抢劫致人重伤、死亡的”属于结果加重犯,而一旦具有该结果无疑犯罪既遂。① (2)在法定的加重情节中,多次抢劫又有其特殊性,因为多次行为中,有可能存在类似本案的部分既遂部分未遂的情形。(3)就未遂的立法目的而言,其主要是考虑部分未遂犯确实在客观危害性方面较既遂犯轻,不从轻或者减轻处罚,难以实现罪刑均衡。多次抢劫,部分既遂部分未遂的情形,从从严惩处角度来看,即使不认定为未遂,也不会违背罪刑均衡原则,反而有利于体现立法精神。上述解释认为多次抢劫存在未遂的情形,那么依从严精神,只有多次均属未遂的才能以未遂论处,并且需要从严把握减轻处罚。具体到本案,二被告人3次实施抢劫犯罪,属多次抢劫。在仅有一次抢劫行为未遂的情形下,不应当以抢劫未遂定罪处罚。

289. 驾驶车辆夺取他人财物应定何罪

行为人驾驶车辆,瞬间加快车速,逼挤、撞击或强行别倒他人,排除反抗并乘机夺取财物的,其行为具有直接的人身暴力指向性,属于以暴力、胁迫或其他方法抢劫公私财物,不宜再以是否造成被害人轻伤以上后果区别认定抢夺罪、抢劫罪,而应根据《刑法》第263条的规定,直接以抢劫罪定罪处罚。

司法实例

苏某喜抢劫案

2016年9月20日1时左右,被告人苏某喜驾驶遮盖号牌的奇瑞轿车至某市万达大酒店附近路段,逼停驾驶电动自行车路过该处的被害人崔某栋,劫取苹果手机一部。经鉴定,该手机价值3680元。9月21日2时左右,苏某喜驾驶遮盖号牌的奇瑞轿车至大学路与东方路交叉口附近,别倒驾驶电动自行车的被害人周某志,劫取苹果手机一部、520元及身份证等财物。经鉴定,该手机价值2860元。9月21日20时许,苏某喜驾驶遮盖号牌的奇瑞轿车至本市某高校东门附近路段,将驾驶电动自行车的被害人葛某宾别倒,因见其摔伤在地不能动弹,遂逃离现场。经法医鉴定,被害人葛某宾构成轻伤。9月22日1时许,苏某喜驾驶遮盖号牌的奇瑞轿车至南环路与人民南路交叉口附近路段,将驾驶电动自行车的被害人尤某芝别倒,劫取尤某芝牛皮挎包一只,内有330元及身份证等财物。10月15日,苏某喜因本案被逮捕。案发后,赃物苹果手机及赃款850元均已退赔,其余赃物由公安机关追缴并发还被害人。

某市某区人民检察院以被告人苏某喜涉嫌抢劫罪、抢夺罪提起公诉。

被告人苏某喜辩称:对起诉书指控的构成抢夺罪没有异议,但对指控构成抢劫罪有异议,认为仅是一起交通事故。

某市某区人民法院审理认为:被告人苏某喜以非法占有为目的,多次驾驶遮盖号牌的机动车辆,撞击或强行别倒他人以排除其反抗,乘机夺取财物,其中在第三起犯罪行为中造成被害人葛某宾轻伤,其行为已构成抢劫罪。对苏某喜提出的与葛某宾之间系交通事故、不构成犯罪的辩解,经查,苏某喜在侦查阶段有多次稳定供述,称为抢包而撞击被害人并将被害人别倒,现

① 因为这种情形,法定的加重情节契合了抢劫罪的犯罪形态认定标准,即人身伤害程度,一旦吻合便既遂,二者合而为一。然而,入户、多次、抢劫、冒充军警人员等则属于情节加重犯,这些独立的法定量刑情节,本身是独立于犯罪未遂的,且这些加重情节并非评判抢劫既未遂的标准,也不能得出形态结论。这些量刑情节,只存在构成与否的问题。故此认为,将不同性质的量刑情节掺杂在一起处理,有可能出现违背正常逻辑,无法得出结论的情况。宜单独、各自进行认定,即以一定标准认定是否具有入户、多次、持枪等情节;犯罪形态则应当坚持以是否取得财产与人身损害程度的标准单独认定。

庭审中翻供,但不能合理说明翻供原因,而其庭前供述与被害人陈述相互印证,故采信其庭前供述。且其造成被害人轻伤,依法已经构成抢劫罪,该辩解不能成立。公诉机关指控被告人苏某喜构成犯罪的事实清楚,证据确实、充分,提请判处的理由成立,本院予以采纳,但指控第二节构成抢夺罪的定性不当。被告人苏某喜针对被害人崔某栋、周某志、葛某宾、尤某芝实施的强抢财物行为,均是通过瞬间加快车速,借助车辆强劲的助动力逼倒或别倒受害人,进而产生抑制被害人反抗的生理、心理效果,其手段行为显然具有人身暴力的指向性,故在客观上构成以暴力、胁迫或其他方法抢劫公私财物的抢劫罪,且该构成并不以造成被害人轻伤以上后果为要件。因此,苏某喜的犯罪行为均应以抢劫罪定罪处罚。被告人苏某喜归案后如实供述自己的罪行,认罪悔罪,依法可以从轻处罚。被告人苏某喜积极退赃、退赔,并取得部分被害人的谅解,可以酌情从轻处罚。遂判决认定被告人苏某喜犯抢劫罪,判处其有期徒刑 10 年,并处罚金 8000 元。

一审宣判后,被告人苏某喜不服,以不构成抢劫,应以抢夺罪定罪处罚、量刑重为由,向某市中级人民法院提出上诉。

某市中级人民法院经二审审理认为,上诉人苏某喜驾驶遮盖号牌的机动车,采取逼停、别倒等方式,多次强行劫取他人财物,且致一人轻伤,其行为已经构成抢劫罪。上诉人的上诉理由不能成立,本院不予采信。一审判决认定事实清楚,证据确实、充分,定罪准确,量刑适当,遂终审裁定驳回上诉,维持原判。

根据《审理抢劫、抢夺案件意见》第 11 条第 1 项的规定,驾驶车辆,逼挤、撞击或强行逼倒他人以排除他人反抗,乘机夺取财物的,应当以抢劫罪定罪处罚。本案对行为人在客观上实施驾驶车辆,逼挤、撞击或强行别倒他人夺取财物的行为并无疑问,难点在于:该行为是否同时还构成排除他人反抗并乘机夺取财物,从而应当以抢劫罪定罪处罚。

1. 关于司法实践中对抢劫、抢夺犯罪如何区分。抢劫罪,是以非法占有为目的,当场使用暴力、胁迫或其他方法,强行劫取公私财物的行为;抢夺罪,是以非法占有为目的,乘人不备,公开夺取数额较大的公私财物的行为。两个行为都是对他人财物的强行夺取,故当然不免施用强暴手段,但关键在于“力”的不同。一是暴力的作用强度不同。抢劫的暴力要达到使被害人不敢反抗、不能反抗的程度,抢夺虽然有一定暴力,但尚未达到足以压制他人使其不能抗拒、不敢抗拒的程度。二是暴力的作用对象不同。抢劫的暴力是行为人故意用来作为强行占有财物的手段的,这种暴力的施加对象是他人的人身,而抢夺的行为人并非故意以暴力侵犯他人人身的方法取财,行为人的暴力主要是施加在财物上,以使财物脱离他人的控制而落入自己手中。三是暴力的作用时间不同。抢劫在构成上存在手段行为与目的行为的先后之分,即先有暴力、胁迫手段,后有取财行为;抢夺则是手段与目的合一,即强力夺取一蹴而就,瞬间同时发生,不存在先行为与后行为的区分。四是能否使用凶器实施暴力不同。抢劫不问是否使用凶器实施暴力,而抢夺中不能使用凶器实施暴力,因为使用凶器实施暴力,其本身就已经对被害人的人身造成了威胁,故《刑法》中有“携带凶器抢夺的,以抢劫罪定罪处罚”的规定。

2. 关于司法实践中对《审理抢劫、抢夺案件意见》第 11 条第 1 项的理解。从文义解释层面来看,此类情形中由抢夺转化为抢劫的构成要件:一是行为人在客观上实施了驾驶车辆,逼挤、撞击或强行逼倒他人的行为;二是排除被害人反抗;三是乘机夺取财物。司法实践中,对行为人是否驾驶车辆,逼挤、撞击或强行逼倒他人以及乘机夺取财物,由于是对客观事实的一般性描述,故争议不大,但对是否排除被害人反抗,由于涉及被害人的主观意志判断,往往争议较大。实践中,一般是以被害人有无伤情作为界定标准,对被害人受轻伤以上伤害的定性为抢劫,对被害人受轻微伤或未受伤的一般定性为抢夺。该办法简单实用,但却似有客观归罪之嫌,且容易造成“骑抢”“飞抢”犯罪所受处罚与其社会危害性失衡的现象。故此对该条款的理解,在文义解释之外,还应结合其立法目的和社会效果以及司法实践经验综合判断。行为人在驾驶车辆逼抢财物时,常常会瞬间加快车速,借助车辆强劲的助动力作用于被害人人身,产生抑制被害人反抗的生理或心理效果。由于被害人在思想上、行动上均未及时有效设防,此种行为往往会造成较为严重的危害后果。同时,如果有案外因素介入,还会间接扩大危害后果,如被害人倒地后,又被后面正常行驶的车辆碾压或撞击而死伤等。由此可见,尽管不排除行为人在行为之初是以强行取财为目的,但其手段行为无疑具有人身暴力的指向性。正是看到驾驶车辆逼夺财物极易造成被害人人身、财产双重受损的严重危害后果,《审理抢劫、抢夺案件意见》将驾驶车辆,逼挤、撞击或强行逼倒他人夺取财物的行为作为抢夺转化抢劫的一种,其目的不仅在于罚当其罪,还在于通过设定严格的刑事责任,遏制、预防此类犯罪行为的发生。如仅以是否造成轻伤以上伤害作为判断排除被害人反抗的标准,容易形成这样一种暗示:只要不造成被害人伤害,则要么定抢夺罪,要么因犯罪数额较小仅构成治安处罚。如此,就会在主观上助长行为人的犯罪气焰,进而在客观上更多地出现这种犯罪行为,增加犯罪预防的成本,不利于维护社会公共安全,而据此作出的裁判,也同样无法让社会信服。实际上,《审理抢劫、抢夺案件意见》第11条第1项如此表述,主要还是基于我国传统上对抢劫、抢夺犯罪的认识。依一般认识,抢夺罪的主要特征在于施加暴力以乘他人不备夺取财物,抢劫罪的主要特征在于施加暴力以排除他人反抗夺取财物。《审理抢劫、抢夺案件意见》第11条第1项表述为“驾驶车辆,逼挤、撞击或强行逼倒他人以排除他人反抗,乘机夺取财物的”,意在说明“驾驶车辆,逼挤、撞击或强行逼倒他人”的实质或目的就在于“排除他人反抗”,并非在构成要件上增加“排除他人反抗”一项。至于“乘机夺取财物”,其性质上属于抢夺罪的构成要件,由于构成抢劫当然符合或触犯抢夺,这就如同故意杀人当然竞合故意伤害,故并不影响对抢劫的认定。由此可见,只要行为人存在驾驶车辆,逼挤、撞击或强行逼倒他人以夺取财物的行为,就足以说明行为人是为了排除被害人反抗,从而构成由抢夺向抢劫的转化,而不问其是否造成被害人伤害或是否实际夺得财物,这也与《刑法》关于抢劫罪的规定相一致。

290. 对强奸中的索财行为应如何定性

行为人采取欺骗手段,违背妇女意志,以暴力胁迫手段,强迫被害人与其发生性关系,被害人情急之下,提出自己出钱,让被告人拿钱去嫖娼,系当时被害人处于孤立无援的境地,面临人身伤害或生命危险的无奈之举,并非其真实意愿。行为人将被害人的钱包和手机拿走,属于以暴力胁迫方法强取被害人财物,其行为构成抢劫罪。据此,行为人分别构成强奸罪(未遂)和抢劫罪,应数罪并罚决定执行相应的刑罚与刑期。

司法实例

纪某康强奸、抢劫案

2017年10月18日,被告人纪某康从某县城回某村自己家的途中,发现一女学生装扮的女孩步行和其同向行走,便上前搭讪。当得知该女生系学校放假,因条件不好没舍得坐班车,想自己步行十余里回家,被告人纪某康便谎称与其邻村而居,可以顺路带被害人刘某兰一程,其间又以抄近路为由欺骗被害人,驾驶二轮摩托车将刘某兰带至荒郊野外无人的田地间,要求与其发生性关系。被刘某兰强词拒绝后,纪某康拿出随身携带的水果刀，以如果不从，就将其杀害或将脸部毁容相威胁。被害人刘某兰情急之下，提出自己出钱，让被告人拿钱去嫖娼。纪某康同意并询问有多少钱，当其发现被害人钱包只有230元时，纪某康觉得钱太少，仍坚持与被害人发生性关系。被害人乘纪某康不注意，突然跳下田沟逃跑，慌乱之中将钱包和手机遗落。纪某康追赶一段怕被人发现，未敢再继续追赶，将被害人的钱包和手机拿走，经鉴定，钱包内财物及手机共计980元。

某县人民检察院对被告人纪某康以涉嫌犯强奸罪（未遂）和抢劫罪提起公诉。

某县人民法院在本案审理中出现不同意见。第一种意见认为，被告人纪某康构成强奸罪（未遂）和抢劫罪。被告人纪某康违背妇女意志，以暴力胁迫手段，强迫刘某兰与其发生性关系，因意志以外原因未能得逞，其行为构成强奸罪（未遂）。纪某康以非法占有为目的，以暴力胁迫方法强取被害人财物，其行为构成抢劫罪。对纪某康应以强奸罪（未遂）和抢劫罪定罪处罚。第二种意见认为，对被告人纪某康构成强奸罪（未遂）没有异议，但纪某康不构成抢劫罪。给予纪某康财物是刘某兰主动提出，而非纪某康主动提出，纪某康并无非法占有他人财物的主观目的。而且就算纪某康后来产生了占有他人财物的目的，也是犯意转化，当纪某康发现钱少后，抢劫犯意又转化回了强奸犯意。根据犯意转化的理论，只能认定纪某康构成强奸罪，不能再评价纪某康的劫财行为。纪某康事后拿走被害人钱包和手机的行为，是捡拾遗失物，没有达到侵占罪立案标准，也未拒不退还，不构成侵占犯罪。第三种意见认为，被告人纪某康仅构成强奸罪（未遂），但不构成抢劫罪的理由不同于观点二。该意见认为，纪某康的暴力胁迫手段其目的是实施强奸，而非为了抢劫，即纪某康没有采取暴力或暴力胁迫的方法劫取刘某兰财物，因此其不构成抢劫罪。

某县人民法院审理认为，被告人纪某康采取欺骗手段，谎称与被害人邻村，以顺便带其一程，并以抄近路为由，将被害人载至荒郊野外的田地，违背妇女意志，以暴力胁迫手段，强迫被害人与其发生性关系，因意志以外原因未能得逞，其行为构成强奸罪（未遂）。关于被害人刘某兰情急之下，提出自己出钱，让被告人拿钱去嫖娼的举动，系当时被害人处于孤立无援的境地，面临人身伤害或生命危险的无奈之举，并非其真实意愿。当被告人纪某康发现被害人钱包只有230元时觉得钱太少，仍坚持与被害人发生性关系。被害人乘纪某康不注意，跳下田沟逃跑，纪某康追赶一段恐被路人发现，未敢继续追赶，将被害人的钱包和手机价值共计980元拿走，属于以暴力胁迫方法强取被害人财物，其行为构成抢劫罪。遂判决认定被告人纪某康分别构成强奸罪（未遂）和抢劫罪，并决定处以相应的刑罚。

一审宣判后，纪某康以不构成抢劫罪、量刑重为由提起上诉，被终审裁定驳回上诉，维持原判。

从判决结果来看，本案一、二审法院主张的是第一种观点，即对被告人以强奸罪（未遂）和抢劫罪数罪并罚。主要理由为：

1. 被害人同意或被害人承诺须有效才能阻却被告人行为违法。具有处分权利能力的被害人，在法律许可的事项范围内，同意行为人对其相关权利予以侵害的，行为人的行为不违法。如行为人同意他人与自己发生性关系的，阻却他人的奸淫行为违法，行为人同意对方毁坏自己财物的，阻却他人故意毁坏财物的行为违法。但这种行为人承诺必须合法、真实、有效。具体到本案，被害人刘某兰主动提出交出财物的承诺显然不是其真实意思的表达，而是在被告人逼迫与其发生性关系，否则要其性命或毁其面容的危险状态下被迫而不得已的意思表达。因此，并不能因为被害人主动提出交出财物，而否认被告人劫财的违法性。

2. 犯意产生的原因对定性一般没有决定性影响。犯意产生的原因有多种。一是被告人自主产生犯罪意图。二是共同犯罪的同案犯提起。在认定主从犯或对被告人进行排名时，一般要重点考虑犯意提起者的作用。共同犯罪中,犯意由谁提起不影响定性,凡是接受该犯意并参与实施犯罪的行为人,均按共同犯罪处理。三是侦查机关提起,即犯罪引诱。四是被害人提起。被害人为了避免大的损失,不得已提出被告人可以侵害其相对较小的利益。一般而言,被告人接受了被害人的提议而产生犯意的,不会因该犯意由被害人提起而免责。例如,被害人为避免被强奸,提出可以让被告人猥亵,或提出可以让被告人拿走其财物,不能认为是被害人"自愿"被被告人猥亵或"赠送"财物给被告人而阻却其违法。又如,被害人为避免被杀,提出可以和被告人发生性关系,不能认为是被害人"自愿"与被告人发生性关系而阻却其违法。因此,除了犯意引诱外,犯意由被告人自主产生还是同案犯提起,或是被害人提起,一般均不影响定性。具体到本案,被害人提出可以给被告人财物引起被告人劫取他人财物犯意,同样不影响定性。

3. 司法实践中应准确区分另起犯意与犯意转化。另起犯意是指在实施犯罪行为过程中,因某种原因出现,停止原犯罪行为而另起其他犯罪故意,实施另外一个犯罪行为。对另起犯意案件的处理原则,一般是数罪并罚。犯意转化是指行为人在实施犯罪行为的过程中,改变犯罪故意从而导致此罪和彼罪的转化。对犯意转化案件的处理原则,一般是按照转化后的犯罪定罪处罚。① 本案被告人意图强奸被害人,当被害人提出可以交出财物时,又意图非法占有他人财物,被告人前后侵犯的法益不同类;被害人提出可以交出财物时,被告人实施的犯罪行为有明显的行为停顿,即前面的强奸行为处于停顿状态。不能说是中止或未遂状态,因为中止和未遂是指犯罪行为的终止状态,从案件后来的情况看,被告人停顿强奸行为时,强奸行为还未最终停止;本案的犯罪对象均是被害人刘某兰。被告人纪某康是在强奸过程中另起犯意抢劫,而非由强奸故意转化为抢劫故意。被告人纪某康嫌钱少后又继续要求与被害人发生性关系的行为,是继续之前的强奸行为,不是由抢劫故意又转化为强奸故意,也不是另起犯意强奸。

4. 如何准确把握暴力胁迫类犯罪中的作案手段。本案中,被告人纪某康违背妇女意愿,要求被害人与其发生性关系是以"杀害或毁容"为暴力胁迫手段,但是其非法占有他人财物,"迫使"对方交出财物的手段并非只有"杀害或毁容"一种暴力胁迫手段。被害人刘某兰之所以"愿意"交出财物,除了担心身体健康权被侵害,更担心的是性自由权被侵犯,甚至可以说其所受胁迫主要是被纪某康的强奸手段。换言之,纪某康劫取财物的手段,主要是以"强奸"为胁迫手段。所以,本案中纪某康劫财的手段与强奸的手段并未重合,不存在重复评价的问题。

另外,被告人纪某康事后拿走被害人遗落财物的行为,是抢劫的继续还是捡拾遗失物,值得讨论。在此应充分考虑刘某兰遗落财物的原因以及纪某康取财的主观心态,按照司法实践中的一般认知,应当认为是抢劫的延续,应认定其抢劫既遂。

综上,对本案被告人纪某康,应当分别以构成强奸罪(未遂)和抢劫罪定罪,予以数罪并罚决定执行的刑期。

---

① 判断案件是犯意转化还是另起犯意,主要应从以下几个方面考量:一是犯罪对象是否同一。犯意转化的犯罪对象同一,而另起犯罪的犯罪对象可以同一,也可以不同一。当然,犯罪对象是否同一难以区分对象同一的犯意转化和另起犯意,但犯罪对象不同则很容易区分二者。二是侵犯法益是否同一或同类。犯意转化侵犯的法益前后同一或同类,如意图盗窃,但到现场发现有人,于是实施抢劫,侵犯法益是同类的,即财物权。另起犯意侵犯的法益前后不同。例如,意图盗窃,另起犯意强奸,前者是财物权,后者是性自由权。又如,意图杀人,另起犯意抢劫,前者是人身权,后者是财物权。三是犯罪行为是否有所停顿。犯意转化的犯罪行为持续进行,另起犯意的前犯罪行为停止后才实施后一犯罪行为。犯意转化往往仅为被告人意念的变化,行为上的变化情况不明显,即从行为上难以察觉犯意是如何变化的。而另起犯意,不单是被告人意念上的变化,而且表现在行为上,行为也发生变化,即从行为上能够推断犯意的变化。

291. 如何理解把握被害人行为介入致伤的定性处理

被害人的介入行为系行为人暴力行为所引发，被害人的轻伤后果与行为人的暴力行为之间具有刑法上的因果关系，故该轻伤后果应由行为人承担法律后果；该轻伤后果是行为人抢劫、强奸行为共同造成，系多因一果，应当将被害人的轻伤后果在行为人抢劫、强奸二罪中均予以评价。

司法实例

吕某建抢劫、强奸案

2015 年 7 月 6 日 20 时许，被告人吕某建将刚刚结识的同住本市的网友被害人杭某楠骗至其租住房内，采用殴打、持刀威胁、捆绑等手段逼迫杭某楠打电话向朋友借钱并交付现金 10 万元，因杭某楠没有借到钱而未果。后被告人又逼迫杭某楠写下金额为 10 万元的欠条。其间被告人两次强行与杭某楠发生性关系。次日 18 时 20 分许，因无法忍受吕某建的暴力折磨，被害人杭某楠趁被告人在厨房做饭之机，爬上窗台欲逃离现场，身体坠地，造成左股骨上段、右骨盆等多处骨折。经鉴定，被害人杭某楠损伤程度构成轻伤。当日，被告人吕某建被抓获。

某市人民检察院对吕某建以涉嫌犯抢劫罪、强奸罪，向某市中级人民法院提起公诉。

某市中级人民法院经审理认为，被告人吕某建以非法占有为目的，对杭某楠当场使用暴力手段，并欲当场劫取数额巨大的财物，迫使杭某楠跳楼逃生身体坠地致轻伤；且在抢劫过程中违背被害人意志强行与杭某楠发生两次性关系，其行为已分别构成抢劫罪、强奸罪。被告人吕某建及其辩护人对抢劫、强奸事实及罪名的异议不能成立。关于辩护人所提抢劫罪属未遂的辩护意见，经审理认为，被告人吕某建对被害人杭某楠实施的暴力行为与杭某楠轻伤后果之间具有直接、必然的因果联系，吕某建虽未劫得财物，但其抢劫行为已侵犯了被害人的人身权利，故被告人的抢劫罪系既遂，该辩护意见与法律规定不符，不予采纳。被告人吕某建严重侵犯他人的人身权利、财产权利，犯罪情节恶劣，且有暴力违法劣迹，不能认罪悔罪，故对辩护人请求从轻处罚的辩护意见亦不予采纳。遂判决认定被告人吕某建犯抢劫罪，判处无期徒刑，剥夺政治权利终身，并处没收其个人全部财产；犯强奸罪，判处有期徒刑 11 年，剥夺政治权利 1 年，决定执行无期徒刑，剥夺政治权利终身，并处没收个人全部财产。

一审宣判后，被告人吕某建不服一审判决以一审原辩解理由及量刑重为由提出上诉，被某省高级人民法院二审驳回。

本案在法院审理过程中，对于被告人、辩护人所提犯罪构成问题因在案证据较为确实、充分，事实清楚而易于解决，但本案更深层次的问题则在于对因被害人杭某楠介入行为而致轻伤的结果应如何评价存在较大争议：一种意见认为，被害人的轻伤后果纯系被害人介入行为引发，且被害人的行为导致被告人的致害行为与轻伤结果之间出现因果关系中断，故不应将该轻伤结果归责于被告人，被告人不应承担该轻伤后果相应的刑事责任；另一种意见则认为，被害人的介入行为系被告人暴力行为所引发，被害人的轻伤后果与被告人的暴力行为之间具有刑法意义上的因果关系，故该轻伤后果应由被告人承担。而本意见中对于该轻伤后果应归并与抢劫罪、强奸罪抑或二罪均予考量也有不同意见，一种意见认为该轻伤后果只能归并到其中一罪之中，即归并入抢劫罪或强奸罪，否则属于重复评价；另一种意见认为该轻伤后果是抢劫、强奸行为共同造成，系多因一果，应当将被害人的轻伤后果在抢劫罪、强奸罪二罪当中评价。

从本案一、二审法院裁判结果来看，对上述两个争议问题，法院均同意后一种观点，即被害人的介入行为系被告人暴力行为所引发，被害人的轻伤后果与被告人的暴力行为之间具有刑法意义上的因果关系,故该轻伤后果应由被告人承担法律后果;该轻伤后果是被告人抢劫、强奸行为共同造成的,系多因一果,应当将被害人的轻伤后果在抢劫罪、强奸罪二罪当中予以评价。主要理由为:

1. 在被告人的暴力侵害期间被害人伤害后果并未因其自身行为的介入而阻断与犯罪行为的因果关系,因而被告人应承担相应的刑事责任。刑法意义上的因果关系,是指犯罪行为与结果之间存在“没有前者就没有后者”的条件关系时,一般认为前者即为后者的原因。对于刑法评价的条件关系的有无应由事实来判断决定,即刑法意义上的因果关系为一种客观联系,是特定条件下不以人的意志为转移的联系。同时,作为条件的行为必须是导致结果发生危险性的行为。但是由于因果关系的复杂性,存在多因一果、一因多果等复杂的因果情形,当行为是结果发生的条件之一时便可以认定二者存在因果关系。而在因果关系的发展进程中,如果介入了第三方因素,如被害人行为,则应当进一步考察行为人的行为导致犯罪结果发生的可能性大小、该介入因素与前行为的关联度大小、该介入因素对结果发生的原因力大小情况等综合判断行为与结果之间是否存在因果关系。其中关键在于根据前行为与该介入因素之间的关联程度判断,具体来说,可以将前行为与介入因素之间的关联程度依其强烈程度大小依次排列为必然、经常、偶然、无关等情形,上述情形中前行为与结果间的因果关系程度依次递减。

在强奸、抢劫等暴力犯罪中,行为人对被害人所实施的暴力行为往往会引起被害人的反抗或逃离。尤其在本案中女性被害人独自面对身体强壮、体力明显强于自己的男性行为人吕某建,且吕某建在较长时间内对其实施了一系列殴打、捆绑、强奸等暴力行为,其在反抗无果的情况下唯一能脱离吕某建暴力的方式便是逃离现场,否则要么任其摆布、蹂躏,要么择机自杀。故此认为,被害人杭某楠在吕某建已将房门反锁的情况下只有选择跳窗这一条生路,换言之,在此情况下被告人吕某建的暴力加害行为与被害人的介入行为即逃离行为之间存在必然的关联性,而从四楼窗户逃离的行为显然是对被害人身体造成损伤的危险性极大的选择,由此而造成被害人轻伤的后果,应当认定与被告人的暴力行为之间存在必然、直接的联系,被告人的暴力行为成为造成被害人伤害后果的条件,故认定被告人的暴力行为系引发被害人轻伤后果的刑法意义上的原因。第一种意见仅考虑了被害人的行为与轻伤结果之间的关系,而忽视了引发被害人介入行为的必然原因即行为人正在实施的暴力行为,因此该意见并未完整的考量整个案件的因果关系链条,尤其忽视了前行为与被害人介入行为之间的直接必然关系,故难免带有一定片面性。

基于上述分析,根据《审理抢劫、抢夺案件意见》中关于抢劫罪既遂、未遂的认定,即具备劫取财物或者造成他人轻伤以上后果之一的,均属于抢劫罪既遂。具体到本案中,被告人吕某建虽并未劫得财物,但其手段行为造成了被害人轻伤的后果,故而根据上述《审理抢劫、抢夺案件意见》的规定,应当认定被告人的抢劫罪系既遂形态。

2. 对于被告人实施的多种暴力犯罪行为共同作用致被害人人身伤害结果发生的,可将该结果在各犯罪构成中分别予以评价。由于该结果系一果多因所致,且原因分属异质罪名范畴,故并不违反重复评价原则。重复评价原则是刑法正义性的题中应有之义,其内涵主要是指在定罪量刑时,禁止对同一犯罪构成事实予以两次或两次以上的法律评价,该原则所针对的对象是同一犯罪构成事实,即针对特定、单一的犯罪构成事实,在此罪名范畴之内对相应行为、情节在定罪、量刑时禁止重复评价。如《刑法》分则条文中一些将“情节严重”作为入罪门槛的罪名,因情节严重而构成某罪,在量刑时,就不能再将“情节严重”作为从重处罚的条件来评价。而对于超出该罪范畴之外的数罪情形,则没有遵循禁止重复评价的可能和必要性。如行为人同时构成贪污罪、受贿罪,那么其国家工作人员的犯罪主体身份既是贪污罪的主体要件,又是受贿罪的主体要件,显然不能认定为其违反了禁止重复评价原则。

具体到本案中，被告人吕某建对被害人所实施的行为主要有抢劫、强奸两种不同种罪的暴力行为，二者重叠施加于被害人，导致被害人无法忍受而选择跳窗逃生以致轻伤。造成被害人轻伤的原因，既有被告人的抢劫行为，又有被告人的强奸行为，二者共同作用导致被害人轻伤的后果。换句话说，被害人的轻伤后果是被告人抢劫、强奸二罪客观行为的共同犯罪后果。当然，将轻伤后果分别在抢劫罪、强奸罪中评价，由于二罪系异质犯罪构成，并不违背刑法禁止的重复评价原则。故而在抢劫罪、强奸罪的定罪量刑中均应当将被害人的轻伤后果考量进来，否则便会导致违背刑法意义上的因果关系原理，导致刑法评价上的片面性，即如仅将轻伤作为抢劫罪的后果予以评价，那么对行为人强奸罪的定罪量刑评价显然忽视了对轻伤后果的原因力，必然导致对强奸罪评鉴的失衡。在本案审理中，根据案件事实，吕某建抢劫罪自始至终贯穿整个作案过程，强奸犯罪是在其实施抢劫罪时穿插实施的，故而本案在将抢劫罪认定为首要罪名的同时，将其与强奸罪一并考量轻伤后果，酌定刑罚，并全面评价吕某建因强奸、抢劫被害人共同致被害人轻伤的情节，综合评定其强奸罪系情节恶劣，依法在10年以上有期徒刑幅度内量刑。

综上，本案一、二审法院对被告人吕某建的定罪、量刑裁判适用法律是正确的。

292. 行为手段的当场性是否为区分绑架罪与抢劫罪的唯一标准

行为手段是否具有当场性不是区分抢劫罪与绑架罪较为科学的标准，司法实践中，应当以行为人胁迫的对象是被其控制而失去人身自由的人质还是人质之外的第三人来界定。如果是失去人身自由的人质，就构成抢劫罪；如果是人质之外的第三人，则构成绑架罪，财物是否当场交付在所不问。行为人将未成年人作为人质，逼迫人质的亲属当场交付财物的，构成绑架罪而非抢劫罪。

司法实例

牛某庭绑架案

2017年12月15日7时许，被告人牛某庭在某市一小区门面楼楼下的车库内，持刀挟持未成年人李某宝为人质，当场向李某宝的父亲李某坤勒索财物。在李某坤交出4万元后，牛某庭放下李某宝逃跑。2018年1月11日18时许，被告人牛某庭在某市某小区停车位处，持刀挟持未成年人常某军为人质，进入车内当场向常某军的母亲孔某霞勒索财物。在孔某霞交出2.7万元后，牛某庭放下常某军逃跑。2018年2月7日17时许，被告人牛某庭在某市某小区地下车库内，持刀挟持未成年人简某岗为人质，进入车内当场向简某岗的母亲向某梅勒索财物。在向某梅交出3000元后，牛某庭仍挟持简某岗，并继续向向某梅勒索财物，后又向简某岗的父亲简某营电话勒索赎金20万元。当日19时许，在简某营交出赎金20万元后，牛某庭放下简某岗逃跑，随即被民警抓获归案。

某市人民检察院对牛某庭以涉嫌绑架罪提起公诉。

某市中级人民法院审理认为，被告人牛某庭以勒索财物为目的，将他人作为人质，共勒索财物27万元，其行为严重侵犯了公民的人身权利和财产权利，破坏了社会治安秩序，已构成绑架罪。公诉机关指控牛某庭的犯罪事实清楚，证据确实、充分，指控的罪名成立，予以支持。被告人牛某庭因第三节犯罪到案后，主动供述第一节和第二节犯罪，有坦白情节，基于此情节可对其从轻处罚。遂于判决认定被告人牛某庭犯绑架罪，判处无期徒刑，剥夺政治权利终身，并处没收个人全部财产。

一审宣判后，被告人牛某庭以量刑重为由提出上诉，被某省高级人民法院二审驳回。

本案在法院审理过程中，对被告人实施的第三起犯罪，以简某岗为人质而向被害人简某岗的父亲勒索赎金20万元定性为绑架罪无异议，而对公诉机关指控的第一节、第二节犯罪及第三节犯罪的前一部分即向向某梅勒索财物3000元的定性问题，存在两种不同意见。一种意见认为，被告人以暴力相威胁，当场迫使被害人交出财物，其行为构成抢劫罪；另一种意见认为，被告人以勒索财物为目的，将孩子作为人质，向孩子母亲勒索财物，其行为构成绑架罪。本案在侦查阶段和提起公诉阶段，对被告人的行为构成何种罪，公安机关和检察机关的意见也不一致。在侦查阶段，公安机关确定的被告人涉嫌罪名为抢劫罪，而公诉机关是以绑架罪向法院提起公诉的。在这两节犯罪中，被告人将未成年人作为人质，向人质以外的亲属索要财物。因被告人劫取财物系在同一时间、同一地点向人质的亲属索要财物，具有当场性，与抢劫罪有类似之处。

根据《审理抢劫、抢夺案件意见》第9条第3款的规定，绑架罪是侵害他人人身自由权利的犯罪，其与抢劫罪的区别在于：一是主观方面不尽相同。抢劫罪中，行为人一般出于非法占有他人财物的故意实施抢劫行为；绑架罪中，行为人既可能为勒索他人财物而实施绑架行为，也可能出于其他非经济目的实施绑架行为。二是行为手段不尽相同。抢劫罪表现为行为人劫取财物一般应在同一时间、同一地点，具有当场性；绑架罪表现为行为人以杀害、伤害等方式向被绑架人的亲属或其他人或单位发出威胁，索取赎金或提出其他非法要求，劫取财物一般不具有当场性。根据抢劫罪与绑架罪因行为手段是否具有当场性的区分标准，本案是否应定性为抢劫罪。《最高人民法院公报》2007年第1期曾刊载了一篇公诉机关以绑架罪起诉，但法院最终认定为抢劫罪的案例。该案判决认为，被告人陈某国虽然控制了被害人何某耀的人身自由，但其目的不是以何某耀为人质来要挟何某耀以外的第三人，向第三人勒索财物，而是直接向何某耀索取财物，因此陈某国的行为不构成绑架罪。行为人以暴力、胁迫的方法要求被害人交出自己的财产，由于被害人的财产不在身边，行为人不得不同意被害人通知其他人送来财产，也不得不与被害人一起等待财产的到来。这种行为不是以被害人为人质向被害人以外的第三人勒索财物，而是符合"使用暴力、胁迫方法当场强行劫取财物"的抢劫罪特征，应当按照《刑法》第263条的规定定罪处罚。此案确立了勒索财物型的绑架罪与抢劫罪的区别标准：行为人虽然控制了被害人的人身自由，但其目的不是以被害人为人质来要挟被害人以外的第三人并向第三人勒索财物，而是对被害人实施暴力、胁迫以直接劫取财物，其行为不构成绑架罪，构成抢劫罪。

另一个案例，被告人康某青伙同任某右采用暴力手段将被害人李某强控制之后，并未让李某强的近亲属或者其他人得知被害人被控制的事实，而是让被害人隐瞒其被非法控制的事实打电话向他人借钱，即被告人控制被害人是为了直接向被害人索取财物。被告人实施不法行为的目的只有非法占有被害人的财物，而不是以被害人为人质向被害人以外的第三人勒索财物。由于被害人身上带的钱不多，被害人李某强在被告人的胁迫下打电话向他人借钱，并在被告人的要求下让第三人在指定地点将所借款项交付给被告人，在此过程中第三人始终不知被害人被非法控制。在指定地点付款这一情节并没有改变被告人当场劫取被害人财物的行为性质。被告人的主观故意以及客观行为均符合"使用暴力、胁迫方法当场强行劫取财物"的抢劫罪特征，此案生效判决认定构成抢劫罪而非绑架罪。

所以，根据上述两个案例的分析，《审理抢劫、抢夺案件意见》中有关抢劫罪与绑架罪行为手段是否具有当场性的区分似有深入研究探讨的必要。一般认为，行为手段是否具有当场性不是区分抢劫罪与绑架罪的唯一标准，或者说不是最科学的标准，实践中应当主要以被告人胁迫的对象是被其控制而失去人身自由的人质还是人质之外的第三人来界定。如果是失去人身自由的人质，就构成抢劫罪；如果是人质之外的第三人，则构成绑架罪，财物是否当场交付可以在所不问。张明楷教授也认为，如果绑架他人是为了直接向被绑架人索取财物，则不构成绑架罪，而应认定为抢劫罪。在后案例中，如果第三人独立判断出被害人受到他人的非法控制，担心被害人的人身安全而将现金交付给被告人，在此情况下，案件的定性是否会发生变化。一般认为，这一因素不能改变该案抢劫罪的定性，因为被告人并未以被害人的人身安危而威胁第三人，其向被害人直接索取财物的犯罪手段并未改变。

具体到本案的第一节、第二节犯罪事实，被告人牛某庭作案前均经过精心预谋，确定作案对象，专门选择带小孩的开车女子或比较弱小的男子作为犯罪目标，两次作案手段类似，均是在车库内以暴力将小孩作为人质，逼迫人质的亲属（第三人）交付财物，恰好人质的母亲或父亲均带有较大数额的现金，满足了牛某庭的要求，当场交付财物。被告人以勒索财物为目的，将孩子作为人质，胁迫在场的人质亲属交付财物，人质的亲属为避免被告人对人质造成伤害而给付被告人财物。孩子是人质，而孩子的母亲则是被勒索的第三人。被告人的行为貌似符合抢劫罪当场劫取财物的行为手段特征，但并不符合抢劫罪的构成要件，而符合绑架罪的构成要件，对被告人牛某庭应以绑架罪定罪量刑。

综上，一、二审法院以绑架罪对被告人定性是准确的。

293. 持枪抢劫中的枪支是否包括仿真枪

行为人蒙面、持外形酷似军用枪支、足以使正常人认为是枪支的仿真枪进行抢劫，且犯罪既遂，已经产生了持枪抢劫的危害后果。因此，其持仿真枪抢劫的行为，应以持枪抢劫论处。

司法实例

省某海等抢劫案

被告人省某海、任某右均无正当职业，二人经常聚在一起吃喝玩乐，既不想做生意，也不想打工挣钱，仅靠向家长要钱维持日常生活。二人经常在一起谋划找到一个既不辛苦又可快速致富的路子，考虑过拦路抢劫，也想过夜间砸坏当街小汽车玻璃盗窃等，最后谋议确定试试抢金店。经反复踩点并购买了仿真枪和套头用的丝袜，2015 年 12 月 5 日深夜，省某海、任某右持仿真手枪戴头套，用工具撬开卷帘门，闯入本市市区的一家金店，砸坏橱窗玻璃，抢劫各类金银饰品共计价值 40 万余元。二人逃匿到外省躲藏、销赃。40 多天后，二被告人在 500 公里之外的某市一私人旅馆内被民警抓获，当场缴获用于抢劫的仿真手枪 2 支。经公安机关鉴定，2 支仿真手枪均为塑料材质，可拆卸、可发射塑料子弹，但杀伤力较小。[①]

某市某区人民检察院以涉嫌犯抢劫罪对二被告人提起公诉。起诉书载明，二被告人涉嫌触犯《刑法》第 263 条第 7 项“持枪抢劫的”规定，提请人民法院依法判处。

某市某区人民法院在本案审理中及检察机关审查起诉过程中，对二被告人构成抢劫罪认识高度一致。但对于本案是否属于《刑法》第 263 条第 7 项的“持枪抢劫的”，存在严重分歧。

本案中，被告人省某海、任某右抢劫所持的仿真枪可拆卸、组装，并可以发射塑料子弹，属于仿真枪的第二类。在提起公诉过程中，检察机关办案人员对省某海、任某右抢劫是否构成持枪抢

① 根据相关规定，我国将仿真枪大致分为两大类：第一类是外形仿真但不具备任何机构动作的仿真枪；第二类是外形、机构动作、性能都类似枪支的仿真枪。

劫存在不同意见。案件起诉至法院后,合议庭仍存在明显不同意见,主要可归纳为三种意见:第一种意见认为,持仿真枪抢劫不能认定为“持枪抢劫”。该意见认为把“持枪抢劫”中的“枪”由“真枪”延伸为“仿真枪”是简单的扩大化,并不符合法律精神。持仿真枪抢劫虽然能够造成被抢劫者误认为抢劫者持有枪支,但仿真枪毕竟不属于枪支,被劫者可能因“枪”陷入惊恐而不敢反抗,但引发的后果只是被劫,不会造成真枪抢劫可能发生的严重后果,符合普通抢劫罪的相关特征。与持“仿真枪”抢劫相比,“持刀抢劫”实际引发的后果可能更严重,但法律上并不认定持刀抢劫为加重情节,因此如果认定“持仿真枪抢劫”为“持枪抢劫”并不合理。是否构成“持枪抢劫”,应严格按照“枪支”的定义判断,“仿真枪”与“真枪”应严格区分,即使抢劫者持具有一定杀伤力的“仿真枪”抢劫也不应认定为“持枪抢劫”。第二种意见认为,仿真枪具有一定杀伤力则应认为是“持枪抢劫”。该意见认为《枪支管理法》第46条规定:“本法所称枪支,是指以火药或者压缩气体等为动力,利用管状器具发射金属弹丸或者其他物质,足以致人伤亡或者丧失知觉的各种枪支。”《枪支管理法》自1996年颁布以来一直没有修改过,而各种类型的仿真枪不断出现,其威力和性能越来越接近真枪,使用仿真枪进行抢劫等犯罪也呈上升趋势。因此只要仿真枪符合《枪支管理法》中规定的,应该认定为刑法意义上的枪支。仿真枪只要“具有一定杀伤力”,可被视同为“真枪”,现在不少所谓的仿真枪都具有杀伤力。本案中被告人所持的塑料仿真枪虽然具有一定杀伤力,但不能对他人造成致残或威胁生命的伤害,明显不符合有关法规对枪支的定义,因此不应认定被告人省某海、任某右为持枪抢劫。第三种意见则认为,持仿真枪抢劫应认定为“持枪抢劫”予以严惩。该意见认为我国《刑法》第263条将“持枪抢劫”犯罪行为作为严惩对象,虽然被告人持不属于《枪支管理法》中枪支范畴的仿真枪进行抢劫,但无论是否具有杀伤力都应认定为“持枪抢劫”。在抢劫犯罪中,行为人持“仿真枪”实施犯罪,明显是希望被害人认为其所持的是“真枪”,给他人造成巨大心理恐慌,不敢反抗,以便更加容易的达到预期犯罪目的。从本案的具体情节看,确实起到了这种效果。金店值夜人陈述,看到犯罪分子拿着枪,恐怕犯罪分子开枪把自己打死,所以当时不敢反抗,也不敢报警。故应当认为,与一般犯罪手段相比,持仿真枪犯罪更易达到犯罪目的,对持仿真枪抢劫应当按“持枪抢劫”予以严惩符合刑事立法精神。

某市某区人民法院经合议庭评议、审委会讨论,一审判决认定二被告人犯抢劫罪,被告人蒙面、持外形酷似军用枪支、足以使正常人认为是枪支的仿真枪进行抢劫,已经产生了持枪抢劫的效果。因此,其持仿真枪抢劫的行为,应以持枪抢劫论处,且数额巨大,对二被告人分别判处了10年以上有期徒刑。

一审宣判后,二被告人均不服一审判决,以认定持枪抢劫定性错误为由提起上诉,被二审驳回。

从本案法院一、二审裁判结果来看,两级法院均同意第三种意见,即只要符合足以让被害人误以为是真枪的认知标准,实施抢劫所用的仿真枪无论是否具有较大杀伤力,都应认定为“持枪抢劫”。

1. 在抢劫犯罪中,持枪者无论是持有“真枪”还是“仿真枪”都没有使用的必然性,也就是说被告人在没有遭遇抵抗时很可能不会对人射击。被劫者出于安全考虑极少会对抗持枪歹徒,也就是说被害人往往会被枪支形象恐吓而无力反抗。只要能达到这一效果,无论所持枪支真假,对抢劫者和在场人来说都一样起到震慑效果,故对司法机关认定其主观内容和恶性程度来说也并无实质性差别。司法实践中,不能机械地将抢劫所持的枪支凡是仿真枪的,一律排除在“持枪抢劫”之外。

2. 定性为仿真枪最基本的条件是能够引起他人误认为是“真枪”。对绝大多数人来说根本无法仅从外观便能够区分仿真枪和真枪。在抢劫犯罪中,仿真枪本身的杀伤力并不重要,而是其对被害人形成的心理胁迫强度与真枪犯罪无异,而这也正是犯罪分子在作案过程中持有仿真枪的根本目的。被害人在恐慌混乱的情况下没有能力、也不可能对对方所持有枪支的真假进行判断。至于事后鉴定出该"枪"是真枪还是仿真枪,对当时陷入惊恐而不敢反抗的被害人来说并无区别,对保护公民财产权和人身权的抢劫罪的立法目的而言也并无区别。

3. 行为人持"仿真枪"实施犯罪,从主观方面看,其具有"持枪抢劫"的直接故意。本案被告人省某海、任某右持仿真枪抢劫的行为,不仅表明他是在抢劫,而且更为重要的意图是想表明他是在持枪抢劫,其目的就是利用被害人对枪支会对人造成生命危险的恐惧心理,使被害人不敢反抗,故其主观恶性与持真枪抢劫并无差异。从客观方面看,仿真枪在外观上和普通枪支没什么两样,被害人出于对"枪支"的恐惧心理和保全性命的本能而不敢反抗,使犯罪分子的犯罪目的能够更加容易得以实现。从刑法上的因果关系来看,行为人使用"枪支"抢劫和被害人交出财物符合刑法上的因果关系。由于行为人使用的"仿真枪"足以使被害人产生错觉,假枪本身即使没有客观危险性,但实际上却导致了与使用"真枪"同样的后果。在本案中,虽然使用的仿真枪仅能发射塑料子弹,但其外形上具有逼真性,功能上具有危险性,即使不属于枪支范畴仍然不影响对"持枪抢劫"情节的认定。对此国外也有相关案例,如美国肯塔基州地方法院曾以二级抢劫罪对持玩具枪抢劫他人财物的二犯罪人重判每人 10 年有期徒刑。

综上,本案被告人省某海、任某右持仿真枪抢劫的行为已经构成"持枪抢劫",属于加重情节,同时,二人抢劫数额达到数额巨大,应当按照《刑法》第 263 条的规定,判处 10 年以上有期徒刑、无期徒刑或者死刑,并处罚金或者没收财产。具体判罚应依照最高人民法院量刑规范化的要求及当地高级人民法院的实施细则,按照被告人同时具备两个加重情节,核定具体判处的刑罚及刑期。

294. 如何认定共同盗窃中转化型抢劫问题

行为人开始的共谋内容限于盗窃,但在实施过程中其中一个行为人为抗拒抓捕当场使用暴力,已构成转化型抢劫。其他行为人发现其使用暴力,即负有相应的阻止义务,在未尽到义务的情况下应一并转化。在共同盗窃中负责望风没有进入盗窃及行为人为抗拒抓捕当场使用暴力的现场,对于使用暴力的行为人的行为不明知的,不负有阻止义务。

司法实例

魏某四、党某寇抢劫,康某青盗窃案

2015 年 4 月 10 日夜间,党某寇、魏某四、康某青三人共谋到某小区进行盗窃,出发前魏某四表示为防万一要随身携带一把匕首,党某寇和康某青对此未置可否。到达某小区后,按照事先分工,党某寇和魏某四潜入被害人贺某福家中实施盗窃,康某青负责在楼下望风。党某寇和魏某四潜入被害人贺某福家中实施盗窃期间,两人被被害人贺某福发现,被害人马上准备打电话报警,并抄起拖把准备与被告人搏斗。为逃避抓捕并制止被害人报警,魏某四掏出随身携带的匕首进行威胁,并对党某寇说:你先跑,我断后。党某寇边跑边对魏某四说:你也快跑,别出事。负责望风的康某青见党某寇慌慌张张跑出来,便上前询问,党某寇说:快跑,出事了。康某青称:你快跑,我去看一下。后康某青并未进入屋内,而是在原地等待魏某四下楼后二人一起逃离。被害人贺某福被被告人魏某四刺中右肋部致重伤。

本案中，三被告人共同实施盗窃行为，其间被告人魏某四为逃避抓捕用随身携带的匕首进行威胁，并最终将被害人贺某福捅至重伤的行为使案件性质发生转化，在案件审理中，公诉机关、审判机关对于案件性质发生转化均无异议。但对于三被告人中哪个人的行为转化为抢劫存在分歧。本案中对于被告人魏某四、党某寇和康某青行为的定性，存在三种不同的意见：第一种意见认为，被告人魏某四、党某寇、康某青均构成抢劫罪。3 人共谋实施盗窃，且党某寇、康某青二人明知魏某四携带凶器而未加制止，视为具有转化抢劫的共同故意，根据主客观相一致的原则，三人均构成转化型抢劫。第二种意见认为，被告人魏某四单独构成抢劫罪，党某寇、康某青构成盗窃罪。3 人共谋内容限于盗窃，盗窃系非暴力侵财行为，为抗拒抓捕使用暴力的行为超出了 3 人的共同故意范围。对于使用匕首的行为康某青不知情，党某寇当场表示反对，因此，魏某四的行为构成实行过限。第三种意见认为，被告人魏某四和党某寇构成抢劫罪，康某青构成盗窃罪。康某青在盗窃犯罪中负责望风，并非实行犯，且对于魏某四使用匕首的行为不明知，不构成抢劫罪。党某寇作为共同实行犯，明知魏某四使用匕首进行威胁而未加以有效制止，构成抢劫罪。

检察机关对三被告人均以涉嫌犯抢劫罪（致人重伤）提起公诉。

一审法院判决依据《刑法》第 263 条第 5 项认定被告人魏某四和党某寇犯抢劫罪，并分别在 10 年有期徒刑以上量刑；对康某青依据《刑法》第 264 条等条款认定其犯盗窃罪，在 3 年有期徒刑以下量刑。

一审宣判后，被告人魏某四、党某寇不服一审判决提起上诉，被二审法院驳回。

从本案一、二审裁判结果看，两级法院均支持了第三种意见，即三被告人开始的共谋内容限于盗窃，但在实施过程中魏某四为抗拒抓捕当场使用暴力，已构成转化型抢劫。党某寇发现魏某四使用暴力，即负有相应的阻止义务，在未尽到义务的情况下构成转化型抢劫。康某青在共同盗窃中负责望风，对于魏某四使用暴力的行为不明知，不负有阻止义务。主要理由为：

1. 存在意思联络的其他共犯应一并转化为抢劫。《刑法》第 269 条规定：犯盗窃、诈骗、抢夺罪，为窝藏赃物、抗拒抓捕或者毁灭罪证而当场使用暴力或以暴力相威胁的，按照《刑法》第 263 条即抢劫罪的规定定罪处罚。实践中对于该条规定存在两种理解：一种是理解为转化型抢劫仅适用于当场使用暴力或以暴力相威胁的行为人，对于未使用暴力的行为人不构成转化型抢劫。另一种是理解为转化型抢劫不仅适用于暴力或以暴力相威胁的实施者，对于其他存在转化意思联络的共犯也适用。司法实践中，持后一种理解的居多。在转化型抢劫中，如果共犯之间对使用暴力或以暴力威胁有着共同的意思联络，仅仅对实施者的行为进行评价是不够的，这有违刑法打击共同犯罪的本意，因为实施者以外的共犯对犯罪的发展同样起到推动作用，有时甚至是决定的作用。因此有理由认为，转化型抢劫不仅适用于当场使用暴力或以暴力相威胁的实施者，只要有使用暴力或以暴力相威胁的意思联络，客观上有人实施了该行为，则对于有意思联络的共犯均应一并进行转化。

2. 判断是否存在转化的意思联络应当将明知和阻止义务相结合。意思联络是指共同犯罪人以明示、暗示或默许的方法，形成共同故意的主观沟通和思想联系，表明愿意共同实施犯罪的行为。共同犯罪意思联络的特征表现为，一是共同犯罪人必须具有相应的刑事责任能力；二是共同犯罪意思联络人必须是双向沟通；三是共同犯罪意思联络必须发生在共同犯罪行为结束前即犯罪行为实施前、即将实施行为之际或实施行为过程中。

司法实践中，盗窃罪中的转化型抢劫，共同犯罪人之间对于使用暴力或以暴力相威胁一般没有事前约定，多为临时起意，是一种基于形势需要而实施的暴力内容，在此情况下如何认定行为人之间是否存在意思联络较为复杂，根据实践经验，一般认为应当将是否明知及是否尽到阻止义务结合起来进行判断。如果盗窃的共犯对于使用暴力或以暴力相威胁不知情，由暴力实施者单独转化，如弟兄二人共谋盗窃，得手后哥哥携带赃物逃离现场，弟弟被被害人发现，为抗拒抓捕使用暴力，哥哥对此并不知情，在此情况下哥哥构成盗窃，弟弟则构成转化型抢劫。

明知又分为事前明知和事中发现，两种情形下的阻止义务不尽相同。如果事前明知，并有效阻止的，均不构成转化型抢劫，如弟兄二人共谋盗窃，哥哥称为方便逃跑随身携带一把匕首，弟弟表示同意，盗窃被发现后为抗拒抓捕哥哥欲掏出匕首进行威胁，弟弟及时进行了制止，并将哥哥拖离现场，因哥哥的行为得到有效制止，并未向被害人展示匕首进行威胁，二人均不构成转化型抢劫。如果事中临时起意，其他共犯发现后明确表示反对并采取相当阻止措施的，实施者单独构成转化型抢劫，如弟兄二人共谋盗窃，被发现后哥哥拿起身边的哑铃向被害人挥去，弟弟赶忙制止，被哥哥推倒在地，在此情形下弟弟慌忙逃离现场，因双方事前不存在实施转化型抢劫的意思联络，对于哥哥临时起意使用暴力的行为弟弟立即阻止，事中未形成意思联络，由哥哥单独进行转化。也就是说，在判断是否有效阻止时，根据其他共犯对转化行为的实施为事前明知还是事中发现存在不同程度的要求：如果事前明知则需要彻底阻止，即阻止其他共犯开始使用暴力或以暴力相威胁，一旦其他共犯开始实施转化行为即共同转化。如果事中发现则要求中断盗窃的意思联络并尽到必要的阻止义务即可，所谓中断盗窃的意思联络是指与转化行为的实施者进行彻底决裂，即不能因转化行为得到好处，表现为不在暴力行为的保护下进行盗窃、对先前窃得的财物弃置现场等，因事中其他共犯临时起意实施转化行为一般难以预料，如果要求对转化行为彻底阻止过于严苛，因此只要对该行为进行反对并采取相当的阻止措施即可以认定未形成新的意思联络。

3. 不能仅因默许携带凶器即认定三被告人对于使用暴力存在事前意思联络。本案被告人党某寇和康某青对魏某四携带凶器予以默许，表明三人就携带凶器盗窃形成意思联络，关于携带凶器盗窃，《刑法修正案（八）》关于新增携带凶器按照基本刑档进行处罚的条款，其规范目的在于，对于携带凶器盗窃，不需数额即构成犯罪，淡化数额要求显现出对于人身安全权益的进一步保护，对于携带凶器者本人构成携带凶器盗窃毫无疑问。其他共犯在明知其携带凶器的情况下，不予阻止，应当视为各共犯对携带凶器进行盗窃存在意思联络，因此本案被告人党某寇、康某青、魏某四均符合携带凶器盗窃。但不能直接推定三人具有转化型抢劫的意思联络：一是携带和使用是两个不同的概念，盗窃犯罪是非暴力侵财行为，刑法将携带凶器盗窃的行为定性为盗窃罪，而携带凶器抢夺的行为定性为抢劫罪，由此可见二者的区别，因此对于携带凶器未加以使用的应当仅构成盗窃。二是从行为人的主观心态分析，使用暴力或者以暴力相威胁多为被动实施，表现为窝藏赃物、抗拒抓捕或者毁灭罪证，并非积极追求，从某种程度而言这恰恰是他们极力避免出现的情况。因此即使被告人党某寇和康某青对携带凶器是默认的态度，也不能直接推定二人对使用凶器也是默认。

值得提出的是，本案被告人魏某四携带凶器进行盗窃即存在加以使用的可能，其他共犯的默许虽然不能认定为具有转化的意思联络，但也不同于事前没有预见的突发性暴力行为，如随手拿起现场的木棍进行威胁，这就加大了其他共犯的注意义务。本案中，被告人党某寇作为共同实行犯，仅以言语表示："你也快跑，别出事！"显然未尽到相当的阻止义务，且其顺利逃脱也是受惠于魏某四使用凶器的行为，因此被告人党某寇应当构成转化型抢劫。而本案中的被告人康某青仅负责在楼下望风，对魏某四使用凶器的行为不明知且不具有阻止的可能性，因此对于被告人康某青应当以盗窃罪定罪量刑。

295. 被告人的尾随行为属何性质

行为人在夜深人静对受害人的尾随行为属于抢劫罪规定中的“其他方法”。从行为人预谋抢劫财物，深夜尾随受害人到一小胡同，受害人基于恐惧将包扔掉，行为人拿包获取财物的整个过程来看，该行为人的尾随不能仅认为是犯罪的预备，尾随在一定条件下完全可以作为实行行为来考虑。在一定条件下，行为人的尾随行为符合抢劫罪中使用暴力实行行为的着手。

司法实例

商某师抢劫案

2015年5月19日23时许，被告人商某师在其居住的某县城某小区广场附近游荡，突然萌发劫财念头，预谋抢劫财物。当发现穿戴阔绰土豪模样满身酒气的被害人余某贵时，便尾随其来到附近另一小区旁边一个小胡同内。余某贵发现有人尾随，十分恐惧，将随身携带的挎包扔到路边欲速离去。被告人商某师将包捡起，取出内装的4800余元和价值4000多元的手机，后又追上被害人进行殴打、威胁，而后逃离现场。致被害人轻微伤。

某县人民检察院以被告人商某师涉嫌抢劫罪、抢夺罪向某县人民法院提起公诉。

某县人民法院在审理本案过程中及某县人民检察院在审查起诉过程中，对被告人商某师行为的定性均存在分歧意见：第一种意见认为，被告人商某师的行为构成侵占罪。第二种意见认为，被告人商某师的行为构成抢夺罪。第三种意见认为，商某师的行为构成抢劫罪。第四种意见认为，商某师的行为分别构成抢劫罪、抢夺罪，应予数罪并罚。

某县人民法院经审理认为，被告人商某师的行为符合抢劫罪的犯罪要件，已经构成抢劫罪。遂依据《刑法》第263条及相关条款，对被告人商某师予以定罪处罚。判决已生效。

从处理结果看，对于该案被告人商某师行为的定性，一审法院及公诉机关均认同第三种意见，认为被告人商某师的行为构成抢劫罪，主要理由为：

该案的关键是如何认定尾随的性质。因对此的认识不同，故该案在定性方面，形成了不同的意见，如抢劫罪、侵占罪、抢夺罪等。我国传统刑法学理论认为选定作案对象后，尾随仅仅是作为寻找作案机会的犯罪预备行为。但具体到该案被告人商某师，从预谋抢劫财物，23时尾随受害人余某贵到一小胡同，到受害人余某贵基于恐惧将包扔掉，被告人拿包获取财物的整个过程来看，尾随不能仅认为是犯罪的预备而已，尾随在一定条件下完全可以作为实行行为来考虑。本案被告人商某师所实施的一系列行为，即为一个不可分割的系统行为。

抢劫罪，是以非法占有为目的，当场使用暴力、胁迫或者其他方法强行劫取公私财物的行为。抢劫罪的客观行为除了有形暴力、胁迫以外，还存在使受害人不敢反抗、不能反抗的其他情形，而本案被告人商某师的尾随行为就是以其他方法迫使受害人放弃反抗的可能性而主动放弃财物以求自保的实行行为。

1. 该案中被告人商某师的尾随行为属于抢劫罪规定中的“其他方法”。刑法规定的其他方法指与例举行为能够等同的行为，尾随行为既是一种无形的威胁，同时也是一种具体的危险状态。从行为人当时特殊认识的事实及一般人可能的理解基础上来评价该案当中的尾随行为，从客观的作为对事后的预测来判断，应该认为该案当中被告人商某师的尾随行为完全可以与抢劫罪中的暴力行为等同评价。按照一般认知，在日常生活中除非熟人或警察跟踪，否则不会有陌生人跟随很久的情况。在本案中，行为人长时间的如影相随，对受害人来讲，已经意识到这种危险发生的现实可能性，并且行为人的计划也准备实施，在客观上具备一种威胁的现实可能性。另外，该案发生的时间和地点比较特殊，从作案时间来看，23时许已是深夜，况且案发地点是一个小胡同。这从客观上增大了尾随行为的威胁性。从行为时预测该行为事后可能会产生结果的角度来看，该案受害人当时确实是感受到了现实威胁，如果受害人是一个胆小怕事的女性，更能令其产生恐惧心理，放弃财产以防止受到人身伤害就成为必然。将该案当中的尾随作为抢劫的实行行为并不会造成根据受害人的心理状态而改变行为人行为的性质的情况。该案中“尾随”具有特殊性，一般的“跟随”根本不可能对受害人造成心理上的恐惧，更不会被迫放弃自己的财产，一般的“跟随”仅仅是犯罪的预备，而不是预备行为的结束。因此，该案中被告人商某师的尾随行为属于抢劫罪规定中的“其他方法”。

2. 该案中被告人商某师的尾随行为符合抢劫罪中使用暴力实行行为的着手。因为，该案中的尾随是一种无形的胁迫，区别于使用有形的暴力和言语的胁迫，但并非所有的尾随都达到了抢劫罪当中的实行行为的着手。抢劫的实行行为的着手是该行为本身具有侵害法益的紧迫性且已经发生了侵害法益的结果（紧迫状态的达到），这种状态已经远远超出了抢劫的预备行为。该案中被告人商某师如果是刚开始跟随，则这种跟随并没有产生侵害被害人余某贵的危险，并且余某贵也没有感觉到这种危险状态的紧迫性。事实上刚开始余某贵也并没有放弃自己的财产，而是在被跟随到小胡同门口时才放弃了自己的财产，说明此时该尾随行为已经达到了法益侵害的紧迫性，形成了一种使被害人不敢反抗的状态。将该处的尾随认定为抢劫的着手，并不会引起着手的提前。这中间有跟随和尾随的区别。如果是上面所提的偶然同路而跟随或即使是基于犯罪目的而跟随，但未到达法益侵害的紧迫性的跟随，与该案的“尾随”在时间上和空间上还是有区别的。较长时间的跟随并到达相对封闭的空间，排除了他人对此行为的干预即为“尾随”。因此，在认定“着手”时，应遵循主客观相统一的原则，在综合考虑“尾随”的特定时间和空间、行为造成的法益侵害的危险性状态的强弱、行为本身的实质危险性以及受害人的可感知度的基础上来判断其行为的性质。

3. 该案中被告人商某师尾随被害人余某贵至小胡同和余某贵丧失财物占有之间具有直接因果关系。从该案情节来看，正是由于被告人商某师的紧紧跟随，才使被害人余某贵产生了心理上的恐惧，被害人余某贵已经认识到这种无形的、具体的危险，故迫不得已放弃了自己的财产将包扔掉，并非出于其他的原因而扔包，更不是遗失物、无主物，也不能将尾随行为和捡包行为割裂开来进行考察，从而认定是侵占罪。

4. 该案中被告人商某师的行为并非抢夺行为。抢夺罪，是以非法占有为目的，公然夺取公私财物数额较大的行为。抢夺罪是出其不意，公然夺取他人紧密占有的财物，实行行为是对物的“夺”或者“抢”，而从该案的整个过程来看，商某师根本没有对余某贵及余某贵的包实施任何有形行为，将仅有的一个捡包行为认定为公然夺取，难免过于牵强。

综上，从该案的特殊情节来看，被告人商某师应当构成抢劫罪。针对事后商某师对余某贵的殴打、胁迫行为，要依赖于商某师的主观目的来判断：如果是为了抢更多的钱，自然是抢劫罪的连续犯；如果是为了防止报警，害怕受害人再找人夺回此包，此种情况下的暴力行为可以被前面的抢劫吸收，认定一罪即可。

296. 如何把握入户抢劫中“户”的认定

二行为人经预谋，持刀窜至本公司宿舍一楼南面的房间，以放设备的名义进入受害人开着房门的房间，一人持刀威胁受害人，另一人以言语威胁，迫使受害人不敢反抗，并交出1200元，二行为人将200元还给受害人后逃离现场。行为人与被害人均居住在工作单位提供的集体宿舍内，受害人在该宿舍内为公司加工湿巾，且基于对二行为人的信任，对其居住的宿舍疏于安全保护，其居住的宿舍公共性较强，并不像“户”能够给公民带来足够安全感的私闭场所，“户”的特征不明显，故本案行为人的抢劫行为不宜认定为入户抢劫。

司法实例

曹甲等抢劫案

被告人曹甲、曹乙与李某妹、李某妹丈夫晏某奎均系某酒店日用品制造有限公司（以下简称日用品公司）员工。日用品公司租赁某市某村村委会所属房屋作为公司员工宿舍，二被告人居住在该楼房的三楼南面间，李某妹、晏某奎居住在该楼房一楼南面间，李某妹平时在该房间内加工日用品公司的一次性湿巾。2013年1月13日14时许，被告人曹甲、曹乙经预谋，持刀窜至公司宿舍一楼南面房间，以放设备的名义进入该开着房门的房间，被告人曹甲持刀威胁李某妹，被告人曹乙以言语威胁，迫使李某妹不敢反抗，并交出1200元，被告人曹甲、曹乙将200元还给李某妹后逃离现场。

案发后，被告人曹甲、曹乙的家属已赔偿李某妹损失，并取得其谅解。

某市某区人民检察院以涉嫌犯抢劫罪对被告人曹甲、曹乙提起公诉。起诉书认为，被告人曹甲、曹乙系入户抢劫，应当依照《刑法》第263条第2款第1项追究其刑事责任。

某市某区人民法院审理认为：被告人曹甲、曹乙以非法占有为目的，结伙持刀采用暴力相威胁的方式，当场劫取他人财物，其行为均已构成抢劫罪。二被告人犯罪时未满十八周岁，归案后能如实供述自己的罪行，家属已赔偿被害人损失，取得谅解，依法从轻处罚。公诉机关指控本案系入户抢劫的意见，该院认为被告人曹甲、曹乙与被害人李某妹均居住在日用品公司提供的集体宿舍内，李某妹在该宿舍内为公司加工湿巾，且基于对二被告人的信任，对其居住的宿舍疏于安全保护，其居住的宿舍公共性较强，并不像“户”是能够给公民带来足够安全感的私闭场所，“户”的特征不明显，故本案不宜认定为入户抢劫。辩护人提出不应认定入户抢劫的意见成立。遂判决认定被告人曹甲犯抢劫罪，判处有期徒刑3年4个月，并处罚金1000元；被告人曹乙犯抢劫罪，判处有期徒刑3年4个月，并处罚金1000元。判决已生效。

本案在审理过程中，对于二被告人所犯抢劫罪系入户抢劫还是一般抢劫存在争议。一审法院认为，本案不属入户抢劫。司法实践中，在对此类案件被告人的行为进行定性之前，应对入户抢劫中的“户”进行准确理解和把握。

1. 相关司法解释及规定。抢劫罪是刑法规定的重罪，入户抢劫作为抢劫罪的加重情节，法律对其处罚也更加严重。入户抢劫本身概念比较抽象，其外延并不清晰，导致司法实践中认定入户抢劫存在一定的难度与混乱。为了明确法律适用，最高人民法院《关于审理抢劫案件具体应用法律若干问题的解释》（以下简称《审理抢劫案件的解释》）第1条将“户”界定为“他人生活的与外界相对隔离的住所，包括封闭的院落、牧民的帐篷、渔民作为家庭生活场所的渔船、为生活租用的房屋等”。《审理抢劫、抢夺案件意见》第1条在《审理抢劫案件的解释》规定的基础上，将“户”的特征进一步限定为“供他人家庭生活和与外界相对隔离”的住所，并明确“供他人家庭生活”为功能特征，“与外界相对隔离”为场所特征，只有同时具备该两个特征的，才属于刑法意义上的“户”。《审理抢劫、抢夺案件意见》将“户”严格限定为家庭生活的住所，主要在于：一是住所是公民最基本、最为信赖的人身与财产权利的庇护所，同时也是公民安全、隐私的重要屏障，入户抢劫将严重影响人们的社会安全感。二是公民拥有住宅不可侵犯的权利。与纯粹户外抢劫相比，入户抢劫不仅侵犯了他人的人身权、财产权，还侵犯了他人的住宅居住安全权。在某种意义上，入户抢劫就是抢劫罪和非法侵入住宅罪的结合,具有双重危害性。三是由于住所是公民生活起居的场所,具有相对封闭性和私密性,入户抢劫致使被害人难以得到外界力量的救助,抢劫容易得手,客观危害性更大。这些因素,既是刑法对入户抢劫进行加重处罚的依据,也是正确理解《审理抢劫案件的解释》和《审理抢劫、抢夺案件意见》将"户"进行严格限定的关键所在。

据此,"户"的外在表现形式可以多种多样,但必须同时具备功能和场所两个特征。其中功能特征主要是指户的家居生活性,"户"首先是住处,是公民家庭生活、日常起居的场所;场所特征主要是指户的私密性、排他性和相对封闭性。在"户"内,公民能够享受生活的安宁与自由,可以避免他人的干扰和窥探;公民享有使用、支配和进出自由的权利,未经允许他人不得随意进入;同时因与外界相对隔离从而表现出封闭性,具有一定的防危和保障功能。

2. 应正确理解家庭生活的含义。家庭生活一般是指以婚姻和血缘、拟制血亲关系为纽带的成员相对固定地居住在一起,为了生存和发展而进行的各种活动。其有以下特点:一是居住成员间一般具有血亲、拟制血亲或姻亲、同居关系,相互之间关系较为亲近;二是居住的成员一般比较固定,既可能是多个成员,特殊情况下也可能是一人独居。为此,单位员工集体宿舍、学生宿舍、宾馆客房等场所虽具有供他人居住并与外界相对隔离的特征,但其居住的成员一般无亲近关系,且有一定的流动性,不具备家庭生活的特征,故不属于"户"。

3. 注意"户"与"室"的区别。"室"通常是指"屋子""机关、工厂、学校等内部的工作单位",可以理解为与外界相对隔离的房屋的内部空间,包括办公室等公共场所;而"户"只能理解为公民家庭的生活区域。通常所说的一家一户和家家户户等的"户",指的都是家庭生活单位。"户"与"室"相比,"户"的地理范围比"室"大,但"户"的外延要小于"室"。只有同时具备上述功能特征和场所特征的"室",才能够认定为入户抢劫中的"户"。为此,办公室、商店等场所,虽然与外界相对隔离,但公共性较强,不能像"户"那样给公民带来安全感,也不用于家庭生活,故不宜认定为"户"。

4. "户"的功能特征应当对"事"不对"人"。此处的"事"是指住所具有的供他人家庭生活和与外界相对隔离的事实,此处的"人"是指住所内的居住者。对"事"不对"人"即指只要住所具有供他人家庭生活和与外界相对隔离的事实,就构成入户抢劫,而不问所抢劫的对象是否为该住所内的家庭成员。① 界定入户抢劫的标志之一,是针对"户"的特定功能,而非户内的居住对象。

5. 关于对进入商住两用及前店后院式的房屋进行抢劫的认定问题。户的功能特征将营业场所明确排除在户的范围之外。但是,对于进入商住两用及前店后院式的房屋抢劫是否构成入户抢劫,司法实践中存在较大争议。根据司法实践经验,对此应遵循以下标准进行判断:一是对于商住两用即白天利用住所从事商品零售等经营活动,晚上做生活起居用的房屋,如果行为人在营

---

① 有观点认为,由于刑法对入户抢劫的打击重点侧重于保护"户"内家庭成员的人身权、财产权,故入户抢劫是针对"户"这一特定范围内所居住对象的身份而言,因此入户抢劫该"户"中家庭成员以外的特定第三人(如前来串门、玩耍、临时逗留的人等)的财物,不构成入户抢劫。此观点值得研究。以犯罪对象的身份属于家庭成员与否来作为构成入户抢劫的要件之一不仅牵强,且违背立法本意。一方面,不管入户抢劫的是住所内的家庭成员还是前来住所的其他人员,其侵犯的客体是相同的,均侵犯了他人的人身、财产权和公民住宅不受侵犯的权利,给被害人造成的是同种程度的心理恐惧,破坏的是住所内所有在场人员对于"户"的安全的信赖利益。两者在本质上没有区别。另一方面,如将家庭成员作为入户抢劫的构成要件,司法实践中很难具体操作。如在审理入户抢劫案件时,定性前必须先确定该户的家庭成员名单,判断被害人是否属于其中。对此,立法上难以作出较为合理的标准,如家庭成员的范围如何确定,即使立法者进行强制规定,那被害人在案发前是家庭成员,而案发后却不是时该如何认定,如案发前后被害人与所在户脱离家庭关系因而引发对被告人量刑的变动,显然不妥。

业时间内进入该场所进行抢劫，由于在营业时间内该场所是对外开放的，他人可以自由进出，具有公共性，不是私密的生活空间，因此不能认定为入户抢劫；在非营业时间进入该场所抢劫，由于该场所功能已经发生了转变，成为他人生活起居之处，在非营业时间他人已不能自由进出，具有封闭性和排他性，应当认定为入户抢劫。二是对于前店后院式的房屋，由于生活和经营区域已经分开，如果行为人侵入后院，即侵入被害人私人的生活空间，显属入户抢劫；如果行为人侵入前店，则应划分营业时间和非营业时间，在营业时间内，前店是供人群自由进出的经营场所，属公共空间；在非营业时间，由于此时的前店后院已经合为一体，应一并做“户”认定。

具体到本案来看，一是被害人居住的宿舍不具备“户”的功能特征，即不能满足家庭生活的需求。经侦查机关查明，被害人居住的宿舍除了有床之外，缺乏卫生间、厨房等基本生活设施，单位提供给被害人的宿舍仅作休息所用，不具备家庭生活功能。二是被害人居住的宿舍公共性较强。两被告人和被害人是同一公司员工，共同住在公司提供的同一栋宿舍楼内，两被告人可以自由进出该房屋。且被害人在该宿舍内为公司加工一次性湿巾，在上班时间内，单位员工视工作需求可以进入，因而，其不像“户”是能够给公民带来足够安全感的私闭场所，“户”的场所特征不明显。据此，不宜认定两被告人为入户抢劫。

297. 基于其他原因实施暴力后索取财物如何定性

行为人基于其他原因，限制被害人的人身自由，并对被害人实施暴力行为，被害人为免受伤害主动提出给付行为人财物，行为人也予以接受，行为人实施暴力时主观上虽然不以财物为目的，但其在实施取财行为时利用了之前暴力行为所形成的威慑力，被害人主动给付财物也是基于之前遭受的暴力行为所形成的精神强制，因此，对行为人的行为应以抢劫罪定罪处罚。

司法实例

支某刚抢劫案

被告人支某刚与被害人栾某英于2015年8月左右相识并随后建立恋爱关系，同年国庆前夕被告人支某刚将被害人栾某英邀请到自己在某市某小区的家中居住。2015年10月2日晚上，被告人支某刚从外省办事回到家中后怀疑被害人栾某英对自己感情不忠，遂到小区查看监控录像，发现被害人栾某英曾与陌生男子进入家中。当晚23时许，得知被害人栾某英与其表妹等人回到家后，被告人支某刚遂跟随进入家中。被告人支某刚进屋后立即到厨房拿出一把菜刀及钢管，手持菜刀及钢管威胁被害人栾某英及其新交往的男友单某秋、栾某英表妹及男友4人不准离开，并责令交出手机等物。被告人支某刚对被害人单某秋进行殴打并持刀将单某秋的脸、胳膊等处划伤，还将单某秋予以捆绑，逼问如何了结此事，被害人单某秋提出经济补偿，被告人支某刚遂索要3万元。被告人支某刚逼迫被害人单某秋借钱未果，又持刀伤害被害人栾某英、单某秋，并强行给二人拍裸照，并将被害人单某秋钱包内的1041元拿走。次日凌晨5时许被害人栾某英表示自己拿3万元摆平，6时许被告人支某刚放栾某英表妹及男友离开。后因栾某英一直未借到钱，被害人单某秋在被告人支某刚的要求下借钱向栾某英的交行卡汇入4000元后于15时许才得以离开，当晚被害人单某秋向公安机关报案。17时许，被害人栾某英的父亲电话告诉栾某英已将3万元汇入栾某英的交行卡，栾某英在接听电话后表示“不要”，立即被被告人支某刚呵斥。18时许，被告人支某刚将栾某英等4人的手机控制在自己手中，与被害人栾某英等人一同离开支某刚家外出取钱。后被害人栾某英趁被告人支某刚在银行取钱时逃离，并随即报警。

被告人支某刚于2015年10月5日晚得知被害人栾某英报案后于当晚向公安机关主动投案。被告人支某刚到案后如实供述了其罪行。案发后,公安机关已追回赃款34,041元。

某市某区人民检察院对被告人支某刚提起公诉认为,被告人支某刚非法剥夺他人人身自由,并有殴打、捆绑、侮辱等情节,其行为已触犯《刑法》第238条之规定,应当以非法拘禁罪追究其刑事责任。被告人支某刚犯罪后自首,具有《刑法》第67条第1款规定的量刑情节。

支某刚的辩护人提出的辩护意见是:支某刚不具有非法占有财产的目的和动机,给付经济补偿是被害人主动提出而非支某刚主动提出,同时支某刚确给栾某英购买过物品,本案的犯罪目的不是直接针对财产,公诉机关指控的罪名成立。

某市某区人民法院审理认为,被告人支某刚以非法占有为目的,采取暴力手段当场劫取他人财物,数额巨大,其行为构成抢劫罪。公诉机关指控的犯罪事实清楚,证据确实、充分,但罪名有误。被告人支某刚犯罪后主动向公安机关投案,并如实供述其罪行,系自首,可减轻处罚。对被告人支某刚供犯罪所用的菜刀、钢管等物,依法予以没收。遂判决认定被告人支某刚犯抢劫罪,判处有期徒刑5年2个月,并处罚金1万元;对被告人支某刚供犯罪所用的菜刀、钢管等物予以没收;责令被告人支某刚将犯罪所得的财物退赔给被害人栾某英3万元、退赔给被害人单某秋4041元。

一审宣判后,被告人支某刚不服,提出上诉,称其系因感情纠纷而使用暴力泄愤,其持刀、钢管是为了控制局面,是被害人主动提出经济补偿,支某刚感情受到伤害应该得到经济补偿,被告人主观上无抢劫故意,在取得财物时并未实施暴力,不属于当场劫取他人财物,其行为应构成非法拘禁罪而不构成抢劫罪。被二审法院驳回。

本案发生在恋人之间类似"捉奸"的过程中,现有证据仅能证实被告人支某刚基于感情背叛而限制被害人的人身自由,并对被害人单某秋实施暴力以泄愤,无证据证实其在对单某秋实施暴力时主观上有取财之目的。被告人支某刚始终辩称,其用菜刀伤害单某秋,是为了逼问单某秋是否与其女友栾某英同居,并非为了劫取财物。该案情形可以概括为行为人因其他纠纷限制被害人的人身自由,并对被害人实施暴力,被害人主动提出向行为人给付财物来解决其纠纷以避免伤害,行为人取得财物,对该种行为的定性,在本案审判过程中存在两种不同意见,一种意见认为,行为人并非以非法占有财物为目的对被害人实施暴力,给付经济补偿是被害人为弥补自己的过错主动提出的而非行为人主动提出,暴力殴打等行为与劫取财物之间没有刑法上的因果关系,因此行为人的行为不构成抢劫罪;另一种意见认为,行为人的该种行为符合抢劫罪的犯罪构成,应以抢劫罪定罪处刑。

本案一、二审法院认可第二种观点,认为应从被告人、被害人的主观状态来分析该案中的暴力行为、取财行为的特点及暴力行为与取财行为的关系,并以此评判行为的性质:

1. 关于抢劫罪中的取财行为非法占有目的的认定。抢劫罪属侵财型犯罪,在主观要件方面要求行为人实施犯罪系以非法占有财物为目的。犯罪目的在部分犯罪中具有区分罪与非罪、此罪与彼罪的重要作用。而判断行为人是否具有非法占有的目的,除行为人的供述外,更要看其外在的客观行为所反映出来的主观目的。至于行为人为何要占有该财物,属于犯罪动机问题,不是抢劫罪构成要件的必备内容,当然在某种程度上犯罪动机可以影响量刑,但是无论何种动机,均不影响定性。

具体到本案,被告人支某刚与被害人栾某英系恋人关系,被害人栾某英与支某刚恋爱期间又与单某秋恋爱属于道德层面的问题,栾某英、单某秋并不因此应对支某刚承担经济补偿或赔偿责任,被告人支某刚并不具备实现其合法债权的基础。一是被害人是否主动提出给付财物,并不必然影响被告人的非法占有财物目的的认定，即使在其他一般抢劫案件中，也有被害人在遭受突然的控制或胁迫时，为了避免遭受更大的人身伤害，在行为人未及做出劫取钱财的意思表示时，会主动提出给付对方财物；二是行为人的主观状态是一个变化的、动态的过程，对被告人行为目的，不能孤立地从某一段、某一点进行评判，而应把其实施暴力、取财等行为作为一个有机的整体联系起来进行评判。本案中，即使被告人最初没有非法占有财物的主观故意，但在被害人栾某英、单某秋被殴打伤害后“主动”提出经济赔偿时，支某刚本不应收钱，仍予索要，并确定金额3万元，表明其已具有非法占有的目的。至于被告人的目的是基于报复被害人以泄愤，或者被害人以此作为断绝与被告人情侣关系的补偿等均不影响非法占有财物目的的成立，即被害人在道德上甚至刑法意义上的过错均不影响对行为的定性。

2. 关于抢劫罪中的暴力行为、胁迫行为的认定。(1)抢劫罪中暴力行为的特殊性。抢劫罪中的暴力行为是行为人为了取得财物而实施于财物占有人，具有明确的指向性，目的在于使被害人不敢反抗、不能反抗，以便顺利获取财物。基于此，最高人民法院《关于抢劫过程中故意杀人案件如何定罪问题的批复》中明确规定，行为人为劫取财物而预谋故意杀人，或者在劫取财物过程中，为制服被害人反抗而故意杀人的，以抢劫罪定罪处罚；行为人实施抢劫后，为灭口而故意杀人的，以抢劫罪和故意杀人罪定罪，实行数罪并罚。(2)暴力胁迫的认定。抢劫罪中的客观要件对行为的要求，既包括使被害人不能反抗的暴力压制，也包括使被害人不敢反抗的暴力胁迫，还包括使被害人无法反抗的其他方法等。在本案中，被害人栾某英、单某秋之所以主动提出经济赔偿，并在之后给付财物，均是基于人身自由被限制，且之前被实施暴力所形成的威慑及精神强制所致。

3. 关于抢劫罪中暴力行为与取财行为的关系。抢劫罪中的暴力行为以压制被害人反抗取得财物为目的，暴力行为与取财行为是前行为与后行为的关系，就被害人而言，遭受暴力是损失财物的原因，就行为人而言，取财行为是目的，暴力行为是手段、方式，二者均具有可责性与可罚性，因为作为目的的取财行为侵犯了公民的财产权利，作为手段的暴力、胁迫行为则侵犯了公民的人身权利，抢劫罪所侵犯的是双重客体。但非法占有的主观意图的形成时间并不必然要早于作为手段的暴力行为的实施时间，行为人出于其他目的实施暴力行为，于正在实施暴力、胁迫的过程中产生夺取他人财物的目的或意思，并夺取财物的，同样成立抢劫罪，因为其作为取财目的行为的实现在客观上利用了其之前实施的暴力行为所形成的条件，其取财行为的实施意味着其承认并利用了其之前实施的手段行为即暴力行为。

抢劫罪的成立，要求作为手段的暴力行为与作为目的的取财行为之间具有因果关系，即只要行为人占有财物的后果系其实施暴力或胁迫行为的原因所致，即已符合了抢劫罪的本质特征。如行为人在以暴力方式实施强奸的过程中，发现被害人有财物，并当面拿走，在其取财过程中，并未以取财行为为目的而实施暴力，但因为其之前为实施强奸所实施的暴力已经给被害人形成了精神强制，使被害人不敢反抗，因此，并不影响其抢劫罪的认定，对此应以强奸罪与抢劫罪数罪并罚。《刑法》第289条也规定，聚众“打砸抢”，毁坏或者抢走公私财物的，除判令退赔外，对首要分子，以抢劫罪定罪处罚。

在本案中，被告人虽然基于逼问“奸情”的目的殴打被害人，该暴力殴打行为均已构成了对被害人的暴力胁迫，使其不敢反抗，被害人为了避免伤害及脱离约束，主动提出给被告人经济补偿，而主动将财物交付给被告人。由此可见，被告人如果没有实施之前的暴力行为，便不会取得被害人的财物，而被害人如果没有遭受暴力行为，也不会主动将财物交付给被告人。因此，被告人的暴力行为与之后的取财行为具有实际上的因果关系，其行为符合抢劫罪中的本质特征。

综上,本案中虽然有被害人主动给付财物、被害人在道德上的过错、被告人主观上其暴力行为并非以取财为目的等诸多因素,但是对被告人而言,其暴力行为与取财行为之间仍然具有手段与目的的关系,对被害人而言,遭受的暴力行为与之后的财产损失具有因果关系,抢劫罪的本质特征依然具备;同时以非法拘禁罪定罪处罚不能评价被告人采用暴力手段非法占有被害人栾某英、单某秋财物的行为,存在明显的量刑不足,且非法拘禁罪系侵犯公民人身权利的犯罪,对被告人占有的被害人财物,也无法处理。因此,对被告人以抢劫罪定罪处罚符合本案的主客观实际,也更符合罚当其罪的刑法精神,故一、二审法院的裁判是正确的。

298. 入户盗窃以轻微暴力抗拒抓捕如何处理

行为人入户盗窃少量财物,被发现后为抗拒抓捕在户内使用轻微暴力,没有给被害人造成严重人身伤害的,应当转化为抢劫罪的基本犯,不宜直接以入户抢劫论处。

司法实例

庄某笑抢劫案

2016 年 8 月 15 日凌晨 3 时许,被告人庄某笑至某市某小区被害人奚某成的住处,乘奚某成熟睡之际,拉开房门进入屋内,窃取奚某成挂在大衣架上的手提包内现金 350 元。庄某笑欲离开时奚某成被惊醒,便大声喊叫,庄某笑立即上前采用捂嘴、按住大腿等手段阻止奚某成呼救并随之逃逸。2016 年 8 月 22 日,被告人庄某笑被公安机关抓获归案,并如实供述上述犯罪事实。公安机关在案发后追缴部分赃款并发还被害人。一审期间,被告人庄某笑的家属代为退赔赃款 350 元。

某市某区人民检察院对被告人庄某笑以抢劫罪(具有入户抢劫加重情节)提起公诉。

某市某区人民法院认为,被告人庄某笑在实施入室盗窃后,为防止被害人呼救并抗拒抓捕,当场使用捂嘴、按住大腿等暴力手段,其行为符合转化型抢劫的特征,且系入户抢劫。庄某笑能如实供述自己的罪行,且其家属代为退赔全部赃款,可以从轻处罚。据此,遂根据《刑法》第 263 条第 2 款第 1 项等相关条款的规定,判决认定被告人庄某笑犯抢劫罪,判处其有期徒刑 10 年,剥夺政治权利 3 年,并处罚金 8000 元。

一审宣判后,被告人庄某笑不服一审判决,向某市中级人民法院提起上诉。

某市中级人民法院审理认为,原判认定庄某笑的行为构成抢劫罪的事实清楚,证据确实、充分,定罪准确,但认定为入户抢劫有误,导致量刑过重,应予纠正。遂依法改判庄某笑犯抢劫罪,判处有期徒刑 5 年,并处罚金 4000 元。

本案在法院审理过程中,对于被告人庄某笑入户窃取他人少量财物,被发现后为防止被害人呼救并抗拒抓捕,在户内对被害人使用了相对轻微的暴力,其行为构成抢劫罪的基本犯还是入户抢劫的情节加重犯,存在较大争议,一、二审法院意见也不一致。一种意见认为,入户盗窃并在户内使用暴力或以暴力相威胁的,其行为在对被害人人身、精神的强制力及潜在的危险性方面与典型的入户抢劫基本相同,不能以行为人取得的财物数额较少或没有造成严重后果等为由否定入户盗窃转化为入室抢劫。《审理抢劫、抢夺案件意见》第 1 条规定,入户实施盗窃被发现,行为人为窝藏赃物、抗拒抓捕或者毁灭罪证而当场使用暴力或者以暴力相威胁的,如果暴力或者暴力胁迫行为发生在户内,可以认定为入户抢劫。另一种意见认为,数额较小的入户盗窃在转化为抢劫罪时,应当首先转化为抢劫罪的基本犯;有其他严重情节的,才能转化为抢劫罪的加重犯。本案中，被告人庄某笑入户盗取了少量财物并使用了轻微的暴力，如果认定其直接转化为入户抢劫并在10年有期徒刑以上的幅度内量刑，在一定程度上存在架空抢劫罪有期徒刑3年至10年法定刑幅度的问题，有违罪刑相适应原则。

从本案二审法院改判结果来看，二审法院倾向后一种意见。入户盗取少量财物并为抗拒抓捕在户内使用轻微暴力的定性如第一种意见所言，从刑法和司法解释规定的字面含义看，入户盗窃转化为抢劫就是入户抢劫。但从刑法罪刑相适应的角度审视，认定窃取少量财物及使用轻微暴力的行为构成入户抢劫，并在10年有期徒刑以上的幅度内量刑，无疑会给人以刑罚畸重之感，这就形成了具体法条与刑法基本原则相互冲突的情形，对此该如何处理，通常认为，如果从法条字面含义得出了明显违背罪刑相适应等刑法基本原则的结论，就需要深究法律体系内部的逻辑和价值，对法条重新作出合理的解释。在本案中，入户盗取少量财物，为抗拒抓捕使用轻微暴力的，应当转化为抢劫罪的基本犯而非入户抢劫这一加重犯。主要理由为：

1. 转化型抢劫是由盗窃、诈骗、抢夺等前提行为和暴力或暴力威胁行为复合而成的。司法实践中在适用转化型抢劫罪的法定刑时，应当比较盗窃等前提行为和暴力或暴力威胁行为的情节轻重及其各自对应的刑罚量，以确保轻罪与重罪在量刑上的衔接和协调。从各罪对应的法定刑来看，轻微的入户盗窃，依法应当在3年有期徒刑以下的幅度内量刑；没有造成严重实际伤害的轻微暴力行为，不足以单独构成犯罪，即使对被害人造成轻伤，也只能在3年有期徒刑以下的幅度内量刑，前后两种行为所对应的刑罚量之和，最高刑不过有期徒刑6年。况且我国《刑法》对于自由刑并罚采取限制加重原则，对入户盗窃与致人轻伤以下的暴力行为并罚还达不到有期徒刑6年，距入户抢劫对应的10年有期徒刑以上刑罚更是相差甚远。以使用的轻微暴力为由将数额较小的入户盗窃直接升格为入户抢劫的做法，在一定程度上造成了抢劫罪有期徒刑3年以上10年以下这一法定刑幅度，无法涵盖和准确评价情节轻重不同、危害不一的转化型抢劫。

2. 刑法中的情节加重犯以基本犯独立成罪为前提，即只有在先成立基本犯以后才存在是否进一步成立加重犯的问题。鉴于此，在认定转化犯时，理应遵循逐级转化的基本思路，即首先考虑把轻罪转化为重罪的基本犯；具有其他严重情节，适用基本的法定刑不足以罚当其罪的，才进一步转化为重罪的加重犯，而不能把轻罪直接转化为重罪的加重犯。判断本案行为的性质，应当重点考虑两个问题：(1)盗窃等前提行为没有达到数额较大，因被发现而当场使用轻微暴力或以暴力相威胁的，能否转化为抢劫罪的基本犯。目前，刑法通说理论认为与典型的抢劫类似，成立转化型抢劫罪同样不需要达到数额较大的标准。但因盗窃等前提行为尚不构成犯罪，故其转化为抢劫罪应以情节严重为必要。其原因在于，数额不大的普通盗窃充其量是行政违法行为，即使行为人又使用了轻微暴力或以暴力相威胁，对被害人的人身和财产造成的损害也不大，跳过盗窃罪直接转化为抢劫罪的做法缺乏实质合理性。为此，最高人民法院、最高人民检察院早在1988年就作出《关于如何适用刑法第一百五十三条的批复》，指出有的被告人实施盗窃、诈骗、抢夺行为，虽未达到数额较大，但为窝藏赃物、抗拒逮捕或者毁灭罪证而当场使用暴力或者以暴力相威胁，情节严重的，可依照抢劫罪处罚；如果使用暴力或者以暴力相威胁情节不严重、危害不大的，不认为是犯罪。本批复虽已废止，但对于审判实践仍有一定参考作用。《审理抢劫、抢夺案件意见》再次明确行为人实施盗窃等行为未达到数额较大，使用暴力或者以暴力相威胁，情节较轻、危害不大的，一般不以犯罪论处；具有一定严重情节的，才能转化为抢劫罪。(2)入户实施上述行为，能否进一步转化为入户抢劫。因为，通常认为轻罪向重罪的转化应当遵循先基本犯后加重犯的思路，窃取少量财物并使用轻微暴力的行为原本情节较轻，危害不大，因有入户情节才转化为抢劫罪的基本犯，但没有其他严重情节使之能够进一步转化为抢劫罪的加重犯。如果入户行为即作为窃取少量财物行为转化为抢劫罪的依据，又进一步升格为入户抢劫的情节，就会形成对同一行为的双重评价，并不可取。

3. 入户窃取少量财物，因被发现而当场使用暴力的，其行为与抢劫罪其他加重情形不具有相当性。我国刑法对抢劫罪规定了八种加重情形，其中，最能直接体现抢劫罪所保护法益的是抢劫数额巨大及抢劫致人重伤、死亡。而入户窃取了少量财物并实施了没有造成严重人身伤害的轻微暴力，对他人人身财产权利造成的损害都不大，其危害程度显然低于抢劫数额巨大或抢劫致人重伤、死亡等典型加重情形。如果对于本案行为同样科处10年有期徒刑以上的重刑，极易造成抢劫罪内部体系紊乱和失衡。

4. 从主观方面看，行为人实施转化型抢劫的犯罪心理与典型的入户抢劫尚有一定区别。在入户盗窃的场合，行为人通常秘密潜入户内并在户主未察觉的情况下将财物占为己有，一有风吹草动就会选择逃逸。在被发现后使用暴力或胁迫手段的，行为人主观上一般也仅有突发故意，其主要目的一般是为尽快安全逃离现场。而在入户抢劫的情况下，行为人具有充分的预谋和坚定的犯罪意志及明确的劫财目的，其可能采取的行为手段和暴力程度也更难预料。因此，实践中对于入户盗窃转化为抢劫的行为，要综合考虑主客观要素，慎重选择和适用法定刑。

综上，入户窃取少量财物，为抗拒抓捕在户内使用未给被害人造成严重伤害的轻微暴力，以抢劫罪的基本犯论处为宜。而《审理抢劫、抢夺案件意见》第1条对于入户实施盗窃被发现，行为人为窝藏赃物、抗拒抓捕或者毁灭罪证而当场在户内使用暴力或以暴力相威胁的，采取的也是留有余地的"可以认定为'入户抢劫'"的规定方式。

299. 抢夺借款凭证是否构成犯罪

行为人作为债务人抢夺债权人实现债权的唯一凭证借条的目的在于防止债权凭证上的财产性利益转化成现实，与当场实施抢劫他人财物并无本质上的区别，事实上剥夺了债权人对自己合法财产的占有权，其行为已经构成抢劫罪。

司法实例

徐某来抢劫案

2016年11月30日，徐某来因经营木材生意急需资金周转便向经常在一起练健步走的姚某俊女士借款25万元，姚某俊向徐某来交付了25万元的现金。徐某来向姚某俊出具了借条，该借条约定徐某来于2017年12月1日向姚某俊偿还本金及年息10%的利息。由于经营不善，约定还款期限届至，徐某来无力偿还本金及利息。徐某来提出全部本金加利息仍按原利息再延长借款一年，姚某俊因担心生变而拒绝延期。徐某来提出将年息提高至15%，姚某俊仍然拒绝。被告人徐某来找他人借钱偿还姚某俊债务，但实在借不到钱。至此，被告人徐某来经绞尽脑汁动了非分之想，决定冒险一试。于2018年1月18日上午，被告人徐某来约姚某俊在本市一家茶社见面，声称已经筹措好本金及利息，要向姚某俊当面以现金方式一次性偿还全部本金及利息，同时还再三叮嘱姚某俊务必带上借条。姚某俊信以为真，便如约而至。在茶社见面时，被告人徐某来先是以好言相谢并主动提出除年息10%外，再额外多给姚某俊1万元，以答谢姚某俊的雪中送炭，与姚某俊套近乎，使姚某俊非常感动，并表示今后如有用钱时可继续找自己帮助筹措。徐某来掏出用报纸包好的"近30万元"，姚某俊拿出了借条，徐某来突然夺过姚某俊手中的借条并当场撕毁吞掉，并威胁姚某俊如敢报案小心后果。徐某来以暴力抢走原始借条，导致姚某俊向徐某来主张债权的唯一凭证灭失。姚某俊当面表示"自认倒霉!"离开现场后,姚某俊直奔公安机关报案,被告人徐某来得知后则随即向公安机关电话投案自首。

某市某区检察机关对被告人徐某来以涉嫌抢劫罪提起公诉。

某市某区人民法院在对本案审理中,对被告人徐某来抢夺借条的行为是否构成犯罪出现多种不同意见:第一种意见认为,借条只是民事借贷关系的债权凭证,借条的灭失并不必然会导致债权人债权或财产的丧失,债权人还可以通过借条以外的其他证据向法院起诉或者向债务人主张其债权。而且,抢劫罪的犯罪对象是财物,侵害的客体是他人的财产所有权,抢借条的行为侵害的客体仅仅是借条所记载的他人的债权,债权不属于抢劫罪犯罪客体的类型,因此,徐某来的行为不构成抢劫罪。第二种意见认为,我国刑法对"财产"的规定已包含了股份、股票、债券等表现为权益的财产,但并未将作为借贷关系的凭证即借条纳入财产性利益范围,可以说刑法并未明确规定借条是财产犯罪侵害的客体,根据罪刑法定原则和刑罚谦抑性特点,抢劫借条的行为不应构成抢劫罪。第三种意见认为,借条是债权人实现债权最重要的甚至是唯一的凭证,借条本身的财产价值属性较小,但当其作为债权凭证时则具有财产性利益。徐某来抢夺债权人实现债权的唯一凭证的目的在于防止债权凭证上的财产性利益转化成现实,在客观事实上剥夺了债权人对自己合法财产的占有权,其结果与当场实施抢劫他人财物并无质的区别,因此,徐某来的行为应当构成抢劫罪。

某市某区人民法院经开庭审理,合议庭评议,并经审判委员会讨论,法院认为,被告人徐某来抢夺债权人实现债权的唯一凭证的目的在于防止债权凭证上的财产性利益转化成现实,与当场实施抢劫他人财物并无质的区别,事实上剥夺了债权人对自己合法财产的占有权,其行为已经构成抢劫罪。遂按照审判委员会的决定,即第三种意见,判决认定被告人徐某来犯抢劫罪,并决定了相应的刑罚。判决已生效。

1. 为逃避债务而抢劫借条具有非法占有他人财物的故意。借贷关系中的债务人是出于逃避债务而当场使用暴力、胁迫或其他方法等行为使债权人不知反抗、不能或不敢反抗而劫取借条的,其在主观上明显具有非法占有他人财物的故意,符合抢劫罪构成的主观要件。如果债务人基于其他目的和原因抢劫借条,但对借条所载明的债权债务关系未予以否认的,债务人在主观上则不具有非法占有他人财物的犯罪故意。而且依据民法理论,债权是一种相对权,借贷关系中的借贷凭证效力只发生在债务人与借款人之间,不涉及第三人。但第三人与债务人相互谋议通过第三人帮助债务人抢劫借条而到达防止债权人财产性利益转化成现实的,第三人与债务人则具有非法占有他人财物的共同故意,其行为可构成抢劫罪的共同犯罪。具体到本案中,被告人徐某来因无力偿还债权人的借款本金及利息,不惜采取暴力行为抢劫借条而达到逃避债务的目的,其在主观上已经具有了非法占有他人财物的犯罪故意,符合抢劫罪的主观构成要件。

2. 借条因具有财产性利益而可以成为抢劫罪侵害的客体。抢劫罪侵害的主要客体是公私财物所有权。目前,我国刑法对财物与财产仅通过《刑法》总则第五章第 91 条、第 92 条对"财产"的范围予以列举。通过这些列举,可以发现刑法中的"财产"范围不仅包括物质财产,还包括股份、股票、债券等表现为权益的财产。而最高人民法院《关于审理盗窃案件具体应用法律若干问题的解释》(以下简称《审理盗窃案件的解释》,现已失效)第 5 条将记名的有价支付凭证、有价证券、有价票证等视为盗窃罪的犯罪对象;《刑法修正案(八)》增设的第 276 条之一也将拒不支付劳动报酬的行为规定为犯罪,进一步表明了具有财产性利益的债权也是财产性犯罪所保护的法益。虽然刑法并未明确将借条视为财产性利益,但借条也类似有价支付凭证、有价证券、有价票证、支票等债权凭证一样具体表现为债务的金钱利益,该利益是具有价值的财产性利益,因此,本案中被告人徐某来抢劫的借条应当属于刑法中财产犯罪中的客体,这也符合刑法对公民财产权全面保护的立法精神。

3. 本案被抢劫的借条是债权人实现债权的唯一凭证。抢劫罪在客观方面表现为当场强行劫取财物的行为,这表明抢劫罪的后果在于使财产的所有人、使用人或管理人丧失对财产的所有、处分和收益等权利。债务人要剥夺借贷关系中债权人的财产性利益必须满足一个前提条件,债务人所抢劫的借条必须是债权人实现债权的唯一依据,抢劫行为人抢劫了借条也就视同抢劫了他人财物。如果除了该借条还有其他有效的证据可证明债权的存在,则抢劫行为人意图通过抢劫借条达到剥夺债权人财产的目的不能实现,此种情况下的抢劫行为不应构成抢劫罪。如债权人系通过银行转账方式向债务人提供的借款,则除借条外,除非债务人提出相反证据能够证明此银行转账系其他经济往来而非本笔借款的确凿证据,银行转账凭证一般可以作为债权人向债务人举债的证据。本案中,徐某来抢劫姚某俊手中的借条是姚某俊向徐某来主张借贷债权的唯一凭证,徐某来抢劫借条的行为达到了剥夺债权人财产性利益的目的。

4. 被抢劫的借条所载明的债权是合法有效的。目前,我国刑法中的财产性犯罪侵害的公私财物范围一般不以合法所有或者持有的财产为限,行为人抢劫他人持有的财物无论是非法还是合法,其非法劫取行为即可构成抢劫罪。但也有例外,如《审理抢劫、抢夺案件意见》第7条规定,抢劫赌资、犯罪所得的赃款赃物,一般以抢劫罪论处,但行为人仅以其所输赌资或所赢赌债为抢劫对象,一般不以抢劫罪定罪处罚。那么抢劫具有财产性利益的借条行为是否一律构成抢劫罪,司法实践中还要区分该借条所载明的债权是否合法。因为借条所载明的债权实现有两种途径:债务人自动履行债务和债权人通过法律途径实现债权。而债务人抢劫借条则表明其不愿自动履行债务,债权人只能通过法律途径主张债权。而从法律意义上来说,因非法债务形成的借贷关系、超过诉讼时效期间的借条以及借贷中超出法律最高利率规定的部分均不受法律保护,一旦债务人不愿主动履行债务,债权人通过法律途径也不能实现自己的债权,此时的借条虽具有财产性权益,但也不能转化为债权人的实现利益。因此,此种情形债务人抢劫的借条所载明的债权不受法律保护的,则其抢劫行为不应构成抢劫罪。具体到本案中,姚某俊与徐某来之间的借贷合同未违反法律规定,借贷利息未超出法律规定,借条也未超过诉讼时效,因此,姚某俊被抢劫的借条所载明的债权是合法有效的,借条所记载的数额及符合法律规定的孳息应视为债权人姚某俊的合法财产性利益。

综上,被告人徐某来为逃避债务而抢劫姚某俊借条的行为符合抢劫罪的构成要件,应当以抢劫罪定罪处罚。

300. 用抢劫的手机贷款据为己有构成何罪

行为人抢劫他人手机后,通过相应手段登录他人账户进行网络贷款并转入自己账户的行为与直接窃取他人账户内的资金并无实质性区别,都是通过对被害人来说的秘密窃取手段转移被害人实际支配的财产,此行为构成盗窃罪。对行为人应当以抢劫罪和盗窃罪定罪处罚并予数罪并罚。

司法实例

谭某刀抢劫、盗窃案

2016年3月6日23时许,被告人谭某刀在某县城外环路上,蒙面拦住下夜班骑电动车回家的崔某印,以暴力相威胁,强行劫取崔某印苹果手机一部,经鉴定价值1985元。当晚,被告人谭某刀通过解码后重新设置密码,登录被害人崔某印的微信账号,并在某平台网上贷款1.5万元,立即转账至自己的银行卡,用于偿还建行、交行的信用卡透支款。

某县人民检察院以被告人谭某刀涉嫌抢劫罪和诈骗罪提起公诉。

某县人民法院在案件审理中,对于被告人谭某刀构成抢劫罪意见一致,但对于谭某刀使用抢劫的手机,利用解码后重设密码的方式,登录被害人微信账号,网上贷款1.5万元用于自己偿还银行透支款的行为定性出现三种不同意见:第一种意见认为,谭某刀的行为构成抢劫罪。谭某刀劫取手机后即实际控制了手机和手机里的微信账号,登录被害人微信账号网贷并转出资金的行为应视为抢劫故意的进一步实现,是抢劫行为的延续,因此,后行为获利数额应当评价为抢劫罪数额。第二种意见认为,谭某刀的行为构成抢劫罪和诈骗罪。前行为构成抢劫罪,后行为冒用他人微信账号骗取了网贷平台资金,构成诈骗罪。第三种意见则认为,被告人谭某刀的行为构成抢劫罪和盗窃罪。前行为构成抢劫罪,后行为违背被害人意志,冒用被害人的名义转移被害人实际控制的财产,构成盗窃罪。

某县人民法院经开庭审理,合议庭评议,并经专业法官会议讨论,最后认定被告人谭某刀分别构成抢劫罪、盗窃罪,判决以抢劫罪、盗窃罪数罪并罚,决定了执行的刑罚与刑期。判决已生效。

从一审人民法院判决结果看,法院支持的是第三种意见,主要理由为:

1. 本案被告人谭某刀分别实施了抢劫、盗窃两个独立的行为,且无牵连关系,构成抢劫、盗窃两罪。(1)谭某刀劫取手机时,并没有使用暴力获取被害人的微信账号密码,不能将行为人占有手机等视为实际控制了手机中的第三方支付账户,而且在被害人失去手机之后,客观上具有挂失、修改绑定手机号等多种技术途径对自己的微信账号实现排他性控制,劫取手机的前行为只是为冒用被害人微信账号网络贷款的后行为创设了条件,此时,劫取手机的前行为已经既遂,后行为属于另起犯意,因此前、后行为是两个相互独立的行为。(2)被告人的后行为侵犯了新的法益,虽然前、后行为的犯罪目的都是非法获取被害人的财产,但前行为侵犯的是被害人人身安全和财产权的复合法益,后行为侵犯的是被害人财产权和网贷平台的管理秩序。当后行为侵犯的法益不能为前行为所完全涵盖时,后行为就有了从刑法上单独给予评价的必要性,因此后行为应当独立评价为犯罪。(3)本案被告人抢劫被害人的手机并非冒用他人手机微信账号网贷的一般方式,在案证据无法证实被告人抢劫手机的目的就是使用他人的手机网贷获利,前后行为并非基于一个犯罪故意所实施,不构成牵连犯,故被告人的行为构成两罪,不宜整体评价为抢劫罪。

2. 本案被告人所使用的网络平台通过预设程序、算法对微信账号实名认证的身份、消费行为等客观数据进行分析,计算出用户的借款额度,用户在借款额度内申请借款,只需登录微信账号,输入支付密码即可申请借款。一是网贷平台只进行形式审查后便可发放贷款。所以网贷平台是通过电脑程序准确回应微信账号发出的操作指令,并不具备人的自主意识和判断能力,因此,网贷平台不属于被骗对象。二是网贷平台并没有审核账户使用者身份的义务。① 实际操作中账户使用者的身份对平台是否发放贷款并无影响,因此网贷平台和工作人员并未陷入微信用户身份的认识错误,也没有基于此种认识错误处分财物,故被告人此行为不成立诈骗类型犯罪。

3. 本案被告人的后行为相对被害人系以秘密窃取手段转移被害人实际支配的财产,符合盗窃罪的行为特征。秘密窃取,是指采用不易被财物所有人、保管人或者其他人发现的方法,将公私财物占为己有的行为;盗窃,是指违背被害人的意志,将他人占有的财物转移给自己或者第三

---

① 在该平台申请及授权协议中明确规定,请妥善保管您的微信账户名、密码、数字证书、与微信账户绑定的手机动态验证码等重要信息,前述账户的操作行为将视为您本人的行为,如申贷、查询、还款等,您将承担该等行为的相应法律后果,用户具有保管账户密码不被泄露的义务,所以账户密码的正确输入应当视为用户本人操作或认可相关操作,网贷平台无须审核账户使用者的身份。

人占有。本案被害人崔某印在手机被劫取后不知道谭某刀登录自己的微信账号网上贷款，被害人崔某印不具有处分意识，所以谭某刀的行为明显违背了被害人意志，符合盗窃罪“主动获取”的行为属性。

窃取行为是排除他人对财物的支配，建立新的支配关系的过程。网络平台对微信用户授信后，只需要输入支付密码，信贷资金随即到账，可用于付款、提现、转账，因此信用贷款额度应视为用户的信用“钱包”，微信用户对额度内的资金享有支配权，行为人冒用他人微信账号转移网贷资金的行为，排除了他人对网贷资金的实际支配权利，实现了行为人对资金的占有，符合窃取行为特征。

司法实践中，对行为人登录他人微信或支付宝账号并转移账户内资金的行为一般认定为盗窃罪已成共识。将窃取他人微信或支付宝账号内资金和本案被告人谭某刀转移被害人微信账户信用“钱包”内资金作对比，两者的行为方式一致，均是登录他人的微信或支付宝账号、输入支付密码、转出相应资金；两者的行为后果都是造成被害人的财产损失，前者通过减少被害人的债权，后者通过增加被害人的债务；两者的行为，目的都是非法获取被害人微信或支付宝账户内的相关财产。因此，本案被告人谭某刀登录他人微信账号进行网络贷款并转入自己账户的行为与直接窃取他人微信账号内的资金并无实质性区别，都是通过对被害人来说的秘密窃取手段转移被害人实际支配的财产，后行为构成盗窃罪。

301. 抢夺中未使用和展示所带凶器如何处理

行为人随身携带凶器抢夺，即使抢夺时既未使用也未向被害人展示，但因客观上已经对被害人的人身安全造成了现实、紧迫的威胁，故仍应对行为人以抢劫罪定罪处罚。

司法实例

戊某明等抢夺、抢劫案

2017 年 6 月 13 日晚，被告人戊某明伙同韩某雄（男，15 岁，另案处理），至某市某购物中心西门，由戊某明驾驶摩托车，韩某雄实施抢夺，抢得被害人符某手机 1 部，价值 987 元、品牌西服一套，价值 4500 元。同年 6 月 15 日晚，葛某亮、戊某明伙同韩某雄，准备了京剧脸谱面具、电击枪、甩棍等工具置于摩托车坐垫下，至本市东环路，抢得被害人董某恩手机 1 部，价值 180 元。当晚，葛某亮、戊某明又至人民路，由葛某亮驾驶摩托车，戊某明实施抢夺，抢得被害人云某准 300 元。后遭被害人当场反抗，葛某亮为抗拒抓捕，用携带的电击枪、现场捡取的木棍对云某准进行威胁，后伙同被告人戊某明弃包逃离。

某市某区人民检察院对被告人戊某明以涉嫌犯抢劫罪提起公诉。

某市某区人民法院经审理认为，根据最高人民法院《审理抢劫案件的解释》第 6 条的规定，“携带凶器抢夺”是指行为人随身携带枪支、爆炸物、管制刀具等国家禁止个人携带的器械进行抢夺或者为了实施犯罪而携带其他器械进行抢夺的行为。本案中，戊某明、葛某亮 2017 年 6 月 15 日晚的行为系“携带凶器抢夺”，应当以抢劫罪论处。理由如下：首先，凶器是指在性质上或者用法上足以伤害他人的器械。公安机关制作的视频资料可以证明本案中被告人携带的电击枪具有足以伤害他人的物理性能，应视为凶器。其次，携带是指将某种物品带在身上或者置于身边附近，将其置于现实的支配之下的行为，是一种现实上的支配。最后，本案被告人为了对付被害人反抗而准备电击枪、甩棍等器械，并将该器械置于触手可及的摩托车坐垫下以便其随时可以使用,其抢夺时所携带的该凶器无论是否向被害人展示,客观上已经对被害人的人身安全造成了一种现实的、紧迫的威胁,属于为了实施犯罪而携带。遂依照《刑法》第263条等条款规定,判决认定被告人戊某明分别构成抢夺罪、抢劫罪,决定执行有期徒刑4年9个月,并处罚金5000元。葛某亮犯抢劫罪,判处有期徒刑4年6个月,并处罚金4000元。

一审宣判后,被告人戊某明以虽携带凶器但既未使用也未向被害人展示,认定其犯抢劫罪错误为由提起上诉。

某市中级人民法院经二审审理认为,上诉人抢夺时所携带的凶器无论是否向被害人展示,客观上可以随时对被害人的人身安全造成伤害,属于为了实施抢夺犯罪而携带,属于"携带凶器抢夺",应当以抢劫罪定罪处罚。一审判决认定本案事实清楚,证据确实、充分,定罪准确,量刑适当,审判程序合法。遂终审裁定驳回上诉,维持原判。

本案的焦点在于二被告人在2017年6月15日晚第一次作案时,携带凶器抢夺但未使用和展示凶器的行为应定性为抢夺还是抢劫。

1. 关于"凶器"的认定。凶器,按字面上的理解就是行凶的器具,从法律上说,凶器的概念要因时、因地的不同而不同,比如蓄谋杀人的,行为人为了杀人而准备的工具,无论是什么都是凶器,即使是从地上随手捡起的石头、钥匙链上的水果刀也是凶器。家庭用的菜刀,用它做菜或防卫就不是凶器,用它杀人就是凶器。"凶器"应有两种含义,一种是性质上的凶器,如枪支、管制刀具等,此种物品属于违禁品,认定上不存在困难。另一种是用法上的凶器,本身虽不为法律所禁止,但属于可用于杀伤他人的物品,如使用菜刀、铁棒、石块等杀伤他人或者威胁他人,这些物品亦应认定为凶器。要认定行为人所携带的物品属于凶器,还须从主观方面加以考量,即要求行为人具有准备使用的意识。准备使用的意识应当包括两种情况:一是行为人在抢夺前为了使用而携带该物品;二是行为人出于其他目的携带可能用于伤害他人的物品,在现场意识到自己所携带的凶器进而实施抢夺行为。反之,如果行为人并非为违法犯罪而携带某种物品,实施抢夺时也没有准备使用的意识,则不宜适用《刑法》第267条第2款。具体到本案中,二被告人事先准备的电击枪、甩棍具有杀伤人体的属性,且系为抢夺而准备,应认定为凶器。

2. 关于"携带"的认定。从文义上看,"携带"是指在从事日常活动的住宅或居所以外的场所,将某种物品带在身上或者置于身边附近,将其置于自己现实的支配之下。"携带"是持有的一种表现形式,要求行为人随时可以使用自己所携带的物品。但是,不要求行为人显示凶器(将凶器暴露在身体外部),也不要求行为人向被害人暗示自己携带凶器。因为从文义来看,"携带"一词并不具有显示、暗示物品的含义;从构成要件符合性方面来看,显示或者暗示自己携带凶器进行抢夺的行为,本身即可能符合普通抢劫罪的构成要件;从实质上看,这种行为比当场扬言以暴力进行威胁的抢劫行为有过之而无不及。如果将携带凶器抢夺限定为必须显示或者暗示自己携带有凶器而抢夺,那么《刑法》第267条第2款就失去了法律拟制的意义,而成为注意规定。抢夺行为大多表现为乘人不备而夺取财物,既然是乘人不备,通常也就没有显示或者暗示凶器的现象。基于同样的理由,更不要求行为人使用所携带的凶器。如果行为人使用所携带的凶器强取他人财物,则应直接适用《刑法》第263条的规定。行为人在携带凶器而又没有使用凶器的情况下抢夺他人财物的,才应适用《刑法》第267条第2款的规定。所谓没有使用凶器,既包括没有使用凶器实施暴力,也包括没有使用凶器进行胁迫。本案中,二被告人虽将电击枪等凶器置于摩托车坐垫底下,但仍属于随身携带,处于其触手可及的范围内,抢夺过程中虽未向被害人显示,仍应认定为"携带凶器抢夺"。

302. 在公交车内作案车外暴力抗拒抓捕如何定性

在公共交通工具上犯盗窃、诈骗、抢夺罪，为窝藏赃物、抗拒抓捕或者毁灭罪证，在公共交通工具之外使用暴力或者以暴力相威胁的，不属于在公共交通工具上抢劫。

司法实例

来某宏抢劫案

2017年10月9日11时10分许，被告人来某宏乘坐某省际长途高速客运大巴车，在途经某服务区停车休息时，窃得被害人鲁某房放于大巴车行李架上包内的32,200元。得手后被鲁某房发现，随后将其所窃现金归还鲁某房，之后跳窗逃跑。服务区保安莫某健及司机郑某军随即追赶，来某宏为抗拒抓捕，对莫某健实施了拳头击打等暴力行为，致使莫某健鼻子、胳膊等处受伤，但最终被莫某健和郑某军抓获。

某市某区人民检察院对被告人来某宏以涉嫌抢劫罪提起公诉。

被告人来某宏辩解没有盗窃他人财物，也没有为抗拒抓捕殴打他人，当时逃跑是因曾无故被公安机关关押，对公诉机关指控其犯罪事实予以否认。

某市某区人民法院审理认为：被告人来某宏在盗窃他人财物后为抗拒抓捕殴打他人的事实，有被害人鲁某房、莫某健的陈述，证人郑某军、奚某成的证言，辨认笔录，伤情照片等证据证实，且这些证据能互相印证，故被告人来某宏辩解其没有实施过盗窃行为、没有殴打他人，及其辩护人辩称公诉机关指控证据不足的意见，与查明事实不符，法院不予采信。被告人来某宏以非法占有为目的，在公共交通工具上采用秘密手段窃取他人财物，数额巨大，并为抗拒抓捕当场使用暴力，其行为已构成抢劫罪。公诉机关指控的罪名成立。遂判决认定被告人来某宏犯抢劫罪，判处有期徒刑10年6个月，并处罚金1万元。

一审宣判后，被告人来某宏及其辩护人不服一审判决，以一审判决认定事实不清、证据不足为由提出上诉。

某市中级人民法院经二审审理认为：(1)关于本案证人证言、被害人陈述的采信问题。《刑事诉讼法》规定，没有被告人供述，证据确实、充分的，可以认定被告人有罪和处以刑罚。对于证人证言、被害人陈述，经过庭审质证并且查实以后，可以作为定案的根据。就本案而言，被害人鲁某房在侦查阶段对被告人来某宏从其放在大巴车行李架上的包内窃得现金，被发现后即予退还的事实有详细陈述，其当庭作出的陈述与之前陈述的内容一致，又经辩方及出庭检察员双方质证，应当作为定罪的根据。同时，证人奚某成对来某宏行窃被发现的过程亦有陈述，且与鲁某房陈述相印证。来某宏盗窃行为被发现后跳窗逃跑，在逃离途中将实施追捕行为的莫某健鼻子、胳膊等处打伤的事实，有被害人莫某健陈述，证人郑某军、奚某成的证言证实。故原判认定来某宏实施盗窃行为后，为抗拒抓捕而当场使用暴力的事实证据确实、充分，原判据此对来某宏以抢劫罪定罪，符合法律规定。上诉人来某宏及其辩护人提出原判认定事实不清、证据不足的意见与本院查明的事实、证据不符，不予采纳。(2)上诉人来某宏在公共交通工具上盗窃被发现后，在逃离途中当场使用暴力，其行为已构成抢劫罪，但因其实施暴力的行为发生在公共交通工具之外，不属在公共交通工具上抢劫。故原判认定来某宏的行为构成抢劫罪定性正确，但认定在公共交通工具上抢劫，属于适用法律错误，应予纠正。同时，因抢劫数额巨大的标准已有变化，上诉人来某宏抢劫罪不属于抢劫数额巨大，本院予以纠正。上诉人来某宏及其辩护人、出庭检察员就此提出的相关意见理由成立，本院予以采纳。该院认为，上诉人（原审被告人）来某宏以非法占有为目的，采用秘密手段窃取他人数额较大的财物，为抗拒抓捕而当场使用暴力，其行为已构成抢劫罪。原判认定事实清楚,证据确实、充分,定性正确,审判程序合法,但适用法律不当,应予纠正,遂判决撤销一审刑事判决;判决认定上诉人(原审被告人)来某宏犯抢劫罪,判处有期徒刑6年,并处罚金7000元。

本案在法院审理中,对于被告人来某宏在公共交通工具上盗窃被发现后,在逃离途中当场使用暴力的行为已构成抢劫罪,均无争议。但本案特殊性在于被告人来某宏实施的暴力行为发生在公共交通工具之外,是否仍能认定为在公共交通工具上抢劫。从二审法院的改判结果看,被告人的行为不属于在公共交通工具上抢劫,应认定为普通的抢劫。主要理由为:

1. 在公共交通工具上抢劫社会危害性明显大于一般抢劫。对抢劫罪,《刑法》第263条特别列明了八种加重处罚的情形,在交通工具上抢劫就是其中的第2项,法定起刑点为10年,量刑幅度为10年以上有期徒刑、无期徒刑或者死刑,并处罚金或者没收财产,与普通抢劫的法定起刑点为3年、刑期为3年以上10年以下有期徒刑、并处罚金相比,刑法对这种行为的打击力度显然更大。按照罪刑相适应原则,这就意味着在公共交通工具上抢劫比普通抢劫行为的社会危害性更大。具体表现在:一是严重危害了不确定多数人的人身、财产权利。最高人民法院发布的《审理抢劫案件的解释》第2条规定,“在公共交通工具上抢劫”主要是指在从事旅客运输的各种公共汽车、大中型出租车、火车、船只、飞机等正在运营中的机动公共交通工具上对旅客、司售、乘务人员实施的抢劫。按照最高人民法院的上述意见,刑法规定的公共交通工具必须具有承载不特定多数旅客的特点,所以在小型出租车上抢劫的,不属于在公共交通工具上抢劫。由于公共交通工具上载客较多,而公共交通工具本身又比较封闭,所以一旦有人抢劫,车上乘客可能都难以幸免。故而在公共交通工具上抢劫的行为对不特定多数人的人身、财产安全造成了严重威胁,而普通抢劫都是针对个别的被害人进行,所以在交通工具上抢劫的行为具有更大的社会危害性。二是严重危害了公共交通秩序。为缓解交通拥堵,各地都在大力发展公共交通。如果在公共交通工具上发生抢劫,无疑会严重影响公众乘坐公共交通工具的安全感和信任感,出现公众因认为公共交通工具不安全而不愿乘坐,国家则需要投入巨大的成本以消除公众的恐惧心理。此外,公共交通工具运营时一般速度很快,抢劫中也容易发生交通事故,会给人员、财产带来更大的损失。三是行为人在公共交通工具上抢劫的主观恶性也更大。因为一般而言,行为人犯罪时会尽量避开人多的地方,或者尽量不让被害人知道,因为惧怕被发现后受到法律制裁。但行为人在公共交通工具上抢劫时,由于乘客众多,其行为属于公然抢劫,这充分表明行为人在心理上已经失去了对法律的基本敬畏。

2. 转化型抢劫,也具有上述特点,当行为人对乘客实施了盗窃、诈骗、抢夺行为,为窝藏赃物、抗拒抓捕或者毁灭罪证而在公共交通工具上使用暴力或者以暴力相威胁时,也会严重危害公共交通工具上不特定多数人的人身、财产安全以及公共交通秩序。但当行为人在公共交通工具上实施了盗窃、诈骗、抢夺行为,在公共交通工具之外实施暴力行为或者以暴力相威胁的,显然不能认定为在公共交通工具上抢劫。一是从犯罪侵害的客体来看。由于行为人的暴力行为发生在公共交通工具外,其行为没有威胁到广大乘客的人身安全,对公共交通秩序的损害也小于暴力行为发生在公共交通工具内。二是从犯罪的客观方面来看。法律特别强调对在公共交通工具上抢劫的要从重处罚,也即意味着公共交通工具上必须有暴力行为发生,否则就与普通的抢劫行为无法区分。三是从犯罪的主观方面来看。行为人在公共交通工具外实施暴力行为,也说明其主观上没有当众抢劫的故意,所以其主观恶性也小于在公共交通工具内实施暴力行为,故相对来说不宜处罚过重。具体到本案中,被告人来某宏盗窃被发现后,在得知车上乘客要报警时选择跳窗逃跑,而不是在车上公然使用暴力,其行为尚未威胁到车上众多乘客的人身安全。此后,被告人来某宏在车外使用暴力，其行为只应构成普通的转化型抢劫。实际上，对同样属于加重处罚八种情形之一的“入户抢劫”，最高人民法院在《审理抢劫、抢夺案件意见》里也是要求暴力或者暴力胁迫行为必须发生在户内，如果暴力或者暴力胁迫行为发生在户外，不能认定为入户抢劫。同理，在公共交通工具上抢劫也应要求暴力或者暴力胁迫行为必须发生在公共交通工具内。

综上，二审法院对一审判决的改判是正确的。

303. 汽车价值应否计入抢劫数额

行为人只抢劫了被害人的钱财与手机，没有抢劫被害人汽车的目的与行为，也没有将被害人的汽车作为犯罪工具或者逃跑工具使用，故不能适用最高人民法院《审理抢劫、抢夺案件意见》第6条第2款的规定，将汽车价值计算在抢劫数额中。

司法实例

方某利等抢劫案

2016年3月20日23时许，被告人方某利与董某玉(另案处理)预谋抢劫后，在某市一宾馆门口租取被害人吕某均没有合法营运手续的海南马自达小型轿车。次日凌晨2时许，当车行驶至本省相邻县城一建筑工地时，被告人方某利和董某玉采用刀扎及绳索勒颈的手段对吕某均实施抢劫，致吕某均右大腿及右手食指、左手无名指受伤。两人强行劫取被害人吕某均现金650元后，为救治受伤的吕某均，被告人方某利在吕某均的指挥下驾驶吕某均的汽车至某县工商银行门口(某县医院附近)，方某利、董某玉又强行劫走吕某均价值600元的华为手机一部，然后逃离现场。

案发后，部分赃物已被公安机关追回并发还给被害人吕某均。

某县人民检察院对被告人方某利以涉嫌抢劫罪提起公诉。起诉书认为被告人方某利抢劫数额巨大。

民事赔偿部分经法院调解达成调解协议，即由董某玉一次性赔偿给被害人吕某均11,000元(已履行完毕)，吕某均放弃其他诉讼请求。

某县人民法院经开庭审理，判决认定被告人方某利犯抢劫罪，判处有期徒刑5年6个月，并处罚金10,000元。

一审宣判后，在法定期限内被告人没有上诉、检察机关没有抗诉，判决已生效。

本案争议的焦点是被害人汽车自身的价值(经鉴定为95,200元)是否应当计入抢劫数额。在法院审理中，出现不同意见，主要有三种意见：第一种意见即公诉机关认为，被告人方某利与董某玉以非法占有为目的，劫得被害人吕某均现金650元和手机一部，并抢得“黑的”从某市逃窜至某县，符合最高人民法院《审理抢劫、抢夺案件意见》第6条第2款中“为抢劫其他财物，劫取机动车辆当作犯罪工具或者逃跑工具使用的，被劫取机动车辆的价值计入抢劫数额”的规定，应将汽车的价值计入抢劫数额，认定被告人方某利抢劫数额巨大。第二种意见认为，《审理抢劫、抢夺案件意见》第6条第2款的规定是指为抢劫其他财物，在作案之前，为抢劫做准备而事先抢劫机动车的行为，并不包括抢劫之后为逃跑而临时起意抢走车辆的行为，故不应将汽车价值计入抢劫数额。第三种意见认为，被告人方某利与董某玉对汽车没有非法占有的目的，方某利驾驶汽车时被害人吕某均始终在车上并指挥行驶路线，汽车始终未离开被害人吕某均的控制，故不应将汽车价值计入抢劫数额。

从一审判决结果来看，法院同意第三种意见。无论是正规出租车还是无照经营的“黑车”，都有流动性强、乘坐人员复杂的特点，且司机大多都是独自开车营业，被抢劫可能性较大。在此类抢劫案件中，由于司机一般自身携带的财物不多，故抢得现金及其他财物的价值都较小，但是汽车自身价值较高，故在抢劫车主后驾车离开或弃车案件中，车辆价值是否计入抢劫数额的认定直接关系到抢劫罪量刑是否“提档”。在本案中，一审法院认为不应将汽车价值计入抢劫数额，主要理由为：

1. 被告人方某利和董某玉对被害人的汽车并无非法占有的目的。抢劫罪主观方面是故意，并具有非法占有公私财物的目的。非法占有的目的从主观上只能依据被告人供述来证明，司法实践中被告人往往会予以否认，所以并不容易认定。这使在确认被告人是否有非法占有目的时往往会选择参照客观标准。非法占有在客观上的表现为将财物据为己有或者排除他人对财物的合法占有或控制，非法占有的对象不仅包括财物的实际价值也包括财物的使用价值，即无论自用、销赃、损毁或者丢弃，均不排除非法占有的目的。本案中，被告人方某利否认其有非法占有被害人汽车的想法。公诉机关认为被告人方某利与董某玉以暴力劫得现金等物后，由被告人方某利驾驶汽车逃跑，其间两人一直对被害人吕某均实施暴力，故被告人方某利与董某玉对汽车有非法占有的目的。本案的具体案情是，虽然被告人使用被害人财物是非法占有的表现之一，但被告人对被害人的财物的使用并不一定说明被告人有非法占有的目的。例如，入户盗窃时，行为人使用了失主家的拖鞋等物为自己服务并在离开时物归原处的行为就不能认定行为人对拖鞋等物有非法占有的目的。结合本案的具体情况，被告人方某利虽然在抢劫财物之后开始时有驾驶汽车逃跑的想法，但当被害人吕某均因受伤流血、疼痛而不能开车时，被告人放弃了驾车逃跑的念头。其驾驶汽车的原因是被害人吕某均因受伤流血、疼痛而不能开车，且被告人方某利与董某玉并没有丢下被害人，而是询问被害人行车路线，按照被害人的指示开车，方某利、董某玉主观上没有想排除被害人对汽车的控制，故二人对汽车没有非法占有的目的。

2. 汽车在本案中并不是逃跑工具。实践中对《审理抢劫、抢夺案件意见》第 6 条第 2 款的理解有些不同，应该认为该条款的适用不应局限于作案前。“为抢劫其他财物”，从文义上解释是一个目的，不是一个时间，这个目的贯穿于整个作案过程。与“为抢劫其他财物”相对的是直接抢劫汽车本身，即《审理抢劫、抢夺案件意见》第 6 条第 2 款的适用情况应是为抢劫其他财物，将抢车作为一种手段，而该手段的具体应用是将抢来的车辆作为犯罪工具或者逃跑工具。本案中，汽车并不是犯罪工具，公诉机关引用该条款是认为被告人方某利和董某玉在劫得财物之后，将汽车作为逃跑工具使用。但从案件实际情况看，被告人方某利在开始驾驶汽车时确实有向南逃往某市的想法，但之后不久看到被害人一直在流血，于是被告人方某利和董某玉转而想先将被害人送去医院，故而偏离了原定方向，按被告人指示一路向北行驶。虽因路况不熟，最后将被害人和汽车丢弃在某县城工商银行门口，但该地点距离某县人民医院仅 3 分钟车程，使被害人得到救治的机会大大增加，证明了被告人方某利和董某玉有想救治被害人的想法。弃车后，为了确认被害人被路人发现并得到救治，被告人方某利还返回弃车现场进行观望。综上所述，被告人方某利和董某玉在准备逃跑后不久就改变了想法，转而变成了尽快救治被害人，综合考虑二被告人的行为，本着鼓励抢救被害人和有利于被告人的原则，不应将汽车认定为二人的逃跑工具。

综上，本案被告人方某利与董某玉没有抢劫汽车的意思表示与行为，也没有将汽车作为犯罪工具或者逃跑工具使用，故本案不适用《审理抢劫、抢夺案件意见》第 6 条第 2 款的规定，不宜将汽车价值计算在抢劫数额中。被告人方某利的抢劫数额为 1250 元，应当在有期徒刑 3 年以上 10 年以下幅度内量刑。

304. 伤人后恐他人报警抢走其手机如何定性

行为人偶遇与其分手的前女友与新男友一起吃饭，遂用随身携带的折叠水果刀捅刺该二人后欲离开现场时，见他人拨打手机，因恐其报警，又将其手机强行劫走，这是完全独立的两个犯罪行为，分别符合故意伤害罪和抢劫罪的构成要件，应以故意伤害罪、抢劫罪数罪并罚。

司法实例

展某雄故意伤害、抢劫案

21岁的被告人展某雄与恋爱女友杨某霞因感情纠葛两人分手。三个月后的一天晚上，展某雄去本市一胡同内的正宗海鲜烧烤与朋友吃饭喝酒，中途出来小解时，发现其前女友杨某霞和现男友董某德也在店内吃饭，展某雄妒火中烧，掏出随身携带的折叠水果刀猛然刺向董某德，杨某霞制止时展某雄向其前胸捅刺一刀，随后展某雄又向董某德身上连扎数刀，冲出店外，看见店主信某义正用手机拨打电话，展某雄认为其要报警，就说“不准报警，把手机给我”，信某义因害怕就把手机交给展某雄，展某雄拿着电话逃离现场（经鉴定该手机价值1088元）。两被害人被群众打“120”送医抢救。经法医鉴定：被害人董某德构成重伤；被害人杨某霞构成轻伤。

检察机关对被告人展某雄以涉嫌故意伤害罪、抢劫罪提起公诉。

一审法院在案件审理中对被告人展某雄的行为构成故意伤害罪没有异议，但对展某雄的行为是否同时构成抢劫罪存在分歧意见。一种意见认为，展某雄在持刀捅人构成故意伤害罪的同时，对信某义说“不准报警，把手机给我”的行为构成抢劫罪。另一种意见认为，展某雄在持刀捅人构成故意伤害罪的同时，对信某义说“不准报警，把手机给我”的行为是故意伤害罪的后续行为，不再单独构成抢劫罪。

一审法院经开庭审理认为，被告人展某雄因感情纠葛，偶遇其前女友与新男友董某德在一起吃饭，便用随身携带的折叠水果刀向其捅刺，其前女友杨某霞上前阻拦时又对杨某霞捅刺一刀。至而被害人一重伤、一轻伤，被告人展某雄的行为构成故意伤害罪。被告人展某雄作案后，见他人拨打手机，因恐其报警，又将其手机强行抢走的行为，符合抢劫罪的构成要件，又构成抢劫罪。遂判决认定被告人展某雄犯故意伤害罪、抢劫罪，并予数罪并罚决定了执行的相应刑期。

一审宣判后，被告人展某雄以不构成抢劫罪，故意伤害罪事出有因，量刑重为由提起上诉，被二审驳回。

从本案一、二审法院裁判结果看，两审法院均同意第一种意见，认为被告人展某雄的行为在构成故意伤害罪的同时，还构成抢劫罪。主要理由为：

1. 从抢劫罪的主观构成要件来看。通常，司法实践中在证明行为人主观罪过时使用推定的方法，同时允许反证。抢劫罪的主观方面为直接故意，并且具有非法占有公私财物的目的。如果行为人不具有这一犯罪目的，则一般不宜认定为抢劫罪。虽然使用推定的方法是主观见之于客观的活动，但仍然应当注意：一是犯罪主观方面存在的客观性。行为人的犯罪故意对于司法人员来说是客观存在的情况，而不是主观臆断，司法人员查明犯罪主观故意的活动，是司法人员主观认识客观的过程。二是犯罪的主观方面通过犯罪行为得以外化。行为人犯罪的主观故意不只是停留在大脑之中的纯主观思维活动，它必然通过行为人的犯罪活动以及与犯罪有关的一系列外在活动表现出来，司法人员通过深入调查，全面、辩证地分析案件的具体情况，就能够对行为人的主观心理状态作出符合客观事实的判断和结论，从而正确地定罪量刑。

具体到本案，被告人展某雄用随身携带的折叠水果刀捅刺两人后冲出饭店之外，看见店主信某义正用手机要打电话，认为其要报警，就说不准报警，把手机给我，信某义因害怕受到伤害便将手机交给被告人，被告人拿着手机逃离现场，这是案件的客观事实。这一客观事实说明，被告人冲出饭店逃离现场之际，看见店主信某义正用手机要打电话，认为其要报警，于是临时起意，采取胁迫手段，非法占有该手机，阻止他人报警从而避免被公安机关抓获。在此，或许持不同意见的人会认为，行为人没有非法占有该手机的目的，其目的就是避免他人报警，这种观点其实是混淆了犯罪目的与犯罪动机的区别，犯罪动机是促使行为人进行犯罪的内心起因，而犯罪目的则是行为人通过犯罪所意图达到的目的，犯罪目的是构成某些犯罪的必要条件，如抢劫罪，是否具有某种犯罪目的是构成罪与非罪的关键。而避免报警仅是被告人的犯罪动机而非法占有手机是行为人的犯罪目的，只有非法占有手机，才能避免他人报警，促使行为人产生该非法占有目的的内心起因恰恰是其害怕他人用手机报警。因此，可以据此推定行为人非法占有目的的存在，假如行为人拿到手机后当场摔碎，然后逃离现场，则其不具有此目的，构成其他罪的，应按相关罪定罪处罚，而客观事实是行为人拿着手机逃离现场，从主客观相一致角度，说明行为人这一犯罪目的的客观存在。

2. 从抢劫罪的客观构成要件来看。抢劫罪的客观方面表现为当场使用暴力、胁迫或其他方法夺走公私财物的所有人、保管人或看护人财物或迫使其当场交出财物的行为。多数意见认为本案定罪的关键在于对展某雄胁迫手段的认定上，但是在分析胁迫手段之前应着重于对本案中“当场”的理解，因为这对于认定胁迫手段起着承前启后的作用，这是本案的特殊之处。(1)对“当场”的理解。典型的抢劫罪中对于“当场”的理解一般没有疑问。本案的特殊之处在于，被告人在同一个犯罪现场连续犯罪，正是因为这个特殊的环境影响了抢劫罪的成立，我国《刑法》第269条转化型抢劫罪中有关于“当场”的规定，通说认为“当场”包括两种情形：一是指实施盗窃、诈骗、抢夺的现场；二是指刚一逃离现场及被人发现和追捕的过程中，即现场的延伸。本案中，被告人展某雄故意伤害的地点是某市一胡同内的海鲜烧烤店内，被告人刚捅刺两人后冲出店外，准备逃离之际，发现店主信某义正用手机要打电话，于是在害怕其报警的内心驱使下说“不准报警，把手机给我”，这一行为发生在店外，行为人作案现场实际上仅一门之隔，也就是展某雄捅人后刚一逃离的过程中实施的紧密相连的行为，从时间与空间的角度来分析，应视为伤人现场的延伸，加之被害人信某义恰恰是烧烤店的店主，信某义也肯定知道行为人刚刚在店内用刀捅了两名顾客，正是因为在犯罪现场的当场这一特殊的环境之下，才有行为人的语言胁迫能够对被害人信某义产生强烈的精神强制。因此，本案中的“当场”应认定为行为人捅人的作案现场，此“当场”在时间与空间上与行为人后来的行为有着极为密切的关系。(2)对行为手段的分析。根据我国《刑法》第263条的规定可以得知，暴力、胁迫或其他方法之间是一种并列关系，在抢劫罪中只要有其中一个行为手段就可以，并不是必须使用暴力手段才能构成抢劫罪，对此单纯使用胁迫手段或其他方法也可能构成抢劫罪。通说认为，所谓胁迫是指以当场实施暴力相威胁，对被害人实施精神强制，使其产生恐惧而不敢反抗，迫使被害人当场交出财物或者不敢阻止犯罪分子而任其将财物劫走的行为。一旦被告人的胁迫遭到反抗，其便会立即使用暴力劫取，因此对于被害人所产生的心理恐吓作用是巨大的，抢劫罪中的胁迫行为具有如下特征：一是当场性。也就是说，该胁迫是直接面向财物的所有人、保管人或看护人而发出的，这是由抢劫罪的当场性所决定的。二是急迫性。行为人实施胁迫行为的目的就是要使被害人当场受到精神强制，基本丧失反抗的勇气和意志，迫使被害人除当场交出财物之外，没有考虑选择以及讨价还价的余地。三是以暴力为后盾。抢劫罪中的胁迫行为必须是以暴力为后盾的，即如果被害人不当场交出财物，行为人往往会毫不犹豫地诉诸暴力。四是现实可能性，即由胁迫转化为暴力的现实可能性，抢劫罪是以当场取得被害人的财物为目的，所以为抑制被害人反抗的可能性，其胁迫内容必须具有当场付诸实施的现实可能性。

具体到本案，被告人当场用随身携带的折叠水果刀故意扎伤两人后，在作案现场临时起意，意图抢劫，对被害人的一系列言行是以暴力为后盾无可非议，一旦被害人拒绝交出手机，由胁迫转化为暴力即成为现实，完全符合抢劫罪中对于胁迫行为手段的要求。本案在此存在最大争议的是对胁迫行为手段程度的理解。司法实践中，对于胁迫行为有人存在一定误解，即胁迫行为就是采用单一的威胁性语言。其实，司法实践中胁迫行为的方式可以是多种多样的，如使用语言、动作、示意威胁等，不能把抢劫罪的胁迫行为仅仅理解为发出赤裸裸的如不答应取财要求就当场实施杀害、伤害行为。也有的认为这种胁迫必须达到不能抗拒的程度才能构成抢劫罪，试图在司法实践中找到一个适用于使普通人均不能反抗的标准来衡量是否足以构成抢劫罪中的胁迫行为。但是对于同样的威胁，不同的被害人因其年龄、性别、智力程度、职业、心理承受能力、身体状况等的差别会产生不同的作用，能否抗拒，没有也不可能有一个统一的标准，也不能说被害人在胁迫面前毫无畏惧地进行反抗，行为人就不构成犯罪。因此，可以得出这样一个结论，在司法实践中认定被害人所受到的胁迫是否达到抢劫罪所要求的程度，不能仅从行为人或被害人一方感受来认定，而应该从具体的客观环境如作案现场的环境以及行为人的客观行为事实和被害人受到来自外界威胁的精神强制程度综合考虑。在本案中，被告人作案地点是故意伤害的当场，即最为严重的暴力实施现场，对于店主信某义的胁迫体现了行为人强烈的犯罪意识和巨大的犯罪能力，故由此可以认定为被告人的行为达到了抢劫罪中的胁迫程度，完全符合胁迫行为的各方面特征，被害人被迫交出财物的行为也说明了这一点。

综上，被告人展某雄具有完全刑事责任能力，根据其犯罪的主体特征、主观上以非法占有为目的、客观上使用胁迫行为迫使信某义交出手机的行为，完全符合抢劫罪的犯罪构成要件，应当以故意伤害罪与抢劫罪数罪并罚。

305. 抢劫中止致被害人轻微伤能否免除处罚

行为人为抢劫汽车，准备犯罪工具，并实施抢劫犯罪行为，在用钢索套勒被害人颈部的过程中，因担心被人发现，又怕将被害人勒死，造成严重后果，自动放弃了抢劫行为，属于在犯罪过程中，自动放弃犯罪或者自动有效地防止犯罪结果发生，构成抢劫犯罪中止。因其行为造成被害人轻微伤，对被害人造成了一定损害。因此应当根据《刑法》第 24 条第 2 款“造成损害的，应当减轻处罚”的规定予以减轻处罚，而不能按照本款“没有造成损害的，应当免除处罚”的规定予以免除处罚。

司法实例

祝某骏抢劫案

2016 年下半年以来，被告人祝某骏因生意不好，经济拮据，经过长时间的预谋，反复思考，准备抢劫一辆汽车，便在其租住的房间内用摩托车油门拉线和木条制作了抢劫用的钢索套。9 月 10 日晚，被告人祝某骏携带钢索套，按照小广告上的电话，在某小区电话联系开黑出租的童某玲和，谎称要包车到孙村镇，当车行驶至离孙村镇约一公里处时，祝某骏用事先准备的钢索套从后面勒住童某玲和的颈部，童某玲和拼命挣扎，并紧急将车熄火。祝某骏在勒被害人时，发现有人骑摩托车经过，因害怕把童某玲和勒死，又怕被人发现，就松手谎称是找肇事车辆认错车了，祝某骏将钢索套扔出车外，主动陪同被害人童某玲和到县人民医院治疗。童某玲和的伤情经公安机关法医鉴定为轻微伤。

检察机关对被告人祝某骏以涉嫌抢劫罪（犯罪中止）提起公诉。

一审法院在本案审理中,对祝某骏为抢劫汽车,准备犯罪工具,并实施抢劫犯罪行为,在用钢索套勒被害人童某玲和颈部过程中,因担心被人发现,又怕将被害人勒死,造成严重后果,自动放弃了抢劫行为,使该抢劫行为未达到既遂状态,属于在犯罪过程中,自动放弃犯罪或者自动有效地防止犯罪结果发生,构成抢劫犯罪中止均认识一致,但对被告人应当减轻处罚还是应当免除处罚存在分歧。

对于中止犯如何处罚,《刑法》总则第24条第2款规定了两种情况:没有造成损害的,应当免除处罚;造成损害的,应当减轻处罚。据此,对中止犯的处罚就是看行为人有无"造成损害"来确定适用"减轻处罚"或者"免除处罚"。但什么样的损害是本条规定的"损害",怎样确定"损害",目前尚无统一的司法解释,本案的几种不同意见为:第一种意见认为,只要行为人对犯罪对象造成具体的、有形的、可以测量的危害结果的时候,就属于《刑法》第24条中的"损害",对其就应适用减轻处罚,而不适用免除处罚。这种观点称为"物质性损害说"。第二种意见认为,只要行为人侵犯了犯罪客体,就属《刑法》第24条中的"损害",不适用免除处罚。犯罪客体是指我国《刑法》所保护的为犯罪行为所侵害的社会主义社会关系。如故意杀人罪是保护生命权,盗窃罪是保护财产所有权等,而犯罪中止虽然没有发生法定的危害结果,但是这些行为损害了我国刑法所保护的某个具体的社会关系,已经产生了这些犯罪客体受到侵害的事实。因此,行为人的行为也具有相当的危害性,应当予以处罚。这种观点称为"侵害客体说"。第三种意见认为,我国《刑法》第24条的"损害"应当包括无形的精神损害。我国《刑法》所规定的危害结果,不仅是指有形的、物质上的危害结果,也包括无形的、精神上的危害结果。比如,《刑法》所规定的侮辱罪、诽谤罪等就是保护公民名誉、人格权利不受损害的罪名,是对公民精神层面上的一种保护。因此,造成他人精神上的损害,虽然不是有形的、物质上的,但也是我国《刑法》规定的危害结果。中止犯造成这样的危害结果,只能适用减轻处罚的原则而不可以免除处罚。第四种意见认为,《刑法》第24条中的"损害"不仅仅是物质的、精神的损害,还包括各类有序的状态,《刑法》第13条犯罪概念中对犯罪规定了四个方面的内容,其中一个方面就是对生产、生活、教学、科研等方面秩序的破坏,因此,中止犯的行为导致这些状态严重混乱时,也应当认定行为人造成了危害结果,对其只能适用减轻处罚的原则,而不能免除处罚。第五种意见认为,《刑法》第24条中的"损害"必须是严重损害,从量的方面来说,这种损害是为刑法所评价的达到严重社会危害程度的后果,而不是一般意义上的损害,不是泛指任何物质性的危害结果,而是达到严重社会危害程度的危害结果,否则会导致刑罚的滥用,就会存在刑法对中止犯的评价比既遂犯还要严苛的可能,违背刑法设置中止犯的初衷,有违刑罚的目的。中止犯处罚原则中的"损害"应达到严重社会危害程度的危害结果,是刑法本身逻辑的要求,更是贯彻罪刑相适应的内在要求。本案只造成被害人轻微伤的后果,尚未达到严重损害的程度,不能认定为抢劫犯罪中止所造成损害。因为轻微伤是指损害程度明显轻微,不足以造成人体健康明显伤害,也不会造成器官功能障碍的损害,且其主观恶性相对较轻,对本案被告人应予免除处罚。

一审法院经开庭审理,作出一审判决,对被告人祝某骏认定犯抢劫罪,属犯罪中止,按照《刑法》第24条第2款、第263条的规定,减轻处罚,判处被告人有期徒刑一年。判决已生效。

从一审法院生效判决结果看,应该说,第一种意见即物质损害说更符合司法实践的需要。司法实践中,正确理解《刑法》第24条第2款中的损害需注意两点:(1)要把中止犯的损害与刑法理论上的"危害结果"区别开来。根据刑法理论的一般观点,"危害结果"有广义和狭义之分。广义的危害结果,是指危害行为侵犯的一般客体所引起的损害,它存在于一切的犯罪之中。也就是说,任何犯罪都会对刑法所保护的社会关系造成损害,包括直接或间接所引起的损害、现实存在的损害与可能存在的损害、物质性的损害与非物质性的损害等。这种广义的危害结果存在于各种刑事犯罪中,无论是实质的犯罪,还是形式的犯罪;也无论是既遂犯,还是预备犯、未遂犯或中止犯。狭义的危害结果,是指危害行为对直接客体所造成的或可能造成的损害,它只存在于部分犯罪中。由于任何犯罪都可以对刑法所保护的社会关系(犯罪客体)造成损害。任何犯罪行为只要已经实施就必定会造成广义上的危害结果,中止犯也不例外。如果《刑法》第24条第2款中的“损害”是指广义上的危害结果或者指犯罪客体受到侵犯,那么在中止犯的处罚原则中,是否造成损害就没有区分的必要性,也没有区分的可能性。可见,《刑法》第24条第2款中的“损害”不可能是指广义上的危害结果,也不可能是指犯罪客体受到了侵犯。(2)中止犯处罚原则中的“损害”不包括无形的精神损害等非物质性损害。刑法评价其社会危害性主要是从给被害人造成的物质性损害而言的,即给被害人的人身、财产造成的伤害,而并非从精神损害上进行评价,行为给被害人造成精神上的极大恐慌,不能成为认定抢劫犯罪中止所造成损害的根据。现行《刑法》之所以对中止犯是否造成损害的刑事责任区别对待,就是为了弥补1979年《刑法》对中止犯处罚原则的弊端。1979年《刑法》对中止犯处罚的规定过于抽象、原则,没有明确规定适用“减轻处罚”或“免除处罚”的具体条件,在一定程度上助长了司法的随意性,导致中止犯承担刑事责任的不确定性。现行《刑法》以“是否造成损害”为标准来区别对待不同的中止犯,给司法实践提供了一个客观而明确的操作标准。

据此,根据我国的国情和司法实践,“物质性损害说”更具现实意义。物质损害,又称有形损害,是指因侵害他人的财产、人身权益而给受害人造成的经济上的损失。这种损害一般可用货币来估量,如财产的毁损、人身的伤害等。因此,中止犯处罚原则中的“损害”是指物质性的危害结果,而不包括非物质性的危害结果。

具体到本案为抢劫犯罪过程中致被害人轻微伤,是否属于《刑法》第24条中的损害。本案抢劫汽车的危害结果并未发生,但抢劫罪侵犯的是复杂(双重)客体,既侵犯了他人财产权,又侵犯了他人人身权,按照最高人民法院司法解释规定,具备劫取财物或者造成他人轻伤以上后果两者之一的,均属于抢劫既遂,本案既未劫取到财物,又未造成被害人轻伤以上的结果,不构成抢劫既遂,但已经造成被害人轻微伤,产生治疗费用物质上的损失,轻微伤比轻伤低一个层次,本案比抢劫既遂差了一步,降低了一个档次,按照梯次处理,也应属于《刑法》第24条第2款规定的造成损害,故被告人构成抢劫罪,应当减轻处罚,但不能免除处罚。

306. 转化型抢劫罪与一般抢劫罪既未遂标准有无区别

转化型抢劫罪不仅存在既未遂的犯罪形态,且转化型抢劫罪的既遂与未遂标准应当与普通抢劫罪的既遂与未遂标准一致,即以最终是否取得财物和是否导致他人轻伤以上后果中的任何一种为既遂的标准。

司法实例

聋哑人戴某昊抢劫案

2015年12月11日12时35分许,被告人戴某昊(曾因盗窃被判处有期徒刑,至案发时刑满释放不满5年)至某县县城秦某顺经营的烟酒店,趁店内人员外出吃饭店内无人之机,撬锁入室,盗窃店内现金3428元,准备离开时被吃饭回店的店主秦某顺及罗某刚发现,二人对其实施抓捕,戴某昊为了抗拒抓捕,在店内与二人发生搏斗,致罗某刚轻微伤。后戴某昊被制服,被扭送公安机关。

某省某县人民检察院以被告人戴某昊涉嫌抢劫罪提起公诉。

某省某县人民法院认为:被告人戴某昊在盗窃作案过程中,为抗拒抓捕而当场使用暴力,其行为构成抢劫罪。被告人戴某昊系累犯,依法应当从重处罚;被告人戴某昊系又聋又哑的人犯罪,依法可以从轻处罚。遂依据《刑法》第 19 条、第 65 条、第 263 条、第 269 条等条款规定,判决认定被告人戴某昊犯抢劫罪,判处有期徒刑 6 年,并处罚金 6000 元。

一审宣判后,被告人提出上诉。

某省某市中级人民法院经审理认为,上诉人戴某昊以非法占有为目的,秘密窃取他人财物,数额较大,被人发现后,为抗拒抓捕,当场使用暴力,其行为已构成抢劫罪,戴某昊系聋哑人,属累犯,应依法予以惩处。对上诉人戴某昊所提本案证人属于利害关系人,证言相互矛盾的上诉理由,经查,本案中失主秦某顺,证人罗某刚当场抓获了上诉人戴某昊,目击了戴某昊的整个犯罪过程,其证言取证程序合法,内容客观,且能相互印证,故该上诉理由不能成立,法院不予采纳;对上诉人戴某昊及其辩护人所提一审认定盗窃数额不能成立的上诉理由和辩护意见,经查,一审判决认定戴某昊犯罪的金额不仅有现场勘查笔录和公安机关出具的情况说明证明,且有失主秦某顺,证人罗某刚的证言予以证明,上述证据能相互印证,足以认定,故该上诉理由和辩护意见不能成立,法院不予采纳;对上诉人戴某昊及其辩护人提出其因盗窃被发现后没有打人,只是挣脱,没有造成危害后果,没有达到转化抢劫的暴力程度,其不构成抢劫罪的上诉理由和辩护意见,经查,上诉人戴某昊因盗窃被发现后,为了逃脱并抗拒抓捕,对抓捕的人故意实施殴打,暴力程度大,危及了他人身体健康,其行为符合《刑法》第 269 条的规定,应以抢劫罪定罪处罚,此节有失主秦某顺的陈述,证人罗某刚的证言等证据证明,且能相互印证,证据确实、充分,足以认定,故该上诉理由和辩护意见不能成立,法院不予采纳;上诉人戴某昊因意志以外的原因犯罪未得逞,属抢劫未遂,依法可从轻处罚,一审判决此节认定有误,应予纠正,其辩护人请求从轻处罚的辩护意见,予以采纳。原审判决定罪准确,审判程序合法,原审判决对戴某昊未认定犯罪未遂有误,应予纠正。遂判决维持一审刑事判决对被告人戴某昊的定罪部分,即被告人戴某昊犯抢劫罪;撤销一审刑事判决对被告人戴某昊的量刑部分,即被告人戴某昊判处有期徒刑 6 年,并处罚金 6000 元;上诉人(原审被告人)戴某昊犯抢劫罪,判处有期徒刑 3 年,并处罚金 2000 元。

1. 本案被告人的行为构成转化型抢劫罪。根据《刑法》第 269 条的规定:犯盗窃、诈骗、抢夺罪,为窝藏赃物、抗拒抓捕或者毁灭罪证而当场使用暴力或者以暴力相威胁的,依照本法第 263 条的规定定罪处罚。本案中被告人戴某昊盗窃数额为 3428 元,已达到数额较大标准,且为抗拒抓捕,当场使用暴力,其行为属于典型的转化型抢劫罪。但在犯罪形态上本案在合议庭评议及审委会讨论过程中出现了三种意见:第一种意见认为,转化型抢劫罪没有既遂未遂形态的区分,一经转化就构成既遂;第二种意见认为,转化型抢劫罪的犯罪形态取决于先行犯罪的形态,如先行犯罪构成既遂,则转化型抢劫罪亦属于既遂,反之亦然;第三种意见认为,先行犯罪行为的既遂或者未遂并不影响转化型抢劫罪的犯罪形态的认定,实践中应以普通抢劫罪的构成要件来分析其犯罪形态。本案需要进一步对转化型抢劫罪的犯罪形态做分析。最后多数人同意第三种意见。

2. 转化型抢劫罪是否存在既未遂形态,素有争论。① 结合刑法学界的通论,司法实践中,主

---

① 早在 2001 年 6 月 12 日《人民法院报》就曾刊登了一篇题为《转化型抢劫罪犯罪形态之界定》的文章。该文认为转化型抢劫罪犯罪形态有既遂、未遂两种。总体说来,对于转化型抢劫罪是否存在既未遂形态,主要存在两种观点,即否定说和肯定说。否定说认为,转化型抢劫罪不存在既未遂形态,转化型抢劫罪从犯罪构成看应属于行为犯,即是以行为的实行或者完成作为既遂的标准,只要行为人实施了刑法条文所规定的实行行为,无论是否产生了犯罪后果,即构成既遂。如果认定转化型抢劫罪存在未遂形态,会与行为犯不存在实行终了的未遂的法理不符。肯定说认为,转化型抢劫罪属于法律拟制规定,基于法律拟制规定的逻辑结论,其既遂、未遂的标准应该与一般抢劫罪相同,因此,主张以最终是否取得财物以及是否造成了人身伤害的结果作为转化型抢劫罪既未遂的标准。上述争论至今一直未有定论,司法解释对此亦无涉及,司法实践却又无法回避这个问题。

流观点认为应肯定转化型抢劫罪存在既未遂形态。一是在基本行为之后,虽然只要采取了使用暴力或者以暴力相威胁的转化行为即改变了整体行为的定性,但转化型抢劫罪仍属于抢劫犯罪,其与普通抢劫罪一样,在侵害的客体上都是双重客体,因此在犯罪形态上,必须在《刑法》第269条的基础上结合《刑法》第263条的规定加以认定,转化型抢劫罪不属于传统刑法学理论中的行为犯,应当存在犯罪既未遂的问题。二是罪责刑相适应原则决定了转化型抢劫罪也必须存在既遂与未遂。转化型抢劫罪在定罪量刑的处理上与普通抢劫罪是一致的,在司法实践中,如果转化型抢劫罪不存在未遂而普通抢劫罪存在未遂,很难体现罪责刑相适应。

3. 关于转化型抢劫罪既未遂的判断标准。转化型抢劫罪作为法律拟制的抢劫罪,其犯罪形态认定标准应与抢劫罪的犯罪形态认定标准一致。这是因为,首先,既然是法律拟制的抢劫罪,则在处理时也不应有所区别,应当认为转化型抢劫罪与普通抢劫罪在处理方式上是相同的,从而保证罪刑均衡。其次,转化型抢劫罪的既遂不应以基本行为的既未遂作为转化型抢劫罪整体行为既未遂的判断标准,这主要是因为基本行为未必单独成立犯罪。关于成立转化型抢劫罪是否必须以盗窃、诈骗、抢夺等基本行为单独构成犯罪为前提条件,曾经有过争论,在《审理抢劫、抢夺案件意见》第5条关于转化抢劫认定的规定出台后,该问题有了统一的司法判断标准,即构成转化型抢劫罪的基本行为未必单独构成犯罪。最后,转化型抢劫罪的核心在于实施使用暴力或者以暴力相威胁的转化行为,判断转化型抢劫罪的既未遂,应以抢劫罪的既未遂规定为依据,即抢劫罪的犯罪客体包括财产权利和人身权利,既未遂的判断标准是劫取财物或者造成他人轻伤以上后果两者之一。

综上,转化型抢劫罪存在既未遂的犯罪形态,且转化型抢劫罪的既遂与未遂的标准应当与普通抢劫罪既遂与未遂的标准一致,即以最终是否取得财物和是否导致他人轻伤以上后果中的任何一种为既遂的标准。通过本案被告人戴某昊的行为系转化型抢劫罪未遂,可得出一般性结论,即犯罪行为人着手实行盗窃、诈骗、抢夺行为,为窝藏赃物、抗拒抓捕或者毁灭罪证而当场使用暴力或者以暴力相威胁,如果最后非法占有了他人财物,或因当场使用暴力导致他人轻伤以上人身损害后果,此为转化型抢劫罪的既遂;如果既未非法占有他人财物,同时也没有因暴力行为导致他人轻伤以上人身损害后果,则为转化型抢劫罪的未遂。

307. 利用他人微信账号密码私自转账应定何罪

在利用第三方支付平台侵财案件中,行为人是否改变了银行卡与第三方支付平台的绑定关系,是区分盗窃罪与信用卡诈骗罪(冒用他人信用卡)的关键所在。若利用第三方支付平台与银行卡的原始绑定关系,并未更改或者重新建立新的绑定关系,应以盗窃罪追究其刑事责任。

司法实例

许某槐盗窃案

许某槐与姚某惠平素关系密切,经常在一起吃饭喝酒打牌。姚某惠在一段时间内由于生意不顺接连发生几笔较大的亏损,加之被拖欠几年的数百万元货款迟迟要不回来,资金相当紧张,心情十分糟糕。近一段时间几乎逢喝必醉,为此引起妻子不满。因喝醉后两次丢了手机,2017年11月8日晚几个朋友又聚在一起喝酒,姚某惠恐再将手机丢失,便在用餐中将手机关掉并交给朋友许某槐代为保管。当晚22时,聚餐结束,因姚某惠喝醉,许某槐将姚某惠送到其公司的办公室休息。许某槐趁姚某惠醉酒熟睡,打开姚某惠的手机,根据平时姚某惠喝多酒时透露的微信密码,将姚某惠建行银行卡中的资金转到其事先准备好的以陌生人身份证申领的交通银行银行卡中 18,000 元，当晚便伪装面容持卡在一处 ATM 将现金取走。

姚某惠因公司工作繁忙，数日后看手机发现后，立即向公安机关报警。后此案告破，许某槐被抓获。案发后许某槐将 18,000 元全额退还给姚某惠，取得姚某惠谅解，姚某惠向司法机关出具书面谅解书，请求不予追究许某槐刑事责任。

某县人民检察院对许某槐以涉嫌信用卡诈骗罪提起公诉。

某县人民法院在本案的审理过程中，对于本案被告人的行为定性出现不同意见。一种意见认为，本案构成信用卡诈骗罪。理由为：因为现有的法律以及司法解释只将盗窃信用卡并使用的行为规定为盗窃罪，而将拾得、骗取他人信用卡并使用以及窃取、收买、骗取或者以其他方法非法获取他人信用卡信息资料，并通过互联网、通信终端等使用的，都规定为信用卡诈骗罪中的“冒用他人信用卡”的情形。更有一个兜底条款“其他冒用他人信用卡的行为”，故从法律规定来看，除了盗窃信用卡并使用的定性为盗窃罪，其他冒用行为均应定性为信用卡诈骗罪。本案中，被告人并未盗窃被害人的银行卡，而是使用被害人的手机及微信的支付密码直接从被害人的银行卡中转款，系一种以真实卡主的身份冒用他人信用卡的情形，符合“其他冒用他人信用卡的行为”。

另一种意见认为，本案构成盗窃罪。因为信用卡诈骗罪的犯罪对象为信用卡，只有行为人针对信用卡实施相关行为才构成此罪。而在本案中，被告人并未冒用银行卡卡主的真实身份，其行为并未直接针对信用卡本身，而是利用了微信与银行卡之间的原始绑定协议，将钱款转至第三人的银行卡之中，这就类似于行为人将他人微信的零钱转至本人处一样，应当定性为盗窃罪。

某县人民法院经审理认为，被告人许某槐以非法占有为目的，趁受托为他人保管手机之机，盗用其微信密码，秘密窃取他人财物，数额较大，其行为已构成盗窃罪，应予惩处。某县人民检察院指控被告人许某槐犯罪的事实清楚，证据确实、充分，但指控罪名有误，法院依法予以纠正。鉴于被告人许某槐认罪悔罪，且已全部向被害人退回全部赃款，取得被害人谅解，对其可从轻处罚。又考虑对其宣告缓刑对所居住社区没有重大不良影响，遂判决认定许某槐犯盗窃罪，判处有期徒刑 1 年，缓刑 1 年，并处罚金 1 万元。判决已生效。

用他人的微信账号密码私自转账，侵犯他人财产，属于信用卡诈骗还是盗窃，在司法实践中容易产生争议。主要原因是对微信与银行卡之间的原始绑定协议、微信与银行卡绑定后的默认授权关系、信用卡诈骗罪中“冒用他人信用卡”的情形和主体范围、盗窃罪中秘密窃取的情形等了解较少。本案一审法院判决认定被告人构成盗窃罪的主要理由为：

1. 关于微信钱包绑定的银行卡及微信支付密码的属性认定。微信支付包括余额支付和快捷支付两种类型。用户打开微信客户端，在微信钱包中添加银行卡，输入银行卡号，系统会自动识别出开户银行及银行卡类型。之后，需填写姓名、身份证号码、银行预留手机号码等银行预留信息，签署《用户服务协议》，进行手机验证，并设置不同于银行卡取款密码的微信支付密码。上述信息经微信公司或者开户银行校验通过后，便可实现提现、消费、转账等快捷支付功能。

根据《刑法》第 177 条之一的规定，信用卡信息资料，是指发卡银行在发卡时使用专用设备写入信用卡磁条中的，作为 POS 机、ATM 等终端识别合法用户的数据，是一组有关发卡行代码、持卡人账户、账号、密码等内容的加密电子数据。本案被告人许某槐获取的是被害人姚某惠微信账户信息及微信支付密码，其中微信账户中包含微信钱包，该钱包内有被害人绑定的银行卡信息。所以，有观点认为，这些数据构成了信用卡信息资料。但是，从微信支付功能的开通过程及开通时输入的信息可见，微信钱包绑定的银行卡信息中尽管含有发卡行名称、持卡人姓名、身份证号、银行卡号等数据，但是在绑定成功后再次打开时，除银行名称、卡类型及银行卡号后四位数字这三项信息外，其他所填信息均被微信钱包隐藏，他人无法直接通过微信客户端获取。而且，绑定时设置的微信支付密码有别于在发卡银行设置的银行卡取款密码，实为资金委托管理密码。因此，被告人许某槐获取的上述信息非常有限，既非发卡银行写入银行卡磁条中的用户信息，也不能全面完整地反映出银行卡的加密电子支付卡特征即是一组完整的包含发卡行代码、持卡人账户、账号、密码等内容的加密电子数据，故不属于信用卡信息资料。

2. 被告人许某槐的行为不构成信用卡诈骗罪。一是刑法规定的“信用卡”，是指由商业银行或者其他金融机构发行的具有消费支付、信用贷款、转账结算、存取现金等全部功能或者部分功能的电子支付卡。而微信作为第三方支付平台，采用与相应银行签约的方式提供与银行支付结算系统接口和通道服务，实现收付款人之间的货币转移和网上支付结算服务。微信公司不是金融机构，其提供的支付平台微信钱包，不属于刑法中的信用卡。二是微信钱包绑定的银行卡信息及微信支付密码不是信用卡信息资料，被告人的行为不构成无磁交易型信用卡诈骗罪。三是微信支付密码不是银行卡取款密码，通过微信公司与银行的协议以及绑定银行卡时的授权，银行卡会当然支付。在本案中，被害人姚某惠在将微信绑定银行卡时，已经完成了对微信从银行卡中支出钱款的授权，使银行卡基于与微信的原始绑定协议，在收到微信支付密码时当然进行支付。被告人许某槐虽然获取了被害人姚某惠的微信账号、密码等信息，但其并未改变微信与银行卡之间原始绑定的关键信息，其只是利用了上述微信与银行卡之间的绑定协议以及微信本身的支付功能将被害人姚某惠银行卡中的钱款转出，银行支付的指令来自微信公司，并非被告人直接与银行卡进行关联。在支付过程中，银行不存在认识上的错误和被骗情形。被告人许某槐的行为未妨害银行对信用卡的管理秩序，故不构成信用卡诈骗罪。

3. 被告人许某槐的行为构成盗窃罪。侵财型犯罪中，区分此罪与彼罪的关键，在于行为人取得财物的手段或者方式。盗窃罪的取财方式是秘密窃取，即行为人采取自认为不会被被害人发觉的办法，暗中窃取财物。具体到本案，被告人许某槐趁为被害人姚某惠保管手机、姚某惠喝醉熟睡之际，利用知晓的开机密码擅自打开被害人的手机，发现被害人的微信客户端登录在线，遂利用其获知的微信支付密码，以微信转账的方式将被害人微信钱包绑定的银行卡内的钱款转到陌生人的银行卡，并于当晚伪装面容后到 ATM 提现，明显是采取了自认为可以不会立即被被害人发觉的方式。被告人许某槐的行为方式属于秘密窃取，应当构成盗窃罪。

308. 交通协管员内部窃取违章罚款如何定性

交通协管员是在交通繁忙的路段或路口，协助交警人员管好交通的人员，主要负责行人及车辆的秩序。交通协管员从事的是具有社会服务性质的劳务活动，而非公务活动，故不属于国家工作人员；其通过盗用民警账号和密码非法进入公安内部管理系统，并对违章记录进行非法处理的行为，是利用了工作便利，而非利用职务上的便利。以这种方式秘密窃取了本应上缴国家的违章罚款，致使国家财产遭受损失，应当以盗窃罪定罪处罚。

司法实例

江某村等盗窃案

2013 年年初，被告人江某村与同案人何某婷（另案处理）在开办的日用品商店内从事某省交通违章代办业务。同年 6 月，江某村和何某婷与某市公安局交警大队某中队的交通协管员即被告人覃某建相互纠合，经密谋后，以江某村在某市、某县等地开办的商店及以何某婷在某地开办的店铺内代办交通违章业务的名义，由江某村和何某婷收取违章人委托缴纳的交通违章罚款后，将这些违章记录通过飞信、手机短信和邮箱等方式分别发送给覃某建。覃某建即以江某村提供的或自己通过网上盗取多名民警的账号和密码后登录某省交通违法管理系统的手段,非法消除某市等7个市、县的公安机关交通违章记录,并共同将交通违章罚款占为己有。作案后,江某村、何某婷以每宗100元分赃给覃某建。江某村又于2014年10月、2015年3月分别与某中队的交通协管员即被告人岳某明、某中队的交通协管员即被告人徐某铁相互纠合,分工合作,以同样的手段或将违章罚款数额改小后再由江某村到银行缴交罚款的手段,共同非法处理某市等10个市、县的公安机关交通违章记录,并共同将违章罚款占为己有。作案后,江某村分别以每宗罚款80~100元、40元分赃给岳某明、徐某铁。被告人幕某天于2014年9月至2015年8月在江某村所开的某市、某县等地的店铺内协助江某村将违章罚单进行整理后汇制成表格,并通过QQ等方式将表格发给江某村,再由江某村将该表格发送给岳某明、徐某铁进行非法处理。2013年4月至2015年7月,被告人江某村共参与非法处理交通违章记录13,578宗,窃取金额2,616,280元;被告人岳某明参与非法处理交通违章记录8883宗,窃取金额1,747,780元;被告人覃某建参与非法处理交通违章记录5512宗,窃取金额1,031,700元;被告人幕某天协助参与非法处理交通违章记录11,892宗,窃取金额2,247,800元;被告人徐某铁参与非法处理交通违章记录3028宗,窃取金额496,880元。

某省某市人民检察院以被告人江某村、幕某天犯行贿罪,被告人覃某建、岳某明、徐某铁犯受贿罪,向某省某市人民法院提起公诉。

某省某市人民法院审理认为:被告人江某村、岳某明、覃某建、幕某天、徐某铁无视国家法律,相互勾结,分工合作,以秘密手段窃取国家交通违章罚款,数额特别巨大,其行为均已构成盗窃罪。被告人幕某天在盗窃过程中起次要作用,是从犯,依法应当从轻处罚。鉴于五名被告人归案后能如实供述自己的罪行,依法可以从轻处罚。被告人江某村、覃某建、徐某铁积极退回部分赃款,可酌情从轻处罚。遂判决认定江某村等五被告人犯盗窃罪,分别判处有期徒刑10年至13年7个月,并处10,000至40,000元罚金。

一审宣判后,某省某市人民检察院认为原审判决事实不清,定性和适用法律错误,量刑不当,向某省某市中级人民法院提起抗诉;被告人江某村、幕某天、覃某建、徐某铁不服一审判决提出上诉,认为自己的行为属于滥用职权、职务侵占或行贿罪,一审定性错误。均被二审驳回。

本案争议的焦点主要在于被告人行为的定性。检察机关认为被告人覃某建、岳某明、徐某铁收受江某村、幕某天的财物并非法消除交通违章记录的行为构成受贿罪。覃某建、岳某明、徐某铁三人作为交通协管员,其职权内容包括接触、使用某省交通违法信息管理系统,协助处理违章记录,虽然他们无权擅自删除和修改其中的违章记录,并且也有盗用他人警号进行非法操作的行为,但这恰恰是利用职务便利、超越职权的表现。覃某建、岳某明、徐某铁接受江某村、幕某天给予的好处费,利用职务便利修改交通违章记录,符合受贿罪收受他人贿赂为他人谋取利益的犯罪特征。一审法院则认为覃某建、岳某明、徐某铁是利用工作便利,盗用其他民警的账号对违章记录进行非法处理,符合盗窃罪的犯罪构成。

二审法院也同意后一种意见。主要理由为:《刑法》第264条的盗窃罪则是指以非法占有为目的,秘密窃取他人数额较大的财物的行为。《刑法》第385条第1款则规定,国家工作人员利用职务上的便利,索取他人财物的,或者非法收受他人财物,为他人谋取利益的,是受贿罪。虽然受贿罪与盗窃罪都是对他人财物的占有,但从罪状可以明显看出,两罪无论是犯罪主体、行为方式还是侵犯的客体方面等构成要件均存在较大的差异。

1. 本案被告人不具有国家工作人员的身份。盗窃罪的犯罪主体是一般主体,而受贿罪的犯罪主体则是国家工作人员。《刑法》第93条规定,国家工作人员具体包括:国家机关中从事公务的人员；在国有公司、企业、事业单位、人民团体中从事公务的人员；国家机关、国有公司、企业、事业单位委派到非国有公司企业、事业单位、社会团体中从事公务的人员以及其他依照法律从事公务的人员。因此，国家工作人员的本质特征是从事公务。最高人民法院于2003年印发的《全国法院审理经济犯罪案件工作座谈会纪要》（以下简称《审理经济犯罪纪要》）指出："公务主要表现为与职权相联系的公共事务以及监督、管理国有财产的职务活动"。公务具有国家权力性、公共管理性、职能性的特点。

本案中，被告人覃某建、岳某明、徐某铁分别是某市交警大队三个不同的中队的交通协管员，三人均与某市公安局签订了劳动合同，是某市交警大队的聘用人员，协助交通民警工作，其中覃某建协助内勤民警工作，岳某明、徐某铁协助疏导交通和整理材料等。① 事实上，三名被告人均无权独立处理包括交通违章业务在内的各种公务，他们必须在民警的授权、指导下才能协助工作，因此，三被告人的主体身份不符合刑法对受贿罪主体是国家工作人员的要求，不构成受贿罪。与之相应，江某村、幕某天的行贿罪自然就不成立。同样的，由于主体身份问题，覃某建、岳某明、徐某铁也不符合滥用职权罪的主体要求，各行为人符合盗窃罪的主体要件。

2. 本案被告人采取的是秘密窃取的行为方式。是否利用职务上的便利也是判断被告人的行为是属于受贿罪或职务侵占罪还是盗窃罪的重要方面。盗窃罪行为方式的本质在于秘密窃取，即行为人在自以为不为财物控制人所知的情况下，乘人不知取得不属于自己的财物；而受贿罪或职务侵占罪则强调利用职务上的便利占有财物。所谓利用职务上的便利，是指行为人利用自己主管、经手或者管理本单位财物的便利条件。《审理经济犯罪纪要》也明确指出，利用职务上的便利，既包括利用本人职务上主管、负责、承办某项公共事务的职权，也包括利用职务上有隶属、制约关系的其他国家工作人员的职权。由此可见，利用职务上的便利是建立在行为人职务范围内的权限、职责的基础之上，这就要求行为人本身就具有主管、管理或者经手单位财物的职权和职责，依职权和职责能够实际支配、控制、处置单位财物，并利用这种便利实施非法占有财物的行为。本案中，被告人覃某建、岳某明、徐某铁仅是交通协管员，虽然他们在交警的授权、指导下可以接触并使用某省交通违法信息管理系统，协助交警在该管理系统中的工作，但他们无权擅自处理其中的违章记录。正因为三被告人根本不具有主管、经手、管理交通违法信息管理系统的职责，当然也就不存在利用职务上的便利实施涉案犯罪行为的基础。而且，登录某省交通违法信息管理系统需要在职民警的个人账户和密码，三被告人作为交通协管员并不具有上述账户和密码，他们通过盗用民警账号和密码非法进入管理系统，并对违章记录进行非法处理的行为，显然是利用了易于接触管理系统和得知民警账号和密码的工作便利。三被告人正是通过上述手段，达到了非法占有国家罚款的目的，其行为相对于国家来说具有秘密性，符合盗窃罪的构成要件。

3. 本案被告人的行为侵犯的客体是公共财物所有权。盗窃罪与受贿罪的犯罪对象均是财物，而从犯罪客体来看，盗窃罪侵犯的是单一客体，即公私财产的所有权；受贿罪侵犯的是复杂客体，其中主要客体是国家机关、国有公司、企事业单位、人民团体的正常管理活动，次要客体是国家工作人员职务行为的廉洁性。本案中，被告人覃某建、岳某明、徐某铁利用工作上的便利，在没有民警授权的情况下盗用民警账号和密码，非法进入公安内部网络，对违章记录进行非法处理，

---

① 所谓交通协管员，是指在交通繁忙的路段或路口，协助交警管理交通的人员，主要负责行人及车辆的秩序。交通协管员可分为路口协管员和路段协管员。路口协管员是在路口负责协助交警制止非机动车和行人的非法活动。路段上的交通协管员可以负责协助交警张贴非法停车的罚款通知等，但不负责收费。交通协管员没有行政执法权，他们是在交警的组织、领导、监督和管理之下从事一项具有社会服务性质的劳务活动，而非公务活动，不具有国家权力性、公共管理性、职能性的特征。

再与江某村、幕某天等人将收取的违章罚款非法据为己有,共同分赃。显然,各行为人之间具有共同犯罪的故意,有着共同的犯罪目的,即非法占有国家罚款,这与国家机关正常的工作秩序并无太大的联系。实际上,五名被告人以这种方式秘密窃取了本应上缴国家的违章罚款,致使国家财产遭受损失,对交警部门的交通违章执法和管理没有造成实质影响。

309. 拿走他人遗忘在银行取款窗口的现金构成何罪

负有管理职责的人出于非法占有的目的而取得他人遗忘物,拒不交出的,构成侵占罪而不是盗窃罪;负有管理职责之外的第三人出于非法占有的目的而取得他人遗忘物,拒不交出的,构成盗窃罪,而不是侵占罪。

司法实例

户某堂盗窃案

2015 年 5 月 5 日 15 时许,被告人户某堂在某市招商银行某支行等待办理存款业务时,看见该行大厅一业务窗口凹槽内有一沓现金,遂趁大厅内无人注意之际,悄悄拿走,并迅速离开。被告人回家后清点,该沓现金数额为 2 万元。当日 16 时许,在被告人户某堂之前在该支行办理过取款业务的牛某虎发现自己取款到手的数额与回执单记载的数额不符,少了 2 万元,便到银行询问,经过查证及回放监控录像,得知此 2 万元现金被户某堂拿走。该行工作人员随即电话联系被告人户某堂,户某堂不承认拿走此款。牛某虎向公安机关报案后,经某区公安局民警多次电话联系被告人户某堂后,户某堂于 2015 年 5 月 7 日将 2 万元退还。

某市某区人民检察院以被告人户某堂涉嫌盗窃罪提起公诉。

被告人户某堂对自己的犯罪事实供认不讳。其辩护人提出,被告人户某堂的行为构成侵占罪,不构成盗窃罪;被告人系偶犯,认罪、悔罪态度较好,且退还了赃款,建议对其适用缓刑。

某市某区人民法院审理认为:被告人户某堂以非法占有为目的,秘密窃取他人财物,已具备盗窃罪的全部构成要件,数额巨大,应当以盗窃罪追究其刑事责任。公诉机关指控罪名成立。被告人户某堂如实供述自己的犯罪事实,且已退还非法所得,可从轻处罚。对于辩护人提出被告人户某堂的行为构成侵占罪的辩护意见,理据不足,不予采纳。对于辩护人提出被告人系偶犯,认罪、悔罪态度较好的辩护意见,予以采纳。关于辩护人建议对其适用缓刑的辩护意见,考虑对被告人适用缓刑对其所居住社区没有重大不良影响,据此,可以对其适用缓刑。遂判决认定被告人户某堂犯盗窃罪,判处有期徒刑 3 年,缓刑 3 年,并处罚金 3000 元。判决已生效。

法院在本案审理中,对户某堂行为的定性存在不同意见:一种意见认为,被告人户某堂的行为触犯了《刑法》第 264 条的规定,是以非法占有为目的,采取秘密手段,窃取他人钱财,检察机关指控的罪名成立,构成盗窃罪。另一种意见认为,被告人户某堂的行为是将他人的遗忘物非法占为己有,数额较大,且拒不交出,触犯的是《刑法》第 270 条第 2 款的规定,构成侵占罪。

作为常见的两种侵财犯罪,侵占罪与盗窃罪在客观方面有时较为接近,一些国家的立法甚至对二者不作过于细致的划分,直接将侵占罪作为盗窃罪的特殊类型规定。就本案的情形而言,在司法实践中也较为多见。

1. 区分盗窃罪与侵占罪的关键点。刑法理论认为,从行为人获取财物的手段看,侵财犯罪可以分为盗窃罪、交付罪和侵占罪。盗窃、抢劫是直接从他人占有之下夺取财物,属于盗窃罪;诈骗、敲诈勒索是使他人交付财物,属于交付罪,盗窃罪与交付罪的共同特点是所侵害的财物处在他人的占有之下,必须转移财物的占有才能达到犯罪目的。而侵占罪与前述犯罪不同,其侵害的财物属于他人但并没有处于他人的占有之下,行为人取得财物并不需要从他人那里夺取或转移财物的占有。具体到侵占罪和盗窃罪,侵占罪是将代为保管的他人财物非法占为己有,数额较大,拒不退还的行为。侵占罪的犯罪对象是行为人占有的他人财物或者遗忘物、埋藏物;盗窃罪的犯罪对象是他人占有的财物,对行为人占有的财物不能成立盗窃罪。因此,判断财物由谁占有、是否脱离占有,是区分侵占罪与盗窃罪的关键。盗窃罪侵害了他人对财物的占有,而侵占罪没有侵害他人对财物的占有,侵占罪的违法性轻于盗窃罪。并且在侵占罪的场合,财物处于行为人可以自由处分的状态,对行为人而言具有诱惑性,导致其有责性低于盗窃罪。

2. 侵占遗忘物犯罪的主体限制。遗忘物是指由于财产所有人、占有人的疏忽,遗忘在某处的物品,是持有者因疏忽未带走遗留在他人能有效管理之场所的财物。在实践中,遗忘物和遗失物是有区别的:遗忘物一般是指被害人明确知道自己遗忘在某处的物品,而遗失物则是失主丢失的物品,对于拾得遗失物未交还失主的不得按本罪处理。具体到本案中,牛某虎的 2 万元现金遗留的场所是银行的业务窗口凹槽,当天下午就被回忆起并准确地到银行寻找,当然属于遗忘物。遗忘物脱离原持有者占有而处于管理者的控制之下,既可能是管理者发现之后对遗忘物的实际占有,也可能是由于遗忘场所的特殊性而推定为受到管理者的有效控制。如果被管理者发现,管理者就负有代为保管并归还的义务,管理者拒不交出,符合《刑法》第 270 条第 2 款的规定的,应当构成侵占罪。如果是被管理者之外的第三人发现和占有,则不能机械地仅从形式上理解《刑法》第 270 条第 2 款的规定。此时,由于行为人侵害了他人即遗忘物管理者对财物的占有,不符合侵占罪的本质,其对遗忘物的占有不具有合法性和无罪过性。因此,当遗忘物作为侵占罪的犯罪对象时,其犯罪主体一般情况下只能是负有管理义务的人,如果是除此之外的第三人以非法占有为目的取得遗忘物,则成立盗窃罪。

3. 关于盗窃罪与侵占罪的不同意义及其占有他人财物的原因。“占有”是指占有人对财物的实际控制支配状态,最常见的占有是所有权人对自己财物的占有。但现实生活中由于种种原因,很多情形下财物的占有者并非所有权人本人。从刑法层面,财产犯罪占有他人财物的原因一般有以下几种:第一种是基于委托信任关系占有,比如《刑法》第 270 条第 1 款规定的代为保管他人财物;第二种是基于偶然原因占有,如《刑法》第 270 条第 2 款规定的占有他人的遗忘物或者埋藏物;第三种是通过夺取而占有,如通过抢劫、盗窃、诈骗、敲诈勒索等犯罪手段而占有他人财物。前二种情形属于侵占罪中的占有,行为人对他人财物的占有本身具有正当性,因此并没有侵害他人对财物的占有。侵占罪之所以成罪,在于行为人将合法的“占有”恶意地变成了“据为己有”,占有转换成了侵占。与之相反,盗窃罪通过犯罪手段取得他人财物,不仅从实质上侵害了他人的财物所有权,并且是以直接侵害了他人的占有为前提。综上,侵占罪行为人在犯罪之前对他人财物的占有具有合法性和无罪过性,而盗窃罪中行为人对他人财物的占有是其完成盗窃犯罪的必然前提和要求。

4. 关于侵占遗忘物犯罪的认定思路。在罪名的确定上,最高人民法院和最高人民检察院的司法解释只是将《刑法》第 270 条确定为一个罪名即“侵占罪”。但从该条的两款规定可以看出,侵占罪实际上包括两种情形:一种是将代为保管的他人财物非法占为己有,数额较大,拒不退还;另一种是将他人的遗忘物或者埋藏物非法占为己有,数额较大,拒不交出。① 应当说在司法实践

① 从学理上,前者属于侵占委托物(委托物侵占、普通侵占);后者属于侵占脱离物(脱离占有物侵占)。这两种情形所损害的法益、客观行为上都存在明显差异,故许多学者建议应借鉴外国立法例对此条规定的罪名进行区分。

中,由于侵占委托物、侵占埋藏物犯罪对象的特殊性,容易识别和认定,一般很少出现争议,而对诸如本案的侵占遗忘物争议较大。实践中一般应从两个方面进行判断:一方面是判断犯罪对象是否为遗忘物。因为只有某物被判定为遗忘物,才可能成为侵占罪的犯罪对象,这是首先需要解决的问题。如果某物脱离了原占有人的占有,应从该物所处的位置、时间、与周围环境的关系等因素进行综合判断是否属于遗忘物。比如店铺门前摆放的商品展品,摆放在街道边,紧邻店铺门口,尽管中午店铺因员工出去吃饭锁门,也显然不能认定为是遗忘物,任何人不得随意占有。另一方面是从行为人的主体身份上进行判断。遗忘物脱离原占有人的占有之后,负有管理责任的人可以并且应当代为保管并及时归还,因此管理人有占有的权利。而对于管理人之外的第三人,当然负有不得占有的禁止性义务,这就是侵占遗忘物犯罪具有的主体上的限制。

具体到本案,牛某虎的2万元现金遗忘在银行大厅业务窗口的凹槽内,由于营业厅场所相对封闭、业务窗口凹槽位置特殊,且银行监控措施严密,应当推定该钱处于银行的有效控制之下。该钱尽管脱离了所有人的占有,实际上其占有只不过转移到了银行而已,任何人发现之后都应当知道这钱属于银行或者是储户遗忘的。被告人户某堂趁营业大厅无人注意将其取走,属于以非法占有为目的的秘密窃取行为,成立盗窃罪。如果是银行工作人员发现后将其取走,在失主找寻时拒不交出,则应当认定为侵占罪。现实生活中,失主将财物遗忘在旅馆房间、出租车内、商店柜台等相对封闭或固定的地方时有发生,其处理原则应与本案相同。当然,如果是遗失在公开场所或其他不特定的场所、公众很容易发现和接触、难以推定其所有人或管理人的财物,拾得人拒不交出的,一般情况下不宜认定为犯罪,可以按照民法上的不当得利来处理。

310. 安装电子衡干扰器窃取他人财物如何定性

行为人通过电子衡干扰器操纵电子衡,使其错误显示废铁重量,虽对被害人隐瞒真相,但行为人是在废铁称重时利用电子衡干扰器直接制造了电子衡的错误数据,从而将比电子磅秤显示数据多出的废铁转移到自己控制之下,故其行为并不符合诈骗罪的构成要件和行为特征。行为人在财物所有人不知情的情况下,直接动手单方面取得了财物,属于秘密窃取行为,其行为符合盗窃罪的构成要件和行为特征,应认定为盗窃。

司法实例

曹某国等盗窃案

2014年4月19日,被告人曹某国、赖某强、户某广到某县某公司联系收购废铁,并商量找人在收购废铁时控制电子衡减少重量。后被告人曹某国联系了被告人牛某吉安装电子衡干扰器,并于次日晚,由被告人户某广驾车带被告人牛某吉混入该公司厂区,由被告人牛某吉翻窗进入该公司电子衡操控室在电子衡上安装了干扰器。次日,被告人曹某国、赖某强、户某广到该公司以2400元/吨的价格收购废铁,在称重时由被告人牛某吉操作干扰器,使电子衡将一车总重为14.55吨的废铁重量显示为6.88吨,将另一车总重为23.68吨的废铁重量显示为13.05吨,四被告人从中多获取废铁18.30吨。2014年4月24日,四被告人再次到该公司收购废铁,在称重时仍由被告人牛某吉操作干扰器,使电子衡将一车总重为24.60吨的废铁重量显示为13.09吨,四被告人从中多获取废铁11.51吨。四被告人准备离开时被当场抓获,该24.60吨废铁被发还失主。案发后,被告人曹某国、赖某强、牛某吉共同退赔了该公司的经济损失20,000元。经鉴定,四被告人4月20日多获取的废铁价值43,920元,4月24日多获取的废铁价值27,624元。

另查明,被告人牛某吉于2011年2月9日因犯诈骗罪被判处有期徒刑2年,缓刑3年,并处罚金30,000元。

某县人民检察院以涉嫌盗窃罪对四被告人提起公诉。检察机关认为,四被告人采取秘密窃取的手段盗窃公民合法财物,数额巨大,均应以盗窃罪追究其刑事责任,四被告人2014年4月24日的盗窃行为系未遂,可比照既遂犯从轻或减轻处罚。

被告人曹某国、赖某强、牛某吉对被指控的事实均无异议,均提出其采取虚构事实的方式骗取废铁,应认定为诈骗罪。被告人牛某吉还提出其为从犯,请求从轻或者减轻处罚。

被告人户某广辩解称,其只是介绍曹某国等人收购废铁,并不清楚安装电子衡干扰器盗窃钱物的事,请求从轻处罚。

某县人民法院审理认为:被告人曹某国、赖某强、牛某吉、户某广以非法占有为目的,采取干扰电子衡的手段,秘密窃取他人合法财物,数额特别巨大,其行为均构成盗窃罪。被告人牛某吉有诈骗犯罪前科,可适当从重处罚。四被告人在2014年4月24日盗窃价值27,624元的废铁时因意志以外的原因未能得逞,属犯罪未遂,对此部分可比照既遂从轻或者减轻处罚。被告人曹某国、赖某强、牛某吉退赔了被害人的部分经济损失,可适当从轻处罚。被告人户某广在共同犯罪中作用相对较小,可适当从轻处罚。据此,该院决定对四被告人均减轻处罚。对于被告人户某广提出其只是介绍曹某国、赖某强买废铁,不明知是采取干扰电子衡的方法盗窃财物的辩解意见,因被告人户某广在公安机关的供述,被告人曹某国、赖某强的供述均证实被告人户某广在犯罪过程中明知以安装电子衡干扰器控制电子衡的方式获取非法利益,故对该辩解意见不予采纳。对被告人曹某国、赖某强、户某广关于其行为应认定为诈骗罪的辩解意见,经查,四被告人采取干扰电子衡的手段秘密窃取他人财物,财物所有人对其行为并不知情,四被告人的行为符合盗窃罪的构成要件,故对该辩解意见不予采纳。对于被告人牛某吉关于其系从犯的辩解意见,经查,四被告人在共同作案中相互协作、积极配合,共同完成盗窃行为,不宜区分主从犯,对该辩解意见不予采纳。遂判决认定四被告人犯盗窃罪,对曹某国、赖某强、牛某吉均判处有期徒刑8年,并处罚金8000元;对户某广判处有期徒刑7年,并处罚金7000元。四被告人的犯罪所得予以追缴。责令四被告人共同退赔所盗废铁。

一审宣判后,被告人曹某国、赖某强、牛某吉均以其行为应定性为诈骗,本案应区分主从犯,一审判决量刑过重为由提起上诉;被告人户某广以本案属民事欺诈行为,其行为不构成犯罪为由提起上诉。

某市中级人民法院二审审理认为,上诉人曹某国、赖某强、牛某吉、户某广以非法占有为目的,采取秘密安装电子衡干扰器遥控减少废铁实际重量的手段,秘密窃取他人财物,数额特别巨大,其行为均已构成盗窃罪。四上诉人在2014年4月24日盗窃27,624元的废铁时犯罪未遂,对此部分可比照既遂减轻处罚。上诉人曹某国、赖某强、牛某吉退赔了被害人的经济损失,可酌情从轻处罚。上诉人牛某吉有前科,可酌情从重处罚。上诉人户某广在共同犯罪中作用相对较小,可酌情从轻处罚。一审判决认定四上诉人共同盗窃作案的事实清楚,证据确实、充分,适用法律正确,量刑适当,审判程序合法。四上诉人的上诉意见,理据不足,均不予采纳。遂终审裁定驳回上诉,维持原判。

行为人采用人为恶意操控电子衡的方式非法获取经济利益的案件时有发生。但此类案件究竟应定性为盗窃还是诈骗,理论界与实务界认识不一,各地法院作出的判决结果亦不尽一致。本案在法院审理中,对行为定性也存在分歧。争议的焦点亦在于对该种新类型的犯罪行为如何定性。根据《刑法》的规定,盗窃罪是指以非法占有为目的,秘密窃取公私财物数额较大或者多次盗窃公私财物的行为；诈骗罪是指以非法占有为目的，用虚构事实或者隐瞒真相的方法，骗取数额较大的公私财物的行为。因此，盗窃罪和诈骗罪的关键区别在于：受害人是否基于认识错误处分财产，而处分行为的有无则决定了是构成盗窃罪还是诈骗罪。如果受害人在行为人的欺骗之下，基于有瑕疵的意思表示，自主处分财产，将财物“自愿”交付给行为人，属于诈骗；如果行为人在受害人完全不知情的情况下，违背其意愿，秘密地将财物从受害人控制下转移到自己控制下，则构成盗窃。盗窃和诈骗的手段中虽均具有财物所有人或者保管人不知情这一特征，但其含义并不相同。盗窃是一种单方行为，盗窃的不知情是指财物所有人或保管人对窃取行为未能察觉；而诈骗是双方行为，诈骗的不知情是指财物所有人或保管人因被欺骗而对行为性质不知情，从而自愿处分财产。

具体到本案，并不存在财物所有人因受骗而错误处分财产的事实。本案中四被告人使用的电子衡干扰器是乘夜深人静秘密安装，废铁的所有权人并不知情。四被告人通过电子衡干扰器操纵电子衡，使其错误显示废铁重量，从而对被害人隐瞒真相，但被害人主观上并未存在过错。换言之，受欺骗的不是被害人，而是对废铁进行计量的电子衡，但电子衡虽受到欺骗，其自身不能自主处分财产，事实上是四被告人在废铁称重时利用电子衡干扰器直接制造了电子衡的错误数据，从而将比电子磅秤显示数据多出的废铁转移到自己控制之下，故本案四被告人的行为并不符合诈骗罪的构成要件和行为特征。四被告人在财物所有人不知情的情况下，直接动手单方面取得了财物，属于秘密窃取行为，其行为符合盗窃罪的构成要件和行为特征，因此，本案四被告人的行为应认定为盗窃。

311. 窃取他人手机号码转卖如何定性

窃取他人手机号码属于盗窃，不管是自用还是出卖，一旦脱离原机主的控制，即为盗窃既遂；出卖窃取的手机号码属于事后销赃行为。

> **司法实例**
>
> 封某维等诈骗，齐某力、任某杰（未成年人）盗窃案

案例1 封某维、袁某信诈骗案。2014年5月，被告人封某维在某市中国某通信公司办理业务时结识了该公司员工被告人袁某信。二人预谋以贩卖手机“靓号”的方式牟利，由袁某信从该公司内部电脑系统查得13个号码的机主资料信息，通过制假证者伪造了13张与机主身份资料相同的假身份证；同年7月13日至16日，封某维分别持上述假身份证到该通信公司营业厅，将原机主的手机号码过户到自己名下。之后，封某维将其中5个手机号码卖给他人，共获利1.7万元。

2016年4月15日，某市人民检察院对被告人封某维、袁某信以涉嫌诈骗罪提起公诉。

某市人民法院审理认为，被告人封某维、袁某信以非法占有为目的，采用隐瞒真相的方法，骗取他人财物，数额较大，已经构成诈骗罪。遂判决认定二被告人犯诈骗罪，分别判处有期徒刑2年、1年6个月，均并处罚金8000元；缴获的13张假居民身份证，予以没收。判决已生效。

案例2 齐某力、任某杰（未成年人）盗窃案。2015年7月12日，被告人齐某力与好友任某杰事先预谋盗窃他人手机电话号码。同月14日，被告人任某杰在网上搜索到号码为135×××66666的五连号，发现该号码处于停机状态，遂通过互联网与求购五连号的盛某联系，并谈妥以45,000元的价格将该号码出售给盛某。次日中午，被告人齐某力与盛某碰面，并将盛某提供的身

份证信息通过电话报给被告人任某杰。任某杰通过获取的某大卖场工作人员的工号及密码，将该移动号码过户给盛某，盛某查证后将45,000元(含话费4863.65元)交给被告人齐某力。

某市某区人民检察院对被告人齐某力、任某杰以涉嫌诈骗罪、盗窃罪提起公诉。公诉机关认为被告人隐瞒自己非该移动号码持有者及非手机卖场工作人员的身份，将手机号码出售给买家，使买家对手机号码的来源及交易方式产生错误认识，误以为该号码已被自己取得，从而向两人支付4.5万元，买家被骗取的是手机号码转让费。手机号内存有的近5000元话费应认定为涉嫌盗窃罪的数额。

某市某区人民法院审理认为，被告人将他人的移动电话号码及预存话费变卖，是盗窃后的销赃行为，并非诈骗行为，遂判决认定被告人齐某力犯盗窃罪，判处有期徒刑3年9个月，并处罚金4000元；被告人任某杰犯盗窃罪，判处有期徒刑2年，并处罚金3000元。

一审宣判后，二被告人均不服，以量刑重为由提起上诉，被二审驳回。

关于行为性质，案例1的受诉法院和案例2的公诉机关认为，窃取他人手机号码转让给第三人的诈骗对象是买受手机号码者。定性诈骗的依据主要是：手机号码没有价值，而且从未脱离原持有人的控制，即没有给原持有人造成财产上的损害；由于行为人隐瞒手机号码来源的真相，买受的第三人基于错误认识购买该手机号码，最后因手机号码被原持有人取回而蒙受经济损失。

从刑法理论及司法实践经验来看，对于此类行为认定为诈骗似有不当，定性为盗窃较为适宜。主要理由为：

1. 窃取他人手机号码的行为符合盗窃罪的犯罪构成。盗窃罪是以非法占有为目的，秘密窃取公私财物数额较大，或者多次盗窃公私财物的行为。盗窃罪侵犯的客体是公私财产所有权；作为犯罪对象的财物是动产，不包括不动产。财物的基本特征是具有使用价值，能够进行经济评价；能够为人力所管理、控制。据此，财物的外延不仅包括传统的有体物，还包括无体物，如电力、煤气、天然气等。近年来，随着经济社会的发展，《刑法》根据其保护法益的本质和盗窃罪犯罪对象的特征，及时对盗窃罪的犯罪对象进行调整、拓宽，将网络虚拟财产纳入其中。近年还出现了将通过纺织品网上交易平台窃取并转让他人纺织品出口配额的行为定为盗窃罪的案例。盗窃罪在客观上必须具有秘密窃取的行为，即行为人采用自认为不使他人发觉的方法占有他人财物。只要行为人主观上是意图秘密窃取，即使客观上已经被他人发觉或者注视，也不影响盗窃罪的认定。

窃取他人手机号码的行为符合盗窃罪的犯罪构成：一是手机号码具有使用价值，能够进行经济评价，可以成为盗窃罪的犯罪对象。虽然目前大多数移动电话已经没有了入网费，但一般还有选号费，特别是不能忽视甚至否认手机号码的交换价值。在日常生活中，多数移动电话卡店都在以较高的价格出售手机号码，并被消费者认可。在合法的电子交易平台上，手机号码被作为商品公开出售，有的价格高达数万元，并且具有相当大的成交量。案例中的第三人购买手机号码本身也证明了其交换价值的客观现实性。这一点和邮票非常类似：邮票在最初发行流通时，买受人以非常低廉的票面价格买进，后由于市场行情的变化而身价倍增。此时有人盗窃该邮票，就不能以其原始的票面价格来认定其盗窃金额。因此，不管手机号码是否有偿取得、是否转让，其财产价值都是客观存在的。手机号码的财产价值是可以进行经济评价的，具体可以参照当时相类似手机号码的市场价格确定；必要时，也可以委托相关部门做价格鉴定。二是这类案件中的受害人是原手机号码的持有人，即行为人侵犯的是原手机号码持有人的财产权。行为人窃取原手机号码持有人的手机号码，但是在通信公司存有行为人伪造的原手机号码持有人的身份资料或者其他“合法”的交易凭证。在该案件没有侦破之前，原手机号码持有人和移动公司进行交涉很难取回自己的号码。此外，不需要身份资料即可获得的手机号码，行为人盗窃之后，原手机号码持有人很难举证证明号码属于自己所有或者自己没有合法转让给他人。这种情况下，原机主就不可能取回自己的号码。所以，认为“手机号码从未脱离原机主本人的控制”的观点是站不住脚的。三是即使行为人的窃取手机号码的方式并不秘密，容易被侦破，也不影响其盗窃罪的认定，因为是否构成盗窃并不以客观上是否秘密为标准，也不以受害人取回其财产的难易程度为依据。

2. 窃取他人手机号码后非法转让不符合诈骗罪的犯罪构成。诈骗罪是以非法占有为目的，采用虚构事实、隐瞒真相的方法，骗取公私财物，数额较大的行为。虽然该罪和盗窃罪一样，侵犯了公私财产所有权，但是，在客观表现上，诈骗罪和盗窃罪有很大区别：行为人取得财物的方法是虚构事实、隐瞒真相，而不是秘密窃取。诈骗行为的突出特点是，行为人设法使受害人在认识上产生错误认识，从而“自觉”地将自己所有或者持有的财物交付给行为人，最后导致自己的财产受到损失，其基本流程顺序为：一是行为人的欺诈行为；二是被害人产生错误认识；三是被害人基于错误认识而处分财产；四是行为人获得财产利益；五是被害人受到财产损失。

窃取他人手机号码后非法转让的行为并不符合诈骗罪的犯罪构成。在非法窃取之后的交易中，由于通信公司的数据资料显示该号码的确属于行为人所有，第三人基于这种信任而和行为人为此交易，法律上应当认定是合法的交易。根据民法上的公示公信原则，善意第三人和行为人发生交易而取得手机号码的使用权，和通过拍卖购得商品一样，应当受法律保护。相关的司法解释也有类似规定，1998 年最高人民法院、最高人民检察院、公安部、国家工商行政管理局《关于依法查处盗窃、抢劫机动车案件的规定》规定“对不明知是赃车而购买的，结案后予以退还买主”。1996 年最高人民法院《审理诈骗案件的解释》（现已失效）第 11 条规定：“行为人将诈骗财物已用于归还个人欠款、货款或者其他经济活动的，如果对方明知是诈骗财物而收取，属恶意取得，应当一律予以追缴；如确属善意取得，则不再追缴。”据此，善意买受人的财产权没有受到损失。因此，真正的受害人不是买受该手机号码的善意第三人，而是原手机号码持有人。在该转让行为中，行为人虽然隐瞒了手机号码的来源这一真相，但是并没有构成刑法意义上的诈骗，该转让只是行为人盗窃之后的销赃行为。所以此类行为不符合诈骗罪的构成要件。

3. 如果将此类行为定性为诈骗，容易造成罪刑失衡。一是有可能轻纵犯罪。如案例 1，被告人窃取 13 个手机号码，但是只卖出 5 个。本案以诈骗罪追究其刑事责任，显然只能以其出卖的 5 个号码的销售额计算。对于没有卖出的情形，则无法追究其刑事责任。这样做的后果，可能从一定程度上轻纵犯罪，于社会秩序和公私财产权的保护不利。二是有可能不当加重行为人的刑事责任。在司法实践中，窃取的手机号码往往还有一定金额的话费，二者常常一并转让，如案例 2 的情形。如果对窃取手机号码并转让认定为诈骗；对手机号码里面的话费部分认定为盗窃，势必要对行为人实行数罪并罚。对一个性质相同的行为，仅仅因为一个号码里面有话费，就定两个罪，不但有违刑法罪数的基本理论，更可能不当地加重行为人的刑事责任。三是在横向上也可能造成罪刑失衡。有的行为人盗窃一个机主上万元购买的手机号码，供自己使用，不构成犯罪；有的行为人采用相同手段盗窃一个机主无偿取得或者极低价格取得的手机号码，以上万元的价格出卖给他人，构成诈骗罪；有的行为人采用相同手段盗窃一个机主上万元购买的手机号码，以几百元的价格出卖给他人，由于数额问题，可能不构成诈骗罪。这显然是不符合公平正义原则的。

综上，窃取他人手机号码属于盗窃，不管是自用还是出卖，一旦脱离原机主的控制，即为盗窃既遂；出卖是不可罚的事后销赃行为。

312. 实际窃得物为赝品的盗窃数额如何认定

盗窃数额特别巨大是《刑法》第264条规定的数额加重犯情节，应当指实际盗窃取得的财物数额特别巨大，不包括行为人意图盗取数额特别巨大的财物但客观上没有盗窃得手的财物或者只盗得少许财物的情形。

司法实例

章某民等盗窃案

2014年9月10日，被告人章某民、常某江以购买海南东方黄花梨手串的名义，在某市一家宾馆内与被害人倪某旺见面联系，对倪某旺携带的20只海南东方黄花梨手串进行看货、谈价，并提出带着手串到某鉴定机构进行真伪鉴定。当晚，两被告人商定，在去做鉴定的路上将这批手串盗走。章某民将此意图告知了被告人沈某标，并让沈某标及黄某东开车带着被害人倪某旺等人及要鉴定的手串到某市做鉴定。章某民将沈某标所开车辆的备用钥匙交给被告人常某江。9月12日，按约定由章某民电话指挥，常某江事先在高速公路某服务区等候，沈某标带被害人倪某旺等人鉴定返回至此处吃饭，常某江即趁机用章某民给的备用钥匙，将放在沈某标驾驶的轿车后备箱内的20只手串全部窃走。后经鉴定，该20只手串均非海南东方黄花梨，而是产自广东的黄花梨，价值仅为每串数百元，总价值1万元，与海南东方黄花梨至少相差数十倍。

某市某区人民检察院以被告人章某民、常某江、沈某标涉嫌盗窃罪提起公诉。

某市某区人民法院审理认为，被告人章某民、常某江、沈某标以非法占有为目的，合伙秘密窃取他人财物，数额巨大，其行为均已构成盗窃罪，且系共同犯罪。遂以盗窃罪分别判处被告人章某民、常某江、沈某标有期徒刑3年4个月、3年4个月、3年，并处罚金5000元、5000元、4000元。章某民、常某江提出上诉，被二审驳回。

本案的焦点问题是，《刑法》第264条规定的盗窃数额特别巨大，是指行为人实际盗取的财物数额特别巨大，还是也包括行为人以数额特别巨大的财物为盗窃目标但最终没有得手的情形，司法解释未作出明确规定，该问题在司法实践中争议较大。从本案一、二审判决结果来看，一、二审法院主张的是以行为人实际盗取的财物价值计算盗窃数额。主要理由为：

1. 根据司法实践以及相关司法解释的规定，盗窃数额系直接窃取的数额，故没有实际窃得数额特别巨大财物的，不能认定为盗窃数额特别巨大。在盗窃犯罪中设立了数额条件，达到该数额规定的，可以认定为犯罪，没有达到这一数额规定，则不能定罪处罚。尽管依照《刑法》总则的规定，犯罪未遂同样需要定罪量刑，但在司法实践中，由于盗窃未遂不仅难以确定犯罪数额，而且其社会危害性也因未遂而大为降低，因此对未遂情形通常不作犯罪处理。这种做法在司法解释中确立了下来，即盗窃数额是指盗窃得手的数额。

为此，对于《刑法》第264条规定的盗窃数额特别巨大加重情节，是指被告人直接窃取到的财物数额，对于实际盗得数额未达到特别巨大的，不认定盗窃数额特别巨大。对于这一点，也可以从盗窃犯罪的其他解释规定中得以体现。《审理盗窃案件的解释》(现已失效)第10条明确规定："根据刑法第一百九十六第三款的规定，盗窃信用卡使用的，以盗窃罪定罪处罚。其盗窃数额应当根据行为人盗窃信用卡使用的数额认定。"与已经盗窃到的信用卡相比，行为人试图盗窃数额巨大的财物但没有盗窃到财物的行为，其对被害人财产权益侵害的危险相对较小，既然盗窃信用卡以使用的数额来认定，则盗窃数额特别巨大也应当以实际情况来认定，不能把客观上未盗得财物的行为认定为盗窃数额特别巨大。

因此，本案中，尽管被告人章某民、常某江、沈某标等人意图盗窃价值数十万元甚至百万余元的手串，后经鉴定所窃手串系总价值仅 1 万元的赝品，一、二审法院均认定被告人盗窃数额巨大，对各被告人在 3 年以上 7 年以下有期徒刑选择量刑刑档是适当的。

2. 本案属于盗窃犯罪中的价值认识错误，即高估物品价值的认识错误。刑法上的认识错误，是指行为人对自己的行为在法律上的意义或者对有关客观事实有不正确的理解。如果行为人对与自己行为有关的事实情况有不正确的理解，通常称为事实认识错误。犯罪对象也是案件事实的一项重要内容。在盗窃犯罪中，行为人对其犯罪对象即公私财物的经济价值产生认识错误，其实就是对犯罪对象的一种认识错误。所谓价值认识错误是指行为人在实施盗窃行为之前，基于自身认识能力，在实施盗窃行为时，对于盗窃财物的属性、真伪、存在与否等因素发生认识错误，从而对其经济价值发生重大误解的状况。从逻辑上来说，对盗窃财物的价值认识错误包含以下三种情况：一是对盗窃财物无认识的价值认识错误；二是低估财物价值的认识错误；三是高估物品价值的认识错误。高估物品价值的认识错误，即由于行为人认识错误，对盗窃犯罪对象的价值作出了过高的错误估计，这种情形事实上构成了对象不能犯未遂。所谓对象不能犯未遂，是指由于行为人的错误认识，使得犯罪行为所指向的犯罪对象在行为时不在犯罪行为的有效作用范围内，或具有某种属性，使得犯罪目的不能得逞的情形。将珍贵文物的复制品作为原物进行盗窃的情况，就是一种典型的对象不能犯未遂。盗窃犯罪中的对象不能犯未遂，因为积极追求的犯罪结果并未发生，所以行为人主观上意欲非法占有财物的价值就成为衡量行为主观恶性和社会危害性的主要标准。《审理盗窃案件的解释》（现已失效）中，对盗窃未遂的处理有明确规定：“盗窃未遂，情节严重，如以数额巨大的财物或者国家珍贵文物等为盗窃目标的，应当定罪处罚。”

3. 盗窃罪未遂与既遂并存时，应当分别予以量刑，采用重刑吸收轻刑的方法进行处罚。尽管盗窃数额是以实际盗得数额计算，对盗窃未遂行为，司法实践中通常不作为犯罪处理，但是作为例外，仍然存在对盗窃未遂犯罪需要处理的情形。对此，《审理盗窃案件的解释》（现已失效）第 1 条第 2 项规定：“盗窃未遂，情节严重，如以数额巨大的财物或者国家珍贵文物等为盗窃目标的，应当定罪处罚。”可见，针对数额巨大之财物进行盗窃，其未遂形态也应当定罪处罚。需要进一步考虑的问题是，对其处罚时适用哪个幅度的法定刑，是适用数额较大盗窃犯罪的法定刑，还是适用数额巨大盗窃犯罪的法定刑，一般认为，应当按数额较大的盗窃犯罪的法定刑处罚。原因在于，数额较大的盗窃未遂不成立犯罪，只有数额巨大的盗窃未遂才能定罪，如果按照数额巨大盗窃犯罪的法定刑来处罚，势必产生数额较大盗窃未遂的定罪空档。以此类推，对于“盗窃数额特别巨大”的未遂情形，应当依照“数额巨大”的法定刑即在 3 年以上 10 年以下有期徒刑的法定刑来处罚。

本案存在两个数额：一是数额特别巨大的未遂；二是数额巨大的既遂。对于这种既遂与未遂并存情形的定罪处罚，一般情况下，既遂行为的危害应重于未遂行为的危害，所以通常有既遂吸收未遂之说。但是在财产犯罪中，如果未遂的犯罪数额远高于既遂的犯罪数额，则应当分别予以量刑，采用重刑吸收轻刑的方法进行处罚。具体到本案中，按照既遂来量刑，被告人盗窃财物价值 1 万元，属于盗窃数额巨大的情形，应当在 3 年以上 10 年以下量刑；而按照盗窃数额特别巨大的未遂量刑，首先选择 3 年以上 10 年以下刑档，然后适用《刑法》总则未遂条款予以从轻或减轻处罚。两相比较，应当采用既遂吸收未遂的处理方法，对其在 3 年以上 10 年以下量刑。

313. 盗窃存单后骗取他人身份证取款如何定性

行为人将他人定期存单盗取后采用欺骗手段获得存款人身份证将存款取走，其直接取得财物的具体方式，即取款的直接依据是定期存单，身份证仅是取款的辅助方式；被害人财产被侵犯并非因诈骗所造成，而是由存单遭他人窃取而产生。因此，诈骗手段仅是本案中实现非法占有目的的辅助条件，而非直接原因。行为人的行为符合盗窃罪的构成要件，故应当按照盗窃罪定罪处罚。

司法实例

吕某艾盗窃案

2013年10月2日18时许，被告人吕某艾在某市某小区尤某剑家中串门，趁尤某剑妻子做饭之际，将尤某剑放在卧室墙上装饰画后边的一张建行定期存单盗走，而后以办手机卡的名义从尤某剑妻子张某影处将尤某剑的身份证骗走，并持所窃取的存单及该身份证到建行将存单上的26,260元全部取出占为己有。

某市某区人民检察院对被告人吕某艾以涉嫌诈骗罪提起公诉。起诉书认为，吕某艾盗窃尤某剑定期存单并骗取其身份证后取款26,260元的行为应认定为诈骗罪。

某市某区人民法院经审理认为，认定被告人行为构成诈骗罪或盗窃罪的主要依据在于直接取得财物的具体方式。本案中，被告人吕某艾盗窃定期存单并支取过程中，虽然也存在虚构事实骗取被害人身份证的行为，但取款本身使用的存单和身份证均是真实的，而被告人获取财物的直接方式还是凭借盗取的真实的定期存单，而非冒名取款，存款机构也是凭借真实的存单和身份证而支付存款，因此认定诈骗罪缺少事实依据。此外，从立法规定看，定期存单属于金融凭证，而刑法规定的金融凭证诈骗罪其客观要件仅限于使用伪造、变造的银行存单，且《审理盗窃案件的解释》(现已失效)第5条关于被盗物品的数额规定中对不能及时兑现的有价支付凭证定罪量刑作出的具体规定，也足以帮助对盗窃定期存单而后支取行为以盗窃罪认定作出判断。因此，检察机关认定被告人构成诈骗罪属定性错误，应予纠正。鉴于本案具有被告人亲属协助抓捕情节，虽不能认定被告人具有自首情节，但在量刑时应酌情考虑。遂依据《刑法》第264条、第64条之规定，以吕某艾犯盗窃罪，判处有期徒刑3年2个月，并处罚金1万元；同时对被告人犯罪所得予以追缴，发还被害人。

一审宣判后，被告人吕某艾不服一审判决，以其母亲主动报案并向公安机关提供其住所，公安机关据此抓获，应当认定为具有自首情节为由，提出上诉。

某市中级人民法院二审审理认为，《自首立功意见》规定，被告人被亲友采用捆绑等手段送到司法机关，或者在亲友带领侦查人员前来抓捕时无拒捕行为，并如实供述犯罪事实的，虽然不能认定为自动投案，但可以参照法律对自首的有关规定酌情从轻处罚。该规定表明，对亲友配合抓获被告人的，不能认定被告人构成自首。故上诉人吕某艾的亲属即便具有配合公安机关抓获吕某艾的行为，亦不能认定吕某艾构成自首。同时，根据最高人民法院、最高人民检察院《关于适用刑事司法解释时间效力问题的规定》第2条的规定，对于司法解释实施前发生的行为，行为时没有相关司法解释，司法解释施行后尚未处理或者正在处理的案件，依照司法解释的规定办理。上诉人吕某艾的归案事实，发生在司法解释未明确作出规定前，在其归案后新的解释已明确予以规定，应予适用。对于上诉人亲属协助抓捕的情节，一审法院在量刑时已予适当考虑。原判决认定上诉人犯盗窃罪的事实清楚，证据确实、充分，定性准确，量刑适当。上诉人的上诉理由和辩护人的辩护意见，均不能成立。遂依据《刑事诉讼法》第236条第1项规定，裁定驳回上诉，维持原判。

对于盗窃与诈骗手法相交织的非法取财行为如何定性，应当主要看行为人非法取得财物时起决定作用的手段。如果起决定作用的手段系窃取行为，就应当认定为盗窃罪；如果起决定作用的手段系利用欺骗手段，使对方陷入错误认识及处分，从而获取财物，则应当认定为诈骗罪。在本案中，定期存单作为一种记名有价支付凭证，系取款的直接依据。定期存单不同于能够及时兑现的支付凭证，如活期存折等，需要具备相应的取款条件才能完成支付行为，最终获得存单上存款。本案中，定期存单尚未到期，由于未设置密码，存款人仅需凭借身份证这一辅助工具即可完成取款行为。而被告人恰恰利用和存款人熟悉的便利条件，采用欺骗手段获得存款人身份证，并利用真实的身份证和存单完成取款行为。从整个犯罪过程看，被告人取得财物的直接方式还是利用盗窃所得存单，骗取身份证仅是取款的辅助方式。从存款的管领人而言，银行工作人员也是根据被告人持有真实的存单和身份证支付存款，对于取款人是否与身份证载明情况相一致，则不是认定本案定性的依据。

另外，就本案被害人而言，系存款人而非银行，因此，从该角度来说，被害人财产被侵犯并非因诈骗所造成，而是由存单遭他人窃取而产生。因此，诈骗手段仅是本案中实现非法占有目的的辅助条件，而非直接原因。故本案应认定为盗窃罪。

314. 保姆将盗窃的雇主财物藏匿于雇主家中的行为认定

一般情况下，行为人作为保姆将盗窃雇主的财物藏匿于雇主家中，只要其没有将该财物带离雇主依托其住宅所享有的占有范围，雇主就能够对财物有现实控制和支配的可能性，通常应当认定财物仍然由雇主占有，在此情况下不存在转移占有的问题，故行为人的行为均只能评价为盗窃罪的未遂。如果行为人将盗窃的财物藏匿于其个人放在雇主家中的行李箱，或者藏匿于雇主家中只有其自己才能知道或支配的隐蔽场所等极端情况，由于其藏匿场所的特殊性，致使雇主对财物完全没有现实支配的可能性，应当认为在这种情况下，行为人的藏匿行为已经阻断了雇主对于财物的占有，此时新的占有关系已经建立，则对行为人的行为应以既遂评价。

现实生活中，保姆盗窃雇主财物的情况较为常见，通常也属于简易案件，但在某些特殊情形下，如保姆盗窃雇主家中财物后将该财物藏匿于雇主家中，事后准备随时带走占为己有的情况，在司法实践中存在一定争议，各地司法机关对此类案件的处理也有所不同。

司法实例

保姆陶某娟、海某云盗窃案

案例1 陶某娟盗窃案。2018年2月，陶某娟经劳务中介介绍到某市被害人航某某、付某某夫妇家中做保姆。同年6月5日晚，付某某在睡前将其与航某某挎包内的现金数量进行了清点。次日早晨6时许，陶某娟起床后，在客厅分别从航某某、付某某夫妇放置于沙发上的两个挎包内盗窃一定数额的现金，并用保鲜膜、塑料袋将大部分赃款包裹后藏匿于洗澡间热水器背面。当天上午，付某某清点自己挎包中的现金，发现比昨晚入睡前清点的数量明显减少。并经询问丈夫航某某后，发现两人包中均有现金被盗，共计2850元。付某某随即报警，民警赶到后经初步分析保姆为重点嫌疑人。经民警反复询问，保姆陶某娟供认了作案事实，并在陶某娟的指认下，在案发房屋洗澡间热水器背面查获陶某娟藏匿的赃款2850元。

案例2 海某云盗窃案。海某云系被害人单某贵家中的保姆。2017年7月18日10时20分许,海某云趁被害人单某贵外出锻炼之际,进入被害人单某贵卧室,窃得抽屉内的现金 4950 元,藏匿于厨房燃气管道开关门内。案发后被盗现金已全部追回,并发还被害人。

1. 司法实践中对相同案件的处理结果会有不同。以上两个案件的案情大体相同,都是保姆趁雇主不备,秘密窃取雇主财物,后将财物藏匿于雇主家中准备随时转移,案发后涉案财物一般能全部追回。虽然案情相同,但各地司法机关对于案件认定存在以下两种不同意见:

在案例 1 的处理中,作出生效判决的法院认为,被告人陶某娟的行为已构成盗窃罪,依法应处 3 年以下有期徒刑、拘役或者管制,因陶某娟退赃可酌定从轻处罚,其具备适用缓刑的条件,故最终以陶某娟犯盗窃罪判处拘役 4 个月,缓刑 8 个月。而在案例 2 的处理中,法院认为海某云将所盗现金藏于厨房燃气管道开关门内,由于财物处于被害人的住所内,海某云对所盗财物并没有达到事实上的足以排除被害人占有的支配力,没有实现对财物的非法占有,因此构成盗窃未遂,故对海某云判处拘役 5 个月,缓刑 10 个月。量刑差别不大。

2. 对于保姆将盗窃的雇主财物藏匿于雇主家中的行为分析。司法实践中,对保姆盗窃雇主财物的行为性质以盗窃罪认定基本没有争议,但主要问题是对于该行为应评价为盗窃既遂还是盗窃未遂,存在两种不同意见:一种意见认为,保姆盗窃雇主的财物一般均为现金、首饰如手镯、项链等小件物品,将其转移至不易被发觉的地方,此时应当认为雇主对于这些物品已经丧失控制。而由于物品处于被藏匿的状态,保姆对其享有现实意义上的支配状态,加之保姆的身份及工作性质,其能够自由出入雇主的住所,因此应当认定此时保姆实际已经占有并控制了该物品。另一种意见则认为,虽然保姆对雇主财物在主观上具有非法占有的目的并有盗窃的意思,客观上也存在藏匿等盗窃行为,但是涉案财物毕竟没有离开雇主住宅,保姆虽然能够实际上支配这些物品,但其藏匿行为并没有切断或阻隔雇主对于财物的控制状态,也就是雇主对于财物并没有失去控制,因此保姆的行为只能评价为盗窃未遂。对于以上两种观点,根据刑法理论即司法实践,应当认为在通常情况下后一种意见更为客观、合理。关于盗窃罪的既遂标准,理论上有接触说、转移说、隐匿说、失控说、控制说、失控说加控制说等观点。具体到案例 1 和案例 2,按照接触说或隐匿说的观点,保姆的行为属于盗窃既遂,但这两种观点存在的问题也较大,实践中一般基本不予采用,比较主流的还是失控说、控制说或者失控说加控制说。不过,无论哪种观点,首先都应当解决"占有"这个前提问题,因为失控的前提是行为人失去对财物的占有,而控制的前提也是行为人建立新的支配或占有关系。

对于盗窃罪占有的理解,目前学界主流观点比较一致,即盗窃罪中的占有意味着对财物实际支配的状态,不仅包括物理范围内的支配,而且包括社会观念上可以推知财物的支配状态。① 张明楷教授也认为对于盗窃罪中的占有,应当根据社会一般观念进行判断,而不是根据物理的事实或者现象进行判断,但物理的事实可以作为判断占有的资料。②

具体到上述两个案例,保姆盗窃雇主财物后将该财物藏匿于雇主家中,一是由于藏匿行为使得其对于该财物的现实支配能力增强,但根据刑法盗窃罪占有的主流观点,财物虽然被保姆藏匿起来,但该物品仍然没有离开雇主住宅,或者说根据社会一般观念财物并没有离开雇主基于住宅形成的占有范围;二是保姆的藏匿行为虽然给雇主对于财物的支配设置了一定障碍,但其藏匿财物的地方主要是柜子、垃圾桶等,这些地方并非完全隐蔽的场所,且雇主对于这些场所享有完全的、现实的支配和控制能力,因此这种藏匿行为不足以完全阻断雇主对于财物的控

① 参见周光权:《刑法各论》(第 2 版),中国人民大学出版社 2011 年版,第 97 页。
② 参见张明楷:《刑法学》(第 5 版),法律出版社 2016 年版,第 945 页。

制。正如张明楷教授所述：不能将（财物的）取得（控制）理解为行为人转移了财物的场所，更不能将取得理解为行为人藏匿了财物，而应理解为行为人事实上占有了财物（建立了新的支配关系）。①

综上，应当认为在通常情况下，保姆将盗窃雇主的财物藏匿于雇主家中，只要其没有将该财物带离雇主依托其住宅所享有的占有范围，雇主对财物就具有现实控制和支配的可能性，就应当认定财物仍然由雇主占有，在此情况下不存在转移占有的问题，故保姆的行为均只能评价为盗窃罪的未遂。当然这里还存在一个占有意思的问题，不过此问题在理论上也不存在争议，如陈兴良教授所言：对于物的占有意思，既可以是具体的支配意思，也可以是概括或抽象的支配意思。通常而言，在认定占有时以一般社会观念为准，占有意思只起补充作用。② 因此，在此类案件中完全可以认为即使雇主并不清楚其家中财物的具体情况，也能认定家中财物仍由其占有。

另外，在认定属于盗窃未遂的情况下，根据《刑法》第264条及《盗窃解释》规定，以数额巨大的财物或者国家珍贵文物等为盗窃目标的，或是有其他严重情节的，才应当依法追究刑事责任。故如果此类案件中保姆的违法行为不符合以上三种情形之一的，则根据罪刑法定原则，一般不宜追究其刑事责任，从这个意义上讲，根据目前盗窃罪数额巨大的标准，案例2的判决似有不当之处。

3. 对于特殊情况的分析。上述主要系针对此类案件在通常情况下的分析，但如果案件中的部分要素发生改变，如保姆将盗窃的财物藏匿于其个人放在雇主家中的行李箱，或者藏匿于雇主家中只有其自己才能知道或支配的隐蔽场所等极端情况，此时对保姆的行为则应以既遂评价。此为学界及实务界的主流观点。如张明楷教授认为，住在雇主家里的雇员，将窃取的财物藏在自己行李包或者隐藏在雇主家中的隐蔽场所，雇主不可能发现的，成立盗窃既遂。③ 陈兴良教授的观点也是如此，陈兴良教授认为：财物即便仍在他人的住所内，但行为人将其藏匿在只有自己知道的地方的情形，也可以认定为既遂。④ 可见，两位著名学者对于此类案件的极端情况认识是一致的，即保姆的行为构成盗窃罪既遂。上述观点比较符合司法实践，就保姆将财物藏匿于其个人行李箱的情况来说，虽然行李箱在雇主家中，但是按照社会一般认知，该行李箱及其内容物是由保姆个人占有，属个人的私密空间；而保姆将财物藏匿于雇主家中极为隐蔽场所的情况，虽然财物仍然处在雇主基于住宅所形成的占有范围内，但是由于其藏匿场所的特殊性，致使雇主对财物完全没有现实支配的可能性，也应当认为在这种情况下，保姆的藏匿行为已经阻断了雇主对于财物的占有，此时新的占有关系已经建立，故应当成立盗窃罪的既遂。

315. 盗窃手机后又冒用他人网银的构成何罪

盗窃信用卡并使用的以盗窃罪论处系法律拟制，其不包括非法获取信用卡信息资料并使用的情形。利用手机网银侵犯他人财产所有权的行为，只要系以信用卡为媒介的，即属于冒用他人信用卡的行为，数额较大的，应当以信用卡诈骗罪定罪处罚。

---

① 参见张明楷：《刑法学》（第5版），法律出版社2016年版，第963页。
② 参见陈兴良主编：《刑法各论精释》（第1版），人民法院出版社2015年版，第253页。
③ 参见张明楷：《刑法学》（第5版），法律出版社2016年版，第964页。
④ 参见陈兴良：《刑法各论精释》（第1版），人民法院出版社2015年版，第289页。

司法实例

朱某亚盗窃、信用卡诈骗案

2015年12月1日，被告人朱某亚在某市某足疗店内将被害人吕某的手机盗走。事后，朱某亚在使用手机过程中，发现吕某手机装有银行客户端并绑定银行卡一张，遂通过反复试验的方式获得密码。随后，朱某亚使用吕某网银绑定的信用卡，以网络购物的方式消费共计12,500元。经鉴定，被盗手机价值2860元。案发后，被盗手机已退还被害人。

某市某区人民检察院对被告人朱某亚以涉嫌盗窃罪提起公诉。起诉意见认为，被告人朱某亚以非法占有为目的，盗窃手机后再使用他人网银消费的行为，属于盗窃信用卡并使用的情形，应将手机价值与利用网银消费的金额累计，以盗窃罪定罪处罚。

某市某区人民法院审理认为：朱某亚以非法占有为目的，秘密窃取他人财物，数额较大，其行为已构成盗窃罪；非法获取他人信用卡信息资料，并通过互联网终端冒用，数额较大，其行为已构成信用卡诈骗罪，依法应予惩处。被告人朱某亚一人犯数罪，应数罪并罚。被告人朱某亚到案后如实供述自己的罪行，系坦白，可以从轻处罚。遂判决认定被告人朱某亚犯盗窃罪，判处拘役5个月，并处罚金3000元；犯信用卡诈骗罪，判处有期徒刑7个月，并处罚金20,000元，决定执行有期徒刑7个月，并处罚金23,000元。被告人所得赃款全部追缴后退还被害人。判决已生效。

在本案法院审理中，对于本案被告人朱某亚的行为究竟应定何罪，存在两种不同意见。一种意见认为，被告人朱某亚以非法占有为目的，盗窃手机后再使用他人网银消费的行为，属于盗窃信用卡并使用的情形，应将手机价值与利用网银消费的金额累计，以盗窃罪定罪处罚。另一种意见则认为，被告人朱某亚以非法占有为目的，秘密盗走他人手机，属秘密窃取他人财物，数额较大，其行为已构成盗窃罪；通过盗窃的他人手机非法获取他人信用卡信息资料，并通过互联网终端冒用，数额较大，其行为已构成信用卡诈骗罪，应予数罪并罚。

从本案生效判决结果来看，法院同意后一种意见，即本案被告人的行为分别构成盗窃罪、信用卡诈骗罪，应予数罪并罚。主要理由为：

1. 盗窃信用卡并使用的以盗窃罪论处系法律拟制。《刑法》第196条第3款规定，盗窃信用卡并使用的，依照本法第264条的规定定罪处罚。根据《刑法》第196条及相关司法解释的规定，信用卡诈骗罪的犯罪形式包括使用伪造的信用卡，或者使用以虚假的身份证明骗领的信用卡、使用作废的信用卡、冒用他人信用卡以及恶意透支。冒用他人信用卡，从字面含义来看，是非持卡人以持卡人名义使用信用卡。依据中国人民银行制定的《支付结算办法》的规定，信用卡仅限于合法持卡人本人使用，持卡人不得出租或转借信用卡。非持卡人未经同意使用他人信用卡的行为均是冒用。盗窃信用卡后使用的也是冒用他人信用卡的行为，原本也应定性为信用卡诈骗罪。只不过法律将该情形排除在冒用他人信用卡之外，拟定以盗窃罪论处。

2. 法律拟制不包括非法获取信用卡信息资料并使用的情形。《妨害信用卡管理解释》第5条第2款第3项规定，窃取、收买、骗取或者以其他非法方式获取他人信用卡信息资料，并通过互联网、通讯终端等使用的，属冒用他人信用卡的情形，数额较大的构成信用卡诈骗罪。根据该解释可推断出，法律拟制不包括非法获取信用卡信息资料并使用的情形。一是从时间层面看，盗窃信用卡并使用的以盗窃罪论处，系由1997年修订的《刑法》所规定。明确非法获取信用卡信息资料并通过互联网等终端使用构成信用卡诈骗罪的，则是《妨害信用卡管理解释》。时间在后的该解释，明确了非法获取信用卡信息资料并使用的属冒用他人信用卡的行为。换言之，《妨害信用卡管理解释》明确了法律拟制不包括非法获取信用卡信息资料并使用的情形。二是从刑法解释层面看，只有对法律拟制限制解释，才符合冒用的字面含义。字面含义是刑法解释的基础，也是刑法稳定性与可预见性的保证,违背字面含义的解释甚至可能违反罪刑法定原则。盗窃信用卡并使用的无疑也是冒用他人信用卡的行为。法律将原本属于冒用他人信用卡的信用卡诈骗行为,拟定为盗窃。这一法律拟制系对冒用含义的限缩。只有对法律拟制进行限制解释,方能最大限度地符合冒用的字面含义。

3. 法律拟制限于实体卡的情形更符合立法精神。法益保护既是刑事立法目的,也是立法确定罪名的依据。具体而言,刑法在保护法益目的之下,对侵犯同一法益的不同行为规定不同罪名,并确定不同构罪要件,配置不同刑罚。这既是刑事立法科学性的体现,更是罪刑相适应原则的要求。一是因为不同行为侵犯法益的难易程度不同;二是因为不同行为的社会危害性及行为人危险性不同。就立法精神与技术规范而言,用来区分相似罪名的是实质侵犯法益的行为。只有实质侵犯法益的行为,才是立法将其确定为某一具体罪名的依据。例如,盗窃罪中,秘密窃取是侵犯财产所有权的方式,也是立法将此类行为界定为盗窃罪的原因。诈骗罪中,骗取是侵犯财产所有权的方式,也是定罪处刑的依据。二罪名均侵犯财产所有权,行为方式也可能近似,但立法仍规定为不同罪名,且有不同构罪标准。这体现出刑法对不同侵犯法益行为的不同评价。司法认定中,只有以该立法旨意作为罪名界定标准,才能实现罪刑法定与罪行相适应。按照罪刑法定原则要求,在存在法律拟制的情况下,盗窃信用卡并使用的应当以盗窃罪论处。然而,盗窃信用卡并使用的,毕竟是通过冒用信用卡方式侵犯财产所有权。这也是信用卡诈骗罪的实质所在,而盗窃罪的行为是秘密窃取。既然法律拟制不能违背,那么将其限定为实体卡的情形,则不仅符合了罪刑法定要求,也实现了立法初衷与实质合理性。这也与《妨害信用卡管理解释》将非法获取信用卡信息资料并使用的认定为冒用他人信用卡的精神不谋而合。

4. 使用手机网银消费系冒用他人信用卡的行为。信用卡作为具有消费支付、信用贷款、转账结算、存取现金等功能的载体,以记载的信息资料为区分标识。信用卡的信息资料也是持卡人财产安全的保障。在以信用卡为媒介的犯罪中,起实质作用的系信用卡信息资料,信用卡不过是物质载体。随着网络的快速发展,无卡交易越发普及,利用信用卡信息资料侵犯财产的现象越发突出。手机网银是信用卡信息资料广泛运用的典型例证。手机网银不存在信用卡这一物质载体,以其存储的信用卡信息资料即可侵犯财产所有权。盗窃手机后,再通过手机网银消费的行为,属于非法获取信用卡信息资料并通过网络终端使用的冒用他人信用卡行为,应当定性为信用卡诈骗。

5. 盗窃手机后又使用网银消费的系实质数罪。罪刑法定原则是刑法现代化的标志,是刑事法治文明的重要成果。构成要件作为犯罪类型化的标尺,理应成为一罪与数罪的区分标准。根据构成要件标准,凡是具有数个犯意、实施数个行为,符合数个犯罪构成的,均系数罪。至于是否实施数罪并罚,则是不同的问题。盗窃手机后,再利用手机网银消费的行为系实质数罪。一是实施了数个具有刑法意义的行为,即盗窃行为与冒用他人信用卡行为。二是分别符合数个犯罪构成要件。盗窃数额较大的,符合盗窃罪构成要件;冒用他人信用卡数额较大的,符合信用卡诈骗罪的构成要件。

具体到本案中,被告人朱某亚盗窃数额较大,构成盗窃罪;冒用信用卡数额较大,构成信用卡诈骗罪。故而,该情形系实质数罪,但能否数罪并罚则需视具体情形而定。如果系盗窃信用卡并使用的,则只能以盗窃罪一罪论处。如果盗窃行为与信用卡诈骗行为符合牵连犯特征,则择一重罪处罚。除此之外,因利用网银侵财的行为不属于事后不可罚行为,故应予数罪并罚。本案中,被告人在盗窃手机后,发现手机银行客户端绑定有银行卡,遂予以冒用。该情形不符合牵连犯特征,故应当以盗窃罪与信用卡诈骗罪予以并罚。

6. 关于利用第三方平台侵财的定性。第三方平台是传统金融机构之外的新的支付主体，较为知名的有支付宝、微信钱包等。第三方平台既可以存放钱款，亦可以通过绑定信用卡的方式支付。如果非法占有的系第三方平台内存放的钱款，因没有以信用卡为媒介，应当按照一般犯罪对象定性处理。如果是秘密窃取，则属盗窃行为；如果是骗取，则属诈骗行为。如果系通过平台绑定的信用卡，则属冒用他人信用卡的信用卡诈骗行为。具体理由如前所述，没有以信用卡为媒介的侵犯财产所有权行为，仅侵犯财产所有权；利用信用卡为媒介的，则同时侵犯了信用卡管理秩序。

与利用第三方平台侵财行为定性同理，如果利用手机网银消费的行为并未以信用卡为媒介，则没有侵犯信用卡管理秩序，不构成信用卡诈骗罪。本文的上述分析均基于朱某亚系通过网银绑定的信用卡进行消费，系以信用卡为媒介侵犯他人财产所有权，故属于冒用他人信用卡的信用卡诈骗行为。如果只是利用网银消费，但并未以信用卡为媒介的，则不能构成信用卡诈骗罪。

综上，盗窃手机后又利用手机网银侵财的行为，不属于法律拟制的盗窃信用卡并使用的情形。如果侵犯财产权系以信用卡为媒介，则属非法获取信用卡信息资料并使用的冒用信用卡行为。否则，便是一般侵财行为，应根据具体行为方式确定罪名。此类情形，除非符合牵连犯特征，否则即应予数罪并罚。

316. 谎称借用手机将手机拿走如何定性

行为人以借用手机打电话为名，欺骗被害人将手机借给其使用，趁被害人不备将手机拿走。此行为不同于乘人不备、公然夺取他人财物的抢夺，也不同于采用虚构事实、隐瞒真相的方法骗取财物的诈骗，而是对离开被害人身体的财物实施秘密、非法取得行为，符合盗窃罪的构成要件，数额较大的，应以盗窃罪定罪处罚。

司法实例

奚某成盗窃案

2017 年 4 月 8 日，被告人奚某成在某市某酒店大堂内，谎称自己手机没电了，有急事，向在大堂休息区洽谈业务的被害人邓某发借用 Mate10 手机打电话。奚某成借到手机后装作打电话边通话边慢慢走向客房电梯方向，然后携被害人手机从酒店后门逃走。同年 5 月、7 月，被告人奚某成分别在某市另外两个豪华酒店，分别以同样方式骗走 iPhone6s、Mate10 手机各一部。奚某成将手机拿到某二手手机店销赃，得赃款 6000 余元。经鉴定，三部手机价值 12,800 余元。

某市某区人民检察院对被告人奚某成以涉嫌抢夺罪提起公诉。

某市某区人民法院审理认为，被告人奚某成以有急事借用手机打电话为名，携手机逃离的行为，属于以非法占有为目的，秘密窃取他人财物，数额较大，其行为已构成盗窃罪。遂判决认定被告人奚某成犯盗窃罪，判处有期徒刑 1 年，并处罚金 5000 元。向被告人继续追缴赃款后退还受害人。判决已生效。

在法院审理过程中，本案应如何定性有三种不同意见：第一种意见认为，被告人奚某成的行为符合抢夺罪的犯罪特征。理由是奚某成非法占有被害人财产，属于以借打电话为名乘人不备公然抢走手机的行为。第二种意见认为，本案被告人奚某成的行为应以诈骗罪定罪处罚。理由是被告人奚某成以借手机打电话为由骗取被害人信任，使被害人在不知情的情况下自愿地将自己的手机交给奚某成。因此，奚某成的行为属于以非法占有为目的，采用虚构事实、隐瞒真相的方法使被害人信以为真,从而将价值较大的手机骗走的行为,构成诈骗罪。第三种意见则认为,被告人的行为符合盗窃罪的犯罪特征。理由是被害人以善良之心,相信奚某成的谎言说辞,将手机借给奚某成使用,奚某成没有手机的所有权、处分权,只是利用暂时合法控制受害人财物的机会,采取秘密手段非法取得手机,符合盗窃罪的构成要件,应当构成盗窃罪。

从一审生效判决结果来看,一审法院支持的是第三种意见,即被告人奚某成的行为构成盗窃罪。主要理由为:

1. 被告人奚某成的行为为何不构成抢夺罪。根据《刑法》第 267 条的规定,抢夺罪是指以非法占有为目的,公然夺取公私财物,数额较大的行为。抢夺罪最突出的特点是公然夺取。所谓公然夺取,是指行为人当着公私财物所有人、管理人或者其他人的面,乘人不防备,将公私财物夺了就跑,据为己有或者给第三人所有;也有的采取可以使被害人立即发现的方式,公然把财物抢走,但不使用暴力或者以暴力相威胁,这是抢夺罪区别于其他侵犯财产犯罪的本质特征。公然夺取的对象是公私财物,而这个财物必须是被害人紧密占有的财物,即必须是被害人随身携带的财物,如提在手上、背在肩上、装在口袋等与人的身体紧密联结在一起的财物。公然夺取表现为行为人动作迅速,猝然取得,特点在于受害者出乎意料、猝不及防。换言之,判断行为人的行为是否构成抢夺罪,关键在于行为人是否实施了公然夺取他人财物的行为,抢夺的对象是否属于他人紧密占有的财物,犯罪行为是否属于强行夺取他人财物。具体到本案,被告人奚某成均采取欺骗手段,以自己手机没电了,有急事借被害人手机拨打电话为由将手机拿走。奚某成拿走的手机既已经脱离了被害人的实际控制,不属于与被害人紧密联结的财物,又不是趁被害人不备。同时,奚某成拿走手机既没有对被害人实施暴力或者以暴力相威胁,也没有对手机进行强行夺取,而是借到手机后趁被害人不注意慢慢地远离被害人的视线范围,趁被害人未发觉时逃离。因此,被告人奚某成拿走被害人手机的方式不属于公然夺取,不能认定为抢夺罪。

2. 被告人奚某成的行为为何不构成诈骗罪。根据《刑法》第 266 条的规定,诈骗罪是指以非法占有为目的,用虚构事实或者隐瞒事实真相的方法骗取公私财物,数额较大的行为。一是从客观上看,诈骗罪表现为一个特定的行为发展过程,即行为人实施诈骗行为,使受害人产生认识错误,受害人基于认识错误处分或交付财物,行为人获得或者让第三人取得财产,被害人遭受财产损失。二是从主观上看,诈骗罪是行为人故意设法使被害人在认识上产生错觉,以至于“自愿地”将自己持有或者所有的财物交给行为人,而这种“自愿”实际上是受行为人的欺骗所致,属于被害人基于行为人的欺骗行为而产生的认识错误,而并非出自被害人的真实意愿。因此,判断是否构成诈骗罪,重点是对被害人“自愿处分”自己财产的行为如何理解。“自愿”属于“处分意识”的范畴,要求对所处分的财产有一定的认识,而且是被害人主观上陷入错误认识,心甘情愿地将财物交给行为人。

“处分”是成立诈骗罪必不可少的要件,因此在认定某一行为是否构成刑法意义上的诈骗行为时,应正确理解上述“处分”的含义。这里的“处分”,虽然并不是财物所有人即被害人的真实意思,但是在彼时彼地的具体情况下,被害人是自愿将财物赠与或者借给被告人的。例如,被告人因外出被盗而身无分文,便冒充被害人父亲的老战友,向被害人借款 5000 元,被害人也相信并向其出借 5000 元。这里的出借,则是处分型的出借,即一经出借,财产所有人对其财物则“失控”,其财产所有人也知道自己失控并知道且愿意让借用人实际控制。这种形式的出借,可以称为“处分”型出借。一是本案被害人虽然也是向被告人出借手机,但并非“处分”型的出借,因为此时被害人对其手机并未“失控”,仍然是在其控制下暂时的出借,而非在借用人控制下的借用。这种情况通常发生在陌生人或者不大熟悉的人之间临时的借用。本案即属于此种情况,被告人趁财产所有人不注意离开现场,其并不敢公然离开。这也正反映了这种情况,也正说明被告人占有可控制财产是违反财产所有人的意愿的。如果是处分型出借,被告人完全可以公开离开现场而不用害怕被财产所有人发现。因此,本案被害人出借手机的行为并不符合诈骗罪对财产的“处分”这一核心要件。二是尽管被告人奚某成向被害人提出借其手机打电话,确实让被害人陷入了错误认识并“自愿”将手机交与被告人打电话,但是被害人将手机借给被告人是一种临时借用行为。这种临时性的借用以及被告人并未走远打电话的情况,使被害人产生了手机一直在被害人的控制之下的错误认识,而且被害人虽然将手机交给被告人,但没有终局性转移的意思,并非将该手机转移给被告人支配或者控制。因此,被害人将手机借给被告人打电话的这一行为,并不构成诈骗中被害人的自愿处分行为,不符合诈骗罪的构成要件。

3. 被告人奚某成的行为为何构成盗窃罪。根据《刑法》第 264 条的规定,盗窃罪是指行为人以非法占有为目的,以秘密窃取的方法,将数额较大的公私财物转移到自己的控制之下并非法占有的行为。所谓秘密窃取,是指采用不易被财物所有人、保管人或者其他人发现的方法,将公私财物占为己有的行为。如溜门撬锁、挖洞跳墙、潜入他人室内、掏兜割包、利用网络技术窃取等。秘密窃取是盗窃罪的重要特征,也是区别其他侵犯财产罪的主要标志。只要行为人主观上是意图秘密窃取,即使客观上已被他人发觉或者注视,也不影响盗窃罪的认定。但是,对于下列两种情形是否构成盗窃罪在刑法理论上素有争议。一是对行为人在公开场合下趁物主不备时实施的行为是抢夺罪还是盗窃罪在理论界有分歧。判断是抢夺还是盗窃,需要把握两个要件:一个是行为人所夺取的财物是否是被害人紧密占有的财物;另一个是行为人是否对财物使用了非平和的手段,即以对物的暴力的方式强夺财物。如果上述两个要件均具备即为抢夺,如果采取的是平和方式趁机夺取财物宜定为盗窃。二是尽管采取骗术获取财产还是采用窃取手段获取财产是区别诈骗罪与盗窃罪的最本质法律标准,但是对于既采取欺骗手段又实施窃取手段取得被害人财产的行为是定盗窃罪还是诈骗罪在理论上也有争议。在这种情况下,应该看被害人是否具有处分财产的真实意思和行为。如果行为人虽有欺骗行为,但是财产所有人或者持有人并没有处分财产的真实意思,行为人得到财产主要是通过秘密窃取的手段获得的,那么这种行为实际上是为盗窃创造条件,应认定为盗窃罪而不能认定为诈骗罪;如果行为人对被害人采取欺骗手段,使被害人听信行为人的谎言而将财物自愿地交由行为人处置,那么此时行为人的行为应定性为诈骗罪,因为在这种情况下被害人自愿将财产的处分权移交给行为人,行为人即拥有了对被害人财产的处分权,此时符合诈骗罪的“自愿交出财物”的条件,应认定为诈骗罪。

具体到本案,被告人奚某成以借用手机打电话为名欺骗被害人将手机借给其使用并趁机将手机拿走的行为,既属于在公开场合下乘他人不备时实施的行为,也属于诈骗与盗窃并用趁机窃取财物的行为,需要结合上述两种情形进行具体分析。从本案查明的事实来看,被告人借得被害人手机后佯装打电话,且慢慢地装作边走边通话,虽然手机仍然在被害人的注视和监控范围内,但是该手机已经暂时脱离被害人之手而被被告人奚某成占有,不再属于被害人紧密占有的财物。奚某成在整个过程中也没有对财物实施暴力抢夺,从暂时取得财物到最终控制财物都是采取比较平和的手段,不符合抢夺罪“乘人不备”“公然夺取”的两个本质特征。同时,被害人只是暂时将手机借给被告人使用,其真实意思并非将手机的所有权处分给奚某成,因此也不构成诈骗罪。

综上,本案被告人奚某成以非法占有为目的,违背被害人意志,秘密窃取他人财物,构成盗窃罪。

317. 撬开房门将他人房屋出租构成何罪

行为人未经业主同意，私自以中介名义将业主所有的房屋出租并收取租金的行为，系以非法占有租金财产利益为目的秘密窃取的行为，行为人的行为符合盗窃罪的构成要件，应当以盗窃罪定罪处罚。

司法实例

云某淮盗窃案

云某淮是无业人员。云某淮大学毕业三年多，一直无正当职业，靠父母资助生活，整日游手好闲。2017年1月3日，当云某淮在本市到处游荡、闲逛至刚建好不久的某小区，偶然发现该小区房屋入住率很低，晚上亮灯的房屋很少，大量房屋闲置，遂开始谋划如何从该房屋中获利。于是云某淮在随后的二十多天，几乎每天都前往该小区踩点，一直待到深夜，并用纸笔详细记下晚上一直不亮灯房屋楼号及单元、房屋号。经过近1个月的观察记录，云某淮发现该小区至少有315套房屋长期无人居住后，趁春节期间人少之际，利用晚上时间，用撬锁工具撬开几户长期无人居住的房屋，发现均为毛坯房，无任何设备。随后，云某淮便在该小区附近成立了一个房屋中介机构，将他发现的长期无人居住的房屋通过房屋中介的方式出租出去，从而获取租金收入。每次有租户需要时，云某淮便会根据租户需要，瞒着租户去撬门，因价格明显低于其他地方，租户对于所租到的房屋一般比较满意，便会立即订立房屋租赁协议并缴纳租金，因此云某淮屡屡得手。2017年12月某个周末的一天，该小区某户主寇某亮过来查勘自己买的房屋准备找人装修，发现自己房屋被他人占用，遂报警。经警方调查，从2017年2月至12月近1年的时间，被告人云某淮通过房屋中介的方式租出房屋22套，共获利51万元。

某市某区人民检察院对被告人云某淮以涉嫌非法侵入住宅罪提起公诉。

因本案在当地比较少见，该区司法机关尚未遇到过此类案件，在某市某区人民法院审理过程中甚至检察机关审查起诉、公安机关申请移送起诉期间，对本案的定性一直存在分歧意见。本案争议的焦点是，被告人云某淮的行为是否构成犯罪以及构成何罪。第一种意见认为，云某淮的行为不构成犯罪。理由为：一是法无明文规定不为罪。本案中被告人云某淮盗窃了该房屋的使用权，并将其出租，并非对房屋的所有权造成损害，而我国目前并无对房屋使用权盗窃的法律规定。二是应当以民法中的不当得利和无权处分来解释云某淮的行为。本案中，云某淮没有房屋所有权和使用权，便把房屋租赁出去，这是一种无权处分的体现，而获得的租金收入即为不当得利。第二种意见认为，云某淮的行为构成诈骗罪。理由为诈骗罪的关键点是行为人采用虚构事实或者隐瞒真相的方法，使被害人基于认识错误而交付财物，数额较大。本案中，被告人云某淮打着房屋中介的幌子，对无权使用的他人房屋租赁给承租人，欺骗承租人，使承租人基于认识错误而交付租金，并且数额达51万元。故云某淮的行为符合诈骗罪的犯罪构成，应当以诈骗罪定罪量刑。第三种意见认为，云某淮的行为构成盗窃罪。理由为撬门出租他人房屋是否构成盗窃罪的关键，在于房屋使用权能否作为盗窃罪的客体，抑或行为人能否盗窃房屋使用权。目前，我国法律、司法解释等并无明确规定，在《盗窃解释》中，将盗窃罪的犯罪对象扩大至电力、煤气、电信码号等无体物，有力地保护了相关的社会关系。使用权依然是一种可以变现的财产，如不加以保护会有放纵犯罪的嫌疑。第四种意见认为，云某淮的行为构成非法侵入住宅罪。《刑法》第245条规定，非法侵入他人住宅的，构成非法侵入住宅罪。本案中，云某淮撬开多家房屋的行为就已经侵犯了他人的住宅自由。故应以非法侵入住宅罪定罪。第五种意见认为，云某淮的行为构成非法侵入住宅罪和诈骗罪,应数罪并罚。这种观点将云某淮的行为分成两部分来分析:一是云某淮前期撬门的行为构成非法侵入住宅罪;二是云某淮再以欺骗的方法将房屋出租给不知情的承租人构成诈骗罪。

某市某区人民法院经开庭审理,合议庭评议,并经审判委员会讨论,最后一审判决以盗窃罪对被告人云某淮予以定罪处罚。

一审宣判后,被告人云某淮不服一审判决,被告人云某淮及其辩护人以被告人云某淮的行为不构成犯罪,本案属于民事案件,一审判决适用法律错误为由提起上诉。

某市中级人民法院经二审审理,认定事实与一审认定基本一致。该院认为,上诉人云某淮未经业主同意,私自以中介名义将业主所有的房屋出租并收取租金的行为,相对于房屋所有权人系以非法占有租金财产利益为目的,私自出租其房屋收取租金的性质上属于秘密窃取,我国《刑法》及相关司法解释虽然没有明确规定房屋使用权为盗窃罪的犯罪对象,但从刑法盗窃罪法律条文的立法本意考量,"公私财物"既包括有形财产,也包括无形财产,如网络虚拟财产、知识产权中的财产权益等,随着社会发展,新类型的案件不断出现,法律及司法解释滞后的现象成为常态。上诉的行为符合盗窃罪的构成要件,应当对其以盗窃罪定罪处罚。一审判决认定事实清楚,证据确实、充分,定罪准确,量刑适当,审判程序合法。遂终审裁定驳回上诉,维持原判。

从本案一、二审裁判结果看,两级法院对于本案的定性均同意第三种意见,理由为:

1. 本案被告人云某淮的行为已经构成犯罪。云某淮的行为主观方面具有侵占他人财产的故意,客观方面实施了撬门并出租他人房屋而获利的行为。此行为侵犯了他人的财产权,且获利数额巨大,因此符合犯罪构成的基本要素,应当认定云某淮的行为构成犯罪。如果仅以民法中的不当得利来制裁此行为,尚不能达到有效惩处该行为目的,还有可能会形成鼓励此种犯罪行为的负面效果。

2. 本案被告人云某淮的行为不构成诈骗罪,只构成民法中的欺诈。从理论上说,诈骗罪的构成要件有三:一是行为人通过虚构事实、隐瞒真相等欺骗的手段;二是被害人基于认识错误交付财物;三是犯罪数额较大。本案中,云某淮私自出租他人房屋的行为本质上是欺骗了承租人,承租人基于认识错误而误以为其承租的房屋是户主委托云某淮出租的,而且违法所得数额也达到51万元,所以看似好像符合诈骗罪的犯罪构成,但其实不然。对于本案的实际承租人而言,合同已完全履行,承租人在该房屋中居住也享受了房屋的使用权,并没有受到实际损害,因而不存在实际损失问题。反而本案中受损失的应当是房屋的所有人,其房屋在一段时间内的占有、使用权被侵害。对于承租人而言,云某淮对其只构成民法上的欺诈,承租人可以通过撤销合同或者认定为可撤销、可变更合同来要求返还租金及误工等其他损失。

3. 本案被告人云某淮的行为不能以非法侵入住宅罪定罪。云某淮撬开多户房屋房门的行为的确构成了非法侵入住宅罪,但是还不能以非法侵入住宅罪来定罪量刑。一是非法侵入住宅罪不能概括所有的犯罪行为。云某淮先是撬门后是出租,获得非法所得51万元,非法侵入住宅罪显然不能对出租并非法获利做出解释。二是非法侵入住宅罪是轻罪,《刑法》第245条规定,非法侵入住宅处3年以下有期徒刑、拘役、管制或者剥夺政治权利。本案中,被告人云某淮非法所得51万元,属于数额巨大,其社会危害性显然超过了本条的规定。如果只以本罪量刑,不符合罪责刑相统一的原则,而且还会对社会造成消极影响。如同实践中入室抢劫,犯罪人先入室再抢劫,这是联为一体的两个行为,预备行为触犯了非法侵入住宅罪,实行行为是抢劫,由抢劫罪吸收非法侵入住宅罪,故只定抢劫罪一罪。

4. 本案被告人云某淮的行为构成应以盗窃罪定罪量刑。云某淮未经业主同意,私自以中介名义将业主所有的房屋出租并收取租金的行为，相对于房屋所有权人系以非法占有租金财产利益为目的，私自出租其房屋收取租金属于秘密窃取的行为，我国《刑法》及相关司法解释虽然没有明确规定房屋使用权为盗窃罪的犯罪对象，但从刑法盗窃罪法律条文的立法本意来看，《刑法》第264条中的“公私财物”，应当既包括有形财产，也包括无形财产，如网络虚拟财产、知识产权中的财产权益等，随着社会发展，新类型的案件不断出现，法律及司法解释滞后的现象将成为常态。被告人云某淮的行为符合盗窃罪的构成要件。综观当前我国的刑法罪名，并没有一个完完全全符合本案云某淮行为的罪名，其实只有通过实践指导理论才能促进法律的不断完善。将房屋使用权纳入盗窃罪的客体范畴亦将是法律的完善与进步。

综上，对本案被告人云某淮应以盗窃罪定罪处罚。

318. 限定刑事责任能力人偷开他人汽车如何定性

行为人采取秘密手段，将他人汽车开到隐蔽位置，致使车辆丢失，根据自2013年4月4日开始施行的《盗窃解释》第10条规定，应当以盗窃罪定罪处罚。

司法实例

沙某斌盗窃案

2016年11月7日18时许，沙某斌在某县城环城东路人口计生局公交站附近，盗走一辆停放在路边未熄火的奥迪A4轿车。当晚20时许，该县公安局民警在县城西10公里火车站附近将沙某斌抓获，并当场扣押被盗轿车及沙某斌随身携带的扳手、改锥等物品。后轿车被失主领回。经价格鉴定：被盗轿车价值132,688元。沙某斌，男，1984年9月3日生。经某市精神病医院司法鉴定所精神疾病司法鉴定：其有精神分裂症、法定能力评定为限定刑事责任能力。沙某斌曾因犯抢劫罪，于2006年6月14日被南京市鼓楼区人民法院判处有期徒刑9年，并处罚金3000元。

某县人民检察院以涉嫌盗窃罪对被告人沙某斌提起公诉。

某县人民法院在本案审理过程中，对沙某斌偷开他人汽车的行为定性产生分歧：一种意见认为，沙某斌盗窃他人财物证据不足。理由为沙某斌系精神分裂症患者，法定能力评定为限定刑事责任能力。虽然沙某斌偷开他人轿车，但据其供述开车是为了在车上睡觉，结合嫌疑人的精神病症状，其偷开车辆时是否在发病期间得不到证实。卷内证据不能充分证实嫌疑人具有非法占有的主观故意。而且沙某斌偷开走机动车后，经机动车所有人报警后，车辆被公安机关及时查获，没有导致车辆丢失、毁损，因此，认定沙某斌盗窃他人财物证据不足。另一种意见认为，沙某斌的行为构成盗窃罪。理由为：《刑法》第18条第3款规定：尚未完全丧失辨认或者控制自己行为能力的精神病人犯罪的，应当负刑事责任，但是可以从轻或者减轻处罚。本案中，被告人沙某斌是限定刑事责任能力人，应当负刑事责任。《盗窃解释》第10条第1项规定，“偷开他人机动车的，按照下列规定处理：(一)偷开机动车，导致车辆丢失的，以盗窃罪定罪处罚”。本案中，被告人沙某斌采取秘密手段，将他人机动车开到隐蔽位置，致使车辆丢失，其行为构成盗窃罪。

某县人民法院经开庭审理，合议庭评议认为，被告人偷开机动车，将他人机动车开到隐蔽位置，脱离车辆所有权人的控制，使车辆所有权人丧失了其车辆的所有权，被告人的行为，符合盗窃罪的构成要件，且盗窃数额巨大，应当以盗窃罪追究刑事责任。被告人沙某斌具有抢劫的犯罪前科，应依法酌定从重处罚；被告人系限定刑事责任能力人，依法可以从轻或者减轻处罚。遂判决认定被告人沙某斌犯盗窃罪，判处有期徒刑3年，并处罚金4000元。判决已生效。

从本案判决结果来看，法院采纳的是第二种意见，即被告人沙某斌盗开他人机动车的行为构成盗窃罪。主要理由为：

1. 本案被告人沙某斌的行为符合盗窃罪的犯罪构成。(1)从犯罪主体层面来看，被告人沙某斌是限定刑事责任能力人，应当负刑事责任。盗窃罪的主体必须是年满16周岁、具有刑事责任能力的自然人。经某市精神病医院司法鉴定所精神疾病司法鉴定，沙某斌系精神分裂症，法定能力评定为限定刑事责任能力。《刑法》第18条第3款规定：尚未完全丧失辨认或者控制自己行为能力的精神病人犯罪的，应当负刑事责任，但是可以从轻或者减轻处罚。限制责任能力的精神病人，由于其尚未完全丧失辨认或者控制自己的行为能力，主观上有一定的罪过，因此应当承担刑事责任；但由于其认识能力和控制能力因疾病而削弱，其主观恶性有所减轻，因此其承担的刑事责任也应减轻。故沙某斌应当负刑事责任，但是可以从轻或者减轻处罚。(2)从犯罪的主观方面来看，沙某斌具有非法占有的目的。在公安机关抓获沙某斌的同时，当场扣押了沙某斌携带的作案工具：改锥、六角扳手、剥线钳、剪线钳及刀具等，还发现了一本名为崔某的驾驶证。经查，崔某的轿车在案发前几日曾被人剪断电线后，因搭错电线，保险丝被烧断，致车辆无法发动，同时其还丢了一本驾驶证。被告人沙某斌是无业人员，其随身携带可用于盗窃的作案工具，晚上在县城到处游荡，在看到路边有辆没有熄火的他人轿车时就迅速上车将车开走，足见沙某斌对偷车已经做了充分准备，其明显具有非法占有他人财物的主观故意。(3)从犯罪的客观方面来看，沙某斌实施了秘密窃取的盗窃行为。沙某斌将他人的机动车从该县城内东外环人口计生局公交站牌附近，偷开至县城西外环火车站附近该县高铁连接线泉坞山东侧一隐蔽处(两地相距10公里以上)，致使车辆脱离车主控制。根据《盗窃解释》第10条的规定，偷开他人机动车，导致车辆丢失的，以盗窃罪定罪处罚。这里所指的车辆丢失，应是针对车辆所有人而言，只要车辆脱离了车辆所有人的实际控制，车辆所有人找不到车辆，就可以认定车辆已丢失。本案中，车辆所有人离开车辆时没有熄火，沙某斌乘机将车辆秘密开走，导致车辆丢失，案发3个多小时以后才被公安机关查获。被盗车辆鉴定价格为132,688元，数额巨大，应以盗窃罪定罪处罚。

2. 本案被告人沙某斌盗窃他人财物的犯罪事实清楚，证据确实、充分。本案中，认定沙某斌偷开他人机动车，导致车辆丢失的事实，有受案登记表、抓获经过、扣押物品清单等书证，证人证言，被害人陈述，被告人沙某斌供述与辩解，勘验、检查笔录，鉴定意见等证据证实。而且上述证据已经法定程序查证属实，可以作为定案的根据。综合全案证据，能够相互印证，对所认定事实已排除合理怀疑。

3. 偶尔偷开机动车辆，情节轻微的，可以不认为是犯罪。随着我国经济的快速发展和人民群众生活水平的不断提高，家庭小型汽车等机动车成为人们的生活必需品，关于盗窃、抢劫、偷开机动车的案件也随之增多。在司法实践中，特别是应当注意正确区分偷开他人机动车辆罪与非罪的行为。一是对于偶尔偷开机动车辆，情节轻微的，可以不认为是犯罪。二是对于不够刑事责任年龄的未成年人偷开机动车的，不能认定为犯罪。三是虽然已满16周岁，但确实是为了满足好奇心、寻求快乐，而短时偷开，且未造成车辆丢失、损坏的，一般不宜按犯罪处理。可以依照《治安管理处罚法》的规定，对于偷开他人机动车的，处500元以上1000元以下罚款的处理方式来处理。情节比较严重的，处10天以上和15天以下的拘留，并且罚款金额为500元以上1000元以下，作为该次恶意偷开他人机动车的处罚。四是对于未按刑事犯罪处理的偷开他人机动车辆行为，造成他人车辆丢失、毁损或发生交通事故的，应当按照《民法典》相关规定进行民事赔偿，发生交通事故，应当依法承担刑事责任的，以交通肇事罪定罪处罚。

319. 行为人在既有个人房间也有集体房间的公寓实施盗窃是否构成入户盗窃

公寓内既有个人居住房间，也有集体宿舍的，行为人进入公寓内员工单独居住的房间盗窃，应当认定为"入户盗窃"，因未窃得财物，是犯罪未遂；行为人进入公寓内集体宿舍的盗窃行为不宜认定为"入户盗窃"。

司法实例

田某路盗窃案

某市某豪华酒店将附近一小区10号楼2002室单元房租下由酒店员工居住，其中两个房间各有1名员工单独居住，另3个房间由多名员工共同居用。2015年3月的一天傍晚，被告人田某路打开未上锁的2002室单元房门，用扑克牌分别捅开员工单独居住的两个房间门锁，进入后未找到有价值的物品。随后又进入另3个未上锁的房间，盗走手机1部、手表1只，价值共计560元。案发后，田某路因形迹可疑被公安机关盘查时如实供述其犯罪事实。

某市某区人民检察院对被告人以涉嫌盗窃罪（入户盗窃）提起公诉。

某市某区人民法院在本案审理及检察机关审查起诉期间，对本案被告人田某路的行为如何定性处罚，产生五种不同意见。第一种意见认为，田某路的行为不构成犯罪。理由为：最高人民法院在《全国法院维护农村稳定刑事审判工作座谈会纪要》中将"入户盗窃"的"户"解释为：家庭及其成员与外界相对隔离的生活场所，包括封闭的院落、以家庭生活租用的房屋、牧民的帐篷以及渔民作为家庭生活场所的渔船等。田某路虽然以非法占有为目的，撬门入室盗窃财物价值560元，但该单元房属于集体宿舍，一般不能认定为"户"。因此，田某路的行为不构成盗窃罪。第二种意见认为，田某路的行为情节显著轻微危害不大，不认为是犯罪。田某路虽有进入2002室酒店员工单独居住的房间盗窃，可以认定为"入户盗窃"，但未偷得财物，情节显著轻微危害不大。因此，田某路的行为不能认定为犯罪。第三种意见认为，田某路进入套房的行为构成盗窃罪。理由为：2002室单元房是酒店员工的固定住所，有供他人家庭生活的功能特征和与外界相对隔离的场所特征，田某路入户盗窃财物价值560元，应当认定为"入户盗窃"。因此，田某路的行为构成盗窃罪。第四种意见认为，田某路进入单人房的行为构成盗窃罪。理由为："入户盗窃"是刑法意义上的行为犯，田某路进入2002室单元房酒店员工独立生活的房间实施盗窃的行为，即构成盗窃罪，与是否取得财物无关。因此，田某路的行为构成盗窃罪。第五种意见认为，田某路的行为构成盗窃罪（未遂）。"入户盗窃"是刑法意义上的结果犯，对进入2002室单元房酒店员工集体宿舍的盗窃行为不宜定罪，只能作为量刑情节考虑；对进入员工单独居住的房间盗窃，应当认定为"入户盗窃"，因未在这两个房间偷得财物，是犯罪未遂。因此，田某路的行为构成盗窃罪（未遂）。

某市某区人民法院经开庭审理，控辩双方充分辩论，合议庭在充分听取各方意见后，按照少数服从多数原则，一审判决认定被告人田某路犯盗窃罪（未遂），判处有期徒刑1年，并处罚金1000元。判决已生效。

从判决结果来看，一审法院同意第五种意见，认定本案被告人田某路构成盗窃罪（未遂）。主要理由为：

1. 如何正确把握"户"的界定。户是与外界相对隔离的场所，应是日常供个人或固定多人使用的、不易于外界联系的、外人不经允许不能进入的封闭性场所，此为户的场所特征。最高人民法院《审理抢劫、抢夺案件意见》对"户"的范围作出了进一步的解释。"户"在这里是指住所，其特征表现为供他人家庭生活和与外界相对隔离两个方面,前者为功能特征,后者为场所特征。一般情况下,集体宿舍、旅店宾馆、临时搭建工棚等不应认定为"户",但在特定情况下,如果确实具有上述两个特征的,也可以认定为"户"。在本案中,酒店员工居住的2002室单元房设置供个人固定使用的两个房间,是与外界相对隔离的场所,进入到这两个房间内盗窃,应当认定为"入户盗窃"。因此,第一种观点不能成立。

2. 入户盗窃侵犯的是双重法益。《刑法修正案(八)》之所以将"入户盗窃"从以前的量刑情节修改为定罪情节,主要在于"入户盗窃"侵犯的法益是公私财产权和公民安宁权。固定住所是人类繁衍生息的地方,在心理上具有安全、自由、放松和安宁的感受;此外,固定住所一般是存放财产、具有较好封闭性的私密场所,入户盗窃的行为人被发现后不易逃脱,往往铤而走险而转化为抢劫、故意杀人等恶性案件,具有极大的社会危害性。"入户盗窃"入刑的立法本意在于重点保护公民的人身、财产权利和提升公众对社会治安状况的认同和信心。对入户盗窃公私财物的行为不定罪处罚,既不利于打击盗窃犯罪,也不利于保护公民的人身权利和财产权利。因此,第二种观点不能成立。

3. "入户盗窃"侵犯的是特定空间的权益。《刑法修正案(八)》中的"户"特定为居民住所,不包括单位的办公楼、学校、公共娱乐场所、集体宿舍、旅店宾馆、临时搭建的工棚等。刑法意义上的户,没有绝对要求户内居住的人员必须具有亲属关系,也没有限制单身生活所使用,但却要求住所与外界相对隔离,居住的成员比较固定,为居住成员的生活场所,是公民日常生活的特定空间。如一家人都生活和居住在其长期租住的旅店,以此作为家庭居住场所,此处的旅店就具有了户的本质特征,应以户看待。本案中,2002室单元房3个员工宿舍虽然是员工日常生活的空间,但居住人员相对不固定,秘密性和排他性不强,甚至房间门都没有上锁,外人不经允许也能进入。田某路进入2002单元房其他3个集体宿舍盗窃的行为,还不宜认定为"入户盗窃"。因此,第三种观点不能成立。

4. "入户盗窃"是刑法意义上的结果犯。"入户盗窃"的行为人是以非法占有他人财物为目的而进入他人住所,在主观上有非法的故意。对于入户盗窃等特殊盗窃类案件,有人认为既不要求数额,也不要求次数,只要单纯地实施盗窃构成要件的行为就构成犯罪(既遂),而无须发生一定的犯罪结果,是一种行为犯、举动犯。应当认为入户盗窃等特殊类型的案件,是作为与普通盗窃并列规定在《刑法修正案(八)》中的,这说明入户盗窃、多次盗窃、携带凶器盗窃不是新的独立罪名,最后仍是以盗窃罪的罪名来定罪处罚的。盗窃罪是侵犯财产罪,显然属于结果犯。因此,第四种观点也不能成立。

5. "入户零盗窃"可以定罪处罚。《刑法修正案(八)》将"入户盗窃"与"盗窃他人财物,数额较大"并列作为盗窃罪的犯罪构成客观要件,说明"入户盗窃"并非要以数额较大为定罪标准。行为人只要实施了入户盗窃行为,就构成盗窃罪,而入户盗窃的犯罪形态、犯罪数额则应当属于量刑处罚情节。入户盗窃财物价值达到数额较大标准的,毫无疑问属于盗窃罪既遂;对于行为人入户未偷得任何财物,由于未对户主的财产所有权造成实质性的侵犯,应当认定为盗窃未遂。把入户盗窃作为与"盗窃他人财物,数额较大"等并列盗窃罪的一种客观构成要件,更有利于打击侵财型犯罪,进一步加大了对公民的财产和人身安全保护。作为私密场所,小偷随意进入盗窃,给群众心理上造成不安,同时"入户盗窃"的发案率也较高,社会危害性较大,给予刑事处罚是应当的,盗窃既遂或未遂、盗窃数额多少等,只能作为量刑情节予以区别。

从裁判文书网所载的裁判文书可以发现,对"入户零盗窃"的被告人以盗窃罪进行判处的案例已层出不穷。

320. 出租车司机将乘客财物拉走应定何罪

行为人趁乘坐其出租车的被害人中途下车买早点，背对自己向摊贩付账之际，迅速开车载着被害人放在车上的财物离开。可以看出，行为人本可以在被害人下车之后即刻迅速驶离，却在被害人转身后驾车离开，虽然其驾车驶离的行为被周围群众看到，但对于被害人来说仍然是秘密的。行为人的行为符合《刑法》第264条盗窃罪的构成要件。行为人以非法占有他人财物为目的，以秘密的方式窃取他人财物，数额巨大，其行为已经构成盗窃罪。

司法实例

省某海盗窃案

某市公务员女乘客谢某平当日准备出差，在打出租车赶时间上班的路上，乘坐出租车行至某早市附近，发现路边有几个卖早点的摊贩，遂要求司机省某海停车，称要买点吃的带上，并当着司机省某海的面从钱包中取出几张零钱，然后将钱包放置在随身携带的挎包中。后谢某平下车购物，将挎包留在省某海的车上。出租车司机省某海看到谢某平在掏零钱时，挎包内有成沓的百元大钞等，遂生歹意，决意据为己有。当谢某平买完早点背对省某海付账时，省某海突然开车离开现场。后谢某平经摊主提醒后马上报案，公安机关随即部署堵截，交巡警协同，在距离早市10公里外将省某海截获。女乘客谢某平挎包内共有财物合计15,890余元。

某市某区人民检察院对被告人省某海以涉嫌侵占罪提起公诉。

某市某区人民法院在审理本案过程中，对于被告人省某海的行为定性存在三种分歧意见：第一种意见认为，省某海的行为构成侵占罪。省某海与谢某平之间存在交通运输合同，作为承运者，省某海有义务保障谢某平的人身和财产安全，谢某平下车前将挎包放置在出租车上的行为，默示其已自愿将挎包及包内财物交给省某海保管，省某海作为代为保管者，在谢某平转身的时候开车将财物带走，是典型的占为己有的行为，且财物数额巨大，已经构成侵占罪。第二种意见认为，省某海的行为构成盗窃罪。谢某平下车前将财物放置在车上，是基于路边摊离出租车很近，财物仍在谢某平可控的近距离内，谢某平并没有将财物托付给省某海照看的意思表示。且省某海也是趁着谢某平转身背对出租车时，迅速开车离开现场并带走财物。省某海的行为对于失主谢某平是相对秘密的，符合盗窃罪的构成要件。第三种意见认为，省某海的行为构成抢夺罪。虽然省某海离开时谢某平背对省某海，但是其开车带着财物离开的行为是公然进行的，而且在客观上也会迅速及时被谢某平发现。虽然这种手段与直接用肢体动作完成抢夺行为在表现形式上有所差异，但是并不违反抢夺罪趁人不备、公然夺取他人财物的犯罪表述，构成抢夺罪。

某市某区人民法院经开庭审理，合议庭评议，最后对被告人省某海以盗窃罪定罪处罚，判处了相应的有期徒刑。

一审宣判后，被告人不服一审判决，以不构成犯罪为由提起上诉。

某市中级人民法院二审审理认为，上诉人省某海乘被害人下车买早点，将挎包放在车上，背对其付账时，开车离开现场，经公安机关部署堵截被抓获。其行为属于以非法占有为目的，秘密窃取他人财物，符合盗窃罪的构成要件，且数额巨大，已经构成盗窃罪。依法应予惩罚。一审判决认定上诉人盗窃犯罪的事实清楚，证据确实、充分，定罪准确，量刑适当，审判程序合法。上诉人的上诉理由，理据不足，不予采纳。遂依照《刑事诉讼法》及相关司法解释的规定，终审裁定驳回上诉，维持原判。

本案一、二审法院裁判均同意第二种意见，对被告人以盗窃罪定罪处罚的主要理由为：

1. 本案被告人省某海对被害人财物的原始占有是非法的。侵占罪与其他侵财型犯罪的一个关键区别就是:侵占罪的行为人先期通过合法手段取得了财物的占有权。其他侵财型犯罪,行为人最初对财物并未合法占有。具体到本案中,被害人谢某平将挎包及包内的财物放置在车上的行为,是否属于将财物交给省某海保管,是认定本案是否构成侵占罪的关键。从当时情况来看,被害人谢某平中途下车买早点,并将挎包留在车上的原因是基于普通人的善良认识,认为出租车距离自己非常近,自己很快就会回到车上,且挎包仍在自己的有效控制范围之内。客观上谢某平不可能预料到自己打车遇见的出租车司机会是一个盯上自己财物的罪犯,主观上也无将财物托付给省某海保管的意思。因此,被告人省某海并未受委托保管被害人谢某平的挎包。我国《刑法》规定的侵占罪,是指以非法占有为目的,将他人的交给自己保管的财物、遗忘物或者埋藏物非法占为己有,数额较大,拒不交还的行为。本案中,被害人谢某平的挎包相对于被告人省某海而言,既非代为保管的他人财物,也非遗忘物或者埋藏物,因此,被告人省某海的行为不构成侵占罪。

2. 本案被告人省某海的客观行为是秘密而非公然。根据《刑法》的规定,区分盗窃罪和抢夺罪,在客观方面主要是看其行为手段是公开的还是秘密的。诚然,公然取得他人财物并不当然构成抢夺罪,但是,秘密取得他人财物却是盗窃罪必不可少的客观表现,此时的秘密是相对于财物的合法占有人而言。本案中,被告人省某海趁谢某平下车后,背对自己向摊贩付账之际,迅速开车带着被害人的财物离开。可以看出,省某海本可以在谢某平下车之后迅速离开,却在谢某平转身后才驾车离开,虽然其开车离开的行为被周围的人看见,但是对于被害人谢某平来说仍然是秘密的。

综上,本案中被告人省某海的行为符合《刑法》第 264 条盗窃罪的构成要件。省某海以非法占有他人财物为目的,以秘密的方式窃取他人财物,数额巨大,其行为已经构成盗窃罪。

321. 以假酒调包换真酒是盗窃还是诈骗

行为人相互配合,以非法占有为目的,采取上门回收真茅台酒的方式,乘被害人不备,将所带假茅台酒与被害人的真茅台酒调换。其行为属于以非法占有为目的,秘密窃取他人财物,符合盗窃罪的构成要件,且数额巨大,已经构成盗窃罪。

司法实例

卞某梁与狄某星盗窃案

卞某梁与狄某星经长期密谋,分析认为国家反腐败形势越来越严,但可以借此做点文章,挣点外快,即以假茅台换取真茅台,被害人都是收礼受贿得来的,一般不敢报案,便决意实施。二人以每瓶 100 元的价格先从某地购买 53 度飞天假茅台 6 瓶。2017 年 6 月 10 日,卞某梁与狄某星在某高档小区门口张贴小广告称以每瓶 2600 元的价格上门回收真茅台酒,非诚勿扰。两天后接到被害人谭某电话,双方约定当晚 20 时许上门收购,并以现金支付。在谭某家中,卞某梁与狄某星二人相互配合,趁谭某去其他房间接电话之际,将其所带的假茅台酒调换出谭某的 4 瓶真茅台酒。当被害人谭某接电话回来后,卞某梁、狄某星以今天收购太多,现金不够了,明天上午再来回收为由离开谭某家中。二被告人后又以同样手段,在某市作案多起。后有被害人报案,经公安机关对二被告人的手机定位,将二人抓获。

某市某区人民检察院对二被告人以涉嫌诈骗罪提起公诉。

某市某区人民法院在案件审理中对于该案的定性产生分歧：第一种意见认为：卞某梁、狄某星以非法占有为目的，以假茅台酒调包换真茅台酒的方法，诱使被害人上当受骗，将真茅台酒主动交给卞某梁、狄某星。其采取诈骗的手段骗取财物，符合诈骗罪的特征，其行为构成诈骗罪。第二种意见认为：卞某梁、狄某星以非法占有为目的，虽隐瞒真相"骗取"钱财，但卞某梁、狄某星获取真茅台酒是通过假意回收购买，趁其不备，以"偷梁换柱"的方式进行调包取得，属于秘密窃取的手段，符合盗窃罪的特征，其行为构成盗窃罪。第三种意见认为：卞某梁、狄某星二人既有虚构事实、隐瞒真相骗取财物的犯罪情节，又有设法避开被害人、秘密窃取真茅台酒的犯罪情节，是以诈骗手段达到盗窃目的，其手段和目的分别构成诈骗罪和盗窃罪，属牵连犯，应择一重罪处罚，故应以法定刑较重的盗窃罪追究其刑事责任。

某市某区人民法院经审理，判决以盗窃罪对二被告人定罪处罚。

一审宣判后，被告人卞某梁、狄某星均不服，以不构成盗窃罪、量刑重为由提起上诉。

某市中级人民法院经二审审理认为，上诉人卞某梁、狄某星以非法占有为目的，乘被害人不备，采取秘密方式，将所带假茅台酒与被害人的真茅台酒调包。其行为属于以非法占有为目的，秘密窃取他人财物，符合盗窃罪的构成要件，且数额巨大，已经构成盗窃罪，依法应予惩罚。一审判决认定上诉人盗窃犯罪的事实清楚，证据确实、充分，定罪准确，量刑适当，审判程序合法。上诉人的上诉理由，理据不足，不予采纳。遂终审裁定驳回上诉，维持原判。

从本案一、二审裁判结果看，法院认定二被告人构成盗窃罪，且数额巨大并予相应处罚，主要理由为：

盗窃罪是指以非法占有为目的，秘密窃取数额较大的公私财物或者多次盗窃、入室盗窃、携带凶器盗窃、扒窃的行为；诈骗罪是指以非法占有为目的，用虚构事实或者隐瞒真相的方法，骗取数额较大的公私财物的行为。两罪主观方面都有将他人财产据为己有的犯罪故意，犯罪客体都是侵害公私财产所有权，两罪的主要差异体现在客观方面，即非法占有是否是被害人即财产所有人或持有人、管理人处分行为的结果。盗窃罪是行为人以秘密窃取的方法占有财物，行为人的占有违反被害人的意志；而诈骗罪是行为人通过欺骗手段骗取信任，被害人基于这种信任主动将财物交付，行为人的占有未违反被害人的意志。相较盗窃罪，诈骗罪有以下特征：一是行为人使用了欺骗手段；二是被害人陷于了错误的认识；三是被害人有处分财物的意思，由于被害人的轻信，主观上同意处分某项具体财物，即行为人的占有是被害人有瑕疵的意志的反映；四是被害人有处分财物的行为，即有交付财物或同意交付财物的行为。正是处分行为的有无，划定了诈骗罪与盗窃罪的界限。被害人处分财物是诈骗罪而不是盗窃罪；被害人没有处分财物，即行为人夺取财物是盗窃罪。①

具体到本案，被告人卞某梁、狄某星虽然假意上门回收真茅台酒，实施了以假换真的欺骗行为，但是对于造成真茅台酒的转移并占有，是卞某梁、狄某星采取秘密手段实现的，并不是被害人

① 在司法实践中，区分盗窃罪与诈骗罪一般情况下并不困难，但现实情况非常复杂，有些盗窃犯罪活动中夹杂着欺骗行为，而有些诈骗犯罪活动中存在秘密窃取行为，本案是一起典型的两罪客观方面存在某些交叉的案例。在这种情况下准确区分的关键在于：受骗人是否基于认识错误"自愿"处分财物，即最终取得财物是秘密窃取的偷盗行为还是被害人主动交付的处分行为。也就是说，行为人以不法占有为目的实施欺诈行为，被害人随之产生错误认识，并基于这种错误认识处分了自己的占有，使行为人取得了财产，这就是诈骗罪。如果没有这个因果关系的发生，则构成盗窃罪。其中最重要的一环就是行为人取得财产，到底是其窃取的，还是被害人"自愿"处分的结果。如果行为人虽有欺骗手段，但被害人并没有处分财产的意思和行为，行为人得到财产，主要是窃取手段获得的，应定盗窃而不是诈骗。

基于错误的认识而主动交付的，卞某梁、狄某星诈称回收真茅台酒，使被害人陷于错误认识以为二人真实回收真茅台酒。基于此错误认识，被害人将真茅台酒拿出交给卞某梁、狄某星验看。虽然被害人拿出真茅台酒是出于自愿，但被害人并没有让卞某梁、狄某星无偿占有真茅台酒的意思表示。在买卖合同中，动产物权的变更以交付为原则，出卖人交付出卖物，买受人支付对价款。被害人交给被告人真茅台酒，是以获得对价款为条件的，如果买受人不支付对价款而直接拿走出卖物，则构成民事违约行为；如果买受人有犯罪故意，则可能构成诈骗、盗窃或抢夺。应该说被告人卞某梁、狄某星从被害人处接过假意要回收的真茅台酒，此时的占有非“占有转移”而仅仅是“占有迟缓”，按照一般的社会认知是否认被害人已经将自己的财产转移给行为人或第三者进行事实上的支配和控制。故本案中不能认为是被害人有处分财物的意思。因此被害人的交付不能看作完整意义上的处分行为。也就是说，真茅台酒占有关系的改变并不是因为被害人陷于错误认识而主动交付的。被害人虽然受骗但并没有产生处分真茅台酒的认识错误，更没有基于认识错误的处分行为，只是由于暂离导致对真茅台酒占有的迟缓，卞某梁、狄某星因而得手，对真茅台酒失去占有是违背被害人意志的。因此，本案中欺骗行为只是使盗窃行为不被即时发现的手段，而秘密窃取才是实质，财物的转移不是被害人基于错误认识的主动交付，而是卞某梁、狄某星的秘密调包，因此符合盗窃罪的客观特征，其行为构成盗窃罪。其欺骗行为在非法取得他人财物上不具有直接和关键意义，暗中调换的窃取行为才是犯罪得逞的关键。

此外，卞某梁、狄某星的行为也不属于牵连犯。牵连犯是指犯罪的手段行为或者结果行为与目的行为或者原因行为分别触犯不同罪名的情况。构成牵连犯的一个重要前提是犯罪的手段与目的、原因行为与结果行为均构成犯罪。本案中卞某梁、狄某星实施虚构事实、隐瞒真相的欺诈行为，尚不足以使被害人自愿交付其财物，行为人相应骗得财物，故不构成诈骗罪。正是秘密的调包使占有转移得以实现，因此，牵连犯不能成立。诸如此类，盗窃犯罪中使用欺骗手段的，在刑法理论上是想象竞合犯。诈骗罪与盗窃罪处于这样一种相互排斥的关系，不存在同一行为同时成立诈骗罪与盗窃罪，二者处于观念竞合关系，只能是一罪而不是数罪。实际上，这种先采用欺骗手段骗取他人，然后再用窃取手段偷走他人财物的行为，刑法理论上称为“欺诈型盗窃”，以盗窃罪论处。

322. 缓刑考验期内再盗窃如何适用入罪标准

行为人因犯盗窃罪被判处有期徒刑缓刑，在考验期内又实施盗窃行为，犯罪数额达到法定数额较大标准的50%以上的，构成盗窃罪。行为人在缓刑考验期内又犯新罪，应撤销缓刑，数罪并罚。

司法实例

母某庆盗窃案

2014 年 8 月，被告人母某庆在某市某小区 18 栋 506 室，趁该室家中无人之际，盗窃宋某价值 3358 元的轻型电动摩托车 1 辆。该因犯盗窃罪，于 2015 年 2 月 11 日被某省某市某区人民法院判处有期徒刑 1 年，缓刑 1 年（缓刑考验期自 2015 年 3 月 29 日起至 2016 年 3 月 28 日止），并处罚金 9000 元。

2016 年 2 月初，被告人母某庆在某市某小区 352 号地下室内，趁无人注意之际，窃得被害人龙某正在充电的价值 1480 元的电动自行车 1 辆。公安机关将被告人母某庆抓获后，其如实供述了实施盗窃的犯罪事实。

公安机关已将全部赃物追回并发还给被害人。

某市某区人民检察院以被告人母某庆涉嫌犯盗窃罪提起公诉。

某市某区人民法院经审理查明的两起盗窃犯罪事实与起诉书指控一致。某市某区人民法院认为,被告人母某庆盗窃他人财物共计价值4838元,其行为已构成盗窃罪。其在因犯盗窃罪被判处有期徒刑缓刑考验期内又实施了本次盗窃,且数额已达到了某省确定的数额较大标准(2000元)的50%以上,可单独构成盗窃罪。因此,被告人母某庆属在缓刑考验期间内犯新罪,应当撤销前罪缓刑,与后罪数罪并罚。被告人母某庆当庭自愿认罪,可以酌情从轻处罚。遂判决撤销前罪的缓刑,并以盗窃罪判处被告人母某庆有期徒刑7个月,并处罚金2000元,与前罪有期徒刑1年,并处罚金9000元并罚,决定执行有期徒刑1年3个月,并处罚金1.1万元。判决已生效。

被告人在因犯盗窃罪被判处缓刑考验期间内又实施了本次盗窃,而此金额1480元,未达到数额较大的标准,但达到了数额较大标准的50%以上,此为本案的特殊性。实践中,对此类案件的处理,涉及对最高人民法院、最高人民检察院《盗窃解释》第2条第2项规定的理解。

对于前次盗窃行为的定性,或者说前次盗窃行为能否单独构成盗窃罪。《盗窃解释》第2条规定:盗窃公私财物,具有下列情形之一的,数额较大的标准可以按照前条规定标准的50%确定:(1)曾因盗窃受过刑事处罚的;(2)一年内曾因盗窃受过行政处罚的……对其中第1项规定的盗窃,最高人民法院的权威解释是一般应当理解为仅指盗窃罪,但如何理解受过刑事处罚,权威机关并无进一步的解读。《盗窃解释》的规定是"受过刑事处罚"。我国刑法对累犯和毒品再犯也有类似规定。如《刑法》第356条规定的毒品犯罪再犯中的"被判过刑",即指只要被判决有罪,则可不考虑刑罚是否被执行,即便前罪宣告缓刑也成立毒品再犯;第65条规定的累犯制度,则规定为"刑罚执行完毕或者赦免以后"。这里的"刑罚执行完毕"是仅指主刑执行完毕,还是也包括罚金、剥夺政治权利等附加刑执行完毕,实践中存在不同认识。考虑到本条是对被判处有期徒刑以上刑罚的犯罪分子构成累犯的规定,因此这里的"刑罚执行完毕"应当是指有期徒刑以上的刑罚执行完毕。对于有期徒刑以上的主刑已经执行完毕,但附加刑尚未执行完毕的,应以主刑执行完毕之日为累犯期间的起算时间。如此规定,原因为注重刑罚的实际执行。当然,在假释的情况下,假释考验期满,也应当认为原判刑罚已执行完毕。而宣告缓刑是因为有条件的不执行,即缓刑考验期满的原判不再执行,因此缓刑不能成为累犯的成立基础。实践中,对于《盗窃解释》规定的受过刑事处罚应如何理解,如果因前罪盗窃被判处缓刑或者免予刑事处罚,再次盗窃应否适用《盗窃解释》第2条第1项的规定。学界及实务界有的认为,受过刑事处罚应当是指被判处过刑罚,即指被判处过附加刑以上的刑罚,不包括定罪免刑的情形,即不包括免予刑事处罚;刑事处罚不等于刑罚的实际执行,曾因盗窃被判处缓刑亦属于"受过刑事处罚"的范围。也有的认为盗窃前科为缓刑顺利执行完毕的,不属于受过刑事处罚。所谓受过刑事处罚应是指犯罪人实际承受了刑罚,而不是不认为是犯罪、免予刑事处罚或原判刑罚不再执行,也即要求刑罚被实际执行,此种观点显然是受了累犯制度的影响。

司法实践中一般认为,受过刑事处罚包括定罪实刑和定罪缓刑的情形,定罪而免予处罚应排除在外。一是"受过刑事处罚"其要义在于刑罚。"受过刑事处罚"是指因行为人的犯罪行为而受到刑罚处罚,至于其所受刑事处罚既不论主刑、附加刑并处或单处,也无论刑罚是否实际执行或执行完毕。因此,定罪免刑的有罪判决虽然被认定为有罪,但并没有受到具体的刑事惩罚,故可以排除在受过刑事处罚的范围之外。而定罪缓刑则当然属于受过刑事处罚。二是刑事判决分为有罪判决和无罪判决,有罪判决包括:定罪处刑实刑的有罪判决、定罪处刑缓刑的有罪判决、定罪免刑的有罪判决。考虑到刑法有关刑事处罚的表述往往表现为给予刑事处罚或免予刑事处罚。因此,从直观的认识来看,受过刑事处罚不应包括定罪免刑的情形。三是对于前罪盗窃被判处缓刑的情形,首先根据《刑法》第264条的规定,对于盗窃罪应当并处或单处罚金。如果前罪单处罚金,罚金虽为附加刑但也属于刑事处罚,故应为受过刑事刑罚。仅从刑种的轻重看,被判处缓刑并处罚金重于单处罚金。缓刑当属受过刑事处罚的情形。其次,盗窃前科为缓刑顺利执行完毕的,虽然原判主刑的刑罚不再执行,但根据《刑法》第72条第3款的规定,附加刑仍须执行,因此,缓刑无论是处于缓刑考验期内还是已执行完毕,因存在附加刑的并罚,均应属于受过刑事处罚。最后,《盗窃解释》第2条第1项与第2项相比较,第2项对于受过行政处罚的(虽然有一年的时间限制)都要考虑减半认定数额较大,则对于构成刑事犯罪的,即便前罪判处缓刑,也应当明显重于受到行政处罚的情形,故应当将缓刑纳入受过刑事处罚的范围。

具体到本案,被告人母某庆在前罪盗窃的缓刑考验期间再次实施盗窃,犯罪数额已达到数额较大标准的50%以上,该次盗窃可单独构成盗窃罪。因其在缓刑考验期限内犯新罪,应撤销缓刑,数罪并罚。

323. 如何确定赃物灭失无法确定价格时的盗窃数额

行为人盗窃他人的名人字画作品并销赃,现赃物已经无法追缴,被害人不能提供其财物价格的有效证明,因已不能找到原物也无法进行评估,故将被告人销赃数额认定为盗窃数额,既符合主客观相一致的定罪量刑原则,也与相关司法解释的精神和司法实践相符。

司法实例

金某辉盗窃案

被告人金某辉经多次踩点,于2015年6月1日22时许,采用技术开锁等手段,在某市某大酒店字画拍卖展览现场内,窃得齐白石、黄琦、范曾等名人字画作品3幅。后被告人金某辉将其中两幅销赃得款39万元。另一幅未来得及销赃即案发被公安机关追回并已返还被害人。

某市某区人民检察院以涉嫌犯盗窃罪对被告人金某辉提起公诉。

被告人金某辉对检察机关指控本案的事实和定性无异议,但提出所窃取的字画中已卖出的两幅作品系赝品,不值39万元,不应按销赃价格来认定的辩解意见。

辩护人辩护意见:一是本案赃物价格不确定,定案依据不足;二是被告人金某辉认罪态度较好,归案后如实供述自己的罪行,可以从轻处罚;三是被告人金某辉系初犯、偶犯,无前科劣迹,有悔罪表现,可以酌情从轻处罚。

某市某区人民法院审理认为,被告人金某辉以非法占有为目的,采用秘密手段,窃取他人财物,数额特别巨大,其行为已构成盗窃罪。被告人金某辉如实供述自己的罪行,可以从轻处罚;自愿认罪,可以酌情从轻处罚。关于被告人金某辉提出的辩解意见及辩护人提出的第一项辩护意见,经查,被告人金某辉主观上具有非法占有的故意,客观上非法占有了39万元的销赃价值,且按销赃数额认定赃物的价值符合相关司法解释的规定,故该辩解及辩护意见不予采纳。辩护人提出的其他辩护意见予以采纳。依照《刑法》第52条、第53条、第64条、第67条第3款、第264条及最高人民法院《审理盗窃案件的解释》(现已失效)第3条第1款第3项、第13条之规定,判决认定被告人金某辉犯盗窃罪,判处有期徒刑10年,并处罚金3万元;退出的赃款2万元返还被害人,继续追缴被告人金某辉的违法所得。

一审判决宣判后,被告人金某辉不服一审判决,以一审判决认定本案数额缺乏法律依据、量刑过重为由提起上诉，但被驳回。

该案在法院审理中，对于该案被告人金某辉盗窃的事实清楚，均无异议，但对于盗窃数额如何认定，即能否以被告人销赃数额来认定盗窃数额存在争议。一种意见认为，本案关于两幅名人字画作品价格认定的证据不足，不能将销赃数额认定为盗窃数额。理由为：《审理盗窃案件的解释》（现已失效）第5条规定了计算被盗物品数额的方法。其一，一般情况下，可以根据被盗窃物品价格的有效证明来确定被盗物品的价格，但该案被害人无法提供被盗的两幅名人字画作品价格的有效证明。其二，根据该条第1项和第5项的规定，若被盗字画作品不属于馆藏三级以上的一般文物，被销赃无法追缴的，应当根据失主、证人的陈述、证言和提供的有效凭证以及被告人的供述，按国有文物商店一般零售价或按照国家文物主管部门核定的价格计算被盗物品的价格。但问题是，该案失主无法提供相关有效凭证，且由于该两幅书法作品已经无法追缴，是否属赝品已无从判断，如果直接按照国有文物商店零售价格或国家文物主管部门核定的价格计算盗窃数额，显然无法排除合理怀疑。其三，根据该条第9项的规定，当被盗物品价格不明或难以确定时，应该委托指定的估价机构估价。同样由于缺乏包括实物以及相关有效凭证在内的任何鉴定依据，估价机构难以对被盗物品价格作出准确估价。另一种意见认为，应当将销赃数额认定为盗窃数额。

从该案一、二审裁判结果看，两级法院均坚持将销赃数额认定为盗窃数额的意见，原因是，根据本案的具体情形，无论是从犯罪构成还是司法解释角度，均可以将被告人销赃数额认定为盗窃数额。

1. 从犯罪构成角度，如此认定符合主客观统一的定罪量刑原则。(1)被告人金某辉对盗窃财物的价值有着概括性的认识。盗窃罪的主观要件，仅要求行为人出于非法占有的目的，明知自己的行为是秘密窃取他人财物，却决意实施，并不要求行为人对窃取对象的价值有着明确的认识。刑法规定的数额较大，仅仅是对盗窃情节严重与否的说明，是法律给予法官定罪量刑时的参考依据，体现的是社会危害性程度，而不是该罪的构成要件。本案中，被告人对所盗名人字画作品的价值是有着概括性认识的。被告人在案发当天下午曾进入拍卖展览厅内观看展出的字画作品，晚上在展览结束后又溜入展厅盗窃。不管该书法作品到底是否为赝品，从被告人的角度看，其当时应当认为该书法作品是真品，其对该作品的价值有着期待与认识。因为根据期待可能性原理，如果其当时就认为该作品是赝品，价值不大，其就没有盗窃的必要。故而，从主观上看，被告人有着非法占有他人财物的故意，且在其故意中，认识到占有财物具有相当的价值。(2)被告人金某辉客观上窃取了他人财物，并占有了该财物的销赃所得。盗窃罪的客体是公私财产的所有权。被告人金某辉秘密窃取了他人所有的名人字画作品，已经侵犯了他人财产的所有权。其辩称该作品为赝品，不值39万元，但事实上被告人只是通过“调剂店”（二手货买卖商店）将两幅书法作品以39万元卖出，并未通过特殊关系或采取特殊方法，因此即使被害人通过“调剂店”出售该作品，一样可以至少卖到39万元，而无论该作品是否为赝品。被告人实际占有了39万元的销赃数额，至少侵犯了被害人39万元的财产所有权，将此39万元认定为盗窃数额与事实相符。

2. 从司法解释角度，如此认定符合当然解释的刑法解释方法。将销赃数额认定为盗窃数额，是有相关依据的。《审理盗窃案件的解释》第5条第7项规定：“销赃数额高于按本解释计算的盗窃数额的，盗窃数额按销赃数额计算。”可见，以销赃数额计算盗窃数额，在司法实践中是得到认可的。问题的关键是，本条的适用前提是“销赃数额高于按本解释计算的盗窃数额”，而本案赃物已经无法追缴，且没有相关有效凭证来证明赃物价值，按照该司法解释的规定无法计算盗窃数额，那么本案能否仍然将销赃数额认定为盗窃数额。销赃数额与按《审理盗窃案件的解释》计算的数额相比,具有三种情况:一是高于计算数额,二是等于计算数额,三是低于计算数额。在第一种情况下,根据该司法解释的规定,应当以销赃数额而非计算的数额作为盗窃数额。在第二种情况下,虽然司法解释没有规定按照销赃数额认定盗窃数额,但由于销赃数额等于依法计算的数额,将销赃数额作为定案依据、认定为盗窃数额也符合公平原则,与司法解释的规定并不相悖。在第三种情况下,依法应当按照《审理盗窃案件的解释》规定的计算方法计算的数额来认定盗窃数额,但本案的特殊性在于按照司法解释的规定无法计算盗窃数额。故此认为,此案仍旧可以将销赃数额认定为盗窃数额。因为既然销赃数额低于按照司法解释计算的数额,那么被盗财物的实际价值必然高于销赃数额,被害人财产权被侵害的量化数额至少等于销赃数额。这样,在罪轻、罪重有疑问的情况下,按照有利于被告人的原则,仍然可以就低认定销赃数额为被告人的盗窃数额。

从司法解释的角度看,刑法解释的方法一般可以分为文理解释和学理解释,学理解释中包含一种当然解释的方法。"当然解释,是指在所面临的案件缺乏可以适用的法条时,通过参照各种事项,从既有的法条获得指针,对案件适用既有法条的一种解释。当然解释有两种样态,就某种行为是否被允许而言,采取的是举重以明轻的判断;就某种行为是否被禁止而言,采取的是举轻以明重的判断。"①具体到盗窃案件中,如果被盗财物价格不明,根据当然解释的方法,假若销赃数额高于或等于计算数额,当然可以将销赃数额认定为盗窃犯罪数额;假如销赃数额低于计算数额,将销赃数额认定为盗窃数额正是有利于被告人的举轻以明重的判断。据此,如果赃物已经灭失无法确定被盗财物价格,可以将销赃数额认定为盗窃犯罪数额。

综上,本案被告人金某辉以非法占有为目的,秘密窃取他人财物并销赃得款 39 万元,将此 39 万元销赃数额认定为盗窃数额,不仅具有犯罪构成要件理论基础,也符合相关司法解释的规定和司法工作实际,既具有法律依据,也具有实践基础。

324. 如何定性盗窃共同替他人保管的财物

对于行为人对共同受托保管的他人财物秘密出卖的行为,应当在对行为进行全面评价的原则下,一方面,结合法益侵害个数认定行为人的窃取行为侵犯了两个不同的法益,触犯了数个罪名,即盗窃罪和侵占罪;另一方面,要正确区分盗窃罪和侵占罪之间的界限,认清侵占罪的成立要件。最终认定行为人的行为分别触犯了侵占罪和盗窃罪两个罪名,属于想象竞合犯,应以盗窃罪一罪从重处罚。

司法实例

刘某升盗窃案

刘某升因打工长期在其舅舅蒋某坤处居住(蒋某坤单身一人)。两人与房客被害人李某厚平时相处关系较好。2017 年 4 月,被害人李某厚因工作需要出差月余。出差前将其一只价值 23,000 元的秋田犬交由房东刘某升及其舅蒋某坤代为喂养一段时间,并一再叮嘱二人要好好照看。等李某厚交代好委托事项走后,被告人刘某升即心生歹念,与其舅商量能否把狗以丢失为名卖了将得款二人平分,遭其舅舅断然拒绝。刘某升见其舅舅态度坚决,遂于一天夜晚趁其舅舅熟睡之际,悄悄将该秋田犬带到事先联系好的买家卖掉,得款 1 万元,并告诉房客李某厚和其舅舅蒋某坤狗已经被别人

① 张明楷:《刑法学》,法律出版社 2011 年版,第 39 ~40 页。

偷走,李某厚得知后立即报警。公安机关侦查发现刘某升有重大作案嫌疑,经审讯刘某升交代了全部作案经过。

检察机关以被告人刘某升涉嫌犯盗窃罪对其提起公诉。

在检察机关审查起诉及一审法院审理中,对本案被告人刘某升的行为如何定罪,出现分歧。主要存在两种不同的意见:一种意见认为,被告人刘某升以非法占有为目的,采取秘密窃取的手段,盗窃他人财物,尽管当时其也保管秋田犬,并私自处分,数额较大,其行为已构成盗窃罪;另一种意见认为,被告人刘某升以非法占有为目的,将自己保管的他人财物非法据为己有,数额较大,其行为已构成侵占罪。

一审法院经开庭审理,对被告人刘某升以盗窃罪定罪处罚,判处了有期徒刑。一审宣判后,被告人刘某升不服一审判决,以价格鉴定有误,量刑重为由提起上诉被二审法院驳回。

针对本案两种不同意见,一、二审法院以侵占罪与盗窃罪竞合,择一重罪即盗窃罪定罪处罚。主要理由为:

在定罪时,首先,应对行为人的行为进行全面、客观的评价,在以犯罪构成为标准认定罪数时,还要看行为是侵犯单个还是数个法益,在此基础上认定是一罪还是数罪。其次,还要认清侵占罪和盗窃罪各自的构成要件及二者之间的区分。本案被告人刘某升的窃取行为侵犯了两个法益,构成数罪,属于想象竞合犯。

1. 关于一罪还是数罪应结合法益侵害个数对行为全面评判。犯罪的本质是对法益的侵害,法律之所以对犯罪人施以刑罚,理由在于其行为侵害了刑法所保护的法益,而行为不过是实现犯罪人犯罪意图的一种手段,手段的单一与否,不足以作为判定罪数的标准,犯罪构成才是认定罪数的标准。因此,在以犯罪构成为标准认定罪数时,还需要具体判断行为是否只对一个法益造成侵害。原则上,除法律另有规定外,如抢劫罪虽然侵害了他人的人身权和财产权两个法益,但法律仅将其规定为一罪,其他的行为侵害一个法益的为一罪,行为侵害数个法益的为数罪。具体到本案中,被告人刘某升的窃取行为侵犯了两个不同的法益,触犯了数个罪名,符合想象竞合犯的成立要件。而一个行为之所以会触犯数个罪名,是因为该行为造成了多种法益侵害结果。被告人刘某升基于非法占有的目的,实施了盗窃房客委托保管的秋田犬的行为。这一窃取行为,不仅侵犯了犬主李某厚的财产所有权和委托关系,还侵犯了共同保管人蒋某坤的财产占有权,分别构成侵占罪和盗窃罪,属于想象竞合犯。

2. 本案被告人的窃取行为对犬主构成侵占罪。相对犬主来说,行为人的盗窃行为侵犯了其财产所有权和委托关系,符合侵占罪的构成要件。根据《刑法》第270条的规定,侵占罪是指将代为保管的他人财物、他人的遗忘物或者埋藏物非法占为己有,数额较大,拒不退还或拒不交出的行为。本案争议的焦点之一在于行为人的窃取行为对物主是构成盗窃罪还是侵占罪。盗窃罪是将他人占有的财物非法变为自己所有,侵占罪则是将自己占有的他人财物非法据为己有,对于自己占有的他人财物绝不可能成立盗窃罪。因此,正确区分侵占罪与盗窃罪,关键看财物由谁占有。至于有人认为被告人刘某升以非法占有为目的,主观上具有盗窃的故意,客观上采取了秘密窃取的方式,完全具备盗窃罪的构成要件,应认定为盗窃罪。实际上这种看法仅仅是从客观行为的表现形式来认定盗窃罪,而忽略了财物的占有状态。对于自己占有的他人财物,行为人采取的任何非法据为己有的行为对物主都不可能构成盗窃罪。刘某升采取的监守自盗行为看似符合盗窃,实则是侵占,不能被表面现象所蒙蔽。

此外,还有人认为,被告人刘某升的行为不具备侵占罪的构成要件,因为成立侵占罪必须同时具备两个要件:一是首先将自己合法占有的他人财物非法据为己有;二是具有拒不交出或者拒不退还的行为。换言之,只有在非法占为己有之后,又经要求退还而拒不退还的,才成立侵占罪。本案中被告人刘某升采取秘密窃取的方式偷走被害人李某厚的秋田犬,李某厚在得知后并没有向刘某升索要,而是立即报案,刘某升没有拒不归还的行为,因此刘某升的行为仅具备侵占罪的第一个构成要件,故不构成侵占罪。对此值得探讨。如果在所有人索要财产前,财产持有人已经私分财产,但口头上从不拒绝返还的,就不构成侵占罪,则无法令人信服。正如张明楷教授所说,"非法占为己有"与"拒不退还"表达的是一个含义:当行为人将自己占有的他人财物变为自己所有的财物时,就已经表明他"拒不退还"。"拒不退还"只是对"非法占为己有"一种补充说明和强调,而不是与"非法占为己有"相并列的独立要素。所以,从占有人将自己暂时占有的他人财物不法转变为自己所有之时,拒不退还、拒不交出的意思已经昭然若揭,没有必要再在司法上认定是否存在"拒不退还"或"拒不交出"的情形。

3. 本案被告人的窃取行为对共同保管人构成盗窃罪。相对共同保管人蒋某坤来说,行为人的盗窃行为侵犯了其部分财产占有权,符合盗窃罪的构成要件。本案争议的另一个焦点在于,当数人共同管理某种财物时,任一行为人基于非法占有目的取走财物的,该如何定性。目前刑法通说一般认为,认定共同占有人的犯罪行为性质,关键要看数个占有人之间的关系,是主从关系还是对等关系。① 本案中,被害人李某厚将自己的秋田犬交由刘某升甥舅二人保管,刘某升甥舅二人对等地占有该财物,并不存在主从关系,刘某升虽对财物有一部分占有权,但是其占有权不能对抗其舅舅蒋某坤的占有权。在刘某升与其舅舅商量能否把狗以丢失为名卖了将得款二人平分,遭其舅舅断然拒绝后,刘某升擅自把狗偷偷卖掉,其行为已经侵犯了蒋某坤的占有权,所以刘某升的这一窃取行为对蒋某坤构成盗窃罪。

综上,本案在坚持对行为进行全面评价的原则下,一方面,结合法益侵害个数认定被告人刘某升的窃取行为侵犯了两个不同的法益,触犯了数个罪名;另一方面,要正确区分盗窃罪和侵占罪之间的界限,认清侵占罪的成立要件。最终认定行为人的行为分别触犯了侵占罪和盗窃罪两个罪名,属于想象竞合犯,应以盗窃罪一罪从重处罚。

325. 利用工作便利窃取财物应定何罪

行为人利用自己主管、管理、经营、经手财物的便利窃取财物的,属利用职务便利,构成职务侵占罪;利用自己工作形成的便利条件窃取财物的,不属于利用职务便利,应以盗窃罪论处。

司法实例

连某华等盗窃案

2016年7月8日下午,被告人连某华趁给本市某区某村移动基站安装变压器之机,用扳子将该基站电瓶上的螺丝卸松,预谋窃取该基站电瓶。次日上午10时许,经被告人连某华提议,纠集一同施工的被告人柳某海、姚某行伙同曹某友(另案处理),用配发的钥匙打开该基站机房,窃取机房内风帆牌电瓶26块、电缆线3根。经鉴定,被盗物品总价值19,328元。案发后,被盗物品被全部追回返还被害单位。

① 当数人共同管理某种财物,存在上下主从关系时,刑法上的占有通常属于上位者,而不属于下位者,下位者只不过是单纯的监视者或者占有辅助者。因此,下位者基于非法占有目的取走财物的,成立盗窃罪。但是,如果上位者与下位者具有高度的信赖关系,下位者被授予某种程度的处分权时,就应承认下位者的占有,下位者任意处分财物,就不构成盗窃罪,而构成其他犯罪,如侵占罪。当数人共同占有某种财物并处于对等地位时,其中任何一人的占有都是刑法保护的对象,因此任何一方侵害他方占有时,都构成盗窃罪,而不是构成侵占罪。

某市某区人民检察院对被告人连某华等三被告人以涉嫌犯职务侵占罪提起公诉。

某市某区人民法院认为，被告人连某华、柳某海、姚某行伙同他人以非法占有为目的，秘密窃取公私财物，数额巨大，三被告人的行为均已构成盗窃罪。公诉机关指控的事实清楚，但罪名不当。被告人连某华在共同犯罪中起主要作用，系主犯；被告人柳某海、姚某行在共同犯罪中起次要、辅助作用，系从犯，对二被告人依法减轻处罚。三被告人自愿认罪、认罪态度较好，且所盗物品已被追回返还被害单位，可从轻处罚。遂判决认定三被告人犯盗窃罪，分别判处连某华、柳某海、姚某行有期徒刑 3 年 2 个月、2 年 6 个月、2 年 3 个月，分别并处罚金 8000 元、5000 元、3000 元。

一审宣判后，被告人连某华以"是利用职务便利窃取财物，构成职务侵占罪；但在犯罪过程中被抓获，属犯罪未遂"为主要理由提出上诉。其辩护人认为连某华是利用职务便利窃取财物，构成职务侵占罪，且认罪、悔罪，应从轻处罚并适用缓刑。

某市中级人民法院认为：关于上诉人连某华及其辩护人所提"是利用职务便利窃取财物，构成职务侵占罪"的上诉理由和辩护意见，经查，上诉人连某华及原审被告人柳某海、姚某行的供述，中国移动通信集团某有限公司某分公司（以下简称某移动公司）网络部出具的说明等在案证据可以证实，上诉人连某华并非某移动公司职工，不具有对某村移动基站设备管理的职责，某移动公司为便于工程施工才配发某村移动基站钥匙，本案中上诉人是凭其便于进入基站内的方便条件窃取的财物，不是利用职务上的便利，不属于职务侵占行为，因此，上诉人连某华的该项上诉理由及其辩护人的该项辩护意见不成立，不予支持。关于上诉人连某华所提"在犯罪过程中被抓获，属犯罪未遂"的上诉理由，经查，上诉人及原审被告人供述、现场勘查笔录、现场图片及照片等在案证据，能够证实上诉人等盗窃作案的现场是某村移动基站，上诉人及原审被告人将涉案财物从该基站转移至同案犯柳某海家中，已远离现场，犯罪行为已经完成，因此，上诉人连某华的该项上诉理由不成立，不予支持。关于上诉人连某华的辩护人所提"连某华认罪、悔罪，应从轻处罚并适用缓刑"的辩护意见，经查，上诉人连某华盗窃财物数额巨大，应在 3 年以上 10 年以下有期徒刑的幅度内量刑，一审法院认定其有自愿认罪、认罪态度较好等情节，予以从轻处罚判处有期徒刑 3 年 2 个月，现辩护人再依相关情节要求对上诉人从轻处罚并适用缓刑，没有法律依据，因此，上诉人连某华的辩护人的该项辩护意见理据不足，不予支持。上诉人连某华伙同原审被告人柳某海、姚某行等人以非法占有为目的，采用秘密手段窃取公私财物，数额巨大，其行为已构成盗窃罪。上诉人连某华及其辩护人所持"构成职务侵占罪，属犯罪未遂，应从轻处罚并适用缓刑"的理由和意见均理据不足，不予采纳。原审判决认定事实清楚，证据确实、充分，适用法律正确，量刑适当，审判程序合法，应予维持。遂终审裁定驳回上诉，全案维持原判。

1. 关于盗窃罪、职务侵占罪的定义及构成要件

根据《刑法》第 264 条的规定，盗窃罪是指，以非法占有为目的，秘密窃取公私财物数额较大的行为。盗窃罪的主体是一般犯罪主体。构成盗窃罪必须具备以下条件：(1)行为人具有非法占有公私财物的目的。(2)行为人实施了秘密窃取公私财物的行为。秘密窃取，是指采用不易被财物所有人、保管人或者其他人发现的方法，将公私财物占为己有的行为，如溜门撬锁、挖洞跳墙、潜入他人室内、掏兜割包、利用网络技术窃取等。秘密窃取是盗窃罪的重要特征，也是区别其他侵犯财产罪的主要标志。(3)盗窃公私财物数额较大的，或者多次盗窃、入户盗窃、携带凶器盗窃、扒窃的。

根据《刑法》第 271 条的规定，职务侵占罪，是指公司、企业或者其他单位的工作人员，利用职务上的便利，将本单位财物非法占为己有，数额较大的行为。侵占，是指公司、企业或者其他单位

的人员利用职务上的便利,侵吞、窃取、骗取或者以其他手段非法占有本单位财物的行为。公司,是指依照公司法在中国境内设立的有限责任公司和股份有限公司。企业,是指进行企业登记从事经营活动的非以公司形式组成的经济实体,如厂矿、商店、宾馆饭店以及其他服务性企业。构成本罪必须符合以下三个条件:(1)主体是公司、企业或者其他单位的人员。国有公司、企业或者其他国有单位中从事公务的人员和国有公司、企业或者其他国有单位委派到非国有公司、企业以及其他单位从事公务的人员有前款行为的,依照《刑法》第382条、第383条的规定定罪处罚。(2)行为人必须具有侵占本单位财物的行为,即公司、企业或者其他单位的人员利用职务上的便利,将本单位的财物非法占为己有,且数额较大的行为。例如,经理将应为本单位的财产收入转到个人账户或者私自送给他人;会计人员将公司收入不入账,据为己有等。利用职务上的便利,主要是指行为人利用其在本单位所担任的职务形成的便利条件将本单位的财物非法占为己有。(3)行为人在主观方面是故意的,犯罪目的是非法占有本单位的财产,过失不能构成本罪。

2. 关于盗窃罪与职务侵占罪的区别

司法实践中,区别盗窃罪与职务侵占罪的关键在于,行为人窃取财物是否利用了职务上的便利。利用职务便利,即指行为人利用自己主管、管理、经营、经手财物的便利,行为人必须利用本人职责范围内的、对单位财物的一定权限而实施的侵占行为,才属于利用职务便利,应以职务侵占罪论处;行为人利用自己工作易于接触他人管理、经手的单位财物,或者熟悉作案环境的便利条件,则属于利用工作条件便利窃取财物,不属于利用职务便利,应以盗窃罪论处。具体到本案中,被告人连某华虽然具有某村移动基站钥匙,但其并非某移动公司职工,不具有对某村移动基站设备管理的职责,某移动公司为便于工程施工才配发某村移动基站钥匙,被告人连某华是凭其便于进入基站内的方便条件窃取的财物,不是利用职务上的便利,因此不属于职务侵占行为,应以盗窃罪定罪处罚。

326. 如何区分盗窃罪与侵占罪、诈骗罪

行为人利用担任旅馆服务员的机会,故意接近被害人,经过一段时间发展后,谎称愿与其共同生活,取得被害人信任后,利用被害人带其租房同居的机会,将被害人的钱财卷走。一是行为人以二人将来共同生活存钱为由,先后从被害人处取得现金4.5万元;二是行为人趁被害人离开租房外出办事之机将被害人放在衣柜里的待发工资款5万元现金拿走。全案中行为人实施了两个行为,分别构成诈骗罪和盗窃罪,应数罪并罚。

司法实例

欧某霞诈骗、盗窃案

2015年6月,被告人欧某霞在某市一旅馆打工担任前台收银员期间,认识了前来包月住宿的某建筑公司老板孙某发,见孙某发出手阔绰,便故意多接近孙某发。经过一段时间来往,被告人欧某霞谎称自己愿与孙某发共同生活,取得孙某发的好感。孙某发遂将其带回某地租房同居,其间欧某霞以二人将来共同生活存钱为由,先后从孙某发处取得现金4.5万元,欧某霞将部分现金存于个人名下的账户,部分用于其家庭房屋装修、购置家用电器、偿还欠款等。2015年8月,欧某霞趁孙某发离开租住房外出办事之机将孙某发放在衣柜里的待发工资款5万元现金拿走,回到老家,切断与孙某发的联系。

检察机关对被告人欧某霞以涉嫌诈骗罪和盗窃罪提起公诉。

本案在法院审理中产生分歧意见。对被告人欧某霞行为的定性存在分歧意见:第一种意见认为,被告人欧某霞在全案中只实施了一个行为,欧某霞的行为构成诈骗罪。理由为:一是本案中欧某霞出于取得孙某发财物之目的而虚构其与丈夫感情不和,愿意与孙某发共同生活的事实,完全符合诈骗罪“以非法占有为目的,用虚构事实或者隐瞒真相的方法”的构成要件;二是孙某发因欧某霞虚构之事实而产生认识错误,信以为真而自愿将4.5万元现金交与欧某霞保管,欧某霞后面拿走的5万元,虽然与前面的4.5万元现金在最终用途上有所不同,但仍是孙某发基于认识错误自愿使其处于二人共同管理之下的财物,所以,理应将欧某霞的行为视为一个整体,以诈骗罪一罪定罪处罚。第二种意见认为,欧某霞只实施了一个行为,欧某霞的行为构成侵占罪。理由为:侵占罪,是指以非法占有为目的,将他人交给自己保管的财物、遗忘物或者埋藏物非法占为己有,数额较大,拒不交还的行为。本案中,欧某霞确与孙某发同居,在二人同居期间,孙某发交与欧某霞保管的4.5万元现金和处于二人共同管理之下的5万元现金为欧某霞合法持有的财物,欧某霞将其据为已有,部分存入个人名下,部分用于其家庭房屋装修、购置家用电器、偿还欠款等,后逃回老家,拒不归还的行为是典型的侵占行为,对欧某霞的行为应当以侵占罪定罪处罚。第三种意见则认为,全案中欧某霞实施了两个行为,分别构成诈骗罪和盗窃罪,应数罪并罚。

一审法院经开庭审理作出一审判决,对被告人欧某霞以诈骗罪、盗窃罪定罪处罚,数罪并罚决定了执行的刑期。

一审宣判后,被告人欧某霞不服一审判决,以其行为不构成犯罪为由提起上诉,被二审驳回。

本案中对于被告人欧某霞的行为定性,实际上就是对盗窃、侵占和诈骗各罪的辨析,从本案一、二审裁判结果看,两级法院均坚持了第三种意见。主要理由为:

1. 本案被告人欧某霞取得孙某发4.5万元现金的行为应当以诈骗罪定罪处罚。诈骗罪与侵占罪最大的区别在于行为人侵占的财物是否为行为人业已合法持有,即是否为行为人合法控制之下的财物。诈骗罪以非法占有他人合法持有的财物为构成要件,而侵占罪以行为人合法持有财物为前提。具体到本案中,被告人欧某霞欺骗被害人孙某发在先,基于其欺骗使孙某发错误处分自己合法持有的财物,欧某霞由此取得的4.5万元现金于法律上无合法存在的依据,属于非法取得的财物,并非合法持有,丧失了侵占罪的前提,故被告人欧某霞的行为不能成立侵占罪,应以诈骗罪定罪。

2. 本案被告人欧某霞取得孙某发5万元现金的行为应当以盗窃罪定罪处罚。诈骗罪和盗窃罪的共性在于,主观上都是以非法占有为目的;客观上实施了一定的行为,取得他人合法占有的财物,在盗窃中,行为人同样可以利用欺骗使被害人不知道或不能察觉而取得被害人的财物。二者的区别主要在于:诈骗罪的被害人,一是具有处分该财产的权利;二是被害人基于行为人的欺骗作出了处分财物的行为(这种“处分”与民法上的“处分”不同,一般只要求转移占有);三是被害人处分行为应该具有表象性,即被害人当时并不知道被骗,而自愿处分财物。所以,不能对用隐瞒真相或虚构事实的方法获取他人财物的行为一概而论,还要考察被害人对行为人行为的认识,即行为人取得财物有无违背被害人的意愿。具体到本案中,被告人欧某霞是在被害人孙某发外出之时,擅自拿走孙某发存放于衣柜中的5万元现金,并且事前,孙某发曾明确告知欧某霞这5万元现金为工人工资,足以证实孙某发无意将5万元现金交付欧某霞,事实上孙某发也没有作出处分5万元现金的行为。欧某霞是在利用欺骗取得孙某发对其的信任后,趁孙某发不知之时拿走为孙某发所有的财物。故欧某霞的行为应当以盗窃罪定罪。

纵观全案,本案中被告人欧某霞的行为是构成一罪还是数罪的主要分歧有两点:一是法律效果因素;二是社会效果因素。

从法律效果层面上看，有观点认为，欧某霞自始至终只有诈骗的故意，所以从全案的角度分析应该就全案定诈骗罪。但是，深入分析后可以发现该观点存在以下几个问题：一是盗窃罪和诈骗罪的本质区别并不是诈骗故意，而是被害人有无基于认识错误而处分财物的行为。在盗窃的过程中行为人也可以使用欺骗的手段，如使用调虎离山之计将被害人支开，乘机窃取其财物。二是诈骗罪与盗窃罪从主观上分析，二者是相同的，都是以非法占有为目的，欺骗仅仅是手段而已，并非其主观目的或主观愿望。

从社会效果层面看，本案应全案定诈骗的观点认为，基于欧某霞与孙某发二人之间为一种非法同居关系，财产的区分在实践中没有太大意义，同时难度也较大，所以不应认为欧某霞后一个行为构成盗窃罪。但是应当认为，一是本案中被告人欧某霞与被害人孙某发的同居关系在法律上完全可以定性为非法同居关系，其本质违反了民法上所说的公序良俗原则，所以这种关系并不应该受到法律的保护。故应该明确区分二者之间的法律关系，不应该把这种关系类推到普通的同居关系中去。二是从维护社会正常关系，保护当事人合法利益角度出发，更应该区分被告人的先后两次行为。本案中被告人欧某霞和被害人孙某发都是存在正常婚姻关系的双方，二者的行为均已经违背了婚姻法的相关规定，所以就这种关系而产生的财产关系行为不应该受到法律的保护。因此，不应当在合法同居关系的前提下来分析判断欧某霞的行为。

综上，本案被告人欧某霞的行为分别构成诈骗罪和盗窃罪，应依法数罪并罚。

327. 诈骗罪非法占有目的时间点如何把握

如何区分民事借贷和诈骗犯罪以及诈骗犯罪中以非法占有为目的的时间点，一直是司法实践中的焦点、难点问题。行为人虚构事实向他人借款，将部分款项用于期货投资，在出现巨额亏损、明知无偿还能力的情况下，仍继续虚构事实高息借款，终致全部亏损，无法偿还被害人损失的，应以诈骗罪定罪处罚。自行为人巨额亏损无力偿还借款人后继续虚构事实、编造理由向他人借款时为非法占有目的时间点。

司法实例

向某娜诈骗案

被告人向某娜系某县某局正式职工。2014年3月至2016年8月，向某娜以其丈夫搞工程用钱为由，以月息0.8分至1.5分的利息向其亲戚11人借款160万元、向其同事刘某善等13人借款208万元，所借款项陆续用于其个人做生意及做期货，并按约定支付利息313,260元。向某娜自2016年4月开始做期货，2016年9月下旬因做配资期货出现巨额亏损。自2016年9月24日至11月22日，向某娜在明知做期货巨额亏损无力偿还借款的情况下，仍以其父亲的建筑材料厂用钱为名，以给付月息1.5分至2分不等高息为诱饵，骗取被害人徐某等24人共计232万元，除3.8万元用于支付利息，其余234万元用于其个人买卖期货已全部赔光。

某县人民检察院以被告人向某娜涉嫌犯诈骗罪提起公诉。

向某娜辩称：其是以正常的借贷方式借钱，不是诈骗。

某县人民法院审理认为，被告人向某娜以非法占有为目的，多次虚构事实、隐瞒真相，骗取他人钱财，其行为已构成诈骗罪，且数额特别巨大。公诉机关指控的罪名及部分犯罪事实成立。对于向某娜用诈骗的钱款支付给被害人的本金、利息，因未实际占有，应从其诈骗总额中扣除。遂判决认定被告人向某娜犯诈骗罪，判处有期徒刑12年，并处罚金40万元，赃款继续予以追缴。

一审宣判后,被告人向某娜不服一审判决,以部分款项不构成诈骗罪,量刑过重为由提出上诉,被二审驳回。

本案在法院一、二审审理及检察机关审查起诉期间,曾对被告人向某娜的行为是民事借贷行为还是诈骗犯罪行为产生分歧。有的认为被告人的行为,其中有些属于民事纠纷。产生分歧的原因在于,如何认定诈骗罪中以非法占有为目的的时间点。

1. 司法实践中关于民事借贷与诈骗犯罪的界分。诈骗罪是指以非法占有为目的,用虚构事实或者隐瞒真相的方法,骗取数额较大的公私财物的行为。要成立诈骗罪,就必须是因欺骗而使对方产生错误,并基于这种错误所形成的带有瑕疵的意思,实施将自己的财物或财产性利益移转至对方的处分行为。这一点不同于民事借贷纠纷。民事借贷纠纷是指借款人与贷款人之间达成书面或口头的借贷协议,由借款人向贷款人借款,后因借款人不能按协议期限归还而产生的纠纷,此种纠纷本质上属于一种民事法律关系。民事借贷纠纷与借款型诈骗行为之间存在很多相似之处:借贷双方均有关于借款的口头或书面协议(一般为书面协议);一般均有关于借款利息和期限的约定;均是因为借款方逾期未归还欠款而产生纠纷。尽管二者具有相似性,但二者在行为人是否具有非法占有公私财物目的方面,区别也是明显的。诈骗罪以非法占有公私财物为指向,通过实施各种诈骗手段,以实现骗取公私财物的目的;而民事借贷纠纷中的双方当事人,在发生借贷民事法律关系时,尽管不排除借贷人其后因为各种原因不能依照约定按期偿还贷款的风险,但这种风险是客观的,与行为人以非法占有目的采取的诈骗手段具有明显的区别。

认定行为人是否具有非法占有的目的,应该综合考虑借款人与贷款人的相互关系、借贷理由及用途、不能按期归还的原因和态度等多方面情况,结合事前、事中、事后的各种主客观因素进行整体判断。如果行为人以借条等形式为掩护,以借款之名行诈骗之实,足以认定其具有非法占有他人财物的目的,应当以诈骗罪定罪量刑。如果行为人主观上并无非法占有的目的,即使客观上使用了一些欺骗方法,由于其意志以外的客观原因,致使所借款物一时无力偿还,仍属于民事借贷纠纷,贷款人可依照原《合同法》(现《民法典》合同编)等相关法律规定维护自己的合法权益,对借款人则不应以诈骗罪论处。简单地说,民事借贷是由于客观原因一时无法偿还,即想还还不了;实施诈骗的行为人并非因为客观原因不能归还,而是因具有非法占有的目的,根本不打算偿还,即能还而不还。具体到本案,被告人向某娜自 2014 年 3 月至 2016 年 8 月,以其丈夫搞工程用钱为由,以月息 0.8 分至 1.5 分的利息向其亲戚、同事等 24 人共计借款 368 万元,所借款项陆续用于其个人做生意及做期货,并按约定支付利息 313,260 元。在此期间,虽将以其丈夫搞工程名义借的款项用于其个人做生意及期货,但无相关证据证实其具有非法占有的故意。但是,2016 年 9 月下旬,向某娜因做配资期货出现 200 万余元的巨额亏损后,在明知做期货巨额亏损无力偿还借款的情况下,自 2016 年 9 月 24 日至 11 月 22 日,仍以其父亲的建筑材料厂用钱为名,以给付月息 1.5 分至 2 分不等高息为诱饵,骗取被害人徐某等 24 人共计 232 万元,除 3.8 万元用于支付利息,其余 234 万元用于其个人买卖期货已全部赔光。一方面,被告人向某娜虚构其丈夫搞工程用钱,导致多名被害人错误地将搞工程的经济实力作为评估放贷风险的依据以及审查对象,从而决定出借款项,即多名被害人因向某娜虚构的虚假事实已经陷入了认识错误;另一方面,向某娜作为某县某局的一名普通职工,在其做配资期货出现 200 万余元的巨额亏损后,已经认识到或者至少应该认识到已没有偿还能力,仍然虚构事实、隐瞒真相以欺骗的手段借取巨额钱款,且不是将所借钱款用于偿还前期借款,而是继续用于期货这种高风险行业,终致其无法归还借款而案发。故向某娜的行为符合诈骗罪的构成要件,其行为构成诈骗罪。

2. 关于诈骗罪中以非法占有为目的的时间点。行为人连续多次向他人借款,既可能全部为民事意义上的借贷行为,也可能前期借款属于民事借贷,其后则具有非法占有的目的,假借贷之名行诈骗之实,因此,认定非法占有目的的时间点,对于准确界分二者以及认定诈骗数额具有重要意义。公诉机关认为,向某娜在2016年9月做期货巨额亏损后意识到自己没有偿还能力,之后所借款项不是归还前期借款而是又投入到期货这种高风险投资,因此可以推定其对前期借款也具有非法占有的主观目的,故将其所欠全部款项(扣除其亲戚、朋友明确表示不予追究刑事责任的)指控为诈骗数额。对于公诉机关的指控意见,一种观点认为,推定被告人对全部借款均具有非法占有的主观目的,可以严厉打击此类犯罪,保障公私财产权益;另一种观点认为,上述推定缺乏依据,应自2016年9月下旬,向某娜巨额亏损后,在明知无力偿还借款人的情况下仍以其父亲的建筑材料厂用钱为名,以高息为诱饵向多名被害人借款时,始具有非法占有的目的。第二种观点在司法实践中更具说服力。考察借款人的偿还能力或主观故意应当以其借款时这一时间点为准。根据诈骗罪的行为模式,行为人非法占有的主观目的是在取得被害人财产之前即已形成的,对行为人偿还能力的考察是贷款人在决定是否出借钱款时重点进行考虑的因素,不能因为借款人在借款后因为客观原因导致偿还能力发生重大变化而认定其在借款时具有非法占有的主观目的,故认定向某娜具有非法占有目的的时间点为其做期货巨额亏损,并已经意识到或者至少应该意识到自己已无偿还能力时。

综上,本案一、二审法院认定本案被告人向某娜自巨额亏损无力偿还借款人后继续虚构事实、编造理由向他人借款时起具有非法占有的目的,构成诈骗罪,是正确的。

328. 如何认定提供"克隆网站平台"行为的性质

行为人利用互联网发布虚假中奖信息,骗取手续费、保证金、税费的,构成诈骗罪;行为人利用互联网发布虚假信息,对不特定多数人实施诈骗,酌情予以从严惩处。明知他人实施网络诈骗作案,仍向其出售虚假网站空间并提供技术支持的,以共同犯罪论处。

司法实例

蓝某北等诈骗案

2015年5月,被告人甄某营、沈某中、郑某才(另案处理)和邓某(未查清身份)等人商定在某市出租房内利用虚假网站实施诈骗作案。其间,被告人蓝某北明知甄某营、沈某中等人实施诈骗作案,仍向其提供用于作案的虚假"QQ炫舞"网站(以下简称虚假网站)。尔后,甄某营、沈某中等人分工协作,通过购买、租赁等方式准备了电脑及首号0866的客服电话、"按键精灵"脚本程序、手机、电话卡、银行卡等作案工具,通过虚假网站上的"按键精灵"脚本程序,向不特定的"QQ炫舞"玩家发送虚假中奖信息,诱导玩家在虚假网站上填写姓名、电话号码等个人信息。甄某营、沈某中等人据此个人信息,玩家根据网站上的虚假客服电话,相互商谈"中奖事宜"。在商谈过程中,甄某营、沈某中等人以领取奖品、奖金需先行缴纳手续费、税费为由,诱骗玩家向指定账号"缴费"。2015年5月至7月,甄某营、沈某中等人以上述方式骗取他人财物共计29,500元,并进行分赃。2015年5月,被告人蓝某北、卢某翔、吕某强商定在某市某村利用虚假网站实施诈骗作案。之后,三人筹集资金并分工协作,通过购买、自备等方式准备了电脑、虚假"中国好声音"网站及首号为600的客服电话、手机、电话卡、银行卡等工具,向不特定的人群发送虚假中奖信息,诱导被害人在虚假网站上填写姓名、电话号码等个人信息。蓝某北、卢某翔、吕某强等人据此个人信息,被害人根据网站上的客服电话,相互商谈"中奖事宜"。在商谈过程中,蓝某北、卢某翔、吕某强等人以领取奖品、奖金需要先行缴纳手续费、税费为由,要求被害人向指定账号“缴费”。2012 年 12 月至 2013 年 1 月,蓝某北、卢某翔、吕某强曾以上述方式骗取他人财物共计 304,056 元,在扣除作案成本和消费后,其余赃款被 3 人分赃。在作案过程中,经商议,被告人洪某河、么某收等人负责持上述银行卡到银行取款,并根据取款金额和约定比例参与分赃。其间,经蓝某北安排,洪某河共计取款约 2.6 万元;经卢某翔安排,么某收共计取款约 6 万元。

某县人民检察院以涉嫌犯诈骗罪对蓝某北等 7 名被告人提起公诉。

某县人民法院审理认为,被告人蓝某北与卢某翔、吕某强、么某收、洪某河,被告人蓝某北与甄某营、沈某中以非法占有为目的,虚构事实,隐瞒真相,诈骗他人财物,其中,被告人么某收、洪某河、甄某营、沈某中涉案金额较大,被告人蓝某北、卢某翔、吕某强涉案金额巨大,其行为均已构成诈骗罪,且属共同犯罪。在被告人蓝某北、卢某翔、吕某强、么某收、洪某河的共同犯罪中,被告人蓝某北、卢某翔、吕某强起主要作用,系主犯;被告人么某收、洪某河起次要作用,系从犯,应当从轻、减轻处罚。在被告人蓝某北、甄某营、沈某中的共同犯罪中,被告人甄某营、沈某中起主要作用,系主犯;被告人蓝某北起次要作用,系从犯,应当从轻、减轻处罚。被告人甄某营、沈某中、么某收、洪某河到案后均如实供述了犯罪事实,依法可以从轻处罚。7 名被告人利用互联网发布虚假信息,对不特定多数人实施诈骗,酌情予以从严惩处。遂判决以判处被告人蓝某北等 7 名被告人 7 年至 1 年 3 个月有期徒刑不等,并处 5 万元至 8000 元罚金。

一审宣判后,被告人蓝某北、卢某翔、吕某强以量刑重为由提起上诉,被二审驳回。

在法院审理本案过程中,对被告人蓝某北在虚假“中国好声音”诈骗案中构成共同犯罪无争议。但是,关于蓝某北向甄某营等人提供克隆网站虚假“QQ 炫舞”的行为是否构成共同犯罪,以及构成共同犯罪时对其在共同犯罪中的作用如何定性存在较大争议。一种意见认为,蓝某北向甄某营等人提供“QQ 炫舞”网站的行为不构成共同犯罪,理由为:蓝某北在该起诈骗案中未具体实施诈骗行为、未参与分赃,不应构成共同犯罪。另一种意见认为,蓝某北虽然未具体实施诈骗行为、未参与分赃,但是其明知甄某营、沈某中实施诈骗犯罪而提供“克隆知名网站”,并提供网络技术帮助,完成了诈骗的共犯行为,构成了犯罪。同时,因蓝某北在该案中所起的作用较小,应定性为从犯,应当从轻、减轻处罚。

从本案一、二审裁判结果看,法院裁判采纳了第二种意见。主要理由为:

1. 制作或提供“克隆网站平台”的行为属于违法行为。随着网络的普及及网络技术的发展,网络上频繁发生利用虚假“中国好声音”“QQ 炫舞”等知名网络平台进行诈骗、盗取货币或虚拟财产的事件,造成恶劣的社会影响。由于“克隆知名网站”具有更大的影响力和迷惑性,成为少数不良者的“犯罪天堂”。毋庸置疑,“克隆知名网站”的行为意图实现非法的目的,具有主观恶意,提供行为本身属于违法行为。就制作、提供“克隆知名网站平台”给犯罪者使用的行为,不但涉嫌侵权,而且涉嫌犯罪。该行为的最终定性,有可能会随着事态的发展发生变化,或犯罪中止,或犯罪未遂、犯罪既遂。

2. 明知并提供“克隆网站平台”促成犯罪的行为构成共同犯罪。共同犯罪的成立在于主客观相统一的共同犯罪行为,具体包括三个方面:行为主体必须是两个以上有刑事责任能力者;主观上有共同犯罪的意思;客观上有共同的犯罪行为。网络犯罪技术含量较高,具有较强的隐蔽性和更大的危害性,因此,最高人民法院、最高人民检察院《关于办理诈骗刑事案件具体应用法律若干问题的解释》第 7 条规定:明知他人实施诈骗犯罪,为其提供……网络技术支持、费用结算等帮助的,以共同犯罪论处。具体到本案,被告人蓝某北私自“克隆”“QQ 炫舞”的行为,实质为一种犯罪预备,其后明知甄某营等人准备利用网络实施诈骗,仍提供虚假“QQ 炫舞”网站并收取费用的行为，其主观上是配合诈骗，对诈骗的危害行为持放任的态度，具有共同的犯罪故意，应当认定向网络诈骗提供了网络技术支持，实施了犯罪帮助行为，符合共同犯罪的特征。被告人蓝某北在该起诈骗中犯罪金额的认定，应当以其所提供网络技术支持导致的全部诈骗金额为准。

3. 提供“克隆网站平台”的犯罪行为具有从属性。被告人蓝某北虽然在与甄某营等人实施的“QQ炫舞”诈骗中构成了共同犯罪，但其行为仅限于提供网络技术，即提供“克隆知名网站”并支持，没有直接与受害人接触，参与诈骗行为和分赃，其对犯罪持放任的心态，为非实行犯，犯罪行为具有一定的从属性，主观恶性相对较小，仅在共同犯罪中起帮助作用，根据《刑法》总则中“在共同犯罪中起次要或辅助作用的，是从犯”的规定，因而本案法院一、二审裁判将蓝某北认定为从犯，从轻或减轻处罚。

329. 介绍送、收养儿童虚构事实收取钱财如何定性

行为人以非法占有为目的，虚构孩子母亲在其表姐家坐月子的事实，骗取孩子收养人的财物，数额较大，具备诈骗罪的本质特征，对行为人应当以诈骗罪追究刑事责任。

司法实例

崔某印诈骗案

万某芬未婚先孕产下一名女婴。因担心影响声誉，万某芬和家人商议后，委托被告人崔某印给孩子找个合适人家送养。被告人崔某印从朋友处得知崔某夫妇经济状况较好，不能生育，渴望收养一个健康的孩子，便牵线搭桥，为双方电话联系送养孩子事宜。2017年2月11日，被告人崔某印通知崔某到某卫生院门口接孩子，并谎称万某芬坐月子是其表姐服侍的，表姐索要1万元作为补偿，崔某便交给前来拿钱的“表姐夫”实为被告人崔某印的丈夫1万元。之后，被告人崔某印才将其和万某芬约定交接孩子的正确地点告知崔某。崔某前往，看到孩子健康红润，非常满意，主动拿出1万元钱塞给万某芬作为营养费，被万某芬拒绝。几经推让后，崔某将1万元从车窗扔下后离开，万某芬无奈，只好将钱收下。第二天，崔某专程赶往崔某印处，送去两盒茶叶和600元以示感谢。崔某将孩子抱回后，精心抚养。2018年3月，此案案发，孩子回到亲生父母处。

某县人民检察院以涉嫌犯拐卖儿童罪对崔某印提起公诉。

在某县人民法院审理本案时，对于本案的定性出现分歧意见。第一种意见认为崔某印的行为不构成犯罪。万某芬和崔某双方均无出卖孩子的目的，属于民间送养行为，崔某印居间介绍，获取一定的酬劳理所应当，虽然崔某印的行为有所不妥，但不应受到刑事处罚。第二种意见认为崔某印的行为构成拐卖儿童罪。崔某印积极参与介绍他人送养子女，并向收养人索取财物，其主观上有出卖孩子并从中获利的故意，其编造的理由，只是获取居间介绍酬劳的一个借口，如果没有送养孩子的事实，崔某印不可能因诈骗获利。第三种意见认为崔某印的行为构成拐卖儿童和诈骗罪的想象竞合犯。崔某印在非法牟取利益目的的支配下，实施了向崔某索要财物的行为，其编造理由符合诈骗罪，因出卖儿童获利符合拐卖儿童罪，因而本案属于一个行为侵犯两个客体，构成拐卖儿童和诈骗罪的想象竞合犯，应择一重罪处罚。第四种意见认为崔某印的行为构成诈骗罪。崔某印以非法占有为目的，虚构孩子母亲在表姐家坐月子的事实，骗取崔某财物，数额较大，具备诈骗罪的本质特点。

某县人民法院经开庭审理，判决对被告人崔某印以诈骗罪定罪处罚。

一审宣判后，被告人崔某印不服一审判决，被告人及其辩护人以被告人崔某印不构成犯罪，

一审判决适用法律错误为由提起上诉，被二审驳回。

从本案一、二审裁判结果看，法院赞同第四种观点，即对被告人崔某印以诈骗罪定罪处罚。主要理由为：

1. 本案被告人崔某印的行为应受刑事处罚。被告人崔某印为万某芬、崔某介绍送养子女，三方均未提及劳务报酬，崔某印之所以应允主要是出于朋友的热心，类似于民事理论上的“好意施惠”，即当事人出于增进情谊的考虑，作出使他人受恩惠的行为。这种行为不是合同关系，也就不发生债的请求权，崔某印无权要求万某芬或者崔某支付酬劳。本案中，被告人崔某印向崔某索要1万元明显超出合理范围，且假冒身份、虚构事实进行欺骗，并将所得财物据为己有，崔某、万某芬均被蒙在鼓里，使崔某遭受了较大财产损失，侵犯了刑法所保护的法益，应当纳入刑事法律的调整。

2. 本案被告人崔某印不构成拐卖儿童罪。(1)崔某印不构成拐卖儿童罪的共犯。万某芬出于名誉考虑，将亲生子女送养，从未向抱养人以明示或者暗示的方式索要营养费，在崔某主动给付营养费时，万某芬多次推却，主观上无通过送养孩子获利的目的，不构成拐卖儿童罪。而崔某具备收养条件和能力，在将孩子抱回后至案发的三个多月内对其精心照料，主观上也没有出卖目的，之所以主动给万某芬1万元营养费是基于收养到孩子的欣喜和对孩子母亲的补偿，合情合理，不符合拐卖儿童罪的构成要件。因此，万某芬将孩子送养是一种民间私自送养行为，而非两高两部2010年联合发布的《惩治拐卖妇女儿童的意见》中规定的“出卖亲生子女”，万某芬和崔某都不构成拐卖儿童罪。那么，被告人崔某印介绍收养的帮助行为构成拐卖儿童的共同犯罪就失去了前提。(2)崔某印不单独构成拐卖儿童罪。拐卖儿童罪是指以出卖为目的，拐骗、绑架、收买、偷盗、强抢、接送、中转儿童的行为，行为人通常有对被拐卖儿童的控制权。崔某印只是电话联系双方，不直接接触孩子，无法实现对孩子的控制，更无法决定孩子的去向，其向崔某索要1万元是想利用送养的机会瞒天过海，背着双方收钱从而非法获利，而不是索取出卖孩子的对价。崔某印主观上虽有非法占有的目的，但没有拐卖儿童罪中通过出卖儿童而获利的故意，不符合拐卖儿童罪的构成要件。

3. 本案被告人崔某印不构成拐卖儿童罪和诈骗罪的想象竞合犯或者牵连犯。想象竞合犯是指基于一个犯罪故意，实施一个犯罪行为却同时触犯数个罪名。崔某印有非法占有财物的故意，实施了介绍送养孩子和虚构事实骗取财物两个行为，系两个犯罪行为，不符合想象竞合犯的特征。牵连犯是指行为人的行为具备两个犯罪构成，这两个犯罪构成之间具有目的行为与手段行为或者原因行为与结果行为的牵连关系。只有当某种手段通常用于实施某种犯罪，或者某种原因行为通常导致某种结果行为时，才能认定为牵连犯，而诈骗行为无法作为拐卖儿童行为的手段或者原因，相反亦然，二者之间不具备牵连关系，没有成立牵连犯的可能。

4. 本案被告人崔某印的行为构成诈骗罪。诈骗罪是指以非法占有为目的，使用虚构事实或者隐瞒真相的欺骗方法，骗取数额较大的公私财物的行为。诈骗罪的基本构造为：行为人实施诈骗行为、被害人产生错误认识、被害人基于错误认识处分财产、行为人或者第三人取得财产、被害人遭受财产损失。崔某印的行为符合诈骗罪的本质特征。(1)崔某印在居间介绍时产生非法占有的故意，虚构了“孩子母亲在表姐家坐月子，表姐索要经济补偿”这一本来不存在的事实，意图使崔某产生错误认识并处分财产；(2)崔某对崔某印编造的谎话信以为真，从其第二天专程感谢崔某印来看，其对自己交出的1万元是给万某芬表姐的深信不疑；(3)崔某出于对崔某印谎话的信任而将1万元交给所谓的“表姐夫”，是基于错误认识而对财产进行的处分；(4)崔某印获利1万元，而崔某损失1万元。虽然崔某印虚构的事实和崔某产生的错误认识都依赖于收养孩子这一基本事实，崔某印是在介绍送养儿童的过程中非法获利，但介绍收养孩子仅仅为其提供了一个诈骗的契机和借口，其获利的根本原因是其实施的诈骗行为，而不是居间介绍行为。因此，本案中崔某印的行为构成诈骗罪。

综上，本案一、二审法院裁判对本案被告人崔某印以诈骗罪定罪处罚是正确的。

330. 以租赁他人的汽车质押构成何罪

行为人在无力清偿债务的情况下，虚构事实，谎称其所租赁的车辆为自购的二手车进行质押，其行为性质属于以非法占有为目的，采取虚构事实、隐瞒真相的方法，骗取数额较大（或巨大）的行为，事后又逃避债务，对行为人应当以诈骗罪追究刑事责任。

司法实例

江某来诈骗案

被告人江某来以正常租车手续从王某宾的汽车租赁公司租用一辆帕萨特轿车（价值约为12万元），租期3个月，并一次性付清租金。5日后，被告人江某来在某酒店大堂遇到债权人曹某权，1年前被告人江某来曾向曹某权借款10万元，借款合同约定借款期限为1年，曹某权再次向被告人江某来索要欠款，被告人江某来无力清偿，谎称所租赁的帕萨特轿车是自己买的二手车，只是还没有来得及过户，先用自己驾驶的轿车质押，1个月后还清欠款赎回汽车，否则以该辆帕萨特轿车抵债，帕萨特轿车归曹某权所有。双方签订完质押合同后曹某权将车开回家放置，约定的还款赎车日期到期后，曹某权已无法联系被告人江某来。经曹某权多方寻找未果后开始使用车辆，后因驾驶不慎致使车辆发生严重事故受损。

汽车租赁公司在被告人江某来租车到期之日打电话联系被告人江某来，被告人江某来谎称自己开车在外地出差，表示近日回去还车，后汽车租赁公司再次联系被告人江某来，发现手机停机，被告人江某来已不知去向。于是，汽车租赁公司的王某宾通过车辆GPS定位系统，在曹某权处找到车辆，并向曹某权索要车辆及损失费，遭拒后，王某宾报警。被告人江某来被抓获归案，并如实供述了犯罪事实。

某市某区人民检察院对江某来以涉嫌犯诈骗罪提起公诉。

某市某区人民法院在本案审理过程中产生意见分歧：第一种意见认为，被告人江某来和曹某权之间存在借款合同，被告人江某来与汽车租赁公司之间存在租赁合同以及被告人江某来与曹某权之间存在质押合同，属于民事纠纷，公安机关应不予立案。建议曹某权和被告人江某来之间通过诉讼解决纠纷，汽车租赁公司也可依据原《物权法》（现《民法典》）提起民事诉讼，对被租赁车辆行使返还原物请求权，车辆损失问题通过诉讼解决。第二种意见认为，被告人江某来在无力清偿债务的情况下，虚构事实，谎称其所租赁车辆为自购的二手车进行质押，事后逃避债务，涉嫌诈骗罪，应以诈骗罪立案追究被告人江某来的刑事责任。第三种意见认为，被告人江某来借曹某权10万元借款，曹某权可以通过法院起诉追回款项。被告人江某来通过正常手续租赁车辆，江某来与汽车租赁公司签订租车合同，被告人江某来基于租车合同合法占有租赁的该汽车，其在合法占有该车期间将车辆质押，擅自处分，拒不退还，涉嫌侵占罪，建议汽车租赁公司到法院提起自诉。

某市某区人民法院一审判决，以诈骗罪对被告人江某来定罪处罚。

一审宣判后，被告人江某来不服一审判决，以不构成犯罪，一审判决适用法律错误为由提起上诉,被二审驳回。

从本案一、二审裁判结果看,两级法院均赞同第二种意见,即对被告人江某来以诈骗罪定罪处罚。主要理由为:

诈骗罪,是指以非法占有为目的,采用虚构事实或隐瞒真相的方法,骗取公私财物数额较大的行为。诈骗罪的基本构造为:行为人实施欺骗行为、受害人基于错误认识处分财产、行为人获得财产(包括财产的积极增加与财产的消极减少)、受害人遭受财产损失,而且数额较大。诈骗罪的行为人主观上具有非法占有的目的,客观上实施了虚构事实或隐瞒真相的方法,诈骗行为与受害人遭受损失之间具有因果关系。本案中,被告人江某来的行为完全符合诈骗罪的犯罪构成要件,应当以诈骗罪追究被告人江某来的刑事责任。

1. 被告人江某来主观上具有非法占有他人财产的故意。本案中,被告人江某来在债权人曹某权向其索要借款,其在没有清偿债务能力的情况下,谎称其所租赁的车辆为自己购买的二手车并进行质押,事后便逃匿以逃避债务,虽然质押合同约定以车抵债,债权人曹某权并未遭受新的财产损失,但实际上被告人江某来消极财产减少了。(1)按照相关司法解释的规定,借款人由于某种原因,长期拖欠不还的,或者编造谎言或隐瞒真相而骗取款物,到期不能偿还,只要没有非法占有的目的,也没有挥霍一空,不赖账,不再弄虚作假骗人,确实打算偿还的,不构成诈骗。而本案中,被告人江某来的行为却是在没有偿还借款能力的情况下,继续弄虚作假骗取债权人曹某权信任,编造谎言以租赁车辆冒充自己购买的二手车,虽然本案中被告人江某来未从曹某权处获取新的财物,但是却使曹某权误以为被告人江某来以车抵债的车辆为被告人江某来所有的车辆,曹某权同意和被告人江某来签订以车抵债的协议,被告人江某来以车抵债的本意是不再归还曹某权的借款10万元,被告人江某来具有非法占有10万元不再归还的目的,所以被告人江某来以车抵债,用租赁车辆抵销10万元债务的行为具有非法占有的目的。(2)对于租赁的车辆,被告人江某来只有使用权而非处分权,被告人江某来在明知自己没有经济能力赎车的情况下仍将汽车质押,给受害人王某宾的汽车租赁公司造成了较大的财产损失,其目的就是非法占有已经租赁的轿车。

2. 被告人江某来采用了虚构事实、隐瞒真相的欺骗手段。本案中,被告人江某来为了骗取债权人曹某权的信任,对曹某权谎称租赁车辆是自己买的二手汽车,还没有来得及过户以骗取曹某权的信任,将汽车质押给曹某权,并约定了以车抵债,以抵顶借款10万元。被告人江某来隐瞒了租车的真实情况,采用了虚构购买二手车的欺骗手段。被告人江某来在其已将汽车质押无能力赎回的情况下,隐瞒了已将汽车质押的事实,仍然虚构事实欺骗汽车租赁公司自己开车在外地,近日将回去还车,其无法将车辆赎回的行为侵犯了汽车租赁公司的财产权。

3. 被告人江某来消极财产的减少与其实施的行为之间具有因果关系,被告人江某来租赁汽车后实施的行为与汽车租赁公司遭受的损失也具有直接因果关系。(1)被告人江某来租赁帕萨特轿车后,在自己不具有处分权的前提下,隐瞒租车事实,采用虚构事实的手段,谎称车辆为自己购买的二手车,骗取曹某权的信任,在车辆价值大于借款数额时又约定以车抵债,抓住了曹某权贪图便宜的心理,质押车辆后逃匿,其目的就是免除10万元借款债务。通过案件事实也表明债权人曹某权把该车当作被告人江某来所有的车辆,在联系被告人江某来无果的情况下,开始使用该车并发生事故致车辆受损,被告人江某来实施的该行为虽然没有使其增加财产,但使曹某权确信该车为被告人江某来所有并以车抵债的事实,被告人江某来实施的该行为与其消极财产减少之间具有因果关系。(2)被告人江某来租赁车辆以后,在汽车租赁公司不知情的前提下,将该车抵债,侵害了汽车租赁公司的财产权,被告人江某来在本案中对该车辆只有使用权而无所有权,其将租赁车辆质押系无权处分,由于其质押车辆致使车辆发生事故,使汽车租赁公司遭受了财产损失,被告人江某来私自质押车辆的行为与汽车租赁公司遭受的损失之间具有直接因果关系。

综上,本案被告人江某来的行为完全符合诈骗罪的构成要件,其主观上具有非法占有的目的,客观上也实施了诈骗行为,由于其实施的诈骗行为,债权人曹某权和汽车租赁公司都遭受了财产损失,故依法应当追究被告人江某来诈骗罪的刑事责任。

331. 诈骗得手因被识破而退还的财物能否从犯罪数额中扣除

诈骗犯罪的行为人退回部分赃款并不是想以后次诈骗财物归还前次诈骗财物,而是犯罪既遂后因害怕被处罚而退赃,该行为显然与相关司法解释所规定的情形不符,故在认定其诈骗犯罪数额时不应扣除该退赔的部分,而只能作为量刑酌情情节予以考虑。

司法实例

蒋某坤诈骗案

被告人蒋某坤系无业人员,2014 年 8 月,通过伪造假证件、假公文的方式,冒充人民警察,并以到各地公安机关办事等名义,让被害人刘某善、支某刚等人开车接送,逐步取得被害人信任后,谎称有能力帮助被害人刘某善、支某刚等人进公安机关工作,以需要相关费用为名,先后从被害人刘某善、支某刚等人处骗得共计 23 万余元,所得均用于个人挥霍。其中从被害人支某刚处骗得 6 万余元,后被害人支某刚察觉受骗,要求被告人蒋某坤归还钱财,否则就要报警。被告人蒋某坤因怕被处罚,迫于无奈,陆续从亲友处筹得 6 万元退还给支某刚。后因多名被害人报案而案发。

检察机关以被告人蒋某坤涉嫌犯诈骗罪,数额特别巨大,诉至法院。

本案争议的焦点是:被告人蒋某坤诈骗得手后,因被识破而退还给支某刚的 6 万元能否从犯罪数额中扣除。就本案而言,该问题不仅涉及量刑,还影响到定罪。在一审法院审理过程中,对此形成两种意见。一种意见认为:被告人蒋某坤诈骗虽已得手,但在案发前已经退还给支某刚的 6 万元,在计算犯罪数额时应予扣除,实际认定的被告人蒋某坤诈骗的数额应为 16 万余元;因其作案的方式符合招摇撞骗罪的构成要件,根据特别法条优于一般法条的刑法适用原则,应认定被告人蒋某坤构成招摇撞骗罪,且因系冒充人民警察作案,依法从重处罚。另一种意见认为:根据竞合犯择一重罪处罚的刑法适用原则,以诈骗罪指控蒋某坤,犯罪数额认定为 23 万余元是正确的。

法院一审判决采纳的是第二种意见。主要理由为:

从犯罪形态上看,被告人蒋某坤从支某刚处已经骗得钱财,犯罪已经既遂。其事后之所以退赃给被害人,是支某刚识破其骗局后欲报警,其害怕遭受刑事处罚,迫不得已的行为,所退赃款显然应作为犯罪数额予以认定,但其退赃行为可作为量刑情节予以考虑。这样的理解也符合刑法对于诈骗、盗窃等侵财类犯罪的一般规定。

持第一种意见的主要依据,是《审理诈骗案件的解释》(现已失效)第 9 条规定,对于多次进行诈骗,并以后次诈骗财物归还前次诈骗财物,在计算诈骗数额时,应当将案发前已经归还的数额扣除,按实际未归还的数额认定,量刑时可将多次行骗的数额作为从重情节予以考虑。持该意见者由上述规定得出"凡案发前已经归还的数额,无论一次诈骗,还是多次诈骗,都应当在计算诈骗数额时予以扣除"的结论。但这种理解显然是错误的。《审理诈骗案件的解释》(现已失效)作该规定,是对诈骗罪认定和处理上的补充,属特别法范畴,对该特别规定不能任意扩大解释。该规定针对的是“多次进行诈骗,并以后次诈骗财物归还前次诈骗财物”的情形。最高人民法院之所以作出这样的特别规定,考虑的是此种情形的行为人之所以对后面的被害人进行行骗,其目的是用后次所骗财物归还前次所骗的被害人,也就是说其主观上并不是完全想自己占有、挥霍后次所骗财物,其是想用后一种恶行来弥补前一次所犯的恶果,又或者是作为一种连环诈骗的犯罪手段(比如集资诈骗中,以后次诈骗所得支付前次诈骗所得之利息,以维系持续诈骗),行为人实际非法占有的财物只有一笔,考虑到这类诈骗案件的特殊性,从有利于被告人的角度出发,最高人民法院作出这样的特别规定是符合情理的。如果将该规定扩大理解为所有的诈骗都适用,则可能会发生以下的情况:某甲诈骗得5万元,分文未还,依刑法应判处3年以上10年以下有期徒刑;某乙同样诈骗得5万元,案发前退还4万元,则认定犯罪数额仅1万元,依刑法应处3年以下有期徒刑、拘役或管制;某丙诈骗得5万元,案发前尚有1000元未归还,则由于没有达到数额较大,将不负刑事责任。就三人行为对社会的危害性而言,某乙、某丙行为的危害性并不比某甲要小多少,但是对三人认定的诈骗数额截然不同,处理结果也明显失衡,足见该种理解与《刑法》对于诈骗罪的规定及罪刑相适应的原则不符,从而不利于司法机关统一公正执法,不利于打击犯罪,难以实现《刑法》的目的。

持第一种意见的观点还有一个依据,是《金融犯罪纪要》第2条第3项第4目的规定。该条目规定,在具体认定金融诈骗犯罪的数额时,应当以行为人实际骗取的数额计算,应当将案发前已归还的数额扣除。但该规定同样有一个理解、适用的范围问题,即只能适用于金融诈骗,而不适用于所有的普通诈骗。之所以对金融诈骗有以上“案发前已归还的数额扣除”的特殊规定,同样有其合理性,即金融诈骗的被告人和被害人之间往往存在经济上的关联性,即便存在欺诈的表象,也不能一概认定为诈骗行为,必须是确定具有故意非法占有欺诈的所得部分,才可以认定为金融诈骗的犯罪数额。而鉴于存在经济关系的复杂性,在案发前已经退还的情况下,该退还部分很难说究竟是民事欺诈,还是诈骗犯罪,故在认定金融诈骗犯罪数额的时候,应当持保守、审慎及有利于被告人的原则和态度。而普通诈骗犯罪中,一般被告人的诈骗手段可明显暴露其非法占有的故意,或者说非法占有的故意是十分明显的,如果也适用金融诈骗的特殊规定,则容易有放纵犯罪之嫌。

需要注意的是,在《审理诈骗案件的解释》(现已失效)第1条中还规定,对于诈骗未遂,情节严重的,也应当定罪并依法处罚。则在前述假设中,完全可以再增加两种情况:某丁诈骗得5万元,案发前全部归还,认定诈骗数额为零,不作为犯罪处理;某戊欲诈骗5万元,未能得逞,属诈骗情节严重(数额巨大)且犯罪未遂,依法应追究诈骗罪的刑事责任。则该两人的处理将出现明显的悖论:犯罪既遂后退还的不判刑,犯罪未遂的反而判刑。这也从另一个侧面印证了对于《审理诈骗案件的解释》(现已失效)第9条规定不能作扩大理解,必须按照该条文的原意执行。

综上,本案被告人蒋某坤之所以退赃,并不是想以后次诈骗财物归还前次诈骗财物,而是犯罪既遂后因害怕被处罚而退赃,该行为显然与解释所规定的情形不符,故在认定其诈骗犯罪数额时不应扣除该退赔的6万元,而只能作为量刑酌情情节予以考虑。

332. 伪造劳动合同等申报材料骗取国家补助如何定罪

合同诈骗罪与诈骗罪既有相同之处,又有一定区别。从本质上看,合同诈骗罪也是一种具体的诈骗犯罪形式,其与诈骗罪是特殊与一般的关系,二者的区别除了在犯罪客体上有所不同:诈骗罪侵犯的是公私财物所有权这一单一客体;而合同诈骗罪既侵犯财产所有权又侵犯市场体系中合同行为的管理秩序,最主要的区分关键还在于二者的客观行为不尽相同。合同诈骗罪的犯罪对象是从事经营活动的具有平等市场主体地位的经济合同相对人,行为人伪造职工劳动合同等申报材料骗取国家补助资金的行为构成诈骗罪。

司法实例

楚某定诈骗案

被告人楚某定因机关机构调整,带职分流,于2005年12月18日在本市开办了某食品有限责任公司,并担任法定代表人,公司股东为楚某定和楚某盛(系楚某定父亲,2014年去世)。2011年,所在区调整后的新工作单位经济和信息化委员会要求被告人楚某定回单位上班后,其不能再经营某食品有限责任公司,被告人楚某定递向区税务局某税务所申请注销某食品有限责任公司的税务登记,该所经过审核,于2011年9月29日注销其税务登记。因某食品有限责任公司自2016年起未进行工商年检,某市工商行政管理局某分局于2013年11月作出吊销其企业法人营业执照的处罚决定。

被告人楚某定回单位上班后,于2016年上半年得知国家将对某时段关闭停产的小冶炼、小化工、小建材等能耗高、污染严重、安全隐患突出的小企业进行补助,便找到所在区经济和信息化委员会产业结构调整科科长曾某咨询。后被告人楚某定决定将其开办的某食品有限责任公司申报以获得国家补助资金,并认为可以利用其在区经济和信息化委员会上班的便利条件对该企业不符合申报之处进行操作。之后,被告人楚某定利用工作便利,先后找到产业结构调整科工作人员,查看了其他企业的申报材料,并参照已提交审核的该市其他食品有限公司的材料,伪造了275份职工劳动合同、解除劳动关系协议、职工领取补偿金明细表、职工签名,以及该公司2012~2015年已工商年度检验的企业法人营业执照副本等材料。被告人楚某定向区经济和信息化委员会提交了其伪造的上述材料。2017年9月10日,被告人楚某定又伪造了公司股东楚某盛(2014年已去世)签名同意的将补偿款划入楚某定个人账户的委托书。区财政局于2017年9月19日将国家补助资金335万元转入被告人楚某定在民生银行某支行的个人账户上。

2018年4月22日,被告人楚某定主动到区纪检监察委员会投案,并主动退出赃款335万元。被告人楚某定到案后,向公安机关提供他人犯罪线索,得以侦破其他案件。

某市某区人民检察院对被告人楚某定以涉嫌犯合同诈骗罪提起公诉。

被告人楚某定辩称:其企业符合申报关闭企业获得国家补偿金的条件,只是申报阶段由于时间紧,才伪造了相关材料,主观恶性较小;其在企业停产后对约68名职工进行了大约65万元至75万元的补偿,应予扣除;其在国家对资金的使用进行检查前,已将补偿款上缴至纪委监委账户,属于犯罪未遂;其具有自首、立功情节。

某市某区人民法院审理认为,被告人楚某定以非法占有为目的,采取虚构事实的方法,骗取公共财物,数额特别巨大,其行为已构成诈骗罪。关于被告人楚某定犯罪行为性质的定性,经查,财政部、工业和信息化部相关文件均规定关闭小企业是地方政府对小冶炼、小化工、小建材等能耗高、污染严重、安全隐患突出等小企业实施的行政性关闭。而合同诈骗罪,是指以非法占有为目的,在签订、履行合同过程中,骗取对方当事人财物,数额较大的行为,合同诈骗罪中的"合同",应是"合同法"调整范围内"合同"中的平等主体之间的民事权利义务关系。被告人楚某定与政府(被骗单位)未形成"合同法"调整范围内的"合同"中的平等主体之间的民事权利义务关系。故公诉机关指控被告人楚某定的行为构成合同诈骗罪不当,应认定被告人楚某定的行为构成诈骗罪。案发后,被告人楚某定主动投案,如实供述主要犯罪事实,系自首,且到案后,提供他人犯罪线索,使公安机关得以侦破其他案件,系立功,可以对其减轻处罚;被告人楚某定在立案前主动退出赃款335万元,可以对其酌定从轻处罚。遂判决认定被告人楚某定犯诈骗罪,判处有期徒刑5年,并处罚金6万元。

一审宣判后,被告人楚某定不服一审判决,以不构成犯罪,如果构成犯罪也是未遂、量刑重为由提起上诉。

某市中级人民法院经二审审理认为,上诉人楚某定伪造职工劳动合同等申报材料骗取国家补助资金的行为,属以非法占有为目的,使用虚构事实或者隐瞒真相等欺骗方法,骗取公私财物的行为,数额特别巨大,构成诈骗罪。一审法院根据案发后,上诉人楚某定主动投案,如实供述主要犯罪事实,系自首,且到案后,提供他人犯罪线索,使公安机关得以侦破其他案件,系立功;在立案前主动退出赃款335万元的法定、酌定从轻、减轻处罚具体情节,已对其减轻处罚。上诉人楚某定的诈骗犯罪行为已全部完成,其在国家对资金使用进行检查前将该款全部上交至纪委监委账户,系犯罪后的退赃行为,故上诉人楚某定的犯罪行为符合犯罪既遂的全部要件,应认定为犯罪既遂。故上诉人楚某定的上诉理由不足,均不予采纳。一审判决认定本案上诉人诈骗犯罪的事实清楚,证据确实、充分,定罪准确,量刑适当,审判程序合法。遂依照刑事诉讼法及司法解释相关条款的规定,终审裁定驳回上诉,维持原判。

本案控辩双方主要的争议焦点在于:被告人楚某定伪造劳动合同等申报材料骗取国家补助资金是构成合同诈骗罪还是诈骗罪。要明确本案中被告人楚某定行为的定性问题,就需要对诈骗罪与合同诈骗罪予以厘清。

1. 关于诈骗罪和合同诈骗罪。从本质上看,合同诈骗罪也是一种具体的诈骗犯罪形式,其与诈骗罪是特殊与一般的关系,二者的区别在犯罪客体上有所不同:诈骗罪侵犯的是公私财物所有权这一单一客体;而合同诈骗罪既侵犯财产所有权又侵犯市场体系中合同行为的管理秩序,最主要的区分关键还在于二者的客观行为不尽相同。[①] 合同诈骗罪中的"合同"仅限于经济合同,即合同的文字内容是通过市场行为获得利润,合同的双方当事人也应当是从事经营活动的平等的市场主体。也就是说,合同诈骗罪的犯罪对象就是从事经营活动的具有平等市场主体地位的经济合同相对人。但区分诈骗罪与合同诈骗罪也不能简单以有无合同为标准。

具体到本案,主张被告人楚某定的行为构成诈骗罪的观点认为,企业的申报关闭与政府批复成立合同关系,之后企业在申报资金的过程中伪造职工劳动合同、解除劳动合同协议、补偿金领取表等资料获得补偿金,是在履行合同中骗取对方当事人(政府)财物的一种手段。但是在本案中,涉案的补助金实际是政府对行政性关闭的小冶炼、小化工、小建材等能耗高、污染严重、安全隐患突出的小企业给予的一种补偿,其流程是企业关闭申报、政府审查、批复关闭、企业资金申报、政府审查、政府拨款,整个过程无须任何合同形式。被告人楚某定与政府并没有签订任何经济合同或协议,也没有形成任何协议意向,而仅仅表现为一种非平等主体间的行政性关系。而本案中涉及的职工劳动合同、解除劳动合同协议等"合同"既非经济合同,且也只是被告人楚某定骗取国家补助资金的手段,被告人楚某定所获得的补助资金并非直接来源于这所谓的275名职工。从犯罪对象上来说,本案中由于被告人楚某定的欺骗行为而陷入错误认识从而处分财产的受诈

---

① 就诈骗罪而言,行为人实施了欺骗行为,骗取了数额较大的公私财物。这里的欺骗行为包括两类,即虚构事实、隐瞒真相,其实质是使相对方陷入错误认识从而做出符合行为人预期的财产处分。行为人实施欺骗行为的手段、方法是没有限制的,既可以是语言欺骗,也可以是文字欺骗,还可以是明示或暗示的举动欺骗等。而合同诈骗罪必须发生在签订、履行合同的过程中,其欺诈手段也是以合同为载体的经济手段,具有特定范围的特殊性。

骗对象是政府,而政府却不是与被告人楚某定具有平等地位的经济合同相对人。本案中,被告人楚某定是凭借其伪造的职工劳动合同等申报材料骗取了具有审查、发放款项权限的政府的补助资金,不符合合同诈骗罪的客观行为要件,而应认定为诈骗罪。

2. 关于本案被告人楚某定的行为是否属于犯罪未遂的问题。犯罪未遂是指已着手实行犯罪,由于行为人意志以外的原因或障碍,而未达犯罪既遂。犯罪既遂则是指行为人实施的犯罪行为已经完全具备某一具体犯罪构成的全部要件。就本案而言,被告人楚某定为获得国家补助资金,伪造275份职工劳动合同及解除劳动合同协议等申报材料,并实施了资金申报行为,且其申报的335万元国家补助资金已通过政府审查划入被告人楚某定的私人账户。因此,被告人楚某定的犯罪行为全部完成,其在国家对资金使用进行检查前将该款上交至纪委监委账户,系犯罪后的退赃行为,故被告人楚某定的犯罪行为符合既遂的全部要件,应认定为犯罪既遂。据此,一审法院依法以诈骗罪判处被告人楚某定有期徒刑5年,并处罚金6万元。

333. 诈骗数额是否应当扣除欠条金额

当欠条作为享有债权的唯一凭证时,除行为人抢走、夺走、盗走被害人保存的,唯一能够证明行为人对被害人负有偿还债务的义务,同时有可能因行为人抢走、夺走、盗走此欠条,使被害人丧失合法债权权益时,行为人的行为有可能构成犯罪外,一般欠条不能成为犯罪的对象。本案被害人并未因被告人以欠条抵顶债务受到任何损害,故本案中的欠条不能成为被告人诈骗犯罪的对象。应当将行为人实际取得的和被害人损失的金额作为诈骗罪的犯罪数额予以认定。

司法实例

齐某玉诈骗案

2015年5月,被告人齐某玉将自己违规修建的一套面积约139平方米的小产权房卖给马某钱。2017年1月,齐某玉为偿还个人债务,又将该套房屋以22.406万元的价格卖给曾某某、童某某夫妇,其中18.406万元抵扣齐某玉之前欠曾某某、童某某夫妇的钢材款,齐某玉收取了之前的欠条和4万元现金。案发后,被告人已向被害人曾某某、童某某夫妇退还了4万元现金。

某县人民检察院对被告人齐某玉以涉嫌犯诈骗罪提起公诉。被告人齐某玉辩解称:本案属于民事纠纷案件,不构成犯罪。

本案在法院审理中发生分歧。争议焦点是对被告人齐某玉将房屋以22.406万元的价格卖给曾某某、童某某夫妇所涉及诈骗金额的认定存在以下两种不同意见。一种意见认为,诈骗金额应该认定为22.406万元,包含抵扣的钢材款18.406万元。首先,18.406万元的钢材款系被害人的合法债权,由于被告人的诈骗行为,使得被害人的债权灭失,被告人客观上获得了财产性利益,因此该笔财物应当认定为行为人实际诈骗金额;其次,利用合同骗取财物用于抵偿债务,而未实际履约的行为应认定为《刑法》第224条第5项规定的“以其他方法骗取当事人财物”的情形之一,其抵偿债务金额应认定为实际诈骗金额;最后,对诈骗财物的占有转移不应界定为必须发生在诈骗之时或之后,对诈骗行为之前已交付财物,之后行为人为继续占有、支配该财物而采取隐瞒事实、虚构真相的手段骗取他人该财物的行为,也应认定为诈骗行为,该财物的价值应该认定为实际诈骗金额。另一种意见认为,诈骗金额应该认定为4万元,不包含之前抵扣的18.406万元钢材款。一是欠条的性质为债权凭证,不属于《刑法》保护的“财物”,不能成为诈骗罪的对象;二是房屋买卖合同是诈骗合同,属于无效合同,被害人与被告人齐某玉之间18.406万元的债权债务关系并未消失,被害人可以通过民事诉讼继续向被告人追缴债权;三是诈骗金额应该是被害人基于错误认识而处分的财产,本案中被害人基于错误认识处分的财产为4万元,另外诈骗罪金额的认定应该以被告人实际取得的金额和被害人的实际损失为准,本案中被告人齐某玉实际取得的和被害人损失的金额为4万元。

某县人民法院审理认为:被告人齐某玉以非法占有为目的,虚构事实、隐瞒真相,骗取他人钱款4万元,按照某省的标准,已经达到数额巨大,其行为已构成诈骗罪。被告人齐某玉如实供述自己的犯罪事实,认罪悔罪,并已全部退还赃款,依法可从轻处罚。遂判决认定被告人齐某玉犯诈骗罪,判处有期徒刑3年。

一审宣判后,被告人齐某玉不服一审判决,以主观上没有诈骗故意,原判量刑重为由提起上诉。

二审法院审理认定的事实与一审一致。二审法院认为,鉴于上诉人认罪悔罪,积极退还全部赃款,得到被害人谅解,依法可以从轻处罚。同时,对上诉人适用缓刑,对其居住社区没有重大不良影响。遂终审判决,撤销一审判决,改判上诉人齐某玉犯诈骗罪,判处有期徒刑3年,缓刑3年。

从本案一、二审判决的定性看,一、二审法院均同意第二种意见,即诈骗金额应该以被告人实际取得的4万元为准。理由为:

1. 欠条一般不能成为诈骗罪的犯罪对象。(1)从《刑法》规定上看,欠条一般不属于《刑法》保护的"财产"范围。《刑法》第266条规定:"诈骗公私财物,数额较大的,处三年以下有期徒刑、拘役或者管制,并处或者单处罚金……"可见诈骗罪是骗取公司财物的行为,在本案中齐某玉通过诈骗行为实际取得4万元现金和钢材款欠条。欠条能否成为诈骗罪的犯罪对象是本案确定诈骗金额的关键所在。《刑法》第91条规定了公共财产的范围,①可见欠条不属于《刑法》所规定的公私财产。根据法无明文规定不为罪,法无明文规定不处罚的原则,对于骗取欠条的行为不应用《刑法》调整,被告人齐某玉不应对骗取欠条的行为承担刑事责任,也就不该把欠条的金额计算入诈骗金额。(2)欠条的本质是债权凭证,不是财物也不是财产性利益。欠条是记载着债权人和债务人之间债权债务关系的书面合同,从本质上讲是一种债权凭证,是证明债权人与债务人之间债权关系存在的证据。欠条本身不是财产也不是财产性利益。所谓财产性利益是指财物以外的财产价值的利益,其内容必须是财产权本身,只有在行为人取得财产性利益的同时导致他人遭受财产损失的,才能认定该利益为财产性利益,欠条不具有此种性质。同时欠条也不同于不记名、不挂失的国库券等的有价证券,因为这些有价证券是以票面内容记载财产,一旦丢失即造成证券所有人的财产损失,与货币有相似的功能,故视其为财物或财产性利益;而欠条等虽记载有金额,但不因该凭证的丢失或损毁而否定债权人与债务人之间的债权关系,故不应视为财物或财产性利益,也不成为诈骗罪的犯罪对象。(3)当欠条作为享有债权的唯一凭证时,欠条也可以成为犯罪对象。如行为人抢走、夺走、盗走被害人保存的,唯一能够证明行为人对被害人负有偿还债务的义务,同时有可能因行为人抢走、夺走、盗走此欠条,使被害人丧失合法债权权益时,行为人的行为

① 《刑法》第91条规定的公共财产是指:(1)国有财产;(2)劳动群众集体所有的财产;(3)用于扶贫和其他公益事业的社会捐助或者专项基金的财产。第92条规定的公民私人所有的财产是指:(1)公民的合法收入、储蓄、房屋和其他生活资料;(2)依法归个人、家庭所有的生产资料;(3)个体户和私营企业的合法财产;(4)依法归个人所有的股权、股票、债券和其他财产。

有可能构成犯罪。本案被害人并未因被告人以欠条抵顶债务受到任何损害,故本案中的欠条不能成为被告人诈骗犯罪的对象。

2. 欠条被骗取后,被害人的债权仍可以实现。(1)房屋买卖合同无效,债权债务关系依旧存在。本案中齐某玉以骗取他人钱财为目的,采用一房多卖的欺诈形式,与被害人曾某某、童某某签订卖屋买卖合同。原《合同法》第 52 条第 3 项(现《民法典》第 146 条、第 153 条、第 154 条)规定以合法形式掩盖非法目的的合同为无效合同,显然该房屋买卖合同为无效合同。无效合同自始没有法律效力,基于该无效合同约定或产生的权利义务也自然无效。齐某玉虽然取得了欠条,但并不意味着其取得了债权或曾某某、童某某夫妇丧失了债权,且齐某玉并没有向曾某某、童某某夫妇给付任何财物,齐某玉与曾某某、童某某夫妇之间的债权债务关系仍然存在。(2)被害人债权的救济。根据《民法典》相关规定:债是按合同的约定或者依照法律的规定,在当事人之间产生的特定的权利和义务关系,享有权利的人是债权人,负有义务的人是债务人。债权人有权要求债务人按照合同的约定或者依照法律的规定履行义务。因此债权人曾某某、童某某夫妇可以通过民事诉讼实现自己的债权,要求债务人齐某玉继续履行债务,承担相应的民事责任。在司法实践中,也大量存在着债权人没有欠条或欠条灭失,而结合其他证据主张权利的情况,欠条只是民事诉讼中的证据之一,债权债务关系并不会因欠条消失而灭失。

3. 从犯罪构成上分析,欠条金额不应计算入诈骗金额。一是犯罪是主客观相统一的产物,必须将行为人的主观故意和客观危害综合起来考量,齐某玉骗取 4 万元现金和欠条都是出于同一个主观故意,但造成的客观危害却不同,骗取 4 万元现金造成了被害人曾某某、童某某夫妇 4 万元的直接经济损失,而骗取欠条的行为并没有导致被害人曾某某、童某某夫妇的财产损失,二者造成的社会危害性明显不同,所以不应将欠条记载的 18.406 万元直接等同于 18.406 万元现金,计入诈骗金额内。二是从该罪的基本构造上分析,一般来说诈骗罪的基本构造为:行为人以不法占有为目的实施欺诈行为、被害人产生错误认识、被害人基于错误认识处分财产、行为人取得财产、被害人受到财产上的损失。在本案中被告人齐某玉主观上有非法占有的目的,同时客观上也对被害人曾某某、童某某夫妇实施了诈骗行为,致使被害人曾某某、童某某夫妇产生了错误认识,从而将 4 万元现金和欠条交付给齐某玉,此时曾某某、童某某夫妇基于错误认识处分的财产只有 4 万元,曾某某、童某某夫妇处分的 18.406 万元现金是在诈骗行为发生之前,是基于自愿、合法的钢材买卖合同,受法律保护,而非受诈骗产生错误认识而处分。三是诈骗罪金额的认定应该以被害人实际损失和被告人实际得到的财产为准。本案中被害人实际损失只有 4 万元。从本案的案情来看,该欠条并不是被害人曾某某、童某某夫妇行使合法权利的唯一凭证,因此,不管该诈骗行为是否发生,欠条是在曾某某、童某某夫妇手上,还是在齐某玉手上或欠条灭失,齐某玉与曾某某、童某某夫妇之前因欠款合同而产生的债权债务都存在,只不过现在齐某玉通过诈骗行为取得了欠条后,增加了曾某某、童某某夫妇实现该债权的难度,但并不能因此得出曾某某、童某某夫妇就损失了欠条上记载的债权。

334. 利用加工之际变相倒卖钢筋如何定性

行为人为达到非法占有他人财物的目的,采取将钢筋拉长拉细,以减轻重量,将剩余钢筋卖掉获利,属于将代为保管的他人财物非法占为己有,数额较大,拒不退还的行为,符合侵占罪的构成要件,应当以侵占罪定罪处罚。

司法实例

孟某毫侵占案

2014年4月,孟某毫开办了一家钢筋加工厂,5月开始为某县人民政府安居工程的建筑工程施工队(以下简称工程队)加工钢筋,即将圆盘钢筋拉直。至7月初共加工钢筋320余吨。其间孟某毫发现工程队验收加工后的钢筋只量长度,不称重量(钢筋系按重量由工程队送交孟某毫的加工厂),遂利用对方的这一管理漏洞,调整钢筋拉丝模,加大拉伸率,将直径12毫米的钢筋拉伸为直径11毫米左右,将直径10毫米的钢筋拉伸为直径9毫米左右,将直径8毫米钢筋拉伸为直径7毫米左右,将直径6毫米的钢筋拉伸为5毫米左右,将拉长拉细的钢筋送交工程队建房使用,由于工程队验收人员只量长度,然后按照长度结算成钢筋重量,也就是长度乘以理论重量,如果和加工厂交给的钢筋重量相符就算验收合格,这样使钢筋产生剩余。孟某毫随后将剩余未加工的95吨钢筋(价值319,424元)偷偷卖掉牟利。被拉伸后的钢筋拉伸率达10%左右(国家规定不高于4%),属于不符合标准的产品。

工程队发现问题后曾找被告人孟某毫,要求返还剩余钢筋或钢筋款遭拒。某工程队遂对被告人孟某毫以侵占罪向法院提起自诉。

某县人民法院在审理本案中,对定性产生多种不同意见:第一种意见认为,本案构成生产、销售不符合安全标准的产品罪。被告人孟某毫将直径10毫米的钢筋拉伸为直径9毫米左右,将直径8毫米钢筋拉伸为直径7毫米左右,将拉长拉细的钢筋送交工程队建房使用,被拉伸后的钢筋拉伸率达10%左右(国家规定不高于4%),属于不符合标准的产品,该钢筋用于建房,易造成严重后果,应构成生产、销售不符合安全标准的产品罪。第二种意见认为,本案构成诈骗罪。本案被告人孟某毫采用欺骗手段,不是将钢筋拉直而是拉长拉细,骗取了剩余的钢筋,其行为构成诈骗罪。第三种意见认为,本案构成盗窃罪。工程队是将钢筋交给孟某毫的钢筋加工厂进行加工拉直,而不是将钢筋的所有权交与孟某毫,孟某毫以非法占有为目的,将未加工钢筋偷偷卖掉,构成盗窃罪。第四种意见认为,本案不构成犯罪,属民事侵权案件。本案中工程队将钢筋交给孟某毫的加工厂加工,孟某毫依据合同为合法占有钢筋,而不是非法占有,本案不构成犯罪,为民事侵权中侵犯财产所有权案件。第五种意见则认为,本案被告人孟某毫构成侵占罪。本案前半部分的行为是手段,为达到非法占有的目的采取将钢筋拉长拉细,但不构成犯罪,属民事欺诈;而后半部分的行为是目的,将剩余钢筋偷偷卖掉属"监守自盗",即将代为保管的他人财物非法占为己有,数额较大,拒不退还的行为,构成侵占罪。

某县人民法院经开庭审理,合议庭评议,一审判决对被告人孟某毫以侵占罪定罪处罚,并责令被告人向被害单位退还卖掉剩余钢筋的全部款项。

一审宣判后,被告人孟某毫不服一审判决,以本案不构成犯罪为由提起上诉,但被驳回。

从本案一、二审裁判结果看,一、二审法院均同意第五种意见,即本案被告人孟某毫构成侵占罪。主要理由为:

1. 本案中被告人孟某毫的行为构成侵占罪。理由是:根据《刑法》第270条第1款的规定,将代为保管的他人财物非法占为己有,数额较大,拒不退还的,构成侵占罪。本罪侵犯的客体是他人财物的所有权。本罪侵犯的对象之一为他人交给自己保管的财物即代为保管的他人财物,是指通过他人委托或依照契约或有关规定而为他人收藏、管理的财物。本罪在客观方面表现为将他人交由自己代为保管的财物、遗忘物或者埋藏物非法占为己有,数额较大,拒不交还的行为。① 从本案来看，一是工程队将钢筋交由孟某毫的加工厂加工，形成的是基于双方“加工合同”基础上“代为保管”的委托关系，符合侵占罪的前提条件；二是孟某毫将代他人保管加工的钢筋偷偷卖掉，擅自加以处分，符合侵占罪非法占为己有，拒不交还的特征。

2. 本案中被告人孟某毫的手段行为应系生产、销售不符合安全标准的产品行为，但本案中该行为尚不构成犯罪。理由是：生产、销售不符合安全标准的产品罪是指生产不符合保障人身、财产安全的国家标准、行业标准的电器、压力容器、易燃易爆产品或者其他不符合保障人身、财产安全的国家标准、行业标准的产品，或者销售明知是以上不符合保障人身、财产安全的国家标准、行业标准的产品，造成严重后果的行为。本案中，被告人孟某毫将钢筋加工成有利于其占有更多原材料的钢筋，不符合国家标准或行业标准，属不合格产品，但构成该罪需要造成严重后果，本案中使用了更细的钢筋目前只是一种潜在的安全隐患或威胁，并未出现现实的严重后果，故不符合生产、销售不符合安全标准的产品罪的犯罪构成。

3. 本案中被告人孟某毫不构成盗窃罪和诈骗罪。② 一是本案中，从被告人孟某毫非法占有钢筋的经过来看，孟某毫先基于委托加工合同，取得了对钢筋的合法持有权，也就是代为保管权，然后发现了工程队的管理漏洞，才产生了非法占有的故意，随后利用这一漏洞，使钢筋产生剩余，偷偷卖掉牟利，造成拒不退还的事实。所以构成侵占罪，而不是盗窃罪。二是诈骗罪要求被害人基于行为人的欺诈行为对事实真相产生错误认识，进而处于真实的内心意思而自愿处分财产。受骗者虽然产生了认识错误，但如果不具有处分财产的行为或者意识，其行为就不构成诈骗罪。虽然本案中掺杂着行为人的欺骗行为，但这种欺骗是为侵占做准备，创造便利条件。工程队只是将钢筋交由孟某毫的加工厂加工拉直，并没有处分钢筋的意思表示，也就是说，在工程队的认识中没有失去对钢筋的占有。与盗窃罪同样，诈骗罪非法占有的故意是产生于合法占有的行为之前，而本案行为人非法占有的故意明显产生于合法占有之后。因此本案不构成诈骗罪。

4. 加工拉直钢筋，通过加大拉伸率，将钢筋拉细拉长，剩余钢筋被卖掉牟利，对于建筑物的质量造成极大隐患，具有较大的社会危害性。采用故意拉长拉细钢筋的手段，将剩余钢筋卖掉占为己有，假设其拉伸率符合国家标准，在此情况下，如果在双方签订的加工合同中有规定，剩余钢筋可以归加工方所有，则不存在侵犯他人财产权的问题，不应通过《刑法》调整。但是本案中，双方权利义务很明确，加工方把圆盘钢筋拉直就可以了，理论上并不存在有剩余的钢筋的问题，就是有剩余钢筋也应由工程队所有。例如，某甲将布料交给服装店加工制成成衣，剩余的布料应该属于谁，当然是某甲的。虽然生活中很多人只要衣服合适，就将剩余的边角料放弃，但是如果剩余的布料较多，假如还能再做一件衣服，如果加工方不给，自己做了一件衣服卖掉获利，他的行为是否是合法占有而没有侵犯某甲的财产权。何况本案中被卖掉的并不是边角料，而是未加工的圆

---

① (1)这里的“保管”必须是合法的，要有通过正当、善意、合法的手段，持有他人财物的行为。主要是指基于委托合同关系，或者根据事实上的管理以及习惯而成立的委托、信任关系所拥有的对他人财物的持有、管理。这是侵占罪的前提条件。(2)必须是将他人的财物非法占为己有，拒不交还的行为。所谓占为己有，是指应当将他人交给自己保管的财物当成自己的财物，以所有人自居，擅自加以处分、使用和收益。

② 侵占罪和盗窃罪的区别在于：(1)犯罪对象不同。侵占罪的对象是特定的，即代为保管的他人财物；而盗窃罪的对象则是不特定的，包括一切公私财物，但一般限于动产及不动产上可以分离的部分。(2)客观方面表现不同。侵占罪表现为行为人将合法持有的财物变为非法占有。对财物的所有人来说，其明知财物是被谁非法占有。因此，法律规定侵占罪的行为人必须具有“拒不退还”这一情节，才构成犯罪，并且是告诉才处理的犯罪；而盗窃罪，行为人是采取秘密窃取的手段，对财物所有人而言，往往不知道其财物被谁非法占有，一般不可能要求行为人退还。(3)非法占有的目的产生的时间不同。侵占罪的非法占有目的往往产生于合法占有行为之后；而盗窃罪的非法占有目的则产生于非法占有行为之前。

盘钢筋。被告人孟某毫为了使钢筋有更多剩余，采取调整钢筋拉丝模的手段拉长拉细钢筋，非法占有的故意十分明显，已严重侵犯了他人的财产所有权，具有较大的社会危害性，应当按照《刑法》有关规定追究刑事责任。

综上，本案一、二审法院裁判对被告人孟某毫以侵占罪定罪处罚是正确的。

335. 在签订合同过程中骗取本单位财产如何定性

行为人为公司、企业或者其他单位的人员，利用职务上的便利，在签订合同过程中，将本单位数额较大的财物非法占为己有，构成职务侵占罪。

司法实例

宋某奇职务侵占案

被告人宋某奇系某县环保设备有限公司（以下简称设备公司）的业务员，负责该公司在某省等地的业务。设备公司2012年开始和中石化某地化工有限公司（以下简称中石化公司）有业务往来。2014年6月至2015年12月，宋某奇担任设备公司业务员期间，在设备公司不知情的情况下，于2014年6月16日在某市工商局登记成立以宋某奇为法定代表人的某地天美环保设备有限公司（后更名为环美环保设备有限公司，以下简称环美公司），并对设备公司和中石化公司隐瞒该事实。其欺骗设备公司，称环美公司管理人员与中石化公司管理人员有私人关系，设备公司若想继续与中石化公司保持产品销售业务关系，必须先将货物销售给环美公司，且须在原销售价格上大幅度让利给环美公司，再由环美公司将货物销售给中石化公司。其又欺骗中石化公司，称环美公司系设备公司在某地区设立的办事处，以后设备公司与中石化公司购销业务经过环美公司即可。为了能继续保持与中石化公司的业务关系，设备公司从2014年6月18日起至2015年12月，在被宋某奇欺骗的情况下与环美公司多次签订购销合同（产品实际使用人仍为中石化公司，且设备公司所销售货物直接运至中石化公司），环美公司再与中石化公司签订购销合同，宋某奇将其中503,565元货物差价占为己有。

某县人民检察院对被告人宋某奇以涉嫌犯职务侵占罪提起公诉。

某县人民法院审理认为，被告人宋某奇利用职务上的便利，将本单位财物非法占为己有，价值503,565元，数额巨大，其行为已构成职务侵占罪。遂判决认定被告人宋某奇犯职务侵占罪，判处有期徒刑7年6个月，并处没收财产60,000元；责令被告人宋某奇退赔被害单位设备公司经济损失503,565元，限判决生效后10日内履行完毕。

一审宣判后，被告人宋某奇以不构成犯罪为由向某市中级人民法院提出上诉，但被驳回。

在法院审理过程中，对于本案的定性分歧较大。争议的焦点是通过签订合同的方式骗取本单位财产的行为如何定性。第一种意见认为，被告人宋某奇构成职务侵占罪，理由是：宋某奇作为设备公司的业务员，以非法占有为目的，利用负责设备公司在某省等地业务上的职务便利，采取欺骗手段，与设备公司和中石化公司签订合同，侵占本属于设备公司的合法财产，其行为完全符合职务侵占罪的构成要件。第二种意见认为，宋某奇构成诈骗罪，理由是：被告人以非法占有为目的，虚构事实、隐瞒真相，骗取公司财物，数额较大。第三种意见认为，本案属于民事纠纷，各方当事人相关行为是市场经济活动，宋某奇的行为不构成犯罪。

我国《刑法》规定的职务侵占罪，是指公司、企业或者其他单位的人员，利用职务上的便利，将本单位财物非法占为己有，数额较大的行为。职务侵占罪属于财产型犯罪，侵犯的法益是公司、企业或其他单位的财产所有权。职务侵占罪的主体是特殊主体，即只能是公司、企业或其他单位的人员；客观方面表现为利用职务上的便利，将自己主管、经手或者管理的单位财物，非法占为己有，数额较大；主观方面表现为故意，具有非法占有的目的。本罪是由全国人大常委会《关于惩治违反公司法的犯罪的决定》（现已失效）所规定的公司、企业人员侵占单位财物罪修改而来的。1979 年《刑法》只规定了贪污罪，没有规定职务侵占罪。随着改革开放的发展，出现了个体经济、私营企业、外商独资企业等多种性质的企业，特别是有限责任公司、股份有限公司的出现，使得上述单位财产利益成为刑法保护的对象。

1. 关于职务侵占罪的行为方式。具体到职务侵占罪的行为方式，通说认为，与贪污罪法条中明确规定“侵吞、窃取、骗取或者以其他手段”相同，职务侵占的手段除侵吞外，包括窃取、骗取等手段。即使是采用秘密的窃取手段、隐瞒事实真相或虚构事实的骗取手段，将原为自己持有的本单位财物转变为自己非法占有，也属于侵占行为的范畴。司法实践中，如何认识诈骗罪的骗取与职务侵占的骗取手段的区别，从行为结构来看，诈骗罪的基本构成为：行为人实施诈骗行为、对方产生错误认识、对方基于错误认识处分财产、行为人（或第三人）取得财产、被害人遭受财产损失。而对职务侵占而言，在非法占有他人财物之前已经持有他人的财物，这是世界各国和地区包括我国的刑法理论公认的侵占犯罪的定型性。也就是说，职务侵占罪合法占有财物在前、非法骗取财物在后，而诈骗罪是骗取在前占有在后。然而本案的特殊性在于，被告人宋某奇出于非法占有的目的，成立环美公司，隐瞒事实，通过其所成立的环美公司与设备公司、中石化公司分别签订、履行合同的方式，骗取巨额财产。显然，本案中，骗取的对象不仅包括所在单位设备公司，还包括第三人中石化公司。因此，本案定性的另一关键在于所骗取的货物差价的归属问题。如果被占有的财物归属于设备公司，则属于职务侵占罪，如果归属于交易相对人中石化公司，则属于诈骗罪。

2. 关于本案被告人非法获取财产的归属。被告人宋某奇骗取的货物差价究竟如何归属，这里还涉及民事合同的效力问题。1998 年 4 月 29 日施行的最高人民法院《关于在审理经济纠纷案件中涉及经济犯罪嫌疑若干问题的规定》（已被修改）指出，同一公民、法人或者其他经济组织因不同的法律事实，分别涉及经济纠纷和经济犯罪嫌疑的，经济纠纷案件和经济犯罪嫌疑案件应当分开审理。目前，在司法实践中，对于刑民交叉案件，刑事案件并不都影响合同效力及履行，可通过民事救济方式来解决。本案中，中石化公司一直是通过宋某奇与设备公司保持业务往来，即便在宋某奇成立环美公司之后，基于宋某奇的欺骗，中石化公司一直认为环美公司是设备公司在某省成立的办事处。从民事角度看，身为设备公司业务员，宋某奇的行为构成表见代理，事实上，设备公司与中石化公司的民事合同也已履行完毕。因此，设备公司和中石化公司基于合同发生的交易，全部货款均应归设备公司所有，而且一直以来双方都是按原价格执行，该差价应属设备公司的合法利益所得。基于以上分析，两级法院同意第一种意见，认为宋某奇构成职务侵占罪，而非诈骗罪。

3. 关于本案刑事与民事的界限。对于本案第三种意见，实际上，本案罪与非罪的问题实质在于刑民的界限。现代刑法理论通说认为，犯罪的本质在于法益侵害，而所谓法益则是法律所保护的生活利益。虽然该案被告人是通过民事行为方式签订合同达到骗取本单位财产而予侵占的目的，可以通过民事救济途径保护设备公司和中石化公司的合法权益，但刑法的目的在于惩罚与预防犯罪，而不仅仅在于补偿与救济受害人的损失。从刑事犯罪的角度分析，被告人宋某奇确实利用了其身为设备公司业务员的职务便利，这实际上是单位授权给员工的处理一定范围内事务的权利。基于这种授权，单位与员工之间存在一种信任关系。因此，职务侵占行为客观上也是一种背信行为。在主观方面，被告人宋某奇具有非法占有的目的；在客观方面，其应该将货款全部如实交还本单位，而非自己成立公司、采取骗取手段侵占属于设备公司应当获得的合法财产，被告人宋某奇的行为侵犯了本单位的财产利益。

综上，本案被告人宋某奇身为设备公司业务员，出于非法占有的目的，利用自己经手业务的职务便利，骗取本单位财物，数额巨大，已经构成职务侵占罪。

336. 拿走特定场所遗忘物应如何定性

行为人发现临时疫苗注射点留观室椅子上的小提包，见四处无人，便以大围巾遮掩将其拿走，当公安机关找到行为人时，行为人便交出了。其行为不符合侵占罪“拒不退还”的客观行为要件，且被害人要求其赔礼道歉并无法律上的依据。故行为人的行为不构成侵占罪。

司法实例

童某玲侵占案

2020年11月14日10时许，被告人童某玲按照要求到本市某疫苗注射点打疫苗。因排队的人较多，经向工作人员了解情况后先回家等待，中午人少时才来注射。当其注射完成在留观室休息留观时，童某玲看见留观室椅子上放有一手包，童某玲见周围无人，便用自己大围巾做遮掩，将小提包拿走并迅速离开。事后查明，当日11时50分许，被害人徐某到该疫苗注射点打完疫苗后留观时，去了一趟厕所，将手机掏出带走，将手包放在其坐的椅子上委托身边一人代为照看。徐某如厕时适逢外地朋友打来电话，二人许久不见，聊的时间很长。受托答应为徐某看包的老太太见徐某二十多分钟一直未回，着急回家做饭，便离开留观室回家。徐某则忘记了提包还在留观室，通完话直接开车回家。到家后才想起自己的小提包没拿，待其返回留观室寻找并询问在场其他工作人员均无果，遂报警。警察根据疫苗注射点附近时间段离开留观室的人员的监控录像等证据，查找到被告人童某玲，童某玲遂将徐某的小提包及包内全部物品交还于徐某。经查，童某玲涉案金额为11,300余元。但被害人徐某要求被告人童某玲赔礼道歉，遭童某玲拒绝。徐某遂以被告人童某玲构成侵占罪向法院提起自诉。

某市某区人民法院在本案审理过程中，对被告人童某玲的行为是否构成犯罪及如何定性产生分歧：第一种意见认为，童某玲在疫苗注射点留观室发现被害人财物，其应该想到这是属于他人的财物，在想占为己有的目的下采用遮掩的方式将他人财物顺走的行为，在一定程度上表明其具有怕被人发现的心理状态，对他人财物占有时具有罪过性，构成秘密窃取。并且，被害人并没有离开疫苗注射点，也就是说财物一直置于所有人的控制之下，不存在遗忘物之说。因此对童某玲应当直接以盗窃罪定罪量刑。第二种意见认为，被害人徐某的财物应当属于遗忘物。由于疫苗注射点留观室位置特殊，且疫苗注射点虽为临时搭设，但依附于居民区，疫苗注射点外有小区的监控网络，应当推定该财物处于疫苗注射点的有效控制之下，疫苗注射点有义务也有能力保护到徐某的财产安全。该财物尽管脱离了所有人的占有，但实际上其占有只不过是转移到疫苗注射点而已。童某玲趁留观室四周无人注意将其取走，属于以非法占有为目的的秘密窃取行为，因此对童某玲应当以盗窃罪定罪量刑。第三种意见认为，徐某的财物应属于遗忘物，但是该遗忘物并不当然地推定属于疫苗注射点所有。涉案财物在童某玲出现时，占有便转移至该领域的支配者，即童某玲。因此，童某玲取走被害人徐某小提包的行为，是符合侵占罪中犯罪要件要求的。但是，失主徐某通过警察介入查找到童某玲，童某玲随即将财物归还给了失主徐某，那么童某玲的行为就不是拒绝归还，所以童某玲没有“拒绝归还”这一构成侵占罪的必备要件。所以，童某玲的行为构成侵占,但不构成侵占罪。

某市某区人民法院经一审审理,判决认定本案被告人童某玲不构成侵占罪,遂判决宣告被告人童某玲无罪。判决已生效。

从本案生效判决结果看,法院同意的是第三种意见,即本案被告人童某玲不构成犯罪。理由为:

1. 本案被告人童某玲偷走的财物是否属于遗忘物。遗落在疫苗注射点留观室椅子上的小提包具有怎样的法律属性,是该案首先关注的问题,也就是说,判断该丢失财物是否属于遗忘物。关于遗忘物的定义和认定,《刑法》没有加以明确规定。理论上,遗忘物是指持有者因疏忽未带走遗留在他人能有效管理之场所的财物。而对于遗忘物和遗失物是否有必要进行区分,学理上有不同意见,此处暂不评论。而对于遗忘物的认定标准,一般认为,应当从该物所处的位置、时间、与周围环境的关系等因素综合判断是否属于遗忘物。如施工工地周边有大量的砂子、水泥等物,旁边有尚未完工的建筑物,对于砂子、水泥等物显然就不能认定为遗忘物,因为依常理推断,砂子、水泥等物是用于建造旁边建筑物的材料,是属于建筑物所有人的财物,具有完全的排他性,任何人都不得随意占有。

本案中,被害人徐某将小提包置于疫苗注射点留观室的椅子上,因去厕所委托他人照看,他人又因时间太长而离开,二人均已离开。此时小提包已并不在徐某的视线范围之内。虽然徐某到家后回忆起自己的小提包委托他人照看,他人也已离开,小提包遗忘在留观室椅子上,但是疫苗注射点留观室并不是一个封闭性的、排他性较强的特定空间,根据有关学者的观点,刑法中的占有不同于民法上的占有,刑法中的占有必须是事实上的占有,而不能是观念上的占有。依上述观点,徐某只是在观念上占有其小提包,但在实际上不可能实现对小提包的占有,即小提包脱离了原占有人徐某的占有,成为他的遗忘物。

2. 疫苗注射点留观室的空间法律属性分析。通说认为,只有特定场所的管理人支配或者控制他人遗忘物的,始得成立新的占有管理支配关系。被害人遗忘物所在的场所,包括公共空间和非公共空间。这里所谓的公共空间,是指有管理人或者控制人,在人员流动上具有不特定性的一定范围的空间,或者称不特定多人流动的特定管理或控制空间,如网吧、地铁车厢、商场、银行大厅等。非公共空间(或称单独空间),是指单一利益体支配的、没有不特定多人同时流动的固定空间,如私人院落、私人汽车、没有开门或者已经打烊的娱乐场所等。其区别于公共空间的主要特征是没有不特定多人同时流动。在我国,对于这个问题比较通行的观点是"二重控制说",即认为:人们遗忘在车站、饭店等特定场所的财物具有双重控制关系,一是财物所有人的控制;二是特定场所有关人员的控制。在财物所有人对财物暂时失去控制的情况下,特定场所的有关人员便是财物新的持有、控制人。特定场所控制人便取得了对他人遗忘物的占有权。

结合本案,本案的案发地点临时疫苗注射点是一个开放的、人流量很大的场所,任何人都可以自由进出。所以疫苗注射点具有公共空间这样的法律属性,而不是一个封闭性的、排他性较强的特定空间。但是,第二种意见认为徐某所遗忘的小提包应当推定该财物处于疫苗注射点的有效控制之下,占有权成功地转移到疫苗注射点的说法,应该说不能笼统、模糊、想当然地加以肯定。

3. 疫苗注射点管理人的支配意识分析。如果是非公共空间,第二控制人对遗忘物的控制只需要概括的、抽象的支配意识。比如,在私人住宅,只要主人没有明确表示抛弃,他人的遗忘物就当然转归场所的主人占有;而公共空间管理人要成为该空间的遗忘物的第二控制人(被害人即为第一控制人),管理人必须对遗忘物有明确的控制或支配意识。这样看来,上述"二重控制说"的理论就只适用于非公共空间。从生活实际看,在有不特定多人同时流动的公用空间里,空间管理人的义务只是维持该空间内的最低活动秩序,而不能对进入该空间的每个人的具体财物进行具体的管理和控制;并且,如果承认该公共空间对进入其内的不特定多数人的财物有管理义务的话,不管是因为遗忘还是因为被盗窃,都有权利向该空间的管理人主张赔偿,而该空间的管理人也有赔偿的义务。这没有法律依据,更不符合生活常理。

具体到本案,被害人徐某当时注射完疫苗,其将小提包随手放于留观室椅子上,委托一人照看,周围并没有具体的疫苗注射点工作人员予以发现或者管理,也就是说疫苗注射点管理者并没有明确的控制或支配意识;同时,徐某也没有将小提包委托给疫苗注射点的保安或者其他人员予以看管。因此,公共空间的管理人并没有对遗忘物形成第二控制,也就是说疫苗注射点并没有获得小提包的占有权。被害人徐某遗忘在留观室的小提包,在该疫苗注射点的管理人尚未有支配意识之前,被第三者(童某玲)发现并非法占为己有的行为并未侵害到该疫苗注射点对该遗忘物的占有,所以童某玲的行为应当是一种侵占行为。

337. 保险代理人挪用保险费构成何罪

行为人作为寿险公司工作人员,在办理保险业务的过程中,利用代收保险费的便利条件,挪用本单位巨额资金,虽无法认定是否用于营利活动、非法活动,但挪用时间超过 3 个月,其身份符合挪用资金罪的主体要件,实施了利用代收保险费的便利条件,挪用本单位资金数额巨大的客观行为,故行为人的行为构成挪用资金罪。

司法实例

鲁某茹挪用资金案

2001 年 7 月,被告人鲁某茹经人介绍,被中国人寿保险股份有限公司聘用为保险营销员,从事寿险代理工作。2012 年 6 月 1 日,鲁某茹提供的两名担保人分别缴纳了 1000 元保证金,鲁某茹与中国人寿保险公司某分公司继续签订了保险营销员保险代理合同,人寿保险公司授权被告人鲁某茹销售指定的人身保险产品,并为客户提供售后服务。2015 年至 2017 年,被告人鲁某茹将代收的王某利等 126 名投保人缴纳的保险费 361,173 元挪为己用。案发后,被告人鲁某茹向人寿保险公司上交挪用的保险费 127,896 元。

某市某区人民检察院对被告人鲁某茹以涉嫌犯挪用资金罪提起公诉。辩护人的辩护意见为被告人鲁某茹的犯罪行为应构成侵占罪,被告人鲁某茹是该公司的保险代理人,与公司之间是委托合同关系,无劳动合同关系,不是该公司职工,不符合挪用资金罪的犯罪主体。

本案的焦点是:保险代理人是否符合《刑法》第 272 条“公司、企业或其他单位的工作人员”的主体。在法院审理中,出现不同意见。主要是公诉机关认为被告人鲁某茹的行为构成挪用资金罪和辩护人认为被告人鲁某茹的犯罪行为应构成侵占罪两种意见。

某市某区人民法院审理认为:被告人鲁某茹符合挪用资金罪的主体要件,被告人鲁某茹系中国人寿保险股份有限公司某支公司工作人员,在办理保险业务的过程中,利用代收保险费的便利条件,挪用本单位资金 361,173 元,数额巨大,虽无法认定是否用于营利活动、非法活动,但挪用时间超过 3 个月,其行为构成挪用资金罪。遂判决认定被告人鲁某茹犯挪用资金罪,判处有期徒刑 4 年;责令被告人鲁某茹退赔中国人寿保险股份有限公司某支公司损失 233,277 元。

一审宣判后,被告人鲁某茹不服一审判决提起上诉被二审驳回。

本案定罪的关键是对职务侵占罪主体的认定,即能否将“公司、企业或其他组织的工作人员”扩大解释为从事单位业务的人员。这个问题在理论、实务中均有争议,有的认为保险公司与代理人之间系平等民事主体，不存在隶属关系，保险代理人不属于保险公司的工作人员①。有的则认为将挪用资金罪主体扩大解释为从事单位业务的人员不违反罪刑法定原则，即保险代理人可以构成挪用资金罪。②

从本案一、二审裁判结果来看，法院赞成后一种观点，即被告人鲁某茹构成挪用资金罪。主要理由为：

1. 将保险代理人认定为保险公司职工不违反罪刑法定原则。按照形式解释论解释，保险代理人与在职、在编人员的差别趋于明显，例如不签订劳动合同、不缴纳社会保险费用、按照业务比例收取代理费。但从实质解释来看，保险代理人在时间、空间范围内均实际履行着职工的责任。罪刑法定原则实质的侧面主张以实在法之外的标准衡量和检测法律，寻求法律的实质合理性③。认定一个人是否为“公司、企业或其他组织的工作人员”，不应形式地考察劳动关系的有无，更应实质地考虑职责、业务活动的承担。只要是持续、反复地履行职责或从事业务活动的人，在实质上就属于“公司、企业或其他组织的工作人员”，而不应做劳动关系的形式认定。因此将保险代理人认定为保险公司职工具有实质的合理性。按照实质解释论将“公司、企业或其他组织的工作人员”解释为“从事单位业务的人员”是符合罪刑法定原则的扩大解释，而不是类推解释。

2. 将保险代理人认定为保险公司职工未超越社会公众的预测可能。保险代理人作为一种新兴保险从业形式，与保险公司之间的代理关系缺乏社会认知度，一般人普遍认为保险代理人就是保险公司职工、业务员，本案的证人王某利等人在证言中，都称鲁某茹为保险公司职员或业务员。正是基于这种认识，投保人确信保险代理人的行为代表公司，属于职务行为，由此建立对保险代理人的信任，才与保险代理人签订保险合同，向保险代理人缴纳保险费。

3. 将保险代理人认定为保险公司职工符合法律秩序统一的原理。在定罪时“理应考虑民法的权利关系作为界定，仅从刑法独立性的立场处罚进行考虑的见解是不妥当的”④。显然，在动用刑法制裁犯罪时，有必要考虑与民事、行政法律在此领域内的规定的内在统一性。按照《保险法》的规定，保险合同属于诺成性合同，合同双方意思达成一致保险合同即成立，投保人向保险代理人缴纳保险费后保险公司即应当履行合同义务，被告人的行为并不影响投保人和保险公司合同的效力，保险公司应继续向投保人履行保险合同义务。认定被告人的行为构成挪用资金罪，则确定被告人挪用的资金为保险公司已收取的保险费，由被告人向保险公司退赔损失，并不影响保险公司向投保人履行保险义务。但如果不承认本案被告人鲁某茹是保险公司的工作人员，便只能认定其行为是侵占罪，将其收取保险费的行为认定为个人行为，投保人成为侵占的受害者，否定了保险公司与投保人的保险关系，投保人缴纳保险费的行为转换成投保人与保险代理人之间的代为向保险公司缴纳保险费的委托关系，显然不妥当。投保人在交易中没有明显过错，而本案发生的原因更多来自保险公司的管理漏洞，不应让没有过错的投保人承担交易风险。从社会效果的角度来探讨，这种法律秩序统一的效果，更有利于善后。

4. 对挪用资金罪犯罪主体进行扩大解释时，应考虑社会经济发展、社会关系变化的时代背景。当下企业经营形式的多样化，企业人员的组成也日趋复杂，单位的劳动用工方式已经趋向多元化，除正式职工外，多种类型的用工方式承担着一定的单位职责，保险代理人就是这样一种新

---

① 参见陈莉丽：《保险公司保险代理工作人员构成犯罪探讨》，载《贵州民族报》2013年12月20日，B03版。

② 参见李国波：《保险公司代理人侵吞、挪用保险费的司法认定》，载《保险职业学院学报（双月刊）》2012年第5期。

③ 参见张明楷：《刑法学》（第3版），法律出版社2007年版，第51页。

④ ［日］佐伯仁志、道垣内弘人：《刑法与民法的对话》，于改之、张小宁译，北京大学出版社2012年版，第59页。

型用工形式，而这种社会变化的情况，也应是解释《刑法》时需要考虑的因素。

综上，本案法院一、二审裁判，认定被告人鲁某茹构成挪用资金罪是正确的。

338. 以打假维权相要挟收取财物如何定性

判断行为人是否构成敲诈勒索罪应看其行为是否完全符合敲诈勒索罪的犯罪构成，一是行为人是否主观上具有非法占有他人财物的故意，二是行为人是否客观上实施了以威胁手段勒索财物的行为。

司法实例

顾某英等敲诈勒索案

2013年4月，被告人顾某英（化名尤某和）发现全国各地许多电视台播放的医药类广告存在夸大疗效等行为，如果进行举报，这些电视台将面临相关部门的处罚。为此，被告人顾某英于2013年4月至2015年3月先后招募赖某田、覃某丹以及支某雯（另案处理）等三人，分别到其指定的省市收看当地电视台播出的医药类广告并将广告录制成光盘，然后到当地购买一份广告中播出的产品，将产品批号等信息用手机短信发给顾某英。被告人顾某英收到发来的消息后，即在自己开设的“尤某和说法网”上制作针对该电视台播放违法广告的举报材料，以此为要挟，向电视台索要钱财。被告人赖某田、覃某丹及同伙支某雯分别将这些举报材料打印出来并邮寄给当地党委、政府、工商、药监等主管部门。各电视台因害怕受到处罚或在受到相关处罚后，即与被告人顾某英在举报材料中留下的联系方式进行联系。当电视台的给付到账后，被告人顾某英即在网上将举报该电视台的内容删除，制作声明函发给当地有关部门表示不再追究“法律责任”。但如果被举报的电视台不予理睬，被告人顾某英就会安排员工不断向其本地主管部门的上级甚至中央相关部门举报，直至电视台“赔偿”为止。被告人顾某英、赖某田、覃某丹及其同伙利用这种手段，先后向各地电视台索取共计234.1365万元。

某市某区人民检察院对顾某英等三被告人以涉嫌犯敲诈勒索罪提起公诉。

被告人辩称：其行为是检举虚假广告、消费索赔行为，不构成敲诈勒索罪。消费者维权索赔或职业打假行为，不应构成敲诈勒索罪。根据《消费者权益保护法》的规定，消费者在购买了假冒伪劣商品后，有权向商家要求双倍赔偿。被告3人虽共计索赔200多万元，金额较大，但包含了维权成本、双倍赔偿等费用在内，且赔偿金额系双方自愿达成，并未构成犯罪。

某市某区人民法院一审审理认为，被告人顾某英、赖某田、覃某丹以非法占有为目的，采取威胁手段强行索取钱财，数额巨大，其行为已构成敲诈勒索罪。被告人以打假之名，举报播放违法广告这一手段相要挟，迫使电视台给付钱财，其行为符合敲诈勒索罪的犯罪构成。在共同犯罪中，被告人顾某英起组织、领导作用，是主犯。被告人赖某田、覃某丹起次要、辅助作用，是从犯。根据被告人覃某丹的犯罪情节和对社会的危害程度，对其宣告缓刑不致再危害社会，对所居住社区没有重大不良影响，依法可以宣告缓刑。遂判决认定三被告人犯敲诈勒索罪，判处顾某英有期徒刑7年；赖某田有期徒刑4年；覃某丹有期徒刑3年，缓刑4年。被告人作案工具予以没收，违法所得继续予以追缴。

一审宣判后，被告人顾某英、赖某田以检举揭发违法、虚假广告是消费者的索赔行为，不构成敲诈勒索罪为由提出上诉。

某市中级人民法院对一审判决认定的事实、证据予以确认，关于上诉人顾某英、赖某田及其辩护人提出是检举虚假广告、消费索赔行为,不构成犯罪的上诉理由和辩护意见,该院审理后认为,任何公民不得以揭发、检举他人的隐私、违法行为、犯罪行为或其他不愿意为公众所知的情形进行威胁以满足自己个人的不法目的。本案中,上诉人顾某英、赖某田、原审被告人覃某丹正是利用各地电视台播放夸大疗效的医药、医疗类广告,被检举后会遭受有关部门处罚的这一情形,达到自己勒索财物占为己有的目的。本案上诉人、原审被告人并非电视台医疗、医药类广告中产品的消费者,却假借消费者索赔的名义,采取检举、揭发相威胁的手段,直接与各地电视台或广告代理人讨价还价,索要财物,分别索取数千元至上万元不等数额的据为己有。本案上诉人、原审被告人的行为不属于索赔行为,其主观上具有非法占有他人财物的故意,客观上实施了以威胁手段勒索财物的行为,完全符合敲诈勒索罪的犯罪构成。上诉人顾某英、赖某田、原审被告人覃某丹以非法占有为目的,采取威胁、要挟手段勒索公私财物,数额巨大,其行为已构成敲诈勒索罪,属于共同犯罪。在共同犯罪中,上诉人顾某英起组织、指挥作用,是主犯,应当依照参与的全部犯罪处罚,上诉人赖某田、原审被告人覃某丹受邀约参与,在共同犯罪中起次要作用,是从犯,依法应当从轻、减轻或免除处罚。原审被告人覃某丹犯罪情节较轻,在犯罪后能认罪、悔罪,根据其犯罪情节及社会危害程度,对其宣告缓刑不致再危害社会和对所居住社区产生重大不良影响,依法可以宣告缓刑。原判认定事实和适用法律正确,并根据上诉人顾某英、赖某田以及原审被告人覃某丹的犯罪情节及社会危害程度,量刑适当。上诉人顾某英、赖某田及其辩护人关于不构成犯罪的上诉理由和辩护意见不能成立,本院不予采纳。遂终审裁定驳回上诉,维持原判。

敲诈勒索罪,是指以非法占有为目的,对公私财物所有人或保管人实施威胁或者要挟的方法,勒索公私财物数额较大的行为。此罪的主观构成要件是行为人具有非法占有他人财物的故意,客观构成要件是行为人实施了以威胁手段勒索较大数额公私财物的行为。

1. 关于本案被告人顾某英等人是否具有非法占有他人财物的故意。依照我国法律规定,经营者是指从事商品生产、经营或者提供服务的自然人、法人和其他组织。结合本案,产品经营者指的是药品生产者和销售者,各地电视台并未从事实际生产、经营,仅仅是为药品进行广告宣传,故不能将其认定为产品经营者。《消费者权益保护法》第 44 条规定:“消费者通过网络交易平台购买商品或者接受服务,其合法权益受到损害的,可以向销售者或者服务者要求赔偿。网络交易平台提供者不能提供销售者或者服务者的真实名称、地址和有效联系方式的,消费者也可以向网络交易平台提供者要求赔偿;网络交易平台提供者作出更有利于消费者的承诺的,应当履行承诺。网络交易平台提供者赔偿后,有权向销售者或者服务者追偿。网络交易平台提供者明知或者应知销售者或者服务者利用其平台侵害消费者合法权益,未采取必要措施的,依法与该销售者或者服务者承担连带责任。”2015 年修订的《广告法》第 55 条规定:“违反本法规定,发布虚假广告的,由工商行政管理部门责令停止发布广告,责令广告主在相应范围内消除影响,处广告费用三倍以上五倍以下的罚款,广告费用无法计算或者明显偏低的,处二十万元以上一百万元以下的罚款;两年内有三次以上违法行为或者有其他严重情节的,处广告费用五倍以上十倍以下的罚款,广告费用无法计算或者明显偏低的,处一百万元以上二百万元以下的罚款,可以吊销营业执照,并由广告审查机关撤销广告审查批准文件、一年内不受理其广告审查申请。医疗机构有前款规定违法行为,情节严重的,除由工商行政管理部门依照本法处罚外,卫生行政部门可以吊销诊疗科目或者吊销医疗机构执业许可证。广告经营者、广告发布者明知或者应知广告虚假仍设计、制作、代理、发布的,由工商行政管理部门没收广告费用,并处广告费用三倍以上五倍以下的罚款,广告费用无法计算或者明显偏低的,处二十万元以上一百万元以下的罚款;两年内有三次以上违法行为或者有其他严重情节的,处广告费用五倍以上十倍以下的罚款,广告费用无法计算或者明显偏低的，处一百万元以上二百万元以下的罚款，并可以由有关部门暂停广告发布业务、吊销营业执照、吊销广告发布登记证件。广告主、广告经营者、广告发布者有本条第一款、第三款规定行为，构成犯罪的，依法追究刑事责任。”可以看出，顾某英等人作为消费者，当权益受到侵害时，只能向产品经营者即药品生产厂家、销售商等索取赔偿。若要追究发布虚假药品广告的广告经营者即电视台的责任，消费者应该通过向其行政主管部门举报、投诉等方式，由行政主管部门、广告监督管理机关出面，对地方电视台进行查处。也就是说顾某英等人并不具备对各电视台进行“处罚”的主体资格，法律也没有赋予他们直接向各地方电视台进行维权索赔的权利。因此，顾某英等人主张其向各地方电视台要钱“私了”的行为是没有任何法律依据的，并非其声称的消费者合法维权行为，而是一种非法牟利行为。特别是，如果被举报的电视台愿意“私了”，顾某英等人索取到钱财后，无论对方是否整改，都承诺在一年之内不会再举报，同时还向该家电视台的主管部门发出声明函，表示不再追究该电视台的相关法律责任。但如果被举报的电视台不予理睬，顾某英就会安排员工不断向其本地主管部门的上级甚至中央相关部门举报，直至电视台给付顾某英钱财为止。此种行为纯粹是一种以非法占有他人财物为目的，利用他人害怕违法行为被揭发的恐惧心理而牟取暴利的行为，与其标榜“自己系职业打假人，知假买假的目的兼顾了个人经济利益和社会利益”的宗旨完全背离，其声称“各电视台是主动与之联系，自愿对其进行民事赔偿，甚至对其进行心理伤害赔偿”更是顾某英团伙掩盖其非法占有目的的借口。

2. 关于本案被告人顾某英等人是否客观上实施以威胁手段勒索财物的行为。结合本案，顾某英等人辩称，其索要赔偿款都是各电视台在受到相关处罚后主动与之联系、自愿给付的，但这些电视台对本地有关部门的象征性处罚是不太在意的，而顾某英声称“若不给赔偿款将继续向上级有关部门甚至向中央投诉”才是真正对他们产生威慑力的地方。害怕顾某英继续向上级机关举报、被上级机关追责乃至被追究刑事责任是造成他们内心恐慌的真正原因。在顾某英的多次要挟下，电视台权衡利弊，不得不选择同顾某英“交易”、赔钱“私了”。此行为完全是一种以威胁手段勒索财物的行为。故而200多万元的现金不能认定为顾某英等人购买的伪劣产品后，各电视台自愿赔付的药品本身价值、维权产生费用（如差旅费、光碟制作费等）、2倍赔偿等各项费用，而是各地电视台产生违法行为会被顾某英等人揭发的极度恐惧心理后，权衡利弊，与顾某英等人进行的“交易”现金，应认定为顾某英等人靠勒索手段获得的巨额财物。

综上，本案被告人顾某英团伙以非法占有为目的，采取威胁和胁迫的方法，以打假之名行非法敛财之实，勒索巨额财物，其行为完全符合敲诈勒索罪的构成要件，应以敲诈勒索罪定罪处罚。

339. 敲诈勒索罪控制交付时如何认定既、未遂形态

在控制交付条件下，行为人已经处于公安机关的掌控之中，其所实施的敲诈勒索犯罪行为以犯罪未遂处理更为客观、公正，体现罪责刑相适应原则。

司法实例

周某云敲诈勒索案

被告人周某云在20世纪90年代与被害人孟某强曾有一段婚外情。2014年11月至2015年5月，孟某强多次将钱款汇入周某云女儿童某玲银行账户内，周某云分别于2015年2月12日、3月5日、5月1日出具金额为75万元、57万元、67万元的借条；孟某强于2015年9月30日汇入周某云银行账户内12万元，11月14日汇入童某玲银行账户内2万元，2016年1月31日汇入童某玲银行账户内41万元，同日，周某云出具了41万

元的借条,并与前面所借的钱款写明共计254万元,于2016年3月底归还,年利息10%。2018年5月13日8时许,周某云到孟某强所在的某有限公司找孟某强,要求给付钱款,双方发生争吵至派出所。当日14时许,周某云与孟某强及俞某、孙某到附近一茶馆见面,周某云要求孟某强给付钱款,并以向孟某强单位及孟某强妻子反映其曾与孟某强有婚外情为要挟,让孟某强于次日交付钱款。2018年5月14日16时30分许,孟某强依约至某某茶馆,将现金50万元交予周某云,周某云写下"一共拿孟某强304万整,以前254万整,今天50万整,以后不拿"的字条。当周某云欲离开茶馆时,被公安人员当场抓获,并查获周某云所敲诈孟某强的50万元赃款。

某市某区人民检察院对被告人周某云以涉嫌犯敲诈勒索罪(既遂)提起公诉。

某市某区人民法院认为,被告人周某云以非法占有为目的,敲诈他人钱款,数额特别巨大,其行为已构成敲诈勒索罪。被害人孟某强于2014年11月起至2016年1月将共计254万元的钱款汇入童某玲、周某云的银行账户内,周某云均出具了借条,且孟某强在2018年5月13日之前均未向公安机关报案,故公诉机关指控周某云敲诈孟某强254万元证据不足,辩护人关于254万元系借款的辩护意见予以采纳。周某云敲诈孟某强50万元,不仅有被害人孟某强的陈述笔录予以证实,且有证人俞某、孙某的证词予以印证,故辩护人关于50万元系未遂及不构成犯罪的辩护意见均不予采纳。遂判决以敲诈勒索罪判处被告人周某云有期徒刑11年,并处罚金3万元。

一审宣判后,被告人周某云对判决不服,以其未对被害人进行敲诈勒索,所收钱款系借款为由提出上诉。周某云的二审辩护人认为本案系控制下交付,周某云构成敲诈勒索罪的犯罪未遂,请求二审法院减轻处罚。

某市中级人民法院审理认为,上诉人周某云以非法占有为目的,敲诈他人钱款,数额特别巨大,其行为已构成敲诈勒索罪,对上诉人周某云应予刑事惩罚。但上诉人周某云由于其意志以外的原因而未得逞,系犯罪未遂,依法对其减轻处罚。遂终审判决撤销一审判决,即被告人周某云犯敲诈勒索罪,判处有期徒刑11年,并处罚金3万元;上诉人周某云犯敲诈勒索罪,判处有期徒刑7年,并处罚金1万元。

本案的焦点问题是,对于控制交付条件下,敲诈勒索犯罪的既、未遂形态如何确定。2012年《刑事诉讼法》增加了"技术侦查措施"一节,并明确了在毒品犯罪和涉及财产犯罪案件侦查中可以实施控制下交付,在国内法上确认了控制下交付的合法性地位。然而,在司法实践中,对采取控制交付条件下的敲诈勒索罪的犯罪形态的确定,各地法院处理不够统一。

1. 关于如何判定控制下交付①。对于本案是否系控制下交付,控辩双方存在两种不同意见:公诉机关及一审判决均认为被告人事先已与被害人确定了交付钱款的金额、交付时间及交付地点,在被害人交付钱款,被告人得款欲离开时,公安人员实施抓捕,此种情况只是单纯的抓捕行为,不属于控制下交付;辩护人则认为根据公安机关出具的本案的案发经过、被告人的抓获经过以及一审、二审查明的事实综合判断,被害人在茶馆内将50万元钱款交付被告人时,公安人员已在外布控,在钱款交付完毕后,欲离开茶馆时,被告人被布控的公安人员在茶馆内人赃俱获,本案系控制下交付。

---

① 随着假币、毒品、武器等违禁物品的非法交易犯罪日增,并呈现区域广泛化、手段隐蔽化、危害扩大化态势,传统侦查手段面临严峻挑战。出于固定证据、抓捕涉案人员进而有效侦破案件、打击犯罪的需要,控制下交付这一特殊侦查手段应运而生。1988年《联合国禁止非法贩运麻醉药品和精神药物公约》将其界定为:在主管机关知情并由其监控的情况下,允许非法或可疑货物运出、通过或者运入一国或多国领域的做法。控制下交付原多用于毒品犯罪侦查,现行《刑事诉讼法》第153条第2款才予明确:"对涉及给付毒品等违禁品或者财物的犯罪活动,公安机关根据侦查犯罪的需要,可以依照规定实施控制下交付"。

控制下交付作为一种特殊的侦查手段，与传统侦查方式相比较有其显著特点。① 控制下交付与诱惑侦查同作为特殊侦查手段，在具体实施方式上二者有着明显区别。②

具体到本案，在被害人报案前，双方已对交付钱款的金额、时间和地点商定一致，侦查人员没有参与犯意产生、数额确定以及钱款交付的过程。对此，控辩双方均不持异议。犯罪故意、犯罪数额以及敲诈勒索行为均出自被告人自身，后被害人按照其与被告人的约定前往交付地点交付钱款，显然本案不属于诱惑侦查。本案的关键问题是，虽然被害人已与被告人商定了交付钱款的时间、地点及金额，但随后被害人的报案行为表明其主观上已无交付钱款的意愿。客观上被告人虽然依约按时前往约定地点，但就在被害人交付钱款时，公安人员已在交付地点布控，公安人员在不惊动被告人的情况下，秘密对被告人的犯罪行为进行监控，并伺机抓捕了被告人。也就是说，公安机关事先知晓被害人与被告人关于交付钱款的约定，公安机关并未直接介入钱款交付过程，而是在交易场所周边先行布控，同时秘密监视被告人的行动，允许涉案钱款在该监视范围内流转，最后公安机关在被告人得款后欲离开交付地点时抓捕了被告人并固定了犯罪证据，本案符合控制下交付的构成要件，系控制下交付行为。

2. 关于控制下交付的犯罪形态应如何确定。对于控制交付下的敲诈勒索罪既、未遂问题，存在两种观点：一种观点认为，被告人敲诈勒索行为已经实施终了，且被害人已向被告人交付钱款，被害人已对其钱款失控，被告人实现了对该钱款的占有，符合敲诈勒索罪犯罪既遂的要件。另一种观点认为，被告人与被害人的交付行为完全在公安机关的控制之下，被害人不可能失去对钱款的实际控制，被告人亦不可能取得对该钱款的实际占有，因此，应当认定为敲诈勒索罪未遂。

从本案二审判决结果来看，终审法院同意后一种观点。主要理由：首先，本案被害人与被告人事先将交付钱款的时间定于2018年5月14日下午，可在5月14日上午，被害人便前往公安机关报案，并将交付钱款的金额、时间、地点都告知公安人员。在14日下午，被害人从银行取出50万元现金之后再次电话告知公安机关，其已备好钱款，并将马上前往茶馆交付钱款。客观上被害人于约定时间、约定地点交付钱款时，公安人员已在现场附近布控，当被告人携赃款欲走出交付钱款的茶馆时，被公安人员当场抓获。可见，被害人依约前往交付地点交付钱款，系协助抓捕，而非真实交付钱款。根据敲诈勒索罪的行为结构，被胁迫者必须在受胁迫后才有处分财产的行为。本案被告人通过胁迫使被害人产生恐惧心理后，被害人没有交付钱款的意愿，而向公安机关报案，公安人员为了抓捕被告人而让被害人依约前往约定地点交付财物的，此时的交付财产，并不是处分财产的行为，只是协助警察抓捕罪犯的行为，应当认定为敲诈勒索未遂。其次，本案被告人的犯罪行为在形式上虽然已经实施终了，但公安机关在被害人报案时已经掌握了被害人与被告人之间关于交付钱款的时间、地点和数额的约定，并提前在该约定地点进行了布控。因此，事实上被害人并未丧失对该钱款的控制，被告人亦不可能取得对该钱款的实际占有。敲诈勒索罪系结果犯，其既遂以行为人实际非法控制他人财物为标准。而控制下交付本身就说明，被害人尽管实施了财物交付行为，但其并未真正对财物失去控制，当然也就谈不上行为人实际控制他人财物的问题。这种情况下，认定

---

① 一是发现犯罪嫌疑人并不立即抓捕，而是允许嫌疑人在警方控制下进一步实施犯罪活动，待收集犯罪证据及查明犯罪人完毕后再实施抓捕。二是侦查人员不介入犯罪活动，而是对犯罪嫌疑人的行动进行暗中观察，对违禁物品的流转进行秘密监控。

② 控制下交付属于监控型侦查，公安机关的侦查行为不干扰对犯罪分子的定罪、量刑。在诱惑侦查过程中，侦查机关往往作为交易一方，参与犯罪过程。特别是犯意诱发型诱惑侦查，手段通常包括犯意引诱、数量引诱，该侦查手段本质上系“制造犯罪”，侦查机关侦查行为的影响力直接作用于犯罪分子的犯罪构成要件、要素，进而影响对犯罪分子的定罪、量刑。因此，其合法性并未被国际公约和国内刑法所认可。

敲诈勒索未遂是适当的。最后,控制交付条件下的犯罪形态系一种人为控制下形成的犯罪状态,它打破了犯罪行为在自然状态下的发展演变,致使犯罪行为在原本可以被随时终止的情况下出于侦破案件和保护公共利益的需要而继续进行下去。在司法实践中,如果被害人是在受到敲诈勒索后报案,公安机关在被害人交付钱款前抓获被告人,司法机关通常会作为典型的犯罪未遂处理,本案即为这种情况。但公安机关此时未实施抓捕进而终止犯罪行为,而是待被害人交付了钱款,被告人取得钱款后,即达到表面的犯罪既遂要件后抓获了被告人。公安机关的职责除了惩治犯罪,还包括预防、及时制止违法犯罪活动,虽然出于固定证据、侦破全案、抓获犯罪分子等需要,在控制条件下使犯罪发展至既遂状态,但此时,如果忽视实质情况而按照其呈现的表面形态去机械地定罪量刑,就意味着行为人的犯罪状态将由侦查机关决定,而该犯罪状态的不利后果,却要由行为人承担,显然不够合理。因此,在控制条件下,按犯罪最终呈现的表面形态定罪量刑,既有悖于有利于被告人原则,不利于保护被告人合法权益,亦有违司法公正。

综上,本案二审法院认定本案为敲诈勒索罪未遂,并对被告人减轻处罚,具有事实和法律依据,符合罪刑法定与罪刑相适应的刑法基本原则。

340. 是否构成破坏生产经营罪的判断

破坏生产经营罪是行为犯,只要实施了破坏生产经营的行为,情节严重的都构成本罪,而不考虑行为人的主观目的为何。被破坏的活动只要符合生产经营的特征,就应当认定为生产经营,受到破坏生产经营罪的保护。如果生产经营行为只是一个违反民事法律的违法行为或者是不具有反社会性、不违背公序良俗的行为,而且其行为也没有影响到公益,则其应当受到保护。

司法实例

侯某犟破坏生产经营案

被告人侯某犟系某县某村村民。2013 年 7 月,某市人民政府经省政府批准,建立中医药研究生产园区,根据规划需要,对包括被告人侯某犟所在村等八个村在内的 12.56 平方公里开展征地拆迁工作,其中包括侯某犟的土地。其后,安置补偿费及土地附着物补偿费标准均已公示生效,但因被告人侯某犟对土地征用不满而未领取。拆迁开始至案发时,侯某犟要求对其征地上的房屋赔偿数额与实际应赔偿金额相差较多,而未签订房屋拆迁补偿安置协议。2014 年 9 月 14 日,经省发改委、省交通厅批复同意在某处修建一处与某高速公路互通立交桥。某路桥集团中标承建高速公路互通式立交桥及其配套设施工程项目建设,并于 2015 年 5 月 28 日起开始进场施工建设。在施工过程中,施工方将弃土倒于离施工现场不远处与侯某犟承包地相邻的地方堆放,其中部分弃土滚落到侯某犟承包地内。2015 年 5 月 28 日至 6 月 5 日,侯某犟以施工单位在施工过程中,倒弃土的地方有其承包地,施工方倒的弃土滚落其承包地为由,与其家人数次前往施工方倒弃土处,要求施工方不要将弃土倒在其承包地内,并以阻挡施工设备、车辆运行的方式,不准施工人员将弃土倒在与其承包地相邻的地块,致使施工方无法正常施工,造成一定的经济损失。

某县人民检察院以被告人侯某犟涉嫌犯破坏生产经营罪提起公诉。

某县人民法院一审审理认为,被告人侯某犟多次不准施工方车辆运行,致该施工单位租赁的挖掘机、运渣车等不能正常施工运行,给施工单位造成人工费、机械设备租赁费等一定经济损失,破坏了施工单位正常的生产经营活动,并影响了整个园区施工建设进度,被告人侯某犟的行为已构成破坏生产经营罪。遂判决认定被告人侯某犟犯破坏生产经营罪,判处有期徒刑 1 年 6 个月。

一审宣判后,被告人侯某犟不服一审判决提出上诉。

某市中级人民法院二审审理认为,某路桥集团在承建某中医药研究生产园区某高速公路互通式立交桥的过程中,其临时弃土场紧邻上诉人侯某犟的承包地,因该公司倾倒弃土滚落该承包地内而与侯某犟发生纠纷。侯某犟在纠纷发生后,不通过合法有效的途径解决,而是阻止施工方倒土,致使施工方无法正常施工,给施工方造成一定的经济损失,其行为客观上破坏了施工方的生产经营,具有违法性。鉴于现有证据不足以证明侯某犟主观上具有泄愤报复或者其他与泄愤报复程度相当的个人目的,亦不能证明侯某犟实施了与毁坏机器设备、残害耕畜程度相当的其他破坏生产经营的方法,且不能确认侯某犟破坏生产经营的行为所造成的直接损失。因此,现有证据尚不能证明上诉人侯某犟实施的具体行为达到了应受刑罚处罚的程度,其情节显著轻微危害不大,依法不认为是犯罪。遂终审判决撤销一审刑事判决;上诉人(原审被告人)侯某犟无罪。本案在二审审理中,经某市中级人民法院办案人员的多方协调,上诉人承认错误,向施工单位主动要求赔礼道歉,并妥善解决了征地补偿遗留问题,取得了良好的法律与社会效果。

《刑法》第276条规定的破坏生产经营罪,是指由于泄愤报复或者其他个人目的,毁坏机器设备、残害耕畜或者以其他方法破坏生产经营。本案争议的焦点是,侯某犟的行为是否构成破坏生产经营罪,司法实践中如何把握破坏生产经营罪与非罪之间的界限,如何理解民事自助行为在阻却破坏生产经营罪成立中的作用。

1. 关于司法实践中需要澄清的几个破坏生产经营罪的误区。(1)本罪是目的犯还是行为犯。对破坏生产经营罪是目的犯还是行为犯的争论,缘起于《刑法》条文中对破坏生产经营罪的表述,即"由于泄愤报复或者其他个人目的"。司法实务界一般倾向认为破坏生产经营罪是行为犯,即只要实施了破坏生产经营的行为,情节严重的都构成破坏生产经营罪,而不考虑行为人的主观目的为何。① (2)行为人破坏的生产经营是否必须以营利为目的。② 一般认为,虽然生产经营必然会产生经济利益,但这并不代表生产经营要以营利或者盈利为目的。只要这些活动符合生产经营的特征,就应当认定为是生产经营,受到破坏生产经营罪的保护。即使生产经营产生的收益小于成本,或者是为公益目的而进行的生产经营,由于其生产经营本身还是创造了经济价值,也应当认定为是生产经营活动。本案中,某路桥集团承建园区某高速公路互通式立交桥的行为虽然具有公益的性质,但完全符合生产经营的特征,属于破坏生产经营罪要保护的生产经营活动。(3)生产经营本身是否需具备合法性。本罪保护的生产经营,是否包括非法的生产经营,此问题在理论上和实践中也存在争议。③ 一般认为,破坏生产经营罪中的生产经营并不要求全部是

---

① 主要理由为:一是从法益的侵害程度来看,破坏生产经营罪侵犯的法益是具有经济利益的生产经营活动秩序,因此无论有没有犯罪目的,都不会影响行为对法益侵害的严重程度。二是破坏生产经营罪中规定的"由于泄愤报复或者其他个人目的",虽然出现了"目的"两字,但通常来说,一个犯罪只有一个目的,而犯罪目的相同的情况下犯罪动机可以是多种多样的,因而更符合动机的特征而不是犯罪目的。

② 生产经营活动,是指一切生产、流通、交换、分配环节中的正常生产和经营行为。破坏生产经营罪侵害的法益是生产经营的经济利益,那么生产经营活动就必须蕴含经济利益,即该活动的价值能够用经济价值来衡量。如果该活动不蕴含经济价值,则破坏这种活动就无法计算被害人遭受的经济损失,侵害后果不能表现为经济损失,侵害行为就无法构成财产犯罪。

③ 一种观点认为,一般情况下不包括非法的生产经营活动,因为根据法律财产说,非法的生产经营活动由于不具有民法上的合法权利,破坏这些经营活动,即使造成了重大经济损失,也不构成破坏生产经营罪。另一种观点则根据经济财产说,认为破坏非法的生产经营活动,只要造成经营活动的经济损失,就成立财产犯罪。前一观点的不合理之处在于根据民法上的权利来判定行为的刑事责任。后一观点让刑法摆脱民法的束缚,重视财产的经济价值,虽然具有一定合理性,但仍然有不完善之处。比如,强迫儿童劳动的"黑煤窑"、非法制造毒品的地下工厂等,由于严重违背法律秩序,难以为社会所容忍,具有强烈的反社会性,均属于严重犯罪活动,不应受破坏生产经营罪的保护。

符合法律规定的生产经营活动，但该种生产经营不能严重违背法律秩序，不能有严重的反社会性，不能是严重犯罪活动。因此，如果生产经营行为本身是一个违背公序良俗、具有反社会性的自然犯的行为，那么一般来说该生产经营活动的秩序就不能得到破坏生产经营罪的保护，因为对该生产经营的破坏保护了更优先的法益，这是刑法所允许的。而如果生产经营行为只是一个违反民事法律的违法行为或者是不具有反社会性、不违背公序良俗的行为，而且其行为也没有影响到公众利益，那么其生产经营的正常进行就应当受到本罪的保护，不能随意被破坏。

2. 关于破坏生产经营罪与一般违法行为的界限。司法实践中，并非所有破坏生产经营的行为都构成破坏生产经营罪，还需结合犯罪情节、犯罪性质等多种因素进行综合评判。具体而言，区分破坏生产经营罪与非罪的界限、破坏生产经营罪与一般违法行为的界限，主要应根据以下不同情形具体区分：(1)破坏生产经营情节显著轻微危害不大的，不构成破坏生产经营罪。破坏生产经营罪属于行为犯，从《刑法》第 276 条字面意思理解，只要行为一经实施，就构成本罪，也并没有损失数额的要求。然而，如果“一刀切”地对凡是实施了破坏生产经营的行为均惩之以罪，则打击面过大，与罪刑相适应原则不符。比如破坏了一个价值不大的门窗或者桌椅，就认为是犯罪而判刑，这也与立法原意不符。通常认为，破坏生产经营的罪与非罪，一般是由行为的社会危害性来决定的。《刑法》强调破坏生产经营行为的惩治性是严格的，但并不意味着一切破坏行为都毫无例外地处以刑罚，必须根据实际个案情况酌情决定。只有这样，才符合我国《刑法》的惩治与宽大相结合的原则。也就是说，破坏生产经营的罪与非罪是以情节是否轻微为标准的。属于《刑法》第 13 条规定的“情节显著轻微危害不大”的破坏生产经营行为，不宜以犯罪论处。总之，区分这一界限的关键在于社会危害性是否达到足以构成犯罪的程度。需要注意的是，对情节显著轻微危害不大的认定，对社会危害性大小的认定，需要结合具体的案件证据及其他情节综合研判，并没有绝对一致的客观标准。(2)达不到破坏生产经营罪追诉标准的，不宜作为犯罪论处。虽然从《刑法》第 276 条的规定可以看出，破坏生产经营罪的犯罪构成没有特定界限标准，只分为两个量刑档次进行，即行为一经实施的处 3 年以下的自由刑；情节严重的处 3 年至 7 年的有期徒刑。破坏生产经营的行为情节显著轻微危害不大的，不作为犯罪处理。为了统一适用标准，最高人民检察院、公安部出台了《关于公安机关管辖的刑事案件立案追诉标准的规定(一)》①。一般来说，一国刑法对阻却犯罪成立的事由是明确规定的，如正当防卫行为。因此，并未在法律中明确规定的不受处罚行为，并非真正意义上的免责行为。不过，一般认为，可以从社会危害性以及可责难性等方面来判断是否为免责行为，应该说，合理的自助行为也是阻却破坏生产经营罪成立的事由。有观点认为，自助行为并不是犯罪阻却事由，主要理由是一国的刑法并没有规定自助行为。但也并不是没有承认自助行为的先例②。结合本案的情况来看，应当认为本案被告人侯某犟阻挠施工的行为是一种自助行为，社会危害性较低，应受的可责难性也相对较低，因此本案二审法院作出了侯某犟无罪的刑事判决。

3. 本案被告人不构成破坏生产经营罪。本案中，侯某犟的行为并不构成破坏生产经营罪，主

---

① 其中第 34 条规定：“由于泄愤报复或者其他个人目的，毁坏机器设备、残害耕畜或者以其他方法破坏生产经营，涉嫌下列情形之一的，应予立案追诉：(一)造成公私财物损失五千元以上的；(二)破坏生产经营三次以上的；(三)纠集三人以上公然破坏生产经营的；(四)其他破坏生产经营应予追究刑事责任的情形。”该规定对哪些行为应予刑事追诉、哪些行为只是一般的违法行为，进行了明确。阻却破坏生产经营罪成立事由出现的，不宜作为犯罪论处。

② 如日本刑法通说就认为，在现代法治国家，虽然原则上要通过国家机关来救济对法益的侵害，但在紧急情况下，如果等待国家机关的帮助，无法及时、有效地恢复被侵害的权益，那么，在不违反公共道德的限度内，应该承认行为人自己恢复权益的行为是正当的。

要理由为:(1)现有证据并不能证明侯某犟具有泄愤报复或者其他与泄愤报复程度相当的个人目的。虽然上文分析了具有泄愤报复或者其他个人目的并非破坏生产经营罪的构成要件之一,但有无此目的可以看出被告人的主观恶性大小,可以看出其社会危害性的大小。本案中,侯某犟并非主动地对某路桥集团的施工行为进行阻挠,只是为了制止石块滚落在其承包地中,因此主观恶性不大。此外,根据二审查明的事实,侯某犟的行为所造成的直接损失并不能确定,因此,应当作出有利于被告人的判决。(2)侯某犟的自助行为具有一定程度上的合理性。某路桥集团在承建某高速公路互通式立交桥的过程中,其临时弃土场紧邻侯某犟的承包地,石块经常滚落至承包地内。而侯某犟正是因该承包地与征地相关机关发生征用争议,且该争议并未解决。就该承包地达成征地协议之前,侯某犟有权对该承包地进行管理、使用并进行收益。某路桥集团施工过程中所倒弃土滚落该承包地内,势必会对侯某犟造成财产损失。因此,从这个角度来讲,侯某犟的民事自助行为阻止施工虽具有违法性,但又有一定程度的合理性。(3)被告人行为的社会危害性较低。社会危害性大小是认定是否构成犯罪的主要考虑因素,从本案被告人侯某犟阻挠施工行为的原因以及造成的损失等因素可以看出,侯某犟明显地属于民事维权不当,其完全可以通过民事途径主张权利。但应当看到,被告人行为的社会危害性较小,属于"犯罪情节轻微,危害不大的"的范畴。因此,本案二审判决上诉人(原审被告人)侯某犟无罪是正确的。

341. 仿制"火车票优惠卡"是否构成犯罪

火车票优惠卡不属于国家机关证件,因此,行为人出售伪造学生证并在学生证上仿制电子版"火车票学生优惠卡",仅应构成伪造事业单位印章罪一罪,对仿制优惠卡的行为不能构成伪造国家机关证件罪。

司法实例

张某合伪造事业单位印章案

自2016年5月起,被告人张某合以牟利为目的向他人贩卖伪造的高校学生证。张某合首先通过网络向非法制章人员(另案处理)提供"××大学""××工业大学""××中医药大学"等学校钢印公章的名称、图样、规格及照片,出资伪造"××大学""××工业大学""××中医药大学"钢印4枚;再通过网络渠道印制"××大学""××工业大学""××中医药大学"学生证1900余个。后被告人张某合又自行仿制电子版"火车票学生优惠卡",并在本市某区一印刷社采用自助印制的手段伪造"火车票学生优惠卡"440枚,其中部分粘贴于伪造的学生证上。2016年11月9日,被告人张某合在某大学欲出售假学生证时被公安机关抓获。经某市公安局物证鉴定中心检验,被告人张某合持有的"××大学""××工业大学""××中医药大学"钢印检材内容印文和学生证上印章印文与样本同内容印文不是同一印章盖印形成;张某合持有的"火车票学生优惠卡"与样本非同版印刷。

某市某区人民检察院对被告人张某合以涉嫌犯伪造事业单位印章罪、伪造国家机关证件罪提起公诉。

被告人张某合对公诉机关指控的犯罪事实和罪名均无异议。辩护人对公诉机关指控的伪造事业单位印章罪的罪名和事实没有异议,但认为公诉机关指控被告人伪造国家证件罪适用法律不当,学生证所附加使用的优惠卡不具有单独评价的意义,更不属于国家机关制作、颁布、发行的国家机关证件,故该罪名不应予以认定。同时,张某合正在贩卖过程中即被抓获,应认定为犯罪未遂;张某合如实供述自己的犯罪行为,依法可以从轻处罚。

某市某区人民法院审理认为，某市某区人民检察院指控被告人张某合犯伪造事业单位印章罪，事实清楚，证据确实、充分，定性准确，应依法予以支持，并对所提量刑建议酌情予以考虑。被告人张某合使用伪造的学校印章制作假学生证而贩卖，其行为已构成伪造事业单位印章罪，应当予以惩处。本案"火车票学生优惠卡"需依附于学生证而使用，且其并不代表国家机关的公信力，故被告人张某合之行为不构成伪造国家机关证件罪。辩护人提出被告人在贩卖过程中被抓获系犯罪未遂问题，因被告人张某合伪造行为已完成，不存在犯罪未遂，故对辩护人的辩护意见不予采纳。遂依照《刑法》第 280 条第 2 款的规定，判决认定被告人张某合犯伪造事业单位印章罪，判处拘役 8 个月。

一审宣判后，某市某区人民检察院提出抗诉。后某市人民检察院申请撤回抗诉。某市中级人民法院终审裁定：准许某市人民检察院撤回抗诉。

法院生效判决认为：本案中，对于被告人张某合伪造学校公章或钢印并加盖于其伪造的学生证上的行为，构成伪造事业单位印章罪，控辩双方均不持异议。但对于张某合将其仿制的"火车票学生优惠卡"粘贴于学生证上的行为，公诉机关认为，"火车票学生优惠卡"属于国家机关证件，故其行为又构成伪造国家机关证件罪。辩护人则认为，"火车票学生优惠卡"并非由国家机关制作、颁布，非国家机关证件，其行为不构成伪造国家机关证件罪。

本案争议焦点在于，"火车票学生优惠卡"是否属于国家机关证件。对此，目前尚无法律或司法解释对火车票学生优惠卡性质作出明确的规定。为此在本案侦查过程中，公安机关曾前往教育部高校学生司进行咨询。教育部高校学生司出具一份证明证实："教育部办公厅于 2003 年颁发《关于高等学校学生购火车票使用优惠卡的通知》(教学厅〔2003〕1 号)(以下简称《高校学生使用优惠卡的通知》)，要求自 2003 年暑假开始，学生假期购买往返学校之间火车票时，要凭贴由教育部、铁道部监制优惠卡的学生证购买优惠火车票。该卡贴于学生证，供铁路部门查验。"为进一步核实"火车票学生优惠卡"的性质，后教育部高校学生司又为办案机关调取了《高校学生使用优惠卡的通知》，该文件对"火车票学生优惠卡"的产生原因、使用目的和使用方法做了详细规定。故此认为，可以从该文件中分析"火车票学生优惠卡"的性质，从而对界定"火车票学生优惠卡"是否为国家机关证件起到参考作用。

1. 关于火车票优惠卡。① 火车票优惠卡，又称火车票学生优惠卡、学生购票优惠卡等，是学生购买火车票打折用的卡，贴在学生证的后面。只有买了这张卡才能享受学生优惠。学生购票优惠卡具有防伪、证卡合一、使用寿命长、安全级别高、操作方便等功能和特点，深受学生青睐。②

---

① 火车票优惠卡，又称火车票学生优惠卡、学生购票优惠卡等，是学生购买火车票打折用的卡，贴在学生证的后面。只有买了这个卡才能享受学生优惠。实行以来，给发售、查验学生票工作带来了方便，也有效地遏制了伪造、贩卖假学生证购票的行为。为进一步规范学生票购售工作，中国国家铁路集团有限公司(原铁道部)、教育部决定比照高等学校学生购买火车票使用优惠卡的办法，对全国实施学历教育的中等职业学校学生寒暑假往返家庭住地与就读学校区间须乘坐火车的，也实行凭附有火车票半价优惠卡的学生证购票。学生购票优惠卡采用电子标签技术制作，它是将集成电路芯片、发射天线、振荡电容封装在易损材料(纸)上而形成。

② (1)对学生证具有防伪和信息数字化的作用，在优惠卡中可以写入学校名称、学生姓名、学号、乘车区间等信息，同时还可记录学生可购票次数和已购票次数等信息。(2)学生购票优惠卡不可重复使用在不同学生证上，优惠卡一经粘贴在学生证上，如果试图撕揭，则必将损坏优惠卡，这不仅实现了证、卡合一，同时也避免了假冒和仿造的可能性。(3)使用寿命长，由于电子标签是无源器件，其内部 IC 的电源由识别器通过射频提供，只在工作时才给标签内部的 IC 芯片供电，这使电子标签绝大部分时间处于非工作状态，因此电子标签的使用寿命长，读写次数高，学生购票优惠卡中的数据可以保存 10 年以上。(4)保存在优惠卡中的数据具有很高的安全级别，在优惠卡自身硬件加密特性的基础上，还采用了数据加密和校验技术。由于每张优惠卡具有全世界唯一的序列号(只读)，为此采用了"一卡一密"的加密技术，使每张购票优惠卡的密钥均不相同。(5)操作方便，在使用学生购票优惠卡时，操作者可以非常方便地完成学生信息的读写、充值、购票、退票等操作，从而避免了采用其他防伪方式给工作人员带来的烦琐劳动。

2. 关于火车票优惠卡的性质。从火车票学生优惠卡产生原因上分析，不宜认定为国家机关证件。伪造国家机关证件罪中的“证件”，是指国家机关制作颁发的用以证明身份、权利义务关系或者有关事实的凭证，主要包括证件、证书等。本案公诉机关认为“火车票学生优惠卡”是由国家机关制作颁发的、能够证明持有人享有某种权利义务关系的“证件”，所以应界定为国家机关证件。但在《高校学生使用优惠卡的通知》中，明确规定了“火车票学生优惠卡”的产生原因：“新中国成立以来，铁路部门对家庭和就读学校不在同一地点的学生在学习期间回家往返乘坐火车实行硬座半价票优惠……但是近年来，一些不法分子利用这项优惠政策，伪造、贩卖、兜售假学生证购票的行为猖獗……为打击不法分子的造假行为……保护国家和广大学生的利益，决定对全国普通高等学校（含经批准实施学历教育的民办高等学校，以下统称高等学校）学生往返家庭与学校区间乘坐火车时，实行凭附有火车票学生优惠卡的学生证购票办法”。从《高校学生使用优惠卡的通知》中的内容可知，火车票学生优惠卡的使用，是对家庭和就读学校不同一地点的学生享有硬座半价票的优惠，而非火车票学生优惠卡所赋予学生享有硬座半价的某种权利，该优惠卡仅是为了打击不法分子的造假行为，才运用先进技术对其内部信息存储并加密的供铁路部门查验的“标签”，而非证件。

3. 优惠卡由学校负责管理，而非国家机关。公诉机关认为火车票学生优惠卡是由教育部、铁道部监制，其持有人享有的价格优惠，是国家行政机关联合授予符合特定条件的持卡人获得特定资格的行政行为，故应认定为由国家机关制作、颁发。从《高校学生使用优惠卡的通知》内容中可以看出，教育部门只是规定了学校发放优惠卡的条件，但向优惠卡芯片输入相关信息以及购买优惠卡的过程都是由学校学生管理部门完成，该优惠卡是由高等院校自行管理和分发的。同时，该《高校学生使用优惠卡的通知》中还写明因无优惠卡致使学生不能购票而出现问题，学校要承担责任。从责任主体看，学校作为独立的责任承担人，与教育部或铁道部门无关，故学校对于发放和管理火车票学生优惠卡的行为，与教育部和铁道部非委托授权关系，且学校也不属于国家机关。

4. 优惠卡无法单独使用，使用时需要依附于学生证。从火车票学生优惠卡的使用方法来判断，该优惠卡需要粘贴在学生证上使用，单纯的火车票学生优惠卡不具有独立使用的价值。鉴于该优惠卡的依附功能，优惠卡实际上不具有独立评价的意义，这也决定了优惠卡并不能代表国家公信力，不宜在刑法上予以独立评价。

综上，本案被告人伪造学校印章制作假学生证，后又将自行制造的假“火车票学生优惠卡”粘贴在假学生证上的一系列行为，仅构成伪造事业单位印章罪。本案被告人张某合单纯的仿制“火车票学生优惠卡”并粘贴的行为，是依附于前一行为所为，且该“优惠卡”亦不属于国家机关证件，故本案中只能认定一个罪名，即伪造事业单位印章罪。

第六章　妨害社会管理秩序罪

342. 抢劫逃跑中劫取警车等机动车如何定性

二行为人抢劫大货车司机后逃跑被警方截获，在乘坐警车前往派出所接受传唤途中，乘其不备袭击随车民警并抢走警车逃离现场。行为人驾驶警车逃跑途中，为方便、加速逃跑，又先后两次抢劫摩托车分乘摩托车逃离，并先后将警车、摩托车弃置的行为，分别构成抢劫罪且多次抢劫和妨害公务罪，应以二罪数罪并罚。

司法实例

夏某二、陈某奎抢劫、妨害公务案

2016年10月9日上午，被告人夏某二、陈某奎驾车沿某国道由江苏往河南方向行驶。当日16时许，二被告人驾车驶入某县某国道旁一加油站内欲加油，被告人夏某二因身上所剩现金不多，遂提议对停在该加油站内大货车的驾驶员实施抢劫，二被告人从被害人处劫得现金2500元及银行卡一张，随即驾车沿国道往河南方向逃跑。被劫司机报警后，当地某派出所民警立即赶往收费站设卡检查，截获夏某二、陈某奎二人后，当即口头传唤二人到派出所接受盘问。在驾车（警车）驶往派出所的途中，二被告人乘其不备袭击随车民警并抢走警车逃离现场。当日16时许，二被告人驾驶警车逃至某县某村一公路处，为方便逃跑将被害人温某拦住，用刀捅伤被害人温某的右大腿，将被害人的建设雅马哈125型摩托车劫走。随后，二被告人将警车丢弃在该处，共同乘坐所劫得的建设雅马哈125型摩托车继续逃跑。当日16时10分许，二被告人逃窜至某县某村一公路处，因二人合乘一辆摩托车行驶缓慢，恐警方追上，遂持刀对对向行驶的驾驶铃木125型摩托车的被害人张某实施抢劫，劫得该辆摩托车后，二被告人分别驾驶两辆摩托车逃至某县某村一山上，在山腰处将两辆摩托车丢弃后往山上逃跑。经某县公安局组织警力搜山，于3日后将二被告人抓获归案。

某县人民检察院对被告人夏某二、陈某奎以涉嫌犯抢劫罪、妨害公务罪提起公诉。

本案在法院审理中出现意见分歧。争议的焦点：一是对被告人夏某二、陈某奎劫夺警车行为的定性；二是被告人夏某二、陈某奎是否构成多次抢劫。对第一个焦点问题，有三种不同意见：第一种意见认为，二被告人的行为构成妨害公务罪和抢劫罪，应数罪并罚；第二种意见认为，二被告人的行为虽已构成妨害公务罪和抢劫罪，但根据牵连犯的处断原则，从一重罪处断，应定抢劫罪；第三种意见则认为，二被告人只实施一个犯罪行为，即以暴力、威胁的方法阻碍国家工作人员依法执行职务，构成妨害公务罪。

某县人民法院经开庭审理，合议庭评议，一审判决认定二被告人构成抢劫罪（多次）和妨害公务罪，并分别决定了执行的刑罚。

一审宣判后，二被告人均以只构成抢劫罪一罪为由提起上诉被二审驳回。

1. 关于本案被告人劫夺警车行为的定性。从本案一、二审裁判结果来看，二级法院均同意第三种意见，对本案被告人的行为应以妨害公务罪定罪处罚，主要理由：（1）犯罪究其实质，系对法益造成侵害或危险的行为。故行为人必须在法益侵害意思的支配下，实施具有法益侵害性或危险性的行为。在本案中,二被告人在主观上表现为故意,即明知自己的行为会发生妨害公务人员依法执行公务的结果,仍希望或放任这一结果的发生,所侵害的法益是国家对社会的正常管理秩序,二被告人自始至终并没有另起犯意(意图占有警车),而是一心想摆脱警察对其的人身自由的限制,最终达到逃避法律制裁的目的,开走警车的行为实际也是其逃避制裁的行为表现。在客观方面,二被告人虽然貌似实施了两个行为,暴力、胁迫方式逼迫随车民警离开押解车辆,劫夺警车进一步妨害其履行职务,然而后一个行为是前一个行为的自然延续,两个行为系利用同一机会实施,故二被告人构成一罪,即妨害公务罪。(2)要正确认识妨害公务罪中的"暴力"形式。"暴力"可以分为:直接暴力与间接暴力。前者是指对执行公务人员实施殴打、捆绑或者其他人身强制活动,这种形式是常见且容易判断的,此案中,二被告人用"持刀"的方式就属于直接暴力的表现形式;而间接暴力是指通过对与执行公务活动相关的物施以暴力致使公务活动的进行受到妨害,例如本案中将警车开走,从而达到妨害其执行公务的目的。因此,本案中二被告人的行为是完全符合妨害公务罪的暴力形式的。

2. 关于本案二被告人的行为是否构成多次抢劫的问题。"多次抢劫"是抢劫罪八种加重情节之一,将被处以10年以上有期徒刑、无期徒刑或者死刑,并处罚金或者没收财产。关于何为"多次"《审理抢劫、抢夺案件意见》明确规定"是指抢劫三次以上",同时规定"应以行为人实施的每一次抢劫行为均已构成犯罪为前提",因此刑法理论上及司法实践中对于"三次"为多次,并且每次均应构成抢劫罪,认识较为一致。但对于如何计算抢劫罪的次数,则分歧较大。司法实践中,一般认为在判断是否构成"多次抢劫"时,除应结合《审理抢劫、抢夺案件意见》中对"多次抢劫"的相关规定,以及刑法理论上关于连续犯与抢劫次数的关系等理论的认识,还应正确体现罪刑相适应的刑法原则,从而厘清抢劫次数,正确适用刑法条款进行量刑。具体来说,可以从以下三个标准进行判断:(1)客观标准。"多次抢劫"的"次"不是一般意义上的"次数",而是法律意义上的"次"。因此,"多次抢劫"除了要具备抢劫罪的犯罪构成要件外还有其自身的特点:一是每一次抢劫均应构成抢劫罪,且应当受到刑法处罚;二是"多次"是指三次以上,并且未被追究的抢劫行为均没有超过追诉时效。具体到本案中,二被告人抢劫货车驾驶员和两次抢夺摩托车的三次行为是符合这一判断的。(2)主观标准。较之于符合基本犯罪构成要件的抢劫行为而言,多次抢劫的行为人更积极地追求犯罪结果的发生,直接将更大的社会危害结果的发生作为行为目的,主观恶性更深。《审理抢劫、抢夺案件意见》规定"对于行为人基于一个犯意实施犯罪的,如在同一地点同时对在场的多人实施抢劫的;或基于同一犯意在同一地点实施连续抢劫犯罪的,如在同一地点连续地对途经此地的多人进行抢劫的;或在一次犯罪中对一栋居民楼房中的几户居民连续实施入户抢劫的,一般应认定为一次犯罪"。这里讲的"一个犯意"在刑法理论中又被称为"概括的故意",主要表现为两种情况:一是行为的结果是确定的,客体也是确定的,但侵害的对象不确定;二是行为人对于犯罪结果的发生仅有概括的认识,而不确知到底有多少侵害对象可发生一定的危害结果。无论在理论界还是实务界,概括故意都被认为是一个而非数个犯罪故意,在这种故意之下所实施的上述行为就应当认定为一次,《审理抢劫、抢夺案件意见》对此观点也予以了肯定。具体到本案中,二被告人两次抢夺摩托车的行为,很明显并不符合概括故意的定义,在二被告人驾驶警车行驶一段路程后,为逃避警察的追捕,下车用刀捅伤车主抢走摩托车;10分钟后,二人因合乘一辆摩托车行驶缓慢,遂产生了再次抢劫摩托车逃跑的犯意,对另一车主实施了抢劫,因此,二被告人的行为并不是基于同一犯意实施的数个行为,也就不符合《审理抢劫、抢夺案件意见》中关于"同一犯意认定为一次犯罪"的规定。(3)时空标准。明显不同的时间段可以作为认定多次抢劫的参考标准,明显的空间阻隔也可以作为判断几次抢劫行为客观上是否相互独立,行为人主观上是否存在多个故意的依据。但要给出一个明确的标准以界定相隔多久的两个时间段才是“不同时间”既不可能，也不科学。同样，空间具有多维性和多样性，两个空间是否相互独立不能仅凭空间上距离的远近做出判断，更不能单纯地以空间距离的远近作为判断抢劫次数的标准。为此，司法实践中具有一定操作性的办法，即事件介入法，即以行为人在较短时间内实施的几次抢劫行为之间有无其他事件介入从而使各行为之间表现得相对完整、独立为判断标准。本案中，二被告人被警察带上警车这一事件的发生，使二被告人前后抢劫行为之间出现阻隔，从而有助于我们判断其行为的性质。

综上，本案一、二审裁判对本案二被告人的行为以抢劫罪（多次）和妨害公务罪定罪处罚，适用法律正确。

343. 强拿硬要行为应当构成何罪

行为人因对他人共同聚餐时“埋单”问题不满，酒后到他人住所，殴打他人后索要饭费，属于强拿硬要的寻衅滋事行为，不存在法条竞合情形，不构成抢劫罪，应当结合本案其他具体情节，全面综合评判，以寻衅滋事定罪处罚。

司法实例

宗某臣寻衅滋事案

2014 年 10 月 2 日，宗某臣、圣某再与几个朋友共五人一起聚餐。饭后结账时（账单总额 408 元），五人中均无人愿意“埋单”。宗某臣便提出五人均单，之后圣某再扔下 80 多元钱离开，其他几人再无人出钱，最后，宗某臣只得自己支付了 326 元结账。10 月 5 日晚，宗某臣酒后想起此事，越想越生气，便给圣某再打电话，电话中二人发生争吵，圣某再挂掉电话。宗某臣决意报复圣某再。凌晨 3 时左右，宗某臣打车到圣某再的宿舍，质问圣某再为何挂其电话，还提到“上次吃饭你不请客，还扔了 80 多块钱，什么意思？瞧不起我？”同时，宗某臣打了圣某再两拳、踢了两脚。然后，宗某臣跟圣某再说“把饭钱给我拿出来”。圣某再将自己打完牌剩下的钱全部交给宗某臣，后称自己这几天没钱吃饭了，宗某臣遂还给了圣某再 50 元钱，最终带走了 280 元。宗某臣离开后，圣某再遂向公安机关报警。

某区人民检察院对宗某臣以涉嫌犯抢劫罪提起公诉。

某区人民法院在案件审理中对于宗某臣的行为构成抢劫罪还是寻衅滋事罪出现意见分歧：一种意见认为，宗某臣的行为同时构成抢劫罪和寻衅滋事罪，根据重法优于轻法的原则，宗某臣的行为应当认定为抢劫罪。宗某臣使用暴力方法，从圣某再处索要 280 元，符合抢劫罪的行为特征，且其索要财物的行为直接证实了宗某臣主观上具有非法占有他人钱财的直接目的。同时，宗某臣殴打圣某再并强拿硬要了 280 元，属于情节严重的强拿硬要行为，属于寻衅滋事行为表现的一种。因此，宗某臣的行为同时构成抢劫罪和寻衅滋事罪。由于两罪起刑点不同，依据法条竞合情况下“重法优于轻法”的原则，宗某臣的行为应当认定为抢劫罪。另一种意见认为，本案不存在法条竞合情形，宗某臣的行为不构成抢劫罪，而属于强拿硬要的寻衅滋事行为。

某区人民法院对本案开庭审理，一审判决以寻衅滋事罪对被告人宗某臣定罪处罚。一审宣判后，被告人宗某臣以其行为不构成犯罪为由提起上诉，被二审法院裁定驳回。

本案一、二审法院对宗某臣以寻衅滋事罪定罪处罚的主要理由为：

1. 关于强拿硬要的寻衅滋事与抢劫行为的区别。司法实践中，强拿硬要的寻衅滋事与抢劫行为之间既有共同点也有区别，容易混淆。共同之处在于：客观行为特征上都表现为使用暴力威胁或实施暴力索要财物，行为后果或后果之一都是行为人非法获取了他人的财物，且暴力行为与获得财物之间存在因果关系（被害人都系因受到人身威胁或侵害而被迫割让自己的财物）。主观方面，行为人使用暴力的直接目的均系索要财物。两罪在行为隐蔽性、暴力强度、侵害客体等方面存在差异，区分强拿硬要的寻衅滋事与抢劫罪的方法：一是根据数个区分标准进行考察，如行为的时间、空间是否具有隐蔽性，暴力行为强度的大小，索财行为是否积极、急迫，非法占有财物的数额的大小，当事人之间是否存在过节，等等；二是通过对上述标准的考察，认定行为人主观上是以追求非法占有公私财物为目的还是以强拿硬要、起哄闹事为目的，其行为侵犯的客体是他人的人身权、财产权，还是社会秩序、公序良俗等。但是，在司法实践中对于上述区分标准不能机械套用。"行为是否具有隐蔽性、非法占有财物的数额大小"等区分标准都依赖于"最终行为发生在较为隐蔽的时间、空间范围内，最终行为人非法占有了较大数额的财物"等既成事实，而既成的事实是不能与行为人的主观意向画等号的。就是说，不能根据事件结果的"偶发性"来简单推定行为人在行为之初主观上怀有"刻意选择隐蔽的时间、空间，刻意追求非法占有大额财物"的目的。

具体到本案中，在区分强拿硬要的寻衅滋事与抢劫罪时，应主要通过考察行为人是否刻意追求了隐蔽性、是否系临时起意、是否以追求钱财为最终目的等方面入手，根据行为细节来进行推敲，从而判断出行为人的主观动机是单纯的"求财"还是"逞强好胜、寻求精神刺激"。

2. 本案被告人是否刻意追求行为的隐蔽性。关键在于认定案发的隐蔽性是由于行为人主观上刻意追求或选择而致，还是存在偶发性因素，如由于被害人当时所处的时间空间相对隐蔽而"恰巧"造成隐蔽性。某些情况下，行为人酒后失控，临时起意要去殴打、欺凌某人，而其赶到被害人处所的时候恰逢时间已晚、地点偏僻，那么此时不应认定案发的隐蔽性系行为人事前预谋而刻意追求或选择所致，虽然从客观上看该行为更符合抢劫行为的典型特征，但结合其主观动机考虑，该行为构成寻衅滋事罪。本案中，被告人宗某臣酒后临时起意，去找被害人圣某再"理论"，案发当日宗某臣酒足饭饱后已是凌晨1时左右，当时圣某再住在某胡同内，犯罪行为的时间、地点相对隐蔽，但是该隐蔽性并非宗某臣刻意选择或追求，而是一系列未掺杂任何主观意志的客观条件自然组合的结果，与抢劫犯刻意选择夜深人静某偏僻场所实施抢劫行为存在本质性区别。此外，行为人拿到钱财后是否急于离开现场也是一个参考因素。抢劫犯是获取财产过程中一直持焦急、迫切的状态，拿到钱后急于逃离现场；而强拿硬要的寻衅滋事中，行为人索取钱财时百般刁难，"不急不躁"，拿到钱财后得意逞能，不忙于脱身，更多地体现了逞强好胜的享受过程，以满足寻求刺激的心理。

3. 本案被告人是临时起意还是事前预谋。考察行为人的行为系临时起意还是事前预谋，首先，应当认识到即使存在预谋行为，也要具体分析预谋的内容是非法占有他人钱财还是寻衅滋事、无故"找碴闹事"。常态的抢劫行为一般会通过预谋，但是也不否认存在临时起意的抢劫。而常态的寻衅滋事行为一般属临时起意、寻求刺激，但也不否认存在有预谋的寻衅滋事行为。以非法占有他人钱财为目的的抢劫预谋中，暴力威胁、伤害行为只是手段；而以寻衅滋事、无故"找碴闹事"为目的的预谋中，暴力威胁、伤害行为并不是手段，而是行为的目的或者说是目的的一部分。其次，认定行为是通过预谋还是临时起意不应以一般观念上意志到行为之间时间空间的距离为绝对标准，应从法律专业角度思维，综合考虑行为的整体性与连续性认定行为的"法律性质"和预谋是否存在。本案中，被告人宗某臣酒后临时起意想去找圣某再"理论"，其从离开喝酒的饭馆到找到圣某再住处总共用了几十分钟，看上去似乎从起意时间到真正实施殴打、强拿硬要行为的时间跨度较长，但是应从行为的连续性和整体性出发，认识到宗某臣赶往圣某再所住的地点是临时起意后付诸实施的必经阶段，在法律意义上是其所实施的寻衅滋事行为中不可分割的一部分，也就是说无论是宗某臣的赶路行为、殴打行为还是要钱的行为，在法律意义上都是同一性质的寻衅滋事行为。因此本案中宗某臣的行为未经预谋，属临时起意性质。

4. 行为人是否刻意追求获取大额钱财。认定是否刻意追求获取尽量多的钱财，与认定行为人是否刻意追求时间、空间上的隐蔽性同理，关键不在于行为人获取了多少钱财，而在于认定行为人是否系刻意地追求获取尽量多的钱财。如果行为人出于逞强好胜攻击被害人，恰巧索得部分钱财，但其主观上根本不存在对被害人携带钱款数额的事前预测和刻意追求，则行为人不构成抢劫罪；若行为人在实施暴力行为之前已通过预谋，故意选择在被害人身上携有巨款或财物的时候去强拿硬要，那么此种行为当然应当被认定为抢劫罪。本案中，被告人宗某臣事前不知道圣某再在住处存放了多少钱，其在半夜殴打圣某再后，向圣某再索要自己前几天和圣某再一起吃饭时请客花掉的300多元钱，当圣某再被打后将钱递给宗某臣之后，圣某再又称自己这几天没钱吃饭了，宗某臣遂还给圣某再50元。从上述行为的过程来看，宗某臣主观上并非单纯以刻意追求钱财为目的去实施殴打行为，而是在逞强好胜、出口气的心态下实施，其行为也就不符合抢劫罪主客观要件的要求。

至于当事人之间是否相识，是否存在过节，一般认为上述因素均不能构成区分两罪的决定性标准。抢劫行为也可以发生在熟识的人以及仇人之间；寻衅滋事行为的双方当事人互不相识亦有可能。因此，当事人之间的关系不影响行为人主观动机的认定。本案中，认定被告人宗某臣构成寻衅滋事罪不是基于其与圣某再之间互为相识或存在过节，而是基于宗某臣案发时主观上持有的逞强好胜、寻求精神刺激的动机。

总之，抢劫罪中非法占有公私财物是行为人的直接目的，也是其最终目的。而使用暴力或以暴力相威胁的主观故意是依附非法占有的目的存在，系非法占有公私财物的手段行为。而寻衅滋事罪的主观方面中，“非法占有他人财物”虽直观上往往给人感觉是行为的主观目的，但并非行为的终极目的，而是作为寻求精神刺激动机下的手段而存在的。

在司法实践中，当某行为特征同时符合两种以上罪名的典型行为状态时，选择以犯罪动机和行为人主观追求的最终目的为切入点进行深入探析和区分显得十分重要。

344. 如何认定被害人帮助被告人逃避惩罚的行为性质

在刑事案件中，对于被害人因收受被告人及其家属的钱财等原因而随意改变原陈述的情况，如果被害人出于捏造事实诬告陷害他人，意图使他人受到刑事追究，情节严重的，应当认定被害人构成诬告陷害罪；被害人如果出于包庇的目的，情节严重的，应认定被害人构成包庇罪，同时应当继续追究被告人的刑事责任；如果被害人迫于被告人或其家属等关系人的胁迫等原因，应当视情节对胁迫被害人的行为人予以法律追究。

司法实例

罗某洁包庇案

2012年3月18日3时至13时许，周某帝伙同王某月（均另案处理）在某市某足疗中心包房内，采用暴力胁迫、捆绑的方式强行轮流与罗某洁发生性关系，随后该两名男子逃离作案现场。罗某洁立即报案称自己被周某帝、王某月轮奸，并被抢走戒指1枚和手机1部。次日，某市公安局某分局将周某帝、王某月抓获，后以该二人涉嫌犯强奸罪、抢劫罪移送至某市某区人民检察院审查起诉。

某市某区人民检察院在审查起诉期间，罗某洁于2012年9月22日到某区人民检察推翻其在公安机关的陈述，改称其与周某帝发生性关系是本人自愿行为，与王某月发生性关系则是不自愿行为，后罗某洁去向不明。经过两次退回公安机关补充侦查后，某区人民检察院以周某帝、王某月涉嫌犯抢劫罪、强奸罪提起公诉。

某市某区人民法院经审理后认为，被告人周某帝犯强奸罪、抢劫罪的证据不充分，建议检察机关对周某帝撤回起诉；认定王某月犯抢劫罪、强奸罪，数罪并罚，判处王某月有期徒刑5年。

某市某区人民检察院对周某帝撤回起诉，并将该案退回公安机关自行处理。周某帝于2013年9月12日被某市公安局某分局取保候审，1年后被解除取保候审。

本案由于罗某洁对周某帝的指控导致司法机关对周某帝启动刑事诉讼程序，后又因其改变证言而导致周某帝被释放。根据罗某洁在检察机关的陈述，其行为涉嫌构成诬告陷害罪。罗某洁于2014年12月15日被公安机关抓获归案。经讯问，罗某洁承认其在检察机关的陈述是在周某帝父母教唆并支付10万元贿赂的情况下提供的虚假陈述。根据此线索，公安机关对周某帝再次展开抓捕工作，周某帝于2015年9月7日向公安机关投案自首。某市某区人民检察院再次以被告人周某帝涉嫌犯强奸罪提起公诉。

某市某区人民法院经审理后认为，罗某洁与周某帝发生性关系是自愿行为，但是周某帝帮助王某月实施了强奸，属共同犯罪中的帮助犯，遂一审判决认定被告人周某帝犯强奸罪（帮助犯），判处其有期徒刑2年6个月。

一审宣判后，公诉机关以适用法律不当、量刑畸轻为由提出抗诉。

某市中级人民法院经二审审理，终审判决改判原审被告人周某帝犯强奸罪（轮奸），判处有期徒刑9年，剥夺政治权利1年。

周某帝被改判强奸罪（轮奸），证明王某月的强奸行为也属于轮奸，王某月一审判决属于适用法律错误，量刑畸轻。某市人民检察院遂依照审判监督程序向某市中级人民法院提出抗诉。

某市中级人民法院经二审再审审理后改判被告人王某月犯抢劫罪、强奸罪（轮奸），决定执行有期徒刑12年，罚金3000元，剥夺政治权利3年。

2015年4月29日，某市某区人民检察院以被告人罗某洁涉嫌犯包庇罪提起公诉。

某市某区人民法院经一审审理后认为：现有证据不能认定被告人罗某洁的行为符合包庇罪的构成要件，公诉机关指控的事实不清，证据不足。根据《刑法》第310条规定，包庇罪是指明知是犯罪的人而为其作假证明的行为，而周某帝、王某月强奸案在法院审理过程中，检察机关已撤回了对周某帝的指控，随后公安机关因证据不足对周某帝采取了取保候审的措施。在取保候审期满之际，又对周某帝宣布解除取保候审。既然周某帝目前没有被追究刑事责任，也就无法认定被告人罗某洁的行为系为犯罪的人作假证明，于2015年9月7日一审判决被告人罗某洁无罪。

一审宣判后，某市某区人民检察院抗诉认为：包庇罪包庇的对象是犯罪的人，不应仅理解为已被追究刑事责任的人，还应当包括有证据证明实施了犯罪的人。

某市中级人民法院审理认为：由于在二审审理期间，与本案有关的周某帝犯强奸罪一案判决结果发生了变化，导致本案事实及证据亦发生了重大变化，致使原判认定事实不清，于2016年3月1日作出裁定：撤销原一审判决，发回重审。

某市某区人民法院另行组成合议庭重新开庭审理本案后认定：被告人罗某洁作为周某帝、王某月强奸案的被害人，向司法机关作假证明包庇周某帝，导致公诉机关曾一度撤回了对周某帝的指控，其行为干扰了司法机关的正常活动，已构成包庇罪，判处其有期徒刑2年，缓刑2年，并继续追缴被告人罗某洁的犯罪所得10万元，予以没收。

本次一审宣判后，在法定期间内，检察机关没有抗诉，被告人没有上诉。一审判决已生效。

本案在几番审理中，均存在不同意见。争议的焦点是：包庇罪中，在被包庇对象尚未被法院判决宣告有罪的情况下，被害人推翻其之前陈述并包庇犯罪嫌疑人的行为应当如何认定。对此，第一种意见认为：在犯罪嫌疑人尚未被判决宣告有罪的情况下，被害人推翻之前陈述的行为不应当认定为犯罪。包庇罪包庇的对象应当是被判决宣告有罪的人。《刑事诉讼法》第 12 条确立了未经人民法院依法判决，对任何人都不得确定有罪的定罪原则。对于未被法院判决有罪的犯罪嫌疑人，是不能确定其有罪的，包庇行为人作为普通公民，更没有权利确定其有罪。既然无从知道被包庇者是犯罪的人，就缺乏了包庇犯罪的人的主观故意，当然就不可能构成包庇罪。因此，只有对已经人民法院作出有罪判决的罪犯进行包庇，才可能构成包庇罪，否则不构成犯罪。第二种意见认为：在犯罪嫌疑人尚未被判决宣告有罪的情况下，被害人推翻之前陈述的行为可以认定为包庇罪。依照包庇罪的立法精神，包庇罪包庇的对象不仅包括被判决宣告有罪的人，也包括犯罪后尚未被抓获、畏罪潜逃的人和被羁押、逮捕的未决犯。至于被包庇者犯的何罪，可能判处或已经判处什么刑罚，则不影响本罪的成立。第三种意见认为：在犯罪嫌疑人尚未被判决宣告有罪的情况下，被害人推翻之前陈述的行为应当认定为诬告陷害罪。公安机关接到被害人报案后以刑事案件立案侦查，随后被害人又推翻原陈述，那么被害人向公安机关报案的行为可能导致他人被司法机关追究刑事责任。根据《刑法》第 243 条的规定，“捏造事实诬告陷害他人，意图使他人受刑事追究”的行为属于诬告陷害罪。第四种意见认为：包庇罪所包庇的对象应当是已被法院判决宣告有罪的人和虽然未被判决宣告有罪但是有证据证明实施犯罪的人。在犯罪嫌疑人尚未被判决宣告有罪的情况下，被害人推翻之前陈述的行为应当如何认定，需要根据案件具体情况综合分析。如果被害人因收受犯罪嫌疑人家属贿赂等原因改变之前陈述，作假证明，意图使犯罪嫌疑人逃避法律追究，情节严重的，应当以包庇罪追究其刑事责任；如果被害人捏造事实向公安机关报案，意图使他人受刑事追究，后因害怕或者其他原因推翻之前陈述，情节严重的，应当以诬告陷害罪追究刑事责任。

从本案二审发还裁定及重审一审判决来看，对于被告人罗某洁（被害人）的最终处理，同意的是第四种意见，即对于被告人罗某洁以包庇罪定罪处罚。主要理由为：

1. 包庇罪的对象应当是有证据证明的实质上构成犯罪的人。在汉语中，包庇是指袒护或掩护。我国《刑法》包庇罪的包庇也包含这种意思。《刑法》第 310 条规定：明知是犯罪的人而为其提供隐藏处所、财物，帮助其逃匿或者作假证明包庇的，属于窝藏、包庇罪。很明显，包庇的对象是犯罪的人。何谓犯罪的人，理论界及实务界也有较大争议，一般认为是实施了犯罪行为的人，也就是说，行为人已经知道被包庇的人犯有罪行。从包庇罪的立法精神和实体法意义上，犯罪的人就是行为已经符合某个具体犯罪构成要件的人，即实质上已经构成犯罪的人，既包括犯罪后尚未被抓获畏罪潜逃的人，也包括被司法机关通缉、侦查、羁押的未决犯和已决犯。未决犯包括：犯罪后尚未被司法机关发现的犯罪分子；已被司法机关发现是犯罪分子，但司法机关尚未决定采取强制措施；虽已决定采取强制措施，但尚未执行的；已被司法机关执行强制措施，但尚未判决的。该类人具有一个共同特征：都属于有证据证明实施了犯罪行为但尚没有被判决有罪的人。包庇未被判决宣告有罪的犯罪分子妨害的是司法机关对犯罪分子的刑事责任追究，因此对于包庇判决前的犯罪分子，无论被包庇者以后被判什么罪、可能判处或者已经判处什么刑罚，都不影响本罪的成立。已决犯则是指判决后的犯罪分子，即被判决宣告有罪的人。一般情况下，包庇人对已决犯的包庇行为发生在已决犯被宣告有罪之前，包庇已决犯毫无疑问构成包庇罪。

具体到本案中，原审一审判决认为罗某洁包庇的对象周某帝已被解除取保候审，尚未被追究刑事责任,不属于犯罪的人,因而认定罗某洁不构成包庇罪。鉴于我国目前尚无相关司法解释对《刑法》第310条窝藏、包庇罪中所规定的犯罪的人的范围和概念进行明确具体的界定,在理论界及司法实践中对此存在争议。该判决体现了司法机关认定犯罪概念的谨慎态度,有一定合理之处。但是,公安机关已经对周某帝上网通缉,在一审法院判决宣告罗某洁无罪之前就已决定追究周某帝的刑事责任。周某帝此时虽未被公安机关抓获归案,但属于已被决定采取强制措施但尚未被执行的犯罪嫌疑人。但是,由于当时公检法之间信息共享机制尚不完善,原审一审法院并未掌握此关键信息,认为周某帝被解除取保候审之后尚未再次被追究刑事责任,从而宣告罗某洁无罪。

2. 被害人推翻之前陈述的行为可能涉嫌构成两种犯罪:包庇罪或诬告陷害罪。在通常情况下,强奸案件的发生,除了被害人和犯罪分子之外,没有第三者在场,被害人的陈述就成了强奸案件中证据材料的主要来源之一,它不仅是被害人对犯罪分子的控诉,也是查清案件事实、证实犯罪、处理案件的重要依据。因此,被害人陈述是强奸案件中的关键证据。但强奸案中的被害人也有可能怀着某种不可告人的目的进行虚假陈述。在司法实践中,绝大部分被害人的态度都十分坚定,但也会出现被害人态度前后变化甚至完全推翻其之前陈述的情况,对此,应当区分两种情形进行分析:(1)犯罪嫌疑人确实实施了强奸行为,被害人报案之后,在犯罪嫌疑人尚未被法院宣告有罪的情况下,案件一般处在侦查或者审查起诉阶段。在这个过程中,被害人和犯罪嫌疑人在一种博弈利益的支配下,心理较为微妙。一方面,被害人希望犯罪嫌疑人能受到法律的追究和惩罚,以消除其性权利被侵犯的心理和生理痛苦;另一方面,犯罪嫌疑人希望得到法律的从轻处罚早日获得自由。犯罪嫌疑人一方可能会通过各种途径与被害人取得联系,许诺给予其经济赔偿并希望获得被害人谅解。被害人有可能为了获得经济利益而在犯罪嫌疑人一方的教唆、诱惑下,改变之前陈述,向司法机关作假证明,意图使犯罪嫌疑人逃避法律追究,给司法机关打击犯罪增加了许多困难和不利因素。如果因为被害人改变陈述的行为扰乱了正常的刑事诉讼程序,给公安和司法机关办案造成了极大阻力,甚至导致犯罪嫌疑人逍遥法外,应当以包庇罪追究其刑事责任。(2)犯罪嫌疑人没有实施强奸行为,但是女方出于某种目的或者为了自身利益而控告男方强奸,例如现实中经常有一些男女双方由于恋爱关系恶化或者通奸行为被人发觉,女方出于名誉或者打击报复而控告男方将其强奸,由于后期良心发现或者其他原因而推翻其之前的陈述,但是男方可能已经被采取强制措施或者被侦查机关调查。《刑法》第243条第1款规定,捏造事实诬告陷害他人,意图使他人受刑事追究,情节严重的,处3年以下有期徒刑、拘役或者管制;造成严重后果的,处3年以上10年以下有期徒刑。女方捏造被强奸的事实向公安机关告发,意图使他人受刑事追究的行为完全符合诬告陷害罪的构成要件。据此,一般可以诬告陷害罪追究女方的刑事责任。

3. 被害人推翻之前陈述的行为,根据情节严重程度和危害程度,不一定全部构成犯罪。被害人改变其陈述,并不一定构成包庇罪或者诬告陷害罪。现实社会中,案件内容往往错综复杂,被害人可能会出于各种原因而改变其陈述,因此,要对被害人改变陈述的行为和原因进行详细审查。第一,如果是因为时间、案发现场环境等因素导致记忆模糊、前后不一等客观原因而改变先前陈述,而非基于犯罪主观故意,则应当对被害人陈述进行详细核实和甄别,采信最符合案发客观情况的陈述作为证据使用。第二,如果是因为受到被告人一方的威胁、恫吓等,被迫、违心地推翻原陈述的,司法机关应当查清原因,对相关行为人启动司法调查程序,依法予以追究。但对被害人不宜追究刑事责任。第三,如果被害人是出于包庇犯罪嫌疑人或者意图使没有实施犯罪行为的人受到刑事追究的主观故意而采取包庇或者诬告陷害的行为,则应当根据其行为的危害程度和后果,决定是否构成包庇罪或者诬告陷害罪。第四,对于被害人推翻原陈述的行为,犯罪情节显著轻微、危害不大，应当不认为是犯罪的，可以依据治安管理处罚法进行处罚①。依照相关法律规定，证人、鉴定人、被害人应当对其在刑事诉讼程序中提供的证言负有法律责任。司法机关在被害人做具体陈述之前，在告知被害人享有相关权利的同时，也应当告知被害人负有如实陈述的义务以及违反该义务所应当负有的法律责任。但是随着社会经济的发展和犯罪分子反侦查能力的提高，司法实践中或多或少都会出现被害人等诉讼参与人向司法机关提供虚假证据的情形。虽然司法机关在对被害人展开询问之前都会向其明确告知："根据《刑事诉讼法》第125条的规定，你应当如实地提供证据、证言和有意作伪证或者隐匿罪证要负法律责任"，但是究竟负何种法律责任，则没有明确规定。被害人随意改变陈述或者提供虚假证据的情况屡禁不止，究其原因，还是因为对该类行为打击不力。只有加大惩罚力度，才能在全社会中树立司法的权威，从根本上遏制直至消除此类妨害司法行为的发生。

4. 认真细致审查被害人陈述，运用综合对比分析方法综合全案证据合理作出判断。强奸犯罪是一种隐蔽犯罪，通常是在没有第三者在场的情况下发生的，因而司法实践中，此类案件的一个突出难点就是证据收集难度大、证据判断复杂性强。由于强奸案这一特殊性，使强奸案件中被害人陈述具有特别重要的地位，成为全案定罪量刑的关键证据。但强奸案中的被害人也会受到主客观因素的限制，影响其陈述内容的真实性，甚至存在怀着某种不可告人的目的进行虚假陈述或者推翻、否定原陈述的情形，因此，司法实践中，对于被害人陈述要特别注意对被害人陈述本身以及与其他证据的矛盾之处认真审查，可主要从以下方面进行分析：(1)从被害人控告被强奸的动机、目的方面来判断其陈述的真假。如果我们查明被害人告发强奸是出于合理的动机、目的，一般来说其陈述的内容是可靠的；否则，则有可能是虚假伪造的内容。(2)注意被害人陈述的背景对被害人陈述的影响。根据被害人是在什么情况下所作的陈述，深入分析、研判该陈述的真假。主要是要查明被害人所作陈述时的意愿是主动的还是被动的。一般在案情尚未暴露或虽已暴露但被害人未受其他影响而主动及时所作的原始陈述是比较真实可靠的，如果陈述是在其配偶等亲属得知或有关单位审查时被发觉，被害人因此而被动所作的，则容易产生不实或隐瞒成分。(3)结合被害人每次陈述的具体环境来判断这些陈述的真假。强奸案件的案情涉及被害人隐私，询问时应个别进行，询问人应是女性且年龄较大为宜，在这种环境下容易得到比较真实的陈述。如果是在家长、配偶或者其他人在场的环境中进行询问，被害人一般会有一种精神压力，容易增加陈述的虚假程度，主要是从有利于自己角度出发，缩小、隐瞒甚至否认案件有关情况。(4)从分析被害人陈述的心理状态来判断真假。分析被害人陈述时的心理状态，查明其心理因素和案件事实的必然联系，对审查判断被害人陈述的真假有重要的辅助作用。被害人在陈述时的心理状态是复杂多样的，诸如报复心理、诉讼心理、脱责心理、羞怯心理、忍辱心理。一般来说，在诉讼心理支配下的被害人陈述，其真实程度较高，而在其他心理支配下的被害人陈述，其虚假程度较大。这就要求办案人员通过审查判断、甄别取舍。(5)要注意审查被害人与被告人之间的关系。在强奸案件中，被害人与被告人的关系往往直接影响着被害人的陈述。通常情况下，被害人与被告人不认识或者没有利害关系，被害人所作的陈述比较真实可靠。如果存在某种利害关系，则有可能导致被

---

① 例如，诬告陷害他人，但是没有造成使对方受到刑事追究的严重后果，可以根据《治安管理处罚法》第42条的规定处理："有下列行为之一的，处五日以下拘留或者五百元以下罚款；情节较重的，处五日以上十日以下拘留，可以并处五百元以下罚款：……(三)捏造事实诬告陷害他人，企图使他人受到刑事追究或者受到治安管理处罚的……"被害人改变陈述包庇犯罪嫌疑人，没有造成严重后果的，可以根据《治安管理处罚法》第60条的规定处理："有下列行为之一的，处五日以上十日以下拘留，并处二百元以上五百元以下罚款：……(二)伪造、隐匿、毁灭证据或者提供虚假证言、谎报案情，影响行政执法机关依法办案的……"

害人作虚假的陈述。(6)从被害人陈述是否合情合理来判断其真假。本案中,罗某洁在推翻其之前供述时称,其和两名男子在一个房间轮流发生性关系,其与周某帝发生性关系系自愿,而与另一名男子发生性关系系不自愿,该陈述明显有违常理。(7)要注意审查被害人的道德品行。实践证明,道德品质好、生活作风正派的被害人一般不会诬陷他人、制造伪证,所作的陈述相对比较真实可靠。(8)当被害人推翻其之前陈述时,要注意务必与被害人进行深入交流和沟通,告知其负有向司法机关如实陈述的责任,充分取得被害人的信任,有利于获得真实可靠的陈述。

综上,本案重审一审判决对被告人罗某洁以包庇罪定罪处罚,适用法律是正确的。

345. 回收加油卡赚取差价是否构成犯罪

行为人回收加油卡而后予以转让或出售以赚取差价的行为,除非其明知是赃物而仍予以回收,否则行为人此行为不构成犯罪。符合相关行政法规处罚条件的,可予必要的行政处罚。

司法实例

真某德涉嫌掩饰、隐瞒犯罪所得案

被告人真某德在某市中国石油化工集团有限公司(以下简称中石化)一处加油站加油时,偶然遇到有人向其询问有无多余的加油卡转让,方知有人专门从事回收中石化或中国石油天然气集团公司(以下简称中石油)的加油卡,从中赚取差价。经反复研究、多方了解,真某德利用工作之余进行加油卡回收。从2016年3月至2018年5月,采取张贴小广告、在微信朋友圈发消息等方式,以6折至7折的价格共回收中石化加油卡200余张,其中1万元面值的60张(60万元),5000元面值的80张(40万元),不满5000元面值的100张(32.6万元),合计132.6万元。全部以9.05折~9.1折的价格转让,获利343,200余元。在本市一领导干部被纪检监察委调查后,其交代出收受的部分加油卡的下落,其中有二张,其家属根据当时广告上的电话所存下的联系号码,找到本案被告人真某德。案发后,被告人将获利343,200余元全部退出。

某市某区人民检察院对被告人真某德以涉嫌犯掩饰、隐瞒犯罪所得罪提起公诉。

某市某区人民法院审理认为,被告人真某德主观方面不符合该罪"明知是赃物"的构成要件,其大量回收加油卡的行为不构成犯罪。建议公诉机关以本案尚需继续侦查为由撤回起诉。公诉机关坚持起诉。一审法院遂判决被告人真某德无罪。

一审宣判后,某市某区人民检察院提起抗诉,某市人民检察院支持抗诉,二审法院裁定驳回抗诉,维持原判。

石油是一种商品。加油卡是用货币购买的,代表货币在一定时间和范围内持卡加油,实现购置该商品的职能。加油卡的性质是代表货币在限定的时间和范围内可执行购买、支付职能,具有与记载物权的不可分离性、债务人特定性、债务人见卡即付的单方支付义务等特征。在目前国家缺乏相应管理法规及制度的背景下,加油卡的发放、使用、兑现尚不够规范。加油卡与商场购物卡也成了滋生腐败的元素之一。部分人手中拥有"闲置"的加油卡,从而催生了回收加油卡这种行当。

在法院审理及检察机关审查起诉过程中,对于被告人真某德大量回收加油卡从中赚取差价的行为的性质,存在明显分歧。司法实践中也存在较大争议,主要有以下几种不同意见。第一种意见认为,真某德的行为构成掩饰、隐瞒犯罪所得罪。理由为:真某德利用业余时间长期从事加油卡回收生意,应当具备一般人的认识判断能力,故可以推定其主观上能够认识其在两年多的时间内,定期以6折至7折的价格大量回收的加油卡有些可能是犯罪所得,总价值高达132.6万元,可推定其明知赃物而收购。第二种意见认为,真某德的行为构成非法经营罪。理由为:其行为违反了《刑法》第225条的相关规定,属于“其他严重扰乱市场秩序的非法经营行为”。工商行政许可中并没有加油卡回收这个项目,加油卡回收无法办理工商营业执照,属无证经营,严重扰乱了市场流通领域的经济秩序。第三种意见则认为,真某德的行为不构成犯罪。理由为:现有证据无法证明其“明知所收购的加油卡系赃物”。在加油卡回收行业中,收购人只要求加油卡足额、有效即可。真某德长期从事加油卡回收业务,也深谙其中的各种“潜规则”,其主观上并不知道也无法知道加油卡是赃物。但是,真某德虽不用承担刑事责任,但仍可以适用治安管理处罚法或市场监管法规的相关规定对其进行行政处罚。

从本案一、二审裁判结果看,两级法院的态度是,不明知是赃物而大量回收并出售加油卡不构成犯罪。本案中,就行为人对交易对方所出售加油卡的主观认识方面,并无证据证明系明知是赃物,且大量回收的行为亦不受非法经营罪的规制,依法不构成犯罪。理由为:

1. 本案被告人主观方面不符合“明知是赃物”的构成要件,其行为不构成掩饰、隐瞒犯罪所得罪。涉赃犯罪要求行为人主观上明知是犯罪所得,即对赃物性质有确定的认识。① 具体到本案中,认定被告人真某德主观上是否知道其所收购的加油卡是赃物,除其本人的辩解外,还可以从客观证据入手,即从收购的数额、时间、交易方式、地点等方面考量,分析其主观心态,进行明知的推定。从本案中双方交易的细节特点来看:(1)双方交易持续至本案案发,时间跨度达两年半之久,均正常进行,未有异常的迹象。就一般人的认识能力,即便真某德产生怀疑,很可能只局限于加油卡是抢、偷、骗等,但以这些犯罪方法获得的加油卡量、次数不会是如此多,量如此大。故大批量进行加油卡收售并不异常。(2)一般选择礼品回收店或商场附近,付款往往采取银行卡转账,甚至可以先付款再拿加油卡。如果其明知收购的是赃物,会尽可能避免采用银行转账等留下明显痕迹的方式,且先付款再取卡交易风险极大。(3)被告人真某德以9.05折至9.1折的价格转让、出售的加油卡,根据本案办案中有关部门的调查,该卡在某市的平均收购价格在9折至9.4折区间浮动,司法实践中一般以收购价格低于商品实际价格8折以下视为明显低于市场价格。(4)被告人对回收的加油卡的转让、出售很多是熟人关系,双方均为自愿交易。

《刑诉法解释》第72条第2款规定:“认定被告人有罪和对被告人从重处罚,适用证据确实、充分的证明标准。”本案中,推定被告人真某德主观上明知或者可能知道自己收购的加油卡系犯罪所得赃物的证据并不能达到确实、充分的证明标准。一是其长期从事加油卡回收,在交易时遵循行业内“两不问”原则,即不问卖主身份和加油卡来历,仅需网上验证加油卡真实足额有效即可。二是交易时间、地点、联络方式均为常态化,不存在隐蔽性。三是交易的频率、数量按照循序渐进的过程从少到多,而非偶发性的一两次的大额交易,未违背正常交易习惯。四是从交易价格及获利情况分析,虽然收购量较大,但每张获利并不高,未超出正常幅度范围,不属于牟取暴利。

2. 本案被告人回收加油卡的行为不构成非法经营罪。从事加油卡回收业务的行为能否构成非法经营罪,对该行为持入罪观点的主要有以下两种:一种认为该行为属于《刑法修正案(七)》规定的“非法从事资金支付结算业务的”非法经营行为。另一种认为此行为属于《刑法》第225条第4项规定的“其他严重扰乱市场秩序的非法经营行为”。但两种观点都存在一定缺陷:首先,

---

① 法律对行为人“明知”的推定有严格的规定,以防止裁判者客观归罪。在刑法及其司法解释中针对实施洗钱罪、盗抢机动车辆、销售假冒烟草制品犯罪的行为人“明知”的情形进行了规定。梳理上述规定,可从以下方面综合判断行为人的明知状况:(1)犯罪时间是否反常;(2)犯罪地点是否反常;(3)财物交易价格是否反常;(4)财物是否具有特殊标志;(5)行为人对本犯或上游犯罪的知情程度;(6)交易的方式是否反常;(7)行为人是否因此获取了非法利益。

"非法从事资金支付结算业务"旨在打击较为猖獗的"地下钱庄",倒卖加油卡的行为不属此列。其次,本罪兜底条款指的是以牟利为目的,侵害国家特许经营许可制度,破坏市场交易秩序的行为。比如,垄断货源、哄抬物价、"黑彩票"等严重扰乱市场经济秩序、在全省或全国造成严重影响的行为。该兜底条款行为须满足两个条件:一是违反国家规定,即国家法律、行政法规、国务院常务会议讨论通过或国务院批准、国务院公报公开发布。二是侵犯国家特许经营权。行为发生在生产、流通领域,国家颁布特许经营权许可证的相关行业。

本案中,真某德从事的加油卡回收行业并无《刑法》意义上的法规予以禁止,且非须要特许经营许可的行业,而属于市场监管的灰色地带。一是加油卡大量发行成为普遍现象,且一般为大公司。多数公司根据其规模、效益、消费群体规模等情况即可决定加油卡的发行量和数额。二是持加油卡交易为消费者普遍接受,其使用、套现、流转具有较大的便捷性。三是对回收加油卡的行政监管基本上处于空白。目前市场上回收加油卡行为存在普遍性,甚至可以回收电商网站发行的电子消费卡,购买者通过登录网站输入账号、密码即可进行商品交易,监管难度较大。综合上述情况,根据刑法谦抑性原则,不宜用刑法手段调节,否则将造成打击面过于宽泛。故真某德的行为不宜认定为非法经营罪。

3. 本案被告人大量回收加油卡的行为无罪。有别于自然犯在侵害法益的同时明显违反伦理道德,掩饰隐瞒犯罪所得罪和非法经营罪均属于法定犯,并以违反一定的经济法规或行政法规为前提,因此罪刑法定原则应更加充分体现。故对于推定行为人主观上"明知"的要求也应更加严格,须在充分的事实证据基础上进行。正因如此,最高人民法院在诸如对机动车非法来源、盗伐滥伐的林木、假冒的注册商标等涉及需要推定"明知"的罪名上,均规定具体判断标准,以求法院司法认定的准确性。

本案中真某德的行为属于交易行为,受经济法律调整,根据经济犯罪法定的原则,《刑法》并未对该行为加以规制。行为人交易对象是加油卡,在现有证据无法确定其明知是赃物的情况下,加油卡应视为市场流通领域中的一种代货币,其发行量、流通范围、买卖主体仅需通过民事法律或行政法规调整即可。但根据《治安管理处罚法》第59条的规定,收购有赃物嫌疑的物品,可处罚款或者拘留,且该法较《刑法》效力层级更低,上述条款较掩饰、隐瞒犯罪所得罪对行为人主观故意的认定标准也相应降低,故对真某德的行为可以进行必要的行政处罚。

346. 如何把握拒执罪的执行能力与情节严重

对行为人拒不执行判决、裁定罪中的情节严重不是单指后果的严重,而应从手段的恶劣性、影响的深远性、后果的严重性这三方面综合判断;拒不执行判决、裁定罪中的行为人有能力执行,应当只需采用行为人在客观上具有部分财产或行为能力的判断标准。以财产为给付内容的裁判不宜仅以数额来判断拒执行为的情节严重。

司法实例

毛某栋拒不执行判决案

2015年3月,被告人毛某栋因承包建设工程急需启动资金,向简某均借款300万元用于工程施工,期限半年。同年9月到期后,毛某栋因甲方未按合同约定的施工进度支付应付部分的工程款,其资金依然紧张,无法及时向简某均还款,经催要无果,简某均向某县人民法院起诉。同年12月,某县人民法院作出一审民事判决,判决毛某栋于该判决发生法律效力之日起10日内归还简某均300万元及相应利息。双方均未上诉。

但被告人毛某栋未能自觉履行生效判决，简某均遂向某县人民法院申请执行。2016年3月15日该院予以立案执行。2016年3月13日某县法院向毛某栋送达了执行通知书、被执行人报告财产民事裁定书、财产申报表等法律文书。毛某栋以无执行能力为由拒不履行生效判决及申报财产。同年4月15日，某县法院对毛某栋拒不履行生效判决的行为决定司法拘留15日。

2016年7月，毛某栋以其亲戚康某恒的名义用158万元购进一批钩机、推土机、液压挖掘机等设备。2017年2月27日，某县法院执行人员向毛某栋了解其财产情况时，毛某栋故意隐瞒自己购买钩机等设备的事实。同年5月27日，某县人民法院向毛某栋送达了督促履行令，要求其在收到该督促令后3日内履行还款义务，毛某栋仍拒不履行生效判决，亦未如实申报财产。归案后，被告人毛某栋如实供述了上述事实。

某县人民检察院以毛某栋涉嫌拒不执行判决、裁定罪提起公诉。

本案在法院审理过程中，被告人毛某栋与简某均对执行款自行达成和解协议，毛某栋支付全部欠款及利息。简某均对毛某栋的行为表示谅解。

某县人民法院审理认为，被告人毛某栋以他人名义购买经营设备，且未依法向法院申报财产，故意隐瞒财产，对法院的判决、裁定有能力执行而拒不执行，情节严重，其行为构成拒不执行判决、裁定罪。归案后，毛某栋能够如实供述自己的犯罪事实，且庭审中自愿认罪；毛某栋与简某均达成执行和解协议，并已支付全部款项，取得了简某均的谅解，可以从轻处罚。综合本案案情，毛某栋的行为严重影响法院裁判的权威，严重妨害司法秩序，社会危害性较大，对毛某栋不宜适用缓刑。遂判决以拒不执行判决、裁定罪判处被告人毛某栋有期徒刑8个月，缓刑1年。判决已生效。

本案中，被告人毛某栋没有主动履行判决所确定义务的事实，但构成本罪的前提条件是行为人必须有能力执行判决且情节严重。2002年全国人民代表大会常务委员会通过了《关于〈中华人民共和国刑法〉第三百一十三条的解释》（以下简称《刑法第313条解释》），对拒不执行判决、裁定罪中"有能力执行而拒不执行，情节严重"的情形作出了说明，但是本案被告人毛某栋并不属于《刑法第313条解释》中所规定的前四项情形，对其是否存在第5项"其他有能力执行而拒不执行，情节严重的情形"出现争议：第一种意见认为，被告人毛某栋有明确的拒执行为，但其情节并不严重，因为没有造成执行申请人简某均生活困难等严重后果，认定情节严重存在困难，可以宣告无罪。第二种意见认为，被告人毛某栋虽没有造成执行申请人简某均家庭生活困难等严重后果，但情节严重并不单指后果的严重，而应多方面综合把握，可以定罪免刑。第三种意见认为，可对被告人毛某栋适用缓刑。第四种意见认为，被告人毛某栋的行为严重影响了法院裁判的权威，严重妨害司法秩序，社会危害性较大，对毛某栋不宜适用缓刑。

从生效判决结果来看，一审法院同意第三种意见。具体理由主要为：

1. 司法实践中对拒不执行判决、裁定罪中执行能力的判断标准。本案中，被告人毛某栋对公诉机关指控其犯罪的基本事实及罪名不持异议，但辩解未执行判决是因为没有执行能力。那么执行能力的判断标准是客观标准，还是主观标准；是财产能力，还是行为能力；是完全能力，还是部分能力，这些问题直接影响对于被告人是否构成本罪的判定。一般认为，对于执行能力的判断标准应作如下理解：

（1）执行能力应当是客观存在的。拒不执行判决、裁定罪中的执行能力，是指被告人在客观上能够履行裁判文书所确定的义务，包括由于其故意拒不履行，而导致丧失执行能力。被告人主观上认为自身不具备执行能力并不能阻却犯罪，认定被告人是否具备执行能力应从客观上综合考虑，结合案情事实和被告人自身情况综合认定，防止被告人一方面借口无能力执行，另一方面却在挥霍、享受。如果行为人为了抗拒执行,故意使自身丧失执行能力,应视为其具备执行能力。如《刑法第313条解释》规定,“被执行人隐藏、转移、故意毁损财产或者无偿转让财产、以明显不合理的低价转让财产”,应认定为被告人有能力执行而拒不执行,构成犯罪的,以本罪论处。

(2)执行能力应含行为能力。由于拒不执行判决、裁定罪中执行内容的不同,有以财产为执行对象的,也有以行为为执行对象的,执行能力也就分为财产能力和行为能力。相较于财产能力受财力的限制,司法实践中较难判断,行为能力的判断却相对较为简单。虽然我国《民事诉讼法》规定的执行程序中,没有关于当事人执行行为能力的特别规定,但有关执行行为能力的认定,应适用《民事诉讼法》总则的有关规定,即有民事诉讼行为能力的,即有执行行为能力。执行行为能力是指执行当事人以自己的行为参与执行程序,行使执行上的权利,履行执行上的义务的能力。执行行为能力以民事行为能力为基础,有民事行为能力即有执行行为能力,反之亦然。

(3)执行能力应及于部分能力。对于有完全执行能力的人,在法院发出强制执行通知后,仍不执行的构成本罪,在实践中并无争议。对于一些只具备部分执行能力的人,一般认为其也应当尽其所能履行法律义务,不能以无力完全履行而推脱履行义务。如果未能履行能力范围内的义务,这也是一种拒不执行的行为。但是需要注意的是,在执行只具备部分执行能力的被告人时,需要在实现债权和尊重人权之间、在执行目的和执行手段之间、在债权人与债务人法律地位之间寻找最佳平衡点。《民事诉讼法》第243条、第244条及最高人民法院《关于人民法院民事执行中查封、扣押、冻结财产的规定》第5条都要求在执行过程中必须保证被执行人的生存权,人民法院在认定被告人具备部分执行能力时也须综合考量。具体到本案中,被告人毛某栋在公安机关接受讯问时供述其自2012年就在某省某市因个人出资100万余元承包廉租房工程项目,并且在公安机关调取的被告人毛某栋的银行卡消费记录中也有多笔大额转账、支取记录。其辩解自身没有执行能力是没有依据的,法院认定被告人毛某栋具备执行能力是正确的。

2. 司法实践中对拒不执行判决、裁定罪情节严重的判断标准的理解与把握。拒不执行判决、裁定罪是情节犯。所谓情节犯,是我国《刑法》规定的一种犯罪类型,是指《刑法》分则规定的某种危害社会的行为必须以情节严重、情节恶劣为犯罪成立要件的犯罪类型。拒不执行的行为只有达到了情节严重,才能构成本罪。那么情节严重的准确含义是什么,情节包含哪些具体内容,严重的具体程度。1998年最高人民法院《关于审理拒不执行判决、裁定案件具体应用法律若干问题的解释》(以下简称《拒不执行判决、裁定案件解释》,现已失效)和《刑法第313条解释》对何为情节严重作出了规定,本案中被告人毛某栋虽有拒执行为,但其情节是否属于《刑法第313条解释》和《拒不执行判决、裁定案件解释》(现已失效)中的明确性规定,其行为是否达到了情节严重,判断情节严重的标准又是什么。根据相关规定和司法实践经验,一般认为,判断是否达到拒不执行判决、裁定情节严重,可以重点从以下三个方面进行分析判断:

(1)从行为人的行为后果层面考察。“致使判决、裁定无法执行”既包括最终无法执行的情况,也包括在执行中受到严重阻碍,需要法院采取各种措施,排除阻碍后才最终得以执行的情况。例如,法院判决行为人归还非法占有的车辆及行驶证,但行为人以各种理由拖延、搪塞,藏匿该车辆,拒不说明车辆的真实去向,还向法院提供虚假地址,法院无法执行判决,即可认定为“致使裁判无法执行”。又如,被执行人经法院多次传唤协商还款事宜拒不到庭,却将其名下的房屋设定200万余元的高额抵押,使法院的执行工作难以获得实质进展。此外,拒不执行判决、裁定的行为后果还体现在两个方面:一是对于权利人而言,行为人的拒不执行判决、裁定的行为导致追索关系申请人生命健康的赡养费、抚养费、医疗费等的权利受到严重损害,或者导致生效裁判权利人精神失常、自杀等严重后果;行为人将财产转移并用于个人挥霍,造成裁判彻底不能执行等情形,均属于情节严重。二是对于司法而言,该行为妨害人民法院的正常执行活动或者损害人民法院形象达到一定严重程度。每一件执行案件在未审结前都牵涉诸多人力、物力和财力,持续时间越长,司法成本投入就越大。因拒不执行判决、裁定而浪费的司法成本越大,情节就越严重。具体到本案中,执行前后持续近5年,法院投入了大量人力、物力和财力,据此,从这个层面上,可以认定被告人毛某栋拒不执行判决、裁定的行为属于情节严重。

(2)从行为人的行为特征层面考察。一是看执行标的金额和类型,即行为危害社会的程度。无法执行的标的额及与申请执行标的额间的比例,亦是衡量该罪社会危害性的标尺之一。二是看行为持续时间,即行为危害社会的持续度。拒不执行判决、裁定的持续时间越久,则对社会的危害程度就越大。具体到本案中,法院于2015年12月作出民事判决,判令行为人毛某栋偿还300万元及利息。因不履行还款义务,案件进入执行程序。其间法院采取了一系列执行措施,直至2018年本案审理中以执行和解方式解决,前后持续数年。本案中,被告人毛某栋不履行民事判决和执行通知的金额达300万余元,属于金额巨大。目前,已有不少地方的高级人民法院出台了拒不执行判决、裁定罪“情节严重”的认定细则,将一定的无法执行的标的金额作为入罪标准。如有的省将5万元作为认定拒不执行判决、裁定罪“情节严重”的起点数额,而有的省则将3万元作为认定拒不执行判决、裁定罪“情节严重”的起点数额。另外,裁判款项若属于特殊类型,如影响权利人基本生活来源的赡养费、抚养费、医疗费、劳动报酬等,维持基本生产生活所需的劳动和社会保险费、劳动补偿金等,关系民生的禁放污水、禁止噪声等,行为人拒不执行亦可认定为情节严重。例如,某公司司机驾驶本单位车辆在执行单位任务中发生交通事故致周某重伤残疾,法院判决司机赔偿医药费等30万余元,某公司负连带责任。因公司法定代表人张某抽逃出资80万元,被追加为被执行人。执行期间张某撕毁封条,转移公司账户50万余元并长期躲避人民法院执行。法院认定张某拒不执行给付救治权利人的医药费用的行为,属于情节严重。三是看行为方式。行为方式比较恶劣的,可以认定为情节严重。当前,从各地出现的实际情况看,通过以下方式实施拒不执行判决、裁定的,可以认定为情节严重:其一,擅自撕毁法院张贴的封条等针对执行措施的行为;其二,以虚假诉讼等违法方式抗拒法院执行;其三,实施无偿或者明显不合理低价转移等针对执行财产的行为;其四,撕毁执行笔录等针对执行活动的行为;其五,采用纠集人员围堵执行法官方式拒不履行配合义务。本案中,行为人隐瞒财产致使判决、裁定无法执行,属于《刑法第313条解释》关于“有能力执行而拒不执行,情节严重”的第一项情形。判断是否隐瞒,应当结合被执行人财务状况公开程度,即公权力获知财产情况的难易,加以判断。

(3)从行为人的罪过程度层面考察。除了从前述行为特征所体现的罪过外,还可以从以下方面分析:一是看行为人是否不管不顾法院的积极敦促。倘若行为人在法院的督促下,尽其所能逐步执行生效判决,不能完全执行的原因确实在于执行能力不足,则不宜入罪。本案中,被告人毛某栋在法院反复多次敦促的情况下仍然拒不履行生效判决。判决执行阶段,法院送达了执行通知书、被执行人报告财产民事裁定书、财产申报表,可以说手续齐全、内容详尽。无论是从普通人的认知,还是从具体纠纷债务人的认知,毛某栋都应当知道作为司法机关确认的债务人,其应当在裁判指定的期限内履行法律义务。但在人民法院要求其申报财产时,其拒绝申报;在法院要求履行判决确定义务时,其以无执行能力为由逃避履行;在法院反复向其了解财产状况时,其隐瞒以亲戚名义购进一批设备的事实;在法院向其送达督促限期履行令后,仍拒绝履行生效判决且不如实申报财产。二是看是否因拒不执行判决、裁定受过司法强制措施。因拒不执行判决、裁定受过司法强制措施,即表明拒不执行判决、裁定的行为达到一定的严重程度,如其拒不悔改仍有执行能力而不执行,表明行为人主观恶性较大,应当属于“情节严重”。本案中,被告人毛某栋因拒不履行本案所涉生效法律文书，曾被法院决定司法拘留，仍不思悔改，通过借用他人名义规避法院执行，主观恶性大。

此外，在实践中，还应注意，判断“情节严重”，一是不能单指后果的严重性，即不能以此作为判断拒不执行判决、裁定罪情节严重的唯一标准。拒执罪中的情节严重，不是指特定的某一方面的情节，而是指任何一方面的情节，只要有一方面情节严重，其行为的社会危害性就达到了应当追究刑事责任的程度，应构成犯罪。它涉及客观方面、主体、主观方面的内容。二是情节严重应包含手段的恶劣性。拒不执行判决、裁定的拒执行为具有多样性，在司法实践中，主要包括暴力型、赖账型、隐藏型、逃债型、挥霍型等几种类型。暴力型拒执往往伴随着执行人员的人身伤害和财产的损失，较其他行为，手段最为恶劣。从行为的规模来看，聚众拒执与单独拒执相比，聚众拒执的参与人数多、破坏性大，社会危害性更大，手段更加恶劣。从行为的次数来看，多次拒执与单次拒执相比，多次拒执对执行申请人影响大，会对社会风气造成不良影响，手段更加恶劣。从执行标的的性质来看，涉及一些社会意义重大如抢险救灾物资、手段较大的情况，人民法院也应当认定被告人拒执行为情节严重。三是情节严重应包含影响的深远性。近年来，在各级人民法院强制执行生效法律文书过程中，一些地方单位、企业或者个人拒不执行或者以暴力手段抗拒执行的事件时有发生，并且呈逐年上升的趋势。一些拒执行为性质恶劣、社会危害大、严重影响法律的尊严和司法机关的权威。中央政法委下发的《关于切实解决人民法院执行难问题的通知》和两高一部下发的《关于依法严肃查处拒不执行判决裁定和暴力抗拒法院执行犯罪行为有关问题的通知》，对于影响深远的拒执行为作出了规定。在司法实践中，一些被告人公然抗拒、当众散布谣言、歪曲法院形象，对法院权威影响损害大，或者一些被告人拒执行为造成执行申请人生活严重困难等情况的，应当认定其拒执行为情节恶劣。四是有财产内容裁判的数额问题。对于拒执有财产给付内容的生效裁判，其数额是否作为判断拒执行为情节严重的判断标准，《刑法第 313 条解释》和《拒不执行判决、裁定案件解释》（现已失效）都没有作出规定，但有的省规定“致使判决、裁定无法执行，一般是指无法执行的标的额达 5 万元以上或者虽不到 5 万元但造成其他严重后果的情形”；有的省规定“被执行人有能力执行而拒不执行的标的金额达 3 万元以上的；或者金额虽不足 3 万元，但拒不执行行为造成权益人重大损失或严重后果的”。虽然有的省规定为 5 万元，有省规定为 3 万元，但以数额来作为判断情节严重的标准并不十分合理。司法实践中，有的执行义务人虽然最终缴纳了执行款，但在执行期间实施过拒执行为，严重妨碍法院执行工作，严重损害了法律权威，从这个角度，对其追究刑事责任也是适宜的。所以，单纯将数额作为判断拒执行为情节严重的标准是不适宜的。

综上，本案被告人毛某栋在具备执行能力的情况下，在数年的时间内逃避履行还款义务，严重阻碍了法院的执行工作，可以认定其拒执行为属于情节严重。但考虑到被告人毛某栋归案后履行了法院判决确定的义务，适用缓刑对其所居住社区没有重大不良影响，故本案法院对于被告人判处尤其推行缓刑是正确的。

347. 知道他人系毒贩仍为其提供运输服务是否构成犯罪

行为人明知他人贩卖毒品，仍为其多次提供运输服务，客观上实施了运送毒贩到取货及交易地点、协助毒品交易的行为，对于毒贩的毒品交易起到了重要作用，与毒品交易的完成具有因果关系。根据主客观相一致的原则，应当认定行为人的行为构成贩卖毒品罪的共犯。对于明知他人贩卖毒品仍予以协助的行为人，可认定为辅助性从犯，并根据其具体作用定罪处罚。

司法实例

窦某力贩卖毒品案

被告人窦某力案发前在某市某区以自己的私家车提供“黑车”载客服务。2013年8月至10月，被告人窦某力明知乘车人侯某娅（已另行判决）贩卖毒品，仍然驾驶自己的轿车，先后数次将侯某娅送至本区北环路附近，由侯某娅向吸毒人员沙某出售毒品海洛因。每次卖掉毒品后，买卖毒品的上、下家都会给司机窦某力10元钱。2015年11月17日，被告人窦某力被公安机关抓获归案。

某市某区人民检察院对窦某力以涉嫌犯贩卖毒品罪提起公诉。

某市某区人民法院审理认为，被告人窦某力明知他人贩卖毒品而为其提供运输帮助，其行为已构成贩卖毒品罪。关于被告人窦某力所称并不明知乘车人侯某娅贩卖毒品的意见，经查，被告人窦某力、吸毒人员沙某及贩毒人员侯某娅本人均证实侯某娅贩卖毒品具有不同于一般正常交易的特点：行为诡秘。被告人窦某力数次为侯某娅开车，先取毒品然后进行交易，完全能够据此判断侯某娅在从事毒品买卖。其当庭辩解意见与事实不符，不予采信。鉴于被告人在共同犯罪中起辅助作用，故对其依法从轻处罚。综合考虑被告人的动机、犯罪中的作用、犯罪具体情节以及归案后的表现，遂判决认定被告人窦某力犯贩卖毒品罪，判处有期徒刑1年2个月，并处罚金4000元；违法所得予以追缴。

一审宣判后，被告人窦某力提起上诉，被二审驳回。

本案在法院审理中，存在多种意见，第一种意见认为：对窦某力不应认定为贩卖毒品罪的共犯。理由是：共同故意犯罪以共同犯罪行为和共同犯罪故意为基础。本案中证明被告人主观明知毒贩进行毒品犯罪活动的证据不充分，且被告人未与毒贩进行事前和事中的通谋，客观上只是实施了运载乘客到指定地点并收取合理费用的行为，并未超出司机的合理运输范围，以贩卖毒品罪定性过于苛严。第二种意见认为：对窦某力应当以贩卖毒品罪的共犯定罪处罚。理由是：本案被告人客观上实施了运送毒贩到取货及交易地点、协助毒品交易的行为，主观上根据现有证据足以合理推定被告人的明知状态，窦某力为贩毒人员数次提供运输服务与毒品交易的完成具有因果关系。根据主客观一致的刑法原理，应当认定被告人的行为构成贩卖毒品罪，并根据其具体作用定罪处罚。第三种意见认为：鉴于毒品犯罪的社会危害性，应当对其严厉打击，尤其是毒品犯罪的共同犯罪分子。毒品共同犯罪因人员的聚合性、组织性，危害比个人犯罪更甚。本案中，被告人法制观念淡薄，虽仅在毒品犯罪中起辅助作用，但仍应当追究其刑事责任，哪怕其在毒品犯罪中并未分到赃款。此案具有警示作用。第四种意见认为：本案被告人与毒贩之间心照不宣、互相默契的行为特点部分近似于共犯理论中的片面共犯。毒贩在整个交易过程中并未主动与司机进行共同贩毒的意思联络，但表现出一定警惕性和神秘性，司机通过观察看出贩毒行为后，基于运输业务客观上实施了帮助毒品交易的行为。仔细分析二人的行为，二人虽未就贩毒进行明示共谋，却对运送毒贩去毒品交易这一行为达成默契，此即犯意通谋，当以毒品共犯定罪。

从本案一、二审裁判结果看，两审法院均持肯定态度，即明知他人贩卖毒品仍予以协助的可认定为辅助性从犯。主要理由为：

毒品共同犯罪中对被告人共同故意的确定是难点和重点。本案争议的焦点是被告人窦某力与毒贩在并未事先通谋的情况下，是否明知毒贩在进行毒品交易，以及是否与毒贩之间存在必要的意思联络，澄清以下两个问题是认定被告人罪责的前提。

1. 窦某力主观上明知他人在贩毒。认定窦某力主观上对贩毒的明知是本案定罪的前提。根据两高一部《办理毒品犯罪案件适用法律若干问题的意见》第2条的规定，走私、贩卖、运输、非法持有毒品主观故意中的“明知”,是指行为人知道或者应当知道所实施的行为是走私、贩卖、运输、非法持有毒品行为。但本案被告人窦某力未直接参与贩毒交易,也未和贩卖毒品的毒贩有过共同贩卖毒品的通谋,甚至没有直接看到和接触到毒品,并且当庭辩称不知道乘车人是在贩毒,如何确定其真实的主观状态。司法实践中,行为人常常以“不知道是毒品”为由进行辩解。在案件审理中,不能仅凭犯罪嫌疑人或被告人的供述,而应当依据行为人的行为过程、行为方式、毒品被查获时的情形以及同案被告人的供述、有关证人证言、鉴定结论、物证书证等证据,结合行为人的年龄、阅历、职业、智力、文化、有无毒品犯罪前科等情况,进行综合分析判断。本案中,现有证据足以证明窦某力应当知道乘车人侯某娅是在贩卖毒品:(1)侯某娅从事的交易具有神秘性和隐蔽性。侯某娅的证言和窦某力在侦查阶段的供述均证实,侯某娅每次交易前自己不带货,而是乘坐被告人的黑车先去藏毒的地方取货,再根据上家的电话指令到指定地点去交易;侯某娅也不让司机知道自己的住址。(2)毒品交易具有多次性和反常性。窦某力多次运送毒贩侯某娅进行交易,每次侯某娅找到1个下家,都会和下家付给司机10元钱,每次交易地点都是临时确定而不是上车前确定。交易时,侯某娅均是从内衣里拿出货物进行交易,1小包货物就价值很高。(3)多人证言及被告人供述佐证。多人的证言证实,“时间一长那些黑车司机就知道侯某娅是卖毒品的了”。被告人供述称,其听其他司机讲“小娅(侯某娅)是贩毒的”,自己也怀疑侯某娅是贩毒的。(4)公安机关现场抓获被告人。根据公安机关在贩毒现场抓获被告人及贩毒人后出具的扣押物品清单、收缴毒品单据,确实存在毒品交易。

综上,结合本案被告人窦某力的开车经历、正常的智力水平和毒品交易的反常性,可以推定其主观上明知他人是在进行毒品交易,且窦某力也没有举出确实的证据或辩解来推翻这一推定。

2. 窦某力虽未与毒贩共谋但有意思联络。构成共同犯罪必须二人以上且具有共同犯罪故意,即除了包含主观故意中认识和意志因素的内容外,在共犯之间还必须存在意思联络。意思联络的积极形式可以用语言进行谋议和策划,或以文字交换意见,也可消极地表现为以肢体语言如点头、眼神等示意答应或附和同意犯罪人的提议。根据共同犯罪故意形成的时间,一般可分为事前意思联络的共同犯罪和事中意思联络的共同犯罪,事后通谋则仅构成帮助犯或者连累犯而不构成共犯。事前的共谋是比较典型的意思联络形式,而事中的意思联络是共同犯罪人在着手实施犯罪之际或实行犯罪过程中逐渐形成的共同犯罪故意。相比之下,事前的通谋更积极、更危险,事中的意思联络一般缺乏谋划的周密性,社会危害性也相对较小。

具体到本案中,窦某力确实没有和贩毒者进行贩毒的事前通谋,但是综观被告人的行为,如果说其第一次或者偶尔被毒贩雇佣协助毒品交易尚可认为其不知道是一同去进行毒品交易,那么被告人在多次反复运送毒贩侯某娅进行毒品交易,而且听说、怀疑侯某娅雇用他的车贩毒之后,仍然继续同意搭载侯某娅贩毒,应当认定二人在事中形成了共同贩毒的意思联络,且二人对此心照不宣,达成默契。这种默契的意思联络在侯某娅上车要求窦某力带其到取货地点或者交易地点,被告人发动汽车表示同意时即宣告成立。交易之后,毒品上下家均给被告人钱款以感谢他的协助,证明双方已经完成意思联络的内容。毒贩侯某娅之所以数次找熟悉的司机送其进行毒品交易,部分是出于安全考虑。被告人窦某力明知乘车人是要进行毒品交易仍同意并实际开车运送其去完成交易,由此共同犯罪的意思联络毋庸置疑。

3. 提供运输服务协助他人贩毒系辅助性从犯。司法实践中,应当以各共同犯罪人在毒品共同犯罪中的地位和作用为根据,正确区分毒品共同犯罪中的主犯和从犯。一般要从犯意提起、具体行为分工、出资和实际分得赃款多少以及共犯之间相互关系等方面,比较各个共同犯罪人在共同犯罪中的地位和作用。毒品所有者、为主出资者或者提议、策划、组织、纠集、指使、雇用他人参与犯罪以及其他起主要作用的是主犯；起次要或者辅助作用的是从犯。受雇佣、指使实施毒品犯罪的，应根据其在犯罪中实际发挥的作用具体认定为主犯或者从犯。

具体到本案中，被告人窦某力被毒贩雇佣运送其进行毒品交易，窦某力的驾驶行为并非毒品交易的直接实行行为，并且具有可替代性，而不具有其他“黑车”司机无法代替的不可或缺性。同时，窦某力没有提起贩卖毒品的犯意，在整个犯罪过程中只是被支配和雇佣的地位，最后获得的非法所得仅是毒品交易上下两方给予的少量钱款，并未按照毒品交易的量进行浮动，所以应当属于起辅助作用的从犯。本案量刑时，由于被告人窦某力实际参与贩卖毒品的数量和次数已经无法查清，根据现有证据只能按其数次参与犯罪的情节按照《刑法》第 347 条第 1 款、第 4 款在 3 年以下有期徒刑幅度内确定其基准刑，然后根据从犯情节依法从轻处罚。

348. 同行运输毒品刑事责任如何分配

行为人受他人邀约同行运输毒品并彼此是知情的，如行为人对邀约人的运输毒品行为没有实施配合、掩护等帮助行为，则行为人仅在其运输毒品的数量范围内与邀约人成立共同犯罪，不对邀约人运输的毒品承担责任。

司法实例

崇某方等走私、运输毒品案

2015 年 3 月底，被告人崇某方邀约被告人汤某兆帮其朋友孙某会运输毒品。同年 4 月 3 日，崇某方与汤某兆在缅甸小勐拉一旅馆内将 8 坨毒品甲基苯丙胺片剂藏于体内。其中，崇某方藏匿 5 坨，汤某兆藏匿 3 坨。二人乘车至云南，与孙某会安排的另外两名运输毒品的男子从景洪机场乘飞机前往某市。在某市一旅馆内，四人排出毒品交给他人。汤某兆从崇某方处获得 6000 元报酬。

2015 年 4 月，崇某方邀约汤某兆，二人又邀约被告人周某高帮孙某会运输毒品甲基苯丙胺片剂到某市。4 月 16 日，孙某会将毒品甲基苯丙胺片剂送至汤某兆、周某高在缅甸小勐拉暂住的旅馆，汤某兆、周某高分别将 4 包、3 包甲基苯丙胺片剂藏于体内。二人乘坐崇某方联系的摩托车从缅甸到云南，在景洪机场乘飞机前往某市。次日凌晨 1 时许，汤某兆、周某高在某市某国际机场国内到达出口被抓获归案。民警分别从汤某兆、周某高处查获从体内排出的毒品甲基苯丙胺片剂 183.9 克、139.4 克。经鉴定，上述查获的甲基苯丙胺片剂中均检出甲基苯丙胺和咖啡因成分。其中，从汤某兆处查获的甲基苯丙胺片剂的甲基苯丙胺含量为 9.7%，从周某高处查获的甲基苯丙胺片剂的甲基苯丙胺含量为 10.2%。2015 年 7 月 5 日，崇某方被抓获归案。

某市中级人民法院审理认为，被告人崇某方采取体内藏毒方式走私、运输甲基苯丙胺片剂 5 坨，还邀约被告人汤某兆走私、运输甲基苯丙胺片剂 3 坨及 183.9 克，与汤某兆共同邀约被告人周某高走私、运输甲基苯丙胺片剂 139.4 克，其行为已构成走私、运输毒品罪。崇某方邀约汤某兆、周某高参与犯罪，是共同犯罪中的主犯。汤某兆受崇某方邀约，走私、运输甲基苯丙胺片剂 3 坨和 183.9 克，与崇某方共同邀约周某高走私、运输甲基苯丙胺片剂 139.4 克，其行为已构成走私、运输毒品罪。汤某兆在共同犯罪中系从犯，且到案后如实供述自己罪行，可从轻处罚。周某高受崇某方、汤某兆邀约，走私、运输甲基苯丙胺片剂 139.4 克，已构成走私、运输毒品罪。周某高在共同犯罪中系从犯，且到案后如实供述自己罪行，可减轻处罚。遂判决认定被告人崇某方犯走私、运输毒品罪，判处无期徒刑，剥夺政治权利终身，并处没收个人全部财产；被告人汤某兆犯走私、运输毒品罪，判处有期徒刑15年，剥夺政治权利5年，并处没收个人财产30,000元；被告人周某高犯走私、运输毒品罪，判处有期徒刑12年，剥夺政治权利2年，并处罚金20,000元。

一审宣判后，被告人崇某方提起上诉，被某省高级人民法院二审驳回。

以"人体藏毒"方式同行运输毒品的，如何认定共同犯罪，受邀约人与邀约人在多大范围内成立共同犯罪，是否应对邀约人运输的毒品承担责任问题，司法实践中存在认识分歧。应当以受邀约人对邀约人的运输毒品行为是否有配合、掩护等实质性帮助行为为标准，准确界分受邀约人与邀约人同行运输毒品的共同犯罪成立标准及二者对犯罪结果负责的范围。

就上述问题，有的认为受邀约人在二者运输的全部毒品范围内成立共同犯罪，并对同行的邀约者的犯罪数额负责；亦有的认为，受邀约者在二者所运输的全部毒品范围内成立共同犯罪，但在责任承担上，受邀约者不对邀约者的犯罪数额负责。

从本案一、二审裁判结果来看，审理本案的中、高级人民法院均认为，虽然受邀约人与邀约人同行运输毒品并彼此知情，但是如果受邀约人对邀约人的运输毒品行为没有实施配合、掩护等帮助行为，则受邀约人仅在其运输毒品的数量范围内与邀约人成立共同犯罪，而不对邀约人运输的毒品承担责任。该裁判规则与最高人民法院于2015年5月发布的《全国法院毒品犯罪审判工作座谈会纪要》中关于同行运输毒品共同犯罪的认定精神相一致，亦有助于准确理解《刑法》第25条关于共同犯罪的内涵，对司法实践中就同行运输毒品案件如何认定行为人之间成立共同犯罪以及行为人之间责任承担具有重要指导意义。

受他人邀约同行运输毒品并彼此知情的，如受邀约人对邀约人的运输毒品行为没有实施配合、掩护等帮助行为，则受邀约人仅在其运输毒品的数量范围内与邀约人成立共同犯罪。司法实践中，对此类案件的处理，需要注意把握以下问题：

1. 关于同行运输毒品的犯罪情形。实践中，两名以上行为人同行运输毒品现象多发，且相互间关系呈多样化态势，具体情形不完全列举如下：情形一，两名以上行为人受他人安排同行运输毒品，彼此不知情。情形二，两名以上行为人受他人安排同行运输毒品，彼此知情，但相互独立，彼此之间无关联。情形三，两名以上行为人受他人安排同行运输毒品，彼此知情，且彼此有帮助行为。情形四，两名以上同行运输毒品的行为人之间是邀约与受邀约关系，受邀约人对邀约人的运输毒品行为没有配合、掩护等帮助行为。情形五，两名以上同行运输毒品的行为人之间是邀约与受邀约关系，且受邀约人对邀约人的运输毒品行为有配合、掩护等帮助行为。上述情形，行为人间是否构成共同犯罪、成立共同犯罪的范围、行为人承担刑事责任的范围不尽相同，实践中需准确甄别，妥善处理。

2. 关于同行运输毒品是否成立共同犯罪问题。我国《刑法》第25条规定："共同犯罪是指二人以上共同故意犯罪。二人以上共同过失犯罪，不以共同犯罪论处；应当负刑事责任的，按照他们所犯的罪分别处罚。"最高人民法院于2015年5月发布的《全国法院毒品犯罪审判工作座谈会纪要》明确：两人以上同行运输毒品的，应当从是否明知他人带有毒品，有无共同运输毒品的意思联络，有无实施配合、掩护他人运输毒品的行为等方面综合审查认定是否构成共同犯罪。受雇于同一雇主同行运输毒品，但受雇者之间没有共同犯罪故意，或者虽然明知他人受雇运输毒品，但各自的运输行为相对独立，既没有实施配合、掩护他人运输毒品的行为，又分别按照各自运输的毒品数量领取报酬的，不应认定为共同犯罪。因此，同行运输毒品的行为人间并不当然构成共同犯罪，要构成共同犯罪首先要求行为人间主观上有意思联络，无意思联络则无共同犯罪，如同行运输毒品的行为人之间彼此不知情或虽知情无联络的情形一、情形二不构成共同犯罪，仅构成同时犯。要构成共同犯罪除要求行为人间主观上有意思联络外，还需要有共同的犯罪行为，如行为人间存在邀约关系、帮助关系的情形三、情形四、情形五均构成共同犯罪。

3. 关于同行运输毒品行为人的刑事责任范围。关于受邀约人与邀约人一起同行运输毒品的刑事责任范围，有观点认为，受邀约人与邀约人在二者运输的全部毒品范围内成立共同犯罪，但对受邀约人认定从犯，受邀约的从犯仅对自己的行为负责。在本案中，即认定三被告人在全部毒品范围内构成共同犯罪，又认定受邀约人周某高只对自己运输的毒品负责，邀约人汤某兆对自己运输的和邀约周某高运输的毒品负责。对于该观点，似乎不能认同。因为，我国刑法中的从犯是共同犯罪前提下的从犯，根据“部分实行全部责任”的共同犯罪原理，各共同犯罪人对共同实行的犯罪行为整体负责，故包含从犯在内的各行为人承担刑事责任的范围除单独犯罪外，还包含共同犯罪整体。本案中关于受邀约人对邀约人运输的毒品是否承担刑事责任值得探讨，但探讨时不能突破共同犯罪原理，探讨的对象应为共同犯罪的成立范围。

4. 关于同行运输毒品共同犯罪的成立范围。本案所涉情形隶属于情形四，即两名以上同行运输毒品的行为人之间是邀约与受邀约关系，但受邀约人对邀约人的运输毒品行为没有配合、掩护等帮助行为。对于该种情形，在何种范围内成立共同犯罪，司法实践中存在分歧。以往通说观点认为，受邀约者与邀约者在二者运输的全部毒品范围内成立共同犯罪。理由是，邀约者与受邀约者对于对方运输毒品知情并一路同行，目的在于守望相助，同行过程中不可避免地会相互照应，即使没有实质的帮助行为，也有精神上的相互支持，对于坚决彼此的犯意依然有不可或缺的作用，故行为人间主观上有意思联络，客观上守望相助，应认定在二者运输的全部毒品范围内成立共同犯罪。至于量刑，可以考虑行为人自己运输的具体数量，并可通过对受邀约者认定为从犯的方式对其从轻、减轻处罚。应该说受邀约者与邀约者仅在受邀约者运输的毒品范围内成立共同犯罪更为客观。理由是：共同犯罪除了主观上的意思联络，还需要有共同的犯罪行为，即各共同犯罪人的行为间彼此联系，相互配合，与犯罪结果之间均存在因果关系。本案中受邀约者虽然对邀约者运输毒品行为知情，但没有证据证实受邀约者对邀约者运输毒品行为提供了配合、掩护等帮助行为，也没有证据证实受邀约者的参与为邀约者提供了不可或缺的精神支持，即无法证实受邀约者的行为与邀约者的犯罪结果间存在因果关系，故二者仅在受邀约者运输毒品范围内成立共同犯罪，受邀约者不对邀约者运输毒品的犯罪结果负责。具体到本案共同犯罪的成立范围，作为受邀约者的周某高与作为邀约者的汤某兆、崇某方在周某高运输毒品范围内成立共同犯罪，周某高仅对其自身运输的毒品承担刑事责任；作为受邀约者的汤某兆与作为邀约者的崇某方在汤某兆和周某高运输毒品范围内成立共同犯罪，汤某兆对该范围承担刑事责任；汤某兆自己运输的部分与周某高无关；崇某方自己运输的部分与汤某兆、周某高无关。

5. 关于配合、掩护等帮助行为的认定。同行运输毒品行为人间的帮助行为，并非均是刑法意义上的帮助。刑事否定评价的对象应为与运输毒品行为有直接相关的配合、帮助行为，如帮助藏匿毒品、帮助提供交通工具、帮助承担交通费用、为对方逃避检查打掩护等。如仅是路途中生活上的相互帮助，不应视为配合、掩护等帮助行为。

349. 如何认定组织卖淫罪中的“组织性”

组织卖淫罪中的组织性体现在对卖淫活动起到了控制、管理或支配作用，与犯罪主体是否是卖淫场所的经营或者承包者没有必要关联。同时，这种控制、管理应当直接针对卖淫活动本身，而非仅在外围为组织、策划或指挥卖淫提供帮助。

司法实例

夏某宪组织卖淫案

2014年5月起，被告人夏某宪在某市一洗浴中心工作。该中心设有3楼洗浴区和4楼按摩区，4楼由张某(在逃)承包。按摩区内设有包房，房门玻璃均不透明且门可反锁，另设一储物间用于存放签单簿、避孕工具等物品。在张某授意下，夏某宪以面试接待、发给工号等方法，先后招募、容留多名女子于浴场4楼按摩区内卖淫。平时，夏某宪还多次将嫖客从浴场3楼带至4楼包房，并安排卖淫女与之进行卖淫嫖娼活动。浴场按摩区内日常的卫生清洁、卖淫女请假等事务也主要由夏某宪负责打理。卖淫女每次卖淫后，将签单交给中心前台，由夏某宪在次日将其中一联返还卖淫女。每月逢9日、19日、29日，夏某宪或其他人员根据签单记载，按事先定好的分成比例从财务领取提成款向卖淫女发放。2014年7月16日，公安机关根据群众举报在涉案洗浴中心内将被告人夏某宪抓获，并当场查获正在进行卖淫嫖娼活动的多名嫖客与卖淫女。夏某宪到案后，基本供述了前述事实。

某市某区人民检察院对夏某宪以涉嫌犯组织卖淫罪提起公诉。公诉机关认为，被告人夏某宪以招募、雇佣、容留等手段，纠集、控制多人从事卖淫，其行为应当以组织卖淫罪追究刑事责任。夏某宪有坦白情节，依法可以从轻处罚。

辩护人提出，夏某宪既不是涉案洗浴中心老板，也不是按摩区实际承包人。卖淫女大多由张某联系或相互介绍而来，卖淫项目、分成比例及款项分发等都是根据张某的指示执行，夏某宪仅仅是受雇于他人从事具体事务，不应作为在卖淫活动中起组织作用的人而认定构成组织卖淫罪。根据夏某宪客观上所实施的将嫖客带到按摩房、安排卖淫女提供性服务等行为，应当以容留、介绍卖淫罪定罪处罚。夏某宪具有坦白情节，且系初犯、偶犯，应从轻处罚。

某市某区人民法院审理认为，被告人夏某宪主观上明知涉案洗浴中心按摩区内有卖淫女从事卖淫的事实，客观上仍接受他人指使，招募、容留多名卖淫女卖淫，并负责卖淫女的工号发放、请假等日常事务的管理。其间，夏某宪还直接实施了调度、安排卖淫女提供性服务，并按照确定比例向卖淫女发放提成款等行为。事实清楚，证据、确实充分，被告人夏某宪的行为已构成组织卖淫罪。被告人夏某宪到案后虽对行为性质提出辩解，但能基本供述犯罪事实，仍可认定为坦白，依法予以从轻处罚。公诉机关指控的事实和确定的罪名成立。被告人夏某宪及其辩护人有关夏某宪的行为属于介绍、容留卖淫的辩解、辩护意见，与查明的事实不符，亦缺乏相应法律依据，不予采纳。辩护人以被告人夏某宪有坦白情节、认罪悔罪态度较好且系初犯等为由，请求对夏某宪从宽处罚的辩护意见，予以采纳。遂判决认定被告人夏某宪犯组织卖淫罪，判处有期徒刑5年，并处罚金8000元，并追缴其违法所得。

一审宣判后，被告人提出上诉，被二审法院驳回。

在法院审理中，针对夏某宪的定罪量刑，出现四种不同意见，除了前述公诉机关指控的组织卖淫罪和辩护人提出的容留、介绍卖淫罪外，还有两种意见：第一种意见认为，夏某宪的行为虽然应认定为组织卖淫罪，但考虑到夏某宪的行为主要系遵照他人的组织和指挥而实行，其在组织卖淫体系中地位较低、对危害结果所起的作用相对较小，应认定为从犯，依法减轻处罚；第二种意见认为，鉴于《刑法》在第358条第3款已经明确规定了协助组织卖淫罪，结合最高人民法院、最高人民检察院《关于执行〈全国人民代表大会常务委员会关于严禁卖淫嫖娼的决定〉的若干问题的解答》(以下简称《执行严禁卖淫嫖娼决定的解答》，现已失效)对第三个问题的解答内容，可直接将夏某宪的行为定性为协助组织卖淫罪。四种观点实际围绕两项争议焦点而形成：一是被告人夏某宪的行为是否具有组织性质；组织卖淫罪与容留、介绍卖淫罪在客观方面构成要件上如何区分。二是组织卖淫罪是否有主从犯之分;组织卖淫罪与协助组织卖淫罪的区别。

1. 关于夏某宪的行为是否具有组织性质。被告人的行为对卖淫活动起到管理、控制作用的,符合组织卖淫罪的客观构成要件要求。由于组织卖淫的手段、方法往往包含介绍、容留卖淫性质,因此在案件处理中,两者有时难以区分。根据《执行严禁卖淫嫖娼决定的解答》(现已失效)的解释,组织卖淫应当是"控制多人从事卖淫的行为",且"关键要看其在卖淫活动中是否起组织者的作用"。因此,犯罪行为在客观方面是否具备控制、组织等要件特征,是探知被告人主观心理状态进而将组织卖淫与容留、介绍等其他卖淫犯罪相区别的核心所在。司法实践中,可以从以下三个方面把握:

(1)从内部关系上看,组织者对卖淫人员的卖淫活动加以管理、控制和支配,卖淫活动一定程度上依赖、服从于组织者的组织行为。给卖淫人员发工号、起昵称,向其分发卖淫工具;统一规定卖淫项目、费用,制定有关工作流程与请假上工制度;安排卖淫活动,收取嫖资、发放分成等,都是管理、支配关系的体现。通过这些方式,组织卖淫者得以将卖淫活动置于自己的影响、操纵之下(控制性);而卖淫者在获得从事卖淫活动条件的同时,也受制于组织者的安排、布置或调度(依附性)。相反,容留、介绍卖淫罪中,卖淫人员的卖淫活动没有受容留者或介绍者管理、支配的性质,卖淫人员往往具有来去自由和行动自由的特征,即卖淫人员有是否接受容留者或介绍者所提供场所的自由,也有随时离去的自由;同时有权决定何时卖淫、向谁卖淫、收费多少等事项,而不必受制于容留者或介绍者。

(2)从外在形式上看,组织卖淫罪中存在相对稳定的卖淫团体。实践中,卖淫团体经常体现为具有固定的卖淫窝点(如将按摩店、洗浴中心、足疗店、旅馆、歌舞厅等作为卖淫或者变相卖淫场所),保持有一定规模的卖淫人员长期从事卖淫活动。建立卖淫团体的方式既可以在卖淫人员自愿状态下招募、雇佣,也可以是违背其意志的引诱、强迫。与此不同的是,容留、介绍卖淫要么仅是提供从事卖淫活动的处所,要么是在嫖客与卖淫女之间引见、撮合或提供其他形式的便利条件,地点可固定可不固定,人数、次数亦相对较少,缺乏将分散的卖淫行为加以集中组合的特征,更谈不上形成了卖淫团体。

(3)从具体的方式手段上看,组织卖淫所包含的内容较为广泛,除了前述为建立卖淫集团及控制卖淫活动而采取的各种手段外,组织者往往还策划方案、设计伪装现场、招揽嫖客,有时还设立相关的服务、后勤人员如收银管账者、望风者、打手保镖等。所有这些手段相互结合并将卖淫活动的各个环节加以串接,使得纠合在一起的卖淫活动得以有序进行,甚至扩充壮大,凸显出犯罪的组织性。相对地,容留、介绍卖淫罪的手段方法较为单一,且大多具有消极被动性,与作为组织卖淫方法手段之一的容留、介绍行为有本质区别。例如,组织卖淫罪中的容留,是指容纳、收留自愿卖淫者参加卖淫组织,或参加有组织的卖淫活动,其强调的是组织性;而引诱、容留、介绍卖淫罪中的容留是指行为人为他人卖淫提供场所或其他便利条件的行为,其强调的是便利性。

以上三个方面中,组织者对卖淫活动的管理、支配最能体现组织卖淫罪的本质特征。具体到本案,涉案洗浴中心按摩区制定了一系列的人、财、物管理办法,用以规制卖淫活动。被告人夏某宪在他人授意指使下,不仅接待、面试卖淫人员,负责卖淫人员的工号发放、请假上工以及洗浴中心清洁等日常事务;还亲自调度、安排并容留卖淫活动,收取卖淫签单、发放提成款。这些行为均能体现出夏某宪主观上具有组织他人卖淫的组织故意,客观上也确实起到了组织、控制卖淫活动的作用。

2. 组织卖淫罪中的管理、控制行为直接针对卖淫活动,是否区分主从犯应结合具体案情而定;协助组织卖淫则主要是在外围为组织卖淫者提供帮助。实践中,对于组织卖淫罪与协助组织卖淫的关系及有无主从犯之分：一种观点认为，可直接依被告人的作用大小对两罪进行区分。① 另一种观点认为，司法实践中认定协助组织卖淫的犯罪分子及组织卖淫的帮助犯时，一定要注意将其与在共同犯罪中起次要作用的从犯相区别。② 对于组织卖淫犯罪中的从犯，由于法律并没有将之单独规定为一罪，因此应根据《刑法》总则的规定，以组织卖淫罪定罪处罚，但应当从轻、减轻处罚或者免除处罚。从司法实践角度，更应赞同后一种观点。③

具体到本案中，被告人夏某宪直接针对卖淫活动进行编排、调度，本质特征在于控制卖淫人员进行卖淫，应以组织卖淫罪定罪处罚。

司法实践中，有的组织经营者平时隐藏在幕后，通过操纵、指挥雇员控制卖淫团体，一旦事发便溜之大吉，仅留下雇员承担责任。因此，如果不将社会评价的因素纳入案件处理的整体考量，一律对到案者予以重罚，难以体现罪责刑相适应的刑罚原则，也将使判决的可接受性大打折扣。因此，如果被告人在组织卖淫共同犯罪中所起作用较小，主观恶性不大，可以根据具体案情区分主从犯。一般有三个标准：一是在卖淫团体中的地位；二是实际参与组织卖淫的程度；三是犯罪行为对危害结果发生所起的作用。本案中，被告人夏某宪虽受人雇佣，但其在组织卖淫共同犯罪中作用较为关键，参与犯罪的时间较长，故不能认定为从犯。

① 理由：一是从协助组织卖淫罪的立法意图看，无非就是对组织卖淫罪从犯的特别规定。“组织”一词已隐含主犯、首要分子的意思，与从犯的概念相悖，而协助组织几乎与从犯等义，与主犯的概念不容；二是从组织卖淫的特点看，实行犯和帮助犯是无法区分的。与其牵强地划分组织卖淫罪的实行犯和帮助犯，还不如把所有组织卖淫罪的从犯一并纳入协助组织卖淫罪的范围。

② 组织卖淫中的帮助犯即协助组织卖淫的人员，是指没有具体参与实施控制多人从事卖淫的行为，而只是为他人实施上述行为提供物质上的、体力上的或者精神上帮助行为的人员；组织卖淫罪犯中起次要作用的从犯是指那些遵照首要分子或其他主犯的组织、策划、指挥，在一定程度上参与了《刑法》分则规定的构成要件客观方面的实行行为但危害相对较轻人员。

③ (1)从文义上看，组织卖淫罪中组织的内容针对卖淫活动本身，对象直接指向卖淫人员；而协助组织卖淫既然在组织卖淫前冠以“协助”，意味着协助的内容是组织者的组织行为，对象为组织者，与卖淫活动不发生直接关联。(2)在法律体系上，我国《刑法》在总则部分规定的从犯包括两类：一是起次要作用者；二是起辅助作用者。协助组织卖淫显然属于后一类范畴(尽管用语上有辅助和协助的细微差别)，因此将组织卖淫中起次要作用的人直接以协助组织卖淫罪定罪处罚欠缺法律依据。(3)从规范目的角度，不管立法者出于何种目的将协助组织卖淫单独成罪，都意味着该罪在构成要件上应与组织卖淫罪有所区别。由于两罪的主体要件同为一般主体，侵犯的客体均为社会治安管理秩序，主观方面都是故意，如果在客观方面仅有作用大小的不同，那完全可以借助主从犯理论加以解决，而没有必要单独设立协助组织卖淫罪。组织卖淫直接与卖淫活动发生关联，而协助组织卖淫则主要是在外围为组织卖淫者提供帮助。区分两者的关键在于是否直接对卖淫活动实施了控制。但两者的界限也不是绝对的泾渭分明。例如，同样是招募，如果仅是为卖淫活动物色对象、创造条件，按照《刑法修正案(八)》的规定，应以协助组织卖淫罪论；但如果是与其他手段相结合，控制他人进行卖淫，则属于组织卖淫罪。

第七章　危害国防利益罪

（略）

第八章　贪污贿赂罪

350. 国家工作人员利用职务之便骗取公共财物构成何罪

贪污罪的犯罪对象是公共财物，其范围不局限于本单位的公共财物或本人管理、经手的公共财物，还包括外单位的公共财物或他人管理、经手的公共财物。国家工作人员利用职务上的便利虚报冒领骗取巨额农村危房改造国家补贴款的，构成贪污罪而非诈骗罪。

司法实例

富某余贪污案

被告人富某余时任某县某乡人民政府副乡长，分管农村危房改造工作。富某余伙同乡政府工作人员钱某仁（另案处理），根据小广告上的联系方式购买假身份证50余张。利用虚假村民身份信息，申报农村危房改造国家补贴。自2012年至2014年，共虚报农村危房改造48户，冒领农村危房改造国家补贴款90万余元。

2015年8月15日，某县人民检察院组织开展全县农村危房改造国家补贴款发放、落实专项检查统一行动，发现了被告人富某余等人虚报冒领农村危房改造国家补贴款的犯罪线索。同年8月20日，被告人富某余主动到某县人民检察院投案自首，并退回冒领的全部国家补贴。

某县人民检察院对被告人富某余以涉嫌犯诈骗罪提起公诉。

某县人民法院审理认为，被告人富某余身为国家工作人员，在任职期间利用职务之便，采用虚构事实的方法骗取国家农村危房改造补贴款，其行为已构成贪污罪，依法应予惩处。被告人富某余犯罪后能自动投案，如实供述自己的罪行，是自首，依法可予减轻处罚；被告人富某余归案后退清全部赃款，对被告人可予酌情从轻处罚。遂判决认定被告人富某余犯贪污罪，判处有期徒刑3年4个月，并处罚金5万元。判决已生效。

本案在法院审理过程中，关于被告人富某余的行为应如何定性的问题，存在两种意见：一种意见认为，富某余虽有虚构事实骗取国家农村危房改造补贴款的行为，但由于所利用的是其任某乡人民政府副乡长的工作便利而非职务便利，且其所骗取的财物并非本单位的资金，也不是本人管理、经手的资金，因此其行为构成诈骗罪而非贪污罪。另一种意见认为，富某余利用其任某乡人民政府副乡长的职务便利，虚构事实骗取公共财物，其行为已构成贪污罪而非诈骗罪。

从本案生效判决结果看，法院同意上述第二种意见，主要理由为：

诈骗罪是指以非法占有为目的，采用虚构事实或者隐瞒真相的方法，骗取数额较大的公私财物的行为。贪污罪是指国家工作人员利用职务上的便利，侵吞、窃取、骗取或者以其他手段，非法占有公共财物的行为。富某余作为国家工作人员,其主观上具有明显的非法占有的故意,其实现犯罪目的的手段也是"骗取"而非"侵吞"或"窃取",但仅此还难以认定其行为构成诈骗罪还是贪污罪。本案的关键在于厘清富某余在实施犯罪行为时,所利用的是其职务上的便利还是工作上的便利,以及公共财物是否包括外单位的公共财物或他人管理、经手的公共财物。

1. 富某余在本案中所利用的是其职务上的便利而非工作上的便利。"利用职务上的便利"与"利用工作上的便利"两者间有着本质上的差别。所谓"利用职务上的便利",是指行为人利用本人职务上主管、管理、经手公共财物的权力及便利条件。主管是指审查、批准、调拨、安排、使用等支配公共财物的职务活动;管理是指负责看管、保护公共财物的职务活动;经手是指领取、支出等经办公共财物的职务活动。而"利用工作上的便利",是指利用自己熟悉工作环境,了解公共财物保管情况,有机会接近公共财物保管人或不容易引起怀疑等工作或工作上形成的便利,这种便利与其职务之间没有关系。

本案中,富某余案发前在某乡人民政府任副乡长,主管民政、司法等工作,其中包括农村危房改造等具体工作。其与乡政府工作人员钱某仁(另案处理)相互勾结,购买假身份证50余张,利用虚假村民身份信息,申报农村危房改造国家补贴。自2012年至2014年,共虚报农村危房改造48户,冒领农村危房改造国家补贴款90万余元。其中,富某余将冒领的农村危房改造国家补贴款大部分非法占为己有。

由上可见,在富某余所实施的制作虚假农村危房改造审批手续、材料和审批表连同其他符合条件的审批材料一并报送骗取审批等一系列行为中,最关键之处就在于利用其任某乡人民政府副乡长的职务之便。如果富某余不利用其职务上的便利,就无法利用这些虚假材料骗得上级有关部门的批准,其骗取目的也就不可能实现。

2. 贪污罪的犯罪对象是公共财物,其范围不局限于本单位的公共财物或本人管理、经手的公共财物,还包括外单位的公共财物或他人管理、经手的公共财物。有观点认为,贪污犯罪行为人骗取财物只能是骗取本单位的公共财物或本人管理、经手的公共财物,如果所骗取的是外单位的公共财物或他人管理、经手的公共财物,则不能构成贪污罪。此观点失之偏颇,因为从立法上看,我国刑法并未将贪污罪的犯罪对象局限于本单位的公共财物或本人管理、经手的公共财物。通说认为,贪污罪的犯罪对象既包括本单位的公共财物或本人管理、经手的公共财物,也包括外单位的公共财物或他人管理、经手的公共财物。司法实践中,认定以骗取手段所实施的行为是构成贪污罪还是诈骗罪,关键在于行为人实施骗取行为时是否利用了其本人职务上的便利,而与被骗取的公共财物是否是本单位的公共财物或本人管理、经手的公共财物无关。公共财物是从本单位或本人自己手中"骗取",还是从其他单位或他人手中"骗取",只是具体认定事实方面的差异,并不影响"骗取"的本质,即所"骗取"的都是公共财物,都侵犯了公共财产的所有权和国家工作人员职务行为的廉洁性。

本案中,富某余所骗取的是农村危房改造国家补贴款,虽然该资金明显不属于其所在乡政府的资金或其本人管理、经手的资金,但同样属于《刑法》第382条所规定的贪污罪的犯罪对象公共财物的范围之内。

综上,被告人富某余利用职务上的便利骗取农村危房改造国家补贴款的行为已构成贪污罪而非诈骗罪。

351."地票"交易款能否成为贪污罪的犯罪对象

土地复垦是国家对农村土地的一种利用、管理手段。土地复垦和"地票"交易活动均由政府主导实施，所获得的交易款项亦由政府管理和统一支付，属于刑法中的公共财物，可以成为贪污罪的犯罪对象。

司法实例

曹某法、姚某华、耿某达贪污案

2010年下半年，某市某区某镇开展农村建设用地复垦（以下简称土地复垦）工作，受该镇政府的安排，某村党支部书记曹某法、村委会主任耿某达、村文书姚某华根据镇政府的授权，负有宣传动员、确认复垦土地权属、指认复垦土地边界及登记上报复垦面积等工作职责。在测绘人员对该村复垦土地进行测绘过程中，为了争取更多的工作经费和完成复垦任务，曹某法、姚某华、耿某达利用职务上的便利，通过将复垦土地边界指宽的方式，将一些不符合复垦条件的土地纳入复垦以虚增复垦土地面积。2012年，该村复垦项目验收合格后，经耿某达提出，曹某法、姚某华、耿某达与镇复垦办工作人员黄某（另案处理）达成以曹某法、姚某华、耿某达亲属的名义顶替虚增的复垦土地面积，套取该部分复垦资金并由几人私分的共谋。曹某法、姚某华、耿某达经重新丈量得出虚增复垦土地具体面积后，以耿某彦、于某金、曹某有、黎某秀、黎某凯、耿某本、耿某来、李某平、耿某学、孙某成、唐某梅等11人的名义分别顶替虚增的土地复垦面积，并将相关材料交洪某博上报通过审核。经某市农村土地交易所地票交易，2014年1月，曹某法、姚某华、耿某达套取的土地复垦资金127.2万余元全部进入上述11人的私人账户。

曹某法、姚某华分别于2014年2月11日、12日被带至某区人民检察院调查，到案后均如实供述了犯罪事实。耿某达于2014年2月11日主动投案，并如实供述了犯罪事实。案发后，曹某法、姚某华、耿某达退缴了全部赃款。耿某达归案后检举他人犯罪，经查证属实。

某市某区人民检察院对被告人曹某法、耿某达、姚某华以涉嫌犯贪污罪提起公诉。

某市某区人民法院审理认为，被告人曹某法、姚某华、耿某达，身为基层组织人员，利用协助人民政府从事行政管理工作的职务便利，共同骗取公共财产127.2万余元，其行为均已构成贪污罪。曹某法、姚某华、耿某达本身是村基层组织人员，不属于国家工作人员，但三人在某镇某村土地复垦过程中，协助镇人民政府从事宣传政策、统计农户、协助测绘、确定边界等工作，依照全国人民代表大会常务委员会《关于〈中华人民共和国刑法〉第九十三条第二款的解释》的规定，属于《刑法》第93条第2款规定的“其他依照法律从事公务的人员”，以国家工作人员论。因此三被告人符合贪污罪的主体资格。在土地复垦过程中，复垦产生的地票以政府名义委托交易，地票交易活动由政府主导实施，所获得的交易款项亦由政府管理和支付，因此，地票交易款系公共财物，属于贪污罪的犯罪对象。尽管本案复垦土地的面积被人为虚增是多种因素形成，但并不因此而允许中饱私囊，将公共财物据为己有。从各行为人的供述看，虚增复垦面积的主要动机并非谋私，但在面积虚增的既定事实形成后，被告人曹某法等人产生了谋取私利之念，进而采用冒名顶替的方式骗取复垦补偿款。客观上，被告人曹某法、姚某华、耿某达等人使用自己亲属的身份信息和银行账号将复垦补偿款套取到具体账户，其行为已经齐备了贪污罪的构成要件，是否分配和实际使用不影响本罪构成。被告人曹某法、耿某达、姚某华为依照法律从事公务的基层组织人员，利用协助人民政府从事行政管理工作的职务便利，采取虚增复垦土地面积后找人冒名顶替的方式，共同骗取公共财产127.2万余元，其行为均已构成贪污罪。在共同犯罪中，曹某法、耿某达起主要作用；姚某华起次要作用，系从犯，依法予以减轻处罚。耿某达主动投案，并如实供述犯罪事实，系自首，依法予以减轻处罚；归案后检举他人犯罪，经查证属实，具有立功情节，依法予以从轻处罚。曹某法、姚某华归案后如实供述了犯罪事实，依法予以从轻处罚。曹某法、姚某华、耿某达退还全部涉案赃款，酌情予以从轻处罚。遂判决认定被告人曹某法、姚某华、耿某达犯贪污罪,分别判处有期徒刑10年3个月、7年6个月、7年;并处数额不等的罚金。涉案赃款予以追缴。

一审宣判后,原审被告人曹某法、姚某华不服,提出上诉,被某市中级人民法院二审驳回。

法院裁判的主要理由为:

1. 关于地票交易制度。地票交易制度源自国家的土地复垦政策。国家为保持耕地面积总量,对农村中农民个人或村集体的宅基地及其附属设施等利用价值不高的建设用地进行复垦,转换为耕地,以此弥补城市建设用地对耕地的挤占,从而在整体上形成国家建设用地与耕地的平衡,这种方式叫作"先补后占"或"占补平衡"。"地票"就是将闲置的农村宅基地及其附属设施用地、乡镇企业用地、农村公共设施和农村公益事业用地等农村集体建设用地进行复垦,变成符合栽种农作物的耕地,经土地管理部门验收合格后腾出的建设用地指标,由市国土管理部门发给等量面积建设用地的指标凭证。对于地票持有人来说,拍得地票后,可在城市总体规划范围内有针对性地寻找地块,并向政府提出征地建议。政府按照程序对该地块进行征用,并作为经营性用地进行招拍挂。①

2. "地票"交易款的性质属于刑法中的公共财物。根据刑法的规定,贪污罪侵害的对象是"公共财物"。《刑法》第91条规定:"本法所称公共财产,是指下列财产:(一)国有财产;(二)劳动群众集体所有的财产;(三)用于扶贫和其他公益事业的社会捐助或者专项基金的财产。在国家机关、国有公司、企业、集体企业和人民团体管理、使用或者运输中的私人财产,以公共财产论。"从法律的规定看,"公共财产"包括两种情况,一种是标准的公共财产,即国有财产、劳动群众集体所有的财产和用于扶贫和其他公益事业的社会捐助或者专项基金的财产;另一种是"以公共财产论",即在国家机关、国有公司、企业、集体企业和人民团体管理、使用或者运输中的私人财产。"地票"交易款是否属于"公共财物",如果不属于"公共财物",本案被告人曹某法等人的行为就不构成贪污罪。结合本案,被告人曹某法等人在配合中介机构的测绘人员测量土地时,为了完成上级布置的土地复垦任务和获得更多的工作经费,故意将复垦土地的范围指宽,将一些不符合要求的土地(耕地、荒地等)纳入测量范围,之后以亲属的名义对这些多出的面积进行冒领,从而享受到国家的土地复垦政策。多出来的面积,原本属于村民或者集体,但由于其不符合复垦条件(前提不合法),因此,其产生(通过骗取的方式)的复垦补偿款就不当然归属于相应的村民或者集体,因为这些钱谁都不应该得。那么,曹某法等人侵占的钱究竟是谁的钱,损害了谁的利益,从地票交易的主体看,一方是代表农户或集体的国家土地管理部门(国土局),另一方是购买地票并支付价款的人(个人或企业)。地票价款的用途,首先用于支付土地复垦的成本(聘请中介机构、复垦施工等),剩余部分按照85∶15的比例分别支付给农户和村集体。从形式上看,购买地票的

① 2007年,国务院批准重庆为统筹城乡综合配套改革试验区。2009年1月,国务院《关于推进重庆统筹城乡改革和发展的若干意见》出台,正式批准重庆建立统筹城乡的土地利用制度,在确保基本农田总量不减少、用途不改变、质量有提高的基础上,稳步开展城乡建设用地增减挂钩试点。2008年11月17日,重庆市人民政府第22次常务会议通过了《重庆市农村土地交易所管理暂行办法》。同年12月4日,重庆农村土地交易所挂牌成立,该交易所以"地票"作为主要交易标的,标志着我国地票交易制度的诞生。重庆市的地票交易基本程序是:农户(农村建设用地的使用权人)自愿提出复垦申请、乡镇人民政府土地整治部门经审核后上报区县国土局土地整治中心、区县国土局委托测绘公司(中介机构)进行土地测绘及规划设计、乡镇人民政府安排人员配合测绘公司到现场测绘、测绘结果报区县国土局土地整治中心初审、报市国土局土地整治中心审查、对复垦土地进行施工,恢复成耕地,区、市国土局分别进行验收,市国土局颁发建设用地整理合格证,区县国土局向重庆农村土地交易所(由重庆市政府出资成立的非营利性质的事业法人单位)申请地票交易,重庆农村土地交易所组织地票交易,用地人取得地票(建设用地指标),支付对价、重庆农村土地交易所将地票价款委托银行直接拨付到复垦土地的农户、银行通知农户领款。

人似乎受了骗,买了一些不符合要求的土地地票。但是,根据地票交易政策,购买地票只是获得了一定面积的建设用地指标,而不是购买了某块具体土地,也就是说,地票与复垦土地地块之间并不是一一对应关系。所以,曹某法等人侵占的土地复垦资金,并未侵害具体购买地票人的利益,其实质是侵害了国家的土地管理制度。由于土地复垦的补偿款并不是购买地票的人直接支付给农户,而是支付给重庆农村土地交易所,再由国家土地管理部门通过指定银行支付;同时,地票交易款的用途也不限于支付给复垦户,还要用于支付土地复垦的成本和村集体办公经费。因此,地票交易款的性质从用途上包含两个部分:一部分是公共开支(土地复垦成本和村集体办公经费),这部分是标准的公共财产;另一部分支付给复垦农户,表面上看是农户的个人财产,但它并不是购买"地票"的人直接支付给农户,而是支付给国家,国家再按照一定标准支付给农户,因此,其性质属于前述"在国家机关、国有公司、企业、集体企业和人民团体管理、使用或者运输中的私人财产",应当以公共财产论。综上,整个土地复垦过程包括"地票"交易活动均由政府主导实施,所获得的交易款项亦由政府管理和支付,款项用途也不限于支付给复垦农户,还包括公共开支。因此,地票交易款系公共财物,属于贪污罪的犯罪对象。

3. 村基层组织工作人员利用职务便利侵吞"地票"交易款的行为构成贪污罪,《刑法》第 382 条第 1 款规定:"国家工作人员利用职务上的便利,侵吞、窃取、骗取或者以其他手段非法占有公共财物的,是贪污罪"。根据《刑法》的规定,贪污罪的犯罪主体必须是"国家工作人员"。何为"国家工作人员",《刑法》第 93 条第 1 款规定:"本法所称国家工作人员,是指国家机关中从事公务的人员。"该条第 2 款规定:"国有公司、企业、事业单位、人民团体中从事公务的人员和国家机关、国有公司、企业、事业单位委派到非国有公司、企业、事业单位、社会团体从事公务的人员,以及其他依照法律从事公务的人员,以国家工作人员论。"村民委员会属于基层群众自治组织,不属于国家机关,因此,在其中担任书记、主任、文书等职务的人,显然不属于国家工作人员。但是,全国人民代表大会常务委员会《关于〈中华人民共和国刑法〉第九十三条第二款的解释》规定,村民委员会等村基层组织人员协助人民政府从事下列行政管理工作,属于《刑法》第 93 条第 2 款规定的"其他依照法律从事公务的人员":(1)救灾、抢险、防汛、优抚、扶贫、移民、救济款物的管理;(2)社会捐助公益事业款物的管理;(3)国有土地的经营和管理;(4)土地征收、征用补偿费用的管理;(5)代征、代缴税款;(6)有关计划生育、户籍、征兵工作;(7)协助人民政府从事的其他行政管理工作。村民委员会等村基层组织人员从事前款规定的公务,利用职务上的便利,非法占有公共财物,构成犯罪的,适用《刑法》第 382 条的规定。对照本案,土地复垦属于人民政府的一项行政管理工作,被告人曹某法等村委任职人员协助政府从事宣传政策、统计农户、协助测绘、确定边界等工作,符合前述全国人大常委会解释的规定,应当认定为"其他依照法律从事公务的人员",因此,其利用职务便利侵占"地票"交易款(公共财物),其行为已构成贪污罪。

352. 合同纠纷与贪污犯罪的区分

行为人是粮储公司成品油的协助保管人,其不具备委托、经营国有财产的身份,因与粮储公司订立合同而对派生出的合同义务履行有瑕疵,属于违约行为,且按合同规定"产品在保管期间发生的损耗由乙方(刘某)承担",故行为人不具有非法占有的目的,也没有实施侵吞的手段,不构成贪污罪。

司法实例

刘某等被控贪污案

2013年6月8日，中粮集团某储运公司（以下简称粮储公司）与某市万里香油脂有限公司（以下简称油脂公司）签订了《大豆委托加工保管合同》，合同约定油脂公司按粮储公司的要求对其收购的大豆加工，油脂厂交付100万元给粮储公司作为风险保证金，并由资安公司担保承担连带责任。2013年10月27日，粮储公司与油脂公司对加工存储的大豆油分罐验收，确认粮储公司存放在油脂公司油罐中的四级大豆油分别是2号罐645.48吨、4号罐1906吨、5号罐1783.34吨，共计4334.82吨。粮储公司派专人保管，油脂公司协助管理。

2014年2月10日18时许，被告人谭某到被告人刘某（刘某是油脂公司法定代表人）家索要2012年刘某欠其的大豆油113.515吨，刘某称要和被告人张先生（是刘某之夫）商量后再说。次日，被告人谭某在油脂公司找到被告人刘某、张某，三人商量用粮储公司存放在油脂公司4、5号罐的大豆油偿还。2月14日、15日、16日被告人刘某为被告人张某在厂里盗油提供方便，遂开车将汪先生（受工商银行委托、中海物流某分公司委派对质押物油脂公司4号油罐进行监管的监管员）、雷先生（油脂公司检验员、保管员）分别带到几个旅游景点游玩。2月14日被告人张某电话联系被告人谭某自己带车来到油脂公司拖油，同时安排成先生（油脂公司工人）将4、5号油罐上锁的插销用电焊割开，并将油脂公司自己加工酸值超标的100余吨大豆油注入4、5号油罐中进行中和。被告人谭某带车来厂后，被告人张某与其商量除偿还欠油外还按每吨10,000元的价格多卖100余吨油给谭某以便自己偿还其他人的欠款。随后被告人谭某在油脂公司拖走成品油6车共计242.85吨。事后被告人谭某替张某偿还其表妹张小姐欠款20万元、被告人张某的弟弟董先生在被告人谭某处借款20万元。2014年3月20日某市中级人民法院对油脂公司2、4、5号油罐查封时经核算2号油罐存油645.477吨、4号油罐存油1809.6吨、5号罐存油1743.61吨，共计4198.69吨，2012年10月29日入库时实差大豆油136.13吨（起诉指控为138.835吨）。后经鉴定138.835吨大豆油价值1,332,816元。

同时查明，2014年2月26日，被告人谭某的资安公司将138.835吨大豆油在检察院立案之前全数归还。此后粮储公司向某市中级人民法院提起诉讼，要求解除与被告人刘某的油脂公司的合同，归还存储的大豆油。某市中级人民法院在对涉案大豆油查封后依法作出了判决，支持原告诉请。

某市某区人民检察院对被告人刘某、张某、谭某以涉嫌犯贪污罪提起公诉。

某市某区人民法院在审理中，对于本案的定性出现分歧意见：一种意见认为，被告人刘某身为受委托管理国有财产的人员，与被告人张某、谭某合谋，利用职务之便，盗取国有财产，数额巨大，三被告人的行为触犯了《刑法》第382条第2款、第3款，已构成贪污犯罪。另一种意见认为，本案实际是“承揽合同”和“仓储合同”，应受原《合同法》（现《民法典》合同编）调整，属合同纠纷。

本案经一审法院开庭审理，合议庭评议并报审委会讨论，一审判决宣告各被告人无罪。某市某区人民检察院提起抗诉，认为一审判决宣告被告人无罪适用法律错误，被某市中级人民法院二审驳回。

从本案一、二审裁判结果来看，两级法院均持第二种意见，即本案属合同纠纷。主要理由为：

1. 贪污罪是指国家工作人员利用职务上的便利，侵吞、窃取、骗取或者以其他手段非法占有公共财物的行为。贪污罪的主体是特殊主体，即必须是国家工作人员。根据《刑法》第93条的规定，所谓国家工作人员，是指国家机关中从事公务的人员。国有公司、企业、事业单位、人民团体中从事公务的人员和国家机关、国有公司、企业、事业单位委派到非国有公司、企业、事业单位、社会团体从事公务的人员，以及其他依照法律从事公务的人员，以国家工作人员论。此外，根据《刑法》第382条第2款的规定，受国家机关、国有公司、企业、事业单位、人民团体委托管理、经营国有财产的人员，也可以成为本罪的主体。

本案中，被告人刘某究竟是否系受委托管理国有财产的人员，经查，双方合同第9条明确粮储公司独立派管理团队，管理大豆的生产、调运、保管、财务、销售。证人证言均证实雷先生是粮储公司委派进驻油脂公司的管理员。《刑法》第382条第2款所指的受国家机关、国有公司、企业、事业单位、人民团体委托管理、经营国有财产的人员主要是指以承包、租赁等方式管理、经营国有公司、企业，或者其中的某个车间、工程队等以承租的身份在承包、租赁约定的时间、权限范围内，管理、经营国有财产的人员。被告人刘某没有管理、经营国有财产之便利，双方合同所设定的保管是因加工承揽大豆所滋生的，是来料加工，在验收之前有保管之责，此时的保管是为实现合同目的，不是纯粹的委托保管关系。本案所涉的标的已验收，并由粮储公司专人保管，验收之后被告人刘某只是协助保管，是一种协助关系。故被告人刘某构成贪污的主体身份不适格，与此相联系，其他被告人一并不具备该主体身份。

2. 被告人刘某独资开办的油脂公司与粮储公司签订的合同中第1条规定，甲方（粮储公司）交付乙方（油脂公司）的大豆和加工出的大豆油、豆粕按甲方要求进行保管；第7条第1款、第3款规定，油脂公司必须接到粮储公司的出库通知方能安排出库。产品在保管期间发生的损耗由油脂公司承担；第10条第1款、第3款、第4款规定，油脂公司承担出库完毕的一切风险并提供100万元保证金和丙方（资安公司）共同担保，由此可见，储存的大豆油如果与粮储公司出库单不符，由油脂公司承担责任，资安公司承担连带责任，可以认为被告人刘某、张某、谭某不可能将粮储公司的财产侵吞，达到非法占为己有的目的，更何况某市中级人民法院的民事判决书已确认，行为人案发前已归还了大豆油，司法实践中也一般认为其主观上有归还的意愿，没有非法占有的目的。行为人的行为是具有违法性，体现在违法使用（或挪用）大豆油上，但被告人挪用的是财产，不是公款，时间也只有半个月，也不构成挪用公款罪。

3. 鉴于三被告人在检察机关立案前已退还了粮储公司的全部大豆油，不存在拒不退还的情节，认定其侵占不能成立。基于双方签订的合同所产生的权利、义务、责任，被告人刘某具有协助保管责任，在出库完毕前的一切风险责任由油脂公司、资安公司共同承担。三被告人的行为也不符合盗窃罪的构成要件。按照《民法典》合同编关于加工承揽的相关规定，被告人刘某在与粮储公司结算前具有对大豆油、豆粕的留置处分权。

因此，本案被告人刘某因与粮储公司订立合同而对派生出的合同义务履行有瑕疵，属于违约行为，刘某不过是粮储公司成品油的协助保管人，其不具备委托、经营国有财产的身份。且合同规定“产品在保管期间发生的损耗由乙方（刘某）承担”，故被告人刘某不具有非法占有的目的，也没有实施侵吞的手段，不构成贪污罪。本案应受原《合同法》（现《民法典》合同编）调整，属合同纠纷。

353. 对以虚列支出手段实施平账行为如何定性

根据《刑法》第64条、第272条第2款、第384条第1款规定及《审理经济犯罪纪要》精神，对于行为人采取虚列支出手段进行平账的犯罪事实，不能直接推定为犯罪故意转化为非法占有目的;数罪并罚过程中判断是否违背上诉不加刑原则,应当从保护被告人立场对上诉不加刑原则条文规定进行实质性解读。

司法实例

孙某辉贪污、挪用公款案

被告人孙某辉原系国有独资企业某市市政管理局第二市政公路工程有限公司干部。2013 年 7 月孙某辉所在公司根据产业结构调整需要,由上级单位某城建集团有限公司决定划转至某城建隧道股份有限公司,孙某辉受某城建集团公司委派担任国有控股企业某城建隧道股份有限公司会计,2016 年 4 月,孙某辉被任命为该公司财务核算中心副主任。2014 年 4 月至同年 12 月,被告人孙某辉利用负责快速路配套工程盾构管片项目财务工作的职务之便,采取提取备用金的手段,多次从其负责的项目账上支取现金共计 783,800 元,用于个人赌博。2016 年 1 月至 2017 年 10 月,孙某辉采取偷盖单位印鉴、私自填写现金支票的方式提取单位银行存款共计 3,223,000 元,用于个人赌博。其中,有累计 2,952,659.58 元的账目,孙某辉以支付相关单位劳务费、租金、材料款等记账形式予以列支,弥补其私自支取公款的账面差额。孙某辉曾私盖一本某市环城地铁管片有限公司(系盾构管片项目与某市环美混凝土制造有限公司成立的合资公司,但从未开展业务)的收据用以掩盖挪用公款的事实。赌博网站"太阳城"代理张某丽唆使孙某辉动用单位公款进行网上赌博活动,将挪用的公款大部分转到了张某丽提供的账户中用于个人网上赌博,还曾使用电脑制作虚假的单位开户银行北京某银行的对账,用以隐瞒私自动用的单位公款。自 2014 年 7 月至 2017 年 10 月案发前挪用单位公款 4,015,700 元,虚列支出 2,591,987.65 元。孙某辉以现金还款方式陆续归还公款共计 1,378,200 元,给单位造成实际经济损失 2,637,500 元。

某市人民检察院对被告人孙某辉以涉嫌犯贪污罪、挪用公款罪提起公诉。公诉机关指控:被告人孙某辉利用职务之便,采取提取备用金,虚列支出平账的手段,多次从其负责的项目账上贪污公款,用于个人网上赌博。其中虚列支出平账,贪污公款共计 537,859.58 元,另挪用公款 1,054,140.42 元。

孙某辉辩称,自己行为不构成贪污罪,且有自首情节。辩护人认为,孙某辉系初犯,具有认罪、悔罪表现,建议从轻处罚。

某市中级人民法院一审判决认定被告人孙某辉犯贪污罪,判处无期徒刑,剥夺政治权利终身,并处没收个人全部财产;犯挪用公款罪,判处有期徒刑 12 年,决定执行无期徒刑,剥夺政治权利终身,并处没收个人全部财产。

一审宣判后,孙某辉不服提出上诉。

某省高级人民法院二审审理认为,上诉人孙某辉身为受国有公司委派从事公务的人员,利用管理本单位资金使用的便利条件,擅自提取备用金或以现金支票提取单位存款,进行赌博非法活动,其行为已构成挪用公款罪,其挪用公款金额达 4,015,700 元,虽有归还行为,但直至一审宣判前不能全部归还,造成单位实际经济损失 2,637,500 元,属《刑法》第 384 条第 1 款规定"挪用公款数额巨大不退还的,处十年以上有期徒刑或者无期徒刑"的情形,应依法予以惩处。对于被告人孙某辉所提其没有非法占有公款的故意,其行为属于挪用公款性质的上诉理由,经查,被告人孙某辉以"虚列支出"形式掩盖公款的真实去向,但其所列支出与提取款项存根票据不存在一一对应关系,故仅能掩盖账面总体差额,其提取公款行为有账可查;虚列支出的收款单位与孙某辉所在单位有正常业务往来,虚列支出项目在工程结算时无法核销,故无法达到侵吞公款目的;被告人具有陆续归还公款行为,因此被告人"虚列支出"的行为不能证明被告人主观故意发生转化,与采取虚假发票平账、销毁有关账目且无归还行为的转化型贪污犯罪不属同一性质。综上，上诉人孙某辉构成挪用公款罪。遂终审判决：维持一审判决对上诉人孙某辉犯挪用公款罪的定罪；撤销一审判决对上诉人孙某辉犯贪污罪的定罪量刑、挪用公款罪的量刑以及数罪并罚的量刑；上诉人孙某辉犯挪用公款罪，判处有期徒刑15年；继续追缴上诉人孙某辉未归还的公款2,637,500元，发还被害单位。

本案存在两个焦点问题：一是孙某辉虚列支出的平账行为应认定为贪污罪还是挪用公款罪。二是对孙某辉的整体犯罪事实均按照挪用公款罪名处罚是否违背上诉不加刑原则。

1. 对采取虚列支出手段进行平账的犯罪事实，不能直接推定被告人犯罪。故意转化为非法占有目的采取虚假发票等方式虚列支出是挪用公款罪转化为贪污罪的常见手段，《审理经济犯罪纪要》中指出，行为人挪用公款后采取虚假发票平账、销毁有关账目等手段，使所挪用的公款已难以在单位财务账目上反映出来，且没有归还行为的，应当以贪污罪定罪处罚。本案中，孙某辉作为公司会计，以“虚列支出”形式掩盖自己挪用公司款项的犯罪事实，能否由此推断孙某辉主观上犯罪故意发生了转化，由非法占用转化为非法占有，是审理本案的关键。有观点认为，孙某辉虚列支出并开具虚假收据平账的行为等同于《审理经济犯罪纪要》中规定的“开具虚假发票平账”行为，表明其内心将财物非法占为己有的主观心态，犯罪行为性质随之发生转变，构成转化型贪污罪。另有观点认为，孙某辉虚列支出并开具虚假收据只能起到暂时性的掩饰作用，无法通过这种手段侵吞公款，在主观上不具有非法占有目的，应以挪用公款罪处罚。

司法实践中主流观点认为，非法占有目的是专门针对被告人主观心态的评价，司法实践中应当避免把虚开票据、虚列支出平账的客观行为与非法占有主观目的之间直接挂钩。平账是指把各个分类账户的金额与其汇总账户的金额互相核算原本不相等的情况，经过调整变为相等，只是账目处理的一种技术性手段，不能取代对被告人的主观心态评价。在缺乏直接证据印证时，推定被告人具有非法占有目的，需结合被告人的具体行为及犯罪实施过程，对被告人实施虚开支出的平账行为时内心想法和真实目的作出综合性判断。合理评价实施虚开票据的平账行为，应遵循以下审查标准：

（1）从归还行为上判断被告人是否有非法占有目的。孙某辉在挪用公款的每一年度均有相同方式的还款行为，与挪用转化贪污案件相关司法解释中“且无归还行为”的要件相矛盾，特别是在2015年孙某辉是以环美混凝土制造有限公司的名义现金还款，反映出其主观上明知其虚列支出的行为造成本单位与债权单位的债务额发生变化，其通过债权单位给付现金避免账目混乱，因此还款行为进一步证明其主观故意没有发生转化。

（2）对财务账目的处理能否达到掩盖涉案款项去向的效果。孙某辉虚列支出的收款单位均与本单位有业务往来且本单位有到期付款义务，某城建隧道股份公司所欠业务单位的款项均有相关证人证言可以证实。孙某辉虚列支出处理财务账目的行为，尽管从表面上掩盖了公司总账目的差额，但这种账目平衡仅仅是账目总额结果的收支平衡，只能起到暂时性的掩饰作用。从账目本身上看，各明细条目中并未实现一一对应，虚列支出项目在工程结算时无法核销，相关单位在盾构管片项目工程结束后结款清算时必然能够查出孙某辉挪用公款的行为。孙某辉不可能通过这种虚列支出行为实现侵吞公款目的，不符合挪用转化贪污案件中“平账是为了永久占有公款”的特征。

（3）平账行为是否造成挪用涉案款项从单位账目上难以反映出来。本案中，被告人在公司账目上虚列支出与现金取款的次数及数额并不一一对应，反映其虚列支出并不针对某一笔挪用的款项，对于“现金取款人是孙某辉本人”这一事实，孙某辉在账目票据中没有作假和隐瞒，因此虚列支出仅能从宏观上反映出“收支平衡”的假象，仔细查账立刻就能查出问题。

2. 数罪并罚中对“上诉不加刑”原则的理解适用。根据《刑诉法解释》的规定,审理被告人或者其法定代理人、辩护人、近亲属提出上诉的案件,不得加重被告人的刑罚;原判对被告人实行数罪并罚的,不得加重决定执行的刑罚,也不得加重数罪中某罪的刑罚。上诉不加刑原则的立法目的是保护被告人利益,避免被告人因行使上诉权利受到侵害。

审理过程中对“上诉不加刑”这一原则的理解产生了分歧。本案二审法院认为,一审法院对被告人孙某辉构成贪污罪的判决部分不当,应当将该部分钱款数额计入挪用公款罪进行处罚。有意见认为,将原审判决中贪污罪的2,637,500元计入挪用公款罪犯罪数额,会导致对被告人在挪用公款一罪的处罚上加重,违反了“上诉不加刑”原则。也有意见认为,尽管单纯从挪用公款罪处罚上看有所加重,但整体来看减轻了对孙某辉的处罚,并不违反“上诉不加刑”原则。

应该说,本案中一审判决与二审判决中挪用公款罪依据的事实基础发生了变化,最终导致数罪并罚后决定执行的刑罚由一审判决中的无期徒刑减为15年有期徒刑。二审判决中的挪用公款罪事实上涵盖了一审判决中认定为贪污罪的钱款数额,即将一审认定为贪污罪涉案金额2,637,500元计入挪用公款罪中,因此导致二审判处挪用公款罪名刑罚的加重。在这种情形下,尽管是同一罪名,但依据的犯罪事实基础发生了变化,判处刑罚变化不违背“上诉不加刑”原则。从判决结果分析,单就一审认定为贪污的2,637,500元犯罪事实的评价上看,由原本判处无期徒刑转为计入挪用公款罪犯罪数额中进行综合评价,对该部分犯罪事实重新评价后给予的实际处罚大为减轻,保护了被告人的利益。反观一审法院意见,尽管从挪用公款一个罪名上看没有加重刑事处罚,但被告人事实上承受了与自己罪责不相适应的重罚,实质上损害了其合法权益。即便是判决生效后通过审判监督程序予以救济,被告人也必须付出时间和精力成本的代价,同时这种做法在程序设计上也不符合现代诉讼效率原则。因此,二审判决坚持以挪用公款罪处罚并无不当。

司法实践中,应当从保护被告人层面对上诉不加刑原则的相关条文规定进行实质性解读,坚持以下三条判断标准:(1)判决结果应当有利于被告人。(2)判决结果所涉及的执行刑罚要具有轻重可对比性。(3)判决结果必须针对同一犯罪事实在刑罚评价上给予从轻待遇,否则即便是最终决定执行刑罚上予以减轻,在这一犯罪事实的法律评价上也违反了上诉不加刑原则。

354. 利用职权高息放贷如何定性

行为人以高利率为条件借款给明知有求于行为人的工作职权管理对象,且借款数额、利息均系行为人单方提出,双方并没有经过平等磋商,利率明显高于一般民间借贷的利率,显然不属于正常的民间借贷关系。行为人高息放贷、收受巨额利息与其职务、职权管理对象直接相关,且行为人已经为借款人谋取利益,因此,行为人收受巨额利息的行为符合《刑法》第385条“国家工作人员利用职务上的便利,索取他人财物的,或者非法收受他人财物,为他人谋取利益的”规定,故应当以受贿罪定罪处罚。

司法实例

查某贵受贿案

被告人查某贵原系某市国土资源局局长。2014年2月至7月,查某贵先后向某市某房地产项目开发商梁某缪提出以袁某宝(系被告查某贵之妻弟)等人名义借款给梁某缪,按月利率5%、8%收取利息,梁某缪为了在某市某房地产开发工程项目拿到该地块等方面得到查某贵的关照,遂表示同意。之后,查某贵以袁某宝等人名义陆续放贷给梁某缪共计500万元,至2016年6月,查某贵共收取利息合计835万元,超出银行同类贷款利率4倍以上利息总计455万元。2016年10月，在国土资源局相关人员因受贿行为被查处后，查某贵退还给梁某缪455万元。检察机关以查某贵行为构成受贿罪为由，向人民法院提起公诉。

本案经指定管辖后，某县人民检察院对被告人查某贵以涉嫌犯受贿罪提起公诉。起诉指控被告人查某贵利用职权向管理对象放款获取高额利息的行为，涉嫌构成受贿罪，连同其他受贿犯罪事实，一并提请人民法院依法判处。

法院在本案审理中，对查某贵本次事实的行为定性存在分歧：第一种意见认为，查某贵与梁某缪之间系正常的民间借贷关系，其收受的是合法利息，不应认定为受贿犯罪；第二种意见认为，查某贵利用职权高息放贷违反职业行为廉洁性的要求，但目前法律没有明确规定此行为构成犯罪，不宜以犯罪论处，应将其收受的利息款作为非法所得予以没收；第三种意见则认为，查某贵向职权管理对象高息放贷，以利息为名收受他人巨额钱财，并为他人谋取利益，其行为符合受贿罪权钱交易的本质特征，应以受贿罪定性处罚。

某县人民法院审理认为，被告人查某贵以高利率为条件借款给梁某缪，梁某缪之后同意向查某贵借款，上述事项与梁某缪为了在某市某房地产开发工程项目拿到该地块等方面有求于查某贵直接有关，借款数额、利息均系查某贵单方提出，双方并没有经过平等磋商，月利率5%、8%也明显高于一般民间借贷的利率，显然不属于正常的民间借贷关系。查某贵高息放贷、收受巨额利息与其某市国土资源局局长的职务、梁某缪的某市某房地产开发工程项目职权管理对象直接相关，且查某贵在该项目拿地等事项上已经为梁某缪谋取利益，查某贵收受巨额利息的行为符合《刑法》第385条“国家工作人员利用职务上的便利，索取他人财物的，或者非法收受他人财物，为他人谋取利益的”规定，因此一审法院最终采纳了上述第三种意见，认定被告人查某贵的行为构成受贿罪，并与被告人的其他受贿行为综合考虑，科以适当的刑罚。判决已生效。

本案争议焦点是被告人查某贵利用职权便利高息放贷行为的定性，其行为能否构成受贿罪。法院认定查某贵的行为构成受贿罪。主要理由为：

1. 查某贵与房地产开发商梁某缪之间不是一般的民间借贷关系。民间借贷是指自然人之间、自然人与非金融企业之间，为生活或生产所需，在自愿基础上依约进行资金借贷的一种民事法律行为。其中，出借人的资金须是其合法所有的货币资金，不得吸收他人资金转手放款；利率可由借贷双方协商确定，但不得超过中国人民银行公布的金融机构同期、同档次贷款利率（不含浮动）的4倍（后最高人民法院又发布解释予以调整）①。本案中，开发商梁某缪向被告人查某贵“借款”并非出于自愿，而是因为其出资的某市某房地产开发工程项目在拿地等事项上有求于查某贵，被迫同意查某贵提出的月利率5%、8%的借款要求；查某贵出借给梁某缪的资金中，部分系其家庭、亲友的款项，部分系其以银行同期贷款利息向他人借来，并非全部系其个人、家庭的自有资金。此外，双方约定的利率明显超过法律保护的银行同期贷款利率4倍，甚至高达十几倍，显然不属于通常意义上的民间借贷。

2. 查某贵的行为不符合投资行为的本质特征。投资行为的本质特征在于需要承担风险。而本案中，查某贵放贷给梁某缪没有资金风险，梁某缪在房地产开发工程项目的拿地等方面有求于被告人查某贵，不可能侵吞其本金，而且查某贵在借贷期间将部分出借资金用于购买梁某缪该房

---

① 根据《民间借贷规定》，民间借贷的利率可以适当高于银行的利率。但是双方约定的利率超过合同成立时一年期贷款市场报价利率4倍的除外。“一年期贷款市场报价利率”，是指中国人民银行授权全国银行间同业拆借中心自2019年8月20日起每月发布的一年期贷款市场报价利率。

地产开发项目的底商，与一般获取高额收益同时承担高风险的投资行为有着本质区别。

3. 查某贵系以民间借贷为名行受贿之实。查某贵利用职务之便，收受他人巨额钱财，并为他人谋取利益的行为，符合受贿罪权钱交易的本质特征。① 被告人查某贵高息放贷与其职权直接相关，显然不属于正常的民间借贷。

4. 对查某贵的行为以受贿罪定性处罚，符合最高人民法院、最高人民检察院有关司法文件精神。在案件审理过程中，有观点认为，本案不宜以受贿罪定性。② 应当认为，本案被告人查某贵利用职权高利放贷，收受高额利息，与传统的直接收受他人财物的受贿确有区别，最高人民法院、最高人民检察院司法解释或相关文件也没有明确指出收受巨额利息构成受贿，但这种行为并没有超出该文件涵盖的范围。③ 因此，对被告人查某贵以受贿罪定性处理，符合《刑法》和司法文件的精神。

355. 滥用职权后向受益人"借款"是否构成受贿罪，立案前已经退赔的款项是否应当计入滥用职权造成的损失数额

行为人事前利用职务上的便利，使他人顺利骗取国家征地补偿后，事后又以借款为名向他人索要财物，其行为符合受贿罪的构成要件，依法构成受贿罪；行为人利用其参加土地征迁工作的便利，多次滥用职权，私做主张，默许村民虚报面积、将集体土地列为个人名下等，致使公共财产、国家和人民利益遭受重大损失，其行为从主体、主观方面和侵犯的客体及客观方面均符合滥用职权罪的构成要件，依法构成滥用职权罪；依照相关司法解释的规定精神，本案立案前已经退赔的款项应当计入行为人滥用职权造成的损失数额。

司法实例

张某亮受贿案

被告人张某亮担任某县某镇国土资源所所长期间，其为某开发区建设用地工作组成员，利用自己参加某地区土地征迁工作的便利，多次滥用职权，其行为共计造成国家经济损失 1,386,722 元。其中挽回经济损失 1,035,800 元，未挽回 350,922 元。(1)2009 年 10 月 25 日至 2010 年 6 月 10 日，被告人张某亮在未实地测量，单凭董某明(另案处理)提供的本人

① 具体表现在以下几个方面：一是查某贵与放贷对象梁某缪在某市某房地产开发工程项目上有职务管理关系。查某贵时任某市国土资源局局长，在土地招拍挂等工作中具有管理的职责。二是查某贵利用其职权为梁某缪在该项目上谋取利益。比如，该项目土地尚未经招拍挂程序及相关审批即先于动工而未予处罚，等等。三是查某贵放贷时向职权管理对象收取巨额利息，明显超出民间借贷利率。查某贵以 5%、8% 的月利率放贷给梁某缪，超过同期银行贷款利率十余倍，5 个月、20 个月收取的利息即相当于本金，而梁某缪向他人借款一般月利率不超过 2.5%。同年 5 月消防支队相关人员因受贿被司法机关查处后，才将利率降为 2.5%。直至 2016 年 10 月，在国土资源局相关人员因受贿行为被查处后，得知检察机关要对其立案审查后，查某贵才退还给梁某缪 455 万元。

② 理由为，2007 年最高人民法院、最高人民检察院《关于办理受贿刑事案件适用法律若干问题的意见》并未明确此类行为构成受贿；根据最高人民法院《关于人民法院审理借贷案件的若干意见》(现已失效)第 6 条规定，民间借贷的利率可以适当高于银行的利率，查某贵利用职权收受高额利息的行为虽然违法，但不宜以受贿罪定性。

③ 从法理上分析，借贷是一种市场交易行为，高利放贷可以理解为一种特殊的市场交易形式。根据最高人民法院、最高人民检察院《关于办理受贿刑事案件适用法律若干问题的意见》第 1 条规定，国家工作人员利用职务上的便利为请托人谋取利益，以交易形式收受请托人财物的，以受贿论处。对被告人查某贵的行为可以适用其中"以其他交易形式非法收受请托人财物的"相关规定。

47亩和其妻戚某莲146.8亩两份《土地承包合同》的情况下，违规让工作人员为其填写两份土地调查表，最终董某明虚报无证土地117.52亩，贪污国家土地补偿款共1,086,422元。董某明在被县纪检监察委调查后上交970,800元，某县人民检察院追缴6万元，余55,622元未追回。(2)2009年10月，被告人张某亮未与镇领导商量，违规将村民李某煌菜地边的耕地按菜地进行测量确认，将李某煌的4亩菜地在测量时增加到9亩，致李某煌多领取5亩菜地的补偿款差额3万元，办案期间李某煌主动退回5000元。被告人张某亮在测量该镇某村村民隋某高枸杞地时，擅自将村民隋某高的5906棵枸杞树增加为7176棵，最终致使隋某高多领取1270棵枸杞补偿款114,300元，此笔款项未追回。(3)2010年6月，被告人张某亮仅凭一份《土地承包合同》，擅自将26亩村集体地放于赵某泉名下，致赵某泉多领取国家土地补偿款156,000元，此笔款未追回。2010年6月底，在董某明领取第一笔补偿款后，被告人张某亮以急用为由提出向董某明借款5万元。董某明于当日从其妻戚某莲处取来的5万元现金，放进购物袋并赶至被告人张某亮家楼下，将钱交予被告人张某亮，张某亮接钱后既未打欠条也未与董某明约定归还日期，此笔款被告人张某亮放于家中一直未使用。2011年5月，被告人张某亮获悉该县纪检监察委已对董某明经济问题立案调查后，将5万元现金原封不动归还董某明。

某县人民检察院对张某亮以涉嫌犯受贿罪、滥用职权罪提起公诉。

被告人及辩护人认为：(1)张某亮滥用职权后向董某明借5万元的情况因无证据证明属受贿，系借款，受贿罪依法不能成立；(2)对张某亮滥用职权的定性无异议，但对滥用职权造成的经济损失数额不予认可，董某明部分的970,800元在侦查机关立案侦查前就已经缴纳，不应计入损失数额；(3)赵某泉多领取国家土地补偿款156,000元，是由董某明和陈某元作出的决定，被告人也负有责任，量刑时应予以考虑；(4)村民李某煌多领取3万元补偿款部分，因当时是李某煌要求将玉米地作为菜地补偿，应定性为李某煌阻拦工作人员开展工作，对此董某明的证言也可证实，在量刑时应有所考虑；(5)村民隋某高多领取补偿款114,300元部分，认为枸杞的初植密度为每亩222棵，但该222棵是否为硬性规定，无法律依据，同时也缺乏证据支持，侦查机关应当以客观事实为根据，对现场枸杞棵数进行清点。

某县人民法院审理认为：关于张某亮及辩护人提出起诉书指控张某亮向董某明借款5万元的事实，张某亮系因滥用职权后向受益人董某明提出的借款5万元要求，应定性为索贿，符合受贿罪的构成要件，并且系法定从重处罚情节，被告人张某亮依法构成受贿罪；关于董某明骗取1,086,422元中，其中970,800元在侦查机关立案前就已经退赔，5万元是在侦查机关立案侦查后退缴的，对董某明违纪事件调查前已经退回的970,800元不应计入张某亮滥用职权造成的经济损失的辩护意见，法庭不予采纳。因董某明案立案时已经实际造成损失1,086,422元，虽在该案调查后已退回970,800元，但属董某明贪污罪一案立案时已经实际造成的经济损失。故董某明贪污的国家土地补偿款970,800元应计入被告人张某亮滥用职权罪造成的经济损失数额中。遂判决认定被告人张某亮犯受贿罪，判处有期徒刑5年4个月；犯滥用职权罪，判处有期徒刑1年6个月，决定执行有期徒刑5年7个月。

一审宣判后，被告人张某亮提出上诉，被二审驳回。

本案的焦点是：行为人因滥用职权后向受益人“借款”是否构成受贿罪；立案前已经退赔的款项是否应当计入滥用职权造成的损失数额。本案是典型的滥用职权罪和因滥用职权而受贿的数罪并罚案例，涉及《刑法》总则和分则部分的法律问题。

从本案一、二审裁判结果来看，两审法院裁判的主要理由为：

1. 张某亮的行为构成受贿罪①。张某亮多次滥用职权为董某明等人非法谋取巨额利益，使国家财产遭受重大损失，同时向董某明索要5万元。对此张某亮辩称5万元系“借款”，并退还给了董某明，但实为事前利用职务上的便利，致董某明顺利骗取国家征地补偿后，事后又以借款为名向他人索要财物，并非张某亮所称的“民间借贷”，其行为完全符合受贿罪的构成要件。虽然张某亮一再声称此5万元为借款，并非贿金，但如果没有张某亮利用职权为董某明谋取巨额利益，董某明也不会在没有借据、没有担保，也没有约定何时归还的情况下不计任何利益地将大额金钱借给张某亮。张某亮“借款”的说法显然是牵强的。结合本案综合情节以及在当时的特殊环境下，认定张某亮犯受贿罪是适宜的。依据《刑法》第386条索贿从重处罚的相关规定，应当对张某亮按受贿罪从重处罚。

2. 张某亮的行为构成滥用职权罪②。滥用职权罪侵犯的客体是国家机关的正常管理活动；犯罪主体为国家机关工作人员；客观方面表现为违反或者超越法律规定的权限和程序而使用手中的职权，致使公共财产、国家和人民利益遭受重大损失的行为。滥用职权的行为，必须是行为人手中有“权”，并且滥用权力与危害结果有直接的因果关系。滥用职权和玩忽职守的行为只有“致使公共财产、国家和人民利益遭受重大损失”的，才能构成犯罪。张某亮担任某镇国土资源所所长期间，利用其为某开发区建设用地工作组成员参加某地区土地征迁工作的便利，多次滥用职权，私做主张，默许村民虚报面积、将集体土地列为个人名下等，其行为共计造成国家经济损失1,386,722元。其中挽回经济损失1,035,800元，未挽回350,922元。其行为从主体、主观方面和侵犯的客体及客观方面均符合滥用职权罪的构成要件。故张某亮的行为构成滥用职权罪。

3. 本案立案前已经退赔的款项应当计入张某亮滥用职权造成的损失数额。对于本案中董某明在立案前退缴的970,800元是否应计入张某亮滥用职权所造成的损失数额问题，关键在于对最高人民法院、最高人民检察院《关于办理渎职刑事案件适用法律若干问题的解释(一)》第8条的理解问题。此条司法解释明确规定，此处的“经济损失”是指渎职犯罪或者与渎职相关联的犯罪立案时已经实际造成的财产损失，包括为挽回渎职犯罪所造成的损失而支付的各种开支、费用等。立案后至提起公诉前持续发生的经济损失应一并计入渎职犯罪的经济损失数额。依据该司法解释不难看出，本案中董某明在公安机关立案侦查前退缴的970,800元正是司法解释中的“经济损失”，理应一并计入张某亮滥用职权一罪的犯罪数额中。

综上，本案一、二审裁判对被告人张某亮定性与适用法律是正确的。

---

① 我国《刑法》第385条第1款明确规定：“国家工作人员利用职务上的便利，索取他人财物的，或者非法收受他人财物，为他人谋取利益的，是受贿罪。”

② 根据《刑法》第397条的规定，滥用职权罪，是指国家机关工作人员超越职权，违法决定、处理其无权决定、处理的事项，或者违反规定处理公务，致使公共财产、国家和人民利益遭受重大损失的犯罪。

第九章 渎职罪

356. 是否构成玩忽职守罪的判断

行为人由于对具有专属性的国家粮食补贴惠农资金发放不履行、不正确履行或者放弃履行调查、审核职责，使两个行政村虚报的粮食种植面积没有被发现并核减，致使相关村集体非法占用66万元粮食补贴惠农资金和相关村干部个人贪污14万元国家粮食补贴惠农资金，造成了80万元的国家粮食补贴惠农资金在用途上灭失的严重后果。因此，行为人的行为构成玩忽职守罪。

司法实例

钱某玉
玩忽职守案

被告人钱某玉时任某县某镇农业综合服务中心主任。该镇两个行政村从2006年至2010年，每年向镇政府上报本村农户粮食种植田亩信息时，多次以村两委干部及普通农户名义虚报粮食种植面积，累计套取了国家粮食补贴惠农资金80万元，其中14万元被两个村少数村干部贪污（法院已对实施贪污相关村干部做出有罪的终审刑事判决），66万元被村集体占用，用于村集体支出。被告人钱某玉作为该镇农业综合服务中心主任，负有对该镇各个行政村上报的粮食种植田亩信息核查职责，却没有认真履行调查、审核职责，使上述两村虚报的粮食种植面积没有被发现并核减，造成80万元的国家粮食补贴惠农资金被套取并占用。

某县人民检察院对钱某玉以涉嫌玩忽职守罪提起公诉。

钱某玉对其在履行国家粮食补贴惠农资金监管职责中玩忽职守行为供认不讳。

在本案审理过程中，两级法院均认为本案事实清楚、证据确实、充分，但对该80万元国家粮食补贴惠农资金被两个村套取并占用是否构成玩忽职守罪中的损害后果产生争议，致使对钱某玉是否构成玩忽职守罪难以认定。一种意见认为，两个行政村套取了80万元的国家粮食补贴惠农资金并占用的情形不能认定为被告人钱某玉玩忽职守罪客观方面的损失后果。理由为：尽管两个行政村套取了80万元的国家粮食补贴惠农资金，但其中66万元是村集体占用，用于两个村各项公用开支，只有14万元被个人贪污，被村集体占用的66万元是村级组织因履行基层组织职能而产生的正当支出，并没有给国家财产造成实质性损失，相反，如果将此也认定为财产损失，那么势必会出现玩忽职守罪损失后果认定的扩大化；被村干部个人贪污的粮食补贴惠农资金只有14万元，没有达到《渎职侵权规定》中玩忽职守罪需造成30万元以上公共财产损失的构成要件。因此，被告人钱某玉不构成玩忽职守罪。另一种意见认为，两个行政村套取了80万元国家粮食补贴惠农资金并占用的情形应当认定为被告人钱某玉玩忽职守罪客观方面的损失后果。理由为：粮食补贴惠农资金具有专属性，村集体占用66万元粮食补贴惠农资金和相关村干部个人贪污14万元国家粮食补贴惠农资金都是非法的，造成了80万元的国家粮食补贴惠农资金在用途上灭失的严重后果。因此，被告人钱某玉构成玩忽职守罪。

某县人民法院一审判决认定钱某玉犯玩忽职守罪，判处有期徒刑1年。

一审宣判后，被告人钱某玉不服一审判决，以不构成犯罪为由提起上诉。

某市中级人民法院二审审理认为，一审判决认定本案犯罪事实清楚，证据确实、充分，定罪准确,量刑适当,审判程序合法。上诉人的上诉理由,经查不能成立。但鉴于上诉人认罪悔罪,对上诉人钱某玉宣告缓刑对所居住社区没有重大不良影响,可以对其适用缓刑。遂终审判决维持一审判决对上诉人钱某玉的定罪部分,撤销一审判决对钱某玉的量刑部分,上诉人钱某玉犯玩忽职守罪,判处有期徒刑1年,缓刑2年。

从本案一、二审裁判结果看,两级法院均同意上述后一种意见,即本案80万元国家粮食补贴惠农资金被两个行政村套取并占用应被认定为本案损失后果,被告人钱某玉构成玩忽职守罪。主要理由为:

1. 关于国家粮食补贴惠农资金的性质。《刑法》第91条第1款规定,本法所称公共财产,是指下列财产:(1)国有财产;(2)劳动群众集体所有的财产;(3)用于扶贫和其他公益事业的社会捐助或者专项基金的财产。本案中,粮食补贴惠农资金是国家为支持农业农村经济稳定发展和农民持续增收出台的一系列强农惠农政策之一,专门用于对农民直接经济补贴,根据财政部、原农业部《水稻良种推广补贴资金管理暂行办法》(现已失效)第17条规定,任何地方、单位和个人不得虚报水稻良种推广面积,不得套取、挤占、挪用良种补贴资金,否则除追回补贴资金外,还将对有关地方、单位和当事人严肃查处,并予以通报。因此,国家粮食补贴惠农资金是专项资金,具有不可侵占性,必须专款专用,属于《刑法》第91条第1款第3项中的专项基金财产,即为公共财产。

2. 本案中两个行政村套取了80万元国家粮食补贴惠农资金并占用的情形是否属于被告人玩忽职守罪的损失后果。本案中,由于钱某玉玩忽职守行为,造成两个行政村虚报粮食种植面积,套取80万元国家粮食补贴惠农资金,此种套取行为是违法行为,不论是村集体为公共事业而公用,还是村干部贪污后私用,都是非法占用,均改变了粮食补贴惠农资金专款专用性质,造成了粮食补贴惠农资金在用途上灭失,不可恢复。因此,两个行政村套取了80万元国家粮食补贴惠农资金并非法占用,实际上等于造成了公共财产80万元的经济损失。因此,应当认定为钱某玉玩忽职守罪客观方面的损失后果。

3. 钱某玉的玩忽职守行为是否构成玩忽职守罪。根据《刑法》第397条的规定,"玩忽职守罪",是指国家机关工作人员严重不负责任,不履行或者不认真履行其职责,致使公共财产、国家和人民利益遭受重大损失的犯罪。玩忽职守罪客观方面表现为不履行、不正确履行或者放弃履行职责,致使公共财产、国家和人民利益遭受重大损失的行为。玩忽职守的行为,必须是违反国家的工作纪律和规章制度的行为,通常表现为工作马虎草率,极端不负责任;或是放弃职守,对自己应当负责的工作撒手不管,等等。国家机关工作人员滥用职权或者玩忽职守,致使公共财产、国家和人民利益遭受重大损失的,处3年以下有期徒刑或者拘役;情节特别严重的,处3年以上7年以下有期徒刑。本法另有规定的,依照规定。《渎职侵权规定》第1条对《刑法》第397条规定的重大损失作了具体解释,共9种情形,其中第4种情形为:造成公共财产或者法人、其他组织财产直接经济损失30万元以上,或者直接经济损失不满30万元,但间接经济损失150万元以上的。因此,本案中,由于该镇农业综合中心主任钱某玉的玩忽职守,造成了80万元国家粮食补贴惠农资金被套取并非法占用,亦即造成了80万元公共财产损失的严重后果,其已经构成玩忽职守罪。

357. 行为人篡改公务员考试成绩是否构成犯罪，构成何罪

行为人作为国家机关工作人员，利用公务员招录的主管、管理之便，接受请托，徇私舞弊，指使相关工作人员篡改公务员考试成绩，使不符合面试条件的考生进入面试并被录取，造成恶劣社会影响，行为人的行为，符合滥用职权罪的全部构成要件，应当以滥用职权罪从重处罚。

司法实例

彭某章滥用职权案

被告人彭某章原系某市人社局公务员处处长。2017年在某市机关公务员三级联考中，彭某章受本局同事布某的请托，想办法帮布某的儿子南某被本次联考考录为公务员。在笔试结束后，彭某章立即查看南某的笔试总成绩，发现其排名不能进入面试范围，即指使相关工作人员（另案处理），在电脑系统中将南某的笔试分数进行篡改，使其进入面试范围。笔试成绩公布后，因个别考生不服笔试分数成绩，经反映未得解决，导致其进京上访，引起相关部门领导重视。某市组成由市级领导挂帅，纪检、公检法等部门人员参加的调查组对该考生的笔试成绩进行全面复查。其间，调查组不经意发现了考生南某笔试成绩有被人改动的嫌疑，遂由公安网监部门立案侦查。当时，受彭某章指使的工作人员苑某主动向调查组交代了受彭某章指使篡改南某笔试分数成绩的事实。该市对已经被面试录取的考生南某作出取消录取资格的处理。此案在当地甚至广大地区引发了严重的、恶劣的社会影响。

某市某区人民检察院对彭某章以涉嫌犯滥用职权罪提起公诉。

某市某区人民法院审理认为，被告人彭某章接受请托，徇私舞弊，指使相关工作人员篡改公务员考试成绩的行为，构成滥用职权罪，依法应予惩罚。遂根据《刑法》第397条第2款等相关条款的规定，判决认定被告人彭某章犯滥用职权罪，判处有期徒刑5年。

一审宣判后，被告人彭某章以不构成犯罪、量刑重为由提起上诉，被某市中级人民法院二审驳回。

本案在法院审理中，对于彭某章的定性存在分歧，一种意见认为彭某章的行为属于纪律调整的范畴，不宜追究刑事责任；另一种意见认为彭某章的行为完全符合滥用职权罪的构成要件，为严肃法纪、整治考试纪律，应当依照《刑法》规定从重处理。

本案一、二审法院采纳了后一种意见。主要理由为：

《刑法》第397条所称的“滥用职权罪”，是指国家机关工作人员超越职权，违法决定、处理其无权决定、处理的事项，或者违反规定处理公务，致使公共财产、国家和人民利益遭受重大损失的犯罪。

1. 彭某章的身份符合滥用职权罪的国家机关工作人员的主体要件。被告人彭某章案发前系某市人社局公务员处处长，直接主管公务员的招录、管理以及公务员队伍建设等项工作。这里所称“国家机关工作人员”，是指在国家机关中从事公务的人员。“国家机关”，是指国家权力机关、行政机关、司法机关、军事机关。2002年12月28日第九届全国人民代表大会常务委员会第三十一次会议通过了《关于〈中华人民共和国刑法〉第九章渎职罪主体适用问题的解释》，根据该解释的规定，下列人员在代表国家机关行使职权时，有渎职行为，构成犯罪的，也依照刑法关于渎职罪的规定追究刑事责任：（1）在依照法律、法规规定行使国家行政管理职权的组织中从事公务的人员；（2）在受国家机关委托代表国家机关行使职权的组织中从事公务的人员；（3）虽未列入国家机关人员编制但在国家机关中从事公务的人员。

2. 彭某章的行为符合“国家机关工作人员滥用职权,使国家和人民利益遭受重大损失”的滥用职权罪的客观方面的构成要件。公务员招录中,在招录的政治条件、文化条件审查通过后,笔试成绩是能否进入面试范围的最直接、最关键的依据。笔试成绩一旦形成,除非判卷错误,一律不得改动。而彭某章为照顾人情、关系,指使受其领导的相关工作人员擅自改动考生成绩,使不具备面试资格的考生进入面试范围,进而被招录为公务员,其行为一是完全超越了被告人的职权范围,二是造成了恶劣的社会影响,三是严重诋毁了政府形象。

3. 滥用职权的行为只有“致使公共财产、国家和人民利益遭受重大损失”的,才能构成犯罪。是否造成“重大损失”是区分罪与非罪的重要标准,未造成重大损失的,属于一般工作过失的渎职行为,可以由有关部门给予批评教育或者行政处分。一是“致使公共财产、国家和人民利益遭受重大损失”的具体标准,可参考《渎职侵权规定》有关滥用职权案立案标准的规定。《渎职侵权规定》明确了“招收公务员、学生徇私舞弊罪”检察机关应予立案的6种情形:(1)徇私舞弊,利用职务便利,伪造、变造人事、户口档案、考试成绩或者其他影响招收工作的有关资料,或者明知是伪造、变造的上述材料而予以认可的;(2)徇私舞弊,利用职务便利,帮助5名以上考生作弊的;(3)徇私舞弊招收不合格的公务员、学生3人次以上的;(4)因徇私舞弊招收不合格的公务员、学生,导致被排挤的合格人员或者其近亲属自杀、自残造成重伤、死亡,或者精神失常的;(5)因徇私舞弊招收公务员、学生,导致该项招收工作重新进行的;(6)其他情节严重的情形。二是此处的“重大损失”,既包括经济、财产损失,也包括造成严重社会影响、诋毁政府形象等政治上的损失。

4. 本案具有典型性,对本案被告人的司法惩处有力地宣示了党和国家惩治腐败、匡扶社会风气、整治不正之风的决心和勇气。对篡改公务员考试成绩滥用职权犯罪的严厉惩治和打击,努力倡导全社会尊重知识、尊重人才,在全力发展社会主义市场经济的同时,对于努力建设廉洁清正、革命化、知识化、专业化的公务员队伍的正确方向和浓厚氛围,起到了强大的司法引领作用。

综上,本案被告人彭某章的行为完全符合滥用职权罪的构成要件,本案一、二审裁判,对其以滥用职权罪从重处罚是正确的。